法

21世纪

法学研究生参考书系列

侵权责任法疑难问题专题研究

（第三版）

王　竹　著

中国人民大学出版社
·北京·

侵权责任法立法研究
中国侵权责任法教程
民法
物权法研究
物权法研究
合同法
刑法适用总论
刑法适用总论
侵权法
财产法
财产法
PRODUCTS LIABILITY

作者简介

王竹（1981— ），四川大学法学院二级教授、博士研究生导师，国家级青年人才，四川大学市场经济法治研究所所长；兼任中国人民大学民商事法律科学研究中心侵权法研究所副所长、世界侵权法学会执行委员会秘书长；曾挂职担任四川省高级人民法院研究室副主任。

中国人民大学管理学学士、民商法学硕士和博士，耶鲁大学、康奈尔大学、牛津大学和东吴大学访问学者。主持国家重点研发计划项目 1 项、国家社会科学基金项目 4 项（含重大项目 1 项）、教育部人文社会科学重点研究基地重点研究项目 1 项、司法部项目 2 项。在《法学研究》、*TEL*、*CKLR* 等杂志发表论文 180 余篇，多篇被《新华文摘》、“中国人民大学复印报刊资料”转载。独著《侵权公平责任论》（入选“国家哲学社会科学成果文库”并出版第二版）、*On the Constitutionality of Compiling a Civil Code of China*、《侵权责任分担论》等 4 部，主编《〈民法典·侵权责任编〉编纂建议稿（附立法理由书）》等 4 部，中译英 *Tort Liability Law of China*，英译中《美国侵权法：实体与程序（第七版）》等 4 部，出版《英美侵权法经典案例教程（英汉对照）》等教材 3 部，参与主编集刊《民商法争鸣》。主持“侵权责任法”和“道路交通事故纠纷‘网上数据一体化处理’虚拟仿真课程”等 2 门“首批国家级一流本科课程”，荣获教育部第八届高等学校科学研究优秀成果奖（人文社会科学）二等奖、四川省第二十次社会科学优秀成果奖一等奖等省部级奖励 8 项。

序

王竹新书出版，说是要为我60岁贺寿，并要我作序。既然如此，仅以我的这篇文章代之，既能够偷懒，又符合贺寿的要求。故为之。

一

我的60大寿就要到了，学生们商量要给我祝寿，但是有一个问题引起争论，即60大寿的生日究竟是以虚岁计算还是以周岁计算。“周岁论”者认为，只有到了周岁，才是真正地到了60岁；“虚岁论”者认为，虚岁生日就是结束了50岁的年代当然是60岁的开始。经考察认为，周岁论者，以北京地区为主；虚岁论者，以东北和很多南方地区为主。如果按照东北的习俗，当然是过虚岁生日，尤其是60大寿、70大寿等，过九不过十。争论的结果，最后确定按照东北习俗，过虚岁。今年（2011年）即辛卯年的正月初十，是我的60大寿无疑。

想一想，生日还是以虚岁为好，因为59岁的周岁生日，其实一个人的50岁的年代就已经结束了，开始迈入了60岁的年华，虽然60岁还没有满，但是已经开始了，并且要伴随着这一年的时光，50岁就再也没有你的事了。因此，过虚岁生日，是实事求是；过周岁生日，其实是怕老，有点“装”，尤其是实行退休制度之后，国人更是不愿意让自己更早地接近60大寿的退休年龄，因此有过“人越长越小”一说，也是被逼的。

二

60大寿，其实多数人是不愿意过的，因为人一旦进入60岁，就进入了花甲之年，如果是在过去，就是老人了。可是，60大寿不过也得过，不服老也得服老，因为客观事实摆在那里。不过，在我心里，我还没有老，年幼、年轻的情景都在眼前：

——5岁记事时，独自生活在山沟里的姥姥家，足有半年，曾经被大鹅“追杀”过，曾经抓住吉普车奔跑而被摔得鲜血淋漓；6岁起就担负起为家里做饭和照顾弟弟的重担，成为一个名副其实的“家务儿童”或者“宅童”。

——上小学，是我自己拿着户口本，在学校排队报名；开学时光着脚沿着马路边雨水淌成的小溪，自己走到学校上学；从三年级起，开始戴上三道杠，六年级时当上了学校少先队大队长，高举一面星星火炬大旗在全校师生面前行进，两边各有一个女队员护旗；在小学的最后一年，成为全市学习毛主席著作积极分子，参加全市学习毛主席著作积极分子代表大会，第一次吃起“官饭”：每天交上九两粮票，不用交钱，就过上了每顿八个菜的“幸福生活”，好像一下子吃了六天，颇感幸福！

——初中开始就赶上了“文化大革命”。

——插队之后，跟农民生活在一起，时间不长，生活艰苦，但有无限风光，参加过一次专区的知识青年学习毛主席著作积极分子座谈会、一次县里的同类会议、一次全县的“双先会”（学习毛主席著作积极分子和学习毛主席著作先进单位代表大会）、一次公社的“双先会”，成为该县知识青年的代表人物，风起云涌。

——参军入伍，保家卫国。确实是真实的心愿，因为那时乌苏里江的珍宝岛战役刚刚打完，硝烟未尽，抱着热血洒边疆的决心而去，但战争没有发生。经过和平年代的训练、烧砖、种麦、野营拉练，虽无功绩，倒也是兵中的文化兵，锻炼了意志，补习了文化，超期服役两年后复员回家。

——值得一提的是，回到家乡，还做了十天工人，是正儿八经的钳工，做了半自动步枪的弹仓数十个，做坏的也有好几个。

——参加“五七干校”培训之后，成为家乡中级法院的法官。自此与法律结缘直至今日。跟着当时的几个老牌大学生学习法律，跟同龄法官、检察官一起研究法律。办过刑事案件、民事案件、行政案件，管过调查研究、律师管理，做过公证员。当时法院的所有工作几乎都做过。在中级人民法院工作 15 年，一次被评为全省劳动模范，两次被评为全省政法系统先进工作者，四次被评为地区模范干部，受过其他奖项无数，最后官至中级人民法院常务副院长、党组副书记。

——在最高人民法院工作三年，没有突出功绩，但积累了丰富的审判经验，学术研究大有长进，使自己的法学学术水平进入一个新层次，自认为收获颇丰。

——在最高人民检察院工作七年，被提拔七次，最后做到民事行政检察厅厅长、检察委员会委员。

——在中国人民大学教书已经十年，加上在烟台大学两年，已经从教十二年。教书育人，研究学问，是我的事业的归宿，得到成果是：培养博士、硕士百余人，出版法学专著和教材百余部，仅出版独著或者主编的高等教育“十一五”国家级规划教材（法学）就有四部；还发表论文五百余篇；参加立法讨论，见证了《侵权责任法》在我们手中诞生的过程！因而跟江平老师有同感：如果有下辈子，还做大学教授，还研究法律！

三

60 个春秋，也有诸多遗憾！略举四例：

第一个遗憾，做官做了 25 年，没能做到副部级干部。看到同龄的各位长官都是部级干部，确有羡慕之心；但有一点聊以自慰，他们没有我的自由，没有我的闲暇，也没有我这样可以随便讲话的机会。

第二个遗憾，做学问三十多年，没有可能做到院士。不是用功不够，实乃进入校门太晚，又加上没有专业文凭，不怪别人。

第三个遗憾，一心研究学术，却没有学会外语。就像一个瘸腿的专家，研究问题多有不便，只能靠学生帮忙。发誓下辈子先学会外语，再去干别的！

第四个遗憾，做人不会圆通，经常直言伤人。直至今天“六十而耳顺”之年也经常不顺，或许到了七十就会好了。但愿如此。

是遗憾吗？其实也不算！因为人生怎么会十全十美呢？有了九全九美，已经很不错了，可以上对得起父母、师长，下对得起子女、学生。起码学生跟着我学习不算丢人，足以自慰，无所遗憾！

四

60载春秋，于我完成九全九美的事业有恩者无数！没有他们，就没有我的人生和事业！

首先感恩我的父母：没有他们把我带到这个世界上，没有他们的宠爱和教育，就没有我的一切。他们的眼睛在隔着的一个世界里始终在关注着我，督促我继续努力。我不断刻苦创造，是为报父母恩。

感恩我的师长领导：从小到大，各位不同的老师精心培育，教我做人，传我知识，让我成为今天这样一个学者。各位领导给我机会，让我施展才华，积累丰富经验，能够在各种场合都获得工作成绩，成为一位法学专家。

感恩我的朋友同事：顺境的时候，他们为我唱起赞歌，为我祝福；逆境的时候，他们为我张开臂膀，提供安全的港湾。

感恩我的妻子家人女儿：妻子和家人是亲人，给我爱和关心，给我腾飞的力量和基地。两个女儿是我的骄傲，留给我的都是欢乐。

感恩我的学生：12年的教育工作，让我有了像王竹这样的一百多位学生，接受我的学问，传承我的学说，给我的都是关爱与帮助，让我看到的是我的价值，还有将来的巨大希望。

…………

要感恩的何止这些人！儿时玩耍的伙伴，插队时的那些农民，军旅生涯中的战友，办案中的那些当事人……在我的成长中，他们都给我力量，是我不断成长的巨大动力。

五

我要特别说一说我的学生，因为他们是我的宝贵财富，是我快乐的源泉。

我爱我的学生，因为他们跟我的亲人一样。我曾经有一个心愿，那就是当年师长如何对我，我就要如何对我的学生，而且要更好，把师长给我的一切都传给我的学生。我把每一位学生都放在心中，尽自己所能，为他们提供发展的条件，让他们茁壮成长。

我最关心的是学生的学问。每一个学生做学问、写论文的时候，我都传授给他们经验，告诉他们研究方法。在知道每一个学生晋升职称、转到新的学校、发表科研成果，乃至上课受到学生欢迎的时候，都是我的快乐时光。

我关心学生的进步。学生不做学问的，在职场打拼也挺好啊！做好每一份工作，为人民尽职尽责办好每一个案件，是法律人的职责。我愿意看到我的学生升官，尽管我自己不愿意再去做官。对于我期盼其努力做学问的学生放弃学问从事政务，尽管我很生气，恨铁不成钢，但看到他们工作进步，看到他们生儿育女，过着幸福的生活，也感到快乐：气归气吧。

我关心学生的思想。我愿我的学生都思想健康，成为幸福快乐的人。哪一个学生有了思想障碍，我愁云密布；看到他们破解难题，轻装上阵，我无比快乐。

我也关心学生的生活。找到对象的，向我“报批”（假的，其实人家早已经谈好了，到我这里走走形式），我快乐；生儿育女的，向我报告，我快乐；购车买房的，向我报喜，我快乐；就是把在单位抢到房子的消息告诉我，我也快乐好几天。

一百多位学生的学问，一百多位学生的进步，一百多位学生的思想，一百多位学生的生活，也给我带来很大的负担，然而给我的也是巨大的快乐！付出精力，收获快乐，这是我爱我的职业，我爱我的职业的产品——学生的最大理由。

窗外飘洒着去冬今春的第一场雪。雪花飘进自己的院子，落在树上，飘在地上，和泥土融为一体。太阳晴好，雪花将化为甘露，滋养地力，长出幼苗，结出果实。我的职业何尝不是如此呢？

六

60 年春秋转瞬即逝。昨天已经过去，留下清晰的脚印；今天就在面前，还要努力工作；明天还有很多路要走，充满期待。秋季的香山，满山红叶。60 岁的人，也是满山红叶的季节。载着希望、载着快乐，60 岁以后的生活，尽管可能不会再有花环，不会再有奖杯，不会再有辉煌，但是有我钟爱的事业和亲爱的学生相伴，充满希望，充满快乐，一定会更加美好。

杨立新

中国人民大学民商事法律科学研究中心主任

中国人民大学法学院教授、博士研究生导师

中国法学会民法学研究会副会长

辛卯年正月初十初稿，中秋定稿

作为民法解释学基本解释取向的“合理性推定”（代自序）

——以《侵权责任法》的理解与适用为例

在有限的几年民法研习过程中，笔者逐渐形成了一种思维上的倾向，即努力证成立法活动的正当性，这既包括在《物权法》和《侵权责任法》起草过程中对草案①和立法程序②的合宪性论证，也包括在立法通过或者修正之后③对条文合宪性④和合理性⑤的论证。在与学界同仁的交流过程中，有学者对笔者的思维倾向进行总结，认为总是更倾向于维护立法活动的正当性，并对这种倾向提出了质疑。有意思的是，笔者也观察到不少学者持有努力证成立法活动非正当性的倾向。笔者感悟到，民法解释学除了在方法上存在利益衡量与逻辑论证，还存在更深层次的基本解释取向问题。本书正是笔者所持“合理性推定”基本解释取向在《侵权责任法》的理解与适用中的实践，在此也借本书杀青之际，略书心怀，与同仁共勉。

一、解释取向在民法解释学中的逻辑方向性作用

笔者在阅读不同学者文章的过程中，时而发现基于同样的素材却得出截然相反的结论，可谓“见仁见智”；而完全相反的逻辑论证却能够得出同样的结论，可谓“道不同，可相谋”。造成这种反差的关键在于论者心中已经自觉或者不自觉地得出了某种意义上的结论，论证过程不过就是从素材到结论的不断达到，这种不断达到的方向性就是笔者所谓的“解释取向”。

我国民法学研究由于较为缺乏实证研究的支撑，除逻辑错误之外很难实现证伪。即使是引入实证研究，仍然存在同样数据得出不同结论的风险。无须讳言，在

① 参见王竹：《论〈民法通则〉与〈物权法（草案）〉的合宪性》，《判解研究》2006 年第 3 期。

② 参见王竹：《〈侵权责任法〉立法程序的合宪性解释——兼论“民法典”起草过程中的宪法意识》，《法学》2010 年第 5 期。

③ 参见姚宝华、王竹：《新修改〈道路交通安全法〉第 76 条第 1 款第 2 项的解读与适用》，《人民司法》2008 年第 15 期。

④ 参见杨立新、王竹：《解释论视野下的〈物权法〉第一百六十六条和第一百六十七条》，《河南省政法管理干部学院学报》2008 年第 1 期。

⑤ 参见王竹：《比较法孤例：饲养动物致害的三个无过错责任条款》，《中国社会科学报》，2010 年 6 月 22 日，第 10 版。

仍然大量存在“站队派”和“折中派”的研究现状下，解释取向的逻辑方向性作用不可小觑。

解释取向既存在于微观层面，也存在于宏观层面。微观层面的解释取向较为世俗，“对事”甚至“对人”，大致相当于所谓的“问题”，更多地受到解释者个人经历、社会观念的影响。以《侵权责任法》为例，如个案中过错的认定、原因力大小的判断等。微观层面解释取向的差异在对抗制诉讼中集中体现为双方当事人主张的对立性。宏观层面的解释取向，不“对一件事”，但对“一类事”；也不“对一个人”，但对“一类人”。宏观层面的解释取向较为超脱，大致相当于所谓的“主义”，涉及解释者的政治理想与知识背景，往往针锋相对的宏观层面解释取向在论证上不分伯仲，又往往互为依存，以《侵权责任法》为例，如救济受害人与保护行为自由、维护公平与追求效率等。宏观层面的解释取向无所谓对错，对解释者来说是不证自明的，对反对者来说则是不可接受的。

二、作为民法解释学基本解释取向的“合理性推定”

笔者认为，在宏观层面的解释取向之上，还存在一个基本解释取向的层次，较之宏观层面更为超脱，直接涉及法解释学对立法活动的基本态度，是法解释学的逻辑出发点。基本解释取向跨越解释群体的政治理想和知识背景，以法治的建立和完善作为基本目标，包括对立法活动合宪性和合理性两个方面的基本态度。

就立法活动的合宪性而言，宪法学界已经基本达成了共识，即法解释学应该秉持“合宪性推定”原则。所谓“合宪性推定”，是指在法律解释过程中，在逻辑出发点上推定立法者的立法行为符合宪法，除非无法基于这一推定得出合乎逻辑的解释，而立法行为又明显超越了合理限度而违反宪法，才不得不认定立法违宪。这种基本解释取向，对于确保一部法律，尤其是新法的权威，意义重大。对此整个法学界基本上也予以认可。

但就立法活动的合理性，则难谓存在统一认识。笔者观察到，民法学界对立法活动乃至司法解释的批评之声多于维护之音，这当然和我国民事立法质量不高的客观现象有关。但一味地批评之后，提出的意见无外乎是比较法移植或者折中，难谓具有建设性。笔者很难想象这种学术研究路径可能对我国民法学带来实质性的发展。鉴于“民法典”的起草已经进入收官阶段，可以预见，未来“民法典”将以现行民事立法和重要司法解释为基础进行法典化。在今后十年的“民法典”起草关键期，民法学界最恰当的选择应该是与立法机关一道，携手为新中国第一部“民法典”的诞生而努力奋斗，以实现几代民法学人的理想。在此，笔者将自己所持的基本解释取向总结为“合理性推定”，即在法律解释过程中，在逻辑出发点上推定立法者的立法活动是合理的，除非无法基于这一推定得出合乎逻辑的解释，而立法行为又明显地存在不可调和的矛盾，才不得不认定立法存在不合理之处，并择其中相对合理的部分赋予解释论意义上的效力，舍弃相对不合理的部分，并提出修正建议。

三、“合理性推定”对民法解释学提出的两个方法维度要求

对立法活动的“合理性推定”首先是对立法者和立法本意的尊重，意在维护立法的权威，进而维护法律的权威，因此对民法解释学特别提出了两个方法维度的要求，即在进行法律解释的过程中，纵向运用立法史解释方法，探求立法者的立法本意；横向运用文义解释方法，在用语上追求体系强制。

（一）纵向的立法史解释方法

所谓纵向的立法史解释方法，即推定立法者对某一条款的起草过程充分理解并经过仔细斟酌，最后的立法选择代表了立法者最为精细化的利益考量和最为理想化的立法表达。通过对比某一条款在历次草案中的用语和位置变化，以及和其他相关条文的相对位置变化，来探求某一条款的立法本意。就我国民法解释学涉及的“纵向”范围，从对我国民事立法实际的影响程度来看，应该以新中国前三次“民法典”起草为起点①，以《民法通则》以来的立法实践和司法解释以及重要司法案例为主体②，尤其应重视立法机关通过各部民事法律之前的官方立法草案和草案说明文件。③

纵向的立法史解释方法不排斥比较法研究，但笔者认为，在“纵向”范围内对当时立法草案产生了影响的比较法资料仅具有当时意义上的立法史价值，不能对立法活动本身产生直接的解释效力。④

（二）横向的文义解释方法

所谓横向的文义解释方法，即推定立法者具有抽象意义上的同一性，在同一时代的立法过程中，在整个法律体系中对每一个术语、句式乃至标点符号的运用都经过了仔细斟酌，最后的立法选择代表了立法者最为精确的立法表达。通过对某一术语、句式乃至标点符号在整个法律体系中的对比，来探求该术语⑤、句式⑥乃至标点符号的立法本意。就中国民法解释学涉及的“横向”范围，应该以现行有效的239部法律为主体，参考与研究对象，即法律条文相关的司法解释，尤其应重视民事法律体系内部用语的统一性。民法解释学的文义解释，要立足于中文语言特色，

① 参见王竹：《我国侵权法上“公平责任”源流考》，《甘肃政法学院学报》2008年第2期。

② 参见王竹：《论补充责任在〈侵权责任法〉上的确立与扩展适用》，《法学》2009年第9期。

③ 参见王竹：《〈侵权责任法〉第86条第1款的理解与适用》，《月旦民商法》第31期。

④ 参见杨立新、王竹：《论侵权法上的受害人过错制度》，《私法研究》第7卷。

⑤ 参见王竹、刘雨林：《“High pressure”抑或“high voltage”——对〈侵权责任法〉第73条“高压”的本意解读》，载杨遂全主编：《民商法争鸣》(第2辑)，法律出版社2010年版；李东岳、王竹：《“排除妨碍”与“排除妨害”的立法技术研究》，载杨遂全主编：《民商法争鸣》(第3辑)，法律出版社2010年版。

⑥ 参见王竹：《论法定型不真正连带责任及其在严格责任领域的扩展适用》，《人大法律评论》2009年卷。

重视分号①、“难以”② 等特殊中文解释对象。

横向的文义解释方法，不完全排斥行政法规和规章，但从我国现行行政立法实践出发，各级地方立法机关和行政机关并未自觉地遵守法律用语的体系强制，而且行政法规和规章的政策性较强，因此，除非它们与立法有高度的关联性并贯彻了与立法一致的立法技术和用语体系，如各类“实施细则”，否则一般不被纳入“横向”范围。

四、“合理性推定”的例外与“立法论修正”

纯粹的逻辑无法完成理论证成，却能够实现证伪。在“合理性推定”的基本解释取向指引下，如果解释者穷尽了一切解释技巧，仍然不能得出逻辑顺畅的解释结论，则解释者已经完成了“合理性推定”义务，应该转而考虑对解释对象提出修正意见，即笔者所谓的“立法论修正”。

“立法论修正”实质上是建立在对立法本身逻辑性否定的基础上，是一种法律修改建议。“立法论修正”也应该继续秉持“合理性推定”的基本取向，即推定立法活动的逻辑问题只存在于部分而非全部，因此，应尽量提出部分修改性而非全盘否定性的立法建议。立法建议在我国当前的立法实践中，可以通过司法解释予以表达，但从尊重立法活动权威性的更长远的角度出发，应该由立法机关自行作出。

立法机关作出的法律修改决定，应该立即被赋予“合理性推定”，推定立法者已经修正了立法缺陷，实现了立法的圆满性。此时的纵向立法史分析应该主动将被修改的原法律规定纳入考虑范围，以最大限度地实现“合理性推定”③。

五、对草案起草机关权威解读的“合理性推定”态度

我国的民事立法活动没有撰写立法理由书的传统，希望未来在“民法典”制定过程中能够充分考虑到立法理由书的重要性。为展示立法者本意，避免司法适用的混乱，笔者建议由参与法律起草的主要学者起草立法理由书，并由立法机关审定后赋予其法定效力。笔者认为，在当前没有立法理由书的情形下，应该特别重视草案起草机关的权威解读对揭示立法本意的作用，对草案起草机关权威解读持一种“合理性推定”态度。这是考虑到，草案起草机关最大限度地参与了立法过程，包括草案的准备、修改意见的汇总和修改意见在草案修改中的实现等，这些都是学者无法直接参与的过程。

应该指出，对草案起草机关权威解读的“合理性推定”态度，不是笔者所持的基本解释取向，而是一种探求立法本意的思维方式，因此允许在权威解读不符合基

① 参见姚宝华、王竹：《新修改〈道路交通安全法〉第 76 条第 1 款第 2 项的解读与适用》，《人民司法》2008 年第 15 期。

② 王竹、赵尧：《论建筑物抛掷物、坠落物致害道义补偿责任——兼论建筑物抛掷物、坠落物致害强制责任保险制度的建立》，《政法论丛》2010 年第 5 期。

③ 姚宝华、王竹：《新修改〈道路交通安全法〉第 76 条第 1 款第 2 项的解读与适用》，《人民司法》2008 年第 15 期。

本法理和逻辑的前提下，作出不同解释。这是因为，草案起草机关并非立法机关本身，草案起草机关在进行草案准备和根据立法机关组成人员意见修订草案时，是按照草案起草机关工作人员对基本法理、逻辑和修改意见的理解来完成的，因而存在偏离立法者本意的可能。

本文并非学理意义上的论证，只是基于自己初步的观察和思考，发表一点浅见。若有“标题党”的嫌疑，还请读者见谅。

王　竹

法学博士、四川大学法学院副教授

中国人民大学民商事法律科学研究中心侵权法研究所副所长

2011 年 8 月 21 日　于成都花郡寓所

第三版修订说明

本书于2012年出版第一版，于2018年出版第二版，原计划在《民法典》通过之后就修订出版第三版，但考虑到《民法典》侵权责任编司法解释（以下简称《民法典侵权责任编解释》）已经在征求意见，就一直期待该司法解释出台后再定稿。2022年暑假，难得的闲暇，让我能够集中精力完成初稿的修改，也在书中对《民法典侵权责任编解释》提出了20余处完善建议。2023年以来，我多轮参与民法典侵权责任编解释（一）征求意见，并将相关最新进展纳入本书。相比于本书第二版，第三版作出如下调整：

第一，在《民法典》生效的同时，原《侵权责任法》废止，原专题一“《侵权责任法》立法程序合宪性与‘民法典’起草过程中的宪法意识研究”尽管在法典化时代仍然意义重大，但已经不适合本书的定位，因此忍痛删去。

第二，原专题二“实质意义上侵权法的效力判断方法与立法展望研究”中对应的原《民法通则》和原《侵权责任法》并行的时代已经过去，且《民法典》时代的特别侵权法尚未完成体系化调整，暂从本书删去。

第三，原专题三“《民法典·侵权责任编》的编纂背景与结构调整”成稿于原《民法总则》颁布之后、《民法典》颁布之前，包括删除“不承担责任和减轻责任的情形”章标题在内的多条立法建议被立法机关采纳，本书以该专题为基础，修改为新专题一“《民法典》侵权责任编一般侵权责任部分体系解说”。

第四，鉴于学界关于责任保险对侵权法的影响过度高估与现实中责任保险对我国侵权法的影响有限形成的反差，本书纳入我近年来基于司法案例数据分析的成果，设置新专题二“责任保险对我国侵权法的实际影响研究”。

第五，为了进一步地纯化“侵权责任构成论”中的损害赔偿责任性质，原专题十一“赔礼道歉民事责任方式的源流、承担与执行研究”经过更新后被安排在了“导论”部分作为专题三“赔礼道歉民事责任方式研究”。

第六，鉴于司法实务中侵害人格权造成财产损害时的司法适用困境，本书纳入我近年来基于司法实务分析的成果，设置新专题四“侵害人格权造成财产损害的损害赔偿金的计算方式研究”。

第七，鉴于学说上对于《精神损害赔偿司法解释》（法释〔2001〕7号）第4条规定的特定纪念物品的“人格象征意义”具体所指本就存在争议，《民法典》第1183第2款使用的“人身意义”术语也需要明确，本书设置新专题五“侵害特定纪念物品精神损害赔偿规则的适用范围研究”。

第八，鉴于《民法典》第1191条删除了劳务派遣单位承担“不真正补充责任”的规定，限于本书篇幅，删除了原专题五“劳务派遣工作人员的侵权责任研究”。

第九，鉴于《民法典》增设多处关于惩罚性赔偿责任的规定，并扩展了缺陷产品惩罚性赔偿责任的适用范围，本书设置新专题八“我国缺陷产品惩罚性赔偿责任研究”。

第十，为了纯化“侵权公平责任论”中的“免责不尽公平”原则，原专题二十三“动物园饲养动物损害责任的类型化研究”经过更新后被安排在“侵权责任构成论”中，作为专题十“动物园饲养动物损害责任研究”。

第十一，鉴于原专题七“缺陷产品营销参与者责任研究”涉及的法律和司法解释都有较大幅度修改，且部分结论能够从本书保留和新增的专题理论中推导出来，出于篇幅的考虑，在本次修订时予以删除。

第十二，鉴于《民法典》第1223条新增“药品上市许可持有人”这一责任主体的司法效果还有待观察，该条涉及的医事法领域更新已经在“侵害患者知情同意权侵权责任研究”专题中体现，暂时删除原专题九“产品责任对医疗机构和输入不合格血液致害的准用研究”。

第十三，鉴于《民法典》第1252条明确了不动产设施质量缺陷责任的举证责任，但未修正为不真正连带责任的标准表述，法律适用效果还有待观察，暂时删除原专题十“不动产设施设置缺陷责任研究”。

第十四，原“侵权责任构成论”的8个专题经过上述调整后，剩余的原专题四“我国侵权法中使用人替代责任的谱系化建构研究”、原专题六“我国产品责任制度发展阶段研究”和原专题八“侵害患者知情同意权侵权责任研究”经过更新后继续保留，作为专题六、七和九。

第十五，鉴于“我国产品责任制度发展阶段研究”专题已经对《民法典》中“产品责任”章的相关修改予以了评述，限于篇幅，暂时删除原专题十九“不真正连带责任研究”。

第十六，“侵权责任分担论”原有8个专题，删除原专题十九“不真正连带责任研究”之后，剩余专题经过完善后全部保留，分别是专题十一“数人侵权责任分担原则研究”、专题十二“受害人过错制度研究”、专题十三“教唆行为与帮助行为责任研究”、专题十四“共同危险行为责任研究”、专题十五“数人侵权责任分担中最终责任份额的确定方式研究”、专题十六“连带责任分摊请求权研究”和专题十七“侵权补充责任研究”。

第十七，鉴于《民法典》第1186条改变了原《侵权责任法》第24条的一般条款性质，改为对法律规定的侵权公平责任的框架性条款，而我国现行法尚无相关具体规定，暂时删去原专题二十“我国侵权法上公平责任一般条款的体系定位研究”。

第十八，鉴于我国侵权法上的公平责任体系在经历了原《民法通则》和原《侵权责任法》两个阶段后，已经迈入了《民法典》时代，本书将原专题二十一“我国侵权法上公平责任的类型化研究”完善为新专题十八“我国侵权公平责任体系研究”。根据读者来信反馈，在该专题补充了原《民法通则》通过之前学界对侵权公平责任的讨论文献。

第十九，鉴于《民法典》第1254条第1款完全包含了原《侵权责任法》第87条的内容，并增设了第2款和第3款，《民事案件案由规定》（法〔2020〕347号）也将案由“不明抛掷物、坠落物损害责任纠纷”修改为“高空抛物、坠物损害责任纠纷”，本书将原专题二十二“来源不明抛掷、坠落物品致害建筑物区分使用人道义补偿责任研究”完善为专题二十二“高空抛物坠物损害责任研究”。

第二十，原“侵权公平责任论”有4个专题，在进行上述调整后，新增5个专题，分别是专题十九“被监护人致害公平责任研究”、专题二十“无过错暂时失去行为控制时致害公平补偿责任研究”、专题二十一“机动车交通事故损害补偿责任研究”、专题二十三“无偿个人帮工关系中的人身保护公平责任研究”和专题二十四“见义勇为人受损受益人补偿责任研究”，除立法上尚未明确的共同意外分担公平责任类型之外，涵盖了我国侵权公平责任的另外三个类型，即行为能力欠缺公平责任、优者负担补偿公平责任和受益人身保护公平责任。

本书第一版合计17个专题，第二版合计23个专题，第三版经过上述调整后合计24个专题，并延续了导论、侵权责任构成论、侵权责任分担论和侵权公平责任论的“1+3”四编体例。这样的专题设置能够较好地适应各高校研究生“侵权法”课程的教学需要，并使本书可以作为本科生“侵权法”课程的进阶参考书。

本书从第一版到第三版，均有少数专题的最初论文发表版本为我与恩师杨立新教授合著，或者我与我的学生合著。正是恩师当年手把手的教导，才有学生出师后的成长。所以我也将这种“合著指导”的方式，作为“杨门”三代的传承，继续发扬光大。只是近年来期刊逐渐限制合著论文发表，我从2022年开始接手于2009年与杨遂全教授一同创办的集刊《民商法争鸣》，深知合著比例与作者背景在当前期刊评价体系中的权重。窃以为，博士研究生招生数量逐年扩大，如果不改变当前的论文发表和期刊评价机制，必然会影响到法学研究的进步和法律共同体的可持续发展。我建议法学期刊尽快试行通讯作者制度，兼顾第一作者的贡献与通讯作者的学术职责，结合匿名审稿制度，共同优化学术发表环境。我将尝试在《民商法争鸣》编辑部试水通讯作者制度，也希望能够得到各位师友的大力支持！

本书各专题的内容（中英文版本）先后分别作为康奈尔大学、牛津大学、布里斯托大学、维克森林大学、欧洲侵权法研究中心、悉尼大学、中国人民大学、北京大学、清华大学、南京大学、厦门大学、浙江大学、武汉大学、吉林大学、山东大学、复旦大学、北京航空航天大学、东吴大学、辅仁大学、澳门大学等法学院的学术讲座和学术会议专题报告的内容，并成为世界侵权法学会“中国民法典侵权责任编特别会议”的主题报告。这促使本书的内容在论文发表后能够不断地更新完善。感谢历次讲座嘉宾、与会师友和同学们提出的宝贵意见与建议！

我在修改本书第三版的同时，同步更新了根据本书第二版制作的“侵权责任法专题讲座系列”慕课。在完善原第一辑“侵权责任法总论”的基础上，新制作了第二辑“侵权公平责任论”、第三辑“侵权责任分担论”，并将根据新的研究进展择机制作第四至六辑“侵权责任构成论”。各位读者可以在“学习强国”App、“中国大学MOOC”、“学堂在线”、“智慧树”和“超星学银在线”等平台选修上述课程，也欢迎学界师友批评指正。

感谢刘志阳教授、廖运刚教授和胡乃馨教授协助我查证德语、法语和俄语文献。我的学生王彦朝和帅仁策在本书第三版修订过程中付出了辛勤的工作。特别感谢中国人民大学出版社的长期认可和大力支持！本书的出版得到了四川大学研究生教材培育计划项目（GSJCPY2021001）和四川大学研究生教育教学改革研究项目（GSSCU2021054）的资助，特此致谢！

王竹　法学博士

四川大学市场经济法治研究所所长、法学院教授

中国人民大学民商事法律科学研究中心侵权法研究所副所长

电子邮件：wangzhu@scu. edu. cn

初稿：壬寅年·中秋，静默家中

定稿：癸卯年·中秋，大竹祖屋

第二版修订说明

本书第一版自 2012 年出版至今快六年了。从我自己和同仁在教学中使用的情况和读者来信反馈来看，本书选取的专题都是理论上和实务中的热点和难点问题，非常适合作为硕士研究生“侵权法”课程的教材和参考书；此外，本书的不少读者是有志于学术研究的高年级本科生和考研学子。除此之外，本书作者还特意避免选择那些因为过于深奥而不适宜这一读者群的专题，例如权利与利益的区分保护、违法性与过错、因果关系等。通过阅读本书，读者不但能够就相关问题与作者对话，还能够初步掌握学术论文选题、谋篇、布局、成文各个阶段的写作技巧，逐渐体会宏观、中观、微观三个不同层次的论证方式，从而达到本书既“授之以鱼”又“授之以渔”的目的。第一版能够得到读者的认可，也让本书作者萌生了将这本书定位为侵权法领域专题性研究生教材和高年级本科生参考书，长期跟踪司法实务和理论的热点，及时持续修订下去的念头，并得到了郭虹编辑的大力支持。

相比于本书第一版，第二版作出如下调整：

第一，根据 2017 年 3 月 15 日通过的《民法总则》，结合“编纂民法典”的最新进展，新增了“《民法典·侵权责任编》的编纂背景与结构调整”专题，并对导论部分的“《侵权责任法》立法程序合宪性与‘民法典’起草过程中的宪法意识研究”和“实质意义上侵权法的效力判断方法与立法展望研究”两个专题进行了修正。

第二，根据司法实务中对使用人责任理论体系的需求，增加“我国侵权法上使用人替代责任的谱系化建构研究”和“劳务派遣工作人员的侵权责任研究”两个专题。

第三，鉴于自 2013 年 1 月 1 日起施行的《最高人民法院关于审理侵害信息网络传播权民事纠纷案件适用法律若干问题的规定》和自 2014 年 10 月 10 日起施行的《最高人民法院关于审理利用信息网络侵害人身权益民事纠纷案件适用法律若干问题的规定》部分采纳了本书第一版专题三“网络侵权责任若干疑难问题研究”的理论学说，已经没有必要将该专题作为疑难问题纳入本书，因此删除该专题。

第四，鉴于自2012年12月21日起施行的《最高人民法院关于审理道路交通事故损害赔偿案件适用法律若干问题的解释》部分采纳了本书第一版专题五“机动车交通事故责任基本规则研究”的理论学说，已经没有必要将该专题作为疑难问题纳入本书，因此删除该专题。

第五，鉴于2013年10月25日修正的《消费者权益保护法》部分采纳了本书第一版专题四“缺陷产品预防性责任研究”的理论学说，已经没有必要将该专题作为疑难问题纳入本书，因此删除该专题。

第六，根据《世界侵权法学会报告（I）：产品责任》（人民法院出版社2015年版）的比较法研究，为了展示我国产品责任具有的原发性和中国特色，新增了“我国产品责任制度发展阶段研究”专题。

第七，鉴于自2014年3月15日起施行的《最高人民法院关于审理食品药品纠纷案件适用法律若干问题的规定》缺乏体系化整理，增加“缺陷产品营销参与者责任研究”专题。

第八，根据司法实务中医疗产品责任的难点，增加“产品责任对医疗机构和输入不合格血液致害的准用研究”专题。

第九，根据司法实务和理论的热点，增加“赔礼道歉民事责任方式的源流、承担与执行研究”专题。

第十，根据最新理论进展，增加“数人侵权责任分担原则研究”专题。

第十一，根据司法实务的最新进展，本书第一版专题十七“建筑物抛掷物、坠落物致害道义补偿责任研究”扩充为第二版专题二十二“来源不明抛掷、坠落物品致害建筑物区分使用人道义补偿责任研究”。

第十二，针对近年来发生的“北京八达岭野生动物园老虎伤人事件”和“宁波雅戈尔动物园老虎伤人事件”等动物园饲养动物损害热点事件，新增了“动物园饲养动物损害责任的类型化研究”专题。考虑到参观者在动物园隔离区之外被动物侵害的情形，动物园应当承担未尽管理职责的无过错责任，动物园尽到管理职责是类似监护人责任的法定减责事由，与《侵权责任法》第32条规定的监护人公平责任类似，将这一专题纳入“侵权公平责任论”。

本书第一版合计17个专题，上述调整共计删除3个专题，新增9个专题，充实1个专题；对其余专题也根据立法、司法和理论的最新进展进行了一定的微调，故第二版合计23个专题。本书原设“侵权责任公平论”，根据最新的研究进展，本书作者认为“侵权公平责任论”的称谓更为准确。本书第二版按照导论、侵权责任构成论、侵权责任分担论和侵权公平责任论的“1+3”四编的体例展开。这样的专题设置能够较好地适应各高校研究生“侵权法”课程的教学需要，并可以使本书作为本科生“侵权法”课程的参考书。

本书第二版的专题一“《侵权责任法》立法程序合宪性与‘民法典’起草过程中的宪法意识研究”、专题二“实质意义上侵权法的效力判断方法与立法展望研究”、专题十一“赔礼道歉民事责任方式的源流、承担与执行研究”和专题十二“数人侵权责任分担原则研究”已经制作完成慕课“侵权责任法总论”（“侵权责任法专题讲座系列”第一辑），读者可以在“中国大学 MOOC”平台免费参与学习。①至于本书其余专题，将逐步作为“侵权责任法专题讲座系列”慕课推出。如果读者有兴趣体系化地学习侵权法，可以学习本书作者主讲的“侵权责任法”（国家精品在线开放课程）。②

本书各章节的中英文版本先后分别在牛津大学、布里斯托大学、中国人民大学、清华大学、南京大学、厦门大学、东吴大学、辅仁大学以及澳门大学等的法学院作过学术讲座，并在维克森林大学、欧洲侵权法研究中心（维也纳）、悉尼大学、北京大学、浙江大学、武汉大学、吉林大学、山东大学、复旦大学、北京航空航天大学、苏州大学、西南政法大学、烟台大学等机构主办的学术会议上进行了数十次专题报告和讨论，从而使本书第一版保留内容和第二版新增的部分在论文发表后能够不断地更新和完善并结集出版。特别感谢恩师杨立新教授、Koziol 教授、Green 教授、Nolan 教授、Oliphant 教授、McDonald 教授和各次讲座点评嘉宾、会议与会嘉宾、同学们提出的宝贵意见和建议！

本书的出版，得到了教育部人文社会科学重点研究基地重大项目“中国侵权责任法改革研究”（16JJD820015）和四川大学学术学位研究生教材建设项目“侵权责任法疑难问题专题研究（第二版）”（2016KCJS031）的资助，特此致谢！

王竹　博士

四川大学法学院教授、博士研究生导师、法律大数据实验室主任

中国人民大学民商事法律科学研究中心侵权法研究所副所长

世界侵权法学会执行委员会秘书长

电子邮件：wangzhu@scu. edu. cn

个人博客：www. profwang. com

2017 年 8 月 1 日 初稿于日本京都

2018 年 2 月 2 日 定稿于海南博鳌

① 课程地址：http：//www. icourse163. org/course/SCU-1001955003。

② 课程地址：http：//www. icourse163. org/course/SCU-46013，可以直接访问 www. tortliabilitylaw. com。

目　录

导　论

侵权责任构成论

侵权责任分担论

侵权公平责任论

导　论

专题一

《民法典》侵权责任编一般侵权责任部分体系解说

《民法典》侵权责任编一般侵权责任部分，是指该编第一章“一般规定”和第二章“损害赔偿”，对应的是原《侵权责任法》的第一章“一般规定”、第二章“责任构成和责任方式”和第三章“不承担责任和减轻责任的情形”。相较于特殊侵权责任部分，《民法典》侵权责任编第三至十章大体上能够在结构和内容上对应原《侵权责任法》第四至十一章，一般侵权责任部分主要有三大变化：第一，受到《民法典》总则编立法的影响，被“总则化”了9个条文①；第二，“损害赔偿”独立成章；第三，删除了“不承担责任和减轻责任的情形”章标题。因此，有必要对该部分的立法背景进行体系解说，以供法律适用参考。

一、《民法典》总则编的“总则化”和新增的侵权责任规范

《民法典》总则编中的侵权责任规范可以分为原《侵权责任法》规则的“总则化”和新增规则两大类，主要分布在第八章“民事责任”，也涉及第九章“诉讼时效”。

（一）原《侵权责任法》规范的“总则化”

原《侵权责任法》规范的“总则化”主要包括如下方面：

第一，一般数人侵权责任分担规则的总则化。《民法典》第177条将原《侵权责任法》第12条②中包含的按份责任最终责任分担规则抽出作为一般性规则规定：“二人以上依法承担按份责任，能够确定责任大小的，各自承担相应的责任；难以确定责任大小的，平均承担责任。”这一做法值得赞许。《民法典》第178条前两款整合了原《侵权责任法》第13条连带责任对外责任分担和第14条连带责任对内最

① 《民法典》第120条规定的“民事权益受到侵害的，被侵权人有权请求侵权人承担侵权责任”是对原《侵权责任法》第2条第1款“侵害民事权益，应当依照本法承担侵权责任”和第3条“被侵权人有权请求侵权人承担侵权责任”的整合，但不属于本文所称的“总则化”，因此没有纳入。

② 原《侵权责任法》第12条规定：“二人以上分别实施侵权行为造成同一损害，能够确定责任大小的，各自承担相应的责任；难以确定责任大小的，平均承担赔偿责任。”

终责任分担的规则，第 3 款兼顾到了侵权责任和违约责任这两大主要适用范围，规定：“连带责任，由法律规定或者当事人约定。”实现了连带责任规则的总则化，补全了我国民法上长期缺乏连带责任规则，不得不准用原《民法通则》第 87 条连带之债规定的缺憾。[①] 遗憾的是，《民法典》第 178 条第 2 款在总则化过程中未能与第 177 条一致，保留“相应的”数人责任分担规则的“显性”表达习惯，导致该数人责任分担规则的“隐性化”：“连带责任人的责任份额根据各自责任大小确定；难以确定责任大小的，平均承担责任。实际承担责任超过自己责任份额的连带责任人，有权向其他连带责任人追偿。”这进一步导致《民法典》总则编未能整合第 177 条按份责任和第 178 条第 2 款第一句连带责任的对内最终责任分担规则。[②]

第二，主要侵权责任方式的总则化。《民法典》第 179 条第 1 款是对主要民事责任承担方式的规定。尽管《民法典》侵权责任编将原《侵权责任法》第八章“环境污染责任”[③] 充实为了第七章“环境污染和生态破坏责任”，但该款最终未能确立“修复生态环境”责任的主要民事责任承担方式的地位，未能达到《民法典》第 9 条规定的“生态文明原则”[④] 的立法要求。

第三，三项侵权责任抗辩事由的总则化。《民法典》第 180 条合并了原《民法通则》第 107 条和第 153 条的内容，对不可抗力作了统一规定，将其作为抗辩事由适用于整个民事责任体系。《民法典》总则编随后在第 181 条和第 182 条规定了正当防卫和紧急避险两种抗辩事由，内容相比原《侵权责任法》第 30 条和第 31 条仅有略微调整。但《民法典》总则编未能体系化地补充“自助行为”这一重要抗辩事由，以形成自助行为与自卫行为（含正当防卫和紧急避险）并列，形成完整的私力救济体系，反而在《民法典》第 1177 条规定自助行为，实属遗憾。[⑤]

第四，见义勇为人受害责任的总则化。《民法典》第 183 条对见义勇为人受害责任进行了规定，其内容较原《侵权责任法》第 23 条略有调整，体例上延续了原《民法通则》第 109 条被规定在第六章“民事责任”的第一节“一般规定”的安排。

第五，侵权责任优先规则的总则化。《民法典》第 187 条以原《侵权责任法》第 4 条侵权责任优先规则为编纂对象，规定了完整的“民事责任优先规则”。

① 我国台湾地区存在类似的问题。参见邱聪智：《新订民法债编通则》（下），中国人民大学出版社 2004 年版，第 394 页。

② 详见王竹：《论数人侵权责任分担中最终责任份额的确定方式》，《法商研究》2010 年第 6 期。

③ 原《侵权责任法》只在第八章标题使用了“环境污染”的表述，而在条文中均使用“污染环境”的表述。应当指出，“污染环境”的表述更为准确，未来《民法典》侵权责任编应该予以修正。

④ 《民法典》第 9 条规定：“民事主体从事民事活动，应当有利于节约资源、保护生态环境。”不少学者将该条命名为“绿色原则”。笔者认为，从“生态文明”的定位看，该条应该命名为“生态文明原则”，更为合适。

⑤ 《民法典》第 1177 条规定：“合法权益受到侵害，情况紧迫且不能及时获得国家机关保护，不立即采取措施将使其合法权益受到难以弥补的损害的，受害人可以在保护自己合法权益的必要范围内采取扣留侵权人的财物等合理措施；但是，应当立即请求有关国家机关处理。受害人采取的措施不当造成他人损害的，应当承担侵权责任。”

（二）《民法典》总则编新增的侵权责任规范

《民法典》总则编新增的侵权责任规范主要包括如下方面。

第一，自愿实施紧急救助行为致害免责规定。《民法典》总则编新增第 184 条："因自愿实施紧急救助行为造成受助人损害的，救助人不承担民事责任。"该条没有设置故意或者重大过失情形的除外条款①，立法过于仓促，徒生疑惑，建议最高人民法院尽快出台司法解释予以补救。

第二，侵害英雄烈士等人格利益侵权责任。《民法典》第 185 条新增规定："侵害英雄烈士等的姓名、肖像、名誉、荣誉，损害社会公共利益的，应当承担民事责任。"这是践行《民法典》第 1 条规定的"弘扬社会主义核心价值观"的典型立法体现。② 作为最高人民法院《关于适用〈中华人民共和国民法典〉时间效力的若干规定》（以下简称"《民法典时间效力规定》"）（法释〔2020〕15 号）第 2 条规定的"更有利于弘扬社会主义核心价值观的除外"的溯及既往适用典型，《民法典时间效力规定》第 6 条规定："《中华人民共和国民法总则》施行前，侵害英雄烈士等的姓名、肖像、名誉、荣誉，损害社会公共利益引起的民事纠纷案件，适用民法典第一百八十五条的规定。"对比最高人民法院《关于确定民事侵权精神损害赔偿责任若干问题的解释》（以下简称"《精神损害赔偿司法解释》"）（法释〔2001〕7 号）第 3 条第 1 项的规定③，二者具有相似的保护范围。《民法典》第 185 条更突出侵害对象为"英雄烈士等"且"损害社会公共利益"，更应该通过公益诉讼予以保护。④ 第 185 条的规定具有偶然性，在《民法典》总则编立法过程中引起较大争议的"狼牙山五壮士"名誉权纠纷案⑤对本条规定的确立起到了明显的推动作用。早在 2002

① 参见石宏主编：《〈中华人民共和国民法总则〉条文说明、立法理由及相关规定》，北京大学出版社 2017 年版，第 437－438 页。

② 参见石宏主编：《〈中华人民共和国民法总则〉条文说明、立法理由及相关规定》，北京大学出版社 2017 年版，第 440 页。

③ 《精神损害赔偿司法解释》（法释〔2001〕7 号）第 3 条第 1 项规定："自然人死亡后，其近亲属因下列侵权行为遭受精神痛苦，向人民法院起诉请求赔偿精神损害的，人民法院应当依法予以受理：（一）以侮辱、诽谤、贬损、丑化或者违反社会公共利益、社会公德的其他方式，侵害死者姓名、肖像、名誉、荣誉。"《精神损害赔偿司法解释》（法释〔2020〕17 号）第 3 条保留了类似规定："死者的姓名、肖像、名誉、荣誉、隐私、遗体、遗骨等受到侵害，其近亲属向人民法院提起诉讼请求精神损害赔偿的，人民法院应当依法予以支持。"

④ 《英雄烈士保护法》第 25 条规定："对侵害英雄烈士的姓名、肖像、名誉、荣誉的行为，英雄烈士的近亲属可以依法向人民法院提起诉讼。""英雄烈士没有近亲属或者近亲属不提起诉讼的，检察机关依法对侵害英雄烈士的姓名、肖像、名誉、荣誉，损害社会公共利益的行为向人民法院提起诉讼。""负责英雄烈士保护工作的部门和其他有关部门在履行职责过程中发现第一款规定的行为，需要检察机关提起诉讼的，应当向检察机关报告。""英雄烈士近亲属依照第一款规定提起诉讼的，法律援助机构应当依法提供法律援助服务。"

⑤ 参见《人民法院依法保护"狼牙山五壮士"等英雄人物人格权益典型案例》，《人民法院报》2016 年 10 月 20 日第 003 版。

年《最高人民法院公报》就刊载了《彭家惠诉〈中国故事〉杂志社名誉权纠纷案》①，对于该条最高人民法院《关于确定民事侵权精神损害赔偿责任若干问题的解释》（以下简称“《精神损害赔偿司法解释》”）的司法适用可作参考。

第三，侵权责任诉讼时效特殊起算点。《民法典》总则编规定了两类侵权责任诉讼时效特殊起算点，实际上都是对弱势被侵权人的特殊保护制度。第 190 条规定：“无民事行为能力人或者限制民事行为能力人对其法定代理人的请求权的诉讼时效期间，自该法定代理终止之日起计算。”第 191 条规定：“未成年人遭受性侵害的损害赔偿请求权的诉讼时效期间，自受害人年满十八周岁之日起计算。”参考《民法典》1052 条第 3 项规定的“被非法限制人身自由的当事人请求撤销婚姻的，应当自恢复人身自由之日起一年内提出”，建议比照第 191 条增加规定：“被非法限制人身自由遭受性侵害的，损害赔偿请求权的诉讼时效期间，自受害人恢复人身自由之日起计算。”另外，第 191 条的规定本预示着《民法典》人格权编应当对未成年人被性侵害的侵权责任，尤其是惩罚性赔偿责任作出特别规定，但《民法典》人格权编仅在第 1010 条对性骚扰作出了一般性规定②，较为遗憾。

二、“损害赔偿”独立成章

（一）庞杂的原《侵权责任法》第二章“责任构成和责任方式”

原《侵权责任法》合计 12 章 92 条，除最后一章附则只有 1 条，其余平均每章有 8－9 条，条文最少的第八章“环境污染责任”只有 4 条，而第二章“责任构成和责任方式”则多达 20 条。从形式美感看，第二章条文数显得过多。尽管该章第 12－15 条、第 23 条已经被《民法典》第 177－179 条和第 183 条总则化，但原《版权责任法》剩余条文仍然包括了侵权责任构成（第 6－7 条）、连带责任的适用范围（第 8－11 条）、损害赔偿责任（第 16－20、22、25 条）和预防性侵权责任（第 21 条）③ 以及备受争议的公平责任（第 24 条）等内容，略显庞杂，体例上也不够清晰。正是基于这一情况，《民法典》侵权责任编以原《侵权责任法》第 15 条为界，该条之后的条文经过修改完善，增加故意侵害知识产权的惩罚性赔偿责任（《民法典》第 1185 条），独立作为“损害赔偿”章，从第 1179 条到 1187 条合计 9 个条文，更符合形式美感要求。

（二）以“损害赔偿”为核心的不同侵权责任方式的立法定位

根据《民法典》第 179 条的规定，《民法典》侵权责任编中的侵权责任承担方

① 参见《彭家惠诉〈中国故事〉杂志社名誉权纠纷案》，《中华人民共和国最高人民法院公报》2002 年第 6 期。

② 《民法典》第 1010 条规定：“违背他人意愿，以言语、文字、图像、肢体行为等方式对他人实施性骚扰的，受害人有权依法请求行为人承担民事责任。”“机关、企业、学校等单位应当采取合理的预防、受理投诉、调查处置等措施，防止和制止利用职权、从属关系等实施性骚扰。”

③ 参见王利明：《侵权责任法研究》（上卷），中国人民大学出版社 2010 年版，第 620 页。

式包括如下三个方面，立法定位各有不同：

第一，以填补性侵权责任为主。“恢复原状”和“赔偿损失”是填补性侵权责任，以损害的发生为要件，是侵权责任的主体部分，起到主导作用，其中又以“赔偿损失”为核心。需要指出的是，相较于原《侵权责任法》《民法典》侵权责任编调整了财产损害和人身损害的相对顺序，将侵害财产的条文（第 1184 条）调整到侵害人身权益的两个条文（第 1182 条和第 1183 条）之后，以符合《民法典》第 3 条“民事主体的人身权利、财产权利以及其他合法权益受法律保护”体现的民事权利列举顺序。但是，如果按照这一调整思路，将第 1183 条规定的侵害人身权益的精神损害赔偿，安排在第 1182 条规定的侵害人身权益造成财产损失赔偿之前，可能更符合立法意图。

第二，以预防性侵权责任为辅。“停止侵害”、“排除妨碍”和“消除危险”属于预防性侵权责任，不以过错和损害的发生为要件，其设立目的是预防损害的发生，起到辅助性的作用。因为预防性侵权责任不是损害赔偿责任，所以被安排在《民法典》第一章“一般规定”中规定侵权损害赔偿责任构成要件的第 1165～1166 条之后的第 1167 条：“侵权行为危及他人人身、财产安全的，被侵权人有权请求侵权人承担停止侵害、排除妨碍、消除危险等侵权责任。”另有第 1205 条规定：“因产品缺陷危及他人人身、财产安全的，被侵权人有权请求生产者、销售者承担停止侵害、排除妨碍、消除危险等侵权责任。”

第三，惩罚性赔偿责任法定化。《民法典》第 179 条第 2 款规定了“法律规定惩罚性赔偿的，依照其规定”的一般性规定，但未能规定惩罚性赔偿应在主观上以“恶意”为限，并明确惩罚性赔偿应与补偿性赔偿相区别，且不能成为保险标的。① 在《民法典》侵权责任编上落实为在第 1207 条原有产品责任领域规定的惩罚性赔偿责任之外②，增加了第 1185 条规定的“故意侵害他人知识产权，情节严重的，被侵权人有权请求相应的惩罚性赔偿”和第 1232 条规定的“侵权人违反法律规定故意污染环境、破坏生态造成严重后果的，被侵权人有权请求相应的惩罚性赔偿”。前者依托于中共中央、国务院 2016 年 11 月 4 日印发的《关于完善产权保护制度依法保护产权的意见》的政治决断，后者则缺乏较为明确的正当性论证，略显草率。

（三）“损害赔偿”章遗漏了损害赔偿责任基本原则的相关规定

单独设立的“损害赔偿”章，既应该规定损害赔偿责任的类型和损害赔偿金的支付方式，也应该规定损害赔偿责任的基本原则。后者恰恰是我国原《侵权责任法》乃至整个民法体系所欠缺的，包括完全赔偿原则、惩罚性赔偿责任例外设置原

① 参见王竹主编：《〈民法典·侵权责任编〉（编纂建议稿）附立法理由书》，清华大学出版社 2019 年版，第 113－114 页。

② 《民法典》第 1207 条规定：“明知产品存在缺陷仍然生产、销售，或者没有依据前条规定采取有效补救措施，造成他人死亡或者健康严重损害的，被侵权人有权请求相应的惩罚性赔偿。”

则、损益相抵原则和生计酌减原则①等。② 现在的“损害赔偿”章，实际上只规定了损害赔偿责任的类型和损害赔偿金的支付方式（第 1187 条）。损害赔偿责任的类型部分主要是以原《侵权责任法》第 16～20 条、第 22 条、第 24 条为基础，规定侵害物质性人格权（第 1179～1181 条）、精神性人格权益（第 1182、1183 条）和财产（第 1184 条）的损害赔偿责任，新增了故意侵害知识产权的惩罚性赔偿责任（第 1185 条），以及公平补偿责任的一般规定（第 1186 条）。

三、删除“不承担责任和减轻责任的情形”章标题的原因

（一）“受害人故意”和“第三人原因”一般化之否定

《民法典》第 1174 条延续了原《侵权责任法》第 27 条规定的一般化“受害人故意”抗辩事由：“损害是因受害人故意造成的，行为人不承担责任。”就此规定，草案起草机关的权威解读认为：“本条规定对行为人免责，是指损害完全是因为受害人的故意造成的，即受害人故意的行为是其损害发生的唯一原因。”③ 这一解读一方面强调受害人的主观故意，另一方面强调“唯一原因”。应当强调的是“唯一原因”并不当然搭配“受害人故意”。按照这一逻辑，似乎“受害人过失＋唯一原因”就不能免责。应当指出，在一般侵权责任中，如果受害人的行为是损害发生的唯一原因，无论其主观上是否有过错或者过错程度如何，侵权人均因其行为与损害的发生没有因果关系而不承担责任。这属于侵权责任要件不足的“责任不构成”问题，而非抗辩事由。受害人故意作为抗辩事由，仅限于在危险责任领域，是指受害人故意利用危险作业本身固有的危险性导致自身损害的情形（第八章“高度危险责任”第 1237～1240 条），不是一般侵权责任的抗辩事由。在第九章“饲养动物损害责任”中，作为饲养动物致害一般规则的第 1245 条将受害人故意作为免责事由，在第 1246 条规定的“违反管理规定未对动物采取安全措施造成他人损害”的特殊情形中，规定了“被侵权人故意”作为减责事由。

《民法典》第 1175 条也延续了原《侵权责任法》第 28 条规定的一般化“第三人原因”抗辩事由：“损害是因第三人造成的，第三人应当承担侵权责任。”按照草案起草机关的权威解读，要区分“第三人过错是造成损害的唯一原因”和“第三人过错是造成损害的部分原因”。对第三人过错是造成损害的唯一原因按照归责原则

① 传统民法一般考虑保留维持最低生活保障、履行法定扶养义务和支付被抚养的未成年人教育所必需的费用这三项。鉴于中国社会医疗保障缺失的现实，建议增加对侵权责任人和其抚养的未成年人的“基本医疗以及正在进行的危重疾病治疗”必需费用的保留。

② 参见王竹主编：《〈民法典·侵权责任编〉（编纂建议稿）附立法理由书》，清华大学出版社 2019 年版，第 3－4 页。

③ 黄薇主编：《中华人民共和国民法典侵权责任编解读》，中国法制出版社 2020 年版，第 39 页。

进行区分：在过错责任和过错推定责任范围内第三人原因实际上是作为免责事由；在无过错责任中，有被告承担、被侵权人选择责任承担人和第三人承担责任等不同处理方式，但都适用特别法的规定。第三人过错是造成损害的部分原因的情形，根据案件的不同情况，分别适用《民法典》第1168～1171条关于连带责任和第1172条关于按份责任适用范围的规定。①

仔细分析上述解读就会发现，《民法典》第1175条仅仅在过错责任和过错推定责任中，作为免责事由单独被适用；而其他类型，实际上都是适用其他条文。那么，该条作为一般侵权行为部分的抗辩事由，实际价值就是过错责任和过错推定责任中第三人原因是造成损害的唯一原因的免责事由。② 按照这样的认识，我们应该进一步思考。与其说，过错责任和过错推定责任中第三人原因作为造成损害的唯一原因是免责事由规定，不如说，对于被告来讲，其行为根本不是造成损害的原因。从诉讼构造的角度，原告起诉被告，被告证明了第三人原因才是损害发生的全部原因，就完成了举证责任，应当免除责任。原告应该另行起诉第三人请求其承担侵权责任，此时前案被告证明的"第三人原因才是损害发生的全部原因"，则是第三人在第二个案件中作为被告承担侵权责任的因果关系要件。这样看来，第三人原因实际上是第二个案件的因果关系要件在第一个案件中的体现，本身就是侵权责任构成中的因果要件问题，不应该作为一般性的抗辩事由进行规定。而在危险责任领域，如《民法典》第1233条第三人过错导致污染环境、破坏生态的不真正连带责任和第1250条第三人过错导致饲养动物致害的不真正连带责任，第三人原因不能构成免责事由。如果被侵权人选择由危险责任人承担赔偿责任，危险责任人在承担责任后，可以向作为最终责任人的第三人追偿。

（二）危险责任非侵权人原因规则的"普遍化"而非"一般化"定位

值得注意的是，《民法典》侵权责任编第八章"高度危险责任"（第1239条、第1240条）和第九章"饲养动物损害责任"（第1245条）均规定的"被侵权人重大过失"减责事由，却没有被"一般化"。最高人民法院《关于审理人身损害赔偿案件适用法律若干问题的解释》（以下简称"《人身损害赔偿司法解释》"）（法释〔2003〕20号）第2条第2款规定："适用民法通则第一百零六条第三款规定确定赔偿义务人的赔偿责任时，受害人有重大过失的，可以减轻赔偿义务人的赔偿责任。"而原《民法通则》第106条第3款规定："没有过错，但法律规定应当承担民事责任的，应当承担民事责任。"可见这仍然是引致"法律规定"的具体的无过错责任类型，并非一般化规定。笔者认为，较之《民法典》侵权责任编对受害人故意和第

① 参见黄薇主编：《中华人民共和国民法典侵权责任编解读》，中国法制出版社2020年版，第40-42页。
② 参见张力、郑志峰：《侵权责任法中的第三人侵权行为》，《现代法学》2015年第1期。

三人原因的“一般化”，更合理的做法是参照“被侵权人重大过失”的立法模式，在危险责任领域①作“普遍化”的处理。这一立法模式的推论是，《民法典》侵权责任编第八章“高度危险责任”应该增设“第三人原因”不真正连带责任的规定。

（三）没有必要再保留“不承担责任和减轻责任的情形”章标题

原《侵权责任法》第三章“不承担责任和减轻责任的情形”仅有 6 个条文，其中第 29～31 条关于不可抗力、正当防卫和紧急避险的规定，已经被纳入《民法典》第 180～182 条。而第 26 条被侵权人过错实际上是侵权责任分担规则。仅剩的原《侵权责任法》第 27 条受害人故意和第 28 条第三人原因，属于错误地用“一般化”手段规定“普遍化”规则。至此，该章的固有内容就已经全部被消解，《民法典》侵权责任编删除“不承担责任和减轻责任的情形”章标题，是正确的选择。

四、第一章“一般规定”实质上是“侵权责任构成与责任分担”章

（一）第一章“一般规定”的形式内容与实质结构

在《民法典》侵权责任编设立第二章“损害赔偿”并删除“不承担责任和减轻责任的情形”章标题之后，第一章“一般规定”，除了新增第一个条文第 1164 条“本编调整因侵害民事权益产生的民事关系”之外，从第 1165 条到第 1178 条，在形式上包含三部分内容：第一，原《侵权责任法》第二章“责任构成和责任方式”的剩余条文，主要是侵权责任构成（第 1165～1166 条）、预防性侵权责任（第 1167 条）、连带责任和按份责任的适用范围（第 1168～1172 条）三组规则；第二，原第三章“不承担责任和减轻责任的情形”的剩余规则（第 1173～1175 条），该部分新增了第 1176 条“自甘风险”；第三，体现“不承担责任和减轻责任的情形”残余思维的第 1177 条“自助行为”和第 1178 条“抗辩事由特别法优先”。

从实质结构看，第一章“一般规定”规定的是“侵权责任构成与一般侵权责任分担”，除了第 1164 条和体现“不承担责任和减轻责任的情形”残余思维的第 1177 条“自助行为”和第 1178 条“抗辩事由特别法优先”，可以分为两个实质部分：第一，侵权责任构成规则，包括侵权责任构成（第 1165～1166 条）和预防性侵权责任（第 1167 条）；第二，一般侵权损害赔偿责任分担规则，包括一般数人侵权责任分担规则和被侵权人过错两部分，前者包括连带责任和按份责任的适用范围（第 1168～1172 条）和第三人原因（第 1175 条），后者包括被侵权人过错（第 1173 条）、受害人故意（第 1174 条）和自甘风险（第 1176 条）。

① 笔者使用“危险责任”而非“无过错责任”的概念，是希望排除“产品责任”。产品责任的抗辩事由体系较为特殊，与危险责任差别较大。

（二）侵权责任构成规则

原《侵权责任法》第6条第1款规定："行为人因过错侵害他人民事权益，应当承担侵权责任。"第7条规定："行为人损害他人民事权益，不论行为人有无过错，法律规定应当承担侵权责任的，依照其规定。"这两个条文之所以没有规定"造成损害"的构成要件，是为了与原《侵权责任法》第15条规定的主要侵权责任方式中的预防性侵权责任的构成要件相协调，即预防性侵权责任不以损害的发生为要件。因此，"造成损害"的要件规定在损害赔偿类型部分。① 如果侵权责任的构成区分损害赔偿责任和预防性侵权责任，那么侵权损害赔偿责任归责原则的条款就可以增加"造成损害"的构成要件，而在侵权损害赔偿责任类型部分就不必再规定这一要件。

《民法典》侵权责任编以原《侵权责任法》第6条和第7条为基础，先在第1165～1166条规定侵权损害赔偿责任的构成要件，再以原《侵权责任法》第21条为基础在第1167条规定预防性侵权责任的构成要件，形成"侵权损害赔偿责任＋预防性侵权责任"的侵权责任构成体系。在这样的定位下，《民法典》第1165条第1款和第1166条均明确规定了"造成损害"的构成要件②，部分修正了原《侵权责任法》的这一立法偏差。但按照这一思路，《民法典》第1165条第1款和第1166条的"侵权"责任，改为"赔偿"责任，可能更为合适。

（三）一般侵权损害赔偿责任分担规则

《民法典》侵权责任编中的一般侵权损害赔偿责任分担规则，只规定了通用的一般数人侵权责任分担规则和被侵权人过错两部分，未规定被侵权人过错参与一般数人侵权责任分担规则。③

1. 一般数人侵权责任分担规则

一般数人侵权责任分担规则，是指连带责任与按份责任的适用规则。《民法典》第1168～1171条继受原《侵权责任法》第8～11条规定了连带责任的适用范围，对应原《民法通则》第130条。原《民法通则》采传统大陆法系立法模式，在一般数人侵权责任分担领域，只规定连带责任的适用范围，不属于连带责任适用范围的数人侵权行为，则适用按份责任。原《侵权责任法》在第12条规定"二人以上分

---

① 原《侵权责任法》第16条规定"侵害他人造成人身损害的"，第20条规定"侵害他人人身权益造成财产损失的"，但需要指出的是，《民法典》第1184条延续了原《侵权责任法》第19条的规定，并未按照立法规划规定"造成损害"的要件："侵害他人财产的，财产损失按照损失发生时的市场价格或者其他合理方式计算。"此系立法瑕疵。

② 《民法典》第1165条第1款规定"行为人因过错侵害他人民事权益造成损害的，应当承担侵权责任。"第1166条规定："行为人造成他人民事权益损害，不论行为人有无过错，法律规定应当承担侵权责任的，依照其规定。"

③ 完整的一般侵权责任分担规则，还应当包括被侵权人过错参与一般数人侵权责任分担规则，参见王竹：《论受害人有过错的数人侵权责任分担》，《清华法学》2010年第2期。

别实施侵权行为造成同一损害”的按份责任适用情形，实属多余，应该是受到《人身损害赔偿司法解释》（法释〔2003〕20号）第3条第2款的影响。[①] 遗憾的是，《民法典》第1172条延续了按份责任适用范围的规定。

如前所述，立法者错误地坚持规定了《民法典》第1175条“第三人原因”。即使这样，“第三人原因”仍然可以在学理上被纳入一般数人侵权责任分担规则，只是在条文顺序上，未能相对能动地规定在第1172条之后。这也是“不承担责任和减轻责任的情形”残余思维的体现之一。

2. 被侵权人过错规则

从体例上看，原《民法通则》第130条规定连带责任的适用范围，第131条规定被侵权人过错，构成了完整的一般侵权责任分担规则体系。《人身损害赔偿司法解释》（法释〔2003〕20号）原第2条的解释对象是原《民法通则》第131条，第3～5条的解释对象是原《民法通则》第130条，尽管交换了相对顺序，但仍然构成完整的一般侵权责任分担规则体系。

被侵权人过错制度是在《民法（草案）》（2002年12月23日）第八编“侵权责任法”被纳入新设的第三章“抗辩事由”中的，该章草案还包括正当防卫、紧急避险和自助行为。在随后的草案中，第三章更名为“不承担责任和减轻责任的情形”，并逐渐纳入了不可抗力、受害人故意和第三人原因等内容，但删除了“自助行为”，最终原《侵权责任法》在第26条规定了被侵权人过错制度：“被侵权人对损害的发生也有过错的，可以减轻侵权人的责任”。

笔者认为，被侵权人过错制度适用的方式是比较双方的过错和原因力，这更类似于数人侵权责任分担的比较侵权人之间的过错和原因力规则。[②] 被侵权人过错制度适用的效果并非免除责任而是减轻责任，而其他的抗辩事由的适用效果是免除责任。《民法典》侵权责任编删除“不承担责任和减轻责任的情形”章标题后，第1173条在原《侵权责任法》第26条基础上，增加了“同一”损害“扩大”的适用范围：“被侵权人对同一损害的发生或者扩大有过错的，可以减轻侵权人的责任。”被侵权人过错制度重新与数人侵权责任分担制度连续规定，构成了完整的一般侵权损害赔偿责任分担制度。

美中不足的是，立法者错误地坚持规定了《民法典》第1174条“受害人故意”，并增设了颇有争议的第1176条“自甘风险”规则。即使这样，这两个条文仍然可以在学理上纳入被侵权人过错制度，并不影响一般侵权损害赔偿责任分担制度的结构。

① 《人身损害赔偿司法解释》（法释〔2003〕20号）第3条第2款规定：“二人以上没有共同故意或者共同过失，但其分别实施的数个行为间接结合发生同一损害后果的，应当根据过失大小或者原因力比例各自承担相应的赔偿责任。”

② 参见杨立新、王竹：《论侵权法上的受害人过错制度》，载陈小君主编：《私法研究》（第7卷），法律出版社2009年版。

（四）“不承担责任和减轻责任的情形”残余思维的体现

《民法典》侵权责任编在第 1178 条规定了“抗辩事由特别法优先”：“本法和其他法律对不承担责任或者减轻责任的情形另有规定的，依照其规定。”如果说《民法典》第 11 条“特别法优先”本身就是一个冗余条款的话①，第 1178 条就更是画蛇添足了，实际上是删除“不承担责任和减轻责任的情形”章标题后的残余思维体现。

通过上述分析可以看出，在《民法典》第 1177 条规定自助行为，尽管补充了缺失规则，但如前所述，这一条文的位置安排消解了《民法典》总则编本可以完成的自力救济的自助与自卫体系构成。只能理解为，这是在“编纂”立法定位下，立法机关不愿再变动《民法典》总则编条文序号的安排。但这样的迁就安排，真的具有合理性吗？

① 参见王竹：《“批发”抑或“零售”：〈民法总则〉的编纂定位与内容评析》，《当代法学》2018 年第 1 期。

专题二

责任保险对我国侵权法的实际影响研究①

工业革命后，现代社会俨然已成为一个“风险社会”②，自然灾害和工业事故频发，风险的“人为化”和“制度化”凸显③，我们的社会背负着由此带来的“副产品”：风险的无限溢出和损害的大规模性。④ 因此，人身和财产的救济问题日益成为当今社会关注的焦点。为应对前述社会风险，在事故损害赔偿领域，许多国家或地区逐渐形成了以侵权损害赔偿、责任保险和社会救助为内容的多元、系统的受害人救济模式。⑤ 在这样一种背景下，保险与侵权法因损害赔偿等社会问题而产生了交集。⑥ 保险产业的不断发展，特别是责任保险的兴起，对传统的侵权法产生了一系列影响，包括侵权法的归责原则、定位、功能和诉讼等。有学者指出，保险已经破坏了侵权法损害赔偿的基本功能。⑦ 如此关于侵权行为法危机的说法频繁地出现在民法学者的著作中。⑧ 早在 20 世纪 70 年代，著名侵权法学者弗莱明等就提出侵权法“处于十字路口”“生存受到威胁”“面临危机”“已经没落”的观点，该比较法论断也时常被我国学者引用。⑨ 责任保险对我国侵权法的影响究竟如何，正是下文所要探究的问题。

① 本专题的部分内容，是与刘忠炫博士合作的成果。

② 风险社会理论（risk society thecry）最早由德国著名社会学家乌尔里希·贝克于 20 世纪 80 年代提出。相关理论参见［德］乌尔里希·贝克：《风险社会》，何博闻译，译林出版社 2004 年版。

③ 风险的“人为化”主要是指现代风险多由人类自身活动如工业活动等制造和产生；风险的“制度化”主要是指人类所创建的一系列制度如金融制度等失灵产生了新的制度化风险。

④ 参见张铁薇：《侵权法的自负与贫困》，《比较法研究》2009 年第 6 期。

⑤ 参见王利明：《建立和完善多元化的受害人救济机制》，《中国法学》2009 年第 4 期。

⑥ 参见陈皓：《保险对侵权法损害赔偿功能的冲击与限度》，《社会科学辑刊》2014 年第 3 期。

⑦ 参见徐爱国编著：《英美侵权行为法》，法律出版社 1999 年版，“前言”第 3 页。

⑧ 参见梁慧星：《从近代民法到现代民法——二十世纪民法回顾》，《中外法学》1997 年第 2 期。

⑨ John G. Fleming，“Contemporary Roles of the Law of Torts，Introduction”，18 Am. J. comp. L. 1 (1970)；Stig Jorgensen，“The Decline and Fall of the Law of Torts”，18 Am. J. comp. L. 39 (1970)．我国学者对上述文献观点的引用情况部分列举：梁慧星：《从近代民法到现代民法——二十世纪民法回顾》，《中外法学》1997 年第 2 期；王泽鉴：《民法学说与判例研究》（第二册），中国政法大学出版社 1997 年版，第 81 页；姚辉：《侵权法的危机：带人新时代的旧问题》，《人大法律评论》2000 年第 2 辑；王利明：《建立和完善多元化的受害人救济机制》，《中国法学》2009 年第 4 期。

一、我国学说上呈现的责任保险对侵权法的影响

（一）责任保险对侵权责任本位的影响

近现代民法的平等原则包含侵权责任法中的“自己责任”原则，即在一般情况下，民事主体只对自己的加害行为或者准侵权行为造成的损害承担侵权责任，而不对他人造成的损害承担赔偿责任。[①] 因而，侵权法通过过错责任这一路径实现了对“自己责任”的构建，着眼于道德的可责难性，将损害赔偿的不利益在双方当事人之间进行分配，因此传统的侵权责任是一种个人责任。这种个人责任，也被学者称为损害移转（loss shifting）[②]，体现的是一种自罗马法以降矫正正义的观念。

事实上，损害发生的普遍性促使损害赔偿观念从个人损害向社会损害转变，也推动了责任保险的发展。[③] 在责任保险制度下，被保险人通过缴纳较少的保险费用，于责任保险事故发生后，将赔偿责任转嫁给保险公司，保险公司又通过制度安排将责任转移给同类投保者，进而实现了损害赔偿责任的社会化。[④] 这种社会化，也被称为损害分散（loss spreading）。[⑤] 这从根本上动摇了自罗马法以来“谁侵权谁承担责任”的古训，实现了责任承担的个体本位向社会本位的转化。[⑥] 正如王泽鉴教授所言：“传统侵权行为法所强调的是个人责任，损害赔偿责任系对加害人行为之非难。在责任保险制度之下，民事责任仅系烟幕。损害赔偿实际由保险公司支付，社会安全虽然增加，但个人责任转趋式微。”[⑦]

（二）责任保险对侵权法功能的影响

我国学者关于侵权责任法功能定位的见解，主要有单一功能说（补偿功能）、双重功能说（补偿功能与预防功能）和多重功能说三种观点。[⑧] 虽然不同学者对侵权责任法的功能有不同的阐述和学术见解，但责任保险对侵权法的功能影响主要集中体现在补偿救济、惩戒和预防功能上。

发生侵权损害事故后，传统的侵权责任在提供救济方面略显疲软：一方面，诉讼成本巨大，当事人需要投入大量的人力、物力、时间和精力；另一方面，举证责

① 参见张新宝：《侵权责任法立法的利益衡量》，《中国法学》2009 年第 4 期。

② 参见王泽鉴：《侵权行为》（第三版），北京大学出版社 2016 年版，第 8 页。

③ 参见程啸：《侵权责任法》（第二版），法律出版社 2015 年版，第 36－37 页。

④ 责任保险是将承担损害赔偿责任的损失，在同种危险制造者之间进行社会性的分配，一定意义上就是损害赔偿责任的社会化。详见刘士国：《现代侵权损害赔偿研究》，法律出版社 1998 年版，第 27 页。

⑤ 参见王泽鉴：《侵权行为》（第三版），北京大学出版社 2016 年版，第 8 页。

⑥ 参见胡吕银：《从责任保险看侵权法之嬗变》，《扬州大学学报（人文社会科学版）》1999 年第 3 期。

⑦ 王泽鉴：《民法学说与判例研究》（第二册），中国政法大学出版社 1997 年版，第 164 页。

⑧ 参见张新宝：《侵权责任法立法：功能定位、利益平衡与制度构建》，《中国人民大学学报》2009 年第 3 期。

任、诉讼能力等的差异，也导致求偿不能的风险大大增加。[①] 对现代侵权法的优劣评判，应该充分考虑其分散风险的能力，以及能否向受害人提供迅速且有意义的赔偿。[②] 责任保险的出现与发展对侵权法实现补偿功能起到了极大的推动作用，并且在救济功能方面，责任保险占据了愈发重要的地位。[③] 保险公司（所谓的“深口袋”）较被保险人，显然在经济方面更有实力，使受害人更容易获得赔偿。

侵权法一方面通过损害责任的分配与承担，对加害人苛加经济减损的不利益，进而达到惩戒当事人的目的；另一方面，通过损害分担，发挥法的指引功能，促使潜在的行为人合理谨慎地安排自己的事务，从而达到预防侵权行为的目的。然而，在责任保险制度下，责任人可以隐藏于保险人之后[④]，仅以少量保险费即可免于责任承担，侵权法对行为人予以惩戒的功能已被弱化。[⑤] 同时，在责任保险制度下，侵权人虽然负有谨慎注意义务预防事故的发生，但不承担未尽义务的责任，因此侵权人对事故发生与否将变得漠不关心[⑥]，抑或者疏于防范并降低自己的注意义务。这种损害赔偿的完全社会化，不利于实现侵权责任法的一般预防和特殊预防功能。[⑦]

（三）责任保险对侵权责任归责原则的影响

传统侵权法以过错责任为其基本原则。[⑧] 过错责任以自然人侵权责任的伦理基础为调整逻辑路径，只有反理性的过错行为，才需要承担责任。过错责任对损害的分配体现了传统侵权法的矫正正义。[⑨] 工业革命后，人类活动日益伴随着难以避免的危险性[⑩]，无过错责任在许多领域开始替代过错责任。这一变革，虽然有利于增加对受害者的救济，但过于严格的责任承担往往使经营者踌躇不前，抑制社会发展与创新，经营者一旦不堪重负选择破产则更会导致失业等社会性问题群发。

责任保险的发展尤其是责任强制保险的推行，能够有效地分散、减轻侵权行为人的负担。既然责任主体能够通过责任保险有效分散其赔偿风险，保证受害人得到

① 有学者指出，几个世纪以来，侵权法一直是一种伤害事故的不充分的处理机制，即使那些故意施加的损害有时也会滑入制度缝隙或者逃离制度掌控。参见张铁薇：《侵权法危机的伦理诊断》，《法学家》2012 年第 1 期。

② 参见邵海：《现代侵权法的嬗变——以责任保险的影响为视角》，法律出版社 2012 年版，第 32 页。

③ 参见李挺、王全弟：《论责任保险与侵权法的关系——兼论两者的发展趋势》，《黑龙江省政法管理干部学院学报》2012 年第 5 期。

④ 参见石佳友：《当代侵权法的挑战及其应对——侵权法改革国际论坛综述》，《法律适用》2008 年第 8 期。

⑤ 参见王利明：《建立和完善多元化的受害人救济机制》，《中国法学》2009 年第 4 期。

⑥ 参见陈飞：《责任保险与侵权法立法》，《法学论坛》2009 年第 1 期。

⑦ 参见王利明：《我国侵权责任法的体系构建——以救济法为中心的思考》，《中国法学》2008 年第 4 期。

⑧ 参见林嘉：《社会保险对侵权救济的影响及其发展》，《中国法学》2005 年第 3 期。

⑨ 参见吕群蓉：《论我国强制医疗责任保险制度的构建——以无过错补偿责任为分析进路》，《法学评论》2014 年第 4 期。

⑩ 这种危险性可能是合法的。这导致对行为人缺乏道德上的可责难性，难有过错责任适用的余地。

补偿，那么立法者在更广的范围内适用无过错责任原则便没有了后顾之忧。①因此，责任保险的发展促进了传统侵权法由过错责任向无过错责任的转变，这与风险社会的需求一致。正如学者所言，过错处理的是不法行为之责任，而风险责任应对的是不幸事件之损害分配。② 保险与侵权透过不同之机理，实现分配正义。③

（四）责任保险对侵权诉讼的影响

一般而言，责任保险对侵权法具有寄生性，侵权责任成立之后，责任保险才有适用之余地。然而，在司法裁判中，责任保险的寄生性可能会被不适当地倒置。特定情形下，保险成为侵权责任成立的潜在因素④，保险性成为认定侵权责任的重要标准。⑤ 由于责任保险的存在，法官往往不深究行为人的过错，以及责任构成要件是否具备等问题，简单地判定责任成立，要求保险人承担赔付责任。⑥ 此外，虽然立法上并未直接提及责任保险要素，但是行为人的“经济能力”通常是考量赔偿数额的一个重要因素。⑦ 显然，拥有责任保险是一项重要的“经济能力”或者“赔偿能力”参考要素。

除此之外，责任保险也使得传统的侵权诉讼由原被告双方当事人间的对抗转变为原告、被告和保险公司的三方参与。保险制度扩大了参与侵权诉讼的当事人的范围，并且引起了损害赔偿诉讼方式的变化。⑧ 这是因为，责任保险合同赋予了保险人以相当大的诉讼控制权，通过保险合同，保险公司可以影响被保险人的诉讼费用支出、诉讼策略选择和诉讼和解等⑨，因此，保险人的一举一动都会影响到侵权诉讼的进程和结果。⑩ 更甚者，基于责任保险因素的影响，为了满足保单的要求，原告可能会主张被告的行为“落于保险范围之内”，为了免除责任承担，被告也可能“附和或同意”原告的主张。

二、我国责任保险司法适用的裁判数据分析

一般而言，责任保险与侵权法的互动最为直接的体现即为侵权诉讼。司法裁判

① 参见周美华：《论侵权责任制度与责任保险的共生与博弈》，《重庆科技学院学报（社会科学版）》2015年第1期。
② 参见朱岩：《风险社会与现代侵权责任法体系》，《法学研究》2009年第5期。
③ 参见樊启荣、张晓萌：《民法典编纂背景下我国保险法之发展——以保险法与民法诸部门法之关系为视角》，《云南社会科学》2016年第1期。
④ 可能的原因有：对侵权受害者提供救济、法院为了审结案件、侵权法中公平责任的适用等。
⑤ 参见朱岩：《从大规模侵权看侵权责任法的体系变迁》，《中国人民大学学报》2009年第3期。
⑥ 参见王利明：《建立和完善多元化的受害人救济机制》，《中国法学》2009年第4期。
⑦ 参见《精神损害赔偿司法解释》（法释〔2001〕7号）第10条。
⑧ 参见吴小平：《责任保险对于侵权法的影响》，《经济评论》1993年第3期。
⑨ 参见关于这方面的实际情况，可参见各大保险公司责任保险合同的相关条款。
⑩ 参见周学峰：《侵权诉讼与责任保险的纠结——从两方对抗到三方博弈》，《清华法学》2012年第2期。

作为诉讼结果的直接体现，能最为真实和直接地反映某项要素对法律制度的影响。除此之外，司法裁判更是反映理论在实务中的应用情况、检验理论正确与否的权威载体。诚如学者所言，法律大数据分析不但可以对司法实务的运作产生影响①，对立法活动也可以提供更好的证据支撑和正当性证明②；相应的数据分析结论既可以比较客观地反映司法实践中的真实情况，也可以帮助学者建立较为直观的印象。③考虑到《民法典》实施的三年诉讼时效和新旧案由更替可能带来的数据影响，笔者以《民事案件案由规定》（法〔2011〕42号）为案由框架，裁判文书数据分析时间段为2015年1月1日至2017年12月31日。对侵权法案由所涉及的裁判文书与《保险法》及相关司法解释进行交叉对比，依据两者之间的关联性，锁定并提取相应的裁判文书作为研究数据文本，以此反映责任保险在我国司法实务中的应用情况，以期探究责任保险对我国侵权法的实际影响。

（一）按照案由进行的数据分析

《民事案件案由规定》（法〔2011〕42号）以民事法律关系为基础，将案由的编排体系分为10个一级案由，43个二级案由，424个三级案由和部分四级案由，分析样本以三级案由为基础，选择其中涉及侵权责任纠纷的案由进行数据分析。通过数据分析，与《保险法》及其司法解释相关的侵权法案由和其关联度见表2-1。

表2-1　侵权法案由与《保险法》及其司法解释关联数据分析表④

序号	案由名称	关联度	序号	案由名称	关联度
1	生命权、健康权、身体权纠纷	★★★★★	9	机动车交通事故责任纠纷	★★★★★
2	一般人格权纠纷	★★★	10	医疗损害责任纠纷	★★★★
3	监护人责任纠纷	★★★	11	环境污染责任纠纷	★★
4	提供劳务者致害责任纠纷	★★★	12	高度危险责任纠纷	★★

① See Dru Stevenson & Nicholas J. Wagoner, “Bargaining in the Shadow of Big Data”, 67 Fla. L. Rev. 1337; John O. McGinnis & Russell G. Pearce, “The Great Disruption: How Machine Intelligence Will Transform the Role of Lawyers in the Delivery of Legal Services”, 82 Fordham L. Rev. 3041.

② 参见胡凌：《大数据兴起对法律实践与理论研究的影响》，《新疆师范大学学报（哲学社会科学版）》2015年第4期。

③ 关于法律大数据样本与指标的分析和适用标准情况，可详见王竹：《〈民法总则（草案）〉若干法律规范去留问题大数据分析——以〈民法通则〉相应条文的司法适用大数据报告为基础》，《四川大学学报（哲学社会科学版）》2017年第1期。

④ 根据关联度的强弱，标记为“★★★★★”到“★”，分别表示“非常相关”、“高度相关”、“中度相关”、“低度相关”和“略微相关”。参见王竹主编：《侵权责任纠纷与人格权纠纷（法律大数据案由法条关联丛书）》，北京大学出版社2017年版。

续表

序号	案由名称	关联度	序号	案由名称	关联度
5	提供劳务者受害责任纠纷	★★★★★	13	物件损害责任纠纷	★★★
6	违反安全保障义务责任纠纷	★★★★	14	触电人身损害责任纠纷	★★★
7	教育机构责任纠纷	★★★★	15	义务帮工人受害责任纠纷	★★★★
8	产品责任纠纷	★★★★	16	铁路运输损害责任纠纷	★

《民事案件案由规定》(法〔2011〕42 号) 中与侵权法直接相关的案由由两部分构成，分别是二级案由人格权纠纷与二级案由侵权责任纠纷，二者项下合计 39 个三级案由。从表 2-1 可以看出，与《保险法》及其司法解释直接相关的侵权法案由合计 16 个，其中“非常相关”的案由 3 个，“高度相关”的案由 5 个，“中度相关”的案由 5 个，其余案由关联度较低。与《保险法》及其司法解释直接相关的侵权法案由在整体的侵权法案由中占比约为 46.67%，关联性较高的侵权法案由约为整体侵权法案由的 1/3。鉴于本次关联分析的前置要素为《保险法》及其司法解释，责任保险仅为保险法律规范中一部分①，因而可以初步得出结论：实务中与责任保险制度直接涉及的侵权法相关案由应该小于 46.67%。因此，责任保险在侵权责任纠纷案由中的总体适用程度并不高，即责任保险对侵权法的影响仅局限于不到一半的侵权法案由。

(二) 按照险种进行的数据分析

责任保险对侵权法的影响直接体现于责任保险险种在适用过程中对侵权案例裁判的影响。通过对司法裁判数据的分析，实务中具体的责任保险险种与侵权法案由 (见表 2-1) 的对应关系如表 2-2。

表 2-2　侵权法案由下主要涉及的责任保险险种分析表

序号	案由名称	主要涉及的责任保险险种
1	生命权、健康权、身体权纠纷	(参见其他案由)②
2	一般人格权纠纷	交强险、第三者责任险③、道路客运承运人责任险

① 《保险法》中所涉及的责任保险条款主要是第 65 条和第 66 条。

② 由于生命权、健康权、身体权纠纷案由的设置原因，其中的诸多案件是其他案由项下的类型重复，因而责任保险险种也与其他案由下的险种较为一致。

③ 机动车交通事故责任强制保险，以下简称“交强险”；商业第三者责任保险，以下简称“第三者责任险”。

续表

序号	案由名称	主要涉及的责任保险险种
3	监护人责任纠纷	监护人责任险、校方责任险
4	提供劳务者致害责任纠纷	交强险、第三者责任险
5	提供劳务者受害责任纠纷	雇主责任险、车上人员责任险
6	违反安全保障义务责任纠纷	公众责任险
7	教育机构责任纠纷	校方责任险
8	产品责任纠纷	产品责任险
9	机动车交通事故责任纠纷	交强险、第三者责任险、车上人员责任险
10	医疗损害责任纠纷	医疗责任险
11	环境污染责任纠纷	第三者责任险、道路危险货物承运人责任险
12	高度危险责任纠纷	道路危险货物承运人责任险、交强险、第三者责任险
13	物件损害责任纠纷	公众责任险、交强险、第三者责任险
14	触电人身损害责任纠纷	供电责任险
15	义务帮工人受害责任纠纷	交强险、第三者责任险
16	铁路运输损害责任纠纷	交强险、第三者责任险、公众责任险

表 2－2 的数据显示，我国侵权责任纠纷案件中涉及的主要责任保险险种约十余种，责任保险主要适用于特殊侵权责任纠纷，在一般侵权责任纠纷中尚未见责任保险的普遍应用。同时，侵权责任纠纷案由与具体的责任保险也并非一一对应的关系，同一案由下可能涉及数种责任保险，同一责任保险也可能对应多个侵权案由。再者，并非所有理论上存在的责任保险险种均有适用的余地，诸如在欧美等发达国家占据重要地位的环境污染责任险在我国的司法实践中几无适用。除此之外，与机动车交通事故纠纷相关的责任保险的适用有显著特点：第一，机动车交通事故纠纷涉及的责任保险险种类别最多，为 5 种，约占全部险种类别的 41.67%；第二，与机动车交通事故纠纷相关的责任保险适用广泛，涉及多数侵权责任案由；第三，交强险和第三者责任险是分布最为广泛的责任保险险种，几乎所有的案由中均有所涉及。

（三）按照争议焦点进行的数据分析

在司法实务中争议焦点的归纳和总结有着举足轻重的作用。最高人民法院《关于适用〈中华人民共和国民事诉讼法〉的解释》（以下简称“《民事诉讼法司法解释》”）（法释〔2022〕11 号）第 226 条规定：“人民法院应当根据当事人的诉讼请求、答辩意见以及证据交换的情况，归纳争议焦点，并就归纳的争议焦点征求当事人的意见。”这进一步明确了法院在审判中归纳争议焦点的职责和义务。民事争点的整理蕴含着诉讼公正和诉讼效益的哲学价值。① 同时争议焦点的归纳具有简化和引导审判的功能，有助于明晰思路和案件审理。

表 2-3 2015—2017 年侵权法案件争议焦点数量分析表 单位：个

案由类型／争议焦点类型	人格权纠纷	侵权责任纠纷		合计
		机动车交通事故纠纷	非机动车交通事故纠纷	
“责任保险”相关	1 539	73 451	2 094	77 084
“保险”相关	5 233	178 516	9 964	193 713
“民事责任”相关	91 092	311 779	114 007	516 878

表 2-3 数据显示，2015 至 2017 年中，我国人民法院审理的侵权纠纷案件合计归纳整理民事争议焦点 516 878 个。其中，与“保险”相关的争议焦点为 193 713 个，约占全部争议焦点的 37.48%；与“责任保险”相关的争议焦点为 77 084 个，约占全部争议焦点的 14.91%；与“责任保险”相关的争议焦点占全部“保险”争议焦点的 39.79%。这表明，在我国的侵权纠纷案件中，有约 1/3 的争议焦点与保险有关，而仅有约 1/7 的争议焦点与责任保险相关。这意味着多数侵权责任案件的争议焦点与保险无直接关联，即使在部分与保险有关的争议焦点中，“非责任保险”的适用也多于“责任保险”。同时，上表数据中机动车交通事故纠纷的争议焦点分布有明显特点：第一，与“机动车交通事故纠纷”相关的案件争议焦点占全部侵权案件争议焦点的 60.32%，即多数争议焦点涉及交通事故责任纠纷；第二，与“机动车交通事故纠纷”相关的“责任保险”争议焦点占全部“责任保险”争议焦点的 95.29%，数据直观地说明了我国侵权责任案件中涉及“责任保险”的争议焦点主要是“机动车交通事故纠纷”，责任保险在机动车交通事故纠纷领域具有普遍性和绝对性，其他纠纷案由中的争议焦点少有责任保险的适用。

三、我国责任保险司法适用的特点

（一）责任保险适用范围有限

从前文的数据分析可以看出，在司法实务中实际涉及责任保险适用的侵权责任纠纷类型主要有 16 种，不足全部侵权责任纠纷类型的一半，与“责任保险”相关的争议焦点仅占全部侵权纠纷争议焦点的 1/7，其主要与“机动车交通事故纠纷”有关，其余案由纠纷不具备一般性。可见，从适用范围的角度讲，我国司法实践中责任保险对侵权法的影响并不全面，责任保险无法涵盖大部分侵权责任纠纷，责任

① 参见赵泽君：《民事争点整理程序的合理性基础及其建构》，《现代法学》2008 年第 2 期。

保险的影响难以波及侵权法整体。同时，一般侵权行为责任保险的缺失意味着在一般侵权行为领域也难以得出责任保险具有全面影响的结论。除此之外，在前述的16种侵权责任纠纷中，责任保险的适用也并不完全典型，即某一具体的侵权责任类型与理论上涉及的责任保险并不一致，或者在该侵权责任纠纷项下责任保险相较于其他保险类型的适用程度有限。试举一例，在提供劳务者致害责任纠纷和提供劳务者受害责任纠纷中，我国《民法典》第1192条第1款规定："个人之间形成劳务关系，提供劳务一方因劳务造成他人损害的，由接受劳务一方承担侵权责任。接受劳务一方承担侵权责任后，可以向有故意或者重大过失的提供劳务一方追偿。提供劳务一方因劳务受到损害的，根据双方各自的过错承担相应的责任。"雇主责任是最典型的替代责任，其典型表现是行为人与责任人相脱离。① 理论上，为规避风险，雇主会积极投保雇主责任险，以免除自己因劳务关系损害而承担侵权责任。实际上，在相关的司法判例中，多数雇主仅仅为雇员购买（团体）人身保险②而非雇主责任险。并且，因为机动车交通事故频发，诸多用人者责任纠纷中涉及的责任保险是交强险和第三者责任险。在此情形下，雇主责任险本身的影响会被其他险种冲淡。

（二）责任保险适用险种有限

通过数据分析我们发现，在我国司法实践中，责任保险的险种并不丰富，我国并不存在一个涵盖一般侵权行为类型的"万能责任险种"，责任保险仅仅局限在若干种特殊侵权责任纠纷中。较为典型的是交强险、第三者责任险、产品责任险、公众责任险和校方责任险等。这表明，理论上所谓"一切行为皆被保险承保"的情形是不存在的。因为并非所有的风险都可以通过交纳保险费的方式转移至保险人。③这既要考虑可保性问题，又要考虑市场需求问题。除此之外，在涉及多方侵权责任主体时，部分责任保险会挤压其他险种的适用。例如，在监护人责任纠纷中，主要的案件类型是无行为能力人或者限制行为能力人在教育机构致害或者受害而引发的纠纷，这里涉及教育机构、监护人和其他第三方的多种法律关系，因而在这一纠纷项下典型适用的是校方责任险而非监护人责任险。监护人责任险这一险种几乎难有适用的余地，一方面投保人数少，另一方面侵权纠纷发生的场所高度集中于校园，校方责任险对监护人责任险产生了"挤出"效应。在笔者分析的数据中，监护人责任险的司法适用次数仅为数十次，而校方责任险的适用次数高达数千次，是前者的近百倍，几乎冲淡了前者的适用和影响。

（三）责任保险适用频次显著失衡

所谓的责任保险适用频次显著失衡，是指在前述主要适用的数种责任保险类型中，责任保险的适用次数显著不均衡，并非所有的责任保险类型都平均地适用在侵

① 参见杨立新：《侵权责任法》（第二版），法律出版社2012年版，第247页。

② 这属于第一方保险，雇主责任险属于第三方保险，两者有显著区别。

③ 参见粟榆：《责任保险在大规模侵权中的运用》，《财经科学》2009年第1期。

权责任纠纷中。对几种主要责任保险在侵权法案件中的适用频次分析见表 2－4。

从表 2－4 可以看出，我国司法实务中，责任保险险种的适用频次是极其失衡的。交强险和第三者责任险的适用频次之和超过百万的量级，而诸多非机动车相关的责任保险仅有数千次的适用。这表明交强险和第三者责任险是我国司法实务中最为主要适用的责任保险，其适用频次要远远大于其他责任保险险种，且差距巨大。这说明，我国责任保险的适用主要集中于机动车交通事故领域，其他领域的责任保险因其“适用量”的不足而不具备一般性。同时这也说明，我国责任保险对侵权法的影响仅仅集中于机动车交通事故责任纠纷领域，其余领域不具备代表性。之所以会产生如此局面原因有如下几点：首先，我国机动车保有量巨大，截至 2022 年 3 月底，全国机动车保有量达 4.02 亿辆，其中，汽车达 3.07 亿辆，机动车驾驶人数量达 4.87 亿人①；其次，交强险是国家的责任强制保险，原则上所有的机动车均应购买交强险，再加之第三者商业险的普遍应用，使得机动车责任保险购买量巨大；最后，我国司法实践中机动车交通事故频发，机动车交通事故责任纠纷领域的案件每年高达几十万件，远远多于其他类型的侵权责任纠纷。

表 2－4　几种主要责任保险在侵权法案件中的适用频次分析表②

单位：次

责任保险类型	裁判年份			
	2015 年	2016 年	2017 年	合计
交强险	376 512	353 979	389 695	1 120 186
第三者责任险	240 418	234 917	267 989	743 324
车上人员责任险	3 892	6 674	7 433	17 999
道路客运承运人责任险	2 451	2 886	2 893	8 230
交方责任险	483	985	954	2 422
公众责任险	151	357	513	1 021
雇主责任险	114	335	483	932

四、比较法上责任保险对侵权法的影响

（一）英美法系主要国家责任保险对侵权法的影响

基于发达的保险产业③和当事人主义诉讼模式，美国的侵权责任体系与第一人

① 参见中国政府网，http：//www.gov.cn/xinwen/2022－04/07/content_5683950.htm，2022 年 12 月 31 日访问。

② 本表未列的其余责任保险的司法适用频次一般少于 1000 次。

③ 美国拥有世界上最发达的保险市场，其财产保险承保的风险涵盖了经济社会生活的各个方面，加上相对完善的巨灾保险制度，充分发挥了保险的保障和风险管理职能。魏平、魏丽：《国际财产保险业务结构研究及启示》，《保险研究》2018 年第 3 期。

保险以及责任保险制度，已经形成了一种融洽且有效的长效模式与关系。[①] 事实上，在美国的诉讼和保险制度下，责任保险[②]对侵权法的影响是深刻而长久的。据统计，早在 1988 年美国公民投入在责任保险上的费用就高达 750 亿美元，约占国民生产总值的 2%，平均每个美国人就此支出约 300 美元。[③] 哈佛大学法学院教授斯蒂文·沙维尔指出，美国超过 90%的支付给侵权受害者的费用是由责任保险公司承担的。[④]

在美国，责任保险的影响集中于侵权诉讼中：一方面，由于多数的侵权责任成本最终落于保险公司，因此保险公司实际上成为最重要的侵权诉讼当事人，当今美国通行的商业责任保险条款多数都含有"保险人有权利也有义务为被保险人抗辩"之类的内容[⑤]，由于多数案件不会进入诉讼阶段而是达成和解，在某种意义上保险公司更是成为此类侵权纠纷的主导者[⑥]；另一方面，责任保险构成侵权责任的事实要件，是否拥有保险（取得损害赔偿金的可能性）成为律师选择被告的首要考虑因素[⑦]，实验表明在被告拥有保险时陪审团会更倾向于裁断更高的赔偿数额[⑧]，同时责任保险也成为美国法院考量社会政策的重要因素。[⑨] 美国 20 世纪 80 年代的保险危机更是将责任保险的影响发挥到极致[⑩]，为应对这次危机，美国在其侵权制度领域进行了一系列大刀阔斧的改革，包括对非经济损失和惩罚性赔偿设定限额，限制连带责任和平行来源规则等。[⑪]

英国与美国有着高度相似的诉讼制度和同样发达的保险产业。研究者认为保险

① 参见［美］托马斯·S. 尤伦：《来自域外的视角：美国的侵权法与责任保险》，［德］格哈德·瓦格纳主编：《比较法视野下的侵权法与责任保险》，魏磊杰、王之洲、朱淼译，中国法制出版社 2012 年版，第 258 页。

② 在美国，目前最为重要的有"企业一般责任保险"（Commercial General Liability Insurance），该保险就企业可能遭遇的多种法律责任提供"一般"保险。此外，家庭财产保险中责任保险部分也就任何屋主可能遭遇的多种法律责任提供"一般"保险。［美］肯尼斯·S. 亚伯拉罕：《美国保险法原理与实务》，韩长印、韩永强等译，中国政法大学出版社 2012 年版，第 422 页。

③ Kent D. Syverud, "On the Demand for Liability Insurance", 72 *Tex. L. Rev.* 1629 (1994).

④ Steven Shavell, "Economic Analysis of Accident Law", NBER Working Paper No. 9694 (May, 2003), http://www.nber.org/papers/w9694, 2022_12_17.

⑤ 参见周学峰：《侵权诉讼与责任保险的纠结——从两方对抗到三方博弈》，《清华法学》2012 年第 2 期。

⑥ 在美国，责任保险合同条款中往往存在诸如"未经保险人同意，被保险人不得自行和解"的条款限制。除此之外，出于自身利益的考虑，保险公司也会不合理地拒绝和解，以此转嫁风险负担，被保险人的利益受制于保险公司。可参见 Crisci v. Security Insurance Co., 66 Cal. 2d 425, 426 P. 2d 173, 58 Cal. Rptr. 13 (1967) 一案。

⑦ 参见［美］汤姆·贝克：《作为侵权法规则的责任保险——责任保险影响行动中的侵权法的六种途径》，李威娜译，《人大法律评论》2012 年第 2 辑。

⑧ See Dale W. Broeder, "The University of Chicago Jury Project", 38 *Neb. L. Rev.* 3 (1959).

⑨ 参见杨帆：《风险社会视域中侵权损害赔偿与责任保险的互动机制》，中国社会科学出版社 2016 年版，第 86 页。

⑩ 一般认为这次危机由当时侵权责任的过度扩张导致。

⑪ 参见叶延玺：《论美国二十世纪 80 年代保险危机以来的侵权法改革运动》，《云南大学学报（法学版）》2014 年第 1 期。

对于侵权法的实际运作影响甚巨，责任保险不仅是一项保护被保险人的附属工具，更是赔偿给付的首要媒介，而侵权法则是这一过程中的次要部分。① 英国皮尔逊委员会的调查显示，英国侵权损害赔偿数额的94%是由保险公司支付的。② 在诉讼参与中，保险公司通常是被告方，凭借着强大的诉讼实力和经验优势，对诉讼产生着主导影响。③ 在英国，责任强制保险最主要适用于机动车交通事故和雇主责任领域，而这两个领域实际上构成了英国侵权诉讼的焦点④，涵盖了英国多数的侵权人身损害赔偿案件，因此责任保险有着广阔的适用空间。由此可见责任保险在英国侵权法体系中的地位。

(二) 大陆法系主要国家责任保险对侵权法的影响

根据承保责任风险的种类不同，德国的责任保险可以分为四大类，分别是汽车第三者责任保险、个人责任保险、职业责任保险以及商务责任保险。除此以外，还有诸如雇主责任保险、动物损害责任保险等险种，但相对而言，影响较小。⑤ 由于机动车责任保险的强制性，在机动车交通事故领域，德国学者承认由于责任保险的发展，法院已经人为地扩充了过错责任，过错责任已逐渐朝向严格责任发展，并且责任保险已成为一种主要保护受害人的社会政策工具。⑥ 然而，关于责任保险对侵权法的普遍影响，德国学界经历了一个较大的转折。早期的学者认为保险因素至关重要，法院在确定责任时实际上会考虑保险因素，部分学者甚至断言侵权责任的扩张是法院受责任保险影响的结果。不过，上述论断多为臆测，有实证支持。事实上，德国法院明确将其决定建立在被告是被保险人或被告欠缺此等保险之事实基础上的公开判决并不存在。⑦ 年轻一代的学者，倾向于怀疑责任保险并没有对侵权责任本身产生多少影响，甚至认为这两个领域是彻底分离的。根据这些学者的观点，保险和责任应当分离，风险的可保性以及保险本身都不应成为向被告施加责任的理由。目前德国司法实践中，除公平责任等领域，多坚持侵权法和责任保险的无关性

① 参见［英］理查德·刘易斯：《侵权法与保险的关系：来自英格兰与威尔士的报告》，［德］格哈德·瓦格纳主编：《比较法视野下的侵权法与责任保险》，魏磊杰、王之洲、朱淼译，中国法制出版社2012年版，第55页。

② Report of the Royal Commission on Civil Liability and Compensation for Personal Injury (1978), Cmnd. 7054, Vol. 2, Para. 509.

③ See N. H. Andrews, "Hard Bargaining: *out of court settlement in personal injury actions*. by Hazel Genn", Cambridge Law Journal, Vol. 47, No. 3 (1988).

④ C Parsons, "Employers' *liability insurance - how secure is the system?*", Industrial Law Journal, Vol. 28, No. 2 (1999).

⑤ 参见杨华柏：《德国侵权法与责任保险的互动关系及对中国的启示》，《保险研究》2009年第3期。

⑥ 参见［德］格哈德·瓦格纳主编：《比较法视野下的侵权法与责任保险》，魏磊杰、王之洲、朱淼译，中国法制出版社2012年版，第111页。

⑦ 参见［德］格哈德·瓦格纳主编：《比较法视野下的侵权法与责任保险》，魏磊杰、王之洲、朱淼译，中国法制出版社2012年版，第111页。

原则或者分离原则。①

责任保险与侵权法的互动同样存在于大陆法系的其他国家。在奥地利，责任保险在雇主责任领域产生了重要影响，雇主可通过责任保险分散经济风险成为其承担雇员侵权责任的正当性缘由。瑞典亦有相似的司法倾向。在意大利，保险因素并不在立法者或者法院司法裁判的考虑范畴，也不影响被告的注意标准，法院在这方面显得较为谨慎。在瑞士，无法直接证明责任保险与司法裁判之间存在关联，也无证据显示责任保险助推严格责任的发展，责任与保险直接的关系仅在有关侵权法的论文中被偶尔提及。②

五、责任保险对我国侵权法的实际影响与分析

（一）责任保险对我国侵权法的实际影响有限

前述司法裁判数据显示，在我国的司法适用中责任保险呈现出三大特点：第一，责任保险的适用范围有限；第二，责任保险的适用险种有限；第三，责任保险的适用频次不均衡。在我国侵权责任纠纷领域，交强险和第三者责任险是实务中最主要适用的责任保险险种，其余责任保险多是零星分布和适用；因此，可以认为责任保险的影响主要集中于机动车交通事故领域，责任保险对我国侵权法的总体影响有限，责任保险对侵权法的影响并未如学说理论阐释一般全面、深刻而巨大。比较法上，责任保险对侵权法的影响多体现于英美法系。关于责任保险对侵权法的影响，我国学者对该主题的研究肇始于20世纪末，从学术文献的引证情况看，我国理论中的责任保险对侵权法完全而深刻的影响，主要基于对英美法系保险法理论的继受，而现实中我国责任保险对侵权法影响有限，是大陆法系国家较为正常的表现。

（二）责任保险对我国侵权法影响有限的原因

笔者认为，主要原因在于：第一，我国责任保险市场本身并不发达和健全，根据国家统计局的统计数据，2021年我国财产保险公司保费收入为13 676.48亿元，财产保险公司责任保险保费收入为1 018.44亿元，责任保险仅占整体财产保险市场份额的7.45％③，而多年来美国的责任保险占到财产险比重的40％，两国差距较大。④ 除此之外，我国公民的投保意识不强，侵权诉讼依然是目前最为重要和主要的救济手段，责任保险本身缺失，自然无法对侵权责任体系产生太大影响。第二，

① 参见杨华柏：《德国侵权法与责任保险的互动关系及对中国的启示》，《保险研究》2009年第3期。

② 大陆法系各个国家责任保险对侵权法的影响，详见［德］格哈德·瓦格纳主编：《比较法视野下的侵权法与责任保险》，魏磊杰、王之洲、朱淼译，中国法制出版社2012年版。

③ 数据来源于国家统计局，https：//data. stats. gov. cn/index. htm，2022年12月31日访问。

④ 参见王向楠：《我国责任保险发展的影响因素研究》，《西部论坛》2015年第4期。

我国并不存在类似美国的一般责任保险类型，因而不存在对一般侵权行为产生广泛影响的险种，在目前"一般条款＋类型化"式①的侵权责任体系下，难言责任保险对侵权法的全面影响，即使在特殊侵权责任类型中，其适用也只集中于机动车交通事故领域。第三，之所以机动车交通事故领域责任保险适用高度集中，是因为我国法律上相关责任保险的强制性规定，加之我国的特殊国情即机动车保有量巨大且机动车交通事故频发。第四，我国基本承袭大陆法系之传统，相较于当事人主义模式法院的职权主义模式仍占据较高位置，保险公司对司法进程和诉讼的影响有限，当事人的诉讼参与并未如英美法系般"活跃"，司法的传统性也决定法官只是单一的适用法律而非"造法"，因而保险因素本身不应当也难以成为裁判的重要因素，责任保险当然难以产生影响。

（三）责任保险与侵权法的互动对我国的启示

责任保险对侵权法影响的理论分析和实务结论产生如此矛盾，源于单纯的学术理论只能通过逻辑分析加之比较法的引入进而自我证成，并未深刻地展示和分析我国社会的实际发展状况，特别是保险产业的发展现状。一国的制度无法与其生长的土壤分离，因此舶来品的传入和发展必然经历本土化的洗礼从而具备新的特征。笔者认为，责任保险在损害赔偿领域的作用不应被质疑，伴随着无过错责任的发展，责任保险为损害分散提供了新的路径。同时，应当正视我国责任保险发展的实际情况。立法层面，应谨慎通过责任保险助推侵权责任的扩张，以维护侵权法自身的体系，兼顾自由与安全的基本法律价值。美国 20 世纪末产生的侵权法和保险责任危机也说明，侵权责任的过度扩张和对责任保险的过度依赖会适得其反。司法层面，应坚持侵权法与责任保险的区别和分立，责任保险不应成为提高行为人注意义务标准甚至科加侵权责任的工具，最为简单的逻辑是只有在侵权责任成立后责任保险才发挥作用。但是，也不应回避责任保险于侵权体系的作用，责任强制保险在机动车交通事故领域的发展是一个典型的例子，未来于特定人身损害赔偿领域助推责任强制保险是救济被侵权人的重要方式。除此之外，责任保险作为行为人的特定经济因素，在公平责任领域有适用价值。

① 参见王利明：《侵权责任法研究》（上卷），中国人民大学出版社 2010 年版，第 120 页。

专题三

赔礼道歉民事责任方式研究

从1979年《刑法》第32条到1997年新《刑法》第37条，从1986年的《民法通则》第120条和第134条，到2009年通过的《侵权责任法》第15条，再到2020年颁布的《民法典》第179条、第995条和第1000条，在刑事之外①、民事之内，赔礼道歉作为一种“主要”的民事责任方式已经被法律规定并在实务中适用了30余年。在20世纪，我国民法学研究几乎没有对赔礼道歉提出过理论上的质疑，直到原《侵权责任法》的起草，学界才逐渐认识到这一民事责任方式的另类性。随着民众人权意识的高涨和民法学者宪法意识的提高②，比较法上，尤其是我们的近邻日本最高裁判所和韩国宪法法院作出关于道歉民事责任方式是否违宪的判决③，赔礼道歉这一民事责任方式才逐渐引起了学术界的关注。鉴于学界相关研究成果已经形成了较为完整的比较法图景和多样化的解决建议，笔者希望通过探究我国法上赔礼道歉民事责任方式的源流，并结合学界已有的研究成果，对赔礼道歉的承担和执行问题提出自己的见解，供学界和司法实务部门参考。

一、赔礼道歉作为法律责任承担方式的源头是1957年社会主义爱国公约运动

参与制定原《民法通则》的学者指出，赔礼道歉作为一种民事责任形式，是总

① 1979年《刑法》第32条和1997年新《刑法》第37条对赔礼道歉的规定都是以“对于犯罪情节轻微不需要判处刑罚的，可以免予刑事处分（罚）”处理的，这与刑法理论认为的刑事责任方式不包括赔礼道歉一致。

② 参见王竹：《〈侵权责任法〉立法程序的合宪性解释——兼论“民法典”起草过程中的宪法意识》，《法学》2010年第5期。

③ 相关比较法的详细分析，参见王泽鉴：《人格权法——法释义学、比较法、案例研究》，北京大学出版社2013年版，第432-435页。

结了我们（包括老区）的经验而制定的。① 也有学者认为，赔礼道歉责任方式具有极强的中国特色，是我国特定历史时代的产物。② 那么，这个“历史时代”到底是什么时候呢？

（一）新中国成立前和成立初期司法实践中的赔礼道歉不是法律责任方式

有学者认为，早在新中国成立之前，赔礼道歉在解放区司法调解中即是行之有效的方法。③ 尽管这种描绘并无不当，但无形中会误导读者乃至其他学者的研究起点，认为赔礼道歉在新中国成立前就是一种民事责任方式，并在新中国成立之初得到了延续和坚持。

但在学者以陕甘宁边区 1943—1948 年的相关文献为基础，对陕甘宁边区调解工作基本经验的总结中，并未将“赔礼道歉”这种责任形式作为经验来总结。仅仅在少数案例中，当事人经过调解，主动地赔礼道歉。④ 而 1959 年《人民司法》杂志专辟“司法工作十年总结”征文选载栏目，在所有刊载的征文中，笔者仅检索到一篇征文涉及赔礼道歉。文中情形与陕甘宁边区的类似，结案方式为调解，有过错的一方主动作了检讨，并向受害人一方道歉。⑤ 这种在司法工作总结中的轻描淡写使笔者产生了怀疑，即在新中国成立前和新中国成立初期的司法实践中，尽管存在赔礼道歉的适用，但其并非作为法律责任方式，而是当事人主动或者经过调解后实施的自愿行为。

（二）第一次民法典起草及当时的学说并未将赔礼道歉作为民事责任方式

1958 年出版的《中华人民共和国民法基本问题》是 20 世纪 50 年代我国出版的唯一民法教科书。该书一方面认为侵权行为是债的发生根据，另一方面又认为侵权行为人对受害人所负的是赔偿义务，这种义务又被认为是法律制裁，因而叫作侵权行为的民事责任。⑥ 可见，当时我国民法学界所认为的侵权责任方式应该仅限于损害赔偿一种。而在 20 世纪 50 年代第一次民法典起草的相关草案中，侵权责任采纳的是传统民法的恢复原状与损害赔偿的责任方式，对于人格权的保护仅限于物质性人格权，在民事责任上也仅限于损害赔偿⑦，自然就没有将赔礼道歉规定为民事责

---

① 参见顾昂然、王家福、江平．《中华人民共和国民法通则讲座》，中国法制出版社 2000 年版，第 245 页。

② 参见姚辉：《论人格权法与侵权责任法的关系》，《华东政法大学学报》2011 年第 1 期。

③ 参见魏振瀛：《论请求权的性质与体系——未来我国民法典中的请求权》，《中外法学》2003 年第 4 期。

④ 参见杨永华、方克勤：《陕甘宁边区调解工作的基本经验》，《西北政法学院学报》1984 年第 2 期。

⑤ 参见辽宁省营口市人民法院：《一只小母鸡》，《人民司法》1959 年第 6 期。

⑥ 参见中央政法干部学校民法教研室编著：《中华人民共和国民法基本问题》，法律出版社 1958 年版，第 179 页、第 332 页。

⑦ 《债篇通则第一次草稿》第 34 条，《债权篇通则草稿》第 11 条，《债的通则第二次稿（另案）》第 69 条、第 76 条，《损害赔偿（或改为：因侵权行为所产生的债）[第三次草稿]》第 1 条、第 11 条。参见何勤华、李秀清、陈颐编：《新中国民法典草案总览》（上卷），法律出版社 2003 年版，第 180、第 201－202 页、第 225－227 页、第 243－245 页。

任方式。这种理论和立法上将赔礼道歉作为民事责任方式的缺失，印证了笔者关于司法上赔礼道歉不是作为民事责任方式被适用的这一猜测。

（三）赔礼道歉作为法律责任的源头是1957年社会主义爱国公约运动

1957年，在开展全党第三次整风运动之后，开始对工人、农民等进行社会主义教育，即全民整风运动。在各地积累的经验中，当时被认为最好的方式，便是发动人民群众开展群众性自我教育和自我约束的社会主义爱国公约运动。① 在中国共产党第八届中央委员会第三次扩大会议上，邓小平同志在《关于整风运动的报告》中指出："各地农村中都有一些'大法不犯、小法常犯'的不良分子。对于这些人，如果由地方法院处理就不胜其烦，但是不加处理，对于生产秩序和社会秩序又有很大妨害。可以考虑由社员代表大会或者乡人民代表大会定出切实可行的公约，由上一级政府批准，加以约束，并建立调处委员会负责公约的执行。违反这些公约的，可以授权合作社或者乡政府给以适当处罚。"② 根据这一精神，社会主义爱国公约运动在全国普遍开展起来，而人民法院在该运动中起到了重要的指导作用。③

社会主义爱国公约是人民群众进行自我教育、自我监督和自我约束所共同订立和遵守的行为准则，基本内容包括服从中国共产党和人民政府的领导、走社会主义道路、遵纪守法、发扬共产主义道德风尚等。爱国公约由人民调处委员会来监督执行。人民调处委员会是人民自我教育、自我监督和自我约束的群众性组织，是各地在发动群众、依靠群众制定社会主义爱国公约的同时，根据各地的具体情况建立起来的。人民调处委员会通过说服教育、群众辩论和辅之以一定处罚的方法，调解人民内部纠纷，处理违法违约的不良行为。处罚方法，各地并不一致，一般说来，大致有：赔礼道歉、警告、家庭管教、具结悔过、退赃、赔偿损失、罚劳动日等。④ 可见，赔礼道歉最早是作为违反社会主义爱国公约的处罚方法进行明文化规定的。⑤ 因此，1957年开始普遍推行的社会主义爱国公约运动，才是赔礼道歉作为法律责任方式的源头。

① 这次社会主义爱国公约运动在形式上可以视为对新中国成立初期作为抗美援朝运动产物的爱国公约运动的延续，后者为前者的广泛制定奠定了社会运动基础。参见王永华：《建国初期的爱国公约运动》，《党史博览》2007年第4期。

② 邓小平：《关于整风运动的报告》，人民日报出版社1957年版，第15页。

③ 这一时期最高司法机关和地方各级人民法院出版和编纂了大量的指导性书籍，例如：中华人民共和国最高人民法院办公厅中华人民共和国司法部办公厅编：《人民司法工作在跃进——推行社会主义爱国公约和开展调处委员会的工作》，法律出版社1958年版；福建省高级人民法院编：《爱国公约和人民调处工作》，福建人民出版社1959年版；山东省高级人民法院编：《做好人民调处工作》，山东人民出版社1959年版；安徽省高级人民法院编：《跃进中的安徽人民调处工作》安徽人民出版社1959年版；安徽省高级人民法院编：《推行社会主义爱国公约》法律出版社1960年版。

④ 参见张富文：《新中国初期社会主义爱国公约运动初探》，《北京社会科学》2009年第6期。

⑤ 参见赵德魁、孙承基、阎为群：《对有关调处工作的几个问题的意见》，《法学》1958年第7期。

（四）赔礼道歉从自愿行为转变为法律责任的过程意义

从新中国成立前和新中国成立初期的自愿道歉到1957年社会主义爱国公约运动中作为法律责任的赔礼道歉，这一转变过程说明赔礼道歉在新中国成立之初的司法实践中取得了良好的社会效果，是社会主义法制体系与中国传统美德的完美结合。这一转变过程也为之后赔礼道歉的成文化以及后续在我国法律体系中的不断发展，奠定了较好的群众基础和社会基础。

二、赔礼道歉作为民事责任方式在原《民法通则》中的确立过程

（一）谁是赔礼道歉的“近亲”？——赔礼道歉相关民事责任方式探寻

笔者希望通过同时展示赔礼道歉在承担方式和适用范围两个方面的“近亲”在原《民法通则》上的确立过程，来更好地展示赔礼道歉作为民事责任方式在原《民法通则》上的确立过程。

1. 赔礼道歉在承担方式上的“近亲”——具结悔过与训诫

查阅原《民法通则》通过之前的《现代汉语词典》，“赔礼”，是指向人施礼认错。“道歉”，是指表示歉意，特指认错。① 赔礼道歉是并列短语，合并到一起连用，应该理解为向人施礼，表示歉意，并认错。笔者认为，赔礼道歉作为一种习惯用语，已经融合为一体。不能只赔礼，不道歉；而道歉，也不以施礼为必要。

纵观原《民法通则》第134条的内容，与赔礼道歉最为接近的责任承担方式是责令具结悔过。“具结”这个词，并非现代日常用语，是指旧时对官署提出表示负责的文件②；在法律意义上，是指对自己的行为愿意承担法律责任的表示。③ “悔过”，是指承认并追悔自己的错误。④ 两个词联结起来，就是“具结悔过”，应该理解为“悔过”基础上的“具结”，即承认自己的行为，追悔自己的错误，并向权力机关出具保证性的文件，一旦违反自己的承诺，愿意承担法律责任。作为一种民事制裁措施，“责令具结悔过”是法院强制侵权行为人承认自己在民事活动中的错误，并认识到这种错误的违法性和危害性，表示愿意悔改并不再犯。多适用于故意侵害他人人格权的行为，也可适用于某些故意或重大过失侵害他人财产权的行为。⑤ 责令具结悔过可以使行为人吸取教训，警诫，其今后不再重犯。⑥

对比赔礼道歉和具结悔过可以看出，二者的共同点是当事人都承认错误，差别

① 参见中国社会科学院语言研究所词典编辑室：《现代汉语词典》，商务印书馆1983年版，第860页。
② 参见中国社会科学院语言研究所词典编辑室：《现代汉语词典》，商务印书馆1983年版，第615页。
③ 参见沈玮玮：《从甘结到具结悔过：传统民事司法信任的转变》，《安徽大学学报（哲学社会科学版）》2010年第3期。
④ 参见中国社会科学院语言研究所词典编辑室：《现代汉语词典》，商务印书馆1983年版，第503页。
⑤ 参见张新宝：《中国侵权行为法》（第二版），中国社会科学出版社1998年版，第196页。
⑥ 参见杨立新：《侵权法论》（第四版），人民法院出版社2011年版，第225页。

是赔礼道歉是向对方表示认错，而具结悔过是向权力机关出具保证书表示不再犯。按照原《民法通则》第134条的规定，赔礼道歉是民事责任方式，责令具结悔过则是民事制裁方式，民事责任的不承担将导致法院的强制执行，而民事制裁方式的不执行将导致行政责任，但二者的强制性是一致的。

根据1964年《最高人民法院关于训诫问题的批复》的规定，训诫应当由人民法院用口头的方式进行，根据案件的具体情况，一方面，严肃地指出被告人的违法犯罪行为，分析其危害性，并责令他努力改正，今后不再重犯；另一方面，也要讲明被告人的犯罪情节尚属轻微，可不给予刑事处分。尽管训诫并非与赔礼道歉在承担方式上类似的责任方式，但因训诫是由人民法院对侵权人进行的口头教育，与责令具结悔过往往同时适用，同时训诫也可以有力地促使侵权人认识到自己的错误，主动赔礼道歉，所以与赔礼道歉也具有间接的关联性。

2. 赔礼道歉在适用范围上的“近亲”——消除影响、恢复名誉与停止侵害

赔礼道歉一般是与其他责任形式合并适用的。① 从适用范围来看，消除影响、恢复名誉与赔礼道歉均主要适用于精神性人格权，三者对于受害人都能够提供精神上的抚慰。公开的赔礼道歉能够在一定程度上消除影响、恢复名誉，因此在解释论的立场上，赔礼道歉是消除影响、恢复名誉的手段或方式之一，通过赔礼道歉达到消除影响、恢复名誉的效果。② 但是，诸如刊载澄清声明或将判决书予以登报公布实则属于消除影响、恢复名誉的另一种手段，其与赔礼道歉存在本质的区别，不可将消除影响，恢复名誉与赔礼道歉简单等同。③

停止侵害与赔礼道歉并非直接相关的两种民事责任方式，之所以在立法中与赔礼道歉并列规定而常被同时适用，是因为作为一种立法习惯，停止侵害常常与消除影响、恢复名誉一并规定，这引发了停止侵害与赔礼道歉间接的相关性。

（二）赔礼道歉在《刑法》起草过程中作为非刑事责任的成文化过程

根据上文的分析，笔者选取具结悔过和训诫作为赔礼道歉在《刑法》起草过程中的参照标记，来探寻赔礼道歉作为一种非刑事责任的成文化过程。

1.“文化大革命”之前《刑法》（草案）中的赔礼道歉

1950年7月20日原政务院公布的《人民法庭组织通则》第7条第1款规定：“县（市）人民法庭及其分庭有权逮捕、拘禁并判决被告死刑、徒刑、没收财产、劳役、当众悔过或宣告无罪。”这是我国刑事立法中第一次规定“悔过”，但未规定赔礼道歉。

1950年7月25日，中央人民政府法制委员会公布的《刑法大纲草案》第三章“刑罚”第17条规定了11种刑罚的种类，包括死刑、监禁、劳役、没收、罚金、

① 参见佟柔主编：《中国民法》，法律出版社1990年版，第49页。
② 参见姚辉：《赔礼道歉与“最后的手段”》，《法制日报》2010年8月11日，第11版。
③ 参见姚辉：《论人格权法与侵权责任法的关系》，《华东政法大学学报》2011年第1期。

褫夺政治权、褫夺亲权、禁止从事一定业务或职务、公开批评教育、赔偿损失和认错道歉。[①] 可见，我国最早的《刑法》（草案）是将训诫（“公开批评教育”）、赔偿损失和认错道歉作为刑罚规定的，而该草案没有规定具结悔过。

1954 年 9 月 30 日《刑法指导原则草案》（初稿）第二章“刑罚”第 9 条“刑罚的种类”第 3 款规定：“对于不必要判处刑罚的轻微的犯罪，可以适用训诫、责令悔过道歉或者一个月以下拘役的行政处罚。”[②] 该条草案第一次将训诫、悔过和道歉定位为非刑罚方式。

这一体例在随后的草稿中被修改，1956 年 11 月 12 日《刑法草案》（第 13 次稿）第三章“刑罚”重新将训诫作为刑罚，专设第二节“训诫”，仅有第 34 条 1 个条文，分为两款，第 1 款规定：“训诫是对犯罪分子的公开谴责。”第 2 款规定：“对于被判处训诫的犯罪分子，人民法院应当把判决在他的居住地或者犯罪地向群众公布。”[③] 这种对于训诫的执行方式与后来学术界的理解差异较大。一般认为，训诫是由人民法院在法庭上对不法行为人进行公开批评和谴责，当庭以口头形式进行。[④] 而公布判决的方式，更类似于对消除影响、恢复名誉的执行。[⑤]

此后的 1957 年 6 月 27 日《刑法草案》（第 21 稿）改变了这种体例，重新将训诫从刑罚中剔除，在第一节“刑罚的种类”第 33 条中规定：“对于情节轻微的犯罪分子，不需要判处刑罚的，可以予以训诫。”[⑥] 1957 年 6 月 28 日《刑法草案》（第 22 稿）第 32 条保持了这种规定的体例和内容。[⑦] 此后的历次草案也将非刑罚方式规定在第三章“刑罚”第一节“刑罚的种类”中。以下对于体例不再赘述，重点关注条文的变化。

1962 年 12 月《刑法草案》（第 27 次稿）第 30 条规定：“对于情节轻微的犯罪分子，不需要判处刑罚的，可以根据案件的不同情况，予以训诫或者责令具结悔过、取保、赔礼道歉、赔偿损失。”[⑧] 该条文将非刑罚的种类恢复到了《刑法指导原则草案》（初稿）规定的种类，还增加了“取保”这一新类型。1963 年 2 月 27 日

① 参见高铭暄、赵秉志编：《新中国刑法立法文献资料总览》（上册），中国人民公安大学出版社 1998 年版，第 141 页。

② 高铭暄、赵秉志编：《新中国刑法立法文献资料总览》（上册），中国人民公安大学出版社 1998 年版，第 171 - 172 页。

③ 高铭暄、赵秉志编：《新中国刑法立法文献资料总览》（上册），中国人民公安大学出版社 1998 年版，第 195 页。

④ 参见杨立新：《侵权法论》（第四版），人民法院出版社 2011 年版，第 225 页。

⑤ 参见《最高人民法院关于审理名誉权案件若干问题的解答》（1993）第 11 条。

⑥ 高铭暄、赵秉志编：《新中国刑法立法文献资料总览》（上册），中国人民公安大学出版社 1998 年版，第 230 页。

⑦ 参见高铭暄、赵秉志编：《新中国刑法立法文献资料总览》（上册），中国人民公安大学出版社 1998 年版，第 258 页。

⑧ 高铭暄、赵秉志编：《新中国刑法立法文献资料总览》（上册），中国人民公安大学出版社 1998 年版，第 287 页。

《刑法草案》（第30次稿）第31条延续了第27稿的内容和体例。[①] 随后的“文化大革命”中断了《刑法》起草工作长达15年。

2.“文化大革命”之后《刑法（草案）》中的赔礼道歉

“文化大革命”后恢复起草的1978年12月《刑法草案》（第34次稿）第26条规定：“对于情节轻微的犯罪分子，不需要判处刑罚的，可以根据不同情况，责令具结悔过、取保、赔礼道歉、赔偿损失。”[②] 该条文除文字上的调整外，还取消了“训诫”，但也未重新将训诫规定为刑事责任。《刑法草案》修订组1979年2月“第35次稿”第27条在文字上略作修订，但规定的非刑罚种类不变。[③]

1979年3月31日《刑法草案》（第36次稿）第30条规定：“对于犯罪情节轻微不需要判处刑罚的，可以根据案件的不同情况，予以训诫或者责令具结悔过、赔礼道歉、赔偿损失，或者由主管部门予以行政处分。”[④] 这一稿的新变化是，恢复了“训诫”这种非刑罚方式，并增加了主管部门的行政处分方式。《刑法草案》（第37次稿）第31条于文字上略有调整，保持了第36稿的主要内容和体例。[⑤]《刑法草案》（第38次稿）第32条个别文字再次被修订[⑥]，并被提交第五届全国人民代表大会第二次会议表决通过，该条文最终被确定为1979年《刑法》（位于第三章“刑罚”第一节“刑罚的种类”）第32条：“对于犯罪情节轻微不需要判处刑罚的，可以免予刑事处分，但可以根据案件的不同情况，予以训诫或者责令具结悔过、赔礼道歉、赔偿损失，或者由主管部门予以行政处分。”由此在《刑法》上实现了赔礼道歉法律责任的成文化。

3.赔礼道歉在《刑法》起草过程中作为非刑事责任的成文化规律总结

从对上述具有代表性的12稿《刑法》（草案）相关条款变化的分析中，可以看出几乎所有重要《刑法》（草案）都对非刑罚种类条款进行了修订，其中在种类上进行修订就多达7次。可见，非刑事责任始终是草案起草者的关注点，训诫、责令具结悔过和赔礼道歉作为非刑罚种类被最终规定在1979年《刑法》中，并非偶然或者随意之举，而是经过了长期思考和反复修改的。相比之下，“文化大革命”之前的《刑法》草案中，训诫的地位更为突出，赔礼道歉和具结悔过则“三进三出”。

① 参见高铭暄、赵秉志编：《新中国刑法立法文献资料总览》（上册），中国人民公安大学出版社1998年版，第315页。

② 高铭暄、赵秉志编：《新中国刑法立法文献资料总览》（上册），中国人民公安大学出版社1998年版，第371页。

③ 参见高铭暄、赵秉志编：《新中国刑法立法文献资料总览》（上册），中国人民公安大学出版社1998年版，第406页。

④ 高铭暄、赵秉志编：《新中国刑法立法文献资料总览》（上册），中国人民公安大学出版社1998年版，第441页。

⑤ 参见高铭暄、赵秉志编：《新中国刑法立法文献资料总览》（上册），中国人民公安大学出版社1998年版，第469页。

⑥ 参见高铭暄、赵秉志编：《新中国刑法立法文献资料总览》（上册），中国人民公安大学出版社1998年版，第502页。

这和当时国家公权力的全面主导是相关的。“文化大革命”之后的《刑法》（草案）中，训诫起初被取消，后来才被加入进来，而赔礼道歉和具结悔过的地位则较为稳定，显示出在市民社会中非刑罚方式作为矛盾自我解决方式的地位不断提升。

（三）赔礼道歉作为民事责任方式确立于第三次民法典起草过程中

20 世纪 60 年代新中国第二次民法典起草过程中，没有涉及侵权法的内容。1980 年开始的第三次民法典起草，反思“文化大革命”时期的经验教训，不但对人身权（主要是人格权）进行了详细列举，在侵权责任部分也对各种侵害人身权的行为规定了多种民事责任。原《民法通则》第 134 条列举的停止侵害、排除妨碍、消除危险、消除影响和恢复名誉、赔礼道歉这五项民事责任方式，均始于《民法草案（征求意见稿）》（1980 年 8 月 15 日）（以下简称“第一稿”）。从第三次民法典起草的四次草案的侵权责任部分的条文来看，停止侵害民事责任方式仅在侵害姓名权、肖像权、名誉权的情形中进行列举，消除影响和恢复名誉、赔礼道歉这两项民事责任主要是针对侵害人格权设计的，而排除妨碍和消除危险则主要是针对侵害财产权设计的。下文将以第三次民法典起草的四次草案以及原《民法通则》中的侵权责任部分和著作权部分的草案为蓝本，以赔礼道歉为中心，同时分析赔礼道歉、停止侵害、消除影响和恢复名誉这三项民事责任方式的确立过程，以期探求赔礼道歉民事责任的源流（见表 3-1）。

1. 赔礼道歉、停止侵害、消除影响、恢复名誉立法过程考察

表 3-1　赔礼道歉、停止侵害、消除影响、恢复名誉立法模式变化表

规定位置	侵害姓名权、肖像权、名誉权（荣誉权）				侵害宗教信仰、民族习惯				民事责任承担方式（民事制裁方式）列举			
责任承担方式	赔礼道歉	停止侵害	消除影响	恢复名誉	赔礼道歉	停止侵害	消除影响	恢复名誉	赔礼道歉	停止侵害	消除影响	恢复名誉
“第一稿”	—	√	√	—	√	√	√	—	√	—	—	—
“第二稿”	—	√	√	—	—	√①	√	—	√	—	—	—
“第三稿”	—	√	√	—	—	√	√	—	√	√	√	√
“第四稿”	—	√	√	—	未规定				√	√	√	√
原《民法通则》	√	√	√	√	未规定				√	√	√	√

通过表 3-1 可以发现，赔礼道歉仅仅在“第一稿”中曾经被用来作为侵害宗教信仰、民族习惯侵权行为的民事责任方式，随后一直被冠以“责令”的民事制裁

① 原文是“排除侵害”。参见何勤华、李秀清、陈颐编：《新中国民法典草案总览》（下卷），法律出版社 2003 年版，第 483 页。

用语，作为民事制裁方法加以规定。① 这与我国民法理论对侵权民事责任的制裁性和补救性的双重定性有关。②

恢复名誉作为民事责任方式出现得颇有些蹊跷，在第三次民法典起草的四次草案中，民事责任部分一直没有关于恢复名誉的规定，但在著作权部分规定的侵害著作权的民事责任为排除侵害、恢复名誉和赔偿损失三种。③ 恢复名誉作为一种民事责任方式被列举则始于的《民法草案（第三稿）》（1981 年 7 月 31 日）（简称"第三稿"）。

容易被忽略的是，不论消除影响和恢复名誉这两种民事责任方式的适用如何变换，停止侵害几乎始终与赔礼道歉同时规定。也就是说，我国侵权法上对于侵害人身权（包括著作人身权）的民事责任方式组合是"停止侵害、恢复名誉、消除影响、赔礼道歉"，其中"恢复名誉"和"消除影响"可能因为具体侵权行为类型的特点而有所保留，但停止侵害和赔礼道歉始终是我国侵权法上侵害人身权（包括著作人身权）的民事责任方式的骨架。

2. 赔礼道歉在原《民法通则》第 134 条中的确立过程

在"第一稿"中，赔礼道歉被规定在第一编"总则"第七章"民事制裁"第 68 条规定："人民法院、仲裁机关或其他国家机关在当事人的权利受到侵害的事实查明后，可以根据违法行为的性质和后果，采取下列的民事制裁方法：一、罚款；二、收缴非法所得；三、赔偿损失；四、具结悔过；五、责令赔礼道歉；六、通报批评。"第 69 条紧接着规定："前条规定的民事制裁方法，可以单独适用，也可以合并适用。"④ 从这两个条文我们已经可以看到：第一，第 68 条明显受到当时新通过的 1979 年《刑法》第 32 条的影响。通过表 3－1 的分析可以看出，对于侵害姓名权、肖像权、名誉权和荣誉权等人格权，在原《民法通则》通过之前，我国民事立法传统上最为稳定的民事责任方式是停止侵害和消除影响，而不包括赔礼道歉和恢复名誉。⑤ 而"第一稿"第 68 条将责令赔礼道歉与罚款、收缴非法所得、赔偿损失、具结悔过和通报批评一起规定为了民事制裁方式，不包括停止侵害、消除影响和恢复名誉这两项民事责任方式，这充分说明了第 68 条一方面延续了第一次民法典起草时将损害赔偿作为民事责任方式的传统，另一方面也说明该条的主要内容是

① "第三稿"之后为"民事责任方法"，参见后文。

② 关于我国《民法通则》第六章"民事责任"对"惩罚说"和"担保说"这两种学说混合继受的考察，请参见王竹：《侵权责任分担论》，中国人民大学出版社 2009 年版，第 91－93 页。

③ "第一稿"第 417 条第 2 款，"第二稿"第 380 条第 2 款，"第三稿"第 392 条第 2 款、第 372 条。参见何勤华、李秀清、陈颐编：《新中国民法典草案总览》（下卷），法律出版社 2003 年版，第 425 页、第 486－487 页、第 545 页、第 610 页。

④ 何勤华、李秀清、陈颐编：《新中国民法典草案总览》（下卷），法律出版社 2003 年版，第 380 页。

⑤ 这和部分学者认为赔礼道歉和恢复名誉这两种责任方式主要是针对侵害名誉权侵权行为设计的看法有所不同，但或许正是由于这样的原因，原《民法通则》的起草者在第 120 条中增加了这两种民事责任方式。

从1979年《刑法》第32条规定的非刑罚种类中借鉴过来的，即当时的民事制裁，可以理解为非刑罚种类。可以作为佐证的是，1979年2月2日颁布的《最高人民法院关于贯彻执行民事政策法律的意见》在“二、关于财产权益纠纷问题”中的“（四）赔偿问题”的第一段规定：“赔偿纠纷，一般应由当事人所在单位或有关部门处理。需要法院处理时，人民法院应本着有利安定团结的精神，根据党和国家的政策法律，分清是非责任。对有错误的要进行严肃的批评教育，责令其检查，赔礼道歉。造成经济损失的，应负责赔偿……”这是民事司法解释中第一次如此规定具结悔过、赔礼道歉和赔偿损失。第二，原《民法通则》第134条的结构已经基本形成。① 但在内容上，除赔偿损失和赔礼道歉之外，罚款、收缴违法所得、具结悔过和训诫（“通报批评”），后来都作为非民事责任规定在原《民法通则》第134条第3款中。第三，将具结悔过和赔礼道歉两种责任方式相邻作出规定，显示出二者内容上的相关性。这种体例后来也一直被沿用，直到原《民法通则》第134条区分民事责任方式和民事制裁方式。

《民法草案（征求意见二稿）》（1981年4月10日）（简称“第二稿”）第一编“总则”第八章“民事制裁”第62条列举了12种民事制裁方法，包括：“一、责令排除妨碍；二、责令返还原物、恢复原状；三、责令赔偿损失；四、收缴非法所得；五、罚款；六、责令赔礼道歉；七、责令具结悔过；八、训诫；九、剥夺某项民事权利；十、责令停业或搬迁；十一、查封或撤销登记；十二、民事拘留。”② 该条文的特点是：第一，在“第一稿”的基础上，增加了传统民法上作为物权请求权的排除妨碍、返还原物、恢复原状，民事责任方式的内容更加丰富。第二，增加了剥夺某项民事权利、责令停业或搬迁、查封或撤销登记、民事拘留等民事制裁措施，为原《民法通则》第134条第3款的规定打下了结构基础。第三，“具结悔过”改为“责令具结悔过”，并与“责令赔礼道歉”交换位置。这次换位为原《民法通则》第134条第1款和第3款以赔礼道歉为界埋下了伏笔。第四，在本次民事责任方式的大增补中，没有规定消除影响、恢复名誉。尽管消除影响和停止侵害一起，在“第一稿”第453条和第454条中，就已经作为侵害人格权和侵害宗教信仰、民族习惯的侵权责任方式被特别规定③，并为“第二稿”所延续④，但二者均未作为民事制裁方式被列举，可见当时的草案起草者应该是对民事制裁方式和民事责任方式有所区分。

“第三稿”在立法体例上出现重大变化。“第一稿”和“第二稿”设第一编“总

① 考虑到原《民法通则》第134条第2款关于“以上承担民事责任的方式，可以单独适用，也可以合并适用”的规定，并非本部分探讨的重点，下文将略去对该款条文的历史回顾。

② 何勤华、李秀清、陈颐编：《新中国民法典草案总览》（下卷），法律出版社2003年版，第445页。

③ 参见何勤华、李秀清、陈颐编：《新中国民法典草案总览》（下卷），法律出版社2003年版，第429页。

④ “第二稿”第350条、第351条。参见何勤华、李秀清、陈颐编：《新中国民法典草案总览》（下卷），法律出版社2003年版，第483页。

则”、第二编“财产所有权”、第三编“合同”、第四编“侵权损害的责任”、第五编“智力成果权”和第六编“财产继承”。其中第一编“总则”包括第一章“任务和基本原则”、第二章“公民”、第三章“法人”、第四章“法律行为”、第五章“代理”、第六章“期限和计算”、第七章“诉讼时效”、第八章“民事制裁”和第九章“适用范围”，内容较为庞杂。“第三稿”设第一编“任务和基本原则”、第二编“民事主体”（实际上包括民事主体和代理，按照“第二稿”讨论中的建议取消了法律行为）、第三编“财产所有权”、第四编“合同”、第五编“智力成果”、第六编“亲属、继承”、第七编“民事责任”和第八编“其他规定”（包括期限、诉讼时效和适用范围）。对比可知，“第三稿”第七编“民事责任”是“第二稿”第一编“总则”第八章“民事制裁”与第四编“侵权损害的责任”合并的结果。这种结合在第三章“承担责任的范围和方法”中体现得尤为明显。

“第三稿”第486条规定了12种民事责任承担方式：“一、责令排除妨碍、停止侵害、消除危险；二、责令返还原物；三、责令恢复原状；四、责令赔偿损失；五、收缴进行非法活动的财物和非法所得；六、罚款；七、支付违约金；八、责令修理、更换、重作；九、责令赔礼道歉、消除影响、恢复名誉；十、责令具结悔过；十一、告诫；十二、责令停业、停产或者搬迁。”① 该条文的特点是：第一，在定性上，将民事制裁改为民事责任，因而在编章体例上被移动到第七编的最后一章。这确立了原《民法通则》第六章“民事责任”第四节“承担民事责任的方式”这一结构。第二，增加停止侵害、消除危险和消除影响、恢复名誉四种民事责任方式。这印证了上文对“第二稿”区分民事责任和民事制裁的判断。第三，区分返还原物和恢复原状，并予以分别规定，确定了这两种民事责任之后在原《民法通则》第134条第1款中的相对位置和体系位置。第四，增加违约责任方式，即支付违约金和修理、更换、重作。需要指出的是，“第三稿”第七编“民事责任”第一章“通则”第456条规定的“公民、法人侵害社会主义公共财产，或者侵害他人的人身、财产，以及违反合同造成损害的，都应当承担民事责任”②，在内容和体例上已经相当于原《民法通则》第六章“民事责任”第一节“一般规定”第106条。而第二章“确定责任的规定”③ 在内容上相当于原《民法通则》第六章“民事责任”第三节“侵权的民事责任”。可见新增加的违约责任方式，预示着原《民法通则》第六章“民事责任”第二节“违反合同的民事责任”的生成。第五，将“训诫”改为“告诫”，“责令停业或搬迁”改为“责令停业、停产或者搬迁”，删除了查封或撤销登记和民事拘留两种制裁方式。《民法草案（第四稿）》（1982年5月1日）（简称“第四稿”）第442条④保持了“第三稿”的体例和内容。

① 何勤华、李秀清、陈颐编：《新中国民法典草案总览》（下卷），法律出版社2003年版，第556－557页。
② 何勤华、李秀清、陈颐编：《新中国民法典草案总览》（下卷），法律出版社2003年版，第553页。
③ 何勤华、李秀清、陈颐编：《新中国民法典草案总览》（下卷），法律出版社2003年版，第553－556页。
④ 参见何勤华、李秀清、陈颐编：《新中国民法典草案总览》（下卷），法律出版社2003年版，第619页。

从上文回顾的第三次民法典起草的四次草案来看，尽管原《民法通则》是以“第四稿”为蓝本制定的，但其第134条最终的变化还是较大的，主要体现在：第一，将训诫、责令具结悔过、收缴进行非法活动的财物和非法所得、罚款、拘留作为民事制裁规定在第134条第3款。这里最大的变化是将责令具结悔过归入民事制裁方式，而将赔礼道歉作为民事责任方式，使二者成为民事责任与民事制裁的分界线。质言之，责令具结悔过的重点在于“具结”而不在“悔过”，通俗地说，就是“对公”，而赔礼道歉则是“对私”。第二，将排除妨碍、停止侵害、消除危险分为三种独立的民事责任方式，排列顺序也调整为停止侵害、排除妨碍、消除危险。这种排列顺序与原《民法通则》第83条规定的相邻关系民事责任方式的顺序保持一致，印证了立法者作出调整的意图。第三，将赔偿损失插入到修理、重作、更换和支付违约金之间，应理解为草案起草人认为修理、重作、更换与恢复原状更为接近，而赔偿损失和支付违约金则分别为侵权责任和违约责任的金钱填补民事责任方式。第四，将赔礼道歉和消除影响、恢复名誉分为两项，并调整了二者的顺序。① 一方面赔礼道歉重新获得了独立的民事责任方式的地位，另一方面消除影响和恢复名誉被确立为同一种民事责任方式。②

3. 赔礼道歉在原《民法通则》第120条中的确立过程

在“第一稿”中，赔礼道歉还作为侵害宗教信仰、民族习惯的民事责任方式被特别列举，但从“第二稿”开始，该种民事责任方式就被删除了，此后随着“第四稿”对这种侵权行为类型的删除③，原《民法通则》中也就没有规定这种具体的侵权行为类型。就此问题，笔者认为，一方面是立法者逐渐认识到不宜在原《民法通则》中对侵害宗教信仰、民族习惯的侵权责任作出规定，另一方面应该是认为“赔礼道歉”不宜用于处理此类侵权行为。非常值得关注的是，从“第一稿”到“第四稿”，侵害自然人姓名权、名誉权、肖像权和法人的名称、名誉、信用等权利的民事责任方式中，赔礼道歉和恢复名誉竟然长期缺失，而仅仅主要规定停止侵害和消除影响，并附带性地规定可以赔偿损失。④ 赔礼道歉和恢复名誉进入此类侵权行为类型的侵权责任方式行列，是在原《民法通则》第120条中。

《民法通则（征求意见稿）》（1985年8月15日）第96条第1款规定：“侵害公民人身权利、智力成果权利的，应当停止侵害，消除影响，恢复名誉。造成经济损

① 从这次顺序的调整来看，《侵权责任法》第15条再次将二者的顺序调整为赔礼道歉在前，也可以视为一种立法传统的恢复。

② 从此后的立法实践和司法实践来看，消除影响和恢复名誉的捆绑模式并非完美，原《侵权责任法》和《民法典》未能将二者再次区分开，是一种立法技术上的遗憾。

③ “第一稿”第454条、“第二稿”第351条、“第三稿”第471条。参见何勤华、李秀清、陈颐编：《新中国民法典草案总览》（下卷），法律出版社2003年版，第429页、第483页、第554页。

④ “第一稿”第453条、“第二稿”第350条、“第三稿”第470条、“第四稿”第431条。参见何勤华、李秀清、陈颐编：《新中国民法典草案总览》（下卷），法律出版社2003年版，第429页、第483页、第554页、第617页。

失的，应当赔偿损失；虽然没有造成经济损失，情节严重的，应当给以适当的经济补偿。”由于在第三次民法典起草过程中恢复名誉是作为对侵害著作权的救济，所以正是该条对侵害人格权和知识产权条文的合并，使得恢复名誉率先被纳入对人格权的保护方式中。

《民法通则（草案）》（1985年11月13日稿）中，侵害人格权和侵害智力成果权的侵权行为一分为二，值得关注的是，该稿第103条用“消除影响”替换了“第一稿”到“第四稿”中的“恢复名誉”：“侵害公民、法人的著作权、专利权、商标权、发现权以及不属于专利权范围的科技成果权、发明权的，应当停止侵害，消除影响，赔偿损失。”可见，立法者认识到，侵害知识产权一般不涉及名誉侵害。而恢复名誉则继续保留在了该稿第102条第1款中：“侵害公民的肖像权、名誉权的，应当停止侵害，赔礼道歉，消除影响，恢复名誉。造成经济损失的，应当赔偿损失；虽然没有造成经济损失但情节严重的，应当给以适当的经济补偿。”该稿还在此基础上增加了赔礼道歉的民事责任方式。这一变化由于并无明确的理论准备，因而具有一定的偶然性。①

《民法通则草案修改稿》（1986年2月）第117条第1款坚持了这一规定体例：“公民的姓名权、肖像权、名誉权、荣誉权受到侵害的，受害人有权要求停止侵害，赔礼道歉，消除影响，恢复名誉，并可以要求赔偿损失。”最后提交审议的《民法通则（草案）》保持了这种体例和内容。②

（四）对赔礼道歉民事责任方式在原《民法通则》上确立前后的学说考察

1. 与原《民法通则》确立赔礼道歉作为民事责任相关的学说的发展过程

通过对比佟柔教授在原《民法通则》颁布前后主编的两本民法教材的相关内容，能够较好地佐证上文的立法史考察。1987年6月出版的佟柔教授主编的《民法原理》（修订本），定稿于“《民法通则》正在制订”而尚未通过之时的1985年10月③，较好地保留了当时学者依据“第四稿”规定的民事责任方法而作的诠释。首先，在体例上，第三章“民事法律关系”新增了第七节“民事责任”，这与“第三稿”和“第四稿”设立民事责任编是相吻合的。其次，从理论上将民事责任分为财产责任和非财产责任，后者列举的类型是“具结悔过、赔礼道歉等”，这与“第四稿”将二者均作为民事责任方式且邻近规定是相关的。④ 再次，将民事责任区分为合同责任与侵权责任，并将“具结悔过和赔礼道歉等责任形式”限定于侵权责任之中，这与“第四稿”民事责任编尚未将违约责任纳入有关。⑤ 最后，在该节第四部

① 参见后文对当时学说部分的考察。

② 参见张谷：《作为救济法的侵权法，也是自由保障法——对〈中华人民共和国侵权责任法（草案）〉的几点意见》，《暨南学报（哲学社会科学版）》，2009年第2期。

③ 参见佟柔主编：《民法原理》（修订本），法律出版社1987年版“修订说明”。

④ 参见佟柔主编：《民法原理》（修订本），法律出版社1987年版，第43页。

⑤ 参见佟柔主编：《民法原理》（修订本），法律出版社1987年版，第47页。

分“民事责任的形式”中，按照如下顺序较为详细地阐述了8种民事责任形式：“（一）损害赔偿；（二）违约金；（三）慰藉金，或称为抚慰金；（四）排除妨害、恢复原状、消除危险、返还原物；（五）罚款；（六）具结悔过；（七）恢复名誉、消除影响、赔礼道歉；（八）停止侵害。”“（七）恢复名誉、消除影响、赔礼道歉”的用语，是从“第三稿”开始使用的。在“第三稿”和“第四稿”中，均将罚款和具结悔过作为民事责任方法加以列举。①

1990年出版的佟柔教授主编的《中国民法》，对原《民法通则》第134条第1款规定的10种民事责任与传统民法的差别，作出了权威说明：“实际上，我国原《民法通则》第一百三十四条关于承担民事责任的方式的规定，已经使侵权行为的法律后果远远超出了‘债’的范畴。这些规定所体现的基本指导思想，就是要采取各种切实可行的措施，以加强对合法权利的保护和对不法行为以及其他致害原因的控制。这种指导思想的一个基本理论依据，就是对民事责任的制裁性和补救性的双重性质的认识。”② 在关于法律补救性质的论述中，将赔偿损失和返还财产作为财产给付义务，将赔礼道歉和消除影响作为精神上的填补方式，以使受到侵害的权利回复到法律上的完好状态。③

2. 当时关于原《民法通则》规定赔礼道歉民事责任方式的学说争议

应该指出，在原《民法通则》第120条和第134条规定赔礼道歉民事责任之前，理论上并未对赔礼道歉这种民事责任作过详细的立法论探讨。这种情况与公平责任的横空出世具有相似性。④ 从现有的文献和笔者对参加了原《民法通则》起草的学者的访谈中可以间接地看出当时存在“肯定说”和“否定说”两种不同的看法。

金平教授持肯定说。据他介绍，决定将赔礼道歉纳入原《民法通则》主要是基于对我国国情和彻底化解民事纠纷这两点考虑。而且，理论和实务界大都认为赔礼道歉在保护公民、法人的合法权益，教育不法行为人，缓解矛盾，促进安定团结等方面起着积极的作用。⑤

持反对说的学者也不在少数。据“民法通则（草案）座谈会”会议秘书处于1985年12月10日的第九号会议简报（主题是“对第六章民事责任的意见”）记载，在赔礼道歉被写入原《民法通则》草案之后，佟柔教授和杨荣新教授提出：“赔礼道歉”只有当事人主动才有意义，作为承担民事责任的方式不当。⑥ 魏振瀛教授也

① 参见佟柔主编：《民法原理》（修订本），法律出版社1987年版，第47－49页。

② 佟柔主编：《中国民法》，法律出版社1990年版，第562页。

③ 参见佟柔主编：《中国民法》，法律出版社1990年版，第563页。

④ 参见王竹：《我国侵权法上“公平责任”源流考》，《甘肃政法学院学报》2008年第2期。

⑤ 参见黄忠：《认真对待“赔礼道歉”》，《法律科学》2008年第5期。笔者于2011年11月24日拜访金平教授时，向金平教授确认了上述观点。

⑥ 参见张谷：《作为救济法的侵权法，也是自由保障法》，《暨南学报（哲学社会科学版）》2009年第2期。

指出：“（赔礼道歉）能否采取判决的形式，我认为一般不采取为好。”①

可见，学者对于将赔礼道歉写入原《民法通则》，从一开始就不是没有保留的。但或许是由于从新民主主义革命时期到新中国成立后赔礼道歉长期在调解过程中被适用，并发挥了较好的效果，具有一定的社会基础，而当时单位和政法机关对个人的控制力也较强，很少出现执行难的问题，因此赔礼道歉就被保留下来，最终被规定在原《民法通则》当中。

三、《民法典》将赔礼道歉作为民事责任方式进行规定的正当性

对赔礼道歉进行正本清源式的研究，是为了更好地厘清头绪，并探讨《民法典》将赔礼道歉作为民事责任方式进行规定的正当性。

（一）赔礼道歉作为民事责任方式在原《民法通则》上确立的历史意义

王泽鉴教授认为，新中国经历了各种社会动荡和政治变故，这种时代背景不可避免地将特定历史时期的若干社会职能或政治上的价值取向加于原《民法通则》之上，赔礼道歉这种责任承担方式或多或少也受到意识形态上“拨乱反正”的影响，尤其在纠正各种错误的政治运动、“平反昭雪”、调和人民内部关系的过程中，将赔礼道歉这种原本属于道德范畴的责任上升为法律责任，以法律的强制力作为其实现的最终保障。② 笔者对此表示赞同，并认为赔礼道歉作为民事责任方式在原《民法通则》上的确立，具有如下三个方面的历史意义。

1. 政治意义：解决人民内部矛盾，促进社会团结

从原《民法通则》制定时的社会认识来看，赔礼道歉主要适用于人民内部矛盾。按照当时的认识，人民内部问题，一般说来都属于思想认识问题和是非问题。对这种性质的问题，只能采取民主的方法、讨论的方法和说服教育的方法加以解决。调解人员在查清双方当事人争议的事实和焦点后，摆事实，讲道理，论利害，对当事人晓之以理，打通其思想，在自愿的基础上进行调解。对需要赔礼道歉、退还原物、赔偿损失的错误一方，也要通过批评与自我批评的方法、劝导的方法，促使其提高觉悟，进行自我检讨，从思想深处真正认识到自己的过错。只有这样，才能既坚持了原则，又不伤感情；既解决了争端，又加强了团结。③ 可见，赔礼道歉作为一种人民内部矛盾的解决方式，应该尽量坚持双方自愿的原则。

2. 社会意义：提高人民群众道德水准，推动社会主义精神文明建设

在社会主义爱国公约运动中设立人民调解委员会的目的之一，是推动社会主义精神文明建设。各地人民调解委员会在调解民间纠纷中，一般都根据不同情况，做

① 顾昂然、王家福、江平等：《中华人民共和国民法通则讲座》，中国法制出版社 2000 年版，第 245 页。

② 参见王泽鉴：《人格权法——法释义学、比较法、案例研究》，北京大学出版社 2013 年版，第 449 页。

③ 参见薛林：《论人民调解委员会》，《新疆社会科学》1983 年第 4 期。

耐心细致的思想工作，动之以情，晓之以理，使当事人在提高思想认识的基础上，作出自我批评和检讨，主动向对方赔礼道歉，或者返还原物、赔偿损失等，最后实现相互谅解。正因为如此，调解纠纷的过程往往也就是进行具体的政治思想教育的过程，非常有利于提高当事人和广大群众的道德意识。[①] 可见，赔礼道歉民事责任方式承载了提高人民群众道德水准，推动社会主义精神文明建设的目的。

3. 法律意义：辅助精神损害赔偿制度，对侵害人格权的情形进行全面救济

在原《民法通则》制定过程中，关于精神损害赔偿制度的争议较大。[②] 例如佟柔教授便主张："在我国社会主义条件下，人和人格尊严不可侵犯，更不能用金钱进行赔偿；如果人身权利遭受侵害并未造成财产损失，就应该通过其他方法对致害人进行处理，如刑事、行政等手段。在少数情况下，可以采取物质抚慰的办法，但不能用金钱赔偿。这是社会主义社会制度的反映。"[③] 原《民法通则》第 120 条采用了"赔偿损失"，而非明文规定精神损害赔偿，实际上是回避了这种争议，但这种规定因为明显不同于第 119 条的经济损失赔偿，所以应被理解为精神损害赔偿。赔礼道歉民事责任作为一种精神抚慰的辅助手段，能够更好地对侵害人格权的情形进行全面的救济。

（二）赔礼道歉民事责任在原《民法通则》中确立之后的立法发展与特点

1. 赔礼道歉民事责任在原《民法通则》中确立之后的立法发展

在原《民法通则》通过之后，赔礼道歉作为法律责任方式，在刑法、民法、知识产权法和行政法领域均有规定。

在刑法领域，1997 年新《刑法》第 37 条保留了对非刑事责任的规定："对于犯罪情节轻微不需要判处刑罚的，可以免予刑事处罚，但是可以根据案件的不同情况，予以训诫或者责令具结悔过、赔礼道歉、赔偿损失，或者由主管部门予以行政处罚或者行政处分。" 2012 年修正的《刑事诉讼法》第 277 条第 1 款规定："下列公诉案件，犯罪嫌疑人、被告人真诚悔罪，通过向被害人赔偿损失、赔礼道歉等方式获得被害人谅解，被害人自愿和解的，双方当事人可以和解：（一）因民间纠纷引起，涉嫌刑法分则第四章、第五章规定的犯罪案件，可能判处三年有期徒刑以下刑罚的；（二）除渎职犯罪以外的可能判处七年有期徒刑以下刑罚的过失犯罪案件。" 修正的 2018 年《刑事诉讼法》保留了这一规定。

民法领域，立法上一般按照原《民法通则》第 120 条的体例，采用同时规定停止侵害、恢复名誉、消除影响、赔礼道歉和赔偿损失 5 种民事责任的一体保护模式。2013 年修正的《消费者权益保护法》第 50 条将这种一体保护模式扩展到了消费者的人格尊严和人身自由领域。2009 年年底通过的原《侵权责任法》第 15 条，

① 参见柴发邦、李春霖：《改革与完善人民调解制度》，《政法论坛》1986 年第 1 期。

② 参见顾昂然、王家福、江平等：《中华人民共和国民法通则讲座》，中国法制出版社 2000 年版，第 236 页。

③ 佟柔主编：《民法原理》，法律出版社 1983 年版，第 221 页。

沿袭了原《民法通则》第134条的规定模式，在顺序上将“赔礼道歉”提到了“消除影响、恢复名誉”之前。① 尽管并未作出任何官方解释，但可以推断出，这一顺序上的改变至少意味着起草机关并不认为赔礼道歉是一种无关紧要的补充性的民事责任方式，其在原《侵权责任法》中的作用不会降低。2017年颁布的《民法总则》第179条第1款同样沿袭了原《民法通则》第134条的规定模式，仍然保留了第134条的顺序：“承担民事责任的方式主要有：……（十）消除影响、恢复名誉；（十一）赔礼道歉。”在司法解释中，1993年《最高人民法院关于审理名誉权案件若干问题的解答》规定：“人民法院依照《中华人民共和国民法通则》第一百二十条和第一百三十四条的规定，可以责令侵权人停止侵害、恢复名誉、消除影响、赔礼道歉、赔偿损失。”2001年《精神损害赔偿司法解释》第8条第1款规定：“因侵权致人精神损害，但未造成严重后果，受害人请求赔偿精神损害的，一般不予支持，人民法院可以根据情形判令侵权人停止侵害、恢复名誉、消除影响、赔礼道歉。”第2款规定：“因侵权致人精神损害，造成严重后果的，人民法院除判令侵权人承担停止侵害、恢复名誉、消除影响、赔礼道歉等民事责任外，可以根据受害人一方的请求判令其赔偿相应的精神损害抚慰金。”

在知识产权法领域，立法上一般只规定停止侵害、消除影响、赔礼道歉和赔偿损失四种民事责任方式，原因在于恢复名誉一般不适用于知识产权法领域。1989年颁布的《技术合同法实施条例》第28条第1款最早适用了这种四种民事责任一体保护模式。1990年《著作权法》第45条则从保护著作人身权角度，在原《民法通则》第118条规定的停止侵害、消除影响和赔偿损失三种民事责任的基础上，增加了“公开赔礼道歉”的民事责任方式。1991年《计算机软件保护条例》第30条，2001年、2011年、2013年《计算机软件保护条例》第23、24条，以及2006年、2013年《信息网络传播权保护条例》第18条也有类似规定。②

在行政法领域，1994年《国家赔偿法》第30条将消除影响、恢复名誉和赔礼道歉这三种民事责任方式对名誉权、荣誉权的保护扩展到了国家赔偿领域，其没有规定停止侵害的原因在于该法是事后救济法，不具有积极预防功能。2010年修正的《国家赔偿法》一方面将三种民事责任的适用范围扩展到了所有致人精神损害的适用国家赔偿的侵权行为类型，另一方面增加了“造成严重后果的，应当支付相应的精神损害抚慰金”的规定。2012年修正的《国家赔偿法》保留了这一规定。1986年《治安管理处罚条例》第42条规定：“公安机关对公民给予的治安管理处罚错误的，应当向受处罚人承认错误，退回罚款及没收的财物；对受处罚人的合法权益造成损害的，应当赔偿损失。”这些责任方式相当于赔礼道歉（承认错误）、返还财产和赔偿损失。该条例1994年修正时未涉及该条规定。2005年颁布的《治安管理处

① 这一变化是在“公开征求意见稿”中出现的。参见《中华人民共和国侵权责任法（公开征求意见稿）》，中国人大网，http://www.npc.gov.cn/npc/c1481/200911/e12173fcc86a49bfbfe546004f045316.shtml。

② 《与贸易有关的知识产权协议》（TRIPS协议）并无赔礼道歉的要求，可以将其视为一种较高层次的保护。

罚法》第117条将这一条文规范化为："公安机关及其人民警察违法行使职权，侵犯公民、法人和其他组织合法权益的，应当赔礼道歉；造成损害的，应当依法承担赔偿责任。"2012年修正的《治安管理处罚条例》保留了这一规定。1997年《行政监察法》第23条规定："监察机关根据检查、调查结果，遇有下列情形之一的，可以提出监察建议：……（三）给国家利益、集体利益和公民合法权益造成损害，需要采取补救措施的……"在行政法的内部管理领域，1993年《国家公务员暂行条例》第84条规定："国家行政机关对国家公务员处理错误的，应当及时予以纠正；造成名誉损害的，应当负责恢复名誉、消除影响、赔礼道歉；造成经济损失的，应当负赔偿责任。"1995年《法官法》第45条、1995年《检察官法》第48条和2005年《公务员法》第103条均规定了造成名誉损害的，应当赔礼道歉、恢复名誉、消除影响；造成经济损失的，应当给予赔偿。2001年、2017年和2019年修正的《法官法》和《检察官法》以及2017年、2018年修正的《公务员法》保留了这一规定。2015年修正的《食品安全法》第141条第2款新增规定："媒体编造、散布虚假食品安全信息的，由有关主管部门依法给予处罚，并对直接负责的主管人员和其他直接责任人员给予处分；使公民、法人或者其他组织的合法权益受到损害的，依法承担消除影响、恢复名誉、赔偿损失、赔礼道歉等民事责任。"

2. 赔礼道歉民事责任在原《民法通则》中确立之后的立法特点

综上所述，赔礼道歉民事责任方式在原《民法通则》上确立之后的立法发展，具有三个特点。

第一，立法的成长性。从上述立法过程的回顾可以看出，我国现行法上凡是对"赔礼道歉"作出了规定的，此后就没有删除该规定的先例。甚至在法律没有规定的情况下，对应的法律实施条例还将赔礼道歉解释到立法本意之中，典型的如2004年《行政监察法实施条例》第22条。

第二，适用的广泛性。赔礼道歉不但适用于平等民事主体之间的侵权行为，还适用于不平等的法律关系类型，如公务员、法官和检察官系统内部管理错误处理侵权行为、国家侵权和违法治安管理处罚侵权行为类型等。

第三，民事责任性。《刑法》第37条规定的予以训诫或者责令具结悔过、赔礼道歉，既不是行政处分，也不是刑事处分，而是人民法院对行为人采取的一种教育措施。[①] 按照原《民法通则》第134条的区分，赔礼道歉是民事责任方式，而训诫和具结悔过则是民事制裁方式。行政法领域的相关规定，实质上是行政法中的民事责任规定。可见尽管刑法、行政法和民法领域都有规定"赔礼道歉"，但在整个法律体系中，"赔礼道歉"均是作为民事责任方式规定的。

因此，作为一种民事责任方式，赔礼道歉已经成为我国整个法律体系和法律责

① 参见沈玮玮：《从甘结到具结悔过：传统民事司法信任的转变》，《安徽大学学报（哲学社会科学版）》2010年3期。

任体系中的重要组成部分，并具有一定的立法成长性。这促使我们进一步思考赔礼道歉作为民事责任的正当性。

（三）《民法典》将赔礼道歉作为民事责任方式的正当性

1.《民法典》对赔礼道歉的规定

《民法典》第 179 条第 1 款规定："承担民事责任的方式主要有：……（十）消除影响、恢复名誉；（十一）赔礼道歉。"该款继受了原《民法通则》第 134 条第 1 款和原《侵权责任法》第 15 条第 1 款的立法模式。

《民法典》第 995 条规定："人格权受到侵害的，受害人有权依照本法和其他法律的规定请求行为人承担民事责任。受害人的停止侵害、排除妨碍、消除危险、消除影响、恢复名誉、赔礼道歉请求权，不适用诉讼时效的规定。"该条继受了原《民法通则》第 120 条的立法模式，第 120 条第 1 款规定："公民的姓名权、肖像权、名誉权、荣誉权受到侵害的，有权要求停止侵害，恢复名誉，消除影响，赔礼道歉，并可以要求赔偿损失。"第 2 款规定："法人的名称权、名誉权、荣誉权受到侵害的，适用前款规定。"需要指出的是，原《民法通则》第 120 条规定在第六章"民事责任"第三节"侵权的民事责任"，而非第五章"民事权利"第四节"人身权"。这体现出《民法典》人格权编较《民法通则》第五章"民事权利"第四节"人身权"的定位变化与功能扩展。

《民法典》第 1000 条则是立法上的新规定，第 1 款规定："行为人因侵害人格权承担消除影响、恢复名誉、赔礼道歉等民事责任的，应当与行为的具体方式和造成的影响范围相当。"第 2 款规定："行为人拒不承担前款规定的民事责任的，人民法院可以采取在报刊、网络等媒体上发布公告或者公布生效裁判文书等方式执行，产生的费用由行为人负担。"该条实际上借鉴了《最高人民法院审理利用信息网络侵害人身权益民事纠纷案件适用法律若干问题的规定》（法释〔2014〕11 号）第 16 条的规定："人民法院判决侵权人承担赔礼道歉、消除影响或者恢复名誉等责任形式的，应当与侵权的具体方式和所造成的影响范围相当。侵权人拒不履行的，人民法院可以采取在网络上发布公告或者公布裁判文书等合理的方式执行，由此产生的费用由侵权人承担。"

2. 赔礼道歉的合宪性

根据学者的总结，赔礼道歉不应当作为侵权责任形式的主要理由包括：第一，它违背了保障良心自由的宪法原则。第二，它超出了现代社会中可以施加司法强制的事项的范围，试图对人的内心世界进行强制。第三，它违背了道德主观主义，即强调每个人是其自己的道德立法者。第四，它是法治万能主义的一种表现，即认为各种社会问题一遇到法治便会迎刃而解，法治似乎成为一帖解决各种社会问题的灵丹妙药。① 笔者认为，否定赔礼道歉民事责任方式的理由中，最为核心的仍然是赔

① 参见周友军：《我国侵权责任形式的反思》，《法学杂志》2009 年第 3 期。

礼道歉的合宪性问题。

尽管不断有学者介绍和引用近邻法域如日本最高裁判所和韩国宪法法院作出的涉及道歉合宪性的判决和司法解释，但在笔者看来，这种比较法上的质疑之所以能够引起学者的注意，更多的还是这些判决和司法解释超出了我们对具有文化接近性的临近相关法域内心自由程度的预期。笔者认为，赔礼道歉责任方式的合宪性不容置疑。这一方面是因为我国《宪法》并未对良心自由作出明文规定，较为接近的言论自由作为一种表达的自由也无法涵盖这一内容；另一方面是因为如前所述，赔礼道歉作为民事责任方式已经被立法规定并在司法实践中适用了30余年，形成了稳定的合宪性信赖。不仅如此，赔礼道歉还符合我国的民事立法传统，并为多部现行法律所明文规定，在司法实践中也取得了良好的效果。这是其他民事责任方式难以完全替代的。

3. 赔礼道歉作为民事责任方式的制度优势

正如王泽鉴教授所言，将赔礼道歉作为一种承担民事责任的方式明文规定，乃是基于传统观念和当前社会需要。① 鉴于民法典中赔礼道歉民事责任主要适用于侵权责任领域，笔者在此从侵权法的角度，提出几点补充性意见。

第一，赔礼道歉作为民事责任方式，能够更好地保护民事主体的合法权益：一方面，对精神性人格权的救济难以仅仅依靠精神损害赔偿来实现；另一方面，赔礼道歉在一定程度上能够缓和因新型人格利益的出现所带来的人格权范围扩张的问题。实务中出现的不少所谓新型人格权案例，如悼念权、亲吻权等，大多数都要求赔礼道歉。在这样的案例中，通过赔礼道歉来保护一般人格利益，能够较好地缓和因这些新型人格利益的扩张所带来的立法需求张力，满足实务需求。

第二，赔礼道歉作为民事责任方式，能够在一定程度上化解保险制度给侵权法带来的冲击，保持侵权责任的道德调整效力，预防侵权行为的发生，而商业保险制度和社会保障制度对侵权法的影响主要集中于损害赔偿制度领域。②

第三，赔礼道歉作为民事责任方式，能够缓和矛盾，促进当事人之间的和睦团结。③ 因此，谋求社会和谐需要鼓励赔礼道歉的运作。④ 尤其是在农村熟人社会，这更为重要。例如，有的农村出现以广播和贴大字报的方式侵害他人名誉权的情况，如不适用赔礼道歉，要么引发受害人心里憋气甚至选择自杀的悲剧，要么就引起争斗。适用赔礼道歉，实有必要，赔礼道歉具有不可替代性。

综上所述，笔者认为，至少在如下几类案件中，适用赔礼道歉民事责任方式，将比单独适用精神损害赔偿起到更好的彰显社会正义、促进社会和谐的效果：（1）涉及侵害死者人格利益的案件；（2）侵害未成年人或者精神病人的案件；（3）故意侵害

① 参见王泽鉴：《人格权法——法释义学、比较法、案例研究》，北京大学出版社2013年版，第449页。
② 参见黄忠：《认真对待“赔礼道歉”》，《法律科学》2008年第5期。
③ 参见王利明：《人格权法研究》，中国人民大学出版社2005年版，第685页。
④ 参见黄忠：《认真对待“赔礼道歉”》，《法律科学》2008年第5期。

生命健康权的案件；（4）轻微人身伤害案件；（5）熟人社会（如农村、大型国企家属区）中发生的侵害人格权的案件；（6）受害人一方看重赔礼道歉的案件。

（四）应该区分作为民事责任的赔礼道歉与作为道德义务的赔礼道歉

民事责任意义上的赔礼道歉是以道德为基础的，但其在本质上不是道德责任，仍然是一种法律责任。① 对此有学者认为，赔礼道歉作为一种责任承担方式的合理性值得怀疑，建议将其从法律责任还原为道德责任。② 这说明有必要区分作为民事责任的赔礼道歉与作为道德义务的赔礼道歉。原最高人民法院《关于贯彻执行〈中华人民共和国民法通则〉若干问题的意见（试行）》（以下简称“原《民通意见》”）第162条第2款规定：“当事人在诉讼中用赔礼道歉方式承担了民事责任的，应当在判决中叙明。”可能由于当时解释技术的原因，该款在表述上欠精确。既然尚未判决，就不能认为赔礼道歉是对民事责任的承担，实质上这是一种道德义务意义上的赔礼道歉。对此，《最高人民法院关于广西高院请示黄仕冠、黄德信与广西法制报社、范宝忠名誉侵权一案请示的复函》（〔2000〕民他字第8号）处理得更为妥当：“……故请告知范宝忠和广西法制报社，依照法律规定，其应当承担侵权的民事责任。希望范宝忠和广西法制报社通过赔礼道歉、消除影响以及给黄仕冠、黄德信一定经济补偿等方式争取达成和解，使黄仕冠、黄德信主动撤诉……”区分作为民事责任的赔礼道歉与作为道德义务的赔礼道歉的目的在于，关于赔礼道歉民事责任的承担和执行，仅在判令被告承担作为民事责任的赔礼道歉的情形下，才有讨论的意义。

四、赔礼道歉民事责任的承担

学界已有研究更多的是关注赔礼道歉的强制执行。笔者认为，应该仔细研究赔礼道歉民事责任的承担问题，并以此作为探讨赔礼道歉民事责任执行的基础。

（一）赔礼道歉作为民事责任方式的适用前提

笔者认为，赔礼道歉民事责任方式的适用存在如下三个方面的前提：

第一，赔礼道歉的适用以造成精神损害为前提，但不以造成严重精神损害为限。应该指出，原《民法通则》严格区分了侵害生命健康权（第119条）和侵害姓名权、肖像权等（第120条）的侵权责任③，因此第120条规定的精神损害赔偿制度无法适用于第119条规定的侵害物质性人格权的侵权行为类型，更难以扩展到第117条对侵害财产权和第118条对侵害知识产权的规定。后来学者通过对原《民法

① 参见王利明：《人格权法研究》，中国人民大学出版社2005年版，第685页。

② 参见姚辉、段睿：《“赔礼道歉”的异化与回归》，《中国人民大学学报》2012年第2期。

③ 参见梁慧星：《中国人身权制度》，《中国法学》1989年第5期；佟柔主编：《中国民法》，法律出版社1990年版，第493页。

通则》第 120 条进行扩大解释[①]，将精神损害赔偿扩展到了侵害身体权的情形，进而扩展到整个物质性人格权领域。[②]《精神损害赔偿司法解释》（法释〔2001〕7 号）第 8 条第 1 款和第 2 款分别规定了精神损害赔偿的适用标准，进一步扩展了其适用范围，并且规定了无论是否适用精神损害赔偿，都可以适用赔礼道歉的责任形式。鉴于《民法典》第 1183 条第 1 款规定，“侵害自然人人身权益造成严重精神损害的，被侵权人有权请求精神损害赔偿”，笔者认为，对于赔礼道歉的适用，应以造成精神损害为前提，但不以造成严重精神损害为限，这种观点也与《精神损害赔偿司法解释》（法释〔2001〕7 号）第 8 条保持一致。

第二，赔礼道歉的适用以原告请求为限，实行严格的当事人主义。要特别注意的是，《民法典》第 120 条对当事人主义作出明确规定：“民事权益受到侵害的，被侵权人有权请求侵权人承担侵权责任。”因此，赔礼道歉必须要由原告提出，法院不宜主动要求被告赔礼道歉。[③] 但被告主动提出愿意赔礼道歉或者当庭赔礼道歉的，法院可以在征求原告意见的基础上，根据案件的实际情况，在精神损害赔偿数额的确定上予以考虑。

第三，赔礼道歉的适用以被告自愿为前提。鉴于赔礼道歉在执行中的种种困难，以及在我国司法实践中赔礼道歉适用的社会文化基础主要是调解，笔者建议法院在调解中以道德义务的方式实现赔礼道歉。被告在案件审判过程中，已经表示不愿意赔礼道歉的，应该增加精神损害赔偿数额，而不宜判令赔礼道歉，以避免不必要的执行困难。因此，后文探讨的赔礼道歉的执行问题，将仅限于被告承诺赔礼道歉，但事后反悔的情形。其他类似情况还包括：侵权人在法庭上道歉，事后公开反悔；在法院主持下书写了道歉书，但在判决生效后反悔；等等。

（二）赔礼道歉作为民事责任方式的适用范围

通过上述考察可以看出，原《民法通则》的立法者对赔礼道歉的适用范围是有明确限制的，主要是侵害精神性人格权造成精神损害的情形，除具有人格象征意义的特定纪念物品，一般的财产损害情形不宜适用赔礼道歉责任方式。

有学者提出，赔礼道歉责任只能适用于法律规定的情况[④]，笔者认为还可以通过司法解释对适用范围进行扩展。但在既无法律规定，也无司法解释规定的情形下，不宜判令赔礼道歉，只能在案件审理或者调解过程中引导被告进行道德义务意义上的赔礼道歉。就立法或者司法解释进行扩展的范围，笔者认为，不宜包括专利法、商标法等纯粹的财产性的知识产权，而应该包括如下类型：

第一，侵害宗教信仰、民族习惯等宪法上基本权利的侵权行为。需要特别指出的是，即使原《民法通则》最终没有坚持对侵害宗教信仰、民族习惯的侵权行为类

① 参见杨立新：《论公民身体权及其民法保护》，《法律科学》1994 年第 6 期。
② 参见王竹、方延：《身体权学理独立过程考》，《广州大学学报（社会科学版）》2012 年第 5 期。
③ 参见王利明：《人格权法研究》，中国人民大学出版社 2005 年版，第 686 页。
④ 参见丁建军：《浅谈民事责任中的赔礼道歉》，《法律适用》1997 年第 2 期。

型作出规定，这种侵权行为类型也是我国民事立法上列举赔礼道歉作为具体侵权行为侵权责任方式的源头。修改之前的1993年《消费者权益保护法》第43条又对“……侵害消费者的人格尊严或者侵犯消费者人身自由的，应当……赔礼道歉，并赔偿损失”的规定附加了“经营者违反本法第二十五条规定”的限制，而1993年《消费者权益保护法》第25条规定的“经营者不得对消费者进行侮辱、诽谤，不得搜查消费者的身体及其携带的物品，不得侵犯消费者的人身自由”，也不包含侵害宗教信仰、民族习惯的情形。这使得立法上长期缺乏对这种特别需要适用赔礼道歉责任方式的侵权行为类型的规定。2013年修改之后的《消费者权益保护法》第50条对此问题进行了修正，不再附加类似“经营者违反本法第二十五条规定”的限制：“经营者侵害消费者的人格尊严、侵犯消费者人身自由或者侵害消费者个人信息依法得到保护的权利的，应当停止侵害、恢复名誉、消除影响、赔礼道歉，并赔偿损失。”《民法典》人格权编已经将赔礼道歉作为侵害人格权承担的民事责任方式，规定在《民法典》第1000条。类似的，对于宪法上的基本权利的侵害，也可以适用赔礼道歉的责任方式。

第二，赔礼道歉在适用过错推定责任和无过错责任侵权行为类型中的适用。有学者认为，赔礼道歉在侵权法上的适用，一般适用于过错责任领域。在贯彻无过错责任原则和适用公平责任的领域，不会有赔礼道歉的适用。① 笔者认为，过错推定责任领域中赔礼道歉能否适用的关键，主要是侵害物质性人格权是否可以要求赔礼道歉。从精神损害救济的全面性出发，笔者倾向于认为过错责任与过错推定责任在该问题上并无实质性差别。在无过错责任领域，赔礼道歉则仅可与惩罚性赔偿责任一并适用②，因为后者实际上仍然是故意侵权行为类型。而在公平责任领域，则更应该通过适用赔礼道歉来达到促进社会和谐的目的。

第三，赔礼道歉在合同法上的适用。在违约责任中适用精神性损害赔偿曾经存在较大争议，最高人民法院《关于审理旅游纠纷案件适用法律若干问题的规定》（法释〔2010〕13号）第21条中曾规定：“旅游者提起违约之诉，主张精神损害赔偿的，人民法院应告知其变更为侵权之诉；旅游者仍坚持提起违约之诉的，对于其精神损害赔偿的主张，人民法院不予支持。”但《民法典》第996条规定的“因当事人一方的违约行为，损害对方人格权并造成严重精神损害，受损害方选择请求其承担违约责任的，不影响受损害方请求精神损害赔偿”使突破这一障碍成为可能。笔者认为，即使学理上对于《民法典》第996条到底是独立的请求权基础条文还是仍然需要同时适用《民法典》第1183条的规定存在一定的争议，但如果当事人因违约或者缔约过失受到严重精神损害，赔礼道歉不失为对权利人最基本的精神抚慰。

① 参见崔建远：《论归责原则与侵权责任方式的关系》，《中国法学》2010年第2期。

② 如《民法典》第1207条规定的情形。

（三）赔礼道歉民事责任的当事人

1. 请求赔礼道歉的权利人

笔者认为，请求赔礼道歉的权利人应该仅限于自然人而不包括各类机构主体①，这与机构主体不能请求精神损害赔偿的理由类似。② 因此，原《民法通则》第120条第2款规定的“法人的名称权、名誉权、荣誉权受到侵害的，适用前款规定”，应该排除对赔礼道歉的适用。事实上，机构主体可以通过要求侵权行为人消除影响、恢复名誉来实现其目的。

《民法典》第1181条第1款第一句规定：“被侵权人死亡的，其近亲属有权请求侵权人承担侵权责任。”因此，请求赔礼道歉的权利人除了被侵权人，在被侵权人死亡的情况下，还包括死者的近亲属。参考《精神损害赔偿司法解释》（法释〔2020〕17号）第3条的规定，对死者遗骨、遗骸的侵害，赔礼道歉的对象为死者的近亲属。③

对非完全民事行为能力人的侵害，应该由其法定代理人提出赔礼道歉的要求，但赔礼道歉应该对被侵权人直接作出。被侵权人不能理解道歉意思的，则应该对其法定代理人或者近亲属作出。

2. 赔礼道歉的义务人

赔礼道歉的义务人，既可以是机构主体，也可以是自然人。机构主体作为义务人的，应由其法定代表人或负责人作出。自然人是完全民事行为能力人的，道歉应该由本人作出。这是因为赔礼道歉的道德性决定了其个人性，由他人代为赔礼道歉并非设置该民事责任的本意。如果自然人是非完全民事行为能力人的，道歉应该由其法定代理人代为作出。该非完全民事行为能力人能够认识其错误的，应该与其法定代理人一并道歉，但其不道歉不影响赔礼道歉的法律效果。

（四）赔礼道歉民事责任承担的相当性

《民法典》第1000条第1款是对赔礼道歉民事责任承担“相当性”的规定：“行为人因侵害人格权承担消除影响、恢复名誉、赔礼道歉等民事责任的，应当与行为的具体方式和造成的影响范围相当。”这种相当性考量，主要涉及赔礼道歉的形式、内容和公开范围三个方面。

1. 赔礼道歉的形式

一般认为，赔礼道歉是指侵权行为人向受害人承认错误，表示歉意，以求得受害人的原谅。赔礼道歉主要采用口头道歉和书面道歉的形式。口头道歉由加害人直接向受害人表示。书面道歉以文字形式为之，可以登载在报刊上，张贴于有关场

① 参见葛云松：《赔礼道歉民事责任的适用》，《法学》2013年第5期。

② 这一点在原《民法通则》起草时就十分明确。参见顾昂然、王家福、江平等：《中华人民共和国民法通则讲座》，中国法制出版社2000年版，第235页。

③ 参见葛云松：《赔礼道歉民事责任的适用》，《法学》2013年第5期。

所，或者以信件的方式转交受害人。[①] 笔者认为，在互联网上侵害人格权案件日益增多的今天，应该加强通过互联网执行赔礼道歉的制度设计，同时，互联网也是当今社会大众获取信息的最主要渠道之一。[②] 实践中许多法院已经开展了诸多互联网赔礼道歉执行问题的探索。在利用微信公众号或者朋友圈发布赔礼道歉声明的案件中，有法院强调“发布时间不得少于1个月，且不得设置任何屏蔽措施”[③]，有法院强调“允许朋友查看朋友圈的范围不得少于最近一个月”[④]，有法院规定赔礼道歉声明应当在其微信公众号“显著位置”发布等。[⑤] 另外，为了及时抚慰受害人，判决赔礼道歉的，以在判决书生效后15日到30日内执行为宜。

2. 赔礼道歉的内容

有学者认为，赔礼道歉的内容应该明确包括六项要素，即承认损害事实的发生，向受害人承认自己的行为构成违法，承认应该承担损害赔偿责任，对自己的行为表示后悔，对给受害人造成的损害表示悔恨，向受害人保证将来不再作出类似行为。[⑥] 笔者认为该观点具有较强的启发性，但应该做一定的调整：第一，违法性的判断本身并非赔礼道歉的重点，以改为承认自己存在过错为宜。第二，是否承担赔偿责任与赔礼道歉本身并无直接联系，也可能出现只赔礼道歉，不赔偿损失的情形。第三，根据前文对具结悔过与赔礼道歉的区分，“保证将来不再作出类似行为”更应该归入具结悔过。因此，笔者认为，赔礼道歉的基本内容为：承认是自己的侵权行为造成了被侵权人的损害事实，承认自己主观上的过错（是故意的，不能说成过失），对发生的侵权行为表示后悔，对造成受害人的损失表示遗憾。在基本内容的基础上，应原告的要求，或者法院认为有必要，或者被告愿意，可以增加保证不再作出类似行为及其他内容。

3. 公开道歉中公开范围的确定

由于公开道歉同时具有消除影响和恢复名誉的作用，如果被侵权人要求公开道歉，法院也认为公开道歉不违背公序良俗，则应该先由被侵权人主张公开的范围，侵权人如果认可该范围，则按照双方达成一致的范围确定。侵权人主动扩展道歉范围，也需要由被侵权人同意，以避免道歉的同时扩大影响，对被侵权人造成二次伤害。当事人双方对于道歉的公开范围无法达成一致的，应该由法院根据造成影响的范围确定公开的范围，但也应考虑被侵权人的意见，不能依职权扩大公开的范围。

① 参见杨立新：《侵权法论》（第四版），人民法院出版社2011年版，第222页。

② 事实上，如果法院判决能够全面公开并上网，就不存在通过互联网公开判决书的问题了。

③ 江西省南昌市西湖区人民法院（2019）赣0103民初10719号民事判决书；浙江省辖兰溪市人民法院（2019）浙0781民初4887号民事判决书。

④ 福建省石狮市人民法院（2019）闽0581民初4986号民事判决书。

⑤ 参见广东省广州互联网法院（2019）粤0192民初23306号民事判决书。

⑥ 参见王立峰：《民事赔礼道歉的哲学分析》，《判解研究》（2005年第2辑），人民法院出版社2005年版。

（五）履行赔礼道歉的判断标准

一般认为，赔礼道歉要取得原告的谅解。① 因此，对于赔礼道歉民事责任是否履行的判断标准在被侵权人一方，应以其主观标准为主。在被侵权人一方的主观标准过高或者无理取闹的例外情况下，法院应该适用客观标准，主要考虑以下两个方面。

第一，作出道歉的诚恳性。赔礼道歉必须是自愿且无条件的，不能部分道歉，或者有条件或者有保留地道歉。道歉的内容和形式都应该符合公序良俗与诚实信用的要求。

第二，接受道歉的个人性。道歉原则上应该是对单个主体作出，在多个被侵权人的情形，可能因为主观标准不同而作出不同判断，被侵权人可以要求更为诚恳或者特别形式的道歉，不能仅仅因为其他被侵权人的接受而认为不接受道歉的被侵权人要求过高。

五、赔礼道歉民事责任的执行

在司法实践中，出现了“判前不敢，判后不愿”的赔礼道歉执行难题。所谓“判前不敢”，即行为人因为害怕在诉讼过程中赔礼道歉会被认定为对侵权事实和主观过错的自认而不愿道歉。所谓“判后不愿”，即行为人在判决生效后，主观上不愿意赔礼道歉，比较常见的是基于“面子”的考虑，有的则是对判决本身不认可。尽管在比较法上证据问题是研究的热点和立法的重点，但就笔者的观察，在中国法实务中，特别是近年来“大调解”的推动，在调解程序中经过法院的沟通进行赔礼道歉的案例不在少数。鉴于学者已经对相关证据问题进行了探讨，提出了在诉讼外的赔礼道歉不构成自认，在诉讼中的赔礼道歉可以作为减轻侵权人责任的考虑因素的观点②，同时考虑到这些实质上是对道德义务意义上赔礼道歉的探讨，笔者遂不作赘述。下文的重点放在对“判后不愿”，即赔礼道歉民事责任执行问题的解决上。

（一）“发表谴责声明”并非合适的替代执行方式③

葛云松教授提出的以“发表谴责声明”方式替代执行赔礼道歉的思路，颇具有创造性。但笔者认为，这种执行方式欠妥，故在此予以简要回应。

1 葛云松教授对现有主要执行方式的总结

葛云松教授将学者提出的赔礼道歉强制执行方式分为三大类、共五种可能。第一大类：间接执行，即执行法院可以处以罚款、拘留甚至判处刑罚。第二大类：替

① 参见张新宝：《侵权责任法》，中国人民大学出版社 2006 年版，第 373 页。

② 参见黄忠：《赔礼道歉的法律化：何以可能及如何实践》，《法制与社会发展》2009 年第 2 期。

③ 以下葛云松教授的观点，参见葛云松：《民法上的赔礼道歉责任及其强制执行》，《法学研究》2011 年第 2 期。

代执行，由侵权人承担相应的费用。它具体包括三种：第一种，由执行法院以一定的方式将判决书的主要内容公布；第二种，执行法院以侵权人的名义草拟道歉声明（或者由受害人草拟、经法院审定），并公布于特定场合或者媒体；第三种是葛云松教授的“独创”，即执行法院通知受害人草拟一份谴责声明，经法院审定后，公布于特定场合或者媒体。第三大类：赔偿执行，即执行法院可以要求侵权人支付一定的赔偿金给受害人，以代替赔礼道歉。鉴于葛云松教授已经对其他四种方式进行了评析，并重点论证其“独创”的“发表谴责声明”方式的合理性，其他学者也已经对其他四种方式进行了论证，笔者在此主要对“发表谴责声明”方式的合理性进行评述。

2. 葛云松教授提出的“发表谴责声明”替代执行方式

葛云松教授提出的“发表谴责声明”方式是一种替代执行方式，认为判断替代行为是否可以达到与被执行人亲自履行相当的效果，应以社会的一般观念为标准。一个人受到他人的冒犯或者侵害后，如果获得对方的真诚道歉，自然可以减轻甚至消除精神上的不快。如果受害人可以义正词严地把对方责备一番，而对方只能洗耳恭听，受害人的不快情绪通常可以得到一定的发泄，从而舒缓心情，这一点是社会一般观念所认可的。所以，在侵权人拒绝道歉时，允许受害人以公布谴责声明的方式来达到相当的弥补精神损害的效果，并由侵权人负担费用，是一种合理的替代执行方式。

3.“发表谴责声明”无法达到替代执行赔礼道歉的目的

笔者认为，“发表谴责声明”无法达到替代执行的目的，具体理由如下：

第一，对侵权人进行谴责本身就是被侵权人的权利，将其作为一种赔礼道歉的替代执行方式，相当于不执行赔礼道歉。事实上，即使立法不规定，法院也没判决被侵权人对侵权人发表谴责，从言论自由角度看，只要被侵权人在谴责声明中发表的言论是真实的，在不涉及侵害对方隐私和不违背公序良俗的情况下，就不构成侵害对方的名誉权，自然可以为之。如果将其作为赔礼道歉的替代执行方式，无异于容忍了赔礼道歉的不执行。

第二，谴责的尺度与达到的效果难以把握，本身也缺乏公信力。对此，葛云松教授也提出：“这种替代执行方案需要谨慎为之。受害人的谴责声明应当经过法院审定，以避免其采用过激的言辞。法院审查时，应注意谴责声明的内容与侵权的情节、过错程度等相适应。”笔者认为，如果谴责的内容是谴责对方没有进行赔礼道歉，那么实际上仍然没有起到赔礼道歉的效果。如果谴责的内容是对方的侵权行为，那么和公布判决书或者道歉书的内容类似。而且相比这两种情形，谴责声明毕竟是受害人的一面之词，更缺乏公信力。

第三，谴责本身只是使受害人一方“出了口气”，而无法实现赔礼道歉民事责任的本意。葛云松教授也认识到，这种谴责声明会包含道德上的负面评价，包含羞辱的因素，但是至少侵权人无须言不由衷，法律只是要求其忍受而已，因此声明并不构成对其人格尊严的过度侵害。但无论被侵权人怎么谴责，侵权人一方就是坚持不赔礼道歉。此时，如果侵权人一方委婉地作出不接受谴责“以正视听”的反向声明，不但无法实现赔礼道歉的目的，反而会使问题变得愈加复杂，偏离了设计赔礼道歉民事责任的本意。

因此，“发表谴责声明”的建议尽管颇具创造性和启发性，但的确并非合适的替代执行方式。

（二）赔礼道歉的不可强制执行性

葛云松教授对其他四种赔礼道歉执行方式的评估，笔者基本上是认同的。那么，如果“发表谴责声明”这种创新性的执行方式也不能解决赔礼道歉的强制执行问题，我们是否应该重新审视赔礼道歉本身就可以被强制执行呢？

1.“赔礼道歉”可以被强制但却无法被强制执行

从履行赔礼道歉民事责任的诚恳性要求来看，各种所谓的赔礼道歉的强制执行，只是替代性地进行了“强制”，但根本无法“执行”以达到该民事责任方式本身的意图效果。这是因为，赔礼道歉本身就包括自愿的要求，这种自愿可以扩展到经过劝导和受到其他因素（如制裁或者面临承担更高额精神损害赔偿等）影响后的愿意，但不包括被“强摁头”的情形。

2.“赔礼道歉”的替代执行不是赔礼道歉本身的执行

除了葛云松教授提出的“发表谴责声明”的替代执行，另外两种替代执行方式均为由侵权人承担费用的方式。第一，法院可以决定将含有责令侵权人赔礼道歉内容的判决书登报。①《民法典》第 1000 条第 2 款的规定实质上采纳了这种观点：“行为人拒不承担前款规定的民事责任的，人民法院可以采取在报刊、网络等媒体上发布公告或者公布生效裁判文书等方式执行，产生的费用由行为人负担。”第二，行为人在判决前已经表示同意赔礼道歉，并由其写出道歉书，法院作出判决后其反悔，可以通过刊载道歉书的方式实现赔礼道歉。② 这两种替代执行方式，更多的是起到了消除影响和恢复名誉的作用，实质上也不能满足诚恳性的要求。而且，有的涉及隐私或者商业秘密的侵权行为，也不宜通过这种方式来执行。

3. 民事责任并非均可实现强制执行

笔者认为，对赔礼道歉能否强制执行的讨论建立在一个预设的前提之下，即所有的民事责任均可以强制执行。而这个前提本身可能是存在问题的。以赔偿损失和承担违约金责任方式为例，如侵权人没有责任财产可供执行，这两种责任方式就无法执行。停止侵害、排除妨碍和消除危险也存在事实上不可能或者费用过高而不能强制执行的情形。返还财产以原物的存在为前提，恢复原状和修理、重作、更换均以事实上可能和费用可接受为前提，消除影响、恢复名誉则以事实上可能为前提。

① 参见魏振瀛：《论请求权的性质与体系——未来我国民法典中的请求权》，《中外法学》2003 年第 4 期。

② 参见王利明：《人格权法研究》，中国人民大学出版社 2005 年版，第 686 页。

既然实务中能够容忍《民法典》第 179 条第 1 款列举的另外 10 项民事责任方式客观上不能强制执行的情形，也就应该容忍赔礼道歉无法强制执行，即责任人经过劝导仍然不愿意赔礼道歉的情形。因此，应该将这种责任人事先承诺后又反悔，内心不愿意赔礼道歉的情形，作为一种赔礼道歉不能被强制执行的客观障碍对待。

（三）违背承诺不赔礼道歉应该承担违约责任

1. 赔礼道歉与精神损害赔偿的同质性

在原《民法通则》通过之时，就有学者将第 134 条第 1 款规定的 10 项民事责任方式按其性质分为三类，即：停止侵害、排除妨碍、消除危险属于排除障碍一类；返还财产、恢复原状、修理、重作、更换、消除影响、恢复名誉属于恢复原状一类；赔偿损失、支付违约金、赔礼道歉属于损害赔偿一类。① 在后续的研究中，学者也建议，如果被告拒绝道歉，则应当增加损害赔偿的数额。如果赔礼道歉不与精神损害赔偿的数额发生一定的联系，则很难促使被告作出道歉。② 可见，赔礼道歉所修补的，并非受到侵害的人格权本身，而是人格权人的精神创伤。赔礼道歉与精神损害赔偿的目的相同，性质上也具有相似性，并且具有紧密的关联性。③ 鉴于其类似于精神损害赔偿的作用，可以把赔礼道歉视为精神损害赔偿的变态。④ 因此，赔礼道歉其实与精神损害赔偿具有同质性，其推论是，在赔礼道歉无法被强制执行时，可以通过精神损害赔偿予以救济。

2. 违背承诺不赔礼道歉应该承担精神损害赔偿违约责任

如前所述，赔礼道歉的执行，将仅限于被告承诺赔礼道歉，但事后反悔的情形。而侵权人在判决作出后，拒不履行赔礼道歉的民事责任，应当被视为该民事责任客观上无法执行。这种情况下，笔者建议，应该将被告承诺愿意赔礼道歉的行为视为与原告自愿订立了以赔礼道歉为主要义务的合同，将事后未按约定赔礼道歉的行为认定为违约行为，由责任人承担违约责任。

以赔礼道歉作为主要义务的合同，其目的在于抚慰精神痛苦，适用《民法典》第 996 条的规定并无障碍："因当事人一方的违约行为，损害对方人格权并造成严重精神损害，受损害方选择请求其承担违约责任的，不影响受损害方请求精神损害赔偿。"而且，该精神损害赔偿的数额，可以在被告承诺事后赔礼道歉的情况下，由法院根据案件情况，提前确定如果不依照约定进行赔礼道歉，将承担的额外精神损害赔偿的数额。

3. 在判决书上的具体行文方式

为了避免原告另行提起违约诉讼而陷入新一轮的诉讼负担，在具体的操作上，

① 参见徐开墅：《论民事活动中的法律责任》，《政法论坛》1987 年第 5 期。

② 参见王利明：《人格权法研究》，中国人民大学出版社 2005 年版，第 687 页。

③ 参见葛云松：《赔礼道歉民事责任的适用》，《法学》2013 年第 5 期。

④ 参见崔建远：《债法总则与中国民法典的制定——兼论赔礼道歉、恢复名誉、消除影响的定位》，《清华大学学报（哲学社会科学版）》2003 年第 4 期。

笔者建议可以参考《最高人民法院关于审理名誉权案件若干问题的解答》第十一点回答部分的规定，在判决书中写明："被告××在本判决发生法律效力之日起××日内，向原告××进行赔礼道歉。逾期不进行赔礼道歉的，向原告支付精神损害赔偿××元。"① 这种判决行文方式与"人民法院可以采取在报刊、网络等媒体上发布公告或者公布生效裁判文书等方式执行，产生的费用由行为人负担"的替代执行方式是类似的，既不突破人民法院的现有司法实务操作，也能够较为简捷地解决赔礼道歉的执行问题。

① 《最高人民法院关于审理名誉权案件若干问题的解答》，载《中华人民共和国最高人民法院公报》1993年第3期，第102-103页。

侵权责任构成论

21 世纪法学研究生参考书系列

专题四

侵害人格权造成财产损害的损害赔偿金计算方式研究[①]

原《侵权责任法》第 20 条规定："侵害他人人身权益造成财产损失的，按照被侵权人因此受到的损失赔偿；被侵权人的损失难以确定，侵权人因此获得利益的，按照其获得的利益赔偿；侵权人因此获得的利益难以确定，被侵权人和侵权人就赔偿数额协商不一致，向人民法院提起诉讼的，由人民法院根据实际情况确定赔偿数额。"该条用两个分号规定了侵害人身权益造成财产损失的赔偿数额"顺位递进式"确定规则："损失赔偿—获利返还—法院酌定"。《民法典》第 1182 条规定："侵害他人人身权益造成财产损失的，按照被侵权人因此受到的损失或者侵权人因此获得的利益赔偿；被侵权人因此受到的损失以及侵权人因此获得的利益难以确定，被侵权人和侵权人就赔偿数额协商不一致，向人民法院提起诉讼的，由人民法院根据实际情况确定赔偿数额。"对比可知，《民法典》侵权责任编取消了"损失赔偿"和"获利返还"的递进关系，但仍然存在如下问题：第一，按照分号之前的规定，二者能够确定其一则按照能够确定的金额赔偿，但如果二者均能确定如何确定赔偿金额？第二，按照分号之后的规定，二者均不能确定且赔偿数额无法协商一致的，人民法院依据的"实际情况"到底是什么？围绕上述问题，下文将首先回到原《侵权责任法》第 20 条查找问题的症结，再针对《民法典》第 1182 条提出立法修改建议。

一、原《侵权责任法》第 20 条在实务中几乎全部表现为"法院酌定"

笔者调取了"中国裁判文书网"公布的 2015—2018 年 4 年间人民法院适用原《侵权责任法》第 20 条的全部案例。通过分析这些案例，笔者发现原《侵权责任法》第 20 条的适用普遍存在如下三个方面的问题。

① 本专题的部分内容，是与吴涛博士合作的成果。

（一）被侵权人的损失难以计算

在司法实践中侵害人身权益一般表现为侵害肖像权，常见案情是侵权人未经被侵权人的同意，擅自将被侵权人的肖像用作自己的商业宣传。在这种情况下，被侵权人没有遭受直接的经济损失，被侵权人的损失来自如果被侵权人将该肖像许可他人使用，被侵权人本应该获得的相应利益。① 因为这种利益是假定条件下产生的，不存在现实的客观标准可以对此进行计算，所以该利益的确定会显得尤为困难。

在司法实践中，对于明星、模特等知名人物来说，可能先前存在类似的许可使用合同，比如林心如、井柏然、曾志伟和韩雪等公众人物，都曾在诉讼中举出关于肖像许可使用费的证据②，希望以此来证明其损失，但是对于普通人而言，这种未取得的消极利益没有任何可以参考的现实标准，要计算其损失几乎难以实现。

（二）侵权人所获利益难以确定

在被侵权人的损失难以确定的情况下，按照原《侵权责任法》第 20 条第二分句的规定，应该按照侵权人因此获得的利益确定赔偿数额。然而，在司法实践中，实际上也难以确定“利益”，导致该条第二分句的适用出现诸多问题。

1.“利益”无法确定

“利益”指代的是什么内容、包括哪些方面，相关法律没有予以回答，只是有学者从获利返还的应有之义出发，指出“利益”为侵权人所获得的利润。③ 然而，原《侵权责任法》及相关司法解释都没有对利润的计算方式予以规定，能够借鉴的只有《商标法》和《专利法》的司法解释中规定的关于“所获得的利益”的计算标准的具体规定。最高人民法院《关于审理商标民事纠纷案件适用法律若干问题的解释》（以下简称“《商标民事纠纷解释》”）（法释〔2020〕19 号）第 14 条规定：“商标法第六十三条第一款规定的侵权所获得的利益，可以根据侵权商品销售量与该商品单位利润乘积计算；该商品单位利润无法查明的，按照注册商标商品的单位利润计算。”最高人民法院《关于审理专利纠纷案件适用法律问题的若干规定》（以下简称“《专利纠纷解释》”）（法释〔2020〕19 号）第 14 条第 2 款规定：“专利法第六十五条规定的侵权人因侵权所获得的利益可以根据该侵权产品在市场上销售的总数乘以每件侵权产品的合理利润所得之积计算。侵权人因侵权所获得的利益一般按照侵

① 参见张晓霞：《侵权获利返还之请求权基础分析——以第三次修订的〈专利法〉第 65 条为出发点》，《知识产权》2010 年第 2 期。

② 参见北京市朝阳区人民法院（2018）京 0105 民初 53593 号民事判决书；北京市朝阳区人民法院（2018）京 0105 民初 57059 号民事判决书；北京市朝阳区人民法院（2018）京 0105 民初 88518 号民事判决书；北京市朝阳区人民法院（2018）京 0105 民初 84450 号民事判决书；北京市朝阳区人民法院（2018）京 0105 民初 14182 号民事判决书；江苏省苏州市姑苏区人民法院（2018）苏 0508 民初 6051 号民事判决书。

③ 参见朱岩：《“利润剥夺”的请求权基础——兼评〈中华人民共和国侵权责任法〉第 20 条》，《法商研究》2011 年第 3 期。

权人的营业利润计算，对于完全以侵权为业的侵权人，可以按照销售利润计算。”这两部司法解释都将所获利益的计算标准规定为侵权商品销售量乘以单位商品利润。需要注意的是，《专利纠纷解释》中将利润表述为“合理利润”，但是又没有回答什么是“合理利润”，如何界定“合理利润”以及“合理利润”的计算方式。

在人格权侵权领域，与知识产权侵权有着巨大差异的是，人格权的财产属性难以衡量，特别是侵害肖像权的情形不像侵害知识产权那样存在相关侵权产品的出售，侵权人的获益是通过侵权提高侵权人的知名度，吸引顾客购买相关服务或者商品而实现的。这就与产品直接侵权可以通过产品销售数量来计算利润不同，侵害人格权时侵权人的相关商品或者服务本身并不侵权，只是宣传方式侵权，而这一侵权行为在利润中能占多大比重，如何计算所获利益，相关法律并没有解答，司法实践更是直接回避了这一问题。

2. “利益”难以举证

根据民事诉讼中“谁主张谁举证”的证明规则，被侵权人请求法院根据侵权人因侵权获得的利益来确定赔偿数额，需要举证证明侵权人究竟因此获得了多少利益。但是，被侵权人往往是势单力薄的公民，而侵权人往往是实力雄厚、组织机构庞大的法人，如此悬殊的实力会使得举证困难重重。比如在整容医院擅自使用被侵权人照片侵害肖像权的案件中，医院到底在多长时间内使用了侵权照片，印刷了多少份杂志，因此吸引了多少顾客，销售额上涨了多少，对应的成本是多少，一般的公民囿于其能力是无法完成举证的。在笔者研究的全部案例中，没有一起案例中的原告试图举证证明侵权人因侵权而取得的利益，所以我们需要认识到，虽然“获利返还”是被侵权人寻求救济的一个途径，但是举证困难也是客观存在的。

（三）法院基本采用酌定方式确定赔偿数额

已经有学者观察到，在司法实践中主要适用原《侵权责任法》第 20 条第三分句的法院酌定方式来确定赔偿数额。[①] 在笔者收集的 896 起侵害肖像权的案例中，真正适用了第 20 条中前两种方式，也就是被侵权人损失或者侵权所获利益来确定赔偿数额的案例数量为零。在司法实践中，法院在处理人格权侵权，特别是肖像权侵权案件时，基本全部使用了“法院酌定”的方式来确定财产赔偿的数额。法院酌定的大量适用将使原《侵权责任法》第 20 条的实际适用偏离其“顺位递进式”设计初衷。那么，当初原《侵权责任法》第 20 条为什么会确定这样的“顺位递进式”设计呢？

二、原《侵权责任法》第 20 条中获利返还制度的源流探析

原《侵权责任法》第 20 条第一分句规定的“侵害他人人身权益造成财产损失

① 参见岳业鹏：《论人格权财产利益的法律保护——以〈侵权责任法〉第 20 条为中心》，《法学家》2018 年第 3 期。

的，按照被侵权人因此受到的损失赔偿”是侵权法的一般规则，该条第二分句规定的“被侵权人的损失难以确定，侵权人因此获得利益的，按照其获得的利益赔偿”则是通过侵权人的获益情况来确定具体赔偿数额的特殊规则。我国立法最早采用该规则是在知识产权法中，这一规则最早可以追溯到德国法上的获利返还制度。① 原《侵权责任法》第 20 条实际上是在德国法和我国知识产权法的双重影响下产生的。

（一）德国法上的获利返还制度

将侵权人的获益情况作为赔偿被侵权人的财产数额的计算方式，在德国法上被称为“获利返还制度”②。实际上，这一制度在德国的率先适用也是在知识产权领域。在解释获利返还时，德国司法实践往往以知识产权的特殊性作为证成获利返还的依据。因为在知识产权侵权中，权利人几乎无法采取预防措施防止侵权行为的发生，而且在损害发生后，也难以确定具体的损害。③ 于是 1870 年《德国著作权法》第 18 条第 6 款规定，在无过错侵害著作权的情况下，损害赔偿的责任范围最大可以扩张到侵权人的获利范围。这样的规定绕过了传统不当得利赔偿模式下对损失和得利之间的因果关系的证明义务，不需要权利人再证明具体的损失。后来，在 1876 年的《德国实用新型保护法》第 14 条第 1 款中也规定了类似的内容。而《德国艺术著作权法》第 16 条最终援引了《德国著作权法》第 18 条第 6 款的规定，获利返还制度在德国知识产权领域全面确立。④

获利返还制度的首次适用是 1875 年的“阿里斯通案”⑤，该案的被告是一家音乐盒生产商，其未经原告同意，复制原告的乐曲并投入市场使用，谋取了巨大利益。但是因为被告的侵权行为，原告曲目的销量反而得到提升。德国法院一开始以“没有损害”为由驳回了赔偿请求，但后来法院认为如果没有侵权行为，原告可以通过许可他人行使版权而获得许可费，原告也可以自己行使版权而从中获得利益，所以在最终判决中，法院判决被告将其利用该曲目在市场中获得的所有利润全部返还给原告。⑥

虽然《德国民法典》中没有规定获利返还制度，学者对于获利返还制度在损害赔偿中的定位也没有达成一致意见，但这并不妨碍获利返还最终成为司法实践中处理因侵权发生获利的案件时，被普遍采用的制度。⑦

① 参见刘承韪：《获益损害赔偿制度的中国问题与体系构建》，《陕西师范大学学报（哲学社会科学版）》2016 年第 6 期。

② 王若冰：《获利返还制度之我见——对〈侵权责任法〉第 20 条的检讨》，《当代法学》2014 年第6 期。

③ 参见缪宇：《获利返还论——以〈侵权责任法〉第 20 条为中心》，《法商研究》2017 年第 4 期。

④ 参见朱岩：《“利润剥夺”的请求权基础——兼评〈中华人民共和国侵权责任法〉第 20 条》，《法商研究》2011 年第 3 期。

⑤ Vgl . RGZ 35，63 ff . - Aristion.

⑥ 参见胡晶晶：《知识产权“利润剥夺”损害赔偿请求权基础研究》，《法律科学》2014 年第 6 期。

⑦ 参见王利明：《侵权获利返还若干问题探讨——兼评民法典分编草案二审稿第 959 条》，《广东社会科学》2019 年第 4 期。

（二）我国知识产权法上的获利返还制度

1982年的《商标法》第39条中规定："赔偿被侵权人的损失，赔偿额为侵权人在侵权期间因侵权所获得的利润或者被侵权人在被侵权期间因被侵权所受到的损失"这是我国关于获利返还制度最早的规定，该规定采用"获利返还/损失赔偿"自由选择的赔偿方式。2001年第二次修正后的《商标法》第56条第1款延续了上述规定。

2000年第二次修正后的《专利法》第60条规定："侵犯专利权的赔偿数额，按照权利人因被侵权所受到的损失或者侵权人因侵权所获得的利益确定；被侵权人的损失或者侵权人获得的利益难以确定的，参照该专利许可使用费的倍数合理确定。"该规定采用"获利返还/损失赔偿—许可费"的递进顺序。2008年第三次修正的《专利法》第65条第1款进一步确定了赔偿数额的确定顺位："侵犯专利权的赔偿数额按照权利人因被侵权所受到的实际损失确定；实际损失难以确定的，可以按照侵权人因侵权所获得的利益确定。权利人的损失或者侵权人获得的利益难以确定的，参照该专利许可使用费的倍数合理确定。赔偿数额还应当包括权利人为制止侵权行为所支付的合理开支。"上述规定将赔偿数额的确定方式改为了"损失赔偿—获利返还—许可费"的递进顺序。

2001年第一次修正后的《著作权法》第48条第1款第一句规定："侵犯著作权或者与著作权有关的权利的，侵权人应当按照权利人的实际损失给予赔偿；实际损失难以计算的，可以按照侵权人的违法所得给予赔偿。"该规定为"损失赔偿—获利返还"的递进顺序。

可以看到，在前《侵权责任法》时代，除《商标法》之外，侵犯知识产权的赔偿数额计算方法的第二顺位都是侵权人所获得的利益，原《侵权责任法》第20条的规定也由此而来。同时也应该注意到，《专利法》规定了作为第三顺位的许可费标准。

知识产权法上的获利返还制度影响着原《侵权责任法》的制定，2009年原《侵权责任法》的出台也影响着知识产权法上的获利返还制度。在原《侵权责任法》第20条将确定赔偿数额的方式规定为"损失赔偿—获利返还—法院酌定"的递进顺序后，2010年第二次修正后的《著作权法》第49条第1款保留了2001年《著作权法》的规定，继续采用"损失赔偿—获利返还"的递进顺序。与之类似，2013年第三次修正后的《商标法》第63条第1款第一句规定："侵犯商标专用权的赔偿数额，按照权利人因被侵权所受到的实际损失确定；实际损失难以确定的，可以按照侵权人因侵权所获得的利益确定；权利人的损失或者侵权人获得的利益难以确定的，参照该商标许可使用费的倍数合理确定。"该规定将确定赔偿数额的方式改为"损失赔偿—获利返还—许可费"的递进顺序，而在2019年《商标法》的第四次修正中，该规定依然被沿用，未进行修改。

2020年5月《民法典》出台后，《民法典》第1182条将确定赔偿数额的方式改为“获利返还/损失赔偿—法院酌定”的递进顺序。这一改动再次影响了知识产权法上的获利返还制度。2020年10月第四次修正后的《专利法》第71条第1款第一句规定：“侵犯专利权的赔偿数额按照权利人因被侵权所受到的实际损失或者侵权人因侵权所获得的利益确定；权利人的损失或者侵权人获得的利益难以确定的，参照该专利许可使用费的倍数合理确定。”该规定将赔偿数额的确定方式改回“获利返还/损失赔偿—许可费”的递进顺序。2020年11月第三次修正后的《著作权法》第54条第1款第一句规定：“侵犯著作权或者与著作权有关的权利的，侵权人应当按照权利人因此受到的实际损失或者侵权人的违法所得给予赔偿；权利人的实际损失或者侵权人的违法所得难以计算的，可以参照该权利使用费给予赔偿。”该规定将赔偿数额的确定方式改为“获利返还/损失赔偿—使用费”的递进顺序。

同时也应该注意到，《专利法》中第71条第1款第二句和《著作权法》第54条第1款第二句增加了侵害知识产权惩罚性赔偿的规定，提高了专利侵权和著作权侵权的法定赔偿上限，这显然是对《民法典》第1185条“故意侵害他人知识产权，情节严重的，被侵权人有权请求相应的惩罚性赔偿”规定的回应，可以预见，《商标法》中有关侵权赔偿方式的规定将会被改为“获利返还/损失赔偿—许可费”的递进顺序，并明确侵害商标专用权惩罚性赔偿的规定。

（三）双重影响下原《侵权责任法》第20条对获利返还制度的确立

有学者认为，原《侵权责任法》第20条来自知识产权法的相关规定。① 笔者认为，如果仅仅是知识产权法上有相关规定，还不足以推动原《侵权责任法》确立获利返还制度，该制度确定和德国法在人格权保护领域引入获利返还制度也高度相关。只有明确双重影响，才可能理解我国侵权法上获利返还制度的确立。

19世纪之后，随着广告、电影、电视和收音机产业的发展，原有的法律制度已经不能满足社会发展下人格权保护的需要②，所以，在首创获利返还制度之后，考虑到被侵害法益的无形性，在保护人格权方面德国借鉴了知识产权法的做法，将获利返还制度引入了人格权侵权领域。③ 首先，在自然人的肖像权受到侵害时，德国联邦法院依据《德国艺术著作权法》对肖像权提供保护，在侵权损害赔偿中引入了许可使用费标准；其次，在公司名称权纠纷中，德国联邦法院允许损害赔偿权利人在许可使用费标准和获利返还标准之间选择；最后，德国联邦法院更进一步，将获利返还标准适用于死后人格利益的保护。就这样，在德国法中，获利返还制度被引入了人格权侵权损害赔偿。④ 综合上述影响过程，原《侵权责任法》第20条的

① 参见刘承韪：《获益损害赔偿制度的中国问题与体系构建》，《陕西师范大学学报（哲学社会科学版）》2016年第6期。

② See Melville B. Nimmer, “The Right of Publicity”, 19 *Law & Contemp. Probs* 203 (1954).

③ 参见岳业鹏：《论人格权财产利益的法律保护——以〈侵权责任法〉第20条为中心》，《法学家》2018年第3期。

④ 参见缪宇：《获利返还论——以〈侵权责任法〉第20条为中心》，《法商研究》2017年第4期。

源流如图 4－1 所示。

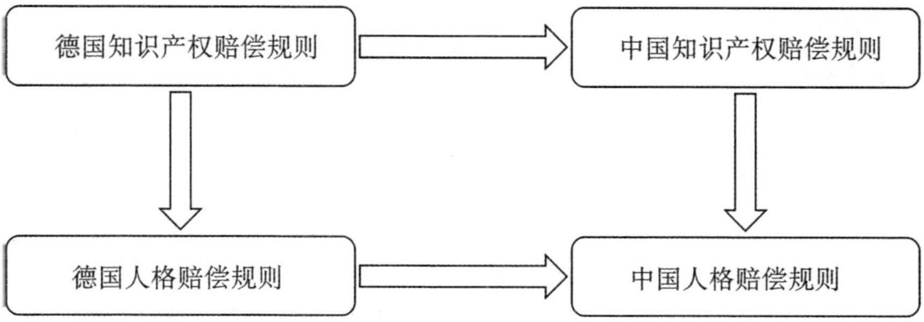

图 4－1　原《侵权责任法》第 20 条的源流影响图

如图 4－1 所示，在获利返还制度的确立过程中，德国知识产权赔偿规则先影响了我国知识产权赔偿规则，同时渗透到了德国人格权赔偿规则中，然后我国人格权赔偿规则既借鉴了我国知识产权赔偿规则，又借鉴了德国人格权赔偿规则。基于这两种规则的双重影响，我国人格权赔偿规则最终确立了源于德国知识产权赔偿规则的获利返还制度。

需要关注的是，发展至今，德国的知识产权和人格权赔偿规则都允许当事人在发生侵权时自主地在“实际损失”“获利返还”“许可费”三种确定赔偿数额的方法中进行选择。① 这与我国原《侵权责任法》第 20 条规定的“顺位递进式”损害赔偿的计算方式差异巨大，这说明我国原《侵权责任法》在借鉴德国做法以及我国知识产权具体规则的过程中，既没有认识到当事人的举证困难，也没有认识到许可费的重要作用，那么原《侵权责任法》第 20 条适用效果不尽理想，法院基本采用酌定方式确定赔偿数额也就不难理解了。

三、原《侵权责任法》第 20 条的实际适用范围主要是侵害肖像权

原《侵权责任法》第 20 条规定的适用范围是“侵害他人‘人身权益’造成财产损失的”情形，但“人身权益”既包括人格权益，又包括身份权益，具体适用范围，需要从实务中总结。

（一）司法实践中侵害“人身”权益实际表现为侵害“人格”权益

笔者将 2015—2018 年司法实践中发生的适用了原《侵权责任法》第 20 条的案例的案由总结为表 4－1。

① 参见王利明：《侵权获利返还若干问题探讨——兼评民法典分编草案二审稿第 959 条》，《广东社会科学》2019 年第 4 期。

表 4-1　2015—2018 年适用原《侵权责任法》第 20 条的案例的案由表　　单位：件

案由	案件数量	案由	案件数量
肖像权纠纷	353	人格权纠纷	8
姓名权纠纷	13	一般人格权纠纷	12
肖像权、名誉权纠纷	538	名誉权纠纷	124
肖像权、姓名权纠纷	10	监护权纠纷	1
肖像权相关纠纷总计	901①	侵权责任纠纷	1②
标表型人格权纠纷总计	914③	共计	1 060④

从表 4-1 中可以看到，虽然原《侵权责任法》第 20 条规定的是“侵害人身权益”，但是实际上在司法实践中，几乎全部都是侵害人格权造成财产损失的案件，侵害身份权造成财产损失的案件寥寥无几。⑤

（二）侵害“人格权益”主要是侵害“标表性人格权”

我国民法通说认为，人格权被划分为物质性人格权和精神性人格权。物质性人格权即生命权、身体权和健康权；精神性人格权进一步可以被划分为三类：标表性人格权、自由性人格权和评价性人格权。其中，标表性人格权包括姓名权、肖像权、名称权、形象权和声音权；评价性人格权包括名誉权、信用权和荣誉权；自由性人格权包括人身自由权、隐私权、性自主权以及婚姻自主权。⑥

从表 4-1 中可以看出，侵害标表性人格权的案件共有 914 起，侵害评价性人格权的案件共 124 起，其余案件共 22 起，包括人格权 8 起，一般人格权 12 起，以及上文提到的监护权案件和侵权责任纠纷（欺诈性抚养）案件各 1 起。

就人格权的 8 起案件和一般人格权的 12 起案件而言，因为学界对于一般人格权的内涵和外延本就存在争议，一般人格权包含哪些具体内容没有定论，司法实践

① 此处所指肖像权相关纠纷为肖像权纠纷，肖像权、名誉权纠纷，以及肖像权、姓名权纠纷。

② 参见湖北省荆门市东宝区人民法院（2017）鄂 0802 民初 267 号民事判决书。该案具体案情为欺诈性抚养。在该案中，法院将其案由确定为侵权责任纠纷并进一步在判决书中指出“侵犯了许晓虎原告的人格权”。

③ 此处所指标表性人格权纠纷为肖像权相关纠纷和姓名权纠纷。

④ 需要说明的是，有 578 个“生命权、身体权、健康权纠纷”的案件，错误的引用了原《侵权责任法》第 20 条作为裁判依据，主要原因是错误地理解了该条前段“侵害他人人身权益造成财产损失的，按照被侵权人因此受到的损失赔偿”是对医药费、交通费等“财产损失”的赔偿，而这些损害赔偿项目本应引用原《侵权责任法》第 16 条。这也从一个侧面体现出我国司法实务对法律条文立法目的理解存在一定的混乱。

⑤ 2015 年、2016 年、2017 年和 2018 年发生的适用了原《侵权责任法》第 20 条的案件中，真正以身份权作为案由的只有 1 起监护权纠纷，具体参见四川省苍溪县人民法院（2016）川 0824 民初 1283 号民事判决书所涉案例，后文详述。

⑥ 参见杨立新：《人格权法》，法律出版社 2015 年版，第 43 页。

中法院判案时对一般人格权的认定存在分歧①，这就导致法院在分案确定案由的时候也莫衷一是，存在错误，实际上在这 20 起案件中，14 起是侵害肖像权和姓名权的案件，另外还有 3 起侵害具有人格象征意义的物的案件②，1 起侵害隐私权的案件③和 1 起侵害身体权和健康权的案件。④ 除开这些案件，真正的侵害一般人格权的案件只有 1 起⑤，并且在该案件中，没有造成经济损失，法院判决的赔偿金额仅仅是精神损害赔偿金。

在侵害名誉权的案件中，对于侵害自然人名誉权的案件，一般表现为通过 QQ、微信、微博等网络社交媒体或者通过张贴大字报、挂横幅等方式发布不实消息诋毁他人，但是在这些情形中都不会直接造成当事人的经济损失，所以法院判决的赔偿金额也只是精神损害赔偿。至于侵害法人的名誉权，实际上应该属于侵害法人商誉，不在此讨论之列。⑥

通过以上论述，可以得出结论：侵害物质性人格权不适用原《侵权责任法》第 20 条。侵害一般人格权存在案由归类错误的可能；真正侵害一般人格权和自然人名誉权的行为都不会造成经济损失；侵害法人名誉权实际上是侵害商誉，应将二者区分开来。所以，原《侵权责任法》第 20 条中的侵害“人格权”应该限缩为侵害“标表性人格权”。

（三）侵害“标表性人格权”的主要表现为侵害“肖像权”

学理上通常认为标表性人格权包括姓名权、肖像权、名称权、形象权和声音权。在《民法典》侵权责任编通过之前，我国立法没有关于声音权的规定⑦，至今也没有关于形象权的规定，而名称权是专属于法人的权利，原《侵权责任法》第 20 条调整的是侵犯自然人人身权益的案件，所以司法实践中发生的案例主要集中在姓名权和肖像权纠纷。

关于姓名权纠纷，从表 4-1 可以看出，单纯的姓名权纠纷只有 13 起，分别为

① 参见张建文：《作为新兴权利司法保护方法的一般人格权》，《法学杂志》2019 年第 6 期。

② 参见安徽省安庆市大观区人民法院（2016）皖 0803 民初 1458 号民事判决书；内蒙古自治区扎赉特旗人民法院（2015）扎民初字第 03409 号民事判决书，广东省广州市增城区人民法院（2016）粤 0183 民初 1523 号民事判决书。

③ 参见福建省闽侯县人民法院（2018）闽 0121 民初 2473 号民事判决书。

④ 参见四川省成都市金牛区人民法院（2018）川 0106 民初 3447 号民事判决书。

⑤ 参见北京市密云区人民法院（2017）京 0118 民初 10133 号民事判决书，在该案中，被告使得二原告不能按照当地农村风俗习惯在结婚时从院落正门进入房屋，只得翻墙进入，整个过程被群众围观嘲笑，法院由此认定被告侵害二原告的人格尊严。

⑥ 参见吴汉东：《试论人格利益和无形财产利益的权利构造——以法人人格权为研究对象》，《法商研究》2012 年第 1 期。

⑦ 《民法典》第 1023 条第 2 款规定：“对自然人声音的保护，参照适用肖像权保护的有关规定。”至此，我国立法上才有了关于声音权的规定。

冒用姓名申请工作①、进行贷款②、注册公司③、举报他人④、签署违法行为通知单⑤、销售车辆并进行贷款⑥、信用社错误登记信息导致征信不良⑦以及未经同意办理手机号。⑧ 在这些案例中，不是每一起案件都涉及财产损失，例如仅仅冒用姓名一般不会涉及财产损失，原告在这种情况下只会请求精神损害赔偿。⑨

针对肖像权纠纷，在司法实践中该类案件主要表现为未经被侵权人同意，将被侵权人的肖像用于商业宣传和广告。从表 4－1 中可以得知在司法实践中大量出现同时诉及名誉权和肖像权的案件，究其原因是在这些案件中被侵权人的肖像往往被用于整容医院的网站、杂志或者微信公众号的推送中，而被侵权人通常是具有一定名气的明星或者模特，他们认为整容医院将他们的肖像用于整容宣传，会让大众误以为其接受过相关整容服务。另外，这些明星认为他们在职业生涯中一直将维护自己的健康形象作为工作的重心，被告的行为会导致他们的商业形象和个人声誉受到极大影响，所以这些案件也涉及名誉权侵权。

从案例中可以得知，在当事人同时诉及肖像权和名誉权时法院也会根据案情的实际情况来判断：在侵权人只是单纯地使用了被侵权人的照片作为网站、杂志中相关内容的配图时，法院会以该行为不足以使公众对原告的评价降低为由而不认定侵权人侵害了原告的名誉权；在类似侵权人明确在相关文章中提及原告整容的情况下，法院还是会认定其行为侵害名誉权，比如“贾某某诉乐山某医学美容门诊部肖像权、名誉权纠纷”“贾某某诉新城区某整形医疗美容诊所肖像权纠纷”“贾某某诉郑州市金水区某医疗美容门诊部肖像权纠纷”这几个案例中，因为侵权事实明显，法院都认定了名誉权侵权，但是经济损失部分还是只考虑了肖像权侵权，名誉权侵权只影响精神损害赔偿的数额确定。⑩

通过以上分析，我们可以认为原《侵权责任法》第 20 条所针对的侵害“人身

① 参见黑龙江省佳木斯市东风区人民法院（2016）黑 0805 民初 38 号民事判决书。

② 参见江西省瑞金市人民法院（2016）赣 0781 民初 1780 号民事判决书。

③ 参见广西壮族自治区防城港市港口区人民法院（2016）桂 0602 民初 59 号民事判决书；广东省广州市黄埔区人民法院（2017）粤 0112 民初 2457 号民事判决书；北京市西城区人民法院（2018）京 0102 民初 18224 号民事判决书；北京市密云区人民法院（2018）京 0118 民初 10165 号民事判决书；湖北省武汉市武昌区人民法院（2018）鄂 0106 民初 749 号民事判决书。

④ 参见江西省赣州市南康区人民法院（2015）康民一初字第 193 号民事判决书。

⑤ 参见上海市浦东新区人民法院（2015）浦民一（民）初字第 45452 号民事判决书。

⑥ 参见北京市朝阳区人民法院（2017）京 0105 民初 30019 号民事判决书。

⑦ 参见河南省灵宝市人民法院（2017）豫 1282 民初 1987 号民事判决书。

⑧ 参见山东省菏泽经济开发区人民法院（2018）鲁 1791 民初 1598 号民事判决书。

⑨ 参见黑龙江省佳木斯市东风区人民法院（2016）黑 0805 民初 38 号民事判决书；江西省瑞金市人民法院（2016）赣 0781 民初 1780 号民事判决书；江西省赣州市南康区人民法院（2015）康民一初字第 193 号民事判决书。

⑩ 参见北京市朝阳区人民法院（2017）京 0105 民初 8846 号民事判决书；北京市朝阳区人民法院（2017）京 0105 民初 8845 号民事判决书；北京市朝阳区人民法院（2017）京 0105 民初 5630 号民事判决书。

权益”的情形应该纯化为侵害“标表性人格权”，主要是“肖像权”。笔者认为，在司法实践中适用原《侵权责任法》第20条的案例主要是以侵犯肖像权为主的侵犯标表性人格权的案件。这和人格权商品化趋势关系密切。

四、原《侵权责任法》第20条实际上是在回应人格权商品化的趋势

（一）原《侵权责任法》第20条与人格权商品化

19世纪以来，广告业和大众传媒的发展，人的肖像和姓名的商业化利用价值越来越大，使得人格权中的经济价值日益凸显，人格权商品化已经成为现代市场经济社会大量存在的现象，日益受到人们的重视。王利明教授认为，人格权商品化，是指在市场经济社会，人格权的某些权能可以依法转让或者授权他人使用，包括在其遭受侵害以后通过财产损害赔偿的方式获得救济①，而且，“除了生命、健康、自由等权利之外，几乎其他所有的人格权都可以商品化”②。

实际上，在研究人格权商品化的过程中，几乎所有学者在提到人格权商品化的时候，都是以肖像权、姓名权等标表性人格权作为人格权商品化的具体例证。究其原因，有学者认为，“某些人格权尤其是标表性的人格权本身具有一定的可利用价值”③。相较于生命权、身体权和健康权，标表性人格权的固有、专属的人格特性较为稀薄，财产价值的色彩较为浓厚，是最可能被商业利用的权利。也有学者认为，人格权商品化的基础就在于人格符号的可利用性，其在特定条件下具有一定的市场价值，而人格权商品化实际上是人格权的某些权能作为一种特殊财产（物）的“商品化”④，从这个层面来讲，标表性人格权就可以作为人格权商品化的典型类型。笔者认为，从具体人格权的各项权利的内在本质来看，能够依法转让或者授权的仅限于标表性人格权。评价性人格权（名誉权、信用权和荣誉权）和自由性人格权（人身自由权、隐私权、性自主权以及婚姻自主权）都属于拥有极强人身性质的权利，都是无法转让或者授权他人使用的。

从这个路径分析，原《侵权责任法》第20条应该定位于解决人格权商品化趋势下发生的侵害标表性人格权的案件。如果没有人格权商品化，或者如果我们不承认人格权商品化，那么人格权益中便不会存在财产利益，侵犯人格权时就不会发生针对人格权益的财产损害，针对被侵权人的救济通过现有的侵权损害赔偿规则已经可以实现，就没有必要再单独规定原《侵权责任法》第20条。立法机关设立原《侵权责任法》第20条的主旨，就是回应人格权商品化，司法实践中出现的诸多适用问题是因为原《侵权责任法》第20条对于人格权商品化缺乏全面的认识。

① 参见王利明：《论人格权商品化》，《法律科学》2013年第4期。

② 王利明：《试论人格权的新发展》，《法商研究》2006年第5期。

③ 王利明：《论人格权商品化》，《法律科学》2013年第4期。

④ 温世扬：《析“人格权商品化”与“人格商品化权”》，《法学论坛》2013年第5期。

（二）原《侵权责任法》第20条只涉及人格权的“被动”商品化

按照王利明教授对于人格权商品化的定义，人格权商品化的条件之一就是该人格权的权能可以依法转让或者授权他人使用，在这样的条件限制之下，必然存在某些具体人格权无法商品化，比如隐私权、名誉权、荣誉权、人身自由权，因为权利人不会转让或者授权他人使用，这些权利不可能被商品化。但是在现实生活中存在大量通过泄露他人隐私或者个人信息来牟利的情形，而且也有学者指出“人格权商品化的基础在于权利人的肖像、姓名等人格标识蕴含着巨大的商业价值，能够在经济活动中发挥与其他商品一样的价值承担物的作用，具有转化为财产利益的可能。”① 笔者也认为，人格权商品化是基于权利载体所包含的经济价值，和是否授权无关，而按照人格权的权利人是否主动授权或允许他人使用人格权，人格权商品化可以分为人格权的“主动”商品化和“被动”商品化。

原《侵权责任法》第20条的前段是侵权法的一般规则，中段是获利返还的规定，后段是法院酌定赔偿的规定。深究该条的内部逻辑，前段是中段的铺垫，因为前段规定的损失赔偿是侵权法的一般规则，无须特别规定。第20条的前段规定是为了引导出中段，因为中段规定的获利返还制度是特殊的“赔偿”规则。第20条中段规定获利返还制度实际上仍然是在尝试计算损失，只不过该损失是以侵权人得利来模拟的，实质上是用人格权“被动”商品化的方式在模拟损失赔偿。

应当指出，原《侵权责任法》第20条在本质上只有中段在回应人格权商品化，而且只涉及人格权的“被动”商品化。因为在获利返还的情形中，被侵权人并没有主动授权或者许可他人使用具有其人格权益的肖像、名称等，被侵权人并没有将其人格权商品化的主动行为或意愿。侵权后果的发生来自侵权人实施侵权行为后，被侵权人的人格权被动地进行了商品化，侵权人获利而被侵权人有损失，以侵权人的获利来衡量被侵权人的损失，也就顺理成章了。

（三）原《侵权责任法》第20条应该规定人格权的“主动”商品化

既然原《侵权责任法》第20条已经对人格权的“被动”商品化作出了回应，为了周延法律条文的内部逻辑，更是为了顺应人格权商品化的趋势，原《侵权责任法》第20条应该同时对人格权的“主动”商品化予以回应。《民法典》人格权编已经规定了人格权的“主动”商品化，其第1018条第1款规定：“自然人享有肖像权，有权依法制作、使用、公开或者许可他人使用自己的肖像。”第1023条第2款规定：“对自然人声音的保护，参照适用肖像权保护的有关规定。”既然《民法典》人格权编已经对人格权的“主动”商品化进行了相应的规定，那么民法典上的侵权法规范也应该对人格权的主动商品化作出相应的规定，以完善人格权相关立法。

在现实生活中，人格权的主动商品化主要表现为许可他人使用具有人格利益的

① 李林启：《“人格权商品化”法律概念解析》，《科技创业月刊》2012年第5期。

肖像、名称等从而获取财产利益，此时的财产利益在司法实践中多表现为许可费。必须承认，人格权的“主动”商品化实际上是一种合同行为，但是发生在侵权领域时，因为侵权人与被侵权人之间并未存在合同或者缔约的意思表示，所以合同法实际上并不能解决该问题，笔者认为应该规定人格权的“主动”商品化，并不是希望侵权法越位解决合同法问题，而是希望该条文能够全面体现人格权商品化的实质，所以笔者建议在《民法典》第 1182 条引入“许可费”作为酌定因素，以体现立法对人格权“主动”商品化的回应。

五、《民法典》第 1182 条完善建议与司法解释建议

基于上述分析，笔者建议，将《民法典》第 1182 条修改完善为：“侵害他人人格权益造成财产损害的，根据被侵权人因此受到的损失、侵权人因此获得的利益和人格权益商业化利用的许可费等实际情况确定赔偿数额。”①

（一）限定该条文适用范围于“人格权益”

如前所述，在人格权商品化的趋势下，司法实践中大量出现的是侵害人格权益造成财产损害的案件，侵害身份权造成财产损害的情况鲜有发生。而且，身份权中并不存在经济利益，所以，侵害身份权造成的财产损失是可以量化的。② 由此可知，侵害身份权的经济损失的认定和侵害人格权的经济损失的认定有本质区别，因为人格权在被商品化后，需要法院确定商品化后的人格权中包含的经济利益，而身份权被侵害后则无此要求，所以侵害身份权只需法院对交通费、住宿费、伙食费等实际损失进行认定，而不会涉及所获利益和许可费的问题。据此，笔者主张《民法典》第 1182 条应该主要针对人格权商品化趋势下人格权的保护，对身份权的保护，不应该在此处与人格权规定在一起，以避免法律概念的混淆和司法实践的混用。

（二）引入“许可费”作为参考要素

除了前文谈到为了法律条文内部逻辑的周延，应该在原《侵权责任法》第 20 条已经规定的以“获利返还”制度为表现形式的人格权的“被动”商品化之外，增加以“许可费”为表现形式的人格权的“主动”商品化的相关内容，笔者建议引入

① 在笔者主持起草的《民法典·侵权责任编（编纂建议稿）》中，本条对应的“编纂建议稿”条文还有第 2 款：“以赢利为目的，故意违反法律、行政法规的强制性规定，或者以违背公序良俗的方式侵害他人人身权益造成严重后果的，被侵权人有权请求相应的惩罚性赔偿。”增加“以赢利为目的”的限制，主要是为了回应原《民法通则》第 100 条“不得以营利为目的”使用公民的肖像的限制自《民法典人格权编草案》（室内稿）被删除而作出的调整，并适当限制主观要件。限于本文的主旨和篇幅，笔者将另行撰文予以说明。参见王竹主编：《〈民法典·侵权责任编〉（编纂建议稿）附立法理由书》，清华大学出版社 2019 年版，第 140－142 页。

② 参见四川省苍溪县人民法院（2016）川 0824 民初 1283 号民事判决书，该案中，被告在得到原告夫妻二人同意的情况下，将原告以患有智力障碍的儿子带去新疆务工，但原告儿子在抵达新疆后不慎走丢。法院认定被告侵害原告二人的监护权，同时判令其赔偿原告二人交通费、住宿费、伙食费和误工费。

“许可费”作为参考要素还有以下考量。

在侵权法领域原《侵权责任法》第20条的规定首次引入了知识产权法中根据侵权人受益情况来确定具体赔偿数额的财产赔偿计算方式。实际上，知识产权侵权损害赔偿的计算方法包括实际损失、许可费、侵权获利、法定赔偿、惩罚性赔偿以及合理开支几类。① 因为人身权益和知识产权的性质不同，二者产生方式有巨大差异，人身权益有其固有性②，随着民事主体的产生而产生，所以其损害赔偿没有单独的“合理开支”的计算方式。③ 侵权法固有的财产赔偿计算方式本身就包括实际损失和法定赔偿，而在原《侵权责任法》第20条中，我们只引入了侵权获利制度，没有引入许可费。

在笔者看来，原《侵权责任法》第20条与司法实践脱节的重要原因就是立法没有认识到人格权商品化的实质，没有认识到标表性人格权侵权在人格权侵权领域中的大量发生，以及标表性人格权商品化后的财产属性的特点，所以，笔者认为应该在此引入“许可费”制度。这一方面是因为在被侵权人的损失难以计算，同时侵权人所获利益也难以确定的情形之下，许可费是一个可量化、可举证的因素，能够为本来难以量化的人格权益中的财产属性提供一个可以量化的标准，能够给法官的具体裁判予以参考。有学者也指出，“一般来说，被侵权人可以通过提供在相同或类似的情况下授权他人使用姓名、名称或肖像时可以获得的许可费等证据证明自己其他人身权益遭受侵害时的财产损失”④。另一方面是因为，侵害人格权造成财产损失主要发生在侵害肖像权这一领域，而司法实践中存在大量明星、模特等知名人物被侵害肖像权的情况，恰恰是明星或者模特可能拥有类似的许可他人使用肖像的合同，能够举出相应的许可费的证明材料，帮助法官在判决时对其经济损失作出准确认定。

在笔者研究的全部1 060起相关案例中，举出许可费合同来证明经济损失的案件非常少，2015—2017年三年间只有6起⑤，到了2018年有所增长，共有15起。

① 参见朱冬：《知识产权侵权损害赔偿救济制度研究》，知识产权出版社2018年版，第16页。

② 参见王利明：《人格权法研究》（第三版），中国人民大学出版社2018年版，第26页。

③ 知识产权领域的“合理开支”的负担规则，是为了充分保护知识产权权利人，鼓励知识产权的产生。而最高人民法院《关于审理利用信息网络侵害人身权益民事纠纷案件适用法律若干问题的规定》第12条第1款中明确规定“被侵权人为制止侵权行为所支付的合理开支，可以认定为民法典第一千一百八十二条规定的财产损失。合理开支包括被侵权人或者委托代理人对侵权行为进行调查、取证的合理费用……”该规定明确了，在侵权法领域，“合理开支”被认定为“财产损失”，其赔偿通过“损失赔偿”这一计算方式来实现，与知识产权领域在“损失赔偿”之外还单独存在“合理支出”这一计算方式不同。参见朱冬：《知识产权侵权损害赔偿救济制度研究》，知识产权出版社2018年版，第170页。

④ 程啸：《侵权责任法》（第二版），法律出版社2015年版，第697页。

⑤ 参见北京市朝阳区人民法院（2016）京0105民初14127号民事判决书；湖南省长沙市开福区人民法院（2016）湘0105民初2293号民事判决书；北京市朝阳区人民法院（2016）京0105民初24277号民事判决书；北京市朝阳区人民法院（2017）京0105民初29038号民事判决书；北京市朝阳区人民法院（2017）京0105民初38361号民事判决书；北京市朝阳区人民法院（2017）京0105民初38355号民事判决书。

更值得关注的是，在这21起案件中没有一个法院采信了原告举出的许可费合同的证据。具体来说，有17起案件的法院在判决书中只在说明举证质证的部分提到了许可费合同，但在说理部分论证经济损失、列举相关酌定考虑因素的时候没有涉及许可费合同的问题。只有4起案件中法院在说理部分提到了许可费合同，但最终都没有采纳该证据，理由分别有“不具有关联性”①、“没有证据证明履行情况”② 以及“侵权方式与代言合同使用方式不同”③。许可费合同本就是当事人能够举出的可以证明肖像价值从而说明经济损失的少有的证据，但是法院却以没有关联性不能直接证明其损失为由而拒绝采信。这显然难以令人信服。所以，在这种本来原告可举证证明其损失的证据类型就少，就算举出了相关证据，法院还不采信的情形下，法院确定经济损失又缺少了一项参考因素。

所以，笔者认为有必要学习知识产权领域的相关做法，在立法中明确将“许可费”制度纳入财产赔偿计算方式，将其作为法官酌定具体赔偿数额时的参考要素，这一方面对当事人举证是一种鼓励和引导，另一方面对法院认定经济损失、判定财产赔偿数额、作出令当事人信服的判决也是一大助力。

（三）将“财产损失”改为“财产损害”

损失和损害的区别在于损害包括损失，损害不仅包括了财产方面或者金钱方面的损害，而且还包括了非财产方面或精神方面的损害，而损失则着重强调财产的或金钱的损失。④ 侵犯人格权可能造成的不仅包括单纯的财产价值贬损，还包括财产所包含的人格利益的贬损⑤，而后者，恰恰就是财产损害的内容，应该属于该条文涵摄的内容范围。

更重要的是，损失仅指已然的财产上的“不利益”状态；而损害不仅包括已然的损失，而且包括未来必然的“不利益”状态。⑥ 在侵犯人格权的情形中，有财产损害的情况主要发生在姓名权、肖像权领域，这类损害事实多表现为现实的或潜在的经济损失⑦，对于权利人来说，主要就是许可费的丧失。但许可费在这种情况下不是权利人已经得到的财产，而是权利人将来同意许可或授权他人使用其财产后才能得到的财产。综上，“财产损害”的表述会更加准确，建议将“财产损失”改为“财产损害”。

① 参见湖南省长沙市开福区人民法院（2016）湘0105民初2293号民事判决书。

② 参见北京市朝阳区人民法院（2018）京0105民初54193号民事判决书；北京市朝阳区人民法院（2018）京0105民初84450号民事判决书。

③ 参见北京市朝阳区人民法院（2018）京0105民初36314号民事判决书。

④ 参见麻昌华、蔡军：《试论损害》，《中南政法学院学报》1991年第1期。

⑤ 参见王竹、张敏：《论侵害特定纪念物品精神损害赔偿的适用范围——从“人格象征意义说”到“身份象征意义说”》，《现代法治研究》2018年第3期。

⑥ 参见刘春梅：《人身伤害中的非财产损害赔偿研究》，法律出版社2011年版，第22页。

⑦ 参见李林启：《论人格权商品化侵权责任》，《湖南科技大学学报（社会科学版）》2011年第2期。

（四）取消顺位递进式确定赔偿数额的方式采取完全酌定方式

原《侵权责任法》第20条对侵害人身权益造成财产损失的财产赔偿计算方式采取顺位递进式的计算模式，即“赔偿损失—获利返还—法院酌定”。但是，大多数情况下，由于难以确定侵害人身权益造成的实际财产损失，而当事人就所获利益举证困难，因此，该条款设计的递进顺位基本无适用空间，此类案件中的赔偿数额基本都是由法院酌定的。

需要指出的是，如果继续坚持原条文规定的顺位递进式确定赔偿数额的方式，会出现以下两种问题：其一，如果实际损失过分小于所获利益，因为实际损失顺位在前，所以法院确定赔偿数额时会以实际损失为准，这样一来，侵权人没有违法成本，因为其支付完赔偿金额之后，还会有获利，这显然不利对于人格权益的保护，甚至有可能催生侵权行为，鼓励从事侵权行为①，有悖于侵权法遏制侵权行为的初衷。其二，司法实践中完全没有运用该条规定的顺位递进式的赔偿数额的确定方式，全部使用法院酌定，使得这种模式的前两种方式沦为具文，降低了法律的实用性。《民法典》第1182条已经取消了第一个顺位的递进选择，将其改为了“损失赔偿/获利返还—法院酌定”的顺位递进式方法，来确定赔偿数额。该修改可以解决原条文存在的损失小于获益时鼓励侵权行为发生的问题，但是可以预见到的是，因为该条文依旧没有解决如何计算损失和如何确定“利益”的问题，所以在很大概率上法院还是只能采用酌定方式来确定赔偿数额。

所以笔者认为，应该在此取消顺位递进式确定赔偿数额的方式，直接采取酌定方式，将实际损失、所获利益和许可费作为法官酌定赔偿数额的参考要素。这样一来就可以避免裁判结果造成当事人任意一方责任过重而产生不公平的现象。如果所获利益过大，而实际损失过小，被侵权人能够证明侵权人所获利益，那么被侵权人就能够获得比其实际损失更多的赔偿；相反，如果实际损失过大（从司法实践来看，主要是许可费过高），而所获利益过小，那么侵权人可以通过举证证明其所获利益，使法官酌情降低赔偿数额。在这样的立法选择之下，被侵权人为了多获得赔偿，侵权人为了少支付赔偿金，都会积极举证，更有利于查明案件事实，法官根据这些证据作出的判决也将更加公平，更能让当事人接受。

（五）“等”的具体含义

笔者建议将侵犯人格权造成财产损害时，确定财产赔偿数额的考虑因素明确为“被侵权人因此受到的损失、侵权人因此获得的利益和人格权益商业化利用的许可费‘等’实际情况”，这个“等”字主要是为了解决司法实践中，对这三种参考因素当事人都无法举证的问题。

在笔者研究的901起侵犯肖像权的案件中，前文已经提到只有21起案件中有

① 参见李婧：《侵权法的经济学分析》，知识产权出版社2016年版，第52页。

举证许可使用费合同，没有一起案件有举证证明侵权人因此获得的利益，而被侵权人因此受到的损失也大多是公证费、律师费、交通费等直接财产损失，没有关于人格权益方面遭受财产损害的证据；所以，笔者认为，如果仅仅将考虑因素限制在已经明确列举的三种情况，依然无法满足司法实务对损害赔偿数额的确定的要求。

"'等'实际情况"便在此时发挥兜底作用，给予法官判决以指导和法律依据。具体来说，已经有法官在判决书中明确将"原告的知名度""被告的过错程度""侵权行为的具体情节""可能的获利情况""被告使用原告的照片的内容、数量和时间""侵权的手段、场合、行为方式和造成的影响""浏览量""照片使用的次数"等多种因素作为确定赔偿数额的因素①，在当事人无法举证被侵权人因此受到的损失、侵权人因此获得的利益和人格权益商业化利用的许可费的情形下，对法院确定赔偿数额，这也不失为一种借鉴和参考。

（六）通过司法解释部分实现对《民法典》第1182条的修正

《民法典》第1182条确定的先在"损失赔偿"和"获利返还"中选择，然后再顺位递进至"法院酌定"的确定赔偿数额的方法能够解决损失小于获利时按照损失确定赔偿数额会鼓励侵权行为发生的问题。相较于原《侵权责任法》第20条规定的顺位递进式方法，这已经是一大进步，但是与完全解决原《侵权责任法》第20条在司法实践中的适用问题还有一定的距离。因为原《侵权责任法》第20条出现适用问题的根源不在于其确定的顺位递进式的确定赔偿数额方法，而在于在该立法框架下，当事人一般难以举证证明自己的损失，也难以证明侵权人的获益，唯一能举证的和损失相关的"许可费"却难以为法院所接受。可以预见，如果立法仅仅改变确定赔偿数额的顺位，而不在确定损失和获益的问题上作出实质性的改变或者指引，《民法典》第1182条在司法实践中的适用必定会遇到和原《侵权责任法》第20条适用类似的问题。

鉴于法律的稳定性尽管不宜频繁修改《民法典》，但为了保证《民法典》第1182条的顺利适用，笔者认为至少有必要先解决两个问题，即在损失和获利都能确定时如何确定赔偿数额以及"实际情况"具体指哪些情况。

所以，笔者建议在未来"民法典侵权责任编解释"中明确两点。一是允许当事人在"损失赔偿"以及"获利返还"中进行选择。按照上文的建议，本来应该将实际损失、所获利益和许可费共同作为参考要素进行酌定赔偿，但是《民法典》侵权责任编只承认了"损失赔偿"和"获利返还"两种确定赔偿数额的方式且将二者置

① 参见上海市奉贤区人民法院（2016）沪0120民初5818号民事判决书；重庆市渝中区人民法院（2016）渝0103民初12786号民事判决书；上海市奉贤区人民法院（2016）沪0120民初5828号民事判决书；北京市朝阳区人民法院（2016）京0105民初21466号民事判决书；上海市奉贤区人民法院（2016）沪0120民初6688号民事判决书；北京市朝阳区人民法院（2016）京0105民初29575号民事判决书；黑龙江省哈尔滨市平房区人民法院（2016）黑0108民初689号民事判决书。

于第一顺位。因此，在这两种赔偿方式都对侵权人有利的情况下①，应该允许被侵权人根据实际情况，选择对自己最有利的赔偿方式。二是将“许可费”明确作为法院酌定赔偿数额时可参考的“实际情况”之一，同时加入司法实践中法院经常参考的“原告的知名度”“被告的过错程度”“侵权行为的具体情节”“可能的获利情况”等因素，即上文的第二点和第五点修改建议。在这样的立法模式下，在最终由法院酌定赔偿数额时，有司法解释指引当事人对“许可费”等“实际情况”举证，同时司法解释明确细化了“实际情况”，更有利于法院采信这些关于“实际情况”的证据。

① 从司法实践来看，在不考虑许可费损失的情况下，被侵权人的损失只有公证费、律师费、交通费等为了诉讼支出的费用，往往数额不多，只有数千元，而许可费往往是数十万元甚至数百万元。所以对于侵权人，在“损失赔偿”和“获利返还”两种赔偿数额计算方式下，其需要承担的最严重的后果就是数千元的损失赔偿或者失去所有的获益，而不会因为赔偿许可费而支出过多费用。

专题五

侵害特定纪念物品精神损害赔偿规则的适用范围研究①

近代以来，人类自身的人格意识觉醒②，人作为理性拥有者，其独立、有尊严的地位得到承认和尊重。从康德伊始，人格作为“超脱了整个自然的机械作用的自由和独立性”，凭借作为理性存在者的人格，人成为目的本身。③ 体现在法律上，人法中以身份地位决定人格和权利能力的时代不再，以支配性和等级为特征的身份权式微，取而代之的是人格权的产生和发展。在侵权损害赔偿上，除了财产损害赔偿，一些非财产上的损害如精神痛苦也开始被纳入赔偿范围。非财产损害赔偿或精神损害赔偿的出现扩大了损害赔偿的适用范围，实现了对受害人更全面的救济。通说认为，精神损害赔偿主要针对侵害权利主体人身权益的情形，《民法典》第1183条第1款因此规定：“侵害自然人人身权益造成严重精神损害的，被侵权人有权请求精神损害赔偿。”人格权和身份权作为非财产权益，均不能表现为直接的财产价值，无法用金钱来度量。④ 此外精神损害赔偿中还有一类特殊问题，就是侵害具有人身意义的特定物的精神损害赔偿适用问题。损害赔偿的目的在于填补损害，在物品遭受侵害时赔偿财产上所受的不利益即可，对所有人在物上倾注的情感一般不予赔偿。有的物品尽管财产价值有限，却包含了重大的精神利益，如坟墓、父母的遗像等。侵害这些特定纪念物品会给受害人带来巨大的精神痛苦，针对这种侵害物品导致的非财产上的不利益，是否应当承认精神损害赔偿存在较大的学说争议。

《精神损害赔偿司法解释》（法释〔2001〕7号）第4条规定：“具有人格象征意义的特定纪念物品，因侵权行为而永久性灭失或者毁损，物品所有人以侵权为由，向人民法院起诉请求赔偿精神损害的，人民法院应当依法予以受理。”原《侵权责任法》第22条未能吸收该司法解释的内容，经过多年司法实务积累和理论研讨，

① 本专题的部分内容，是与张敏同学合作的成果。

② 参见张作华：《认真对待民法中的身份——我国身份法研究之反思》，《法律科学》2012年第4期。

③ 参见［德］康德：《实践理性批判》，韩水法译，商务印书馆1999年版，第94页。

④ 参见姚辉：《人格权法论》，中国人民大学出版社2011年版，第95页。

《民法典》侵权责任编对侵害此类特定纪念物品的精神损害赔偿予以吸收发展，在第 1183 条第 2 款规定："因故意或者重大过失侵害自然人具有人身意义的特定物造成严重精神损害的，被侵权人有权请求精神损害赔偿。"较之《精神损害赔偿司法解释》（法释〔2001〕7 号）第 4 条，修改主要体现在两个方面：第一，增加了"因故意或者重大过失"的主观限定，有限制该规则适用的倾向；第二，将"人格象征意义"改为"人身意义"，涉及该款规则的适用范围问题。学说上对《精神损害赔偿司法解释》（法释〔2001〕7 号）第 4 条规定的特定纪念物品"人格象征意义"的具体所指本就存在争议，《民法典》第 1183 第 2 款使用的"人身意义"术语在文义上包含了人格意义和身份意义两个方面，实际上有扩大该规则适用范围的倾向。鉴于"人身意义"的广义性可能会影响对该规则适用范围的评估，笔者通过搜集整理适用《精神损害赔偿司法解释》（法释〔2001〕7 号）第 4 条的相关司法裁判，探讨侵害特定纪念物品精神损害赔偿规则的适用范围。

一、侵权法中精神损害赔偿适用范围的限制与扩张

精神损害赔偿的一般适用条件为受害人的人身权益遭受侵害，产生生理或心理上的痛苦等非财产上的不利益。侵害具有人身意义的特定物适用精神损害赔偿时，虽然赔偿客体仍是非财产上的不利益，但其突破了侵权客体是人身权益的限制，对侵害特定物品也认可精神损害赔偿。

（一）关于侵害特定纪念物品适用精神损害赔偿的学说争议

有学者对《精神损害赔偿司法解释》（法释〔2001〕7 号）第 4 条规定的特定纪念物品受侵害的精神损害赔偿请求权存有疑虑，认为财产权益受损害时适用财产损害赔偿就可救济受害人，此外人格象征意义的难以判断可能导致法官自由裁量权过大。① 大多数欧洲国家也将非财产损害限定于人身伤害案件，如侵害身体、隐私或名誉。② 但第 4 条得到了国内学术界大多数学者的支持，对于侵害具有人身意义的特定物品特别是具有人格象征意义的特定纪念物品，代表性的观点认为：具有人格象征意义的特定纪念物品永久性灭失或毁损会带来两个损失，一个是物的损失，一个是物损害后造成的人格利益损害③；侵害财产权益可能给权利人带来一定的精神痛苦，因而有赔偿精神损害的必要。④ 不过学者也提出，"具有人格象征意义的特定纪念物品"范围过窄，应增加可引发精神损害赔偿的其他物品的类型，如充当人

① 参见王利明：《侵权责任法研究》（上卷），中国人民大学出版社 2011 年版，第 664 页。
② 参见［德］U·马格努斯主编：《侵权法的统一：损害与损害赔偿》，谢鸿飞译，法律出版社 2009 年版，第 278 页。
③ 参见杨立新：《侵权法论》（第五版）（下卷），人民法院出版社 2013 年版，第 1160 页。
④ 参见张新宝主编：《精神损害赔偿制度研究》，法律出版社 2012 年版，第 309 页。

“器官”的物、其他寄托重大感情因素的物品、知识产权等。① 比较法上，法国和日本对精神损害赔偿的规定都采概括主义，即不论是人格权益还是财产权益受到侵害，都可以要求赔偿精神损害，不以法律明文规定情形为限。奥地利法规定，只有在故意触犯刑法或恶意造成损害时，对于财产损害才需要赔偿物的情感价值。②

精神损害赔偿不同于财产损害赔偿。财产损害赔偿适用完全赔偿原则，旨在“恢复原状”，实现矫正正义；而精神损害赔偿中损害具有不可逆性，只能通过金钱赔偿的方式进行补偿。财产损失只要根据一般的因果关系理论可归责就应该加以赔偿；而非财产损失作为一种情感损失不能适用财产损失的可赔偿性标准。③ 因此各国多对可赔偿的精神损害进行限定，以法律明文规定为限。如《德国民法典》第253条第1款规定：“对于非财产损害的赔偿，仅在法律有规定的情形，始可以请求以金钱赔偿。”④

传统民法上的民事权利分为财产权和人身权，人身权实际上扮演了非财产权的补充性概念，包含人格权和身份权两种相对独立的权利类型。人身权和财产权作为两大权利类型在内涵、性质和保护上都有明显区别。人格权和身份权保护权利主体精神上、道德上的利益，与权利主体人身不可分离，不可转让、继承；财产权保护权利主体的财产利益。随着社会的发展，实践中这种二元化的权利模式框架也面临一些挑战：传统理论认为对人身权的保护主要采用精神损害赔偿的方式，但某些人格权如姓名权、肖像权中的人格权客体被商业化利用越发普遍，更多体现为商业价值，出现人格商品化倾向，在损害赔偿上体现为可以适用财产损害赔偿；某些财产人格化的倾向也逐渐显现和得到认可。有学者在研究了人格与财产的互动之后，提出“人格财产”的概念，认为有些财产应当被认定为是“人格的”，应当为其提供相比一般财产更优位的保护。这些财产与人的全面发展或者团体的身份认同有关，如结婚戒指、祖传遗物、房屋等。⑤ 而徐国栋教授认为现代新财产的分类中包括人格财产和可替代财产的划分，人格财产是指与人格紧密相连、其灭失造成的痛苦无法通过替代物补救的财产。⑥ 这些新发展突破了人身财产的二元对立，关注到了二者的互动，适应了社会发展的需要。

（二）侵害特定纪念物品适用精神损害赔偿的可赔偿性

损害赔偿的确定条件除了损害要具有真实确定性、侵权行为与损害具有因果

① 参见胡平：《精神损害赔偿制度研究》，中国政法大学出版社2003年版，第76页；易继明、周琼：《论具有人格利益的财产》，《法学研究》2008年第1期。

② 参见［德］U·马格努斯主编：《侵权法的统一：损害与损害赔偿》，谢鸿飞译，法律出版社2009年版，第19页。

③ 参见［德］克雷斯蒂安·冯·巴尔：《欧洲比较侵权行为法》（下卷），焦美华译，法律出版社2001年版，第200页。

④ 杜景林、卢谌：《德国民法典全条文注释》，中国政法大学出版社2015年版，第168页。

⑤ See Margaret Jane Radin，“Property and Personhood”，34 Stan. L. Rev. 957 (1982).

⑥ 参见徐国栋：《现代的新财产分类及其启示》，《广西大学学报（哲学社会科学版）》2005年第6期。

性，还包括损害有可赔偿性，即具有法律上的可补救性，有救济的必要和可能。① 物品或多或少会寄托人的一定情感，但并非所有物品遭受侵害后都要进行精神损害赔偿，一般情况下通过恢复原状或赔偿财产损失就可以填补损害。精神损害无法像财产损害一样被精确计量，损害程度也受个体主观的影响；同时精神损害发生后难以恢复原状，只能事后通过金钱赔偿的方式进行抚慰。基于对保障行为自由、救济受害人和诉讼闸门三者平衡的考量，除少数国家对精神损害赔偿采概括主义外，多数国家都限定精神损害赔偿的适用范围，采用列举主义或折中主义。② 对侵害具有人身意义的特定物进行精神损害赔偿更应该严格把握其适用条件。

1. 被侵害的物品包含重大的人格或身份利益

侵害物品导致一般意义上的情感价值损失不适用精神损害赔偿，如毁坏了他人的情书或心爱的物品。具有精神损害可赔偿性的物品应当是包含重大人格或身份利益的物品。人格权是存在于权利人自己人格上的权利，以人格利益为标的。身份权是存在于特定身份上的权利，以身份利益为标的，这里的身份是狭义的亲属法上的身份。权利属于广义的利益，人身利益是指被上升为权利之外的值得法律保护的其他利益。受到法律保护的利益亦即法益，“法益”的概念产生于德国，将作为侵权行为法保护客体的权利和利益相区分，解决对不同的利益保护程度如何区分的问题。③ 个人全部的权利或受法律保护的利益的总和，称之为“权利范围”④。根据权利概念的“法力说”，权利是得享受特定利益的法律上之力。权利也属于广义的法律上的利益，而狭义的利益在主体、内容、范围上与权利相比不具体特定。利益的重要性和具体化程度虽然不及权利，但可以弥补仅保护权利的不足和权利确认的滞后性，通过对重要的利益进行消极保护的方式实现对受害人更好的救济。德国除了权利化的人格权，还创设出一般人格权对非典型人格利益进行保护，并在损害赔偿上有所区分。由于对权利和利益的保护程度不同，在侵害一般人格权时，侵权行为的判定更多需要利益衡量和个案具体分析。⑤ 普通法系也会用人格利益指代某些未被上升为人格权但值得法律保护的人格方面利益，如个人荣誉早期就作为人格利益被提出并进行讨论。⑥

虽然侵权客体是作为财产权客体的物品，但仅当该物品主要包含非财产利益，且这种非财产利益表现为重要的人格或身份利益时，侵害该物品造成的精神损害才有救济的必要。应该严格谨慎判断适用精神损害赔偿的物品，即使在法国、日本这种对侵权损害赔偿采概括主义的国家，也来规定对侵害物品可以广泛赔偿非财产性

① 参见江平：《民法学》，中国政法大学出版社 2011 年版，第 486 页。

② 参见张新宝主编：《精神损害赔偿制度研究》，法律出版社 2012 年版，第 74 - 78 页。

③ 参见孙维飞：《弹性的法学移植——以侵权行为法学中“法益”学说之发展为个案的考察》，《中外法学》2009 年第 6 期。

④ ［德］卡尔·拉伦茨：《德国民法通论》，王晓晔等译，法律出版社 2013 年版，第 48 页。

⑤ 参见薛军：《非典型人格利益的民法保护模式研究》，《暨南学报（哲学社会科学版）》2012 年第 3 期。

⑥ See Roscoe Pound，“Interests of Personality”，28 Harv. L. Rev. 445 (1914—1915).

不利益，对物品适用精神损害赔偿也是例外情况，适用范围主要集中在侵害宠物、祖屋等。①

2. 侵害物品造成的精神损害具有严重性

任何一个法律制度都需要一个过滤器，以将可赔偿性损害从不可赔偿性损害中区分出来。② 在精神损害赔偿规则上我国《民法典》侵权责任编与德国类似，采用严重性作为可赔偿性损害的过滤器。严重性要求意味着精神损害只有在超过日常生活通常所应承受的程度或构成一种心理疾病时才能得到赔偿。③《精神损害赔偿司法解释》（法释〔2001〕7 号）第 8 条要求精神损害造成严重后果才可支持精神损害赔偿，限定过严，《民法典》第 1183 条采用"严重精神损害"的用语予以缓和。适用精神损害赔偿不限于侵权导致精神疾病等后果，可以通过其他方式推断当事人精神损害的严重程度，如结合加害人实施侵权行为时的主观心态、行为方式、行为场所等情节来推断精神损害的严重性。④

侵害物品导致精神损害与一般的侵害精神性人格权导致的精神损害不同：如在侵害名誉权的情况下，损害受害人名誉的不实言论作出时就对受害人造成了无形损害，事后的道歉赔偿无法使受害人的利益真正回到侵权行为发生前的状态；而在侵害物品导致的精神损害中，当事人的精神利益以物为载体，有可能通过修理等方式使物品的状态回到侵权行为发生前，适用精神损害赔偿的必要性不强。当物品的损坏无法恢复，当事人寄托特殊感情的载体不复存在，造成的精神损害才有赔偿的必要。《民法典》第 1183 条第 2 款规定具有人身意义的特定物品遭受侵害造成自然人严重精神损害，通过侵权行为对自然人造成损害后果的严重性要件将受害人轻微的精神损害排除。

3. 损害的判断适用客观标准

精神损害赔偿的客体是非财产上的不利益，人格或身份权益受到的侵害需要在客观上可以确定。个人对物品的情感具有很强的主观性，因而对可适用精神损害赔偿的物品具有的情感价值应当采用客观标准来判断。损害的客观性既包括损害是客观发生的，非属当事人主观臆造或虚构；也指损害是依社会客观认识或事物发展客观规律必然发生的结果。⑤ 例如，在宠物被侵害致死案件中，作为宠物主人的原告要求精神损害赔偿，此时的精神损害更多的是一种因为宠物主人在宠物身上倾注的情感而体现的情感价值的损害。这种价值有很大的主观性，而且容易被夸大。情感价值带有很强的个人情感色彩，如果从社会一般大众的视角出发不被认可具有重要

① 参见张民安：《法国民法》，清华大学出版社 2015 年版，第 387 页；于敏：《日本侵权行为法》（第三版），法律出版社 2015 年版，第 560 页。

② 参见［德］克雷斯蒂安·冯·巴尔：《欧洲比较侵权行为法》（下卷），焦美华译，法律出版社 2001 年版，第 33 页。

③ 参见谢鸿飞：《精神损害赔偿的三个关键词》，《法商研究》2010 年第 6 期。

④ 参见张新宝主编：《精神损害赔偿制度研究》，法律出版社 2012 年版，第 22 页。

⑤ 参见宁金成、田土城：《民法上之损害研究》，《中国法学》2002 年第 2 期。

人身利益，不应被视为非财产损害，赔偿精神损害。

二、“具有人格象征意义的特定纪念物品”的司法实务分析

（一）司法实务中《精神损害赔偿司法解释》（法释〔2001〕7号）第4条的适用情况

《民法典》第1183条第2款的编纂对象《精神损害赔偿司法解释》（法释〔2001〕7号）第4条，是对司法实践的回应，设计原型是20世纪90年代末发生的一起父母遗照丢失请求精神损害赔偿案件。原告在唐山大地震中失去双亲，后找到父母遗照各一张送至被告唐山美达摄影有限公司翻版放大。但被告将遗照丢失，原告诉至法院要求赔偿特定物损失及精神损失。法院认为被告的失误给原告造成无法挽回的精神损失和精神上痛苦，支持了部分精神损害赔偿。据此司法解释抽象出“具有人格象征意义的特定纪念物品”概念，对侵害某些与特定人格相联系或具有人格象征意义的特定纪念物品支持精神损害赔偿。①

经过笔者的整理，“中国裁判文书网”公布的案例中，以《精神损害赔偿司法解释》（法释〔2001〕7号）第4条为裁判依据的案例共计263个。② 其中共有171个裁判支持了精神损害赔偿，主要类型见表5-1。

表5-1　特定纪念物品被侵害请求精神损害赔偿案件类型表

特定纪念物品类型	数量（个）	支持数量（个）	支持比例	赔偿数额范围（元）	赔偿额平均数（元）
遗体、遗骨、骨灰	20	18	90%	2 400～80 000	24 522
宠物	18	5	28%	500～2 000	980
个人生活照	5	2	40%	500～1 000	750
学历、资格证书	5	5	100%	1 000～3 000	2 200
获奖证书、奖状	2	2	100%	2 000～10 000	6 000
婚礼录像、结婚照	65	64	98%	600～22 000	6 772
祖坟、墓碑	60	50	83%	300～40 000③	9 322

① 参见唐德华主编、最高人民法院民事审判第一庭编著：《最高人民法院〈关于确定民事侵权精神损害赔偿责任若干问题的解释〉的理解与适用》，人民法院出版社2015年版，第42页。

② 笔者手工排除重复案例和属于人身损害赔偿的案例，司法实践中对于房屋、机动车等价值较高的物品受侵害有请求精神损害赔偿的情形，但因不属于特定纪念物品没有获得法院支持，统计时进行了排除。

③ 涉及祖坟案例中有一例是共有纠纷，原、被告共同的祖坟在修高速公路时意外被挖，经协商获得160 000元的赔偿款，法院认定赔偿款的性质为精神损害赔偿款。因法院只是确认赔偿款的性质，该数额在计算赔偿数额范围时未包含在内。

续表

特定纪念物品类型	数量（个）	支持数量（个）	支持比例	赔偿数额范围（元）	赔偿额平均数（元）
过世亲人照片	3	3	100%	5 000～10 000	8 333
在世亲人照片、录像	8	8	100%	750～5 000	1 931
祖屋、宗谱	3	2	67%	3 000～10 000	6 500

（二）适用《精神损害赔偿司法解释》（法释〔2001〕7号）第4条的特定纪念物品类型分析

1. 遗体、遗骨、骨灰

案例中共有20例涉及遗体、遗骨、骨灰，法院对于原告精神损害赔偿的诉求大多予以了支持。《精神损害赔偿司法解释》（法释〔2001〕7号）第3条第3项规定了“非法利用、损害遗体、遗骨”的精神损害赔偿，将遗体、遗骨作为具有人格象征意义的特定纪念物品不妥。《精神损害赔偿司法解释》（法释〔2020〕17号）第3条保留了这一路径：“死者的姓名、肖像、名誉、荣誉、隐私、遗体、遗骨等受到侵害，其近亲属向人民法院提起诉讼请求精神损害赔偿的，人民法院应当依法予以支持。”对比《民法典》第185条的规定：“侵害英雄烈士等的姓名、肖像、名誉、荣誉，损害社会公共利益的，应当承担民事责任。”如果将遗体、遗骨作为人格象征意义的特定纪念物品，那么对英雄烈士的遗体、遗骨则更应该强调其人格象征意义，《英雄烈士保护法》第25条也采用了类似的表述。而骨灰作为死者遗体的变形物没有明文包含在《精神损害赔偿司法解释》（法释〔2001〕7号）第3条第3项中，部分法院适用第4条进行保护，未来“民法典侵权责任编解释”应明确骨灰与遗体、遗骨均适用《民法典》第1183条第2款。

遗体、遗骨、骨灰作为一类特殊的物，一直受到法律的特殊保护。无论是将遗体、遗骨、骨灰作为人身利益延续的进行延伸保护①；还是将其作为死者遗属的精神利益以及社会公共利益的体现进行保护②，都承认遗体中蕴含的精神属性和情感价值。遗体、遗骨和骨灰作为自然人身体的遗存具有双重属性，其上不仅承载着死者的人格尊严，包含死者的人格利益，还是死者近亲属身份利益的体现，包含了死者近亲属巨大的精神利益。对遗体、遗骨和骨灰进行特殊保护属于死者人格利益的延伸保护，不属于《精神损害赔偿司法解释》（法释〔2001〕7号）第4条中规定的具有人格象征意义的特定纪念物品。

2. 宠物

13例涉及宠物的案例中有5例支持了精神损害赔偿。不支持的判决多认为宠物

① 参见杨立新、王海英、孙博：《人身权的延伸法律保护》，《法学研究》1995年第2期。

② 参见潘元松：《论骨灰的民法调整和保护》，《人民司法》2011年第7期。

不是《精神损害赔偿司法解释》（法释〔2001〕7号）第4条中规定的“具有人格象征意义的特定纪念物品”①；支持的判决主要是从受害人与宠物感情深厚，宠物死亡对其造成精神伤害的意义上认定的。②

现代社会越来越多的家庭饲养宠物，人与宠物之间的情感联系也更加密切，因宠物发生的侵权事件也日益增多。当宠物因侵权行为而受伤甚至死亡时，其主人会遭受一定的精神痛苦，但是主人与其宠物的关系具有较强的主观性，在宠物身上寄托的感情以及宠物被侵害后产生的精神痛苦也有明显的差异性。宠物不体现特定人的人格，与人也无法形成身份关系，宠物不应当被认定为具有重大人格或身份利益的特定纪念物品，不可适用《精神损害赔偿司法解释》（法释〔2001〕7号）第4条。在故意致宠物死亡，如宠物“受伤后故意致死”和“当面残忍打死”的，可以考虑适用“精神震吓”，赔偿精神损害。

3. 个人生活照

通常来说，虽然普通个人生活照对于当事人有一定纪念意义，照片上负载了所有人的情感，但这种情感利益主要表现为所有人的主观价值，缺乏从一般社会公众出发普遍被认可的客观性，因此不具有精神损害方面的可赔偿性。请专业机构拍摄的特殊个人生活照，如果其人格象征意义能够为一般社会公众所普遍认可，则具有精神损害方面的可赔偿性，例如作为学生时代纪念的毕业照。③

4. 学历、资格证书

搜集的案例中还有4例毕业证和1例音乐考级证书案例获精神损害赔偿，毕业证和考级证书对人的学习、就业等有重要作用，但一般可以补办或通过开具证明文件方式弥补，对人造成的精神损害并不重大，不应适用精神损害赔偿。

5. 荣誉证书、奖状

案例中有获奖证书和父亲军功奖状丢失被赔偿精神损害的情形各1例。荣誉证书或奖状作为权威机关对特定主体授予的肯定评价的物质载体，与荣誉权的保护相关。某些重要的荣誉证书或奖状的毁损、灭失对当事人会造成严重的精神损害，如果是属于死者的证书、奖状由其近亲属主张精神损害赔偿，涉及死者人格利益的延伸保护；如果是荣誉获得者自己主张，可以直接纳入荣誉权的保护范围。

6. 祖坟、墓碑

60例涉及祖坟、墓碑的案例中共有50例判决支持了原告的精神损害赔偿诉求，另外有6个案例是原告坚持以合同为案由诉讼，法院未支持精神损害赔偿。这里所指的祖坟，是指近亲属的坟地或家族墓地，包括作为墓地的地下及地上建筑形态，

① 上海市第一中级人民法院民事判决书（2015）沪一中民一（民）终字第1626号。

② 参见上海市浦东新区人民法院民事判决书（2015）浦民一（民）初字第32253号。

③ 参见《影楼丢失底片，要求重拍时，孩子们已毕业！200多名家长把影楼告上法庭》，澎湃新闻网，https://m.thepaper.cn/baijiahao_18812852；《弄丢15年前的毕业照，相馆赔精神损失》，《海峡都市报》2013年7月9日，第A35版。

不包括其中安放的遗体、遗骨或骨灰。

祖坟作为安放死者遗骸之处，是其亲属寄托哀思、缅怀逝者的重要场所。死者为大，入土为安，祖坟在国人心中有特殊意义。墓碑作为祖坟的附属设施，可以被纳入广义的祖坟范围。黑格尔认为公民在世时更多属于国家，死亡后才重新回到家庭；家庭的重要任务是保证个体的埋葬。① 祖坟对死者近亲属来说包含特殊感情因素，具有身份象征意义，对祖坟和墓碑的侵害往往会导致坟主近亲属重大的精神损害。

死者近亲属对祖坟的所有权共有，应该尊重坟主后代的人格尊严，认可其对祖坟的利益。② 我国传统上崇尚土葬，祖坟、墓碑与遗体、遗骨、骨灰的保护密切相关。有学者就认为包括尸体（遗骸）、棺木、泥土、石沙等在内的祖坟，应被视为结合物，它们共同构成了死者亲友认同的、得以慰藉的保护死者的丧葬形态。③

7. 婚礼录像、结婚照

在 65 例涉及婚礼录像、结婚照的案例中，有 64 例当事人的精神损害赔偿诉求得到支持。④ 不同于一般的录像和照片，结婚录像和照片纪念意义更强，而且是夫妻关系产生的重要见证。一般情况下，同一对夫妻也不会办第二次婚礼，婚礼场景不可再现，婚礼录像和结婚照具有时效性，损害无法补救。中国文化向来注重家庭观念，婚礼录像和结婚照包含着重大的身份利益，对夫妻双方来说具有特别的感情价值，应该承认侵害婚礼录像、结婚照产生的精神损害。

笔者搜集到的案例均属于婚姻存续期间夫妻双方均在世的情况下婚礼录像、结婚照毁损、灭失适用精神损害赔偿的情形。夫妻双方在世情形下婚礼录像和照片代表的是配偶身份，婚礼录像和照片作为配偶身份结成仪式的特定纪念物品，是双方因为婚姻而形成的特定联系的体现。此时婚礼录像和照片并不具有人格象征意义，而是具有配偶身份象征意义。

8. 已过世的尊亲属或者卑亲属照片

照片记录了特定情形下人的经历和状态，具有特殊的纪念意义。案例中涉及的照片包括与死者有关的照片，如父母遗像和过世女儿生前照。

如果父母遗像具有唯一性，从社会一般观念出发遗像毁损无法修复，对受害人造成的精神损害是重大的。遗像承载着子女对亲人的追思和怀念，其中包含着子女巨大的情感价值，遗像包含重大的身份利益。其他离世亲人的照片象征了该亲人的人格，令在世者回忆怀念亲人的音容笑貌。虽双方身份关系因一方离世已不复存

① 参见［德］黑格尔：《精神现象学》（下卷），贺麟、王玖兴译，商务印书馆 1979 年版，第 8 页注 1。

② 参见肖泽晟：《坟主后代对祖坟的权益》，《法学》2009 年第 7 期。

③ 参见易继明、周琼：《论具有人格利益的财产》，《法学研究》2008 年第 1 期。

④ 未支持的一例为婚纱摄影服务合同中，被告将原告结婚照部分底片丢失，法院认为原告对此主张精神损害赔偿不符合法律规定，未予支持。参见天津市滨海新区人民法院（2015）滨港民初字第 5414 号民事判决书。

在，但亲人生前照片化作连接二者的纽带，体现身份利益。

9. 在世亲人的照片、录像

在世亲人的照片、录像主要包括亲人特定时刻纪念照如子女百日照、周岁照、父母寿宴录像等。孩子的百日照、周岁照等是父母在未成年子女成长过程中的影像留念，是父母对幼子关心、照顾的体现，包含了一定身份利益。① 录像和照片一样，使特定人的形象或声音得以保存下来，对亲人的回忆和思念有了更为具体的载体。

10. 祖屋、宗谱

祖屋、宗谱等不是近亲属范围内的特定纪念物品，属于宗族中重要的特定纪念物品，象征着宗族的传承。宗族作为一种团体身份关系，虽然在我国亲属法中没有被规定，但是应该承认这种在传统社会发挥过重要作用的亲缘组织中维系的身份。宗族作为家庭的扩大体在传统社会政治、经济和生活中有重要作用，同宗的亲属在一个宗族中通过宗族物品和宗族活动维系着伦理亲情。

三、从“人格象征意义说”到“身份象征意义说”

（一）作为通说的“人格象征意义说”

针对《精神损害赔偿司法解释》（法释〔2001〕7号）第4条中规定的“具有人格象征意义的特定纪念物品”，我国支持精神损害赔偿的学者几乎一致认为规定的正当性在于该特定纪念物品中包含了当事人的人格利益。如杨立新教授认为在受到侵害的特定纪念物品中，须具有人格利益因素，包含人的精神利益和人格价值，使该物品成为人的精神寄托、人格的寄托，或者人格的化身。② 易继明教授认为其属于具有人格利益的财产，是外在物的内化。③ 还有学者主张存在与人格密切相关特殊种类的物，如冷传莉教授总结抽象出的“人格物”这一概念，认为人格物是一种与人格利益紧密相连，体现人的深厚情感与意志，其灭失造成的痛苦无法通过替代物补救的特定物。④ 司法实践中适用《精神损害赔偿司法解释》（法释〔2001〕7号）第4条涉及的婚礼录像、结婚照、祖坟等被认为是具有人格利益。⑤

民法上的人，经历了从所有人的平等人格到人格权的承认，从抽象的人格到具体的人格，从理性的、有意志的坚强人到软弱的人的转变。⑥ 承认部分包含重大人

① 参见上海市静安区人民法院（2018）沪0106民初30728号民事判决书；新疆维吾尔自治区乌鲁木齐市新市区人民法院（2014）新民一初字第2456号民事判决书。

② 参见杨立新：《论侵害财产权中的精神损害赔偿》，《人民检察》2002年第6期。

③ 参见易继明、周琼：《论具有人格利益的财产》，《法学研究》2008年第1期。

④ 参见冷传莉：《论民法中的人格物》，法律出版社2011年版，第60页。

⑤ 参见贵州省遵义市汇川区人民法院（2018）黔0303民初262号民事判决书；宁夏回族自治区银川市金凤区人民法院（2016）宁0106民初6459号民事判决书。

⑥ 参见［日］星野英一：《现代民法基本问题》，段匡、杨永庄译，上海三联书店2015年版，第78页。

格利益的物品被侵害适用精神损害赔偿是关注具体的人格，全面保护人的价值的体现。遗体、遗骨等是人身体的遗存，与特定纪念物品不同：前者得到保护是因为遗体和遗骨本身包含的人的身体利益和尊严价值，属于人格利益的延伸保护；而后者是所有权人与亲属之间亲情联系的反射，保护的是身份利益。

（二）被忽视的身份利益

人格权和身份权交互作用，互相影响。人格和身份的关系经历了此消彼长的发展过程。罗马法时期身份决定人格，要作为完全的权利义务主体，需要具有自由权、市民权和家族权①；近代人的理性觉醒，人格以人的伦理价值为实质基础，“生命、身体、健康、自由、尊严、名誉”等作为“人之所以为人”的条件，构成了人格的基本伦理要素②，现代个人主义发达，确立起对人格权的保护，在具体人格权之外还注重对一般人格权的保护。而身份逐渐退居人格之后，只在家庭法领域发挥作用，人格权成为人身权中主导的、基本的权利。对人的价值的关注，除了适用范围日益扩大的人格权益外，身份权益也有它独特的作用。家庭是无历史的、无性别的、无时间的商品世界的对立世界③，家庭中含纳的夫妻、亲子、亲属等人伦关系是人的重要依靠。

我国受苏联立法的影响将人格权和身份权统一规定为人身权，原《民法通则》颁布后，我国早期以人身权为研究对象，后期单独研究人格权的居多。④ 我国没有规定统一的亲属法用以调整身份关系。身份关系的内容主要集中于原《婚姻法》和原《继承法》，而婚姻法作为单独的法律部门，不是传统民法学者的研究对象。在权利之外身份权益更强调特定义务，如夫妻的忠实义务、父母对子女的抚养义务。身份权益的伦理性和道德性使得亲属法更强调家庭内的自治，因此无须过多的强制性规定。法律规定的身份关系主要集中于亲属之间的对内关系，忽视了对外关系。身份关系内部也极少适用损害赔偿⑤，这导致裁判者在考虑侵权精神损害赔偿时很少关注到身份利益。

（三）“身份象征意义说”的提出

人格利益主要包括具有人格属性的生命、身体、健康、自由、名誉等为了实现人的自由发展和人格尊严必须保障其不受第三者侵害的利益。而身份关系强调特定的亲属之间的地位以及相互的权利和义务关系，在对内关系上具有相对性，用于保障两权利主体之间的身份利益。⑥

① 参见周枏：《罗马法原论》（上册），商务印书馆2005年版，第107页。

② 参见马俊驹：《论作为私法上权利的人格权》，《法学》2005年第12期。

③ 参见［德］罗尔夫·克尼佩尔：《法律与历史：论〈德国民法典〉的形成与变迁》，朱岩译，法律出版社2003年版，第111页。

④ 参见徐国栋：《人格权制度历史沿革考》，《法制与社会发展》2008年第1期。

⑤ 参见王利明：《人格权法》，中国人民大学出版社2005年版，第88页。

⑥ 参见杨立新：《家事法》，法律出版社2013年版，第49-51页。

人格权益和身份权益作为非财产性权利，都与权利主体的人身不可分离，都属于绝对权，也共同体现了人的伦理价值和尊严。但是二者的区别也不容忽视。人格权益是民事主体所固有的，因出生而自然取得，是人之所以为人所需具有的属性；而身份权益非权利人固有，有的要通过一定行为取得，即可以做出选择。身份权益具有更强的习俗性、伦理性，受社会环境和风俗的影响，故亲属间之法律关系与国情不合者，鲜能发挥其效用。①

适用《精神损害赔偿司法解释》（法释〔2001〕7号）第4条的案例中出现的婚礼录像、结婚照、祖坟、墓碑、孩子满月照、父母遗像等特定纪念物品都是与亲属关系有关的物品。“人格象征意义说”认为照片、亲属遗留物等使人联想到特定人及其精神风貌，持续地体现了主体的人格所在；同时，指出这些特定纪念物品体现的人格不限于所有权人自己，与权利人存在社会普遍观念能够接受的密切联系之人的人格也被包括在内，一般认为后者是近亲属。② 亲属身份权兼具相对性和绝对性，当亲属一方离世时，亲属间的相对身份权利义务关系消灭，但双方的身份关系并不因此改变，对第三人的绝对权效力仍然存在。③ 对侵害结婚照、遗像等情形适用精神损害赔偿，其目的不是保护物品所有人或物品所象征代表之人的个体的人格利益，结婚照、遗像等物品不是自然人维护其独立、自由、尊严所不可缺少的载体，但它们是人们感受亲属间的亲密关系、感悟家庭历史与传承不可缺少的，其承载的是物品所有人与物品所代表的亲属之间的身份利益。正是因为这些物品充当了特定身份亲属之间关系的纽带，当物品遭受毁损时，物品所有人不仅在经济利益上遭受损失，更重要的是所有人的亲属关系纽带被切断，其用来纪念、缅怀亲人的载体也不复存在。特定纪念物品维系的身份内部关系的平衡被打破，当事人因此遭受严重的精神损害。正是为了保护这些特定纪念物品中体现的身份利益，法律才允许适用精神损害赔偿。综上，本专题提出“身份象征意义说”，认为特定纪念物品中体现的实为“身份”象征意义，而非“人格”象征意义。

四、具有“身份”象征意义的特定纪念物品类型

现代人格独立，个体在社会生活中主要面对的是“陌生人社会”，但在家庭中仍然以“共同生活”的维持作为最高目标。人格和家庭是个体存在的两种不同状态。④ 在家庭中有更多人情的因素存在，凝结在特定纪念物品中的亲属之间的扶助陪伴情感因素应该得到尊重和保护。亲属身份关系包括夫妻关系、亲子关系和其他的近亲属关系，与之对应的基本亲属身份权包括配偶权、亲权和亲属权。此外，我

① 参见史尚宽：《亲属法论》，中国政法大学出版社2000年版，第5页。

② 参见易继明、周琼：《论具有人格利益的财产》，《法学研究》2008年第1期。

③ 参见杨遂全：《现行婚姻法的不足与民法典立法对策》，《法学研究》2003年第2期。

④ 参见张翔：《论家庭身份的私法人格底蕴及其历史演变》，《法律科学》2011年第2期。

国传统社会中还存在以家长制为核心、以血缘关系为纽带的宗族制度，虽然随着封建制度的消灭宗族制度已经瓦解，但其中蕴含的亲族之间和睦相处、互帮互助的传统在今天仍然发挥着积极意义。① 应该承认适用精神损害赔偿的具有身份象征意义的特定纪念物品，具体包括具有“配偶身份”象征意义的物品、具有“亲子身份”象征意义的物品、具有“亲属身份”象征意义的物品和具有“宗族身份”象征意义的物品。

（一）具有“配偶身份”象征意义的特定纪念物品

夫妻是关系最亲密的亲属，是血亲和姻亲的源泉。体现配偶身份利益的物品主要包括婚礼仪式纪念物，如婚礼录像和结婚照，配偶的坟墓、遗像等。婚姻制度是家庭制度的核心，通过两性结合形成新的共同生活团体，也是亲属关系的起点。我国传统上向来注重婚礼仪式，古代婚礼要经“纳采”“问名”“纳吉”“纳征”“请期”“亲迎”六礼才算完成。结婚不仅具有个体意义，更重要的是对家庭关系具有重要意义。我国传统婚姻具有宗教性，是子孙对祖先的神圣义务，“独身无嗣”是愧对祖先的不孝行为。② 虽然现代婚礼已经不再沿袭古代的一整套流程，但是婚礼对于夫妻双方和各自的家庭仍然具有重要意义。婚礼录像中记录了婚礼仪式，具有重要的身份利益，有法院就明确指出：“婚礼的影像记录是两原告人生中具有永久纪念意义的重大活动，是夫妻日后重温结婚喜庆、获得精神愉悦的特定纪念物品，具有不可替代、不可再现性。”③

（二）具有“亲子身份”象征意义的特定纪念物品

父母与未成年子女一般长时间共同生活，体现亲子利益的物品主要包括未成年子女的纪念照片、录像、坟墓、遗像等。父母子女是最近的直系血亲，是家庭关系的重要组成部分。父母对未成年子女有管教和保护的义务，现代社会设立亲权制度主要是为了保护未成年子女的利益④，子女的百日照和周岁照包含了父母对未成年子女的保护和关心。

当亲人离世时，在世亲属与其之间的身份权消灭，包含在身份权中的基于特定身份产生的具有支配利益的身份利益也不复存在。遗像、遗物等就成了当事人与亲人感情联系的纽带，睹物思人。未成年子女的遗像、遗物等具有“亲子身份”象征意义的特定纪念物品，是父母怀念在抚养和教育过程中形成的双方浓厚的亲情的寄托，若其被永久毁坏，对当事人造成的精神痛苦是巨大而持久的。

（三）具有“亲属身份”象征意义的特定纪念物品

具有“亲属身份”象征意义的物品主要包括其他近亲属的纪念照片、坟墓、墓

---

① 参见郑定、马建兴：《论宗族制度与中国传统法律文化》，《法学家》2002 年第 2 期。

② 参见瞿同祖：《中国法律与中国社会》，中华书局 2003 年版，第 97 页。

③ 安徽省安庆市大观区人民法院（2016）皖 0803 民初 1458 号民事判决书。

④ 参见杨大文主编：《亲属法与继承法》，法律出版社 2013 年版，第 190 页。

碑、遗像等。祖坟对于家庭来说具有重要的精神利益，中国人崇尚土葬，坟墓和墓碑是安放亲人遗骸之处，是家庭成员缅怀先人的寄托物。祖坟是同族生命的根源，对中国人来说具有极为重要的意义。在我国传统观念中，祖先和子孙同属于一个“气”，而祖坟就象征着“气”的展开，祖坟的吉凶或管理的好坏左右着子孙的命脉。① 祖坟对于家族成员来说是维系其家族认同的重要象征，祖坟被毁损意味包含在其中的身份利益被严重侵害，对当事人来说会造成严重的精神痛苦和伤害。这也是司法实务中法院广泛认可祖坟被侵害引发的精神损害赔偿的原因所在。

对包含亲属身份利益的物品适用精神损害赔偿，保护的是曾经共同生活的亲属之间的亲属关系和亲密关系，亲属的范围不宜过广。参考侵害遗体、遗骨等具有人格利益的物品造成死者亲属精神痛苦的，有权请求精神损害赔偿的赔偿权利人是死者的近亲属；具有身份象征意义的特定纪念物品受侵害，请求精神损害赔偿的权利人也应限定为近亲属。这里亲属身份利益中的亲属范围是除配偶、父母与未成年子女之外的成年子女与父母、祖父母、外祖父母和兄弟姐妹。

（四）具有“宗族身份”象征意义的特定纪念物品

具有“宗族身份”象征意义的特定纪念物品主要包括族谱、祖屋等宗族中体现宗族身份利益的重要物品。这与我国古代宗法制度发展至今留下的宗族观念密切相关。在我国古代，“家”是共同生活的团体；“族”是家的综合体，是血缘单位。家族是政治、法律的基本单位，以家长或族长作为一单位的主权，对国家负责。② 正如山东省济南市济阳县人民法院在涉及宗谱案件中所认定的，“该宗谱系始序于1835年，传至现在已经有一百七十多年的历史，该宗谱记载了其宗族的兴衰及相互之间的关系，是具有较高人格象征意义的特定纪念物品，对原告来说至关重要”③。现代宗法制度虽然不复存在，宗族在人们的生活中的作用也几近消灭，但在某些地方宗族仍然存在并发挥其作用，这种团体性的身份利益仍然应该得到承认。

① 参见［日］滋贺秀三：《中国家族法原理》，张建国、李力译，法律出版社2003年版，第304页。

② 参见瞿同祖：《中国法律与中国社会》，中华书局2003年版，第27页。

③ 山东省济南市济阳县人民法院（2014）济阳民初字第643号民事判决书。

专题六

我国侵权法中使用人替代责任的谱系化建构研究[①]

《民法典》第1191条第1款第一句是对用人单位替代责任的规定："用人单位的工作人员因执行工作任务造成他人损害的，由用人单位承担侵权责任。"《民法典》第1192条第1款第一句是对接受劳务者替代责任的规定："个人之间形成劳务关系，提供劳务一方因劳务造成他人损害的，由接受劳务一方承担侵权责任。"二者共同构成了我国侵权法上使用人替代责任的基本规定。《民法典》第1193条以《人身损害赔偿司法解释》（法释〔2003〕20号）第10条为编纂对象，对定作人责任作出规定："承揽人在完成工作过程中造成第三人损害或者自己损害的，定作人不承担侵权责任。但是，定作人对定作、指示或者选任有过错的，应当承担相应的责任。"修改后的《人身损害赔偿司法解释》（法释〔2022〕14号）第4条第1句规定："无偿提供劳务的帮工人，在从事帮工活动中致人损害的，被帮工人应当承担赔偿责任。"有必要以上述四个条文的规定为基准，对我国侵权法上的使用人替代责任作全面的谱系化研究，检视每种使用人替代责任规则设置的正当性，并作出必要的修正和创设。

一、我国侵权法中使用人替代责任的体系变迁效应与主要问题

（一）我国侵权法上使用人关系的范围与类型

学理上我国侵权法上使用人关系范围存在一定的争议，直接体现为对使用人替代责任的不同界定，主要分为"狭义说"和"广义说"。"狭义说"认为，使用人替代责任是指用人单位（使用人）应对其工作人员（被使用人）因执行工作任务而造成他人损害的行为承担侵权责任[②]，从而将使用人关系限定为"用人单位"与其"工作人员"之间的关系。"广义说"认为，使用人替代责任是使用人对被使用人在执行职务活动中给他人造成的损害承担民事责任，包括企业责任、国家赔偿责任、

① 本专题的部分内容，是与张恒同学合作的成果。

② 参见姚辉、梁展欣：《使用人责任相关问题探讨》，《政法论丛》2010年第5期。

其他社会团体或个人因使用他人而承担的责任。①

笔者在采纳“广义说”的基础上，考虑到《国家赔偿法》与《民法典》侵权责任编之间的关系，排除国家赔偿责任，认为使用人关系包括劳动关系、师徒关系、单位劳务关系、有偿个人劳务关系、“雇佣关系”②、志愿者服务关系、无偿帮工关系、承揽关系、劳务派遣关系、志愿者派遣关系③、承揽派遣关系④和实习关系等。其中，在劳务派遣关系、志愿者派遣关系、承揽派遣关系和实习关系中，使用人的确定在学说上存在争议，笔者将这四种使用人关系作为非典型使用人关系，下文将先分析典型使用人关系，再将非典型使用人关系纳入思考的范围。

（二）我国侵权法上使用人替代责任的体系变迁效应

1. 原《民法通则》通过前新中国民法典起草中的使用人替代责任

在原《民法通则》通过之前，新中国一共进行了三次民法典的起草，其中第二次起草没有涉及侵权责任，第一次和第三次起草在很大程度上都受到了苏俄民法的影响。

20 世纪 50 年代第一次民法典起草过程中，一共有四部草案的相关条文与雇主替代责任相关，分别是《债篇通则第一次草稿》（1955 年 10 月 24 日）第 36 条、《债权篇通则草稿》（1957 年 1 月 7 日）第 13 条、《债的通则第二次稿（另案）》（1957 年 1 月 9 日）第 71 条和《损害赔偿［第三次草稿］》（1957 年 2 月 10 日）第 6 条。《损害赔偿（第三次草稿）》第 6 条的条文为：“机关、企业、学校、团体的工作人员，因执行职务对他人造成的损害，由该工作人员所服务的单位负责赔偿。服务单位赔偿后，可以根据该工作人员故意或过失的情节轻重，责令他赔偿全部、一部或者免除责任。”⑤

这四次草案的相关条文全面参考了 1922 年《苏俄民法典》第 407 条⑥的体例与内容，主要体现在：第一，作为雇主的主体从以“国家机关”为中心，逐渐扩展到企业、学校、团体等组织，确立了国家赔偿与民事雇主替代责任统一规定的体例；第二，强调“在职务范围以内”“在执行职务时”“因执行职务”，这比 1922 年《苏

① 参见刘士国：《使用人责任疑难问题探讨》，《辽宁大学学报（哲学社会科学版）》2006 年第 6 期。

② 本文涉及对“雇佣关系”概念的改造，此处的雇佣关系是指《人身损害赔偿司法解释》（法释〔2003〕20 号）第 9 条意义上的雇佣关系。

③ “志愿者派遣关系”是指志愿者服务组织招募志愿者后，安排志愿者为第三人服务的使用人关系，详见本专题第五部分的分析。

④ “承揽派遣关系”是指定作人与承揽人签订的承揽合同约定，由承揽人向第三人履行合同，并接受该第三人指示的使用人关系，详见本专题第四部分的分析。

⑤ 何勤华、李秀清、陈颐编：《新中国民法典草案总览》（上卷），法律出版社 2003 年版，第 181 页、第 202 页、第 225 页、第 243－244 页。

⑥ 参见中央人民政府法制委员会编《苏俄民法典》，王增润译，王之相校，新华书店 1950 年版，第 165 页。

俄民法典》的适用范围更宽①，无法确定适用范围的限制；第三，参考1922年《苏俄民法典》的规定②，规定了有追偿权，但应该理解为其目的是保护社会主义公有财产。③

20世纪80年代第三次民法典起草过程中也有四部草案的各3个条文与雇主替代责任有关，分别是《民法草案（征求意见稿）》（1980年8月15日）第450～452条、《民法草案（征求意见二稿）》（1981年4月10日）第347～349条、《民法草案（第三稿）》（1981年7月31日）第471～473条和《民法草案（第四稿）》（1982年5月1日）第428～430条。《民法草案（第四稿）》的三个条文包括，第428条："法人对它的工作人员由于在执行职务中的过错造成的损害，应当承担民事责任。但法人承担民事责任后，可以向有过错的工作人员进行追偿。"第429条："国家工作人员利用职权故意使他人受到损害的，应当由工作人员本人承担民事责任。"第430条："强占、私分、挥霍浪费、行贿、受贿以及用其他手段侵害公共财产的，应当收缴非法所得、赔偿损失，还可以对他追究其他民事责任。"④

对此第一次民法典起草的相关条文可知，第三次民法典起草的上述四部草案的相关条文，明显摆脱了苏俄民法的影响，更针对我国实际情况。1955年《苏联民法纲要》⑤ 和1964年《苏俄民法典》⑥ 相关条文的主要特点是：第一，区分"组织责任"和"行政管理机关责任"、"司法机关责任"；第二，对"行政管理机关责任"特别立法没有规定的，可以适用"组织责任"；第三，"司法机关责任"仍然以法律规定为限，体现了立法者的责任限制意图。⑦ 第三次民法典四部草案相关条款，在适用范围上采用"法人"概念统一规定替代责任的主体，比苏联民法更宽。在立法取向上全面强调对社会主义公有财产的保护，主要体现在：第一，从"第二稿"开始规定"但法人承担责任后，可以向有过错的工作人员进行追偿"；第二，强调国家工作人员"利用职权故意侵权"行为的个人责任，排除国家机关替代责任；第三，单独规定"侵害公共财产"行为，从第三稿开始适用范围不限于"国家工作人员"。

2. 原《民法通则》上使用人替代责任的形成过程

原《民法通则》第三章确立了企业法人、机关法人、事业单位法人和社会团体法人四种法人。机关法人的替代责任最早由1982年《宪法》第41条第3款规定：

① 1922年《苏俄民法典》第407条第1、2句的规定类似"国家赔偿法"："机关对于所属公职人员因职务上不当行为所致之损害，必须于法律特别规定之情形，且公职人员行为之不当系经该管法院或行政机关确认后，始负责任。如受害人对于公职人员之不当行为，未及时申诉者，机关免除其责任。"

② 1922年《苏俄民法典》第407条第3句：机关有权就所支付受害人之赔偿数额，令公职人员负担之。

③ 参见《最高人民法院关于木帆船海事赔偿责任问题的批复》。

④ 何勤华、李秀清、陈颐编：《新中国民法典草案总览》（下卷），法律出版社2003年版，第429页、第482-483页、第554-555页、第617页。

⑤ 参见《苏联民法纲要和民事诉讼纲要》，中国科学院法学研究所译，法律出版社1963年版，第39页。

⑥ 参见中国社会科学院法学研究所民法研究主编：《苏俄民法典》，马骧聪、吴云琪译，王家福、程远行校，中国社会科学出版社1980年版，第140-141页。

⑦ 参见1955年《苏联民法纲要》第88条第3款、第89条，1964年《苏俄民法典》第445-447条。

“由于国家机关和国家工作人员侵犯公民权利而受到损失的人，有依照法律规定取得赔偿的权利。”1986年原《民法通则》第121条将1982年《宪法》第41条规定的“依照法律规定”落实为：“国家机关或者国家机关工作人员在执行职务中，侵犯公民、法人的合法权益造成损害的，应当承担民事责任。”这一规定针对的主要情形是国家机关工作人员执行职务中造成损害，民事责任主体并不明确。原《民通意见》第152条进一步将国家机关工作人员的行为造成损害后的责任承担规定为替代责任：“国家机关工作人员在执行职务中，给公民、法人的合法权益造成损害的，国家机关应当承担民事责任。”

鉴于行政侵权行为的特殊性，1989年《行政诉讼法》第68条第1款规定：“行政机关或者行政机关工作人员作出的具体行政行为侵犯公民、法人或者其他组织的合法权益造成损害的，由该行政机关或者该行政机关工作人员所在的行政机关负责赔偿。”至此，行政侵权替代责任从民事侵权责任中分立出来，司法赔偿责任仍然被保留在民事侵权责任中。1994年《国家赔偿法》第2条第1款规定：“国家机关和国家机关工作人员违法行使职权侵犯公民、法人和其他组织的合法权益造成损害的，受害人有依照本法取得国家赔偿的权利。”此后形成了民事侵权责任与国家赔偿责任并行的局面，国家机关的民事侵权责任仍然被保留在原《民法通则》中。

企业法人替代责任方面，原《民法通则》第43条规定：“企业法人对它的法定代表人和其他工作人员的经营活动，承担民事责任。”原《民通意见》第58条进一步扩展为：“企业法人的法定代表人和其他工作人员，以法人名义从事的经营活动，给他人造成经济损失的，企业法人应当承担民事责任。”但上述两个条文仍然没有涵盖企业经营活动之外致害的情形。

可见，原《民法通则》及原《民通意见》中机关法人和企业法人的替代规则呈现出分立的态势，同时原《民法通则》中规定的其他法人类型和非法人组织的替代责任规则并不明确。

3.《人身损害赔偿司法解释》（法释〔2003〕20号）中使用人替代责任的体系梳理

为统一原《民法通则》上法人和其他组织替代责任的规则，《人身损害赔偿司法解释》（法释〔2003〕20号）第8条第1款第一句规定：“法人或者其他组织的法定代表人、负责人以及工作人员，在执行职务中致人损害的，依照民法通则第一百二十一条的规定，由该法人或者其他组织承担民事责任。”第2款规定：“属于《国家赔偿法》赔偿事由的，依照《国家赔偿法》的规定处理。”第8条的适用范围，主要包括三种情形：（1）《国家赔偿法》中国家赔偿责任之外的国家机关工作人员的职务侵权行为所引起的民事赔偿责任；（2）除机关法人之外的其他各类法人的法定代表人或其工作人员的侵权行为所引起的民事赔偿责任；（3）不具备法人资格的其他组织（非法人的经济组织或社会团体）的负责人及其工作人员的侵权行为所引起的民事赔偿责任。①

《人身损害赔偿司法解释》(法释〔2003〕20号)第9条第1款规定:“雇员在从事雇佣活动中致人损害的,雇主应当承担赔偿责任;雇员因故意或者重大过失致人损害的,应当与雇主承担连带赔偿责任。雇主承担连带赔偿责任的,可以向雇员追偿。”从文义上看,该司法解释第8条和第9条在适用范围的界限上并不清晰。笔者认为,应当参考《最高人民法院关于适用〈中华人民共和国民事诉讼法〉若干问题的意见》(法发〔1992〕22号)第45条规定的“个体工商户、农村承包经营户、合伙组织雇佣的人员在进行雇佣合同规定的生产经营活动中造成他人损害的,其雇主是当事人”,此外,考虑到原《民法通则》在第二章“公民(自然人)”规定第四节“个体工商户、农村承包经营户”和第五节“个人合伙”,第三章规定“法人”,认为《人身损害赔偿司法解释》(法释〔2003〕20号)第8条和第9条适用范围的区分在于当事人之间是具有从属性的劳动关系还是平等的劳务关系。

《人身损害赔偿司法解释》(法释〔2003〕20号)第10条是对承揽关系中定作人责任的规定②:“承揽人在完成工作过程中对第三人造成损害或者造成自身损害的,定作人不承担赔偿责任。但定作人对定作、指示或者选任有过失的,应当承担相应的赔偿责任。”《民法典》第770条第1款规定:“承揽合同是承揽人按照定作人的要求完成工作,交付工作成果,定作人支付报酬的合同。”可见上述司法解释第10条规定的承揽关系与其第8条和第9条最大的差异是承揽人提供给定作人的是工作成果而非劳务。

《人身损害赔偿司法解释》(法释〔2003〕20号)第13条规定:“为他人无偿提供劳务的帮工人,在从事帮工活动中致人损害的,被帮工人应当承担赔偿责任。被帮工人明确拒绝帮工的,不承担赔偿责任。帮工人存在故意或者重大过失,赔偿权利人请求帮工人和被帮工人承担连带责任的,人民法院应予支持。”第13条与该司法解释第8~10条规定的三种使用人关系共同的差别是无偿性。其中,与相对而言较为类似的第9条规定的雇佣关系的差别在于,帮工人非基于合同提供劳务,被帮工人接受劳务。

根据上述分析,可以用表6-1来说明这四种使用人责任的关系。

① 参见最高人民法院民事审判第一庭编著:《最高人民法院人身损害赔偿司法解释的理解与适用》,人民法院出版社2004年版,第141-143页。

② 2003年《人身损害赔偿司法解释》第10条第1句的规定应该被理解为定作人不承担“替代责任”,但该条第2句承担的到底是替代责任还是自己责任,在学说上存在争议。参见杨立新、尹艳:《试论定作人指示过失的侵权责任》,《河北法学》1991年第2期;汪渊智:《论定作人的侵权责任》,《法学杂志》2007年第3期;杨丽珍:《论定作人之责任》,《西北大学学报(哲学社会科学版)》2010年第1期。本书限于篇幅和主旨,只对该条第1句规定的不承担的“赔偿责任”是“替代责任”进行确认,对其例外承担的“相应的赔偿责任”的性质,笔者将另行撰文进行说明。

表 6-1　《人身损害赔偿司法解释》（法释〔2003〕20 号）使用人责任关系表

被使用人的行为性质/是否有偿	有偿	无偿
基于劳动关系提供劳务	第 8 条	（立法排除）①
基于劳务关系提供劳务	第 9 条	第 13 条
基于承揽合同提供劳动成果	第 10 条	（未规定）②

4. 对《民法典》第 1191 条第 1 款第一句与第 1192 条第 1 款第一句关系的分析

《民法典》第 1191 条第 1 款第一句继受了原《侵权责任法》第 34 条第 1 款的内容。原《侵权责任法》草案起草机关编写的权威解读指出，“用人单位”包括企业、事业单位、国家机关、社会团体等，也包括个体经济组织等。“工作人员”既包括用人单位的正式员工，也应当包括临时在单位工作的员工③，因此，《民法典》第 1191 条适用于用人单位与工作人员之间的劳动关系和单位劳务关系。④

《民法典》第 1192 条第 1 款第一句则是继受了原《侵权责任法》第 35 条第一句的内容。原《侵权责任法》草案起草机关编写的权威解读认为，劳务关系是指提供劳务一方为接受劳务一方提供劳务服务，由接受劳务一方按照约定支付报酬而建立的一种民事权利义务关系。“个人之间形成劳务关系”中的“接受劳务一方”应该理解为仅指自然人，个体工商户、合伙的雇员因工作发生的纠纷，按照原《侵权责任法》第 34 条用人单位的规定处理。《民法典》第 1192 条规定不包括因承揽关系产生的纠纷。⑤

对比表 6-1 可以发现，《民法典》侵权责任编改变了《人身损害赔偿司法解释》（法释〔2003〕20 号）主要以具有从属性的劳动关系还是平等的劳务关系为基础的划分标准，采用了使用人是单位还是个人的划分标准。我们可以用表 6-2 来说明《民法典》第 1191 条第 1 款第一句和第 1192 条第 1 款第一句规定的使用人替代责任的关系。

表 6-2　《民法典》侵权责任编使用人替代责任关系表

当事人/劳动关系与劳务关系	劳动关系	劳务关系
用人单位与工作人员	第 1191 条第 1 款	第 1191 条第 1 款

① 《劳动法》第 48 条第 1 款规定：“国家实行最低工资保障制度。最低工资的具体标准由省、自治区、直辖市人民政府规定，报国务院备案。”可见，我国立法明确排除了无偿劳动关系。

② 我国《民法典》第 770 条第 1 款规定的作为有名合同的“承揽合同”是有偿合同，但作为承揽关系基础的承揽合同不应该排除无偿承揽的情形。

③ 参见王胜明主编：《中华人民共和国侵权责任法解读》，中国法制出版社 2010 年版，第 160 页。

④ 参见潘杰：《〈侵权责任法〉上用人者责任制度的司法适用——立法与司法解释的比较与适用衔接》，《法律适用》2012 年第 2 期。

⑤ 参见王胜明主编：《中华人民共和国侵权责任法解读》，中国法制出版社 2010 年版，第 165－167 页。

续表

当事人/劳动关系与劳务关系	劳动关系	劳务关系
个人之间	(立法排除)①	第 1192 条第 1 款第一句

5.《民法典》侵权责任编与《人身损害赔偿司法解释》(法释〔2003〕20 号)中使用人替代责任的关系

对比表 6－1 和表 6－2 可以清晰地看到，《民法典》第 1191 条第 1 款第一句的调整对象，既包括《人身损害赔偿司法解释》(法释〔2003〕20 号) 第 8 条规定的劳动关系，也包括该司法解释第 9 条规定的雇佣关系中的单位雇佣关系。《民法典》第 1192 条第 1 款第一句的调整对象，既包括《人身损害赔偿司法解释》(法释〔2003〕20 号) 第 9 条规定的雇佣关系中的个人雇佣关系，也包括该司法解释第 13 条规定的无偿帮工关系。② 根据上述分析，可以用表 6－3 来说明《民法典》侵权责任编与《人身损害赔偿司法解释》(法释〔2003〕20 号) 中使用人替代责任的关系。

表 6－3　《民法典》侵权责任编与《人身损害赔偿司法解释》(法释〔2003〕20 号) 中使用人替代责任关系表

《民法典》/解释	第 1191 条第 1 款第一句	第 1192 条第 1 款第一句
第 8 条	劳动关系	(立法排除)
第 9 条	单位雇佣关系 (单位劳务关系)	个人雇佣关系 (有偿个人劳务关系)
第 13 条	(未规定)	无偿帮工

(三) 对“雇佣关系”概念的改造

最高人民法院编写的权威解读认为，在我国立法及司法实践中原《侵权责任法》第 35 条中的“劳务”与“雇佣”的含义已无本质区别。③ 但在司法实践中却出现了适用上的混乱，有的法院同时援引《人身损害赔偿司法解释》(法释〔2003〕20 号) 和原《侵权责任法》裁判案件④，有的法院继续单独适用《人身损害赔偿司法解释》(法释〔2003〕20 号)⑤，有的法院使用了“劳务雇佣关系”的表述⑥，有

① 《劳动法》第 2 条规定：“在中华人民共和国境内的企业、个体经济组织 (以下统称用人单位) 和与之形成劳动关系的劳动者，适用本法。国家机关、事业组织、社会团体和与之建立劳动合同关系的劳动者，依照本法执行。”《劳动合同法》第 2 条对劳动关系的使用人一方有类似规定。可见，我国立法明确排除了个人劳动关系。

② 参见周宏：《〈侵权责任法〉中劳务关系之认定》，《唯实》2011 年第 11 期。

③ 参见最高人民法院侵权责任法研究小组编著：《〈中华人民共和国侵权责任法〉条文理解与适用》，人民法院出版社 2010 年版，第 258 页。

④ 参见湖南省常德市中级人民法院 (2012) 常民四终字第 142 号民事判决书。

⑤ 参见浙江省舟山市中级人民法院 (2012) 浙舟民终字第 14 号民事判决书。

⑥ 参见上海市金山区人民法院 (2012) 金民初字第 326 号民事判决书。

的法院使用了“雇佣劳动关系”的表述。① 出现这种混乱的主要原因在于对“雇佣关系”有不同理解。

在术语体系的选择上，原《侵权责任法》起草机关特别考虑到第 34 条第 1 款的调整范围包括国家机关工作人员因工作发生的侵权行为，而国家机关与工作人员不是雇佣关系，所以未使用“雇主”和“雇员”的概念。② 质言之，作为一种体系变迁效应，《人身损害赔偿司法解释》（法释〔2003〕20 号）第 9 条规定的“雇佣关系”，在原《侵权责任法》中根据雇佣一方是“用人单位”还是“个人”，被拆分到了第 34 条第 1 款和第 35 条第 1 句，之后又被《民法典》侵权责任编延续到了第 1191 条第 1 款和第 1192 条第 1 款第一句，因此，这一概念已经被实质性地废除了。

最高人民法院民一庭编写的权威解读曾经提出，《人身损害赔偿司法解释》（法释〔2003〕20 号）第 9 条意义上的雇佣关系包括人事关系、劳动关系及劳务关系中的各种雇佣情况。③ 这一思路具有启发性。笔者建议，应该对“雇佣关系”概念进行改造，赋予其更广的内涵，用来概括有偿使用人关系类型。按照《人身损害赔偿司法解释》（法释〔2003〕20 号）的术语体系，雇佣关系包括“劳动关系”、“单位雇佣关系”和“个人雇佣关系”，按照《民法典》侵权责任编的术语体系，雇佣关系包括“劳动关系”、“单位劳务关系”和“有偿个人劳务关系”。

（四）我国侵权法上使用人替代责任的主要问题

我国侵权法上使用人替代责任体系的主要问题体现在如下三点内容上。

第一，所有类型的使用人替代责任法律效果同一化。《民法典》侵权责任编将各类使用人责任无差别地规定为替代责任，归责原则均为无过错责任原则，承担的赔偿责任范围均为全部损失，没有体现出不同使用人替代责任的差异。《民法典》第 1191 条第 1 款第一句和第 1192 条第 1 款第一句在规则上的高度相似性，更让人怀疑这种条文区分的必要性。而这种同一化的法律效果设置，对于个人劳务关系，尤其是无偿帮工关系的使用人来说，责任显得过重。

第二，使用人承担责任的情形规定得不够明确。就使用人承担责任的情形，《民法典》第 1191 条第 1 款第一句规定为“因执行工作任务”，第 1192 条第 1 款第一句规定为“因劳务”，第 1193 条规定为“在完成工作过程中”；《人身损害赔偿司法解释》（法释〔2003〕20 号）第 8 条规定为“在执行职务中”，第 9 条规定为“在从事雇佣活动中”；《人身损害赔偿司法解释》（法释〔2022〕14 号）第 4 条规定为“在从事帮工活动中”。其中仅有《人身损害赔偿司法解释》（法释〔2003〕20 号）第 9 条第 2 款对“从事雇佣活动”作了明确的定义，但该条文已经被废止，因此，对使用人关系中的承担责任情形均较难把握。

① 参见湖南省高级人民法院（2018）湘民再 32 号民事判决书。

② 参见王胜明主编：《中华人民共和国侵权责任法解读》，中国法制出版社 2010 年版，第 160 页。

③ 参见最高人民法院民事审判第一庭编著：《最高人民法院人身损害赔偿司法解释的理解与适用》，人民法院出版社 2004 年版，第 159 页。

第三，缺乏对部分常见使用人替代责任类型的明文规定。实践中，师徒关系、志愿者服务关系、志愿者派遣关系、承揽派遣关系和实习关系等使用人关系类型均较为常见，但立法或者司法解释尚未明确其使用人替代责任规则。这造成了司法裁判依据的混乱。

二、我国侵权法中使用人替代责任的理论基础

（一）使用人替代责任的理论基础

就使用人为他人的行为承担替代责任的理论基础，主要有“控制力说”、“深口袋理论”和“利益风险一致说”等三种学说。“控制力说”认为，使用人选任被使用人从事职责范围内的活动，应当对使用人的行为加以控制，防止其损害他人行为的发生。① 使用人与被使用人是控制与被控制的关系，因此被使用人在使用人控制的范围内致他人损害，应当由使用人承担责任。② “深口袋理论”认为，使用人比被使用人有着更深的“口袋”，具有损失的承担能力，而且使用人可以通过更高的商品和服务价格来面向社会分散风险。③ “利益风险一致说”认为，既然法律允许使用人通过使用他人来扩展其业务范围，使其有获得更高利润的机会，使用人就应当承担更大范围的风险，被使用人执行使用人所委托的事务的过程，包藏着被使用人实施侵权行为而侵害他人权利或利益的风险。这种风险，理应由使用人承担。④

（二）我国侵权法上使用人替代责任理论基础的内部关系

尽管上述三种理论均被学说认为对使用人替代责任的正当性具有一定的解释力，但三种理论在理论基础内部的地位却是不同的。

1. “控制力说”是主导性理论基础

笔者认为，在使用人为他人的行为承担替代责任的理论基础中，“控制力说”具有主导性。主要理由是：在使用人关系中，个人意志自由不同程度地受到他人限制，不能完全按照自己的意愿从事活动，其因此作出的行为导致的损害后果，应当由对行为人享有控制力的主体承担。⑤ 不仅如此，控制力大小还决定使用人关系的类型化，其表现在使用人是否有权对被使用人发出指示，使用人是否有权对被使用人进行奖惩，工作的时间、方式是否由被使用人来决定等。决定控制力大小的因素主要包括两个方面：第一，地位因素，即使用人与被使用人地位是否平等，隶属关系中使用人的控制力强于平等关系中使用人的控制力；第二，成本因素，即使用人

① 参见章亮明：《派遣劳动者职务侵权时的雇主责任》，《法学论坛》2009 年第 4 期。

② 参见曹艳春：《雇主替代责任研究》，法律出版社 2008 年版，第 115 页。

③ 参见曹艳春：《雇主替代责任研究》，法律出版社 2008 年版，第 120 页。

④ 参见杨署东：《转承责任基本理论问题新探》，《重庆大学学报（社会科学版）》2010 年第 4 期。

⑤ 参见尹飞：《为他人行为侵权责任之归责基础》，《法学研究》2009 年第 5 期。

付出的成本高低，有偿关系中使用人的控制力强于无偿关系中使用人的控制力。①

2.“深口袋理论”是辅助性理论基础

“深口袋理论”也有一定的合理性。由具有较强风险防范能力的主体承担责任②，一方面对受害人的保护更为有力③，另一方面也不会导致使用人因承担责任而经济处境明显下降。但其也存在明显的问题，主要体现为两点。第一，“深口袋理论”以“口袋深”为适用前提，以商业企业为原型④，但使用人替代责任中，并非所有使用人都符合这一原型预设，在无偿帮工关系中尤其如是。因此，“深口袋理论”仅仅在使用人“口袋深”的案件中才具有个案的正义性。第二，按照该学说，如果被侵权人的“口袋”更深，损害就应该由被侵权人自己部分甚至全部承担。这显然不符合使用人替代责任的基本规则。因此，“深口袋理论”主要在判断使用人赔偿能力强弱的情形下，具有辅助性的论证效果。

3.“利益风险一致说”是补充性理论基础

“利益风险一致说”具有较强的公平色彩。使用人通过控制被使用人，既得到了利益，又创造了风险，那么最公平的做法就是将风险分配给利益获得者。这一理论的缺陷主要体现在：第一，该学说只能检验论证结论的正确性，即对得到了利益但不承担风险的法律后果以“不公平”作否定，但不能仅仅依据某一法律规则“利益风险一致”论证其正当性；第二，按照该学说，如果我们认为使用人是理性的，将会得到承担替代责任的风险不能超过受有利益的推论，但这不适用于大多数的使用人替代责任类型。因此，“利益风险一致说”在论证效果和适用范围上都只具有补充性。这种补充性体现在：当控制力较弱，以至于使用人替代责任的承担基础不能单独依赖“控制力说”，同时还要依赖“利益风险一致说”时，对后者的依赖将使得使用人替代责任呈现出侵权公平责任的色彩。

三、我国侵权法中使用人关系的谱系化建构方式

（一）我国侵权法上使用人关系谱系化建构的思路

既然“控制力说”是使用人替代责任的主导性理论基础，那么决定不同使用人替代责任规则之间的差别的主要因素就是使用人对被使用人的不同控制力，因此就存在将不同使用人关系按照控制力大小进行排序的必要性。笔者将这种根据“控制力说”，按照控制力大小进行排序的体系化构建方式称为“谱系化建构”。

① 此处所谓的“无偿”，是指不提供对价性质的劳动报酬，而非完全不提供任何补助或者餐食。

② 参见胡伟强：《反思〈侵权责任法〉第35条第1款之规定——从法律经济分析的视角解读》，《2012年度（第十届）中国法经济学论坛论文集》，第137－147页。

③ 参见尹飞：《为他人行为侵权责任之归责基础》，《法学研究》2009年第5期。

④ See Robert MacCoun, “Is there a ‘deep-pocket’ bias in the tort system? : the concern over biases against deep-pocket defangendants”, Santa Monica, Calif. : RAND (1993) .

在前文提及的“广义说”涵盖的典型使用人关系中，鉴于《人身损害赔偿司法解释》(法释〔2003〕20号) 规定的“雇佣关系”概念已经被《民法典》侵权责任编实质性地废除，且该司法解释中与“雇佣关系”相关的条文在《人身损害赔偿司法解释》(法释〔2022〕14号) 中也已被删除，而在承揽关系中定作人对独立承揽人是不进行控制的①，为了简化分析，这两种使用人关系就暂不参与使用人关系的控制力排序。

(二) 我国侵权法上使用人关系体系中控制力的谱系化构建

使用人关系谱系化的研究需要考量的因素包括使用人控制力大小和使用人是单位还是个人两方面的因素。如前所述，控制力大小是依据地位因素和成本因素共同判断的结果。按照这种思路，我们将各种典型使用人关系类型纳入表6-4。

表6-4　典型使用人关系类型表

有偿/无偿	单位/个人	平等	隶属
有偿	单位	③单位劳务关系	①劳动关系
	个人	④有偿个人劳务关系	(立法排除)
无偿	单位	⑤志愿者服务关系	(立法排除)
	个人	⑥无偿帮工关系	②师徒关系

为了对表6-4中的六种典型使用人关系的使用人对被使用人的控制力作谱系化的大小排序，我们还需要确定决定控制力大小的地位因素和成本因素的相互关系。

笔者认为，较之成本因素，地位因素在决定控制力大小时起决定性作用。以具备隶属、无偿属性的师徒关系与具备平等、有偿属性的个人劳务关系②为例进行对比说明。师徒关系中，徒弟为学得一技之长，甚至将技术作为今后生活来源的保障，宁愿接受或不得不接受师傅的控制，尽管其付出的劳动是无偿的，师傅的控制力却较强。有偿个人劳务关系中，提供劳务一方从接受劳务一方处获得报酬，但其在提供劳务过程中仍享有较大的自主性，其所得报酬是提供劳务的对价，不必完全遵守接受劳务一方的指示，接受劳务一方的控制力较弱。可见，地位因素较之成本因素对控制力的决定作用更强。按照这样的判断，我们能够得出典型使用人关系中使用人对被使用人的控制力的顺序为：①>②>③=④>⑤=⑥。

(三)“深口袋理论”的辅助性适用

在控制力谱系化构建中，“③=④”和“⑤=⑥”的原因是，不能认为使用人

① See American Law Institute *Restatement (Third) of Torts: Liability for Physical and Emotional Harm* (2012) § 56 *Comment b*.

② 此处以个人劳务为例，是考虑到师徒之间也是个人关系。使用人是单位或者个人的差别，主要是根据“深口袋理论”影响赔偿责任的范围，详见后文。

是单位对被使用人的控制力就一定强于使用人是个人的情形，使用人是“单位”与“个人”的差别主要体现在对“深口袋理论”的适用。笔者认为，在控制力相同的情况下，应该根据“口袋的深浅”确定责任的严格程度，因此在替代责任的严格程度上，③>④，⑤>⑥。再考虑到承揽关系中定作人对承揽人没有控制力，我国侵权法上典型使用人替代责任的严格程度完整排序应该为：①>②>③>④>⑤>⑥>承揽关系。

（四）“利益风险一致说”的补充性适用

如表 6-4，“⑤志愿者服务关系”和“⑥无偿帮工关系”中的控制力是较弱的。如前所述，这两种关系中替代责任承担的基础要部分依赖于“利益风险一致说”。我国台湾地区“民法”第 188 条第 2 款在使用人替代责任中适用了侵权公平责任：“如被害人依前项但书之规定，不能受损害赔偿时，法院因其声请，得斟酌雇用人与被害人之经济状况，令雇用人为全部或一部之损害赔偿。”孙森焱教授认为，该款规定的基础是公平的报偿责任①，并认为其具有保障被害人权益的效能。② 但我国台湾地区“各级司法主管部门”从未适用过该条文，实属具文。③ 笔者认为，这正印证了笔者的看法，即“利益风险一致说”只在控制力较弱的情况下补充性地适用。因此，在“⑤志愿者服务关系”和“⑥无偿帮工关系”中，应当根据利益衡量的结果，部分适用侵权公平责任。

四、我国侵权法中典型使用人替代责任的谱系化建构

（一）我国侵权法上典型使用人替代责任谱系化建构的立法技术

笔者对我国侵权法上使用人关系进行谱系化研究的目的在于，将这种谱系化研究的结论与相应的立法技术对应起来。如前所述，在使用人替代责任的理论基础中，“控制力说”具有主导性，“深口袋理论”具有辅助性，而“利益风险一致说”则具有补充性。相应的，我国侵权法上使用人替代责任谱系化建构的立法技术分为四组，共计五种。

第一，对于在控制力判断中作为主要因素的地位因素，其对应的立法技术是归责原则。在比较法上，雇主替代责任的归责原则有的被规定为无过错责任，例如《法国民法典》《意大利民法典》；有的被规定为过错推定责任，例如《德国民法典》《瑞士债务法》《日本民法典》。这说明，使用人替代责任并非必须适用无过错责任原则，也可以通过适用过错推定责任原则进行缓和。在隶属地位的使用人关系中，应该适用无过错责任原则，而在平等地位的使用人关系中，则可以适用过错推定责

① 即本专题所论及的“利益风险一致说”。

② 参见孙森焱：《民法债编总论》（上册），法律出版社 2006 年版，第 253 页。

③ 参见王泽鉴：《侵权行为》，北京大学出版社 2009 年版，第 447 页。

任原则。①

第二，对于在控制力判断中作为次要因素的成本因素，其对应的立法技术是承担责任情形的范围大小。这是因为，在无偿使用人关系中，被使用人仅仅在特定的工作内容中接受使用人的指示；而在有偿使用人关系中，使用人对被使用人的管理范围会更为宽泛。例如，劳动关系中执行工作任务的范围应该从宽把握，较之应从严把握的师徒关系中从事师傅交代的工作任务的范围就更大。有偿劳务关系中的从事劳务的范围应该从宽把握，较之从严把握的志愿者服务关系和无偿帮工关系中从事劳务的范围就更大。

第三，辅助性的“深口袋理论”对应的立法技术是使用人承担替代责任的范围和责任强制保险制度。一般来说，单位比个人的赔偿能力更强，所以原则上单位使用人替代责任为全部赔偿；而个人使用人替代责任在被使用人故意或者重大过失的情形下，可以由被使用人和使用人共同分担责任，或者由被使用人自行承担责任。在不得不由“不深的口袋”承担赔偿责任的情形中，应该考虑适用责任强制保险制度。

第四，补充性的“利益风险一致说”对应的立法技术是侵权公平责任。《人身损害赔偿司法解释》（法释〔2022〕14号）第5条第1款后段规定：“被帮工人明确拒绝帮工的，被帮工人不承担赔偿责任，但可以在受益范围内予以适当补偿。”该规定针对的是被侵权人自身受到的人身损害，其作为侵权公平责任体现的“利益风险一致说”值得借鉴，也提示我们，侵权公平责任在使用人替代责任中的适用可能。

（二）我国侵权法上典型使用人替代责任的谱系化建构

根据上文的分析，对我国侵权法上典型使用人替代责任作谱系化建构如下。

1. 劳动关系使用人替代责任的法律适用

劳动关系使用人替代责任适用《民法典》第1191条第1款第一句的规定，劳动者在劳动过程中造成他人损害的，由用人单位承担全部的赔偿责任。应该从宽把握“在劳动过程中”，劳动者的行为超出职务范围，但其表现形式是履行职务或者与履行职务有内在联系的，应当认定为“在劳动过程中”。

2. 师徒关系使用人替代责任的规则构建

建议将师徒关系使用人替代责任规定为无过错责任并从严把握适用范围：徒弟在从事与所学技艺有关的师傅交代的工作任务中致人损害的，由师傅承担赔偿责任。徒弟实施与师傅交代工作任务无关的行为致人损害的，应当由徒弟承担赔偿责任。②

① 某种意义上，如果认为定作人过失责任也是替代责任的话，也可以认为这种替代责任的归责原则被缓和到了过错责任的程度。

② 参见熊继前、王煊城、徐新友：《未出师徒弟履行职务侵权的民事责任承担》，《人民司法》1998年第2期。

3. 单位劳务关系使用人替代责任的规则改造

单位劳务关系使用人替代责任不应适用《民法典》第1191条第1款第一句的规定，而应被规定为过错推定责任并从宽把握适用范围："未与用人单位建立劳动关系的工作人员因执行工作任务造成他人损害的，由用人单位承担侵权责任，但用人单位能够证明其尽到监督、管理职责的除外。工作人员的行为超出工作任务范围，但其表现形式是与执行工作任务有内在联系的，应当认定为是在执行工作任务。"①

4. 有偿个人劳务关系使用人替代责任的规则改造

建议将《民法典》第1192条第1款第一句规定的有偿个人劳务关系替代责任改造为过错推定责任，并从严把握适用范围："个人之间形成劳务关系，提供劳务一方因劳务造成他人损害的，由接受劳务一方承担侵权责任，但接受劳务一方能够证明其授权和指示没有过错的除外。提供劳务一方实施与劳务无关的行为致人损害的，应当由提供劳务一方承担赔偿责任。"

5. 志愿者服务关系使用人替代责任的规则构建

为促进志愿事业的发展，提高志愿者从事志愿活动的积极性，同时分散志愿服务过程中可能产生的致他人损害的风险，建议国家在该领域建立责任强制保险制度。在侵权法上，建议将志愿者服务关系替代责任规定为过错推定责任和例外的侵权公平责任："志愿者在从事志愿服务过程中造成他人损害的，由接受志愿服务的组织承担侵权责任。接受志愿服务的组织能够证明其组织志愿服务活动没有过错的，由志愿者根据公平原则予以适当补偿。志愿者的行为超出了志愿服务的范围，由志愿者自行承担。"

6. 无偿帮工关系使用人替代责任的规则改造

建议修改《人身损害赔偿司法解释》（法释〔2022〕14号）第4条的规定，将无偿帮工关系替代责任规定为过错推定责任，从严把握适用范围，并规定特殊情况下的侵权公平责任："为他人无偿提供劳务的帮工人，在从事帮工活动中致人损害的，被帮工人应当承担赔偿责任。帮工人实施与帮工活动无关的行为致人损害的，应当由帮工人承担赔偿责任。被帮工人能够证明其指示没有过错，或者帮工人因故意或者重大过失致人损害的，由帮工人承担赔偿责任；不足部分，由被帮工人在受益范围内予以适当补偿。被帮工人明确拒绝帮工的，由帮工人承担赔偿责任；不足部分，由被帮工人在受益范围内予以适当补偿。"

五、我国侵权法中非典型使用人替代责任的法律适用

（一）我国侵权法上非典型使用人替代责任法律适用的基本考虑

非典型使用人关系，是指使用人与被使用人之间的控制力并非基于二者之间直

① 鉴于《民法典》第1191条对"用人单位"与"用工单位"的区分，此处的"用人单位"实质上是"用工单位"。

接的提供劳务或者提供服务的合同建立，被使用人基于某种较为稳固的社会关系被派遣到使用人处，接受使用人的指示从事工作。这种基础性的社会关系，可能是某种典型使用人关系，如劳动关系或者承揽关系，也可能是特殊的社会关系，如志愿者服务关系和教育关系。这些基础性的社会关系必须较为稳固，如作为劳动关系基础的劳动合同或者承揽合同，教育关系也可以视为一种特殊的稳固关系。志愿者从事志愿活动的积极性也可能使这种关系显得较为稳固。而师徒关系、单位劳务关系、有偿个人劳务关系和无偿帮工关系，均具有较强的相对性和临时性，无法作为派遣的基础，所以没有对应的非典型使用人关系。因此，非典型使用人关系也可以称为"派遣型使用人关系"，相应的，典型使用人关系也可以被称为"直接型使用人关系"。

非典型使用人关系中使用人的确定之所以在学说上存在争议，是因为有两类民事主体都可能具备使用人的属性，如劳务派遣关系中的用人单位和用工单位，志愿者派遣关系中的志愿者服务组织和第三人，承揽派遣关系中的定作人和第三人，以及实习关系中的学校和实习单位。这两类民事主体与被使用人构成三方法律关系，较之典型使用人关系更为复杂。

在实践中，由于法律规则的不完备和不清晰，非典型使用人关系往往表现为各种变异的情形，如非法经营劳务派遣业务、非实体性的志愿者服务组织、承揽派遣关系中承揽人资质欠缺，以及强制学生以实习名义在实习单位工作等情形，使得具体的法律关系定性出现困难。

笔者认为，我国侵权法上非典型使用人替代责任法律适用的主导性理论基础仍然是"控制力说"，在具体法律适用上应当比照控制力最接近的典型使用人替代责任处理①，并根据实际情况考虑"深口袋理论"和"利益风险一致说"的适用。

（二）我国侵权法上非典型使用人替代责任的法律适用规则

1. 劳务派遣关系使用人替代责任的法律适用及其准用

劳务派遣关系使用人替代责任适用《民法典》第1191条第2款的规定："劳务派遣期间，被派遣的工作人员因执行工作任务造成他人损害的，由接受劳务派遣的用工单位承担侵权责任；劳务派遣单位有过错的，承担相应的责任。"应该从宽把握"执行工作任务"，被派遣工作人员的行为超出职务范围，但其表现形式与执行工作任务有内在联系的，应当认定为是在执行工作任务。劳务派遣关系还准用于我国《海商法》第129条的规定："定期租船合同，是指船舶出租人向承租人提供约定的由出租人配备船员的船舶，由承租人在约定的期间内按照约定的用途使用，并支付租金的合同。"在此种情形中，船员由出租人选任，受到承租人的直接指示和监督。

① 《民法典》第1191条第2款对劳务派遣关系替代责任的法律适用作了明确规定，也可以作为参照的对象。

如果是临时性的“出借受雇人”，即使用人要求基于劳动关系的被使用人临时性地听从第三人的指示，被使用人在从事工作中致人损害的，第三人的指示有过失的，第三人应该与使用人承担连带责任。① 未经许可擅自从事劳务派遣业务，在劳务派遣期间被派遣工作人员因执行工作任务造成他人损害的，应当作为主观关联共同侵权行为，由用工单位和用人单位承担连带责任。②

2. 志愿者派遣关系使用人责任的法律适用

“志愿者派遣关系”是指志愿者服务组织招募志愿者后，安排志愿者为第三人服务的使用人关系。“志愿者派遣关系”不同于“志愿者服务关系”。“志愿者服务关系”中接受志愿服务的组织招募志愿者为该组织服务，“志愿者派遣关系”中志愿者服务组织招募的志愿者是为第三人服务的。志愿者服务组织与其志愿工作人员的关系属于“志愿者服务关系”。

为了保护志愿者服务组织和志愿者个人从事志愿活动的积极性，同时分散志愿服务过程中可能产生的致他人损害的风险，建议国家建立责任强制保险制度。在侵权法上，笔者认为，志愿者派遣关系中志愿者的行为导致他人损害的，应该参照劳务派遣关系处理，但要考虑志愿者服务组织和志愿者服务的无偿性，以及接受志愿者服务的第三人往往是社会弱势群体，建议将志愿者派遣关系中民事责任规定为例外的公平责任：“志愿者派遣关系中志愿者的行为导致他人损害的，志愿者服务组织和接受志愿服务的人没有故意或者重大过失的，不承担责任，由志愿者根据公平原则予以适当补偿。志愿者的行为超出了志愿服务的范围的，由志愿者自行承担责任。”

如果志愿者服务组织是非实体性机构，志愿者的服务行为造成他人损害，接受志愿服务的人没有故意或者重大过失的，由志愿者自行承担责任。志愿服务组织者存在过错的，由志愿服务组织者根据公平原则予以适当补偿。

3. 承揽派遣关系使用人责任的法律适用

在租赁关系，尤其是工程机械租赁关系中，承租人如果没有合适的工作人员驾驶该工程机械，往往由出租人协助联系驾驶人。如果驾驶人与承租人直接签订服务合同，根据合同的内容可以分别适用劳务关系或者承揽关系。如果驾驶人是与出租人签订承揽合同，但根据该合同内容，驾驶人接受承租人的现场指挥，驾驶人与出租人之间的关系应该被认定为承揽关系。驾驶人与承租人之间尽管没有合同关系，但实质性地接受其指示。对这种三方法律关系，学说上缺乏研究，鉴于其兼具承揽合同关系和派遣合同关系的性质，笔者将其命名为“承揽派遣关系”，即定作人与

① 参见王泽鉴：《侵权行为》，北京大学出版社2009年版，第426页。

② 参见王竹、张恒：《劳务派遣工作人员的侵权责任——兼论“不真正补充责任”的确立与扩展适用》，《法学》2013年第2期。

承揽人签订承揽合同，约定由承揽人向第三人履行合同，并接受该第三人指示的使用人关系。

笔者认为，承揽派遣关系中的承揽人行为导致他人损害的，应该参照承揽关系的规则处理，出租人是“选任人”，而承租人是“定作人”和“指示人”，因此被派遣的承揽人在完成工作过程中对他人造成损害的，出租人和承租人都不承担赔偿责任。但出租人对选任有过失，或者承租人对定作或者指示有过失的，应当承担相应的赔偿责任。

如果与出租人签订承揽合同的驾驶人没有相应的驾驶资质，出租人和承租人对于驾驶人没有驾驶资质均存在选任过失，应该承担连带责任。

4　实习关系使用人替代责任的法律适用

实习关系在我国法律体系中没有明确的定位，一般认为，全日制普通大专院校和中等职业学校在校学生，到企事业等单位实习，实习学生与实习单位的关系不属于劳动关系。笔者认为，学校原则上不承担替代责任，实习关系中实习单位对实习生的控制力也体现出多样化的特点，不能一概而论。如果控制力较强，则应该比照单位劳务关系处理；如果控制力较弱，则应该比照志愿者服务关系处理。学校强制学生以实习名义在实习单位工作，在工作期间学生因执行工作任务造成他人损害的，应当认定为主观关联共同侵权行为，由学校和实习单位承担连带责任。

关于学生实习保险的问题，早在2009年，教育部、财政部、保监会就中等职业学校学生实习责任保险联合下发通知，要求将学生实习第三者责任纳入保险范围，投保经费原则上由学校负担，如果学校和企业达成协议由企业支付的，从企业成本中列支。① 2016年，教育部、财政部、人力资源社会保障部等五部门研究制定了《职业学校学生实习管理规定》(教职成〔2016〕3号)，其中第13条第2款明确规定实习协议中应当包括“责任保险与伤亡事故处理办法，对不属于保险赔付范围或者超出保险赔付额度部分的约定责任”，第35条明确规定“推动建立学生实习强制保险制度”，学生实习责任保险的经费来源与2009年的《教育部、财政部、中国保险监督管理委员会关于在中等职业学校推行学生实习责任保险的通知》基本一致，并专门强调了保险费用“不得向学生另行收取或从学生实习报酬中抵扣”。2021年，教育部、人力资源社会保障部、中国银保监会等八个部门再次修订《职业学校学生实习管理规定》(教职成〔2021〕4号)，其中，第34条进一步规定，要“加快发展职业学校学生实习责任保险和适应职业学校学生实习需求的意外伤害保险产品，提高职业学校学生实习期间的风险保障水平。鼓励保险公司对学徒制保险专门确定费率，实现学生实习保险全覆盖”。笔者认为，国家应该在上述规定的基础上，进一步扩大该制度的覆盖范围，最终建立实习生责任强制保险制度。

①　参见《教育部、财政部、中国保险监督管理委员会关于在中等职业学校推行学生实习责任保险的通知》。

专题七

我国产品责任制度发展阶段研究

回顾我国产品责任法制度四十多年来的发展历程，在消费者权益保护这一社会背景下，以原《民法通则》、《产品质量法》和原《侵权责任法》三部立法为标志，大体可以分为三大发展阶段，《民法典》侵权责任编则是在总体上继受了原《侵权责任法》"产品责任"章的立法框架并作了一定的修改。根据笔者的观察，我国产品责任制度的这三个发展阶段，恰如"趋同进化"、"杂交育种"和"基因遗传"这三种生物遗传现象，较为典型地体现了我国法律制度在特定社会背景下的产生和发展模式。笔者以此为喻，来介绍我国产品责任的发展过程，并在此基础上对《民法典》"产品责任"章的相关修改作简要评述。

一、"趋同进化"阶段：1986年《民法通则》原发性的"产品质量责任"

原《民法通则》第122条规定："因产品质量不合格造成他人财产、人身损害的，产品制造者、销售者应当依法承担民事责任。运输者、仓储者对此负有责任的，产品制造者、销售者有权要求赔偿损失。"我国有不少学者和比较法上的观点认为该条规定参考了美国法律协会《侵权法重述·第二次》第402A条和欧共体《产品责任指令》的规定。[①] 实际上，根据笔者的考证，与大多数通过借鉴比较法建立起来的我国法律制度不同，原《民法通则》在起草过程中未体现参考上述比较法资料的明显意图[②]，而是为了"保护消费者的利益，也有利于促进改进产品质

① 在2013年9月15日召开的"世界侵权法学会成立大会暨第一届学术研讨会"上，有国外学者提出了这一疑问，笔者在会上予以说明，这成为本专题写作的最初动因。参见王竹、王毅纯、邵省：《全球视野下的产品责任典型案例分析》，《判解研究》（2013年第2辑），人民法院出版社2013年版。

② 直到原《民法通则》生效之后，我国才有关于产品责任的比较法研究著作。参见曹建明：《国际产品责任法：概说》，上海社会科学院出版社1987年版。

量"[①]，原发性地创设了该条文，是较为例外的制度产生方式。

生物学上有个概念叫作"趋同进化"（convergent evolution），是指不同的物种在进化过程中，由于适应相似的环境而呈现出表型上的相似性。[②] 最典型的趋同进化例子，莫过于白蚁和蚂蚁。白蚁与蟑螂同源，蚂蚁则与蜜蜂同源。尽管起源不同，但二者在个体外观和社会结构方面极为相似。借用生物学上的这个术语，笔者将这种在创设阶段没有相互借鉴，但在类似的社会环境下产生类似法律制度的现象叫作法律制度的"趋同进化"。原《民法通则》第 122 条与美国法律协会《侵权法重述·第二次》第 402A 条、欧共体《产品责任指令》规定的类似性，就是绝佳的例子。

（一）"产品质量责任"在原《民法通则》第 122 条的确立

新中国前三次民法典起草都没有涉及产品责任，中国现行产品责任制度源于 20 世纪 70 年代末期开始推行的质量标准化管理。1979 年 7 月 31 日国务院颁布的《标准化管理条例》第 1 条规定："标准化是组织现代化生产的重要手段，是科学管理的重要组成部分。在社会主义建设中推行标准化，是国家的一项重要技术经济政策。没有标准化，就没有专业化，就没有高质量、高速度。为了加强标准化管理，提高标准化水平，充分发挥标准化在实现农业、工业、国防和科学技术现代化中的作用，特制订本条例。"在此基础上，1980 年 3 月 10 日国家经济委员会颁布了《工业企业全面质量管理暂行办法》，并在第 10 条规定："生产过程质量管理的任务是：建立能够稳定生产合格品和优质品的生产系统，抓好每个生产环节的质量管理。严格执行技术标准，保证产品质量全面达到或超过技术标准的要求，努力生产优质品，尽量减少不合格品。"1985 年 3 月 15 日国家标准局发布了《产品质量监督试行办法》，旨在"加强对产品的质量监督，促使企业贯彻执行产品技术标准，提高产品质量和经济效益，以适应社会主义现代化建设和人民生活的需要"。可见，中国的产品责任，从建立之初，就是以质量"标准"而非"缺陷"为中心的。

我国法律层面的产品责任制度首先是在食品责任和药品责任两个领域建立起来的。1982 年《食品卫生法（试行）》第 39 条第 1 款规定："违反本法，造成食物中毒事故或者其他食源性疾患的，应当负损害赔偿责任。受害人有权要求损害赔偿。"1984 年《药品管理法》第 56 条第 1 款第一句规定："违反本法，造成药品中毒事故的，致害单位或者个人应当负损害赔偿责任。"该法规定的责任人包括药品生产企业、药品经营企业和医疗单位。[③] 可见，在原《民法通则》之前的特别产品责任法中，食品或者药品的生产者和经营者就是法定的责任人。

① 王汉斌：《关于〈中华人民共和国民法通则（草案）〉的说明》，在 1986 年 4 月 2 日第六届全国人民代表大会第四次会议上。

② 参见全国科学技术名词审定委员会：《遗传学名词 2006》（第二版），科学出版社 2006 年版，第 107 页。

③ 此处的"医疗单位"，即《民法典》侵权责任编中所称"医疗机构"。

需要指出的是，原《民法通则》第 122 条规定的是“依法”承担民事责任①，这不同于《民法典》侵权责任编第四章“产品责任”直接规定承担侵权责任的表达方式。第 122 条中的“依法”指向的具体规定是 1986 年 4 月 5 日国务院发布的《工业产品质量责任条例》（国发〔1986〕42 号）。该条例第 2 条规定：“产品质量是指国家的有关法规、质量标准以及合同规定的对产品适用、安全和其它特性的要求。产品质量责任是指因产品质量不符合上述要求，给用户造成损失后应承担的责任。”该条例规定的责任人包括生产企业、储运企业和经销企业。按照该条例第 1 条的规定，“产品”是“工业产品”的简称，“用户”是“用户和消费者”的简称。该条例第 11 条和第 15 条是对生产企业和经销企业产品质量责任的规定。从措辞来看，该条例第 13 条规定的承储、承运、装卸企业责任是对生产企业和经销企业的内部责任。另外，1988 年通过的《全民所有制工业企业法》第 60 条第 1 款前段也采用了原《民法通则》第 122 条的“产品质量责任”模式：“企业因生产、销售质量不合格的产品，给用户和消费者造成财产、人身损害的，应当承担赔偿责任……”

综上所述，原《民法通则》第 122 条规定的产品责任具有如下特点：

第一，中国法上的产品责任具有原发性，性质上是“产品质量责任”而非“缺陷产品责任”。原《民法通则》第 122 条以质量不合格产品为原型设计的产品质量责任，与同时期欧美产品责任法以“缺陷”为中心设计的缺陷产品责任有着完全不同的出发点。这也为 1993 年《产品质量法》缺陷的“双重判断标准”埋下了伏笔。原《民法通则》第 122 条规定的财产损害未排除“产品自损”，也是这种原发性的佐证。

第二，该条的立法目的是保护消费者的利益，不但将产品质量责任规定为原《民法通则》第 106 条第 3 款规定的“无过错责任”中的一种，还将销售者规定为直接责任人。“规定产品责任，对维护消费者的利益，促进企业提高产品质量是非常必要的。”② “责任的法律伦理依据，是保护消费者利益（由销售者负责尤其如此）。”③ 这一立法模式的原型是“不合格的产品”，因此预设的最终责任人是“制造者”④。这样的立法目的，是考虑到中国地域广大，为了方便受害人起诉，将销售者作为直接责任人，而销售者可以通过供货渠道向生产者追偿。

第三，在对外责任承担上，初步确定了不真正连带责任的结构，并排除运输者、仓储者作为直接责任人。1988 年《民通意见》第 153 条第 1 款进一步明确了“不真正连带责任”的结构：“消费者、用户因为使用质量不合格的产品造成本人或者第三人人身伤害、财产损失的，受害人可以向产品制造者或者销售者要求赔偿。

① 原《民法通则》上另一处类似规定是第 124 条，即“违反国家保护环境防止污染的规定，污染环境造成他人损害的，应当依法承担民事责任”。

② 顾昂然：《新中国民事法律概述》，法律出版社 2000 年版，第 65 页。

③ 张俊浩主编：《民法学原理》，中国政法大学出版社 1991 年版，第 846 页。

④ 没有使用“生产者”概念而是使用了“制造者”概念的原因，详见后文分析。

因此提起的诉讼，由被告所在地或者侵权行为地人民法院管辖。”第2款对运输者和仓储者参与诉讼的程序问题作出了规定：“运输者和仓储者对产品质量负有责任，制造者或者销售者请求赔偿损失的，可以另案处理，也可以将运输者和仓储者列为第三人，一并处理。”

（二）原《民法通则》通过之后民法学说对“产品质量责任”的肯定

原《民法通则》通过之后，民法学说对“产品质量责任”均持肯定态度，有学者认为产品致人损害的民事责任属于侵权责任的范畴，并且实行无过错责任。这样，受害人即使与产品制造者、销售者无合同关系也可以请求赔偿，其赔偿请求的成立不以产品制造者、销售者的过错为要件，从而使产品的消费者、使用者得到更加广泛和充分的法律保护，有助于促进产品质量的改进。① 也有学者指出该规则体现了国家对消费者利益的保护，为广大消费者提供了保护自己合法权益的法律武器，对促进生产经营者改进和提高产品质量，增加社会经济效益也有着重要意义。②

就不真正连带责任结构，当时的主流学说明确表示支持，认为因产品不合格而受损害的受害人，既可以直接请求产品制造者承担责任，也可以直接请求产品销售者承担责任，还可以同时直接请求销售者和制造者承担责任。无论制造者还是销售者，都应当先向受害人承担责任，再向造成产品瑕疵者追偿。③ 张佩霖教授还特别说明，即使生产者、销售者都没有责任，损害由中间的仓储保管者或者运输者的装卸、保管不善造成的，消费者、受害者也有权向销售者或制造者索赔，二者没有过错也要先承担赔偿责任，再去追查有过错责任的运输者、仓储者，要求补偿损失。④

（三）使用“制造者”而非“生产者”术语的可能原因

与此后产品责任的立法用语相比我们会发现，原《民法通则》在术语上选择使用“制造者”而非“生产者”，是较为独特的。考察20世纪70年代末80年代初的立法可以看到，“生产经营”是较为常见的搭配；如果是“非法”的生产行为，一般搭配为“非法制造”。例如1979年《刑法》第112条规定：“非法制造、买卖、运输枪支、弹药的……”第127条规定：“违反商标管理法规，工商企业假冒其他企业已经注册的商标的……”1982年《商标法》第38条中规定：“有下列行为之一的，均属侵犯注册商标专用权……（二）擅自制造或者销售他人注册商标标识的……”第40条规定：“假冒他人注册商标，包括擅自制造或者销售他人注册商标

① 参见佟柔主编：《中国民法》，法律出版社1990年版，第579页。

② 参见王利明、郭明瑞、方流芳：《民法新论》（上册），中国政法大学出版社1988年版，第526－527页。

③ 参见佟柔主编：《中国民法》，法律出版社1990年版，第580页。

④ 参见张佩霖：《谈谈〈民法通则〉规定的民事责任》，《政法论坛》1986年第5期。

标识的，除赔偿被侵权人的损失，可以并处罚款外，对直接责任人员由司法机关依法追究刑事责任。”就此问题，最高人民法院和最高人民检察院分别作出了关于非法制造、销售他人注册商标标识构成犯罪的司法解释。①

1984 年《专利法》使用了“制造”产品的搭配，如该法第 11 条第 1 款规定：“……即不得为生产经营目的制造、使用或者销售其专利产品……”第 22 条第 4 款规定：“实用性，是指该发明或者实用新型能够制造或者使用，并且能够产生积极效果。”第 51 条、第 60 条和第 62 条也有类似的搭配。

可见，原《民法通则》没有使用“生产者”而使用“制造者”应该是基于 1979 年《刑法》和 1982 年《商标法》非法“制造”搭配的考虑，并受到了 1984 年《专利法》用语的影响。

（四）“产品质量责任”的诉讼时效

原《民法通则》第 135 条规定：“向人民法院请求保护民事权利的诉讼时效期间为二年，法律另有规定的除外。”当时这里的“法律另有规定”主要是指 1981 年《经济合同法》第 50 条的规定：“经济合同当事人向合同管理机关申请调解或仲裁，应从其知道或应当知道权利被侵害之日起一年内提出，超过期限的，一般不予受理。”而 1982 年《食品卫生法（试行）》第 40 条第 2 款和 1984 年《药品管理法》第 56 条第 2 款将“产品质量责任”的诉讼时效都规定为 1 年，这两款的内容实际上被吸收进了原《民法通则》第 136 条第 1 款第 2 项规定：“下列的诉讼时效期间为一年……（二）出售质量不合格的商品未声明的……”对比 1981 年《经济合同法》第 50 条可知，原《民法通则》第 136 条第 1 款第 2 项实质上是针对原《民法通则》第 122 条的规定②，进而与《工业产品质量责任条例》第 22 条保持一致：“除国家另有规定外，质量责任的仲裁请求和起诉，应从当事人知悉或应当知悉权益受损害之日起一年内提出。产品质量责任方愿意承担责任时，不受时效限制。”其中，“未声明的”规定，则是指向该条例第 10 条关于“处理品”销售的规定。③

① 1985 年 5 月 9 日《最高人民法院关于个人非法制造、销售他人注册商标标识而构成犯罪的应按假冒商标罪惩处的批复》，1985 年 10 月 5 日《最高人民检察院关于个人非法制造、销售他人注册商标标识而构成犯罪的能否按假冒商标罪惩处的批复》。

② 《最高人民法院经济审判庭关于诉讼时效期间问题的复函》指出：“因出售质量不合格的商品而未声明引起的损害消费者利益的侵权诉讼和因产品质量不合格造成他人人身、财产损害引起的追究产品责任的侵权诉讼，适用民法通则第一百三十六条规定的 1 年的诉讼时效期间；至于购销、加工承揽等经济合同因质量纠纷引起的追究违约责任的合同诉讼，应当适用民法通则第一百三十五条规定的二年的诉讼时效期间。”

③ 《工业产品质量责任条例》第 10 条规定：“达不到国家的有关标准规定等级、仍有使用价值的‘处理品’，经企业主管机关批准后，方可降价销售，在产品和包装上必须标出显著的‘处理品’字样。违反国家安全、卫生、环境保护、计量等法规要求的产品，必须及时销毁或作必要的技术处理，不得以‘处理品’流入市场。不得用‘处理品’生产和组装用以销售的产品。”

二、“杂交育种”阶段：1993年《产品质量法》改造后的“缺陷产品责任”

原《民法通则》通过之后，中国民法学理论研究取得了长足的进步，比较法研究的视野也逐渐开阔。到20世纪90年代初期，中国民法学界已经对欧美当时的产品责任发展有了相当的了解①，1993年《产品质量法》的起草人参考当时美国侵权法上的严格产品责任和《产品责任指令》，专设第四章“损害赔偿”，对“缺陷产品责任”作了比较详细、具体的规定。②

从原《民法通则》上的“产品质量责任”到《产品质量法》上的“缺陷产品责任”的转变，让笔者联想到了另一个生物学术语——“杂交育种”（crossbreeding）。这是通过杂交来培育新品种或品系的育种方法。③ 如果说原《民法通则》上原发性的“产品质量责任”是法律制度“趋同进化”的绝佳范例，那么1993年《产品质量法》确立的“缺陷产品责任”则有较强的“杂交育种”意味。

（一）1993年《产品质量法》确立“缺陷产品责任”的时代背景

《工业产品质量责任条例》从第二章到第四章规定了产品生产企业、储运企业和经销企业的“质量责任”。在起草《产品质量法》的过程中，“有些委员和部门提出，产品质量应当由生产者、销售者对用户、消费者负责。因仓储、运输造成的产品质量问题，应由保管人、承运人按照合同的约定对存货人、托运人承担责任，本法对此可以不作规定”④。因此，《产品质量法》第三章只规定了生产者和销售者的产品质量责任和义务，没有同原《民法通则》第122条一样规定运输者和仓储者责任。

1993年《产品质量法》第四章“损害赔偿”的结构，实际上和第三章“生产者、销售者的产品质量责任和义务”是对应的，其第28条是对“销售者产品质量责任”的规定，后来具体化为《部分商品修理更换退货责任规定》（国经贸〔1995〕458号），即常说的“三包”规定。这也为原《侵权责任法》第45条规定的“缺陷产品预防性除险责任”埋下伏笔。⑤

在《产品质量法》的起草人对欧美缺陷产品责任有所了解之后，发现原《民法通则》第122条规定的严格产品质量责任与比较法上的产品责任严格化的发展趋势

① 当时的代表性认识，参见王家福主编：《中国民法学·民法债权》，法律出版社1991年版，第548-568页。

② 参见梁慧星：《中国产品责任法——兼论假冒伪劣之根源和对策》，《法学》2001年第6期。

③ 参见全国科学技术名词审定委员会：《遗传学名词2006》（第二版），科学出版社2006年版，第105页。

④ 宋汝棼：《全国人大法律委员会关于〈中华人民共和国产品质量法（草案）〉审议结果的报告》，在1993年2月15日第七届全国人民代表大会常务委员会第三十次会议上。

⑤ 详细分析参见王竹、刘洋：《论缺陷产品预防性除险责任——以〈侵权责任法〉第45条为中心》，《北航法律评论》（2013年第1辑），法律出版社2013年版。

是一致的。在这样的背景下，1993年《产品质量法》第29～34条选择调整原《民法通则》第122条和《工业产品质量责任条例》的“产品质量责任”体系，改为全新的“缺陷产品责任”体系，以进一步与欧美缺陷产品责任立法体例保持一致，也就成为顺理成章的选择。同时，受制于原《民法通则》第122条已经确定的制造者和销售者无过错不真正连带责任结构，1993年《产品质量法》不得不作出一些妥协。

（二）对美国产品责任法的部分借鉴

1993年《产品质量法》对美国产品责任法的借鉴对象是1979年美国《统一产品责任示范法》和《侵权法重述·第二次》第402A条，借鉴的内容主要是“缺陷”概念定义方式的选择与销售者过错责任。由于比较法资料获取较为困难，20世纪90年代初期，我国掌握的美国《侵权法重述·第二次》的资料主要是间接的条文翻译版本，而不包括评注、范例和报告人提示部分①，因此，从条文上看，第402A条显得过于单薄。1979年美国《统一产品责任示范法》以其相对丰富的文本内容成为1993年《产品质量法》的主要借鉴对象。

1.“缺陷”概念定义方式的选择

从“产品质量责任”改弦更张到“缺陷产品责任”，首先需要确定“缺陷”的概念。立法者当时能够参考的，主要就是欧洲和美国两方面的资料，前者包括1976年《斯特拉斯堡公约》和1985年《产品责任指令》，后者包括《侵权法重述·第二次》和1979年《统一产品责任示范法》。有意思的是，当时的欧美产品责任法对“缺陷”的定义从文字上看差别迥异，《斯特拉斯堡公约》第2条第3款和《产品责任指令》第6条以“不能提供人们有权期待的安全性”和“不能具备人们对产品合理预期的安全性能”为定义的中心，而《侵权法重述·第二次》第402A条和《统一产品责任示范法》第104条以“不合理危险”和“不合理的不安全”为定义的中心。

以“标准化管理”为背景建立起来的“产品质量责任”，在思维模式上与美国法上看似更加客观化的“不合理危险”标准更为契合，而欧洲大陆看似更加主观化的“对产品合理预期的安全性能”标准则显得难以把握和融入。因此，1993年《产品质量法》首先在第8条规定：“可能危及人体健康和人身、财产安全的工业产品，必须符合保障人体健康，人身、财产安全的国家标准、行业标准；未制定国家标准、行业标准的，必须符合保障人体健康，人身、财产安全的要求。”然后在第34条规定：“本法所称缺陷，是指产品存在危及人身、他人财产安全的不合理的危险；产品有保障人体健康，人身、财产安全的国家标准、行业标准的，是指不符合该标准。”当时主要起草单位在对该法第34条的解读中指出：“产品缺陷是指产品存在危及人体健康，人身、财产安全的不合理的危险，包括设计上的缺陷，制造上

① 主要参考版本为《美国法律整编·侵权行为法》，刘兴善译，司法周刊杂志社1986年版。

的缺陷和指示上的缺陷。"① 这说明，当时的立法者已经注意到了《统一产品责任示范法》第 104 条将产品缺陷区分为生产缺陷、设计缺陷和指示缺陷的做法，并作为主要参考对象，只是在条文上没有明确规定采用这一区分而已。

2. 销售者过错责任的确立

应该指出，《斯特拉斯堡公约》和《产品责任指令》规定的责任主体均为生产者，但原《民法通则》第 122 条规定的责任主体既包括制造者也包括销售者。可见，一方面立法者对于规定产品生产者的严格责任没有迟疑，另一方面对于产品销售者责任的确立，1993 年《产品质量法》主要的借鉴对象是《统一产品责任示范法》。

《统一产品责任示范法》第 105 条第 A 款规定："若原告以优势证据的标准证明自己所受损害的近因为非制造者的产品销售者未就产品相关方面尽到合理的注意义务，则该非制造者的产品销售者应承担责任。"而 1993 年《产品质量法》首先在第 22 条规定"销售者应当采取措施，保持销售产品的质量"，然后在第 30 条第 1 款规定："由于销售者的过错使产品存在缺陷，造成人身、他人财产损害的，销售者应当承担赔偿责任。"这样就确立了销售者的过错责任。

（三）对 1985 年《产品责任指令》的全面参考

相较于 1979 年美国《统一产品责任示范法》，1985 年欧盟《产品责任指令》的内容和篇幅与我国当时的立法技术需求更加贴近。对比可知，除了上述关于缺陷的定义方式和销售者的过错责任，1993 年《产品质量法》中缺陷产品责任的剩余规则在 1985 年欧盟《产品责任指令》中均能够找到来源。笔者将主要规范列表进行对比，见表 7-1。

表 7-1　1993 年《产品质量法》与 1985 年欧盟《产品责任指令》主要规范对照表

条文内容/对应条文	1993 年《产品质量法》	1985 年欧盟《产品责任指令》
产品的概念	第 2 条第 2 款	第 2 条
生产者严格责任	第 29 条第 1 款	第 1 条
"缺陷产品以外的其他财产"	第 29 条第 1 款	第 9 条
生产者的抗辩事由	第 29 条第 2 款	第 7 条
来源不明缺陷产品销售者责任	第 30 条第 2 款	第 3 条第 3 款第一句
诉讼时效	第 33 条第 1 款	第 10 条
最长保护期	第 33 条第 2 款	第 11 条

其中，1993 年《产品质量法》第 29 条第 2 款列举的三项抗辩事由，与 1985 年欧盟《产品责任指令》第 7 条规定的六项抗辩事由的对比见表 7-2。

① 1991 年 8 月 3 日《国家技术监督局关于对〈中华人民共和国产品质量法〉条文的释义》。

表7-2　1993年《产品质量法》与1985年欧盟《产品责任指令》抗辩事由对照表

抗辩事由	1985年欧盟《产品责任指令》第7条	1993年《产品质量法》第29条第2款
未流通	第a款	第1项
不存在	第b款	第2项
非经济目的	第c款	（未借鉴采纳）
法定标准	第d款	（未借鉴采纳）
不能发现	第e款	第3项
部件缺陷	第f款	（未借鉴采纳）

就1985年欧盟《产品责任指令》第7条三项抗辩事由未被借鉴采纳的原因，笔者尝试分析如下：

第一，第7条“（c）产品非生产者为供销售或具有经济目的之其他供应方式而生产，也非在生产者的营业活动过程中所生产或供应”，即“非经济目的”抗辩事由，是因为1993年《产品质量法》第2条第2款规定：“本法所称产品是指经过加工、制作，用于销售的产品。”较之《产品责任指令》第2条规定的“产品指所有的动产”，已经将“用于销售”的目的纳入产品的定义之中，因此该抗辩事由就显得没有必要了。

第二，第7条“（d）产品的缺陷系因遵守公权者所颁布之强行规定而产生”，即“法定标准”抗辩事由。在1993年《产品质量法》起草过程中，“草案修改稿”第29条第2款第3项曾经规定，“为使产品符合法律、行政法规规定的强制性要求而导致产品存在缺陷的”，生产者不承担赔偿责任。有全国人大常委会委员提出，当时我国还没有发生这种情况，对此可不作规定，因此删去了这一项抗辩事由。①这一删除，与1993年《产品质量法》确定的以法定标准为原则的“缺陷”判断标准也是相契合的。

第三，第7条“（f）对部件的制造者而言，其缺陷应归咎于产品的设计或者归咎于产品制造者的指示”，即“部件缺陷”抗辩事由，则可能是因为《产品质量法》未直接涉及部件制造者责任而未能被纳入规定。

（四）回到原《民法通则》的“无过错不真正连带责任”结构

如果1993年《产品质量法》仅仅是对1979年美国《统一产品责任示范法》的部分借鉴和对1985年欧盟《产品责任指令》的全面参考，我们有理由认为，该法应该完全抛弃原《民法通则》第122条和《工业产品质量责任条例》确立的“产品

① 参见宋汝棼：《关于国家安全法（草案修改稿）、修改商标法的决定（草案）、关于惩治假冒注册商标犯罪的补充规定（草案）、产品质量法（草案修改稿）修改意见的汇报》，在1993年2月22日第七届全国人民代表大会常务委员会第三十次会议上。

质量责任”体系。但在立法的最后阶段，立法机关又增加了第 31 条的规定①：“因产品存在缺陷造成人身、他人财产损害的，受害人可以向产品的生产者要求赔偿，也可以向产品的销售者要求赔偿。属于产品的生产者的责任，产品的销售者赔偿的，产品的销售者有权向产品的生产者追偿。属于产品的销售者的责任，产品的生产者赔偿的，产品的生产者有权向产品的销售者追偿。”

新增的第 31 条使得 1993 年《产品质量法》在产品责任的对外承担上，又回到了原《民法通则》第 122 条规定的“无过错不真正连带责任”结构。这一变动的理由是：如果销售者对外承担的是过错责任，那么就不会出现“属于产品的生产者的责任，产品的销售者赔偿的，产品的销售者有权向产品的生产者追偿”的规则。因为作为过错责任人，销售者可以直接主张由生产者承担责任，自己不承担责任，所以，只能将其理解为销售者对外承担的是无过错责任。

作为佐证，1993 年《产品质量法》第 28 条第 2 款规定：“销售者……赔偿损失后，属于生产者的责任或者属于向销售者提供产品的其他销售者（以下简称供货者）的责任的，销售者有权向生产者、供货者追偿。”这与第 31 条第二句和第三句的结构相似：“属于产品的生产者的责任，产品的销售者赔偿的，产品的销售者有权向产品的生产者追偿。属于产品的销售者的责任，产品的生产者赔偿的，产品的生产者有权向产品的销售者追偿。”这说明，1993 年《产品质量法》第 28 条第 1 款与第 31 条第一句都是针对受害人请求权的规定。

这种结构在随后通过的 1993 年《消费者权益保护法》第 35 条中得到了确认，该条第 1 款规定：“消费者在购买、使用商品时，其合法权益受到损害的，可以向销售者要求赔偿。销售者赔偿后，属于生产者的责任或者属于向销售者提供商品的其他销售者的责任的，销售者有权向生产者或者其他销售者追偿。”第 2 款规定：“消费者或者其他受害人因商品缺陷造成人身、财产损害的，可以向销售者要求赔偿，也可以向生产者要求赔偿。属于生产者责任的，销售者赔偿后，有权向生产者追偿。属于销售者责任的，生产者赔偿后，有权向销售者追偿。”这两款分别是产品合同责任和产品侵权责任的请求权基础。

三、“基因遗传”阶段：2009 年《侵权责任法》对“产品质量责任”的延续与发展

在“趋同进化”基础上，我国的“产品质量责任”与欧美的“缺陷产品责任”经过了“杂交育种”，尽管在用语上已经尽量靠近“缺陷产品责任”，但在骨子里仍然还能够看到“产品质量责任”的精髓。这就进入了我国产品责任制度发展的第三

① 参见宋汝棼：《关于国家安全法（草案修改稿）、修改商标法的决定（草案）、关于惩治假冒注册商标犯罪的补充规定（草案）、产品质量法（草案修改稿）修改意见的汇报》，在 1993 年 2 月 22 日第七届全国人民代表大会常务委员会第三十次会议上。

个阶段——“基因遗传”阶段。

所谓“基因遗传”（genetic inheritance），是指生物的一种身体结构与机能在后代复制和重显的现象。① 笔者认为，我国侵权法上的产品责任包含了三项“产品质量责任”的“遗传基因”，即无过错不真正连带责任结构、缺陷“双重判断标准”和产品自损纳入赔偿范围。其中，产品自损纳入赔偿范围，是第二阶段“杂交育种”未涉及的“隐性基因”，其在第三阶段原《侵权责任法》的立法过程中再次显现出来。

（一）无过错不真正连带责任结构

1. 原《侵权责任法》第41～44条规定的特点

2000年《产品质量法》修改，保持了1993年的立法模式。2009年的《侵权责任法》从起草之初，就是在《产品质量法》基础上的延续和发展。《消费者权益保护法》经2013年修改后，第40条第2款也延续和坚持了这一规定模式。与《产品质量法》相比，原《侵权责任法》的规定具有以下特点：

第一，原《侵权责任法》第41条和第42条保持了《产品质量法》生产者严格最终责任、销售者过错最终责任和来源不明缺陷产品销售者责任的立法结构，并通过不规定抗辩事由的方式，有意将生产者的抗辩事由交由其他法律规定。就现行法而言，主要是《产品质量法》的规定。②

第二，原《侵权责任法》第43条强化了对外承担责任的“无过错不真正连带责任”结构。原《侵权责任法》第43条在2000年《产品质量法》第43条分为三句的结构基础上分为三款，第2款和第3款的措辞为：“产品缺陷由生产者造成的，销售者赔偿后，有权向生产者追偿。因销售者的过错使产品存在缺陷的，生产者赔偿后，有权向销售者追偿。”相比于2000年《产品质量法》第43条的措辞“属于产品的生产者/销售者的责任”，原《侵权责任法》第43条进一步地强化为只要是生产者“不论有无过错”造成缺陷，或者销售者“因过错”造成缺陷的，就可以追偿。

第三，原《侵权责任法》第44条恢复了原《民法通则》第122条对运输者、仓储者不直接承担产品责任的规定。③ 该条一方面通过增加“等第三人”的概括性规定，扩展了适用范围；另一方面，也是更重要的，将运输者、仓储者责任的性质从“产品质量责任”改为“缺陷产品责任”。

2. 无过错不真正连带责任结构的含义

这种无过错不真正连带责任结构，具体构成如下文条文显示。原《侵权责任法》第41条规定生产者责任，适用无过错责任原则：“因产品存在缺陷造成他人损

① 参见赵晓明、宋秀英：《生物遗传进化学》，中国林业出版社2003年版，第250页。

② 参见王胜明主编：《中华人民共和国侵权责任法解读》，中国法制出版社2010年版，第219页。

③ 参见高圣平：《论产品责任的责任主体及归责事由——以〈侵权责任法〉“产品责任”章的解释论为视角》，《政治与法律》2010年第5期。

害的，生产者应当承担侵权责任。”第 42 条第 1 款规定销售者责任，适用过错责任原则：“因销售者的过错使产品存在缺陷，造成他人损害的，销售者应当承担侵权责任。”第 43 条分为三款，第 1 款规定生产者和销售者对被侵权人承担的无过错责任：“因产品存在缺陷造成损害的，被侵权人可以向产品的生产者请求赔偿，也可以向产品的销售者请求赔偿。”第 2 款规定销售者的追偿权：“产品缺陷由生产者造成的，销售者赔偿后，有权向生产者追偿。”第 3 款规定生产者的追偿权：“因销售者的过错使产品存在缺陷的，生产者赔偿后，有权向销售者追偿。”第 44 条是对生产者、销售者对使产品存在缺陷有过错第三人的追偿权的规定：“因运输者、仓储者等第三人的过错使产品存在缺陷，造成他人损害的，产品的生产者、销售者赔偿后，有权向第三人追偿。”

从文义上看，原《侵权责任法》第 42 条第 1 款规定的销售者过错责任与第 43 条第 1 款规定的销售者无过错责任是相互冲突的。① 笔者认为，必须采用不真正连带责任的对内和对外结构进行解释，才能化解这一矛盾。具体方案是：第 43 条第 1 款是生产者和销售者缺陷产品责任共同的请求权基础；第 41 条和第 42 条第 1 款应该被理解为生产者和销售者的对内最终责任确定条款，即生产者或者销售者根据第 43 条第 2 款和第 3 款规定进行追偿的请求权基础条款，而非受害人向生产者或者销售者请求赔偿的请求权基础条款。②

在具体条文适用规则上，受害人可以依据原《侵权责任法》第 43 条第 1 款要求生产者或者销售者承担侵权责任。如果受害人选择起诉销售者，则销售者不能依据第 42 条第 1 款规定的过错责任，以自己无过错对抗受害人的请求，而应该依据第 43 条第 1 款的规定承担严格责任。销售者承担责任后，可以向生产者追偿。③ 该追偿权行使的前提是第 43 条第 2 款前段规定的“产品缺陷由生产者造成的”，而该段条文所指的，就是第 41 条规定的生产者对缺陷产品承担的严格责任。与之类似，如果受害人选择起诉生产者，生产者依据第 43 条第 1 款的规定承担严格责任。生产者承担责任后，可以向销售者进行追偿，该追偿权行使的前提是第 43 条第 3 款规定的“因销售者的过错使产品存在缺陷的”，而该段条文所指的，就是第 42 条第 1 款规定的销售者对缺陷产品承担的过错责任。④

以上是对生产者、销售者之间的追偿权结构的分析。如果缺陷是由生产者、销售者之外的第三人造成的，那么承担了直接赔偿责任或者被追偿的生产者或者销售者，可以再依据原《侵权责任法》第 44 条对有过错的运输者、仓储者等第三人进

① 参见李剑：《论销售者的产品缺陷责任——兼议〈产品质量法〉第 42 条与第 43 条的关系》，《当代法学》2011 年第 5 期。

② 参见高圣平：《产品责任中生产者和销售者之间的不真正连带责任——以〈侵权责任法〉第五章为分析对象》，《法学论坛》2012 年第 2 期。

③ 参见张江莉：《论销售者的产品责任》，《法商研究》2013 年第 2 期。

④ 参见董春华：《再论产品责任的责任主体及归责原则——兼与高圣平教授商榷》，《法学论坛》2011 年第 5 期。

行追偿。这就是学者所谓的“先付责任”①。

3. 食品、药品责任领域对不真正连带责任结构的确认

最高人民法院《关于审理食品药品纠纷案件适用法律若干问题的规定》（以下简称“《食品药品纠纷司法解释》”）（法释〔2013〕28号）第2条专门对不真正连带责任的结构予以确认，第1款规定：“因食品、药品存在质量问题造成消费者损害，消费者可以分别起诉或者同时起诉销售者和生产者。”第2款规定：“消费者仅起诉销售者或者生产者的，必要时人民法院可以追加相关当事人参加诉讼。”这种表述较好地诠释了《侵权责任法》第43条第1款因产品存在缺陷造成损害的，被侵权人“可以”向产品的生产者请求赔偿，“也可以”向产品的销售者请求赔偿这种表述的司法程序操作模式。《食品药品纠纷司法解释》（法释〔2020〕17号）保留了该条规定。

现行《食品安全法》第148条第1款第一句规定：“消费者因不符合食品安全标准的食品受到损害的，可以向经营者要求赔偿损失，也可以向生产者要求赔偿损失。”第二句特别明确：“接到消费者赔偿要求的生产经营者，应当实行首负责任制，先行赔付，不得推诿；属于生产者责任的，经营者赔偿后有权向生产者追偿；属于经营者责任的，生产者赔偿后有权向经营者追偿。”第136条对食品经营者（销售者）的“无过错责任”予以明确：“食品经营者履行了本法规定的进货查验等义务，有充分证据证明其不知道所采购的食品不符合食品安全标准，并能如实说明其进货来源的，可以免予处罚，但应当依法没收其不符合食品安全标准的食品；造成人身、财产或者其他损害的，依法承担赔偿责任。”

（二）缺陷“双重判断标准”

原《侵权责任法》由于采用了依托《产品质量法》的立法模式，没有规定“缺陷”的概念，而是继续沿用2009年《产品质量法》第46条的规定：“本法所称缺陷，是指产品存在危及人身、他人财产安全的不合理的危险；产品有保障人体健康和人身、财产安全的国家标准、行业标准的，是指不符合该标准。”该条规定也被现行《产品质量法》第46条予以保留。

1. 对2009年《产品质量法》上“缺陷”概念三个层次的理解

对于2009年《产品质量法》第46条分号前后两项标准的关系，主流学说一般认为在存在“国家标准、行业标准”的情况下，“不符合该标准”实际上替代了一般性的“不合理的危险”判断。② 而实务中产品生产者、销售者往往以符合国家标准或行业标准作为对“不合理的危险”的抗辩。也有学者主张应该以“不合理的危

① 杨立新：《论不真正连带责任类型体系及规则》，《当代法学》2012年第3期。

② 参见杨立新：《侵权责任法》，法律出版社2010年版，第304－305页；王利明：《侵权责任法研究》（下卷），中国人民大学出版社2011年版，第246－247页；张新宝：《中国侵权行为法》（第二版），中国社会科学出版社1998年版，第492页。

险”标准取代“国家标准、行业标准”①。这使得对该条分号前后标准之间的关系解读成为关键。

根据《标点符号用法》的规定，分号用于以下三种情况：第一，复句内部并列的分句（尤其当分句内部还有逗号时）之间的停顿；第二，非并列关系的多重复句中第一层分句（主要是选择、转折等关系）之间的停顿；第三，分项列举的各项之间。② 主流学说的解读实际上认为分号前后是“非并列关系”，分号之后优先于分号之前。笔者认为，从社会发展的趋势来看，应该将符合国家标准或者行业标准，但具有不合理危险的产品确认为具有缺陷，以最大限度地保护消费者的利益。③ 如果简单地按照这种思路，就应该认为分号前后仍然是“非并列关系”，但分号之前优先于分号之后，这种分号的使用方式并不符合中文的表述习惯。④

为了解决这种解读目的和解读方案之间的矛盾，笔者认为，从 2009 年《产品质量法》第 46 条的结构来看，应该认为分号前后是“并列关系”。此外，还应该结合 2000 年修改后《产品质量法》新增的第 58 条来解读缺陷的判断标准：“社会团体、社会中介机构对产品质量作出承诺、保证，而该产品又不符合其承诺、保证的质量要求，给消费者造成损失的，与产品的生产者、销售者承担连带责任。”既然对产品质量作出承诺、保证的社会团体、社会中介机构在产品不符合其承诺、保证的质量要求时要与生产者、销售者一起承担连带责任，那么就需要确定生产者所执行的生产标准。

根据《标准化法》第 2 条，标准分为国家标准、行业标准、地方标准和团体标准、企业标准。对标准适用问题，可以参考《食品药品纠纷司法解释》（法释〔2021〕17 号）第 6 条的规定：“食品的生产者与销售者应当对于食品符合质量标准承担举证责任。认定食品是否安全，应当以国家标准为依据；对地方特色食品，没有国家标准的，应当以地方标准为依据。没有前述标准的，应当以食品安全法的相关规定为依据。”与《食品安全法》第 30 条的规定：“国家鼓励食品生产企业制定严于食品安全国家标准或者地方标准的企业标准，在本企业适用，并报省、自治区、直辖市人民政府卫生行政部门备案。”⑤可见，生产者所执行的生产标准，可以

① 谭玲：《我国〈产品质量法〉关于缺陷的界定标准问题》，《学术研究》2003 年第 8 期。

② 参见教育部、全国语言文学标准化技术委员会《标点符号用法》GB/T 15834—2011，4.6 分号。

③ 对此问题，实务中已经开始反思。参见姚建军：《产品质量检验合格并不等于产品无缺陷》，《人民司法》2014 年第二期。

④ 如果按照这样的理解，《产品质量法》第 46 条应该采用类似 1990 年《铁路法》第 58 条和原《侵权责任法》第 33 条的立法技术，分为两款进行表述。第 1 款规定：“本法所称缺陷，是指产品存在危及人身、他人财产安全的不合理的危险。”第 2 款规定：“产品不符合保障人体健康和人身、财产安全的国家标准、行业标准的，应当认定为存在缺陷。”立法者没有采用这种立法技术，说明从解释论上不应该作这样的解读。

⑤ 该条司法解释没有涉及行业标准，主要是考虑到“目前食品行业标准还在行业内部执行”。最高人民法院民事审判第一庭编著：《最高人民法院关于食品药品纠纷司法解释理解与适用》，人民法院出版社 2014 年版，第 97 页。

是国家标准、行业标准或者地方标准，也可以是在有相关标准下仍然主动制定的更严格的企业标准。在企业执行企业标准的情况下，应当以企业标准作为产品是否存在缺陷的判断标准。如果是没有国家标准、行业标准或者地方标准的情况，法院还可以按照2009年《产品质量法》第46条前段的规定，对该企业标准是否符合消费者合理的安全预期作出判断，以确定该产品具有“不合理的危险”而被认定为具有缺陷。如果企业自行制定了高于国家标准、行业标准或者地方标准的企业标准，则应该依据2009年《产品质量法》第58条的规定，将企业标准视为“社会团体、社会中介机构对产品质量作出承诺、保证”的判断标准，即等同于生产者主动承诺的缺陷判断标准。

对缺陷概念的上述解读，是基于2000年修改后《产品质量法》新增的第58条对第46条前段的更深层次解读，即第46条的前段和后段是一种特殊的相互交织的“并列关系”。为了进一步整合第46条规定的“不合理的危险”标准和第58条规定的“对产品质量作出承诺、保证”标准，笔者认为，应该统一采用“合理的安全预期”标准①，即以“合理的安全预期”标准来统一判断产品是否具有“不合理性的危险”和是否符合生产者执行的企业标准以及销售者作出的安全性承诺。质言之，应该结合2009年《产品质量法》第46条和第58条的规定，将中国侵权法上的“缺陷”解读为如下三个层次：

第一层次：在没有国家标准、行业标准、地方标准（以下简称“法定标准”）的情况下，生产者执行企业标准的，缺陷是指按照企业标准生产的产品在设计、生产或者警示说明方面不符合合理的安全预期。生产者没有制定企业标准的，缺陷是指产品不符合合理的安全预期。

第二层次：产品有保障人体健康和人身、财产安全的法定标准的，缺陷是指不符合该标准。

第三层次：生产者制定的企业标准高于法定标准的，缺陷是指不符合该企业标准。销售者对产品的安全性能作出了比法定标准更高承诺的，是指不符合该承诺。

以“合理的安全预期”为中心，区分上述三个层次进行解读的原因有四点。

第一，产品存在缺陷，从表面上看，是存在危及人身、他人财产安全的不合理的危险；从本质上看，是产品不符合合理的安全预期。例如，鞭炮的危险性是众所周知的，但如果鞭炮的引线足够长且燃烧速度足够慢，则应该认为鞭炮没有缺陷。如果鞭炮的引线看起来足够长但点燃后燃烧速度非常快，则不符合合理的安全预期，应该被认为具有缺陷。至于这种“不符合合理的安全预期”，是设计上的原因还是生产上的原因，或者说是警示说明方面的原因，则属于不同的缺陷类型。

第二，在没有法定标准的情形下，较为正规的生产企业会制定企业标准，但较

① 即在缺陷的判断标准上，转而参考《产品责任指令》第6条的规定：“若某产品不能具备人们对产品合理预期的安全性能，该产品即存在缺陷”。

小的生产者可能没有任何的标准。对于这种情况，不管是否存在企业标准，法院都可以以"合理的安全预期"标准进行缺陷的判断。

第三，如果产品有保障人体健康和人身、财产安全的法定标准的，那么达到该标准的产品，都应该被认为是合格产品。消费者对该产品的安全性预期，也应该是以该标准为判断标准的。

第四，在市场竞争中，生产者制定的企业标准或者销售者对产品的安全性作出的承诺高于法定标准的，消费者有理由对这种产品的安全性产生比法定标准更高的信赖。因此，对该产品的安全性预期，应该以企业标准或者承诺为判断标准。

这样解读"缺陷"判断标准的优点有三点。

第一，通过第三个层次缺陷的解读，化解前两个层次缺陷标准的矛盾，平衡消费者和经营者之间的利益。产品仅仅满足法定标准是不足以满足市场竞争需求的，但政府的监管止步于法定标准，其目的仅在于保证最低限度的合理安全预期。通过市场竞争，经营者被迫同时制定更高的企业标准或者作出超过法定标准的承诺，以获得竞争优势。这样的制度设计也有利于在保证质量的同时，促进市场良性竞争，催生更优质的产品。

第二，为原《侵权责任法》第 42 条第 1 款规定的销售者造成缺陷的"过错"提供判断标准。"缺陷"概念提出之初，便是以"生产者"作为立法的设计原型。2009 年《产品质量法》第 34 条规定："销售者应当采取措施，保持销售产品的质量。"因此，销售者的过错，主要是没有采取足够的措施以"保持销售产品的质量"。但是，即使产品的质量或者品质有一定的变化，只要按照上述三个层次的递进关系，要么满足消费者合理的安全预期，要么符合法定标准，要么符合生产者制定的更高企业标准或者销售者对质量的承诺、保证，就应该认为销售者没有过错。甚至，销售者采取措施，使得本来不满足上述三个层次的产品，符合相应层次标准的要求，也应该认为产品没有缺陷。

第三，第三个层次的设定，使对产品质量作出承诺、保证的社会团体、社会中介机构与生产者、销售者承担连带责任的关系更为清晰。对产品质量作出承诺、保证的社会团体、社会中介机构承担的其实是"产品质量担保者责任"，严格地说是一种不真正连带责任。① 这种责任的前提是生产者和销售者应该承担同等质量标准的缺陷产品责任而这种缺陷产品责任的"缺陷"标准仅仅依据 2009 年《产品质量法》第 46 条的规定，是无法解读出来的。

2. *法定标准在食品药品纠纷领域的回归*

近年来，食品药品领域的产品质量问题频发，成为立法和司法的焦点。2023 年《食品药品纠纷司法解释》（法释〔2013〕28 号）第 5 条第 2 款规定："消费者举

① 参见王竹：《论我国侵权法上的缺陷产品营销参与者责任——兼评最高人民法院〈食品药品纠纷司法解释〉相关规定》，《人大法律评论》（2014 年卷第 1 辑），法律出版社 2014 年版。

证证明因食用食品或者使用药品受到损害，初步证明损害与食用食品或者使用药品存在因果关系，并请求食品、药品的生产者、销售者承担侵权责任的，人民法院应予支持，但食品、药品的生产者、销售者能证明损害不是因产品不符合质量标准造成的除外。”这一规定实质上排除了“不合理危险”作为缺陷的判断标准。而第7条对检验合格证明的特别规定也强化了这种“法定标准”作为缺陷的判断标准：“食品、药品虽在销售前取得检验合格证明，且食用或者使用时尚在保质期内，但经检验确认产品不合格，生产者或者销售者以该食品、药品具有检验合格证明为由进行抗辩的，人民法院不予支持。”《食品药品纠纷司法解释》（法释〔2021〕17号）保留了上述规定。

2018年和2021年两次修改后的《食品安全法》则延续了2009年立法并经2015年修正的根本不涉及“缺陷”概念的做法，现行《食品安全法》第148条第1款第一句明确规定：“消费者因不符合食品安全标准的食品受到损害的，可以向经营者要求赔偿损失，也可以向生产者要求赔偿损失。”

（三）产品自损纳入赔偿范围

2009年《产品质量法》第41条第1款将产品存在缺陷造成损害中的“他人财产”限定为“缺陷产品以外的其他财产”，是对《产品责任指令》第9条规定的“损害”概念的借鉴，比较法上绝大多数法域的产品责任法也严格区分合同责任与侵权责任，将“产品自损”排除在严格产品责任的赔偿范围之外，另外通过合同责任来处理。① 而《民法典》第1202条的规定则无法看出对“产品自损”的排除：“因产品存在缺陷造成他人损害的，生产者应当承担侵权责任。”对此，学说上主要有两种不同的看法。王利明教授认为，如果产品的缺陷不仅造成了自身的损害，也造成了其他财产的损害，并且二者存在密切的联系，可以直接基于产品责任一并请求赔偿此处产品自身的损害和产品以外的其他损失。但是单纯的缺陷产品本身的损失，作为纯粹经济损失，是不能要求赔偿的。② 张新宝教授明确认为应该排除自损，但允许被侵权人依据产品责任法规范请求人身损害赔偿和产品以外的其他财产损害赔偿，同时依据合同法请求对自损产品的损害赔偿，二者在一个诉讼程序中合并处理。③

笔者认为，《民法典》第1202条规定的产品存在缺陷造成他人“损害”中的财产损害，既包括缺陷产品以外的其他财产的损害，也包括缺陷产品本身的损害。④ 其主要考虑的因素有三点。第一，排除“产品自损”的立法意图不清晰。《民法典》

① 参见冉克平：《缺陷产品自身损失的救济路径》，《法学》2013年第4期。

② 参见王利明：《论产品责任中的损害概念》，《法学》2011年第2期。

③ 参见张新宝、任鸿雁：《我国产品责任制度：守成与创新》，《北方法学》2012年第3期。

④ 司法实务实际上支持笔者的这一观点，但也有学者对此进行了反思。参见朱晓喆、冯洁语：《产品自损、纯粹经济损失与侵权责任——以最高人民法院（2013）民申字第908号民事裁定书为切入点》，《交大法学》2016年第1期。

第1202条延续了原《侵权责任法》第41条的立法表达，原《侵权责任法》第41条的表述从“一审稿”开始，就没有明显区分“产品自损”和“缺陷产品以外的其他财产”的意图，否则，立法者完全可以采用与2009年《产品质量法》第41条第1款完全相同的表述模式。第二，应该本着有利于保护消费者的目的进行解释。这样可以降低维权成本，节约司法资源。① 更为重要的是，是否合并处理对赔偿结果并无实质性影响。将“产品自损”排除在产品责任之外，只会导致诉讼程序复杂化；而纳入“产品自损”，则有利于及时、便捷地保护用户、消费者的合法权益。②第三，产品责任的被侵权人可能不是合同当事人。如果缺陷产品造成的财产损害只有“产品自损”，将“产品自损”纳入产品责任的赔偿范围，被侵权人仍然可以选择向生产者或者销售者请求赔偿；而如果将其排除，就只能由合同当事人（可能不是被侵权人）提出违约之诉，这样不利于保护不是合同当事人的财产所有人。

在将“产品自损”纳入损害概念的理论构建上，可以作三点考虑。第一，如前所述，我国的产品责任并非确立于2009年《产品质量法》而是原《民法通则》，而原《民法通则》第122条规定的产品质量责任包括了对“产品自损”的赔偿。《民法典》侵权责任编的立法选择，可以被视为对原《民法通则》立法传统的回归。第二，可以将“缺陷”更进一步地抽象为致害原因，作为损害结果，尽管缺陷由产品来体现，但不同于产品自身。在零配件缺陷导致整个产品受损的情形中，这种分离性表现得更为明显。第三，《民法典》第186条规定：“因当事人一方的违约行为，损害对方人身权益、财产权益的，受损害方有权选择请求其承担违约责任或者侵权责任。”在理论构建上，被侵权人如果愿意选择通过违约之诉提起诉讼，法律也不禁止。同样，法律也不应该否认产品自损的侵权请求权的存在。③

四、《民法典》侵权责任编“产品责任”章相关修改简要评述

《民法典》侵权责任编仍然未能明确“产品”和“缺陷”的概念，实属缺憾。对于《民法典》侵权责任编“产品责任”章对《侵权责任法》“产品责任”章的主要修改，简要评述如下。

第一，“缺陷产品不真正连带责任”条款对损害增加了“他人”的限定性表述，但并不排除“产品自损”。《民法典》第1203条第1款较之原《侵权责任法》第43条第1款增加了“他人”的表述：“因产品存在缺陷造成他人损害的，被侵权人可以向产品的生产者请求赔偿，也可以向产品的销售者请求赔偿。”但由于第1202条与原《侵权责任法》第41条表述相同而没有采纳2009年《产品质量法》第41条

① 参见高圣平：《论产品责任损害赔偿范围——以〈侵权责任法〉、〈产品质量法〉相关规定为分析对象》，《华东政法大学学报》2010年第3期。

② 参见王胜明主编：《中华人民共和国侵权责任法解读》，中国法制出版社2010年版，第216页。

③ 参见董春华：《产品自身损害赔偿研究——兼评〈侵权责任法〉第41条》，《河北法学》2014年第11期。

第1款“人身、缺陷产品以外的其他财产（以下简称他人财产）”的表述，“他人”的限定性表述对条文原意并无影响。

第二，《民法典》第1203条第2款合并了原《侵权责任法》第43条第2款和第3款的内容，对法律适用并未产生影响。这一修改应该被理解为，立法者认识到了这两款作为缺陷产品不真正连带责任内部追偿权规定的同质性，合并后更凸显出《民法典》第1203条第1款“缺陷产品不真正连带责任”的性质。

第三，形式上删除了销售者责任条款但并无实质影响。在形式上《民法典》侵权责任编对产品责任最大的调整是删除了原《侵权责任法》第42条，而由于该条内容与2009年《产品质量法》第42条实质相同，所以这一删除带来的实际影响有限。但需要指出的是，即使在《民法典》第1203条第2款第二句仍然就“因销售者的过错使产品存在缺陷的”情形作出了规定的前提下，立法者仍然认为原《侵权责任法》第42条第1款规定的销售者过错责任与第43条第1款规定的缺陷产品不真正连带责任的体系解释方案较为复杂，这也不能为一并删除该条第2款来源不明缺陷产品销售者责任提供合理性说明。[①] 未来只能继续由2009年《产品质量法》来保有销售者责任规则，但这又将进一步造成产品责任规则的分散化。

第四，对缺陷产品预防性除险责任的修改略显重复。《民法典》第1205条在原《侵权责任法》第45条基础上增加了“停止侵害”责任，但实质上是《民法典》第1167条规定的“停止侵害”的具体化，略显重复。

第五，完善了缺陷产品预防性补救责任。《民法典》第1206条第1款较之原《侵权责任法》第46条增加了“停止销售”的义务，明确“缺陷产品预防性补救责任”的赔偿范围包括“扩大的损害”，并在第2款明确了“依据前款规定采取召回措施的，生产者、销售者应当负担被侵权人因此支出的必要费用”。这与《消费者权益保护法》第19条第二句的规定保持了一致：“采取召回措施的，经营者应当承担消费者因商品被召回支出的必要费用。”所谓“必要费用”，必须是与“商品被召回”直接相关的“支出”，主要是指产品召回后更换缺陷部件、维修或者销毁的费用。采用销毁方式的，应该另外交付消费者同一型号无缺陷的产品，或者根据消费者的要求退还价款。商品召回所需要的必要交通费和邮寄费用，也应该由经营者承担。

第六，扩大了缺陷产品惩罚性赔偿责任的适用范围。《民法典》第1207条在原《侵权责任法》第47条基础上增加了“或者没有依据前条规定采取有效补救措施”的表述，将未采取《民法典》第1206条第1款规定的“缺陷产品预防性补救措施”这种不作为侵权行为也纳入惩罚性赔偿责任的适用范围，其法律适用效果还有待观察。

① 原《侵权责任法》第42条第2款规定：销售者不能指明缺陷产品的生产者也不能指明缺陷产品的供货者的，销售者应当承担侵权责任。

专题八

我国缺陷产品惩罚性赔偿责任研究①

《民法典》第 1207 条规定："明知产品存在缺陷仍然生产、销售，或者没有依据前条规定采取有效补救措施，造成他人死亡或者健康严重损害的，被侵权人有权请求相应的惩罚性赔偿。"该条文在原《侵权责任法》第 47 条的基础上，增加了"或者没有依据前条规定采取有效补救措施"的平行适用条件，对该条文的理论基础提出了更具有包容性的解释力要求。笔者认为，有必要从完全赔偿原则出发，探讨缺陷产品惩罚性赔偿责任的正当性基础，进而评估我国缺陷产品惩罚性赔偿责任构成要件体系，尤其是新增的违反《民法典》第 1206 条规定的"缺陷产品预防性补救责任"而适用惩罚性赔偿责任的正当性，并提出"相应的惩罚性赔偿"的数额确定方式。

一、作为惩罚性赔偿责任背景的完全赔偿原则

"完全赔偿原则"又称"全无或全有原则"，是指在任何产生损害赔偿请求权的场合，不管损害的类型如何、加害人的过错程度如何，均应先确定受害人所遭受的损害，然后由赔偿义务人通过相应的赔偿方法为赔偿权利人提供一定的利益，以求全部填补损害，使受害人回复到尚未遭受损害时应处之状态。② 虽然我国现行法是否明确规定了完全赔偿原则尚存在争议③，但是我国民法学界普遍认为侵权法采纳

① 本专题的部分内容，是与龚健博士合作的成果。

② 参见程啸：《侵权责任法》（第二版），法律出版社 2015 年版，第 664 页。

③ 郑晓剑、朱利等学者认为我国现行法并未明确规定完全赔偿原则，参见郑晓剑：《侵权损害完全赔偿原则之检讨》，《法学》2017 年第 12 期；朱利：《中国侵权法财产损失的完全赔偿原则之检讨——以比较法的视角为核心》，《西部法学评论》2017 年第 5 期。周友军、白江等学者则认为我国现行法确立了完全赔偿原则，参见周友军：《我国侵权法上完全赔偿原则的证立与实现》，《环球法律评论》2015 年第 2 期；白江：《我国应扩大惩罚性赔偿在侵权责任法中的适用范围》，《清华法学》2015 年第 3 期。

了这一原则。①

经约翰·戈德堡（John Goldberg）教授考证，迟至19世纪中后期完全赔偿的观念才完成与侵权法的结合。② 除奥地利、瑞士并未采用完全赔偿原则外，德国、法国、荷兰、日本、葡萄牙等主要大陆法系国家均采用了完全赔偿原则。③ 早在1880年英国就确立了“使受伤害或遭受损害的一方处于不曾遭受不法侵害的状态”的赔偿原则。④ 美国法上，侵权损害赔偿金的基本标准也是使原告恢复至伤害前的状况所需的金钱数额。⑤

完全赔偿原则使得赔偿金额更加具有确定性，也可以起到限制陪审团自由裁量权的作用。⑥ 但该原则并不如法学家所设想的那样，在所有场合都能够达到恢复原状的效果。在严重人身损害的情况下，认为可以通过完全赔偿原则来恢复原状的观念只是一种对受害人的安慰，没有任何理由可以认为这种观念反映出了真实的情况。⑦ 另外，完全赔偿原则确定损害赔偿责任大小时不考虑加害人的过错程度，造成同样损害的恶意侵权人与过失侵权人承担同样的损害赔偿责任，这一点从其诞生之初就遭到批评。通过区分客观不法与主观不法⑧，区分利益问题和法感情问题⑨，耶林认为恣意的不法行为是对法理念的抵抗，恣意的不法行为伤害的不是利益，而是法感情。⑩ 一旦产生违背法的恣意行为，将法感情问题和利益问题混同的唯物主

① 参见程啸：《论未来我国民法典中损害赔偿法的体系建构与完善》，《法律科学》2015年第5期；王军：《侵权损害赔偿制度比较研究：我国侵权损害赔偿制度的构建》，法律出版社2011年版，第312页；杨立新：《侵权损害赔偿》（第五版），法律出版社2010年版，第233页；张新宝：《侵权责任法原理》，中国人民大学出版社2005年版，469页；魏振瀛主编：《民法》，北京大学出版社2000年版，第722页；刘士国：《现代侵权损害赔偿研究》，法律出版社1998年版，第105页；王利明、杨立新：《侵权行为法》，法律出版社1996年版，第325页。

② John C. P. Goldberg, “Two Conceptions of Tort Damages: Fair v. Full Compensation”, 55 DePaul L. Rev. 435 (2006) 437.

③ 奥地利采用的是分级赔偿制度，《奥地利民法典》第1324条规定：“恶意或重大过失造成损害的情形下，应当对受害人全额赔偿；在其他情形下，受害人只能请求固有利益的损害。”而瑞士采用的是公平裁量原则，《瑞士债法典》第51条第1款规定：“法官应当考虑有关情况和过错的程度，确定损害的种类和范围。”参见朱利：《中国侵权法财产损失的完全赔偿原则之检讨——以比较法的视角为核心》，《西部法学评论》2017年第5期。

④ Livingston v. Rawyards Coal Co., L. R. 5 App. Cas. 33 (1880).

⑤ 参见［美］小詹姆斯·A. 亨德森、理查德·N. 皮尔森、道格拉斯·A. 凯萨、约翰·A. 西里西艾诺：《美国侵权法：实体与程序》（第七版）王竹、丁海俊、董春华、周玉辉译，北京大学出版社2014年版，第535页。

⑥ John C. P. Goldberg, “Two Conceptions of Tort Damages: Fair v. Full Compensation”, 55 DePaul L. Rev. 435 (2006) 462.

⑦ Scott Herschovitz, “Corrective Justice for Civil Recourse Theorists”, 39 Fla. St. U. L. Rev. 107 (2011) 111.

⑧ 参见［德］鲁道夫·冯·耶林：《罗马私法中的过错要素》，柯伟才译，中国法制出版社2009年版，第7页；［德］鲁道夫·冯·耶林：《为权利而斗争》，胡宝海译，中国法制出版社2004年版，第28页。

⑨ 参见［德］鲁道夫·冯·耶林：《为权利而斗争》，胡宝海译，中国法制出版社2004年版，第26页。

⑩ 参见［德］鲁道夫·冯·耶林：《为权利而斗争》，胡宝海译，中国法制出版社2004年版，第24-26页。

义考察方法就失去了妥当性，因为赤裸裸的恣意行为是对权利的打击，也同样地加害于人格。① 耶林批判我们的科学完全忽视了惩罚概念使其在民法当中没有受到应有的重视，惩罚的概念一步步从民法的领域缩回到刑法的领域中。②

另外，在一些哲学家看来，公正有着积极方面和消极方面两个维度。从积极方面来说，公正体现为一种互相报答的回报性公正；而从消极的方面来说，公正又体现为一种报应式的惩罚性公正。惩罚性公正是回报性公正有效的条件，放弃或忽视惩罚性公正本身就是一种不公正。如果不以正义的暴力去对抗不正义的暴力，不去惩罚各种作恶，就意味着纵容不正义的暴力和帮助作恶，允许恶人谋取不成比例的利益和伤害好人。③ 回报性公正要求作恶之人作出偿还，惩罚性公正则要求作恶之人付出相应的代价，而偿还和代价具有不同的性质④，对应的是不同的责任方式。从区分回报性公正和惩罚性公正的角度来看，完全赔偿原则下的填补性损害赔偿责任具有偿还的性质，体现了回报性公正。但没有惩罚性赔偿责任、只有填补性损害赔偿责任的民事制度，仅体现了回报性公正，缺失了惩罚性公正的维度。这样的民事责任制度正如赵汀阳所说，纵容不正义的暴力，帮助作恶，默许甚至鼓励了恶人谋取不成比例的利益和伤害好人。

因此，虽然大陆法系国家已将完全赔偿原则奉为民事赔偿制度的圭臬，认为其是“各国损害赔偿法共同的最高指导原则”⑤，我们仍然有必要正视完全赔偿原则的限度和偏颇，对已退缩至刑法领域的惩罚观念能否重回以及如何重回民事领域进行探讨，以期建立更加完整、公正的民事赔偿制度。

二、惩罚性赔偿责任的正当性基础

惩罚性赔偿责任的出现填补了传统民事赔偿制度中惩罚性公正维度的缺失。但是，惩罚性赔偿责任的正当性基础即惩罚性的根据仍然是尚待解决的问题。

（一）有关惩罚性赔偿正当性基础的主要理论

从 18 世纪起，许多法院和学者就开始为惩罚性赔偿寻找不同的正当性基础⑥，主要理论包括损害填补理论、威慑理论和报应理论。

1. 损害填补理论

由于历史上侵权法的赔偿范围具有一定的局限性，惩罚性赔偿责任确实在一定

① 参见［德］鲁道夫·冯·耶林：《为权利而斗争》，胡宝海译，中国法制出版社 2004 年版，第 42－43 页。

② 参见［德］鲁道夫·冯·耶林：《罗马私法中的过错要素》，柯伟才译，中国法制出版社 2009 年版，第 5 页。

③ 参见赵汀阳：《论可能生活》（第二版），中国人民大学出版社 2010 年版，第 159－160 页。

④ 参见赵汀阳：《论可能生活》（第二版），中国人民大学出版社 2010 年版，第 175 页。

⑤ 曾世雄：《损害赔偿法原理》，中国政法大学出版社 2001 年版，第 15 页。

⑥ Anthony J. Sebok, “Punitive Damages: From Myth to Theory”, 92 Iowa L. Rev. 957 (2007) 976.

程度上起到了损害填补的功能。根据托马斯·科尔比（Thomas B. Colby）教授的考证，历史上法院经常通过适用惩罚性赔偿责任来填补精神损害、尊严损害和情感损害等普通法不予赔偿的损害，惩罚性赔偿的填补观念在 19 世纪中期甚至强大到很多法院和学者拒绝承认惩罚性赔偿具有任何惩罚目的。① 在西蒙·格林里夫（Simon Greenleaf）教授与西奥多·塞奇韦克（Theodore Sedgwick）教授关于惩罚性赔偿的论战中，两位教授均承认："尽管美国和英国的大量惩罚性赔偿判决均显示惩罚性赔偿责任的适用是为了惩罚和威慑被告，但是实际上，惩罚性赔偿责任的真实目的仅仅在于完全填补受害人遭受的有形损害和无形损害。"② 也有学者认为惩罚性赔偿具有填补无形损害、补贴律师费等诉讼成本的功能，并且主张扩大这种损害填补功能在衡量惩罚性赔偿责任大小中的作用。③

但是即使惩罚性赔偿责任具有前述填补损害等功能，任何一个国家都不会仅仅基于这些损害填补的需要就直接适用惩罚性赔偿责任。惩罚性赔偿责任的适用往往还需要行为人具有恶意或鲁莽弃置他人权利于不顾的主观过错。④ 因此，损害填补理论并不能成为适用惩罚性赔偿责任的根据。

笔者进一步认为，损害填补理论不仅不能成为适用惩罚性赔偿责任的根据，也不能成为适用填补性损害赔偿责任的根据。以损害填补理论作为损害赔偿责任的根据，意味着仅仅基于损害填补的考虑或需求就足以构成损害赔偿责任，并且过错责任无法成为侵权法的归责原则，因为承担损害赔偿责任的最佳主体应该是更容易消化损失的"深口袋"或更容易分散损失的主体，而不是具有过错的主体。⑤ 但事实上，过错责任在侵权法中广泛存在，而且是几乎所有国家侵权法最基本的归责原则。⑥ 此外，与社会保障计划相比，侵权法制度的运行成本高昂、赔偿门槛很高，并不是实现损害填补的最佳手段。正如朱尔斯·科尔曼（Jules Coleman）教授所言，由于侵权法并不对所有的受害人进行赔偿，赔偿受害人根本就不是侵权法的目的。⑦

① Thomas B. Colby, "Beyond the Multiple Punishment Problem: Punitive Damages as Punishment for Individual, Private Wrongs", 87 Minn. L. Rev. 583 (2003) 615 - 617.

② Thomas B. Colby, "Beyond the Multiple Punishment Problem: Punitive Damages as Punishment for Individual, Private Wrongs", 87 Minn. L. Rev. 583 (2003) 617.

③ Dan B. Dobbs, "Ending Punishment in Punitive Damages Deterrence - Measured Remedies", 40 Ala. L. Rev. 831 (1989) 846 - 849, 888 - 909.

④ Restatement (Second) of Torts, Section 908 (2): "Punitive damages may be awarded for conduct that is outrageous, because of the defendant's evil motive or his reckless indifference to the rights of others. In assessing punitive damages, the trier of fact can properly consider the character of the defendant's act, the nature and extent of the harm to the plaintiff that the defendant caused or intended to cause and the wealth of the defendant."

⑤ Bruce Chapman; Michael Trebilcock, "Punitive Damages: Divergence in Search of a Rationale", 40 Ala. L. Rev. 741 (1989) 761.

⑥ 参见程啸：《侵权责任法》（第二版），法律出版社 2015 年版，第 90 页。

⑦ Jules Coleman, "Risks and Wrongs", Cambridge University Press, (1992) 209.

因此，仅仅基于填补损害的考量根本就不足以推导出损害赔偿责任或惩罚性赔偿责任的适用。损害填补理论既不是损害赔偿责任的根据，也不是惩罚性赔偿责任的根据。

2. 威慑理论

在讨论惩罚性赔偿责任的正当性基础时，几乎所有的中外学者都会提到惩罚性赔偿的威慑效力，绝大部分学者都认为适用惩罚性赔偿责任的根据就在于惩罚的威慑效力。

早在古希腊时期，柏拉图就指出："在惩罚行为不当者的时候，除非是像野兽一样盲目复仇，人们并不关心这个行为不当者过去所犯的错误，或者依据它过去所犯错误对它施加惩罚。一个理性的人不能根据行为不当者过去所犯罪行来施加惩罚，毕竟覆水难收，他所要考虑的是未来，是如何防止行为不当者再次犯罪，或者通过施加惩罚的场面，防止其他人犯同样的错误。"① 塞涅卡则将柏拉图上的上述观念精炼地总结为："一个明智的人施加惩罚，不是因为错误已经铸成，而是让错误不再发生。"② 根据威慑理论，惩罚的根据在于防止行为不当者再次从事不当行为的特别威慑以及防止其他人从事类似行为的一般威慑。

根据欧内斯特·温里布（Ernest Weinrib）教授的观点，法律必须根据权利的要求设置一个外在的强制，对每一个不当行为进行平等和相对的反应，使它能够决定行为人的意志，也就是说能够起到威慑的作用。③ 因此，不管法律规定对不当行为的应对是要求不当行为人进行赔偿还是对不当行为人施加惩罚，都能对不当行为人起到威慑的作用。但是，正如惩罚性赔偿责任具有损害填补的功能不意味着损害填补当然就是惩罚性赔偿责任适用的根据一样，威慑是否构成惩罚性赔偿责任适用的根据，还需要分析威慑的需要是否是适用惩罚性赔偿责任的充分条件。

正如上文所述，不管是法律要求不当行为人进行赔偿还是对不当行为人施加惩罚，都能对不当行为人起到威慑的作用，因此，构成威慑的需求是基于不当行为的发生，而非基于不当行为的主观恶性程度。即使是过失侵权，也可能成为威慑的对象。以威慑为主要惩罚根据的刑法和规制法就并不要求被惩罚的行为达到恶意的程度。④ 丹·多布斯（Dan Dobbs）教授和安东尼·塞伯克（Anthony Sebok）教授同样认为，若以威慑作为适用惩罚性赔偿的根据，则不会要求不当行为具有主观恶意或道德可责性。⑤ 经本杰明·齐普斯基（Benjamin C. Zipursky）教授的考证，惩罚

① 王立峰：《惩罚的哲理》，清华大学出版社 2006 年版，第 4 页。

② ［德］梅尔：《德国观念论与惩罚的概念》，邱帅萍译，知识产权出版社 2015 年版，第 19-20 页。

③ 参见［加拿大］欧内斯特·J. 温里布：《私法的理念》，徐爱国译，北京大学出版社 2007 年版，第 114 页。

④ Benjamin C. Zipursky, "Palsgraf, Punitive Damages, and Preemption", 125 Harv. L. Rev. 1757 (2012) 1785.

⑤ Dan B. Dobbs, "Ending Punishment in Punitive Damages Deterrence - Measured Remedies", 40 Ala. L. Rev. 831 (1989) 840; Anthony J. Sebok, "Punitive Damages: From Myth to Theory", 92 Iowa L. Rev. 957 (2007) 978.

性赔偿责任起源于某些涉及羞辱的压迫性或恶意侵权行为。① 即使美国侵权法后来对惩罚性赔偿责任的适用范围有所突破，根据《侵权法重述·第二次》第 908 条第 2 款的表述，惩罚性赔偿责任也仅适用于行为人具有恶意或鲁莽弃置他人权利于不顾等主观过错的情形。但是威慑理论仅仅解释了惩罚性赔偿责任的威慑目的和效果，根据该理论无法得出适用惩罚性赔偿责任的标准，也就是说不能解释哪些侵权行为仅需承担填补性损害赔偿责任，而哪些侵权行为还需要另外承担惩罚性赔偿责任。

因此，仅有威慑效力本身并不足以推导出惩罚性赔偿责任的适用，单纯的威慑理论不构成适用惩罚性赔偿责任的根据。

3. 报应理论

虽然威慑理论的历史比报应理论悠久得多，但是如今报应理论已经压倒了威慑理论，成为占主导地位的惩罚理论。②

报应理论的复兴，离不开康德的努力。康德认为，法院的惩罚绝对不能仅仅作为促进另一种善的手段，不论是对犯罪者本人还对公民社会；惩罚在任何情况下，必须只是由于一个人已经犯了一种罪行而加刑于他；因为一个人绝对不应该仅仅作为一种手段去达到他人的目的，不能将其与物权的对象相混淆。③ 因此，在报应理论看来，惩罚的正当性并不在于惩罚是否能够取得什么好的结果，而在于惩罚是被惩罚者的应得。与威慑理论相比，报应理论有如下特点：（1）就是否施加惩罚以及惩罚的量度而言，威慑理论认为二者均取决于威慑的需要，而报应理论则认为二者均取决于惩罚对象的应得。④（2）就惩罚对象而言，威慑理论的惩罚对象不一定是道德上应受谴责的人，而报应理论的惩罚对象只能是道德上应受谴责的人。（3）就对人的态度而言，威慑理论将人作为达到目的的手段，而报应理论不把人当作达到目的的手段。⑤（4）就对无辜者的态度而言，只要能够达到一定的威慑效果，社会由此获益，威慑理论并不反对惩罚无辜者；而报应理论则坚决反对惩罚无辜者，反对牺牲无辜者来实现更大范围的社会利益。⑥

但是，从康德关于惩罚基于应得或道德上应受谴责的抽象表达中，我们仍然难以判断何种行为应得惩罚、应受报应。而金·汉普顿（Jean Hampton）教授关于报应的道德损害（moral injury）理论则可以为我们提供比较明确的判断依据。

康德认为，由于每个人都享有理性和自治，因此每个人都具有平等的道德上的

① Benjamin C. Zipursky, "Palsgraf, Punitive Damages, and Preemption", 125 Harv. L. Rev. 1757 (2012) 1782.

② 参见王立峰：《惩罚的哲理》，清华大学出版社 2006 年版，第 74－75 页。

③ 参见［德］康德：《法的形而上学原理：权利的科学》，沈叔平译，商务印书馆 1991 年版，第 165 页。

④ 参见［德］梅尔：《德国观念论与惩罚的概念》，邱帅萍译，知识产权出版社 2015 年版，第 2－3 页。

⑤ 参见［德］梅尔：《德国观念论与惩罚的概念》，邱帅萍译，知识产权出版社 2015 年版，第 4 页。

⑥ 参见［德］梅尔：《德国观念论与惩罚的概念》，邱帅萍译，知识产权出版社 2015 年版，第 21-22 页。

价值。① 汉普顿教授从康德理论出发，主张道德损害就是不当行为人对这种平等的个人价值的减损，是对内在于个人的道德价值和人性尊严的否定。② 不当行为人暗示受害人低人一等或者行为人在价值层面上比受害人更加重要，是高人一等的存在，有剥夺他人福利的自由。③ 报应理论不仅仅要受害人感受到境况改善，还要求纠正不当行为人对内在于受害人自身价值的否定④，重申被扭曲的行为人与受害人之间的价值。⑤

因此，汉普顿教授的道德损害不同于物理损害（physical harm）或精神损害（psychological pain），仅取决于一种客观上价值状态的减损。一个人完全可能遭受个人价值的减损，但没有受到物理损害或精神损害。⑥ 在汉普顿教授看来，过失侵权和财产损害并不否定内在于个人的道德价值和人性尊严，与道德损害无涉，因此不需要报应的回应。⑦ 而造成人身损害的恶意侵权或鲁莽弃置他人权利于不顾的侵权行为，或者具有“为害人而害人”的邪恶动机，或者是基于经济利益而放任造成他人伤害的可能性的现实化，行为人均无视受害人与其具有平等的道德价值，将自身人格、意志或经济利益凌驾于他人人格之上，否定内在于受害人的道德价值和人性尊严，不仅给受害人造成物理损害或者精神损害，还对受害人造成了道德损害，因此法律应该进行报应回应。由此看来，汉普顿教授的报应理论似乎可以作为适用惩罚性赔偿责任的理由。

但是，即使目前大多数惩罚性赔偿责任都适用于造成人身损害的恶意侵权或鲁莽弃置他人权利于不顾的侵权，但并不是所有类似侵权行为都能适用惩罚性赔偿责任。在我国，殴打等故意伤人行为就只能承担填补性损害赔偿责任和行政、刑事责任，不适用惩罚性赔偿责任。⑧ 由此看来，汉普顿教授的报应理论也只能是适用惩罚性赔偿责任的必要条件，而非充分条件。惩罚性赔偿责任的适用，除了满足报应理论的要求，还应该存在别的限制性因素。因此，报应理论不能单独作为适用惩罚性赔偿责任的根据。

① Jean Hampton, “Correction Harms versus Righting Wrongs: The Goal of Retribution”, 39 UCLA L. Rev. 1659 (1992) 1667.

② Jean Hampton, “Correction Harms versus Righting Wrongs: The Goal of Retribution”, 39 UCLA L. Rev. 1659 (1992) 1666.

③ Marc Galanter; David Luban, “Poetic Justice: Punitive Damages and Legal Pluralism”, 42 Am. U. L. Rev. 1393 (1993) 1432.

④ Anthony J. Sebok, “Punitive Damages: From Myth to Theory”, 92 Iowa L. Rev. 957 (2007) 1019.

⑤ Marc Galanter; David Luban, *Poetic Justice: Punitive Damages and Legal Pluralism*, 42 Am. U. L. Rev. 1393 (1993) 1432.

⑥ Jean Hampton, “Correction Harms versus Righting Wrongs: The Goal of Retribution”, 39 UCLA L. Rev. 1659 (1992) 1672.

⑦ Jean Hampton, “Correction Harms versus Righting Wrongs: The Goal of Retribution”, 39 UCLA L. Rev. 1659 (1992) 1664.

⑧ 王利明教授主张殴打、恶意辱骂他人、性骚扰、非法拘禁等行为可以考虑适用惩罚性赔偿，详见王利明：《惩罚性赔偿研究》，《中国社会科学》2000年第4期。

（二）惩罚性赔偿责任的正当性基础：非损害填补综合理论

如上文所述，损害填补理论、威慑理论以及报应理论均不足以单独构成适用惩罚性赔偿责任的根据。适用惩罚性赔偿责任的根据似乎应该建立在一种综合理论的基础之上。鉴于惩罚性赔偿责任在本质上是惩罚性的，因此下文在构建惩罚的综合理论时将排除损害填补理论，仅以威慑理论和报应理论的综合来建立惩罚性赔偿责任适用的根据。

虽然康德被众多学者视为极端报应主义惩罚观的代表人物①，但是实际上康德既没有排除所有的威慑因素，也没有排斥所有的威慑性惩罚目的。② 在康德看来，在满足了报应要求的情况下，可以考虑为行为人或者行为人的公民伙伴们，从惩罚中取得什么教训。③ 康德讲述过一个遭遇海难的水手为了自己活命而将他人推下救生木板的故事，他认为这个故事中的水手不应受到惩罚。温里布在解读这个故事时认为水手不应受到惩罚的原因在于，对于水手在面临生死存亡的情况下，法律施加惩罚的威胁并不能够起到威慑的作用。④ 在莎伦·伯德（Sharon Byrd）所构建的关于惩罚的综合理论中，首先就要求惩罚的威胁能够威慑惩罚对象，其次才要求惩罚对象应得惩罚。⑤

从温里布和伯德的解释和理论构建中，我们可以作出如下推论：相对于填补性损害赔偿责任，惩罚性赔偿是一种金钱形式的民事惩罚方式，对殴打、谋杀等损人不利己的纯粹害人行为并不具有威慑作用。这种损人不利己的纯粹害人行为的动机可能与金钱有关，但是往往还夹杂着对受害人的恨意和报复情绪，这种犯意是不能被可能的金钱赔偿责任所阻吓的，因此，即使这类恶意侵害人身权的侵权行为符合报应的要求，惩罚性赔偿责任仍然不是恰当的回应方式，而应以刑事责任或行政责任来满足报应的要求。而在以营利为目的的恶意或鲁莽弃置他人权利于不顾而侵害人身权的行为中，由于行为人往往是在现行法律框架下精细计算侵害行为的得失后，预计所得大于所失时才会决定从事具有效率性的侵权行为。对这类以营利为目的的恶意或鲁莽弃置他人权利于不顾而侵害人身权的行为施加惩罚性赔偿责任，不仅可以满足道德损害理论的报应要求，也可以起到威慑作用。因此，笔者认为根据这种关于惩罚的综合性理论，适用惩罚性赔偿责任的根据不仅在于应受报应的行为，还须同时满足能够起到威慑作用的条件。不以营利为目的的恶意或鲁莽弃置他人权利于不顾而侵害他人人身权的行为，虽然符合应受报应的条件，但是适用惩罚性赔偿责任不能起到威慑的作用，惩罚性赔偿责任并不是恰当的回应方式，应对其施加刑事责任或行政责任。而以营利为目的恶意或鲁莽弃置他人权利于不顾而侵害

① 参见王立峰：《惩罚的哲理》，清华大学出版社 2006 年版，第 76 页。

② 参见［德］梅尔：《德国观念论与惩罚的概念》，邱帅萍译，知识产权出版社 2015 年版，第 24 页。

③ 参见［德］康德：《法的形而上学原理：权利的科学》，沈叔平译，商务印书馆 1991 年版，第 165 页。

④ 参见［加］欧内斯特·J. 温里布：《私法的理念》，徐爱国译，北京大学出版社 2007 年版，第 114 页。

⑤ 参见［德］梅尔：《德国观念论与惩罚的概念》，邱帅萍译，知识产权出版社 2015 年版，第 53-54 页。

人身权的行为，既符合应受报应的条件，又能受到惩罚性赔偿责任的威慑，满足适用惩罚性赔偿责任根据的要求，可以直接推导出惩罚性赔偿责任的适用。

三、我国缺陷产品惩罚性赔偿责任的正当性

具体到我国的缺陷产品惩罚性赔偿责任领域，《产品质量法》第 46 条规定："本法所称缺陷，是指产品存在危及人身、他人财产安全的不合理的危险；产品有保障人体健康和人身、财产安全的国家标准、行业标准的，是指不符合该标准。"由于具有不合理的危险或者不符合国家标准、行业标准的产品，并必然不会造成人身、财产的损害，而只是具有造成人身、财产损害的可能性，因此，根据《民法典》第 1207 条的规定，明知产品存在缺陷，并未停止生产或者并未及时采取停止销售、警示、召回等补救措施，实质上是预见到该缺陷产品可能对他人的人身造成损害，但放任这种损害可能性发生的行为。行为人在主观过错上是一种放任损害发生的间接故意，而非希望损害发生的直接故意，因其明知而非未能注意的过失。①

而在产品责任领域，不管是体现为作为形式的"仍然生产、销售"，还是表现为不作为形式的未能"及时采取停止销售、警示、召回等补救措施"，生产者、销售者放任致害可能性现实化的主要原因是其预计放任的所得将大于可能造成的所失，因而无视他人享有的合法权利，将自身意志或经济利益凌驾于他人人格及权利之上，否定内在于受害人的道德价值和人性尊严，对受害人造成道德损害。根据汉普顿教授的道德损害理论，生产者、销售者的这种弃置他人权利于不顾的放任行为应得报应。并且由于这种弃置他人权利而不顾的放任行为的发生主要源于经济利益的算计，对其施加惩罚性赔偿责任可以达到威慑的效果，因此，笔者认为，《民法典》第 1207 条规定的构成要件符合适用惩罚性赔偿责任的根据，具有正当性。

但是需要进一步说明的是，根据我国法律的规定，即使满足了上文所论证的惩罚性赔偿责任适用根据，也不一定会导致惩罚性赔偿责任的适用。我国法律关于惩罚性赔偿责任的规定往往会对损害程度作出特别的要求。《民法典》第 1207 条、《消费者权益保护法》第 55 条第 2 款以及最高人民法院《关于审理医疗损害责任纠纷案件适用法律若干问题的解释》（以下简称"《医疗损害司法解释》"）（法释〔2020〕17 号）第 23 条均要求损害达到造成死亡或健康严重损害的程度，《民法典》第 1185 条要求故意侵害他人知识产权达到情节严重的程度，而《民法典》第 1232 条则要求故意违反法律规定污染环境、破坏生态达到造成严重后果的程度，受害人

① 直接故意是指行为人明知其行为必将产生某一后果而追求该后果的发生；间接故意是指行为人明知行为可能发生某种后果却放任该后果之发生；过失则是指行为人对侵害他人民事权益之结果的发生，应注意或能注意却未注意的一种心理状态。参见程啸：《侵权责任法》（第二版），法律出版社 2015 年版，第 264、267－268 页。

才有权请求惩罚性赔偿。① 只有在不符合食品安全标准的食品和假药、劣药的惩罚性赔偿责任适用中，相关法律才没有对损害程度作出特别的要求。②

2009年《食品安全法》第96条第2款与现行《食品安全法》第148条第2款一致，并未要求不符合食品安全标准食品的惩罚性赔偿责任需要达到特别的损害程度。在惩罚性赔偿责任适用中特别要求损害程度的做法肇始于原《侵权责任法》第47条。在制定该条时，立法者为了防止惩罚性赔偿被滥用，避免被要求的赔偿数额畸高，因而规定了比较严格的适用条件。③ 而《消费者权益保护法》第55条第2款、《医疗损害司法解释》（法释〔2017〕20号）第23条制定于原《侵权责任法》之后，可以合理认为其受到了原《侵权责任法》第47条的影响，才要求损害达到造成死亡或严重健康损害的程度。笔者认为，立法者选择对某些惩罚性赔偿责任的适用进行限制主要有两个方面的考虑：一方面与我国法律体系的大陆法系背景有关，虽然我国借鉴英美法系的做法引入了惩罚性赔偿制度，但我国立法具有折中调和的传统，对其进行一定的限制可以在一定程度上淡化不同法律体系之间的冲突；另一方面则可能与我国现阶段以经济建设为中心的社会主义初级阶段基本路线有关，惩罚性赔偿责任的广泛适用可能对某些行业领域的经济发展造成不良影响。④ 因此，法律仅对造成一定损害程度的侵权行为适用惩罚性赔偿责任，以期实现调和经济建设与权利保护的目的。而立法者之所以没有对不符合食品安全标准的食品和假药、劣药的惩罚性赔偿责任提出损害程度的特别要求，可能是因为食品药品安全问题与人民群众的生命健康息息相关，而我国现阶段的食品药品安全形势又特别严

① 《消费者权益保护法》第55条第2款规定："经营者明知商品或者服务存在缺陷，仍然向消费者提供，造成消费者或者其他受害人死亡或者健康严重损害的，受害人有权要求经营者依照本法第四十九条、第五十一条等法律规定赔偿损失，并有权要求所受损失二倍以下的惩罚性赔偿。"《医疗损害司法解释》（法释〔2020〕17号）第23条规定："医疗产品的生产者、销售者、药品上市许可持有人明知医疗产品存在缺陷仍然生产、销售，造成患者死亡或者健康严重损害，被侵权人请求生产者、销售者、药品上市许可持有人赔偿损失及二倍以下惩罚性赔偿的，人民法院应予支持。"《民法典》第1185条规定："故意侵害他人知识产权，情节严重的，被侵权人有权请求相应的惩罚性赔偿。"《民法典》第1232条规定："侵权人违反法律规定故意污染环境、破坏生态造成严重后果的，被侵权人有权请求相应的惩罚性赔偿。"

② 《食品安全法》第148条第2款规定："生产不符合食品安全标准的食品或者经营明知是不符合食品安全标准的食品，消费者除要求赔偿损失外，还可以向生产者或者经营者要求支付价款十倍或者损失三倍的赔偿金；增加赔偿的金额不足一千元的，为一千元。但是，食品的标签、说明书存在不影响食品安全且不会对消费者造成误导的瑕疵的除外。"《药品管理法》第144条第3款规定："生产假药、劣药或者明知是假药、劣药仍然销售、使用的，受害人或者其近亲属除请求赔偿损失外，还可以请求支付价款十倍或者损失三倍的赔偿金；增加赔偿的金额不足一千元的，为一千元。"

③ 参见全国人大常委会法制工作委员会民法室编：《侵权责任法立法背景与观点全集》，法律出版社2010年版，第18页。

④ David Owen 教授就认为，鉴于惩罚性赔偿责任的适用及其威慑功能的不可预测性，惩罚性赔偿责任可能导致过度威慑，阻碍企业从事对社会有益的活动，并且惩罚性赔偿责任导致商品、服务的价格攀升，不利于本国企业在全球范围内竞争，详见 David G. Owen, "A Punitive Damages Overview: Functions, Problems and Reform", 39 Vill. L. Rev. 363 (1994) 396-400.

峻，人民群众对国家在食品药品安全领域的监管和规制提出了更高的要求，因而食品药品安全领域适用惩罚性赔偿责任的要求比其他领域更低。

综上所述，我国现行法律并不是对所有满足惩罚性赔偿责任适用根据的侵权行为都适用惩罚性赔偿责任，而是基于法政策的需要，对大部分惩罚性赔偿责任的适用设置了损害程度的特别要求。同样是基于法政策的需要，不符合食品安全标准的食品和假药、劣药的惩罚性赔偿责任不需要满足损害程度的要求。但是法律是在相关侵权行为满足了惩罚性赔偿责任一般性根据的基础之上，另外提出了损害程度的要求，因此，虽然《民法典》第1207条要求损害必须达到造成死亡或严重健康损害的程度，其仍然符合上文论证的惩罚性赔偿责任一般性根据，具有的正当性不受影响。

四、我国缺陷产品惩罚性赔偿责任的构成要件

《民法典》第1207条在原《侵权责任法》第47条的基础上增加了“或者没有依据前条规定采取有效补救措施”的平行适用条件。而根据《民法典》第1206条的规定，产品投入流通后发现存在缺陷的，生产者、销售者应当及时采取停止销售、警示、召回等补救措施。《民法典》第1207条规定的“仍然生产、销售”从另一方面来说即意味着生产者、销售者并未采取停止生产或者销售的措施，而第1206条规定的“发现存在缺陷”则意味着生产者或销售者已经“明知产品存在缺陷”，因此，根据《民法典》第1207条的基本文义，明知产品存在缺陷，并未停止生产或者并未及时采取停止销售、警示、召回等补救措施而造成他人死亡或者健康严重损害的，应当承担惩罚性赔偿责任。

从上文的分析可以看出，适用《民法典》第1207条规定的缺陷产品惩罚性赔偿责任需要满足三个要件：(1)“明知产品存在缺陷”或者“产品投入流通后发现存在缺陷”的主观构成要件；(2)“仍然生产、销售”或者“没有依据前条规定采取有效补救措施”的行为构成要件；(3)“造成他人死亡或者健康严重损害的”损害构成要件。惩罚性赔偿责任主观过错由行为人的认识要素和意志要素构成，《民法典》第1207条规定的主观构成要件“明知产品存在缺陷”或者“产品投入流通后发现存在缺陷”则体现了行为人的认识要素，行为构成要件“仍然生产、销售”或者“没有依据前条规定采取有效补救措施”则体现了行为人的意志要素，认识要素和意志要素共同导致了侵害行为的发生，构成了行为人间接故意的主观过错。上文已经论证，《民法典》第1207条规定的缺陷产品惩罚性赔偿责任符合惩罚性赔偿责任适用的根据，具有正当性。因此，我们应通过惩罚性赔偿责任适用的根据来理解作为认识要素的主观构成要件“明知产品存在缺陷”或者“产品投入流通后发现存在缺陷”，以及作为意志要素的行为构成要件“仍然生产、销售”或者“没有依据前条规定采取有效补救措施”，并根据国家的法政策来理解损害构成要件“造成

他人死亡或者健康严重损害的”。若某种对《民法典》第1207条规定构成要件的理解不符合惩罚性赔偿责任适用的根据或者国家的法政策，应予以摒弃。

（一）主观构成要件

由于《民法典》第1207条增加的“或者没有依据前条规定采取有效补救措施”适用条件的主观过错前提是生产者、销售者发现产品存在缺陷，其本质上仍然是对产品存在缺陷的明知。只不过《民法典》第1206条将明知产品存在缺陷的时间节点限定在产品投入流通之后，而根据第1207条的规定产品投入流通之前仍然可能具有明知产品缺陷的主观认识。因此，尽管《民法典》第1207条增加了“或者没有依据前条规定采取有效补救措施”的平行适用条件，该新增适用条件的主观构成要件的认定仍然取决于对“明知产品存在缺陷”的理解。而对“明知产品存在缺陷”的理解，如上文所述，则取决于其是否符合惩罚性赔偿责任适用的根据。

1. 对“明知”认识要素的理解

在侵权法上，“明知”是故意的认识要素，是指行为人对于其行为将会发生侵害他人民事权益的后果有所认识；而故意就是指行为人明知其行为会发生侵害他人民事权益的后果，仍有意为之的一种主观心理状态。① 侵权法以外，我国的刑法也是将“明知”作为故意的认识要素。② 明确知道、实际知道自然是“明知”的应有之意。但是学界和司法实务界对于“明知”是否包括“应当知道”仍然存在认识上的分歧。

现已失效的1992年最高人民法院、最高人民检察院《关于办理盗窃案件具体应用法律若干问题的解释》（法发〔1992〕43号）是较早将“明知”解释为包括“应当知道”的法律文件。该司法解释在“如何认定窝赃、销赃罪”部分规定：“……认定窝赃、销赃罪的‘明知’，不能仅凭被告人的口供，应当根据案件的客观事实予以分析。只要证明被告人知道或者应当知道是犯罪所得的赃物而予以窝藏或者代为销售的，就可以认定……”但是我们无法根据该司法解释的规定判断此处的“应当知道”究竟是指“应当知道而未能知道”，还是指“根据案件的客观事实可以推定被告人应当知道”。如果此处的“应当知道”是指“应当知道而未能知道”，该司法解释则是将窝赃、销赃罪的认识要素从“知道”扩张到了“不知道”，将主观过错从“故意”扩张到了“过失”③。如果此处的“应当知道”是指“根据案件的客观事实可以推定被告人应当知道”，则“应当知道”的用法会使人误认为过失也能构成窝赃、销赃罪。

事实上，很多学者就坚定地主张“应当知道”以不知为前提，“应当知道”的

① 参见程啸：《侵权责任法》（第二版），法律出版社2015年版，第264页。

② 《刑法》第14条第1款规定：“明知自己的行为会发生危害社会的结果，并且希望或者放任这种结果发生，因而构成犯罪的，是故意犯罪。”

③ 行为人对侵害他人民事权益之结果的发生，应注意或能注意却未注意的心理状态为过失。参见程啸：《侵权责任法》（第二版），法律出版社2015年版，第267－268页。

主观心理状态为“过失”，“明知”不包括“应当知道”①。还有的学者则一方面主张应限定“明知”为故意，不包括重大过失，另一方面却又主张“明知”包含“确知”和“应知”两种情形；但从该学者在论文中使用的“推定应当知道”的用法，可以推断其所谓的“应知”不是指“应知而未知”的过失，而是对“知道”的推定。② 当然，仍有学者主张“明知”包含了“应知”，且迥异于故意，认为在过失的情况下亦能适用惩罚性赔偿责任。③ 但我国立法者除使用“明知”外，还广泛使用“故意”和“恶意”作为惩罚性赔偿责任的构成要件。由此可以看出，这一观点不仅不符合该法律用语的基本含义，也不符合立法者的真实意图。另外，根据上文论述的惩罚性赔偿责任适用根据，若“明知”包含了“应知”，则过失的主观过错也能适用惩罚性赔偿责任。但是在过失的主观过错中，生产者、销售者对缺陷的存在只是应知而未知，其并没有将自身意志或经济利益凌驾于他人人格及权利之上，并没有否定内在于受害人的道德价值和人性尊严，没有对受害人造成道德损害，对过失的主观过错适用惩罚性赔偿责任不具有正当性。

综上，由于“应知”容易让人误以为是指“应知而未知”的过失，我们应该使用“明知的推定”而摒弃“应知”的用法来表达“推定应当知道”。这样既能维护“明知”下适用惩罚性赔偿责任的正当性，又能避免与过失混淆。而“应知而未知”意义上的“应知”，实质为过失，不符合立法者的真实意图，也不符合惩罚性赔偿责任的正当性要求。所以，惩罚性赔偿责任中的“明知”不包括“应知”。

2.“明知”的辅助认定规则

作为一种心理状态，明知的证明一直以来都是司法实践中的难点。被侵权人往往是因为不能证明生产者或销售者明知缺陷的存在而无法获得惩罚性赔偿。除了“明确知道”的“明知”，笔者认为还可以利用欺诈规则和漠视规则来辅助认定生产者或销售者是否明知产品存在缺陷。

笔者提出的“欺诈规则”是指，虽然没有生产者、销售者明确知道产品存在缺陷的有力证据，但是在一些掺杂、掺假，以假充真、以次充好，以不合格产品冒充合格产品的情形中，生产者或销售者存在添加有害有毒物质、篡改或伪造实验测试数据、操控实验程序、篡改生产日期、伪造合格标志等积极作为的欺诈行为④，行为人的主观心理状态不可能是过失，只能是故意。笔者认为在上述存在欺诈行为的情况下，可以认定行为人明知产品缺陷的存在。

① 陈兴良：《奸淫幼女构成犯罪应以明知为前提——为一个司法解释辩护》，《法律科学》2003 年第 6 期；高圣平：《产品责任法律制度研究——以〈侵权责任法〉第五章为分析对象》，陈小君主编：《私法研究》(第 9 卷)，法律出版社 2010 年版。

② 参见税兵：《惩罚性赔偿的规范构造——以最高人民法院第 23 号指导性案例为中心》，《法学》2015 年第4 期。

③ 参见张红：《侵权责任之惩罚性赔偿》，《武汉大学学报（哲学社会科学版）》2020 年第 1 期。

④ See David G. Owen, “Punitive Damages in Product Liability Litigation”, 74 Mich. L. Rev. 1257 (1976) 1329 - 1335.

而“漠视规则”下的生产者、销售者并不存在欺诈的行为，行为人也并不明确知道产品存在缺陷，但其在被明确告知产品存在缺陷后，并未采取合理措施就产品是否存在缺陷进行充分的检测、试验等，验证客户反映的产品缺陷问题是否真实以及存在缺陷的原因，以排除产品可能存在的真实风险。当用户针对同一产品或者同一批次的产品导致损害的投诉或者针对同一产品或者同一批次的产品存在缺陷的诉讼已达到一定数量时，如果生产者、经营者未对投诉反映的问题采取上述合理措施，笔者认为这意味着生产者、经营者在明知产品可能存在缺陷并可能造成他人损害的情况下，拒绝采取合理措施，放任这种缺陷和损害可能性的发生，弃置他人权利而不顾，从而可以推断其明知产品缺陷的存在。另外，在无法判断生产者或者销售者是否存在故意的主观心理状态，但是产品又明显存在缺陷或明显不符合质量标准时，如果只要经过正常测试或基本的质量查验就能发现产品存在缺陷或不符合质量标准，笔者认为这种情况同样可以认为生产者或销售者根本就没有履行其把控质量的法定义务，对产品质量标准的要求和他人的权利有意地视而不见，放任产品造成他人损害可能性的实现，从而可以推定其明知缺陷的存在。①

需要注意的是，虽然同样具有如果尽到应有的注意就可以避免损害发生的特征，但是“有意地视而不见”不同于“疏忽大意的过失”：疏忽大意的过失中行为人并没有认识到其行为具有侵害他人民事权益的抽象可能性，只是因行为人的疏忽大意而没有避免损害的发生②；而有意地视而不见的行为人则清楚其所负担的法定义务，知晓其若不履行法定义务可能会造成侵害他人民事权益的抽象可能性，但是仍然拒不履行其法定义务而导致损害的发生。例如，在各地出现的“食品过期案”中，如果超市做到了定期检查货架食品并留存检查记录，只是因为食品保质程度较高、食品生产者采取时间段作为保质期标示方法等客观原因，超市未能及时发现货架上的食品过期，且过期时间还不算太长，笔者认为可以认定超市的过错为疏忽大意的过失。但是如果超市并未建立定期检查制度或未保留检查记录，过期商品又是容易腐烂或过期的商品、保质期标示方法也为明确的时间点等，若发生商品过期的情况或过期时间太长，则应当认定超市对商品质量检查义务系有意地视而不见，对损害的发生具有间接故意的主观过错。③

（二）行为构成要件

1. 对“仍然生产、销售”的理解

如上文所述，惩罚性赔偿责任主观过错由行为人的认识要素和意志要素构成，“仍然生产、销售”体现了行为人的意志要素。

① See David G. Owen, “Punitive Damages in Product Liability Litigation”, 74 Mich. L. Rev. 1257 (1976) 1339 - 1345.

② 参见程啸：《侵权责任法》（第二版），法律出版社 2015 年版，第 268 页。

③ 参见税兵：《惩罚性赔偿的规范构造——以最高人民法院第 23 号指导性案例为中心》，《法学》2015 年第 4 期。

虽然根据《民法典》第1207条的基本文义，明知产品存在缺陷仍然生产、销售可能承担惩罚性赔偿责任，但是根据《产品质量法》第41条第2款第1项的规定，产品未投入流通的，生产者不承担产品责任。而通常认为将产品投入流通就是指“用于销售”[①]。因此，明知产品存在缺陷而仍然生产的行为并不足以使生产者承担产品责任，使生产者承担产品责任的真正原因在于生产者对销售者的销售行为，销售者承担产品责任的真正原因则在于其对消费者的销售行为。由于涉及生产者和销售者两个责任主体，笔者认为就“仍然生产、销售”而言，至少包括以下两种销售的情形。

第一，“明知产品存在缺陷”，生产者、销售者均继续销售的，生产者和销售者的行为在产品从生产者到消费者的过程中同样具有可责性，应对惩罚性赔偿承担连带责任。

第二，“明知产品存在缺陷”，生产者采取停止生产、销售、召回等补救措施，但销售者仍然继续销售的，对因产品未及时停止销售和召回所发生的损害，生产者不承担惩罚性赔偿责任，而应由销售者承担。

2. 对“没有依据前条规定采取有效补救措施”的理解

《民法典》第1206条第1款规定：“产品投入流通后发现存在缺陷的，生产者、销售者应当及时采取停止销售、警示、召回等补救措施；未及时采取补救措施或者补救措施不力造成损害扩大的，对扩大的损害也应当承担侵权责任。”从第1206条第1款的文义来看，第1207条所规定的“没有依据前条规定采取有效补救措施”从文义上来讲是指未能及时停止销售、警示、召回等。

但是如上文所述，“仍然生产、销售”的行为之所以承担责任主要在于“仍然销售”、而非“仍然生产”，而“仍然销售”则意味着生产者、销售者未能“停止销售”。因此笔者认为，《民法典》第1207条“没有依据前条规定采取有效补救措施”要件所新增的要求，实际上是生产者、销售者采取“警示、召回等补救措施”，没有采取“警示、召回”等有效补救措施的，可能承担惩罚性赔偿责任，“停止销售”并非《民法典》第1207条新增的要求。未能及时采取警示、召回义务导致惩罚性赔偿责任的适用才是本次民法典编纂新增的规定，下文将主要考察该新增规定的合理性与正当性。

在产品投入流通后发现存在缺陷的情况下，顾名思义，生产者、销售者已明确知道产品存在造成他人损害的可能性。如果未能及时采取警示、召回等措施，其实质仍然是为了追求经济利益而放任损害可能性的现实化，符合适用惩罚性赔偿责任的一般根据。需要解释的是，由于《民法典》第1206条已经明确规定未能及时采取警示、召回等有效措施的，应对扩大的损害承担侵权责任。根据上文论证的惩罚性赔偿责任适用根据，似乎第1206条应该直接适用惩罚性赔偿责任。但是正如前

① 程啸：《侵权责任法》（第二版），法律出版社2015年版，第555页。

文所述，我国在制定有关惩罚性赔偿责任的规定时，基于各种各样的法政策理由对惩罚性赔偿责任的适用设置了限制性条件，因此，虽然对《民法典》第1206条规定的未能及时采取警示、召回等有效措施完全可以依据惩罚性赔偿责任适用根据而适用惩罚性赔偿责任，但是基于法政策的原因我国法律仍然将其降格为填补性损害赔偿责任。只有在“造成他人死亡或者健康严重损害”时，才会适用惩罚性赔偿责任。但是笔者认为，这种法政策的限制并不影响因未能及时采取警示、召回等措施适用惩罚性赔偿责任的正当性。

（三）损害构成要件

正如上文所述，要求损害达到一定程度方能适用惩罚性赔偿责任的做法肇始于原《侵权责任法》第47条。而立法者在制定原《侵权责任法》第47条时之所以规定比较严格的适用条件，是为了防止惩罚性赔偿被滥用，避免赔偿数额畸高。根据笔者的检索，原《侵权责任法》试行的10年中，很少有法院单独依据该法第47条的规定支持原告的惩罚性赔偿请求。即使有法院在判令支付惩罚性赔偿金的判决中引用了该条，该条也大多与《消费者权益保护法》第55条第2款或者《食品安全法》第148条第2款共同适用。该条对于惩罚性赔偿责任的适用究竟具有多大作用是存疑的。

因此，关于何谓“健康严重损害”，笔者建议不宜采取过高标准，因为过高标准将导致法律的适用困难，乃至成为具文。“防止惩罚性赔偿被滥用”的法政策被立法者过度发挥。鉴于最高人民法院、最高人民检察院《关于办理危害食品安全刑事案件适用法律若干问题的解释》第2条①已规定轻伤以上伤害的即可认定为健康遭受严重损害，民法中的“健康严重损害”标准不宜比刑法标准还高，因此，笔者建议轻伤以上伤害即可构成《民法典》第1207条规定的“健康严重损害”。

五、“相应的”惩罚性赔偿的数额确定方式

笔者认为，“相应的”惩罚性赔偿责任大小的确定主要是法政策问题和体系问题，现有的关于惩罚性赔偿责任的基本理论在该问题的解决上显得捉襟见肘。而从实践角度上来讲，确定何为“相应的”惩罚性赔偿，需要解决“计算基数”和“计算倍数”两个要点，二者相乘就能够确定赔偿数额。

（一）计算基数

2013年修订《消费者权益保护法》时新增了第55条第2款的规定，该款的规

① 最高人民法院、最高人民检察院《关于办理危害食品安全刑事案件适用法律若干问题的解释》第2条：“生产、销售不符合食品安全标准的食品，具有下列情形之一的，应当认定为刑法第一百四十三条规定的‘对人体健康造成严重危害’：（一）造成轻伤以上伤害的；（二）造成轻度残疾或者中度残疾的；（三）造成器官组织损伤导致一般功能障碍或者严重功能障碍的；（四）造成十人以上严重食物中毒或者其他严重食源性疾病的；（五）其他对人体健康造成严重危害的情形。”

范构造与原《侵权责任法》第 47 条基本相同。但与原《侵权责任法》第 47 条相比，《消费者权益保护法》第 55 条第 2 款明确规定了“依照本法第四十九条、第五十一条等法律规定赔偿损失”。因此笔者认为，《消费者权益保护法》第 55 条第 2 款明确规定的损失计算方式对《民法典》第 1207 条的适用具有较强的参考价值。

由于《消费者权益保护法》第 49 条规定的人身损害赔偿计算项目与原《侵权责任法》第 16 条的规定相同，并且《消费者权益保护法》第 51 条规定的精神损害赔偿责任与原《侵权责任法》第 22 条规定的精神损害赔偿责任同样需要达到“造成严重精神损害”的程度，而排除在惩罚性赔偿责任计算基数之外的《消费者权益保护法》第 50 条较之原《侵权责任法》第 22 条少了“严重精神损害”的要求。因此笔者认为，立法者是以人身损害和“严重”精神损害作为基数来计算惩罚性赔偿责任大小的，其中不包括《消费者权益保护法》第 52 条对应的财产损害。

（二）计算倍数

从《民法典》第 1207 条的措辞来看，对惩罚性赔偿责任的计算倍数并无明确限制。但既然法律规定的是“相应的”惩罚性赔偿责任，从立法目的出发，则要求侵权人承担与其行为的可责难性相匹配的惩罚性赔偿责任。

在《民法典》以外，我国尚有《消费者权益保护法》《食品安全法》《药品管理法》等单行法规定了与缺陷产品有关的惩罚性赔偿。《消费者权益保护法》第 55 条第 2 款与《民法典》第 1207 条采用了相同的“明知存在缺陷”的主观构成要件和“仍然向消费者提供”的行为构成要件，在损害构成要件上也表述为相同的“造成……死亡或者健康严重损害的”，因此笔者认为，从法律体系的连贯性和法政策需要出发，可以将《消费权益保护法》第 55 条第 2 款规定的“所受损失二倍以下的惩罚性赔偿”作为《民法典》第 1207 条惩罚性赔偿责任计算倍数的基线；食品领域、医疗产品以外的产品责任适用《民法典》第 1207 条时，或者食品领域、医疗产品侵权中因不能满足相应的单行法规定的适用条件而适用《民法典》第 1207 条时，应以《消费者权益保护法》规定的“损失二倍以下”作为计算倍数的基线。

而在食品安全领域和医疗责任领域中，《食品安全法》第 148 条第 2 款规定的适用条件为“生产不符合食品安全标准的食品或者经营明知是不符合食品安全标准的食品”，就食品生产行为而言不要求“明知存在缺陷”的主观构成要件，就食品经营行为而言要求“明知存在缺陷”，但未规定“仍然生产、经营”的行为构成要件，且未要求“造成……死亡或者健康严重损害的”的损害构成要件，并规定惩罚性赔偿责任的计算倍数为“损失三倍”。《药品管理法》第 144 条第 3 款规定的适用条件为“生产假药、劣药或者明知是假药、劣药仍然销售、使用的”，就药品生产行为而言不要求“明知”的主观构成要件，就药品销售行为而言要求“明知存在缺陷”的主观构成要件和“仍然销售、使用”的行为构成要件，但未要求“造成……死亡或者健康严重损害的”的损害构成要件，并规定惩罚性赔偿责任的计算倍数为“损失三倍”。

从上述条文的对比中可以看出：（1）与《药品管理法》相比，《食品安全法》中惩罚性赔偿责任的适用门槛更低，食品领域的惩罚性赔偿责任重于药品领域；（2）食品和药品领域中的惩罚性赔偿责任对生产行为的惩罚性力度重于销售、使用行为；（3）食品和药品领域中的惩罚性赔偿责任均不以“造成……死亡或者健康严重损害的”的后果为前提；（4）与《消费者权益保护法》相比，《食品安全法》中惩罚性赔偿责任的适用门槛更低，但计算倍数却是更高的“三倍”，食品领域的惩罚性赔偿责任也重于消费者保护领域；

因此，综合上述比较，笔者认为在食品、药品领域的惩罚性赔偿责任的适用中：（1）在同食品、药品具有类似社会重要性的产品类型上（如疫苗、化妆品等）适用《民法典》第1207条时，可以参照食品、药品领域惩罚性赔偿责任的规定计算“相应的”惩罚性赔偿数额。（2）以食品、药品领域惩罚性赔偿责任的规定作为参考基线：对于社会重要性相对较低的产品，惩罚性赔偿数额不应超过损失的三倍；对于婴幼儿食品、药品等社会重要性相对更高的产品，惩罚性赔偿数额的计算可以突破三倍。

专题九

侵害患者知情同意权侵权责任研究

在原《侵权责任法》通过之前，2009年《执业医师法》第26条、《医疗事故处理条例》第11条、1994年《医疗机构管理条例》第33条、《医疗机构管理条例实施细则》第62条和第88条规定了有关医务人员告知说明义务和患者知情同意权的内容，并普遍为医疗机构的诊疗活动所遵循，取得了很好的实践效果。① 原《侵权责任法》第55条借鉴了这些规定，在法律层面明确规定了患者的知情同意权②，规定了侵害患者知情同意权的侵权责任，并在第56条规定了紧急情况下医疗机构紧急专断治疗的例外情形。《民法典》第1219条和第1220条继受了原《侵权责任法》第55条和第56条，并对第55条第1款进行了完善，包括三个方面：第一，对医疗机构的说明义务进一步增加了“具体”说明的要求；第二，将“书面”同意改为了“明确”同意；第三，在“不宜”向患者说明的情形的基础上，增加了“不能”的情形。下文从解释论视角出发，以《民法典》第1219条和第1220条为中心，对侵害患者知情同意权侵权责任进行解读，提出对最高人民法院进一步完善《医疗损害责任纠纷解释》的建议。

一、侵害患者知情同意权的侵权责任在体系上的独立性

（一）对侵害患者知情同意权的侵权责任独立性的三种典型观点

学说上对于《民法典》第1219条规定的侵害患者知情同意权的侵权责任在“医疗损害责任”章中的体系地位有一定的争议，主要存在三种典型观点。

第一种是“独立侵权责任类型说”，以杨立新教授为代表。该说认为，《民法典》第1218条、第1221条和第1222条规定的是医疗技术损害责任。③ 第1219条、

① 参见王胜明主编：《中华人民共和国侵权责任法解读》，中国法制出版社2010年版，第274页。

② 参见王利明：《侵权责任法研究》（下卷），中国人民大学出版社2011年版，第421页。

③ 参见杨立新：《侵权责任法》，法律出版社2010年版，第419页。

第1220条和第1226条规定的是医疗伦理损害责任[①]，违法行为应区分为违反告知义务和违反保密义务两种类型。[②] 按照这样的认识，违反告知义务的医疗伦理损害责任是独立的侵权责任类型。

第二种是“过错表现形式说”，以张新宝教授为代表。该说认为，根据《民法典》第1218条的规定，医疗损害责任的构成要件包括：（1）诊疗行为具有违法侵害患者的生命、健康等人身权利的特征；（2）患者或者其近亲属遭受损害；（3）诊疗行为与损害结果之间的因果关系；（4）医疗机构、医务人员有过错。[③] 就过错要件，张新宝教授认为，按照《民法典》侵权责任编的规定，包括三种情况：（1）违反告知同意义务；（2）违反医疗机构的注意义务；（3）法定过错推定标准。[④] 按照这样的认识，违反告知同意义务是医疗损害责任过错要件的一种表现形式，不具有独立性。

第三种是“医疗损害责任类型说”，以王利明教授为代表。该说认为，根据《民法典》第1218条的规定，医疗损害是诊疗活动给患者造成的损害。[⑤]《民法典》侵权责任编对医疗损害责任作出了类型化的规定，主要表现在：第一，规定了药品、医疗器械、消毒产品、血液的缺陷造成损害的责任；第二，规定了侵害患者隐私权的责任；第三，规定了违反知情同意义务而产生的责任；第四，规定了不必要检查的责任。[⑥] 按照这样的认识，“违反知情同意义务而产生的责任”具有一定的独立性，但其造成的损害仍然是医疗行为本身造成的损害，而非独立的侵害知情同意权的侵权责任。

对比上述三种观点可以看出，侵害患者知情同意权的侵权责任的体系定位有一定的争议性和模糊性。这将直接影响对《民法典》第1219条和第1220条的理解与适用，因此有必要首先厘清这一问题。

（二）侵害患者知情同意权的侵权责任在原《侵权责任法》上的确立过程

在原《侵权责任法》第二次审议过程中，全国人民代表大会法律委员会曾对医疗损害责任作出过说明：“关于医疗损害赔偿责任，草案区分不同情况作了三方面规定：（1）诊疗损害实行过错责任……（‘二审稿’第53条，相当于原《侵权责任法》第54条、《民法典》第1218条；‘二审稿’第58条，相当于原《侵权责任法》第58条、《民法典》第1222条[⑦]）。（2）医务人员未尽告知义务的赔偿责任……（‘二审稿’第55条和第56条，相当于原《侵权责任法》第55条和第56条，《民法

① 参见杨立新：《侵权责任法》，法律出版社2010年版，第428页。
② 参见杨立新：《侵权责任法》，法律出版社2010年版，第441－442页。
③ 参见张新宝：《侵权责任法》（第二版），中国人民大学出版社2010年版，第232－234页。
④ 参见张新宝：《侵权责任法》（第二版），中国人民大学出版社2010年版，第235－237页。
⑤ 参见王利明：《侵权责任法研究》（下卷），中国人民大学出版社2011年版，第371－372页。
⑥ 参见王利明：《侵权责任法研究》（下卷），中国人民大学出版社2011年版，第380－381页。
⑦ 括号中的内容为笔者添加的说明，下同，不再赘述。

典》第 1219 条和第 1220 条)。（3）因药品、医疗器械的缺陷造成损害的，根据《产品质量法》的规定实行无过错责任……”① 可见，草案起草者将“医务人员未尽告知义务的赔偿责任”和“因药品、医疗器械的缺陷”引起的产品责任作为独立于“诊疗损害责任”的独立侵权责任类型。尽管该文件未对“二审稿”第 57 条规定中未尽“与当时的医疗水平相应的注意义务”医疗损害责任进行明确定性，但由于该类侵权行为既不是“医务人员未尽告知义务的赔偿责任”，也不是“缺陷药品、医疗器械产品责任”，而是一种强调技术意义上的诊疗义务的责任，因而也应该认为其是一种“诊疗损害责任”类型。按照这样的认识，“医务人员未尽告知义务的赔偿责任”是独立的侵权责任类型。

（三）侵害患者知情同意权的侵权责任是独立的侵权责任类型

原《侵权责任法》通过之后，修改后的《民事案件案由规定》（法〔2011〕41 号）增加了三级案由“351. 医疗损害责任纠纷”，下设“（1）侵害患者知情同意权责任纠纷”和“（2）医疗产品责任纠纷”两个四级案由，明确了“侵害患者知情同意权责任纠纷”的独立性。《民事案件案由规定》（法〔2020〕347 号）在“376. 医疗损害责任纠纷”下坚持了这种案由体例。笔者赞成这种定位，认为《民法典》侵权责任编规定的侵害患者知情同意权的侵权责任是与“诊疗损害责任”并列的独立侵权责任类型，主要理由是：

第一，两种侵权责任的过错所针对的行为类型不同。《民法典》第 1218 条规定了诊疗损害责任的过错责任原则。这种过错的举证责任分配，可能是由患者一方承担，如第 1221 条规定的“医务人员在诊疗活动中未尽到与当时的医疗水平相应的诊疗义务”，也可能是第 1222 条规定的医疗机构过错推定责任，但都是医务人员对其诊疗活动的过错。《民法典》第 1219 条第 2 款规定的“医务人员未尽到前款义务”，是一种未尽告知义务的过错。如果认为第 1219 条第 2 款的规定是诊疗损害责任中过错要件的一种表现形式，那么鉴于未尽告知义务的行为并非直接构成诊疗活动的过错，就应该在第 1222 条中作为一种过错推定的情形予以列举。这是因为，即使医务人员没有尽到告知义务，也不能认为诊疗行为本身就有过错。这种过错，严格地说是过失，只能以推定的方式确定，并且允许医疗机构一方进行反证。立法者没有作出这样的立法安排，原因应该是区分了两种过错针对的行为类型。

第二，《民法典》第 1222 条规定的过错推定情形与第 1224 条第 1 款规定的抗辩事由情形，均仅适用于诊疗损害责任，而不适用于侵害患者知情同意权的侵权责任。《民法典》第 1222 条第 1 项规定的“违反法律、行政法规、规章以及其他有关诊疗规范的规定”，其实质是各种法律性文件中“有关诊疗规范的规定”。第 2 项规定的“隐匿或者拒绝提供与纠纷有关的病历资料”和第 3 项规定的“遗失、伪造、

① 李适时：《全国人民代表大会法律委员会关于〈中华人民共和国侵权责任法（草案）〉主要问题的汇报》，在 2008 年 12 月 22 日第十一届全国人民代表大会常务委员会第六次会议上。

篡改或者违法销毁病历资料”，其主要目的也是判断诊疗活动中的过错，而非用以判断是否尽到告知义务。《民法典》第1224条第1款第1项规定：“患者或者其近亲属不配合医疗机构进行符合诊疗规范的诊疗；”第2项规定：“医务人员在抢救生命垂危的患者等紧急情况下已经尽到合理诊疗义务；”第3项规定：“限于当时的医疗水平难以诊疗。”这3项规定均是针对诊疗活动而非医务人员是否尽到告知义务。

第三，《民法典》第1219条和第1220条自成体系，完整地规定了“告知义务—违反告知义务”的侵权责任构成结构与相应的抗辩事由。第1219条第1款规定了与患者知情同意权对应的医疗机构告知义务，由医务人员来具体进行说明。该条第2款规定了违反这种义务造成患者损害的侵权责任。第1220条实质上规定了紧急情况下医疗措施的批准程序作为未尽告知义务侵害患者知情同意权的侵权责任的抗辩事由。这两个条文的适用，不以第1218条为前提。

第四，医务人员尽到说明义务并不是诊疗损害责任的抗辩事由。原《侵权责任法》的草案起草者在权威解读中谈道：“医务人员尽管尽到了本条第一款规定的义务，尽管取得了患者或者其近亲属同意相关治疗的签字，但如果在后续的诊疗活动中未尽到与当时的医疗水平相应的诊疗义务，造成患者损害的，医疗机构仍应当承担赔偿责任。”① 质言之，明确同意的法律效果是允许医疗机构按照同意的内容实施“手术、特殊检查、特殊治疗”，或者“替代医疗方案”，或者及时转诊治疗，而不是自担风险。

综上所述，笔者认为，侵害患者知情同意权的侵权责任是与诊疗损害责任并列的侵权责任类型。《民法典》侵权责任编上的诊疗损害责任规定包括第1218条、第1221条、第1222条和第1224条，侵害患者知情同意权的侵权责任规定在第1219条和第1220条，缺陷药品、消毒产品、医疗器械和不合格血液产品责任规定在第1223条。这样的结论可能会引起条文顺序方面的质疑，即如果这是立法者的本意，那么为何将《民法典》第1219条和第1220条置于第1218条与第1221条之间？但如果认识到《民法典》第1224条规定的抗辩事由，显然不适用于第1223条规定的缺陷药品、消毒产品、医疗器械和不合格血液产品责任，那么更为合理的解释应该是，在编纂《民法典》侵权责任编过程中，由于未对侵害患者知情同意权的侵权责任的独立性有明确而充分的认识，因而才继续不恰当地将其置于第1219条和第1220条的位置，实为遗憾。

二、医疗机构说明义务的类型与履行方式

《民法典》第1219条第1款规定：“医务人员在诊疗活动中应当向患者说明病情和医疗措施。需要实施手术、特殊检查、特殊治疗的，医务人员应当及时向患者

① 王胜明主编：《中华人民共和国侵权责任法解读》，中国法制出版社2010年版，第277-278页。

具体说明医疗风险、替代医疗方案等情况，并取得其明确同意；不能或者不宜向患者说明的，应当向患者的近亲属说明，并取得其明确同意。”这是对医疗机构说明义务的规定。《医疗损害责任纠纷解释》（法释〔2020〕17 号）第 11 条第 2 款第 3 项规定：“下列专门性问题可以作为申请医疗损害鉴定的事项：……（三）医疗机构是否尽到了说明义务、取得患者或者患者近亲属明确同意的义务……”可见，医疗机构尽到“说明义务”的过程包括“说明”和“取得患者或者患者近亲属明确同意”两个紧密相连的法律事实，实务中可以由法官自行判断，也可以作为专门性问题交由医疗鉴定机构鉴定。

医疗机构的说明义务与患者的知情同意权相对应，是指医疗机构为取得患者对医疗行为的同意，而对该医疗行为的有关事项进行说明的义务。① 因此，《民法典》第 1219 条和第 1220 条的规定，不适用于基于社会公共利益考量对严重传染病患者、严重精神障碍者和吸毒者的强制治疗行为。②

（一）第 1219 条第 1 款第一句与第二句是一般规则与特别规则的关系

《民法典》第 1219 条第 1 款分为两句，其中第二句用一个“分号”将该句分为两段。第 1219 条规定了两种告知义务，即第一句规定的适用于所有“诊疗活动”（以下简称“普通诊疗活动”）的普通说明义务和第二句规定的适用于“需要实施手术、特殊检查、特殊治疗”情形（以下简称“特殊诊疗活动”）的特殊说明义务。③ 第 1219 条第 1 款将“手术”从“诊疗活动”中单独区分出来，与“特殊检查、特殊治疗”归入特殊诊疗活动，适用不同的告知义务规则。从该句没有使用“等”字样也可以看出立法者的这种有意的区分仅限于这三种情况。④《医疗机构管理条例实施细则》第 88 条对特殊检查、特殊治疗的界定是：“是指具有下列情形之一的诊断、治疗活动：（一）有一定危险性，可能产生不良后果的检查和治疗；（二）由于患者体质特殊或者病情危笃，可能对患者产生不良后果和危险的检查和治疗；（三）临床试验性检查和治疗；（四）收费可能对患者造成较大经济负担的检查和治疗。”前三种情形体现出一定的危险性和不确定性，因此《医疗纠纷预防和处理条例》第 14 条特别规定：“开展手术、特殊检查、特殊治疗等具有较高医疗风险的诊疗活动，医疗机构应当提前预备应对方案，主动防范突发风险。”而第四种情形则体现出高费用性。正是基于这些特性，医疗机构特殊说明义务的说明范围从“病情和医疗措施”扩展到“医疗风险、替代医疗方案等情况”，告知时间上增加了“及时”的要求，并要求取得患者或者近亲属的明确同意。因此，《民法典》第 1219 条

① 参见王胜明主编：《中华人民共和国侵权责任法解读》，中国法制出版社 2010 年版，第 275 页。

② 对此问题的探讨，参见艾尔肯：《论医疗知情同意理论》，《河北法学》2008 年第 8 期。近年来，社会和学界对“被精神病”的问题争议较多，更显示出此问题在我国的重要性。参见房清侠：《上访者“被精神病”现象的法社会学思考》，《河北法学》2011 年第 1 期对此问题，笔者将另行撰文进行探讨。

③ 参见王利明：《侵权责任法研究》（下卷），中国人民大学出版社 2011 年版，第 426－428 页。

④ 参见王利明：《侵权责任法研究》（下卷），中国人民大学出版社 2011 年版，第 429 页。

第 1 款第一句与第二句是一般规则与特别规则的关系，第一句规定的普通说明义务应当同样适用于第二句规定的特殊说明义务中。

（二）全面履行医疗机构说明义务的基本要求与特殊说明义务的内容

笔者认为，全面履行医疗机构说明义务的基本要求包括以下几个方面：第一，“说明”义务贯穿于整个诊疗活动。《医疗机构管理条例实施细则》第 88 条对诊疗活动的界定是：“是指通过各种检查，使用药物、器械及手术等方法，对疾病作出判断和消除疾病、缓解病情、减轻痛苦、改善功能、延长生命、帮助患者恢复健康的活动。”第二，“说明”必须达到“使之明了”的程度，而非仅仅是“介绍”或者“简要说明”。原《侵权责任法》“三审稿”第 55 条第 1 款第一句曾规定：“医务人员在一般诊疗活动中应当向患者简要说明病情和医疗措施。”原《侵权责任法》第 55 条第 1 款在“三审稿”基础上，删除了“一般”和“简要”字样，这样的修改将说明义务普遍地科加于诊疗活动，在任何情况下都不能“简要”说明，《民法典》侵权责任编对此立法模式予以继承。第三，“说明”不但要“如实告知”，还要“解答其咨询”①。医疗行为具有专业性，医务人员的说明应该尽量使用生活语言而非专业术语，尤其对于文化层次较低的病人，更应该进行通俗易懂的讲解。② 第四，鉴于我国基本医疗保险和商业医疗保险普遍不承保所谓的“自费药”，对此也应该尽到说明义务。

而特殊说明义务中“医疗风险、替代医疗方案等情况”的“等”字，应该是针对特殊诊疗活动的危险性、不确定性和高费用性，与医疗风险和替代医疗方案具有同等重要性的内容，例如，建议及时转诊、可能的过敏体质、是否会输血或者使用血液制品、一年内病人接受 X 光和 CT 检查的次数上限等。正因为如此，《民法典》第 1219 条将特殊说明义务强化为了“具体”说明义务，即说明不能抽象，要具体、清楚③，应当说明具体危险、可能的不确定性和较为精确的费用。

（三）患者同意权的行使方式

考虑到近年来发生的一些医患纠纷，一个很重要的矛盾点是医院机械地要求患者或者其近亲属签署“书面”同意，一旦无法取得，往往不敢或者不愿意开展紧急措施，从而延误了最佳治疗时机，因此《民法典》第 1219 条第 1 款第二句将“书面”同意修改为了“明确”同意。④ 笔者认为，这一修改有利于解决患者或者其近亲属因客观原因无法满足“书面”同意这一形式要件但又明确表达了同意意思的情

① 《医疗事故处理条例》第 11 条前段规定：“在医疗活动中，医疗机构及其医务人员应当将患者的病情、医疗措施、医疗风险等如实告知患者，及时解答其咨询”。

② 是否存在所谓“对患者已知事实的告知义务豁免”，从原《侵权责任法》立法过程中无法判断，鉴于本书的解释论视角，笔者在此也不作讨论。关于该问题的详细探讨，参见王占明：《医生告知义务的三种豁免根据》，《厦门大学法律评论》（第 18 卷），厦门大学出版社 2010 年版。

③ 参见黄薇主编：《中华人民共和国民法典侵权责任编解读》，中国法制出版社 2020 年版，第 205 页。

④ 参见黄薇主编：《中华人民共和国民法典侵权责任编解读》，中国法制出版社 2020 年版，第 205 页。

形下知情同意权的行使问题，但也应该确立“书面同意为原则，同等效果为例外”的明确同意方式确定的规则，一方面能够确保严肃对待、谨慎决策，另一方面也更容易满足《医疗损害责任纠纷解释》（法释〔2020〕17号）第5条第2款第二句对双方举证责任的分配要求：“医疗机构提交患者或者患者近亲属明确同意证据的，人民法院可以认定医疗机构尽到说明义务，但患者有相反证据足以反驳的除外。”

《民法典》第1219条第1款第二句明文规定了特殊诊疗活动中明确同意的方式，而该款第一句对普通说明义务的规定，并未明文要求患者同意，那么是否还需要患者作出同意的表示呢？笔者认为，该款第二句之所以要求明确同意，是因为实施特殊诊疗活动具有一定的危险性、不确定性和高费用性，但是对普通诊疗行为，考虑到医疗行为本身的专业性特点，不宜也无法事事征求患者意见，因此无须就所有医疗措施征求患者同意，但应该允许患者提出疑问。如果患者对医疗措施表示反对，则应该尊重患者的意见。因此，患者通过享有“反对权”来实现其在普通诊疗活动中的同意权的行使。而在第1219条第1款第二句规定的特殊诊疗活动中，医务人员不但应当向患者说明“病情和医疗措施”，还应当说明“医疗风险、替代医疗方案等情况”，那么患者或者其近亲属的明确同意，就不仅是“同意权”，而且包括了“选择权”。

除患者表示同意之外，实务中知情同意权还有两种特殊的行使方式，未来司法解释应当予以规定。第一种是授权他人行使。《病历书写基本规范》第10条第1款规定：“对需取得患者书面同意方可进行的医疗活动，应当由患者本人签署知情同意书……患者因病无法签字时，应当由其授权的人员签字……”笔者认为，患者如果是完全民事行为能力人，事先书面授权了他人在其因病无法签字时，按照其授权进行签字，应该认为其从患者处获得了同意。第二种是授权医疗机构决定。如虽然患方具有完全的民事行为能力和同意能力，在实施医疗行为前医疗机构也已经充分履行了告知义务，然而由于医疗行为的高度专业性，患方在此基础上仍无法准确认识即将实施的医疗行为，并作出是否同意的决断。患方可以在自愿的情形下授权医疗机构，由医疗机构依据患者实际情况代为行使。对此《民法典》侵权责任编没有作出明确的规定。作为患方对自身权利的处置，在不违反强行法和社会基本伦理观念的前提下，应当得到法律的尊重和保护①，但患者近亲属无权授权他人或者医疗机构行使。

（四）“患者模式”确认了知情同意权的人格权性质

《民法典》第1219条第1款第二句前段采用了与《医疗机构管理条例实施细则》第62条和《医疗事故处理条例》第11条相同的“患者模式”②，《医疗纠纷预

① 参见艾尔肯、秦永志：《论医疗知情同意书——兼评〈侵权责任法〉第55条、第56条的规定》，《东方法学》2010年第3期。

② 季涛：《谁是医疗关系中知情同意权的主体?》，《浙江社会科学》2010年第2期。

防和处理条例》第 13 条、《医师法》第 25 条和 2022 年修改后的《医疗机构管理条例》第 32 条也采纳了这一模式。这是患者知情同意权作为一种人格权，蕴含自我决定权内容的体现。① 有学者提出，患者的知情同意权应当属于人格权的范畴，具体而言，其应当属于人格尊严和人身自由的内容。我国人格权立法中，应当对此加以规定。② 对此笔者表示赞同，并认为知情同意权是一种患者对医疗机构提出积极作为义务的特殊人格权，有必要作为一种特殊的身体权进行规定。③ 正是因为知情同意权是一种人格权，所以只能由患者个人享有，这也是《民法典》第 1219 条第 1 款第二句后段规定的法定代理权的逻辑起点。

（五）“不能或者不宜向患者说明的”情形及其适用范围

就“不宜向患者说明的”理解，一般认为目的是避免产生不利后果。④ 所谓不利后果，如将会造成患者悲观、恐惧、心理负担沉重，不利于治疗等。⑤ 为此医疗机构一般会采用保护性医疗措施。⑥ 所谓的“保护性医疗措施”，是指当医务人员在诊断和治疗过程中向患者本人履行告知义务可能妨碍治疗效果时，得以依照法律的规定不履行或者不完全履行告知义务⑦，如向危重病人隐瞒病情等。这被学者称为“医疗特权”，是指如果说明有危害病人之虞，如使之自杀、精神崩溃、加重病情，拒不治疗时，医生得例外地为全部或者部分的保留。⑧ 此时，近亲属行使的是一种基于保护患者利益而规定的法定代理权。⑨ 《医疗机构管理条例实施细则》第 61 条规定：“医疗机构在诊疗活动中，应当对患者实行保护性医疗措施，并取得患者家属和有关人员的配合。”另外，考虑到实务中存在的患者昏迷或者由于生理、精神状态无法作出有效判断的情况，2018 年《医疗纠纷预防和处理条例》第 13 条第 1 款第二句后段首先增加了“在患者处于昏迷等无法自主作出决定的状态”的规定：“在患者处于昏迷等无法自主作出决定的状态或者病情不宜向患者说明等情形下，应当向患者的近亲属说明，并取得其书面同意。”之后《民法典》第 1219 条第 1 款第二句增加了“不能”向患者说明的情形。⑩

需要指出的是，《民法典》第 1219 条第 1 款是以完全民事行为能力人作为立法

① 参见杨立新、袁雪石：《论医疗机构违反告知义务的医疗侵权责任》，《河北法学》2006 年第 12 期，该文使用的是“自行决定权”的术语。

② 参见王利明：《侵权责任法研究》（下卷），中国人民大学出版社 2011 年版，第 424－425 页。

③ 对此问题的简要说明，参见王竹：《人格权法立法展望》，陈小君主编：《私法研究》（第 10 卷），法律出版社 2011 年版。笔者将另行撰文详细说明这种立法构想。

④ 参见 2009 年《执业医师法》第 26 条第 1 款、《医疗事故处理条例》第 11 条后段。

⑤ 参见王胜明主编：《中华人民共和国侵权责任法解读》，中国法制出版社 2010 年版，第 277 页。

⑥ 参见《医疗机构管理条例实施细则》第 61 条和第 62 条、《病历书写基本规范》第 10 条第 2 款。

⑦ 参见田侃、虞凯：《试论保护性医疗措施的法律特征及行使原则》，《南京医科大学学报（社会科学版）》2006 年第 4 期。

⑧ 参见王泽鉴：《侵权行为》，北京大学出版社 2009 年版，第 235 页。

⑨ 参见季涛：《谁是医疗关系中知情同意权的主体?》，《浙江社会科学》2010 年第 2 期。

⑩ 参见黄薇主编：《中华人民共和国民法典侵权责任编解读》，中国法制出版社 2020 年版，第 205 页。

原型，遗漏了患者不具备完全民事行为能力的情形。因此除了避免产生不利后果之外，对于患者不具备完全民事行为能力的情形，也应视其为“不宜向患者说明的”情形。但在这种情形中，监护人行使的是《民法典》第35条规定的监护职责。因此，《病历书写基本规范》第10条对此情形的定位有误，第10条第1款第一句和第2款应该对应《民法典》第1219条第1款，《病历书写基本规范》第1款第二句应该对应《民法典》第1220条，而《病历书写基本规范》第1款第二句前段“患者不具备完全民事行为能力时，应当由其法定代理人签字”被错误地纳入了相当于《民法典》第1220条规定的“不能取得患者或者其近亲属意见的”情形。

（六）“患者近亲属”的扩展及数位近亲属的顺位问题

原《侵权责任法》第55条采用了“近亲属”的用语，实现了用语的“民法化”，并得到了《民法典》侵权责任编的继受。《医疗纠纷预防和处理条例》第13条、《医师法》第25条和2022年修改后的《医疗机构管理条例》第32条均采用了近亲属的表述，建议未来《医疗机构管理条例实施细则》修改第62条的“家属”为“近亲属”以避免适用的混淆。《病历书写基本规范》第10条第2款第二句规定：“患者无近亲属的或者患者近亲属无法签署同意书的，由患者的法定代理人或者关系人签署同意书。”其将“法定代理人”纳入是合理的，但此处仍然保留了“关系人”，显得多余而且容易引起误解。如果患者既没有近亲属，也没有法定代理人，那么就应直接适用《民法典》第1220条的规定。

当患者近亲属不止一位时，会出现近亲属的顺位问题。笔者认为，应该考虑两方面的因素：第一，医疗行为具有人身性，应该尽量要求近亲属作出一致意见，无法作出一致意见的，应当取得多数人的意见；第二，由于医疗行为可能导致患者死亡进而发生继承，因而应该参考《民法典》继承编关于继承顺位的规定。鉴于被征求意见的近亲属必须是具有完全民事行为能力的人，按照《民法典》第1045条的规定，被征求意见的近亲属包括配偶、父母、成年子女、成年兄弟姐妹、祖父母、外祖父母、成年孙子女和成年外孙子女。《民法典》第1127条第1款规定：“遗产按照下列顺序继承：（一）第一顺序：配偶、子女、父母；（二）第二顺序：兄弟姐妹、祖父母、外祖父母。”因此，医疗机构应该首先征求第一顺序即配偶、成年子女和父母的意见；无法取得第一顺位近亲属意见的，再征求第二顺位近亲属即成年兄弟姐妹、祖父母和外祖父母的意见；无法取得第二顺位近亲属意见的，再征求其他近亲属，即成年孙子女和成年外孙子女的意见。

三、侵害患者知情同意权的侵权责任构成

《民法典》第1219条第2款规定：“医务人员未尽到前款义务，造成患者损害的，医疗机构应当承担赔偿责任。”这是对侵害患者知情同意权侵权责任构成的规定。

（一）“前款义务”这一突兀的立法用语是如何产生的

《民法典》第1219条第2款从原《侵权责任法》第55条第2款继受的“前款义务”用语过于简略而显得不太符合用语习惯，且为我国现行法律体系中用语上的孤例①；在整个《民法典》侵权责任编上也显得较为模糊，与其他条文中明确规定义务类型，如《民法典》第1198条规定和第1254条第2款的“安全保障义务”、第1221条和第1224条规定的“诊疗义务”、第1242条规定的“高度注意义务”以及第1243条规定的“警示义务”形成了较为鲜明的对比。这种立法用语的突兀性，是在其立法过程产生的。在起草原《侵权责任法》过程中，原《侵权责任法》“一审稿”未规定医疗损害责任。2008年12月22日原《侵权责任法》“二审稿”新增了“医疗损害责任”章，而在“二审稿”之前，曾有一份《中华人民共和国侵权责任法草案》（2008年9月23日修改稿）供学者讨论。该草案是最早规定“医疗损害责任”章的立法草案，其中第59条仅有1款，内容相当于原《侵权责任法》第55条第1款，而没有第2款。可见，较之原《侵权责任法》第55条第1款，第55条第2款实际上是真正意义上的“二审稿”新增条款，这种立法的突兀性就不难理解了。

（二）医疗机构“未尽到前款义务”的具体情形

根据学者对判例的总结，实务中医疗机构未履行说明义务的情形主要有七种：（1）医方未就其资质向患者履行说明义务，超范围行医造成后果；（2）医方术前未告知患者手术的目的或性质，以致手术目的完全背离了患者就医初衷，产生严重的损害后果；（3）医方术前未告知或未充分告知患者手术的风险；（4）医方术前未告知患者替代性治疗方案；（5）医方擅自术中更改手术方案；（6）医方未告知药品毒副作用；（7）医方未及时履行转诊告知义务，致患者丧失最佳治疗时机。② 鉴于《民法典》第1219条第1款规定的是告知义务，就“未尽到前款义务”的文义解释来看，应该认为其无法包括第五种“医方擅自术中更改手术方案”等医疗机构擅自改变治疗方案的情形，而这种情形恰恰是患者知情同意权的重要体现。《最高人民法院公报》2004年第8期刊载的《郑雪峰、陈国青诉江苏省人民医院医疗服务合同纠纷案》的“裁判摘要”指出：“公共医疗卫生服务机构履行医疗服务合同时，在非紧急情况下，未经同意擅自改变合同双方约定的医疗方案，属于合同法第一百零七条③规定的履行合同义务不符合约定的行为。”该“裁判摘要”明确了该类案件

① 我国现行法上较为通行的表述方式为“前款规定义务”，如《职业病防治法》第34条第4款、2009年《食品安全法》第52条第2款、《保险法》第23条第2款、《邮政法》第47条第3款、《非物质文化遗产法》第31条第2款。另有类似的表述：“前款规定的义务”，如《行政许可法》第67条第2款、《土壤污染防治法》第21条第3款、《期货和衍生品法》第72条第2款。

② 参见姜春玲：《论患者的知情同意权——判例调查基础上的理论与立法检讨》，《南京大学法律评论》（2006年第2期），法律出版社2006年版。

③ 对应《民法典》第577条。

可以适用《民法典》合同编进行解决，但笔者认为，此种情形仍不应排除患者以侵权为由提起诉讼的权利。建议未来“民法典侵权责任编解释”对“未尽到前款义务”作扩大化解释，将医疗机构擅自改变治疗方案纳入侵害知情同意权的侵权责任中。

《病历书写基本规范》第10条第1款第一句规定：“对需取得患者书面同意方可进行的医疗活动，应当由患者本人签署知情同意书。”因此，医疗机构是否尽到了特殊说明义务，应该由医疗机构通过提供由患者本人或者其近亲属签署的知情同意书来证明，举证责任在医疗机构一方。而对于医疗机构是否尽到普通说明义务，举证责任则在患者一方。

（三）造成患者“损害”是指人身损害或者严重精神损害

值得斟酌的是，《民法典》第1219条第2款中“损害”的性质到底是什么？根据对侵害患者知情同意权的侵权责任独立性地位的认识不同，有“实际损害说”和“知情同意权受损说”两种学说。

“实际损害说”以王利明教授为代表，他认为医疗损害责任中的损害要件，包括人身伤亡的损害和财产损失。其中人身伤亡的损害不仅指因侵害患者生命权、健康权和身体权而造成的损害，还包括精神损害，即在因医疗机构的过错导致人身伤害之后，产生相应的精神痛苦、肉体痛苦等。① 在医疗机构未能尽到对患者的告知和取得患者同意的义务的情况下，必须要造成患者损害的结果，医疗机构才需要承担责任。② 有学者型法官则明确地认为这种损害不包括对知情同意权的侵害：“在侵害患者知情权的情况下，不是医疗机构都要承担赔偿责任，必须要有损害的事实。尽管对知情权的侵害本身也是一种损害，但是《民法典》侵权责任编要求的损害是物质损害和精神损害，如果患者不能举证损害的事实，医疗机构也不承担损害赔偿责任。”③

“知情同意权受损说”以杨立新教授为代表，他认为违反告知义务的医疗伦理损害责任侵害的是患者的知情权和自我决定权④，损害事实主要不是人身损害事实（尽管也有人身损害事实），而是知情同意权、自我决定权等民事权利的损害⑤，包括现实权益损害和期待利益损害两类。现实权益损害包括人身损害、精神损害和财产损害，期待利益损害包括丧失治疗最佳时机（包括存活机会）和最佳治疗方案、丧失其他可预见利益和其他间接性损害。⑥

按照《民法典》第1219条第2款规定的“造成患者损害的”文义解释，患者

① 参见王利明：《侵权责任法研究》（下卷），中国人民大学出版社2011年版，第388页。
② 参见王利明：《侵权责任法研究》（下卷），中国人民大学出版社2011年版，第432页。
③ 林文学：《〈侵权责任法〉医疗损害责任规定若干问题探析》，《法律适用》2010年第7期。
④ 参见杨立新：《侵权责任法》，法律出版社2010年版，第442页。
⑤ 参见杨立新：《侵权责任法》，法律出版社2010年版，第444页。
⑥ 参见杨立新：《侵权责任法》，法律出版社2010年版，第442－443页。

在诊疗活动中受到“损害”是“医疗机构应当承担赔偿责任”的前提。《医疗损害责任纠纷解释》（法释〔2020〕17号）第4条和第5条确定了“损害”是《民法典》第1219条第2款适用的前提条件，第5条第1款规定：“患者依据民法典第一千二百一十九条规定主张医疗机构承担赔偿责任的，应当按照前条第一款规定提交证据。”第4条第1款规定：“患者依据民法典第一千二百一十八条规定主张医疗机构承担赔偿责任的，应当提交到该医疗机构就诊、受到损害的证据。”需要指出的是，这种损害的发生，不以诊疗损害责任或缺陷药品、医疗器械和不合格血液产品责任的“造成患者损害的”为限，更准确地说，是不以这两种侵权责任的成立为前提，但必须以有损害为前提。也就是说，这种损害可能是侵权责任的构成要件，可能有损害但在诊疗活动中医务人员或者医疗机构没有过错，也可能诊疗损害责任满足了《民法典》第1224条第1款规定的抗辩事由，或者缺陷药品、医疗器械和不合格血液产品责任满足了《产品质量法》规定的抗辩事由，但必须造成了损害，《民法典》第1219条第2款才能适用。在这样的意义上，笔者认为就损害的性质，应该采纳“实际损害说”，主要是指人身损害，但特殊情形下也包括诊疗行为侵害人身权益直接造成的严重精神损害。例如，患者的右乳房发现恶性肿瘤，医生在得到其同意的情况下实施了乳房切除手术。但在切除了右乳房后又对其左乳房作了病理切片检查，发现左乳房属于乳腺症，医生在没有得到本人的同意下，将其左乳房也切除了。对于患者来说全部切除女性乳房内部组织从生理机能到外观影响都很大，患者因此会遭受严重精神损害。① 但《医疗损害责任纠纷解释》（法释〔2020〕17号）第17条将损害仅限于人身损害，略显保守：“医务人员违反民法典第一千二百一十九条第一款规定义务，但未造成患者人身损害，患者请求医疗机构承担损害赔偿责任的，不予支持。”

应当指出，《民法典》第1219条第2款规定的“造成患者损害的”，与第1221条、第1223条的用语相同但内涵不同。在《民法典》侵权责任编上，立法者一般用“造成”表示因果关系，但在第1219条第2款中，即使医务人员未尽说明义务，也不必然导致患者损害。质言之，患者的损害可能是诊疗行为造成的，也可能是自身病情的恶化，或者二者兼有之，但肯定与未尽说明义务无因果关系。从侵害患者知情同意权的角度出发，“未尽到前款义务”就已经侵害到了知情同意权，也无须再说明“造成患者损害的”。因此，在某种意义上，《民法典》第1219条第2款规定的“造成患者损害的”容易造成误解，立法上更宜使用第1218条、第1222条和第1224条规定的“患者在诊疗活动中受到损害”的表述。

（四）医疗机构承担的“赔偿责任”是对侵害患者知情同意权的赔偿

尽管“损害”的性质是患者实际遭受的人身损害或者严重精神损害，但《民法

① 该案例详见段匡、何湘渝：《医师的告知义务和患者的承诺》，梁慧星主编：《民商法论丛》（第12卷），法律出版社1999年版，第159－160页。

典》第 1219 条第 2 款规定的“医疗机构应当承担赔偿责任”却是对侵害患者知情同意权的赔偿，即“赔偿”的“损害”为“知情同意权受损”。医疗伦理损害责任的赔偿，主要是精神损害抚慰金赔偿①，即适用《民法典》第 1183 条第 1 款的规定：“侵害自然人人身权益造成严重精神损害的，被侵权人有权请求精神损害赔偿。”这里的严重精神损害，是侵害知情同意权造成的，而非诊疗行为侵害人身权益直接造成的严重精神损害。在赔偿数额上，医疗机构因侵害患者知情同意权承担的精神损害赔偿，应当是象征性的，赔偿数额一般不应当过高。② 至于造成的实际损失的赔偿，以及诊疗行为侵害人身权益直接造成的严重精神损害，则应当另行确定赔偿数额。

比较法上一个重要的理论争议是是否存在对患者知情同意权单独侵害的侵权法救济问题。如著名的日本“病人基于宗教信仰拒绝接受输血案”，输血行为不但未造成患者损害，还挽救了患者的生命。日本最高裁判所认为，该案主管医师违反了说明义务，剥夺了患者决定是否接受有输血可能性的本案手术的权利，侵害了患者的人格权，因此，应该承担给患者造成精神痛苦的责任。③ 按照上文的逻辑，我国《民法典》第 1219 条第 2 款实际上已经对此争议作出了回答，即未造成人身损害，也未因侵害人身权益造成患者严重精神损害④，不能依据第 1219 条第 2 款请求对患者知情同意权的保护。笔者认为，这种立法选择是符合我国现阶段实际国情的。

那么，对于仅仅侵害了患者知情同意权，但未造成患者人身损害或者严重精神损害的情形，如果不能请求精神损害赔偿，是否可以请求其他侵权责任的救济呢？《民法典》第 1218 条、第 1219 条第 2 款、第 1221 条和第 1224 条都使用了“赔偿责任”的用语，而第 1226 条使用了“侵权责任”的用语，第 1228 条使用了“法律责任”的用语。对比可知，第 1218 条第 2 款规定的构成要件仅限于赔偿责任，而不包括对其他侵权责任方式的适用。因此，笔者倾向于认为，对于未造成人身损害或者严重精神损害，但侵害了患者知情同意权的情形，应该适用《民法典》第 179 条第 1 款规定的“赔礼道歉”责任方式。精神损害赔偿和赔礼道歉两种侵权责任的适

① 应当指出，《民法典》侵权责任编上的侵害患者知情同意权的医疗伦理损害责任是从法国法上借鉴而来的。参见杨立新：《中国医疗损害责任制度改革》，《法学研究》2009 年第 4 期。有意思的是，2010 年 6 月 3 日法国最高法院改变了原有的“生存机会丧失理论”，确定了对侵害患者知情同意权的精神损害赔偿。参见 Cass. 1eciv.，June3，2010，Bull. civ. I，No. 573.，转引自 Florence G'Sell-Macrez，“Medical Malpractice and Compensation in France”，86 CHICAGO-KENT LAW REVIEW，1103 (2011)。

② 参见杨立新：《侵权责任法》，法律出版社 2010 年版，第 444 页。

③ 关于该案的案情和详细分析，参见夏芸：《患者自己决定权和医师裁量权的冲突——评“病人基于宗教信仰拒绝接受输血案”》，《南京大学法律评论》(2003 年第 1 期)，法律出版社 2003 年版。

④ 从文义上看，《民法典》第 1183 条将精神损害赔偿的适用范围限于“侵害自然人人身权益”和“故意或者重大过失侵害自然人具有人身意义的特定物”，排除了民族习惯和宗教信仰。如果未来司法解释将侵害宗教信仰纳入精神损害赔偿的范围之内，那么与该案类似的案件则可以对侵害知情同意权适用精神损害赔偿。

用，使《民法典》第1219条规定的侵害患者知情同意权的侵权责任在侵权责任类型的适用上与同属医疗伦理损害责任的第1224条侵害患者隐私权的侵权责任保持了同质性。

四、作为知情同意原则例外的医疗机构紧急专断治疗

《民法典》第1220条规定："因抢救生命垂危的患者等紧急情况，不能取得患者或者其近亲属意见的，经医疗机构负责人或者授权的负责人批准，可以立即实施相应的医疗措施。"这是对作为知情同意原则例外的医疗机构紧急专断治疗的规定，也有学者称之为"存在紧急情况时告知义务豁免"①。一般而言，专断治疗应当承担侵害患者知情同意权的责任，而紧急专断治疗，是指当患者处于不立即实施医疗行为其生命可能遭受重大危险的紧急状态时，医生有权在没有获得患者的知情同意的情况下按照应有的医疗方式进行治疗。②

（一）医疗机构紧急专断治疗的适用范围

2016年修订的《医疗机构管理条例》第33条规定："医疗机构施行手术、特殊检查或者特殊治疗时……无法取得患者意见又无家属或者关系人在场，或者遇到其他特殊情况时，经治医师应当提出医疗处置方案，在取得医疗机构负责人或者被授权负责人员的批准后实施。"2022年修改后的《医疗机构管理条例》第32条第三句规定："因抢救生命垂危的患者等紧急情况，不能取得患者或者其近亲属意见的，经医疗机构负责人或者授权的负责人批准，可以立即实施相应的医疗措施。"对比可知，修改后的《医疗机构管理条例》第32条第三句将紧急情况下医疗机构紧急专断治疗的适用范围从"施行手术、特殊检查或者特殊治疗时"改为了"因抢救生命垂危的患者等紧急情况"，与《民法典》第1220条和《医师法》第27条第2款规定的适用范围保持了一致。但修改后的《医疗损害责任纠纷解释》（法释〔2020〕17号）第5条第2款第一句则未能体现这一变化："实施手术、特殊检查、特殊治疗的，医疗机构应当承担说明义务并取得患者或者患者近亲属明确同意，但属于民法典第一千二百二十条规定情形的除外。"这就涉及紧急专断治疗是否仅适用于《民法典》第1219条第1款第二句规定的特殊诊疗活动的问题。笔者认为，紧急专断治疗也应该同样适用于第1219条第1款第一句规定的普通诊疗活动，理由有三点。

第一，自原《侵权责任法》"二审稿"开始，草案起草者就分别起草第55条第

① 王占明：《医生告知义务的三种豁免根据》，《厦门大学法律评论》（第18卷），厦门大学出版社2010年版。笔者之所以采纳"紧急专断治疗"而非"存在紧急情况时告知义务豁免"的术语，是因为《民法典》第1220条的重点不在于免责，而在于对"紧急专断治疗"批准程序的规定。

② 参见满洪杰：《作为知情同意原则之例外的紧急专断治疗——"孕妇死亡"事件舆论降温后的思考》，《法学》2008年第5期。

1款和第56条，这表明第56条是与整个第55条第1款对应的规则，而非仅仅适用第55条第1款第二句。否则，立法者就应该在第56条中采用与第55条第1款第二句相同的导语，即“需要实施手术、特殊检查、特殊治疗的”。

第二，如果《民法典》第1220条仅适用于第1219条第1款第二句的情形，立法者就应该将第1219条第1款的两句分为两款，第二句与第1220条另行组成一款，而非采用现在的立法模式。

第三，特殊诊疗活动的危险性、不确定性和高费用性，与是否存在“因抢救生命垂危的患者等紧急情况”并无直接对应性。例如，患者溺水暂时停止呼吸时，医务人员需要对其进行人工呼吸，该种治疗既无危险性和不确定性，费用也不高，却又非常紧急。如果出现“不能取得患者或者其近亲属意见的”情形，就应该“经医疗机构负责人或者授权的负责人批准，可以立即实施相应的医疗措施”。

原《侵权责任法》“三审稿”第56条规定“因抢救危急患者等紧急情况”，原《侵权责任法》通过时，将该导语部分改为“因抢救生命垂危的患者等紧急情况”。《民法典》侵权责任编继续保持“因抢救生命垂危的患者等紧急情况”的条文导语，将其规定在第1220条。相比较原《侵权责任法》“三审稿”，《侵权责任法》的改变以及《民法典》侵权责任编对该改变的继承，将紧急情况下医疗措施的批准程序的适用范围缩小，进一步尊重了患者的知情同意权。相应的，对于“等”紧急情况的范围也进行了缩减，仅限于涉及生命利益的情形，如即将降生的胎儿，而不包括病情可能严重恶化但不危及生命的情形。①

（二）医疗机构紧急专断治疗的适用前提

原《侵权责任法》“二审稿”第56条将医疗机构紧急专断治疗的适用前提规定为：“难以取得患者或者其近亲属同意的”，“三审稿”将该分句改为“不能取得患者或者其近亲属意见的”，并最终为立法所坚持。该条文的变化表现在“不能”和“意见”两处。就“难以”改“不能”的目的，草案起草者的解释是：“‘难以……’的表述易被理解为包括了患者或者其近亲属明确表示不同意的情况……考虑到虽然患者或者其近亲属明确不同意治疗的情况在实践中确有发生，但对于如何处理认识上不一致，分歧较大……这个问题还涉及法定代理权、监护权等基本民事法律制度，情况较为复杂，应当总结实践经验作进一步研究，待条件成熟时再作明确规定。”② 因此，可以确定的是，患者或者近亲属不同意或者不表示的，应当视为“可以”取得同意但未取得同意的情形，不适用该条的规定。就“同意”改“意见”的目的，草案起草者认为不包括患者或者其近亲属明确表示拒绝采取医疗措施的情况。③ 笔者认为，《民法典》第1220条第二分句规定“不能取得患者或者其近亲属

① 该立法限缩的效果实际上回到了“家属拒绝签字导致孕妇胎儿双亡案”的情形，是否合理，还有待探讨。

② 王胜明主编：《中华人民共和国侵权责任法解读》，中国法制出版社2010年版，第278-279页。

③ 参见王胜明主编：《中华人民共和国侵权责任法解读》，中国法制出版社2010年版，第278页。

意见的”中的“意见”[①] 的表述不同于第1219条第二句使用的“同意”，因此既包括不能取得同意意见，也包括不能取得反对意见，还包括患者和近亲属均不作任何表示的情形。但如果患者或者其近亲属明确表示拒绝，则应该认为是取得了意见，从而不能适用《民法典》第1220条的规定。

原《侵权责任法》草案起草者认为该条规定的“不能取得患者或者其近亲属意见”主要是指患者不能表达意志，也无近亲属陪伴，又联系不到近亲属的情况。[②] 笔者认为，与《民法典》第1219条第1款类似，该条也是以完全民事行为能力人作为立法原型，遗漏了患者不具备完全民事行为能力的情形。因此，结合第1219条第1款的规定，“不能取得”还应该区分为两类。

第一类是不存在“不宜向患者说明的”情况，但患者因痛苦、麻醉或者声带无法发声等特殊原因无法表达意志的，此时从知情同意权是人格权的定性出发，无须征求患者近亲属意见，可以直接视为“不能取得患者……意见”。

第二类是存在“不宜向患者说明的”情况，包括可能对患者产生不利影响和患者不具备完全民事行为能力两类，应该向其近亲属说明。《医疗损害责任纠纷解释》（法释〔2020〕17号）第18条第1款：“因抢救生命垂危的患者等紧急情况且不能取得患者意见时，下列情形可以认定为民法典第一千二百二十条规定的不能取得患者近亲属意见：（一）近亲属不明的；（二）不能及时联系到近亲属的；（三）近亲属拒绝发表意见的；（四）近亲属达不成一致意见的；（五）法律、法规规定的其他情形。”近亲属不明的，还包括患者没有近亲属，或者没有具有完全民事行为能力的近亲属的情形；不能及时联系到近亲属的情形，还包括能够联系到的近亲属不具备完全民事行为能力；就近亲属拒绝发表意见的，应该进一步明确为近亲属具备完全民事行为能力，但不作反对表示，也不选择替代医疗方案，或者无其他任何意见；另有一种特殊情形是，能够联系到的近亲属处于因痛苦、麻醉或者声带无法发声等特殊原因无法表达意志的，如同一事故中受重伤的患者近亲属。

（三）医疗机构紧急专断治疗的主体与程序

2016年修订的《医疗机构管理条例》第33条第3段规定：“……无法取得患者意见又无家属或者关系人在场，或者遇到其他特殊情况时，经治医师应当提出医疗处置方案，在取得医疗机构负责人或者被授权负责人员的批准后实施。”该规定明确了，在此紧急情况下的申请者应该就是经治医师而非他人，遗憾的是，《医疗机构管理条例》在2022年修改时忽略了该规定的重要性而未能保留，未来应该在相关立法中予以体现。批准者则包括医疗机构负责人和授权的负责人两类，后一类是在原《侵权责任法》“三审稿”中新增的，并得到了原《侵权责任法》最后的立法确认和《民法典》侵权责任编的坚持，也更符合我国医疗机构的实际运作方式。

① 该“意见”用语，为原《侵权责任法》和《民法典》侵权责任编上唯一的一次使用。

② 参见王胜明主编：《中华人民共和国侵权责任法解读》，中国法制出版社2010年版，第278页。

就批准的时间来讲，严格地说应该是审核时间，尽管该分句没有规定批准者“立即”审核，但从《民法典》第1220条第一分句规定的“紧急情况”与第四分句规定的“立即”来看，立法者希望构建的是一种快速高效的批准程序，以便实现“抢救生命垂危的患者”的目的。因此，经治医师申请后，医疗机构负责人或者授权的负责人负有立即审核的义务。法定审核者审核后，可以作出批准或者拒绝批准的决定，也可以改变医疗处置方案后批准。因未能尽到“立即”审核义务而延迟采取医疗措施，进而导致患者损害的，受害人可以依据《民法典》第1218条要求医疗机构承担侵权责任。

就批准的方式而言，除了正式的申请与批准程序，《病历书写基本规范》第10条第1款还规定：“对需取得患者书面同意方可进行的医疗活动，应当由患者本人签署知情同意书……为抢救患者，在法定代理人或被授权人无法及时签字的情况下，可由医疗机构负责人或者授权的负责人签字。”因此可以认为，如果医疗机构负责人或者授权的负责人在患者法定代理人或被授权人无法及时签字的情况下签字，应该将其视为简易的批准方式。

（四）医疗机构紧急专断治疗的实施时间与措施范围

“可以立即实施相应的医疗措施”中的“可以”，并非在经治医师的申请得到批准后，“可以”或者也“可以不”立即实施相应的医疗措施，而是表明经过法定程序批准后实施的相应的医疗措施不侵害患者的知情同意权。应该指出的是，这种经过批准的诊疗行为如果符合诊疗损害责任的构成要件，仍然可能使医疗机构承担侵权责任，但不会使之同时承担侵害知情同意权的侵权责任。

关于“相应的医疗措施”到底是“抢救生命垂危的患者等紧急情况”下的必要措施，还是仅限于批准的措施，也存在疑义。笔者认为，从“申请—批准”的程序看，措施的必要性应该在申请程序中体现，而批准程序则包括对于这种必要性的审核，因此，应该以最后的批准范围为限。

（五）对《民法典》第1220条遗留的医疗伦理问题的补救建议

《民法典》第1220条遗留的医疗伦理问题主要体现在两个方面。

第一，是否存在第1220条规定之外的适用医疗机构紧急专断治疗的其他特殊情况？有学者提出，患者拒绝治疗权应受到限制的情形包括四种：（1）对自杀者的急救；（2）涉及第三方利益的治疗，如对于孕妇的救治，涉及胎儿的生命安全；（3）家属代理的排除；（4）医生根据患者病情、医疗伦理和具体情形认定患者拒绝治疗的原因明显不合理时。该学者同时认为，紧急专断治疗符合我国法律关于紧急避险的规定，可以使医生的专断医疗行为阻却违法。① 笔者认为，这样的认识有一定的合理性，但存在内在矛盾。如果认为紧急专断治疗的正当性源于紧急避险，那

① 参见满洪杰：《作为知情同意原则之例外的紧急专断治疗——“孕妇死亡”事件舆论降温后的思考》，《法学》2008年第5期。

么就相当于认为我国民法上确立了对生命健康权的保护可以用以限制患者的知情同意权，那么实际上患者的拒绝治疗权几乎就必须让位于医疗机构的专业判断。如果要尊重并保护患者的知情同意权，就应该在知情同意权与生命健康权的保护与冲突之外，寻找新的正当性基础。因此，笔者认为，这种限制应该仅限于上述第二种涉及第三方利益的治疗的情形和第三种家属代理排除中患者为非完全民事行为能力人的情形。

第二，“因抢救生命垂危的患者等紧急情况”下，医疗机构是否负有积极抢救的义务？笔者认为，患者与医疗机构的关系，不是单纯的医疗合同关系，而是患者与专家之间的关系。《医师法》第 27 条第 1 款规定：“对需要紧急救治的患者，医师应当采取紧急措施进行诊治，不得拒绝急救处置。”第 55 条第 2 项还规定了“由于不负责任延误诊治”情形的行政处罚：“对需要紧急救治的患者，拒绝急救处置，或者由于不负责任延误诊治”医疗机构的执业医师掌握的医疗知识具有社会性，因此在面临生命垂危的患者等紧急情况下，应该对《医师法》第 27 条第 1 款作扩张解释，认为执业医师负有对患者状况的积极判断义务和对相应医疗措施的实施义务，即积极抢救义务。《医疗损害责任纠纷解释》（法释〔2020〕17 号）第 18 条第 2 款后段规定：“医疗机构及其医务人员怠于实施相应医疗措施造成损害，患者请求医疗机构承担赔偿责任的，应予支持。”而 2018 年修正的《社会保险法》第 30 条第 2 款规定“医疗费用依法应当由第三人负担，第三人不支付或者无法确定第三人的，由基本医疗保险基金先行支付。基本医疗保险基金先行支付后，有权向第三人追偿”和第 42 条规定“由于第三人的原因造成工伤，第三人不支付工伤医疗费用或者无法确定第三人的，由工伤保险基金先行支付。工伤保险基金先行支付后，有权向第三人追偿”，更是为医疗机构实施积极抢救提供了经费保障。因此，当患者或者近亲属不作反对表示时，执业医师应当从“救死扶伤”的神圣职责出发，履行积极抢救义务，这一义务主要包括以下三个方面①：（1）经治医师对医疗措施的积极申请义务；（2）医疗机构负责人或者授权的负责人对医疗措施的积极审核义务；（3）医疗机构负责人或者授权的负责人对经治医师申请的医疗措施，基于专业的判断作出必要修改和扩展的义务。《医疗损害责任纠纷解释》（法释〔2020〕17 号）第 18 条第 1 款前段规定：“前款情形，医务人员经医疗机构负责人或者授权的负责人批准立即实施相应医疗措施，患者因此请求医疗机构承担赔偿责任的，不予支持”。《民法典》第 1224 条第 1 款第 2 项规定的“患者在诊疗活动中受到损害，有下列情形之一的，医疗机构不承担赔偿责任：……（二）医务人员在抢救生命垂危的患者等紧急情况下已经尽到合理诊疗义务……”，可以作为免责事由援引，以降低医疗机构积极抢救义务的法律风险。

① 此处探讨的积极抢救义务，尚不涉及我国医疗机构长期存在的“先交钱，后治病”的顽疾。这一话题涉及诸多社会因素，笔者将另行撰文说明。

专题十

动物园饲养动物损害责任研究

《民法典》第1248条规定："动物园的动物造成他人损害的，动物园应当承担侵权责任；但是，能够证明尽到管理职责的，不承担侵权责任。"这种在《民法典》上对动物园饲养动物损害责任进行一般性规定的立法模式，在比较法上较为罕见。① 过去发生的"北京八达岭野生动物园老虎伤人事件"（以下简称"北京老虎案"）和"宁波雅戈尔动物园老虎伤人事件"（以下简称"宁波老虎案"）等动物园饲养动物损害热点事件，为我们检验这一规则的妥当性和完善动物园饲养动物损害责任规则，提供了鲜活的案例素材。

纵观原《侵权责任法》实施以来的动物园饲养动物损害责任案例，大多同时存在动物园未尽管理职责和被侵权人过错两类事实。从法理上，应当对动物园的侵权责任作为责任构成规则和被侵权人过错作为抗辩事由规则予以区分。下文将先讨论不同类型动物园饲养动物损害责任的责任构成问题，再针对不同类型的责任构成规则讨论对应的被侵权人过错抗辩事由规则。

一、动物园饲养动物损害责任的类型化思路

（一）动物园饲养动物损害责任的典型案例

为了进一步明确动物园饲养动物损害责任的事实类型，笔者选取了五个典型案例，简要回顾其案件事实。

1. 杭州骆驼案②

2010年4月5日，原告王某到杭州动物园游玩并在摄影处骑骆驼拍照留念。因骆驼回头、挪动，王某受惊从骆驼上摔落受伤。后杭州动物园管理人员立即拨打120急救。本案发生时，原《侵权责任法》已经通过但尚未生效，法院依据原《民

① 根据笔者掌握的比较法资料，尚未见到在民法典中规定动物园饲养动物损害侵权责任的立法例。

② 参见杭州市西湖区人民法院（2010）杭西民初字第2077号民事判决书。

法通则》第 106 条第 2 款“过错责任”而非第 127 条“饲养动物损害责任”作出了判决。

2. 上海猴子案①

2011 年 4 月 10 日，原告谢某某与其父母至被告上海动物园游玩。原告穿过笼舍外设置的防护栏给猴子喂食食物时，右手中指被猴子咬伤。事发时，上海动物园无工作人员在场，原告父亲向动物园相关部门投诉后，自行带原告至上海市儿童医院医治并报警。经查：笼舍是铁制网状，动物园在笼舍 2 米处悬挂了“禁止跨越栏杆”“禁止敲打”“禁止嬉弄”等图文并茂的警示牌，距笼舍外 1.5 米处建有高 1.12 米的金属防护栏，金属防护栏栏杆间距 15 厘米左右。经现场试验，原告谢某某及 10 周岁以下偏瘦小的儿童可以通过栏杆间隙钻入。

3. 阜阳猴子案②

2014 年 6 月 19 日，马某到颍州西湖开发公司经营管理的公园游玩，在距离猴子笼有四五十米的公园亭子旁休息，站着吃烧饼。一猴子发现马某吃东西，便扑向马某，马某被扑倒摔伤。经查：该公园在引进猴子时采取圈养方式饲养，后由于管理不善，猴子逃出圈养的笼子，近几年猴子一直处于散养状态。在猴子逃出笼子后，公园开始设置铁丝阻挡游客靠近，并在亭子旁悬挂了提示牌，提示牌上面书写“因猴子外逃，为防止伤人，此段暂时封闭，敬请谅解”的字样。2013 年，铁丝被其他游客弄掉，之后公园再没有采取其他切实有效确保游客安全的措施，凉亭旁的提示牌由于风吹日晒字迹已不清晰。

4. 北京老虎案③

2016 年 7 月 23 日，驾车进入北京八达岭野生动物世界的赵某中途下车，被老虎拖走，其母周某下车去救助遭老虎撕咬。该事件造成周某死亡，赵某受伤。2016 年 8 月 24 日，北京市延庆区通报调查结果，认定游客未遵守规定，对警示未予理会，擅自下车，不属于生产安全责任事故。赵某不认同该调查报告，于 2016 年 11 月 22 日正式起诉园方。

5. 宁波老虎案④

2017 年 1 月 29 日，张某及妻子和两个孩子、李某某夫妇一行 6 人到雅戈尔动物园北门，张某妻子和两个孩子以及李某某妻子购票入园后，张某、李某某未买票，从动物园北门西侧翻越 3 米高的动物园外围墙，又无视警示标识钻过铁丝网，再爬上老虎散放区 3 米高的围墙（围墙外侧有明显的警示标识，顶部装有 70 厘米

① 参见《谢叶阳诉上海动物园饲养动物致人损害纠纷案》，载《最高人民法院公报》2013 年第 8 期。

② 参见安徽省阜阳市中级人民法院（2015）阜民一终字第 00928 号民事判决书。

③ 参见曾金秋：《八达岭老虎伤人事件当事人起诉动物园 将申请提级管辖》，新京报网，http：//www.bjnews.com.cn/news/2016/11/22/424473.html。

④ 参见林波、李佳赟：《浙江一动物园老虎伤人致死男子系翻墙入内》，中国新闻网，https：//www.chinanews.com.cn/sh/2017/01-30/8137839.shtml，2022 年 12 月 31 日访问。

宽网格状铁栅栏)。张某进入老虎散放区。李某某未进入，爬下围墙。随后，张某被老虎伤害致死。

(二) 动物园饲养动物损害案件事实的类型化维度

笔者认为，动物园饲养动物与普通饲养动物的最大差别在于，是否以特定方式将动物的活动范围限制在隔离区内，并设置了一定的隔离设施以确保参观者的安全。因此，动物园饲养动物损害案件在事实层面可以用“隔离设施的设置”和“被侵权人受损位置”两个维度来作区分。隔离措施的设置，分为设置了隔离设施和隔离措施缺失两种情况。动物园饲养的野生动物或高或低具有一定的危险性，设置隔离措施的目的是保证参观者安全。隔离措施是否与动物危险性相当是判断动物园是否尽到管理职责的重要依据，但如果隔离措施失去功能(如“阜阳猴子案”中的动物逃逸)或者动物园主动去除隔离措施(如“杭州骆驼案”中安排参观者与动物照相)，则应该被认定为隔离措施缺失。

被侵权人受损位置，要分在隔离区之外还是隔离区之内。动物园的通常参观模式为参观者在动物隔离区之外[①]参观，典型的动物园饲养动物损害案件大多是动物将肢体伸出隔离措施[②]或者参观者将肢体伸入隔离措施[③]动物园的管理职责在于避免这种动物和参观者肢体的接触导致参观者受损，共同的特点是被侵权人的身体主体部分在隔离区之外。

值得讨论的是被侵权人受损在隔离区之内的情形。两起老虎伤人案件在事实层面的差别是，动物园是否尽到了预防参观者违规进入隔离区的义务和参观者违规进入隔离区的主观过错程度。因此，不论是“北京老虎案”中受害人在猛兽区中途下车，还是“宁波老虎案”中受害人翻入老虎散放区，都应该被认定为被侵权人受损在隔离区之内的情形，并在这一事实的基础上探讨应该适用的法律规则。

我们将上文列出的典型案例纳入“隔离措施的设置”和“被侵权人受损位置”两个维度的区分(见表10-1)。

表10-1 动物园饲养动物损害案件事实类型化表

有无隔离措施	受损位置	
	隔离区之外	隔离区之内
设置隔离措施	(1) 上海猴子案	(2) 北京老虎案、宁波老虎案
缺失隔离措施	(3) 阜阳猴子案	(4) 杭州骆驼案

① 在野生动物园通常采用的人在车上、动物在车外的参观模式中，车内相当于是隔离区之外，详见后文分析。

② 参见辽宁省本溪市平山区人民法院(2015)平民初字第00020号民事判决书；辽宁省本溪市中级人民法院(2015)本民三终字第00230号民事判决书。

③ 参见新疆维吾尔自治区喀什市人民法院(2015)喀民初字第1637号民事判决书；新疆维吾尔自治区喀什地区中级人民法院(2016)新31民终408号民事判决书。

（三）动物园饲养动物损害案件的法律规则需求

按照上述两个维度将动物园饲养动物损害案件在事实层面划分为四种不同的类型，那么在法律规则的设计和适用上，应该是分别适用不同的规则或者合并某些事实类别并适用同一规则，而合并适用同一规则的前提是两种情形的事实差别在价值判断层面无区分价值或者区分价值不大。如果按照分别适用不同规则的思路，应该有如下四种规则需求（见表 10－2）。

表 10－2　动物园饲养动物损害案件规则适用表①

有无隔离措施	受损位置	
	隔离区之外	隔离区之内
设置隔离措施	①动物园未尽防止靠近隔离区义务侵权责任	②动物园未尽防止进入隔离区义务侵权责任
缺失隔离措施	③逃逸动物损害责任	④饲养动物损害责任

1．动物园未尽防止靠近隔离区义务的侵权责任

《民法典》第 1248 条，应当认定为动物园未尽管理职责的侵权责任的规定，争议的焦点在于该规则的归责原则到底是无过错责任还是过错推定责任。

2．动物园未尽防止进入隔离区义务的侵权责任

以“北京老虎案”和“宁波老虎案”为代表，在动物园的侵权责任构成上，应该将其界定为动物园未尽防止进入隔离区义务的侵权责任，并需要对参观者未经许可进入隔离区的主观过错是否构成抗辩事由进行探讨。对身处动物园隔离区内外的被侵权人，《民法典》侵权责任编未作区分，因此在现行法下该类案件也应该适用《民法典》第 1248 条。这也是这两起案件的争议焦点所在。

3．逃逸动物损害责任

值得思考的是，由于隔离措施的缺失，动物逃逸到隔离区之外导致被侵权人损害的，到底应该适用《民法典》第 1248 条关于动物园饲养动物损害责任的规定，还是应该适用第 1249 条逃逸动物损害责任的规定，即“遗弃、逃逸的动物在遗弃、逃逸期间造成他人损害的，由动物原饲养人或者管理人承担侵权责任”。从《民法典》侵权责任编第九章“饲养动物损害责任”的体例安排来看，第 1245～1247 条是对饲养动物致害的不同严格程度的无过错责任②的规定，第 1248 条是对动物园这一特殊饲养主体的特殊规定，这两组规则之间是一般与特殊意义上的并列关系。

① 从事实角度看，表格中的四种情形都属于“动物园未尽管理职责侵权责任”，而《民法典》第 1248 条所规范的主要情形为“隔离区内的动物造成隔离区外的游客受损”，对应的是“①动物园未尽防止靠近隔离区义务侵权责任”。

② 参见程啸：《侵权责任法》（第二版），法律出版社 2015 年版，第 622 页。

而《民法典》第 1249 条则是针对“遗弃、逃逸”这两种动物脱离管理特殊情形的规定，应该被认定为与第 1245～1248 条这四条动物在饲养人管理下的规范构成一般与特殊意义上的并列关系。因此，这类特殊的动物园饲养动物损害责任，首要的特殊性在于“逃逸”而非“动物园”，应该适用《民法典》第 1249 条关于逃逸动物损害责任的规定，确定由“原饲养人”动物园承担无过错责任。①

4. 饲养动物损害责任

在隔离措施缺失的情形下，无论是动物园组织参观者进入隔离区之内，还是参观者违规自行进入隔离区之内与动物接触或者拍照，二者在责任构成的结构上并无实质差别，差别只是在于动物园的管理职责内容和参观者的被侵权人过错。当动物园的隔离措施缺失，而参观者已经进入到隔离区之内时，动物园与普通动物饲养人在管理模式上的核心差别已经不复存在，适用《民法典》第 1248 条的前提已经“名存实亡”，应该直接适用《民法典》第 1245～1247 条关于饲养动物损害责任的一般规定。

（四）设置了隔离措施的动物园饲养动物损害责任规则设计

从上文的分析可以看出，如果隔离措施缺失，无论被侵权人是在隔离区之外还是之内被动物侵害，都无须适用动物园饲养动物损害责任的特殊规则。因此，动物园饲养动物损害责任的特殊规则，实际上仅适用于设置了隔离措施的情形，在事实层面分为被侵权人是在隔离区之外还是之内被动物侵害，理论框架上需要解决两个层面的问题：第一，被侵权人是在隔离区之外还是之内被动物侵害，二者是否应该适用同样的规则？第二，如果适用不同的规则，两种情形的规则应该如何设计？

与原《侵权责任法》第 81 条相比，《民法典》第 1248 条通过将“动物园应当承担侵权责任”后面的逗号改为分号，将该条文分为两段，出于保持用语一致性的考虑，将条文后段“不承担责任”改为“不承担侵权责任”。因此，对于第一个问题，可以通过原《侵权责任法》草案起草机关撰写的权威解读中的举例来观察：案例 1 是被侵权人与老虎近距离拍照时受损的案件，案例 2 是大象在围栏内用鼻子扔石头致损的案件，案例 3 是参观者在上海野生动物园内违规下车被老虎袭击致死的案件，案例 4 是被侵权人在海洋馆潜水被鲨鱼咬伤的案件，案例 5 是猩猩从铁栅栏中伸出手臂导致小孩手臂受伤的案件。② 其中，案例 1、3、4 是被侵权人在隔离区内，案例 2 和 5 是被侵权人在隔离区外。可见，草案起草机关或者是未注意到这一

① 《民法典》第 1249 条规定的遗弃、逃逸动物损害责任规则，到底仅仅是责任人的确定规则（责任人确定说），还是同时包括无过错责任的归责原则（无过错责任说），从文义上看并不清楚，笔者持无过错责任说。按照下文的观点，动物园饲养动物损害责任也应该和普通人饲养动物损害责任一样，适用无过错责任，那么这两种观点的实际效果将差别不大。但如果动物园饲养动物损害责任仍然适用过错推定责任，那么责任人确定说就会进一步缓和动物园饲养动物损害责任。对《民法典》第 1249 条的理解，笔者将另行撰文予以说明。

② 参见王胜明主编：《中华人民共和国侵权责任法解读》，中国法制出版社 2010 年版，第 401－402 页。

事实层面的区分，或者是认为这两种情形应该适用相同的规则，因而设计了原《侵权责任法》第 81 条的统一规则。

笔者认为，被侵权人是在隔离区之外还是之内被动物侵害在事实层面的差别是具有决定性的，由于动物园隔离区的设置是安全措施的核心，因而隔离区内外的危险程度完全不同。因此，二者分别对应的动物园未尽管理职责侵权责任与未尽防止进入隔离区义务侵权责任在侵权责任构成上也有较大的差别。动物园未尽管理职责侵权责任，是一种特殊的饲养动物损害责任，是一种作为侵权①，其特殊性在于动物的饲养人是动物园，动物园的职责核心在于避免隔离区内的动物与隔离区外的参观者发生接触进而导致损害。而动物园未尽防止进入隔离区义务侵权责任，是一种不作为侵权，其职责核心在于预防参观者进入隔离区进而与动物发生接触。

质言之，动物园预防参观者进入隔离区的义务，实质上更类似于其他预防他人进入危险区域的义务，如在《民法典》第 1243 条规定的“未经许可进入高度危险活动区域或者高度危险物存放区域受到损害”的情形中，管理人应该采取的“足够安全措施”和应该尽到的“充分警示义务”。在这种情形下，动物园隔离区内的危险是抽象的危险，制度设计的核心已经不是危险的具体类型，而是如何预防他人进入该危险区域。可见，对动物园饲养动物损害两种不同事实类型的案例适用同一规则，是导致理论和实务出现争议的制度根源。

二、设计动物园饲养动物损害责任的考量因素

（一）动物园的概念和特征

住房和城乡建设部于 2017 年 1 月 10 日颁布了《风景园林基本术语标准》（CJJ/T91—2017），在第 4.1 条“城市绿地”下的第 4.1.6 条“动物园 zoological garden，zoo”规定：“在人工饲养条件下，移地保护野生动物，供观赏、普及科学知识，进行科学研究和动物繁育，并具有良好设施的绿地。”借鉴这一术语标准，笔者认为，《民法典》第 1248 条意义上的动物园，是指在人工饲养条件下，移地保护野生动物，供观赏、普及科学知识，进行科学研究和动物繁育的公共场所。这一定义具有以下特征。

1. 公益性

动物园通过移地保护饲养野生动物，其目的在于观赏、普及科学知识、进行科学研究和动物繁育。这明显不同于个人饲养的宠物、看家犬，也不同于畜牧场饲养的肉用动物或者农用动物，具有明显的、不可替代的公益性。② 实务中已经有判例

① 严格地说，动物园违反事前的隔离与警示措施是作为侵权，而违反事中的监控与救助措施和事后的抢救与送医措施是基于在先行为的不作为侵权，详见后文分析。

② 参见王利明：《侵权责任法研究》（下卷），中国人民大学出版社 2011 年版，第 648－649 页。

明确认定动物园饲养的护院犬致害不适用动物园饲养动物损害责任，而适用普通饲养动物损害责任。①

2. 开放性

作为公共场所，动物园必须具有开放性。非开放性的私人动物收藏，尽管仍然可以承担“观赏、进行科学研究和动物繁育”的功能，但不能承担“普及科学知识”这一重要职能。因此，私人动物收藏的公益性明显低于开放性动物园的公益性，不宜将之认定为动物园。需要强调的是，动物园的开放性与是否收费或者是否具有营利性并无直接关系，后者更多地取决于举办者的性质和经费来源，并与注意义务的程度具有一定关系。

3. 实质性

《园林基本术语标准（CJJ/T91—2002）条文说明》第3.1.4条“动物园”项下说明指出，“指独立的动物园。附属于公园中的动物角不属于动物园。普通的动物饲养场、马戏团所属的动物活动用地不属于动物园。动物园包括城市动物园和野生动物园等。”笔者认为，这一限定主要是从行政管理的角度进行考虑的，而《侵权责任法》上的动物园则应该适用实质性标准。因此，“普通的动物饲养场、马戏团所属的动物活动用地不属于动物园”，但附属于公园中的“动物角”应该属于动物园，包括公园中的动物园区②和特定动物展示区。③ 因此，《风景园林基本术语标准（CJJ/T91—2017）条文说明》第4.1.6条“动物园”的项下说明相比前者更加合理：“动物园指独立的动物园，包括城市动物园和野生动物园等。普通的动物饲养场、马戏团所属的动物活动用地不属于动物园。”另外，除了城市动物园和野生动物园之外，举办目的包括动物园的各类公园，如动植物园④，也应该认定为《民法典》侵权责任编意义上的动物园。⑤

（二）设计动物园饲养动物损害责任规则的考量因素

设计动物园饲养动物损害责任规则，首先，需要体现其公益性。过于严苛的动物园饲养动物损害责任，尽管在个案中可能让被侵权人有机会获得更加充分的救济，但并不利于动物园的建设和发展，对动物园的展示方式也会造成过多的限制。例如，可能导致动物园不得不使用更密的栅栏和全封闭的玻璃，或者设置过宽的隔离带等，不利于参观者观赏和普及科学知识。这也会进一步导致动物园的运营成本上升，不利于从事科学研究和动物繁育，最终降低动物园的公益性。

其次，还需要考虑保持动物园的开放性。在极端情况下，承担了较重责任的动物园，为了避免过重的侵权责任，只能选择关闭动物园或者不再对公众开放，使其

① 参见四川省大英县人民法院（2016）川0923民初908号民事判决书。
② 参见四川省大英县人民法院（2016）川0923民初908号民事判决书。
③ 参见安徽省颍上县人民法院（2013）颍民一初字第01789号民事判决书。
④ 参见辽宁省本溪市平山区人民法院（2015）平民初字第00020号民事判决书。
⑤ 参见程啸：《侵权责任法》（第二版），法律出版社2015年版，第625－626页。

失去开放性而降低公益性。此外，关闭动物园后动物的处置也会带来新的社会问题。

综上，鉴于动物园饲养动物的公益性和开放性，应该在损害预防和社会公益之间寻求平衡。在规则设计上，既要求动物园充分尽到管理职责，又不能科加过重的责任以避免阻吓动物园的开设和正常运营。

三、动物园未尽管理职责侵权责任的规则设计

（一）从文义上看《民法典》第1248条规定的是过错推定责任

就《民法典》第1248条适用的归责原则，学说上存在“过错推定责任说”和“无过错责任说”两种观点：对此原《侵权责任法》起草过程中也存在争议。① 持过错推定责任说的学者认为，该条后段规定的“但能够证明尽到管理职责的，不承担责任”是典型的过错推定责任。② 持“无过错责任说”的学者认为，“动物园饲养的动物是满足人民物质和文化生活提高的需求”并不足以成为动物园饲养动物损害适用过错推定责任的理由，因此，应该适用饲养动物致害的一般性规则即无过错责任。③

《最高人民法院公报》刊载的“上海猴子案”的裁判摘要第一句就明确指出：“《侵权责任法》第八十一条就动物园无过错责任作出了明确规定”，采纳了无过错责任说。④ 按照这样的理解，“能够证明尽到管理职责”是无过错责任的法定免责事由。

笔者认为，严格从文义解释出发，《民法典》第1248条规定的是过错推定责任。与该条结构最为类似的条文是《民法典》第1199条：“无民事行为能力人在幼儿园、学校或者其他教育机构学习、生活期间受到人身损害的，幼儿园、学校或者其他教育机构应当承担侵权责任；但是，能够证明尽到教育、管理职责的，不承担侵权责任。”对比与第1199条相邻的第1200条，即“限制民事行为能力人在学校或者其他教育机构学习、生活期间受到人身损害，学校或者其他教育机构未尽到教育、管理职责的，应当承担侵权责任”，可以清晰地看到，《民法典》第1200条规定的是过错责任，而第1199条规定的是过错推定责任。⑤

那么我们应该认为，与《民法典》第1199条具有同一结构的第1248条，从立

① 参见全国人大常委会法制工作委员会民法室编：《侵权责任法立法背景与观点全集》，法律出版社2010年版，第145－146页。

② 参见王利明：《侵权责任法研究》（下卷），中国人民大学出版社2011年版，第646－647页。

③ 参见程啸：《侵权责任法》（第二版），法律出版社2015年版，第623页。

④ 参见《谢叶阳诉上海动物园饲养动物致人损害纠纷案》，载《最高人民法院公报》2013年第8期。

⑤ 这种解读也符合原《侵权责任法》草案起草机关的本意。参见王胜明主编：《中华人民共和国侵权责任法解读》，中国法制出版社2010年版，第200页。

法条文看，适用的是过错推定责任。动物园可以通过“证明尽到管理职责”来反证自己没有过错。另外，尽管“上海猴子案”的裁判摘要采纳了无过错责任，但基于该案两审法院的裁判说理却无法直接得出这一结论。相反，上海市长宁区人民法院一审认为：“动物园……根据其专业能力应能预见此危险发生的可能性，而未采取必要补救措施，动物园有过错，未尽到其管理职责。”上海市第一中级人民法院二审尽管在说理部分回避了“过错”的提法，仅指出“基于以上原因，原审法院认为上海动物园未尽到管理职责，并无不当”，但仍然认定：“综合本案双方过错情况，原审法院酌定谢叶阳的法定代理人对谢叶阳的受伤承担60%的责任，上海动物园承担40%的责任，尚属合理，法院予以维持。”可见，该案两审法官仍然是依据比较过错的思维方式进行责任分担的。[①]

（二）动物园未尽管理职责侵权责任适用过错推定责任的不合理性

笔者认为，将动物园饲养动物损害规定为过错推定责任，具有明显的不合理性。

1. 饲养动物损害的严格责任本质与责任保险分担

动物园未尽管理职责侵权责任和普通人饲养动物损害在本质上都是饲养动物损害，属于严格责任。[②] 至于饲养人，不论是我国《民法典》侵权责任编作出区分的动物园和普通人，还是未明确区分的畜牧场等特殊主体，饲养主体的差别在法律制度上的投影应该体现为管理职责的界定不同，而非责任构成意义上的归责原则不同。承担严格责任的动物饲养人，可以根据其主体类型不同，购买不同类型的责任保险，实现损害赔偿责任的社会分担。[③]

2. “非营利性”难以界定和认定

主张缓和动物园未尽管理职责的侵权责任的另一理由，是动物园的“非营利性”[④]。有学者认为，动物园大多是国家设立的，具有一定的公益性质，且其饲养动物也要遵循严格的管理规范。[⑤] 从该条制定的目的看，设置该条是为了减轻为公众提供服务的国家动物园的责任，所以，应当对该条作目的性限缩，将其限于国家

① 参见《谢叶阳诉上海动物园饲养动物致人损害纠纷案》，载《最高人民法院公报》2013年第8期。

② See American Law Institution, *Restatement of the Law*, *Second*, *Torts*, Division 3 - Strict Liability, Chapter 20 - Liability of Possessors and Harborers of Animals, Topic 2 - Harm Caused by Animals Otherwise Than by Trespass by Livestock.

③ 我国动物园购买责任保险的积极性并不高，这与保险公司承保范围较窄、保障程度不高和理赔程序烦琐有关。详见全国人大常委会法制工作委员会民法室编：《侵权责任法立法背景与观点全集》，法律出版社2010年版，第972－973页。

④ 美国法上，对公共动物园适用过错责任，参见 Kennedy v. City and County of Denver, 506 P. 2d 764 (Colo. Ct. App. 1972)；对营利性动物园适用严格责任，参见 Isaacs v. Powell, 267 So. 2d 864 (Fla. Dist. Ct. App. 1972)。

⑤ 参见王利明：《侵权责任法研究》（下卷），中国人民大学出版社2011年版，第646页。

的动物园。① 不过，至少从“宁波老虎案”来看，动物园作为上市公司资产，上文的前提性假设是站不住脚的。动物园的确因为经费来源不同存在营利性与否的区别，但这只能在是否尽到管理职责的维度上进行判断，是“量”的问题，不是“质”的问题。所以，即使是“非营利性”的动物园，也不应该因此适用过错推定责任。

3. 缓和动物园饲养动物损害责任将导致评价矛盾

《民法典》第1245条对普通人饲养动物损害适用无过错责任，第1248条对动物园饲养动物损害却适用过错推定责任，存在明显的评价矛盾。第一，相较于普通人饲养的动物，动物园饲养的动物可能更加危险，动物园却承担更加缓和的责任，不尽合理。第二，《城市动物园管理规定》第16条规定：“动物园管理机构应当严格执行建设部颁发的《动物园动物管理技术规程》标准。”而《民法典》第1246条前段规定：“违反管理规定，未对动物采取安全措施造成他人损害的，动物饲养人或者管理人应当承担侵权责任。”动物园拥有专业的设施和人员，却因为第1248条的规定，绕开第1246条违反管理规定饲养动物承担无过错责任的规定，相较于普通动物饲养人，存在明显的评价矛盾。第三，《民法典》第1249条规定：“遗弃、逃逸的动物在遗弃、逃逸期间造成他人损害的，由动物原饲养人或者管理人承担侵权责任。”如果动物园的动物被遗弃或者逃逸，因为“由原饲养人或者管理人”即动物园承担责任，继续适用过错推定责任原则，这种评价矛盾将进一步被放大。

（三）对《民法典》第1248条的无过错责任改造与缓和

综上所述，《民法典》第1248条将动物园饲养动物损害规定为过错推定责任，缺少足够的正当性，应该回归到无过错责任，以此作为制度设计的基线。

同时应该看到，动物园的公益性与监护人所履行的监护职责的公益性具有类似性。监护人履行监护职责，其公益性明显强于私益性。尤其对于非亲权的监护人来讲，公益性更为明显。正是由于监护职责的公益性，《民法典》第1188条第1款才会规定：“无民事行为能力人、限制民事行为能力人造成他人损害的，由监护人承担侵权责任。监护人尽到监护职责的，可以减轻其侵权责任。”这样在对监护人替代责任适用无过错责任的同时，通过尽到监护职责可以减轻责任的方式，一定程度上实现了“无过错责任的衡平化”，能够鼓励监护人履行其监护职责②，也体现了监护职责的公益性。

对于《民法典》侵权责任编中的动物园未尽管理职责的侵权责任，应该参考监护人责任的结构，在适用无过错责任的同时，动物园能够证明尽到管理职责的情形，可以作为法定减轻事由。笔者建议，未来应当将《民法典》第1248条修改为：“动物园的动物造成他人损害的，动物园应当承担侵权责任。动物园能够证明尽到

① 参见周友军：《侵权法学》，中国人民大学出版社2011年版，第414页。

② 参见王利明：《侵权责任法研究》（下卷），中国人民大学出版社2011年版，第54页。

管理职责的，可以减轻其侵权责任。”

因为动物园未尽管理职责的侵权责任与普通饲养动物致害责任的差别，仅为是否将尽到管理职责作为法定减责事由，所以无须就被侵权人过错的抗辩事由作不同设计，可以适用《民法典》第1245条后段规定的：“但是，能够证明损害是因被侵权人故意或者重大过失造成的，可以不承担或者减轻责任。”①

（四）动物园应尽的管理职责类别

原《侵权责任法》草案起草机关撰写的权威解读指出：“如果动物园能够证明兽舍设施、设备没有瑕疵、有明显的警示牌，管理人员对游客挑逗、投打动物或者擅自翻越栏杆靠近动物等行为进行了劝阻，可以说该尽的管理职责已经做得很好了，那么动物园就可以不承担侵权责任。”② 从司法实务反映的情况来看，这一解读仅涉及在损害发生之前动物园的预防性义务，没有考虑到损害发生之时和之后动物园还负有积极避免损害进一步扩大的义务。笔者认为，动物园应尽的管理职责，按照时间维度应该分为事前的隔离与警示措施、事中的监控与救助措施和事后的抢救与送医措施。考虑到相关规则过于细致不宜在《民法典》侵权责任编中予以规定，笔者在此提出具体建议，供未来最高人民法院制定“民法典侵权责任编解释”参考。

1．事前管理职责——隔离与警示措施

动物园应该使用足够安全的隔离措施将参观者和动物进行物理隔离，既要防止动物逃脱，也要防止参观者进入，尤其要避免动物和参观者的肢体接触，并安排定期巡查，排查安全隐患，制止游客违规参观行为。对于成年人，应该在设置足够安全的物理性措施的同时辅之以警示标识，对于未成年人则应该进行特殊的预防。例如在“上海猴子案”中，经现场试验，原告谢某某及10周岁以下偏瘦小的儿童可以通过栏杆间隙钻入。③ 在因果关系上未尽事前隔离与警示措施主要是可能导致损害发生。

2．事中管理职责——监控与救助措施

动物园应该通过现场巡查、视频监控等方式，及时发现并立即处理动物伤人事件。动物园饲养动物损害事件发生时，动物园应该采取紧急救助措施，帮助被侵权人及时脱离险境。在因果关系上未尽事中监控与救助措施主要是可能导致损害的扩大。例如“杭州骆驼案”中，杭州动物园管理人员立即拨打120急救，而在“上海猴子案”中则无人位于现场，被侵权人只能自行就医。④

---

① 这一抗辩事由并不清晰，参见王竹：《特殊侵权行为中受害人过错制度的适用研究——以〈侵权责任法〉第六章到第十章为中心》，《河南财经政法大学学报》2012年第1期。

② 王胜明主编：《中华人民共和国侵权责任法解读》，中国法制出版社2010年版，第403页。

③ 参见《谢叶阳诉上海动物园饲养动物致人损害纠纷案》，载《最高人民法院公报》2013年第8期。

④ 参见浙江省杭州市西湖区人民法院（2010）杭西民初字第2077号民事判决书。

3. 事后管理职责——抢救与送医措施

被侵权人脱离险境后，动物园应该于第一时间进行抢救，尤其是对特定野生动物造成的损害或者注入的毒物，动物园应当比普通医院更具备专业知识。在提供必要抢救的同时，动物园还应该及时送医，并根据专业知识告知近亲属或者医务人员采取必要的疫苗措施。如有必要，动物园还应该指派专业人员为医院提供特定动物知识的专业协助。在因果关系上未尽事后抢救与送医措施主要是可能导致损害的进一步扩大。

四、动物园未尽防止进入隔离区义务侵权责任的规则设计

（一）违反防止进入高度危险区域义务的侵权责任

有的学者主张，类似“北京老虎案”的情形，应该将其认定为违反安全保障义务的侵权责任。[①] 这种观点混淆了安全保障义务与防止进入高度危险区域义务。《民法典》侵权责任编对违反防止进入高度危险区域义务的侵权责任的典型规定是第1243条：“未经许可进入高度危险活动区域或者高度危险物存放区域受到损害，管理人能够证明已经采取足够安全措施并尽到充分警示义务的，可以减轻或者不承担责任。”鉴于该条规则与动物园未尽防止进入隔离区义务的侵权责任同为违反防止进入高度危险区域义务的侵权责任的子类型，笔者在此一并作说明。

1. 防止进入高度危险区域义务与安全保障义务的差别

所谓安全保障义务，又称交往安全义务，是指安全保障义务人对进入其管理范围后负有的使他人免受人身、财产损害的合理限度义务。违反交往安全义务的责任的核心功能在于避免和防止危险，每个人都应该在自己掌握的范围内采取一切措施来防止给他人造成损害[②]，主要包括对自己掌控范围内的安全责任、因承担任务而担负责任和因事先行为（特别是因事先危险行为）而产生的责任等三类责任。[③] 而防止进入高度危险区域义务，是指通过必要的安全措施和警示标识，预防他人进入其管理的危险区域，进而使他人免受人身、财产损害的合理限度义务。

《民法典》第1198条规定的公共场所安全保障义务，仅适用于进入了义务人管理的公共场所的民事主体，不包括预防进入的义务，其目的是保证公共场所的安全性。《民法典》第1243条所规定的管理人“采取足够安全措施并尽到充分警示义务”，不是对已经进入“高度危险活动区域或者高度危险物存放区域”的人提供安全保障，而是通过预防其进入该危险区域来避免损害的发生。可见，这两种义务在设置目的和避免损害的方式上差异明显。

① 参见朱浩然：《八达岭野生动物园老虎伤人事件的法律分析——从野生动物园安全保障义务角度》，《法治论丛》2016年第5期。

② 参见［德］马克西米利安·福克斯：《侵权行为法》，齐晓琨译，法律出版社2006年版，第102页。

③ 参见［德］马克西米利安·福克斯：《侵权行为法》，齐晓琨译，法律出版社2006年版，第105页。

2. 对《民法典》第 1243 条归责原则的厘清

《民法典》第 1243 条后段规定“管理人能够证明已经采取足够安全措施并尽到充分警示义务的，可以减轻或者不承担责任”的减责和免责事由，很容易被误解为类似于《民法典》第 1188 条第 1 款第二句规定的“监护人尽到监护职责的，可以减轻其侵权责任”的法定减责事由，进而可以与前文改造后的动物园未尽管理职责侵权责任归入同一类型，适用无过错责任原则。

应该明确，第 1243 条前段规定的“未经许可进入高度危险活动区域或者高度危险物存放区域受到损害”的事实，已经足以认定构成被侵权人重大过失或者受害人故意，即使不存在“管理人已经采取足够安全措施并尽到充分警示义务”的事实，也已经可以减轻或者免除管理人的责任。质言之，“管理人已经采取足够安全措施并尽到充分警示义务”是侵权责任构成的规定，而非抗辩事由规定。

从文义上看，《民法典》第 1243 条在法律事实层面适用于“未经许可”进入高度危险活动区域或者高度危险物存放区域的情形，由此可以推导出，第 1236～1240 条规定的高度危险责任适用于“经过许可”进入高度危险活动区域或者高度危险物存放区域的情形。可见，《民法典》第 1243 条的适用情形，与未经许可进入动物园隔离区之内受损的情形具有实质上的类似性。《民法典》第 1243 条的规范要旨，应当是“未经许可进入高度危险活动区域或者高度危险物存放区域受到损害”适用过错推定责任；那么，如果管理人能够证明“已经采取足够安全措施并尽到充分警示义务的”，应当免除其侵权责任。

3. 违反防止进入高度危险区域义务的侵权责任适用过错推定责任

最高人民法院《关于审理道路交通事故损害赔偿案件适用法律若干问题的解释》《道路交通事故司法解释》（法释〔2020〕17 号）第 7 条第 2 款规定：“依法不得进入高速公路的车辆、行人，进入高速公路发生交通事故造成自身损害，当事人请求高速公路管理者承担赔偿责任的，适用民法典第一千二百四十三条的规定。”该条司法解释基于“依法不得进入高速公路的车辆、行人”与“未经许可进入高度危险活动区域或者高度危险物存放区域”的类似性，进行了参照适用，对将《民法典》第 1243 条确定为违反防止进入高度危险区域义务的侵权责任的典型规范模式具有重要意义。

违反防止进入高度危险区域义务的侵权责任是危险责任领域的特殊规则，损害的发生并非由危险源直接造成，而是负有违反防止进入高度危险区域义务的管理人未尽该义务造成的，其责任基础是过错，而非危险。这种危险责任领域的过错责任并非孤例，《民法典》第 1242 条第二句规定：“所有人、管理人不能证明对防止非法占有尽到高度注意义务的，与非法占有人承担连带责任。”这是一种基于“防止非法占有高度注意义务”的过错推定责任。笔者认为，“防止非法占有高度危险物注意义务”与“防止进入高度危险区域义务”有异曲同工之妙，前者是防止高度危险物被非法占有进而导致损害，后者是防止被侵权人进入高度危险区域，因此，后者在过错的认定上，应该以采用与前者类似的过错推定责任原则为宜。

（二）动物园防止进入隔离区义务属于防止进入高度危险区域义务

通过具体分析动物园防止进入隔离区义务的内容，我们可以进一步明确，这是一种防止进入高度危险区域义务。

1. 参观者进入动物园隔离区之内的具体方式

需要区分动物园运营方式，以确定“进入”隔离区之内的具体方式，进而确定防止进入隔离区义务的类别。从案件事实类型的角度出发，应该区分为围栏式运营和开放式运营两种。所谓围栏式运营，即城市动物园通常的展示方式，通过将动物圈入一定的围栏，实现与参观者的物理隔离，隔离措施主要是以动物为中心，“宁波老虎案”属于这种模式。在这种情况下，防止进入隔离区义务较为明确，即不但要防止动物脱离围栏或者透过围栏致害，还要预防参观者越过，尤其是未成年人穿越围栏，进入隔离区之内。

所谓开放式运营，即野生动物园通常的展示方式，动物采用分区开放式管理，参观者乘坐车辆进入参观，通过车辆来实现参观者与动物的隔离，隔离措施实际上主要是以参观者为中心。这种情形下，又要特别区分是动物园提供的车辆还是自驾的车辆，二者核心差别在于动物园对参观者离开车辆的控制能力和方式。如果是动物园提供的车辆，那么防止进入隔离区义务主要可以通过车辆管理的方式来实现；如果是自驾车，那么动物园主要通过参观前和参观过程中的提醒来履行防止进入隔离区义务，“北京老虎案”属于这种模式。参观前要通过文字、语言乃至通过协议来确认参观者已经确知了违规参观的风险，并要重点落实未成年人陪同参观者的责任。参观过程中要不断地通过醒目的文字和图形标识以及必要的语音广播①来提示风险，并通过适当的方式与自驾进入的车辆保持在线沟通。对于规模巨大的野生动物园区，区域的设置还应该有明显的标志，提醒游客注意是否已经驶出危险区域。②

2. 动物园应尽的防止进入隔离区义务的类别

在时间维度上，动物园应尽的防止进入隔离区义务相较于管理职责有所提前。这是因为设置防止进入隔离区义务的直接目的是预防参观者进入，进而间接地预防损害的发生，具体来说，包括三项义务。

第一，事前的预防与警示义务。动物园防止进入隔离区义务与管理职责在事前义务上都有警示的内容，但内容不同。前者的核心是“禁止进入”，后者的核心是“避免接触”。“防止”进入隔离区义务在事前体现为“防”，即预防，核心是预防参观者违规进入。在因果关系上违反事前的预防与警示义务体现为可能导致损害的

① 之所以不考虑更多地使用语音广播方式来进行警示，是因为这可能干扰野生动物的生活，也会对参观品质产生影响。

② 参见朱浩然：《八达岭野生动物园老虎伤人事件的法律分析——从野生动物园安全保障义务角度》，《法治论丛》2016年第5期。

发生。

第二，事中的监控与制止义务。动物园防止进入隔离区义务也有监控义务，但监控的重点在于是否有参观者违规进入或者试图进入隔离区，并即时予以制止。与参观者在隔离区外受到损害往往快速发生、不易察觉的特点不同，进入隔离区需要一定的过程和时间，动作也较为明显，因此存在一定的时间段可供发现并即时制止。在因果关系上违反事中的监控与制止义务仍然体现为可能导致损害的扩大。

第三，事后的救助与医疗义务。就动物园防止进入隔离区义务而言，救助义务并非在事中，而是事后，因为作为防止进入高度危险区域义务，其作为的时间点在“进入”时而非“致害”时。一旦参观者进入隔离区内，动物园应该采取紧急措施，尽快分离动物和参观者，避免损害发生或者进一步发生。如果已经发生损害，动物园应该及时提供医疗服务。在必要情况下，动物园应该麻醉动物；在迫不得已的情况下，应该击毙对被侵权人有重大人身危险的动物。在因果关系上违反事后的救助与医疗义务体现为可能导致损害的扩大。

3. 动物园应尽的防止进入隔离区义务的程度

就动物园应尽的防止进入隔离区义务的程度而言，不但要预防完全民事行为能力人，还要提高注意义务，达到能够预防特殊对象（自杀者、精神病人和未成年人）的程度，尤其是未成年人可能会有不理会规定和要求莽撞行事的倾向。① 自杀者如果选择以进入危险动物隔离区的极端方式来结束自己的生命，那么其在试图进入隔离区时较之一般的成年人准备可能更为充分、行动可能更为坚决。由于精神病人无法形成对危险的正确认知，警示措施可能无法对其产生效果。而以成年人为预防假想对象的安全措施设置，往往注意到了高、厚、长，忽略了未成年人因为矮、瘦、小而特有的可以穿越安全措施的条件。另外，动物越危险，进入隔离区之内受到的损害越大、后果越严重，对物理性隔离的要求也越高。

4. 作为防止进入高度危险区域义务的动物园防止进入隔离区义务

通过上述分析可以看出，在动物园隔离区之外因动物致害造成参观者受损的情形，与参观者违规进入隔离区之内被动物侵害造成损害的情形，在事实上存在明显差别。动物园的防止进入隔离区义务是一种作为义务，违反这种义务导致损害是一种不作为侵权。这种类型与动物园违反管理职责侵权责任有本质区别，应该与《民法典》第 1243 条规定的违反防止进入高度危险作业区域义务责任一起，共同作为违反防止进入高度危险区域义务的侵权责任的两个子类型，适用过错推定责任。

（三）未经许可进入动物园隔离区之内受损的规则设计

笔者建议，对于未经许可进入动物园隔离区之内受损的特殊规则，未来《民法典侵权责任编解释》应该明确：“未经许可进入动物园隔离区之内受到损害，动物

① 参见［德］埃尔温・多伊奇、汉斯-于尔根・阿伦斯：《德国侵权法——侵权行为、损害赔偿及痛苦抚慰金》（第五版），叶名怡、温大军译，刘志阳校，中国人民大学出版社 2016 年版，第 125 页。

园能够证明已经采取足够安全措施并尽到充分警示义务的，不承担侵权责任。”并将其作为对《民法典》第1248条的补充性规定，该条文的主旨如下：

第一，作为过错推定责任，动物园负有的实际上是一种高度注意义务，必须能够证明已经采取“足够的”安全措施并尽到“充分的”警示义务，才能认定其没有过错。如果安全措施不足够或者警示义务不充分，则动物园存在一定的过错，应当承担侵权责任。

第二，未经许可进入动物园隔离区，参观者构成违规参观。如果安全措施足够且警示充分，应当认定为被侵权人故意；如果安全措施不到位或者警示不充分，则根据实际情况认定被侵权人主观上是故意还是重大过失。

第三，动物园不能证明自己没有过错的，根据参观者主观上是故意还是重大过失，不同程度地减轻动物园的责任。只有动物园证明自己没有过错的，才能免除责任，不存在受害人故意规则适用的可能。

侵权责任分担论

21世纪法学研究生参考书系列

专题十一

数人侵权责任分担原则研究

《民法典》侵权责任编在第1169条第2款“教唆、帮助非完全民事行为能力人情形的监护人责任”、第1172条“按份责任的最终责任分担规则”、第1189条“委托监护中的监护人和受托人侵权责任”、第1191条第2款“劳务派遣工作人员致害责任”、第1198条第2款“未尽安全保障义务的补充责任”、第1201条“教育机构未尽管理职责的补充责任”、第1209条“机动车保有人与使用人不是同一人时的保有人过错责任”、第1212条“未经允许驾驶他人机动车发生交通事故的侵权责任”① 和第1256条“公共道路妨碍通行物品致害侵权责任”② 等共计9处，使用“相应的”立法表达规定了数人侵权责任分担规则。这些“相应的”数人侵权责任分担规则体现的是自原《民法通则》颁布以来③，通过司法解释的不断探索，逐渐在原《侵权责任法》基础上确立了数人侵权责任分担立法技术，并在《民法典》侵权责任编上得到了进一步的发展，其实质是立法者对于裁判者在数人侵权责任分担中行使裁量权的立法指引。本专题将通过类型化的方法整理适用规则明确的“相应的”数人侵权责任分担规则，初步归纳出作为适用基础的数人侵权责任分担原则体系，以此作为解读部分适用规则不清晰的数人侵权责任的依据。

① 该条文源于《道路交通事故司法解释》(法释〔2012〕19号)原第2条：“未经允许驾驶他人机动车发生交通事故造成损害，当事人依照侵权责任法第四十九条的规定请求由机动车驾驶人承担赔偿责任的，人民法院应予支持。机动车所有人或者管理人有过错的，承担相应的赔偿责任，但具有侵权责任法第五十二条规定情形的除外。”

② 该条文源于《道路交通事故司法解释》(法释〔2012〕19号)原第10条：“因在道路上堆放、倾倒、遗撒物品等妨碍通行的行为，导致交通事故造成损害，当事人请求行为人承担赔偿责任的，人民法院应予支持。道路管理者不能证明已按照法律、法规、规章、国家标准、行业标准或者地方标准尽到清理、防护、警示等义务的，应当承担相应的赔偿责任。”

③ 原《民法通则》直接涉及“相应的”责任的规定是第61条第1款第二句对“民事行为无效或者被撤销后的损失分担规则”的规定：“有过错的一方应当赔偿对方因此所受的损失，双方都有过错的，应当各自承担相应的责任。”间接涉及“相应的”责任的规定是第132条对公平责任的规定：“当事人对造成损害都没有过错的，可以根据实际情况，由当事人分担民事责任。”对比《民法典》侵权责任编的条文表述方式可以看出，原《民法通则》在侵权责任乃至整个民事责任领域，都还没有自觉地使用“相应的”这一责任分担立法技术。

一、《民法典》侵权责任编中的数人侵权责任分担规则类型化

仔细研究条文的表述能够发现，前文列举的《民法典》侵权责任编中9处“相应的”数人侵权责任，是以“相应的”表达方式明确表达出来的数人侵权责任分担规则，笔者称之为“显式”表达的数人侵权责任分担规则。还有一些条文，从追求立法表述的一致性出发，也应该或者也可以用“相应的”方式来表达，只是基于立法表达习惯而未能以“相应的”方式来表达，笔者称之为“隐式”表达的数人侵权责任分担规则。尤其是现行立法主要关注“最终责任”的分担规则，而忽略了“受偿不能风险”和“程序负担”的分担规则。这也从一个侧面说明数人侵权责任分担立法技术仍然处于发展过程中，还有待进一步确立其独立和重要的立法技术地位。尽管数人侵权责任分担规则“显式”表达比“隐式”表达更能够为裁判者在数人侵权责任分担中行使裁量权提供更为明确的立法指引，但二者立法技术的差别在于形式而非实质，因此笔者将这两类数人侵权责任分担规则中适用规则明确的条文，一并按照其适用范围是一般数人侵权责任分担规则还是特殊数人侵权责任分担规则作类型化区分①，以此来搭建理论分析框架。

（一）一般数人侵权责任分担规则

《民法典》第1172条前段规定：“二人以上分别实施侵权行为造成同一损害，能够确定责任大小的，各自承担相应的责任。”这个条文中的“相应的”是对分别实施非充足原因侵权行为按份责任中最终责任分担规则的明确规定。②《民法典》第177条是该规则的总则化：“二人以上依法承担按份责任，能够确定责任大小的，各自承担相应的责任；难以确定责任大小的，平均承担责任。”③ 实际上，原《侵权责任法》第14条第1款前段规定的“连带责任人根据各自责任大小确定相应的赔偿数额”是一条显式表达的连带责任最终责任分担规则，但该条被总则化为《民法典》第178条第2款第一句时，表述风格未能与《民法典》第177条的显式表达保持一致，导致连带责任最终责任分担表达的“隐式化”：“连带责任人的责任份额根据各自责任大小确定；难以确定责任大小的，平均承担责任。”

这种“相应的”最终责任分担立法技术最早见于最高人民法院《关于审理触电人身损害赔偿案件若干问题的解释》（以下简称“《触电人身损害赔偿司法解释》”）（法释〔2001〕3号）第2条第2款：“但对因高压电引起的人身损害是由多个原因造成的，按照致害人的行为与损害结果之间的原因力确定各自的责任。致害人的行为是损害后果发生的主要原因，应当承担主要责任；致害人的行为是损害后果

① 关于一般数人侵权责任分担与特殊数人侵权责任分担的区分，详见王竹：《我国侵权法上特殊数人侵权责任分担制度立法体例与规则研究》，《政法论丛》2009年第4期。

② 详见王竹：《论数人侵权责任分担中最终责任份额的确定方式》，《法商研究》2010年第6期。

③ 王竹：《〈民法典·侵权责任编〉的编纂背景与结构调整》，《国家检察官学院学报》2017年第4期。

发生的非主要原因，则承担相应的责任。”从该款司法解释的措辞来看，当时使用“相应的”责任应该是用语习惯而非有意的表达。到《人身损害赔偿司法解释》（法释〔2003〕20号）时这种“相应的”责任使用变得更加规范，该司法解释第3条第2款规定：“二人以上没有共同故意或者共同过失，但其分别实施的数个行为间接结合发生同一损害后果的，应当根据过失大小或者原因力比例各自承担相应的赔偿责任。”

《民法典》第1231条规定的“两个以上侵权人污染环境、破坏生态的，承担责任的大小，根据污染物的种类、浓度、排放量，破坏生态的方式、范围、程度，以及行为对损害后果所起的作用等因素确定”，应该将其理解为是在污染环境领域对最终责任分担规则的具体化，但采用了隐式表达。如果按照显式表达方式，该条文应该表述为：“两个以上侵权人污染环境、破坏生态的，应当根据污染物的种类、浓度、排放量，破坏生态的方式、范围、程度，以及行为对损害后果所起的作用等因素承担相应的责任。”可见，这只是立法表达的习惯问题。①

在受偿不能风险分担和程序负担分担领域，一般数人侵权责任分担规则主要通过适用连带责任将受偿不能风险和程序负担分配给侵权人一方。《民法典》第178条第1款规定：“二人以上依法承担连带责任的，权利人有权请求部分或者全部连带责任人承担责任。”因此，一般数人侵权责任分担的适用规则是，如果符合第178第3款规定的“法律规定”承担连带责任的情形，即《民法典》第1168条“共同实施侵权行为”、第1169条第1款“教唆、帮助他人实施侵权行为”、第1170条“共同危险行为”和第1171条“数个充分原因偶然竞合造成同一损害”规定的情形，就应该适用连带责任；否则，就应该适用按份责任。

按照这一规定，在特殊侵权行为部分，立法者根本没有必要再重复规定任何适用连带责任的情形。那么，如果在特殊侵权行为部分明文规定了“连带责任”，且符合一般侵权行为部分“法律规定”承担连带责任的情形，也只能认为立法者的目的是在具体情形中统一连带责任的法律适用。例如，《民法典》第1211条规定的“以挂靠形式从事道路运输经营活动的机动车，发生交通事故造成损害，属于该机动车一方责任的，由挂靠人和被挂靠人承担连带责任”、第1214条规定的“以买卖或者其他方式转让拼装或者已经达到报废标准的机动车，发生交通事故造成损害的，由转让人和受让人承担连带责任”和第1241条第二句规定的“所有人将高度危险物交由他人管理的，由管理人承担侵权责任；所有人有过错的，与管理人承担

① 实际上，原《侵权责任法》的“一审稿”，即《中华人民共和国民法（草案）》第八编“侵权责任法”（2002年12月23日）第34条就使用了显式表达技术：“因污染环境对他人造成损害，不能确定具体的加害人的，由与损害后果具有联系的排污单位或者个人根据其排放量的比例承担相应的侵权责任。”而原《侵权责任法》第67条则改为了隐式表达：“两个以上污染者污染环境，污染者承担责任的大小，根据污染物的种类、排放量等因素确定。”

连带责任”①，上述规则应该被理解为对第1168条“共同实施侵权行为”的具体化。

而在《民法典》第1231条规定的“两个以上侵权人污染环境、破坏生态”，实际上暗含了三种未明文列出的情形：情形一，数个侵权人分别致害的情形，适用第1172条承担按份责任；情形二，数个侵权人共同致害的情形，适用第1168条承担连带责任；情形三，数个侵权人分别致害但每个侵权行为都是充分原因的情形，适用第1171条承担连带责任。

（二）特殊数人侵权责任分担规则

特殊数人侵权责任分担包括补充责任和不真正连带责任，二者均由最终责任人承担全部最终责任，不涉及最终责任分担，只涉及受偿不能风险和程序负担的分担问题。

《民法典》第1198条第2款第一句后段规定的“经营者、管理者或者组织者未尽到安全保障义务的，承担相应的补充责任”和第1201条第一句后段规定的“幼儿园、学校或者其他教育机构未尽到管理职责的，承担相应的补充责任”，是对《人身损害赔偿司法解释》（法释〔2003〕20号）第6条第2款第二句和第7条第2款第二句规定的“相应的补充赔偿责任”的继受。该司法解释之后的2010年最高人民法院《关于审理铁路运输人身损害赔偿纠纷案件适用法律若干问题的解释》（以下简称“2010年最高人民法院关于审理旅游纠纷案件适用法律若干问题的解释《铁路运输人身损害赔偿司法解释》”）（法释〔2010〕5号）第13条第1款第二句规定：“铁路运输企业有过错的，应当在能够防止或者制止损害的范围内承担相应的补充赔偿责任。”最高人民法院《关于审理旅游纠纷案件适用法律若干问题的解释》（以下简称“《旅游纠纷司法解释》”）（法释〔2010〕13号）第7条第2款后段规定的“旅游经营者、旅游辅助服务者未尽安全保障义务，旅游者请求其承担相应补充责任的，人民法院应予支持”和第14条第2款规定的“旅游经营者对旅游辅助服务者未尽谨慎选择义务，旅游者请求旅游经营者承担相应补充责任的，人民法院应予支持”，也可以被视为安全保障义务适用于铁路运输企业和旅游经营者的扩展。这些“相应的”补充责任，也是对“相应的”受偿不能风险和程序负担的分担。

不真正连带责任的典型规定是《民法典》第1203条第1款：“因产品存在缺陷造成他人损害的，被侵权人可以向产品的生产者请求赔偿，也可以向产品的销售者请求赔偿。”而第1252条第1款第一句规定的“建筑物、构筑物或者其他设施倒塌、塌陷造成他人损害的，由建设单位与施工单位承担连带责任，但是建设单位与施工单位能够证明不存在质量缺陷的除外”中的“连带责任”，也应该被理解为表

① 在管理人“遗失、抛弃高度危险物造成他人损害的”情形中，所有人的过错主要体现为两种情形：第一，违反法律规定将不能交由他人管理的高度危险物交由他人管理；第二，违反法律规定将高度危险物交由没有法定资质的他人管理。这两种情形与《民法典》第1214条规定的情形一样，都属于违反法律强制性规定的“共同实施侵权行为”。

述方式上有瑕疵的缺陷不动产设置人不真正连带责任。① 第1223条第一句规定的“因药品、消毒产品、医疗器械的缺陷，或者输入不合格的血液造成患者损害的，患者可以向药品上市许可持有人、生产者、血液提供机构请求赔偿，也可以向医疗机构请求赔偿”，应该被理解为医疗机构在主体意义上和不合格血液致害在致害物意义上分别准用了缺陷产品责任规则。② 这三项规定实质上是通过适用不真正连带责任，将受偿不能风险和程序负担都分配给了侵权人一方，是一种对受偿不能风险和程序负担的全额“相应的”分担。

《民法典》第1175条规定：“损害是因第三人造成的，第三人应当承担侵权责任。”从《民法典》侵权责任编第一章的“一般规定”体系位置来看，第1175条作为免责事由仅适用于第1165条规定的适用过错责任原则和过错推定责任的情形。因此，在无过错责任领域，因第三人过错造成的损害，并不免除无过错责任人的责任。这样就会出现第三人的过错责任和无过错责任人的责任并存的情况③，笔者将其称为“单向不真正连带责任”，主要体现在《民法典》第1233条规定的“因第三人的过错污染环境、破坏生态的，被侵权人可以向侵权人请求赔偿，也可以向第三人请求赔偿。侵权人赔偿后，有权向第三人追偿”和第1250条规定的“因第三人的过错致使动物造成他人损害的，被侵权人可以向动物饲养人或者管理人请求赔偿，也可以向第三人请求赔偿。动物饲养人或者管理人赔偿后，有权向第三人追偿”中。《铁路运输人身损害赔偿司法解释》（法释〔2020〕17号）第13条第2款规定的“车外第三人投掷石块等击打列车造成车内旅客人身损害，赔偿权利人要求铁路运输企业先予赔偿的，人民法院应当予以支持。铁路运输企业赔付后，有权向第三人追偿”，也属于这种情形。

二、《民法典》侵权责任编中适用规则不清晰的数人侵权责任分担规则

除了上述适用规则明确的条文，还有一些在《民法典》侵权责任编上规定得并不清晰的数人侵权责任分担的适用规则条文，主要包括八个条文

第一，第1169条第2款规定：“教唆、帮助无民事行为能力人、限制民事行为能力人实施侵权行为的，应当承担侵权责任；该无民事行为能力人、限制民事行为能力人的监护人未尽到监护职责的，应当承担相应的责任。”就该款后段规定的

① 参见王竹：《〈侵权责任法〉第86条第1款的理解与适用》，《月旦民商法杂志》（第31期），元照出版公司2011年版。

② 参见王竹：《论医疗产品责任规则及其准用——以〈中华人民共和国侵权责任法〉第59条为中心》，《法商研究》2013年第3期。

③ 参见王竹：《论法定型不真正连带责任及其在严格责任领域的扩展适用》，《人大法律评论》（2009年卷），法律出版社2009年版。

“相应的责任”，应该如何理解？监护人是否应该承担连带责任？这些都是较为疑难的问题。①

第二，《民法典》第1189条规定：“无民事行为能力人、限制民事行为能力人造成他人损害，监护人将监护职责委托给他人的，监护人应当承担侵权责任；受托人有过错的，承担相应的责任。”原《民通意见》第22条规定：“监护人可以将监护职责部分或者全部委托给他人。因被监护人的侵权行为需要承担民事责任的，应当由监护人承担，但另有约定的除外；被委托人确有过错的，负连带责任。”从草案起草机关的权威解读来看，原司法解释过分强调了对被侵权人的保护而没有平衡委托人与受托人的利益，使监护的权利与义务失衡。② 从立法本意来看，尽管否定了连带责任的适用，但仍然无法确定“相应的责任”应该如何适用。

第三，《民法典》第1191条第2款规定：“劳务派遣期间，被派遣的工作人员因执行工作任务造成他人损害的，由接受劳务派遣的用工单位承担侵权责任；劳务派遣单位有过错的，承担相应的责任。”原《侵权责任法》第34条后段规定的是相应的“补充”责任③，删除“补充”字样后的具体适用规则还需要进一步明确。④

第四，《民法典》第1209条规定：“因租赁、借用等情形机动车所有人、管理人与使用人不是同一人时，发生交通事故造成损害，属于该机动车一方责任的，由机动车使用人承担赔偿责任；机动车所有人、管理人对损害的发生有过错的，承担相应的赔偿责任。”对机动车保有人的“相应的赔偿责任”，学者也有不同的意见。⑤

第五，《民法典》第1256条规定：“在公共道路上堆放、倾倒、遗撒妨碍通行的物品造成他人损害的，由行为人承担侵权责任。公共道路管理人不能证明已经尽到清理、防护、警示等义务的，应当承担相应的责任。”该条文以“江宁县东山镇副业公司与江苏省南京机场高速公路管理处损害赔偿纠纷上诉案”⑥ 为原型设计，对于其中“相应的”责任如何理解，需要予以明确。

第六，《民法典》侵权责任编特殊侵权行为部分多处规定的“连带责任”不符合一般侵权行为“法律规定”承担连带责任的情形，包括第1195条第2款后段规定的“未及时采取必要措施的，对损害的扩大部分与该网络用户承担连带责任”，第1197条规定的“网络服务提供者知道或者应当知道网络用户利用其网络服务侵

① 参见杨立新：《教唆人、帮助人责任与监护人责任》，《法学论坛》2012年第3期。

② 参见黄薇主编：《中华人民共和国民法典侵权责任编解读》，中国法制出版社2020年版，第102页。

③ 参见李中原：《论民法上的补充债务》，《法学》2010年第3期。

④ 参见王竹、张恒：《劳务派遣工作人员的侵权责任——兼论“不真正补充责任”的确立与扩展适用》，《法学》2013年第2期。

⑤ 参见李中原：《论机动车所有人与使用人的责任承担机制》，《苏州大学学报（哲学社会科学版）》2011年第6期。

⑥ 《江宁县东山镇副业公司与江苏省南京机场高速公路管理处损害赔偿纠纷上诉案》，《最高人民法院公报》2000年第1期。

害他人民事权益，未采取必要措施的，与该网络用户承担连带责任”，第 1215 条第 1 款第二句规定的“盗窃人、抢劫人或者抢夺人与机动车使用人不是同一人，发生交通事故造成损害，属于该机动车一方责任的，由盗窃人、抢劫人或者抢夺人与机动车使用人承担连带责任”，以及第 1242 条第二句规定的“所有人、管理人不能证明对防止非法占有尽到高度注意义务的，与非法占有人承担连带责任”。对于这些“连带责任”应该如何理解？是否存在最终责任的分担？需要作出明确的回答。

第七，《民法典》第 1204 条规定的“因运输者、仓储者等第三人的过错使产品存在缺陷，造成他人损害的，产品的生产者、销售者赔偿后，有权向第三人追偿”和第 1252 条第 1 款第二句规定的“建设单位、施工单位赔偿后，有其他责任人的，有权向其他责任人追偿”，实际上将有过错的法定第三人排除在直接责任人之外，由法定的直接责任人先行赔付，然后再向其追偿，学说上这种特殊的规则被称为“先付责任”①。从两个条文对追偿对象的不同表述方式来看，该数人侵权责任分担形态尚未定型，其适用规则也需要予以明确。

第八，《民法典》第 1253 条规定：“建筑物、构筑物或者其他设施及其搁置物、悬挂物发生脱落、坠落造成他人损害，所有人、管理人或者使用人不能证明自己没有过错的，应当承担侵权责任。所有人、管理人或者使用人赔偿后，有其他责任人的，有权向其他责任人追偿。”有学者认为第 1253 条的侵权责任分担规则与第 1204 条、第 1252 条第 1 款第二句的规定一样，同属“先付责任”②。但第 1253 条适用的过错推定责任不同于第 1204 条和第 1252 条适用的无过错缺陷责任，上述条文是否适用相同的解释规则，需要作进一步的探讨。

三、数人侵权责任分担规则对分配正义的实现方式

笔者认为，数人侵权责任分担规则在本质上是对分配正义的实现，数人侵权责任分担立法技术对裁判者和立法者都提出了实现分配正义的作为义务。对裁判者提出的裁判作为义务，是在裁判过程中按照法律规定适用数人侵权责任分担规则，在裁判结果上实现分配正义。对立法者提出的立法作为义务，除了通过规定连带责任适用的四种法定情形构建起一般数人侵权责任分担规则体系，还应当在特别情形下对一般数人侵权责任分担规则进行微调，并在特殊侵权行为领域对特殊数人侵权责任分担规则进行规定；否则，裁判者就不得不“蹩脚”地适用一般数人侵权责任分担规则体系，尤其是不得不对最终责任进行强制性的分担，以至于无法实现分配正义。

分配正义的基本结构包括三个要素：第一，参与分配的主体；第二，被分配的

①② 杨立新：《论不真正连带责任类型体系及规则》，《当代法学》2012 年第 3 期。

对象；第三，分配的标准。① 具体运用到数人侵权责任分担体系中，参与分配的主体就是数个侵权人。下文将分别探讨数人侵权责任分担体系中分配正义运作的对象要素和分配标准。

（一）数人侵权责任分担规则中被分配的三种“责任”

数人侵权责任分担过程中的分配对象要素既不是财富，也不是权益，即“利益”，而主要是损害赔偿义务、受偿不能风险和程序负担，即“不利益”。学说上普遍将赔偿义务人应该向赔偿权利人承担的与最终赔偿责任相等的责任部分称为“最终责任”。笔者曾经提出，将超过最终责任实质上承担了受偿不能风险的赔偿责任部分，称为“风险责任”②。之所以称为“风险责任”，主要有两个方面的考虑：第一，该部分赔偿责任的性质仍然是责任。责任是债务的担保，责任人以其责任财产对超过最终责任份额的赔偿责任负有的担保义务与最终责任部分并无差别，赔偿权利人仍然可以在超过部分债务的范围内对责任人的财产强制执行，因此该部分责任仍然是“责任”而非纯粹的“风险”。第二，该部分赔偿责任与最终责任的差别在于，通过分摊请求权或者追偿请求权的配置，责任人实际上只承担了一定的分摊不能或者追偿不能的风险，并非实际的最终责任。③

近年来笔者通过进一步的研究，发现侵权责任分担体系不但是对上述“最终责任”和“风险责任”的分配，而且还分配“程序负担”，这往往容易被忽略。在数人侵权责任分担中，程序负担主要包括：(1)“查明全部责任人的负担”、(2)“提起追偿或者分摊诉讼的负担”和(3)“顺位利益”三个方面，其中，前两种负担是积极的程序负担，顺位利益是消极的程序负担。

查明全部责任人的负担分担主要体现在一般侵权责任分担制度与特殊数人侵权责任分担制度的区分上。作为特殊数人侵权责任分担制度，不真正连带责任制度和补充责任制度由于不涉及最终责任分担问题，不要求原告查明全部的责任人，即可以依据法律的规定要求法定的责任人承担风险责任。而作为一般数人侵权责任分担制度的按份责任和连带责任，由于涉及最终责任分担，则必须查明全部的责任人。④ 提起追偿或者分摊诉讼的负担的分担主要体现在，如果立法者将风险责任分配给侵权人一方，承担了风险责任的责任人就需要提起追偿或者分摊诉讼来化解风

① See Tsachi Keren-Paz, *Torts, Egalitarianism, and Distributive Justice* (Ashgate Publishing Company 2007) 5. 另参见［加］欧内斯特·J. 温里布：《私法的理念》，徐爱国译，北京大学出版社 2007 年版，第 64 页。

② 我国民法学界一般将“vicarious liability”译为“替代责任”，但替代责任在我国侵权法上有不同于英美法的特定含义，主要适用于使用人责任领域。如果译为“垫付责任”，又会与我国侵权法上特有的“垫付责任”相混淆。英美法上的“vicarious liability”与笔者所称“风险责任”系同义语，但描绘角度有所不同，笔者更希望突出其本质是受偿不能风险的一面。

③ 参见王竹：《论风险责任概念的确立》，《北方法学》2011 年第 2 期。

④ 参见王竹：《我国侵权法上特殊数人侵权责任分担制度立法体例与规则研究》，《政法论丛》2009 年第 4 期。

险责任。对这两种积极程序负担的分配一般与受偿不能风险的分配是一致的，如在按份责任形态中，程序负担与受偿不能风险一起被分配给了原告一方；在连带责任形态和不真正连带责任形态中，程序负担与受偿不能风险一起被分配给了被告一方。

消极的程序负担，即顺位利益，是对程序负担的特别调整。如在补充责任形态中，被侵权人一方没有承担受偿不能的风险，但承担了程序负担。可见，在典型的四种数人侵权责任分担形态的基础上进行程序负担分担的调整方式，主要是对顺位利益的调整。这种顺位利益的调整前提，是风险责任被部分地分配给了责任人一方，因此，按份责任形态不存在程序负担调整的可能性。典型的四种数人侵权责任分担形态对最终责任、风险责任和程序负担的分配差别见表 11－1。

表 11－1　标准侵权责任形态程序负担分配表

责任形态	分配对象		
	损害赔偿义务	受偿不能风险	程序负担
按份责任形态	被告分担	原告承担	原告承担（1）
连带责任形态	被告分担	连带责任人	原告承担（1）被告承担（2）
不真正连带责任形态	最终责任人	被告承担	被告承担（1）（2）
补充责任形态	最终责任人	补充责任人	补充责任人承担（1）、（2），享有（3）

一个法律规范对分配对象的影响可能有以下三个方面的特点：第一，除了显性的还包括隐性的对象；第二，可能同时分配多个对象；第三，有的分配对象更明显，而有的则是派生分配对象。① 如果说对“最终责任”的分配是侵权责任分担体系的“显性”分配对象的话，那么对“风险责任”的分配就是“隐性”的分配对象。如果说，对“最终责任”和“风险责任”的分配进行得相对“更明显”的话，那么对“程序负担”的分配就相对地具有“派生性”而不那么明显。但笔者认为，尽管在大多数情况下对“程序负担”的分配具有派生性，但这并未否认其独立性。

笔者认为，应当将“程序负担”视为侵权责任分担体系分担的第三种“责任”，将其称为“程序责任”理由有三点。第一，尽管程序负担本身不是赔偿责任，但要理解实体法，就必须联系实体法的运用过程。② 实务中，程序负担本身对诉讼各方的影响可能并不亚于受偿不能风险，而受偿不能风险包含的无法确定责任人和责任人没有完全赔偿能力这类法律事实本身，也可以通过确定责任人和确定责任人的赔

① See Tsachi Keren-Paz, *Torts, Egalitarianism, and Distributive Justice* (Ashgate Publishing Company 2007) 6.

② 参见［美］小詹姆斯·A. 亨德森、理查德·N. 皮尔森、道格拉斯·A. 凯萨、约翰·A. 西里西艾诺：《美国侵权法：实体与程序》（第七版），王竹、丁海俊、董春华、周玉辉译，王竹校，北京大学出版社 2014 年版，第 1 页。

偿能力这样的程序性事务来改变，二者的重要性相当。因此，有必要基于程序负担的“不利益”的属性，认可其具有“责任”的属性。第二，程序负担对当事人来说是一种“不真正”负担，当事人可以放弃程序负担所赋予的诉讼权利，相应地也会丧失潜在的利益。所以，作为一种“责任”，“程序责任”是一种“不真正的责任”，但仍然不失其“责任”属性。第三，我们将与损害赔偿义务、受偿不能风险对应的责任命名为“最终责任”和“风险责任”，将“程序负担”对应的“责任”命名为“程序责任”，有利于构建更为清晰的理论体系，并进行推导和演绎。

质言之，每一种“相应的”数人侵权责任分担规则，都可以被分解为相应的“最终责任”、相应的“风险责任”和相应的“程序责任”三个方面。定型化的数人侵权责任分担形态，都是立法者为实现分配正义而妥当分配“最终责任”“风险责任”和“程序责任”的立法安排。反之，学说上认为某一条款规定的数人侵权责任分担形态不妥，也可以通过逐步检索“最终责任”“风险责任”和“程序责任”的分配是否符合其对应的数人侵权责任分担原则而找到问题所在。

（二）数人侵权责任分担规则中的二元分配标准

亚里士多德尽管构建了分配正义的框架，却没有提出明确的分配标准，而标准决定每个特定分配之下当事人的相对价值①，这恰恰是大多数关于分配正义理论的争议所在。具体到数人侵权责任分担领域，学说一般认为其适用过错和原因力两大标准。原因力是指在构成损害结果的共同原因中，每一个原因对于损害结果发生或扩大发挥的作用力。② 现代侵权法的一个重要发展就是危险责任③，因此应该考虑进一步抽象出主观过错与客观危险的共性，以“可责难性”作为与原因力相对应的概念，建立可责难性标准和原因力标准的二元分配标准体系。

传统民法上的可责难性可以分为以过错为中心的主观可责难性和以危险为中心的客观可责难性。这两种可责难性源于侵权责任构成领域，分别产生于过错责任和危险责任。统一的可责难性标准使得同一案件中比较过错和危险成为可能，也使得审判可以对同一当事人同时考虑危险性和过错。如在德国交通事故的数人侵权责任分担中，在考虑过错的情况下，还可以同时考虑危险责任中的运营危险④，包括汽车大小、重量、速度或其他机动车的特殊危险性质等。⑤《道路交通事故司法解释》（法释〔2020〕17号）第7条第2款规定：“依法不得进入高速公路的车辆、行人，进入高速公路发生交通事故造成自身损害，当事人请求高速公路管理者承担赔偿责

① 参见［加］欧内斯特·J. 温里布：《私法的理念》，徐爱国译，北京大学出版社2007年版，第64页。

② 参见杨立新：《侵权法论》（第五版），人民法院出版社2012年版，第247页。

③ 参见朱岩：《风险社会与现代侵权责任法体系》，《法学研究》2009年第5期。

④ 参见［德］迪特尔·梅迪库斯：《德国债法总论》，杜景林、卢谌译，法律出版社2003年版，第521页。

⑤ See W. V. H. Rogers (ed.), “Unification of Tort Law: Multiple Tortfeasors”, Kluwer Law International (2004) 96.

任的，适用民法典第一千二百四十三条①的规定。”第9条规定：“机动车存在产品缺陷导致交通事故造成损害，当事人请求生产者或者销售者依照民法典第七编第四章的规定承担赔偿责任的，人民法院应予支持。”这两条司法解释在道路交通事故领域区分了危险责任、缺陷责任与过错责任，可以将其视为我国侵权法在这一领域的司法突破，但尚未明示三者在同一案件中是否可以进行统一的责任分担，对此有必要作进一步的理论探讨。②

关于可责难性标准与原因力标准在数人侵权责任分担中的作用，学说上一直存在争议。以杨立新教授观点为代表的“过错为主说”认为，过错程度的轻重对于共同责任的分担起主要作用。③ 其理由在于：第一，以过错为主能够更好地实现侵权法的预防功能；第二，过错的类型化使得法官对过错的判断和比较更具可操作性；第三，在一些特殊情况下，如精神损害赔偿领域，原因力的判断、比较极为模糊，过错程度比较明显，这时运用过错比较来确定责任范围非常必要。④ 而以张新宝教授观点为代表的“原因力为主说”则认为，应该以原因力作为主要标准，适当考虑第三人与被告的过错类别与过程程度。⑤ 其理由在于：第一，在过错推定和严格责任中，无法确定各行为人之间的过错程度；第二，存在无法比较过错的情形，包括过错程度的判断标准的抽象性、过错比例确定者的差异性和证据的缺乏等因素；第三，在特定情况下，如在主观故意但原因力很小的情况下，仅仅比较过错可能造成不公平的结果。⑥ 王利明教授的观点相对折中，认为应当根据共同侵权行为人的过错程度和原因力程度确定分担比例。⑦

责任份额的确定是法官自由裁量权的范围，清晰说明侵权责任份额决定的运算法则是不可能的⑧，法律也不存在详细或者严格的规则⑨，但这并不意味着无章可循。笔者认为，解决的关键是区分最终责任分担与风险责任分担，这样就可以化解

① 《民法典》第1243条是关于“未经许可进入高度危险作业区域的抗辩事由”的规定：“未经许可进入高度危险活动区域或者高度危险物存放区域受到损害，管理人能够证明已经采取足够安全措施并尽到充分警示义务的，可以减轻或者不承担责任。”

② 产品责任中“缺陷”概念所体现出的“不合理危险”与高度危险责任中的“高度危险”明显不同，参见［奥］海尔穆特·库齐奥：《比较法视角下的产品责任法基础问题》，王竹、张晶译《求是学刊》2014年第2期。鉴于这种情况，笔者倾向于认为应该将客观可责难性进一步区分为以“高度危险”概念为中心的绝对客观可责难性和以“缺陷”概念为中心的相对客观可责难性。就这一思路，涉及侵权责任构成论的体系变化，笔者将另行撰文予以说明。

③ 参见杨立新：《侵权法论》（第五版），人民法院出版社2012年版，第267页。

④ 参见杨立新、梁清：《原因力的因果关系理论基础及其具体应用》，《法学家》2006年第6期。

⑤ 参见张新宝：《侵权责任法原理》，中国人民大学出版社2005年版，第142页。

⑥ 参见张新宝：《侵权责任构成要件研究》，法律出版社2007年版，第378－380页。

⑦ 参见王利明：《侵权责任法研究》（上卷），中国人民大学出版社2010年版，第586页。

⑧ See American Law Intitution, *Restatement of the Law, Third, Torts: Apportionment of Liability* (2000). § 8. Reporters Notes: Comment c.

⑨ See European Group on Tort Law, *Principles of European Tort Law: Text and Commentary* (Springer 2005) 145.

学说上关于可责难性标准和原因力标准的争议。最终责任所对应的是责任人本应该承担的赔偿责任份额，因此应该以客观作用，即原因力标准为主确定最终责任份额。风险责任所对应的是责任人本不应该承担的赔偿责任份额，本质上是一种受偿不能的风险，对人的自由限制更大，因此，应该以可责难性标准为主确定风险责任份额。

四、三元化的数人侵权责任分担原则体系构建

侵权责任构成论上，为实现矫正正义，侵权责任构成规则体系依据侵权责任归责原则构建。应当指出，侵权责任分担必须依据一定的原则进行，在数个侵权责任人之间进行的责任分配才能够最终实现分配正义。笔者将这种对应于侵权责任归责原则的侵权责任分配原则称为“数人侵权责任分担原则”。侵权责任构成论与侵权责任分担论的理论结构对比与关系如图 11－1 所示。

（法律事实）→ 侵权行为类型 → 归责原则 → 侵权责任构成 →（矫正正义的实现）

（类型限定）→（要素限定）→（总额限定）→（侵权责任承担）→（正义的实现）

（并存事实）→ 侵权行为形态 → 分担原则 → 侵权责任构成 →（分配正义的实现）

图 11－1　侵权责任构成论与侵权责任分担论的理论结构对比与关系图

与侵权责任构成论中按照归责的基础分为过错责任原则和危险责任原则类似，在侵权责任分担论中也可以根据分配的不同对象，分为最终责任分担原则、风险责任分担原则和程序责任分担原则。

（一）最终责任分担原则

最终责任分担，是以填补被侵权人损害为目的，对与损害总额相等的赔偿责任在数个侵权人之间进行分配，以实现分配正义的过程。最终责任分担体现责任自负的原理，因此最终责任分担原则的核心内容是“以原因力比例为主、可责难性比例为辅”。侵权责任人只对自己所造成的损害负最终赔偿责任，其分配的基本规则就是使最终责任份额与其造成的损害比例相等。最终责任分担的基本效果是对一般数人侵权责任分担形态和特殊数人侵权责任分担形态作出基本区分，前者需要进行最终责任分担，而后者则不需要。

确立最终责任分担原则的意义在于：第一，通过分配正义确保矫正正义的实现，即按照责任自负的原理分配最终责任份额，以实现侵权法由致害人填补被侵权人损害的矫正正义功能。第二，预防被侵权人的多重受偿，实现权利义务的平衡；否则，由数个侵权责任人分别承担全部的损害赔偿责任，则可能造成被侵权人多重受偿的结果。第三，作为风险责任分担和分摊请求权与追偿请求权产生的基础。在最终责任分担的基础上，适用数人侵权责任分担形态分配风险责任，在责任人承担

了风险责任后，通过分摊请求权和追偿请求权化解受偿不能的风险。

（二）风险责任分担原则

风险责任分担，是以确保被侵权人受偿为目的，对超过最终责任份额的赔偿责任在侵权人一方与被侵权人之间进行分配，以实现分配正义的过程。风险责任分担是对本质上是受偿不能风险的风险责任进行分担，因此风险责任分担原则的核心内容是“以可责难性标准为主，以原因力标准为辅”。由于风险责任分担本身不涉及最终责任分担，因此其作用效果不会改变一般数人侵权责任分担形态和特殊数人侵权责任分担形态的基本区分，而只是产生新的子类型形态。

确定风险责任分担原则的意义在于：第一，揭示出是比较可责难性决定了风险分担的结果，何种数人侵权行为形态应该适用何种数人侵权责任分担形态是比较可责难性的被决定项，而非决定项，以此来指导立法者履行立法义务。第二，统一的比较可责难性理论不但可以解释传统民法上各种数人侵权责任分担形态适用的正当性，也为新型数人侵权责任分担形态的设计和适用提供了理论依据，以便能够更好地实现分配正义。第三，可责难性标准能够作为价值取向导入的理论通道，将立法者对于不同社会行为的不同可责难性评价转化为对风险责任的分担。①

（三）程序责任分担原则

程序责任分担，是在不改变最终责任分担和风险责任分担的基础上，对程序责任在所有当事人之间进行分配，体现了特别立法政策考虑，如通过避免某些责任人破产来避免更大规模的社会影响。可见，程序责任分担是对微观个别侵权行为类型分配正义进行的调整，是为了实现宏观社会的分配正义。相较于由原因力和可责难性两项标准根据不同的侧重组合成的“最终责任分担原则”和“风险责任分担原则”，“程序责任分担原则”的作用方式是着眼于侵权人一方，通过赋予或者除去“顺位利益”调整程序负担，对数人侵权责任分担形态进行微调，以贯彻立法政策考量。由于程序责任分担本身不涉及最终责任和风险责任的分担，所以其作用效果不会改变基本的数人侵权责任分担形态，而仅仅是产生一种规则上的变形。

应该指出，通过“顺位利益”进行调整的方式是消极的。具体来说，在赋予部分责任人“顺位利益”时，这些责任人可以在直接责任人能够承担全部赔偿责任的情况下，不直接暴露于承担民事责任的风险中。但如果去除了这种“顺位利益”，责任人将直接暴露于承担民事责任的风险之中，可能因此面临承担责任乃至破产的风险，所以具有一定的惩罚意味。

程序责任分担原则的适用是理解《民法典》侵权责任编中部分适用规则不清晰的“相应的”数人侵权责任分担规则的关键，笔者在此先以共同危险行为承担连带责任的程序责任分担为例进行说明。《民法典》第 1170 条规定：“二人以上实施危

① 例如后文将谈到的教唆、帮助非完全民事行为能力人实施侵权行为而监护人未尽监护职责的情形，立法者对于教唆人、帮助人与监护人就持有不同的可责难性评价。

及他人人身、财产安全的行为，其中一人或者数人的行为造成他人损害，能够确定具体侵权人的，由侵权人承担责任；不能确定具体侵权人的，行为人承担连带责任。”按照该规定，即使共同危险行为参与人能够证明自己没有实际造成损害，但“不能确定具体侵权人的”，仍然要承担连带责任。从程序责任分担的角度看，这一规则还有进一步优化的可能。笔者认为，出于分摊程序行使方便和效率的考虑，应该赋予能够证明自己没有实际造成损害而不承担最终责任的共同危险行为参与人以顺位利益，由其他不能证明自己没有造成损害的责任人先行承担连带责任，受害人无法完全受偿时，才由其承担补充责任。①

五、对《民法典》侵权责任编中适用规则不清晰的数人侵权责任分担规则的厘清

（一）教唆、帮助非完全民事行为能力人的单向连带责任

对于《民法典》第1169条第2款后段规定的“该无民事行为能力人、限制民事行为能力人的监护人未尽到监护职责的，应当承担相应的责任”的理解，需要从监护人与教唆人、帮助人两个方面来考虑。从监护人的角度看，由监护人对教唆人或者帮助人的最终责任部分承担连带责任的做法是令人难以理解的，这相当于认为监护人的监护对象还包括教唆人和帮助人。但从教唆人或帮助人的角度看，由其对分配给被教唆或者被帮助的无民事行为能力人或者限制民事行为能力人一方的最终责任部分承担连带责任则具有合理性，即其主观上能够预见到该部分责任的存在。鉴于这种不平衡的结构，笔者认为，应该打破连带责任“双向连带”的传统思维模式，认可这是一种全新的“单向连带”责任分担形态②，即未尽监护责任的监护人仅仅就被监护人的最终责任（“相应的责任”）承担按份责任，而由教唆人或帮助人对所有的损害承担连带责任。③

具体来说，“单向连带”责任的设计，是在不改变“双向连带”责任最终责任分担的前提下，对风险责任分担进行了改变，并相应地带动了程序责任分担的改变。立法者首先在侵权人一方分配最终责任，然后将风险责任分配给了侵权人一方；随后考虑到监护人未尽监护职责过错的可责难性小于教唆、帮助非完全民事行为能力人的可责难性，根据风险责任分担原则，免去了其以连带责任人身份承担的风险责任。从被侵权人的角度看，被免去的监护人风险责任，实质上又被分配给了被侵权人，由被侵权人自行承担向连带责任人求偿不能的风险，分摊请求权的程序负担也就由教唆人、帮助人来承担。

① 参见王竹：《再论共同危险行为——以客观关联共同侵权行为理论为视角》，《福建师范大学学报（哲学社会科学版）》2010年第4期。

② 参见杨立新：《教唆人、帮助人责任与监护人责任》，《法学论坛》2012年第3期。

③ 参见王竹：《论教唆行为与帮助行为的侵权责任》，《法学论坛》2011年第5期。

从程序责任分担的角度看，如果立法者希望进一步保护监护人，还可以赋予其“顺位利益”，由教唆人或者帮助人承担直接责任，不足部分，再由监护人承担相应的补充责任，即适用后文即将谈到的“不真正补充责任”。立法者没有作出这一立法选择，说明仍然是希望通过不赋予监护人这种“顺位利益”来鼓励监护人尽到监护职责，预防损害的发生。

（二）委托监护中的监护人和受托人的单向连带责任

原《民通意见》第 22 条规定：“监护人可以将监护职责部分或者全部委托给他人。因被监护人的侵权行为需要承担民事责任的，应当由监护人承担，但另有约定的除外；被委托人确有过错的，负连带责任。”《民法典》第 1189 条将这一规则修改为：“无民事行为能力人、限制民事行为能力人造成他人损害，监护人将监护职责委托给他人的，监护人应当承担侵权责任；受托人有过错的，承担相应的责任。”对比可知，受托人有过错的情形下，承担的“相应的责任”不应该被理解为“连带责任”，并且排除了“但另有约定的除外”。因此，第 1189 条前段规定的“监护人应当承担侵权责任”应当适用《民法典》第 1188 条第 1 款第一句的规定：“无民事行为能力人、限制民事行为能力人造成他人损害的，由监护人承担侵权责任。”而第 1189 条后段规定的“受托人有过错的”情形，应当适用《民法典》第 1165 条第 1 款规定的过错责任：“行为人因过错侵害他人民事权益造成损害的，应当承担侵权责任。”结合这两项请求权基础，委托监护中的监护人和有过错的受托人的责任分担形态应该是单向连带责任。

（三）劳务派遣关系：从不真正补充责任到单向连带责任

《民法典》第 1191 条第 2 款后段规定的“……劳务派遣单位有过错的，承担相应的责任”，删去了原《侵权责任法》第 34 条第 2 款后段规定的“相应的补充责任”中的“补充”。笔者曾明确指出原《侵权责任法》第 34 条第 2 款后段规定是与《民法典》第 1198 条第 2 款和第 1201 条规定的补充责任存在本质区别的“不真正补充责任”。在侵权责任分担设计上，不真正补充责任首先是在侵权人一方进行最终责任分担，然后在直接责任人和被侵权人之间进行风险责任分担，相对于连带责任，由被侵权人自行承担向直接责任人求偿不能的风险。这种立法安排的考虑在于劳务派遣机构的过错主要是聘用和选任过失，其可责难性小于用工单位管理和监督过失所体现的可责难性。不真正补充责任中直接责任人承担的是全部责任，这与单向连带责任中连带责任人承担的全部责任是相同的。不真正补充责任中的补充责任人是补充性地承担“相应的”最终责任，这与单向连带责任中按份责任人承担的“相应的”最终责任是一致的。可见，不真正补充责任与单向连带责任在最终责任分担和风险责任分担上并无差别。在最终责任分担比例相同的情况下，二者的风险责任分担形态均介于按份责任与连带责任之间。二者的差别主要体现在程序责任分担上，被侵权人可以直接向单向连带中的按份责任人请求赔偿，立法者并未赋予其“顺位利益”；而被侵权人不能直接向不真正补充责任人请求赔偿，立法者在原《侵权责任法》中基于避免责任人（如“劳务派遣机构”）破产等特别考虑，才赋予了其“顺位利益”①。鉴于立法者删除了原《侵权责任法》第34条的“补充”字样，笔者倾向于认为《民法典》第1190条第2款后段规定的“相应的责任”应当被理解为单向连带责任，《民法典》就没有明文规定的不真正补充责任类型了。

（四）对机动车保有人与使用人不是同一人时“相应的”责任的理解

《民法典》第1209条规定：“因租赁、借用等情形机动车所有人、管理人与使用人不是同一人时，发生交通事故造成损害，属于该机动车一方责任的，由机动车使用人承担赔偿责任；机动车所有人、管理人对损害的发生有过错的，承担相应的赔偿责任。”《道路交通事故司法解释》（法释〔2020〕17号）第1条以该条列举的“租赁、借用”等经过许可驾驶情形为原型，规定了四种机动车所有人或者管理人对损害的发生有过错的情形：“（一）知道或者应当知道机动车存在缺陷，且该缺陷是交通事故发生原因之一的；（二）知道或者应当知道驾驶人无驾驶资格或者未取得相应驾驶资格的；（三）知道或者应当知道驾驶人因饮酒、服用国家管制的精神药品或者麻醉药品，或者患有妨碍安全驾驶机动车的疾病等依法不能驾驶机动车的；（四）其它应当认定机动车所有人或者管理人有过错的。”笔者认为，《民法典》第1209条实际上包含两种。

第一种，如果所有人或者管理人主观上表现为“知道”，“相应的”责任应该按照《民法典》第1169条第1款规定的“帮助”，认定所有人或者管理人与驾驶人承担连带责任（第1209条情形一）。

第二种，如果所有人或者管理人主观上是“应当知道”，考虑到出租、出借的机动车在损害发生中的作用与劳务派遣关系中被派遣的劳动者的作用有类似性，建议比照修改后劳务派遣关系的规定，认定驾驶人与保有人承担单向连带责任（第1209条情形二）。

《民法典》第1212条规定：“未经允许驾驶他人机动车，发生交通事故造成损害，属于该机动车一方责任的，由机动车使用人承担赔偿责任；机动车所有人、管理人对损害的发生有过错的，承担相应的赔偿责任，但是本章另有规定的除外。”这里的除外规定，是指第1215条规定的盗抢情形。《道路交通事故司法解释》（法释〔2020〕17号）第1条规定的四种情形的，也应当被认定为“机动车所有人或者管理人有过错”。但因为这些情形中所有人或者管理人违反的是预防未经许可驾驶发生交通事故的义务，应该比照《民法典》第1198条第2款和第1201条，承担的“相应的赔偿责任”应该是“相应的补充责任”②。具体来说，在最终责任分担上，由未经许可的驾驶人承担全部的最终责任；在风险责任分担上，由所有人或者管理

① 详见王竹、张恒：《劳务派遣工作人员的侵权责任——兼论“不真正补充责任”的确立与扩展适用》，《法学》2013年第2期。

② 王竹、周旭：《机动车所有人与使用人不是同一人时的机动车一方交通事故责任分担规则研究》，《望江法学》（2013年卷），法律出版社2013年版。

人承担与过错“相应的”风险责任；在程序责任分担上，赋予所有人或者管理人以“顺位利益”①。

（五）违反道路清理、防护、警示义务的“相应的”补充责任

《民法典》第1256条规定：“在公共道路上堆放、倾倒、遗撒妨碍通行的物品造成他人损害的，由行为人承担侵权责任。公共道路管理人不能证明已经尽到清理、防护、警示等义务的，应当承担相应的责任。”对比《民法典》第1198条和第1201条的结构可知，第1256条第二句规定的公共道路管理人的“相应的责任”，应当是基于过错推定的相应的补充责任。具体来说，在最终责任分担上，由在公共道路上堆放、倾倒、遗撒妨碍通行物品的人承担全部的最终责任；在风险责任分担上，由公共道路管理人承担与过错“相应的”风险责任；在程序责任分担上，赋予公共道路管理人以“顺位利益”。

（六）不符合“法律规定”承担连带责任情形的“连带责任”

《民法典》第1195条第1款规定：“网络用户利用网络服务实施侵权行为的，权利人有权通知网络服务提供者采取删除、屏蔽、断开链接等必要措施。通知应当包括构成侵权的初步证据及权利人的真实身份信息。”第2款规定：“网络服务提供者接到通知后，应当及时将该通知转送相关网络用户，并根据构成侵权的初步证据和服务类型采取必要措施；未及时采取必要措施的，对损害的扩大部分与该网络用户承担连带责任。”应该指出，如果网络服务提供者与该网络用户没有共同实施侵权行为，也不构成教唆或者帮助，由于不可能构成共同危险行为或者数个充分原因偶然竞合造成同一损害，网线服务者本不应该承担连带责任。网络服务提供者违反的是防止该网络用户继续侵权导致损害扩大的义务，这种消极的预防损害义务对应的应该是基于过错的补充责任。

《民法典》第1197条规定：“网络服务提供者知道或者应当知道网络用户利用其网络服务侵害他人民事权益，未采取必要措施的，与该网络用户承担连带责任。”与第1195条第2款的情形类似，该条也不属于《民法典》第178条第3款“法律规定”承担连带责任的情形。网络服务提供者违反的也是防止网络用户继续侵权导致损害扩大的义务，对应的也应该是基于过错的补充责任。

《民法典》第1215条第1款第一句规定：“盗窃、抢劫或者抢夺的机动车发生交通事故造成损害的，由盗窃人、抢劫人或者抢夺人承担赔偿责任。”第二句规定：“盗窃人、抢劫人或者抢夺人与机动车使用人不是同一人，发生交通事故造成损害，属于该机动车一方责任的，由盗窃人、抢劫人或者抢夺人与机动车使用人承担连带责任。”立法者基于对盗抢违法犯罪活动的否定性评价，规定盗抢人作为机动车的

① 如前所述，程序分担原则的体现方式是消极的，需要和后文补充责任被强化为不真正连带责任的情形进行对比才能看出来。

保有人，承担连带责任。① 但由于机动车的使用人不因此免除责任，仍然需要向受害人承担责任，且二者的赔偿范围是一致的②，盗抢犯罪人和机动车使用人之间的关系不属于《民法典》第 178 条第 3 款“法律规定”承担连带责任的情形，应按照该机动车使用人与盗抢犯罪人之间是允许驾驶、未经允许驾驶还是二次盗抢的关系予以类型化③，对盗抢行为的否定可以体现为补充责任适用过错推定责任。

《民法典》第 1242 条第一句规定：“非法占有高度危险物造成他人损害的，由非法占有人承担侵权责任。”第二句规定：“所有人、管理人不能证明对防止非法占有尽到高度注意义务的，与非法占有人承担连带责任。”所有人或者管理人的行为不属于《民法典》第 178 条第 3 款“法律规定”承担连带责任的情形，其违反的是防止他人非法占有高度危险物的义务。尽管立法者将这种责任强化为过错推定责任，但仍然不改变其应该承担补充责任的本质。

笔者认为，以上四种被立法表述为“连带责任”的情形，实质上都是“不真正连带责任”，应该将其理解为是基于法律政策的考虑，将原本应该规定为“相应的补充责任”的情形，强化为了“不真正连带责任”。这实质去除了补充责任人的“顺位利益”，将程序责任分配给了补充责任人，是一种责任的加强。这一强化的另一效果是将“相应的”补充责任承担的风险责任份额扩大到了“全部的”不真正连带责任。

应该指出，由于《民法典》第 1242 条第一句规定的非法占有人承担的是无过错的危险责任，而第二句规定的所有人、管理人承担的是过错推定责任，出于对非法占有行为预防和制裁的考虑，第 1242 条规定的“不真正连带责任”还可以优化为由非法占有人承担全部赔偿责任，不足部分，由不能证明自己没有过错的所有人、管理人承担剩余的赔偿责任。所有人、管理人承担赔偿责任之后，可以全额向非法占有人追偿。这种责任形态看起来与“补充责任”有些类似，不同之处在于这种责任形态的直接责任人承担的是无过错责任，后顺位责任人承担的是过错推定责任，这是对“不真正连带责任”的程序责任的调整。从整个术语体系的区别化出发，笔者建议将其命名为“后付责任”以示区别。这种“后付责任”可以考虑在非法占有高度危险物和危险动物致害责任中适用。

（七）对“先付责任”的理解

对比《民法典》第 1233 条“因第三人的过错污染环境、破坏生态的不真正连带责任”和第 1250 条“因第三人的过错致使动物造成他人损害的不真正连带责任”的单向不真正连带责任结构，第 1204 条规定的“因运输者、仓储者等第三人的过错使产品存在缺陷，造成他人损害的，产品的生产者、销售者赔偿后，有权向第三

① 参见邹海林、朱广新主编：《民法典评注·侵权责任编》，中国法制出版社 2020 年版，第 497 页。

② 参见王利明主编：《中国民法典评注·侵权责任编》，人民法院出版社 2021 年版，第 284 页。

③ 参见王竹、周旭：《机动车所有人与使用人不是同一人时的机动车一方交通事故责任分担规则研究》，《望江法学》（2013 年卷），法律出版社 2013 年版。

人追偿”，改变了单向不真正连带责任的结构，由生产者、销售者先行承担赔偿责任，而排除了被侵权人直接向运输者、仓储者等第三人请求赔偿的权利，实质上是赋予了第三人“顺位利益”。《民法典》第 1252 条第 1 款第二句规定的“建设单位、施工单位赔偿后，有其他责任人的，有权向其他责任人追偿”，调整了《人身损害赔偿司法解释》（法释〔2003〕20 号）第 16 条第 2 款对设计单位适用不真正连带责任的规定①，将其改为先由建设单位、施工单位承担赔偿责任，而排除了被侵权人直接向设计单位、勘察单位和监理单位请求赔偿的权利②，实质上也是赋予了其“顺位利益”。

笔者认为，立法者规定的这两种“先付责任”，是在单向不真正连带责任的基础上，考虑到法定第三人（产品责任中的运输者、仓储者和不动产设施设置缺陷责任中的设计单位、勘察单位和监理单位）发挥的特定社会不可或缺功能，基于避免这些法定责任人破产而引起更大社会影响的考虑，特别赋予了这些法定第三人以“顺位利益”，调整了程序负担的分担。这一结论的推论是，法定第三人之外的其他人不应该享有这一“顺位利益”，这样就对《民法典》第 1204 条规定的“等第三人”和第 1252 条第 1 款规定的“其他责任人”的范围进行了限定。其他第三人过错导致缺陷产品责任或者不动产设施设置缺陷责任的，适用单向不真正连带责任。

有学者提出，在“先付责任”结构中，如果先付责任人无法完全赔偿被侵权人，应该赋予被侵权人起诉非直接责任人的权利，以破解这种“索赔僵局”③。笔者赞成这种考虑，因为作为“顺位利益”的赋予，其本身并不是免除了非直接责任人的责任，而仅仅是对程序责任分担的调整。

（八）过错推定责任中的第三人原因

过错推定责任除了将被侵权人置于较为优越的诉讼地位，同时也将被推定有过错的行为人规定为在不能证明自己没有过错的情形下，承担全部赔偿责任的直接责任人。《民法典》第 1253 条第二句规定：“所有人、管理人或者使用人赔偿后，有其他责任人的，有权向其他责任人追偿。”该句条文在我国侵权法上明确规定了过错推定责任人在承担了赔偿责任后对最终责任人的追偿权，揭示出过错推定责任人与第三人之间可能存在的数人侵权责任分担规则，具有重大的立法技术进步意义。从建筑物和物件损害责任相关规则的一致性考虑，没有任何理由否认该句可以准用于其他建筑物和物件损害责任类型。

这一规定包含了在诉讼中不能查明“其他责任人”（情形Ⅰ）和能够查明“其他责任人”（情形Ⅱ）两种情形，其法律适用的效果有所不同。在诉讼中不能查明

① 参见杨立新：《应当维护侵权连带责任的纯洁性——〈关于审理人身损害赔偿案件适用法律若干问题的解释〉规定的侵权连带责任研究》，《判解研究》（2004 年第 6 辑），人民法院出版社 2004 年版。

② 参见王竹：《〈侵权责任法〉第 86 条第 1 款的理解与适用》，《月旦民商法杂志》（第 31 期），元照出版公司 2011 年版。

③ 杨立新：《论不真正连带责任类型体系及规则》，《当代法学》2012 年第 3 期。

“其他责任人”的，诉讼完成后可以另行提起诉讼进行追偿。在诉讼中能够查明“其他责任人”的，分为两种子情形：第一种子情形（情形Ⅱ-1），如果第三人是造成损害的全部原因，则应该适用《民法典》第1175条的规定，由第三人承担侵权责任，而免除直接责任人的责任，也就不存在追偿的问题，第二种子情形（情形Ⅱ-2），直接责任人不能证明自己没有过错，但能够证明“其他责任人”是造成损害的部分原因的，按照该条规定，被侵权人仍然可以向直接责任人请求全部赔偿，同时也不排除第三人的部分责任，这实际上形成了一种新的单向连带责任。①

六、数人侵权责任分担原则与数人侵权责任分担形态的对应关系

将前文对《民法典》侵权责任编中所有侵权责任分担规则的分析，按照三种侵权责任分担原则所起的不同作用，纳入表11-2，可以更为清晰地看到数人侵权责任分担原则与数人侵权责任分担形态的对应关系。

表11-2　三元化数人侵权责任分担原则作用表

数人侵权责任分担形态	最终责任分担原则	风险责任分担原则	程序责任分担原则
一般数人侵权责任分担	《民法典》第177条	按份责任（《民法典》第1172条、第1231条情形Ⅰ）	（不存在调整空间）
	《民法典》第178条	单向连带责任《民法典》（第1169条第2款、第1189条、第1191条第2款后段、第1209条情形Ⅱ、第1253条第二句情形Ⅱ-2）	（不真正补充责任：原《侵权责任法》第34条第2款，《民法典》第1169条第2款可以优化）
		连带责任（《民法典》第1168条、第1169条第1款、第1170条、第1171条、第1209条情形Ⅰ、第1211条、第1214条、第1231条情形Ⅱ、第1231条情形Ⅲ、第1241条第二句）	（按份责任可以强化为连带责任）②

① 笔者曾经提出，可以将这种侵权责任分担规则解释为不真正补充责任，主要考虑是能够继续促进被推定为有过错的直接责任人提高注意义务水平，预防损害的发生。参见王竹、张恒：《劳务派遣工作人员的侵权责任——兼论“不真正补充责任”的确立与扩展适用》，《法学》2013年第2期。对此问题，张家勇教授提出了批评，认为应该承担单向的连带责任。参见张家勇：《不当的方法产生不当的结论——评〈劳务派遣工作人员的侵权责任〉一文》，《民商法争鸣》（第7辑），法律出版社2014年版。考虑到尽管与单向连带责任的风险责任分担相同，但在《民法典》第1253条第二句情形Ⅱ-2下适用不真正补充责任，将程序责任分配给了被侵权人一方似乎没有正当性，笔者认为张家勇教授提出的单向连带责任结构可能更为合适。

② 《民法典》侵权责任编没有规定这种类型，该类型可参见王竹：《论客观关联共同侵权行为理论在中国侵权法上的确立》，《南京大学法律评论》（2010年第1期），法律出版社2010年版。

续表

数人侵权责任分担形态	最终责任分担原则	风险责任分担原则	程序责任分担原则
特殊数人侵权责任分担	(无最终责任分担)	不真正连带责任(《民法典》第1203条第1款、第1223条第一句、第1252条第1款第一句)	[后付责任:《民法典》第1242条第二句可以优化]
		单向不真正连带责任(《民法典》第1233条、第1250条)	先付责任(《民法典》第1204条、第1252条第1款第二句)
		补充责任(《民法典》第1198条第2款、第1201条、第1212条、第1256条)[第1170条可以优化]	补充责任强化为不真正连带责任(《民法典》第1195条第2款、第1197条、第1215条第1款第二句、第1242条第二句)

具体到每种数人侵权责任分担形态的三种责任分担,详见表11-3。

表11-3 数人侵权责任分担形态的三种责任具体分担表

责任形态	分担对象		
	最终责任	风险责任	程序责任
按份责任	被告分担	原告	原告承担(1)
(不真正补充责任)	被告分担	原告/直接责任人	原告承担(1),直接责任人承担(2),不真正补充责任人享有(3)
单向连带责任	被告分担	原告/单向连带责任人	原告承担(1),单向连带责任人承担(2)
连带责任	被告分担	连带责任人	原告承担(1),被告承担(2)
补充责任	最终责任人	补充责任人	补充责任人承担(1) (2)享有(3)
不真正连带责任	最终责任人	被告	被告承担(1)(2)
[后付责任]	最终责任人	被告	被告承担(1)(2)后付责任人享有(3)
单向不真正连带责任	过错第三人	被告	原告承担(1)被告承担(2)
先付责任	最终责任人	先付责任人	被告承担(1)(2)最终责任人享有(3)

专题十二

受害人过错制度研究[①]

一、《民法典》侵权责任编受害人过错制度的立法体例与术语体系

（一）《民法典》侵权责任编受害人过错制度的立法体例

侵权法上的受害人过错制度包括基于受害人一方的过错而减轻或者免除加害人责任的相关规则，包括作为侵权责任构成抗辩事由的受害人责任、作为责任分担双方责任形态的与有过失和作为损害赔偿规则的过失相抵等。[②] 在立法体例上，《民法典》侵权责任编延续了原《民法通则》《侵权责任法》采纳的立法模式，该模式是20世纪中叶以来大陆法系借鉴美国法学会《侵权法重述·第二次》的体例发展出的受害人过错制度的“一般规定＋特别列举”模式，即在一般侵权行为类型部分对受害人责任形态和过失相抵责任形态进行一般性规定；在特殊侵权行为类型部分，尤其是在无过错责任领域中对受害人过错制度进行特殊规定。[③] 具体来说，《民法典》侵权责任编在第1173条和第1174条对受害人过错制度作出了一般性的规定，在第六章“医疗损害责任”、第八章“高度危险责任”和第九章“饲养动物损害责任”中对受害人过错制度作出了特别规定，第七章“环境污染和生态破坏责任”的受害人过错制度适用生态环境法领域的特别法，而第三章“责任主体的特殊规定”[④]、第四章“产品责任”[⑤]、第五章“机动车交通事故责任”和第十章“建筑物和物件损害责任”没有对此问题作特别规定，应该适用《民法典》第1173条和第1174条的一般规定。

① 本专题的部分内容，是与杨立新教授合作的成果。

② 参见杨立新：《侵权法论》（第三版），人民法院出版社2005年版，第264－266页、564－577页、673页。

③ 参见杨立新、王竹：《论侵权法上的受害人过错制度》，陈小君主编：《私法研究》（第7卷），法律出版社2009年版。

④ 《民法典》第1192条第1款第三句规定的“提供劳务一方因劳务受到损害的，根据双方各自的过错承担相应的责任”是使用人人身保护责任中的受害人过错制度，不同于侵权法上的过失相抵责任形态。对此问题，笔者将另行撰文进行说明。

⑤ 遗憾的是，《民法典》侵权责任编“产品责任”章遗漏了对产品误用这一特殊受害人过错制度的规定。

(二)《民法典》侵权责任编受害人过错制度的术语体系

在术语体系上,《民法典》侵权责任编上的“被侵权人”主要被用于指称享有侵权请求权的民事权益受到侵害的民事主体。一般侵权行为类型中,与“被侵权人”相对应,指称侵权行为实施者的术语是“侵权人”,《民法典》第120条也采用了这对基本术语:“民事权益受到侵害的,被侵权人有权请求侵权人承担侵权责任。”侵权人和被侵权人主要用于确定侵权责任双方当事人,如《民法典》第1167、1181～1183、1185、1187条的规定;也用于对过失相抵形态双方的规定,如《民法典》第1173条的规定。而在特殊侵权行为类型中,与之对应的是各种具体的“侵权人”,有的用于确定侵权责任双方当事人,如产品生产者和销售者(第1203、1205～1207条),机动车驾驶人(第1216条),污染者和第三人(第1232、1233条),动物饲养人、管理人和第三人(第1245、1246、1250条);有的也用于表述受害人过错制度的当事人,如高度危险物的占有人和使用人(第1239条)、高度危险活动的经营者(第1240条)。可见,“被侵权人—侵权人”这一对术语在《民法典》侵权责任编中,主要是对侵权责任构成和适用受害人过错制度的当事人双方的指称。

而“受害人—行为人”这一对术语则主要用于两类免除行为人侵权责任的情形。第一类是以不构成侵权责任为适用前提的公平责任,典型的如《民法典》第183条规定的见义勇为人受损受益人补偿责任和第1186条规定的共同意外分担公平责任、第1190条第1款后段规定的无过错暂时失去行为控制时致害公平补偿责任。第二类是以《民法典》第1174条为统领的受害人责任形态制度,除该条文外,集中体现在第八章“高度危险责任”中,如第1237条规定的“民用核设施致害责任”、第1238条规定的“民用航空器致害责任”、第1239条规定的“高度危险物致害责任”和第1240条规定的“高度危险活动致害责任”等。

应当指出,在原《侵权责任法》中,立法者对“被侵权人—侵权人”和“受害人—行为人”这两对术语的运用,就基本做到了以是否构成侵权责任作为区分的标准①,相关条文也大体得到了《民法典》侵权责任编的继受。尤其值得指出的是,同时规定受害人责任形态和过失相抵责任形态的《民法典》第1239条和第1240条中,立法者分别在这两个条文的第一句使用“受害人”,第二句使用“被侵权人”的术语,十分准确。但遗憾的是,这一术语体系未能在《民法典》编纂中得到进一步的坚持,主要体现在:第一,《民法典》侵权责任编新增的第1176条关于自愿参加文体活动的自甘风险的规定在免除侵权人责任的情形较为准确地使用了“受害人”术语,但第1177条关于自助行为的规定使用的“受害人”则略显随意;第二,《民法典》人格权编涉及侵权责任的条款无一例外地使用了“受害人”的术语,包括第995、998、1010、1011、1026、1027条;第三,《民法典》第191条对未成年

① 参见王竹:《〈侵权责任法〉侵权责任分担立法体例与规则评析》,《法学杂志》2010年第3期。

人遭受性侵害的损害赔偿请求权的诉讼时效期间的规定也使用的是“受害人”术语。质言之，《民法典》新增的涉及被侵权人的规定，都无一例外地使用了“受害人”的术语，只能理解为草案起草机关未能关注到原《侵权责任法》在这两对术语区分上做的努力，基于具体执笔人的用语习惯使用了“受害人”的术语，建议未来能够予以修正。

二、《民法典》侵权责任编中受害人过错制度的一般规则

《民法典》第 1173 条规定：“被侵权人对同一损害的发生或者扩大有过错的，可以减轻侵权人的责任。”较之原《侵权责任法》第 26 条①的修改有三处：第一，对“损害”增加了“同一”的限定语，而我国侵权法上“同一损害”的表述仅限于侵权责任分担规则，如《民法典》第 1171 条和第 1172 条，是为了确保侵权责任分担的损害对象的同一性，这也印证了笔者关于被侵权人过错可以参与数人侵权责任分担的设想。② 第二，增加了“或者扩大”的表述，强化了在损害扩大阶段受害人过错制度的适用，对此问题后文将作进一步的展开。第三，删除了“也有过错”中的“也”字，取消了第 1173 条适用范围的过错责任领域限制，意义重大。从上述三点变化来看，《民法典》第 1173 条实际上吸收了《人身损害赔偿司法解释》（法释〔2003〕20 号）第 2 条第 1 款的司法实践经验。《民法典》第 1174 条规定继受了原《侵权责任法》第 27 条的内容。

（一）《民法典》侵权责任编中受害人过错制度一般规则的类型

原《侵权责任法》颁布之前，我国侵权法上的受害人过错制度存在普遍性的用语混乱，主要原因在于学理上混合继受了大陆法系德国法上的“共同过错”制度、日本法上的“过失相杀”制度和英美法上的“比较过失”制度，以及苏联民法上的“混合过错”制度。由于比较法上对受害人过错制度存在不同的立法例和学说，两大法系也呈现出相互借鉴的态势，我国学者在翻译这些立法例和学说的过程中，用语也不尽统一，如混合过失、过失相抵、过失相杀、与有过失、比较过错等，较容易造成混乱。有学者便指出，对相关问题的争论存在翻译和理解两个方面的原因。例如，我国学界常以“过失相抵”来指称英美法的“比较过错”这一概念，来源于沿用日语对德国法相应概念的译文“过失相杀”③。

原《侵权责任法》的颁布为规范受害人过错制度的用语体系提供了机会。受害人过错制度主要是解决损害赔偿责任的有无和责任范围问题④，因此受害人过错制度用语体系本身作为一个受害人过错侵权责任形态的类型化问题，主要应该着眼于

① 原《侵权责任法》第 26 条：“被侵权人对损害的发生也有过错的，可以减轻侵权人的责任。”

② 参见王竹：《论受害人有过错的数人侵权责任分担》，《清华法学》2010 年第 2 期。

③ 许传玺：《中国侵权法现状：考察与评论》，《政法论坛》2002 年第 1 期。

④ 参见张新宝：《侵权责任法原理》，中国人民大学出版社 2005 年版，第 139 页。

受害人过错在不同情形下对侵权责任分担制度的影响。笔者认为，应该以法律规范的实际效果作为区分标准，将受害人过错制度分为三类①：第一类是将受害人的行为是损害发生的唯一的、排他的法律上原因的侵权行为形态称为受害人自损形态，其对应的侵权责任形态为加害人责任的免除，被称为“受害人责任形态”，《民法典》侵权责任编将其规定在第1174条。第二类是将因受害人的过错导致的加害人责任减轻的侵权行为形态称为受害人过失形态，其对应的侵权责任形态为减轻加害人的责任，被称为“过失相抵责任形态”②，《民法典》侵权责任编将其规定在第1173条。第三类是将法定的特殊侵权行为类型中，因双方或者多方过错导致责任分担的侵权责任形态称为“比较责任形态”，其法理与过失相抵责任形态类似，但应直接适用法律规定的比例分担损害。③《民法典》第1208条规定：“机动车发生交通事故造成损害的，依照道路交通安全法律和本法的有关规定承担赔偿责任。”因此，机动车交通事故的“比较责任形态”应适用与道路安全相关的法律，如《道路交通安全法》第76条以及《民法典》的有关规定。

（二）《民法典》侵权责任编中受害人责任形态制度的一般规定

应该指出，《民法典》第1174条采纳了“受害人故意免责说”，与受害人责任形态制度有一定的差别。法谚有云：“*volenti non fit injuria*”，即对自己造成的损害不被看作损害，因此不产生他人的侵权责任。笔者认为，以“受害人故意”替代“受害人责任”作为免责事由的做法并不合理，理由在于：一方面，受害人在主观上往往表现为故意，无论加害人是否有过错，一般应适用受害人责任形态制度④；但在加害人没有过错的情形下，受害人主观表现为过失也可以构成受害人责任形态。另一方面，即使受害人主观上是故意，加害人仍然可能因为其也是故意而参与侵权责任分担，最典型的是两人互殴导致其中一人受伤的情形。对于这两种情形，建议未来《民法典侵权责任编解释》予以补充规定。⑤

（三）《民法典》侵权责任编中过失相抵责任制度的一般规定

1. 过失相抵责任制度的适用

《民法典》第1173条是过失相抵形态的一般规定：“被侵权人对同一损害的发生或者扩大有过错的，可以减轻侵权人的责任。”该条文没有明确规定受害人过错

① 参见杨立新、王竹：《论侵权法上的受害人过错制度》，陈小君主编：《私法研究》（第7卷），法律出版社2009年版。

② 杨立新：《侵权法论》（第三版），人民法院出版社2005年版，第570－572页。

③ 参见郑玉波：《民法债编总论》（修订二版），陈荣隆修订，中国政法大学出版社2004年版，第237页。

④ 比较法上有学说认为特殊类型的受害人故意，主要是监狱和医院中的自杀、自伤行为除外。See U. Magnus, M. Martín－Casals (eds.), *Unification of Tort Law: Contributory Negligence* (Kluwer Law International 2004) 275.

⑤ 参见王竹：《〈侵权责任法〉侵权责任分担立法体例与规则评析》，《法学杂志》2010年第3期。

规则的适用是职权主义还是当事人主义。有学者认为，受害人过错的规定是职权主义规定。① 但也有学者认为，因为受害人过错不能实行过错推定，所以应该由加害人承担举证责任。② 笔者认为，受害人过错是对加害人一方有利的主张，应该由加害人一方举证，建议未来《民法典侵权责任编解释》予以明确。

2. 受害人过失的判断标准

关于受害人过失注意义务的判断标准，美国法 20 世纪 90 年代以来经历了较大的变化，值得特别注意。20 世纪 60～70 年代出版的美国法学会《侵权法重述·第二次》第 463 条“助成过失”规定：“助成过失，是指原告的行为低于为保护自己应当遵守的标准，且该行为是与被告的过失共同导致原告遭受伤害的协助原因。”第 464 条“行为标准的定义”规定：“（1）除非行为人是未成年人或精神丧失的人，为保护自己所应当遵守的行为标准，合理人在同样情况下所应当遵守的标准。（2）合理人在同样年龄、智慧及经验于同样情况下所应当遵守的标准是未成年人为保护自己所应当遵守的行为标准。”而第 282 条“过失的定义”规定：“在本重述中，过失是指行为没有达到法律为保护他人免受不合理伤害的标准。过失不包括不计后果地对他人利益弃置不顾的行为。”第 283 条“标准：合理人的行为”规定：“行为人的行为免于过失的标准为，合理人在同样的情况下应当遵守的标准。但行为人为未成年人的除外。”可见，《侵权法重述·第二次》规定的过失侵权中，过失和助成过失中的受害人过失不同，前者以“合理人行为”为标准，高于后者的“保护自己应当遵守的标准”。而 2000 年《侵权法重述·第三次·责任分担编》第 3 条“定义原告过失的各种严格学说均已被废止”规定：“原告的过失应依据适用于被告过失的标准来定义。特别适用于定义原告过失的各种严格学说均已被废止。”第 4 条“对原告过失和法律原因的证明”规定：“被告负有证明原告过失的举证责任，并可采用原告为证明被告过失可以采用的任何方法。除本重述第五题另有规定外，被告亦负有举证责任证明原告过失——如果原告存在任何过失——构成原告所受损害的一项法律原因。”可见，《侵权法重述·第三次·责任分担编》实际上废除了过失侵权和比较有责性③中过失判断标准的差异。

美国法的这一做法也在一定程度上影响了《欧洲侵权法原则》的起草。该法第 8：101 条第 1 款规定：“如果假设受害人是侵权人，则其助成过失或者其他影响因素会免除或者减轻其责任，那么也在同样范围内减轻或者免除加害人的责任。”该规定采纳了所谓的“镜中映像”（mirror-image）规则，其实质是在受害人过错的判断上，除了根据受害人过错本质上不同于加害人过错并进行细节上的必要变更

① 参见杨立新：《侵权法论》（第三版），人民法院出版社 2005 年版，第 573 页。
② 参见王利明：《侵权行为法研究》（上卷），中国人民大学出版社 2004 年版，第 584 页。
③ 参见《侵权法重述·第三次·责任分担编》中不再使用“助成过失”的概念，而使用“比较有责性”。

(*mutatis mutandis*) 外，准用加害人过错的相关规则。① 相应的，采用了“受害人的助成举动或行为”(contributory conduct or activity) 这一较为复杂的术语，涵盖两类不同的受害人过错情形：所谓举动 (conduct) 相当于仅对责任能力 (tortious capacity) 有要求的受害人动作；而行为 (activity) 则是具有实际 (actual) 或者在经济上控制 (economical control) 的行为，即相当于一般的民事行为。②

我国民法学说一般认为，受害人过失是指受害人没有尽到合理的注意或者采取可以获得的预防措施来保护其身体、财产以及其他权益免受损害，以致遭受了他人的损害或者在遭受他人损害后进一步导致了损害结果的扩大。这种受害人过失，不同于作为侵权责任构成要件的固有意义的“真正过失”，而是“不真正过失”③。笔者认为，二者的主要差别，是真正过失以他人的利益为注意范围，不真正过失以自己的利益为注意范围，是“对自己的过失”，这种注意义务是一种“不真正义务”④。其违反的法律效果不是导致损害赔偿，而是受害人责任的减轻，不具有可请求履行性，同时也不具有违法性。⑤ 德国和西班牙学者甚至用“负担”(burden) 来表示这种义务不是真正的义务，以色列学者则强调义务只能是对其他主体的义务而非对自己的义务。⑥ 学说上，真正过失的注意义务判断标准一般是“善良家父”(*bonus pater familias*) 标准，而不真正过失的注意义务判断标准则是较低的“对自己事务注意”(*diligentia quam in suis rebus*) 标准，以受害人有辨识能力（即责任能力）为限⑦，因此没有完全民事行为能力的民事主体如未成年人，也可能因为有侵权责任能力 (tortious capacity) 而有受害人过失。在受害人过失领域，应该适用判断不真正过失的较低的对自己事务注意标准。美国法学会《侵权法重述·第三次·责任分担编》所持的适用同等判断标准的观点，在受害人过失领域抹杀了真正过失和不真正过失之间差别，这或许是英美法上的“negligence”概念本身就不区分真正过失和不真正过失的缘故⑧，但其合理性有待进一步斟酌。而《欧洲侵权法

① See European Group on Tort Law, *Principles of European Tort Law: Text and Commentary* (Springer, Wien 2005) 130 - 133.

② See European Group on Tort Law, *Principles of European Tort Law: Text and Commentary* (Springer Wien 2005) 131 - 132.

③ 王泽鉴：《债法原理》(第一册)，中国政法大学出版社 2001 年版，第 28 页；王利明：《侵权行为法研究》(上卷)，中国人民大学出版社 2004 年版，第 583 页。

④ [德] 迪特尔·梅迪库斯：《德国债法总论》，杜景林、卢谌译，法律出版社 2003 年版，第 516 页。

⑤ 参见王利明：《侵权行为法研究》(上卷)，中国人民大学出版社 2004 年版，第 588 页。

⑥ See U. Magnus, M. Martín-Casals (eds.), *Unification of Tort Law: Contributory Negligence* (Kluwer Law International 2004) 268.

⑦ 参见孙森焱：《民法债编总论》(上册)，法律出版社 2006 年版，第 375 页。此学说应是源于对日本民法学说的继受，参见 [日] 圆谷峻：《判例形成的日本新侵权行为法》，赵莉译，法律出版社 2008 年版，第 216 - 218 页。由此也可看出，责任能力制度并非仅与侵权责任构成相关，我国民法学说应以承认该制度为宜。

⑧ 参见 [德] 克雷斯蒂安·冯·巴尔：《欧洲比较侵权行为法》(下卷)，焦美华译，法律出版社 2005 年版，第 620 页。

原则》采用的“镜中映像”规则，则考虑到了受害人过失与加害人过失的差别，相对折中，值得借鉴。

另外，有时法律会规定受害人有对自己权益进行保护的较高注意义务。这种注意义务的提高，同样是对自由的限制，因此必须有法律的明文规定，如道路交通事故中的乘车人系安全带或者摩托车驾驶员佩戴安全帽的义务，并且符合该法律的保护目的，才能认为受害人因未尽自我保护义务而存在过失。而过街时应该看清路况的义务，只是为了防止被来往车辆撞伤而非为了预防被路边楼上阳台掉下的花盆砸伤①，因此在后者情形中不应该认为受害人有过失。

三、《民法典》侵权责任编中受害人过错制度的特殊规则

鉴于《民法典》侵权责任编第三章“责任主体的特殊规定”、第四章“产品责任”和第十章“建筑物和物件损害责任”直接适用《民法典》第1173条和第1174条的一般规定，下文主要对该编第五章到第九章的受害人过错制度特殊规则进行分析。

（一）机动车交通事故责任中受害人过错制度的适用

《民法典》第1174条对《道路交通安全法》第76条第2款的影响，本书将在“机动车交通事故损害补偿责任研究”专题中予以系统解释，本专题主要分析“机动车交通事故责任”章其他条文中受害人过错制度的适用。

1. 拼装或者已经达到报废标准的机动车发生交通事故中受害人过错制度的适用

《民法典》第1214条规定：“以买卖或者其他方式转让拼装或者已经达到报废标准的机动车，发生交通事故造成损害的，由转让人和受让人承担连带责任。”原《侵权责任法》草案起草机关特别说明：“转让拼装的或者已达到报废标准的机动车，本身即具有违法性，上路行驶又具有更大的危险性，因此，本条……适用无过错责任原则且没有法定免责事由，并由买卖、赠与等转让人和受让人、赠与人和受赠人承担连带责任。”② 可见，立法者特别将《民法典》第1214条规定为无过错连带责任以加大这种违法行为的责任成本。按照无过错责任原则下受害人责任抗辩事由的运用以法律明文规定为限，与有过失制度适用特别法规定的基本规则③，考虑到起草机关的本意以及驾驶拼装或者报废汽车的高度危险性，笔者认为《民法典》第1214条规定的转让拼装或者已经达到报废标准的机动车发生交通事故情形中，《民法典》第1173条和第1174条的规定，以及《道路交通安全法》第76条第1款

① See U. Magnus，M. Martín-Casals（eds.），*Unification of Tort Law*：*Contributory Negligence*（Kluwer Law International 2004）273.

② 王胜明主编：《中华人民共和国侵权责任法解读》，中国法制出版社2010年版，第260页。

③ 参见杨立新、王竹：《论侵权法上的受害人过错制度》，陈小君主编：《私法研究》（第7卷），法律出版社2009年版。

的规定均不适用。①

2. 醉酒驾驶发生交通事故中受害人过错制度的适用

近年来，醉酒驾驶成为社会公害，2011 年《刑法修正案（八）》新增第 133 条之一将醉酒驾驶机动车入罪，随后《道路交通安全法》再次修改，重点对其第 91 条醉酒驾驶的行政处罚予以加强。笔者认为，应该在侵权法上加重醉酒驾驶机动车发生交通事故的侵权责任，将其视为《民法典》第 1236 条规定的高度危险作业行为，比照第 1239 条规定的极度危险责任，仅仅在被侵权人对损害的发生有重大过失的情形下，才能减轻醉酒驾驶人的责任。②

3. 道路交通事故特殊证据规则中受害人过错制度的适用

《道路交通安全法实施条例》第 92 条是对道路交通事故特殊证据规则的规定，该条第 1 款规定："发生交通事故后当事人逃逸的，逃逸的当事人承担全部责任。但是，有证据证明对方当事人也有过错的，可以减轻责任。"第 2 款规定："当事人故意破坏、伪造现场、毁灭证据的，承担全部责任。"对比这两款规定可知，发生交通事故后当事人逃逸的情形，可以适用《民法典》第 1173 条和《道路交通安全法》第 76 条第 1 款的规定，但不能适用《民法典》第 1174 条和《道路交通安全法》第 76 条第 2 款的规定。对当事人故意破坏、伪造现场、毁灭证据的情形，上述规定均不适用。

（二）医疗损害责任中的受害人过错制度

1. 医疗损害责任中受害人过错制度适用的一般规则

《民法典》第 1224 条第 1 款第 1 项规定的"患者在诊疗活动中受到损害，有下列情形之一的，医疗机构不承担赔偿责任：（一）患者或者其近亲属不配合医疗机构进行符合诊疗规范的诊疗……"，相当于《医疗事故处理条例》第 33 条第 5 项规定的"因患方原因延误诊疗导致不良后果的"，不属于医疗事故的情形。《民法典》第 1224 条第 2 款的前身是原《侵权责任法》第 60 条第 2 款，该款较原《侵权责任法》"三审稿"是新增的规定："前款第一项情形中，医疗机构及其医务人员也有过错的，应当承担相应的赔偿责任。"《民法典》第 1224 条这两个款、项的规定结合到一起，形成了医疗损害责任领域的受害人过错制度。与其他侵权行为类型的受害人过错制度先规定侵权责任构成，再规定因受害人过错减轻或者免除侵权责任的体例不同，第 1224 条采用了先免除责任再规定"相应的赔偿责任"的体例。原《侵权责任法》第 60 条第 2 款和第 26 条一样，使用了"也"字，这样的用语使得二者

① 某种意义上，《民法典》第 1214 条规定的转让拼装或者已经达到报废标准的机动车发生交通事故的侵权责任，是《民法典》侵权责任编上最为严格的绝对责任，因而不能比照下文"高度危险责任"章对危险责任类型的分类而适用对应的抗辩事由。

② 参见《民法典》侵权责任编第八章"高度危险责任"对危险责任类型的分类而适用对应的抗辩事由。笔者之所以比照《民法典》第 1239 条而非第 1240 条的考虑是，醉酒驾驶的机动车比高速轨道运输工具更为危险。

尽管“也”字前后规则的相对位置相反，但实质上具有了相同的效果，即过失相抵。这种特殊体例的形成源于：2002年的《民法典（草案）》第八编“侵权责任法”未规定医疗损害责任，2008年年底的原《侵权责任法》“二审稿”新增了该章，但未规定免责事由，直到原《侵权责任法》“三审稿”才借鉴《医疗事故处理条例》第33条的规定在第60条中列举了三种免责事由。在列举的这三种情形下，完全不考虑“医疗机构及其医务人员”的过错，一概免除其侵权责任，这一直是《医疗事故处理条例》第33条的弊病，因而在原《侵权责任法》第60条中，增设了第2款的规定。①

2. 医疗机构过错推定中受害人过错制度的适用

《民法典》第1222条规定：“患者在诊疗活动中受到损害，有下列情形之一的，推定医疗机构有过错：（一）违反法律、行政法规、规章以及其他有关诊疗规范的规定；（二）隐匿或者拒绝提供与纠纷有关的病历资料；（三）遗失、伪造、篡改或者违法销毁病历资料。”应该指出，该条规定名为“推定”，实为“认定”，但三项情形中过错的认定方式及其对应的受害人过错制度的适用规则各有不同。

第1222条第1项的实质是对违反各类诊疗规范情形的规定，可以直接认定为有过错，而无须推定，相当于《民法典》第1224条第2款规定的情形，可以适用第1224条第1款第1项规定的受害人过错制度一般规则。

第1222条第2项和第3项分别规定的是消极地拒绝提供和积极地隐匿、修改、销毁②作为证据的病例资料，在内在精神与上文提到的《道路交通安全法实施条例》第92条第1款规定的当事人逃逸和第2款规定的当事人故意破坏、伪造现场、毁灭证据的情形一致，因此过错推定的特殊证据规则也不可被推翻。相应的，在第1222条第2项规定情形下，允许医院举证证明《民法典》第1224条第1款第1项规定的情形，减轻医疗机构的赔偿责任；而第1222条第3项规定的情形则不能减轻。

（三）高度危险责任中的受害人过错制度

对第八章“高度危险责任”领域受害人过错制度的分析，首先要厘清《民法典》第1237～1240条的结构及其受害人过错制度的适用，进而分析第1236条高度危险作业致害责任中的受害人过错制度，并以此为基础探讨第1241条和第1242条中的受害人过错制度。而第1243条的规定则是较为独特的自甘风险规则。

1. 第1237～1240条列举的四种高度危险责任中的受害人过错制度

《民法典》第1237条“民用核设施致害责任”和第1238条“民用航空器致害责任”，明文将“受害人故意”作为免责事由，第1239条“高度危险物致害责任”、

① 参见张柏林：《全国人民代表大会法律委员会关于〈中华人民共和国侵权责任法（草案）〉审议结果的报告》，在2009年12月22日第十一届全国人民代表大会常务委员会第十二次会议上。

② 严格地说，《民法典》第1222条第3项规定的“遗失”情形，与“伪造、篡改或者违法”存在本质区别，可以作为真正意义上的“推定”过错事由。

1240 条“高度危险活动致害责任”严格地区分了受害人故意和重大过失，并将责任减轻限于受害人有重大过失。

结合上述分析可以确定，《民法典》第 1237～1240 的规定，实际上是将四种高度危险责任分为三个不同的危险责任等级，即第 1237 条规定的“民用核设施致害”和第 1238 条规定的“民用航空器致害责任”为极端危险责任①，第 1239 条规定的“高度危险物致害责任”为极度危险责任，第 1240 条规定的“高度危险活动致害责任”为高度危险责任。因此，在受害人过错制度的适用上，也是从最为严格的仅适用受害人故意免责事由，逐渐过渡到还可以适用于被侵权人过失减责事由。

2. 高度危险活动责任中的受害人过错制度与特别法的协调

高度危险责任中的受害人过错制度还涉及与特别法的协调问题。《民法典》侵权责任编中的需要与我国现行侵权特别法协调的高度危险责任条文主要是第 1238 条及第 1240 条。

《民法典》第 1238 条将民用航空器致害的受害人过错制度的适用限于受害人故意，而《民用航空法》第 161 条第 1 款第一句后段规定：“应当承担责任的人证明损害是部分由于受害人或者其受雇人、代理人的过错造成的，相应减轻其赔偿责任。”我国作为缔约国的《华沙公约》第 21 条规定：“如果承运人证明损失的发生是由于受害人的过失所引起或助成，法院可以按照它的法律规定，免除或减轻承运人的责任。”可见，《华沙条约》并非强制性地要求受害人过错作为民用航空器致害的减责事由，因此《民用航空法》第 161 条第 1 款第一句后段因有悖于《民法典》侵权责任编 1238 条的规定而不应再适用。

《民法典》第 1240 条规定的高度危险活动中受害人过错制度与特别法的协调问题，主要涉及高速轨道运输工具致害和高压致害两种侵权行为类型。《铁路法》第 58 条第 1 款规定：“因铁路行车事故及其他铁路运营事故造成人身伤亡的，铁路运输企业应当承担赔偿责任；如果人身伤亡是因不可抗力或者由于受害人自身的原因造成的，铁路运输企业不承担赔偿责任。”对比可知，该规定一方面是特别法规定，另一方面又部分有悖于《民法典》第 1240 条第二句规定的“被侵权人对损害的发生有重大过失的，可以减轻经营者的责任”，即将被侵权人重大过失规定为免除责任。

对此问题，笔者认为应该区分铁路行车事故中的一般侵权行为和高度危险活动。按照原《侵权责任法》草案起草机关的权威解读，铁路时速 200～400 千米称为高速，时速 400 千米以上称为特高速。另外，尽管地铁的速度并不快，但因为地

① 有学者认为，《民法典》第 1237－1240 条为按照危险程度递减的四种高度危险责任类型，但对比第 1237 条和第 1238 条的抗辩事由可知，第 1237 条规定的“民用核设施致害责任”可以适用战争、武装冲突、暴乱及其类似的不可抗力作为抗辩事由，而第 1237 条规定的“民用航空器致害责任”则不适用任何不可抗力作为抗辩事由。因此，从抗辩事由范围判断危险程度的逻辑中，无法得出“民用核设施致害责任”较之“民用航空器致害责任”危险程度更高的结论，尽管从可能的致害范围和程度来看，民用核设施致害的危险性可能会更大。笔者将二者均归入极端危险责任，就受害人过错制度的适用，二者并无差别。

铁列车本身重量大、体积大，产生的动能也非常大，所以运营速度较低的地铁、轻轨列车等也属于高速轨道运输工具。① 在这些情况下，应该适用《民法典》第1240条第二句的规定，被侵权人的重大过失仅具有减轻责任的效果；而时速低于200千米的铁路，就应该适用《铁路法》第58条第1款的规定，如果人身伤亡是受害人自身的原因造成的，铁路运输企业就不承担赔偿责任。

高压活动致害的情形较为复杂。根据原电力工业部1996年发布的《居民用户家用电器损坏处理办法》第3条的规定，电力运行事故，是指在供电企业负责运行维护的220/380伏供电线路或设备上因供电企业的责任发生的事故。因此，《电力法》第60条第2款规定的“电力运行事故由下列原因之一造成的，电力企业不承担赔偿责任：（一）不可抗力；（二）用户自身的过错”本来就只适用于一千伏以下，实务中主要表现为220/380伏的供电线路或设备致害的情形。而《触电人身损害赔偿解释》（法释〔2001〕3号）将高压电界定为一千伏以上的电压，因此，在一千伏以下电压致害的情形，应该适用《电力法》第60条第2款的规定，用户自身的过错可以免除电力企业的责任；在一千伏以上电压致害的情形，应该适用《民法典》第1240条第二句的规定，被侵权人的重大过失仅具有减轻责任的作用。需要特别指出的是，《触电人身损害赔偿解释》（法释〔2001〕3号）第3条第3项和第4项规定：“因高压电造成他人人身损害有下列情形之一的，电力设施产权人不承担民事责任：……（三）受害人盗窃电能，盗窃、破坏电力设施或者因其他犯罪行为而引起触电事故；（四）受害人在电力设施保护区从事法律、行政法规所禁止的行为。”因此，在高压电致害领域，受害人的违法行为也被视为受害人故意的表现形式，可以免除电力企业的侵权责任。②

3. 高度危险作业致害责任一般条款中的受害人过错制度

按照《民法典》侵权责任编一般规则与特殊规则的立法体例③，特别规则中的高度危险作业致害责任的抗辩事由本应以法律明文规定为限。但《民法典》第1236条作为高度危险作业致害责任的一般条款，并未规定抗辩事由，那么这是否意味着第1237～1240条列举之外的其他高度危险作业致害责任，如果没有特别法中的抗辩事由规定，就一概不能适用《民法典》侵权责任编第一章的“不承担责任和减轻责任”的规定，即不能适用受害人过错制度呢？这显然不符合立法者的基本思维，因为其他高度危险作业不可能全部都比民用核设施和民用航空器更加危险，否则不会不适用受害人故意制度。从“合理性推定”的取向出发，笔者倾向于认为，立法者是有意不在《民法典》第1236条规定包括受害人过错制度在内的抗辩事由，交由法官比照第1237～1240条规定的危险程度的三个等级适用。例如，未来民用航天器可以比照民用航空器适用《民法典》第1238条，传染性微生物研究可以比照

① 参见王胜明主编：《中华人民共和国侵权责任法解读》，中国法制出版社2010年版，第367-368页。

② 参见杨立新、王竹：《论侵权法上的受害人过错制度》，陈小君主编：《私法研究》（第7卷），法律出版社2009年版。

③ 参见王竹：《〈侵权责任法〉侵权责任分担立法体例与规则评析》，《法学杂志》2010年第3期。

高度危险物适用《民法典》第1239条，高压水、高压气作业①可以比照高度危险活动适用《民法典》第1240条。

4. 第1241条和第1242条中的受害人过错制度的适用方式

《民法典》第1241条规定的“遗失、抛弃高度危险物致害责任”和第1242条规定的“非法占有高度危险物致害责任”，尽管是对高度危险物致害责任的延伸规定，但因其侵权行为类型的特殊性，不能直接套用第1239条关于受害人过错制度的规定。笔者认为，鉴于国家对高度危险物品的生产和储存实行统一规划、合理布局和严格控制，并对高度危险物生产、储存和处理制定了严格的规范，遗失、抛弃或者被非法占有状态下的高度危险物的社会危害性就更大。因此，立法者不但规定遗失、抛弃高度危险物的所有人和非法占有者承担侵权责任，还规定了所有人、管理人在有过错情况下的连带责任，这体现了立法者加重侵权人责任的意图。因此，《民法典》第1241条和第1242条不应该比照第1239条适用受害人过错制度，而应该比照更高一级的极端危险责任，即第1237条和第1238条的受害人过错制度，仅限于受害人故意作为免责事由。即使被侵权人对损害的发生有重大过失的，也不能减轻侵权人责任，这也可以理解为对第1239条规定的“可以”的限制性适用。

5. 高度危险作业人对未经许可进入高度危险作业区域的抗辩事由

应该指出，《民法典》第1243条规定的“未经许可进入高度危险活动区域或者高度危险物存放区域受到损害，管理人能够证明已经采取足够安全措施并尽到充分警示义务的，可以减轻或者不承担责任”，未对受害人的主观状态作出描述，而是采纳了类似英美法上“侵入者”（trespasser）的立法模式。在适用范围上，不应包括《民法典》第1237条和第1238条的规定及其类似的极端危险责任，否则，将架空该程度高度危险责任的受害人过错制度的适用限制。因此，《民法典》第1243条应该仅适用于第1239条和第1240条及与其类似的极度危险责任和高度危险责任，更不能将其扩张解释为适用于所有的侵权责任类型。②

对于《民法典》第1243条的立法意图，原《侵权责任法》草案起草机关的权威解读认为此类高度危险作业“并非积极、主动实施对周围环境造成高度危险的活动，而是因其管理控制的场所、区域具有高度危险性，如果未经许可擅自进入该区域，则易导致损害的发生……这一类高度危险活动是静态的，不像高度危险作业活动一样对周围环境实施了积极、主动的危险”③。这实际上是对学理上的自甘风险的描绘④，但不同于《民法典》第1176条规定的自愿参加文体活动的自甘风险规

① 应该指出，《民法典》第1240条规定的“高压”和原《民法通则》第123条规定的“高压”一样，应该仅指高电压。对此问题的分析，参见王竹、刘雨林：《“High pressure”抑或“high voltage”？——对〈侵权责任法〉第73条“高压”的本意解读》，杨遂全主编：《民商法争鸣》（第2辑），法律出版社2010年版。

② 参见王利明：《侵权责任法研究》（下卷），中国人民大学出版社2011年版，第606页。

③ 王胜明主编：《中华人民共和国侵权责任法解读》，中国法制出版社2010年版，第376页。

④ 参见王利明：《侵权责任法研究》（下卷），中国人民大学出版社2011年版，第605页。

则。笔者认为，自甘风险是从受害人过错的表现形式上对部分受害人过错情节的描绘，即受害人的过错，有时通过自甘风险的方式表现出来。与自甘风险相对的表现形式，是受害人“自我疏忽”未能预防损害发生，即自甘风险是对积极性的受害人过错的描绘，而自我疏忽是对消极性的受害人过错的描绘。也就是说，“自甘风险”与“自我疏忽”是对受害人过错表现方式的分类。① 因此，《民法典》第1243条规定的对未经许可进入高度危险作业区域的抗辩事由应该视为第1239条和第1240条规定的受害人过错的特殊表现形式，但仍然需要区分侵入者主观上的故意或者过失状态，仅仅在故意的情形下免除侵权人的责任，在重大过失情形下减轻侵权人的责任。

（四）环境污染责任中的受害人过错制度

在起草原《侵权责任法》的过程中始终未能统一环境污染责任领域的抗辩事由体系，尤其是《环境保护法》未涉及的受害人过错制度，不能不说是缺憾。纵观环保诸法，仅有1984年颁布的《水污染防治法》第41条第4款关注了受害人过错制度，该法2008年修订后的第85条第3款规定：“水污染损害是由受害人故意造成的，排污方不承担赔偿责任。水污染损害是由受害人重大过失造成的，可以减轻排污方的赔偿责任。”该法2017年修订后的第96条第3款对此规定予以延续。这种规定模式与《民法典》第1239条对高度危险物致害责任的受害人过错制度的规定是类似的，可以将二者视为同一危险程度的高度危险物致害。建议参照《民法典》侵权责任编高度危险作业责任划分危险程度的三个层次，未来通过《民法典侵权责任编解释》明确不同类型环境污染责任领域的受害人过错制度适用规则，具体建议为：放射性污染参照极端危险作业，大气污染、水污染和固体废弃物污染参照极度危险作业，环境噪声污染参照高度危险作业，分别适用受害人过错制度。

（五）饲养动物致害责任中的受害人过错制度

1. 第1245条中受害人过错制度法律效果的具体认定

《民法典》第1245条规定：“饲养的动物造成他人损害的，动物饲养人或者管理人应当承担侵权责任；但是，能够证明损害是因被侵权人故意或者重大过失造成的，可以不承担或者减轻责任。”该条文脱胎于原《民法通则》第127条前段和中段，并对受害人过错的抗辩效果进行了细化。由于该条文混合规定了受害人责任形态和过失相抵形态，所以立法者仅选用了“被侵权人”的用语，也无可厚非。只是在司法适用中，结合前文对“被侵权人”的术语分析，应该明确该条文只有在受害人故意的情形下，才能够免除动物饲养人或者管理人的侵权责任。被侵权人的重大过失，只具有减轻责任的效果，而一般过失和轻过失则不是减责事由。

2. 第1246条的被侵权人故意减责事由

《民法典》第1246条规定：“违反管理规定，未对动物采取安全措施造成他人

① 参见王竹：《侵权责任分担论》，中国人民大学出版社2009年版，第308页。

损害的，动物饲养人或者管理人应当承担侵权责任；但是，能够证明损害是因被侵权人故意造成的，可以减轻责任。”相较于原《侵权责任法》第79条，该条新增了后段规定的被侵权人故意减责事由，该规则是对《民法典》第1174条规定的受害人故意免责事由的例外和缓和，继续坚持了“被侵权人”的术语适用，值得赞许。应该理解为，作为受害人故意制度的一般条款，在没有特别规定的情形下均产生免责的法律效果；在立法技术上，允许在严格责任中对抗辩事由的适用作进一步的限制，将其缓和为减责事由。相应的，侵权人的重大过失和一般过失，不能作为减责事由运用。

3. 第1247条对受害人过错制度的排除

值得注意的是，《民法典》侵权责任编在第1245条之后，又规定了一种特殊的饲养动物致害无过错责任，与第1245条一起形成了十分独特的两个并行的无过错责任条款。第1247条规定：“禁止饲养的烈性犬等危险动物造成他人损害的，动物饲养人或者管理人应当承担侵权责任。”有意思的是，第1247条未规定受害人过错抗辩事由。对此应作详细分析，以探求立法本意。

回顾原《侵权责任法》的起草过程，现《民法典》第1247条的前身是原《侵权责任法》第80条，第80条的规定是在原《侵权责任法》“二审稿”中增加的，草案起草机关的理由是：“近年来，各地动物致人损害增多，对人身安全的危害加大。为了更好地规范饲养动物的行为，进一步明确饲养人的责任。”① 由此可以看出，草案起草机关增加该饲养动物损害无过错责任条款的目的，是“明确”动物饲养人或者管理人的侵权责任。但这种增加并行条款的方式带来了适用上的选择问题，即这是否意味着被侵权人可以任意选择两个条款之一作为起诉的依据。在草案起草机关的权威解读中，并未对这两个饲养动物损害责任条款的适用规则作出说明，因此只能按照侵权法的基本理论进行学理解读。

从侵权责任构成论的角度看，《民法典》第1245条和第1247条的规定，都是饲养动物损害无过错责任。因此，被侵权人可以选择这两个条文中的任何一个，按照无过错责任原则提起诉讼。但比较两个条文可以发现，如果被侵权人依据《民法典》第1247条提起诉讼，被侵权人不但要履行无过错责任的一般证明责任，还要证明动物饲养人或者管理人饲养的动物为“禁止饲养的烈性犬等危险动物”，这涉及三个证明细节。第一，何为“禁止饲养”？对禁止饲养的规范效力级别是否有要求？例如，建筑物区分所有的小区的管理规约可能会对禁止饲养的动物作出规定，是否属于“禁止饲养”之列？第二，何谓“烈性犬”？“烈性犬”的认定是以禁止性规定列举为限，还是等同于“大型犬”？各地规定不同，如何处理？第三，如果不是犬类，而是其他动物，如猫类，是否属于“等危险动物”，又该如何认定？是由

① 李适时：《全国人民代表大会法律委员会关于〈中华人民共和国侵权责任法（草案）〉主要问题的汇报》，在2008年12月22日第十一届全国人民代表大会常务委员会第六次会议上。

行政法规规定，还是由法官自由裁量？且不论上述三个问题如何解决，该规定必然无故增加被侵权人一方证明负担。

按照上文的分析，既然被侵权人依据《民法典》第1247条起诉动物饲养人或者管理人如此麻烦，而第1245条和第1247条一样，规定的也是无过错责任，且可请求的损害赔偿数额并无差异，那么理性的原告是不会选择第1247条提起饲养动物损害责任的，他应该选择构成要件更为简单的第1245条提起诉讼。也就是说，尽管第1247条承载着原《侵权责任法》草案起草机关明确动物饲养人或者管理人侵权责任的美好立法目的，但很有可能因为构成要件上的限制而成为具文。

笔者认为，从“合理性推定”角度出发，如果我们推定《民法典》第1247条不是具文，那么就应该认为，这条文在增设过程中，除了承载明确动物饲养人或者管理人侵权责任的立法目的之外，还具有侵权法上的规范意义。那么，我们可以尝试性地作出如下解释：原《侵权责任法》立法机关在起草原《侵权责任法》第80条的过程中，一方面，增加了限制性的无过错责任构成要件；另一方面，有意地删除了相关的受害人过错抗辩事由条款。这种规定的实际法律效果是，如果被侵权人选择依据《民法典》第1245条提起诉讼，那么动物饲养人或者管理人可以以“损害是因被侵权人故意或者重大过失造成的”为抗辩事由，请求法院免除或者减轻侵权责任。而如果被侵权人选择依据《民法典》第1247条起诉，在尽到了饲养动物致害无过错责任一般性的证明责任的基础上，再证明动物饲养人或者管理人饲养的是“禁止饲养的烈性犬等危险动物”，造成被侵权人损害的，动物饲养人或者管理人不得依据第1245条后段规定的“损害是因被侵权人故意或者重大过失造成的”，请求法院免除或者减轻侵权人侵权责任。

4. 第1248条中受害人过错制度的适用规则

学者一般将《民法典》第1248条规定的“动物园的动物造成他人损害的，动物园应当承担侵权责任；但是，能够证明尽到管理职责的，不承担侵权责任”认定为过错推定责任，因此在学说上会出现拥有专业场地、专业人员的动物园承担了比普通大众饲养动物责任更轻的责任，这不符合社会的基本理念和大众的普遍期待。按照原《侵权责任法》草案起草机关的权威解读，所谓“尽到管理职责”是指“动物园能够证明兽舍设施、设备没有瑕疵、有明显的警示牌，管理人员对游客挑逗、投打动物或者擅自翻越栏杆靠近动物等行为进行了劝阻”等。① 可见，动物园不能通过证明自己没有一般意义上的过错而免责，而必须证明自己在设施和人员这两个具体方面尽到管理职责才能免责。因此，笔者倾向于认为，《民法典》第1248条规定的仍然是无过错责任②，只是增设了将动物园“尽到管理职责”作为免责事由。按照上文对《民法典》第1247条进行分析的逻辑，如果被侵权人存在故意或者重

① 参见王胜明主编：《中华人民共和国侵权责任法解读》，中国法制出版社2010年版，第403页。

② 参见《谢叶阳诉上海动物园饲养动物致人损害纠纷案》，《最高人民法院公报》2013年第8期。

大过失，只要动物园没有尽到管理职责，仍然不能免除或者减轻其侵权责任。

5. 第1249条和第1250条中受害人过错制度的适用规则

在第九章“饲养动物损害责任”的条文结构上，《民法典》第1245～1248条是对饲养动物损害责任的一般性规定，第1249条规定的遗弃、逃逸动物致害责任和第1250条规定的第三人过错导致饲养动物致害的不真正连带责任，既适用于普通大众饲养动物，也适用于动物园饲养动物的情形。因此，上文关于《民法典》第1245～1248条规定的受害人过错制度的适用规则，也同样适用于第1249条和第1250条。

四、损害扩大阶段受害人过错制度的适用

根据受害人过错所处的不同阶段，学说上一般将受害人过错区分为两种情况，即受害人对损害的发生或扩大具有过错。[①] 如前所述，包括原《侵权责任法》在内的大多数法律和司法解释都只针对损害发生阶段进行了规定，也有少数特别规定涉及损害扩大阶段，典型的例如《人身损害赔偿司法解释》(法释〔2003〕20号) 第2条第1款，原《民通意见》第143条第2款第二句也有关于“受害人应当采取措施防止损失扩大”的规定。《民法典》侵权责任编改变了原《侵权责任法》对受害人过错制度的规定，对损害扩大阶段的受害人过错制度予以明文规定，具有重大的立法意义，下文将对此问题进行探讨。

(一) 受害人过错制度在时间轴上的两个阶段

导致损害扩大的原因包括自然原因和人为原因两大类。在没有人为因素干预的情况下，损害会扩大。这就是所谓的因自然原因发生的损害扩大。例如，受到严重人身伤害的受害人和受到重伤的动物，如果不及时医治，可能造成更加严重的后果乃至死亡；部分财产防锈、防老化的涂层受到损害，如果不及时修补，将因为自然原因而产生更大的损害；有的机械在受损后，不及时修补而继续使用，会产生不必要的磨损。这些都是损害发生后，受害人不作为导致的损害扩大。损害发生后，损害结果还可能人为原因而继续扩大。这里的人为原因仅指人的作为行为导致的损害扩大，不包括为防止自然原因扩大损害的不作为行为。人为原因导致的损害扩大应该被视为新的损害而非损害的扩大，在受害人过错领域讨论的损害扩大原因，仅包括自然原因情况下的不作为行为。需要指出的是，损害发生后，受害人不及时采取措施也不一定会导致损害的扩大，例如，轻微的人身伤害和动物受伤，可能自然愈合；财产损害或许不影响使用，也不会因自然原因而扩大损害，这样的情形就不存在损害发生后受害人过错的适用可能。因此，笔者倾向于使用“损害扩大阶段”来描绘这种客观存在的疏于防止自然原因导致损害扩大的受害人过错阶段，以区别于

① 参见王利明：《侵权行为法研究》(上卷)，中国人民大学出版社2004年版，第595页。

受害人对损害发生有过错的“损害发生阶段”。

（二）损害扩大阶段受害人过错制度的法律适用

有学者认为，在损害发生阶段不仅需要通过比较加害人与受害人的过错、原因力而对损害进行分割，还要考虑其他因素如不可抗力、第三人行为对损害的影响；而在损害扩大阶段只需要从因果关系上加以判断即可。① 笔者认为，损害扩大阶段仅考虑因果关系的理由并不充分，自然原因仍然应该被纳入考虑范围。损害扩大阶段法律适用应该准用发生阶段的基本规则②，并适用以下特殊规则。

第一，相对于损害发生阶段，损害扩大阶段的受害人注意义务较高。损害发生后，如果受害人能够通过自己的行为减轻损害的发生，负有及时减轻损害的义务，这是一种“不真正义务”（imperfect obligation）。在损害发生阶段，在法律没有明文规定的情形，权利人有较低的注意义务，除非是极不合理地将自己暴露于风险下，均不应该认为其有对自己权益的保护义务。而在损害发生之后，受害人知道或者应该知道损害的发生，对于损害扩大的预防义务就被提出，较损害发生阶段更高。③

第二，受害人过错只能导致加害人损害扩大阶段的责任减轻，不能全部免除。从欧洲各国的比较法考察来看，少数国家如英国和奥地利，损害扩大阶段的受害人过错将导致加害人对扩大部分的责任免除；其他大部分国家则对扩大部分在加害人与受害人之间进行分配。④ 美国法上，“扩大损害”（enhanced damages）被视为“不可分损害”（indivisible harm），原损害责任人需要承担责任。⑤ 笔者认为，如果所谓扩大阶段的损害完全是由受害人自己造成的，该损害并不是原有损害的延续，只是在时间上与原有损害具有连续性，则属于单独损害，不属于真正意义上损害扩大阶段的受害人过错问题。损害的扩大仅指那些已经造成的损害与自然原因结合的情形，受害人即使及时履行了该减轻损害义务，也可能无法完全避免损害的进一步发生。而且，受害人放任损害扩大的不作为，与侵权人此前的损害行为共同构成原因，因此即使该不真正义务的不履行构成受害人过错，也只能减轻加害人部分损害赔偿，而不能全部免除。

① 参见程啸：《论侵权行为法上的过失相抵制度》，《清华法学》（第6辑），清华大学出版社2005年版。

② See European Group on Tort Law, *Principles of European Tort Law: Text and Commentary* (Springer Wien 2005) 132.

③ 参见杨立新、王竹：《论侵权法上的受害人过错制度》，陈小君主编：《私法研究》（第7卷），法律出版社2009年版。

④ See U. Magnus, M. Martín-Casals (eds.), *Unification of Tort Law: Contributory Negligence* (Kluwer Law International 2004) 263.

⑤ See Anerican Law Institution, *Restatement of the Law, Third, Torts: Apportionment of Liability*, 2000. § 26 Apportionment of Liability When Damages Can Be Divided by Causation. Reporters Notes: Comment a. Scope.

第三，损害减轻行为的求偿权和数额限制。受害人实施损害减轻行为的费用，应该向侵权人求偿。其理由在于，是侵权人首先导致了损害，才迫使受害人实施该减损行为，这与合同法上的减损规则是类似的。《民法典》第 591 条第 1 款规定：“当事人一方违约后，对方应当采取适当措施防止损失的扩大；没有采取适当措施致使损失扩大的，不得就扩大的损失请求赔偿。”第 2 款规定“当事人因防止损失扩大而支出的合理费用，由违约方负担。”《民法典》第 1235 条第 5 项就减损合理费用作出了有益的尝试：“违反国家规定造成生态环境损害的，国家规定的机关或者法律规定的组织有权请求侵权人赔偿下列损失和费用：……（五）防止损害的发生和扩大所支出的合理费用。”但如果初始的损害就是由受害人和侵权人共同造成的，那么应该按照初始损害的责任比例分担该损害减轻费用。确定损害减轻行为的费用，应该区别损害的类型。对于财产损害，除非该财产具有特别的重大意义，如具有重大人身意义（如骨灰）或者社会价值（如文物），一般不应该超过受损财产的剩余价值，超过部分侵权人不予赔偿，由受害人承担；对于人身伤害，没有损害赔偿的数额限制。需要特别指出的是，随着世界各国对动物保护程度的不断提高，应该借鉴《德国民法典》第 251 条第 2 款第二句的规定“因救治动物而产生的费用，并不因其大大超过动物本身的价值视为是不相当的”，即不以其市场价格作为责任的限额。①

① 参见杨立新、王竹：《论侵权法上的受害人过错制度》，陈小君主编：《私法研究》（第 7 卷），法律出版社 2009 年版。

专题十三

教唆行为与帮助行为责任研究

《民法典》第1169条是对教唆者、帮助者侵权责任的规定，第1款规定："教唆、帮助他人实施侵权行为的，应当与行为人承担连带责任。"第2款规定："教唆、帮助无民事行为能力人、限制民事行为能力人实施侵权行为的，应当承担侵权责任；该无民事行为能力人、限制民事行为能力人的监护人未尽到监护职责的，应当承担相应的责任。"该条规定继受了原《侵权责任法》第9条的规定，唯一的修改是将监护"责任"改为了"职责"，与《民法典》第1188条的这一术语调整保持了一致。另外，《民法典》第1211条以2012年最高人民法院《关于审理道路交通事故的损害赔偿案件适用法律若干问题的解释》（以下简称"《道路交通事故损害赔偿解释》"）（法释〔2012〕19号）第3条为编纂对象，规定："以挂靠形式从事道路运输经营活动的机动车，发生交通事故造成损害，属于该机动车一方责任的，由挂靠人和被挂靠人承担连带责任。"该条实际上是对挂靠这种特殊帮助行为的规定。

一、教唆行为与帮助行为的概念

（一）教唆与帮助的相关术语辨析

教唆与帮助是刑法和民法都使用的概念，但从英文文献上看，刑法上更多地使用"abet"和"aid"，民法上更多地使用"instigate"和"assist"，有时也使用"encourage"和"aid"，但较少使用"abet"。美国法学会《侵权法重述・第二次》认为该重述第45A条关于教唆非法拘禁的规定适用于所有侵权行为。① 根据该条官方评论第b条的说明，教唆（instigation）行为包括通过语言和行为进行指示（direct）、要求（request）、请求（invite）或者鼓动（encourage）。② 因此，教唆应该

① See Anerican Law Institution, *Restatement of the Law*, *Second*, *Torts*, § 45A Instigating or Participating in False Imprisonment, Comment a.

② See Anerican Law Institution, *Restatement of the Law*, *Second*, *Torts*, § 45A Instigating or Participating in False Imprisonment, Comment c. Instigation.

是较之鼓动更宽泛的概念，这与欧洲各国侵权法的认识是相似的。① 另外，文献中有时会用“induce”表示和“procure”一样的引诱意思，但后者更多地用于指称被引诱行为的违法性。总的来说，所谓“帮助” （assistance），主要是物质上的（physical），而鼓励（encouragement）主要是精神上的支持（moral support）。②

（二）教唆行为与帮助行为的概念

教唆行为与帮助行为是主观关联共同侵权行为的两种特殊表现形态。教唆人，传统民法称之为“造意人”以区别于刑法上的教唆犯，是指教唆他人使生为侵权行为决意之人。③ 我国民法上也有学者认为教唆行为人是造意者，是共同侵权行为的造意人，在共同侵权行为的共同故意中，起策划、主使、教唆的作用。在其主观意志支配下，实行行为人具体实施侵权行为，实现教唆行为人的造意。④ 可见，教唆人与造意人或者造意者本是同义词，笔者倾向于使用教唆人，更符合现代中文用语习惯。所谓教唆行为，是以劝说、利诱、授意、怂恿以及其他方法，将自己的侵害他人合法权益的意图灌输给本来没有侵权意图或者虽有侵权意图、但正在犹豫不决、侵权意图不坚定的人，使其决意实施自己所劝说、授意的侵权行为。应该强调的是，没有教唆人的教唆，被教唆人就不会实施侵权行为。⑤ 只有这样，教唆行为才是损害发生的必要原因。

所谓帮助行为人，是对实行行为人予以帮助，使侵权行为得以实施的人，如提供损害工具，帮助创造侵权条件，等等。⑥传统民法一般将帮助限定在物质上的帮助，通常是指为加害人实施加害行为提供必要条件。例如帮助窃贼提供作案工具、为其把风等，都无疑属于帮助实施加害行为。盗窃完成之后帮助销赃也可以被认定为帮助实施加害行为，因为销赃是侵害受害人所有权行为的有机组成部分。

（三）“精神上的帮助”不是教唆行为或者帮助行为

“精神上的帮助”的性质，是理论上的争议点。德国联邦最高法院在 20 世纪 70～80年代作出了两个关于精神上支持属于帮助行为的判决：一个判决认为，通过予以心理上的支持，协助和教唆空中交通控制人员的行为足以构成空中交通控制人员协会的连带责任；另一个判决认为，未扔石头但是为攻击警察的骚乱学生呐喊助

① See W. V. H. Rogers（ed.），*Unification of Tort Law：Multiple Tortfeasors*（Kluwer Law International 2004）276.

② See Anerican Law Institution，*Restatement of the Law，Second，Torts*，§876 Persons Acting in Concert，Comment on Clause（b）.

③ 参见王泽鉴：《侵权行为法》（第 2 册），北京大学出版社 2016 年版，第 441 页。

④⑥ 参见杨立新：《侵权法论》（第三版），人民法院出版社 2005 年版，第 601 页。

⑤ 参见王利明：《侵权行为法研究》（上卷），中国人民大学出版社 2004 年版，第 710－711 页。

阵的支持者应该承担连带责任。[1] 王泽鉴教授认为，帮助包括物质及精神在内。[2] 王利明教授也认为，帮助是指通过提供工具、指示目标或者以言语激励等方式，从物质上和精神上帮助实施加害行为。[3] 对此，笔者认为所谓精神上的帮助，主要表现为精神上的支持，即直接加害人已经起意但尚未下定决心，或者加害行为已经开始但缺乏继续加害的动力。从词语的内涵上看，“精神上的帮助”实质上更类似于“教唆”，而与“帮助”差别较大。

是否将这种精神上的支持视为教唆，则需要进一步考虑。第一，相对于教唆行为，精神上的支持在直接加害人的决策上并不起主要作用，相当于常说的“敲边鼓”。没有精神上的支持行为，该侵权行为仍然可能发生，因此，精神上的支持并不是损害法上的必要条件。第二，德国法的两个判例均属于社会政策影响较深、具有公共安全性质的特殊领域，判决的社会政策考量较多，作为个案的合理性不能被随意普遍推广。第三，如果将精神上的支持视为教唆，进而使之承担连带责任，那么在一定程度上将限制人们的表达自由，使人们因为惧怕为尚未发生但可能发生的损害承担连带责任而不敢表达自己的意见。综上考虑，笔者倾向于认为，精神上的支持不构成直接加害行为的共同行为，不是教唆行为，也不是帮助行为。

二、教唆行为与帮助行为在侵权法上的定位与规定方式

（一）罗马法上的教唆行为与帮助行为

教唆行为与帮助行为的历史可以追溯到罗马法。罗马法上民刑不分，数人侵权行为尚未形成理论体系，而教唆、帮助行为则依附于各种关于非法行为的规定，散见于不同的篇章。如《法学阶梯》第四卷在不同的三篇中对此作出了详细规定，第一篇“侵权行为所发生的债务”第 11 条的规定最为详细：“有时自己虽未实行盗窃，但仍可对之提起盗窃之诉，例如对于盗窃行为提供帮助和计谋的人。属于这一类的人有：使你扔下手里的钱币，以便他人攫取；或把你拦住，以便他人取去你的东西；或驱散牛羊，以便他人窃取，如古时法学家所描写的，用红布哄散牛群。但若他出于嬉戏并无意帮助进行盗窃，则应该对他提起事实之诉。但如果梅维帮助铁提盗窃，可对他们两人提起盗窃之诉。此外，以梯子置于窗下或打开门窗，以便他人实行盗窃，或以打开门窗的工具、爬窗的梯子，明知用于盗窃而借给他人使用，都视为对于盗窃提供帮助和计谋。但若对于盗窃未进行帮助，而仅代出主张怂恿他人盗窃的，不能对之提起盗窃之诉。”第 12 条规定：“如盗窃是在他人提供帮助和计谋下实行的，既然发生了盗窃，即可对该他人提起盗窃之诉，因为事实上的确由

① 参见［德］克雷斯蒂安·冯·巴尔：《欧洲比较侵权行为法》（上卷），张新宝译，法律出版社 2001 年版，第 82 页。

② 参见王泽鉴：《侵权行为法》，北京大学出版社 2016 年版，第 441 页。

③ 参见王利明：《侵权行为法研究》（上卷），中国人民大学出版社 2004 年版，第 712 页。

于他的帮助和计谋而发生盗窃。"① 第四篇"侵害行为"第11条规定："不仅可以对实施侵害行为的人，例如殴打者提起侵害之诉，而且可对恶意怂恿或唆使打人嘴巴的人提起侵害之诉。"② 第十八篇"公诉"第9条规定："甚至帮助他犯罪或知情而从他接受赃物赃款的人亦同。"③

（二）比较法上教唆行为与帮助行为的定位与规定方式

《法国民法典》继受了罗马法的体例，由于没有规定协助者的连带责任，法国法司法实务上通过适用《法国刑法典》第55条来弥补。④ 现代各国（地区）侵权法对于教唆行为和帮助行为承担连带责任均无异议⑤，但对于这两种行为的定位及其相应的规定方式有三种不同的模式。

第一种是"视为共同侵权行为人"。大陆法系民法典对教唆人和帮助人的明文规定始于《德国民法典》第830条第2款，该条文开创了将教唆人和帮助人"视为共同行为人"的立法体例，并得到了《日本民法典》第719条第2款《韩国民法典》第760条第3款的继受。

第二种是作为一种共同侵权行为加以规定。《瑞士债务法》第50条第1款最早确立了教唆人和帮助人的共同侵权行为人地位："数人因过错，共同致他人损害者，对于被害人，应连带负赔偿责任，教唆人、造意人或帮助人，视为共同行为人。"⑥ 采此体例的民法典还有《阿根廷民法典》第1081条。《埃塞俄比亚民法典》第2155条第2款甚至明文规定："不得区分教唆犯、主犯和共犯。"值得注意的是，受到德国法影响较大的《欧洲法原则·侵权法》第4：102条采用了"协作"（collaboration）作为上位概念，规定："一方参与、教唆或实质上帮助另一方引起了法律上的相关损害视为引起了该损害。"取消了参与行为与教唆、帮助行为之间的差别。

第三种是作为共同侵权行为不再明文规定。值得关注的是，20世纪90年代以来新颁布或者生效的民法典，都没有对教唆行为和帮助行为作出直接规定，例如，新《荷兰民法典》、《俄罗斯联邦民法典》和新《魁北克民法典》、《蒙古民法典》、《越南民法典》等。这一方面可能是由于各国民法学说均逐渐认识到教唆行为与帮助行为同参与行为承担连带责任的基础并无本质区别，只需统一规定共同侵权行为承担连带责任即可；另一方面也可能是受到了美国侵权法的侵权责任分担理论的影响。美国法学会《侵权法重述·第三次》责任分担编第15条"共同行为人"规定："当多人因共同行为而承担责任时，所有各方应对分配给参与该共同行为的每一方

① ［古罗马］查士丁尼：《法学总论——法学阶梯》，张企泰译，商务印书馆1989年版，第192-193页。
② ［古罗马］查士丁尼：《法学总论——法学阶梯》，张企泰译，商务印书馆1989年版，第203页。
③ ［古罗马］查士丁尼：《法学总论——法学阶梯》，张企泰译，商务印书馆1989年版，第242页。
④ 参见［德］克雷斯蒂安·冯·巴尔：《欧洲比较侵权行为法》（上卷），张新宝译，法律出版社2001年版，第74页。
⑤ See Bénédict Winiger，Helmut Koziol，Bernhard A. Koch，Reinhard Zimmermann eds.，*Essential Cases on Natural Causation* (Springer Wien 2007) 346.
⑥ 戴永盛译：《瑞士债务法》，中国政法大学出版社2016年版，第20页。

的比较有责性份额承担连带责任。”该条“共同行为人”的概念系采《侵权法重述·第二次》第876条的规定。① 该条将“共同行为的人”（Persons Acting in Concert）分为三类：“就他人的侵权行为导致第三人受伤害，行为人应当承担责任如果他：(a）行为人与该他人共同或与其追求实现共同计划而从事侵权行为；或（b）知悉该他人行为构成违反义务，并给予其实质帮助或鼓动，相当于他自己去做；或（c）对该他人达到侵权结果给予了实质帮助，其行为被单独考虑时，构成对第三人义务的违反。”这三类行为中，第一类相当于大陆法系的主观关联共同侵权行为，第二类大致相当于教唆行为和帮助行为，第三类则类似客观关联共同行为。美国法上的帮助行为或鼓动行为如果要构成共同行为，必须满足以下条件：第一，帮助或鼓动必须是“实质性的”（substantial），被鼓动行为的性质、帮助的大小、侵权行为发生时是否在场、帮助人或鼓动人与行为人的关系以及其主观状态都是考量因素，如果帮助人或者鼓动人的行为非常轻微，则不构成共同行为；第二，必须知道他人的行为是侵权行为；第三，损害必须在其可预见范围内；第四，帮助行为或者鼓动行为必须是损害法律上的原因。② 受到美国侵权法影响较大的《欧洲侵权法原则》第9：101条第1款第a项仅列举了参与和教唆、怂恿行为，而没有帮助行为：“有意参与，或教唆、怂恿他人实施不法行为，致使受害人遭受损害者……”该条官方说明认为，帮助行为更应该承担连带责任，即使他没有直接参与致害行为③，实际上这是将帮助行为认定为一种间接参与行为。另外学说上认为引诱、怂恿和鼓动都是参与共同侵权行为的方式④，体现出较强的制度融合趋势。

（三）我国侵权法上教唆行为与帮助行为侵权责任的确立过程

我国传统民法学说对于教唆行为与帮助行为的定位有不同意见。史尚宽教授认为，违法行为之共同，无须为实行行为，苟对于结果可认为与以相当之条件或原因者，纵仅教唆、帮助，亦为共同侵权行为。⑤ 而郑玉波教授则认为，二者皆非共同加害人，本无责任可言，但此两种人对于侵权行为之促成，均有莫大之影响，而教人作恶或助人为虐，皆为正义所不容，故法律均视为共同行为人，是指负连带损害赔偿责任。⑥

① See Anerican Law Institution, *Restatement of the Law*, *Third*, *Torts*: Apportionment of Liability, 2000. § 15 Persons Acting in Concert. Comment a. Scope.

② See Anerican Law Institution, *Restatement of the Law*, *Second*, *Torts*, § 876 Persons Acting in Concert, Comment on Clause (b) .

③ See European Group on Tort Law, *Principles of European Tort Law*: *Text and Commentary* (Springer Wien 2005) 143.

④ See W. V. H. Rogers (ed.), *Unification of Tort Law*: *Multiple Tortfeasors* (Kluwer Law International 2004) 276.

⑤ 参见史尚宽：《债法总论》，中国政法大学出版社2000年版，第172-173页。

⑥ 参见郑玉波：《民法债编总论》（修订二版），陈荣隆修订，中国政法大学出版社2004年版，第145页。

立法方面，20 世纪 50 年代第一次新中国民法典起草的历次草案较多地借鉴了 1922 年《苏俄民法典》的体例，没有对教唆行为和帮助行为进行规定。20 世纪 60 年代第二次民法典起草没有涉及侵权法的相关内容。20 世纪 80 年代第三次民法典起草时，尽管 1964 年《苏俄民法典》仍然没有规定教唆行为和帮助行为，但三次草案均以“教唆或者帮助造成损害的人，都是共同致害人”的用语，对教唆行为、帮助行为属于共同侵权行为予以确认①，显示出立法在比较法上参考的广泛性。

司法机关对于处理教唆行为和帮助行为的需求是显而易见的，在原《民法通则》颁布之前，1984 年最高人民法院《关于贯彻执行民事政策法律若干问题的意见》第 73 条第二句就规定：“教唆或者帮助造成损害的人，应以共同致害人对待，由其承担相应的赔偿责任。”由于原《民法通则》第 130 条没有对教唆、帮助行为作出规定，原《民通意见》第 148 条又“主动”进行了补充：“教唆、帮助他人实施侵权行为的人，为共同侵权人，应当承担连带民事责任。教唆、帮助无民事行为能力人实施侵权行为的人，为侵权人，应当承担民事责任。教唆、帮助限制民事行为能力人实施侵权行为的人，为共同侵权人，应当承担主要民事责任。”

而民法理论研究方面，似乎对此问题重视不够，这与刑法领域对教唆犯和帮助犯的大量研究成果形成鲜明对比。原《民法通则》颁布之后、原《民通意见》颁布之前，我国侵权法上关于共同侵权行为的理论争议，主要是“客观说”② 与“主观说”③ 之争。即使是在原《民通意见》颁布之后，关于教唆行为和帮助行为的民事责任也没有引起人们足够的重视。20 世纪 80 年代末 90 年代初的主流民法教科书均未在共同过错④或者共同侵权行为⑤部分对教唆和帮助行为作出论述。直到 1991 年，房绍坤教授率先对教唆行为的侵权责任进行了分析⑥，1992 年王利明教授出版的《侵权行为法归责原则研究》第一次对教唆行为和帮助行为进行了全面探讨。⑦此后也鲜有更加详细的论述。

之后随着原《侵权责任法》起草工作的展开，开始有学者关注我国侵权法上教唆行为与帮助行为的定位问题。有学者认为，教唆与帮助他人实施侵权行为的人仅有侵害他人的意思，但并未参与加害行为，只能“视为”共同侵权行为人⑧，即不是真正意义上的共同侵权行为人。也有学者提出，在复杂的共同侵权行为中，可能

① 1980 年 8 月 15 日“第一稿”第 443 条第 2 款、1981 年 4 月 10 日“第二稿”第 340 条、1981 年 7 月 31 日“第三稿”第 465 条和 1982 年 5 月 1 日“第四稿”第 422 条第 1 款，以上条文参见何勤华、李秀清、陈颐编：《新中国民法典草案总览》（下卷），法律出版社 2003 年版。

② 邓大榜：《共同侵权行为的民事责任初探》，《现代法学》1982 年第 3 期。

③ 伍再阳：《意思联络是共同侵权行为的必备要件》，《现代法学》1984 年第 2 期。

④ 参见马原主编：《中国民法教程》，人民法院出版社 1989 年版，第 311 页。

⑤ 参见佟柔主编：《中国民法》，法律出版社 1990 年版，第 561 页。

⑥ 参见房绍坤：《略论教唆侵权的民事责任》，《法学论坛》1991 年第 3 期。

⑦ 参见王利明：《侵权行为法归责原则研究》，中国政法大学出版社 1992 年版，第 296－299 页。

⑧ 参见程啸：《侵权行为法总论》，中国人民大学出版社 2007 年版，第 406 页。

存在实行行为人、教唆行为人和帮助行为人。教唆行为人与帮助行为人均须未直接参与实施具体的侵害行为，只是由于他们与实行行为人之间的共同意思联络，他们的行为构成共同侵权行为。教唆行为人与帮助行为人如果直接参与实施侵权行为，也是实行行为人①，不必再将其分为一种单独的共同侵权行为类型。②

可见，从新中国第三次民法典起草的四部草案和两个司法解释的措辞来看，均认为教唆行为和帮助行为是共同侵权行为的特殊类型而非独立的侵权行为形态。而且从比较法上来看，这也符合大的发展趋势。但鉴于我国民事立法已经形成了明文规定教唆行为和帮助行为侵权责任的立法惯例，最终原《侵权责任法》第 9 条将教唆、帮助行为作为单独的数人侵权行为形态进行规定，在法律适用上无须依附共同实施侵权行为的规定，填补了原《民法通则》未规定教唆人、帮助人侵权责任的空白，应该将其视为对立法惯例的坚持。《民法典》第 1169 条继受了原《侵权责任法》第 9 条的规定。

三、《民法典》第 1169 条理解与适用的疑难点

（一）教唆行为与帮助行为的主观共同性应该坚持以主观共同故意为限

作为共同侵权行为，教唆、帮助者与其他直接实施者一样，都存在主观上的共同过错。③ 一般认为，支持（协助）他人实施加害人行为的人必须是故意。④但也有学者认为，民法的教唆与帮助与刑法中的不同，不以故意为必要，亦得有过失之教唆与帮助。⑤ 王泽鉴教授采取折中说，认为教唆和帮助都必须出于故意，过失教唆或者帮助，如果满足客观关联共同侵权行为的构成要件，则承担连带责任。⑥ 这种观点实际上是认为作为主观关联共同侵权行为的教唆和帮助只能存在于以共同故意作为共同过错的共同侵权行为之中，其在主观上必须与实行行为人有共同的意思联络，至于客观关联共同侵权行为人承担连带责任，其基础已经不是主观上的共同了。有学者区分教唆行为与帮助行为，认为教唆行为均出于故意，教唆人不仅认识到自己的教唆行为会使被教唆人产生侵权的意图并实施侵权行为，而且认识到被教唆人的行为将导致的后果，且希望或放任此种结果发生。教唆人虽为故意教唆，但被教唆人出于过失而实施侵权行为，亦可构成共同侵权。而帮助人一般均出于故意，他和行为人都具有共同致人损害的意思联络，

① 参见杨立新：《侵权法论》（第三版），人民法院出版社 2005 年版，第 601 页。

② 参见杨立新：《共同侵权行为及其责任的侵权责任法立法抉择》，《河南省政法管理干部学院学报》2006 年第 5 期。

③ 参见王利明：《侵权行为法研究》（上卷），中国人民大学出版社 2004 年版，第 713 页。

④ 参见［德］克雷斯蒂安·冯·巴尔：《欧洲比较侵权行为法》（上卷），张新宝译，法律出版社 2001 年版，第 81 页。

⑤ 参见史尚宽：《债法总论》，中国政法大学出版社 2000 年版，第 175 页。

⑥ 参见王泽鉴：《侵权行为法》（第 2 册），2006 年自版，第 41 页。

但在特殊情况下，不知他人的行为为侵权行为而提供帮助，若客观上对加害行为起到辅助作用，亦构成共同侵权。① 也有学者提出，在主观共同的证明上，教唆行为中教唆人与实行行为人的主观故意容易判断，双方有一致的意思表示，即可确认，其表示形式，明示、默示均可。在帮助行为中，实行行为人与帮助行为人的共同故意应须证明。②

笔者认为，尽管在一定意义上，教唆与帮助性质有所不同，但在主观共同性判断上，考虑到承担连带责任的较重后果，应该坚持以主观共同故意为限。对于是否存在所谓的过失教唆或者帮助以构成客观关联共同侵权行为的情形，有学者举例说如因过失未发现他人正在实施侵权行为而予以教唆或者帮助③，或者有学者认为，帮助人出于故意为加害人提供帮助，加害人虽不知帮助人提供的帮助，双方即使没有相互沟通，也不妨碍共同侵权的构成④，笔者对此持谨慎怀疑态度，认为即使其成立连带责任，也应其直接归入客观关联共同侵权行为，而不能被纳入教唆或者帮助的范畴，避免引起不必要的混淆。

（二）教唆行为与帮助行为最终责任份额的确定不应考虑从属性

《民法典》第 1169 条规定了教唆、帮助他人实施侵权行为的后果是与实行行为人承担连带责任，但未对教唆行为人或帮助行为人与实行行为人的对内最终责任份额的确定方式作出特别规定。而《民法典》第 1170 条也过于原则化，无助于最终责任份额的确定。相较于数个实行行为的典型共同侵权行为，教唆行为与帮助行为最终责任份额的确定具有一定争议性，主要体现在是否应将教唆行为和帮助行为的从属性纳入考量。

所谓教唆行为和帮助行为承担责任具有从属性，是指教唆人和帮助人的侵权责任成立以被教唆人和被帮助人侵权损害赔偿之债的成立为前提。⑤ 其原因在于教唆犯系侧重其抽象危险，造意人则侧重其具体实害，无实害发生，当不成立侵权行为，自亦无连带损害赔偿责任可言。⑥ 基于教唆行为和帮助行为的从属性，德国法上认为致害人在损害赔偿中的份额比例相当于自己对致害行为的参与和自己对致害行为的过错。据此，行为人承受的比例份额可能会高于单纯的帮助人的份额。⑦ 我国也有学者认为，在内部责任的分担上，由于帮助人的过错程度低于直接行为人以及教唆人的过错程度，承担的是较轻的责任。⑧ 但也有立法例，如《瑞士债务法》

① 参见王利明：《侵权行为法研究》（上卷），中国人民大学出版社 2004 年版，第 710－712 页。
② 参见杨立新：《侵权法论》（第三版），人民法院出版社 2005 年版，第 601 页。
③ 参见程啸：《侵权行为法总论》，中国人民大学出版社 2007 年版，第 407 页。
④ 参见王利明：《侵权行为法研究》（上卷），中国人民大学出版社 2004 年版，第 710 页。
⑤ 参见王泽鉴：《侵权行为法》，北京大学出版社 2016 年版，第 441 页。
⑥ 参见邱聪智：《新订民法债编通则》（上），中国人民大学出版社 2003 年版，第 124 页。
⑦ 参见［德］迪特尔·梅迪库斯：《德国债法分论》，杜景林、卢谌译，法律出版社 2007 年版，第 613 页。
⑧ 参见王利明：《侵权行为法研究》（上卷），中国人民大学出版社 2004 年版，第 710 页。

第 50 条第 2 款则赋予了法官较大的裁量权："法院有权自由裁决责任人是否以及在多大程度上分担责任。"第 3 款特别对教唆人的责任作出了规定："教唆者的责任限于其获得的利益和由于其参与造成的损失的范围。"

在笔者看来，教唆行为和帮助行为的责任份额大小与其责任成立上的从属性并无直接关系。并且，教唆行为、帮助行为和实行行为，都是共同侵权行为，分工不同并不代表所起的作用必然有大小之分。因此，笔者倾向于不将侵权责任构成的从属性纳入侵权责任分担比例大小的考量。

（三）教唆、帮助特殊民事主体的侵权责任分担规则

《民法典》第 1169 条第 2 款规定的教唆、帮助特殊民事主体的侵权责任分担规则较为创新，同时也带来了新的争议点，主要包括以下三个方面。

第一，第 1169 条第 2 款前段未区分教唆、帮助对象是无民事行为能力人还是限制民事行为能力人的不同法律后果，仅仅规定了"承担侵权责任"，因此存在适用上的疑义。笔者认为，应该结合原《民通意见》第 148 条第 2 款、第 3 款的立场，根据教唆、帮助对象是无民事行为能力人还是限制民事行为能力人作区分适用。未来《民法典侵权责任编解释》应该根据教唆行为、帮助行为新的独立定位，将相关规则修正为："教唆、帮助无民事行为能力人实施侵权行为的人，应当承担侵权责任。教唆、帮助限制民事行为能力人实施侵权行为的人，应当承担主要侵权责任，由限制民事行为能力人的监护人承担次要侵权责任。"

第二，第 1169 条第 2 款后段的规定涉及了与《民法典》第 1188 条第 1 款第一句规定的监护人责任的侵权责任分担问题，打通了这两组法律规范的天然联系，值得肯定，但第 1169 条第 2 款与第 1188 条第 1 款第二句规定的适用关系尚不明确。即监护人尽到监护责任的情形，到底是监护人责任减轻的部分由教唆人或者帮助人承担，还是就免除监护人的替代责任。笔者认为，在此问题上仍然应该区分教唆、帮助的对象到底是无民事行为能力人还是限制民事行为能力人，并保持与第 1188 条第 1 款第一句的协调。对于教唆、帮助无民事行为能力人实施侵权行为的情形，如果监护人尽到了监护责任，则应该免除其替代责任；对于教唆、帮助限制民事行为能力人实施侵权行为的情形，如果监护人尽到了监护责任，只能减轻其替代责任，减轻部分由教唆人或者帮助人承担。

第三，第 1169 条第 2 款规定的教唆人责任或者帮助人责任与监护人替代责任之间是否参照第 1169 条第 1 款的规定成立连带责任关系，也存在疑问。对这一问题，需要从监护人和教唆人、帮助人两个方面来考虑。从监护人的角度看，由监护人对教唆人或者帮助人的最终责任部分承担连带责任的做法令人难以理解，这相当于认为监护人的监护对象还包括教唆人和帮助人。但从教唆人或帮助人的角度看，由其对分配给被教唆或者被帮助的无民事行为能力人或者限制民事行为能力人一方的最终责任部分承担连带责任则具有一定的合理性，即其主观上能够预见到该部分

责任的存在。鉴于这种双方可预见性的不平衡性，笔者建议未来《民法典侵权责任编解释》能够打破连带责任“双向连带”的传统思维模式，创造性地规定未尽监护责任的监护人仅仅就被监护人的最终责任部分承担按份责任，而由教唆人或帮助人对所有的损害承担连带责任，即一种“单向连带”的新设计。这样便通过协调适用第 1169 条第 1 款和第 2 款的规定，较好地实现了教唆人或者帮助人、监护人和受害人三方的利益平衡。①

① 参见王竹：《论教唆行为与帮助行为的侵权责任》，《法学论坛》2011 年第 5 期。

专题十四

共同危险行为责任研究

《民法典》第1170条规定："二人以上实施危及他人人身、财产安全的行为，其中一人或者数人的行为造成他人损害，能够确定具体侵权人的，由侵权人承担责任；不能确定具体侵权人的，行为人承担连带责任。"该条文对共同危险行为侵权责任的规定，直接继受了原《侵权责任法》第10条的表述。"共同危险行为"这一术语源于日本民法判例学说，在德国法被称为"参与危险行为"。我国民法学说中的共同危险行为，是指二人或二人以上共同实施有侵害他人权利的危险的行为，对造成的损害结果不能判明谁是加害人的情况。① 从实务角度看，共同危险行为案例的绝对数量较少，但从研究的角度则颇具理论价值，未来仍将是《民法典》侵权责任编实施中的疑难问题。下文特别从客观关联共同侵权行为新定位的角度，对共同危险行为的若干理论问题进行重点探讨。

一、客观关联共同侵权行为承担连带责任的基本规则

（一）"共同关系"范围的扩张导致大陆法系连带责任适用范围扩大

值得关注的是，现代大陆法系侵权法的连带责任适用范围通过共同侵权行为理论发展，呈现出扩张趋势。尽管《法国民法典》在起草时对于连带责任的适用较为克制，但随着司法逐渐转向加强对受害人的保护，现代法国侵权法上对于凡是参与了导致损害行为的被告，都会规定其承担连带责任，目的在于最大限度确保受害人获得赔偿。② 而继受了德国法模式的其他大陆法系侵权法的主要是通过"共同关系"理论的扩展来实现的。

所谓"共同关系"理论，即认为只要数个侵权行为成立共同关系，就能够免除个别因果关系的证明，适用连带责任。如德国法中，由于受害人往往不可能证明每

① 参见杨立新：《试论共同危险行为》，《法学研究》1987年第5期。

② See George A. Bermann, Etienne Picard ed., *Introduction to French Law* (Kluwer Law International 2008) 238, 259.

个加害人各自的侵权行为，所以第 830 条免除了受害人证明侵权责任成立的因果关系的举证责任，只需要证明加害人的“共同行为”或者“参加行为”即可。① 早期德国法持“主观共同说”，认为共同行为的必要条件，是存在对行为的共同作用的意识和愿望。如果能够确定这种共同的意愿，共同行为人应当对所有适当的损害后果承担责任。至于他是否参与亲手造成了某个具体的损害，以及他对该损害起了多大的作用，并不重要。② 现代德国法对于没有证据区分每个侵权人造成的具体损害的情形，一般都适用连带责任③，这种做法大大地扩展了连带责任的适用范围。另外，对于主观共同的认定也扩展到了心理上的支持，甚至行为人仅仅是“亲吻加害人的手”，也会被科以连带责任。④

日本法上，只需要证明各行为者之间有“共同关系”，就免除对个别行为与损害之间的因果关系的证明。⑤ 由于“共同关系”的范围不断扩大，其边界日渐模糊。早期有学者提出“弱的关联共同”与“强的关联共同”学说，前者主张在对损害发生具有社会通常观念上作为整体加以认定的一个行为的程度的一体性的场合，可以认可分割责任；后者主张在密不可分的作业等场合，不得承认分割责任。⑥ 1972 年的“四日市公害案”确立了客观关联共同侵权行为承担连带责任的理论，结束了共同侵权行为理论中“强的关联共同和弱的关联共同”⑦ 与“主观关联共同和客观关联共同”的争论。

（二）“关联共同说”对适用连带责任的可责难性标准的类型化

承担连带责任的“可责难性标准”有绝对标准与相对标准之分，这样的区分能够更好地解释连带责任适用范围的若干疑难问题。典型的共同过错侵权行为，加害人一方的可责难性较强，具有绝对性，一般无须考虑受害人一方的过错而适用连带责任。而共同过错行为之外承担连带责任的情形，如客观关联共同侵权行为，则是适用相对性标准，需要比较加害人一方和受害人一方的可责难性大小。如果受害人过错程度较重，则不应该适用连带责任，以确保受偿不能风险的公平分配。从这种区分也可以看出，连带责任成立范围的核心问题，是在绝对标准之外，即在共同过错侵权行为之外确立相对标准来划定成立范围。因此，较之传统民法的“主观说”、“客观说”或者“主客观结合说”试图用统一的标准来概括连带责任的适用范围，“关联共同说”采用二分法更为合理，也与绝对标准和相对标准的划分更为契合。

① 参见［德］马克西米利安·福克斯：《侵权行为法》，齐晓琨译，法律出版社 2006 年版，第 233 页。

② 参见［德］马克西米利安·福克斯：《侵权行为法》，齐晓琨译，法律出版社 2006 年版，第 233－234 页。

③ See Basil S. Markesinis and Hannes Unberath, *The German Law of Torts: A Comparative Treatise* (4th. ed Hart Publishing 2002) 900.

④ VersR 1960, 540. See Bénédict Winiger, Helmut Koziol, Bernhard A. Koch, Reinhard Zimmermann eds., *Essential Cases on Natural Causation* (Springer Wien 2007) 268.

⑤ 参见于敏：《日本侵权行为法》，法律出版社 1998 年版，第 257 页，脚注 1。

⑥ 参见于敏：《日本侵权行为法》，法律出版社 1998 年版，第 280 页。

⑦ ［日］圆谷峻：《判例形成的日本新侵权行为法》，赵莉译，法律出版社 2008 年版，第 339－341 页。

“关联共同说”在学说上被表述为：数人共同不法侵害他人之权利者，对于被害人所受损害，应负连带赔偿责任，系因数人的侵权行为具有关联共同性。所谓“关联共同性”即数人的行为共同构成违法行为的原因或条件，因而发生同一损害。① 该学说将共同侵权行为分为主观关联共同侵权行为和客观关联共同侵权行为两种类型。主观关联共同侵权行为，又称意思共同加害行为，是指加害人有意思联络而为加害行为，即传统民法上“主观说”的进一步发展。主观共同关联性是指行为人间具有共同之意思联络或相互间有所认识，自己与他人之共同行为在社会观念上形成一体的共同加害行为，侵害他人之权利，因此，参加各个行为之个人，对于全部损害均应负赔偿责任，犹如“刑法”之共同正犯。② 主观关联共同学说的特别推论包括：第一，即使加害人能够证明其行为分担部分，对于权利受损并无因果关系，仍不能免于连带损害赔偿责任负担。第二，加害人之一人所谓逾越共同计划者，就此部分不适用共同侵权行为。③ 客观关联共同侵权行为，乃在数人所为不法侵害他人权利之行为，在客观上为被害人因此所生损害之共同原因。通说认为，共同原因数人的行为结合而发生同一损害者，固属此范围；即共同行为人各人之行为亦可能发生相同损害之情形，亦包括在内。④ 客观关联共同侵权行为理论不同于传统民法的“客观说”，是在承认主观关联共同侵权行为承担连带责任的前提下，探求客观关联共同侵权行为承担连带责任的基础。

“关联共同说”的用语体系较为工整，笔者赞成学者关于适用“关联共同说”的建议⑤，并认为主观关联共同侵权行为承担连带责任适用了比较可责难性的绝对性标准，而客观关联共同侵权行为承担连带责任适用了比较可责难性的相对性标准，后者可能会受到受害人过错制度的影响。

（三）实用主义催生的客观关联共同侵权行为及其体系效应

所谓的客观关联共同侵权行为，由于不具有典型共同侵权行为的本质特征，也有学者将其“视为共同侵权行为”⑥，这一较为贴切的定位揭示出其实用主义的特征。我国台湾地区学者黄立教授指出，采客观关联共同说的主要原因是第三人责任保险尚不普遍，而客观关联共同说对受害人之保护较为周全。这是一种实务的考量而非纯理论的结论。⑦ 其实，连带责任本身就是基于实践需要发展出来而缺乏坚固的道德基础的法律制度的最好例子⑧，只不过客观关联共同侵权行为的实用主义味

①② 参见孙森焱：《民法债编总论》（上册），法律出版社 2006 年版，第 231 页。

③ 参见王泽鉴：《侵权行为法》，北京大学出版社 2016 年版，第 432 - 433 页。

④ 参见孙森焱：《民法债编总论》（上册），法律出版社 2006 年版，第 232 页。

⑤ 参见杨立新：《共同侵权行为及其责任的侵权责任法立法抉择》，《河南省政法管理干部学院学报》2006 年第 5 期。

⑥ 杨立新：《侵权法论》（第三版），人民法院出版社 2005 年版，第 600 页。

⑦ 参见黄立：《民法债编总论》，2006 年自版，第 300 页。

⑧ See Peter Cane，*Responsibility in Law and Morality*（Hart Publishing 2002）179.

道更浓厚而已。

在这种实用主义基础上发展出的客观关联共同侵权行为的直接体系效应，是根据共同侵权行为理论承担连带责任的适用范围扩大，这实质上是对数人侵权责任领域的重新划界，必然对整个数人侵权责任领域产生巨大而深远的影响，将导致整个与连带责任对应的数人侵权行为形态体系的变化，主要包括三个方面：第一，客观关联共同侵权行为实际涵盖了传统民法上经常列举的偶然型不真正连带责任，如A偷盗C的物品，而B将该物品损坏等情形。第二，客观关联共同侵权行为的确立极大地影响了共同危险行为的定位，使其产生了体系上的位移，转化为了客观关联共同的致害人不明数人侵权行为。第三，客观关联共同侵权行为理论为数个危险责任之间的结合提供了理论基础，如邱聪智教授便认为，加害人皆应负无过失责任时造成了损害，仍应类推适用共同加害行为之规定①，实际上应该适用客观关联共同侵权行为，更为准确。

二、客观关联共同侵权行为理论对共同危险行为体系定位的影响

（一）共同侵权行为“主观说”理论框架下的共同危险行为体系定位

在共同侵权行为“主观说”理论框架下，共同危险行为因为欠缺意思联络②，而不同于共同侵权行为，但也因各危险制造人缺乏主观共谋而面临受害人无法求偿的风险。立法者从保护受害人的法律政策出发，拟制所谓“共同过失”和“选择性因果关系”，由共同危险行为人承担连带责任，也体现出了实用主义的特点。以致害性行为关系与致害人是否明确为分类标准，可以将“主观说”下数人侵权行为交互分类，见表14－1。

表14－1　“主观说”数人侵权行为形态体系表

<table>
<tr><th colspan="2" rowspan="2">行为关系</th><th colspan="2">致害人是否明确</th></tr>
<tr><th>致害人明确</th><th>致害人不明</th></tr>
<tr><td colspan="2">共同故意</td><td>（1）共同侵权行为</td><td>（2）共同侵权行为</td></tr>
<tr><td colspan="2">共同过失</td><td>（3）共同侵权行为</td><td>（4）共同危险行为</td></tr>
<tr><td rowspan="2">无主观共同</td><td>数个独立行为</td><td rowspan="2">数个独立侵权行为</td><td rowspan="2">致害人不明
单独侵权行为</td></tr>
<tr><td>客观共同行为</td></tr>
</table>

从上表可以看出，“主观说”强调侵权人承担连带责任必须有共同过错：（1）典型的共同侵权行为承担连带责任的基础是共同故意；（2）致害人不明的共同

① 参见邱聪智：《新订民法债编通则》（上），中国人民大学出版社2003年版，第123页。

② 参见林诚二：《民法债编总论——体系化解说》，中国人民大学出版社2003年版，第166页。

故意数人侵权也是共同侵权行为；（3）有学说认为共同过失可以构成共同侵权行为，但前提是致害人明确，经典的案例如郑玉波教授所举的“共抬重物登高案”①；（4）有学说认为对共同危险行为承担连带责任基础的解释依托于共同过失，认为“参与这种具有危险性行为的本身，就证明他们具有这种疏于注意的共同过失”②。传统民法基于过错责任原则对共同危险行为采“共同过失说”，这只能够解释主观上具有共同过失的危险活动致害问题，但无法界定主观上无共同过失的适用严格责任原则的共同危险行为。

（二）共同侵权行为“关联共同说”理论框架下共同危险行为体系定位的变化

《民法典》第1168条规定：“二人以上共同实施侵权行为，造成他人损害的，应当承担连带责任。”该条文继受了原《侵权责任法》第8条的表述，由于没有规定主观共同过错要件，实际上采纳的是“关联共同说”。“关联共同说”将原本无法由共同过失解释的适用严格责任的共同侵权行为，纳入表14-2中（5）客观关联共同的解释范围内。值得指出的是，共同侵权行为理论从“主观说”扩展到“关联共同说”的过程中，学说上并未显示出对共同危险行为体系定位的考虑。③ 采纳“关联共同说”的实际体系效果是，由于主观关联共同侵权行为范围扩张到了全部的共同过失领域，使得表14-1（4）所示依托于共同过失的传统意义上的共同危险行为被实质性地纳入了主观关联共同侵权行为的领域；同时，共同危险行为范围实质上扩展到了表14-2中（6）不具有主观关联共同而具有客观关联共同的致害人不明数人侵权行为中，其体系变化的结果如表14-2。

表14-2　“关联共同说”数人侵权行为形态体系表

致害性行为关系		致害人是否明确	
		致害人明确	致害人不明
主观关联共同关系	主观故意关联共同	（1）共同侵权行为	（2）共同侵权行为
	主观过失关联共同	（3）共同侵权行为	（4）共同侵权行为
客观关联共同关系		（5）共同侵权行为	（6）共同危险行为
无关联共同关系		数个单独侵权行为	致害人不明单独侵权行为

从上表可知，共同危险行为的理论基础已经由共同过失理论转化为客观关联共同，在体系上随着共同侵权行为的扩大而产生了“位移”。即无主观关联共同的数人共同参与实施了具有致害他人危险的行为且已造成实际损害，而具体的加害人不明时，由于该数人并不存在主观关联共同，无法将他们的行为加以一体化处理，从

① 郑玉波：《民法债编总论》（修订二版），陈荣隆修订，中国政法大学出版社2004年版，第143页。

② 杨立新：《试论共同危险行为》，《法学研究》1987年第5期。

③ 对此问题，笔者详细检索了大陆和我国台湾地区几乎所有的侵权法和债法总论专著，均未发现有关该问题的讨论。

而将之认定为共同侵权行为，如果存在客观关联共同，则以共同危险行为制度加以处理。

（三）共同危险行为在数人侵权行为理论体系中定位变化的理论基础

这种定位上的变化，实际上是理论体系发展的必然结果。史尚宽教授在分析共同危险行为时，认为行驶于同一道路的汽车，其中一车伤人，不能认定为共同危险行为，但如果两车是超速竞赛就是共同危险行为，“盖两车俱已关与竞赛之危险行为也”①。梅仲协教授认为，“数人共同发生侵害他人之事实，而不能知其孰为加害之人者，亦应负连带责任（危险责任主义）”②。邱聪智教授也认为，共同危险行为人并非确为加害人，其负损害赔偿责任，系法律拟制所致，无意思联络的情形也可能适用共同危险行为规则。③ 孙森焱教授更是明确指出，数人所谓的行为，虽未能具体地辨明孰为侵害他人权利的行为，但具有侵害权利的危险性，故共同危险行为的共同关联性即为数人共同不法的行为。④

我国民法学界也有学说认为，“有共同违法行为或者共同危险行为，即具有客观上的关联共同”⑤。《民法典》第1170条的规定更加突出“危险”概念，即“危及他人人身、财产安全的行为”。这也印证了笔者所持的共同危险行为的责任基础是危险而非主观过错的观点。

从某种意义上说，在主观说下的共同危险行为，尽管以保护受害人受偿为目的，科加危险行为人连带责任，在客观关联共同说被承认之前，相对于共同侵权行为的主观共同要求，过于向受害人一方倾斜。在承认了客观关联共同侵权行为之后，共同侵权行为与共同危险行为在连带责任的适用范围上保持了一致，反而显得更加公平了。

（四）共同危险行为的侵权责任构成基础是客观危险的可责难性

实施了共同危险行为，行为人直接根据法律规定承担连带责任，似乎存在没有规定侵权责任构成，直接规定侵权责任分担的假象。事实上，这正揭示了共同危险行为理论本身也必须对侵权责任构成进行说明。笔者认为，共同危险行为中的“危险”不但具有客观的危险性，而且是一种应该可以避免的危险，因此具有较强的可责难性。根据形成危险就应当承担危险的规则，每个共同危险行为人已经形成了一种危险，故共同危险行为人应当对其危险行为负责。⑥ 无论是实际致害人，还是其他未造成损害的共同危险参与人，均是在为其参与共同危险行为，而非为其实际造

① 史尚宽：《债法总论》，中国政法大学出版社2000年版，第176页。
② 梅仲协：《民法要义》，中国政法大学出版社1998年版，第198页。
③ 参见邱聪智：《新订民法债编通则》（上），中国人民大学出版社2003年版，第123页。
④ 参见孙森焱：《民法债编总论》（上册），法律出版社2006年版，第233页。
⑤ 张俊浩主编：《民法学原理》（下），中国政法大学出版社2000年版，第923页。
⑥ 参见王利明：《侵权行为法研究》（上卷），中国人民大学出版社2004年版，第750页。

成损害承担责任。① 这是基于危险行为本身的可责难性而承担的民事责任，即“行为的危险性是致人损害的原因”②。在共同危险行为中，行为人不是因为实际致害，而是因为参与危险行为具有较强的可责难性，而承担连带责任。

三、客观关联共同说下的共同危险行为侵权责任构成的因果关系结构

（一）关于共同危险行为的两种因果关系理论

关于共同危险行为的因果关系，德国法有所谓的“选择性因果关系”理论③，传统美国法也有类似的“选择性责任”（alternative liability）理论。④ 王泽鉴教授持该学说⑤，我国学者也大多赞成，并认为共同危险行为本身是一种因果关系的推定⑥，适用举证责任倒置。⑦

不过，因为“共同危险行为人中，不能知其中孰为加害人，严格言之其中有行为对损害并无相当因果关系”⑧，所以对“选择性因果关系”理论也不乏反对意见。如孙森焱教授指出，因为其责任之成立要件应系每一可能之肇因者，其行为被视为损害之原因，因之须为侵权行为或危险负责。假如结果只能由加害人之一引起，却去推定每个人均系肇事者，本非合理。⑨ 黄立教授也指出，这一认定无论是视为举证责任转换还是以危险责任观点来看，均非合理，除非参与人间有共同行为之意识，才有承担连带责任之合理根据。因此，德国学说对此规定颇有批评。⑩

应该认识到，“选择性因果关系”理论的问题，主要是由其主观说的定位导致的。除了上述反对理由，笔者还有两点反对意见：第一，如果按照选择性因果关系推定共同危险行为人的行为与损害之间的因果关系，那么共同危险行为人应该承担的就不是连带责任，而应该是不真正连带责任，但这显然不是选择性因果关系理论试图得出的结论。第二，具有危险性的共同行为与损害事实之间具有客观的因果关

① See Ariel Porat and Alex Stein，*Tort Liability Under Uncertainty*（OUP 2001）103 - 110.

② 王利明主编：《民法典·侵权责任法研究》，人民法院出版社 2003 年版，第 340 页。

③ 参见［德］迪特尔·梅迪库斯：《德国债法总论》，杜景林、卢谌译，法律出版社 2003 年版，第 449 页。

④ See James A. Henderson，Jr.，Richard N. Pearson Douglas A. Kysar and John A. Siliciano，*The Torts Process*（7th. ed. Aspen Publishers 2007）119 - 124.

⑤ 参见王泽鉴：《侵权行为法》，北京大学出版社 2016 年版，第 445 页。

⑥ 参见王利明：《侵权行为法研究》（上卷），中国人民大学出版社 2004 年版，第 742 页。

⑦ 参见王利明：《侵权行为法研究》（上卷），中国人民大学出版社 2004 年版，第 744 页。

⑧ 史尚宽：《债法总论》，中国政法大学出版社 2000 年版，第 173 页。

⑨ 参见孙森焱：《民法债编总论》（上册），法律出版社 2006 年版，第 233 页。

⑩ 参见黄立：《民法债编总论》，2006 年自版，第 302 页。

系[①]，因此共同危险活动与损害的因果关系无须推定。关键不是因果关系是否存在的问题，而是因果关系的证明问题。[②]

比较法上，除德国法的"选择性因果关系"理论之外，法国法发展出了"群体危险行为"理论。由于《法国民法典》未对致害人不明数人侵权行为的责任规则作出明文规定，20世纪50年代法国法院在面临"打猎案"时，为了避免受害人无法获得救济的情况出现，提出了将责任基础从行为直接导致损害移转到某个行为可以被归咎于实际致害人必然是其中一人的群体上，是整个群体（the whole group）通过其（its）过失行为产生了危险，原告的损害是危险的现实化。作为这种理论的必然推论，该群体中的每个人都被认为是有责任的，因此承担连带责任。该理论还被适用于一群小孩参加危险活动和年轻人参加暴力活动的案件中。[③] 如在1968年，法国最高法院要求袭击了一童子军营地的"青年帮"的成员证明他没有扔石头造成损害。此后，"每一个参与危险活动的人对危险活动可能造成的全部损害承担赔偿责任"的观点，很快成为不能判断谁实际上造成了损害之情形的责任确定标准。[④] 尽管该理论仍然是一种因果关系的推定，但在因果关系的结构上，通过"群体危险行为"的构造，将因果关系的推定限制在参加该危险行为的程度内，避免了直接推定每个共同危险行为人直接导致损害的理论困境，似乎更为合理。

值得关注的是，美国法学会《侵权法重述·第三次·财产和精神损害责任编》第28条第b款规定："当原告起诉数个行为人并证明每个行为人都参与了导致原告面临人身损害或财产损失危险的侵权性活动，以及一个或者多个行为人的侵权性活动导致了原告的损害，但原告无法合理地被期待能够证明实际导致损害的行为人，包括举证责任和说明责任在内的对于事实因果关系的证明负担被移转给了被告。"该条文官方评论第g条特别说明："所有导致原告面临损害危险的被告的侵权性行为被连结成了选择责任的前提"[⑤]，这实际上改变了美国侵权法类似德国法"选择性因果关系"的传统模式，而更接近法国法的"群体危险行为"因果关系。

（二）客观关联共同说定位下共同危险行为应采"群体危险行为"因果关系

笔者认为，法国法的"群体危险行为"理论与"客观关联共同说"的理论框架更为契合。共同危险行为人是一个整体，不可分离。[⑥] 只有这样认识，才能解释共

① 参见杨立新：《侵权法论》（第三版），人民法院出版社2005年版，第602页。

② 参见王泽鉴：《侵权行为法》（第2册），台北，2006年自版，第43-44页。

③ See W. van Gerven, P. Larouche, J. Lever, *Cases, Materials and Text on National, Supranational and International Tort Law* (Hart Publishing 2000) 443. 值得注意的是，原文使用了"its"来指称"the whole group"，可见归责的对象是整个群体而并非个体。

④ 参见［德］克雷斯蒂安·冯·巴尔：《欧洲比较侵权行为法》（上卷），张新宝译，法律出版社2001年版，第85-86页。

⑤ American Law Institution, *Restatement of the Law, Third, Torts: Liability for Physical and Emotional Harm*, § 28 Burden of Proof, Comment on Subsection (b): g. Joinder of all defendants.

⑥ 参见杨立新：《侵权法论》（第三版），人民法院出版社2005年版，第603页。

同危险行为的责任只有一个责任，不是由若干分责任组成，而是不可分割的完整责任这一法律现象。① 共同危险行为无须再借助所谓拟制的“选择性因果关系”，也不存在因果关系的推定问题，而应该适用“关联共同因果关系”，即将符合客观关联共同的共同危险行为人视为整体，其行为结合成危险活动，其关联共同性表现为参与危险活动，因果关系存在于作为整体的危险活动与损害之间，是危险活动而非单个的危险行为造成了损害。《人身损害赔偿司法解释》（法释〔2003〕20号）原第4条作为我国侵权法上共同危险行为责任实体规则的源头，尽管没有明确采关联共同说，但在最高人民法院出版的解读中也认为，是“整个共同危险行为与损害结果之间具有关联性”②。“群体危险行为”主要由行为的危险性与群体性两方面构成。行为的危险性表现在以下三个方面。

第一，行为具有致害可能性。共同危险行为必须有对他人的潜在危险性。③ 数人实施的行为有致人损害的现实可能性，这种致害他人的可能性可以从行为本身、周围环境以及行为人对致害可能性的控制条件加以判断；此外，这一行为没有人为的侵害方向，共同危险性不针对任何特定的人。④ 行为致害的可能表现在时间和空间两个维度，以“打水漂案”⑤ 为例，所谓时间维度，即行为致害的结果必须在行为之后，如在受害人已经被击中之后才参与打水漂的，不符合时间维度要求；所谓空间维度，即行为致害的范围在空间上具有限定性，某一行为人是6岁小孩，力气太小就不可能击中受害人。

第二，行为具有同类致害性。危险行为并非必须是同类行为，但必须具有同类致害性，即这种危险的性质和指向是相同的。⑥ 危险行为的同类性还表现在均具有违法性，如在德国法上，如果其中一个参与人的行为是合法的（例如有权使用武器），则排除了他个人的责任，同时受害人也不能根据《德国民法典》第830条第1款第二句对其他参与人行使请求权。⑦

第三，危险具有不合理性。共同危险行为中“危险行为”的含义与高度危险行为致害中“危险行为”的含义显然是不同的。高度危险行为致害的“危险”，是即使尽到高度注意义务，采取安全保障措施，防止损害发生，但由于科学技术和其他

① 参见杨立新：《侵权法论》（第三版），人民法院出版社2005年版，第205页。

② 最高人民法院民事审判第一庭编著：《最高人民法院人身损害赔偿司法解释的理解与适用》，人民法院出版社2004年版，第72页。

③ See Basil S. Markesinis and Hannes Unberath, *The German Law of Torts: A Comparative Treatise* (Hart Publishing 2002) 900.

④ 参见杨立新：《侵权法论》（第三版），人民法院出版社2005年版，第602页。

⑤ 典型案情是数个小孩在河边打水漂，河对岸一位行人眼睛被打瞎，但无法确定是谁打的水漂导致。

⑥ 参见最高人民法院民事审判第一庭编著：《最高人民法院人身损害赔偿司法解释的理解与适用》，人民法院出版社2004年版，第71页。

⑦ 参见［德］马克西米利安·福克斯：《侵权行为法》，齐晓琨译，法律出版社2006年版，第238-239页。

方面的限制，不可能完全预防可能发生的危险①；而共同危险行为中的“危险”，是只要尽到足够的注意义务就可以预防损害发生的一般危险，只是由于行为人的过失或者行为不当，导致这种本不应该面临的社会危险出现并造成损害，这种危险性是不正当、不合理的。② 同时危险性受到的法律政策因素影响较强，如从闹市高楼向下扔玻璃瓶，即具有对社会的极大危险性，尽管玻璃瓶在一般情况下不是特别危险物，但人人皆知上述扔瓶行为可能会造成严重后果，应该认为其有较强的危险性和可责难性。

判断行为是否具有群体性，即“危险行为”之间是否具有客观关联共同性而构成“危险活动”，应该考虑以下两个方面。

第一，危险行为之间具有时空一致性。一般认为，共同危险行为不以主观上彼此知悉和从事集体行为为必要③，但致害性行为应有“一定空间与时间上关联”④，尽管并非严格意义上的同时、同地，此仅为必要条件而非充分条件。史尚宽教授认为：“数人须关与有为侵权行为之危险之行为（因其发展可导入直接引起损害之行为）”⑤，并举例，同宿舍二人，其中一人因过失酿成火灾，另一人虽“同宿一室，不能谓其已关与危险行为”⑥。王泽鉴教授也认为，“此应就造成危害行为的时空关联加以判断”，同时也举例认为“森林因有人丢弃烟蒂引起火灾，则不能认当日登山者，皆应负共同侵权行为”⑦。

第二，危险行为人具有参与人的性质。主张共同危险行为者，应积极证明被告有所行为，始得请求连带赔偿损害。若无加害行为，则不得主张共同危险行为。⑧ 在危险行为具有群体性的判断标准上，则具体化为危险行为人是否具有“参与人”的性质。所谓“参与人”，即如果只需设想某人的行为确实导致了损害的发生，他就能满足包括过错在内的侵权行为的全部构成要件。也就是说，对于实现侵权的构成要件来说，只有对行为人是否造成了损害这一问题，允许存在情况不明的状态。受害人对损害的存在、侵权行为参与人的过错、违法性，原则上仍然要承担举证责任，只是对于每个参与者的行为与损害结果之间的因果关系，无须负举证责任。⑨

① 参见杨立新：《侵权法论》（第三版），人民法院出版社 2005 年版，第 485－486 页。

② 参见魏振瀛主编：《民法》，北京大学出版社 2000 年版，第 708 页。

③ 参见王泽鉴：《侵权行为法》，北京大学出版社 2016 年版，第 448 页。

④ 黄立：《民法债编总论》，自 2006 年版，第 300 页。

⑤ 史尚宽：《债法总论》，中国政法大学出版社 2000 年版，第 175 页。

⑥ 史尚宽：《债法总论》，中国政法大学出版社 2000 年版，第 176 页。

⑦ 王泽鉴：《民法概要》，中国政法大学出版社 2003 年版，第 216 页。

⑧ 参见孙森焱：《民法债编总论》（上册），法律出版社 2006 年版，第 233 页。

⑨ 参见［德］马克西米利安·福克斯：《侵权行为法》，齐晓琨译，法律出版社 2006 年版，第 235 及译者注。

四、共同危险行为的数人侵权责任分担形态选择与最终责任分担

（一）比较法上的多数意见是连带责任——以“打猎案”为例

比较法上对于共同危险行为的共同关注源于各国早期普遍出现的“打猎案”，案情大致相似：多位猎人对第三人方向开枪，其中一位猎人的子弹击中受害人，但不知具体是谁的子弹击中。德国最高法院早在1909年就作出了使开枪人承担连带责任的判决。① 法国法上确立连带责任的案例是1957年的Litzinger v. Kintzler一案，并将这一做法延续下来，多次作出相同或类似判决。② 1970年《西班牙狩猎法》规定：如果一个人在狩猎中被击中又不能认定由谁击中，所有的狩猎参与者被认为负有连带责任。该规定于1983年通过判决类推适用到一起普通民事案件中：一群儿童在公共道路上玩耍并扔小金属片，受伤的人未能指认谁扔的金属片扎伤了他，最高法院判令所有扔金属片的儿童的父母承担连带责任。③ 奥地利、希腊、荷兰和意大利等国尽管没有类似案件发生，但对此也持类似的态度。④ 日本未见“打猎案”，但有类似的“抛石案”：“各人行为均有致他人的伤害的危险，为保护受害人，理应由抛石人共同负责。”⑤

英国法院没有作出过关于“打猎案”的判决⑥，英联邦法院在这方面的案例是加拿大最高法院1951年判决的Cook v. Lewis⑦一案。对于类似案件在英国法院进行审判的可能结果，尽管有少数英国学者认为案件可能面临和因果关系基本原则的冲突⑧，更为主流的意见则持肯定的态度。⑨ 早期美国法院对“打猎案”根据一般证据法上的“更可能有”（more likely than not）规则来确定责任，如果D_1打出了两颗子弹而D_2只打出了一颗，那么D_1承担全部责任，而D_2不承担责任。在Sum-

① JW1909年，136页，转引自张新宝、李玲：《共同侵权的法理探讨》，《人民法院报》，2001年11月9日。

② See Bénédict Winiger, Helmut Koziol, Bernhard A. Koch, Reinhard Zimmermann eds., *Essential Cases on Natural Causation* (Springer Wien 2007) 364.

③ 参见［德］克雷斯蒂安·冯·巴尔：《欧洲比较侵权行为法》（上卷），张新宝译，法律出版社2001年版，第84页。

④ See Bénédict Winiger, Helmut Koziol, Bernhard A. Koch, Reinhard Zimmermann eds., *Essential Cases on Natural Causation* (Springer Wien 2007) 388.

⑤ 邓曾甲：《日本民法概论》，法律出版社1995年版，第112页。

⑥ See W van Gerven, P Larouche, J Lever, *Cases, Materials and Text on National, Supranational and International Tort Law* (Hart Publishing 2000) 444.

⑦ [1951] SCR 830, (1952) 1 DLR 1, SCC.

⑧ See W. V. H. Rogers, *Winfield and Jolowicz on Tort* (16th. *ed* Sweet & Maxwell 2002) 223.

⑨ See Simon Deakin, Angus Johnston, and Basil Markesinis, *Markesinis and Deakin's Tort Law* (OUP 2008) 252.

mers v. Tice① 一案中，加州最高法院面临了新的困难，由于两个加害人都只打出了一颗子弹，因而各自仅有的 50%加害可能无法达到“优势证据规则”（preponderance evidence）的 50%以上的要求，受害人可能因此无法向任何人请求损害赔偿，因此法院创造性地判令二人承担连带责任。② 可见，作为典型的共同危险行为案型的“打猎案”，在比较法上均适用连带责任。

（二）晚近出现的按份责任形态理论及其理论困境

一般认为，在具体的加害人不能确定的时候，侵权法面临的是所有参与者都要承担连带责任，抑或如果原告不能证明因果关系参与者可以逃脱责任两种选择。③ 不过晚近以来也出现了新的按份责任形态理论，笔者仅对两种具有代表性的理论进行评论。

1. 斯皮尔（Spier）教授的“自己责任论”

在《欧洲侵权法原则》中，因果关系部分起草者斯皮尔教授特别强调其基本观点是责任人仅对其造成的损害负责，不对他人造成或者可能造成的损害部分负责，不论该部分是他人、受害人还是自然原因造成的。④ 因此由其起草的第 3：103 条“选择性原因”第 1 款规定：“在存在多个行为，其中每一行为单独地都足以引起损害，但不能清楚地确定事实上是哪一个引起了损害时，可根据每个行为引起受害人损害的相应范围的可能性认定其为受害人损害的原因。”上述原则性规定实际上是按照风险大小比例适用按份责任⑤，并且明确排除第 9：101 条第 1 款第 b 项“一人独立的行为或活动引起受害人的损害，而同一损害也可归因于另一人”的连带责任适用。⑥ 他甚至还认为第 3：103 条第 1 款应在可能由人为原因或者自然原因造成的损害案件中适用，如在登山者可能被其他登山者导致的或者自然滚下的落石击中的案件中，认为受害人可以向他人请求一半的损害赔偿。⑦ 作出这种按份责任规定的理由是，一方面没有强制性的理由让责任人对他可能并未造成的全部损害负责，另一方面也不能让受害人不能得到赔偿。⑧

① 199P. 2d1（Cal. 1948）.

② See Richard A. EPStein, *Torts*（Aspen Publishers，1999）226－227.

③ 参见［德］克雷斯蒂安·冯·巴尔：《欧洲比较侵权行为法》（上卷），张新宝译，法律出版社 2001 年版，第 81 页。

④ See European Group on Tort Law, *Principles of European Tort Law*：*Text and Commentary*（Springer Wien 2005）46.

⑤ See European Group on Tort Law, *Principles of European Tort Law*：*Text and Commentary*（Springer Wien 2005）48.

⑥ See European Group on Tort Law, *Principles of European Tort Law*：*Text and Commentary*（Springer Wien 2005）144.

⑦ See European Group on Tort Law, *Principles of European Tort Law*：*Text and Commentary*（Springer Wien 2005）57.

⑧ See European Group on Tort Law, *Principles of European Tort Law*：*Text and Commentary*（Springer Wien 2005）48.

在笔者看来，斯皮尔教授的“自己责任论”至少存在两个方面的问题而不可取：(1) 在逻辑方法上，斯皮尔教授选择按份责任的理由，简而言之，就是侵权人不能承担连带责任，也不能不承担责任，因此只能承担按份责任。但在笔者看来，依照其不能为他人承担责任的一贯逻辑，即使按份责任也不应该承担。因为承担按份责任的基础，应该是加害人造成了该部分损害，现在受害人无法证明谁是加害人，并不等于加害人按照其致害比例造成了部分损害，因而也不能使之承担按份责任。可见，仅通过探讨责任人不能承担连带责任和不能不承担责任的排除法来论证承担按份责任的正当性，也是不合理的。(2) 在逻辑论证上，存在理论上的自身矛盾。斯皮尔教授自己也承认，可能出现部分共同危险行为人无法查明，无法按照其设计的按份责任进行分担的问题，并提出由法院忽略无法查明的共同危险行为人，针对能够查明的被告进行按份分担的思路。① 这种选择显然与其自身理论矛盾，体现在三个方面：第一，既然按份责任的基础是不能为他人承担责任，而这种妥协方案实际上仍旧使部分被查明的共同危险行为人为部分未被查明的共同危险行为人承担了责任。第二，如果只有一个共同危险行为人能够查明，实际上其承担的仍然是连带责任，这恰恰是该理论试图否认的。第三，如果承认可能的加害人为可能的自然原因负责，如上文提到的“登山案”，则在很大程度上撼动了因果关系的基本理论，也与其自己责任理论矛盾。

2. 理查德·爱泼斯坦（Richard A. Epstein）教授的“受偿风险概率论”

美国的理查德·爱泼斯坦教授则另辟蹊径，从受害人完全受偿的概率和受偿程度的角度论证了按份责任的思路：假设 D_1 和 D_2 为两个共同危险行为人，D_1 没有赔偿能力，D_2 有赔偿能力，二人造成损害的概率各为 50%。如果最终查明损害是由 D_1 造成的，则受害人 P 无法受偿，因为 D_1 没有赔偿能力；如果是由 D_2 造成的，则 P 可以完全受偿。因此按照案件可能的情况，P 有 50%的可能性全部受偿，这种结果与科加 D_1 和 D_2 各自 50%的按份责任的效果相同。② 理查德·爱泼斯坦教授的论证看似合理，其实存在逻辑上的错误。在能够查明加害人的案例中，P 要么受偿，要么不受偿；但在共同危险行为中，正是由于无法查明加害人，因此与能够查明加害人的情况没有可比性。这就好比天气预报的降雨概率，如果说明日降雨概率 50%，同时也是在说，明日的不降雨概率是 50%，但明日是否降雨只有一种情况，即降雨或者不降雨。概率统计不能直接决定单独事件的发生，这种论证方式只能用于较大数量的同类侵权行为，如市场份额责任理论，但不能用于共同危险行为的个案。

（三）我国《民法典》侵权责任编上共同危险行为承担连带责任的正当性

关于共同危险行为侵权责任形态的选择，主要考虑以下三个方面的问题。

① See European Group on Tort Law, *Principles of European Tort Law*: *Text and Commentary* (Springer Wien 2005) 49.

② See Richard A. EPStein, *Torts* (Aspen Publishers, 1999) 227.

第一，“保护受害人”不应成为对共同危险行为适用连带责任的唯一理由。《德国民法典》第 830 条第 1 款第二句的立法目的在于使受害人摆脱举证难的困境，即在多人参与的侵权行为案件中，当无法完全准确地确定真正的加害人时，受害人的请求权不能因此无法实现。我国侵权法学说和司法实务①大多持“受害人保护说”，认为免除受害人的举证责任，是对其提供优厚保护。② 笔者认为，侵权责任构成规则与侵权责任分担规则的法律效果，不应该受到致害人不明这一案情的影响。因此“保护受害人”的立法目的，既不能使本不应承担侵权责任的行为人承担责任，也不应该使本不应该承担连带责任的责任人承担连带责任，只是促使我们通过法律技术，绕开致害人不明这一证据障碍，根据其他案情认定侵权责任构成和确定侵权责任分担的标准。

第二，共同危险行为是一般数人侵权行为形态问题，而不是侵权行为类型问题。共同危险行为可能存在于同类或者不同类的各种侵权行为类型中，是关于数个侵权行为之间关系的描绘，因此应该适用侵权责任分担论中关于一般数人侵权责任分担形态，即连带责任与按份责任的选择理论③，因此不存在不真正连带或者补充责任的适用问题。在其他基于共同的危险责任的特殊侵权行为类型，如数人污染环境、破坏生态责任和先后受雇于数个雇主的雇员因接触石棉而导致间皮瘤的案件中④，可以使数人根据法律规定承担不真正连带责任。

第三，共同危险行为的致害人不明特征，使得按份责任的适用其实是不可能的。其理由在于，可能的致害人要么导致了损害，要么没有导致损害，不存在可能导致损害的问题，按份责任的承担，是在为“虚无”的“可能责任”负责。而共同危险行为人适用连带责任的制度价值之一就在于，由于受害人可以向数个连带责任人中的一人或者数人请求全部的损害赔偿，因而实际上免除了受害人确定具体加害人的负担。如果共同危险行为人的数个被告本来就构成了连带责任，那么就可以通过连带责任制度本身的特点绕开致害人不明的问题。因此，起诉共同危险行为人的请求权基础在于，共同危险行为人本来就应该承担连带责任，其是否就是具体侵权人，则是共同危险行为人内部的问题。

综上所述，客观关联共同说定位下共同危险行为的侵权责任形态问题，需要与共同危险行为侵权责任的成立同时作出判断。其承担连带责任的基础不是主观的共

① 参见最高人民法院民事审判第一庭编著：《最高人民法院人身损害赔偿司法解释的理解与适用》，人民法院出版社 2004 年版，第 71 页。

② 参见张俊浩主编：《民法学原理》（下），中国政法大学出版社 2000 年版，第 923 页。

③ 参见王竹：《我国侵权法上特殊数人侵权责任分担制度立法体例与规则研究》，《政法论丛》2009 年第 4 期。

④ 参见［美］迈克尔·D. 格林：《石棉诉讼中责任分担的再思考》，王竹、周奥杰译，《中德私法研究》（第 12 卷），北京大学出版社 2016 年版。

同过失，而是客观共同危险群体行为具有较强的可责难性。共同危险行为成立，则数个危险行为人承担连带责任；共同危险行为不成立，则其不承担责任，不存在按份责任的适用可能。所以，《民法典》第1170条坚持规定共同危险行为人承担连带责任的立法选择是明智的。

（四）共同危险行为人之间的最终责任分担规则

《民法典》第178条第2款第一句规定："连带责任人的责任份额根据各自责任大小确定；难以确定责任大小的，平均承担责任。"但我国民法学者一般认为，共同危险行为人的责任份额，原则上应该平均分配。[①] 主要理由是，共同危险行为人在实施共同危险行为中，致人损害的概率相等、过失相当，各人以相等份额对损害结果负责，是公正合理的。[②] 但在例外情况下，也可允许斟酌具体案情，参照危险行为可能性的大小按其比例分担。[③] 在笔者看来，"原则"与"通常"代表了法律的不同态度。尽管"通常"情况下，共同危险行为人的责任划分一般是平均分担的[④]，但从"原则"上看，共同危险行为人分担最终责任的基础应该是客观危险。如果行为人造成他人损害的概率并不相同，则应当依据概率的大小确定原因力的大小，进而在共同危险行为人内部分配赔偿责任的份额。[⑤] 因此，《民法典》第178条第2款第一句的规定也应该适用于共同危险行为。[⑥] 如A、B、C三人为某品种犬类爱好者，A有两只，B、C各一只，大小类似，因爱好相同而聚在一起放逐观赏。D因有急事奔跑而过，4只狗一同追逐并有其中一只狗将D咬伤，从伤口上无法确认是被哪只狗咬伤，则应由A、B、C三人承担连带责任，并按照2∶1∶1的比例进行内部分担。

五、共同危险行为人免责事由的"补充说"

关于共同危险行为人能够证明自己没有实际造成损害，是否能够作为免责事由，学说上一直存在"肯定说"和"否定说"的争议。

所谓"肯定说"，即认为法律规定共同危险行为制度的目的，是在无法查证的情形下，消除受害人的举证困难，而不在为其找寻更多的债务人。其他参与人可以

① 参见王利明、杨立新：《侵权行为法》，法律出版社1996年版，第198页。

② 参见杨立新：《侵权法论》（第三版），人民法院出版社2005年版，第620页。

③ 参见王利明：《侵权行为法研究》（上卷），中国人民大学出版社2004年版，第751页。

④ 参见杨立新：《侵权法论》（第三版），人民法院出版社2005年版，第606页。

⑤ 参见程啸：《侵权行为法总论》，中国人民大学出版社2007年版，第404页。笔者赞成程啸教授优先按照风险概率进行分配的观点，但对此处使用"原因力"的概念存有异议。

⑥ 类似思路，参见刘媛媛：《共同危险行为法效果之重构——内部比例责任对平均担责的替代》，《法律科学》2020年第5期。

通过证据证明其行为或者协力绝无可能导致损害之发生而免除责任。① 比较法上，美国法认为这是一种举证责任倒置规则②，持肯定说。③ 法国法认为这种因果关系是推定的，可以由被告证明其未造成损害。④ 德国法则认为，被告与损害之间必须具有最低限度的潜在因果关系，因此可以通过证明其不可能造成损害而免除责任。⑤ 我国传统民法学说中，梅仲协教授持肯定说。⑥ 史尚宽教授则认为，共同危险行为人不独证明其未加损害，且须证明其未为损害之条件或原因，始得免其责任⑦，该说是对肯定说的进一步发展和精细化。张新宝教授指出，与肯定说相应的，是不能免责的其他共同危险行为人之间，继续承担连带责任的结论。⑧ 《人身损害赔偿司法解释》（法释〔2003〕20号）原第4条第2句采肯定说："共同危险行为人能够证明损害后果不是由其行为造成的，不承担赔偿责任。"⑨

"否定说"认为，若仅证明自己无加害行为，而不能证明孰为加害人者，既无法确定责任之归属，自仍应负连带损害赔偿责任。⑩ 郑玉波教授在我国台湾地区"民法"第185条第1款后段规定的"不能知其中孰为加害人者，亦同"立法语境下，精辟地指出："盖法文明定'不知'孰为加害人即应连带负责，因而虽能证明其非加害人，但仍不能因之即'知'孰为加害人，故仍不能免责也。"⑪ 我国民法学界，以王利明教授为代表的部分学者持否定说，认为共同危险行为人不因证明自己的行为未造成实际损害而免除连带赔偿责任，还必须要证明谁是真正的行为人。⑫

《民法典》第1170条改变了传统民法的立法思路，先规定"能够确定具体侵权人的，由侵权人承担责任"，再规定"不能确定具体侵权人的，行为人承担连带责

① 参见黄立：《民法债编总论》，自2006年版，第301页。

② See Anerican Law Institution, *Restatement of the Law, Third, Torts: Apportionment of Liability*, 2000. § 4 Proof of Plaintiff's Negligence and Legal Causation. Reporters Notes: Comment e. Special rules with respect to the burden of proving causation.

③ See Anerican Law Institution, *Restatement of the Law, Second, Torts*, § 433B Burden of Proof, Comment f. & Illustration 9.

④ See W van Gerven, P Larouche, J Lever, *Cases, Materials and Text on National, Supranational and International Tort Law* (Hart Publishing 2000) 443.

⑤ See W van Gerven, P Larouche, J Lever, *Cases, Materials and Text on National, Supranational and International Tort Law* (Hart Publishing 2000) 445.

⑥ 参见梅仲协：《民法要义》，中国政法大学出版社1998年版，第198页。

⑦ 参见史尚宽：《债法总论》，中国政法大学出版社2000年版，第176页。

⑧ 参见张新宝：《侵权责任法原理》，中国人民大学出版社2005年版，第88页。

⑨ 程啸：《侵权行为法总论》，中国人民大学出版社2007年版，第405页。

⑩ 参见曾隆兴：《详解损害赔偿法》，中国政法大学出版社2004年版，第61页。

⑪ 郑玉波：《民法债编总论》（修订二版），陈荣隆修订，中国政法大学出版社2004年版，第144页。

⑫ 参见王利明：《共同危险行为若干问题研究——兼评〈最高人民法院关于审理人身损害赔偿案件适用法律若干问题的解释〉第四条》，《法学杂志》2004年第4期。

任”。这种立法模式实质上回避了对“肯定说”和“否定说”的选择问题，但在《民法典》实施过程中这一问题必须得到回答，尤其是部分危险行为实施人可以证明自己不是实际致害人的情形。由于共同危险行为的要件不是很严格，因而其法律效果也是缓和的。[①] 对于共同危险行为人能够证明自己未实际致害是否能够作为免责事由，应该从追偿权的行使角度来考量。共同危险行为的最终责任应该由实际加害人来承担，如果能够证明自己不是实际加害人，即能够排除最终责任的适用。如无特别理由，对于不承担最终责任的危险行为人，出于追偿程序行使方便和效率的考虑，应该赋予其顺位利益，即由其他不能证明自己没有造成损害的责任人先行承担侵权责任，受害人无法完全受偿时，才由其承担补充责任。鉴于此，笔者建议未来最高人民法院《民法典侵权责任编解释》采纳“补充说”，借鉴我国侵权法上的补充责任制度[②]，共同危险行为人能够证明自己不是实际加害人的，免除其承担连带责任，但若受害人无法从其他连带责任人处完全受偿的，由免除连带责任的加害人承担补充责任。这种制度设计相对于受害人并无改变，但免除了非实际致害人的连带责任，进一步缩小了连带责任的适用范围，更有利于在一定程度上确保行为人的自由。

① 参见［德］迪特尔·梅迪库斯：《德国债法分论》，杜景林、卢谌译，法律出版社2007年版，第763页。

② 参见王竹：《论补充责任在〈侵权责任法〉上的确立与扩展适用》，《法学》2009年第9期。

专题十五

数人侵权责任分担中最终责任份额的确定方式研究

《民法典》第177条规定："二人以上依法承担按份责任，能够确定责任大小的，各自承担相应的责任；难以确定责任大小的，平均承担责任。"第178条第2款第一句规定："连带责任人的责任份额根据各自责任大小确定；难以确定责任大小的，平均承担责任。"这两项规则是对原《侵权责任法》第12条和第14条第1款的总则化，也是数人侵权责任分担中最终责任份额确定的一般规则。按照总则化的立法思路审视《民法典》第1172条对按份责任的规定："二人以上分别实施侵权行为造成同一损害，能够确定责任大小的，各自承担相应的责任；难以确定责任大小的，平均承担责任。"除本身就没必要规定的按份责任在侵权责任分担中的适用情形之外，该条对按份责任最终责任分担规则的规定也是重复的，建议未来《民法典》删除这一条文，下文也不再讨论该条的具体适用。

从《民法典》第177条和第178条第2款第一句的相似性可以看出，尽管按份责任形态和连带责任形态的主要差别在于，数个侵权责任人是否对外连带地承担责任，但均适用类似的规则确定对内的最终责任份额。这一点依据《民法典》第1231条没有区别规定按份责任和连带责任可以得到印证："两个以上侵权人污染环境、破坏生态的，承担责任的大小，根据污染物的种类、浓度、排放量，破坏生态的方式、范围、程度，以及行为对损害后果所起的作用等因素确定。"考虑到"相应的责任"和"责任的大小"等用语对司法实践中最终责任份额的确定仍然欠缺实质性的指导意义，笔者将尝试对该问题进行探讨。

一、最终责任分担的基本原理

数人侵权责任分担中的最终责任份额分担问题，实质上就是最终责任的确定问题。数个责任人之间对内进行侵权责任分担的意义在于以下三点：第一，确保矫正正义的实现，即按照责任自负的原则分配最终责任份额，以实现侵权法由致害人填补受害人的矫正正义功能。第二，预防受害人的多重受偿，实现权利义务的平衡，如果不进行最终责任的分担而由数个侵权责任人分别承担全部的损害赔偿责任，则可能造成受害人多重受偿的后果。第三，作为受偿不能风险分担和分摊请求权与追偿请求权产生的基础。在最终责任分担的基础上，适用数人侵权责任分担形态分配受偿不能风险规则；在责任人承担了赔偿责任后，通过分摊请求权和追偿请求权来化解受偿不能的风险。

（一）最终责任份额的可确定性

在最终责任份额的确定问题上，存在一种“责任比例”难以“科学确定”的质疑。① 不过更多的学者认为，不能将责任的不可分性与科学上或者医学上的不可分性等同。② 不能将责任比例分配中考虑“法律原因”的原因力等同于考虑“物理原因”的大小，侵权法上的责任比例确定考虑的不是物理上的原因大小，而是对可责难性的考虑与衡量。③ 在笔者看来，最终责任比例可确定性这一命题的前提是侵权损害赔偿责任的财产性。在罗马法及日耳曼法上，债务人系以其人身负责，债务人不履行其债务时，债权人得径为直接强制，拘束其人身，贩卖为奴。随着社会进步，基督教教义的传播及公权力日臻发达，人身责任的意义逐渐消退，而给付当为的伦理因素逐渐增强，经过长期的发展，终于演变成为纯粹的财产责任。④ 尽管不同的裁判者对于同一案件中各方当事人的责任比例会作出不同的判断，但这种看似责任比例无法“精确”确定的现象，并不代表不应该作出这种确定的努力。可以明确的是，按照确定的过错比例分配责任是一种能够更接近正义的分配方式⑤，而且如果实在无法确定分配比例，还可以适用平均分配的方式作为补充性的规则。总之，最终责任分担的比例是可以确定的。

（二）最终责任分担的基本原则：“比例分担原则”

对法院来说，最公平的做法莫过于达到“责任与过错相等”的状态⑥，即实现分配正义意义上的“应得”。分配正义实现的方式是按照分配标准进行分配，因为“正义以数学的术语将财产的函数界定为平等的函数。在数学上，通过平等的标记将一个人与其他人联系起来”⑦。分配正义按照“几何比例”的原则去实现，被后世学者形象地描述为如果 A∶B＝C∶D，那么 A∶C＝B∶D，因而（A＋C）∶(B＋D)＝A∶B，也就是说，如果把 C 给 A，把 D 给 B，双方的相对地位就与分配

① See American Motorcycle Association v. Superior Court，20 Cal. 3d 578，146 Cal. Rptr. 182，206－207（1978）（Clark，J.，dissenting）.

② See European Group on Tort Law，*Principles of European Tort Law*：*Text and Commentary*（Springer Wien 2005）145.

③ See Victor E. Schwartz，*Comparative Negligence*，（4th. ed. Lexis Law Pub 2002）357.

④ 参见郑玉波：《民法债编总论》（修订二版），陈荣隆修订，中国政法大学出版社 2004 年版，第 9 页；王泽鉴：《债法原理》（第一册），中国政法大学出版社 2001 年版，第 29 页。

⑤ See Victor E. Schwartz *Comparative Negligence*（4th. ed. Lexis Law Pub. 2002）443.

⑥ See Hoffman v. Jones，280 So. 2d 431，436（Fla. 1973）.

⑦ ［加拿大］欧内斯特·J. 温里布：《私法的理念》，徐爱国译，北京大学出版社 2007 年版，第 64 页。

前相同，这样做就是正义的。① 这里的“:”“+”都是借用数学符号作的比喻，具体到最终责任分担上，A∶B就是双方的可责难性②和原因力比例，C∶D就是分配给双方的最终责任分担比例，A+C和B+D就是将最终责任分配给双方，最终的理想效果是分配后仍然与A∶B相等，即实现了比例分配。这种按照比例分配的原则就是“比例分担原则”。

（三）最终责任分担的标准

对于数人侵权责任分担中可责难性和原因力的考量权重，学界长期存在争议。以过错责任为例，以杨立新教授为代表的“过错为主说”认为，过错程度的轻重对于共同责任的分担起主要作用③，主要理由是：第一，以过错为主能够更好地实现侵权法的预防功能；第二，过错的类型化使得法官对过错的判断和比较更具可操作性。第三，在一些特殊情况下，如精神损害赔偿领域，原因力的判断、比较极为模糊，过错程度比较明显，这时运用过错比较来确定责任范围非常必要。④ 而以张新宝教授为代表的“原因力为主说”则认为，应该以原因力作为主要标准，适当考虑第三人与被告的过错类别与过程程度⑤，主要理由是：第一，在过错推定和严格责任中，无法确定各行为人之间的过错程度；第二，存在无法比较过错的情形，包括过错程度的判断标准的抽象性、过错比例确定者的差异性和证据的缺乏等因素；第三，在特定情况下，如在主观故意但原因力很小的情况下，仅仅比较过错可能造成不公平的结果。⑥ 王利明教授的观点相对折中，认为应当根据共同侵权行为人的过错程度和原因力程度确定分担比例。⑦

比较法上普遍认为，最终责任份额的确定属于法官自由裁量权的范围，清晰地说明侵权责任份额决定的运算法则是不可能的⑧，也不存在详细或者严格的规则。⑨ 但这并不意味着其无章可循。笔者认为，应该区分最终责任分担与受偿不能风险的分担。最终责任分担所体现的是侵权法的补偿价值，因此应该以客观作用，即原因力标准为主；而受偿不能风险的分担体现的是侵权法的预防价值，因此在过错责任领域，应该以过错程度为主，在无过错责任领域，则应该以客观危险程度为主。最终责任分担理论是与侵权责任构成理论直接对应的侵权责任分担理论，体现责任自

---

① 参见［美］大卫罗斯：《亚里士多德》，王路译，商务印书馆1997年版，第231页。

② 在过错责任侵权行为中体现为主观过错，在无过错责任侵权行为中体现为客观危险。

③ 参见杨立新：《侵权法论》（第三版），人民法院出版社2005年版，第200页。

④ 参见杨立新、梁清：《原因力的因果关系理论基础及其具体应用》，《法学家》2006年第6期。

⑤ 参见张新宝：《侵权责任法原理》，中国人民大学出版社2005年版，第142页。

⑥ 参见张新宝：《侵权责任构成要件研究》，法律出版社2007年版，第378-380页。

⑦ 参见王利明：《侵权行为法研究》（上卷），中国人民大学出版社2004年版，第735页。

⑧ See American Law Inswtution，*Restatement of the Law*，*Third*，*Torts*：*Apportionment of Liability*，2000. § 8. Reporters Notes：Comment c.

⑨ See European Group on Tort Law，*Principles of European Tort Law*：*Text and Commentary*（Springer Wien 2005）145.

负的原则，因此其分担标准是“以原因力比例为主、可责难性比例为辅”。相应的，受偿不能风险分担的标准就应该是“以可责难性比例为主，原因力比例为辅”。侵权责任人只对自己所造成的损害负最终赔偿责任，其责任范围与因其侵权行为而产生的损害赔偿之债范围相同，其分配的基本规则就是使最终责任份额与其造成的损害比例相等。

二、最终责任份额的确定程序

在证据足以确定最终份额的情形下，我国司法实践中的普遍做法是先确定数个连带责任人的整体责任，然后在连带责任人之间确定各自的责任份额。① 但也有学者提出反对意见，认为加害人之间的追偿在程序上不能与共同加害人对受害人承担连带责任相混淆。共同加害人对受害人承担连带责任不以共同加害人之间进行追偿是否有困难作为考虑适用的前提。法院判决数个加害人承担连带责任时，原则上不得在判决书中分割各加害人的赔偿份额。后来的追偿过程中发生纠纷，追偿权人再行诉诸法院，法院再作出判决。② 这种观点考虑到了实践中可能出现的因证据不足无法在诉讼中一次性确认最终责任份额的情形，具有一定的合理性。值得注意的是，司法实践中能够实际在判决连带责任的同时连带责任人最终责任份额进行确定的案件并不占多数。尽管存在司法实践和学说上的不同认识，但可以确定的是，法院在确定分摊的数额时，应该首先确定每一个共同侵权行为人应该分担的部分③，否则分摊请求权的行使便无从谈起。

比较法上，欧洲大陆法系国家在实践中的一般做法是将其作为受害人提起的主要诉讼的附带问题来解决。④ 英美法系国家的最终责任份额确定程序一般由可能享有追偿权的人决定。英格兰 1935 年《法律改革（已婚妇女和侵权行为人）法令》最早对分摊请求权进行了规定，现在除苏格兰仍然适用 1940 年《法律改革（杂项规定）法》第 3 条规定外，英格兰、威尔士和北爱尔兰均适用 1978 年《民事责任（分摊）法令》第 2 条对数个加害人之间的责任分配规定。美国法上，1979 年《统一比较过错法案》第 4 条第 a 款第二句规定：“该分摊请求权可以通过原诉讼或者为此目的单独提起诉讼来强制执行。”2003 年《统一侵权责任分担法案》第 7 条第 d 款也有类似规定：“分摊或者追偿的请求可以在原诉讼或者独立诉讼中主张。”但如果选择单独提起诉讼，则被限制在较短的时间内。如 1979 年《统一比较过错法案》第 5 条第 c 款将其限制在“判决作出并成为终局判决一年之内”。不过总体来

① 参见杨立新：《侵权法论》（第三版），人民法院出版社 2005 年版，第 618－619 页。

② 参见张新宝：《侵权责任法原理》，中国人民大学出版社 2005 年版，第 84－85 页。

③ 参见王利明：《侵权行为法研究》（上卷），中国人民大学出版社 2004 年版，第 734 页。

④ See European Group on Tort Law, *Principles of European Tort Law: Text and Commentary* (Springer Wien 2005) 139.

说，美国法院更倾向于采用所谓的全部争议原则，将所有责任人的份额一次性确定下来，更为合理。其理由在于，如果重新提起诉讼，有可能作出与第一次诉讼不同的份额比例判决。① 因此，美国法院一般会在判决中说明每一方的比例责任份额。②

值得关注的是，原《侵权责任法》（草案·公开征求意见稿）第 14 条第 1 款规定："连带责任人承担连带责任后，根据责任大小确定相应的赔偿数额；难以确定的，平均承担赔偿责任。"而最后通过的原《侵权责任法》第 14 条第 1 款最大的变化就是删除了"连带责任人承担连带责任后"的用语。根据原《侵权责任法》草案起草机关的权威解读，删除该部分条文的目的是："侵权之诉和连带责任人之间的责任分担之诉就可以合并解决，既解决了连带责任人的责任分担，也不妨碍对被侵权人利益的保护，同时还达到简化程序，减少诉讼成本，提高效率的目的。"③ 在笔者看来，最终责任份额的确定，是分摊请求权成立和行使的前提。因此，法院如果能够在一次判决中同时解决连带责任形态的适用和最终责任份额的确定，何乐而不为？但如果的确存在无法确定最终责任人的情况，也没有必要强求。所以，既没有必要要求原则上不能在判决书中分割加害人的份额，也没有必要强调必须在一份判决书中对其进行分割，但一定要在程序法上允许被告通过第三人诉讼将其他连带责任人纳入诉讼并确定最终责任份额。④

三、最终责任份额的确定方法

最终责任份额的确定方法，大体上可以分为比例分担和平均分担两类。所谓比例分担，则是根据"比例分担原则"，按照一定的比例基础对总的责任数额分担，在《民法典》总则编体现为第 177 条前段规定的"能够确定责任大小的，各自承担相应的责任"和第 178 条第 2 款第一句前段规定的"连带责任人的责任份额根据各自责任大小确定"。所谓平均分担，即按照责任人的数量，平均分配总的责任数额，体现为《民法典》第 177 条后段和第 178 条第 2 款第一句后段规定的"难以确定责任大小的，平均承担责任"。比较法对于这两种最终责任份额确定方法的运用，有以下几种典型的做法：

第一种做法是纯粹的平均分担。早期美国法院要求原告证明每个共同侵权人造成的责任份额，这大大增加了原告的负担，并导致许多案件因为原告无法证明而败

① See Anerican Law Institution, *Restatement of the Law*, *Third*, *Torts*: *Apportionment of Liability*, 2000. § 10 Effect of Joint and Several Liability. Reporters Notes: Comment f. Joinder of defendants.

② See Anerican Law Institution, *Restatement of the Law*, *Third*, *Torts*: *Apportionment of Liability*, 2000. § A19 Assignment of Responsibility: Jointly and Severally Liable Defendants. Comment i. Form of judgment.

③ 王胜明主编：《中华人民共和国侵权责任法解读》，中国法制出版社 2010 年版，第 64 页。

④ See European Group on Tort Law, *Principles of European Tort Law*: *Text and Commentary* (Springer Wien 2005) 146.

诉。法院基于公平的考虑改由被告负担该证明责任，如果不能证明则认为损害不可分，而适用连带责任。这种举证责任转化的正当性被认为是基于被告的可责难性而承担举证不能的风险。① 由于这种证据规则极大地扩张了美国侵权法上的连带责任的适用范围，引起了新的不公平，法院又不得不考虑减轻被告一方的负担，平均分担就是选择之一。② 1955 年《统一侵权责任分担法案》第 1 条第 c 款明确规定："因故意（蓄意或放任）导致或者助成损害或者不当致死的任何共同侵权人不享有分摊请求权。"通过在该款区分故意和过失，为在第 2 条确定责任比例时特别强调的不考虑过失之间的大小，适用平均分配原则的"按份份额"提供一定的正当性。③ 而具有开创性的案例则是 1968 年的 Loui v. Oakley④ 一案，不过由于这种规则产生基础的过渡性，尽管在 30 年中不乏学说上的支持者，也没有法院明确拒绝，但直到 1997 年的 Campione v. Soden⑤ 一案，该规则才被美国法院重新正式采纳。⑥ 现在美国部分直接采纳 1939 年《统一侵权责任分摊法案》的州仍然适用纯粹的平均分担规则，不过随着比较过错制度的采纳这种做法正在被逐渐废弃。

第二种做法是大部分大陆法系国家民法典采用的"除法律另有规定外适用平均分担"的规定方式，这一立法模式源于《德国民法典》第 426 条第 1 款的规定："除另有其他规定外，连带债务人在相互关系中负相等的义务。"但实际上只有当所有其他分摊标准都不存在时，才适用这一原则。⑦ 冯・巴尔教授主持起草的《致另一方损害引起的非合同责任》第 6：105 条第 2 款采纳了德国法的模式："连带债务人之间的责任份额是均等的，除非考虑案件所有情况，尤其是过错或第三章规定的危险来源作用于损害的发生或扩大，连带债务人之间的责任份额不均等更为适合。"

第三种做法是《意大利民法典》第 2055 条确立的"比例分担为原则，平均分担为补充"的规则。该条第 2 款规定了最终责任份额的确定方式："赔偿了损害之人得按照其他责任人各自的过错和造成损害后果的严重程度确定的价值，向其他每一个责任者行使追偿权。"第 3 款则直接规定了补充性的平均分摊规则："在有疑问

① See Anerican Law Institution, *Restatement of the Law, Third, Torts: Apportionment of Liability*, 2000. § 26 Apportionment of Liability When Damages Can Be Divided by Causation. Comment h. Burden of proof and sufficiency of evidence to permit damages to be divided by causation.

② See Anerican Law Institution, *Restatement of the Law, Third, Torts: Apportionment of Liability*, 2000. § 26 Apportionment of Liability When Damages Can Be Divided by Causation. Reporters Notes: Comment h. Burden of proof and sufficiency of evidence to permit damages to be divided by causation.

③ See NCCUSL, *Uniform Contribution Among Tortfeasors Act* (1955 *Revised Act*), § 2. [Pro Rata Shares]. Comment.

④ 438P. 2d393 (Haw. 1968).

⑤ 695A. 2d1364 (N. J. 1997).

⑥ See Anerican Law Institution, *Restatement of the Law, Third, Torts: Apportionment of Liability*, 2000. § 26 Apportionment of Liability When Damages Can Be Divided by Causation. Reporters Notes: Comment h. Burden of proof and sufficiency of evidence to permit damages to be divided by causation.

⑦ 参见［德］马克西米利安・福克斯：《侵权行为法》，齐晓琨译，法律出版社 2006 年版，第 240 页。

的情况下，推定所有人的责任相同（参阅第 1298 条）。”这种模式最早可以追溯到 1811 年的《奥地利民法典》第 896 条，1966 年《葡萄牙民法典》第 497 条也采纳了这种模式。① 较新的民法典也多采纳这种做法，如《俄罗斯联邦民法典》第 1081 条“对致害人的追偿权”第 2 款规定：“对共同致害负担了赔偿责任的致害人，有权请求其他致害人依每人的过错程度给付其应向受害人给付的相应份额。当过错程度不能确定时，份额应均等。”《欧洲侵权法原则》第 9：102 条第 2 款采纳了这种模式：“在不违反本条第（3）的条件下，分摊额应根据各责任人的过错程度和其他与确立或减轻其责任有关的情事公平决定各自的赔偿相对责任。求偿额可以是全额补偿。如果不能确定责任人的相对责任，就由他们平均承担责任。”另外，西班牙学说②和以色列判例③也采这种做法。

《民法典》第 177 条和第 178 条第 2 款均采纳了“比例分担为原则，平均分担为补充”的规则，这样兼顾了最终责任份额在确定程序可能后置的情形下，在独立的分摊请求权诉讼中，如果仍然无法确定最终份额，则适用平均分担作为最终解决方案，更为合适。需要强调的是，如果连带责任人之间能够对最终责任份额事先或者事后达成协议的，应该尊重其约定。④

四、最终责任比例分担论——对“相应的”责任的理解与适用

《民法典》第 177 条前段规定的“承担相应的责任”和第 178 条第 2 款第一句前段规定的“连带责任人的责任份额”，实质上就是最终责任的比例分担问题。

（一）比较法中最终责任份额的确定方式

欧洲各国侵权法上数个侵权人之间的侵权责任分担制度都与受害人过错制度紧密相关⑤，一般由法官综合相关考量因素决定。1945 年颁布《法律改革（助成过失）法令》后，英国法院对于在数个侵权人之间分担损害赔偿责任采纳与比较过失制度类似的规则，考虑原因力和可责难性。⑥ 德国法官通过类推适用《德国民法

① See W. V. H. Rogers (ed.), *Unification of Tort Law: Multiple Tortfeasors* (Kluwer Law International 2004) 171.

② See W. V. H. Rogers (ed.), *Unification of Tort Law: Multiple Tortfeasors* (Kluwer Law International 2004) 205.

③ See W. V. H. Rogers (ed.), *Unification of Tort Law: Multiple Tortfeasors* (Kluwer Law International 2004) 111.

④ See European Group on Tort Law, *Principles of European Tort Law: Text and Commentary* (Springer Wien 2005) 145.

⑤ See W. V. H. Rogers (ed.), *Unification of Tort Law: Multiple Tortfeasors* (Kluwer Law International 2004) 299.

⑥ See W. V. H. Rogers, *Winfield and Jolowicz on Tort* (16 th *ed* Sweet & Maxwell 2002) 742.

典》第 254 条关于“共同过错”的规定①，根据各个加害人的行为对发生损害所起的作用和过错的程度来确定。② 法国法也由法官依自由裁量权决定。③《瑞士债务法》第 50 条第 2 款则赋予了法官较大的裁量权：“法院得依其衡量，裁判行为人相互间能否行使求偿权及行使求偿权的数额。”④

美国法中最终责任份额问题属于事实问题，一般由陪审团作为事实发现人确定。陪审团将通过法庭提供的裁决表格对原告可获得的总赔偿数额和包括和解当事人在内的每一方当事人的责任进行确定。⑤ 20 世纪 70 年代之前美国法院大多采纳平均分担原则，之后由于不同时期对比较过失理论的采纳程度不同，根据考量的要素和决定比例的差异，可以将美国侵权法上最终责任份额的确定方式分为两个不同的阶段。

第一阶段是 20 世纪 70 年代以来的过错比例阶段。根据 1979 年美国法学会《侵权法重述·第二次》第 886A 条的官方注释，当时已经采纳比较过错制度的州在最终责任分担上，主要考虑双方的过错大小。⑥ 而 1979 年《统一比较过错法案》第 2 条“损害赔偿分担”第 b 款规定则倡导同时考虑过错和原因力：“在决定过错的百分比时，事实审理者应该同时考虑有过错各方的行为性质和行为与主张的损害之间的因果关系范围。”根据该款官方注释，在过错程度的判断标准上，主要考虑：(1) 行为仅仅是疏忽大意还是对危险有所认知；(2) 行为造成风险的大小，包括受到威胁的人数和潜在的损害严重程度；(3) 行为人通过行为所追求结果的重要性；(4) 行为人较强或者较弱的能力；(5) 特殊的环境，例如在紧急情况下行为人不得不仓促决策等。另外，如果法律对行为人的注意义务有较高（如公共运输）或者较低规定的（如好意同乘），则以该规定为标准。在原因力的判断上，主要考虑过错行为与损害结果的相对距离。该款官方注释特别强调过错程度与原因力是混合不可分的。⑦

第二阶段是 2000 年以后明确为有责性比例阶段，主要考虑行为性质与原因力。2000 年美国法学会《侵权法重述·第三次》责任分担编第 8 条“分配责任份额时应考虑的因素”规定：“向法律责任已被确定的各方分配责任百分比时应考虑的因素

① See W. V. H. Rogers (ed.), *Unification of Tort Law: Multiple Tortfeasors* (Kluwer Law International 2004) 96.

② 参见［德］马克西米利安·福克斯：《侵权行为法》，齐晓琨译，法律出版社 2006 年版，第 240 页。

③ 参见张民安：《过错侵权责任制度研究》，中国政法大学出版社 2002 年版，第 760 页。

④ 戴永盛译：《瑞士债务法》，中国政法大学出版社 2016 年版，第 20 页。

⑤ See Anerican Law Institution, *Restatement of the Law, Third, Torts: Apportionment of Liability*, 2000. § A19 Assignment of Responsibility: Jointly and Severally Liable Defendants. Comment h. Verdict form.

⑥ See Anerican Law Institution, *Restatement of the Law, Second, Tort.* § 884A Contribution Among Tortfeasors, Comment: h. Method of apportionment.

⑦ See NCCUSL, *Uniform Comparative Fault Act*, Section 2 [Apportionment of Damages]. Commissioners' Comment.

包括：(a) 该方造成风险之行为的性质，包括任何对该行为所造成风险的认识或漠视，以及任何对该行为所造成伤害的意图；及 (b) 该方造成风险之行为与该伤害之间因果关系的强度。"其中第 b 款相当于大陆法系的原因力，而第 a 款所谓的行为性质，相当于大陆法系的客观过错标准，主要考量因素包括以下几个方面：(1) 每个行为人引发风险的行为在当时情况下的不合理程度；(2) 行为没有达到所适用法律标准的程度；(3) 行为当时周围的环境；(4) 每个人的能力和缺陷；(5) 每个人对危险的认知、故意和不关心程度等。① 2003 年《统一侵权责任分担法案》第 4 条第 b 款也有类似规定："在决定责任比例时，事实调查者应该考虑：(1) 各方和被确定应该负责的免责人的行为性质；和 (2) 行为和请求的赔偿金之间的因果关系范围。"应该明确，该款规定实际上阐明了侵权法的公理：过错的程度，无论基于过失还是严格责任，因果关系的接近性都应不可避免地被同时考虑。②

（二）我国司法实践中最终责任份额的确定方式

我国司法实践中最终责任份额一般由法官综合考量确定。1984 年最高人民法院《关于贯彻执行民事政策法律若干问题的意见》第 73 条第一句规定："两个以上致害人共同造成损害的，应根据各个致害人的过错和责任的大小，分别承担各自相应的赔偿责任。"前一个"责任"，应当理解为原因力。可见，在原《民法通则》颁布之前，我国司法实践中就已经综合考虑过错和原因力来作侵权责任分担。20 世纪 90 年代的主流侵权法学说将过错和原因力在侵权责任分担中的作用表述为"平均加权法"。首先，确定整体的责任是 100%。其次，确定各行为人主观过错在整体过错中的百分比，按照故意重于重大过失，重大过失重于一般过失的标准，分别确定各行为人各自所占的百分比；确定各行为人对损害发生的原因力在整体原因力中的百分比，即全体行为人的行为原因力总和为 100%，各行为人可以根据其原因力的不同占不同的比例。最后，某一行为人的过错百分比与行为人原因力百分比相加除以 2，即为该行为人的责任份额。③ 这种做法看似机械，但在一定程度上给予了过错和原因力同等考量地位，具有很强的指导意义。未来司法实践中，应该坚持这种做法，由法官根据原因力和过错大小，综合确定最终的责任份额。

（三）最终责任份额的表示方式

最终责任份额的表示方式也是学者们饶有兴趣的话题，体现出各国文化对于定量问题的不同决定方式。欧美各国的责任分级一般使用百分比，美国法院部分判决

① See Anerican Law Institution, *Restatement of the Law, Third, Torts: Apportionment of Liability*, 2000. § 8 Factors for Assigning Shares of Responsibility Comment: c. Factors in assigning shares of responsibility. 原文并未分为 5 点，这里是笔者根据原文总结的。

② See NCCUSL, *Uniform Apportionment of Tort Responsibility Act* (2003), Section 4. Finding damages; Attribution of Responsibility, Comments.

③ 参见王利明、杨立新：《侵权行为法》，法律出版社 1996 年版，第 198 页。

为了达到保证受害人受偿的目的，甚至能够细微到1%，如著名的 Kaeo v. Davis①案和 Walt Disney World Co. v. Wood② 案等。从欧洲各国的司法实践来看，受害人过错的责任降低区间最多的是 25%～75%，其次是 10%～90%，小于 5%或者10%的份额很少被使用。③ 法国法院较为特别，通常使用分数。④

我国司法实践中长期采用过错分级制度大致确定责任，一般分为故意、重大过失、轻过失和一般过失 4 个等级。根据过错等级的不同，再加上原因力大小的因素，综合评断共同责任的分担。⑤ 不过近年来受到欧美各国学说的影响，司法实践中也较多使用百分比的表述。

笔者认为，原因力是对导致损害发生的原因大小的一种量化，而过错大小是对主观过错相对比例的量化，两者都是在为最终份额的确定创造量化的指标，因此量化并不表明原因大小程度与主观过错程度实际可以用数字表示。精确地衡量责任的份额是不可能的，从理性的角度来看，是不能够摆脱只是大致分级的比例额的（如10%、20%和 30%等)。⑥ 但另一种情形是，可能按照参与人的数量分担，则可能出现 1/2、1/3、1/4 这样的份额。这两种不同的表达方式与计算方法有关，最终责任分担比例往往是前一种分级和后一种比例的单一或者混合计算结果，并根据公平理念予以适当求整。

（四）比例不明情况下的合理基础标准

所谓比例不明，即致害人明确，但损害之程度或内容欠明确之情形⑦，不同于致害人不明的情形，主要的表现是通常作为考量要素的原因力和可责难性比例难以估算。这种情况广泛存在于数人造成的河流污染、水害、烟尘、噪声诉讼。损害份额不明并非损害不可分⑧，仍然可能通过合理的标准进行侵权责任分担而避免适用平均分配规则。美国法学会《侵权法重述·第二次》第 433A 条第 1 款第 b 项提出了合理基础标准，值得借鉴。一般情况下，先确定某一造成损害程度大致相同的基本标准，如认为同一数量的污染物造成的损害大致相同，两条狗或者两头牛可能造成的损害大致相同；然后，对于数个工厂造成的同种污染，按照排污量分担损害赔

① 719P. 2d387 (Haw. 1986).

② 515So. 2d198 (Fla. 1987).

③ U. Magnus, M. Martín-Casals (eds.), *Unification of Tort Law: Contributory Negligence* (Kluwer Law International 2004) 283.

④ 参见［德］克雷斯蒂安·冯·巴尔：《欧洲比较侵权行为法》(下卷)，焦美华译，法律出版社 2005 年版，第 612 页。

⑤ 参见杨立新：《侵权法论》(第三版)，人民法院出版社 2005 年版，第 202－203 页。

⑥ 参见［德］迪特尔·梅迪库斯：《德国债法总论》，杜景林、卢谌译，法律出版社 2003 年版，第 522 页。

⑦ 参见孙森焱：《民法债编总论》(上册)，法律出版社 2006 年版，第 234 页。

⑧ See American Law Institution, *Restatement of the Law, Third, Torts: Apportionment of Liability*, 2000. § 26 Apportionment of Liability When Damages Can Be Divided by Causation. Comment f. Divisible damages.

偿，对于数条狗咬伤他人羊群的案件，按照狗的数量分担损害赔偿，数头牛吃掉了他人庄稼，不同的主人按照牛的数量分配赔偿责任，数人过失防水导致他人土地水害，按照放水量分担赔偿责任等。① 《民法典》第 1231 条规定的“污染物的种类、浓度、排放量，破坏生态的方式、范围、程度，以及行为对损害后果所起的作用等因素”就属于确定最终责任份额的合理基础。在法律没有明文规定合理基础标准的情况下，可以根据实际情况确定合理基础标准。

另外，学说上所说的广义比例不明，还包括每个加害人都可能无须其他行为而单独造成整个损害后果的情形。② 这种情形在我国侵权法上，应该适用《民法典》第 1171 条关于分别实施充足原因侵权行为连带责任的规定：“二人以上分别实施侵权行为造成同一损害，每个人的侵权行为都足以造成全部损害的，行为人承担连带责任。”

五、最终责任平均分担论——对“平均承担责任”的理解与适用

《民法典》第 177 条后段和第 178 条第 2 款第一句后段均规定：“难以确定责任大小的，平均承担责任。”《人身损害赔偿司法解释》（法释〔2022〕14 号）第 2 条第 1 款第三句也坚持了最终责任平均分担规则：“责任范围难以确定的，推定各共同侵权人承担同等责任。”衡平法谚有云：“平等即衡平。”早期侵权法，存在按照侵权人的数量对损害赔偿的最终责任进行平均分担的做法，但现代侵权法一般不再平均分配，除非没有任何其他的分配方案。③ 我国民法学说也认为，如果确实不能依据过错程度和原因力确定责任，可以由共同侵权行为人平均分担责任。④ 不过，作为一种在没有任何合适分配基础的情况下最后的选择⑤，较之比例分担，其公平性欠佳。因此，对于责任份额不明的数人侵权责任分担采用平均分担是补充性的规则，是在更加公平的比例分担无法实现的情况下，以人数作为基本比例关系，退而求其次的比例分担原则的实现方式。对于比例分担与平均分担之间的协调适用，应该注意以下四点：

第一，平均分担是一种暂时的责任分担方式，其适用本身就隐含着背离事实和存在更加公平分担方案的可能。因此，如果有新的证据能够表明，有较之平均分担更公平的侵权责任分担方案，则应该采纳更为接近比例分担的分担方式，并赋予承担了超过其责任份额的责任人以追偿请求权。

---

① See American Law Institution, *Restatement of the Law, Second, Tort.* §433A Apportionment of Harm to Causes. Comment on Subsection (1): d. Divisible Harm & Illustrations 3 - 5.

② 参见［德］马克西米利安·福克斯：《侵权行为法》，齐晓琨译，法律出版社 2006 年版，第 235 页。

③ See W. V. H. Rogers (ed.), *Unification of Tort Law: Multiple Tortfeasors* (Kluwer Law International 2004) 297.

④ 参见王利明：《侵权行为法研究》（上卷），中国人民大学出版社 2004 年版，第 736 页。

⑤ See W. Page Keeton, et al., *Prosser and Keeton on Torts* (5th ed., West Publishing 1984) 350.

第二，平均分担的本质是一种等额推定，因此，在综合考虑原因力和过错的侵权责任分担机制中，应当尽量适用原因力和过错的单独等额推定。如果过错比例可以确定而原因力比例不明时，仅推定原因力相等，在责任比例确定中主要考虑过错；同理，原因力比例可以确定而过错比例不明时，仅推定过错程度相等，主要考虑原因力比例。过错推定责任和严格责任中，也主要适用后一种规则。

第三，如果能够有证据说明数个责任人之间的大致责任比例区间，如 A 的责任至少是 B 的两倍，则应该按照更接近比例分担的方式，即按照 2∶1 的比例分担。不过因为这并非最终确定责任比例的分担基础，所以这仍然是一种平均分担的变型。

第四，对于部分责任份额比例能够大致确定分担比例的情形，应该对该部分适用比例分担，对剩余部分适用平均分担。《欧洲侵权法原则》第 3：105 条“不确定部分的因果关系”规定：“在有多个行为的情形，能够确定其中没有任一行为引起全部或任何可确定部分损害的情况下，则那些（至少）可能引起损害的行为应被推定为引起了相同比例的损害。”其官方说明体现出比例分担与平均分担的协调思路：如果有 4 个加害人 D_1、D_2、D_3 和 D_4，能够确定 D_1 至少造成了 60%的损害，其余部分不明，则 D_1、D_2、D_3 和 D_4 均参与剩余 40%责任的均分，即 D_1 承担 70%（60%+10%），D_2、D_3 和 D_4 各承担 10%。① 这种思路值得借鉴，即可以综合适用《民法典》第 177 条和第 178 条第 2 款第一句的前段和后段规则，能够确定责任比例的部分，适用前段“各自承担相应的责任”，不能确定责任的部分，适用后段“平均承担责任”。

① See European Group on Tort Law, *Principles of European Tort Law: Text and Commentary* (Springer Wien 2005) 55.

专题十六

连带责任分摊请求权研究

一、我国侵权法上的连带责任分摊请求权制度

在原《侵权责任法》颁布之前，我国民法上并无严格意义上的连带责任分摊请求权的规定，实务中准用原《民法通则》第87条后段关于连带债务的规定：“负有连带义务的每个债务人，都负有清偿全部债务的义务，履行了义务的人，有权要求其他负有连带义务的人偿付他应当承担的份额。”原《侵权责任法》第14条第2款第一次在连带责任领域对分摊请求权进行了规定：“支付超出自己赔偿数额的连带责任人，有权向其他连带责任人追偿。”《民法典》第178条第2款第二句确认了这一规则：“实际承担责任超过自己责任份额的连带责任人，有权向其他连带责任人追偿。”但遗漏了对不具有分摊能力的连带责任人份额再分摊请求权的规定。《民法典》第519条是关于连带债务的规定，该条第3款是对不具有分摊能力的连带“债务”人份额再分摊请求权的规定：“被追偿的连带债务人不能履行其应分担份额的，其他连带债务人应当在相应范围内按比例分担。”根据《民法典》第468条的规定：“非因合同产生的债权债务关系，适用有关该债权债务关系的法律规定；没有规定的，适用本编通则的有关规定，但是根据其性质不能适用的除外。”可以认为，《民法典》第519条第3款可以适用于侵权损害赔偿连带债务的再分摊，但又出现了原《民法通则》的连带责任和连带债务混淆的问题。

我国侵权法上分摊请求权的基本特征是：第一，承担了全部或超过自己应承担份额侵权赔偿责任的责任人，可以向未实际承担应承担份额的其他连带责任人寻求分摊。第二，分摊请求权存在于新的独立的分摊债权债务关系中①，不以连带债务全部消灭为前提，也可能是部分清偿但超过了自己部分的情形。第三，尽管分摊请

① 参见杨立新：《侵权法论》（第三版），人民法院出版社2005年版，第621页。

求权存在于连带债务人之间，但分摊之债是按份之债，这是学者的共识。[①] 承担了连带责任的人同时也承担了向其他连带责任人寻求分摊而受偿不能的风险，这种风险之所以存在就在于分摊之债是按份之债，这也是确保分摊请求权制度公平性的关键。第四，和大陆法系其他国家的侵权法一样，我国侵权法对故意侵权与过失侵权并未作出如美国法那样的区分，因此在分摊请求权领域也不禁止故意共同侵权行为人之间的分摊。[②]

二、分摊请求权与追偿请求权的区分

传统大陆法系债法学说和立法并未明确区分分摊请求权和追偿请求权，只是笼统地称为追偿权[③]，但在立法体例上，分摊请求权一般规定在连带债务规则中，属于一般债法规则，而追偿请求权则主要是在饲养动物致害责任、危险责任或者产品责任中作出特别规定。学说上，法国法区分连带责任人之间根据过错程度对责任进行分摊和全额地责任追偿[④]，但在理论上并不清晰。也有少数例外，如《欧共体产品责任指令》第 5 条和第 8 条对追偿请求权和分摊请求权作出了明确区分。[⑤]《俄罗斯联邦民法典》第 1081 条第 1 款和第 2 款实际上也对追偿请求权和分摊请求权作出了区分。

其实，二者有本质上的差异，在英美法上一直使用“contribution”和“indemnity”两个不同的术语进行表达。[⑥] 在欧洲统一侵权法起草过程中，欧洲学者也注意到了英美法上这一用语体系的合理性，并认为“contribution”较之“recourse”用于表达连带责任人之间“传递”超过其责任份额的部分更为精确[⑦]，同时也采用了“indemnification”这一术语用于表示全额地追偿。[⑧]

原《民法通则》第 87 条后段规定：“负有连带义务的每个债务人，都负有清偿

① 参见王利明：《侵权行为法研究》（上卷），中国人民大学出版社 2004 年版，第 730 页；邱聪智：《新订民法债编通则》（下），中国人民大学出版社 2003 年版，第 401 页；黄立：《民法债编总论》（修正三版），2006 年自版，第 613 页。

② 参见王利明：《侵权行为法研究》（上卷），中国人民大学出版社 2004 年版，第 736 页。

③ 本书在引文中为忠于原作者的表达一般使用原文，因此部分引文中的“追偿权”实际上指的是“分摊请求权”。

④ See George A. Bermann, Etienne Picard ed., *Introduction to French Law* (Kluwer Law International 2008) 259.

⑤ See 85/374/EEC, Official Journal L 210, 07/08/1985 pp. 29 - 33.《欧共体产品责任指令》第 5 条和第 8 条都是用“recourse”表达追偿请求权。

⑥ 美国法上对这一区分的权威论述，参见 W. Page Keeton, et al., *Prosser and Keeton on Torts* (5th ed. West Publishing& Co 1984) 341。

⑦ See European Group on Tort Law, *Principles of European Tort Law: Text and Commentary* (Springer Wien 2005) 139.

⑧ See European Group on Tort Law, *Principles of European Tort Law* (Springer Wien 2005) Art. 9: 102 para. 2.

全部债务的义务，履行了义务的人，有权要求其他负有连带义务的人偿付他应当承担的份额”因而明确地将分摊请求权限于连带责任的范围；《产品质量法》第 43 条第二、三句规定：“属于产品的生产者的责任，产品的销售者赔偿的，产品的销售者有权向产品的生产者追偿。属于产品的销售者的责任，产品的生产者赔偿的，产品的生产者有权向产品的销售者追偿。”《人身损害赔偿司法解释》（法释〔2003〕20 号）原第 6 条第 2 款第三句规定：“安全保障义务人承担责任后，可以向第三人追偿。”可见，在原《侵权责任法》颁布之前，尽管我国侵权法理论上并未对分摊请求权和追偿请求权作出过深入的研究，但由于二者在本质上存在差别，立法者在用语选择上也大致遵守了这种区分。

《民法典》对分摊请求权和追偿请求权则未能在立法用语上作出区分，较为遗憾，本应规定为分摊请求权的《民法典》第 178 条第 2 款规定为了“追偿”，未能与《民法典》第 1191 条第 1 款、第 1192 条、第 1198 条第 2 款、第 1201 条、第 1203 条第 2 款、第 1204 条、第 1223 条、第 1233 条、第 1250 条、第 1252 第 1 款和第 1253 条规定的追偿权在用语上作出区分。[①] 笔者认为，这对我国侵权法理论明确二者的差异，建立各自相应的规则提出了更紧迫的要求。分摊请求权是与连带责任相对应的制度，是指在连带责任人内部，承担超过自己最终责任份额而使得其他连带责任人部分或者全部免责的责任人，向其他连带责任人请求分摊相应份额责任的民事请求权。[②] 而追偿请求权则是与不真正连带或者补充责任相对应的制度，是根据法律规定承担了侵权责任的非最终责任人，向最终责任人请求支付全部损害赔偿金额的民事请求权。本专题主要研究分摊请求权，追偿请求权请参见相关论文。[③]

三、大陆法系分摊请求权的发展过程

（一）罗马法上“追索权”的产生

罗马法早期债法上不存在分摊请求权。由于罗马法的多数人之债主要是在契约

① 《民法典》第 1215 条和第 1216 条规定的是机动车强制保险和道路交通事故社会救助基金的法定垫付责任对应的追偿权。第 1254 条第 1 款第三句规定：“可能加害的建筑物使用人补偿后，有权向侵权人追偿。”该句规定的“追偿”是道义补偿责任人对具体侵权人的追偿，与其他数人侵权责任分担规则中的追偿不具有可比性。参见王竹：《〈民法典〉高空抛物坠物责任新增规则评述》，《厦门大学学报（哲学社会科学版）》2021 年第 3 期。

② 杨立新教授尽管仍然使用了“追偿之诉”的概念，但清晰地指出了该请求权“发生在共同侵权行为和共同危险行为的共同行为人之间”，将其与不真正连带责任和补充责任中的追偿区分开来，参见杨立新：《侵权法论》（第三版），人民法院出版社 2005 年版，第 621 页。

③ 对追偿请求权笔者已经在数篇文章中予以简要说明，参见王竹：《我国侵权法上特殊数人侵权责任分担制度立法体例与规则研究》，《政法论丛》2009 年第 4 期；王竹：《论法定型不真正连带责任及其在严格责任领域的扩展适用》，《人大法律评论》2009 年卷，法律出版社 2009 年版；王竹：《论补充责任在〈侵权责任法〉上的确立与扩展适用》，《法学》2009 年第 9 期。

之债中①，为了区别非契约之债中的多数人连带之债，罗马法上的连带之债分为“共同连带债”和“单纯连带债”。依据当事人的意思而成立的为“共同连带债”，为完全的连带，既有连带债权，又有连带债务。依据法律规定而产生的为“单纯连带债”，私犯、准私犯产生的是单纯连带，如共同侵害他人的财产，法律规定共犯对损害赔偿须负连带责任。法律之所以这样规定，具有惩罚债务人的意思，仅有连带债务而无连带债权。②

对于“单纯连带债”，在古时对共犯处罚极严，受害人可对各犯分别起诉，获得数次的赔偿。由于每个加害人都承担全部的赔偿责任，因而根本没有分摊请求权适用的空间。帝政之初，法学家认为此制失之过苛，且早已实行程式诉讼。萨比努斯主张各犯虽有赔偿全部损失的义务，但一经完全赔偿，其他共犯即可免责，若债权人重复诉追，被控者即可以欺诈抗辩相驳回。③具体的做法是认为私犯的受害者提起的是损失诉，而损失诉的性质是赔偿损失，所以只要有一个致害人作了全额赔偿，就可以免除其他致害人的责任。④ 不过由于积习难改，单纯连带之债不能重复受偿的制度未能推行于共同连带之债，故共同之债与连带之债在重复受偿上的区别，直到优帝一世才开始消灭，然而关于免除、更改的效力，仍然未发生变化，所以二者的差异在罗马法上始终未能完全泯除。⑤

古典的连带之债排除追索权，因为它要求相互担保。债务人在进行全额清偿时是在履行一项自己的义务。⑥ 只有在各个共债人之间形成另一种关系，如合伙、共同继承人、委托之诉等，实行了清偿的债务人才能要求其他人给予补偿或者只要求该债的受益人给予补充。⑦ 因私犯和准私犯发生的连带债务，数个连带债务人不能主张“分担利益”，即共同债务的债务人被起诉分摊，但可以请求将其他债务人加列为被告而分担其给付。⑧ 对那些主体间不存在其他关系的情况，补救措施只能产生于个别法的原则或者法律照顾。古典法学家承认这样的一些原则和照顾，比如“诉权转让照顾”，根据这种照顾，实行了清偿的债务人在使债消灭之前，如果此债不是基于故意，可以要求债权人转让诉权。哈德良为担保人设立了“诉权划分照顾”，以便能够在各个在场的、有清偿能力的担保人之间划分诉权。在优士丁尼法中，追索照顾似乎也普遍得到承认，随着《新律》的颁布，这与连带债的新结构相吻合。⑨ 被告于清偿前可要求债权人转让其对其他债务人的诉权，以便日后可向他

①③⑤ 参见［意］桑德罗·斯奇巴尼选编：《民法大全选译：债 契约之债》，丁玫译，中国政法大学出版社 1992 年版，第 105－111 页。

② 参见周枏：《罗马法原论》（下册），商务印书馆 1996 年版，第 878 页。

④ 参见周枏：《罗马法原论》（下册），商务印书馆 1996 年版，第 845－846 页。

⑥ 参见［意］彼德罗·彭梵得：《罗马法教科书》，黄风译，中国政法大学出版社 1992 年版，第 296 页。

⑦ 参见［意］彼德罗·彭梵得：《罗马法教科书》，黄风译，中国政法大学出版社 1992 年版，第 296－297 页。

⑧ 参见周枏：《罗马法原论》（下册），商务印书馆 1996 年版，第 880－881 页。

⑨ 参见［意］彼德罗·彭梵得：《罗马法教科书》，黄风译，中国政法大学出版社 1992 年版，第 297 页。

们要求偿还或分担其应承担的部分，也就是“代位利益”①。

（二）大陆法系民法典上分摊请求权的发展过程及其基本特点

大陆法系民法典一般都在连带债务领域明文确认最终责任分担基础上的分摊请求权。《法国民法典》第 1214 条开创了这一模式，第 1 款规定：“连带债务人中的一人清偿连带债务的全部时，只得向其他债务人请求偿还各自的分担额或部分。”第 2 款规定：“如其他债务人中的一人不能偿还其分担额或部分时，因其不能偿还所生的损害由其他有偿还能力的债务人及为清偿的债务人按照比例分担之。”该条第 2 款是对不具有分摊能力连带责任人份额的再分配方案的规定，是在分摊不能这一事实发生之后进行的再分配，较之后文将要谈到的美国侵权法上的预先分配制度，笔者将其简称为“事后二次分担规则”。

《德国民法典》第 426 条延续了这一规定方式，并对分摊的基础进行了规定：“（1）除另有其他规定外，连带债务人在相互关系中负相等的义务。连带债务人中一人不能偿还其所分担的款项时，其不能偿还部分由其他负有分担义务的债务人负担。（2）如果连带债务人中一人对债权人清偿，并且可以从其他债务人处要求分担时，债权人对其他债务人的债权即移转于该债务人。上述转让不利于债权人的，不得主张。”

《瑞士债法典》第 148 条进一步明确了分摊请求权行使的前提：“对债务人已为之给付，由全体连带债务人平均分担之，但由连带债务人间之法律关系可得出反对之结论者，不在此限。连带债务人中之一人所为之给付，超过其分担份额者，就其超过部分，对其他连带债务人，有求偿权。连带债务人中之一人无力分担的部分，由其他连带债务人平均分担之。”②

《日本民法典》第 424 条增加了对相关费用的确认：“（1）连带债务人之一人清偿了债务，或以其他形式的个人出捐，使得共同免责时，对其他债务人，就其各自负担部分，有求偿权。（2）前款的求偿，包含清偿或其他免责日以后的法定利息、不可免的费用及其他损害赔偿。”第 444 条则增加了求偿权人过失的例外规定：“连带债务人中，有无偿还资力者时，其不能偿还部分，由求偿人及其他有资力者，按其各自负担部分分割。但是，求偿人有过失时，不得请求其他债务人分担。”

可以看出，大陆法系分摊请求权制度具有较强的统一性，主要包括以下特点：第一，大陆法系的连带责任主要依托于债法总则的多数人之债理论体系，因此建立在连带责任基础上的分摊请求权也被规定在债法总则之中，这些规则也适用于侵权法领域。第二，均清晰地规定在确定最终责任比例的前提下，按照该比例进行分摊，尽管部分民法典在条文规定上，适用平均分配的原则，但实际上是作为倡导性条款，在现代司法实践中也大多通过综合考虑过错大小和原因力来确定最终责任份

① 周枏：《罗马法原论》（下册），商务印书馆 1996 年版，第 880 页。
② 戴永盛译：《瑞士债务法》，中国政法大学出版社 2016 年版，第 47 页。

额。第三，分摊请求权的基础是通过责任的承担免除了其他连带债务人的债务，比较法都大致列举了通过和解、清偿、代物清偿、提存、抵销或混同等方式，这是分摊请求权行使的前提。第四，大多考虑到了分摊请求权行使的程序性费用和其他合理费用，以避免由被债权人求偿的债务人单独承受共益性的费用而有失公平。第五，大都考虑到了向不具有赔偿能力连带责任人分摊不能的风险问题，也都采纳了由《法国民法典》确立的“事后二次分担规则”。

四、英美法上分摊请求权的发展过程

（一）英联邦侵权法上分摊请求权的确立过程

与大陆法系自《法国民法典》以来就长期存在较为系统的分摊请求权规则不同，早期英国普通法不承认连带责任人之间的分摊请求权，该规则确立于1799年的Merryweather v. Nixan[①]一案。英国高等法院根据衡平法上的“洁手原则”确立了该项规则。[②] 这种限制在普通法一直持续到1894年才有所松动[③]，后来逐步将这种限制范围缩小到故意侵权领域。[④] 而成文法的尝试最早可以追溯到1888年的《诽谤法修正案法》第5条[⑤]，不过到1911年的《海事公约法令》第3条才明确了这一做法。英联邦领域最早确认分摊请求权的成文法是1930年加拿大Ontario省的《过失法案》。到了1935年，根据《法律改革（已婚妇女和侵权行为人）法令》第6条第2款的规定，在法院认为公正与衡平的范围内承认分摊请求权，并将这一做法适用到了英格兰。北爱尔兰[⑥]在1937年、苏格兰[⑦]在1940年、加拿大各省也相继在1955年之前[⑧]、新西兰在1936年[⑨]、澳大利亚的部分州在20世纪40年代也通过了类似法律。[⑩] 1978年的《民事责任（分摊）法令》系统地确立了英国法上的分摊请求权体系。

① See Merryweather v. Nixan，8 Term. Rep. 186，101 Eng. Rep. 1337（1799）.

② “洁手原则”强调一方若要得到衡平法上的救济，本人须无过错。See Richard A. Epstein，*Torts*（Aspen Publishers 1999）230.

③ See W. Page Keeton，et al.，*Prosser and Keeton on Torts*（5th ed. West Publishing& Co 1984）337.

④ See Anerican Law Institution，*Restatement of the Law，Third，Torts：Apportionment of Liability*，2000. § 12 Intentional Tortfeasors. Reporters Notes：Comment b. Intent.

⑤ See Glanville L. Williams，*Joint Torts and Contributory Negligence：A Study of Concurrent Fault in Great Britain，Ireland and the Common-Law Dominions*（Stevens&Sons Limited 1951）85.

⑥ See Law Reform（Miscellaneous Provisions）Act（North Ireland），1937（c. 9）.

⑦ See Law Reform（Miscellaneous Provisions）（Scotland）Act，1940（c. 42），s. 3.

⑧ See *Table of pre-2000 Uniform Statutes enacted，listed by statute*，http：//www. ulcc. ca/.

⑨ See Law Reform Act，1936，No. 31，Pt. V.

⑩ See Glanville L. Williams，*Joint Torts and Contributory Negligence：A Study of Concurrent Fault in Great Britain*（Stevens & Sons Limited 1951）86.

（二）美国侵权法上分摊请求权的发展过程

美国侵权法长期遵循着一句法谚，“In pari delicto potior est conditio defendentis”即双方当事人过失相当时，被告人的地位更强。由于侵权法中分摊请求权的当事人均有过错，导致分摊请求权在美国法长期不能得到确认。① 否定分摊请求权的做法显然缺乏正当性②，普罗瑟（Prosser）教授特别指出，一种制度允许两个承担相同责任的被告，一个承担了全部责任，另一个却因为受害人的选择而免除了责任，是显然缺乏公正性的。③ 一方面是为了寻求公平的判决结果，另一方面也是因为美国法院开始逐渐采纳比较过失制度，既然受害人的过失可以突破衡平法上的“洁手原则”④ 而不再是受偿的阻碍，基于上述理由，被告之间的分摊请求权也就被承认了。⑤

尽管美国法学会《侵权法重述・第一次》规定了连带责任，但并未确立分摊请求权。美国法学会和美国统一州法委员会两大机构共同起草的 1939 年《统一侵权责任分担法案》第 2 条第 1 款规定的“分摊请求权在共同侵权人之间存在”，在美国法上最早明确提出了连带责任人之间的分摊请求权，具有里程碑意义。该法案还提出了按份（pro rata）分担的理论，以平均分摊为原则，仅在供各州选择采纳的第 2 款第 4 项规定：“当共同侵权人通过平均分担共同责任显得与他们的过错非常不成比例时，他们的相对过错应该在决定比例时被考虑。”但由于该法案第 5 条不允许和解人免除被寻求分摊的责任，被认为阻碍和解的进行而未能得到各州立法的广泛采纳，因而直至美国统一州法委员会 1955 年重新修订《统一侵权责任分担法案》后，该条文才逐渐被各州直接或者修订采纳，分摊请求权制度才在美国各州逐步确立。由于当时美国各州仍然大多采纳助成过失理论，新的统一法在第 1 条第 c 款规定：“因故意（蓄意或放任）导致或者助成损害或者不当致死的任何共同侵权人不享有分摊请求权。”在区分故意侵权与过错责任的基础上⑥，仍然采纳按份分担，第 2 条规定了“在确定各侵权人在整个责任中的按份份额时（a）他们之间的过错相对程度不应该被考虑”。但当时采纳该法案的各州大多修改了这一规定，如

① See Anerican Law Institution, *Restatement of the Law, Second, Tort.* § 886B Indemnity Between Tortfeasors, Comments: a. History.

② See NCCUSL, *Uniform Apportionment of Tort Responsibility Act* (2003), Preface, The Legislative Response and the Uniform Acts.

③ See W. Page Keeton, et al., *Prosser and Keeton on Torts* (5th ed. West Publishing & Co. 1984) 337－338.

④ Richard A. Epstein (Aspen Publishers 1999) 230；林诚二：《民法债编总论——体系化解说》，中国人民大学出版社 2003 年版，第 279 页。

⑤ See Richard A. Epstein, *Torts* (Aspen Publishers 1999) 231.

⑥ See NCCUSL, *Uniform Contribution Among Tortfeasors Act* (1955 *Revised Act*), § 1. [Right to Contribution]. Comment: Subsection (c). Intentional, wilful and wanton.

Arizona①、Colorado②、Florida③ 和 Oklahoma④ 均特别作出了相反的规定，将过错程度作为决定份额的基础。另外，第 2 条 b 款还规定，"如果衡平法要求其中数人作为团体集体归责构成单一份额"，从而确立了数个被告被分配单一份额的雏形，是此后雇主责任、产品责任参与侵权责任分担的基础。而第 2 条 c 款的规定"可适用于分摊请求权的衡平规则应该基本被适用"，则明确了分摊请求权的基础是衡平法，因而最终责任份额有时也被称为衡平份额。

1979 年《统一比较过错法案》第 4 条 a 款对分摊请求权的产生作出了详细规定："在两个或者两个以上为同一不可分的人身伤害、死亡或者财产损害承担连带的当事人之间，无论判决是否已经针对他们中的全部或者部分得到执行，均产生分摊请求权。该分摊请求权可以通过原诉讼或者为此目的单独提起诉讼来强制执行。分摊请求权的基础是各方当事人，包括有过错的原告根据本法第 2 条决定的衡平债务份额。"根据该款官方说明，该条规定意在改变 1955 年《统一侵权责任分担法案》确定的最终份额平均分摊基础，而适用过错比例基础⑤，体现了其在比较过失理论下统一各州的分摊请求权制度的意图，但因采纳的州较少而未能实现统一目的。正式颁布于 1979 年的美国法学会《侵权法重述·第二次》第 886A 条第 1 款的规定主导了美国普通法上分摊请求权的形成："除本条第 2 款、第 3 款及第 4 款规定外，两人或数人就同一伤害对同一人承担侵权行为责任的，即便判决尚未就所有或任何其中一位执行得到满足，侵权行为人有（请求）分担赔偿金额的权利。"

2000 年美国法学会颁布的《侵权法重述·第三次》责任分担编第 23 条 a 款和 b 款对美国法的主流规则进行了肯定："（a）当两人或多人对或可能对同一伤害承担责任而其中一人已通过和解或履行裁决承担他人责任时，承担他人责任的该人有权向该他人追偿责任分摊，除非该他人此前已与原告达成有效的和解，得到原告的免除。（b）有权追偿责任分摊的人可以获得不多于该人支付给原告的数额中超出该人比较有责性份额的部分。"2002 年美国统一州法委员会颁布的《统一侵权责任分担法案》第 7 条 a、b 两款则对共同侵权和预防第三人故意侵权连带责任的分摊请求权作出了规定："（a）除非本条（b）款另有规定，根据本法对一方或者多方承担连带责任的一方，有权从另一连带责任方获得超过该方本应该负责的单独责任数额之外的超额分摊。被寻求分摊的一方并不对超过基于本法第 5 条决定的该方应该单独承担的金钱数量负责。（b）一方基于本法第 6 条（a）款第（3）项因他方的作为或者不作为被判决有责的，有向该方寻求追偿的权利。"

① A. R. S. § 12 - 2501.

② C. R. S. A. § 13 - 50. 5 - 101.

③ F. S. A. § 768. 31.

④ 12Okl. St. Ann. § 832.

⑤ See NCCUSL, *Uniform Comparative Fault Act*, Section 4. [Right of Contribution]. Commissioners' Comment.

截至2011年年底，分摊请求权已经在包括部分废弃了连带责任的州①在内的43个州得到承认，但各州采纳的方式有所不同②：7个州直接采纳了1939年或1955年《统一侵权责任分担法案》的做法③，11个州对《统一侵权责任分担法案》进行了部分修正④，2个州采纳了1979年《统一比较过错法案》⑤，有2个州通过判例采纳⑥，9个州通过不同于任何统一法案的其他立法采纳⑦，6个州将分摊请求权限制在判决确定的债务人之间⑧，6个州仅概括性地规定了分摊请求权，交由法院确定具体规则。⑨

（三）美国侵权法上故意侵权行为人分摊请求权限制的突破

与分摊请求权在过失侵权领域较为容易被普通法承认不同，美国侵权法上对故意侵权行为人分摊请求权的限制，直至21世纪初才有所突破。⑩ 美国法学会《侵权法重述·第一次》和1939年《统一侵权责任分担法案》并未涉及这一话题，1955年重新修订的《统一侵权责任分担法案》第1条c款明确规定："因故意（蓄意或放任）⑪ 导致或者助成损害或者不当致死的任何共同侵权人不享有分摊请求权。"其目的一方面在于强调故意行为是违反公共道德的行为（moral turpitude），

① 美国已经有18个州废除了连带责任而采纳按份责任，但即使在废除连带责任的州，也对故意侵权行为和共同侵权行为苛加连带责任，因此在这些州如果适用连带责任法律承认分摊请求权仍然适用。See American Law Institution，*Restatement of the Law*，*Third*，*Torts*：*Apportionment of Liability*，2000. § 17 Joint and Several or Several Liability for Independent Tortfeasors. Reporters Notes comment a. See also F. Patrick Hubbard，*The Nature and Impact of the "Tort Reform" Movement*，35 Hofstra L. Rev. 490（2006）.

② 以下各州资料整理自：American Law Institution，*Restatement of the Law*，*Third*，*Torts*：*Apportionment of Liability*，2000. § 23 Contribution. Reporters Notes：Comment a. History，并根据以下资料校对：Victor E. Schwartz，Evelyn F. Rowe，*Comparative Negligence*（4th. ed.，Lexis Law Pub 2002）331。

③ 这7个州是：Arkansas、Delaware、Hawaii、New Mexico、Pennsylvania、Rhode Island、South Dakota。

④ 这11个州是：Arizona、Colorado、Florida、Massachusetts、Nevada、North Carolina、North Dakota、Ohio、Oklahoma、South Carolina、Tennessee。

⑤ 这两个州是Iowa和Washington。

⑥ Maine确立的判例是Roberts v. American Chain & Cable Co.，259 A. 2d 43（Me. 1969），Nebraska州确立的判例是Royal Indem. Co. v. Aetna Cas. & Sur. Co.，229 N. W. 2d 183（Neb. 1975）。

⑦ 这9个州是：Connecticut、Idaho、Illinois、Michigan、Mississippi、Montana、New Hampshire、New Jersey、Oregon。

⑧ 这6个州是：California、Kansas、Minnesota、Missouri、Texas、West Virginia。

⑨ 这6个州是：Georgia、Kentucky、Louisiana、New York、Virginia、Wisconsin。

⑩ See American Law Institution，*Restatement of the Law*，*Third*，*Torts*：*Apportionment of Liability*，2000. § 23 Contribution. Reporters Notes：Comment l. Intentional torts.

⑪ 根据本款官方注释，将"wilfully or wantonly"放在括号中，是为了协调在部分州由于对这两个术语表示的范围较小，如果包括这两个术语则限制范围过宽的情形。See NCCUSL，*Uniform Contribution Among Tortfeasors Act*（1955 *Revised Act*），§ 1［Right to Contribution］. Comment：Subsection（c）. Intentional，wilful and wanton.

法院不应该帮助故意侵权人向他人移转损失，体现出强烈的道德性和衡平性①；另一方面通过在该款区分故意和过失，为在第 2 条确定责任比例时不考虑过失之间的大小，适用以平均分配为原则的“按份份额”提供一定的正当性。② 1979 年《统一比较过错法案》考虑到当时各州对于比较过失制度仍然限于过失制度领域而未涉及故意侵权领域，未涉及该话题。③ 而 1979 年美国法学会颁布的《侵权法重述·第二次》第 886A 条第 3 款则明确否定了故意侵权行为人的分摊请求权：“故意导致伤害的侵权行为人无请求分摊赔偿金额的权利。”与早期英国法否定连带责任人之间的分摊请求权的理由相同，衡平法上的“洁手原则”是美国法上始终难以允许故意侵权人之间寻求分摊的主要原因。④ 直至 2000 年《侵权法重述·第三次》责任分担编才改变了这一做法，在其第 23 条官方评论中特别强调：“分摊请求权并不因责任人是基于故意侵权行为而承担连带责任而被排除。”⑤

（四）美国侵权法发展出的“事前二次分担规则”

与大陆法系确立于《法国民法典》的对不具有分摊能力的连带责任人份额的“事后二次分担规则”不同，美国 2000 年《侵权法重述·第三次·责任分担编》规定了一种特殊的“事前二次分担规则”。

由于被承认的时间较晚，早期美国侵权法的分摊请求权规则显得较为简略，没有考虑到部分责任人分摊不能的情况。从美国统一州法委员会的历次侵权责任分担统一法案来看，1939 年《统一侵权责任分担法案》第 2 条第 2 款规定：“某一共同侵权人不享有分摊请求权，除非他通过清偿免除了共同责任或者赔偿了超过他自己的按份份额。”这一规定只是确认了分摊请求权的成立条件。1955 年《统一侵权责任分担法案》第 1 条 b 款除规定成立条件是“分摊请求权仅因某一共同侵权行为人支付了超过其在共同责任中的按份份额时而产生”之外，还规定了“任何共同侵权人都不能够被强迫分摊超过其所占全部责任的按份份额”。1979 年《统一比较过错法案》第 4 条“分摊请求权”及其官方评论都没有涉及这一问题，而 2003 年修订后的《统一侵权责任分担法案》由于其立法主旨在于试图通过推荐按份责任基础上的“再分配”模式来统一各州侵权责任分担领域的法律，第 7 条 a 款第二句也仅仅

① See NCCUSL, *Uniform Contribution Among Tortfeasors Act* (1955 *Revised Act*), §1. [Right to Contribution]. Comment: Subsection (c). Intentional, wilful and wanton.

② See NCCUSL, *Uniform Contribution Among Tortfeasors Act* (1955 *Revised Act*), §2. [Pro Rata Shares]. Comment.

③ See NCCUSL, *Uniform Comparative Fault Act*, Section 1. [Effect of Contributory Fault]. Commissioners'Comment, Conduct Covered. (a) Defendant's Conduct.

④ See Richard A. Epstein, *Torts* (Aspen Publishers 1999) 230.

⑤ 原文是：“A person who can otherwise recover contribution is not precluded from receiving contribution by the fact that he is liable for an intentional tort”。See Anerican Law Institution, *Restatement of the Law, Third, Torts: Apportionment of Liability*, 2000. §23 Contribution. Comment l. Intentional torts.

是延续了1979年《统一比较过错法案》的规定，以便在部分保留连带责任的州适用①，因而仍然较为保守地延续了此前的规定模式："被寻求分摊的一方并不对超过基于本法第5条规定的该方应该单独承担的金钱数量负责。"

从美国法学会的侵权法重述系列来看，颁布于1979年的《侵权法重述·第二次》第886A条第2款也确认了类似的两条限制："主张分摊赔偿金额的侵权行为人，仅限于支付超过其应当支付的衡平金额的部分而使就该伤害的全部赔偿请求因而消灭的人；且其请求分摊赔偿金额的部分仅限于超过其应当支付的金额的部分。任何侵权行为人无须就其应当支付金额以外的其他金额承担分摊的责任。"该限制实际上否认了发展出类似大陆法系"事后二次分担规则"制度的可能，因此不能较好地应对被分摊人没有分摊能力的情形。

直到2000年《侵权法重述·第三次》责任分担编第23条b款才建立了解决部分连带责任人没有分摊能力的制度："有权追偿责任分摊的人可以获得不多于该人支付给原告的数额中超出该人比较有责性份额的部分。"根据该条官方评论g条及其范例12的说明，该款规定改变了此前1955年《统一侵权责任分担法案》和1979年《侵权法重述·第二次》的观点，在存在三个或者三个以上连带责任人的情形②，要求被寻求分摊的责任人支付超过其责任比例的分摊数额，即在其被分配的责任比例的基础上，加上按照其责任比例分配的其他尚未被寻求分摊的责任人的责任。③ 相较于大陆法系的"事后二次分担规则"，笔者将这种设计称为"事前二次分担规则"。

该规则通过该条官方范例12的展示而变得更为清晰：A诉B、C、D三人，A的全部损害是10万美元，陪审团分配了10%的责任比例给原告A，50%给B，25%给C，15%给D。B承担了全部赔偿责任，支付了9万美元给A，按照"事前二次分担规则"，B可以向C请求的分摊数额不但包括C的责任份额即2.5万美元，还包括C应该承担的向D追偿的5 000美元。即B和C按照其责任比例50%∶25%，即2∶1，分担向D追偿15 000美元受偿不能的风险，因此B可以向C多追偿1.5万美元×（1/3）=5 000美元。④ 这种分配方案更全面地体现了《侵权法重

① See NCCUSL, *Uniform Apportionment of Tort Responsibility Act* (2003), Section 7. Right of Contribution and Indemnity; Third-party Action. Comments.

② See American Law Institution, *Restatement of the Law, Third, Torts: Apportionment of Liability*, 2000. § 23 Contribution. Reporters Notes: Comment g. Contribution for more than the percentage share of the person against whom contribution is sought.

③ See American Law Institution, *Restatement of the Law, Third, Torts: Apportionment of Liability*, 2000. § 23 Contribution. Comment g. Contribution for more than the percentage share of the person against whom contribution is sought.

④ See American Law Institution, *Restatement of the Law, Third, Torts: Apportionment of Liability*, 2000. § 23 Contribution. Illustration12.

述·第三次·责任分担编》所贯彻的比较有责性原则。①

之所以特别强调在有三个或者三个以上连带责任人的情形适用这种“事前二次分担规则”，是因为这种情形会出现两个连带责任人之间互相追偿所不存在的新问题。三个或者三个以上连带责任人中，有存在不具有赔偿能力的责任人时，如果仍然仅允许承担全部赔偿责任的责任人向其他责任人逐个按照责任比例求偿，则可能由该责任人承担不具有赔偿能力的责任人的责任比例，这与按照责任比例分担的目的是不符合的。更重要的是，这将导致连带责任人恶意逃避承担责任或者与原告通谋损害其他连带责任人利益的情形的发生。②

还是以上文案例的责任比例为例，如果 B 没有赔偿能力，而 C 和 D 均有承担连带责任的能力，那么 A 可以选择请求 C 或者 D 承担连带责任。如果不采纳“事前二次分担规则”，C 或者 D 都会尽量避免被 A 求偿。例如，C 如果被 A 求偿，即使其能够向 D 求偿 1.5 万美元，C 仍然要承担向 B 求偿 5 万美元不能的损失，如果 D 被 A 求偿，也要承担这一 5 万美元的损失。这时 C 和 D 要么可能恶意逃避 A 的求偿，要么和 A 通谋。如果 C 和 A 通谋，由于可以避免 5 万美元的额外损失，即使 C 私下向 A 支付 4 万美元对 C 而言也是值得的，同样的情况也可能出现在 D 和 A 之间。甚至可能出现 A 分别收取 C 和 D 各 4 万美元，然后分别向二人求偿 2.5 万美元和 1.5 万美元，实际受偿 12 万美元的超额受偿结果。但如果采纳了“事前二次分担规则”，就不会出现这样的问题。因为无论 A 向 C 和 D 中的任何一人请求全部赔偿，承担责任的人都可以按照他们二人之间的责任比例求偿扩张部分，所以他们与 A 通谋就不会有任何好处，从而没有必要逃避赔偿，A 也没有可能超额受偿，这对于维护连带责任制度本身的目的是非常有实践意义的。

五、分摊请求权的理论基础与求偿范围

（一）关于分摊请求权产生基础的各种学说

比较法上均承认数个连带责任人之间的分摊请求权，但其理论基础却各不相同。从早期英国法根据衡平法的“洁手原则”否认分摊请求权，到在过失领域逐渐承认分摊请求权，而长期在故意侵权领域否认分摊请求权，直至最近才予以承认这一过程可以看出，普通法的分摊请求权源于衡平法。③ 美国 1955 年《统一侵权责

① See Anerican Law Institution, *Restatement of the Law*, *Third*, *Torts*: *Apportionment of Liability*, 2000. § 23 Contribution. Reporters Notes: Comment g. Contribution for more than the percentage share of the person against whom contribution is sought.

② See Anerican Law Institution, *Restatement of the Law*, *Third*, *Torts*: *Apportionment of Liability*, 2000. § 23 Contribution. Reporters Notes: Comment g. Contribution for more than the percentage share of the person against whom contribution is sought.

③ See Anerican Law Institution, *Restatement of the Law*, *Second*, *Torts*, § 886A Contribution Among Tortfeasors, Comment: c. Equitable nature of contribution.

任分担法案》第1条c款规定，“可适用于分摊请求权的衡平规则应该基本被适用”，也明确了分摊请求权的基础是衡平法。法国法和瑞士法通过代位权来解释分摊请求权，奥地利、德国和荷兰基于连带债务人关系来解释，德国法认为债权人对其他债务人的债权应当移转于使债权人受清偿的人①，荷兰法除了通过代位权，还通过不当得利来解释。②

我国传统民法学者，如梅仲协教授持“法定让与说”，即认为连带债务人中之一人，因清偿致他债务人同免责者，可以求偿，其求偿权于求偿范围内，系承受债权人债权。质言之，受偿人于受偿后，依法应将其对他债务人所得行使之权利，让与给清偿债务人，是谓之法定之让与。③ “法定让与说”解决了分摊请求权在制度层面的规则问题，但并未说明分摊请求权存在的基础。日本民法中共同侵权行为理论的繁荣④，同时也促成了分摊请求权基础学说的多样化。根据孙森焱教授的总结⑤，主要有以下几种观点：(1)“当然存在说”，该说认为连带债务为对外关系，对内关系则依其分担部分各自负责，因此，就超过自己分担部分之给付，系属履行其他债务人之债务，因此发生求偿权，乃连带债务性质上当然之结果。(2)“实质不当得利说”，该说认为其他债务人因债务人中的一人为清偿或者其他免责行为而同免责任，实质上属于获得不当得利，基于公平之原则，法律乃赋予其求偿权。(3)“主观共同关系说”，该说认为民法上的连带债务，原即以连带债务人之间有分担部分为其内容。换言之，连带债务之本质即多数债务人共同分担连带债务，此项共同关系，即为连带债务之基础，求偿权亦基此主观的共同关系而发生。(4)“相互保证说”，认为连带债务人所负全部给付之责任系属担保义务，债务人间各自分担之部分是为固有义务，每一债务人就其他债务人负担之固有义务则利于保证人地位，与债务人之间相互为保证，因而发生求偿权。

我国其他传统民法学者，如史尚宽教授认为求偿权存于连带债务关系之本身⑥，接近“当然存在说”。郑玉波教授所持学说大致也是“当然存在说”：一债务人之给付如超过其应分担之部分，致他债务人同免其责任时，法律上自应使该债务人对他债务人，依其各自应分担之部分，请求偿还，以期公平。⑦ 芮沐教授认为求偿权实为不当得利之原则之应用，接近“实质不当得利说”⑧。孙森焱教授则认为，

① 参见［德］迪特尔·梅迪库斯：《德国债法总论》，杜景林、卢谌译，法律出版社2003年版，第614页。

② See W. V. H. Rogers (ed.), *Unification of Tort Law: Multiple Tortfeasors* (Kluwer Law International 2004) 292.

③ 参见梅仲协：《民法要义》，中国政法大学出版社1998年版，第281页。

④ 参见于敏：《日本侵权行为法》，法律出版社1998年版，第258页。

⑤ 参见孙森焱：《民法债编总论》(下册)，法律出版社2006年版，第732-733页。

⑥ 参见史尚宽：《债法总论》，中国政法大学出版社2000年版，第664页。

⑦ 参见郑玉波：《民法债编总论》(修订二版)，陈荣隆修订，中国政法大学出版社2004年版，第401页。

⑧ 芮沐：《民法法律行为理论之全部（民总债合编）》，中国政法大学出版社2003年版，第449页。

“当然存在说”不具有说服力；求偿权有法律上之原因，并非不当得利，而基于公平原则拟制不当得利仍然无从明了；“相互保证说”无非出于学说之拟制，似逾越债务人之本意，究嫌唐突。因而持“主观共同关系说”，认为该说从连带债务之性质立论，更符合立法趣旨。① 林诚二教授持类似观点。② 王利明教授所持观点大致相当于“实质不当得利说”，认为追偿权作为法定之债产生的根本原因在于，被追偿人因追偿权人代其承担责任而获得不当得利，因此，应当向追偿权人返还此种不当得利。③

（二）分摊请求权的产生基础是矫正正义

笔者认为，“当然存在说”和“主观共同关系说”具有一定类似性，即认为连带债务制度本身就包含了分摊请求权。从对英美法系分摊请求权艰难的承认过程的考察来看，这两种学说未免有结论先行之嫌。而“相互保证说”和“实质不当得利说”则意在解释分摊请求权与责任人超过自己最终责任份额部分之间的关系。但如孙森焱教授指出的，上述学说均为法律之拟制，而拟制本身仍然需要正当性的解释。

尽管学说上关于分摊请求权的规定或者解释有所不同，但可以确定的是，对其基础的解释均非源于侵权法本身。④ 对于分摊请求权基础的解释不应该局限于侵权法理论本身，而应该从更高层次予以抽象。在笔者看来，连带债务作为一种特殊的债务设计，其主要功能就是将部分债务人无赔偿能力的风险，用连带赔偿的方式，分配给了债务人一方，以最大限度确保债权人的全部受偿。分摊请求权乃是在此前提下，考虑各债务人之间按照最终份额比例承担债务的公平性，作出的制度性设计，其基础就在于矫正正义，即：最终债务份额的承担为应当承担部分，超过的部分则为“所失”；应该承担部分债务但未承担或者未完全承担的部分，即为“所得”。矫正正义之实现，就是用“所得”矫正“所失”⑤。如果存在不具有承担其债务部分能力的情况，则应该确保最为公平的“所得”矫正“所失”的方案，这就是两大法系连带责任制度都存在对不具有赔偿能力的连带责任人份额的特殊处理方案的原因。

（三）分摊请求权的行使前提与时效期间

对于分摊请求权的行使是否以债务人清偿超过其自己份额为前提，学说有“积极说”和“消极说”，两种学说指导下的分摊请求权构成要件差异也主要在此。“积

① 参见孙森焱：《民法债编总论》（下册），法律出版社 2006 年版，第 733 页。

② 参见林诚二：《民法债编总论——体系化解说》，中国人民大学出版社 2003 年版，第 482 页。

③ 参见王利明：《侵权行为法研究》（上卷），中国人民大学出版社 2004 年版，第 731 页。

④ See W. V. H. Rogers（ed.），*Unification of Tort Law: Multiple Tortfeasors*（Kluwer Law International 2004）292.

⑤ 关于矫正正义基本理论中“所得”与“所失”的关系，参见［古希腊］亚里士多德：《尼各马可伦理学》，廖申白译注，商务印书馆 2005 年版，第 137 页。

极说”认为，未超过自己应分担部分，对他人无求偿权。此说为德国法、瑞士法所采纳。德国法上的通说认为，被迫或者自愿向债权人给付，并且给付数量超出自己份额的债务人，才可以向自己的共同债务人请求赔偿超出部分。① 我国大陆民事立法和学说均认为，任何一个分摊请求权人只要承担超过了自己应当承担的份额部分的责任，就有权追偿，采纳的是“积极说”②。我国台湾地区学者史尚宽教授也持“积极说”，认为这是因为在清偿效力上，债务人虽然负全部清偿义务，但在对其他债务人关系上，是各自就其部分负担债务。超过自己部分而为清偿，是对他人债务之清偿，从而发生求偿权。③ “消极说”认为，即使未超过自己应分担部分，清偿人也有求偿权，该说为日本民法所采纳。④ 其理由在于，日本民法学说认为在清偿效力上，债务人一面是在为自己责任之履行，同时也在为他债务人之债务履行，故对于其他债务人就其负担部分，有追偿权。⑤ 对于二者的优劣，郑玉波教授认为，“积极说”能够避免法律关系趋于复杂化，但他认为“消极说”在学理上更优⑥，因为“消极说”的目的在于避免嗣后其他债务人变得无资力。⑦ 但也有学者指出，求偿权人也可能变得无资力，因此认为“消极说”并无优势。⑧

笔者认为，“消极说”之目的在于平衡债务人之间的受偿不能风险，但缺乏学理上的正当性，尤其与分摊请求权的矫正正义学说矛盾，因此赞成“积极说”。同理，其时效期间的起算点也是原有债权清偿超过该清偿人份额之时，原债权时效期间过期后并不阻碍分摊请求权的行使。⑨ 作为一项新债权，其时效期间应该根据《民法典》第188条的规定为3年。

（四）分摊请求权的求偿范围

根据上文确定的分摊请求权矫正正义基础和清偿前提，分摊请求权的求偿范围应是分摊权利人承担的超过自己最终责任份额部分的“所失”，也是分摊义务人因未承担自己应有责任份额的“所得”，应该包括：第一，分摊请求权人清偿的超过其自身份额的部分，这是最基本的“所失”部分。第二，由于从分摊请求权人向债权人清偿到寻求分摊之间有一定的时间差，因而还应该包括该期间的利息，这是分摊义务人的“所得”。第三，其他非因该债务人应单独负责事由而支付的费用，如

① 参见［德］迪特尔·梅迪库斯：《德国债法总论》，杜景林、卢谌译，法律出版社2003年版，第613页。

② 王利明：《侵权行为法研究》（上卷），中国人民大学出版社2004年版，第732页。

③ 参见史尚宽：《债法总论》，中国政法大学出版社2000年版，第664页。

④ 参见邱聪智：《新订民法债编通则》（下），中国人民大学出版社2003年版，第401页。

⑤ 参见史尚宽：《债法总论》，中国政法大学出版社2000年版，第666页。

⑥ 参见郑玉波：《民法债编总论》（修订二版），陈荣隆修订，中国政法大学出版社2004年版，第403页。

⑦ 参见孙森焱：《民法债编总论》（下册），法律出版社2006年版，第736页。

⑧ 参见黄立：《民法债编总论》（修订三版），2006自版，第614页。

⑨ See W. Page Keeton, et al., *Prosser and Keeton on Torts* (5th ed., West Group Publishing& Co 1984) 340.

向债权人支付的汇款手续费等[①]，这部分属于合理的“所失”。不过一般认为，强制执行费用等则不应被计入[②]，这符合损害赔偿法的通例。至于因被迫清偿而不得已低价变卖财产所受之损失，学说上则存在“肯定说”[③] 和“否定说”[④] 的争议。

六、对不具有分摊能力连带责任人份额的再分配方案

（一）对不具有赔偿能力连带责任人份额处理方案的设计原则

笔者认为，对不具有赔偿能力连带责任人份额处理方案的设计应该遵循以下原则。

第一，尽量简化原则。分摊请求权的行使，尤其是多个分摊请求权同时行使的情形，必须尽量简化制度，既包括诉讼次数的减少，又包括计算方法的简化。即使某种制度设计在理论上更为公平，但如果存在难以为立法语言表达和过度增加实际操作难度的问题，仍不可取。

第二，原债权人请求权优先原则。我国台湾地区“民法”第 281 条第 2 款规定：“前项情形，求偿权人于求偿范围内，承受债权人之权利。但不得有害于债权人之利益。”梅仲协教授举例解释：甲乙二人共同对丙负连带责任，甲清偿 3/4 后，丙向乙追偿的 1/4 的权利优先于甲向乙追偿的 1/4 的权利。“盖非如此，往往因未为清偿之债务人之财产，不敷抵偿其全部之债务时，致原债权人蒙受损失也。”[⑤]

第三，连带债务人分摊请求权平等原则。如果出现了两个或者两个以上的连带债务人均通过向债权人支付了超过自己份额而获得分摊请求权，数个分摊请求权之间平等。

第四，不同请求与分摊顺序结果相同原则。分摊请求权的制度设计，必须确保在同样的财产状况下，无论赔偿权利人的请求顺序和数额如何，以及基于赔偿权利人的请求方式而产生的分摊请求权如何，均不应改变最后的责任承担格局。

第五，及时行使分摊请求权原则。这是与不同请求与分摊顺序结果相同原则相配合的原则，否则所谓的“结果相同”就失去了计算的前提。“求偿权人怠于向某一债务人行使求偿权，致其日后变为无资力而不能偿还时，即不得复对于他债务人请求其分担，盖咎由自取，不得牵累他人也。”[⑥]

第六，按份债务原则。被寻求分摊的其他责任人承担的是按份债务，尽管传统

① 参见郑玉波：《民法债编总论》（修订二版），陈荣隆修订，中国政法大学出版社 2004 年版，第 403 页。

② 参见黄立：《民法债编总论》（修正三版），615 页，2006 年自版。

③ 郑玉波：《民法债编总论》（修订二版），陈荣隆修订，中国政法大学出版社 2004 年版，第 403 页。

④ 孙森焱：《民法债编总论》（下册），法律出版社 2006 年版，第 735 页。

⑤ 梅仲协：《民法要义》，中国政法大学出版社 1998 年版，第 281 页。

⑥ 史尚宽：《债法总论》，中国政法大学出版社 2000 年版，第 670 页；郑玉波：《民法债编总论》（修订二版），陈荣隆修订，中国政法大学出版社 2004 年版，第 405 页。

大陆法系民法典对此鲜有明文规定，但《欧洲侵权法原则》已经注意到了这一问题，第9：102条“连带责任人的相互关系”第4款前段规定：追偿债务是分别债务，即责任人仅承担依本条应由其分担的赔偿责任份额”。该段规定实际上与后段规定的“事后二次分担规则”一起形成了补充性质的规则：“但是，当无法对某责任人执行判决认定的偿还义务时，其分担的部分应在其他责任人之间按各自应负责任的比例重新分配。”① 在逻辑转折上这一规定较之传统规范模式在连带债务规则后直接规定“事后二次分担规则”显得更为平缓。

（二）我国侵权法应该采纳大陆法系“事后二次分担规则”及其理由

尽管“事前二次分担规则”向我们展示了《侵权法重述·第三次·责任分担编》对于比较有责性规则深入而一致的贯彻，体现出较强的公平性，但该制度的合理性仅存在于理想状态。由于该制度的特点在于防患于未然，提前行使了部分分摊请求权，但会使得其在特定情况下变得极为复杂，产生新的问题，以前文的案例为例：第一种情形，当第一被寻求分摊的责任人没有完全分摊能力时，如B全额履行9万美元，但C没有3万美元而仅有2.75万美元，D也仅有1万美元，则B向C追偿2.75万美元后，B、C二人对D的1万美元的分配方案因面临多种选择而极为复杂；第二种情形，在数个分摊权利人面前会变得极为复杂，如B履行了6.25万美元，C也履行了2.75万美元，均超过其自身份额，B是否可以向C寻求部分分摊？数额如何确定？另外，责任人数量越多，责任人之间的分摊规则就越复杂，诉讼的次数和管理的成本也会呈几何级数增加。而大陆法系的“事后二次分担规则”尽管看似简略不具有创新的激情，却一样能够得到与“事前二次分担规则”相同的结果，而且无论责任人的数量有多少，均在出现了无赔偿能力的债务人之后才采取补救措施，可以通过一次诉讼完成，相比而言更为简化。

应该看到，尽管我国原《民法通则》第87条后段的规定遗漏了对不具有分摊能力的连带责任人份额的处理方案，但并不代表原《民法通则》的起草者反对这种做法。由于20世纪80年代《中华人民共和国民法草案》从“第一稿”到“第四稿”均无“债法总则”的内容，20世纪60年代第二次民法典起草由于历史原因未涉及相关内容，原《民法通则》第87条的规定实际上源于20世纪50年代民法典的起草。而早在1957年1月9日《债的通则第二次稿（另案）》第17条第3款后段便规定了“如果有不能偿还的部分，由其余债务人按比例负担”。1957年2月5日《债篇通则第三次草稿》第21条第1款不但规定了“如果有不能偿还的部分，由其余债务人按比例负担”，还有与会专家手写旁注：“苏115条、国280条、捷240、241条、保127条、法1205条、德426条”；另外还注明：“另有意见改为平均负担。”1957年3月30日《有关民法债篇通则的几个主要问题》第6点也提道：“如

① 欧洲侵权法小组著：《欧洲侵权法原则：文本与评注》，于敏、谢鸿飞译，法律出版社2009年版，第198-199页。

果连带债务人中一人清偿债务后，向其他连带债务人求偿而有不能偿还的部分，其余债务人还是按比例负担抑按平均负担?”① 可见新中国民法学者对于该制度是了解的，并有意在“民法典”中进行规定。至于后来原《民法通则》未作规定，则可能是篇幅压缩所致。而《民法典》第178条第2款第二句则是延续了原《侵权责任法》第14条第2款的规定，可以结合《民法典》第519条第3款对不具有分摊能力的连带债务人份额再分摊请求权的规定适用，实质上采纳了大陆法系“事后二次分担规则”。

值得参考的是，尽管《侵权法重述·第三次》责任分担编的报告人之一Green教授也是欧洲侵权法小组的成员，《欧洲侵权法原则》的起草在面临同样的选择时，最终采用了更符合大陆法系传统的“事后二次分担规则”。第9：102条第4款后段规定：“但是，在无法对责任人中的一人执行判决所认定分摊义务时，其分担份额应在其他责任人之间按他们的责任比例进行再分配。”

综合上述考虑，尽管笔者对美国侵权法上“事前二次分担规则”制度的“未雨绸缪”精神赞赏有加，但因其略有“杞人忧天”之意味，同时考虑到大陆法系民法典和我国民法理论一贯的思维方式，我国《民法典》采纳大陆法系“事后二次分担规则”的策略是值得肯定的。

（三）“事后二次分担规则”的具体设计

鉴于《民法典》第519条第3款对不具有分摊能力的连带债务人份额再分摊请求权的规定还需要具体结合侵权责任的特点，建议未来最高人民法院通过《民法典侵权责任编解释》明确我国侵权法的“事后二次分担规则”，具体要点如下：第一，各个连带债务人之间的分摊只有在任何一个债务人都能够负担自己的份额时，才能够顺利地进行②，因此，该规则的适用前提是分摊请求权行使过程中，出现了部分债务人不能承担其应有份额的情形。第二，不能负担的事由，包括无偿还资力、债务人死亡而继承人为限定继承、债务人行踪不明等。③ 第三，再分配后的分摊请求权性质与再分配之前相同，其时效期间的起算点也是再分配判决作出之时，时效期间也为3年。第四，不能偿还分担额之债务人并非被免除责任。苟已具备偿还之资力，或被发现行踪，除其请求权已罹于时效而消灭之外，仍应向各债务人分别偿还其分担额。④ 如果原本无给付能力的债务人重又获得金钱，则应进行新的补偿。⑤

① 上述文献摘自何勤华、李秀清、陈颐编：《新中国民法典草案总览》（上卷），法律出版社2003年版，与会专家批注参见232页。

② 参见［德］迪特尔·梅迪库斯：《德国债法总论》，杜景林、卢谌译，法律出版社2003年版，第612－613页。

③ 参见郑玉波：《民法债编总论》（修订二版），陈荣隆修订，中国政法大学出版社2004年版，第404页。

④ 参见孙森焱：《民法债编总论》（下册），法律出版社2006年版，第740页。

⑤ 参见［德］迪特尔·梅迪库斯：《德国债法总论》，杜景林、卢谌译，法律出版社2003年版，第613页。

专题十七

侵权补充责任研究

一、补充责任形态的概念与特点

较之其他数人侵权责任分担形态，补充责任形态的定义方式与其规则一样，总是显得较为烦琐。张新宝教授在对经营者违反安全保障义务承担责任形态的研究过程中提出，补充责任，是指在能够确定加害人时，由加害人或其他负有责任的人承担责任，安全保障义务人不承担责任；只有在加害人无法确定时，由安全保障义务人承担全部责任；如果能够确认加害人，但是加害人或者对损害负有赔偿责任的人的资力不足以承担全部责任时，则先由加害人或者对损害负有赔偿责任的人尽力承担责任，剩余部分由负有安全保障义务的人承担。① 杨立新教授认为，侵权法上的补充责任，是指两个以上的行为人违反法定义务，对一个受害人实施了加害行为，或者不同的行为人基于不同的行为而致使受害人的权利受到同一损害，各个行为人产生同一内容的侵权责任，受害人享有的数个请求权有顺序的区别，首先行使顺序在先的请求权，不能实现或者不能完全实现时再行使另外的请求权的侵权责任形态。②

笔者认为，对于补充责任的定义方式，应该抛开适用这种侵权责任分担形态的侵权行为类型，避免使其成为某种侵权行为类型的特殊规则而失去推广的可能。补充责任形态，是指数个损害赔偿责任人对赔偿权利人负有同一赔偿义务，但法律规定赔偿权利人只能按照一定的顺序请求损害赔偿的责任形态。典型的补充责任形态是两个责任人之间的责任顺序问题，处于第一顺位的责任人被称为直接责任人；相应的，处于第二顺位的责任人被称为补充责任人。但这并不排除立法设计多层级补充责任的可能，其规则可以分解为数个双层级补充责任类推适用，因此下文将以双层级责任人的补充责任作为研究对象。补充责任形态主要具有四个特点。

① 参见张新宝、唐青林：《经营者对服务场所的安全保障义务》，《法学研究》2003年第3期。

② 参见杨立新：《侵权法论》（第三版），人民法院出版社2005年版，第643页。

第一，有两个以上的法定责任人，但责任顺序法定。以宾馆经营者违反安全保障义务承担补充责任为例，直接责任人是导致损害的第三人，补充责任人是宾馆经营者。由于补充责任人具有法定性，即使行为发生是基于宾馆建筑物所有人的过失，如未告知宾馆经营者存在地下通道可以进入建筑物，直接责任人利用了这一管理漏洞进入宾馆并最终导致损害的发生，也不能由宾馆建筑物所有人承担补充责任。受害人只能先向直接责任人求偿，求偿不能，才能向补充责任人请求承担补充责任。这是补充责任与不真正连带责任的重大区别。

第二，补充责任人对于损害的发生没有积极原因力，因而不承担最终责任，这是补充责任与连带责任的主要区别。补充责任人只是为损害的发生提供了消极的条件，直接侵害行为具有全部的原因力，直接责任人承担全部的最终责任，补充责任人不承担最终责任，因此享有全额的追偿请求权。①

第三，赔偿权利人负有向赔偿义务人的全额请求义务，包括对直接责任人的全额请求义务和向补充责任人的剩余全额请求义务。赔偿权利人如果只就部分赔偿数额向直接责任人求偿，则不得就剩余部分向补充责任人求偿。赔偿权利人只有在全额求偿的基础上，证明全部或者部分不能获得赔偿，才能在全部或者剩余部分的范围内，向补充责任人全额请求赔偿。补充责任人根据赔偿权利人的请求范围赔偿，如果赔偿权利人仅就未获得直接责任人赔偿数额的部分请求赔偿，则补充责任人不负有全部赔偿义务。

第四，补充责任结构中，直接责任具有主导性，补充责任具有从属性。这种从属性表现在：（1）责任构成上的从属性。补充责任在构成上依赖于直接责任的构成，无直接责任，即无补充责任。（2）责任范围上的从属性。补充责任范围等于或者小于直接责任范围，且随着直接责任人承担范围的扩大而相应地缩小。不能动辄就对安全保障义务人课以全部的补充赔偿责任，必须考虑其能够防止或者制止损害的范围。②（3）责任存在上的从属性。补充责任的存在以直接责任人不履行或者不完全履行赔偿义务为前提，如果直接责任人完全履行了赔偿义务，则在直接责任消灭的同时，补充责任也消灭。

二、我国侵权法上补充责任形态的发展和确立过程

（一）原《侵权责任法》起草之前与补充责任相关的立法实践

往往被忽略的是，在我国侵权法上设立补充性质的侵权责任具有一定的法律传统。早在新中国第一次民法典起草过程中，就已经出现了在侵权法领域适用补充性

① 这里所说的“全额”，是补充责任人实际承担赔偿责任的全额，而非直接责任人赔偿责任的全额。如果立法规定了“相应的”补充责任，则补充责任的范围取决于补充责任人过错的大小。

② 参见最高人民法院民事审判第一庭编著：《最高人民法院人身损害赔偿司法解释的理解与适用》，人民法院出版社 2004 年版，第 110 页。

质责任的思想。如在《债的通则第二次稿（另案）》（1957 年 1 月 9 日）第 73 条的讨论中，有学者主张“建筑物、动物和其他物造成损害，责任应首先由直接负责的人负，在他不能负或有困难时才找所有人”。这种试图对危险物致害不真正连带责任的顺位改造可以说是最早的补充责任雏形。而在 1957 年 2 月 10 日《损害赔偿法》（第三次草稿）讨论会上，也有学者提出了该草案第 3 条规定，即“损害的发生如果是由于第三人的故意或者过失所造成，应由第三人负赔偿责任”。那么，“第三人找不到时，责任应由谁负?”① 上述立法资料表明，当时的立法者对于最终责任人不明或者不具有赔偿能力的情形，已经考虑到了受害人求偿不能的风险问题，并试图对此问题作出先后顺序性的安排。

1988 年颁布的原《民通意见》第 161 条第 2 款规定：“行为人致人损害时年满十八周岁的，应当由本人承担民事责任；没有经济收入的，由抚养人垫付，垫付有困难的，也可以判决或者调解延期给付。”该规则针对当时我国司法实践中存在大量青年致害人无赔偿能力的案件的情况，根据我国社会的民事习惯，创造了具有补充性质的抚养人垫付责任，进一步体现出审判机关在私人财产和责任保险均不足的情形下，在受害人求偿不能风险与依靠抚养人生活且无经济收入的青年加害人及其家人的生活利益之间寻求平衡的意图。

1993 年《产品质量法》第 30 条第 2 款规定的“销售者不能指明缺陷产品的生产者也不能指明缺陷产品的供货者的，销售者应当承担赔偿责任”，实质上隐含了补充责任形态的雏形。如果销售者事后能够查明生产者或者供货者，应该参照适用 1993 年《产品质量法》第 28 条第 2 款后半句的规定：“属于生产者的责任或者属于向销售者提供产品的其他销售者（以下简称供货者）的责任的，销售者有权向生产者、供货者追偿。”这是我国法律层面第一次出现的补充责任雏形。1993 年稍晚颁布的《消费者权益保护法》第 38 条第二句规定的“展销会结束或者柜台租赁期满后，也可以向展销会的举办者、柜台的出租者要求赔偿”，实际上具有补充责任的性质。受害人向展销会举办者、柜台的出租者要求赔偿的权利，是在“展销会结束或者柜台租赁期满后”。其暗含的意思是，可能难以查找销售者或者服务者，或者向其求偿困难，因此候补性地增加了新的不真正连带责任人。需要指出的是，该条后段规定的“展销会的举办者、柜台的出租者赔偿后，有权向销售者或者服务者追偿”说明，当时的立法者已经认识到，补充责任人也享有追偿请求权。1993 年《消费者权益保护法》法第 39 条第三句也对补充责任形态进行了有益尝试：“广告的经营者不能提供经营者的真实名称、地址的，应当承担赔偿责任。”1994 年颁布的《广告法》第 38 条第 2 款进一步明确：“广告经营者、广告发布者不能提供广告主的真实名称、地址的，应当承担全部民事责任。”这应该被理解为全额的补充责

① 何勤华、李秀清、陈颐编：《新中国民法典草案总览》（上卷），法律出版社 2003 年版，第 226、243 页。

任。广告经营者、发布者承担责任后，应该可以向作为最终责任人的广告主追偿。

可见，在20世纪90年代初期，尽管当时的理论文献并未对补充责任展开讨论，立法者在当时颁布的《产品质量法》、《消费者权益保护法》和《广告法》中已经不自觉地发展出了补充责任的雏形，甚至对于补充责任人追偿请求权也作出了部分规定。遗憾的是，这些补充责任的雏形在当时未得到充分的研究和重视。不但2000年《产品质量法》修订时未能将补充责任形态明晰化，而且展销会的举办者、柜台的出租者责任被2006年《农产品质量安全法》第54条规定为不真正连带责任结构，2009年颁布的《食品安全法》第52条则将其错误地规定为连带责任。

(二)《人身损害赔偿司法解释》(法释〔2003〕20号) 上补充责任的出现

王利明教授主持的中国人民大学民商事法律科学研究中心团队和梁慧星教授主持的中国社会科学院法学所民法室团队，在2002年年初分别通过中国民商法律网和《法学研究》发布了学者拟订的侵权法草案。2002年12月23日全国人大常委会审议的《中华人民共和国民法（草案)》第八编即是“侵权责任法”(“一审稿”)。

王利明教授主持的“《中国民法典·侵权行为法编》草案建议稿”① 与梁慧星教授主持的“中国民法典·侵权行为编草案建议稿”② 分别在第88条与第170条、第13条与第37条，不谋而合地在未尽安全保障义务侵权行为和盗用商业信息进行交易侵权行为中，第一次正式提出“补充责任”的概念。

司法实务方面，尽管在《江宁县东山镇副业公司与江苏省南京机场高速公路管理处损害赔偿纠纷上诉案》这一收录于2000年《最高人民法院公报》的案例中，法院已经提到了“高速公路管理处在收取费用后不能及时清除路上障碍物，致使副业公司的车辆在通过时发生事故，既是不作为的侵权行为，也是不履行保障公路安全畅通义务的违约行为……至于第三人对失落防雨布造成的交通事故损失应当承担的民事责任，只有在高速公路管理处追查出第三人以后才有条件解决……高速公路管理处先行赔偿后，有向第三人追偿的权利”③。但该案例在当时甚至至今都未得到学术界的足够重视。

《人身损害赔偿司法解释》(法释〔2003〕20号）中的补充责任，实际上是学者在对随后发生的“银河宾馆案”④ 的讨论过程中，参考保证合同中的先诉抗辩权和

① 该建议稿最早于2002年4月5日公布在中国民商法律网，见 http：//www.civillaw.com.cn/article/default.asp? id=10714。

② 中国民法典立法研究课题组：《中国民法典·侵权行为编草案建议稿》,《法学研究》2002年第2期。该建议稿同样于2002年4月5日公布在中国民商法律网，见 http：//www.civillaw.com.cn/article/default.asp? id=10897。

③《江宁县东山镇副业公司与江苏省南京机场高速公路管理处损害赔偿纠纷上诉案》,《最高人民法院公报》2000年第1期。

④《王利毅、张丽霞诉上海银河宾馆赔偿纠纷案》,《最高人民法院公报》2001年第2期。

追偿请求权的构造安排，为寻求直接责任人和补充责任人之间的利益平衡而设计的。① 而在审理案件纠纷事实发生在《人身损害赔偿司法解释》（法释〔2003〕20号）颁布之前的“官渡建行案”② 中，法院参考了该司法解释第6条第2款关于补充责任的规定精神，判决认为官渡建行未在合理限度内尽到安全保障义务，承担与其过错相适应的赔偿责任，体现出法院系统对于该制度的肯定态度。

综上所述，我国当代侵权法学者延续了上一代民法学者对于受害人求偿不能风险的强化保护倾向，对违反预防他人侵权义务的不作为侵权行为与直接侵害他人民事权益的侵权行为作出了轻重不同的价值判断，作出了“受害人＞补充责任人＞直接责任人”的利益排序，并借此协助最高人民法院创造性地设计了补充责任制度。可以说，从1957年新中国第一次民法典起草开始，在40余年的理论和立法实践中，尽管从相关主流文献的叙述和引用上，并未体现出对此前立法和司法经验的连续积累性，但我国民法学说始终存在上述利益排序的潜意识，这正是成就《人身损害赔偿司法解释》（法释〔2003〕20号）规定补充责任的法律传统。

（三）补充责任在原《侵权责任法》的确立过程与适用范围

由于原《侵权责任法》“一审稿”的起草早于《人身损害赔偿司法解释》的起草和颁布，且立法机关的起草活动未能全面地参考当时已有的重要学者建议稿，因而一方面“一审稿”在两处规定了补充责任，另一方面没有对学者建议稿和《人身损害赔偿司法解释》中涉及的补充责任进行规定。

“一审稿”第28条规定：“盗窃的机动车在运行中造成他人损害的，盗窃人应承担侵权责任，但机动车的所有人对机动车的管理有过失的，应当承担补充赔偿责任。”“二审稿”之后直到《侵权责任法》通过，立法者考虑到2006年《机动车交通事故责任强制保险条例》第22条第1款第2项的规定，即“有下列情形之一的，保险公司在机动车交通事故责任强制保险责任限额范围内垫付抢救费用，并有权向致害人追偿……（二）被保险机动车被盗抢期间肇事的……”将“盗窃”扩张到“盗窃、抢劫或者抢夺”，同时采纳了最高人民法院《关于被盗机动车辆肇事后由谁承担损害赔偿责任问题的批复》（法释〔1999〕13号）中“使用盗窃的机动车辆肇事，造成被害人物质损失的，肇事人应当依法承担损害赔偿责任，被盗机动车辆的所有人不承担损害赔偿责任”的意见，一方面增加了责任强制保险的规定，另一方面没有对有过错的被盗窃机动车保有人科加相应的补充责任。笔者认为，立法者采用了简化立法的方式，没有区分盗窃和“两抢”，进而采用这种立法模式，是可以理解的。但如果司法解释能够单独对有过错的被盗窃机动车保有人，如停车后未拔

① 参见张新宝、唐青林：《共同侵权责任十论——以责任承担为中心重塑共同侵权理论》，《民事审判指导与参考》（第18辑），法律出版社2004年版。

② 《吴成礼等五人诉官渡建行、五华保安公司人身损害赔偿纠纷案》，《最高人民法院公报》2004年第12期。

钥匙或者车辆丢失但未及时报警，科加相应的补充责任，可能更为合理。① “一审稿”的另一处补充责任是第51条：“非法占有的高度危险物造成他人损害的，由非法占有人承担侵权责任。该物的所有人不能证明自己对防止他人非法占有高度危险物尽到高度注意义务的，应当承担补充赔偿责任。”

“二审稿”第14条是对第三人造成损害的侵权责任分担规则的一般规定：“损害是由第三人造成的，第三人应当承担侵权责任。法律规定有关单位或者个人承担补充责任或者相应责任的，依照其规定。”该条在立法上明确了补充责任这种比较法上较为新颖，同时具有极强理论和实用价值的侵权责任分担形态，为在我国侵权法中推广适用补充责任创造了条件，具有重大意义。有意思的是，除了第14条，整个“二审稿”没有再规定任何“补充责任”的条文，而在主流学说建议和2003年《人身损害赔偿司法解释》中规定应该适用补充责任的第6条第2款第二句规定的“公共场所管理人未尽安全保障义务”情形和第7条第二句规定的“教育机构未尽到管理职责”情形，都使用了“承担相应的赔偿责任”的用语，显示出立法者对采纳补充责任制度的迟疑。但使用“相应”责任用语只能解决赔偿责任范围问题，并不能解决两个责任人的赔偿责任之间的侵权责任分担关系，也无法借此规定补充责任领域的追偿请求权。笔者在当时曾经提出，应该采纳《人身损害赔偿司法解释》（法释〔2003〕20号）的做法，明确使用“补充责任”概念并对追偿请求权作出规定。②

“三审稿”采纳了学者的意见，借鉴了《人身损害赔偿司法解释》（法释〔2003〕20号）的规定，对公共场所管理人或者活动组织者未尽安全保障义务的情形和教育机构未尽管理职责的情形规定了补充责任。另外，在劳务派遣领域也规定了劳务派遣单位未尽选任义务的补充责任。

原《侵权责任法》最终采纳了“三审稿”的模式，第34条第2款规定：“劳务派遣期间，被派遣的工作人员因执行工作任务造成他人损害的，由接受劳务派遣的用工单位承担侵权责任；劳务派遣单位有过错的，承担相应的补充责任。”③ 第37条第2款规定：“因第三人的行为造成他人损害的，由第三人承担侵权责任；管理人或者组织者未尽到安全保障义务的，承担相应的补充责任。”第40条规定：“无民事行为能力人或者限制民事行为能力人在幼儿园、学校或者其他教育机构学习、生活期间，受到幼儿园、学校或者其他教育机构以外的人员人身损害的，由侵权人承担侵权责任；幼儿园、学校或者其他教育机构未尽到管理职责的，承担相应的补充责任。”但遗憾的是原《侵权责任法》未对追偿请求权作出明确规定，导致当时学术界对追偿请求权是否存在产生了争议。

① 参见张新宝、解娜娜：《“机动车一方”：道路交通事故赔偿义务人解析》，《法学家》2008年第6期。

② 参见王竹：《论补充责任在〈侵权责任法〉上的确立与扩展适用》，《法学》2009年第9期。

③ 对此“补充责任”是否与违反安全保障义务的补充责任具有同质性，笔者持怀疑态度，详见后文分析。

原《侵权责任法》的补充责任形态是否仅限于上述条文，学界对此有不同意见，特别是使用了“不足部分”的条文。有不少学者主张原《侵权责任法》第32条第2款规定也是补充责任：“有财产的无民事行为能力人、限制民事行为能力人造成他人损害的，从本人财产中支付赔偿费用。不足部分，由监护人赔偿。”笔者认为，该款规定系在原《民法通则》第133条第2款的基础上，删除了容易造成误解的“但单位担任监护人的除外”部分而形成的条文。原《侵权责任法》第32条第2款结构尽管具有一定的“补充”性质，但并不是侵权责任分担意义上的补充责任，而是在公平责任框架下的特殊制度安排。① 其结构是在原《侵权责任法》第32条第1款规定的由监护人承担替代责任的基础上，例外规定以无民事行为能力人、限制民事行为能力人的自有财产先行承担责任。另外，也有学者主张原《侵权责任法》第49条规定的“不足部分，由机动车使用人承担赔偿责任”和第50条规定的“不足部分，由受让人承担赔偿责任”也属于补充责任。笔者认为，这两个条文与其说是对所谓“补充责任”的规定，不如说是对责任强制保险赔偿范围的特殊规定。质言之，这三个条文使用的“不足部分”的规定，都是为了突出特殊的损害赔偿来源，而并非形成侵权责任分担意义上的补充责任。

(四)《民法典》的补充责任规定

《民法典》第1198条沿袭了原《侵权责任法》第37条的立法模式，《民法典》第1198条第1款在原有典型场所列举类型上增加了机场和体育场馆，增加了“经营场所”的场所类型和相应的“经营者”主体类型，规定：“宾馆、商场、银行、车站、机场、体育场馆、娱乐场所等经营场所、公共场所的经营者、管理者或者群众性活动的组织者，未尽到安全保障义务，造成他人损害的，应当承担侵权责任。”《民法典》第1198条第2款除了增加经营者作为责任人之外，明确了补充责任人的追偿权：“因第三人的行为造成他人损害的，由第三人承担侵权责任；经营者、管理者或者组织者未尽到安全保障义务的，承担相应的补充责任。经营者、管理者或者组织者承担补充责任后，可以向第三人追偿。”《民法典》第1201条沿袭了原《侵权责任法》第40条的立法模式，除了明确“第三人”概念之外，也明确了补充责任人的追偿权：“无民事行为能力人或者限制民事行为能力人在幼儿园、学校或者其他教育机构学习、生活期间，受到幼儿园、学校或者其他教育机构以外的第三人人身损害的，由第三人承担侵权责任；幼儿园、学校或者其他教育机构未尽到管理职责的，承担相应的补充责任。幼儿园、学校或者其他教育机构承担补充责任后，可以向第三人追偿。”可见，较原《侵权责任法》，《民法典》的补充责任规定的主要变化，就是明确了两类补充责任形态的追偿权。

① 鉴于自原《民法通则》颁布以来该条文适用上的模糊性和条文本身的重要性，笔者将另行撰文探讨。

三、我国侵权法上安全保障义务的设定与补充责任形态的制度优势

（一）我国侵权法上安全保障义务的设定

罗马法上依据“阿奎利亚之诉”，认为只有致害的积极行为才会导致责任的产生，对于不作为原则上不允许请求赔偿，只有违反了不作为义务才能产生赔偿责任。罗马法的不作为侵权理论对德国法影响至深，所以在《德国民法典》制定之初，德国学界通说站在维护人的行动自由的立场，普遍倾向于认为，应当对不作为侵权责任适当限制，只有当行为人依法律规定、合同约定、先前危险行为的要求负有作为义务时，其才可能承担不作为侵权责任。随着社会的发展，传统的不作为侵权理论已经不能满足现实生活的需要了。正是现实的需要导致了交往安全义务的产生，通过扩张原来很受限的不作为侵权责任，从而突破了罗马法。不过罗马法的作为侵权责任理论根深蒂固，人们不愿意引入一个全新的、范围广泛的新制度，而只是承认了一种新类型的例外。这些例外实际上是各种难以解释的特殊案型的混合，名之“交往安全义务”①。

我国于侵权法上构建安全保障义务，在一定程度上借鉴了德国法的做法，可以在法无规定或者合同有没有约定的情况下为当事人提供请求权的基础，也可以在法有规定或者合同有约定的时候为当事人提供另外一种请求权的选择空间。正是基于这种体系位置的安排，安全保障义务对义务人而言是其应当承担的最基本的义务，是其应当达到的最低要求。当事人可以作出高于其标准的约定，但不得通过约定免除义务或者降低标准。② 安全保障义务的确立，带来了理论和实践的新问题，即对于同一受害人，出现了直接加害人和违反安全保障义务人承担的侵权责任相互重合的现象，需要规定一种数人侵权责任分担形态来理顺二者的关系。

（二）适用按份责任形态或者连带责任形态的最终份额之困境

传统民法的数人侵权责任分担制度，主要局限于按份责任形态和连带责任形态之间的选择问题。有学者提出适用按份责任形态，安全保障义务人与实施侵权行为的第三人按各自过失大小或原因力的比例承担相应的赔偿责任。③ 笔者认为，违反安全保障义务的行为与直接侵害行为在时间与空间上都高度重合，如果一定要在按份责任与连带责任之间作出选择，更宜认定两者直接结合成共同侵权行为，承担连带责任。由于安全保障义务人一般都有赔偿能力，受害人能够全额受偿。问题在于，如果适用连带责任，则会分配给安全保障义务人一定的最终责任份额。如前所

① 周友军：《交往安全义务理论研究》，中国人民大学出版社 2008 年版，第 8－10 页。

② 参见最高人民法院民事审判第一庭编著：《最高人民法院人身损害赔偿司法解释的理解与适用》，人民法院出版社 2004 年版，第 102－103 页。

③ 参见杨垠红：《侵权法上的作为义务——安全保障义务之研究》，法律出版社 2008 年版，第 244 页。

述，直接加害人对损害的发生具有全部的原因力，不能因为损害发生的地点有所改变而减轻这种原因力，进而减轻其赔偿责任，使其在某种意义上获益。这种分担最终责任份额的困境在按份责任中也是同样存在的，这就是违反安全保障义务侵权责任的数人侵权责任分担形态选择疑难之所在。

（三）比较法中类似补充责任形态法律制度的启示

1. 美国法中故意侵权预防义务制度面临的最终责任份额的困境

与德国法的交往安全义务对不作为侵权的扩张类似，美国法也认为过失违反侵权预防义务将增加被他人故意侵权的风险①，并逐渐发展出了故意侵权预防义务制度。20 世纪 90 年代之前，美国法院对于过失违反故意侵权预防义务的案件普遍适用按份责任。但由于实务中直接致害人一般都缺乏赔偿能力，而安全保障义务人相对更有经济实力，也可以通过保险分散风险，所以陪审团往往不依据实际的过错大小而是一味地追求保障受害人受偿的结果，分配更多的份额给有赔偿能力的预防人，而仅仅分配较少的份额给直接侵害人，使案件的判决显得有违公平。② 因此，美国法院逐渐开始对该类案件适用连带责任来缓和这种实际过错大小与责任份额大小之间的张力。美国法学会《侵权法重述·第三次》责任分担编第 14 条规定："因未就某一故意侵权行为的具体风险对他人提供保护而承担责任的一方，应在分配给他的比较责任份额之外，对分配给故意侵权行为人的比较责任份额承担连带责任。"美国统一州法委员会《统一侵权责任分担法案》第 6 条第 2 款也作出了类似的规定。但连带责任方案也同样面临最终责任分担的困境。故意侵权人承担了全部赔偿责任后，还可以向违反预防义务的人请求分摊，令人费解，后者也认为应该由故意侵权人承担全部的赔偿责任。③ 可见，美国法上这种在按份责任与连带责任之间进行选择的传统思路，是无法解决最终责任份额困境的。

2. 瑞士法的责任顺位制度带来的启示

瑞士法中，基于共同侵权行为承担连带责任适用《瑞士债务法》第 50 条的规定，被称为真正连带责任；根据不同法律原因且非因共同行为造成同一损害的，承担不真正的连带责任④，适用《瑞士债务法》第 51 条第 1 款的规定："数人基于不同的法律原因（如侵权、合同、法律规定）对同一损害承担责任的，适用有关连带责任人之间责任分摊的规定。"而第 51 条第 2 款规定："原则上，首先由因其非法行为造成损害的一方当事人赔偿，最后由无过错或者无合同债务而仅依据法律承担

① Dan B. Dobbs，*The Law of Torts*（West Academic Publishing 2008）.

② See American Law Intitution，*Restatement of the Law*，*Third*，*Torts*：*Apportionment of Liability*，2000. § 1 Issues and Causes of Action Addressed by This Restatement，Reporters Notes：Comment c. Special issues involving intentional torts.

③ See American Law Intitution，*Restatement of the Law*，*Third*，*Torts*：*Apportionment of Liability*，2000. § 23 Contribution. Comment l. Intentional torts.

④ See F. Dessemontet，T. Ansay（ed），*Introduction to Swiss Law*（3rd ed，Kluwer Law International 2004）161.

责任的当事人赔偿。”按照瑞士学者的解释，第一顺位由负有过错责任的人承担，第二顺位是合同责任人，第三顺位的是其他法定责任人。第三顺位责任人承担责任后，可以向前两位顺位责任人进行追偿，第二顺位责任人可以向第一顺位责任人追偿。① 瑞士法对于真正连带责任和不真正的连带责任的区分，以及对于不真正的连带责任适用按照顺位赔偿和追偿的做法，对我国侵权法补充责任的设计具有启示作用。

四、第三人侵权预防义务的设定与适用补充责任形态的制度优势

（一）第三人侵权预防义务的设定与对应补充责任的设定义务

笔者认为，不但应该借鉴德国法的交往安全义务理论，将我国侵权法的安全保障义务进一步发展为适用范围更广的第三人侵权预防义务，还应该在侵权责任分担形态的选择上，吸取美国法故意侵权预防义务制度在按份责任形态和连带责任形态选择上因最终责任份额分担困境进退两难的教训，采用《瑞士债务法》第 51 条顺位责任制度的立法技术，将违反第三人侵权预防义务的责任明确为补充责任。通过补充责任形态的设计，在不改变侵权法填补性损害赔偿基本原则的基础上，扩展侵权法的预防功能，实际地减少损害发生的次数，降低损害的严重程度，同时也降低受害人的受偿不能风险，以适应社会发展对第三人侵权预防义务的新需要。第三人侵权预防义务的设定，主要应考虑以下几个方面的因素：

第一，对第三人合理安全信赖的保证责任及其归责原则。现代生活中，一个人可以在通常范围内依赖他人的行为，尤其是在该他人有法定义务的情况下更是如此。② 这种法定义务主要是通过在一定范围和程度内对损害的预防义务，在该范围内的他人能够产生并依赖于这种合理信赖。因此，对于信赖范围内造成的损害，负有第三人侵权预防义务的人，也应该承担类似于保证责任的赔偿责任。对这种信赖利益违反应该承担过错责任，也可能适用过错推定责任，后者主要适用于那些受害人难于证明违反侵权预防义务人过错的情形。

第二，第三人侵权预防义务的设定必须与单纯的违反安全保障义务的不作为侵权相协调。解释《民法典》第 1198 条第 2 款规定补充责任的正当性时，必须确保能够同时解释该条第 1 款，即单纯的违反安全保障义务的行为人为何承担全部的赔偿责任。笔者设计了一个例子来说明这个问题：受害人在经营场所被窜入的狗咬伤，经营者违反了安全保障义务。如果狗是流浪狗，则适用第 1198 条第 1 款的规定；如果狗为他人所有，则适用该条第 2 款的规定。需要特别说明的是，该狗是否

① See W. V. H. Rogers (ed.), *Unification of Tort Law: Multiple Tortfeasors* (Kluwer Law International 2004) 249.

② See Anerican Law Institution, *Restatement of the Law, Second, Tort.* § 388 Chattel Known to Be Dangerous for Intended Use. Comment n. Warnings given to third person.

为流浪狗，并不改变经营者赔偿责任的大小，差别只在于赔偿责任的性质是否是补充责任。如果一开始该案被当作流浪狗致害处理，由违反安全保障义务的经营者承担了赔偿责任；后来经营者发现该狗并非流浪狗，而是属于某人，则可以由经营者向该狗的主人提起追偿之诉。

第三，第三人侵权预防义务的责任承担，仅限于法定预防范围之内。预防的范围可能是作为也可能是不作为，可能是对故意行为的预防也可能是对过失行为的预防，甚至包括对严格责任的预防。仍以上文狗咬人的案例为例，如果受害人被咬后感染狂犬病致死，而该狗的主人此前已经按照相关法律规定将狗送至动物医院注射疫苗，但该动物医院利欲熏心，竟然注射假疫苗。由于安全保障义务人对于医院使用假疫苗并无预防义务，所以，他对于受害人的死亡无须承担补充责任。

如果侵权法设定了第三人侵权预防义务，而没有相应地规定补充责任，那么第三人侵权预防义务人与直接责任人，则可能根据直接结合共同侵权行为理论成立连带责任，这又将面临最终份额确定的困境。因此，第三人侵权预防义务的设定，科加了立法者设定补充责任的义务。

（二）适用补充责任形态的制度优势

违反安全保障义务侵权责任领域，适用补充责任形态具有以下制度优势：

第一，实现了对侵权责任扩张的限制与当事人利益的平衡。传统民法中不承担责任的不作为行为人，随着现代民法作为义务的扩展而承担责任。为了限制这种侵权责任的扩张与平衡直接责任人、补充责任人和受害人的利益，设计不承担最终责任的补充责任，并赋予补充责任人追偿请求权，是最佳选择。

第二，合理限制赔偿权利人的求偿选择权。补充责任不但在顺序上限制赔偿权利人必须先向直接责任人请求赔偿，而且赔偿权利人必须请求全部损害赔偿，而不能像连带责任人那样，可以随意选择责任人和任意确定每个责任人的赔偿数额。

第三，符合我国司法现状。尽管在制度设计上是由加害人承担直接责任，补充责任人只是承担第二顺位的责任，其享有追偿请求权，但实际适用的案例，大多是加害人不具有赔偿能力或者无法查找的情形，由补充责任人承担了赔偿责任，其追偿请求权往往不能实现。补充责任人一般是具有一定的赔偿能力的机构，它可以通过商业保险分散风险，因此该制度实际上较好地适应了当前的司法现状，起到了意外损害社会分担的作用。

五、我国侵权法中补充责任的适用范围

（一）《民法典》侵权责任编未明示的补充责任规则

《民法典》第 1212 条是对“未经允许驾驶他人机动车发生交通事故的侵权责任”的规定：“未经允许驾驶他人机动车，发生交通事故造成损害，属于该机动车一方责任的，由机动车使用人承担赔偿责任；机动车所有人、管理人对损害的发生

有过错的，承担相应的赔偿责任，但是本章另有规定的除外。”第 1256 条是对“公共道路妨碍通行物品致害侵权责任”的规定：“在公共道路上堆放、倾倒、遗撒妨碍通行的物品造成他人损害的，由行为人承担侵权责任。公共道路管理人不能证明已经尽到清理、防护、警示等义务的，应当承担相应的责任。”第 1212 条后段规定的“相应的赔偿责任”和第 1256 条第二句规定的“相应的责任”实质上是两处未明示的补充责任。

《民法典》第 1212 条吸收了《道路交通事故司法解释》（法释〔2012〕19 号）第 2 条的规定：“未经允许驾驶他人机动车发生交通事故造成损害，当事人依照侵权责任法第四十九条的规定请求由机动车驾驶人承担赔偿责任的，人民法院应予支持。机动车所有人或者管理人有过错的，承担相应的赔偿责任，但具有侵权责任法第五十二条规定情形的除外。”该条规定适用于“未经允许驾驶他人机动车，发生交通事故造成损害”的情形，“但是本章另有规定的除外”主要是排除《民法典》第 1209 条规定的“机动车保有人与使用人不是同一人时的机动车交通事故责任”和第 1215 条规定的“盗窃、抢劫或者抢夺的机动车发生交通事故的侵权责任”。《民法典》第 1212 条的条文结构与第 1198 条第 2 款的结构类似，“未经允许驾驶他人机动车”的第三人承担直接责任，“机动车所有人、管理人对损害的发生有过错的，承担相应的赔偿责任”，该责任实质上是与过错相应的补充责任，建议未来《民法典侵权责任编解释》予以明确。

《民法典》第 1256 条实质上是对原《侵权责任法》第 89 条规定的“在公共道路上堆放、倾倒、遗撒妨碍通行的物品造成他人损害的，有关单位或者个人应当承担侵权责任”的细化，吸收了《道路交通事故司法解释》（法释〔2012〕19 号）第 10 条的规定：“因在道路上堆放、倾倒、遗撒物品等妨碍通行的行为，导致交通事故造成损害，当事人请求行为人承担赔偿责任的，人民法院应予支持。道路管理者不能证明已按照法律、法规、规章、国家标准、行业标准或者地方标准尽到清理、防护、警示等义务的，应当承担相应的赔偿责任。”该条是以《江宁县东山镇副业公司与江苏省南京机场高速公路管理处损害赔偿纠纷上诉案》为条文设计的典型案例原型，其结构与《民法典》第 1198 条违反安全保障义务的侵权责任具有类似性，实质上包含了两种不同的侵权行为类型，建议未来《民法典侵权责任编解释》分为两款予以明确，第 1 款应当对公共道路维护人未尽道路安全维护义务时的直接过错责任：“公共道路的维护人未尽到安全维护义务，造成他人损害的，应当承担侵权责任。”第 2 款应当对第三人行为造成他人损害情形中，公共道路维护人未尽道路安全维护义务的补充责任进行规定：“在公共道路上堆放、倾倒、遗撒妨碍通行的物品造成他人损害的，物品的所有人或者占有人不能证明自己无过错的，应当承担侵权责任；公共道路的维护人未尽到安全维护义务的，承担相应的补充责任。”在归责原则上，从公共道路的公共性和安全性角度出发，物品所有人、占有人承担过错推定的直接责任，公共道路的管理人承担过错推定的补充责任。

（二）司法解释中补充责任规则的理解与适用

《人身损害赔偿司法解释》（法释〔2003〕20号）在侵权法领域创造性地使用了"补充责任"概念后，最高人民法院先后在《铁路运输人身损害赔偿司法解释》（法释〔2010〕5号）和《旅游纠纷司法解释》（法释〔2010〕13号）中规定了"补充赔偿责任"或者"补充责任"。《铁路运输人身损害赔偿司法解释》（法释〔2010〕13号）中原有的补充责任规定在2021年修改中被删除，《旅游纠纷司法解释》（法释〔2020〕17号）删除了原司法解释第14条的规定①，仅保留了第7条规定的补充责任。

《旅游纠纷司法解释》（法释〔2020〕17号）第7条第1款规定："旅游经营者、旅游辅助服务者未尽到安全保障义务，造成旅游者人身损害、财产损失，旅游者请求旅游经营者、旅游辅助服务者承担责任的，人民法院应予支持。"第7条第2款规定："因第三人的行为造成旅游者人身损害、财产损失，由第三人承担责任；旅游经营者、旅游辅助服务者未尽安全保障义务，旅游者请求其承担相应补充责任的，人民法院应予支持。"这两款的结构与《民法典》第1198条类似，可以被认为是"群众性活动的组织者"规则在旅游行业中的准用。该条较为特殊的是列出了"旅游经营者"和"旅游辅助服务者"两类责任人。笔者认为，二者之间不是不真正连带责任关系，而是根据该条规定的过错责任，由有过错的责任人承担责任。如果二者均违反了安全保障义务，则依据是否符合《民法典》第1168条的规定，共同对直接责任或者补充责任承担按份责任或者连带责任。

（三）建议未来《民法典侵权责任编解释》增设的补充责任类型

除上述《民法典》侵权责任编以及相关司法解释规定的补充责任，总结立法经验、学说观点和司法实务，建议未来通过《民法典侵权责任编解释》增设六个类型补充责任规则。

第一，第三人违反醉酒、滥用麻醉品等预防义务的补充责任。建议在《民法典》第1190条第2款基础上，规定："因过度劝酒、非法提供麻醉品等第三人原因导致行为人醉酒、滥用麻醉品而暂时丧失辨别能力致人损害的，由该第三人在过错范围内承担补充责任。"

第二，机动车保有人违反盗窃预防义务的补充责任。建议在《民法典》第1215条第1款基础上，规定："机动车保有人对盗窃的发生有重大过失的，在过错范围内承担补充责任。"②

第三，工作单位违反职场性骚扰预防义务的补充责任。建议《民法典》第1010条第2款规定基础上，进一步规定："工作人员在职场范围内遭受第三人性骚扰造

① 该司法解释第14条被删除的原因是与《旅游法》第71条存在冲突，详见最高人民法院民法典贯彻实施工作领导小组办公室编著：《最高人民法院实施民法典清理司法解释修改条文（111件）理解与适用》，人民法院出版社2022年版，第275-276页。

② 张新宝、解娜娜：《"机动车一方"：道路交通事故赔偿义务人解析》，《法学家》2008年第6期。

成损害，工作单位未尽保护注意义务的，应该承担补充责任。”①

第四，网络服务提供者违反网络侵权预防义务的补充责任。建议在《民法典》第 1195 条的基础上，规定：“提供内容服务的网络服务提供者对权利人要求其提供侵权行为人的注册资料以追究他人的侵权责任的请求，无正当理由拒绝或者无法提供的，应当承担补充责任。”

第五，展销会的举办者、柜台的出租者或者市场开办者违反产品侵权预防义务的补充责任。《消费者权益保护法》第 43 条、2006 年《农产品质量安全法》第 54 条第 2 款和《食品安全法》第 130 条规定展销会的举办者或者柜台的出租者、市场开办者与生产者、销售者、服务者承担连带责任的情形，笔者倾向于认为展销会的举办者或者柜台的出租者、市场开办者应该承担补充责任。

第六，商业交易平台违反信息安全保护义务的情形。建议增设规定：“对交易安全负有保护义务的交易平台，对第三人盗用姓名、账号、密码、执照等进行交易，造成他人损害的，应当对受害人承担补充责任，但是能够证明自己没有过错的除外。”

六、补充责任形态的追偿权

（一）原《侵权责任法》时代主流学说对补充责任追偿权的否定

由于原《侵权责任法》明文规定的“相应的补充责任”均未明文规定追偿权，在该法通过之后，主流学说意外地对补充责任追偿权持否定态度。较为明确表达该观点的是杨立新教授和郭明瑞教授。杨立新教授认为，原《侵权责任法》第 37 条和第 40 条规定的“相应的补充责任”是与补充责任人过错程度和原因力相适应的赔偿责任，因此均取消了《人身损害赔偿司法解释》（法释〔2003〕20 号）第 6 条和第 7 条规定的追偿权。② 郭明瑞教授认为，责任人是否有追偿权，关键在于其承担的责任是否是其应承担的或者说是否是为他人承担的责任。如果责任人承担的责任本就是其应当承担的，那么也就不发生向他人追偿的问题。正是因为补充责任人是对自己的过错和原因力造成的损害负责，故本质上补充责任是一种自负责任，补充责任人在承担责任后不能再向实际加害人追偿。③ 王利明教授持一定保留态度，认为原则上安全保障义务人不能向第三人追偿，理由在于其承担的是与自己的过错和原因力相一致的责任，责任范围已经受到限制，就没有必要赋予安全保障义务人以追偿权。另外，在例外情况下，补充责任人可以行使追偿权，如第三人具有故意

① 杨立新、马桦：《性骚扰行为的侵权责任形态分析》，《法学杂志》2005 年第 6 期。

② 参见杨立新：《侵权责任法》，法律出版社 2010 年版，第 283、295 页。

③ 参见郭明瑞：《补充责任、相应的补充责任与责任人的追偿权》，《烟台大学学报（哲学社会科学版）》2011 年第 1 期。

或者恶意，或者安全保障义务人承担责任后在时效期限内发现第三人有财产的情形。[①] 而张新宝教授则仅仅是在对安全保障义务人的"相应的补充责任"的说明中提道："原《侵权责任法》并未明确规定安全保障义务人的追偿权问题。"[②] 因而张新宝教授未作明确反对，也未正面支持。

（二）补充责任形态应该适用追偿权

笔者认为，补充责任是否能够适用追偿权，涉及补充责任作为一种特殊数人侵权责任分担形态的独立价值。如果补充责任不能适用追偿权，则将出现逻辑上的矛盾与循环。如果直接责任人能够承担赔偿责任，就无须补充责任人承担责任。如果直接责任人不能全部承担赔偿责任，则由补充责任人在与其过错和原因力相应范围内承担赔偿责任，且不能追偿。那么，该部分责任自始就应该由补充责任人承担，因此是否意味着直接责任人本来就不应该承担该部分责任。沿着这种逻辑，则问题不是补充责任人是否享有向直接责任人追偿的权利，而是直接责任人承担了超过自己责任份额的赔偿，是否有权向补充责任人追偿。如果按照这种逻辑，补充责任就成为一种直接责任人与补充责任人之间的单向连带责任，即补充责任人承担的是按份责任，而直接责任人承担的是连带责任。但在补充责任的设计中，特别考虑的是补充责任人往往有较强的赔偿能力，才作此设计，避免受害人无法从直接责任人处得到全部赔偿。可见，无追偿权配置的补充责任，已经违背了其自身的立法主旨。与其作出这样逻辑怪异的设计，不如直接设定按份责任，在逻辑上回到补充责任产生之前，似乎更为妥当。《民法典》侵权责任编在第 1198 条第 2 款规定了第三人侵权时经营者、管理者或者组织者因违反安全保障义务承担相应的补充责任后的追偿权，在第 1201 条规定了第三人在教育机构造成损害时教育机构承担相应的补充责任后的追偿权，是正确的立法选择。

① 参见王利明：《侵权责任法研究》（下卷），中国人民大学出版社 2011 年版，第 194－195 页。

② 张新宝：《侵权责任法》（第二版），中国人民大学出版社 2010 年版，第 235－237 页。

侵权公平责任论

21世纪法学研究生参考书系列

专题十八

我国侵权公平责任体系研究

一、我国侵权公平责任的范围

（一）《民法典》之前关于我国侵权公平责任范围的不同学说

关于我国侵权公平责任的范围，有不同的学说。在《民法通则》时代，较为典型的观点是公平责任以该法第 132 条为核心，适用范围包括第 109 条“见义勇为”、第 128 条“正当防卫”、第 129 条“紧急避险”和第 133 条“监护人责任”①。王泽鉴教授则认为包括原《民法通则》第 128 条和第 129 条规定的正当防卫或紧急避险过当之适当责任，第 133 条第 1 款规定的监护人之适当责任和第 132 条规定的双方无过错之公平责任。②

原《侵权责任法》通过之后，王利明教授认为，该法第 24 条规定的公平责任，只能适用于法律特别规定的四种情形：（1）无民事行为能力人或限制民事行为能力人致害（第 32 条）；（2）完全行为能力人暂时丧失意识或者失去控制（第 33 条）；（3）紧急避险致人损害（第 31 条）；（4）高楼抛物致害不能确定侵权人（第 87 条）。③ 郭明瑞教授认为，原《侵权责任法》第 31 条、第 33 条、第 87 条是适用公平责任的具体规定；第 32 条第 2 款也可看作公平责任的具体规定，但不是第 24 条规定的具体运用。④ 程啸教授认为，公平责任的适用范围除该法第 24 条之外，还包括：（1）见义勇为中受益人对被侵权人的补偿（第 23 条）；（2）自然原因引起危险时，紧急避险人对受害人的补偿（第 31 条）；（3）完全民事行为能力人对自己的行为暂时没有意识或者失去控制造成他人损害无过错的，对受害人的适当补偿（第 33 条）；（4）高空抛掷物或者坠落物造成损害时，由可能加害的建筑物使用人对受

① 王卫国：《过错责任原则：第三次勃兴》，中国法制出版社 2000 年版，第 295 页。

② 参见王泽鉴：《民法学说与判例研究》（修订版）（第六册），中国政法大学出版社 2005 年版，第 279 页。

③ 参见王利明：《侵权责任法研究》（上卷），中国人民大学出版社 2010 年版，第 269 页。

④ 参见郭明瑞：《关于公平责任的性质及适用》，《甘肃社会科学》2012 年第 5 期。

害人的补偿（第 87 条）。① 周友军教授认为，除原《侵权责任法》第 24 条之外，还包括紧急避险人的公平责任（第 31 条）、暂时无责任能力者的公平责任（第 33 条 1 款）、高楼坠物抛物致害时的公平责任（第 87 条）；并特别指出，第 23 条见义勇为是基于无因管理制度而承担的责任，不是公平责任。②

也有学者认为，原《侵权责任法》的公平责任是补偿责任的一种类型，为补偿责任的下位概念。原《侵权责任法》补偿责任包含如下三种类型：第一，公平责任。该法第 24 条是公平责任一般条款，第 31 条前半段和第 33 条是公平责任的具体类型。第二，该法第 23 条规定的受益人补偿责任。第三，该法第 87 条规定的加害人不明的补偿责任。③

（二）我国侵权公平责任的类型化研究思路

受 1922 年《苏俄民法典》的影响，原《民法通则》也将公平责任上升为一般条款。④ 考察新中国民法典起草的历次草案可以发现，从 1955 年新中国开始起草民法典，到 1982 年 5 月 1 日的《中华人民共和国民法草案（第四稿）》，均无任何类似原《民法通则》第 132 条的草案条文，相应位置也并无其他规定。⑤ 而我国民法学界在原《民法通则》颁布之前，主要是借鉴对 1978 年南斯拉夫债法上的公平责任新规定的译文介绍⑥，总结审判实践经验⑦，建议中国侵权法上确立公平责任原则。⑧ 而该法颁布之后，学界迅速对此展开了争鸣。⑨ 因此有学者感叹，由于原《民法通则》第 132 条的规定的出现，加上概念规范与思维逻辑不严格，故“公平责任”原则之说在民法学界至今甚为流行。⑩

① 参见程啸：《侵权责任法》，法律出版社 2011 年版，第 152 页。

② 参见周友军：《侵权法学》，中国人民大学出版社 2011 年版，第 36 页。

③ 参见王全弟、李挺：《对侵权责任法公平责任的新解读》，《三峡大学学报（人文社会科学版）》2013 年第6 期。

④ 参见孔祥俊：《论侵权行为的归责原则》，《中国法学》1992 年第 6 期。

⑤ 参见何勤华、李秀清、陈颐编：《新中国民法典草案总览》（上卷）（下卷），法律出版社 2003 年版。

⑥ 参见［南］佛·克鲁尔杰：《南斯拉夫新债法的概念及其基本制度》，王名扬译，盛愉校，《法学译丛》1980 年第 2 期，原载《南斯拉夫法律》（法文版）1978 年第 2 期，原文参见 Vrleta Krulj, *“La conception et les institutions fondamentales de la nouvelle Loi yougoslave des obligations”*, Yugoslav Law, No. 2，1978。

⑦ 参见刘新熙：《公平责任原则探讨》，《法学研究》1983 年第 2 期；刘书锜：《论我国的侵权损害赔偿》，《安徽大学学报（哲学社会科学版）》1984 年第 4 期；许赛莹、张玉敏：《如何处理损害赔偿纠纷》，《法学》1984 年第 5 期。

⑧ 参见梁慧星：《试论侵权行为法》，《法学研究》1981 年第 2 期；刘淑珍：《试论侵权损害的归责原则》，《法学研究》1984 年第 4 期；李实：《试论侵权法的渊源及三项责任原则》，《河北法学》1984 年第 4 期。

⑨ 较早的重要文献包括：石柱华：《试论公平责任原则》，《中南政法学院学报》1987 年第 3 期；蓝承烈：《论公平责任原则》，《学习与探索》1987 年第 3 期；房绍坤、武利中：《公平责任原则质疑》，《法律科学》1988 年第 1 期；刘士国：《论侵权损害的公平责任原则》，《法律科学》1989 年第 2 期；蒋颂平：《“公平责任”原则应是独立的归责原则》，《人民司法》1989 年第 7 期。

⑩ 参见米健：《关于“公平”归责原则的思考》，《中外法学》1997 年第 1 期。

二、与“公平原则”相关的侵权责任规范类型化分析①

按照相关条文和司法实践中具体情节的实际适用和考量效果，学者提到的与“公平原则”相关的侵权责任规范可以分为以下 6 大类 13 小类。

（一）减轻侵权责任类

本类的共同特点是，均应依法承担侵权责任，但可以根据实际的情况适当减轻赔偿数额。所谓“实际情况”，包括特殊主体、特殊事件和双方经济条件差异及其他特殊情况。

1. 维权过当责任减轻类

所谓维权过当责任，是指为保护自己或者他人利益的行为，由于超过了必要的限度或者采取了不恰当的维权措施，造成了不应有的损失而承担的适当的侵权责任，在立法上体现为防卫过当和避险过当。《民法典》第 181 条第 2 款的规定与原《侵权责任法》第 30 条第二句、原《民法通则》第 128 条第二句的规定没有本质区别：“正当防卫超过必要的限度，造成不应有的损害的，正当防卫人应当承担适当的民事责任。”最高人民法院《关于适用〈中华人民共和国民法典〉总则编若干问题的解释》（以下简称“《民法典总则编司法解释》”）（法释〔2022〕6 号）第 30 条对民法上的正当防卫进行了界定：“为了使国家利益、社会公共利益、本人或者他人的人身权利、财产权利以及其他合法权益免受正在进行的不法侵害，而针对实施侵害行为的人采取的制止不法侵害的行为，应当认定为民法典第一百八十一条规定的正当防卫。”《民法典》第 182 条第 3 款的规定与原《侵权责任法》第 31 条第三句、原《民法通则》第 129 条第三句具有实质等同性，其内容为：“紧急避险采取措施不当或者超过必要的限度，造成不应有的损害的，紧急避险人应当承担适当的民事责任。”《民法典总则编司法解释》（法释〔2022〕6 号）第 32 条对民法上的紧急避险进行了界定：“为了使国家利益、社会公共利益、本人或者他人的人身权利、财产权利以及其他合法权益免受正在发生的急迫危险，不得已而采取紧急措施的，应当认定为民法典第一百八十二条规定的紧急避险。”

这两类维权过当责任的性质是侵权责任，但不能适用侵权责任的完全赔偿原则，应该作一定的减轻，因此立法者使用了“承担适当的民事责任”的用语。究其原因，在于如果对维权过当责任科加完全赔偿的侵权责任，可能会使维权行为人产生维权过当的疑虑，进而阻却正当的维权行为。《民法典总则编司法解释》（法释〔2022〕6 号）第 31 条第 1 款规定：“对于正当防卫是否超过必要的限度，人民法院

① 本部分内容，由于《民法典》和原《侵权责任法》的通过，以及本项目研究的深入，笔者此前的部分观点已经发生了一定的变化。原观点参见王竹、郑小敏：《我国侵权法上公平责任的类型化研究》，《民事审判指导与参考》（2007 年第 4 辑），法律出版社 2008 年版。

应当综合不法侵害的性质、手段、强度、危害程度和防卫的时机、手段、强度、损害后果等因素判断。”第 33 条第 1 款规定：“对于紧急避险是否采取措施不当或者超过必要的限度，人民法院应当综合危险的性质、急迫程度、避险行为所保护的权益以及造成的损害后果等因素判断。”为了保护民事权利，鼓励行为人实施维权行为，立法者作出了这种减轻维权过当责任的立法选择，是符合公平原则的。

《民法典》第 182 条第 2 款与原《侵权责任法》第 31 条第二句、原《民法通则》第 129 条第二句并无本质区别，其内容为：“危险由自然原因引起的，紧急避险人不承担民事责任，可以给予适当补偿。”参考原《民通意见》第 156 条对避险过当补偿责任的规定：“因紧急避险造成他人损失的，如果险情是由自然原因引起，行为人采取的措施又无不当，则行为人不承担民事责任。受害人要求补偿的，可以责令受益人适当补偿。”参考该规定，在紧急避险造成损害，危险是由自然原因引起的情形中，原则上避险人不赔偿，但如果受害人要求补偿，可以根据受益人因该避险行为而避免的损失，即获益，进行一定的补偿。《民法典》第 182 条第 2 款追求在客观上不损害受益人利益的情形下，部分补偿受害人的损害，以更大限度地实现公平。但需要指出的是，该条文的表述实质上让更加无辜的受害人承担了全部的损失，例外由紧急避险人补偿，是不尽公平的。更为合理的损失分担方式应当是紧急避险人承担损害赔偿责任，但可以适当减轻。另外，有学者曾建议：“正当防卫往往会受到一定损害，加害人对此损害固然要承担责任，但有时加害人无力承担民事赔偿责任，那么，因正当防卫受益的他人可以给予一定的补偿。”① 笔者也曾提出类似建议②，但《民法典》未能采纳，建议未来最高人民法院通过《民法典侵权责任编解释》予以明确。

《民法典》第 1177 条第 1 款对自助行为进行了规定：“合法权益受到侵害，情况紧迫且不能及时获得国家机关保护，不立即采取措施将使其合法权益受到难以弥补的损害的，受害人可以在保护自己合法权益的必要范围内采取扣留侵权人的财物等合理措施；但是，应当立即请求有关国家机关处理。”但该条第 2 款对自助过当却没有规定为补偿责任，而规定为侵权责任：“受害人采取的措施不当造成他人损害的，应当承担侵权责任。”就此问题，建议未来最高人民法院通过《民法典侵权责任编解释》予以修正，或者对“采取的措施不当”进行严格适用限制。

2. 酌定减轻责任类

在我国司法实践中酌定减轻责任主要适用于双方经济条件差异较大的情形，一般体现为致害人经济贫困而受害人经济条件优越。这是在寻求一种侵权法立法目的实现和公共政策贯彻的平衡，既符合朴素的公平意识，显然也受到了苏联民法思想的影响。按照 1964 年《苏俄民法典》第 458 条第 2 款的规定，法院可以根据造成

① 刘春茂主编：《民法学》，中国人民公安大学出版社 1992 年版，第 670 页。

② 参见王竹、郑小敏：《我国侵权法上公平责任的类型化研究》，《民事审判指导与参考》（2007 年第 4 辑），法律出版社 2008 年版。

损害的公民的财产状况，减少其赔偿损失的数额。苏联民法理论中，主要考虑因素包括公民的工资和其他劳动收入、拥有的财产、家庭成员的多寡和扶养人数等。在确定损害数额时，特别强调不应该考虑受害人的财产状况，不准许把致害人的财产状况与受害人的财产状况加以比较。① 容易被忽略的是，尽管我国侵权法长期缺乏损害赔偿生计酌减的一般性规定，但原《民通意见》第 44 条规定的“两户”债务承担的生计酌减制度，实际上可以适用于侵权责任纠纷：“个体工商户、农村承包经营户的债务，如以其家庭共有财产承担责任时，应当保留家庭成员的生活必需品和必要的生产工具。”而《民事诉讼法》也有相应的生计酌减的一般性程序保障：第 250 条第 1 款规定：“被执行人未按执行通知履行法律文书确定的义务，人民法院有权扣留、提取被执行人应当履行义务部分的收入。但应当保留被执行人及其所扶养家属的生活必需费用。”第 251 条第 1 款规定：“被执行人未按执行通知履行法律文书确定的义务，人民法院有权查封、扣押、冻结、拍卖、变卖被执行人应当履行义务部分的财产。但应当保留被执行人及其所扶养家属的生活必需品。”

除考虑双方经济条件之外，在一些案件中，按照具体条文规定的构成要件，加害人或对损害负有赔偿义务的人应当完全赔偿受害人的损失，但是这样的结果可能又是不公平或者违反公序良俗的。在这样的情况下应当考虑通过公平原则和公序良俗原则的适用来减少赔偿数额。② 学者普遍建议，在好意同乘发生交通事故的情形，如果免费乘车人以侵权责任请求赔偿，可以根据实际情况适当减轻赔偿责任。③《民法典》第 1217 条采纳了学者的建议：“非营运机动车发生交通事故造成无偿搭乘人损害，属于该机动车一方责任的，应当减轻其赔偿责任，但是机动车使用人有故意或者重大过失的除外。”

（二）加重侵权责任类

本类与第一大类的共同特点是应当承担侵权责任，但根据实际情况加重而非减轻赔偿责任，包括两小类。

1. 以借用之名侵占他人财物类

原《民通意见》第 126 条规定：“借用实物的，出借人要求归还原物或者同等数量、质量的实物，应当予以支持；如果确实无法归还实物的，可以按照或者适当高于归还时市场零售价格折价给付。”从适用该规定的公报案例“胡震波诉叶润忠返还财物（邮票）纠纷案”④ 和当时另一类似案例“苏维埃旗球图面值三分邮票

① 参见［苏］B. П. 格里巴诺夫、C. M. 科尔涅耶夫主编：《苏联民法》（下册），中国社会科学院法学研究所民法经济法研究室译，法律出版社 1986 年版，第 412－413 页。

② 参见张新宝：《〈中国民法典·侵权行为法编草案建议稿〉理由概说》，张新宝：《法路心语》，法律出版社 2003 年版。

③ 参见王利明：《侵权行为法归责原则研究》，中国政法大学出版社 2003 年版，第 120 页。

④《最高人民法院关于胡震波诉叶润忠返还财物（邮票）纠纷应如何处理问题的函复》（〔1992〕民他字第 12 号）。

案”①，以及当时学者的评论②可以看出，该条并非惩罚性赔偿条款，而是考虑被侵占的财物可能有升值空间，为避免侵占人不当得利，维护公平之特殊规定。关于这一规定，苏联民法亦有类似理论，如盗窃集体农庄和国营农场所属的牛、猪、绵羊、山羊而有过错的人，应当赔偿被盗窃的牲畜价值一倍半的损失；对林业经济造成损失的赔偿责任十倍于对齐根砍伐的木材现行费率。③

2. 精神损害赔偿类

原《侵权责任法》第 22 条规定：“侵害他人人身权益，造成他人严重精神损害的，被侵权人可以请求精神损害赔偿。”《民法典》第 1183 条第 1 款延续了原《侵权责任法》的规定：“侵害自然人人身权益造成严重精神损害的，被侵权人有权请求精神损害赔偿。”第 2 款作为新增规则也保持了一致的“严重”精神损害要求：“因故意或者重大过失侵害自然人具有人身意义的特定物造成严重精神损害的，被侵权人有权请求精神损害赔偿。”《民法典》第 998 条规定：“认定行为人承担侵害除生命权、身体权和健康权外的人格权的民事责任，应当考虑行为人和受害人的职业、影响范围、过错程度，以及行为的目的、方式、后果等因素。”《精神损害赔偿司法解释》（法释〔2020〕17 号）第 5 条规定：“精神损害的赔偿数额根据以下因素确定：（一）侵权人的过错程度，但是法律另有规定的除外；（二）侵权行为的目的、方式、场合等具体情节；（三）侵权行为所造成的后果；（四）侵权人的获利情况；（五）侵权人承担责任的经济能力；（六）受理诉讼法院所在地的平均生活水平。”该司法解释的条文仅考虑侵权人方面的具体情况，而不考虑侵权人和致害人双方的经济状况，显示出一种适当加重侵权人责任的立法意图。

（三）特殊主体责任减轻类

本类责任以监护人责任为典型，适用于被监护人致害和无过错暂时失去行为控制时致害两类特殊情形。

1. 监护人侵权公平责任类

原《侵权责任法》第 32 条第 1 款规定：“无民事行为能力人、限制民事行为能力人造成他人损害的，由监护人承担侵权责任。监护人尽到监护责任的，可以减轻其侵权责任。”该条在文字上较原《民法通则》有实质意义上的改动。将“可以适当减轻”的“适当”两字删除。这样的修改应该理解为对减轻额度的进一步放宽，而没有改变其基本规则。《民法典》第 1188 条第 1 款则将监护“责任”修正为监护“职责”。原《侵权责任法》第 32 条由于立法者通过体系位置的调整有意使其不再限制该法第 24 条的适用范围，成为独立的特殊主体责任减轻规则，在《民法典》

① 邓海鹰：《这起邮票纠纷案该如何处理》，《法律适用》1994 年第 12 期。

② 参见刘邦琰、郭斌：《如何确定该枚邮票的赔偿价额》，《人民司法》1993 年第 1 期；尹鲁先、褚兢：《国家名片索赔记：全国首例珍稀邮票赔偿案审判纪实》，《人民司法》1993 年第 4 期。

③ 参见［苏］B·Π·格里巴诺夫、C·M·科尔涅耶夫主编：《苏联民法》（下册），中国社会科学院法学研究所民法经济法研究室译，法律出版社 1986 年版，第 412 页。

第 1188 条的体系定位上也应该作延续性解读。

此责任减轻规则为比较法的立法通例，如《德国民法典》第 829 条、《意大利民法典》第 2047 条等均有类似规定。鉴于原《侵权责任法》第 32 条没有实质改变原《民法通则》第 133 条的规则，原《民通意见》对此特殊主体责任减轻类规则规定的 3 种情形仍然可以参考适用。第一，特殊单位过失未尽监护义务。[①] 原《民通意见》第 160 条规定："在幼儿园、学校生活、学习的无民事行为能力人或者在精神病院治疗的精神病人，受到伤害或者给他人造成损害，单位有过错的，可以责令这些单位适当给予赔偿。"该条司法解释的本旨是这些单位对这些无民事行为能力人负有一定的监护性质的职责，因此，可视情况决定这些单位适当地承担赔偿责任。[②] 笔者认为，该条对于敬老院的高龄监护问题，也可以类推适用。第二，特殊主体被教唆、帮助致害。原《民通意见》第 148 条第 2 款规定："教唆、帮助无民事行为能力人实施侵权行为的人，为侵权人，应当承担民事责任。"第 3 款规定："教唆、帮助限制民事行为能力人实施侵权行为的人，为共同侵权人，应当承担主要民事责任。"这种分类设计体现出区别保护无民事行为能力人和限制民事行为能力人的立法意图，但未区分教唆和帮助行为的不同性质及后果，给帮助人分配了过多的责任，值得进一步细化。[③] 第三，监护人离异后未成年子女致害。原《民通意见》第 158 条规定："夫妻离婚后，未成年子女侵害他人权益的，同该子女共同生活的一方应当承担民事责任；如果独立承担民事责任确有困难的，可以责令未与该子女共同生活的一方共同承担民事责任。"通过引入未与子女共同生活的一方来减轻同子女共同生活一方的责任，其中，同时让前者承担一定责任，实际上仍然是公平原则的适用。另外，《最高人民法院民事审判庭关于监护责任两个问题的电话答复》中规定："如果监护人确实不知被监护人患有精神病的，可根据具体情况，参照《民法通则》第一百三十三条规定精神，适当减轻民事责任。"这也属于特殊主体责任减轻类公平责任。

2. 无过错暂时失去行为控制时致害公平补偿责任类

原《侵权责任法》第 33 条第 1 款规定："完全民事行为能力人对自己的行为暂时没有意识或者失去控制造成他人损害有过错的，应当承担侵权责任；没有过错的，根据行为人的经济状况对受害人适当补偿。"《民法典》第 1190 条第 1 款延续了该规定。第 1190 条第 1 款后段规定的补偿责任，应将其认定为无过错暂时失去行为控制时致害公平补偿责任，系参考我国台湾地区"民法"第 187 条第 4 款立法例，准用监护人责任中的公平责任。完全民事行为能力人在暂时没有意识的情形下，丧失的是行为人的"识别能力"，实际上就是暂时失去了民事行为能力，只是

① 根据教育部《学生伤害事故处理办法》的规定，学校对学生承担的是"教育、管理和保护义务"而非"监护义务"，但原《民法通则》制定时学界通说采"监护义务说"。

② 参见马原主编：《中国民法教程》，人民法院出版社 1989 年版，第 324－325 页。

③ 参见杨立新：《类型侵权行为法研究》，人民法院出版社 2006 年版，第 620 页。

法律并未为其指定监护人。而完全民事行为能力人暂时失去控制，此时仍然保有识别能力，只是失去了对自己身体的控制而无法贯彻自己的意志。如果这种失去对行为的控制并非出于其过错，那么就可以比照监护人责任适用侵权公平责任。

（四）双方无过错补偿类

本大类不同于前三大类的特点在于，依法不应当承担侵权责任，不以存在受益人为前提；在双方均无过错的情况下，可能根据法律规定要求一方补偿。学者的批评实际上主要针对本大类，包括两小类。

1. 双方均无过错类

该类即原《民法通则》第132条和原《侵权责任法》第24条的规定。对于原《民法通则》第132条的适用范围，有三种理解：其一，适用于“除了列举性无过错责任之外，仍然存在的双方无过错而致害的情况”。其理由是对于这种损害，由受害人承担全部责任，与民法的本质和社会公平的目标不相符。① 其二，适用范围应当限制在当事人双方均无过错，并且不属于过错责任原则、过错推定原则和无过错责任原则调整的那一部分侵权损害赔偿法律关系。② 其三，只适用于过错责任的案件而不适用于无过错责任的案件。因为在无过错责任案件中，如果符合其他构成要件的要求，根本不考虑加害人是否有过错，均应承担相应的责任。③ 上述理解有一定分歧，但均可以认为是对原《民法通则》第132条适用范围的限制。

如前所述，原《民法通则》第132条源于苏联民法。从文字上看，它比1922年《苏俄民法典》第406条的规定更为广泛，一方面没有限定任何适用的范围，另一方面它将后者的“财产状况”扩大为“实际状况”，以致本作为特殊情况予以规定的后者，在此成了非常一般的规定，这一发展可谓质的变化。④ 通说对“根据实际情况”的解释是，主要考虑受害人的损害程度和当事人的经济状况，其他需要综合考虑的因素还有社会的舆论和同情等，在处理案件时应注意调解。⑤ 实质上，不应当承担侵权责任的伤害事故当事人之间的人道主义补偿，被法院通过适用该条上升为法律赔偿义务。这是用道德上的要求取代法律上的请求，混淆了法律义务和道德义务。⑥ 该条的适用标准极不明确，即使有学者试图提出“公平责任原则适用中

① 参见王利明主编：《民法·侵权行为法》，中国人民大学出版社1993年版，第579页。

② 参见杨立新：《新类型侵权行为的责任形态及其规则——对最高人民法院有关人身损害赔偿的司法解释的解读》，《政法学刊》2005年第3期。

③ 参见梁慧星主编：《中国民法典草案建议稿附理由·侵权行为编/继承编》，法律出版社2004年版，第128页。

④ 参见米健：《关于“公平”归责原则的思考》，《中外法学》1997年第1期。

⑤ 参见杨立新：《侵权法论》（第三版），人民法院出版社2005年版，第582-584页。

⑥ 参见陈龙江：《对我国民法上的“公平责任”的质疑》，《海南大学学报（人文社会科学版）》2005年第4期。

的三次基本判断”[1]，实际上也难以保证公平责任的广泛适用不会威胁到过错责任原则和危险责任原则的安全价值[2]，从而产生当年德国和苏俄民法典起草者同样的疑虑。从实际效果看，公平责任承担的是保险和社会保障制度的任务。[3]

2. 堆放物品倒塌致损类

原《民通意见》第 155 条规定：“因堆放物品倒塌造成他人损害的，如果当事人均无过错，应当根据公平原则酌情处理。”该条适用的是原《民法通则》第 4 条规定的“公平原则”而非原《民法通则》第 132 条规定的“公平责任”，因此不能认为该条是后者的具体化，而是责任承担的单独类型。由于原《民通意见》第 155 条本身规定的理由就不清晰，堆放物品倒塌致害也无任何不同于《人身损害赔偿司法解释》（法释〔2003〕20 号）第 16 条规定适用原《民法通则》第 126 条规定的其他情形[4]，原《侵权责任法》第 88 条将其修正为过错推定责任：“堆放物倒塌造成他人损害，堆放人不能证明自己没有过错的，应当承担侵权责任。”有意思的是，由于当时原《民通意见》第 155 条仍然有效，如果堆放人能够证明自己没有过错，而受害人也没有过错，则仍然存在其适用的空间。这显然不符合原《侵权责任法》第 88 条修正这一规则的本旨。最高人民法院《关于废止部分司法解释及相关规范性文件的决定》（法释〔2020〕16 号）废止了原《民通意见》，也最终解决了这一问题。

（五）优者负担补偿公平责任类

本类补偿责任是基于优者负担的原理，适用于机动车交通事故中的机动车优者危险负担情形和高空抛物坠物情形中建筑物区分使用人的信息优位负担情形。

1. 机动车交通事故优者危险负担补偿责任类

《道路交通安全法》第 76 条结构较为复杂，其中第 1 款第 2 项规定：“机动车发生交通事故造成人身伤亡、财产损失的，由保险公司在机动车第三者责任强制保险责任限额范围内予以赔偿；不足的部分，按照下列规定承担赔偿责任：……（二）机动车与非机动车驾驶人、行人之间发生交通事故，非机动车驾驶人、行人没有过错的，由机动车一方承担赔偿责任；有证据证明非机动车驾驶人、行人有过错的，根据过错程度适当减轻机动车一方的赔偿责任；机动车一方没有过错的，承担不超过百分之十的赔偿责任。”该项后段规定的“机动车一方没有过错的，承担不超过百分之十的赔偿责任”，是机动车交通事故优者危险负担补偿责任，是一种

① 王毓莹、向国慧：《论公平责任原则的限制适用——公平责任原则的公平危机及其防范》，《法律适用》2004 年第 9 期。

② 参见孔祥俊：《论侵权行为的归责原则》，《中国法学》1992 年第 6 期。

③ 参见翟羽艳、吕秀军：《公平责任三论》，《求是学刊》2000 年第 2 期。

④ 参见马原主编：《中国民法教程》，人民法院出版社 1989 年版，第 321 页。

特殊的侵权公平责任。[①]

2. 高空抛物坠物致害道义补偿责任类

原《侵权责任法》第 87 条规定："从建筑物中抛掷物品或者从建筑物上坠落的物品造成他人损害，难以确定具体侵权人的，除能够证明自己不是侵权人的外，由可能加害的建筑物使用人给予补偿。"笔者认为，该条应该被定性为来源不明高空抛物坠物致害道义补偿责任。该条规定的"建筑物"是指三层以上区分所有的高层建筑物，且区分所有单元具有一定的开放性。建筑物区分使用人负有作为道德义务的"高空抛物坠物来源消极说明义务"，违反该义务的"可能的建筑物使用人"承担的是补充性道义补偿责任，在责任构成的结构上类似来源不明产品的销售者责任，在责任分担的结构上类似补充责任。建筑物区分使用人可以通过证明抛掷、坠落物品不可能源于其使用的区分所有单元来免除补偿责任。[②]《民法典》第 1254 条第 1 款未作文字调整地包含了原《侵权责任法》第 87 条（着重号部分）全部内容："禁止从建筑物中抛掷物品。从建筑物中抛掷物品或者从建筑物上坠落的物品造成他人损害的，由侵权人依法承担侵权责任；经调查难以确定具体侵权人的，除能够证明自己不是侵权人的外，由可能加害的建筑物使用人给予补偿。可能加害的建筑物使用人补偿后，有权向侵权人追偿。"

（六）受益人补偿类

本大类包括三个小类，均是法律明文规定的伤害事故第三方受益人对受害人的补偿。需要特别强调的是，此类受益乃因受害人的特殊行为使受益人获益或者避免损失，与同一侵权行为在造成损失的同时，又使受害人受有利益的损益相抵法理不同，不能混淆。

1. 为对方利益或共同利益进行活动受损类

原《民通意见》第 157 条规定："当事人对造成损害均无过错，但一方是在为对方的利益或者共同的利益进行活动的过程中受到损害的，可以责令对方或者受益人给予一定的经济补偿。"一般认为，该条司法解释是对公平责任原则的一种具体情况的解释，针对的是帮工、换工等一方在为对方的利益或共同的利益进行活动时的损害，如何适用公平责任处理。[③] 但最高人民法院公报案例"李萍、龚念诉五月花公司人身伤害赔偿纠纷案"[④] 没有引用原《民法通则》第 132 条，而直接适用了原《民通意见》第 157 条，使笔者不得不重新审视，这是否可以单独作为一种公平责任类型。不过在 2002 年的另一最高人民法院公报案例"李彬诉陆仙芹、陆选凤、

① 参见姚宝华、王竹：《道路交通安全法第七十六条第一款第（二）项的解读与适用》，《人民司法》2008 年第 15 期。

② 参见王竹：《来源不明抛掷、坠落物品致害建筑物区分使用人道义补偿责任研究》，梁慧星主编：《民商法论丛》（第 59 卷），法律出版社 2015 年版。

③ 参见杨立新：《侵权法论》（第三版），人民法院出版社 2005 年版，第 583 页。

④ 《李萍、龚念诉五月花公司人身伤害赔偿纠纷案》，《最高人民法院公报》2002 年第 2 期。

朱海泉人身损害赔偿纠纷案”① 中，法院并未适用原《民通意见》第 157 条。对比两案可以发现，两案案情并无实质差异能够影响该条的适用。可见，该类型公平责任的适用条件，仍有待澄清。

2. 见义勇为受损类

原《民法通则》第 109 条规定：“因防止、制止国家的、集体的财产或者他人的财产、人身遭受侵害而使自己受到损害的，由侵害人承担赔偿责任，受益人也可以给予适当的补偿。”原《民通意见》第 142 条进一步解释：“为了维护国家、集体或者他人合法权益而使自己受到损害，在侵害人无力赔偿或者没有侵害人的情况下，如果受害人提出请求的，人民法院可以根据受益人受益的多少及其经济状况，责令受益人给予适当补偿。”《人身损害赔偿司法解释》（法释〔2003〕20 号）第 15 条继续确认：“为维护国家、集体或者他人的合法权益而使自己受到人身损害，因没有侵权人、不能确定侵权人或者侵权人没有赔偿能力，赔偿权利人请求受益人在受益范围内予以适当补偿的，人民法院应予支持。”这些规定均来源于 1964 年《苏俄民法典》第四十一章规定的“抢救社会主义财产而发生的债”。原《侵权责任法》综合上述条文，在第 23 条规定了完整的见义勇为人受损受益人补偿责任条款：“因防止、制止他人民事权益被侵害而使自己受到损害的，由侵权人承担责任。侵权人逃逸或者无力承担责任，被侵权人请求补偿的，受益人应当给予适当补偿。”《民法典》第 183 条完善了该规定：“因保护他人民事权益使自己受到损害的，由侵权人承担民事责任，受益人可以给予适当补偿。没有侵权人、侵权人逃逸或者无力承担民事责任，受害人请求补偿的，受益人应当给予适当补偿。”从《民法典》第 183 条与第 1186 条公平责任一般条款的相对位置和体系定位来看，二者应被视为并列的公平责任类型。

3. 义务帮工受损类

《人身损害赔偿司法解释》（法释〔2022〕14 号）第 5 条第 1 款规定：“无偿提供劳务的帮工人因帮工活动遭受人身损害的，根据帮工人和被帮工人各自的过错承担相应的责任；被帮工人明确拒绝帮工的，被帮工人不承担赔偿责任，但可以在受益范围内予以适当补偿。”第 2 款规定：“帮工人在帮工活动中因第三人的行为遭受人身损害的，有权请求第三人承担赔偿责任，也有权请求被帮工人予以适当补偿。被帮工人补偿后，可以向第三人追偿。”这是一种实践中出现的受益人补偿公平责任类型，有助于平衡义务帮工人与被帮工人在意外伤害事故分担中的权益，可以缓冲不适用雇主责任带来的帮工人人身保护不足问题。

（七）我国侵权法上公平责任的二分法思路

侵权公平责任以原《民法通则》第 4 条规定的“公平”为原则，因此在逻辑上并不先天地内生于侵权责任。上文的分析恰恰说明，部分“公平责任”条款的适用

① 《李彬诉陆仙芹、陆选凤、朱海泉人身损害赔偿纠纷案》，《最高人民法院公报》2002 年第 4 期。

以不成立侵权责任为前提。① 我国侵权法的公平责任应该区分为侵权责任公平和侵权公平责任。侵权责任公平包括上文第一大类“减轻侵权责任类”与第二大类“加重侵权责任类”，二者的共同点是侵权责任的公平调整，前者是减轻责任，后者是加重责任。我国侵权法以全部赔偿为原则，侵权行为不因过错程度加重增加赔偿数额，实质上是等额填补损害。这两类责任规则在侵权法的适用，恰恰就是先以责任成立的全部赔偿为原则，再考虑案件的特殊情节，对赔偿数额进行微调，这不同于《民法典》第1173条所规定的被侵权人过错的适用情形。

而侵权公平责任包括了上文第三大类“特殊主体责任减轻类”、第四大类“双方无过错补偿类”、第五大类“优者负担补偿公平责任类”和第六大类“受益人补偿类”，这四类规则的共同点是行为人本不应该承担侵权责任，但如果完全免除责任对于受损人一方不尽公平，法律例外地规定行为人对人身损害予以补偿，参与损害的分担。这一结论也可以从《民法典》第1186条使用的是“受害人”而不是“被侵权人”得到印证。②

三、以原《民法通则》为背景的侵权公平责任体系

原《民法通则》上的公平责任，实际上包括以第132条为核心建立起的“无过错受害人”补偿责任体系和以第109条为核心确立的“见义勇为人”受害补偿责任体系。

（一）以原《民法通则》第132条为核心建立的“无过错受害人”补偿责任体系

原《民法通则》第132条规定：“当事人对造成损害都没有过错的，可以根据实际情况，由当事人分担民事责任。”这一规定有三个特点。

第一，宽泛的“当事人”表述，实际上包含了以侵权责任为设计原型的“行为人—受害人”结构之外的其他当事人类型，最典型的就是原《民通意见》第157条规定的“一方是在为对方的利益或者共同的利益进行活动”的类型，这说明原《民法通则》第132条规定的是关于侵权产生的民事责任，但其责任结构并非局限于“行为人—受害人”这一种类型。③

第二，“对造成损害都没有过错”对双方规定的是不同的“没有过错”的条件。原《民法通则》第131条规定的“受害人对于损害的发生也有过错的，可以减轻侵

① 参见刘春茂主编：《民法学》，中国人民公安大学出版社1992年版，第664-670页。

② 参见王竹：《〈侵权责任法〉侵权责任分担立法体例与规则评析》，《法学杂志》2010年第3期。

③ 有学者认为：“公平责任原则是指在双方当事人对于‘违反合同’或者侵权致人损害的发生均无过错，法律又无负责或者免责的特别规定时，应当根据实际情况，由双方公平、合理地分担损失的责任。”参见蓝承烈：《民法专题研究与应用》，群众出版社2002年版，第278页。这种将违约责任纳入的观点似乎过于宽泛了，也不符合原《民法通则》第132条规定在“侵权的民事责任”一节的体系定位。

害人的民事责任”中的“也”与原《民法通则》第132条中的“都”有异曲同工之妙。“都”应该理解为法律要求法院对侵权人一方的过错进行判断，即该侵权行为类型必须是以过错为基础的侵权责任，排除了无过错责任的适用可能。而对受害人一方没有过错的要求，是一种较高的主观要求。

第三，原《民法通则》在第132条之后附上了第133条，形成了“一般条款与特别列举”的结构。由于该法第132条对行为人一方规定的“没有过错”不是责任承担的正当性基础，这实际上是授权法官作出进一步解释的司法裁量空间。当时的立法者参考比较法上的通行规则，规定了一种最为典型的适用类型，就是被监护人致害，再经过中国化改造，作为公平责任的适用类型。这就为其扩展适用预留了体系化解释的可能性。

（二）以原《民法通则》第109条为核心确立的“见义勇为人”受害补偿责任

原《民法通则》第109条关于“见义勇为”的规定一直颇有争议：“因防止、制止国家的、集体的财产或者他人的财产、人身遭受侵害而使自己受到损害的，由侵害人承担赔偿责任，受益人也可以给予适当的补偿。”其主要原因是不少学者认为该规则的调整对象本应适用原《民法通则》第93条关于“无因管理”的规定：“没有法定的或者约定的义务，为避免他人利益受损失进行管理或者服务的，有权要求受益人偿付由此而支付的必要费用”，并认为这样能够更充分地为见义勇为者提供救济。但从原《民通意见》第142条的“为维护国家、集体或者他人合法权益而使自己受到损害，在侵害人无力赔偿或者没有侵害人的情况下，如果受害人提出请求的，人民法院可以根据受益人受益的多少及其经济状况，责令受益人给予适当补偿”的规定来看，至少在当时最高人民法院并不认为二者有太多的联系。这一方面可能是因为当时我国的无因管理制度无论在理论上还是在实务上均不发达，另一方面是因为对“为避免他人利益受损失进行管理或者服务的”文义解释似乎也难以涵盖见义勇为的行为。再加上该条文特有的社会主义源流以及苏联民法上对无因管理作为债的发生原因的否定①，最终造成了见义勇为和无因管理分立的局面。

《人身损害赔偿司法解释》（法释〔2003〕20号）第15条继续坚持了见义勇为补偿责任的独立性：“为维护国家、集体或者他人的合法权益而使自己受到人身损害，因没有侵权人、不能确定侵权人或者侵权人没有赔偿能力，赔偿权利人请求受益人在受益范围内予以适当补偿的，人民法院应予支持。”随着《民事案件案由规定》（法发〔2008〕11号）新设“127、见义勇为人受害赔偿、补偿纠纷”这一案由，以及修改后的《民事案件案由规定》（法〔2011〕42号）继续规定“358、见义勇为人受害责任纠纷”，见义勇为人受害责任已经独立为新的“受益人—受害人”

① 《苏联民事立法纲要》第33条“债和债的履行”第2款规定：“债由于合同和本纲要第4条规定的其他根据而发生。”该纲要第4条未将无因管理纳入“民事权利和民事义务发生的根据”。参见中国科学院法学研究所译：《苏联民法纲要和民事诉讼纲要》，法律出版社1963年版，第5页、第17页。

责任类型，并出现了与其他“受益人—受害人”责任类型进行新的理论整合的契机。

可见，以原《民法通则》第109条为核心确立的“见义勇为人”受害补偿责任以同一路径借鉴了苏联东欧的民法学说，建立起独立于无因管理理论的“见义勇为人”受害补偿责任，且通过原《民通意见》和《人身损害赔偿司法解释》（法释〔2003〕20号）以及历次修改的《民事案件案由规定》对其独立地位予以不断明确。

四、以原《侵权责任法》为背景的侵权公平责任体系

（一）原《侵权责任法》上的公平责任体系变迁效应

原《侵权责任法》对以原《民法通则》为核心建立起来的公平责任体系产生了明显的体系变迁效应，主要体现在如下方面。

1. 原《侵权责任法》第24条公平责任一般条款在表述上的变化

原《民法通则》第132条规定：“当事人对造成损害都没有过错的，可以根据实际情况，由当事人分担民事责任。”原《侵权责任法》第24条规定：“受害人和行为人对损害的发生都没有过错的，可以根据实际情况，由双方分担损失。”这体现出立法者接受了原《民法通则》第132条的“分担民事责任”是在损失分担的意义上使用责任一词的观点。① 除了措辞的变化，还有如下变化细节：

第一，从“当事人”到“受害人和行为人”。原《侵权责任法》第24条最大的变化，就是将“当事人”修改为“受害人和行为人”，立法者在主观意愿上是通过避免不当扩大“当事人”的范围来限制公平责任的适用范围，主要是为了限制原《民法通则》第132条包含的“受益人—受害人”模式，即排除原《民通意见》第157条的适用。但这也使得一些法院在希望适用原《民通意见》第157条的情形中，会故意绕开原《侵权责任法》第24条，继续适用原《民法通则》第132条。

第二，保留了“都没有过错的”的表述。原《侵权责任法》第24条保留了“都没有过错的”的表述，这是对公平责任特殊性的重要保障。

第三，条文定位从一般条款到兜底条款。由于原《侵权责任法》第33条第1款明文规定了“暂时没有意识或者失去控制致害责任”，实际上掏空了原《民法通则》第132条的主要案件类型，使得原《侵权责任法》第24条实际上从一般条款变为了兜底条款。在立法者的适用意图上，体现为原则上只要一般条款符合“当事人对造成损害都没有过错的”情形，就“可以根据实际情况，由当事人分担民事责任”；而作为兜底条款，即使符合“受害人和行为人对损害的发生都没有过错的”情形，也是在例外情况下“可以根据实际情况，由双方分担损失”，其适用的取向是限缩性的。

① 参见张广兴：《债法总论》，法律出版社1997年版，第286页。

2. 原《侵权责任法》第32条的内容和体例变化

原《民法通则》第133条第1款规定:“无民事行为能力人、限制民事行为能力人造成他人损害的,由监护人承担民事责任。监护人尽了监护责任的,可以适当减轻他的民事责任。”原《侵权责任法》第32条第1款规定:“无民事行为能力人、限制民事行为能力人造成他人损害的,由监护人承担侵权责任。监护人尽到监护责任的,可以减轻其侵权责任。”尽管删除了减轻监护人侵权责任的“适当”限制,但规则上并无本质差别。原《民法通则》第133条第2款规定:“有财产的无民事行为能力人、限制民事行为能力人造成他人损害的,从本人财产中支付赔偿费用。不足部分,由监护人适当赔偿,但单位担任监护人的除外。”经最高人民法院向全国人大常委会法工委民法室确认,“但单位担任监护人的除外”的立法原意是单位不承担赔偿责任。① 这一免除机构监护人责任的规则并无正当性,因此原《侵权责任法》第32条第2款删除了这一但书规则:“有财产的无民事行为能力人、限制民事行为能力人造成他人损害的,从本人财产中支付赔偿费用。不足部分,由监护人赔偿。”其同时也删除了监护人赔偿责任的“适当”限制。

原《侵权责任法》第32条带来的最为重要的变化,主要体现在体例安排上。在原《民法通则》的体系下,第133条受到第132条公平责任一般条款的限制,最为重要的就是在理论上认为受到“双方均无过错”的限制。在原《侵权责任法》的体系下,公平责任一般条款第24条被规定在第二章“责任构成和责任方式”中,第32条被规定在第四章“关于责任主体的特殊规定”中,回到了将被监护人致害责任作为第一种特殊侵权责任列举的我国民事立法传统:这一方面摆脱了公平责任一般条款“双方均无过错”的限制;另一方面也和原《侵权责任法》一起保持了与传统大陆法系,尤其是德国法的公平责任适用范围的大体一致。

3. 原《侵权责任法》第88条实质上取消了堆放物品倒塌侵权公平责任

原《民通意见》第155条的规定较为特殊:“因堆放物品倒塌造成他人损害的,如果当事人均无过错,应当根据公平原则酌情处理。”从原《民通意见》的结构看,第154条是关于高度危险责任的规定,对应原《民法通则》第123条,原《民通意见》第156条是关于紧急避险的规定,对应原《民法通则》第129条,那么第155条的解释对象应该是原《民法通则》第123条到第129条中的一条。从立法史看,该条实际上与原《民法通则》第125条具有同源性:“在公共场所、道旁或者通道上挖坑、修缮安装地下设施等,没有设置明显标志和采取安全措施造成他人损害的,施工人应当承担民事责任。”《中华人民共和国民法草案(征求意见稿)》(1980年8月15日)第462条规定:“在公共场所、道旁和通道上堆放物品或者挖坑凿洞,修缮、安装地下设施,没有设置明显标志和采取安全措施,造成人身、财产损

① 参见《最高人民法院民事审判庭关于单位担任监护人是否承担赔偿责任的电话答复》(1989年8月30日〔89〕法民字第23号)。

害的，堆放人或施工单位应当承担民事责任。”随后的《中华人民共和国民法草案（征求意见二稿）》（1981 年 4 月 10 日）第 358 条、《中华人民共和国民法草案（第三稿）》（1981 年 7 月 31 日）第 482 条和《中华人民共和国民法草案（第四稿）》（1982 年 5 月 1 日）第 438 条均采用了类似的立法体例。①

因此，原《民通意见》第 155 条的位置安排只是因为原《民法通则》没有将堆放物致害责任规定为过错推定责任而是适用过错责任，当时的司法解释总体较为保守因而未主动确定新的过错推定责任类型。而对于实务中出现的“当事人均无过错”情形，最高司法机关规定为“根据公平原则酌情处理”，其也就被“误打误撞”地归入了“公平责任”的体系。② 之后的司法实务和理论研究逐渐发现，这一规则没有正当性，所以在原《侵权责任法》立法过程中，历次草案均将其规定为过错推定责任，并最终在第 88 条规定：“堆放物倒塌造成他人损害，堆放人不能证明自己没有过错的，应当承担侵权责任。”因此不能得出结论认为，在堆放人证明了自己没有过错之后，仍然可以继续适用原《民通意见》第 155 条。

4. 原《侵权责任法》新增的侵权公平责任类型

原《侵权责任法》新增了两类侵权公平责任，第一类是第 33 条第 1 款规定的“无过错暂时失去行为控制时致害公平补偿责任”：“完全民事行为能力人对自己的行为暂时没有意识或者失去控制造成他人损害有过错的，应当承担侵权责任；没有过错的，根据行为人的经济状况对受害人适当补偿。”第二类是第 87 条新增的“来源不明高空抛物坠物致害道义补偿责任”：“从建筑物中抛掷物品或者从建筑物上坠落的物品造成他人损害，难以确定具体侵权人的，除能够证明自己不是侵权人的外，由可能加害的建筑物使用人给予补偿。”

5. 体系位置变化带来理论整合契机

相比于原《民法通则》，原《侵权责任法》部分侵权公平责任条文的体系位置变化带来理论整合契机，主要体现在：

第一，原《侵权责任法》将第 23 条见义勇为人受损补偿责任的规定安排在第 24 条公平责任条款之前，应该作体系意义解读，认为原《侵权责任法》第二章“责任构成和责任方式”确认了原《民法通则》以第 132 条为核心建立的“无过错受害人”补偿责任体系和以第 109 条为核心确立的“见义勇为人”受害补偿责任体系的并列关系，这也使得见义勇为责任在体系上出现了与原《民通意见》第 157 条为对方或者共同利益行为以及《人身损害赔偿司法解释》（法释〔2003〕20 号）第 13、14 条进行理论整合的契机。

① 参见何勤华、李秀清、陈颐编：《新中国民法典草案总览》（下卷），法律出版社 2003 年版，第 430 页、第 484 页、第 556 页、第 618 页。

② 值得注意的是，作为公平责任一般条款的原《民法通则》第 132 条和特别列举条款的原《民法通则》第 133 条，以及相关司法解释，均未作出“公平”字样的规定，这从一定程度上说明公平责任体系的构建，略有“望文生义”的味道。

第二，原《侵权责任法》第 32 条被监护人致害责任不再与第 24 条公平责任一般条款相邻，从而不受到“双方均无过错”的限制，同时也获得了与第 33 条新增的暂时没有意识或者失去控制致害责任进行理论整合的契机。

（二）以原《侵权责任法》为背景的公平责任体系展开

经过上述体系变迁之后，以原《侵权责任法》为中心建立起的新的侵权公平责任体系，实际上分为“行为能力欠缺公平责任”“共同意外分担公平责任”“优者负担补偿公平责任”和“受益人身保护公平责任”四种类型。这四种类型，都是本应该免除侵权责任，如果让受损人自我承担不尽公平，而例外由行为人承担补偿责任的情形。在各个类型之下，又有不同的子类型。

1. 行为能力欠缺公平责任

由于我国《民法典》最终未能确立“民事责任能力”，因此只能沿用“行为能力欠缺”的表述来描绘此类侵权公平责任。这类侵权公平责任以原《侵权责任法》第 32 条规定的被监护人致害公平责任为典型，还包括该法第 33 条第 1 款规定的无过错暂时失去行为控制时致害公平补偿责任。

2. 共同意外分担公平责任

所谓共同意外行为，是指二人以上共同实施的行为意外造成其中一人或者数人人身损害，行为人对损害的发生都没有过错的情形。该类型是笔者对于原《民法通则》第 132 条和原《侵权责任法》第 24 条所指的“公平责任”适用的行为类型的概括，主要适用于三种情形：第一，非机动车之间发生意外交通事故；第二，参加业余竞技体育活动意外受伤①；第三，散养动物之间争斗造成的损害。共同意外分担公平责任并非立法必须规定的侵权公平责任类型，但其适用范围必须符合共同意外行为的风险双向性和损害单向性要求。

3. 优者负担补偿公平责任

优位负担体现在避免损害和信息提供两个方面。所谓的避险优位负担责任，是指造成损害的风险具有单向性，基于公平考虑，应该由有能力回避损害的一方承担更大份额的责任，主要适用于机动车交通事故优者危险负担补偿责任。② 所谓信息优位负担责任，是指在致害人不明的情形，具有信息优位的可能造成损害的行为人，负有消极证明自己控制的致害单元不是致害行为来源的义务，否则，承担信息优位负担责任，主要适用于来源不明高空抛物坠物致害道义补偿责任。③ 从本质上

① 《民法典》第 1176 条第 1 款规定：“自愿参加具有一定风险的文体活动，因其他参加者的行为受到损害的，受害人不得请求其他参加者承担侵权责任；但是，其他参加者对损害的发生有故意或者重大过失的除外。”该条文实质上排除了参加业余竞技体育活动意外受伤这一公平责任的可能适用类型，参见后文分析。

② 参见姚宝华、王竹：《道路交通安全法第七十六条第一款第（二）项的解读与适用》，《人民司法》2008 年第 15 期。

③ 参见王竹：《来源不明抛掷、坠落物品致害建筑物区分使用人道义补偿责任研究》，梁慧星主编：《民商法论丛》（第 59 卷），法律出版社 2015 年版。

看，在难以找到具体侵权人时由可能的侵权人承担补偿责任，潜在含义是以“优势”和“弱势”为标准划分了责任承担，而这一区分标准本身即是一种价值判断。① 实际上，优位负担公平责任科加给从事优位负担行为的人更高的“道德义务”，即需要提高回避风险和提供信息的注意水平，以更大限度地避免损害的发生和避免被侵权人无法确定致害人的情形发生，笔者将其称为“道义补偿责任”。

4. 受益人身保护公平责任

受益人身保护责任，是比照使用人责任中的人身保护责任规则，在法定情形下，本应免除人身保护责任，但由行为人自己承担全部损失不尽公平，拟制受益人对行为人有一定的人身保护公平责任的情形。根据受益方式不同，可以分为受益人积极受益和消极受益两种情形。所谓受益人积极受益，主要是指无偿个人帮工关系中的人身保护公平责任。这种无偿个人帮工关系不同于《人身损害赔偿司法解释》（法释〔2003〕20号）中的无偿帮工关系，而是指帮工人主动无偿为被帮工人提供劳务，但被帮工人“明确拒绝”的情形。所谓受益人消极受益，主要是指见义勇为人受损受益人补偿责任。②

五、对《民法典》时代我国侵权公平责任的展望

（一）侵权公平责任在我国侵权法理论中的早期定位

关于公平责任在侵权法理论中的定位，主要有以下四个学说。第一，“无过错责任说”③。该说认为当事人对损害的发生都没有过错，但又不属于法律规定的无过错责任情形，此时由当事人分担民事责任。④ 第二，“补充性独立归责原则说”。该说最早由蓝承烈教授对公平责任的独立性作正面论证⑤，刘士国教授对当时否认其独立性的理由作了逐一反驳⑥，蒋颂平教授论证其具有补充性质⑦，现以王利明教授为代表。该说认为公平责任原则是一种归责原则，但地位不能和过错责任原则等同。⑧ 有学者将二者关系比喻为“过错原则是侵权法中的世贵，而公平原则是侵

① 参见张新宝、张馨天：《从〈侵权责任法〉第87条到〈民法典〉第1254条：“高空抛（坠）物”致人损害责任规则的进步》，《比较法研究》2020年第6期。

② 参见王竹：《见义勇为人受损受益人补偿责任论》，《法学论坛》2018年第1期。

③ 房绍坤、武利中：《公平责任原则质疑》，《法律科学》1988年第1期；崔建远：《关于“公平责任原则”的考察与评论》，《当代法学》1990年第3期。

④ 参见王利明、郭明瑞、方流芳：《民法新论》（上），中国政法大学出版社1987年版，第536页。

⑤ 参见蓝承烈：《论公平责任原则》，《学习与探索》1987年第3期。

⑥ 参见刘士国：《论侵权损害的公平责任原则》，《法律科学》1989年第2期。

⑦ 参见蒋颂平：《“公平责任”原则应是独立的归责原则》，《人民司法》1989年第7期。

⑧ 参见王利明主编：《民法·侵权行为法》，中国人民大学出版社1993年版，第105页；王利明：《侵权行为法研究》（上卷），中国人民大学出版社2004年版，第290－291页。

权法中的新贵”，以示对该说的基本赞同。① 第三，“公平原则体现说”。该说以张新宝教授为代表，否定原《民法通则》直接或间接规定了“公平责任原则”，并认为也不需要确认“公平责任原则”，但承认侵权责任法体现了“公平原则”的社会功能。② 第四，“双方责任形态说”。该说以杨立新教授为代表，认为公平责任是一种以公平考虑作为标准，根据实际情况和可能，由双方当事人公平地分担损失的侵权责任形态。③

“无过错责任说”为早期学说，后三种学说现均有一定影响力，其中“双方责任形态说”和“公平原则体现说”实际上都是对“补充性独立归责原则说”的否定，二者分歧在于侵权法上是否应当承认这种“公平责任”。笔者认为，“补充性独立归责原则说”值得商榷。单看原《民法通则》第 132 条的内容，其的确可以单独作为责任基础，但其所在位置并非归责原则，原《民法通则》第 106 条第 1 款规定的是合同责任的归责原则，第 2 款规定的是侵权责任的过错责任原则，第 3 款规定的是无过错责任原则。从立法目的解释，其规定不具有归责原则的地位。这样的体例安排说明，原《民法通则》并非将其作为一个归责原则来确立。④ 那么，在这样一个独特的位置上，规定这样一条看似独立责任基础的条文，其本身的合理性便值得怀疑。事实上，公平责任并非适用于原《民法通则》第 134 条规定的所有责任方式，实际上仅适用于损害赔偿责任，因此对“公平责任”实际适用范围的考察，是对公平责任如何影响损害赔偿数额的考察。从典型的适用公平责任处理的案例来看，该条的实际作用是让不负侵权责任的致害人承担了一定数额的赔偿责任，在数量意义上可以认为这是改变了受害人可获得的赔偿数额，所起的作用与原《民法通则》第 131 条规定的减少赔偿数额的“过失相抵”具有一定的类似性。可见，公平责任的意义不是解决归责的问题，而是解决赔偿数额的问题⑤，也有学者因此把公平责任称为“赔偿原则”⑥，在这个意义上，有学者将“公平责任”纳入侵权责任形态的“双方责任形态”作统一考虑。⑦

（二）对侵权公平责任司法滥用的反思

尽管最高人民法院明确认识到了原《民法通则》第 132 条规定的分担不是“各打五十大板”，不作任何区分，而是要根据案件的具体情况来综合考虑⑧，但侵权

① 参见徐爱国：《重新解释侵权行为法中的公平责任原则》，《政治与法律》2003 年 6 期。

② 参见张新宝：《中国侵权行为法》（第二版），中国社会科学出版社 1998 年版，第 66 页；张新宝：《侵权责任法原理》，中国人民大学出版社 2005 年版，第 45 页。

③ 参见杨立新：《侵权法论》（第三版），人民法院出版社 2005 年版，第 578 页。

④ 参见杨立新：《侵权法论》（第三版），人民法院出版社 2005 年版，第 125－126 页。

⑤ 参见王卫国：《过错责任原则：第三次勃兴》，中国法制出版社 2000 年版，第 296 页。

⑥ 米健：《再论现代侵权行为法的归责原则——兼答张佩霖先生》，《政法论坛》1991 年第 2 期。

⑦ 参见杨立新：《侵权法论》（第三版），人民法院出版社 2005 年版，第 520－521 页。

⑧ 参见唐德华：《高度重视对民事权益的保护——在国家法官学院中级法院院长培训班上的讲话》，载唐德华主编：《民事审判指导与参考》（2001 年第 2 卷），法律出版社 2001 年版。

领域公平原则的司法滥用①，多年来为学界诟病，甚至被视为我国法院侵权裁判的沉疴痼疾。“公平责任”条文的不当适用挤压了过错责任原则和无过错责任原则的适用空间，软化了过错、因果关系、免责事由等要件的法律判断，甚至在不涉及侵权责任的民事案件中为被告施加财产上的不利后果，导致民事责任或者补偿义务的泛化。② 在某种意义上，公平责任实际上成了结果责任、绝对责任，违反了社会的公共利益，不利于鼓励行为人积极作为，不利于行为人积极行使自己享有的各种自由权。③ 鉴于我国法院承担了维护社会和谐稳定的“中国式”审判功能，原《民法通则》第132条和原《侵权责任法》第24条，在很大程度上可能纾解了法院裁判的压力。然而，这也使侵权法领域内的权利保护与行动自由的权衡变得扑朔迷离，法律的形式理性和可预见性大打折扣。④

早在原《民法通则》颁布不久，就有学者担心适用公平责任原则，很可能导致审判实践中出现“和稀泥”现象。⑤ 比较法上对我国侵权法较为关注的学者，也普遍对此表现出疑虑。例如日本学者小口彦太教授多次撰文表示反对在侵权行为法中规定公平责任原则，认为该原则没有限定特殊条件，公平本身没有具体的内容，将公平责任原则规定为一般原则，容易导致法官的滥用，损害法律的权威。⑥ 我国学者王泽鉴教授也认为，该条规定将可能导致财产之有无多寡由此变成了一项民事责任的归责原则，且实务上难免造成法院基于方便、人情或者其他原因从宽适用此项公平责任条款，软化侵权行为归责原则的体系构成。⑦ 有学者总结，将原《侵权责任法》第24条视为公平责任的一般条款将引发三个问题：第一，与过错责任的一般条款冲突；第二，导致侵权法的私法定位模糊；第三，影响法的安定性。作为一种追求个案正义的法律技术，公平责任终究只能局限于个别情况，否则将会极大地损害法的安定性。⑧ 质言之，在公平责任原则中，责任之有无并没有确定的判断标准，而抽象的公平观念显然无法承载具体的制度目标。⑨

（三）侵权公平责任的社会主义法系传统与中国社会法律文化基础

中国法上发展出了体系化的侵权公平责任，并且还有发展壮大之势，甚至在实

---

① 即使原《民法通则》第132条和原《侵权责任法》第24条明确规定了当事人“对造成损害都没有过错”的前提，实务中仍然有半数左右的案例中实际上当事人一方或者双方是有过错的。参见陈科：《公平责任一般条款的司法适用——以100份侵权案件判决书为分析样本》，《法律适用》2015年第1期。

② 参见张新宝：《“公平责任”的再定位》，《法商研究》2021年第5期。

③ 参见张民安、林泰松：《我国〈侵权责任法〉对他人民事权益的保护》，《暨南学报（哲学社会科学版）》2010年第3期。

④ 参见谢鸿飞：《民法典与人的美德》，《中国法律评论》2015年第4期。

⑤ 参见《法学研究》编辑部编：《新中国民法学研究综述》，中国社会科学出版社1990年版，第211页。

⑥ 参见［日］小口彦太：《日中侵权行为法的比较》，《法制与社会发展》1999年第3期；［日］小口彦太：《不法行为法二题》，丁相顺译，《人大法律评论》2003年卷。

⑦ 参见王泽鉴：《民法学说与判例研究》（修订版）（第六册），中国政法大学出版社2005年版，第281页。

⑧ 参见周友军：《侵权法学》，中国人民大学出版社2011年版，第36页。

⑨ 参见陈本寒、陈英：《公平责任归责原则的再探讨》，《法学评论》2012年第2期。

务中出现了滥用，具有独特性，有其特定的社会背景与文化原因。其产生，源于社会主义法系的影响；但其发达，植根于中国社会法律文化基础。

1. 侵权公平责任的社会主义法系传统

我国台湾地区民法学者黄阳寿教授认为："公有制社会乃以追求消除人与人之间在经济利益上之不平等现象，冀使国家利益、集体利益和个人利益三者在根本上结合一致，故其确立公平责任之目的并非在求缓和阶级对立与矛盾，而系弘扬社会主义公平和道德观念，增进公民相互间之和睦团结，期得充分体现社会主义团结互助之人道主义精神。"①

2. 侵权公平责任的中国社会法律文化基础

我国传统心理的需求，体现的不是个人主义而是集体主义；其主要目的不是维护当事人的权利、义务，而是以其特有的模糊性来消除当事人之间的权利边界，进而起到劫富济贫、扶危济困、稳定社会的作用②；其精神实质是植根于中国文化中的公平观念和面对灾难守望相助的命运共同体意识。③ 令经济力较强者予以经济力较弱者相当的补恤，旨在实践"扶贫济弱"的集体主义思想，其正当性在这些个别的情形或可得到证明。④ 部分法院的裁判逻辑出发点其实就是"有损害有救济"，采用排除法得出适用侵权公平责任的结论。⑤ 更多的法院不认为"和稀泥"不符合法律规定，而认为其是一种实现"案结事了"的实用主义手段。

(四)《民法典》时代我国侵权公平责任的立法和司法解释指引

笔者认为，《民法典》时代我国侵权公平责任的立法和司法解释要遵循三个方面的指引。

第一，补充性指引。立法和司法解释应该确立侵权公平责任的补充性，包括相对于侵权法之外的多元化受害人救济机制⑥的补充性和侵权法之内的其他责任的补充性两个方面。我国侵权公平责任制度的首要弊端就是其成了直接的、优先顺位的救济来源。这可能与《社会保险法》晚于原《侵权责任法》而于 2010 年颁布有关，二者缺乏基本的相互协调，但这一脱节延续到《民法典》时代实不应该。侵权法学者也缺乏对商业保险、社会捐助、政府救助、公益基金等补偿来源的足够关注，使得学术研究限于侵权公平责任的正当性和补偿功能，而未能建立有效的多顺位救助

① 黄阳寿：《大陆民法通则第一三二条关于"公平责任原则"规定之研究》，《东吴法律学报》第十卷第二期（1997 年 2 月）。

② 参见程啸：《侵权行为法总论》，中国人民大学出版社 2007 年版，第 149－150 页。

③ 参见邹海林、朱广新主编：《民法典评注·侵权责任编》，中国法制出版社 2020 年版，第 267 页。

④ 参见易军：《个人主义方法论与私法》，《法学研究》2006 年第 1 期。

⑤ 参见甘肃省武威市凉州区人民法院（2014）凉民初字第 575 号民事判决书。

⑥ 参见王利明：《建立和完善多元化的受害人救济机制》，《中国法学》2009 年第 4 期。

机制，在适用侵权公平责任之前作足够的救济来源缓冲。① 侵权法内部存在多种救济来源情形下，如被监护人与监护人、建筑物管理人与可能加害的建筑物使用人、第三人与受益人，应该尽量避免不真正连带责任结构，赋予侵权公平责任补充性。这种补充性的推论是，在致害人不明领域，补偿责任在对最终责任人的追偿权上，具有优先于其他侵权责任的优先性。

第二，补偿性指引。立法和司法解释应该明确侵权公平责任需要“根据实际情况”确定补偿责任的金额，并明确具体考量因素。《民法典》第 1186 条规定：“受害人和行为人对损害的发生都没有过错的，依照法律的规定由双方分担损失。”该条文较原《侵权责任法》第 24 条，没有保留“可以根据实际情况”的限制性表述，将其一并授权给了“依照法律的规定”。但所谓“依照法律的规定”的所指，并不明确。而原《民通意见》第 142 条和《人身损害赔偿司法解释》（法释〔2003〕20 号）第 15 条被废止之后，《民法典》第 183 条规定的见义勇为“受益人应当给予适当补偿”也缺乏“根据受益人受益的多少及其经济状况”解释的空间。理论上一致认为，侵权公平责任应该“根据实际情况”，其中最为重要的就是双方的经济状况。但从实务中的判决书来看，由于司法责任制带来的法官的避险倾向，以及侵权公平责任固有的模糊性，在判决书中明确主要考虑双方经济状况的情形反而不占多数。除考虑双方经济状况之外，在不同的侵权公平责任类型和具体的个案中，还有其他实际情况需要法官考虑，所以可以考虑用“考虑双方经济状况等实际情况”的表述，来赋予法官一定的自由裁量权。《民法典总则编司法解释》（法释〔2022〕6 号）第 34 条作出了有益的尝试：“因保护他人民事权益使自己受到损害，受害人依据民法典第一百八十三条的规定请求受益人适当补偿的，人民法院可以根据受害人所受损失和已获赔偿的情况、受益人受益的多少及其经济条件等因素确定受益人承担的补偿数额。”

第三，人身性指引。立法和司法解释应该明确侵权公平责任的例外适用限于人身损害，主要是死亡或者严重的人身伤害。本应免除责任，但因为免除责任由受损人自行承担不尽公平而例外建立的各类侵权公平责任，其最终的立法目的仍然是更高层次的个案公平。而如果未能明文将侵权公平责任限制于人身损害赔偿领域，则可能出现过度限制他人经济自由来填补受损人财产损失的不公平情形。因此，侵权公平责任适用，以人身损害赔偿为限，这是最为基本的要求，而且主要针对死亡或者严重的人身伤害。可以将人身损害的严重性，作为实际情况予以考虑。② 应当指

① 有学者判断，我国已经建成了较为完善的商业保险制度与社会保障制度（包括社会保险、社会救助等），借此建议我国《民法典》的侵权责任编应当删除公平责任一般条款以及多数特殊条款。这种对社会现状的判断还有待确定，但总的立法趋势大致如此。参见余小伟：《“公平责任”是否“公平”——以二十世纪新侵权法理论为视角》，《政治与法律》2017 年第 12 期。

② 参见陈钊：《论公平责任在〈侵权责任法〉中的适用》，《广西大学学报（哲学社会科学版）》2017 年第 6 期。

出，《民法典》第1186条后段使用“损失”的术语存在立法瑕疵。《民法典》第1182条规定：“侵害他人人身权益造成财产损失的……被侵权人因此受到的损失以及侵权人因此获得的利益难以确定……”第1184条规定：“侵害他人财产的，财产损失按照损失发生时的市场价格或者其他合理方式计算。”而第1179条规定：“侵害他人造成人身损害的……”从术语使用的体系解释看，“损失”一般是指财产损失，“损害”一般是指人身损害，因此《民法典》第1186条更精确的表述应该是双方分担“损害”而非“损失”。

专题十九

被监护人致害公平责任研究

一、我国监护人责任制度核心疑问的解读思路

《民法典》第 1188 条第 1 款规定："无民事行为能力人、限制民事行为能力人造成他人损害的，由监护人承担侵权责任。监护人尽到监护职责的，可以减轻其侵权责任。"第 2 款规定："有财产的无民事行为能力人、限制民事行为能力人造成他人损害的，从本人财产中支付赔偿费用；不足部分，由监护人赔偿。"该条文关于监护人责任的规定实质上延续了原《民法通则》第 133 条和原《侵权责任法》第 32 条的规定，尽管表述略有修改，但其基本思想并没有发生变化。[①] 这样看来，在《民法典》编纂过程中学术界对原《民法通则》第 133 条和原《侵权责任法》第 32 条的问题分析和立法建议，似乎都未得到采纳。学术界的关注点再次回到了对我国监护人责任的核心疑问，即《民法典》第 1188 条第 1 款和第 2 款的关系上来，并尝试作出新的解读。为了方便叙述，下文中如无特别说明，笔者用监护人责任第 1 款和第 2 款泛指原《民法通则》第 133 条、原《侵权责任法》第 32 条和《民法典》第 1188 条的第 1 款和第 2 款。

（一）解读监护人责任第 1 款和第 2 款关系的不同思路

学者对两款关系的解读方案，大体上可以分为"平行关系说"、"递进关系说"和"内外关系说"三种思路，再细分为六种有细微差别的具体方案。

1. 平行关系说

所谓"平行关系说"，即认为监护人责任第 1 款和第 2 款适用于两种不同的情形，又分为"财产有无说"和"补充责任说"。"财产有无说"认为，监护人责任承担的一般规则是根据被监护人是否具有财产来确定监护人的责任：被监护人没有财产时，适用第 1 款规定，由监护人承担责任；被监护人有财产时，适用第 2 款规

① 参见王胜明主编：《中华人民共和国侵权责任法释义》，法律出版社 2010 年版，第 161 页。

定，从本人财产中支付赔偿费用，不足部分，由监护人赔偿。① “补充责任说”认为，监护人承担的是补充责任，即在被监护人有自己的财产时，应当由被监护人承担首位责任；只有在被监护人的财产不足时，才由监护人承担补充责任。② “补充责任说”实质上是对“财产有无说”的改进。

2. 递进关系说

所谓“递进关系说”，即认为监护人责任第1款和第2款之间不是平行关系，第2款相对于第1款来讲是某种递进关系。根据对递进关系的不同界定，其又分为“一般与特殊处理说”和“漏洞衡平填补说”。

“一般与特殊处理说”认为，监护人责任第1款为一般规则，确立的是监护人责任制度。第2款只是在特殊情况下，为了给予被侵权人充分救济，对监护人与被监护人责任财产相互区分的原则予以突破，授权法官可以判令由无民事行为能力人、限制民事行为能力人的财产支付赔偿费用。但这种特殊处理方法，并非否认由监护人承担侵权损害赔偿责任的一般性规则。③

“漏洞衡平填补说”认为，监护人责任第1款是为监护人利益而特别设立的减责规则，制造了受害人可能得不到完全赔偿的救济漏洞。为济监护人责任第1款之穷，第2款基于衡平思想，对被监护人与监护人强加了一种公平责任。这种责任的主旨为，要求有财产的被监护人承担独立责任，以周全救济受害人。如果受害人仍不能从被监护人处获得完全赔偿，监护人须无条件地第二次负担赔偿责任。④

3. 内外关系说

“内外关系说”认为两款规定分别调整对外和对内关系，其中监护人责任第1款是对外承担责任的基础，第2款则旨在调整监护人和被监护人之间的内部关系。基于内部关系的细微差别，内外关系说又分为“对内责任分担说”和“对内费用分担说”，前者认为内部关系是监护人与被监护人之间的责任分担关系⑤，后者认为内部关系是有财产的被监护人与监护人之间的赔偿费用分担关系⑥，二者的实质性差别不大。

（二）对不同解读思路的评价

1. “平行关系说”以“有无财产”作为区分适用的前提不尽合理

“平行关系说”实际上是将对原《民法通则》第133条第1款和第2款关系的立法原意的解读，延续到了对《民法典》第1188条的解读。如果仅仅从文义上解读，鉴于第2款前段第1个逗号之前的内容就是在第1款第一句第1段适用前提

① 参见王利明、周友军、高圣平：《中国侵权责任法教程》，人民法院出版社2010年版，第466页。
② 参见程啸：《侵权责任法》，法律出版社2011年版，第287－288页。
③ 参见薛军：《走出监护人“补充责任”的误区》，《华东政法大学学报》2010年第3期。
④ 参见朱广新：《被监护人致人损害的侵权责任配置》，《苏州大学学报》2011年第6期。
⑤ 参见陈帮锋：《论监护人责任》，《中外法学》2011年第1期。
⑥ 参见刘保玉：《监护人责任若干争议问题探讨》，《法学论坛》2012年第3期。

“无民事行为能力人、限制民事行为能力人造成他人损害的”的基础上增加了“有财产的”的表述，将监护人责任第 1 款与第 2 款解读为以“有无财产”作为区分适用的前提，并无不当，这就是司法实践仍然主要坚持“平行关系说”的原因。

但从法理上，学界却普遍难以接受这一区分适用的前提。典型的反对意见认为，如果把整个制度的建构完全建立在某一方是否“有财产”的基础之上，就完全取消了责任承担内在的道义基础，使得“某人拥有财产”这样一种与侵权事实的发生无任何联系的事实状态，成为某种意义上的“原罪”，成为承担责任的基本原因，这是任何一个现代侵权法制度都难以认可的。① 因此，几乎所有对于监护人责任第 1 款和第 2 款关系的改造，都建立在对“平行关系说”的批评基础上。

2. “递进关系说”的立法论色彩过重

“一般与特殊处理说”试图通过将第 2 款描绘为特殊情况，追求两款规则的实质统一性。笔者对于这种解释思路所追求的目标表示赞同，但也与持怀疑态度的学者有着类似的担心，即这样的解释思路可能违反立法者原意。② 而“漏洞衡平填补说”通过监护人责任第 1 款和第 2 款先后适用的方案来实现对被侵权人的全面救济，可谓构思巧妙。

“递进关系说”与“平行关系说”一样，也主张监护人责任第 1 款和第 2 款均为对外承担责任的条款，这是二者与“内外关系说”的最大差别。“递进关系说”揭示出的“平行关系说”的缺陷及对其改造的方案，正是未来应该予以重点完善的地方。

3. “内外关系说”在原立法语境下缺乏解释力

“内外关系说”以监护人责任第 2 款规定的“从本人财产中支付赔偿费用”的“赔偿”表述不同于第 1 款规定的侵权“责任”为突破口，主张第 2 款为内部关系条款，回避了以被监护人“有财产”作为第 2 款直接适用前提的不合理，说服力较强。

但“内外关系说”在解读原《民法通则》第 133 条时，无法对“但单位担任监护人的除外”这一但书作合理解释。③ 另外，原《民通意见》第 161 条第 1 款前段规定，“侵权行为发生时行为人不满十八周岁，在诉讼时已满十八周岁，并有经济能力的，应当承担民事责任”，该款司法解释在实务中被用于判令被监护人直接承担赔偿责任，突破了内外关系区分，对此，“内外关系说”缺乏解释力。

（三）新的解读思路：“体系位移效应说”

笔者认为，学界在提出上述解读思路的过程中，无一例外地忽略了监护人责任在我国侵权法上的体系位移现象，也就未能洞察作为监护人责任载体的原《民法通

① 参见薛军：《走出监护人“补充责任”的误区》，《华东政法大学学报》2010 年第 3 期。

② 参见程啸：《侵权责任法》，法律出版社 2011 年版，第 288 页。

③ 详见后文分析。

则》第133条、原《侵权责任法》第32条和《民法典》第1188条在定位上存在从“特殊公平责任”到“特殊侵权责任”的体系变迁进而产生的体系位移效应。笔者曾经指出，原《民法通则》第133条对于监护人责任的规定，未按照前三次民法典起草的体例安排在特殊侵权责任领域，而被特别安排在了原《民法通则》第132条公平责任之后，作为特殊公平责任存在。① 而原《侵权责任法》和《民法典》侵权责任编切断了这两条规范之间的关系，具体表现为：一方面，公平责任被规定在了《民法典》侵权责任编第二章“损害赔偿”第1186条；另一方面，监护人责任回归到了特殊侵权责任中，被规定在了《民法典》侵权责任编第三章“责任主体的特殊规定”第1188条，与第1190条规定的完全民事行为能力人暂时失去意识致害责任，形成了完整的意识欠缺致害责任体系。这是一种条文位置变化带来的体系定位变化。②

沿着这种思路，笔者提出“体系位移效应说”，认为监护人责任制度的体系定位才是确定解读思路的基础，不同的解读方案只有在不同的体系定位下才能够证成其特定的合理性。作为特殊公平责任的原《民法通则》第133条应该按照立法原意作“平行关系说”解读；而《民法典》第1188条则应该根据其特殊侵权责任定位作“内外关系说”解读；对于“递进关系说”的质疑，应该予以实质性地明确。

二、特殊公平责任定位下原《民法通则》第133条的解读思路

（一）原《民法通则》上监护人责任的体系位移

1. 第一次民法典起草

《债篇通则第一次草稿》（1955年10月24日）第37条第1款规定：“无行为能力人造成他人的损害由法定代理人负赔偿责任。限制行为能力人造成他人的损害，由限制行为能力人负责赔偿，在不能或者赔偿不足的时候，由法定代理人负赔偿责任。”第2款规定：“因故意或者过失使自己处于临时无行为能力状态，造成他人的损害，应该负赔偿责任。”③ 该条草案的特点是：第一，以民事行为能力欠缺者为规则设计核心，区分无民事行为能力人和限制民事行为能力人致害的法律后果。第二，无民事行为能力人致害由法定代理人承担责任；限制民事行为能力人责任自负，但法定代理人承担补充性赔偿责任。可见，新中国民法典从起草伊始，就有将限制民事行为能力人置于直接责任人地位的尝试。第三，同时规定了完全民事行为能力人暂时失去意识致害的责任，但被后来的草案取消。此后的《债权篇通则草

① 关于立法史的考察，参见王竹：《我国侵权法上“公平责任”源流考》，《甘肃政法学院学报》2008年第2期。

② 参见王竹：《论实质意义上侵权法的确定与立法展望》，《四川大学学报（哲学社会科学版）》2011年第3期。

③ 参见何勤华、李秀清、陈颐编：《新中国民法典草案总览》（上卷），法律出版社2003年版，第181页。

稿》（1957年1月7日）第14条、《债的通则第二次稿（另案）》（1957年1月9日）第72条和《损害赔偿［第三次草稿］》（1957年2月10日）第5条维持了这种体例和内容。[①] 需要指出的是，从《损害赔偿［第三次草稿］》开始，监护人责任在顺序上成为特殊侵权责任的第一种，这是判断原《民法通则》第133条体系定位的坐标原点。

虽然第一次民法典的起草成果随后未能转化为立法，但1957年《治安管理处罚条例》第29条对监护人责任作出了规定："因违反治安管理造成的损失或者伤害，由违反治安管理的人赔偿或者负担医疗费用；如果造成损失、伤害的是不满十八岁的人或者精神病人，由他们的家长、监护人负责赔偿或者负担医疗费用。"该规定是我国立法中第一次明确监护人责任为替代责任，并且不再区分无民事行为能力人致害和限制民事行为能力人致害。

2. 第二次民法典起草

由于第二次民法典起草并未涉及侵权责任部分，1964年7月1日《中华人民共和国民法草案（试拟稿）》在总则部分的第18条第3款规定了监护人责任："监护人必须维护被监护人的合法权益。监护人对被监护人造成的公共财产的损失或者他人财产上的损失，应当负赔偿责任。"1964年9月25日、11月1日的草稿延续了这种体例。[②] 从新中国第二次民法典的起草开始，民事行为能力欠缺者的责任转而以监护人责任而非以被监护人责任为核心。

3. 第三次民法典起草

几乎在第三次民法典开始起草的同时，1980年《婚姻法》第17条规定："父母有管教和保护未成年子女的权利和义务。在未成年子女对国家、集体或他人造成损害时，父母有赔偿经济损失的义务。"[③] 鉴于1950年《婚姻法》并无相关规定，应该认为这是对第二次民法典起草成果的吸收，同时是对1957年《治安管理处罚条例》第29条规定的继受。[④]

《中华人民共和国民法草案（征求意见稿）》（1980年8月15日）第五编"损害责任"第三章"损害责任的特殊规定"第448条第1款规定："无行为能力人和行为能力受限制的人不法造成的损害，由他们的父母、监护人或者有义务对他们进行

① 参见何勤华、李秀清、陈颐编：《新中国民法典草案总览》（上卷），法律出版社2003年版，第202页、第225页、第243页。

② 参见何勤华、李秀清、陈颐编：《新中国民法典草案总览》（下卷），法律出版社2003年版，第101页、第140页、第165页。

③ 2001年《婚姻法》修改后，第23条规定了实质相同的内容："父母有保护和教育未成年子女的权利和义务。在未成年子女对国家、集体或他人造成损害时，父母有承担民事责任的义务。"这一立法模式甚至延续到了《民法典》第1068条："父母有教育、保护未成年子女的权利和义务。未成年子女造成他人损害的，父母应当依法承担民事责任。"从《民法典》的体系性安排出发，该条第二句的规定应该被删除。

④ 值得关注的是，1986年《治安管理处罚条例》第9条和第10条删除了相关民事责任内容。

监护的组织承担责任。但是，未成年人能够辨认自己行为的后果并且已有独立经济收入的，应当对自己造成的损害承担连带责任。”第2款规定：“父母、监护人或实行监护的组织如果能够证明已经尽到了监护责任，可以酌情减轻或者免除他们的责任。”对比第一次民法典起草的相关条文可以看到，该规定有如下特点：第一，监护人责任继续被规定为第一种特殊侵权责任；第二，合并规定了无民事行为能力人和限制民事行为能力人致害的法律后果，一概适用监护人无过错责任，这与1980年《婚姻法》第17条的规定保持了一致。第三，为了缓和这种严格的无过错责任，第2款规定尽到监护职责的减轻或免除责任，属于一种立法创造。第四，“能够辨认自己行为的后果并且已有独立经济收入”的未成年人，参与承担连带责任。另外，草案在紧随其后的第449条恢复了对完全民事行为能力人暂时丧失意识致害责任的规定，其中还包含了间歇性精神病人的情形，但这一规定从“第三次草案”开始被整体。随后的《中华人民共和国民法草案（征求意见二稿）》（1981年4月10日）第345条和《中华人民共和国民法草案（第三稿）》（1981年7月31日）第469条延续了这种体例。①

需要注意的是，《中华人民共和国民法草案（第四稿）》（1982年5月1日）第426条在体例上作出了改变，删除了“但是，未成年人能够辨认自己行为的后果并且已有独立经济收入的，应当对自己造成的损害承担连带责任”的相关规定，恢复为监护人责任体系，这与我国民法上长期不承认民事责任能力制度有关。

4. 原《民法通则》第133条通过体系位移定位为特殊公平责任

结合前三次民法典起草的背景，我们就能够很清晰地看到原《民法通则》第133条的体系位移。原《民法通则》第六章“民事责任”第三节“侵权的民事责任”第117～120条是关于各种民事权利救济方式的规定，第121～127条是关于特殊侵权责任的规定。作为第一次和第三次民法典起草的立法传统，原《民法通则》第133条规定的监护人责任，本应该被安排在特殊侵权责任的第一条，也就是原《民法通则》第121条的位置，相当于原《侵权责任法》第32条和《民法典》第1188条的位置。但原《民法通则》的起草人最终将其置于第132条之后，实际上通过体系位移的方式将其定位为“特殊公平责任”②。

这一体系位移效应也体现在了具体表达上。原《民法通则》第133条较此前的草案，在第1款和第2款中均使用了“适当”的修饰语，而这一表达方式在原《民法通则》规定的其他特殊侵权责任以及此前监护人责任的相关草案条文中，都是不存在的。而且，这种以“适当”的表述来标识公平责任的做法，在《民法典》上也得到了延续，这也是后文将展示原《侵权责任法》第32条取消“适当”修饰语的

① 参见何勤华、李秀清、陈颐编：《新中国民法典草案总览》（下卷），法律出版社2003年版，第482页、第554页。

② 可以设想，如果原《民法通则》继续规定完全民事行为能力人暂时丧失意识致害责任，那么该规则将会被安排在相当于第134条的位置。

原因。

这种“特殊公平责任”的定位，由于受制于原《民法通则》第132条规定的“当事人对造成损害都没有过错”的前提，使得公平责任意义上的监护人责任，不应适用于被侵权人有过错的情形，这也是原《民法通则》第133条体系位移带来的副作用之一。另外，原《民法通则》第133条的立法核心在于监护人责任而非被监护人责任，这使该条第2款规定的被监护人责任，未被纳入公平责任的考量范围，而成为一种严格责任。这也是学界诟病的另一个要点。

（二）原《民法通则》第133条第2款是直接责任条款

对比第三次民法典起草过程中具有代表性的《中华人民共和国民法草案（征求意见稿）》（1980年8月15日）第448条和原《民法通则》第133条可以看到，两个条文包含了共同的立法特点：第一，合并规定无民事行为能力人和限制民事行为能力人致害的监护人责任；第二，被监护人在有财产的情况下要承担责任；第三，监护人尽到监护职责的要减轻责任。但原《民法通则》调整了条文的表达顺序，将监护人尽到监护职责规定在了第133条第1款，将被监护人有财产的情形单独作为第2款，成为今天学术争议的起点。但如果仔细研读当时的司法解释性质的文件，就会发现原《民法通则》第133条第2款确实是直接责任条款，即“平行关系说”所谓的立法原意。

《最高人民法院民事审判庭关于单位担任监护人是否承担赔偿责任的电话答复》（1989年8月30日［89］法民字第23号）指出“……‘但单位担任监护人的除外’如何理解的请示，经研究并与人大法工委民法室联系了解，其立法原意是单位不承担赔偿责任……”该司法解释透露出的“立法原意”非常重要，是解读原《民法通则》第133条定位的关键。笔者认为，如果“立法原意”认为在被监护人有财产的情形下，“单位不承担赔偿责任”，那么就可以确定第1款和第2款是平行关系。这是因为，如果按照“内外关系说”，应该首先根据第1款确定对外承担责任数额，再来根据第2款确定从谁的财产中支付赔偿费用。而根据第2款的规定，被监护人有财产（而不是能够全部赔偿）的，单位就不再承担责任，这就相当于承担赔偿费用能力的情况反过来会影响对外承担责任的大小，这是不符合逻辑的。可见，根据“立法原意”，最高人民法院确认了原《民法通则》第133条第2款是直接责任条款。

（三）原《民法通则》第133条第2款适用范围的不当扩大

对“平行关系说”的批评，并非针对这种平行关系的分布方式，而主要针对被监护人“有无财产”的区分标准。笔者认为，结合原《民法通则》的苏俄民法源流和当时的中国社会背景就会发现，其第133条第2款的适用范围，主要是针对劳动成年视为完全民事行为能力人、有财产的精神病人和被监护人继承了遗产的情形，而非简单地以“有无财产”作为第1款和第2款区分适用的前提。

1. 源于苏俄民法的劳动成年制度是第133条第2款的主要适用范围

1922年《苏俄民法典》第405条规定："无行为能力人对于其所致之损害不负责任。负有监督义务之人应代为负责。未成年人对本法第9条所规定之情形所致之损害，其父母或监护人亦应与未成年人共同负责。"而第9条规定："未成年人之满十四岁者，得经法定代理人（父母、养父母、监护人、保佐人）之同意，为法律行为。有权独立支配其所得之工资，并对于因其行为所致他人之损害负赔偿之责任。"第405条的规定实际上就区分为两种：如果是不适用第9条劳动成年制度的情形，无行为能力人造成损害由监护人承担替代责任；如果适用第9条的规定，则由该未成年人与监护人共同负责。这种劳动成年制度对我国原《民法通则》产生了体系性的深远影响。

1964年《苏俄民法典》第450条规定了"对未满十五岁的未成年人所造成的损害的责任"，第451条规定了"对十五岁至十八岁的未成年人所造成的损害的责任"，第452条规定了"对被宣告为无行为能力的公民所造成的损害的责任"。这种区分延续了1922年《苏俄民法典》的模式，但区分了基于年龄和基于精神状况的民事行为能力欠缺的情形，在具体规则上有所改变。第450条第1款规定："对未满十五岁的未成年人所造成的损害，如果其父母或监护人不能证明损害不是由于他们的过错所致，则他们应当承担责任。"第2款规定："如果未满十五岁的未成年人是在学校、教育或医疗机构照管时造成损害的，则这些机构在不能证明损害不是由于它们的过错所致的情况下得对该损害承担责任。"第452条规定："对被宣告为无行为能力的公民（见第15条）所造成的损害，他的监护人或有义务对他进行照管的组织应当承担责任，如果他们不能证明损害不是由于他们的过错所致。"这两条规定均采用了过错推定规则。

第451条第1款规定："十五岁至十八岁的未成年人，对他们所造成的损害，依照一般根据（见第444条、第449条和第454条）承担责任。"第2款规定："在十五岁至十八岁的未成年人没有足够的财产或工资赔偿损害时，损害的相应部分应当由他的父母或保护人赔偿，如果他们不能证明损害不是由于他们的过错所致的话。当造成损害的人达到成年时，或者在他未达到成年之前已有足以赔偿损害的财产或工资时，则他的父母或保护人的上述义务即行终止。"该条第1款规定建立在劳动成年制度的基础上，第2款尤其是其中的第二句对我国原《民法通则》第133条第2款影响甚为明显。

原《民法通则》第11条第2款规定了"劳动成年制度"："十六周岁以上不满十八周岁的公民，以自己的劳动收入为主要生活来源的，视为完全民事行为能力人。"原《民通意见》第2条进一步明确："十六周岁以上不满十八周岁的公民，能够以自己的劳动取得收入，并能维持当地群众一般生活水平的，可以认定为以自己的劳动收入为主要生活来源的完全民事行为能力人。"将劳动成年制度纳入原《民法通则》第133条的语境下，就可以很明显地看到，第133条第2款规定的"有财产的无民事行为能力人、限制民事行为能力人”，其实相当于 1922 年《苏俄民法典》第 405 条第三句对该法典第 9 条的引致，并结合了 1964 年《苏俄民法典》第 451 条第 2 款，尤其是第二句的规定。结合这一苏俄民法的源流就可以看到，原《民法通则》第 133 条第 2 款的主要适用范围应当是适用“劳动成年制度”的被监护人。随着农村外出务工人员的年轻化，在今天的司法实务中，我们也能够看到这样的案例。①

这里就体现出了原《民法通则》第 133 条第 2 款第一句的一个表述瑕疵，即限制民事行为能力人劳动成年后，应被“视为完全民事行为能力人”，此处仍然采用“限制民事行为能力人”的表述，是不够准确的。而这一不准确性，恰恰是下面要谈到的两种情形所体现的。

2. 从劳动成年制度扩展到“有财产”的民事行为能力欠缺者

原《民法通则》的监护制度既适用于未成年人的情形，也适用于精神病人的情形。《最高人民法院民事审判庭关于监护责任两个问题的电话答复》（1990 年 5 月 4 日）指出：“精神病人在发病时给他人造成的经济损失，如行为人个人财产不足补偿或无个人财产的，其监护人应适当承担赔偿责任。”这种以精神病人的财产先承担补偿责任，再由监护人适当承担赔偿责任的制度设计，是原《民法通则》第 133 条第 2 款的第二个主要适用情形。

笔者认为，原《民法通则》第 133 条第 2 款的第三个主要适用情形，是被监护人继承了父母遗产的情形，这也是“但单位担任监护人的除外”这一规则设定的主要原因。精神病人没有配偶，父母死亡后留有遗产，又由单位担任监护人的，其效果与未成年人的单位监护人类似，下文以未成年人监护为例说明。

原《民法通则》第 16 条第 2 款第 1 项规定的未成年人父母死亡后的第一顺位监护人是“祖父母、外祖父母”。在原《民法通则》通过之前就已经生效的《继承法》第 10 条规定的第一顺位继承人为“配偶、子女、父母”。在法定继承的情形下，如果未成年人的父母死亡，那么遗产将由子女即被监护人和未来的第一顺位监护人即祖父母、外祖父母继承。如果祖父母、外祖父母已经先于父母去世，那么遗产将由被监护人单独继承。没有合适的监护人，将适用原《民法通则》第 16 条第 4 款的规定：“没有第一款、第二款规定的监护人的，由未成年人的父、母的所在单位或者未成年人住所地的居民委员会、村民委员会或者民政部门担任监护人。”即由单位担任监护人。对于单位担任监护人，有学者认为这是一种迫不得已的做法。由于国家没有足够的经济能力充分兴办各种社会福利事业，单位担任监护人本质上是替国家、社会承担责任。② 如果原《民法通则》第 133 条第 2 款未设置“但单位担任监护人的除外”这一但书，则会出现如下局面：相较于祖父母、外祖父母可能

① 例如广东省梅州市中级人民法院（2014）梅中法民一终字第 200 号民事判决书。

② 参见刘士国：《现代侵权损害赔偿研究》，法律出版社 1998 年版，第 298 页。

获得一定的遗产用于支付赔偿款，单位监护人未获得任何的遗产，却要承担补充性的赔偿责任。再考虑到在公平责任语境下，通过比较双方财产来确定补偿数额，单位的财产状况通常远好于被侵权人，单位必然会因此承担较重的补偿责任。基于“保护国有财产”的考虑①，免除单位监护人的补充性责任，也就不足为奇了。②

正是希望包括后两种情形，原《民法通则》第 133 条第 2 款才突破了劳动成年制度的限制，仅仅保留了“有财产”的要求，最终扩展到适用于所有有财产的民事行为能力欠缺者，这在适用范围上有不当扩大之嫌。区分被监护人是否有财产，作为救济被侵权人的实用主义操作的同时，也务实地免除了单位监护人的公平责任，体现出时代的烙印。但考虑到原《民法通则》制定时，被监护人有财产的情形，主要就是劳动成年、有个人财产的精神病人和被监护人继承了遗产这三种情况，再考虑到其公平责任的性质，其也就变得可以理解不合理性了。

（四）原《民法通则》第 133 条框架下的被侵权人救济体系

1. 原《民法通则》第 133 条第 1 款同时包含了特殊侵权责任和公平责任

原《民法通则》第 131 条规定：“受害人对于损害的发生也有过错的，可以减轻侵害人的民事责任。”“也”有过错的表述，严格地说，要求侵权人一方有过错。容易被忽略的是，通过对原《民法通则》第 131 条的严格适用，就能够发现第 133 条第 1 款兼具特殊侵权责任和公平责任两种适用方式。

原《民法通则》第 133 条第 1 款作为特殊侵权责任的适用方式是：如果监护人没有尽到监护职责，此时监护人有过错，适用原《民法通则》第 133 条第 1 款第一句，“由监护人承担民事责任”。如果被侵权人没有过错，监护人应该全额赔偿；如果被侵权人有过错，可以适用原《民法通则》第 131 条减轻其侵权责任。

原《民法通则》第 133 条第 1 款作为公平责任的适用方式是：在监护人责任中，如果监护人尽到了监护职责，就没有过错，此时第 131 条就不能适用。基于条文的严格解释第 131 条的适用前提应该是侵害人有过错，而非监护人有过错。换言之，如果监护人尽到了监护职责，被侵权人要求监护人承担责任，只能在被侵权人没有过错的情形下，请求适用原《民法通则》第 132 条规定的双方均无过错的公平责任，这就涉及对“可以适当减轻他的民事责任”的效果考察问题。

2. “监护人尽到监护职责”的减责事由在实务中主要体现为公平责任

笔者从“中国裁判文书网”适用“监护人责任纠纷”案由的案件中，随机抽取了 100 个案件，其中仅有 3 个案件涉及“监护人尽到监护责任的，可以减轻其侵权责任”的认定，可见法院一般不愿适用该减责事由。这三个案件适用该减责事由的具体情况见下文介绍：

① 这一思路可以参见 1926 年《苏俄最高法院民事上诉庭的工作报告》，转引自［苏］Π·M·坚金主编：《苏维埃民法》（第三册），中国人民大学民法教研室译，法律出版社 1957 年版，第372 页。

② 严格地说，按照原《民法通则》第 16 条第 2 款第 2 项在兄、姐担任监护人的情况下，也没有获得任何遗产，但其财产状况可能并不比被侵权人好，因此承担的公平责任也不应该太重。

案例1："业余足球比赛受伤案"。原告与被告放学后参与学生自发组织的足球比赛，二人发生碰撞后倒地，原告受伤。法院认定原被告双方对损害后果的发生均无主观过错，其双方监护人也对本次事故的发生不存在过错。但法院的核心考虑却是，被告父母为工厂在职和退休职工，实质上的思路是根据二人目前工作情况、经济能力，减轻被告方承担的赔偿责任。①

案例2："精神病人打砸邮政局案"。法院表面上认为，监护人确已尽到了监护职责，应适当减轻其应承担的赔偿责任，随后明确指出，充分考虑监护人母子家庭特别困难的现状，监护人为照顾、监护被监护人所付出的艰辛的努力，以及原告邮政局对监护人目前经济状况、家庭状况的充分同情和理解，均衡原告单位应承担的社会责任和本案在当地社会影响等因素，酌情认定减轻比例以70%为宜。②

案例3："精神病人故意伤害附带民事赔偿案"。法院考虑到被监护人未结婚，两位监护人即其父母，年纪分别接近60岁和70岁，在被告人患病期间曾多次将其送往医院进行治疗，在家期间亦对被告人采取了一定的限制措施，结合被告人的病情，可认定为监护人已经尽其所能来尽到监护责任，因此可适当减轻其民事赔偿责任。③

从上述三个案件可以看出④，尽管法院在名义上是基于监护人尽到了监护责任对其赔偿责任予以减轻，但实际考量的主要因素都不是是否尽到了监护职责，而是双方的经济状况、监护人的身体和年龄因素以及家庭状况，本质上都是公平责任的适用。如前所述，由于名义上监护人尽到了监护职责而没有过错，作为公平责任的适用，应要求被侵权人没有过错。至于为何不直接适用类似原《民法通则》第133条第2款规定的"适当"承担赔偿责任，则应该将其理解为对第三次民法典起草过程中监护人尽到监护职责减轻赔偿责任这种立法模式的延续，这也是原《侵权责任法》第24条未能实现的"逆转"。

3. 原《民法通则》第133条第2款中"不足部分，由监护人适当赔偿"是第1款"适当"减轻民事责任的延续

有学者提出疑问，认为既然在被监护人没有自己的财产的情况下，监护人本来就应该针对受害人的损害承担全部的赔偿责任，那么当被监护人有自己的财产却不足以支付全部赔偿费用时，监护人更加应当就所有的不足部分给予赔偿。如果只是"适当"赔偿，就会导致一种逻辑上非常悖谬的事实：被监护人拥有部分财产的事

① 陕西省西安市莲湖区人民法院（2012）莲民二初字第00100号民事判决书。需要指出的是，《民法典》第1176条第1款规定："自愿参加具有一定风险的文体活动，因其他参加者的行为受到损害的，受害人不得请求其他参加者承担侵权责任；但是，其他参加者对损害的发生有故意或者重大过失的除外。"按此规定，该案的被告应该被免除侵权责任。

② 参见湖北省广水市人民法院（2015）鄂广水民初字第00412号民事判决书。

③ 参见福建省福州市马尾区人民法院（2014）马刑初字第102号民事判决书。

④ 由于"中国裁判文书网"收录的案例绝大多数都在2010年原《侵权责任法》实施之后，所以上述三个案例并非适用原《民法通则》的案例，但法院的裁判思路是一致的。

实，竟可以成为监护人不承担义务的一个理由。①

笔者认为，该观点没有注意到原《民法通则》第133条第1款也使用了“适当”的修饰语，只不过如前文所述，这种“适当减轻”实际上体现为承担“适当”的公平责任。那么在第133条第2款由“有财产”的被监护人承担了赔偿责任之后，就不足部分，监护人承担的适当赔偿责任，实质上就是第1款的监护人责任。换言之，监护人如果不能证明自己尽到了监护职责，就应该承担全部补充性责任；如果能够证明自己尽到了监护责任，从实务中可以看到，更多的情况是法官考虑到公平责任的要素，来适用第1款的公平责任。

4. 被监护人致害的被侵权人救济体系

按照前文的分析，原《民法通则》第131～133条构建的被监护人致害的被侵权人救济体系如表19－1所示。

表19－1　被监护人致害的被侵权人救济体系表

被侵权人	被监护人财产充足	被监护人无财产或财产不足	
		监护人未尽监护职责	监护人尽到监护职责
无过错	被监护人严格责任	过错推定侵权责任	公平责任
有过错	被监护人严格责任减轻	侵权责任减轻	监护人无责任

从表19－1可以看出：

第一，无论被侵权人是否有过错，只要被监护人财产充足，都要承担严格责任，差别只是：如果被侵权人有过错，应该依据原《民法通则》第131条减轻责任。在被监护人无财产，或者有财产但不能满足对被侵权人的救济的前提下，才适用监护人责任。

第二，如果被侵权人无过错，监护人不能证明自己尽到监护责任，则适用过错责任。监护人尽到了监护职责的，虽然条文表述方式为“可以适当减轻他的民事责任”，但实际上适用当事人对造成损害都没有过错的公平责任。

第三，如果被侵权人有过错，监护人未尽监护职责，仍然要承担侵权责任，但可以适用原《民法通则》第131条规定的责任减轻规则。如果被侵权人有过错而监护人尽到了监护职责，只能认为是被侵权人自己造成了损害，应当免除监护人的责任。

（五）原《民法通则》第133条体现的利益衡量序列

质言之，虽然原《民法通则》第133条分为两款，但贯穿的是统一的利益衡量序列：对无过错被侵权人的救济＞限制监护人责任＞被监护人财产承担责任，具体可分为两点。

① 参见薛军：《〈侵权责任法〉对监护人责任制度的发展》，《苏州大学学报》2011年第6期。

第一，监护人利益高于被监护人利益。原《民法通则》上的监护人制度只有义务没有权利，监护人即使尽到监护职责也可能无法避免被监护人侵权，因此在监护人与被监护人的利益排序上，更侧重对监护人利益的维护。如果被监护人有财产，由于法律侧重对监护人利益的保护，由被监护人的财产承担责任较由监护人承担责任更为优先。

第二，无过错被侵权人利益高于监护人利益。基于原《民法通则》第 132 条规定的公平责任框架，在平衡当事人利益的前提下，尽量救济没有过错的被侵权人。因此，只要被侵权人没有过错，即使监护人尽到了监护职责，也不能免除责任，只能减轻责任，确保被侵权人在比较双方经济状况的前提下，能够获得一定的救济。

将无过错被侵权人利益高于监护人利益、监护人利益高于被监护人利益这两个利益排序联系起来，就很容易理解原《民法通则》第 133 条第 2 款的规定：被监护人有财产，全额赔偿被侵权人；不足部分，监护人依据第 1 款的规定适当承担公平责任。

三、特殊侵权责任定位下《民法典》第 1188 条的解读思路

（一）原《侵权责任法》上监护人责任的再次体系位移

1. 原《侵权责任法》上监护人责任体系位移的过程

在原《侵权责任法》起草过程中，“一审稿”的监护人责任规定在第十章“有关侵权责任主体的特殊规定”的第 1 条（第 61 条）第 1 款规定：“无民事行为能力人、限制民事行为能力人造成他人损害的，由监护人承担侵权责任。”该草案删除了原《民法通则》第 133 条第 1 款第二句的规定：“监护人尽了监护责任的，可以适当减轻他的民事责任。”这使其成为名副其实的严格责任。草案第 2 款规定：“有财产的无民事行为能力人、限制民事行为能力人造成他人损害的，从本人财产中支付赔偿费用。不足部分，由监护人赔偿。”相较于原《民法通则》第 133 条第 2 款，一方面删除了“单位担任监护人的除外”的规定，另一方面删除了“由监护人适当赔偿”中的“适当”。该草案最为重要的变化是在体系定位上放弃了将监护人责任纳入公平责任体系的做法，并在条文上作出了相应的调整。“一审稿”的公平责任条款规定在第二章“损害赔偿”的最后一个条文，即第 20 条：“当事人对造成的损害都没有过错的，可以根据实际情况，由当事人分担损失。”

“二审稿”将“关于责任主体的特殊规定”前移到了第四章，成为特殊侵权责任部分的第一章。其第一条，即第 31 条对监护人责任进行了规定。其第 1 款规定：“无民事行为能力人、限制民事行为能力人造成他人损害的，由监护人承担侵权责任。监护人尽了监护责任的，可以减轻其侵权责任。”该规则恢复了“监护人尽了监护责任的”的减责规定，但从措辞来看，已经放弃了公平责任的理念，即“可以减轻其侵权责任”已经没有了“适当”的措辞。第 2 款规定同“一审稿”，相应地

也没有“适当”的公平责任措辞。另外，“二审稿”在第32条增设了完全民事行为能力人暂时失去意识致害责任的规定。“三审稿”保持了“二审稿”的体例和内容，并最终在原《侵权责任法》第32条中得到体现，第1款规定：“无民事行为能力人、限制民事行为能力人造成他人损害的，由监护人承担侵权责任。监护人尽到监护责任的，可以减轻其侵权责任。”第2款规定：“有财产的无民事行为能力人、限制民事行为能力人造成他人损害的，从本人财产中支付赔偿费用。不足部分，由监护人赔偿。”

2. 体系位移导致的性质变迁：从“特殊公平责任”到“特殊侵权责任”

尽管原《民法通则》将监护人责任置于公平责任体系之下，但司法实践中，由于原《民法通则》第132条本身处于一种不确定的状态而备受诟病，牵连到了第133条监护人责任中公平责任的认定，实务中法院更多地仍然是关注“平行关系说”中有无财产的适用条件。可以说，无论是在学理上，还是在实践中，都没有对原《民法通则》上监护人责任的特殊公平责任体系定位予以足够的重视。

最终，在原《侵权责任法》起草之时，无论是出于未能领会原《民法通则》起草者良苦用心的原因，还是根本不认可这种特殊公平责任的定位，立法机关作出了体系位移的决定。但在条文内容上只是表面化地作了修饰，这导致定位为特殊侵权责任的原《侵权责任法》第32条在条文上出现了“脱胎不换骨”的现象，未能在实质上体现出这种体系位移带来的性质变迁。

（二）“脱胎不换骨”：未能摆脱公平责任的框架带来新疑问

对于这种脱胎于公平责任的条文体例，仅仅通过删除“适当”这样的修饰语，无法抹去其公平责任条文的痕迹。相反，由于未能深入理解原《民法通则》立法者将第133条纳入公平责任体系的良苦用心，原《侵权责任法》第32条和《民法典》第1188条机械地照搬了原《民法通则》第133条第1款和第2款的结构，进一步引起了学界的广泛讨论，新增加的疑问有三点。

第一，如果说在公平责任语境下，还可以勉强接受以财产有无作为两款区分适用标准，那么在特殊侵权责任语境下，以财产有无作为两款的区分适用标准就显得更加不合理。

第二，在特殊侵权责任语境下，“监护人尽到监护责任”的减责事由难以定性。有学者将原《侵权责任法》第32条第1款定性为存在减责抗辩事由的严格责任①或者无过错责任②，但我国侵权法并不区分故意侵权与过失侵权、过错责任和无过错责任的损害赔偿责任范围，因此我国减责事由均构建在被侵权人一方的过错或者

① 参见薛军：《走出监护人“补充责任”的误区》，《华东政法大学学报》2010年第3期。

② 参见刘保玉：《监护人责任若干争议问题探讨》，《法学论坛》2012年第3期。

原因力之上。[①] 之前依托于公平责任对监护人尽到监护职责减轻责任的解释，也无法继续沿用。

第三，原《侵权责任法》第 32 条和《民法典》第 1188 条规定的“不足部分，由监护人赔偿”未预留监护人减责事由的适用空间。原《侵权责任法》草案起草机关认为这是为了保护被侵权人的合法权益，使其受到的损害能够得到全部的赔偿[②]，这使得监护人“有财产”成为监护人和被监护人共同的“不幸”。这种基于财产的责任，又一次由于被定位为特殊侵权责任而无法诉诸公平责任。

（三）特殊侵权责任定位下《民法典》第 1188 条的适用规则

笔者认为，尽管《民法典》第 1188 条照搬了原《民法通则》第 133 条和原《侵权责任法》第 32 条的条文结构，只在个别表达上作了微调，但我们可以通过改变两款的适用规则来体现这种体系变迁的效果，缓和“脱胎不换骨”带来的新疑问。具体来说，就是用“内外关系说”取代“平行关系说”，认定第 1 款是被侵权人请求赔偿的外部责任条款，第 2 款是赔偿费用来源的内部关系条款。同时，由于特殊侵权责任的新定位，《民法典》第 1188 条也将与第 1173 条被侵权人过错规则全面对接。

1. 第 1 款是被侵权人请求赔偿的外部责任条款

首先认定《民法典》第 1188 条第 1 款是被侵权人请求赔偿的外部责任条款。按照这种新定位，第一句“无民事行为能力人、限制民事行为能力人造成他人损害的，由监护人承担侵权责任”是对监护人责任的规定，第二句“监护人尽到监护职责的，可以减轻其侵权责任”则是对法定减责事由的规定。需要指出的是，对于定位为特殊侵权责任的这种减责事由带来的“一般与特殊处理说”指出的救济不足问题[③]，《民法典》侵权责任编仍然没有解决。

2. 第 2 款是赔偿费用来源的内部关系条款

在此基础上，认定《民法典》第 1188 条第 2 款是赔偿费用来源的对内关系条款。按照这种新定位来审视该款前段“有财产的无民事行为能力人、限制民事行为能力人造成他人损害的，从本人财产中支付赔偿费用”：由于这种支付由监护人来执行的，实际上是《民法典》第 35 条第 1 款第二句“监护人除为维护被监护人利益外，不得处分被监护人的财产”的例外规定，使得监护人撇清侵害被监护人利益的嫌疑[④]，允许监护人从被监护人的财产中支付赔偿费用，但应当保留被监护人基

① 《民法典》第 1243 条规定：“未经许可进入高度危险活动区域或者高度危险物存放区域受到损害，管理人能够证明已经采取足够安全措施并尽到充分警示义务的，可以减轻或者不承担责任。”这里减轻或者免除责任的主要原因是被侵权人的“未经许可进入”行为，“管理人能够证明已经采取足够安全措施并尽到充分警示义务的”实际上是更加严格的限制条件，即使“未经许可进入”，如果管理人未能“证明已经采取足够安全措施并尽到充分警示义务的”，仍然不能减轻或者免除责任。

② 参见王胜明主编：《中华人民共和国侵权责任法释义》，法律出版社 2010 年版，第 161 页。

③ 参见朱广新：《被监护人致人损害的侵权责任配置》，《苏州大学学报》2011 年第 6 期。

④ 参见陈帮锋：《论监护人责任》，《中外法学》2011 年第 1 期。

本的生活费用，保障其正常的生活和学习不受影响。① 该款后段规定的“不足部分，由监护人赔偿”虽然应被理解为完全的补充责任，但因为第1款中对外赔偿总额已经体现了监护人尽到监护职责减轻的情形，所以这是相对合理的。

有学者指出，这种用（形式上）属于孩子的财产来支付法律课加于父母的损害赔偿义务，并不违背我国社会大众的正义观念。② 而且在实务中，只有监护人最为了解被监护人的财产，法院和被侵权人查明被监护人财产存在困难，将其解释为内部关系也能够降低司法适用的成本。

3.《民法典》第1173条对第1188条的适用

鉴于《民法典》第1188条第1款第二句“监护人尽到监护职责的，可以减轻其侵权责任”的措辞，以及过错推定责任与无过错责任在损害赔偿责任范围上的无差异性，将第1188条第1款第一句的规定认定为一种特殊的过错推定责任，可能更为合理。具言之，监护人被推定为有过错，承担过错推定责任；监护人能够证明自己没有过错的，尽管不能免除其责任，但可以减轻其过错推定责任。

《民法典》第1173条规定：“被侵权人对同一损害的发生或者扩大有过错的，可以减轻侵权人的责任。”在被侵权人有过错的情况下，第1173条也可以完全适用于第1188条的规定，以适应这种“特殊侵权责任”的定位。

四、《民法典》侵权责任编中监护人责任制度的体系定位

如前文所述，由于监护人责任具有侵权责任与公平责任的混合属性，原《侵权责任法》第32条错误地承袭了原《民法通则》第133条体系定位上的偏差，导致了理论上的批评与实务中的混乱。遗憾的是，《民法典》第1188条未能吸取原《侵权责任法》体系定位不准的教训。未来应当予以完善，思路上应该首先明确其体系定位，再根据体系定位作条文设计，只有这样方能获得符合立法意旨的立法效果。

（一）比较法中监护人责任中的例外性公平责任

1. 比较法中监护人责任中的公平责任体例

基于“自然公平”认定未成年人承担责任的观念起源于1794年《普鲁士普通邦法》，该法典第41条规定：“于精神病人、痴愚之人或者不满7周岁的儿童侵害他人之情形，他们只能被请求以其所有的财产对直接损失予以赔偿。”第42条规定：“但是于其监护人或者其父母没有能力或者不能赔偿损失之情形，儿童的财产

① 参见王胜明主编：《中华人民共和国侵权责任法释义》，法律出版社2010年版，第161页。

② 参见薛军：《走出监护人“补充责任”的误区》，《华东政法大学学报》2010年第3期。

可以用于赔偿损失。”① 1811 年《奥地利民法典》继受并细化了公平责任②，第 1309 条规定：“除前条所规定的情形以外，对于不能运用其理智的人或者不满十四周岁的未成年人负有监督义务的人，没有尽到其监督义务，则应对因此造成的损害承担赔偿责任。”第 1310 条规定：“如果受害人不能依据前条规定获得赔偿，则法官应当考虑如下情况以确定给予受害人完全的赔偿或公平的部分赔偿：不考虑加害人通常无法控制其理智，在特定情形下其是否具有过错；受害人因爱护加害人而没有实施防卫行为；加害人和受害人的财产状况。”

《德国民法典》首先在第 827 条确认了民事责任能力制度的适用：“在丧失知觉的状况下或者在不能自由决定意思的精神错乱的状况下加损害于他人的人，不对该损害负责任。其以酒精饮料或者类似手段使自己陷于此种暂时状况的，对其在此状况下非法引起的损害，以如同其有过失一样的方式负责任；其没有过错而陷于此状况的，该责任即不发生。”然后在第 828 条规定了“未成年人”致害的情形：“(1) 未满七岁的人不对其所加给他人的损害负责任。(2) 已满七岁但未满十岁的人，对其在汽车、有轨交通工具或者悬空缆车的事故中加给他人的损害不负责任。已满七岁但未满十岁的人故意地引起侵害的，不适用前句的规定。(3) 以未满十八岁的人的责任未被依照第 1 款或者第 2 款加以排除为限，其在实施加害行为时缺乏辨别责任的必要判断力的，即不对其加给他人的损害负责任。”在这两条规则的基础上，第 829 条对公平责任作了规定：“以不能从负有监督义务的第三人那里获得损害赔偿为限，在第 823 条至第 826 条所称情形之一里依照第 827 条、第 828 条对其引起的损害不负责的人，在根据情况，特别是根据利害关系人的状况，赔偿损害为公平所要求的限度内，和不剥夺其为维持适当的生计以及为履行法定扶养义务所需要的金钱的限度内，仍然必须赔偿损害。”

《德国民法典》第 827～829 条所体现的是侵权法中的责任，以加害人本人具有责任能力为前提。如果满足了第 827 条或第 828 条的条件，则应否定加害人的侵权责任能力。但假如规定受害人在这种情况下得不到任何赔偿，在个案中则可能出现不公平的状态。所以，第 829 条的规定意图在严格的前提条件下，在损失无法归责于另外的人时，使加害人承担起赔偿义务。③《瑞士债法典》第 54 条、《希腊民法典》第 918 条、《意大利民法典》第 2047 条、《葡萄牙民法典》第 489 条和《俄罗斯联邦民法典》第 1076 条尽管详略不一，但大体上也采纳了《德国民法典》的这一体例。

2. 监护人责任中的例外性公平责任体系定位

德国法上的公平责任体系定位，具有如下的特点：第一，以承认民事责任能力

① ［德］克雷斯蒂安·冯·巴尔：《欧洲比较侵权行为法》（上卷），张新宝译，法律出版社 2001 年版，第 110－111 页。

② 参见［德］克雷斯蒂安·冯·巴尔：《欧洲比较侵权行为法》（上卷），张新宝译，法律出版社 2001 年版，第 111 页。

③ 参见［德］马克西米利安·福克斯：《侵权行为法》，齐晓琨译，法律出版社 2006 年版，第 191 页。

制度为背景。第二，作为一种例外性的公平责任，是对因为没有责任能力而免除行为人责任，被侵权人不能从监护人处获得赔偿时，被监护人实施的侵权行为作为一种社会风险完全由被侵权人承担导致的不公平考量下的特别处理。第三，完整的例外性的公平责任体系，还包含完全民事行为能力人暂时失去意识致害的情形。

应当指出，1964 年《苏俄民法典》和对我国原《民法通则》有较为直接影响的 1950 年《捷克斯洛伐克共和国民法典》①、1975 年《德意志民主共和国民法典》② 等也没有规定公平责任一般条款，实际上也都是这种例外性公平责任定位。

（二）我国监护人责任制度的主要问题

1. 缺乏促使监护人尽到监护职责的激励机制

有学者建议，裁判者在适用“监护人尽了监护职责”时，应将“监护职责”理解为“监督义务”。在判断监护人是否履行了监督义务时，应当考虑监护人履行监督义务的可能性与必要性。③ 有学者认为，从原《民法通则》到原《侵权责任法》，规定监护人为被监护人对第三人的加害行为承担责任的基本理念之一，就是促使监护人尽力控制被监护人可能对第三人造成的危险，并且通过减轻其责任的方式对义务履行进行鼓励。④ 这种“基本理念”也延续到了《民法典》第 1188 条。笔者认为，这种“基本理念”的设想是美好的，但实践中恐怕无法实现。一方面，实务中法院为了尽量补偿受害人，除非基于双方经济状况等公平责任考量因素，极少认定监护人尽到监护职责；另一方面，法院更多地还在考虑如何通过调动被监护人的财产来填补被侵权人的损害。如果被监护人财产不足以支付，则尽量尝试让监护人承担补充责任。⑤ 在这样一种尽量填补被侵权人损害的审判倾向下，即使监护人尽到监护职责也难以免除其责任，只能根据公平责任的考量因素减轻其责任，实质上监护人责任减轻的可能性反而更多来自被监护人有财产的减责规定。如果再考虑原《民通意见》第 158 条可能让间接监护人承担责任的情形和第 161 条第 2 款即使行为人致人损害时年满十八周岁也可能由抚养人垫付的情形，加上我国的监护制度是纯粹的“有职责无权利”设计，这种无法产生任何激励机制的制度设计，根本没有较好地鼓励监护人尽到监护职责的可能。

2. 被监护人致害社会风险分配机制不合理

由于被监护人不是完全的理性人，对他人、对社会都具有不同程度的危险。⑥ 法律关于被监护人（未成年人）致人损害之侵权责任的规定，主要为了协调被监护

① 参见郑民译：《捷克斯洛伐克共和国民法典》，法律出版社 1956 年版，第 60－64 页。
② 参见费宗祎译：《德意志民主共和国民法典》，法律出版社 1982 年版，第 112－121 页。
③ 参见刘敏：《未成年人监护的责任减轻规则——以〈侵权责任法〉第 32 条第 1 款后段为中心的讨论》，《财经法学》2016 年第 6 期。
④ 参见李永军：《论监护人对被监护人侵权行为的“替代责任”》，《当代法学》2013 年第 3 期。
⑤ 参见广西壮族自治区河池市中级人民法院（2015）河市民一终字第 70 号民事判决书；上海市黄浦区人民法院（2014）黄浦少民初字第 22 号民事判决书。
⑥ 参见李永军：《论监护人对被监护人侵权行为的“替代责任”》，《当代法学》2013 年第 3 期。

人、监护人的行为自由与受害人权益保护之间的冲突。① 有学者指出，未成年人的活动不是一种可归咎于父母的生育行为而导致的社会风险，而是社会共同体的成员必须承担的正常的风险。对这一问题，必须通过社会化的保险制度来解决。② 在我国社会保险保障程度较低和商业保险普及率低的“双低保险”社会背景下，侵权法的被监护人致害社会风险分配机制的合理性就更加引人关注，其中的核心问题就是“监护人尽到监护职责”这一减责事由。

质言之，这种减轻了的监护人责任，实际上由被侵权人承担了。这就是有学者指出的减轻责任对被侵权人保护不周的问题③，也是这一减责事由在实践中适用机会极少且大多行公平责任之实的主要原因。实际上，“前保险社会”起草的传统民法典，都面临类似的被侵权人救济问题。而传统民法的应对措施就是公平责任，即在例外情形下将被监护人的财产纳入考量，综合考虑被侵权人、监护人和被监护人的财产状况，由他们共同分担这一社会风险。④

我国民法学者也认为，如果出现监护人赔偿能力严重不足，而被监护人拥有大量财产的情况，以适当的方法，让作为实际加害人的被监护人的财产以某种方式参与到损害赔偿之债的赔付之中，从而保障受害人得到充分救济，是一个合理的选择。⑤ 但问题在于，如果采用“平行关系说”，则可能直接将被监护人的财产几乎全部用于填补被侵权人的损害而“失衡”；如果采用“内外关系说”，则是先减轻监护人的责任，再将被监护人的财产纳入考量，未能如传统民法的公平责任一样，对三方财产作通盘考虑而有失公允。

3. 没有对被监护人的财产执行予以限制

一般认为，从未成年加害人的财产中支付赔偿费用的，不得对未成年人的生活和教育产生严重不利影响。⑥ 对于被监护人的财产执行进行必要限制，主要为了避免对其未来正常生活和接受教育机会的剥夺。这本不是监护人责任规范的特殊需求，因为在各种强制执行过程中，均会存在这样的问题。但在例外性公平责任定位下，这种对被监护人基本财产的保障显得更加迫切和重要。由于《民法典》侵权责任编对这一体系性问题未予以体系性的解决，而第 1188 条监护人责任中明确规定了“从本人财产中支付赔偿费用”建议未来对比予以明确。

（三）我国监护人责任制度的侵权责任与公平责任双重定位

1. 摆脱“双方均无过错”的束缚

“双方无过错”的要求源于《普鲁士普通邦法》第 44 条的规定：“于受害人对

① 参见朱广新：《被监护人致人损害的侵权责任配置》，《苏州大学学报》2011 年第 6 期。

② 参见薛军：《走出监护人“补充责任”的误区》，《华东政法大学学报》2010 年第 3 期。

③ 参见朱广新：《被监护人致人损害的侵权责任配置》，《苏州大学学报》2011 年第 6 期。

④ 参见张金海：《公平责任考辨》，《中外法学》2011 年第 4 期。

⑤ 参见薛军：《走出监护人“补充责任”的误区》，《华东政法大学学报》2010 年第 3 期。

⑥ 参见蔡颖雯：《论我国未成年人监护人责任制度的完善——兼议侵权责任法的立法选择》，《法学家》2008 年第 2 期。

损害存在共同过失之情形，即使是轻微过失，其也无权从加害人处得到赔偿。”①1811年《奥地利民法典》第1308条延续了这一要求：“如果不能运用其理智的人或者不满十四周岁的未成年人造成他人损害，而受害人也因自己的某种过错而引起损害，则受害人不能请求损害赔偿。”②《德国民法典》取消了受害人有轻微过失也剥夺其请求权的限制③，此后比较法上几乎所有的监护人责任中的公平责任都没有这样的限制。即使1922年《苏俄民法典》第406条也没有明文作出这样的限制：“依本法第403条至第405条所规定之情形，加害人不应负赔偿责任时，法院得酌量加害人及受害人之财产状况，令其赔偿。”

尽管《民法典》第1186条仍然规定了公平补偿责任的一般条款：“受害人和行为人对损害的发生都没有过错的，依照法律的规定由双方分担损失。”但是，由于《民法典》侵权责任编中的监护人责任延续了原《侵权责任法》的体系位移，第1188条已经不受第1186条双方均无过错的限制。加上即使在原《民法通则》时代，第132条的“双方均无过错”限制实质上也未能约束第133条公平责任的适用，这一约束在未来也没有任何存在的必要。

2. 以侵权责任为原则：区分完全民事行为能力人和限制民事行为能力人

尽管大多数学者都坚持认为应该采纳德国法的模式，区分民事行为能力和民事责任能力④，但原《侵权责任法》草案起草机关认为，多年的司法实践证明，虽然我国法律没有行为人责任能力的规定，但是司法机关能够妥善解决无民事行为能力人和限制民事行为能力人引发的侵权纠纷。⑤

出于立法成本考虑，《民法典》总则编按照原《民法总则》的做法，继续沿用了民事行为能力包含民事责任能力的立法模式，同时《民法典》侵权责任编保留了监护人责任制度的基本框架，避免了独立民事责任能力制度下涉及的对包括监护人责任制度在内的相关制度的修改，体现了编纂民法典的“实用主义思路”。笔者认为，未来最高人民法院制定《民法典侵权责任编解释》时仍有一种可行的折中做法，即区分无民事行为能力人和限制民事行为能力人，采用不同的归责原则⑥，分别适用无过错责任和过错推定责任。⑦

① ［德］克雷斯蒂安·冯·巴尔：《欧洲比较侵权行为法》（上卷），张新宝译，法律出版社2001年版，第110－111页。

②③ ［德］克雷斯蒂安·冯·巴尔：《欧洲比较侵权行为法》（上卷），张新宝译，法律出版社2001年版，第111页。

④ 参见刘保玉、秦伟：《论自然人的民事责任能力》，《法学研究》2001年第2期；郑晓剑：《不应被淡化的侵权责任能力——对侵权责任能力制度若干功能的考察与审思》，《法律科学》2011年第6期；陈帮锋：《民事责任能力：本原与异化》，《中外法学》2012年第2期。

⑤ 参见王胜明主编：《中华人民共和国侵权责任法释义》，法律出版社2010年版，第161页。

⑥ 参见王利明：《侵权责任法研究》（下卷），中国人民大学出版社2011年版，第37页。

⑦ 参见车辉：《我国未成年人监护人责任的立法检讨》，《宁夏社会科学》2014年第1期。

3. *以公平责任为例外：以被侵权人无法获得充分救济为前提*

作为一种公平责任，被监护人致害公平责任应当具有补充性质，即在被侵权人无法获得充分救济时才能补充性地适用。① 除了侵权责任，被侵权人还可能从社会保险、商业保险和社会捐助等多渠道获得救济。公平责任的适用，以被侵权人无法获得充分救济为前提，而不是以无法获得监护人和被监护人的完全赔偿为前提，以体现其例外性。

笔者认为，作为例外性公平责任的有机组成部分，未来最高人民法院通过《民法典侵权责任编解释》明确监护人责任条款的法律适用，应该与《民法典》第1190条对"完全民事行为能力人无意识致害责任"的规定保持一致。第1190条第1款规定了侵权责任和公平责任两种情形："完全民事行为能力人对自己的行为暂时没有意识或者失去控制造成他人损害有过错的，应当承担侵权责任；没有过错的，根据行为人的经济状况对受害人适当补偿。"该款"经济状况"的用语，未来应该进一步扩展为"经济状况等实际情况"，以便容纳实务中更多的考量因素，并作出"不得对被监护人的生活和教育产生严重不利影响"的限制。有学者认为，只有无民事行为能力人本人的经济状况好于受害人，损失才应被"公平分担"②。如果斟酌致损儿童的监护人之经济状况，就应同样斟酌受害人的监护人（若有之）之经济状况。③ 笔者建议，使用"被侵权人一方"和"侵权人一方"的表达，以涵盖对这种情形的考量。

五、我国监护人责任制度的完善建议

（一）《民法典》第1188条措辞的细节问题

《民法典》第1188条在措辞上，除了采纳学者建议将"监护责任"改为"监护职责"④，几乎照搬了原《侵权责任法》第32条，仍然遗留了原条文的措辞问题，主要包括：

第一，《民法典》第1188条第2款规定的"从本人财产中支付赔偿费用"。原《民法通则》中，除了第133条使用了"支付"赔偿"费用"的表达，第21条第2款关于被宣告失踪人的费用支付中还有类似表达："失踪人所欠税款、债务和应付的其他费用，由代管人从失踪人的财产中支付。"该款规定的用语体系为《民法典》第43条第2款继受，只是将"代管人"明确为了"财产代管人"。从这一表述看，财产代管人支付的费用为失踪人应付的费用。但《民法典》第1188条第2款中"从本人财产中支付赔偿费用"的表述，却无法得出一致性的解释结论：主张第2

① 参见张学军：《儿童所负公平责任之比较研究》，《北京航空航天大学学报（社会科学版）》2013年第6期。
② 张学军：《"监护人""公平分担损失"制度研究》，《当代法学》2013年第5期。
③ 参见张学军：《儿童所负公平责任之比较研究》，《北京航空航天大学学报（社会科学版）》2013年第6期。
④ 刘保玉：《监护人责任若干争议问题探讨》，《法学论坛》2012年第3期。

款不是请求权基础的学者认为从这一表述并不能直接得出无民事行为能力人、限制民事行为能力人就此成为侵权责任承担主体的论点[①]主张第 2 款是请求权基础的学者，仍然无法回避“从本人财产中支付赔偿费用”不同于“承担侵权责任”的表述差异，只能认为这意味着虽然支付赔偿费用赔偿，但此种赔偿并不是基于过错而进行的赔偿，而是基于公平原则的考虑，是为了填补受害人的损失。[②] 上文的论述进一步揭示了，特殊公平责任和特殊侵权责任不同的体系定位下，这两种解读均具有各自的合理性。为了避免这种表述上的模糊性，未来应该由最高人民法院通过《民法典侵权责任编解释》予以明确。

第二，第 1188 条第 2 款后段规定的“由监护人赔偿”中的“赔偿”，既不同于“从本人财产中支付赔偿费用”的“支付赔偿费用”，也不同于第 1 款规定的“承担侵权责任”，导致了对其性质解读的困难。无怪乎主张第 2 款是独立请求权基础的学者会认为“不足部分，由监护人赔偿”是补充责任的承担，主动向第 1 款“承担侵权责任”靠拢；而主张第 2 款为内部赔偿费用来源条款的学者，则将其解读为“支付赔偿费用”。与前一点措辞瑕疵涉及的情况类似，在特殊公平责任和特殊侵权责任不同的体系定位下，这两种解读均具有各自的合理性。《民法典》第 1188 条第 2 款相较于原《侵权责任法》第 32 条第 2 款的唯一一处调整，就是将该款的句号改为了分号，但这似乎并不能为这两个解读的选择提供明确的思路，建议未来最高人民法院通过《民法典侵权责任编解释》予以完善。

（二）监护人责任相关司法解释未来的效力问题

针对实务中无民事行为能力人、限制民事行为能力人致害的监护人责任领域的特殊问题，最高人民法院还作过三个较为特殊的批复，最高人民法院《关于废止部分司法解释及相关规范性文件的决定》（法释〔2020〕16 号）也并未将其废止，未来有必要明确其效力。

第一，关于对患精神病的人，其监护人应从何时起承担监护责任的问题，《最高人民法院民事审判庭关于监护责任两个问题的电话答复》（1990 年 5 月 4 日）认为：“成年人丧失行为能力时，监护人即应承担其监护责任。监护人对精神病人的监护责任是基于法律规定而设立的，当成年人因患精神病，丧失行为能力时，监护人应按照法律规定的监护顺序承担监护责任。如果监护人确实不知被监护人患有精神病的，可根据具体情况，参照《民法通则》第一百三十三条规定精神，适当减轻民事责任。”实务中，即使致害人成年后长期不与其父母在一起居住，只要突然丧失行为能力并致人损害，其父母立刻就成为监护人并承担监护责任。这使得子女即使成年仍然是父母随时可能爆炸的“不定时炸弹”，且父母无法通过提高注意义务而免除责任。此外，“监护人确实不知被监护人患有精神病”也不符合“监护人尽

① 参见薛军：《走出监护人“补充责任”的误区》，《华东政法大学学报》2010 年第 3 期。
② 参见王利明：《侵权责任法研究》（下卷），中国人民大学出版社 2011 年版，第 62 页。

到监护职责的”立法表述，建议未来最高人民法院废止这一“电话答复”。

第二，关于未成年侵权人死亡其父母监护人责任的承担问题，《最高人民法院关于未成年的侵权人死亡其父母作为监护人能否成为诉讼主体的复函》（1990 年 1 月 20 日〔1989〕民他字第 41 号）认为：“未成年人阿拉腾乌拉携带其父额尔登巴图藏在家中的炸药到那木斯来家玩耍，将炸药引爆，炸毁那木斯来家房屋顶棚及部分家具。那木斯来以额尔登巴图为被告要求赔偿损失，人民法院应依法受理，并依据《民法通则》及《婚姻法》的有关规定妥善处理。”建议未来最高人民法院明确该“复函”与《民法典》第 1161 条的关系。第 1161 条规定：“继承人以所得遗产实际价值为限清偿被继承人依法应当缴纳的税款和债务。超过遗产实际价值部分，继承人自愿偿还的不在此限。继承人放弃继承的，对被继承人依法应当缴纳的税款和债务可以不负清偿责任。”

第三，关于未成年人犯罪其父母监护人责任的承担问题，《最高人民法院关于监护人是否承担赔偿责任问题的复函》（〔1989〕民他字第 17 号）指出：“关于梁剑文等四未成年人盗窃财物被劳动教养，受害人翁舜慧提起民事诉讼，要求其监护人承担赔偿责任，人民法院能否作为民事赔偿案件受理的问题。经研究认为，鉴于此案情况比较复杂，现行法律对此类问题又无明确规定，如何适用法律，需要在审判实践中积累经验进行研究。因此，此案不宜采用提起民事诉讼的办法解决。”监护人是预防未成年人犯罪最为重要的环节，我国的监护人责任较重，建议未来最高人民法院明确该“复函”关于监护人责任的未决事宜。

专题二十

无过错暂时失去行为控制时致害公平补偿责任研究

《民法典》第1190条第1款规定："完全民事行为能力人对自己的行为暂时没有意识或者失去控制造成他人损害有过错的，应当承担侵权责任；没有过错的，根据行为人的经济状况对受害人适当补偿。"第2款规定："完全民事行为能力人因醉酒、滥用麻醉药品或者精神药品对自己的行为暂时没有意识或者失去控制造成他人损害的，应当承担侵权责任。"该条与原《侵权责任法》第33条的立法表述完全相同。那么，这是否意味着《民法典》第1190条，尤其是该条第1款后段规定的无过错暂时失去行为控制时致害公平补偿责任并无改进完善的必要呢？

一、《民法典》第1190条的内容与结构

《民法典》第1190条与原《侵权责任法》第33条的立法意图相同。第1190条的两款一共规定了三种情况。其中，第1款规定的是完全民事行为能力人对于自己的行为暂时没有意识或者失去控制有过错和没有过错两种情形；第2款是对第三种情况的规定，即完全民事行为能力人因醉酒、滥用麻醉药品或者精神药品导致自己暂时没有意识或者失去控制造成他人损害的。① 笔者认为，严格按照《民法典》第1190条的表述，编纂机关当时并未认识到这是一种"一般规定加典型列举"的立法模式，而我国现行法上采用该立法模式最为典型的条文是《铁路法》第58条。该条第1款是一般性规定："因铁路行车事故及其他铁路运营事故造成人身伤亡的，铁路运输企业应当承担赔偿责任；如果人身伤亡是因不可抗力或者由于受害人自身的原因造成的，铁路运输企业不承担赔偿责任。"第2款是对第1款"受害人自身的原因"的典型列举："违章通过平交道口或者人行过道，或者在铁路线路上行走、坐卧造成的人身伤亡，属于受害人自身的原因造成的人身伤亡。"之所以认为这是"一般规定加典型列举"的立法模式，是因为《民法典》第1190条第1款和《铁路

① 参见王胜明主编：《中华人民共和国侵权责任法解读》，中国法制出版社2010年版，第154－155页；黄薇主编：《中华人民共和国民法典侵权责任编解读》，中国法制出版社2020年版，第106页。

法》第 58 条第 1 款，都已经通过分号作出了“有过错—无过错”和“非自身原因—自身原因”的完全逻辑区分，不存在通过《民法典》第 1190 条第 2 款创设第三种情形的可能性，因此只能认为第 2 款是为了便于理解第 1 款中的有过错和自身的原因，对其典型情况予以列举。

按照这一理解，《民法典》第 1190 条实际上规定了两种责任，第一种是由第 1 款前段和第 2 款组合而成的“因过错丧失意识致害责任”：完全民事行为能力人对自己的行为暂时没有意识或者失去控制造成他人损害有过错（包括但不限于醉酒、滥用麻醉药品或者精神药品），造成他人损害的，应当承担侵权责任。第二种是由第 1 款前段和后段组合而成的“无过错暂时失去行为控制时致害公平补偿责任”：完全民事行为能力人对自己的行为暂时没有意识或者失去控制造成他人损害……没有过错的，根据行为人的经济状况对受害人适当补偿。

第一种“因过错丧失意识致害责任”，实际上是一种较为特殊的过错责任，虽然致害时行为人“暂时没有意识或者失去控制”，但进入这种特殊的状态，是由包括但不限于[①]醉酒、滥用麻醉药品或者精神药品的过错造成的。《民法典》第 1190 条以列举典型方式的模式，明确了这种情形下行为人有过错，要承担侵权责任。对于第二种“无过错暂时失去行为控制时致害公平补偿责任”，学说上则存在较大的争议。核心争议在于，《民法典》第 1190 条到底是第 1186 条公平补偿责任一般条款的具体化，还是与第 1188 条一起，均摆脱了第 1186 条“双方均无过错”的要求，并组成了意识欠缺致害责任体系，各自成为独立的侵权公平责任类型。

二、无过错暂时失去行为控制时致害公平补偿责任的确立过程

（一）新中国第一次民法典起草未坚持对“完全民事行为能力人无意识致害”的规定

从新中国第一次民法典起草开始，《债篇通则第一次草稿》（1955 年 10 月 24 日）（以下简称“一次一稿”）中就已统一起草意识欠缺致害责任体系，该草案第 37 条第 1 款规定了监护人责任：“无行为能力人造成他人的损害由法定代理人负赔偿责任。限制行为能力人造成他人的损害，由限制行为能力人负责赔偿，在不能或者赔偿不足的时候，由法定代理人负赔偿责任。”第 2 款规定了“因过错丧失意识致害侵权责任”：“因故意或者过失使自己处于临时无行为能力状态，造成他人的损害，应该负赔偿责任。”[②] 随后的《债权篇通则草稿》（1957 年 1 月 7 日）第 14 条取消了“因过错丧失意识致害侵权责任”的规定[③]，但同时期的《债的通则第二次

① 其他的如过度疲劳，参见后文分析。

② 何勤华、李秀清、陈颐编：《新中国民法典草案总览》（上卷），法律出版社 2003 年版，第 181 页。

③ 参见何勤华、李秀清、陈颐编：《新中国民法典草案总览》（上卷），法律出版社 2003 年版，第 202 页。

稿（另案）》（1957年1月9日）第72条第3款保留了这一规定。① 尽管有学者建议保留，最终的《损害赔偿［第三次草稿］》（1957年2月10日）第5条仍然取消了这一规定。②

需要指出的是，同期的主要参考对象1922年《苏俄民法典》并无类似规定，对比当时参考的比较法资料，这种仅规定“因过失丧失意识致害侵权责任”而不规定“无过失丧失意识致害公平补偿责任”的立法模式，应该是参考了《日本民法典》第713条的规定：“于心神丧失间加害于他人者，不负赔偿责任。但是，因故意或过失致一时心神丧失者，不在此限。”

（二）新中国第三次民法典起草增加了对“完全民事行为能力人无意识致害”的规定

新中国第二次民法典起草未涉及侵权责任的规定。第三次民法典起草增加了对“完全民事行为能力人无意识致害”的规定，回到了“一次一稿”的体例。《中华人民共和国民法草案（征求意见稿）》（1980年8月15日）（以下简称“三次一稿”）在第五编“损害责任”第三章“损害责任的特殊规定”分两条分别规定了“非完全民事行为能力人致害责任”和“完全民事行为能力人无意识致害”。前者为第448条，其第1款规定：“无行为能力人和行为能力受限制的人不法造成的损害，由他们的父母、监护人或者有义务对他们进行监护的组织承担责任。但是，未成年人能够辨认自己行为的后果并且已有独立经济收入的，应当对自己造成的损害承担连带责任。”第2款规定：“父母、监护人或实行监护的组织如果能够证明已经尽到了监护责任，可以酌情减轻或者免除他们的责任。”后者为第449条，第449条的内容较为特殊，第1款单独规定了间歇性精神病人的法律适用：“间歇性精神病人在精神病发作期间造成损害的，不承担责任。”第2款规定：“有行为能力的人，因病一时处于不能控制自己行为或者不能辨认自己行为后果的状态中所造成的损害，不承担责任。但是因酗酒、服用麻醉品等使自己处于上述状态的，应当承担责任。”《中华人民共和国民法草案（征求意见二稿）》（1981年4月10日）（以下简称“三次二稿”）第345条和第346条延续了这一体例。《中华人民共和国民法草案（第三稿）》（1981年7月31日）第469条延续了“三次一稿”的体例，但第470条不再对间歇性精神病人的法律适用作单独规定，其余内容与“三次一稿”类似。《中华人民共和国民法草案（第四稿）》（1982年5月1日）（以下简称“三次四稿”）延续了这一体例和内容。

对比当时的立法参考资料，新中国第三次民法典起草关于“完全民事行为能力人无意识致害”的规定，是借鉴了1964年《苏俄民法典》第453条“对不能辨认其行为后果的公民所造成的损害的责任”的规定：“有行为能力的公民，如果在其

① 参见何勤华、李秀清、陈颐编：《新中国民法典草案总览》（上卷），法律出版社2003年版，第226页。
② 参见何勤华、李秀清、陈颐编：《新中国民法典草案总览》（上卷），法律出版社2003年版，第243页。

不能辨认自己行为的后果或不能控制自己行为的状态中造成损害，对其所造成的损害不负责任。但是如果他之所以处于这种状态是由于自己服用酒精或麻醉品或以其他方式所致，则不得免除他的责任。”同时应该也参考了 1975 年《德意志民主共和国民法典》第 349 条“在神志不清场合的责任”的规定：“（一）公民因其精神活动发生暂时的或长久的病理紊乱或者神志不清，以致在实施损害行为时不能以负责的态度控制自己的，对自己造成的任何损害不负责任。（二）公民因酗酒、使用其他麻醉品或药物使自己处于不能负责行事的状态，并在这种状态下损害他人的，应对损害负责；但非因自己的过错而陷于这种状态的不负责任。”①

这两部前社会主义国家立法例的源流，其实都是《德国民法典》第 827 条。需要特别指出的是，第三次民法典起草中的“完全民事行为能力人无意识致害”以及当时参考的前社会主义国家立法例，其法律效果都是原则上不承担责任，同时设有“因酗酒、服用麻醉品等使自己处于上述状态的，应当承担责任”的但书。尽管《德国民法典》第 829 条“由于公平原因的赔偿义务”的规定，可以适用于第 827 条规定的情形，但并未得到我国立法机关的直接采纳，这也说明当时的草案起草机关并未全盘采纳《德国民法典》的公平责任体系。

（三）原《民法通则》埋下了公平责任的种子

原《民法通则》取消了“完全民事行为能力人无意识致害”的规定，仅仅在第 133 条保留了“三次四稿”的监护人责任，第 1 款规定：“无民事行为能力人、限制民事行为能力人造成他人损害的，由监护人承担民事责任。监护人尽了监护责任的，可以适当减轻他的民事责任。”第 2 款规定：“有财产的无民事行为能力人、限制民事行为能力人造成他人损害的，从本人财产中支付赔偿费用。不足部分，由监护人适当赔偿，但单位担任监护人的除外。”但在体例上第 133 条属于公平责任而非特殊侵权责任。② 这也为原《侵权责任法》第 33 条跟随第 32 条的体例重新赋予其公平责任属性埋下了伏笔。

（四）原《侵权责任法》上“完全民事行为能力人无意识致害责任”的确立与《民法典》的继受

2002 年的原《侵权责任法》“一审稿”第 61 条对原《民法通则》第 133 条的内容略作改变，没有紧接着规定“完全民事行为能力人无意识致害责任”。2008 年“二审稿”之前的《中华人民共和国侵权责任法（草案）》（2008 年 9 月 23 日修改

① 费宗祎译：《德意志民主共和国民法典》，法律出版社 1982 年版，第 117 页。

② 从新中国第一次和第三次民法典起草的特殊侵权行为排列顺序来看，监护人责任应该安排在特殊侵权行为的第一条，即相当于原《民法通则》第 121 条，也就是现在的《民法典》第 1188 条。原《民法通则》非常诡异地将监护人责任移到第 132 条公平责任之后，只能认为是受到了 1922 年《苏俄民法典》第 406 条的影响，认为监护人责任应该适用公平责任。笔者的这一推断在征询金平教授意见时，也得到了“当时是这么考虑的”的肯定。具体考证参见王竹：《我国侵权法上“公平责任”源流考》，《甘肃政法学院学报》2008 年第 2 期。

稿）第 89 条第一次规定了“完全民事行为能力人无意识致害”：“完全民事行为能力人对自己的行为暂时没有意识或者失去控制时造成他人损害，应当根据过错承担侵权责任；没有过错的，应当根据行为人的经济状况给受害人适当补偿。但是，因醉酒、滥用麻醉品造成他人损害的，应当承担侵权责任。”“二审稿”将其规定在第 32 条，拆分为两款：“完全民事行为能力人对自己的行为暂时没有意识或者失去控制造成他人损害，应当根据过错承担相应的侵权责任；没有过错的，根据行为人的经济状况对受害人适当补偿。”“完全民事行为能力人因醉酒、滥用麻醉品等对自己的行为暂时没有意识或者失去控制造成他人损害的，应当承担侵权责任。”“三审稿”延续了这种体例。最终，原《侵权责任法》第 33 条采纳了这一体例和内容，在我国民事立法上第一次确立了“完全民事行为能力人无意识致害”的基本规则，并得到了《民法典》第 1190 条的继受。

从当时的学者建议稿来看，能够很清晰地识别出这种“适当补偿责任”源于王利明教授主持的“民法典·侵权行为编”草案。该草案第 1904 条“暂时丧失辨别能力的人致人损害”规定：“因醉酒、滥用麻醉品等而暂时丧失辨别能力致人损害的，加害人应当承担民事责任。”第 1905 条“完全民事行为能力人精神错乱时致人损害”规定：“能够证明自己于行为时不能认识其行为的危害后果，且自己对不能认识其行为危害后果的情况的发生没有过错的完全民事行为能力人，造成他人损害的，不承担民事责任。”“对其负有照管义务的人没有尽到照管义务的，承担适当的民事责任。没有照管义务人的，行为人应当依据公平原则进行适当补偿。”“因醉酒引起的一时性精神错乱的，不适用前二款规定。”关于第 1905 条的参考立法例，明确列举了我国台湾地区“民法”第 187 条第 3 款和第 4 款。① 在同时期有较大影响力的梁慧星教授主持的“民法典草案·侵权行为编”和杨立新教授主持的“侵权行为法”草案，均无类似规定。

三、无过错暂时失去行为控制时致害公平补偿责任的体系定位

（一）比较法上对无过错暂时失去行为控制时致害的立法模式

比较法上对无过错暂时失去行为控制时致害民事责任的立法模式主要有“公平责任模式”和“侵权责任模式”两种。

1. 公平责任模式

所谓公平责任模式，即比照非完全民事行为能力人致害责任领域的公平责任法理，规定无过错暂时失去行为控制时致害承担公平补偿责任。公平责任模式最典型的是《德国民法典》，其第 827 条规定：“在丧失知觉的状况下或者在不能自由决定意思的精神错乱的状况下加损害于他人的人，不对该损害负责任。其以酒精饮料或

① 参见王利明主编：《中国民法典学者建议稿及立法理由·侵权行为编》，法律出版社 2005 年版，第 175 页。

者类似手段使自己陷于此种暂时状况的，对其在此状况下非法引起的损害，以如同其有过失一样的方式负责任；其没有过错而陷于此状况的，该责任即不发生。”第828条规定：“（1）未满七岁的人不对其所加给他人的损害负责任。（2）已满七岁但未满十岁的人，对其在汽车、有轨交通工具或者悬空缆车的事故中加给他人的损害不负责任。已满七岁但未满十岁的人故意地引起侵害的，不适用前句的规定。（3）以未满十八岁的人的责任未被依照第1款或者第2款加以排除为限，其在实施加害行为时缺乏辨别责任的必要判断力的，即不对其加给他人的损害负责任。”第829条是对前两条规定情形适用公平责任的规定：“以不能从负有监督义务的第三人那里获得损害赔偿为限，在第823条至第826条所称情形之一里依照第827条、第828条对其引起的损害不负责的人，再根据情况，特别是根据利害关系人的状况，赔偿损害为公平所要求的限度内，和不剥夺其为维持适当的生计以及为履行法定扶养义务所需要的金钱的限度内，仍然必须赔偿损害。”

2. 侵权责任模式

所谓侵权责任模式，是指无论是否确立了监护人责任领域的公平责任，立法对于暂时失去意识或者控制时致害责任均适用一般侵权责任的规则。如《瑞士债务法》第54条“无行为能力人的责任”第1款规定了无民事行为能力人的公平责任：“法院可以依公平原则判决无民事行为能力人承担部分或者全部因其造成的损害赔偿责任。”第2款却没有比照第1款规定暂时无民事行为能力人造成损害的公平责任，而是规定了过错推定责任：“暂时无民事行为能力人造成损害的，应当承担责任，但能够证明其对损害的产生无过错的除外。”

（二）《民法典》第1190条的体系定位不是特殊公平责任

《中华人民共和国侵权责任法草案》征求意见时，有学者提出，第24条第1款“没有过错的，根据行为人的经济状况对受害人适当补偿”的规定与本法第24条公平分担的规定重复，建议删除本条相关的内容。《中华人民共和国侵权责任法草案》起草机关认为，本法第24条是对公平分担原则总的规定，第24条第1款的规定可以说是公平分担原则在具体制度中的体现。①

笔者认为，无论是修改建议的提出者，还是《中华人民共和国侵权责任法草案》起草机关抑或《民法典》侵权责任编的编纂机关，都没有注意到《民法典》第1186条与原《侵权责任法》第24条、原《民法通则》第132条指称的公平责任的体系变迁现象。原《民法通则》第132条一般公平责任条款规定：“当事人对造成损害都没有过错的，可以根据实际情况，由当事人分担民事责任。”其后该法规定了第133条监护人责任，作为特殊公平责任条款。从第三次民法典起草的情况来看，本来在第133条之后，还有一条规定“完全民事行为能力人暂时失控致害”的

① 参见王胜明主编：《中华人民共和国侵权责任法解读》，中国法制出版社2010年版，第155页。

内容，但由于原《民法通则》整体篇幅的缩减而未能被纳入其中。可以想象，如果原《民法通则》将“完全民事行为能力人暂时失控致害”纳入，该条也会被安排在相当于第 134 条的位置。在这样的定位下，才可能认为，原《侵权责任法》第 24 条规定的“可以根据实际情况”，在第 33 条上就已经具体化为“根据行为人的经济状况”，“由双方分担损失”落实为“对受害人适当补偿”。在这样的体系下，才可能认为，尽管第 33 条中的“没有过错的”只是对行为人一方主观过错的规定，但作为第 24 条典型情形的具体化，应该将其理解为在“受害人和行为人对损害的发生都没有过错”时，才能适用第 33 条的规定。① 如果受害人一方有过错，原则上就不能适用公平责任的规定了。

（三）《民法典》第 1190 条并非第 1186 条的特殊情形

前述“特殊公平责任说”的体系解释的前提，是公平责任一般条款仍然统摄着特殊公平责任类型，即《民法典》第 1186 条与第 1188 条、第 1190 条作为统一的体系被规划和立法。但《民法典》侵权责任编的公平责任的实际立法情形显然与原《民法通则》大相径庭。《民法典》第 1186 条“公平补偿责任一般条款”被安排在第二章“损害赔偿”的倒数第二条，前一条第 1185 条是关于“侵害知识产权惩罚性赔偿”的规定，后一条第 1187 条是关于“损害赔偿金支付方式”的规定，第 1186 条自身体系定位不清晰。第 1188 条“监护人责任”被规定在第三章“责任主体的特殊规定”的第一条，也就是特殊侵权责任的第一条；第 1189 条是关于“委托监护中的监护人和受托人侵权责任”的规定，第 1190 条“完全民事行为能力人暂时失控致害”的规定紧随其后。这就回到了第三次民法典起草的民事立法传统体例，割裂了与第 1186 条公平责任的体系联系。

这一改变最直接的影响，就是《民法典》第 1188 条规定的监护人责任完全脱离了公平责任的体系，并与第 1189 条、第 1190 条一起形成了完整的意识欠缺致害责任体系。作为一种体系位移效应，监护人责任也不再作为公平责任要求“双方均无过错”；被侵权人一方有过错的，只是减轻其侵权责任。②

四、无过错暂时失去行为控制时致害公平补偿责任的司法适用

（一）完全民事行为能力人无过错暂时失去行为控制时致害的案件类型

完全民事行为能力人无过错暂时失去行为控制时致害案件可以分为积极侵害型和消极侵害型两类。所谓积极侵害型，是指暂时失去行为控制时行为人以攻击他人

① 参见叶金强：《〈侵权责任法〉第 24 条的解释论》，《清华法学》2011 年第 5 期。

② 具体考证参见王竹：《论〈民法典·侵权责任编〉的监护人责任设计》，《四川大学学报（哲学社会科学版）》2018 年第 5 期。

的方式导致损害；所谓消极侵害型，是指暂时失去行为控制时行为人在自己摔倒的过程中导致他人损害。

典型的积极侵害型案例如“高温天气剧烈运动后突然失控咬人案”：原、被告均报名参加了南漳县“凯骑杯万人健步走”比赛活动，被告在临近比赛终点时突发疾病，被及时安排到为大赛服务的救护车上进行救治。原告在返程途中，经医生建议与被告乘坐同一救护车返回。在返回途中，被告突然拔掉吊针，用嘴巴狠狠咬住原告的左小腿内侧，致使原告的左小腿被咬伤，然后其又将救护车上的护士彭某咬伤。被告咬伤原告及护士后，打开救护车车门下车时摔倒，致自己受伤，随后又咬伤一路人。①

典型的消极侵害型案例如“突然犯病站立不稳摔倒导致他人受伤案”：农历正月初九，原、被告等多人共同在村后的玉皇庙内烧香。被告在玉皇庙门前的沿坎上休息，其间犯病站立不稳，随即摔倒；此时，恰逢原告从玉皇庙门前的沿坎处往上走，被被告撞击倒地受伤。原告伤残等级被评定为七级伤残。②

（二）无过错暂时失去行为控制时致害公平补偿责任的考量因素

《民法典》第 1190 条第 1 款后段规定：“没有过错的，根据行为人的经济状况对受害人适当补偿。”从原《侵权责任法》第 33 条的司法适用情况来看，除了行为人的经济状况，当事人会主张其他实际情况，法院也会综合考虑其他因素，具体包括：第一，受害人的经济状况，这是常见的酌定考量因素③；第二，其他来源（如活动组织者或者政府）的补偿款，也是可以酌定考量的因素④；第三，其他因素，如年龄较大，也会对补偿金额产生影响。⑤

（三）无过错暂时失去行为控制时致害公平补偿责任的补充性

《民法典》第 1190 条第 1 款后段作为一种侵权公平责任，本身具有例外性质。在完全民事行为能力人对其暂时失去意识或者对自己行为的控制没有过错的情形下，直接根据“行为人的经济状况”对受害人给予适当补偿，既没有考虑受害人的经济状况，也没有考虑我国已经建立起的社会保险和商业保险制度。笔者认为，如果受害人已经从社会保险和商业保险中获得了充分的救济，就不应该再考虑无过错暂时失去行为控制时致害公平补偿责任的适用。即使补偿不够充分，但如果大部分已经得到了补偿，也不一定需要适用该公平责任。质言之，应当通过对无过错暂时失去行为控制时致害公平补偿责任补充性质的确定和坚持，来确保这种补偿责任的例外性质。

① 参见湖北省南漳县人民法院（2014）鄂南漳民一初字第 00054 号民事判决书。

②③⑤ 参见陕西省洋县人民法院（2014）洋民初字第 00320 号民事判决书。

④ 参见湖北省南漳县人民法院（2014）鄂南漳民一初字第 00054 号民事判决书。该案中，法院对此作出了否定。

五、无过错暂时失去行为控制时致害公平补偿责任的理论构建

（一）无过错暂时失去行为控制时致害公平补偿责任的归责原则

那么，就行为人“暂时没有意识或者失去控制”的举证责任，到底在哪一方呢？按照《民法典》第1190条第1款分号之后的“没有过错的”表述，应该认为该款前段适用“过错推定责任”；否则，原告依据第1190条第1款前段请求行为人承担侵权责任，就需要证明行为人就其进入“暂时没有意识或者失去控制”的状态有过错。如果无法完成这一证明责任，法院也就不能径自认为行为人就其进入“暂时没有意识或者失去控制”的状态没有过错，直接适用该款后段，因为这并非原告的主张。较为合理的是，将《民法典》第1190条第1款前段规定的完全民事行为能力人对自己的行为暂时没有意识或者失去控制造成他人损害“有过错的”理解为“不能证明自己没有过错的”这一标准的过错推定责任的表述模式，由行为人一方举证证明自己没有过错。如果不能证明自己没有过错，行为人承担侵权责任；如果能够证明自己没有过错，则适用第1190条第1款后段的侵权公平责任。那么，《民法典》第1190条第2款的规定，实际上可以被理解为一种危险责任。

上述解释方案，与实务中的做法也保持了一致。有法院认为，如果原告、被告均认可完全民事行为能力人对于暂时失去行为控制时致害没有过错这一事实①，则无争议；如果存在争议，举证责任原则上应当由被告承担。被告无法举证的，应当承担完全赔偿责任。② 但这样带来的问题是，对于身体异常反应暂时失去行为控制时，行为人通常也难以取得合理的证据，因此笔者倾向于认为法院应该结合日常经验法则作出判断，而非拘泥于举证责任的分配，并允许反证。③

（二）暂时“没有意识”和暂时“失去控制”应当统一理解为“暂时失去行为控制时”

按照《民法典》第1190条“暂时没有意识或者失去控制”的表述，应该区分“暂时没有意识”和“暂时失去控制”这两种不同的情形，但二者对应的法律效果是相同的。笔者认为，完全民事行为能力人在暂时没有意识时，丧失的是行为人的“识别能力”，实际上就是暂时失去了民事行为能力，只是法律未为其指定监护人。而完全民事行为能力人暂时失去控制时，其仍然保有识别能力，只是失去了对自己身体的控制而无法贯彻自己的意志，例如因打喷嚏、抽筋、突发疼痛等不可避免和

① 参见陕西省洋县人民法院（2014）洋民初字第00320号民事判决书。

② 参见湖北省南漳县人民法院（2014）鄂南漳民一初字第00054号民事判决书。

③ 《最高人民法院关于民事诉讼证据的若干规定》第10条第1款第3项规定“下列事实，当事人无须举证证明：……（三）根据法律规定推定的事实”。第2款前段规定“前款第二项至第五项事实，当事人有相反证据足以反驳的除外”。

不可预见的身体异常反应而暂时失去行为控制。

无论是“暂时没有意识”，还是有意识但“暂时失去控制”，行为人终究是因为失去了对自己行为的控制能力而导致他人损害，这种区分对于被侵权人来讲毫无意义，反而增加了其举证责任。即使区分出了是“暂时没有意识”还是有意识但“暂时失去控制”，二者法律适用效果也完全相同，因此也就没有区分的必要了。笔者建议，考虑到《民法典》第 1190 条第 1 款“完全民事行为能力人对自己的行为”的用语，建议将“暂时没有意识或者失去控制”统一理解为“暂时失去行为控制时”。如果这种失去对行为的控制并非出于其过错，那么就可以适用侵权公平责任。如果这种失去对行为的控制是出于其过错，则应当承担侵权责任。

（三）无过错暂时失去行为控制时致害公平补偿责任的适用对象

无过错暂时失去行为控制时致害公平补偿责任的适用对象仅限于完全民事行为能力人，而不适用于行为能力欠缺者，也不适用于间歇性发作的精神病人。

1. 不适用于行为能力欠缺者

我国现行民事理论以民事行为能力制度包含民事责任能力制度，尽管有诸多弊病①，但仍然为《民法典》侵权责任编所坚持，并体现在第 1188 条和第 1190 条上。而我国《民法典》第 17 条第一句规定“十八周岁以上的自然人为成年人。”第 18 条第 2 款规定了劳动成年制度：“十六周岁以上的未成年人，以自己的劳动收入为主要生活来源的，视为完全民事行为能力人。”对于不符合完全民事行为能力人标准的，《民法典》总则编第二章“自然人”第二节“监护”规定了完整的监护人确定制度。原《民通意见》第 159 条规定：“被监护人造成他人损害的，有明确的监护人时，由监护人承担民事责任；监护人不明确的，由顺序在前的有监护能力的人承担民事责任。”这样就确保了《民法典》第 1188 条和第 1190 条适用范围的区分。

2. 不适用于间歇性发作的精神病人

实务中，对于间歇性精神病②或者精神分裂症患者③在发病期间致害的，有的法院一方面引用原《侵权责任法》第 33 条作为裁判依据，另一方面又认定全额的赔偿责任，实际上属于法律适用错误。

尽管“三次一稿”和“三次二稿”均规定了“间歇性精神病人在精神病发作期间造成损害的，不承担责任”，但按照原《民通意见》第 67 条的精神，“间歇性精神病人的民事行为，确能证明是在发病期间实施的，应当认定无效。行为人在神志不清的状态下所实施的民事行为，应当认定无效”。我国的间歇性精神病致害采用与暂时丧失心智致害不同的处理方式：如果是间歇性精神病人在未发病期间致人损害的，这时候他的精神状态是正常的，应当由间歇性精神病人本人承担民事责任，

① 参见郑晓剑：《不应被淡化的侵权责任能力——对侵权责任能力制度若干功能的考察与审思》，《法律科学》2011 年第 6 期。

② 参见河南省平顶山市新华区人民法院（2013）新民初字第 139 号民事判决书。

③ 参见广西壮族自治区浦北县人民法院（2013）浦民初字第 1532 号民事判决书。

如果是间歇性精神病人在发病期间造成损害，损害责任应当适用《民法典》第 1188 条规定的监护人责任。①

（四）对“醉酒”和“滥用”麻醉药品或者精神药品表述的质疑

1.“醉酒”和“滥用”的表述并不准确

《民法典》第 1190 条第 2 款的表述会引起一定的疑义，即既然第 2 款规定的是完全民事行为能力人“醉酒”和“滥用”麻醉药品或者精神药品，那么非醉酒的“饮酒”和非滥用的“服用”麻醉药品或者精神药品，是否存在过错呢？

我国现行法律体系中对于“饮酒”和“醉酒”的常用区分标准是国家质检总局、国家标准化委员会 2011 年 1 月 14 日联合发布的《车辆驾驶人员血液、呼气酒精含量阈值与检验》（GB 19522—2010）中规定的标准。根据该文件第 4.1 条“酒精含量阈值”的规定，“饮酒后驾车”是指车辆驾驶人员血液中的酒精含量大于或者等于 20mg/100mL、小于 80mg/100mL 的驾驶行为，“醉酒后驾车”是指车辆驾驶人员血液中的酒精含量大于或者等于 80mg/100mL 的驾驶行为。

仔细研读前文中的历史回顾会看到，当时参考的 1964 年《苏俄民法典》第 453 条的翻译文本是“服用酒精或麻醉品”，1975 年《德意志民主共和国民法典》第 349 条的翻译文本是“酗酒、使用其他麻醉品或药物”，而《德国民法典》第 827 条规定的是“其以酒精饮料或者类似手段”，可见“三次四稿”第 427 条第 2 款使用的“因酗酒、服用麻醉品”的措辞是受到了 1975 年《德意志民主共和国民法典》翻译文本的直接影响，但仍然无法看到“醉酒”和“滥用”的字样。这一表述应该是源于王利明教授主持的“民法典・侵权行为编”草案第 1904 条。这一方面进一步印证了笔者关于王利明教授主持的草案对该条规则确立具有影响的观点，另一方面也产生了对“醉酒”和“滥用”措辞的质疑。

值得参考的是，《道路交通事故损害赔偿解释》（法释〔2020〕17 号）第 1 条第 3 项规定：“机动车发生交通事故造成损害，机动车所有人或者管理人有下列情形之一，人民法院应当认定其对损害的发生有过错，并适用民法典第一千二百零九条的规定确定其相应的赔偿责任：……（三）知道或者应当知道驾驶人因饮酒、服用国家管制的精神药品或者麻醉药品，或者患有妨碍安全驾驶机动车的疾病等依法不能驾驶机动车的。”这一规定回到了“饮酒、服用国家管制的精神药品或者麻醉药品”的表述，“国家管制的”这一限定更为可取。

除“饮酒、服用国家管制的精神药品或者麻醉药品”之外，其他因过错导致完全民事行为能力人暂时失去行为控制的情形，主要是指过度疲劳的情形。②

2.“饮酒”和“服用国家管制的精神药品或者麻醉药品”的过错认定及其例外

笔者认为，尽管《民法典》第 1190 条第 2 款的典型性列举规定的是“醉酒、

① 参见杨立新：《侵权法论》（第五版）（上），人民法院出版社 2013 年版，第 626 页。

② 例如，《道路交通安全法》第 22 条第 2 款规定：“饮酒、服用国家管制的精神药品或者麻醉药品，或者患有妨碍安全驾驶机动车的疾病，或者过度疲劳影响安全驾驶的，不得驾驶机动车。”

滥用麻醉药品或者精神药品”，但只要是“饮酒、服用国家管制的精神药品或者麻醉药品”，就可以认为其是第 1190 条第 1 款前段规定的“暂时没有意识或者失去控制造成他人损害有过错的”情形。但可能存在例外情况对于意外导致的“暂时没有意识或者失去控制”的情形，可以根据实际情况，将其认定为没有过错，适用第 1190 条第 1 款后段的补偿责任规定。

上述特殊情形，常见的如病理性醉酒。病理性醉酒，与单纯醉酒存在质的不同，其发生与个体特殊素质有关。典型的表现是小量饮酒后突然出现较深的意识障碍，定向力丧失，可伴有错觉、幻觉和片段妄想，情绪抑郁焦虑，激越冲动，甚至出现无目的的攻击暴力行为；但没有普通醉酒时的步态不稳和口齿不清现象，事后遗忘。一般持续数分钟或数小时，多以酣睡告终。[①] 对此，杨立新教授主持的《中华人民共和国侵权责任法司法解释草案建议稿》第 67 条“病理性醉酒损害责任”建议可作参考：“侵权责任法第三十三条[②]规定的‘醉酒’，不包括病理性醉酒。但行为人知道自己属于病理性醉酒仍然饮酒，醉酒导致对自己的行为暂时没有意识或者失去控制，造成他人损害的，应当承担侵权责任。”[③]

① 胡泽卿主编：《法医精神病学》（第四版），人民卫生出版社 2016 年版，第 176 页。
② 相当于《民法典》第 1190 条。
③ 杨立新主持：《中华人民共和国侵权责任法司法解释草案建议稿》，《河北法学》2010 年第 11 期。

专题二十一

机动车交通事故损害补偿责任研究①

在德国，过去的几十年中，损害赔偿法的意义得到了极大的加强，这主要是道路交通的增长所致。② 在我国也不例外，道路交通事故已经成为我国侵权法上最主要的诉讼类型之一。《民法典》第 1208 条规定："机动车发生交通事故造成损害的，依照道路交通安全法律和本法的有关规定承担赔偿责任。"该条文引致的对象主要是《道路交通安全法》第 76 条。该条结构较为复杂，第 1 款包括导语部分和两项，规定："机动车发生交通事故造成人身伤亡、财产损失的，由保险公司在机动车第三者责任强制保险责任限额范围内予以赔偿；不足的部分，按照下列规定承担赔偿责任：（一）机动车之间发生交通事故的，由有过错的一方承担赔偿责任；双方都有过错的，按照各自过错的比例分担责任。（二）机动车与非机动车驾驶人、行人之间发生交通事故，非机动车驾驶人、行人没有过错的，由机动车一方承担赔偿责任；有证据证明非机动车驾驶人、行人有过错的，根据过错程度适当减轻机动车一方的赔偿责任；机动车一方没有过错的，承担不超过百分之十的赔偿责任。"第 2 款规定："交通事故的损失是由非机动车驾驶人、行人故意碰撞机动车造成的，机动车一方不承担赔偿责任。"我们以《道路交通安全法》第 76 条为中心，先厘清我国机动车交通事故责任的基本规则，再探讨该条第 1 款第 2 项规定的"不超过 10%"机动车交通事故损害补偿责任。

一、机动车交通事故侵权责任的基本规则

（一）《道路交通安全法》第 76 条第 1 款导语部分解读

《道路交通安全法》第 76 条第 1 款导语规定，"机动车发生交通事故造成人身伤亡、财产损失的，由保险公司在机动车第三者责任强制保险责任限额范围内予以

① 本专题的部分内容，是与姚宝华博士合作的成果。

② 参见［德］迪特尔·梅迪库斯：《德国债法总论》，杜景林、卢谌译，法律出版社 2003 年版，第 426 页。

赔偿；不足的部分，按照下列规定承担赔偿责任”，因此，机动车第三者责任强制保险责任限额之外的损害赔偿责任，根据交通事故双方的不同类别，依据该款第1项和第2项分别处理。第26条第2款是对受害人责任的规定：“交通事故的损失是由非机动车驾驶人、行人故意碰撞机动车造成的，机动车一方不承担赔偿责任。”根据第26条分为两款的结构可知，如果适用第2款规定的受害人责任，则不适用第1款导语的规定。从《道路交通安全法》第76条第1款的导语规定来看，我国侵权法机动车交通事故责任的基本规则可概括为三点。

第一，机动车发生交通事故造成人身伤亡、财产损失的，首先由保险公司在机动车第三者责任强制保险责任限额范围内予以赔偿，而非直接适用侵权责任。2020年《道路交通事故损害赔偿解释》第16条规定：“未依法投保交强险的机动车发生交通事故造成损害，当事人请求投保义务人在交强险责任限额范围内予以赔偿的，人民法院应予支持。投保义务人和侵权人不是同一人，当事人请求投保义务人和侵权人在交强险责任限额范围内承担相应责任的，人民法院应予支持。”

第二，在机动车第三者责任强制保险责任限额之外，适用侵权责任，并根据发生交通事故的双方不同，分为机动车之间发生交通事故和机动车与非机动车驾驶人、行人（以下简称“非机动车一方”）之间发生交通事故两类，适用不同的侵权责任归责原则和法律规范。

第三，对于交通事故的损失是由非机动车一方故意碰撞机动车造成的情形，不但机动车一方不承担赔偿责任，保险公司也不承担机动车第三者责任强制保险范围内的赔偿责任。①

第76条第1款第1项是关于“机动车之间发生交通事故的”规定，前段是关于侵权责任构成的规定，“由有过错的一方承担赔偿责任”；后段是关于双方过错的法律规定，“双方都有过错的，按照各自过错的比例分担责任”。该款第2项是关于“机动车与非机动车驾驶人、行人之间发生交通事故”的规定：“机动车与非机动车驾驶人、行人之间发生交通事故，非机动车驾驶人、行人没有过错的，由机动车一方承担赔偿责任；有证据证明非机动车驾驶人、行人有过错的，根据过错程度适当减轻机动车一方的赔偿责任；机动车一方没有过错的，承担不超过百分之十的赔偿责任。”

通过上述分析可知，《道路交通安全法》第76条第2款规定的受害人责任制度和第1款第1项后段规定的双方过错制度，是较为清晰的，而第1款第2项的规定，则需要仔细解读。下文将先对《道路交通安全法》第76条涉及的受害人责任制度和双方过错制度进行简要分析，然后重点对第1款第2项进行分析。

（二）《道路交通安全法》第76条第2款规定的受害人责任制度解读

《道路交通安全法》第76条第2款规定：“交通事故的损失是由非机动车驾驶

① 参见《机动车交通事故责任强制保险条例》第21条第2款。

人、行人故意碰撞机动车造成的，机动车一方不承担赔偿责任。”该条将免责事由规定为“故意碰撞机动车”，即常说的“碰瓷”。有学者指出，这样的规定使得非机动车驾驶人或者行人故意引起交通事故损害的免责情形过于狭窄，对于故意碰撞机动车之外的故意行为只能减轻责任，不符合无过失责任原则的要求。[①] 笔者认为，将这种免责事由的适用范围限制在“故意碰撞机动车”，用语上的确存在过于狭窄的问题。在条文解释上，应该结合《民法典》第 1174 条规定的“损害是因受害人故意造成的，行为人不承担责任”对“碰撞”作扩张解释。在二者接触的方向上，不但包括非机动车和机动车双方“相向”运动的情况，也包括非机动车一方故意引起的在“同向”或者“侧面”运动中发生的接触；在接触方式上，除了较为猛烈的“撞”，相比之下更为轻微的“碰”，甚至是受害人自己导致的碾压，都可以纳入扩张解释的范围。[②]

（三）《道路交通安全法》第 76 条第 1 款第 1 项规定的双方过错制度解读

《道路交通安全法》第 76 条第 1 款第 1 项后段规定的“双方都有过错的，按照各自过错的比例分担责任”是典型的法定双方过错制度。双方过错制度与该项前段规定的重大差别在于，不但适用于一方受损的情形，还适用于双方受损的情形。但根据前文对第 1 款导语的分析，如果双方均受到了损害，双方损害均超过了机动车第三者责任强制保险责任限额范围时，才涉及双方损害的分担问题。责任份额的确定上，有学者提出可以先分为五种不同的责任级别，再在一定区间内确定过失程度：全责（95%～100%）、大部分责任（75%～94%）、主要责任（50%～74%）、次要责任（25%～49%）和一定责任（1%～24%）。[③]

另外，该条文将适用范围限制在“双方”，对于处理三方及以上的交通事故只能类推适用，较 1991 年《道路交通事故处理办法》第 19 条第 3 款规定的“三方以上当事人的违章行为共同造成交通事故的，根据各自的违章行为在交通事故中的作用大小划分责任”，立法技术欠佳，建议未来将“双方”修改为“各方”。

二、《道路交通安全法》第 76 条第 1 款第 2 项的结构与疑义

（一）《道路交通安全法》第 76 条第 1 款第 2 项的结构分析

《道路交通安全法》第 76 条第 1 款第 2 项有两个分号，但并不能因此就认为该项被分隔为三段。两个分号前后的确描述了三种不同的情况，这些情况都必须以第一个逗号之前的“机动车与非机动车驾驶人、行人之间发生交通事故”为前提，否则不能形成完整的情况描述。因此该项条文该分为四段，包括前提部分——“机动

① 参见杨立新：《修正的〈道路交通安全法〉第 76 条的进展及审判对策》，《法律适用》2008 年第 3 期。
② 参见王竹：《侵权责任分担论》，中国人民大学出版社 2009 年版，第 330 页。
③ 参见王利明：《侵权行为法研究》（上卷），中国人民大学出版社 2004 年版，第 620 页。

车与非机动车驾驶人、行人之间发生交通事故”；前段——“非机动车驾驶人、行人没有过错的，由机动车一方承担赔偿责任”；中段——“有证据证明非机动车驾驶人、行人有过错的，根据过错程度适当减轻机动车一方的赔偿责任”；后段——“机动车一方没有过错的，承担不超过百分之十的赔偿责任”。

该项条文前提部分使用了“机动车与非机动车驾驶人、行人之间发生交通事故”的表述，按照文义理解，包含了机动车一方造成非机动车驾驶人或者行人损害和非机动车驾驶人或者行人造成机动车一方损害两种情况。从该法的规范意旨和整个侵权法的体系来看，非机动车驾驶人或者行人造成机动车一方损害的情形是一般侵权行为，应该适用过错责任，否则会产生明显的法律适用不合理、不公平。① 笔者认为，对此应该作法律适用范围的目的限缩解释，最好通过司法解释确认该规范的适用范围仅限于交通事故中机动车一方造成非机动车驾驶人或者行人损害的情形，以免造成法律规范适用范围的不当扩大。

该项条文前段的立法目的，是明确“在什么情况下机动车一方承担全部责任”②，而实际的立法效果没有达成这一目的。其原因在于，无论是基于过错责任、过错推定责任还是严格责任，只要非机动车驾驶人、行人没有过错，都由机动车一方承担赔偿责任。因此该段规范本身并不具有任何单独适用的价值，如果认为立法机关作此规定具有其实质意义，就必须对该项的整个条文进行体系解释。③

该项条文中段使用了“根据过错程度适当减轻”的用语，其参考了《精神损害赔偿司法解释》（法释〔2001〕7 号）第 11 条的规定模式，“根据其过错程度”来“减轻或者免除”责任。值得探讨的是，该司法解释规定针对的是“精神损害赔偿责任”，主观过错程度具有特殊意义。而《民法典》第 1173 条和《人身损害赔偿司法解释》（法释〔2003〕20 号）第 2 条，并未通过规定“根据过错程度适当减轻”来达到明确减轻责任程度的目的。其原因在于，责任的减轻程度本来就是审判机关在法律授权下独立行使裁量权的体现。因此，似乎并无充分理由按照这种看似更利于操作的模式进行规定，而应该与《民法典》第 1173 条的规定模式保持一致：“被侵权人对同一损害的发生或者扩大有过错的，可以减轻侵权人的责任。”将更大的裁量权交还给法院。

该项条文后段是一项较为特殊的规定，直观的理解是即使机动车一方没有过错，也不能免除其赔偿责任，但这种赔偿责任应该被限制在 10%以内，该规定的立法考量和适用规则均不明确。

① 参见杨立新：《修正的〈道路交通安全法〉第 76 条的进展及审判对策》，《法律适用》2008 年第 3 期。

② 李重庵：《全国人大法律委员会关于〈中华人民共和国道路交通安全法修正案（草案）〉审议结果的报告——2007 年 12 月 23 日在第十届全国人民代表大会常务委员会第三十一次会议上》，《中华人民共和国全国人民代表大会常务委员会公报》2008 年第 1 期。

③ 参见姚宝华、王竹：《道路交通安全法第七十六条第一款第（二）项的解读与适用》，《人民司法》2008 年第 15 期。

（二）《道路交通安全法》第 76 条第 1 款第 2 项存在的疑义

通过上述分析可以看到，该项条文主要在两个方面存在理解上的疑义。

第一，后段“不超过百分之十的赔偿责任”的责任性质不明确。尽管草案起草机关认为其性质是无过失责任，但我国侵权法的过错责任原则与严格责任原则之间属于相互排斥关系，一种侵权行为只能适用一种归责原则。如果认为该责任属于无过失责任，那么只能将其理解为只要发生交通事故，机动车一方就要承担该赔偿责任，属于结果责任性质，这显然与立法规定的 10%是上限而非定额的模式不相符合。按照该项条文的规定，10%以下的具体数额，还需要根据具体情形确定。①

第二，前段、中段与后段这三部分之间的关系并不明确。该项条文涉及的案情可能包括非机动车一方有过错或者无过错和机动车一方有过错或者无过错，组合起来是四种情形。前段、中段与后段的规定本身都只涉及当事人一方的主观过错情形，因此三段之间逻辑上并不严密。例如，前段规定的“非机动车驾驶人、行人没有过错的”，可能同时适用于机动车一方推定过错和证明无过错两种情况；中段规定的“非机动车驾驶人、行人有过错的”情况，也可能同时适用于机动车一方推定过错和证明无过错两种情况；后段规定的“机动车一方没有过错的”情况，可能同时适用于非机动车驾驶人、行人有过错和没有过错两种情况。②

三、对《道路交通安全法》第 76 条第 1 款第 2 项两个分号作用的分析

笔者认为，对《道路交通安全法》第 76 条第 1 款第 2 项理解上的疑义，主要源于两个分号的立法目的不明确，因此明确这两个分号的作用是厘清该项条文内容的关键所在，借此才能精准解读。

根据《标点符号用法》（GB/T 15834—2011）的规定，分号用于以下三种情况：（1）表示复句内部并列关系的分句（尤其当分句内部还有逗号时）之间的停顿；（2）表示非并列关系的多重复句中第一层分句（主要是选择、转折等关系）之间的停顿；（3）用于分项列举的各项之间。③ 从结构上看，《道路交通安全法》第 76 条第 1 款第 2 项的分号不属于第三种情况，但具体是并列还是非并列关系则需要进一步分析。从文本分析的方法看，应该从与分析对象内容和结构最类似的法条入手，通过对比分析来求得正确的句式结构解读。考虑到《道路交通安全法》第 76 条现在的表述定型于该法 2007 年的修改，早于原《侵权责任法》的制定，原《民法通则》侵权责任规定中具有类似结构的法条是最佳对比分析素材。

① 参见杨立新：《修正的〈道路交通安全法〉第 76 条的进展及审判对策》，《法律适用》2008 年第 3 期。

② 参见姚宝华、王竹：《道路交通安全法第七十六条第一款第（二）项的解读与适用》，《人民司法》2008 年第 15 期。

③ 参见《标点符号用法》（GB/T 15834—2011），4.6 分号。

与《道路交通安全法》第 26 条第 1 款第 2 项结构类似的条文是原《民法通则》第 127 条，该条有两个分号，分为三段：前段规定的是严格责任，“饲养的动物造成他人损害的，动物饲养人或者管理人应当承担民事责任”；中段规定的是受害人过错的免责事由，“由于受害人的过错造成损害的，动物饲养人或者管理人不承担民事责任”；后段规定的是第三人过错的责任分担事由，“由于第三人的过错造成损害的，第三人应当承担民事责任”。中段与后段属于并列关系，前段作为整体与后两段之间属于转折关系，结构较为清晰。《道路交通安全法》第 76 条第 1 款第 2 项前段规定的是非机动车驾驶人、行人没有过错的情形：“非机动车驾驶人、行人没有过错的，由机动车一方承担赔偿责任”；中段规定的是非机动车驾驶人、行人有过错的情形：“有证据证明非机动车驾驶人、行人有过错的，根据过错程度适当减轻机动车一方的赔偿责任”；后段规定的是机动车无过错的情形：“机动车一方没有过错的，承担不超过百分之十的赔偿责任。”前段和中段是较为清晰的并列关系，值得斟酌的是前两段作为整体与后段之间的关系。从语法上看，前段与中段的主语是“非机动车驾驶人、行人”，而后段的主语是“机动车一方”。既然主语不同，就应该分属不同的独立句子，按照一般的中文用语习惯和《标点符号用法》（GB/T 15834—2011），陈述句末尾的停顿，应该用句号。[①] 立法机关没有选择句号，而是选择分号，应该探求其立法目的。笔者认为，这样的标点符号使用，只能理解为立法者希望通过一个句子的内部结构，来表示机动车与非机动车驾驶人、行人之间发生交通事故的所有可能情形的责任分担制度。考虑到前段与中段是对非机动车一方有过错和无过错两种情况法律规则的描述，后段是对“机动车一方没有过错的”情况法律规则的描述，只能理解为前段与中段适用于机动车推定过错的情形，而后段适用于非机动车一方有无过错的两种情形，前两段作为整体与后段是并列关系。[②]

四、《道路交通安全法》第 76 条规定的机动车交通事故优者危险负担补偿责任

按照上文对《道路交通安全法》第 76 条第 1 款第 2 项两个分号不同作用的分析，由于适用过错推定责任，非机动车驾驶人、行人主观上存在有过错和没有过错两种情况，机动车一方也存在被推定过错和证明自己没有过错两种情况，那么该项条文规范的双方过错情况共有四种组合。

第一种情况，非机动车驾驶人、行人没有过错，机动车一方被推定过错，应该直接适用该项条文前段，由机动车一方承担全部的赔偿责任，这是没有任何疑义的。

① 参见《标点符号用法》（GB/T 15834—2011），4.1 句号。

② 参见姚宝华、王竹：《道路交通安全法第七十六条第一款第（二）项的解读与适用》，《人民司法》2008 年第 15 期。

第二种情况，非机动车驾驶人、行人有过错，机动车一方被推定过错，应该直接适用中段，根据过错程度适当减轻机动车一方的赔偿责任。其中有两点需要特别说明：第一，结合《道路交通安全法》第76条第2款规定的“交通事故的损失是由非机动车驾驶人、行人故意碰撞机动车造成的，机动车一方不承担赔偿责任”，非机动车驾驶人、行人以“故意碰撞机动车”之外的其他故意行为造成交通事故的，只能减轻，而不能免除机动车一方的赔偿责任。这里的过错，仅排除“故意碰撞机动车”一种情况，应当包括其他故意和过失两种情形。第二，结合《道路交通安全法》第76条第1款第2项后段的规定，基于受害人过错对机动车一方责任的减轻，必须是大于10%的，否则在适用结果上就会和后段出现冲突，因此减轻的最低限度必须大于10%。

第三种情况，非机动车驾驶人、行人没有过错，机动车一方证明自己没有过错的，此时应该同时适用《道路交通安全法》第76条第1款第2项前段和后段的规定，这是该项条文理解的难点。条文适用的顺序应该是，首先适用该项后段，“机动车一方没有过错的，承担不超过百分之十的赔偿责任”；其次，在此基础上适用该项前段，“非机动车驾驶人、行人没有过错的，由机动车一方承担赔偿责任”。此时由机动车一方承担10%的赔偿责任，不能减轻，以体现前段立法目的中的承担全部赔偿责任的精神。[①] 只有进行这样的组合式法律适用，才能确保该项条文前段规定不出现前文所担忧的具文效果，否则，该项条文只需要规定中段和后段即可。笔者认为，这样的情形属于一种侵权公平责任，即根据公平原则，由一方适当补偿的情形。[②] 对此，笔者还有两个佐证。第一，1991年《道路交通事故处理办法》第44条第1款第一句规定：“机动车与非机动车、行人发生交通事故，造成对方人员死亡或者重伤，机动车一方无过错的，应当分担对方10%的经济损失。”这里的用语是“分担”，而根据笔者的考察，在原《侵权责任法》制定之前的我国损害赔偿领域的法律和司法解释中，只有原《民法通则》第132条使用了“分担”的用语，可见两处规定的同质性，且两处分担的公平责任属性也相同。第二，《道路交通安全法》第76条第1款第2项中段与后段在相对位置上，与原《民法通则》第131条和第132条的相对位置相同，后者在比较法上是孤例。[③] 这样的排列顺序，只能理解为侵权公平责任在交通事故领域的适用。设置这种侵权公平责任的理由，笔者认为应该是出于对机动车一方的行为危险性及对损害的回避能力[④]的考虑，是对“优者危险负担”原则的适用。所谓的“优者危险负担”原则，是指按照危险性的大小

① 参见姚宝华、王竹：《道路交通安全法第七十六条第一款第（二）项的解读与适用》，《人民司法》2008年第15期。

② 参见王竹、郑小敏：《我国侵权法上公平责任的类型化研究》，《民事审判指导与参考》（2007年第4辑），法律出版社2008年版。

③ 参见王竹：《我国侵权法上“公平责任”源流考》，《甘肃政法学院学报》2008年第2期。

④ 参见王利明：《侵权行为法研究》（上卷），中国人民大学出版社2004年版，第621页。

或者危险回避能力之优劣来分配危险责任。[①] 因此，笔者将这种侵权公平责任命名为“机动车交通事故优者危险负担补偿责任”。

第四种情况，非机动车驾驶人、行人有过错，机动车一方证明自己没有过错的，适用《道路交通安全法》第 76 条第 1 款第 2 项中段和后段。与第三种情况类似，先适用该项后段，“机动车一方没有过错的，承担不超过百分之十的赔偿责任”，在此基础上适用该项中段：“有证据证明非机动车驾驶人、行人有过错的，根据过错程度适当减轻机动车一方的赔偿责任”。此时，机动车一方承担的仍然是一种“机动车交通事故优者危险负担补偿责任”。在 10%以下根据受害人的过错减轻损害赔偿责任，受害人过错越大，减轻程度越高。这里的过错范围和第二种情况一样，包括“故意碰撞机动车”之外的故意和过失。同样因为《道路交通安全法》第 76 条第 2 款规定的免责事由仅限于“故意碰撞机动车”的情况，除此之外的任何受害人的故意行为，只能在较大程度上减轻，而不能免除机动车一方的赔偿责任。

应当指出，2007 年全国人民代表大会常务委员会《关于修改〈中华人民共和国道路交通安全法〉的决定》仅针对该法第 76 条，就是为了解决实务中反映出的该条适用可能存在不公平结果的问题。随后在 2008 年，立法机关对 2007 年修改体现的公平原则予以了确认：“2007 年 12 月 29 日十届全国人大常委会第三十一次会议就道路交通安全法实施中存在问题的交通事故损害赔偿责任问题作了修正，既保护了道路交通事故受害人的合法权益，又体现了公平原则，进一步增强了可操作性。”[②] 可见，《道路交通安全法》第 76 条第 1 款第 2 项在第三种和第四种情况中确立了两种“机动车交通事故优者危险负担补偿责任”，是符合立法机关 2007 年立法修改目的的。那么，机动车交通事故优者危险负担补偿责任作为侵权公平责任，为避免其适用范围过大，笔者建议，应该将其适用限制在人身损害赔偿范围内。

五、“受害人故意”免责事由对《道路交通安全法》第 76 条第 2 款的影响

（一）《民法典》第 1174 条的定性

《民法典》第 1174 条规定：“损害是因受害人故意造成的，行为人不承担责任。”该条采纳了“受害人故意免责说”，与受害人责任形态制度有一定的差别。法谚有云：“*volenti non fit injuria*”，即对自己造成的损害不被看作损害，因此不产生他人的侵权责任。笔者认为，以“受害人故意”替代“受害人责任”作为免责事由的做法并不合理，理由在于：一方面，受害人在主观上往往表现为故意，无论加

① 参见刘得宽：《民法诸问题与新展望》，中国政法大学出版社 2002 年版，第 239 页。

② 《全国人民代表大会内务司法委员会关于第十一届全国人民代表大会第一次会议主席团交付审议的代表提出的议案审议结果的报告》，在 2008 年 10 月 28 日第十一届全国人民代表大会常务委员会第五次会议上通过。

害人是否有过错，一般应适用受害人责任形态制度①，但在加害人没有过错的情形下，受害人主观表现为过失也可以构成受害人责任形态；另一方面，即使受害人主观上是故意，仍然可能因为加害人也是故意侵权而参与侵权责任分担，最典型的是两人互殴，导致其中一人受伤的情形。对于这两种情形，建议未来立法予以补充规定。②

（二）“受害人故意”一般化之否定

就《民法典》第1174条规定了一般化的“受害人故意”抗辩事由，草案起草机关的权威解读认为：“本条规定对行为人免责，是指损害完全是因为受害人的故意造成的，即受害人故意的行为是其损害发生的唯一原因。”③ 这一解读一方面强调受害人的主观故意，另一方面同时强调“唯一原因”。按照这一逻辑，似乎“受害人过失＋唯一原因”就不能免责。应当指出，在一般侵权责任中，如果受害人的行为是损害发生的唯一原因，无论其主观上是否有过错或者过错程度如何，侵权人均因其行为与损害的发生没有因果关系而免除责任。这属于侵权责任要件不足的责任不构成问题，而非抗辩事由。笔者认为，受害人故意作为抗辩事由，仅限于危险责任领域，是指受害人故意利用危险作业本身固有的危险性导致自身损害的情形，其不是一般侵权责任的抗辩事由。

（三）“受害人故意”作为危险责任非侵权人原因规则的“普遍化”而非“一般化”定位

值得注意的是，《民法典》侵权责任编第八章“高度危险责任”和第九章“饲养动物损害责任”均有规定的“受害人重大过失”抗辩事由，没有被“一般化”。《人身损害赔偿司法解释》（法释〔2003〕20号）第2条第2款曾经规定：“适用民法通则第一百零六条第三款规定确定赔偿义务人的赔偿责任时，受害人有重大过失的，可以减轻赔偿义务人的赔偿责任。”而原《民法通则》第106条第3款是关于无过错责任的规定：“没有过错，但法律规定应当承担民事责任的，应当承担民事责任。”该司法解释的适用效果仍然是引致“法律规定”的具体的无过错责任类型，并非一般化规定。笔者认为，较之《民法典》第1174条对受害人故意的“一般化”，更合理的做法是参考“受害人重大过失”的立法模式，在危险责任领域④作“普遍化”的处理。这一立法模式的推论是，在机动车与非机动车、行人发生交通事故的侵权责任中，“受害人故意”应当作为免责事由予以明文规定。

① 比较法上有学说认为特殊类型的受害人故意，主要是监狱和医院中的自杀、自伤行为，参见U. Magnus and M Martín-Casals (eds.), *Unification of Tort Law: Contributory Negligence* (Kluwer Law International 2004) 275。

② 参见王竹：《〈侵权责任法〉侵权责任分担立法体例与规则评析》，《法学杂志》2010年第3期。

③ 黄薇主编：《中华人民共和国民法典侵权责任编解读》，中国法制出版社2020年版，第39页。

④ 笔者使用“危险责任”而非“无过错责任”的概念，是希望排除“产品责任”。产品责任的抗辩事由体系较为特殊，与危险责任差别较大。

（四）《民法典》第1174条对《道路交通安全法》第76条第2款的影响

《道路交通安全法》第76条第2款在2003年通过时，原条文为："交通事故的损失是由非机动车驾驶人、行人故意造成的，机动车一方不承担责任。"2007年该款被修正为："交通事故的损失是由非机动车驾驶人、行人故意碰撞机动车造成的，机动车一方不承担赔偿责任。"其增加了"碰撞机动车"的界定，进一步将这种受害人故意限定为"碰瓷"。对此立法限缩，学者大多持有异议①，不得不将第1款第2项中规定的过失解释为过失及故意碰撞机动车之外的故意，并因此产生了如何判断"故意碰撞机动车"及其扩张解释的问题。② 尽管笔者不赞成《民法典》第1174条对受害人故意免责的"一般化"规定模式，但其作为危险责任领域的"普遍化"免责事由，应当在机动车与非机动车、行人发生交通事故的侵权责任中适用。这样就出现了《民法典》第1174条与《道路交通安全法》第76条第2款效力冲突的问题，还进一步涉及对《民法典》第1208条规定的"机动车发生交通事故造成损害的，依照道路交通安全法律和本法的有关规定承担赔偿责任"中"承担赔偿责任"是否包括免责事由适用的理解问题。

笔者认为，"承担赔偿责任"仅仅是指侵权责任构成，而不包括抗辩事由，主要理由有四点。第一，《民法典》第1174条规定的受害人故意免责事由，作为民事基本法律规则属于我国侵权法上的新增规则，特别法除非有足够正当的理由，不应与之发生冲突。至于《道路交通安全法》第76条第1款规定的比较责任制度，正是由于《民法典》侵权责任编没有对比较责任制度作出一般性的规定，才继续适用。第二，原《侵权责任法》第二章的标题为"责任构成和责任方式"，第三章的标题为"不承担责任和减轻责任的情形"，对于侵权责任构成制度和抗辩事由制度都作了清晰的区分；由于抗辩事由均被《民法典》"总则化"，立法者删除了"不承担责任和减轻责任的情形"章。③ 第三，在引致条款中也应该区分对侵权责任构成规则的引致和对抗辩事由的引致，前者如《民法典》第1166条对无过错责任的规定："行为人造成他人民事权益损害，不论行为人有无过错，法律规定应当承担侵权责任的，依照其规定。"后者如《民法典》第1230条对污染者抗辩事由举证责任的规定："因污染环境、破坏生态发生纠纷，行为人应当就法律规定的不承担责任或者减轻责任的情形及其行为与损害之间不存在因果关系承担举证责任。"④ 第四，从机动车交通事故中侵权法规则与机动车交通事故责任强制保险规则的协调来看，

① 参见王竹：《论实质意义上侵权法的确定与立法展望》，《四川大学学报（哲学社会科学版）》2011年第3期。

② 参见姚宝华、王竹：《道路交通安全法第七十六条第一款第（二）项的解读与适用》，《人民司法》2008年第15期。

③ 参见王竹：《〈民法典·侵权责任编〉编纂背景与结构调整》，《国家检察官学院学报》2017年第4期。

④ 王竹：《论实质意义上侵权法的确定与立法展望》，《四川大学学报（哲学社会科学版）》2011年第3期。

《机动车交通事故责任强制保险条例》第21条第2款规定："道路交通事故的损失是由受害人故意造成的，保险公司不予赔偿。"该条规定与《道路交通安全法》第76条第2款规定的"故意碰撞机动车"之间，存在所谓的"故意碰撞机动车之外的故意"差异，不能适用《道路交通安全法》第76条第1款导语部分"由保险公司在机动车第三者责任强制保险责任限额范围内予以赔偿"的规定。这将给法律的适用带来不必要的疑难。基于上述理由，笔者认为，《道路交通安全法》第76条第2款的规定与《民法典》第1174条存在效力冲突，应该适用《民法典》第1174条的规定，建议未来《道路交通安全法》修改时将该款规定中的"碰撞机动车"字样删除，恢复该款规定2003年通过时的表述。

六、《道路交通安全法》第76条的具体适用与立法建议

结合上文关于《民法典》第1174条对《道路交通安全法》第76条第2款影响的分析，《道路交通安全法》第76条第1款第2项和第2款规定的责任分担制度适用方式如表21-1所示。①

表21-1　《道路交通安全法》第76条第1款第2项和第2款责任分担制度适用表

非机动车驾驶人行人有无过错	机动车一方有无过错	适用第76条条文部分	机动车一方的责任
无过错	推定过错	第1款第2项前段	100%
过失	推定过错	第1款第2项中段	大于10%小于100%
无过错	证明无过错	第1款第2项前段和后段	10%
过失	证明无过错	第1款第2项中段和后段	大于0小于10%
故意	无须证明	第2款、《民法典》第1174条	0（交强险不赔）

结合前文，笔者建议，在《道路交通安全法》第76条基础上，可作出如下具体修改：第一，将《道路交通安全法》第76条修改后，未来应当将其纳入《民法典》，而不是采取引致的做法。第二，对《道路交通安全法》第76条第1款第2项适用的四种情况予以明确，主要是将10%的优者危险负担责任及其减轻情形予以明确，注意分号和句号的使用。第三，明确机动车一方的过错推定责任。第四，删除《道路交通安全法》第76条第2款的"碰撞机动车"字样，将第1款第2项中非机动车驾驶人、行人的"过错"改为"过失"。第五，机动车交通事故优者危险负担补偿责任为侵权公平责任，为避免其适用范围过大，应该将其在人身损害赔偿范围内适用。

① 需要注意的是，如果机动车一方能够证明自己没有过错，交强险赔偿限额应该适用无责限额。

专题二十二

高空抛物坠物损害责任研究

《民法典》第1254条第1款①未作文字调整地包含了原《侵权责任法》第87条的全部内容（着重号部分）："禁止从建筑物中抛掷物品。从建筑物中抛掷物品或者从建筑物上坠落的物品造成他人损害的，由侵权人依法承担侵权责任；经调查难以确定具体侵权人的，除能够证明自己不是侵权人的外，由可能加害的建筑物使用人给予补偿。可能加害的建筑物使用人补偿后，有权向侵权人追偿。"在此基础上，《民法典》第1254条第2款新增规定："物业服务企业等建筑物管理人应当采取必要的安全保障措施防止前款规定情形的发生；未采取必要的安全保障措施的，应当依法承担未履行安全保障义务的侵权责任。"第3款新增规定："发生本条第一款规定的情形的，公安等机关应当依法及时调查，查清责任人。"后两款规定体现出了立法者对过去十年间仅仅依靠《侵权责任法》规范高空抛物坠物损害责任这一"一法独大"现象导致的治理难度加剧的反思②，但与第1254条第1款规定的适用关系还不够清晰。

在《民法典》编纂过程中，笔者已经撰文对原《侵权责任法》第87条进行了详细分析，笔者认为该条确立了建筑物区分使用人负有的作为道德义务的"高空抛物坠物来源消极说明义务"，违反该义务的"可能加害的建筑物使用人"承担的是补充性的道义补偿责任。③ 鉴于《民法典》第1254条第1款完全包含了原《侵权责任法》第87条的内容，下文将在已有研究基础上，集中评述第1254条第1款新增规则部分和第2款、第3款的新规定。

一、抛掷物致害和坠落物致害在致害人不明领域的差异

第1254条第1款第一句规定："禁止从建筑物中抛掷物品。"第1款第二句又

① 以下条文号如无特别说明，均为《民法典》条文。

② 参见宋伟哲：《高空坠物问题的多元共治之道》，《探索与争鸣》2019年第11期。

③ 参见王竹：《来源不明抛掷、坠落物品致害建筑物区分使用人道义补偿责任研究》，梁慧星主编：《民商法论丛》（第59卷），法律出版社2015年版。

规定“从建筑物中抛掷物品或者从建筑物上坠落的物品”。这说明立法机关希望在一定程度上区分“从建筑物中抛掷物品”致害（以下简称“抛掷物致害”）和“从建筑物上坠落的物品”致害（以下简称“坠落物致害”）两种情形，但从该条剩余内容来看，这种区分的文义差别并不明显。因此，有必要对二者的差别进行细致分析，作为区分适用产生不同法律效果的前提。

（一）《民法典》第1254条第1款规定的“坠落”不包括“脱落”

在区分“抛掷”和“坠落”之前，需要首先明确“坠落”与容易混淆的“脱落”之间的差别。所谓脱落，是指建筑物、构筑物的组成部分从建筑物主体上脱离。所谓坠落，是指搁置物、悬挂物从工作物之上落下。① 坠落与脱落的共性在于，均是失去附着或者支撑后，基于地球引力垂直下降而导致损害。脱落和坠落的区别在于，脱落是工作物的组成部分与工作物主体分离，脱落部分在脱落前与工作物主体是结合在一起的；而坠落是工作物上的搁置物或悬挂物从工作物上落下，搁置物或悬挂物在坠落前与工作物并非结合在一起。② 一般从致害物品是否具有与不动产结合的痕迹可以作出区分，而坠落通常针对的是悬挂物和搁置物。③

《民法典》第1253条第一句规定：“建筑物、构筑物或者其他设施及其搁置物、悬挂物发生脱落、坠落造成他人损害，所有人、管理人或者使用人不能证明自己没有过错的，应当承担侵权责任。”《民法典》草案起草机关对该句规定的“脱落、坠落”的举例，包括“房屋墙壁上的瓷砖脱落、房屋天花板坠落、吊灯坠落、屋顶瓦片滑落、房屋窗户玻璃被风刮碎坠落、阳台上放置的花盆坠落等”④。按照这一理解，第1253条规定的“脱落、坠落”发生的范围既包括建筑物之外，还包括建筑物之内。而第1254条规定的“坠落”，则应该将其理解为仅限于发生在建筑物之外，类似“房屋窗户玻璃被风刮碎坠落、阳台上放置的花盆坠落”等发生在专有部分可归责于具体建筑物区分所有人的情形，不包括发生在共有部分可归责于全体建筑物区分所有人的情形，如外墙瓷砖脱落和“屋顶瓦片滑落”，后者应该归入“脱落”的范畴。

（二）第1254条第2、3款规定的“情形”是指“难以确定具体侵权人的”情形

《民法典》第1254条第2款规定“防止前款规定情形的发生”，第3款规定“发生本条第一款规定的情形”。从这两款的表述指向的同一性来看，第3款应该调整相同的案件事实类型，但这一“情形”的具体所指，却由于本条第1款规定的复杂性而难以确定，徒增解释成本。⑤ 第1254条第1款实际上提到了四种“情形”：

①② 参见王利明：《论高楼抛物致人损害责任的完善》，《法学杂志》2020年第1期。
③ 参见王洪亮：《交往安全义务基础上的物件致损责任》，《政治与法律》2010年第5期。
④ 黄薇主编：《中华人民共和国民法典侵权责任编解读》，中国法制出版社2020年版，第329页。
⑤ 参见曹险峰：《侵权法之法理与高空抛物规则》，《法制与社会发展》2020年第1期。

第一，该款第一句规定的被禁止的“从建筑物中抛掷物品”；第二，该款第二句前段规定的“从建筑物中抛掷物品或者从建筑物上坠落的物品造成他人损害”，能够确定具体侵权人的情形；第三，该款第二句后段规定的“经调查难以确定具体侵权人的”情形；第四，可能加害的建筑物使用人补偿后“向侵权人追偿”的情形。

从第1254条第2款规定的“建筑物管理人应当采取必要的安全保障措施防止前款规定情形的发生”的防止范围来看，其不是特指第四种情形，即追偿权的行使。从第1254条第3款规定的公安等机关应当依法及时调查以“查清责任人”的立法目的来看，其不是特指第一种情形，即“从建筑物中抛掷物品”的情形，也不是指第二种“能够确定具体侵权人”的情形。

笔者认为，第1254条第1款新增的规则和第2款、第3款均是为了解决原《侵权责任法》第87条适用过程中在查明具体侵权人和判决执行上遇到的困难①，因此这三款均围绕同一问题设计，指向的应该是包含在《民法典》第1254条第1款中的原《侵权责任法》第87条描绘的“从建筑物中抛掷物品或者从建筑物上坠落的物品造成他人损害”之中的“经调查难以确定具体侵权人的”情形。

（三）在致害人不明领域区分抛掷物致害和坠落物致害的现实意义

笔者认为，抛掷物致害和坠落物致害在致害人不明领域的区分，对第1254条的三款规定均有现实意义，具体体现在：

就第1254条第1款而言，因为角度原因涉及的“可能加害的建筑物使用人”范围不同。由可能加害的建筑物使用人承担责任规定，继受了罗马法以降的“控制力原则”以尽量限缩责任主体的范围。② 从日常生活经验法则出发③，“坠落”物品的轨迹一般是垂线，而“抛掷”物品的轨迹一般是抛物线，也可能是轻微抛出形成接近于垂线的抛物线。尽管抛掷物和坠落物均可能因为物品形状、重量等不同而受到不同程度的空气阻力和风速影响，抛掷物品还可能受到初始力导致的旋转的影响，但就能够造成较为严重损害的物品而言，再配合上摄像头的录像或者目击者的大致描绘，仍然可以通过分析与侵权行为发生地的距离、与事发地点呈垂直抑或倾斜方向大致确定不同范围的“可能加害的建筑物使用人”④。

就第1254条第2款而言，建筑物管理人“防止”的可能性不同。第1254条第1款第一句强调禁止从建筑物中“抛掷”物品，体现了立法机关在区分抛掷物致害

① 参见重庆市第三中级人民法院课题组：《权衡与博弈：高空抛物致害责任的路径选择——兼评〈侵权责任法〉第87条》，《法律适用》2012年第12期。

② 参见齐云：《高空坠物的法律规制研究——从罗马法、近现代民法到我国〈侵权责任法〉》，《西部法学评论》2017年第2期。

③ 《最高人民法院关于依法妥善审理高空抛物、坠物案件的意见》（法发〔2019〕25号）第10点规定：“综合运用民事诉讼证据规则。……充分运用日常生活经验法则，最大限度查找确定直接侵权人并依法判决其承担侵权责任。”

④ 吴国喆：《论高空抛物致害的比例责任承担》，《西北师大学报（社会科学版）》2016年第6期。

和坠落物致害的基础上，对抛掷物致害主观恶性和社会危害性的否定性评价。① 但从第 1254 条第 2 款对建筑物管理人提出的“应当采取必要的安全保障措施防止前款规定情形的发生”的角度来看，尽管抛掷物致害具有主观故意性，但实际上难以防止，而坠落物致害尽管具有主观过失性，却是“必要的安全保障措施”防范的重点。这是因为，抛掷物具有突发性，除了进行安全警示、宣传和教育之外，几乎没有其他合理方式能够起到实质性的预防作用，因此课加给建筑物管理人的“必要的安全保障措施”实际上主要是警示、宣传和教育义务。但坠落物致害发生的前提是，该坠落物在坠落发生之前的一段时间就已经处于较为危险的状态，随后由于自然或者人为的原因失去了支撑而垂直降落。这就对建筑物管理人“应当采取必要的安全保障措施”提出了具体的“消除危险”要求。实际上，可能遭受损害的利害相关人和物业管理人，也可以依据《民法典》第 1167 条规定的“侵权行为危及他人人身、财产安全的，被侵权人有权请求侵权人承担停止侵害、排除妨碍、消除危险等侵权责任”请求搁置物、悬挂物的管理人消除危险，但对该条的“被侵权人”需要作扩张解释。②

就第 1254 条第 3 款而言，公安等机关“查清”具体侵权人的法定义务不同。《刑法修正案（十一）》增设“高空抛物罪”，于第 291 条之二第 1 款规定：“从建筑物或者其他高空抛掷物品，情节严重的，处一年以下有期徒刑、拘役或者管制，并处或者单处罚金。”这一方面为促使公安等机关查清具体侵权人提供了法律依据，另一方面也带来了如果公安等机关认定致害物品为坠落物而非抛掷物，依据罪刑法定原则，终止犯罪侦查的问题。笔者认为，对公安等机关“依法”及时调查的“依法”应当作广义理解，同时也对“头顶上的安全”领域的公安机关对坠落物致害调查义务的法定化提出了进一步的立法需求，未来可以考虑予以落实。

二、高空抛物坠物损害责任中“人”的解读

在条文结构复杂化和责任类型多元化的同时，《民法典》第 1254 条也增加了受害人和责任人的类型，需要对此作体系解释，明确每种“人”的具体所指。

（一）造成“他人”损害的限定意义

第 1254 条第 1 款第二句规定“造成他人损害的”的“他人”表述，与《民法典》第 1170 条规定的“二人以上实施危及他人人身、财产安全的行为”类似，实质意义上排除了受害人也可能是“具体侵权人”或者“可能加害的建筑物使用人”的情形。例如，原告的汽车在自家楼下被高空抛物或者坠物砸坏，原告无法证明该

① 参见姜启波、郭锋、陈龙业：《〈关于依法妥善审理高空抛物、坠物案件的意见〉的理解与适用》，《人民司法·应用》2020 年第 16 期。

② 参见何国强：《“风险侵权法”的理念及制度逻辑——从对高空抛物致害责任制度正当性的论证展开》，《湖北大学学报（哲学社会科学版）》2017 年第 3 期。

抛掷物或者坠落物不是从自家窗户飞出的情形。这种情况下就不符合造成“他人”损害的要求，也不能主张在扣除自己可能致害的份额后要求其他“可能加害的建筑物使用人”承担责任，但可以在查明“具体侵权人”后请求其赔偿，也可以基于第1254条请求“未采取必要的安全保障措施的”建筑物管理人承担责任。

（二）第1款三处“侵权人”的理解与标点符号使用瑕疵

第1254条第1款规定了三处“侵权人”、一处“具体侵权人”和两处“可能加害的建筑物使用人”，第2款规定了一处“建筑物管理人”，第3款规定了一处“责任人”，术语使用上没有出现跨款的现象。而原《侵权责任法》第87条只规定了“具体侵权人”、“侵权人”和“可能加害的建筑物使用人”各一处，因此第1款规定的三处“侵权人”中有两处为新增。这三处的具体所指是否一致，是体系解释的焦点问题。

作为致害人不明侵权责任的两种子类型，调整共同危险行为的《民法典》第1170条和第1254条第1款第二句均使用了“具体侵权人”的术语来指称能够确定致害人的情形。遗憾的是，尽管均使用了分号来区分是否能够查明具体侵权人的不同法律效果，立法者却未能统一两个条文的表述风格。

根据“经调查难以确定具体侵权人的”表述，第1254条第1款第二句分号之前的“侵权人”，应该是指致害人能够确定的情形。该句前段实质上应该等同于第1170条前段的规定，即二人以上实施危及他人人身、财产安全的行为，其中一人或者数人的行为造成他人损害，“能够确定具体侵权人的，由侵权人承担责任”。如果作与第1170条类似行文风格的表述，第1254条第1款第二句前段应该增加“能够确定具体侵权人的”的内容，表述为“从建筑物中抛掷物品或者从建筑物上坠落的物品造成他人损害的，（能够确定具体侵权人的），由侵权人依法承担侵权责任”。因此，第1254条第1款第二句分号之前的“侵权人”在致害人能够确定的情况下，实质等同于法律条文没有明确的“能够确定具体侵权人的”中的“具体侵权人”。相应地，第1170条后段规定的“不能确定具体侵权人的”，也应该参考第1254条第1款第二句分号之后的表述风格，增加“经调查”的表述，完善为“（经调查）不能确定具体侵权人的”。

第1254条第1款第二句分号之后的“侵权人”，由于其是在“具体侵权人”不能确定的情况下，应该区别于“具体侵权人”。合理的解释是，从“除能够证明自己不是侵权人的外，由可能加害的建筑物使用人给予补偿”的表述来看，在一组潜在的责任人群体中，除证明自己不是“侵权人”的人外，剩下的具有同质性的责任人群体将承担责任。那么，证明自己不是“侵权人”的证明目标，就是把自己从潜在的责任人群体，即“可能加害的建筑物使用人”中，排除出去。因此，第1254条第1款第二句分号之后的“侵权人”，应该理解为“可能加害的建筑物使用人”①。

结合上述思路，第1254条第1款第三句规定的“侵权人”在“可能加害的建

① 本部分论证，详见王竹：《来源不明抛掷、坠落物品致害建筑物区分使用人道义补偿责任研究》，梁慧星主编：《民商法论丛》（第59卷），法律出版社2015年版。

筑物使用人补偿后，有权向侵权人追偿”的句式中，应当排除第1254条第1款第二句后段之后的“侵权人”，即“不可能”加害的建筑物使用人，而应该指向该句后段之前规定的“具体侵权人”。

如果按照上述解读思路，第1254条第1款第二句和第三句的标点符号的使用可能存在一定的瑕疵。既然第1254条第1款第三句规定的追偿权行使的前提仅仅是第1254条第1款第二句的后段，那么第1254条第1款第二句的分号就应该改为句号，而该句的句号则应该改为分号，即由第1254条第1款第二句的后段和第三句作为修改后的第三句的前后段。更为合理的第1254条第1款第二句和第三句的表述应该是：从建筑物中抛掷物品或者从建筑物上坠落的物品造成他人损害的，由侵权人依法承担侵权责任。经调查难以确定具体侵权人的，除能够证明自己不是侵权人的外，由可能加害的建筑物使用人给予补偿；可能加害的建筑物使用人补偿后，有权向侵权人追偿。

（三）“物业服务企业等”建筑物管理人的类型

物业服务企业等建筑物管理人，实质上等同于《民法典》第1252条第2款和第1253条规定的建筑物维护缺陷责任中的管理人，包括两种类型，即物业服务人类和非物业服务人类。

就物业服务人类的建筑物管理人，“物业服务企业”作为立法的典型列举，是2019年12月《民法典（草案）》审议时新增的内容。《民法典》第937条第2款规定：“物业服务人包括物业服务企业和其他管理人。”从立法机关选择“物业服务企业”而非“物业服务人”作为典型列举表述来看，法律应该是对企业和非企业物业服务人作了不同的安全保障义务要求。

就非物业服务人类的建筑物管理人，主要是指建筑物在未聘请物业服务人的情况下，对建筑物行使管理权的主体，主要包括建筑物处于施工阶段的施工单位、施工完成尚未交付阶段的建设单位以及建筑物被废弃之后尚未被拆除时的实际管理人等。在上述情形中，建筑物的管理人缺位的，建筑物的所有人被视为管理人。

（四）公安等机关依法及时查清“责任人”的意义与范围

1. 公安“等”机关的具体所指

立法机关在《民法典》审议的最后阶段将第1254条第3款规定的调查义务主体“有关机关”明确为“公安等机关”，从而需要对“等”字涵盖的机关类型予以明确。

《人民警察法》第21条第1款规定：“人民警察遇到公民人身、财产安全受到侵犯或者处于其他危难情形，应当立即救助；对公民提出解决纠纷的要求，应当给予帮助；对公民的报警案件，应当及时查处。”笔者认为，能够达到“依法及时调查，查清责任人”立法目的的“等”其他机关，应该仅限于依法享有与公安机关侦查权类似的职权的法定机关。按照《刑事诉讼法》第308条的规定，如果高空抛物坠物致害案件发生在军队所属的区域，应当由军队保卫部门履行查明义务；如果发生在监狱，则由监狱履行查明义务。在海上船舶，即使发生高空抛物坠物致害的案件，由于船舶不属于“建筑物”，海警局也不负有法定的查明义务。

2.“及时”调查的意义

《民法典》第 1254 条规定依法“及时”调查具有重要意义：第一，抛掷物品可能留下指纹等痕迹，在坠落物品原摆放、悬挂、附着位置也可能留有痕迹，“天网工程”或者其他摄像头可能保存有相关视频可以辅助查明致害物来源，但这些证据均具有时效性，需要公安机关及时展开调查。第二，作为刑事案件展开侦查，对具有一定识别特征但本地少见的致害物，可以通过调取电商销售数据查明一定期限和一定范围内该同类致害物的网络购物记录，辅助确定致害物的可能购买者。第三，公安机关介入后，可能面临的刑事处罚和犯罪记录，可以对具体侵权人起到更强的震慑作用，对其他知情人也起到警示作用，能够发掘更多的线索。

3. 查清“责任人”的范围

容易产生误解的是第 1254 条第 3 款规定的查清“责任人”的范围。《民法典》其他条文对“责任人”这一术语的使用，都与追偿权相关，包括第 178 条规定的连带责任责任人之间的追偿权，第 1215 条和第 1216 条规定的法定垫付人向交通事故最终责任人的追偿权，第 1252 条和第 1253 条规定的向建筑物缺陷责任和建筑物维护责任最终责任人的追偿权。因此，就第 1254 条第 3 款规定的查清“责任人”而言，公安等机关可能查清了“具体侵权人”，也可能经调查仍然未能查清具体侵权人，但查清了第 1254 条第 1 款规定的“补偿责任人”和第 2 款规定的“补充责任人”的范围。质言之，既包括“发生本条第一款规定的情形的”所指的“第一款”规定的各类责任人，也包括第 1254 条第 2 款规定的“未采取必要的安全保障措施的”建筑物管理人。第 1254 条第 1 款规定的各类责任人，既包括“公安等机关应当依法及时调查”后查清的“具体侵权人”，也包括“经调查难以确定具体侵权人”情形下的“可能加害的建筑物使用人”。

三、高空抛物坠物损害责任的承担与追偿

（一）“依法”承担责任的立法技术未能实现明确法律适用目的

需要指出的是，《民法典》第 1254 条第 1 款增加的“由侵权人依法承担侵权责任”、第 2 款增加的“应当依法承担未履行安全保障义务的侵权责任”和第 3 款增加的“公安等机关应当依法及时调查”，都由“依法”字样予以限定。这体现出立法者对新增规则的探索性倾向，同时希望最大限度依托现有法律体系，保持立法的简洁性。

“依法”这一立法技术在《民法典》侵权责任编上，仅出现在第 1228 条第 2 款：“干扰医疗秩序，妨碍医务人员工作、生活，侵害医务人员合法权益的，应当依法承担法律责任。”而该编第六章“医疗损害责任”的其他条文规定的都是医疗

机构及医务人员侵害患者权利，可见第 1228 条第 2 款在起到引致“其他”法律的作用的同时，也起到了提醒当事人和法官其可适用性的作用。

但与《民法典》第 1228 条第 2 款不同的是，第 1254 条第 1 款和第 2 款的引致对象均为《民法典》侵权责任编的相关条文，这就涉及对该编相关条文具体适用优先性的确定问题，而仅以“依法”引致无法实现明确法律适用的立法目的，需要予以分析确定。

（二）高空抛物坠物的侵权责任与补偿责任

1. 具体侵权人的侵权责任

从建筑物中抛掷的物品或者从建筑物上坠落的物品造成他人损害的，能够确定具体侵权人的情形下，如果原告以抛掷物致害为由起诉，则适用《民法典》第 1165 条第 1 款关于过错责任一般条款的规定；如果原告以坠落物致害为由起诉，则适用第 1253 条关于坠落物致害过错推定责任的规定。

2. 可能加害的建筑物使用人的道义补偿责任①

一个社会中，如果一个人的行为能被一部分人以相对低的信息成本观察到，而其他人群观察该行为的成本较高，那么，让信息成本较低的人群监督该行为就可以大大地节约监督成本。② 笔者认为，立法者实质上选择了科加建筑物区分使用人“高空抛物坠物来源消极说明义务”，这种义务并非用以判断过错的注意义务，而是一种法定化的道德义务，主要针对应当知道抛掷、坠落物品来源因疏忽而未能知道的情形。尽管法律并未科加建筑物区分使用人监控其使用的区分所有单元的义务，但未能知晓其使用的区分所有单元是否为抛掷、坠落物品来源的情形，仍然可能通过提高注意义务尤其是安装相关监控设备来避免。高空抛物坠物可能对受害人造成的潜在损害如此巨大，而建筑物区分使用人为履行此种法定化道德义务付出的成本并非巨大，作为法定化道德义务的“高空抛物坠物来源消极说明义务”，就是在这种情形下，通过“风险—收益”分析而产生的一种促使建筑物区分使用人履行此种义务的道德驱动力，同时其也有维护公共安全方面的政策考虑。

需要强调的是，确定具体侵权行为人的义务不应由受害人负担。③ 之所以称之为“消极”说明义务，是因为“除能够证明自己不是侵权人的外”中的“侵权人”，即“建筑物使用人”，是通过证明抛掷、坠落物品不可能源于其使用的区分所有单元来尽到作为法定化道德义务的“高空抛物坠物来源消极说明义务”，进而免除补偿责任的。所以，作为法定化道德义务的“高空抛物坠物来源消极说明义务”所需要说明的，并非抛掷、坠落物品的确切来源，即积极的说明义务，而是建筑物区分

① 本部分论证，详见王竹：《来源不明抛掷、坠落物品致害建筑物区分使用人道义补偿责任研究》，梁慧星主编：《民商法论丛》（第 59 卷），法律出版社 2015 年版。

② 参见张维迎、邓峰：《信息、激励与连带责任——对中国古代连坐、保甲制度的法和经济学解释》，《中国社会科学》2003 年第 3 期。

③ 参见王利明：《论高楼抛物致人损害责任的完善》，《法学杂志》2020 年第 1 期。

使用人使用的区分所有单元并非高空抛物坠物来源的消极说明义务。

3. 明确道义补偿责任的公平责任属性

对违反作为信息消极提供义务的高空抛物坠物来源消极说明义务的道义补偿责任，应该明确其公平责任属性。① 受制于《民法典》第1186条规定的“受害人和行为人对损害的发生都没有过错的，依照法律的规定由双方分担损失”，实质上排除了受害人对损害的“发生”有过错的情形。这既包括受害人自行造成剧烈震动等导致的来源不明高空坠物，也包括受害人参与向高层建筑物扔石头等共同危险行为导致的来源不明高空坠物。

作为公平责任条款，第1254条还应该增加适用的前提性条件，即“如果受害人无法得到充分救济”。如果受害人能够通过侵权法之外的其他渠道获得充分救济，就没有必要适用该补偿责任。其他救济渠道包括民政帮扶、社会捐助，也包括社会保险。我国的《社会保险法》于2010年10月28日通过，晚于原《侵权责任法》的起草，制度衔接上未能给予足够的重视。《社会保险法》第30条第1款第1、2项规定：“下列医疗费用不纳入基本医疗保险基金支付范围：（一）应当从工伤保险基金中支付的；（二）应当由第三人负担的……”第2款规定：“医疗费用依法应当由第三人负担，第三人不支付或者无法确定第三人的，由基本医疗保险基金先行支付。基本医疗保险基金先行支付后，有权向第三人追偿。”第42条规定：“由于第三人的原因造成工伤，第三人不支付工伤医疗费用或者无法确定第三人的，由工伤保险基金先行支付。工伤保险基金先行支付后，有权向第三人追偿。”可见，来源不明的高空抛掷、坠落物品致害的受害人如果符合工伤保险待遇或者医疗保险待遇，可以向工伤保险基金和医疗保险基金申请先行支付。工伤保险基金和医疗保险基金先行支付后，享有向具体侵权人追偿的权利。鉴于工伤保险基金和医疗保险基金享有追偿权，其先行支付具有垫付性质，因此与来源不明高空抛物坠物致害的道义补偿责任并不冲突。

（三）安全保障义务的范围与相应的补充责任

《民法典》第937条第1款规定：“物业服务合同是物业服务人在物业服务区域内，为业主提供建筑物及其附属设施的维修养护、环境卫生和相关秩序的管理维护等物业服务，业主支付物业费的合同。”第942条第1款规定：“物业服务人应当按照约定和物业的使用性质，妥善维修、养护、清洁、绿化和经营管理物业服务区域内的业主共有部分，维护物业服务区域内的基本秩序，采取合理措施保护业主的人身、财产安全。”这两款规定可以视为物业服务人依据物业服务合同对业主负有的安全保障义务，如有违反，应该承担违约责任。第942条第2款规定：“对物业服务区域内违反有关治安、环保、消防等法律法规的行为，物业服务人应当及时采取

① 参见王利明：《抛掷物致人损害的责任》，《政法论坛》2006年第6期；王利明：《论高楼抛物致人损害责任的完善》，《法学杂志》2020年第1期。

合理措施制止、向有关行政主管部门报告并协助处理。”该款虽然规定在《民法典》合同编，但实质上是对物业服务人安全保障义务的法定化，也可以作为第 1254 条第 2 款规定的应当采取必要的“安全保障措施”的参考。

1. “必要的安全保障措施”以防止“难以确定具体侵权人的”情形为核心

有学者指出，建筑物管理人未能采取必要的安全保障措施的过错情形包括三种：第一，未能防范高空抛物行为；第二，损害发生后未能确定具体侵权人；第三，未尽到对受害人及其财物（如机动车）的秩序管理义务导致损害发生。① 如前所述，《民法典》第 1254 条第 2 款规定的防止“前款规定情形的发生”中的“情形”是指“难以确定具体侵权人的”，而不是防止“从建筑物中抛掷物品或者从建筑物上坠落的物品造成他人损害”。让物业公司承担高空抛物受害人的赔偿责任，意味着物业公司需要预防有人高空抛物，这远超出了物业公司能够承担的范围。② 因此，不能科加建筑物管理人“结果责任”。发生抛掷物致害或者坠落物致害的，可以推定建筑物管理人未尽安全保障义务。但建筑物管理人能够证明自己已经采取了必要的安全保障措施，防止“难以确定具体侵权人的”情形的，应该免除其补充责任。笔者认为，“必要的安全保障措施”主要包括三个方面。

第一，安全警示、宣传和教育措施。现代社会高楼林立，只要在高楼之间穿行，人人都可能是高空抛物坠物致害的受害人。建筑物管理人的安全警示、宣传和教育措施主要针对抛掷物致害，也包括避免不必要的搁置物、悬挂物坠落致害。特别要加强对幼儿园、中小学的学生和家长的相关教育。③

第二，消除危险措施。消除危险措施，主要针对坠落物，也包括特定情形下的抛掷物。类似于《民法典》第 1206 条第 1 款规定的，产品投入流通后发现存在缺陷的，“生产者、销售者应当及时采取停止销售、警示、召回等补救措施；未及时采取补救措施或者补救措施不力造成损害扩大的，对扩大的损害也应当承担侵权责任。”建筑物管理人能够发现有坠落风险的搁置物或者悬挂物，或者对于正在装修的建筑物区分所有单元以及外墙维修清洗作业，应当及时消除危险。这种情形下，物业服务企业应当属于公共场所的管理者的范畴④，类似于“商场香蕉皮致人滑倒”类案件，消除危险是否及时可以作为一种标准来衡量其是否采取了必要的消除危险措施。

第三，高空抛物坠物来源监控措施。随着摄像头技术的成熟和成本的大幅度降低，安装全域覆盖的摄像头，可以起到确定高空抛物坠物来源的辅助作用，也可以在一定程度上震慑高空抛物行为。⑤ 考虑到对个人隐私的保护，未来应该推广非视

① 参见曹险峰：《侵权法之法理与高空抛物规则》，《法制与社会发展》2020 年第 1 期。

② 参见王成：《高空抛物侵权责任的配置及其正当性》，《民主与法制时报》2019 年 8 月 24 日，第 4 版。

③ 参见宋伟哲：《高空坠物问题的多元共治之道》，《探索与争鸣》2019 年第 11 期。

④ 参见王利明：《论高楼抛物致人损害责任的完善》，《法学杂志》2020 年第 1 期。

⑤ 参见李璐：《抛掷物致人损害侵权责任研究》，《郑州大学学报（哲学社会科学版）》2013 年第 3 期。

频类抛物坠物探测设备。最高人民法院《关于依法妥善审理高空抛物、坠物案件的意见》（法发〔2019〕25号）第12点规定：“依法确定物业服务企业的责任。……物业服务企业隐匿、销毁、篡改或者拒不向人民法院提供相应证据，导致案件事实难以认定的，应当承担相应的不利后果。”发生高空抛物侵权行为时，物业服务企业还应当积极配合公安机关展开调查和取证工作，从而维护全体建筑物使用人的共同利益。①

2. 确定安全保障措施的考量因素

就安全保障措施的考量因素，应该从建筑物类型、运行状态、管理人类型和管理水平等方面考虑：第一，应该区分商业楼宇、住宅小区、学校和建筑工地等建筑物类型，区别在于不同类型的建筑物开放程度不同；第二，非建筑工地的建筑物要区分是否处于装修或者维护的运行状态，区别在于发生抛掷物致害或者坠落物致害的风险不同；第三，要区分物业服务企业和非物业使用阶段的建筑物管理人，物业服务人类管理人还要区分物业服务企业和其他非企业管理人，区别在于不同类型管理人的管理能力不同；第四，不同地区、不同层次的建筑物管理人的管理水平不同，应当以同等管理水平的相应管理要求为标准。

3. 建筑物管理人承担相应的补充责任的范围

从《民法典》第1254条第2款前段规定的物业服务企业等建筑物管理人应当采取必要的安全保障措施“防止”前款规定情形的发生的措辞来看，该款后段规定的应当“依法”承担未履行安全保障义务的侵权责任，指向的是《民法典》第1198条第2款第一句规定的补充责任：“因第三人的行为造成他人损害的，由第三人承担侵权责任；经营者、管理者或者组织者未尽到安全保障义务的，承担相应的补充责任。”

需要明确的是，作为补充责任人，“未采取必要的安全保障措施的”建筑物管理人，既要对经调查难以确定具体侵权人的情形承担补充责任，也要对能够确定具体侵权人但具体侵权人逃逸或者无法完全承担赔偿责任的情形承担补充责任。

（四）道义补偿责任和相应的补充责任的金额确定

作为难以查明具体侵权人的后顺位责任人，道义补偿人的责任实质上也具有相对于具体侵权人责任的补充性。如果不能查明具体侵权人的，受害人可以同时请求补充性的道义补偿责任和相应的补充责任。

严格地说，在《民法典》第1254条第2款增加了违反安全保障义务的补充责任之后，考虑到物业服务企业等建筑物管理人一般具有赔偿能力，受害人已经能够获得一定的救济，尤其在损害不太严重，或者仅仅是财产损害的情形下，再同时适用道义补偿责任的必要性已经大大降低。更为合理的立法规划是设立高空抛物坠物致害责任强制保险制度，兼顾可能加害的建筑物使用人的行为自由和受害人的权利

① 参见李妍：《反思高空抛物致害责任》，《社会科学家》2015年第11期。

救济，提升社会风险防控效率，在制度上改变侵权法独木难支的僵局。①

如果受害人执意要起诉可能加害的建筑物使用人，为避免道义补偿责任过重，同时考虑到填补性赔偿责任的限制，应该首先确定"相应的"补充责任，然后在剩余责任限额内确定道义补偿责任。不能片面地以完全填补受害人的损失作为责任划分的目标。这是因为，这两类补充性责任都必须与其各自违反的信息消极提供义务和安全保障义务相对应，同时这种损失填补方式也可能造成受害人没有意愿去查找具体侵权人。

鉴于《民法典》第 1198 条第 2 款对补充责任有"相应的"限定，将第 1254 条规定的"给予补偿"明确为给予"适当"补偿可能更为合理。② 而《民法典》第 282 条明确规定："建设单位、物业服务企业或者其他管理人等利用业主的共有部分产生的收入，在扣除合理成本之后，属于业主共有。"笔者建议，除了鼓励物业服务企业购买高空抛物坠物致害责任保险之外，也应该鼓励物业服务企业与业主委员会协商，从共有部分产生的收入中支出业主的补偿责任保险费用。③

（五）道义补偿责任人追偿权和补充责任人追偿权的优先顺位

1. 道义补偿责任人的追偿权是否会影响受害人的赔偿请求权

《民法典》第 1181 条第 2 款规定实质上体现了我国侵权法上的填平原则："被侵权人死亡的，支付被侵权人医疗费、丧葬费等合理费用的人有权请求侵权人赔偿费用，但是侵权人已经支付该费用的除外。"按照填平原则，如果补偿责任人和补充责任人已经支付了各自的赔偿金，受害人就只能向具体侵权人请求剩余未获得救济的赔偿金额，而由补偿责任人和补充责任人就各自承担的赔偿金额向该具体侵权人追偿。

笔者认为，考虑到道义补偿责任的特殊性质，以及《民法典》第 1254 条第 1 款第一句规定的"禁止从建筑物中抛掷物品"的立法目的，在抛掷物致害的情形，即使补偿责任人可以向具体侵权人进行追偿，但这一追偿权并不减少受害人向具体侵权人继续寻求赔偿的金额。这可能会造成超额赔偿的结果，也就在一定程度上体现出了法律对高空抛物行为的惩罚。而在坠落物致害情形，已经承担的道义补偿责任金额，则会扣减受害人向具体侵权人请求赔偿的剩余额度。

2. "补偿责任"优先于"补充责任"追偿但劣后于受害人的赔偿请求权

《民法典》第 1254 条第 1 款第三句规定了道义补偿责任人的追偿权："可能加害的建筑物使用人补偿后，有权向侵权人追偿。"第 1198 条第 2 款第二句规定了补充责任人的追偿权："经营者、管理者或者组织者承担补充责任后，可以向第三人追偿。"在具体侵权人无法查明的情形下，道义补偿责任人和补充责任人承担了责

① 参见郑志涛、王崇敏：《我国建筑物抛物、坠物侵权责任强制保险构建》，《海南大学学报（人文社会科学版）》2020 年第 3 期。

② 参见王利明：《论高楼抛物致人损害责任的完善》，《法学杂志》2020 年第 1 期。

③ 参见秦伟、王莉莉：《高空抛物致害责任再认识》，《东岳论丛》2011 年第 10 期。

任之后，均享有对具体侵权人的追偿权，这就提出了两种追偿权行使的优先顺位问题。

笔者认为，应该确立“补偿责任”优先于“补充责任”的优先追偿权。理由在于，信息消极提供义务本来就是在衡量了受害人和可能加害的建筑物使用人双方利益的情况下，“两害相权取其轻”，不得已选择由可能加害的建筑物使用人承担道义补偿责任。因此，在查明了具体侵权人之后，应该允许其优先向具体侵权人追偿，但这种追偿权劣后于受害人的赔偿请求权。

专题二十三

无偿个人帮工关系中的人身保护公平责任研究[①]

义务帮工体现了乡民之间互助合作的情感逻辑，体现了我国农村社会良好的社会风尚，对于加强人际关系、稳定农村社会的治理状况具有十分重要的意义。[②] 实务中的换工，实际上就是两个人之间的相互帮工。[③] 近年来也有法院将无偿代驾认定为义务帮工[④]，将无偿个人帮工关系引入更为城镇化的场景。但遗憾的是，《民法典》未对义务帮工作出明确的规定。《人身损害赔偿司法解释》（法释〔2003〕20号）第14条第1款第一句是关于被帮工人对帮工人的人身保护责任的规定：“帮工人因帮工活动遭受人身损害的，被帮工人应当承担赔偿责任。”第1款第二句规定：“被帮工人明确拒绝帮工的，不承担赔偿责任；但可以在受益范围内予以适当补偿。”该句在“明确拒绝帮工”情形下，以免除被帮工人人身保护责任为原则，以在“受益范围内予以适当补偿”为例外。第14条第2款第一句的规定原则上免除了“第三人侵权情形下”被帮工人的人身保护责任：“帮工人因第三人侵权遭受人身损害的，由第三人承担赔偿责任。”第2款第二句又规定了例外情形下被帮工人的补充性的适当补偿责任[⑤]：“第三人不能确定或者没有赔偿能力的，可以由被帮工人予以适当补偿。”可见，《人身损害赔偿司法解释》（法释〔2003〕20号）第14条第1款和第2款表现为在法定的两种情形下免除被帮工人人身保护责任后，又在例外情况下要求其承担适当补偿责任的立法结构，体现出帮工关系中的人身保护责任是基于公平原则承担责任的司法解释意图。[⑥]

就我国侵权法上无偿帮工人受损的法律适用和理论解说，有学者研究后认为，

① 本专题的部分内容，是与刘忠炫博士合作的成果。

② 参见王彬：《乡土社会的民间习惯与纠纷解决——以帮工习惯为中心的考察》，《湖南公安高等专科学校学报》2010年第3期。

③ 参见杨立新：《侵权责任法》（第四版），法律出版社2021年版，第692页。

④ 参见王金利、郭娜：《无偿代驾应认定为义务帮工》，《人民司法·案例》2018年第29期。

⑤ 参见杨立新：《侵权法论》（第五版）（上），人民法院出版社2013年版，第653页。

⑥ 参见最高人民法院民事审判第一庭编著：《最高人民法院人身损害赔偿司法解释的理解与适用》，人民法院出版社2015年版，第195页。

以《人身损害赔偿司法解释》（法释〔2003〕20号）的生效为界，分为两个明显的阶段：在该司法解释生效之前适用公平责任，在该司法解释生效之后适用无过错责任，具有明显的“普法性论述”性质。① 这一结论以未被“明确拒绝”的帮工为分析对象，关注到了无偿帮工中帮工人受损救济规则的阶段性变化②，值得肯定。笔者认为，被帮工人对帮工人的归责原则变化，是帮工关系体系变迁带来的应然效应；而《人身损害赔偿司法解释》（法释〔2003〕20号）第14条规定的两类公平责任，则是这种体系变迁产生的新的公平责任类型。下文将沿着这一阶段性变化的线索再次出发，讨论无偿个人帮工关系中的人身保护公平责任的理论基础与法律适用。

一、我国侵权法上帮工关系的体系变迁

（一）原《民通意见》第157条上的帮工关系定位

原《民法通则》第93条规定的无因管理制度过窄：“没有法定的或者约定的义务，为避免他人利益受损失进行管理或者服务的，有权要求受益人偿付由此而支付的必要费用。”这一规定仅限于“为避免他人利益受损失”而进行的管理或者服务情形，无法涵盖实务中的无偿帮工现象。最高人民法院在原《民通意见》第157条规定：“当事人对造成损害均无过错，但一方是在为对方的利益或者共同的利益进行活动的过程中受到损害的，可以责令对方或者受益人给予一定的经济补偿。”从该条司法解释的“当事人对造成损害均无过错”表述和所处的体系位置来看，其解释对象应该是原《民法通则》第132条：“当事人对造成损害都没有过错的，可以根据实际情况，由当事人分担民事责任。”因此，原《民通意见》第157条将原《民法通则》第132条的适用范围，扩展到了对劳务提供者的人身保护责任领域，以满足司法实务的需要。

从原《民通意见》第157条的司法适用情况来看，“为对方的利益……进行活动”主要适用于无偿帮工的情形，“为……共同的利益进行活动”主要适用于个人合伙的情形。仅就无偿帮工而言，原《民通意见》第157条存在如下问题：第一，“当事人对造成损害均无过错”的要求使得帮工人在有过错的情形下只能损害自担，这对于帮工人一方不尽合理；第二，没有考虑到被帮工人拒绝帮工的情形；第三，没有涉及第三人导致帮工人受损的情形。

（二）《人身损害赔偿司法解释》（法释〔2003〕20号）上的帮工关系定位

《人身损害赔偿司法解释》（法释〔2003〕20号）上的帮工关系，按照使用人关

① 参见孙维飞：《法学论文的“普法性论述”现象之探讨——从“义务帮工人自身受伤应如何处理”的个案出发》，《社会科学》2008年第7期。

② 对此体系变迁的类似观察，参见王雷：《民法学视野中的情谊行为》，北京大学出版社2014年版，第160-161页。

系定位构建，避开了“当事人对造成损害均无过错”的前提，并增加了帮工人“明确拒绝帮工”和“第三人”原因导致帮工人损害的情形。具体规则上，《人身损害赔偿司法解释》（法释〔2003〕20号）比照其第9条第1款规定的雇主对外替代责任①和第11条第1款规定的雇主对内人身保护责任②设计了帮工责任。第13条规定了被帮工人对外替代责任：“为他人无偿提供劳务的帮工人，在从事帮工活动中致人损害的，被帮工人应当承担赔偿责任。被帮工人明确拒绝帮工的，不承担赔偿责任。帮工人存在故意或者重大过失，赔偿权利人请求帮工人和被帮工人承担连带责任的，人民法院应予支持。”第14条第1款规定了被帮工人对内人身保护责任：“帮工人因帮工活动遭受人身损害的，被帮工人应当承担赔偿责任。被帮工人明确拒绝帮工的，不承担赔偿责任；但可以在受益范围内予以适当补偿。”第14条第2款规定了第三人侵权导致帮工人受损的救济模式：“帮工人因第三人侵权遭受人身损害的，由第三人承担赔偿责任。第三人不能确定或者没有赔偿能力的，可以由被帮工人予以适当补偿。”

《人身损害赔偿司法解释》（法释〔2003〕20号）以是否存在“明确拒绝帮工”情形来类型化无偿帮工责任的创造性设计，一方面注意到了未被明确拒绝的无偿帮工关系与个人劳务关系的类似性；另一方面也在一定程度上意识到了被“明确拒绝”的帮工实质上不是基于双方合意提供劳务的行为，而是帮工人的“个人行为”，基于此提出了被“明确拒绝”的帮工与被接受的帮工之间，到底是“共性更大”还是“个性更强”的问题。该司法解释中的被帮工人责任过重，没有体现出无偿帮工关系与有偿劳务关系以及劳动关系等使用人关系的应有差别，应该认为其是将“未明确拒绝帮工”的帮工关系作为典型关系来设计，而将“明确拒绝帮工”的情形作为例外情形来设计，因而规则上更类似于雇主责任。

具体到人身保护责任，《人身损害赔偿司法解释》（法释〔2003〕20号）第14条实际上是按照帮工人受损是否由第三人侵权造成和帮工人是否“明确拒绝帮工”区分为三种情形（见表23-1）。

表23-1　《人身损害赔偿司法解释》（法释〔2003〕20号）第14条内部结构表

受损原因	是否明确拒绝	
	未明确拒绝帮工	明确拒绝帮工
非第三人侵权造成	人身保护责任（第14条第1款第一句）	受益范围补偿责任（第14条第1款第二句）
第三人侵权造成	补充性补偿责任（第14条第2款）	

① 《人身损害赔偿司法解释》（法释〔2003〕20号）第9条第1款规定：“雇员在从事雇佣活动中致人损害的，雇主应当承担赔偿责任；雇员因故意或者重大过失致人损害的，应当与雇主承担连带赔偿责任。雇主承担连带赔偿责任的，可以向雇员追偿。”

② 《人身损害赔偿司法解释》（法释〔2003〕20号）第11条第1款规定：“雇员在从事雇佣活动中遭受人身损害，雇主应当承担赔偿责任。雇佣关系以外的第三人造成雇员人身损害的，赔偿权利人可以请求第三人承担赔偿责任，也可以请求雇主承担赔偿责任。雇主承担赔偿责任后，可以向第三人追偿。”

“未明确拒绝帮工”的情形下，非第三人侵权造成的帮工人受损，由被帮工人承担人身保护责任。“明确拒绝帮工”的情形下，对非第三人侵权造成的帮工人受损，《人身损害赔偿司法解释》（法释〔2003〕20号）第14条第1款第二句采用了受益范围补偿责任的模式。对第三人侵权造成的帮工人受损的情形，第14条第2款采用了补充性补偿责任的方案。其在免除被帮工人的人身保护责任的同时，没有规定“受益范围内”的补偿金额限制。这一规则的设计还需要仔细考虑，尤其是其未区分“未明确拒绝帮工”和“明确拒绝帮工”两种情形的法律效果差异。笔者认为，是否存在“明确拒绝帮工”情形而非是否存在“第三人原因致害”情形，是帮工关系中的人身保护责任规则设计的关键，因为第三人原因致害产生的侵权责任是独立于人身保护责任的救济来源，不影响人身保护责任的构成。对于“未明确拒绝帮工”的情形，原则上应该适用人身保护责任。对于“明确拒绝帮工”的情形，原则上应该免除被帮工人的人身保护责任，例外地构建个人帮工关系人身保护公平责任。

（三）原《侵权责任法》上的帮工关系定位

原《侵权责任法》第35条第一句规定：“个人之间形成劳务关系，提供劳务一方因劳务造成他人损害的，由接受劳务一方承担侵权责任。”《人身损害赔偿司法解释》（法释〔2003〕20号）第9条第1款第一句前段规定：“雇员在从事雇佣活动中致人损害的，雇主应当承担赔偿责任”。第13条第一句规定：“为他人无偿提供劳务的帮工人，在从事帮工活动中致人损害的，被帮工人应当承担赔偿责任。”比较上述条文可以看到，原《侵权责任法》第35条第一句实现了对有偿和无偿个人劳务关系中使用人对外替代责任的统一规定，但主要调整有偿个人劳务关系。①

原《侵权责任法》第35条第二句规定：“提供劳务一方因劳务自己受到损害的，根据双方各自的过错承担相应的责任。”《人身损害赔偿司法解释》（法释〔2003〕20号）第11条第1款第一句规定：“雇员在从事雇佣活动中遭受人身损害，雇主应当承担赔偿责任。”第14条第1款第一句规定：“帮工人因帮工活动遭受人身损害的，被帮工人应当承担赔偿责任。”比较上述条文可以看到，原《侵权责任法》第35条第二句不但改变了对个人劳务关系中使用人对内人身保护责任不考虑被使用人过错情形的规定，“根据双方各自的过错承担相应的责任”实际上还将有偿和无偿个人劳务关系中使用人对内人身保护责任的归责原则“统一”改为了过错责任。② 这在一定程度上体现出了作为平等型使用人关系的个人劳务关系与作为隶属型使用人关系的劳动关系在使用人责任上应有的差别。

① 参见王利明：《侵权责任法研究》（下卷），中国人民大学出版社2011年版，第120页。

② 只是该条规定未明确是适用“过错责任”还是“过错推定责任”。笔者认为，应该区分有偿和无偿个人劳务关系，对有偿个人劳务关系适用过错推定责任，对无偿个人劳务关系适用过错责任。

原《侵权责任法》第35条将未被明确拒绝的无偿帮工统一纳入个人劳务关系的同时，实质上实现了对无偿提供劳务与帮工人个人行为的隐性区分。质言之，《人身损害赔偿司法解释》（法释〔2003〕20号）将无偿帮工关系按照是否"明确拒绝帮工"进行区分，而原《侵权责任法》实际上否认了被"明确拒绝帮工"的帮工人的行为属于无偿劳务行为的特殊类型，并将其归为与被帮工人无关的帮工人个人行为。

（四）《民法典》上的帮工关系定位

《民法典》第1191条第1款较原《侵权责任法》第34条第1款，增加了第二句规定："用人单位承担侵权责任后，可以向有故意或者重大过失的工作人员追偿。"《民法典》第1192条第1款较原《侵权责任法》第35条，增加了第二句规定："接受劳务一方承担侵权责任后，可以向有故意或者重大过失的提供劳务一方追偿。"《民法典》第1192条第1款第三句删除了原《侵权责任法》第35条第二句中的"自己"字样，其规范内容并无实质性改变："提供劳务一方因劳务受到损害的，根据双方各自的过错承担相应的责任。"《民法典》第1192条第2款实质上是对《人身损害赔偿司法解释》（法释〔2003〕20号）第11条第1款的编纂，首先删除了"雇员在从事雇佣活动中遭受人身损害，雇主应当承担赔偿责任"的规定，对剩余内容，除将雇佣关系改为相应的劳务关系外，实质性的修改是将接受劳务一方的"赔偿责任"改为了"给予补偿"："提供劳务期间，因第三人的行为造成提供劳务一方损害的，提供劳务一方有权请求第三人承担侵权责任，也有权请求接受劳务一方给予补偿。接受劳务一方补偿后，可以向第三人追偿。"

从《民法典》和原《侵权责任法》以及《人身损害赔偿司法解释》（法释〔2003〕20号）的上述条文的对比来看，《民法典》继受了原《侵权责任法》和《人身损害赔偿司法解释》（法释〔2003〕20号）中的帮工关系定位。

（五）《人身损害赔偿司法解释》（法释〔2022〕14号）上的帮工关系定位

《人身损害赔偿司法解释》（法释〔2022〕14号）第5条第1款规定："无偿提供劳务的帮工人因帮工活动遭受人身损害的，根据帮工人和被帮工人各自的过错承担相应的责任；被帮工人明确拒绝帮工的，被帮工人不承担赔偿责任，但可以在受益范围内予以适当补偿。"较之原条文的主要修改是将被帮工人的人身保护责任从无过错责任改为了过错责任，同时明确了帮工的"无偿提供劳务"性质。第5条第2款规定："帮工人在帮工活动中因第三人的行为遭受人身损害的，有权请求第三人承担赔偿责任，也有权请求被帮工人予以适当补偿。被帮工人补偿后，可以向第三人追偿。"较于原条文主要修改包括：第一，增加了"在帮工活动中"的适用范围限制；第二，将第三人侵权导致帮工人人身损害由第三人优先承担责任改为了不真正连带责任，废除了被帮工人补偿责任的补充性；第三，明确了被帮工人承担补偿责任后向第三人的追偿权。从上述修改来看，帮工关系中的人身保护责任的侵权公平责任属性和条文结构并未发生本质变化。另外，《最高人民法院关于修改〈最高人民法院关于在民事审判工作中适用《中华人民共和国工会法》若干问题的解释〉等二十七件民事类司法解释的决定》删除了2003年《人身损害赔偿司法解释》第9条和第11条关于“雇主责任”的规定。

二、对“帮工关系”的内涵改造与重新定位

（一）与个人劳务关系对应的个人帮工关系

需要指出的是，除被“明确拒绝帮工”的帮工人个人行为之外，我国现行民事纠纷中还存在一种特殊的虽未达成雇佣意向但主动提供有偿帮工的情形。例如，在大型批发市场门口等待上货的零工，即使货主未与其达成雇佣的意向，其也主动加入上货的工作，并在工作完成后要求货主支付一定的报酬。[①] 根据各地不同的习惯，这些主动帮工的人尽管未与被帮工人达成合意，且主观上有寻求报酬的意愿，但如果没有出现人身伤害等意外，有的被帮工人也会支付一定的酬劳。但如果在帮工过程中出现意外导致人身伤害，由于不构成“无偿帮工”，甚至也不构成“明确拒绝帮工”的情形，被帮工人是否要承担人身保护责任或者例外的适当补偿责任，成为争议的焦点。为了与未被明确拒绝的无偿帮工进行区分，笔者将其称为“有偿个人帮工”，这是我国现行法未明确调整的领域。

鉴于《人身损害赔偿司法解释》（法释〔2022〕14号）第5条第1款已经明确了帮工的“无偿提供劳务”性质，笔者进一步建议，将被“明确拒绝帮工”的帮工人个人行为称为“无偿个人帮工”。按照原《侵权责任法》和《民法典》将其与无偿个人劳务区分的思路，这种情形实际上与“有偿个人帮工”更为类似。二者的共同点是均未与被帮工人达成提供和接受帮工的合意，实际上并无合同关系，这与个人劳务关系形成了区分。二者的差别在于，无偿个人帮工尽管被“明确拒绝”，但其主观上并不追求报酬而是无偿提供劳务；有偿个人帮工尽管没有被“明确接纳”或者依照交易习惯提供劳务，但其主观上却追求报酬。这样就形成了一次理论构建机遇，即创设与“个人劳务关系”相对的“个人帮工关系”，再按照有偿与无偿的标准作内部区分，就可以较好地对应实务中的各种情况了。

（二）对“帮工关系”的内涵改造和体系位移

综上所述，从原《民通意见》第157条到《人身损害赔偿司法解释》（法释〔2003〕20号）第13条和第14条，再到原《侵权责任法》第35条和《民法典》第1192条以及修改后的《人身损害赔偿司法解释》（法释〔2022〕14号）第4条和第5条，个人帮工关系的体系变迁如表23-2所示。

① 参见河南省洛阳市中级人民法院（2008）洛民终字第1732号民事判决书。

表 23－2　个人劳务关系与个人帮工关系类型体系变迁表

劳务/帮工	原《民通意见》	《人身损害赔偿司法解释》（法释〔2003〕20 号）	原《侵权责任法》/《民法典》
有偿个人劳务	个体工商户的帮工	雇主—雇员关系	个人劳务关系
无偿个人劳务	为对方利益进行活动	无偿提供劳务的帮工	
无偿个人帮工	未涉及	被“明确拒绝”的帮工	个人帮工关系
有偿个人帮工	未涉及	未涉及	

需要特别指出的是，在《人身损害赔偿司法解释》（法释〔2003〕20 号）通过之前，“帮工”这一称谓并非用来指称“为他人无偿提供劳务”情形的约定俗成的术语，而且该司法解释起草过程中也曾经使用“义工”的概念。① 事实上，绝大多数文献中对“帮工”概念的使用，均在个体工商户的语境下，与“学徒”的概念相对应。② 并且，1987 年《城乡个体工商户管理暂行条例》中使用的术语其实是“帮手”，以区别于当时被认为具有资本主义性质的“帮工”③。其中第 4 条第 2 款规定：“个体工商户可以根据经营情况请一、二个帮手；有技术的个体工商户可以带三、五个学徒。”“帮工”这一术语在法院系统的使用最早可以追溯到 1993 年《全国民事审判工作座谈会纪要》（法发〔1993〕37 号），随后，在 1995 年劳动部《关于贯彻执行〈中华人民共和国劳动法〉若干问题的意见》中得到使用，国家税务总局 1997 年《个体工商户建帐管理暂行办法》中也使用了“帮工”的术语。甚至到了 2006 年，最高人民法院《关于审理劳动争议案件适用法律若干问题的解释（二）》（法释〔2006〕6 号）第 7 条第 5 项中仍然能够看到：“下列纠纷不属于劳动争议：……（五）个体工匠与帮工、学徒之间的纠纷”。可见这一用法的历史延续性。

笔者提出的“个人帮工关系”理论构建，实质上是对所谓“帮工关系”进行内涵改造和体系位移。质言之，《人身损害赔偿司法解释》（法释〔2003〕20 号）中帮工关系包含“无偿帮工”和被“明确拒绝”的帮工两种类型，根据原《侵权责任法》和《民法典》的立法模式，将无偿帮工与“雇主—雇员关系”合并，使其回归到其本应该属于的个人劳务关系中，而将《人身损害赔偿司法解释》（法释〔2003〕20 号）没有涉及的“有偿个人帮工”类型与帮工关系中剩余的“无偿个人帮工”合并为“个人帮工关系”，与“个人劳务关系”并列。按照这种构建，个人帮工关系包括“有偿个人帮工”和“无偿个人帮工”两种子类型，我国侵权法的使用人关系中的定位如表 23－3 所示。

① 参见最高人民法院民事审判第一庭编著：《最高人民法院人身损害赔偿司法解释的理解与适用》，人民法院出版社 2015 年版，第 192－193 页。另参见杨波、蔡峰华：《义工行为侵权责任制度研究——以义工行为法律关系为基础》，《法学论坛》2004 年第 3 期。

② 参见海燕：《略论个体经济组织中帮工与学徒的法律地位》，《山东法学》1987 年第 4 期。

③ 王家昌、徐兴田、秦广生：《帮手与雇工、帮工性质根本不同》，《经济管理》1981 年第 11 期。

表 23－3　使用人关系结构表①

<table>
<tr><td rowspan="5">有偿/无偿</td><td colspan="5">使用人关系</td></tr>
<tr><td>非合同关系</td><td colspan="4">合同关系</td></tr>
<tr><td rowspan="3">个人帮工关系</td><td colspan="2">雇佣关系</td><td></td><td rowspan="3">承揽关系</td></tr>
<tr><td colspan="2">平等关系</td><td>隶属关系</td></tr>
<tr><td>个人劳务关系</td><td>单位劳务关系</td><td>劳动关系</td></tr>
<tr><td>有偿</td><td>有偿个人帮工</td><td>有偿个人劳务</td><td>有偿单位劳务</td><td>劳动关系</td><td>有偿承揽关系</td></tr>
<tr><td>无偿</td><td>无偿个人帮工</td><td>无偿个人劳务</td><td>志愿服务关系</td><td>立法排除②</td><td>无偿承揽关系③</td></tr>
</table>

三、个人帮工关系的概念与类型

（一）个人帮工关系的概念

对上文回顾的体系变迁之前的“无偿帮工”，也有学者称为“义务帮工”④，其认为是指为满足被帮工人生产或者生活等方面的需要，没有法定或者约定义务的帮工人不以追求报酬为目的，自愿、无偿、临时地为被帮工人提供劳务，被帮工人接受劳务而发生的社会关系。⑤ 由于《人身损害赔偿司法解释》（法释〔2003〕20 号）第 13 条和第 14 条规则的安排方式，这两个条文中的“无偿帮工关系”包括了是否“明确拒绝帮工”两种子类型。

如前所述，笔者所称“个人帮工关系”，与《人身损害赔偿司法解释》（法释〔2003〕20 号）中的“无偿帮工关系”概念有部分重合，二者关系如表 23－4 所示。

表 23－4　“无偿帮工关系”与“个人帮工关系”内涵对照表

<table>
<tr><td colspan="4">《人身损害赔偿司法解释》（法释〔2003〕20 号）中的“无偿帮工关系”</td></tr>
<tr><td colspan="2">个人劳务关系</td><td colspan="2">个人帮工关系</td></tr>
<tr><td>有偿个人劳务</td><td>无偿个人劳务</td><td>无偿个人帮工</td><td>有偿个人帮工</td></tr>
</table>

可见，《人身损害赔偿司法解释》（法释〔2003〕20 号）中的“无偿帮工关系”

① 本表实际上是对笔者此前提出的使用人关系谱系化构建的进一步细化，参见王竹、张恒：《论我国侵权法上使用人替代责任的谱系化建构——兼论对“雇佣关系”概念的改造》，《四川师范大学学报（社会科学版）》2013 年第 5 期。

② 《劳动法》第 48 条第 1 款规定：“国家实行最低工资保障制度。最低工资的具体标准由省、自治区、直辖市人民政府规定，报国务院备案。”可见，我国立法明确排除了无偿劳动关系。

③ 我国原《合同法》第 251 条第 1 款规定的作为有名合同的“承揽合同”是有偿合同，但作为承揽关系基础的承揽合同不应该排除无偿承揽的情形。

④ 尹飞：《论义务帮工责任的独立地位》，《法学杂志》2009 年第 3 期。

⑤ 参见王雷：《民法学视野中的情谊行为》，北京大学出版社 2014 年版，第 156 页。

以无偿劳务关系为原型设计，却包含了与之不相关的“明确拒绝帮工”的情形，使得规则复杂化。原《侵权责任法》第35条和《民法典》第1192条第1款将“无偿个人劳务”与“有偿个人劳务”合并为“个人劳务关系”，凸显出了二者基于平等的民事合同建立的提供劳务法律关系，并能够根据是否有偿作出区分。而“无偿个人帮工”与“有偿个人帮工”相应地合并为“个人帮工关系”，结构也更加清晰。

综上所述，笔者所称的与个人劳务关系相对应的“个人帮工关系”，就是指帮工人与被帮工人没有达成提供劳务的合意，帮工人在客观上为被帮工人提供了劳务而产生的法律关系。

（二）个人帮工关系的类型

个人帮工关系按照帮工人主观上是否追求报酬可以分为无偿个人帮工和有偿个人帮工。

1. 无偿个人帮工

无偿个人帮工，是指帮工人主动无偿为被帮工人提供劳务，但被帮工人“明确拒绝”的情形。无偿个人帮工具有三个特征。

第一，无偿个人帮工的无偿性。无偿个人帮工的无偿性与无偿个人劳务的无偿性类似，包括帮工人未要求报酬、主动承诺不需要报酬等情形。如果帮工人未经被帮工人许可先行提供了劳务，被帮工人发现后明确拒绝其提供劳务并愿意就已经提供的劳务支付报酬，但帮工人拒绝报酬的情形，也应该被视为无偿个人帮工。还有一种特殊情形是，在有偿使用人关系之外另行提供其他无偿劳务但被拒绝。例如，A雇用B用拖拉机运沙石，收工后，B向A主动提出愿意帮忙用拖拉机在公路边拉直钢筋，A明确予以拒绝，但B在A离开后自行用拖拉机在公路边拉直钢筋时发生意外，B的行为也构成无偿个人帮工。

第二，帮工被明确拒绝。帮工多为临时性活动，在帮工人不听指派的情况下，被帮工人可以轻易拒绝其帮工。① 一旦被帮工人明确拒绝帮工人的帮工行为，帮工人的行为就不再是一种个人行为，而是干涉被帮工人事务的行为。另外，明确拒绝帮工也包括明确拒绝“换工”的情形。所谓的“换工”，即双方互相为对方提供某种劳务的情况。② 例如，A之前为B提供过一定的劳务，B出于人情，在A需要劳务时主动提出为其提供劳务。这种换工的性质是无偿的，如果A明确拒绝B提供劳务，也构成明确拒绝帮工。如果被帮工人拒绝帮工后，帮工人继续从事帮工活动，被帮工人知道或者应当知道的，有义务加以阻止。如果未作及时、有效的阻止，则应该认为这是一种对帮工行为的默许。拒绝应于损害发生前作出。③

第三，“明确拒绝”帮工的举证责任应当在被帮工人一方。被帮工人拒绝帮工

① 参见尹飞：《论义务帮工责任的独立地位》，《法学杂志》2009年第3期。
② 参见王利明主编：《人身损害赔偿疑难问题》，中国社会科学出版社2004年版，第446页。
③ 参见曹冬子：《关于帮工责任的若干思考》，《甘肃社会科学》2011年第4期。

的这一事实，将原则上免除被帮工人的人身保护责任，这对于在帮工过程中受伤的帮工人，将改变其损害救济来源的格局。因此“明确拒绝”帮工的举证责任应当在被帮工人一方。① 具体来说，拒绝应对帮工人作出。至于帮工人得知这一拒绝的途径，可以是被帮工人的直接口头拒绝、他人的传话、拒绝书等，方式不限。仅仅将拒绝的意思表示于第三人而未告知帮工人的，不发生拒绝的效果。②

2. 有偿个人帮工

有偿个人帮工，是指帮工人主动有偿为被帮工人提供劳务，但未经被帮工人明确接受或者当事人之间无提供劳务的惯例的情形。

有偿个人帮工具有以下特征：第一，有偿个人帮工的有偿性。通常来说，在涉及有偿个人帮工的情形，例如在大型批发市场门口进行上货等工作，提供劳务者一般都要求报酬。在参与上货工作的零工与货主之间通过合意建立个人有偿劳务关系的过程中，货主可以进行选任；在上货过程中，货主可以进行指示。另外，货主还可以选择风险更小的承揽合同模式，货主不参与指挥，而将完成上货作为一种合同履行的结果来对待，以规避用工风险。

第二，被帮工人未明确接受帮工或者当事人之间无提供劳务的交易惯例。《民法典》第 140 条第 2 款规定：“沉默只有在有法律规定、当事人约定或者符合当事人之间的交易习惯时，才可以视为意思表示。”所谓“当事人之间”的交易习惯，应该理解为，除非在过去的交易过程中被帮工人与帮工人之间已经形成了先提供劳务后支付报酬的交易习惯③，否则被帮工人未明确接受的帮工人提供的劳务，都应该被界定为有偿帮工行为。

第三，被帮工人与帮工人之间建立有偿个人劳务关系的举证责任在帮工人一方。应当指出，被帮工人未明确接受帮工或者当事人之间无提供劳务交易惯例的帮工行为实际上是在被帮工人认识之外，可能并不符合被帮工人的意图，甚至可能加大被帮工人的风险，因此，就被帮工人与帮工人之间基于合意或者基于交易习惯建立的有偿个人劳务关系的举证责任在帮工人，否则应当将其认定为有偿帮工关系。

3. 区分有偿个人帮工和无偿个人帮工关系的意义

对于无偿个人帮工，帮工人出于助人为乐的目的④，应该得到法律的认可和鼓励。即使被帮工人已经拒绝其帮工请求，帮工人仍然参加帮工活动也不能说其就有过错。⑤ 而有偿个人帮工，帮工人出于获取报酬的目的提供劳务，这种“有偿性”是帮工人试图强加给被帮工人的。而且，有的有偿个人帮工行为从事的工作具有一

① 参见云南省文山壮族苗族自治州中级人民法院（2012）文中民三终字第 58 号民事判决书。

② 参见曹冬子：《关于帮工责任的若干思考》，《甘肃社会科学》2011 年第 4 期。

③ 参见车志平：《雇佣关系与帮工、承揽等相似关系的界定及识别》，《人民司法》2011 年第 10 期。

④ 参见最高人民法院民事审判第一庭编著：《最高人民法院人身损害赔偿司法解释的理解与适用》，人民法院出版社 2015 年版，第 191 页。

⑤ 参见最高人民法院民事审判第一庭编著：《最高人民法院人身损害赔偿司法解释的理解与适用》，人民法院出版社 2015 年版，第 199 页。

定的危险性。对于具有危险性的工作，应该由当事人来选任和指示提供劳务的人。未经被帮工人明确接受或者当事人之间无提供劳务交易习惯主动提供劳务，排除了被帮工人的选任，被帮工人也不会或者未意识到可以对其作指示，实际上增大了发生损害的风险。法律上对于个人有偿帮工关系，应当持否定性评价。因此，如果有偿个人帮工人在提供劳务过程中遭受人身损害，应当自担损害，不应该例外地适用个人帮工关系中的人身保护公平责任。下文关于个人帮工关系人身保护公平责任的讨论，仅限于无偿个人帮工关系。

四、无偿个人帮工关系中的人身保护公平责任的规则设计

（一）无偿个人帮工关系中的人身保护公平责任的正当性

《民法典》第 118 条第 2 款规定："债权是因合同、侵权行为、无因管理、不当得利以及法律的其他规定，权利人请求特定义务人为或者不为一定行为的权利。"从《人身损害赔偿司法解释》（法释〔2022〕14 号）第 5 条第 1 款后段的规定来看，"被帮工人明确拒绝帮工的"免除其人身保护责任。该款后段第 3 分句规定的"适当补偿"责任，既不是基于侵权责任的人身保护责任，也不是基于合同关系的补偿责任，更不构成无因管理合理费用请求权[①]和不当得利返还请求权。笔者认为，《民法典》第 118 条第 2 款规定的"法律的其他规定"，应该包括无偿个人帮工关系中的人身保护公平责任。

这种公平责任的正当性在于，帮工人为被帮工人提供的劳务客观上增加了被帮工人的利益，而这些利益被创造出来，首先是属于创造者，即帮工人的。《民法典》第 657 条规定："赠与合同是赠与人将自己的财产无偿给予受赠人，受赠人表示接受赠与的合同。"原本帮工人拟将这些利益"赠予"给被帮工人，既然被帮工人"明确拒绝帮工"，那么被帮工人也就没有与帮工人达成赠与合同。因此，用这一客观存在的利益，即所谓的"受益范围"来补偿帮工人在提供劳务过程中遭受的人身损害，实际上是帮工人在用自己创造的利益来填补自己的损害。这种规则创造性地将受益用于补偿帮工人的人身损害，可谓"益尽其用"，具有最佳的合理性。既兼顾了作为原《民通意见》司法传统的公平责任定位，又未逾越个人帮工关系与个人劳务关系之间在人身保护责任领域的界限，值得赞许。

（二）对适当补偿责任金额的"受益范围"限制及其局限性

沿着上述思路推演，就受益范围而言，理论上应当以被帮工人的实际受益减去被帮工人在不被帮助独自完成工作情况下获得的收益为界限。除非被帮工人自愿，

① 参见最高人民法院民事审判第一庭编著：《最高人民法院人身损害赔偿司法解释的理解与适用》，人民法院出版社 2015 年版，第 194 页。

否则不能超过这一范围。[①] 在特殊情形下，如果发生同一被帮工人的两位帮工人之间致害的情形，补偿责任的范围应当以两位帮工人共同创造的受益范围为限。

从实务中的案例看，人民法院在具体裁判中有突破“受益范围”限制的冲动。尽管对于无偿个人帮工的情形，人民法院会适用《人身损害赔偿司法解释》（法释〔2022〕14号）第5条第1款关于“在受益范围内予以适当补偿”的规定进行说理；但在确定补偿金额时，可能明显突破“受益范围内”这一限制，结合被告的受益范围及经济情况，按照原告因身体健康所受损失的一定比例（而非受益范围）酌定远超受益范围的补偿金额。例如在一起案件中，原告右手三指不同程度粉碎性骨折，伤残程度七级，住院15天，人民法院按照人身损害赔偿标准的15%（8 948.95元）确定补偿金。而法院认定的事实是“原告主动参与玉米脱粒工作，经被告、证人拒绝后，仍参与工作，不慎将右手绞伤”[②]。这种司法实务对“受益范围”限制的突破，实际上科加了被帮工人过重的责任负担，尤其对于“明确拒绝”帮工的情形，不尽合理，但也体现出无偿个人帮工关系人身保护公平责任本身的局限性。

被帮工人拒绝帮工后发生帮工人受损的情形，只存在于拒绝帮工后帮工人还在继续提供劳务，而被帮工人不知道也没有理由知道的情形。这种状态不可能持续太长时间。帮工人一般从事的都是日常生活工作或者简单农业、手工业生产性事务，其本身的经济价值不会太大。但无偿个人帮工活动涉诉争议一般都是与帮工活动直接相关的人身损害赔偿，随着医疗费用的上涨和人身损害赔偿标准的逐年提高，被帮工人的受益范围在损害赔偿金中所占比例也越来越小。在造成严重人身伤害或者死亡的案件中，无偿个人帮工关系中的人身保护公平责任无异于杯水车薪，导致其实用价值欠佳，要彻底化解损害填补风险还需要另寻他路。

（三）应该保持无偿个人帮工关系中的人身保护公平责任的补充性

使用人责任中，如果被使用人的人身损害由第三人造成，那么就存在使用人人身保护责任与第三人侵权责任的竞合问题。《民法典》第1192条第2款规定：“提供劳务期间，因第三人的行为造成提供劳务一方损害的，提供劳务一方有权请求第三人承担侵权责任，也有权请求接受劳务一方给予补偿。接受劳务一方补偿后，可以向第三人追偿。”而《人身损害赔偿司法解释》（法释〔2003〕20号）第14条第2款第一句实际上免除了“帮工人因第三人侵权遭受人身损害的”无偿个人被帮工人的人身保护责任，但第2款第二句又规定“第三人不能确定或者没有赔偿能力的，可以由被帮工人予以适当补偿”。这种“适当补偿”责任就无法从使用人人身保护责任与第三人侵权责任竞合角度去解释，而是将其理解为对无偿个人帮工关系中的人身保护公平责任的补充性适用，即第三人侵权责任是优先于无偿个人帮工关系人身保护公平责任适用的救济方式。但《人身损害赔偿司法解释》（法释〔2022〕

① 参见曹冬子：《关于帮工责任的若干思考》，《甘肃社会科学》2011年第4期。

② 内蒙古自治区土默特右旗人民法院（2014）土民初字第233号民事判决书。

14号）第5条第2款废除了被帮工人补偿责任的补充性，实际上削弱了无偿个人帮工关系中的人身保护公平责任的程序负担补充性优势，合理性存疑。

如前所述，《人身损害赔偿司法解释》（法释〔2003〕20号）第14条第2款未区分“未明确拒绝帮工”的无偿个人劳务关系和“明确拒绝帮工”的无偿个人帮工关系。① 因此，在“帮工人因第三人侵权遭受人身损害的”情形，还应该进一步区分是个人劳务关系还是个人帮工关系。笔者认为，个人劳务关系下的“帮工人因第三人侵权遭受人身损害的……第三人不能确定或者没有赔偿能力的”，无偿个人劳务的受益人应当承担人身保护责任，但这种人身保护责任应当比照原《侵权责任法》第35条和《民法典》第1192条第1款的规定，适用过错责任以区别于有偿劳务关系和劳动关系。

如果帮工人与被帮工人之间是个人帮工关系，那么第三人侵权造成帮工人受损，被帮工人不应当承担人身保护责任，也就不存在与第三人侵权责任的竞合问题。在这种情形下，可以比照个人帮工关系的人身保护公平责任，在第三人不能确定或者没有赔偿能力的情形下，由被帮工人“在受益范围内”予以适当补偿。

（四）多顺位补偿机制定位下的条文设计

笔者认为，不应将被帮工人基于受益补偿的人身保护公平责任作为优先顺位的救济手段，而应当考虑到社会保险和商业保险的救济功能，建立起多顺位补偿机制。结合上文的分析，如果因第三人侵权导致无偿个人帮工人在从事帮工过程中受损，首先应当由侵权人承担责任。如果帮工人有基本医疗保险，基本医疗保险基金可以先行支付医疗费用，后向第一顺位的侵权人追偿。② 如果该帮工人购买了人寿保险，则可以获得人寿保险的救济。③ 如果仍然无法获得充分救济，才应当考虑由被帮工人在受益范围内承担补偿责任。

① 《人身损害赔偿司法解释》（法释〔2003〕20号）起草过程中似乎没有明确注意到这一区分的价值，只是提出在第三人侵权的情形下“不以明确拒绝为前提”。参见最高人民法院民事审判第一庭编著：《最高人民法院人身损害赔偿司法解释的理解与适用》，人民法院出版社2015年版，第199页。

② 《社会保险法》第30条规定：“下列医疗费用不纳入基本医疗保险基金支付范围：……（二）应当由第三人负担的……医疗费用依法应当由第三人负担，第三人不支付或者无法确定第三人的，由基本医疗保险基金先行支付。基本医疗保险基金先行支付后，有权向第三人追偿。”

③ 《保险法》第46条规定：“被保险人因第三者的行为而发生死亡、伤残或者疾病等保险事故的，保险人向被保险人或者受益人给付保险金后，不享有向第三者追偿的权利，但被保险人或者受益人仍有权向第三者请求赔偿。”

专题二十四

见义勇为人受损受益人补偿责任研究

《民法典》第183条规定："因保护他人民事权益使自己受到损害的，由侵权人承担民事责任，受益人可以给予适当补偿。没有侵权人、侵权人逃逸或者无力承担民事责任，受害人请求补偿的，受益人应当给予适当补偿。"该条规定对原《民法通则》第109条和原《侵权责任法》第23条的规则进行了一定的修正，其中受害人请求侵权人承担民事责任并无争议，但受益人补偿责任的适用难题并未得到有效解决，而《民法典》第183条第一句新增加的"受益人可以给予适当补偿"的规则又增加了司法适用的新疑难，有必要一并作出澄清。

一、对见义勇为人受损受益人补偿责任的界定

就原《民法通则》第109条、原《侵权责任法》第23条和《民法典》第183条调整的法律现象应该如何指称，最常见的表达是"见义勇为"，也有学者提出了紧急救助①、防止侵害行为②、制止侵害行为③等表述方式。笔者认为，如果使用"紧急救助"的概念，容易造成《民法典》第183条和第184条④指称的混淆。而《民法典》第183条使用的"保护"表述，已经改变了原《民法通则》和原《侵权责任法》中"防止、制止"的表述方式，不宜再称之为"防止侵害行为"或者"制止侵害行为"。尽管"见义勇为"不是传统法律术语，"见义"和"勇为"的道德性意味也较重，但考虑到从《民事案件案由规定》（法发〔2008〕11号）设立"127、见义勇为人受害赔偿、补偿纠纷"案由开始，到修改后的《民事案件案由规定》（法〔2011〕42号）设立了"358、见义勇为人受害责任纠纷"这一案由，并在《民

① 参见张海峡、白云飞、黄晓扣：《紧急救助论——见义勇为立法的民法法理依据》，《河北经贸大学学报》2000年第6期。

② 参见贺光辉：《见义勇为行为民法属性新探》，《广西社会科学》2002年第4期。

③ 参见杨立新：《侵权责任法》，法律出版社2010年版，第157页。

④ 《民法典》第184条规定："因自愿实施紧急救助行为造成受助人损害的，救助人不承担民事责任。"

事案件案由规定》（法〔2020〕347号）中继受为“384. 见义勇为人受害责任纠纷”。为方便在中国法语境下讨论这一规则，称之为“见义勇为”也未尝不可，关键还是如何对进行解读其规则本身的正当性和法律适用。

（一）界定见义勇为人受损受益人补偿责任的关键点

要准确地界定见义勇为人受损中的受益人补偿责任，有如下关键点需要确认。

1. “受害人”（见义勇为人）与“受益人”之间的关系

从见义勇为人受损中的受益人补偿责任的历史源流和实务中的适用范围来看，见义勇为人仅限于自然人，而受益人则无此限制。见义勇为行为本身属于事实行为，而非民事法律行为，对行为人的民事行为能力并无要求。立法虽不宜提倡民事行为能力不完全的未成年人等实施见义勇为行为，但一旦发生仍应给予肯定。① 立法并未明文排除受益人与被侵权人之间存在约定或法定义务的情形。② 有约定义务的，还可以在约定义务框架下，如在劳动场所的见义勇为行为，增加见义勇为人的额外救济来源。③

2. 对“他人”的理解

见义勇为中的“他人”，应该是客观上为他人利益，而非要求主观认识正确，具体来说：第一，误将他人民事权益当作自己的民事权益予以保护，致使自己遭受损害的，构成误信管理，不适用无因管理的规定④，却可以适用见义勇为人受损受益人补偿责任。⑤ 第二，“他人”民事权益同时可以包含见义勇为人的利益。⑥ 第三，无见义勇为情节而试图通过主张见义勇为来获得补偿的案件不能适用见义勇为的相关规定，即无须认定其行为是否为他人利益。例如原告在火灾发生时跑到二楼然后跌落摔伤，如果无法证明其到二楼的行为的目的是救火，就不能被认定为见义勇为。⑦

3. 对“民事权益”的理解

实务中对“民事权益”的理解有如下的特点：

第一，减轻“程序负担”也被视为民事权益。例如，一辆公交车因故障停车熄火，被告对此不满与司机发生纠纷，对司机实施殴打后试图逃跑。同车乘客（原告）为阻止被告逃跑，被被告打伤。⑧ 在这种情形下，尽管他人民事权益已经被侵害，但阻止侵权人逃跑使得侵权人能够更容易被确认，对于被侵权人来说仍然具有

① 参见王雷：《见义勇为行为中的民法学问题研究》，《法学家》2012年第5期。

② 参见王轶：《作为债之独立类型的法定补偿义务》，《法学研究》2014年第2期。

③ 对于工伤认定与见义勇为补偿的并用，应该慎重，参见黄雪兰：《工伤认定及其赔偿规则之探讨》，《当代法学》2003年第8期。

④ 参见林诚二：《民法债编总论——体系化解说》，中国人民大学出版社2003年版，第109页。

⑤ 参见王轶：《作为债之独立类型的法定补偿义务》，《法学研究》2014年第2期。

⑥ 参见江西省宜春市中级人民法院（2014）宜中民一终字第142号民事判决书。

⑦ 参见湖南省永州市冷水滩区人民法院（2012）永冷民初字第292号民事判决书。

⑧ 参见辽宁省沈阳市和平区人民法院（2014）沈和民一初字第00678号民事判决书。

减轻程序负担的利益，可以被视为民事权益。

第二，“民事权益”并无重大性要求，例如一未成年人为另一未成年人捞衣服溺水身亡，最终法院判决承担5%的补偿责任。① 民法上的见义勇为构成要件较之行政奖励的见义勇为条件，不应包括诸如贡献突出、表现突出、事迹突出等要素。②

第三，即使见义勇为行为没有使得被告受益，仍然可能判决由被告补偿。有法院认为，规劝行为没有阻止他人自杀，被规劝人的父母未从规劝行为中实际获得利益，但行为人仍然可以依据见义勇为的规定要求受益人予以补偿。③

4.“保护”与“防止、制止”的差别

见义勇为一般具有一定的对抗性，大多数发生在紧急情况下，如与各种违法犯罪作斗争或者抢险救灾，因而具有一定的危险性。原《民法通则》第109条的对抗性要求是“因防止、制止国家的、集体的财产或者他人的财产、人身遭受侵害”，原《侵权责任法》第23条的对抗性要求是“因防止、制止他人民事权益被侵害”，二者无实质性的差别。而《民法典》第183条的“因保护他人民事权益”的表述则缓和了对抗性要求而更强调行为的目的性，从文义上可以排除以“劝架”等方式“防止、制止”他人民事权益遭受侵害但不是“保护”他人民事权益的情形。而司法实务中，依据原《侵权责任法》和原《民法通则》的表述，上述情形中的补偿请求通常是被支持的。④

（二）《民法典》背景下对见义勇为人受损受益人补偿责任的界定

学说上基于原《民法通则》和原《侵权责任法》条文对见义勇为的典型界定是：“自然人没有法定或者约定的义务，为保护国家利益、社会公共利益或者他人人身、财产安全，在紧急情况下实施的防止、制止不法侵害或者抢险救灾的危难救助行为。”⑤ 或者是：“自然人在履行法定职责或特定义务之外，为保护国家、公共的或他人的利益，而与各种违法犯罪作斗争、抢险救灾的正义之举。”⑥ 结合上文对《民法典》条文的分析，笔者建议，将“见义勇为受损者”界定为因保护他人民事权益使自己受到损害的自然人，将“见义勇为受益者”界定为因他人保护自己民

① 参见辽宁省锦州市中级人民法院（2014）锦民二终字第00332号民事判决书。此案是否合理，还需要进一步斟酌。

② 参见曾大鹏：《见义勇为立法与学说之反思——以〈民法通则〉第109条为中心》，《法学论坛》2007年第2期。

③ 参见重庆市第一中级人民法院（2012）渝一中法民终字第03101号民事判决书。

④ 参见广东省东莞市中级人民法院（2014）东中法民一终字第1421号民事判决书；陕西省西安市莲湖区人民法院（2011）莲民二初字第88号民事判决书；河南省西峡县人民法院（2014）西西民初字第82号民事判决书；河南省洛阳市涧西区人民法院（2013）涧民一初字第401号民事判决书。

⑤ 王雷：《见义勇为行为中的民法学问题研究》，《法学家》2012年第5期。

⑥ 曾大鹏：《见义勇为立法与学说之反思——以〈民法通则〉第109条为中心》，《法学论坛》2007年第2期。

事权益不受侵害而使自己受益的人，将“见义勇为人受损受益人补偿责任”界定为见义勇为受益者对见义勇为受损者承担的适当补偿责任。

二、我国见义勇为人受损受益人补偿责任的确立过程

（一）社会主义法系“因抢救社会主义财产而发生的债”的确立

我国建立独立的见义勇为人受损补偿机制源于苏俄民法①，具体来说源于苏俄民法的“因抢救社会主义财产而发生的债”，其确立过程如下：

1. 20世纪40年代苏俄司法实践中“因抢救社会主义财产而发生的债”的确立

1922年《苏俄民法典》第二章规定“由合同产生的债”，第十二章规定“因不当得利所发生之债”，第十三章规定“因致他人损害所生之债”，既没有关于无因管理的规定，也没有关于“因抢救社会主义财产而发生的债”的相关规定。这一债的发生原因实际上源于20世纪40年代苏联的司法实践。在两起公民因主动参加救火抢救社会主义财产分别丧失劳动能力和死亡的案件中，苏联法院在没有民事赔偿规定的情况下满足了丧失劳动能力者本人和死者遗孀的赔偿请求②，其主要依据是1936年《苏联宪法》第131条的规定：“苏联每一个公民都必须保护和巩固社会主义公有制，因为它是苏维埃制度神圣不可侵犯的基础、祖国富强的源泉、全体劳动者富裕文明生活的源泉。侵犯社会主义公有制的人就是人民的公敌。”

第一个案件是苏联最高法院民事审判庭于1940年9月6日作出的第986号“马尔齐尤克诉捷尔仁斯基铁路局案”裁定：马尔齐尤克乘坐火车时，主动参与扑灭停在邻近线路上的车辆中发生的火灾。马尔齐尤克提起诉讼请求铁路局赔偿其在扑灭火灾时蒙受的人身与财产的损害。民事审判庭认为，马尔齐尤克的行为在这种情况下并不是为了个人的利益，而是为了保护社会主义国家的财产利益。依照《苏联宪法》第131条的规定，保护和巩固社会主义财产是每个公民的责任，因而法院应该根据《苏俄民事诉讼法典》第4条责成铁路局赔偿马尔齐尤克蒙受的人身和财产损害，因为马尔齐尤克的行为是为了保护铁路的财产。③

第二个案件是苏联最高法院民事审判庭1949年6月30日作出的第36/743号“倍齐可夫·冈恰林科诉‘迪那摩’体育协会损害赔偿案”裁定：倍齐可夫在“迪那摩”体育场内，因参加扑救火灾、抢救公共财产而在大火中丧生。倍齐可夫的妻子提起诉讼请求判令“迪那摩”体育协会支付倍齐可夫用以抚养妻女的那一部分工资同她们领取的抚恤金的差额。民事审判庭认为，依据《苏联宪法》第131条和

① 参见徐同远：《见义勇为受益人与行为之间法律关系的调整》，《法治研究》2012年第12期。

② 参见［苏］B·Π·格里巴诺夫、C·M·科尔涅耶夫主编：《苏联民法》（下册），中国社会科学院法学研究所民法经济法研究室译，法律出版社1986年版，第428页，脚注1。

③ 参见［苏］A·B·维涅吉克托尔：《苏联民法对社会主义财产的保护》，谢怀栻、李为译，法律出版社1957年版，第79－80页。

《乌克兰共和国民事诉讼法典》第6条，倍齐可夫按照社会主义的道德原则与苏联宪法关于全力保护和巩固社会主义公共财产的指示，完成了英勇的举动，尽了他的公民义务。这种情况下，倍齐可夫牺牲了自己的生命抢救了“迪那摩”体育协会的财产，该协会对于依靠倍齐可夫生活的家属的境况就不能漠不关心。①

当时的苏俄民法理论认为，抢救社会主义组织的财产使其脱离危险（火灾、盗窃等等）、免受毁灭或损害的行为可以产生债，此种债的主体是公民和社会主义组织。债权人只能是公民，不能是组织，虽然组织也可能采取抢救行动；而有义务赔偿损失的债务人则只能是组织，而不能是公民。这种新的债既不同于侵权之债、合同之债，也不同于无因管理之债。之所以因抢救社会主义财产而发生的债不属于无因管理，是因为对于公民而言，不能把社会主义组织的事务视为他人的事务②，进行抢救的公民是在履行其义务。③ 这一理论的进一步发展是，不但公民因抢救社会主义财产而遭受损失要求赔偿是一种特殊类型的债，而且预防他人的生命和健康受到损害的行为，也属于这一债的类型。④

2. 20世纪60年代苏俄民事立法中“因抢救社会主义财产而发生的债”的确立

1961年《苏联民事立法纲要》第4条“民事权利和民事义务发生的根据”排除了“无因管理”作为债的发生依据⑤，同时在第95条第1款明确了“对抢救社会主义财产时所受损害的赔偿”是债的发生依据：“公民在抢救社会主义财产而使它脱险时所受的损害，应当由为受害人抢救的财产的所属组织赔偿。”⑥

1964年《苏俄民法典》在此基础上特别设立了第四十一章“因抢救社会主义财产而发生的债”，该章唯一的条文第472条“对抢救社会主义财产时所受损害的赔偿”第1款规定：“公民在抢救社会主义财产使其脱离危险时所受的损害，应当由受害人抢救的财产的所属组织赔偿。”第2款规定：“对这种损害的赔偿，相应地适用本法典第444条第1款、455条、457条、459条、460条第2款和第3款、461条、462条和464至471条的规定。”该条第2款引述的条文均为第四十章“因致人损害而发生的债”的规定，即可以将其理解为准用侵权责任的规定。1964年《苏俄民法典》较之1961年《苏联民事立法纲要》增设了第四十二章“由不当取得财产或不当聚积财产而发生的债”，可见，苏俄民法上不但认为因抢救社会主义财产

① 参见［苏］A·B·维涅吉克托尔：《苏联民法对社会主义财产的保护》，谢怀栻、李为译，法律出版社1957年版，第80－81页。

② 参见［苏］B·Π·格里巴诺夫、C·M·科尔涅耶夫主编：《苏联民法》（下册），中国社会科学院法学研究所民法经济法研究室译，法律出版社1986年版，第428页。

③ 参见［苏］C·H·布拉都西主编：《苏维埃民法》（上），中国人民大学民法教研室译，中国人民大学出版社1954年版，第361页。

④ 参见［苏］格拉维、诺维茨基主编：《债权法分论（关于几种债的研究）》，王明毅等译，中国人民大学出版社1957年版，第361－362页。

⑤ 参见中国科学院法学研究所译：《苏联民法纲要和民事诉讼纲要》，法律出版社1963年版，第5页。

⑥ 中国科学院法学研究所译：《苏联民法纲要和民事诉讼纲要》，法律出版社1963年版，第41页。

而发生的债不属于无因管理，还把无因管理制度也废除了，代之以“因抢救社会主义财产而发生的债”制度，以对应传统民法的侵权行为、无因管理和不当得利三种合同之外的债的发生原因。

3. 前社会主义国家民法典对“因抢救社会主义财产而发生的债”的继受

率先继受“因抢救社会主义财产而发生的债”这一新体例的是 1962 年《蒙古民法典》。① 时至今日，《蒙古民法典》在第五编“非合同责任”中设第四十八章“致人损害的责任”，接着设第四十九章“因抢救他人财产发生的损害赔偿”，与 1964 年《苏俄民法典》类似，第四十九章只有第 395 条一个条文：“在抢救他人财产使其脱离危险时受损害的公民，有权要求此等财产的所有人或占有、使用、处分权人（本法典第 88 条）赔偿此等损害。”②

捷克斯洛伐克社会主义共和国的继受则更为明显。1950 年《捷克斯洛伐克共和国民法典》并无类似规定③，但 1964 年《捷克斯洛伐克社会主义共和国民法典》就追随了 1964 年《苏俄民法典》的这种体例，并且在第 415 条明确了损害预防义务：“每个人都有义务防止对健康和财产造成损害或者有损于社会或个人而不当得利。”第 416 条规定：“1. 关于有发生重大损害危险的情形向有关机关提出警告的义务，是普遍的义务。为防止损害需要采取紧急措施的时候，除这样做有重大妨碍或者因此会使防止损害的人或他的亲近人遭受严重危险的情形外，应当立即采取这种措施。2. 对于重大不当得利的危险，也适用第 1 项的规定。”第 419 条则是对损害预防行为人费用和受损的规定：“对于防止致人损害的危险或者妨碍不当得利的人，由于这个人的行为而受益的人，应当赔偿他所合理开支的费用和因此而遭受的损害。赔偿的数额不得超过防止的损害或不当得利的数额。”④

1975 年《德意志民主共和国民法典》也继受了这一体例，在第五编“保护生命、健康及财产免受损害”第一章“防止损害”第一节“防止损害及预防危险的一般义务”第 323 条规定：“公民和企业均应遵守社会主义道德准则，为保护社会主义社会及其公民和企业免受损失或损害而积极地防止损害和预防危险。以下所规定的权利义务有助于全体公民增强关心生命、健康及财产的观念。”第 324 条是对“避免损害及危险的义务”的规定：“公民和企业均应使其行为不致危害公民的生命健康，亦不致损害社会主义财产或公民的个人财产。”第 325 条是对“防止损害及危险的义务”的规定：“公民和企业均应采取必要的措施，防止威胁公民生命健康和损害社会主义财产及公民个人财产的紧急危险。但是行为人或其他公民的生命健康可能因此受到危害或另有其他重大理由的，可以免除这种义务。”第 326 条进一

① 参见［苏］苏哈诺夫：《社会主义民法典的体系》，法学教材编辑部《民法原理》资料组：《外国民法资料选编》，法律出版社 1983 年版，第 144 页。

② 徐国栋主编：《蒙古国民法典》，海棠、吴振平译，中国法制出版社 2002 年版。

③ 参见郑民译：《捷克斯洛伐克共和国民法典》，法律出版社 1956 年版。

④ 陈汉章译：《捷克斯洛伐克社会主义共和国民法典》，法律出版社 1981 年版，第 101 页。

步规定：“（一）、公民或企业出于对社会的责任感采取行动防止或减轻损害、避免危险的，可以要求补偿在当时的情况下被认为必须支出的费用，也可以要求赔偿为此所受的损失。这种要求应向对危险事态的发生负有责任的人或者为其利益采取行动的人提出。（二）、公民在意外事件或灾难中，提供援救或者采取行动，保卫其他公民的生命健康或公共秩序及安全利益的，可以根据有关法规并按第一款向国家保险机构主张请求权。国家赔偿机构承认赔偿的，上述请求权即转移给国家保险机构。（三）、公民基于公务或职业的理由采取行动的，只有在没有得到政府或社会福利形式的补偿的情况下，才享有请求权。”①

（二）见义勇为人受损受益人补偿责任在我国民法上的确立过程

1. 20 世纪 50 年代新中国第一次民法典起草在侵权法中确立了保护社会主义财产受到损害的补偿规则

1955 年 10 月 24 日《债篇通则第一次草稿》，规定了“由计划法律法令所生的债”、“由契约所生的债”、“由无因管理所生的债”和“由侵权行为所生的债”。在“由侵权行为所生的债”中，第 46 条规定：“因保护社会主义财产而受到损害的时候，受害人和他的家属可以根据本法第四十一条、第四十二条②的规定向国家有关单位请求生活、医药费用或者抚恤金。”随后的 1957 年 1 月 7 日《债权篇通则草稿》和 1957 年 1 月 9 日《债的通则第二次稿（另案）》均在侵权之债而非无因管理之债中对“保护社会主义财产而受到损害”的补偿进行规定，1957 年 2 月 10 日《损害赔偿［第三次草稿］》也坚持了这种体例。需要指出的是，尽管这些草案条文在起草时间上早于 1964 年《苏俄民法典》，但这实际上印证了前述 20 世纪 50 年代已经在我国翻译出版的苏维埃民法教科书将“因抢救社会主义财产而发生的债”的理论介绍到中国，该理论已经作为主流学说得到了继受。③

2. 20 世纪 80 年代新中国第三次民法典起草对损害预防义务及其补偿规则的确立

尽管 20 世纪 60 年代我国第二次民法典起草没有涉及侵权法规则，但当时发生

① 《德意志民主共和国民法典》，费宗祎译，法律出版社 1982 年版，第 112－113 页。

② 该草案第 41 条规定：“加害人损害他人身体的健康，应当赔偿被害人的治疗期间的医药费用和失去应得的工资。如果受害人在治疗以后失去部分或者全部劳动力的，加害人应当在一定期间内赔偿受害人应得的工资，或者津贴生活费用。”“加害人造成他人死亡，除负担受害人医药丧葬费用外，并在一定期限内承担受害人生前所抚养的人的生活费用。”第 42 条规定：“加害人损害他人财产，应当负责恢复原状，如果不可能恢复原状，可以用金钱赔偿。”

③ 这一时期涉及“医抢救社会主义财产而发生的债”的苏联教科书主要包括：［苏］C·H·布拉都西主编：《苏维埃民法》（上），中国人民大学民法教研室译，中国人民大学出版社 1954 年版；［苏］A·B·维涅吉克托尔：《苏联民法对社会主义财产的保护》，谢怀栻、李为译，法律出版社 1957 年版；［苏］格拉维、诺维茨基主编：《债权法分论（关于几种债的研究）》，王明毅等译，中国人民大学出版社 1957 年版。

的"草原英雄小姐妹"英雄事迹[①]，可谓中国版的"因抢救社会主义财产而发生的债"的典型案例。《中华人民共和国民法草案（征求意见稿）》（1980 年 8 月 15 日）受苏俄、东欧民法的影响，第五编"损害责任"在第二章"损害责任的一般规定"之前设置了第一章"损害的预防"。第 438 条第 1 款规定："公民和法人都有义务防止和避免对社会主义公共财产或者公民的人身、财产造成损害。"第 439 条规定："公民在社会主义公共财产和他人的人身、财产遭受损害或者有遭受损害危险的时候，不顾个人安危，积极援救或者设法防止的，应当受到表扬或奖励。"需要特别注意的是，第 439 条第 2 款就使用了"他人"的概念来对应第 1 款的"社会主义公共财产和他人的人身、财产"："公民因防止他人受损害而使自己遭受损害的，有关单位或者受益人应当给予补偿。"[②] 1981 年 4 月 10 日"三次二稿"第四编"侵权损害的责任"取消了"三次一稿"的"损害的预防"章节名称，将其并入第一章"一般规定"，但在第 339 条过错责任一般条款之前，仍然用四个条文规定了损害的预防及其补偿规则，内容与"三次一稿"类似。[③] 这一体例为"三次三稿"[④] 和"三次四稿"[⑤] 所继受。

新中国第三次民法典起草中的损害预防义务及其补偿规则，有两大特点：第一，由于确立了损害预防义务，"防止和避免……损害"就不再属于"无因管理"的范畴，而是履行法定义务，这样既兼顾了中国民法较之当时的苏联民法增加了无因管理作为债的发生原因的立法体例，又延续了这种社会主义法系的立法传统；第二，适用范围上，已经从第一次民法典起草中仅仅保护"社会主义财产"，扩展到了"社会主义公共财产或者公民的人身、财产"，这与同时期苏联民法理论和东欧社会主义国家民事立法的继受和发展趋势保持了高度一致。

3. 原《民法通则》上见义勇为人受损补偿责任的确立

对比"三次四稿"可以看到，原《民法通则》取消了对损害预防义务的规定，而在第 109 条保留了补偿义务的规定，措辞也有一定的调整，规则也更加明确："因防止、制止国家的、集体的财产或者他人的财产、人身遭受侵害而使自己受到损害的，由侵害人承担赔偿责任，受益人也可以给予适当的补偿。"

徐国栋教授评论认为，原《民法通则》第 109 条扩张了苏联式的抢救社会主义财产之债的范围，把抢救行为的受益人与加害人并列为赔偿义务的承担者，把抢救的财产设定为不以社会主义财产为限，形成了社会主义中国的好撒马利亚人法。同时也指出，由于没有规定损害预防义务，可认为原《民法通则》第 93 条与第 109

① 1964 年 2 月 9 日，蒙古族少女龙梅和玉荣，为生产队放羊时遭遇暴风雪，为不使生产队遭受损失，两人始终追赶羊群，直至晕倒在雪地里。因为严重冻伤，二人都做了不同程度的截肢。她们的英勇事迹，被誉为"草原英雄小姐妹"。

② 何勤华、李秀清、陈颐编：《新中国民法典草案总览》（下卷），法律出版社 2003 年版，第 427 页。

③ 参见何勤华、李秀清、陈颐编：《新中国民法典草案总览》（下卷），法律出版社 2003 年版，第 481 页。

④ 何勤华、李秀清、陈颐编：《新中国民法典草案总览》（下卷），法律出版社 2003 年版，第 553 页。

⑤ 何勤华、李秀清、陈颐编：《新中国民法典草案总览》（下卷），法律出版社 2003 年版，第 615 页。

条是从不同渊源继受实际上是相同的制度造成的重复立法。① 这一“重复立法”所指，就是认为原《民法通则》第 109 条规定的见义勇为人受损中的受益人补偿责任仍然应该适用无因管理的规定。

反观原《民法通则》第 93 条无因管理制度的确立过程就会发现，这一看法可能存在“以今观古”的嫌疑。如前所述，新中国第一次民法典起草时就将无因管理与侵权责任并列规定，但第三次民法典起草的“三次一稿”和“三次二稿”并没有规定无因管理，这与继受 1964 年《苏俄民法典》不无关系。无因管理的规定第一次出现在“三次三稿”第四编“合同”第十四章“委托、信托、居间”第 322 条：“没有受人委托，也没有法律上的义务，主动代为管理有利于他人的事务的，应当受到表扬。因管理事务所支出的必要费用，受益人应当偿还。”② “三次四稿”的相应条文未作改变，后在原《民法通则》起草时被纳入第五章“民事权利”第二节“债权”。可以看出，原《民法通则》的无因管理，其设计原型就是主动代为“管理”有利于他人的事务的双方法律关系。从立法史来看，见义勇为在我国立法上并非一种特殊的无因管理，立法者并非将其作为无因管理的例外情况，予以另外规定、特别处理。③

4. 原《民法通则》之后司法解释对见义勇为人受损中的受益人补偿责任的发展

为了解决实务中侵害人赔偿责任与受益人补偿责任关系不明，可能导致的由侵权人和受益人分担责任④的具体适用问题，原《民通意见》第 142 条规定：“为维护国家、集体或者他人合法权益而使自己受到损害，在侵害人无力赔偿或者没有侵害人的情况下，如果受害人提出请求的，人民法院可以根据受益人受益的多少及其经济状况，责令受益人给予适当补偿。”为了进一步确定受益补偿的范围，2003 年《人身损害赔偿司法解释》（法释〔2003〕20 号）第 15 条规定：“为维护国家、集体或者他人的合法权益而使自己受到人身损害，因没有侵权人、不能确定侵权人或者侵权人没有赔偿能力，赔偿权利人请求受益人在受益范围内予以适当补偿的，人民法院应予支持。”正是《人身损害赔偿司法解释》（法释〔2003〕20 号）第 15 条对见义勇为人受损中的受益人补偿责任的规定，最终将这一规则从民事责任的一般规则推入原《侵权责任法》的怀抱。这一条文规定在《人身损害赔偿司法解释》（法释〔2003〕20 号）中，进一步强化了其处理行为人因为见义勇为行为所受的人身损害救济的规则属性。

5. 原《侵权责任法》上见义勇为人受损补偿责任的确立

自 2002 年年底《中华人民共和国民法（草案）》第八编“侵权责任法”开始，

① 参见徐国栋：《见义勇为立法比较研究》，《河北法学》2006 年第 7 期。

② 何勤华、李秀清、陈颐编：《新中国民法典草案总览》（下卷），法律出版社 2003 年版，第 536 页。

③ 参见章程：《见义勇为的民事责任——日本法的状况及其对我国法的启示》，《华东政法大学学报》2014 年第 4 期。

④ 参见河南省沁阳市人民法院（2014）沁民西万初字第 00050 号民事判决书。

草案起草机关就将见义勇为人受损中的受益人补偿责任纳入侵权责任规定，这在参与起草的主要学者之间并无太大的理论争议。① 最终在原《侵权责任法》第 23 条作出了明文规定："因防止、制止他人民事权益被侵害而使自己受到损害的，由侵权人承担责任。侵权人逃逸或者无力承担责任，被侵权人请求补偿的，受益人应当给予适当补偿。"

原《侵权责任法》草案起草机关对见义勇为人受损受益人补偿责任的解读是："按照侵权责任构成的一般原理，受益人不是侵权责任人，对被侵权人而言本身不存在任何过错，与被侵权人的损害没有因果关系，因此不应当负有赔偿的责任，完全应当由侵权人承担责任。但是，如果不是为了受益人的利益，被侵权人也不会遭受损害，当侵权人逃逸或者侵权人根本无力赔偿时，被侵权人由于见义勇为行为而遭受损害得不到任何赔偿和补救也不公平，不利于社会助人为乐良好风气的形成，不符合公平正义的精神，因此，为了较好地解决矛盾、平衡利益、分担损失，让受益人适当给予被侵权人补偿是可以的。"②

（三）我国见义勇为人受损受益人补偿责任的问题意识迁移

按照草案起草机关的说法，《民法典》第 183 条的规定与原《民法通则》第 109 条和原《侵权责任法》第 23 条的规定一脉相承。③ 但是，如果仔细比较就会发现，在这种名义上的"一脉相承"下，立法体现的问题意识却有一定的迁移。

原《民法通则》第 109 条规定："因防止、制止国家的、集体的财产或者他人的财产、人身遭受侵害而使自己受到损害的，由侵害人承担赔偿责任，受益人也可以给予适当的补偿。"在这一规定中，侵权人的赔偿责任与受益人的补偿责任是并行的，且没有明确受益人补偿责任的范围和与侵权人赔偿责任的适用顺序。

原《民通意见》第 142 条明确了受益人补偿责任的适用条件、当事人主义和补偿责任确定的考量因素："为维护国家、集体或者他人合法权益而使自己受到损害，在侵害人无力赔偿或者没有侵害人的情况下，如果受害人提出请求的，人民法院可以根据受益人受益的多少及其经济状况，责令受益人给予适当补偿。"《人身损害赔偿司法解释》（法释〔2003〕20 号）第 15 条在原《民通意见》的基础上，增加了"不能确定侵权人"的适用情形："为维护国家、集体或者他人的合法权益而使自己受到人身损害，因没有侵权人、不能确定侵权人或者侵权人没有赔偿能力，赔偿权利人请求受益人在受益范围内予以适当补偿的，人民法院应予支持。"这两条司法解释并未明确，如果侵权人承担了赔偿责任但见义勇为人仍然面临救济不足，是否可以由受益人予以适当的补偿。

原《侵权责任法》第 23 条结合上述两条司法解释的补充，区分侵权人能否承

① 杨立新教授和张新宝教授对这一问题的态度较为明确，均认为是从无因管理制度中分离出的特殊补偿制度，王利明教授也认为是基于公平责任的一种特殊补偿，详见后文。

② 王胜明主编：《中华人民共和国侵权责任法解读》，中国法制出版社 2010 年版，第 113 页。

③ 参见黄薇主编：《中华人民共和国民法典总则编解读》，中国法制出版社 2020 年版，第 599 页。

担责任来配置损失填补来源，确立了“侵权人承担责任为原则，受益人适当补偿为补充”的新体例：“因防止、制止他人民事权益被侵害而使自己受到损害的，由侵权人承担责任。侵权人逃逸或者无力承担责任，被侵权人请求补偿的，受益人应当给予适当补偿。”这一规定实质上明确了侵权人承担了赔偿责任但见义勇为人仍然面临救济不足时，不能请求受益人予以适当的补偿，这改变了原《民法通则》第109条的规定模式。

按照原《侵权责任法》区分侵权人能否承担责任配置损失填补来源的思路，《民法典》第183条第一句适用于侵权人完全能够承担赔偿责任的情形：“因保护他人民事权益使自己受到损害的，由侵权人承担民事责任，受益人可以给予适当补偿。”第二句适用于无法由侵权人单独承担全部赔偿责任的情形：“没有侵权人、侵权人逃逸或者无力承担民事责任，受害人请求补偿的，受益人应当给予适当补偿。”

需要指出的是，较原《侵权责任法》第23条的规定，《民法典》第183条第一句在内容上实质等同于原《民法通则》第109条，即在侵权人承担了赔偿责任但见义勇为人仍然面临救济不足时，重新增加了受益人补偿责任适用的可能。这是因为，由于《人身损害赔偿司法解释》（法释〔2022〕14号）规定的人身损害赔偿制度具有较强的定型化计算特点，而我国司法实务中精神损害赔偿金额一般较低，即使侵权人按照该司法解释的规定承担了侵权责任，仍然不免存在见义勇为人无法获得充分救济的情形。尤其是在刑事附带民事诉讼中，由于民事法庭和刑事法庭对精神损害赔偿认识上的差异，死亡赔偿金或者残疾赔偿金难以获得刑事法庭的支持。因此，受益人的补偿，实际上是在不科加受益人过重负担的情形下，首先尽量填补损害，并尽可能地对见义勇为人进行“优待”。因此，侵权人承担民事责任之后，“受益人可以给予适当补偿”应当是受益人的主动行为，而不是基于见义勇为人的主动请求。① 这种“优待”，与立法机关“弘扬社会主义核心价值观，鼓励和支持舍己为人的高尚行为”② 的立法目的是相吻合的。

三、我国见义勇为人受损受益人补偿责任的独立性

（一）比较法上对见义勇为人受损的民法救济

英美法上，对类似我国见义勇为人受损的情形适用“好撒马利亚人法”。由于践行“禁止好管闲事原则”，见义勇为对被救助者享有的请求权并不包括补偿请求权。③ 大陆法系国家和地区则主要通过适用无因管理来处理见义勇为人受损。

① 参见杨立新、贾一曦：《〈民法总则〉之因见义勇为受害的特别请求权》，《国家检察官学院学报》2017年第3期。

② 石宏主编：《〈中华人民共和国民法总则〉条文说明、立法理由及相关规定》，北京大学出版社2017年版，第432页。

③ 参见李昊：《论英美法上的“好撒马利亚人”》，《华东政法大学学报》2014年第4期。

1. 德国法

德国法上，对于见义勇为人的损害适用《德国民法典》第683条第一句关于无因管理费用的规定："事务管理的承担符合本人的利益和本人真实或可推知的意思的，管理人可以像受委托人一样，请求偿还其费用。"① 德国法上无因管理中的"费用"的范围通过学说扩张，可以包含管理人在管理事务中所无意遭受的损害。②

2. 日本法

日本法上将见义勇为纳入无因管理，但区分见义勇为人的财产损害和人身损害。如果是财产损害，一般可以无因管理的必要费用向被救者求偿；如果是身体损害，通说认为这并不属于无因管理的必要费用。如果符合《警察职务协力援助者灾害给付法》等法律的规定，其可被认定为"协力援助者"，可获得来自国家的行政补偿；如无法被认定，则无其他救济方式，仅能回归到一般性的社会救助和社会保障。③

（二）我国民法上对见义勇为受损受益人补偿责任性质的不同学说

我国民法上对见义勇为受损受益人补偿责任性质的不同学说，根据是否承认其独立性可以分为否定说和肯定说。

1. 否定说

否定说认为，见义勇为属于无因管理的特殊适用，又分为无因管理说和替代取消说。无因管理说除将见义勇为行为直接归属于民法无因管理制度的观点之外④，还有学者认为由于见义勇为通常是在危难情况下做出的，且行为者一般要冒着一定的危险，故见义勇为行为属于一种"更高层次上的无因管理行为"⑤。而替代取消说的学者认为，见义勇为人受损中的受益人补偿责任追求的公平、正义成了一种叠床架屋而又无法实现的虚幻目标，建议删除相关规定。⑥ 有学者进一步认为，如果删去这一规则，相关案件在我国现行法下反而可以清晰而合理地被解决。综合起来，这种"替代取消说"的具体方案是：第一，有侵权人的情形下，由侵权人承担责任，如果没有侵权人，或者无法从侵权人方面获得赔偿，区分是否有约定义务或者法定义务；第二，有约定义务的，按照约定处理，有法定义务的，按照法律规定处理；第三，如果既无法定义务，也无约定义务，此时见义勇为人与受益人构成无

① 陈卫佐译注：《德国民法典》，法律出版社2010年版，第275页。

② 参见［德］迪特尔·梅迪库斯：《德国债法分论》，杜景林、卢谌译，法律出版社2007年版，第342页。

③ 参见章程：《见义勇为的民事责任——日本法的状况及其对我国法的启示》，《华东政法大学学报》2014年第4期。

④ 参见徐武生、何秋莲：《见义勇为立法与无因管理制度》，《中国人民大学学报》1999年第4期。

⑤ 周辉：《见义勇为行为的民法思考》，《人民法院报》2000年5月27日，第3版。

⑥ 参见曾大鹏：《见义勇为立法与学说之反思——以〈民法通则〉第109条为中心》，《法学论坛》2007年第2期。

因管理关系。①

2. 肯定说

肯定说认为，见义勇为有独立存在的价值。较为主流的是“特殊无因管理说”。张新宝教授认为无论何种见义勇为行为，都可以归类于无因管理行为，前者是后者的特殊情形。侵权责任法关于受益人补偿义务的规定与民法通则中无因管理之债的规定发生竞合时，应该依据特别法优于一般法的原则，优先适用侵权责任法的规定。② 杨立新教授也认为，制止侵害行为在性质上属于无因管理，但是无因管理包含的范围更为广泛，制止侵害行为是其中性质特殊的一种情形。从制止侵害行为的特殊性来看，《民法典》第 183 条专门对其加以特别规范和调整，使之从一般的无因管理制度中被剥离出来。③

另外还有“公平责任说”，认为见义勇为行为的受益人之所以应当给予求助者适当补偿，是公平责任原则的要求。见义勇为行为中，救助者是为了受益人的利益进行活动并遭受了损害，受益人和救助者对造成损害均无过错，受益人应当依公平原则予以救助者适当补偿。④

第三种是“法定责任说”。王利明教授认为，受益人补偿义务并非公平责任或者无因管理，而是特定条件下的损失分担制度。⑤ 王轶教授进一步发展了这种观点，提出法定补偿义务的概念，作为民法上独立类型之债，与合同之债、侵权之债、不当得利之债、无因管理之债等并身而立；并认为在我国责任保险制度尚不发达、社会保障制度还远未健全的背景下，如果法定补偿义务制度运用得当，无疑可在一定程度上济侵权损害赔偿责任制度之穷。⑥

（三）见义勇为人受损受益人补偿责任的独立性

持否定说的学者试图通过扩张传统大陆法系的无因管理制度来将其适用于见义勇为制度的情形，这本身也就承认了见义勇为案件的特殊性。笔者认为，除历史源流之外，我国见义勇为人受损中的受益人补偿责任具有其独立性，主要理由如下。

1. 原《民通意见》同时对无因管理和见义勇为分别进行了解释

就“见义勇为”的法律适用，受到德国民法和学说的影响，不少学者主张应该将其纳入无因管理适用原《民法通则》第 93 条的规定：“没有法定的或者约定的义

① 参见张谷：《作为救济法的侵权法，也是自由保障法》，《暨南学报（哲学社会科学版）》2009 年第 2 期。

② 参见张新宝：《侵权责任法》，中国人民大学出版社 2010 年版，第 86 页；张新宝、宋志红：《论〈侵权责任法〉中的补偿》，《暨南学报（哲学社会科学版）》2010 年第 3 期。

③ 参见杨立新：《侵权责任法》，法律出版社 2010 年版，第 163、157 页。

④ 参见最高人民法院民事审判第一庭编：《最高人民法院人身损害赔偿司法解释的理解与适用》，人民法院出版社 2004 年版，第 214－227 页；马俊驹、余延满：《民法原论》，法律出版社 2010 年版，第 1000 页。

⑤ 参见王利明：《侵权责任法研究》（上卷），中国人民大学出版社 2010 年版，第 287－289 页。

⑥ 参见王轶：《作为债之独立类型的法定补偿义务》，《法学研究》2014 年第 2 期。

务，为避免他人利益受损失进行管理或者服务的，有权要求受益人偿付由此而支付的必要费用。”由于该条规定的“必要费用”是否包含对见义勇为人遭受损害的补偿并不清晰，持该观点的学者指出原《民通意见》第132条规定了“民法通则第九十三条规定的管理人或者服务人可以要求受益人偿付的必要费用，包括在管理或者服务活动中直接支出的费用，以及在该活动中受到的实际损失”，认为这已经明确了原《民法通则》第93条包含无因管理人受损的情形，因此原《民法通则》第109条属于重复立法应该被删除。[①] 笔者认为以原《民法通则》第93条的规定来否定原《民法通则》第109条存在价值的观点有所不妥，因为原《民通意见》在第142条就原《民法通则》第109条的具体适用作了明确规定：“为维护国家、集体或者他人合法权益而使自己受到损害，在侵害人无力赔偿或者没有侵害人的情况下，如果受害人提出请求的，人民法院可以根据受益人受益的多少及其经济状况，责令受益人给予适当补偿。”这应该被理解为当时最高司法机关对原《民法通则》第93条和第109条并行态势的确认。

2. 传统大陆法系无因管理制度设计的原型是对财产性事务的管理而非见义勇为

传统大陆法系的无因管理之债之所以不足以解释见义勇为中受益人的适当补偿义务，是因为前者主要调整管理人和被管理人之间财产性事务的内部利益冲突，对侵权人和无因管理当事人之间的外部利益冲突这一属于传统侵权损害赔偿之债的问题，未本着法律实用主义的目的一并解决。[②] 质言之，见义勇为行为具有对抗侵权人或者对受益人可能造成损害的非人为因素的对抗性，可能造成人身损害，这在无因管理制度的设计原型中是不存在的。而无因管理制度中如果对管理原则过度扩张，旨在相互帮助的原则就成为一种新的无过错责任的来源，私法救济在适用于救助生命和身体的情形时似乎是被误用了。[③] 传统无因管理制度在适用范围的类型化上存在不足，没有合理区分紧急无因管理和一般无因管理。[④] 传统无因管理制度中管理人遭受不利益的救济范围并不包括所受损害，尤其不包含人身损害；管理人只能请求支出的必要费用而不包括遭受的损害，特别是不包括人身损害。在司法实践中开始逐渐承认应对管理人遭受的损害与支出的必要费用给予一样的支持[⑤]，这与我国原《民通意见》第132条对管理费用的扩张路径如出一辙。质言之，传统大陆法系无因管理制度设计的原型是对财产性事务的管理费用支出的救济，而见义勇为制度设计的原型是行为人因为见义勇为行为遭受的人身损害救济。

① 参见曾大鹏：《见义勇为立法与学说之反思——以〈民法通则〉第109条为中心》，《法学论坛》2007年第2期。

② 参见王雷：《见义勇为行为中受益人补偿义务的体系效应》，《华东政法大学学报》2014年第4期。

③ 参见李昊：《论英美法上的“好撒马利亚人”》，《华东政法大学学报》2014年第4期。

④ See Christian von Bar, Eric Clive (ed.), *Principles, Definitions and Model Rules of European Private Law*, Oxford University Press, 2010 p. 3034.

⑤ See Christian von Bar, Eric Clive (ed.), *Principles, Definitions and Model Rules of European Private Law*, Oxford University Press, 2010 p. 3056.

3. 见义勇为受益人补偿责任不存在评价矛盾

在《民法典》施行之前，关于见义勇为受益人补偿责任的无因管理性质之争，核心问题是，如果适用见义勇为人受损中的受益人补偿责任，不利于对见义勇为救助者利益的全面保护①，会产生评价矛盾。即不符合见义勇为条件的情形，可能适用无因管理制度获得全额赔偿；符合了见义勇为这一更值得鼓励的情形的条件，反而可能无法获得足够的赔偿。笔者认为，这种评价矛盾应该是结论先行造成的误解。不可否认，即使将见义勇为制度纳入无因管理适用的法域，法律对于见义勇为也会作出特别的制度安排。所以是否在无因管理制度的大框架下探讨见义勇为受益人补偿责任的主要差别在于，法律是沿着无因管理制度补偿费用的思路将财产费用扩张到人身损害，还是另辟蹊径单独设计见义勇为人的人身损害的补偿机制。那么是否可以认为，以见义勇为制度作为框架，扩张对见义勇为人人身损害的补偿制度，将财产性费用支出也纳入受损补偿，就可以取消无因管理制度进而避免这种评价矛盾呢？这种逻辑本身就存在问题。

（四）《民法典》中的无因管理和见义勇为的价值评判趋同

《民法典》第 121 条规定："没有法定的或者约定的义务，为避免他人利益受损失而进行管理的人，有权请求受益人偿还由此支出的必要费用。"第 979 条第 1 款后段规定："管理人因管理事务受到损失的，可以请求受益人给予适当补偿。"对比《民法典》第 183 条对见义勇为的规定，抛开两组规则表述习惯的差别，"避免他人利益受损失"和"保护他人民事权益"并无实质性差别，而"由此支出的必要费用"和"使自己受到损害的"只不过是以不同方式表示费用和损失的存在，并不排除见义勇为过程中也会支出必要的费用，而无因管理人也可能受到损害。尤其是"可以请求受益人给予适当补偿"的表述，更是解决了前文所述的评价矛盾问题。

从文义上看，《民法典》中见义勇为与无因管理两项制度的适用范围的主要差别有三点。第一，无因管理要求"无因"，即"没有法定的或者约定的义务"，这蕴含了非对抗性的潜台词；而见义勇为没有"无因"的要求，其从立法源流上继受了"见义"的特点，通常具有一定的对抗性。第二，从无因管理的"管理"中推导出"勇为"行为的"非管理"属性；而通常情况下，管理性的行为无损害风险而有费用支出，非管理性的"勇为"行为有损害风险而通常没有费用支出。第三，见义勇为案件中可能存在侵权人，而无因管理中没有侵权人，因此见义勇为人受损的救济来源就增加了侵权人。二者的关系如表 24－1 所示。

① 参见高圣平主编：《中华人民共和国侵权责任法：立法争点、立法例及经典案例》，北京大学出版社 2010 年版，第 299－300 页。

表 24-1　无因管理与见义勇为适用情形对比表

规则属性	规则类别	
	无因管理	见义勇为
“无因”性（非对抗性）	√	×
“管理”性（通常无风险有费用）	√	×
“费用”性	√	○
“见义”性（对抗性）	×	√
“勇为”性（通常有风险无费用）	×	√
“损失”性	○	√
侵权人	×	○

说明：√表示有，×表示没有，○表示可能有。

质言之，按照《民法典》对无因管理和见义勇为两项制度的表述，在为避免他人利益受损失的情形下，法律适用的选择其实主要考虑行为人到底是“支出费用”还是“遭受损失”。如果主要是费用支出问题，那么一般作为管理行为处理，先确定是否存在法定或者约定义务。如果存在法定或者约定义务，那么费用补偿按照法律规定或者约定条款处理；如果没有法定或者约定义务，则适用无因管理制度，由受益人偿还支出的必要费用。即使存在少量损失，也可以通过扩张费用的方式予以补偿。

如果主要是损失填补问题，那么一般作为见义勇为处理，仍然要看是否有法定或者约定义务。如果有法定或者约定义务，那么依照法律规定或者约定条款处理。但非工作职责的法定义务并不否定见义勇为制度的适用。例如我国《消防法》第 5 条规定：“任何单位和个人都有维护消防安全、保护消防设施、预防火灾、报告火警的义务。任何单位和成年人都有参加有组织的灭火工作的义务。”而实务中，并未见到非消防队员参与见义勇为救火而不适用受益人补偿责任的案例，反而有法院将其作为见义勇为的正当性论证理由之一。① 按照《民法典》第 183 条的规定，无论是否有侵权人，或者侵权人逃逸、无力承担民事责任的，都可以由受益人给予适当补偿。所以在某种意义上，这种受益人的补偿责任相对于侵权人的责任来说，具有一定的补充性质。在见义勇为案件中，也可能存在费用支出问题，可以通过扩张损失的范围予以补偿。

（五）见义勇为人受损受益人补偿责任是无偿受益补偿责任

1. 见义勇为人受损受益人补偿责任的正当性源于受益性和无偿性

见义勇为的受益人因为见义勇为行为而避免了人身损害或者财产损失，这一利

① 参见江西省宜春市中级人民法院（2014）宜中民一终字第 142 号民事判决书。

益存在的客观性使得如果让受益人承担一定的补偿责任并不会限制其经济自由。因为如果没有见义勇为行为，这一损害可能已经发生。因此，见义勇为受益人的受益性，是见义勇为人获得受益补偿的正当性基础。

如果见义勇为行为仅有道德性的特点，那么法律上的制度配置更应该是政府奖励制度，而非受益人补偿制度。选择受益人补偿的立法考虑较为纯粹理性，即无偿的见义勇为行为使得受益人的民事利益得到了保护而避免了损失，那么当见义勇为人需要补偿时，“无偿避免”的“民事利益受损”用于补偿见义勇为人的受损，显然具有正当性。

2. 见义勇为人受损受益人补偿责任要考虑受益情况

对于见义勇为人受损受益人补偿责任是否以受益范围为限，《民法典》第 183 条未作限定，《人身损害赔偿司法解释》（法释〔2003〕20 号）第 15 条明确限制为“在受益范围内予以适当补偿”。这种限制比原《民通意见》第 142 条规定的“人民法院可以根据受益人受益的多少及其经济状况”更为严格。

笔者认为，由于受益人可以用于补偿见义勇为人的财产正是通过见义勇为人的行为免于受损的部分，因此只有在该范围内由受益人补偿，对于受益人来说，才不至于构成过重的负担。当然，如果见义勇为人死亡或者遭受严重人身伤害，或者侵权人侵犯的是妇女、未成年人的性自主权，则没有必要比较可能预防的损害与实际造成见义勇为人伤害的大小。而且对于可能避免的财产损害，实际上也无法与实际造成的见义勇为人损害进行精确比较。因此，建议采纳原《民通意见》第 142 条的规定模式，将受益情况纳入确定补偿责任的考量因素。《民法典总则编解释》（法释〔2022〕6 号）第 34 条规定：“因保护他人民事权益使自己受到损害，受害人依据民法典第一百八十三条的规定请求受益人适当补偿的，人民法院可以根据受害人所受损失和已获赔偿的情况、受益人受益的多少及其经济条件等因素确定受益人承担的补偿数额。”这是较为合理的选择。

3. 见义勇为人受损受益人补偿责任的因果关系要件

尽管有学者认为，受益人应当给予适当补偿的法定义务并不取决于被管理人是否实际获益或者管理事务最终是否成功①，但见义勇为人受损受益人补偿责任作为一种无偿受益补偿责任，实际上对见义勇为人因见义勇为行为受损和受益人因见义勇为行为受益提出了双重的因果关系要求。

所谓见义勇为人因见义勇为行为受损的因果关系，即“因……而使自己受到损害的”，是指见义勇为行为与损害之间的因果关系，实务中常见的排除情形包括两种。第一，计划实施见义勇为行为但在实施见义勇为行为之前已经受损的情形。例如，原告考虑到凌晨外出的被告同学可能有安全隐患，为了维护其合法权益，主动

① 参见王雷：《见义勇为行为中受益人补偿义务的体系效应》，《华东政法大学学报》2014 年第 4 期。

提出陪同外出，但在出发时意外受伤。① 本案中见义勇为的行为尚未施行，损害与见义勇为行为没有因果关系。第二，排除受损方不是见义勇为人的情形。常见的是消防队救火用水导致邻居受损的情形，在一组火灾系列判决书中，原告系 3、4、5 层住户，被告系 6 层住户。被告家中起火，因起火原因不明而无法认定火灾责任人。公安消防部门救火时，消防用水进入楼下 3、4、5 层原告家中，造成室内财产受损。② 被告确系救火行为的受益人，但受损方并未实施参与救火的见义勇为行为，其损害也非因见义勇为行为造成。

受益人因见义勇为受益的因果关系是一个隐含的适用条件。见义勇为行为，一端连接着见义勇为人的受损，一端联系着受益人的受益，即呈现出“损害一见义勇为一受益”的结构。由于这一要件并未为法律条文明文列出，实务中争议较大。具体而言，第一，无民事受益关系的不能适用。例如计划生育联络员按照镇政府和村委会的通知在参加计划生育会议的路上遇到交通事故③，且不说本案根本没有见义勇为行为，就参加计划生育会议而言，作为被告的镇政府和村委会并无任何受益。第二，并非因见义勇为行为受益的不能适用。例如，原告出于减少废铝材产生的目的要求第三人优化生产工艺，两人发生争执，第三人殴打原告受伤。④ 本案原告不能因为其与第三人发生争执是为了减少废铝材的生产，而认为被告铝材厂的受益与“见义勇为”行为有关。⑤ 第三，在他人民事权益被侵害的过程中被误伤的不能适用。例如，被告向第三人泼硫酸，结果误伤原告。⑥ 原告不能因为自己受伤避免了第三人受伤而主张第三人是受益人，其行为本身也不构成见义勇为。

四、对见义勇为人受损受益人补偿责任的优化

（一）见义勇为人受损受益人补偿责任的补充性质

《民法典》第 183 条使用了“没有侵权人、侵权人逃逸或者无力承担民事责任”的表述来描绘见义勇为人无法获得充分救济的情形。笔者认为，理应将其类推适用于侵权人无法查明和侵权人只能部分承担赔偿责任的情形。这样的立法规定体现出见义勇为人受损受益人补偿责任明显的补充性质，这与实务中法院的认识是一致的。

① 参见河南省平顶山市中级人民法院（2014）平民二终字第 417 民事判决书号。

② 参见安徽省合肥市包河区人民法院（2014）包民一初字第 01015 号民事判决书；安徽省合肥市包河区人民法院（2014）包民一初字第 01016 号民事判决书；安徽省合肥市包河区人民法院（2014）包民一初字第 01017 号民事判决书。

③ 参见浙江省丽水市中级人民法院（2015）浙丽民终字第 50 号民事判决书。

④ 参见广东省佛山市中级人民法院（2014）佛中法民一终字第 2983 号民事判决书。

⑤ 此案恰巧是原《民法通则》第 109 条规定的“因防止、制止国家的、集体的财产”受损的情形，但似乎与“见义勇为”的内涵有一定的差别。

⑥ 案情参见福建省德化县人民法院（2013）德民初字第 2442 号民事判决书。

第一，受益人补偿责任具有补充性质。有法院指出，受益人对见义勇为人的补偿义务，是为见义勇为受损者特别设立的损失双重救济制度，事实上是一种见义勇为受损者对受益人的补充性的补偿请求权，而不是选择请求权。①

第二，见义勇为人负有对侵权责任救济缺位的举证责任。如果原告已经初步举证证明侵权人没有赔偿能力，而受益人未能举出反证证明侵权人具有承担责任的能力，就可以认为侵权责任救济缺位，适用受益人补偿责任。②

第三，侵权人依法仅承担部分责任的，受益人应该承担补偿责任。在一起案件中，原告为避免被告（未成年人）被汽车碾压，冲向快速车道用力将被告推到公路的隔离带上使其获救，而导致自己与大货车相撞，当场死亡。事故发生后，交警部门认定此次交通事故大货车一方与原告各承担50%的责任。法院在判令大货车一方承担侵权责任的同时，判令受益人承担补偿责任。③

（二）受益人补偿金额的确定

1. 当事人约定优先

从司法实务来看，不少见义勇为人受损后，都能够与受益人达成一定的补偿协议，而后续的纠纷则是补偿协议的履行问题。从法院裁判的实务来看，法院一般尊重这种协议的效力，有约定的，按照约定。④ 约定后未履行的，应当履行。⑤ 更广义的约定补偿还包括在双方不存在劳动关系的情况下，以录用见义勇为人夫妻二人为员工的方式进行补偿，法院也认为应当视为其已经尽到了适当补偿的义务。⑥

2. 总额确定与责任份额

我国现行侵权法并未明文规定补偿责任准用赔偿责任的规则。原《侵权责任法》第16条规定："侵害他人造成人身损害的，应当赔偿……"尽管有法院指出："本案不是侵权案件，原告要求按侵权标准计算损失的请求法院不予支持。"但实际处理方式是在没有明文计算人身损害赔偿的前提下直接酌定了补偿额。⑦ 这与大多数案件按照侵权人身损害赔偿标准计算后酌定一个补偿比例在结果上是异曲同工的。

在未成年人抢救未成年人落水见义勇为案件中，法院一般认为未成年人见义勇为受损，其监护人应该承担一定的责任份额。在此前提下，受益人的责任份额一般

① 参见湖北省宜昌市中级人民法院（2014）鄂宜昌中民三终字第00238号民事判决书。

② 参见广东省东莞市中级人民法院（2014）东中法民一终字第1421号民事判决书。

③ 参见四川省南充市中级人民法院（2013）南中法民终字第232号民事判决书。

④ 参见河北省涞源县人民法院（2014）涞民初字第10号民事判决书；河北省保定市中级人民法院（2014）保民一终字第413号民事判决书。

⑤ 参见湖南省郴州市中级人民法院（2014）郴民一终字第119号民事判决书。

⑥ 参见江苏省昆山市人民法院（2014）昆张民初字第0191号民事判决书；江苏省苏州市中级人民法院（2014）苏中民终字第02846号民事判决书。

⑦ 参见云南省曲靖市中级人民法院（2014）曲少民终字第8号民事判决书。

是10%[①]或者20%。[②] 除此之外，大多数案件的补偿责任比例在5%～10%[③]、10%～15%[④]和15%～20%[⑤]三个区间。笔者认为，从司法实务的多数意见来看，补偿责任以20%为限是比较合理的。

3. 法院裁判的考量因素

在《民法典总则编解释》（法释〔2022〕6号）出台之前，司法实务中，法院明文表述的考虑因素包括：

第一，受益人的经济状况，受益人较为困难的，可以减轻或者免除其补偿责任。例如，因受益人之一目前的生活较为困难，没有支付能力，如果判令其承担补偿责任，有悖于公平，也会造成新一轮的不公平，故判令其不承担补偿责任。[⑥]

第二，本地生活标准。[⑦] 如果说受益人经济状况是考虑受益人一方，那么本地生活标准则应该是考虑见义勇为人一方，尤其是在见义勇为人死亡的情形下。

第三，提倡、鼓励见义勇为。例如，考虑到见义勇为的行为应得到提倡和鼓励，对补偿责任予以适当增加，对原告上诉认为原判认定的经济补偿费过低的理由本院予以部分支持。[⑧]

4. 精神损害抚慰金补偿

《民法典》第1183条第1款规定："侵害自然人人身权益造成严重精神损害的，被侵权人有权请求精神损害赔偿。"根据这一规定，在见义勇为案件中，对侵权人承担精神损害赔偿责任并无疑义。[⑨] 但在补偿责任的酌定上，有的法院就明确指出给付精神抚慰金不符合法律规定因而不予支持[⑩]，也有法院认为因见义勇为人的死亡给原告（遗属）造成了重大的精神损害，故原告理应得到相应的精神损害抚慰金补偿。[⑪] 笔者认为，原《侵权责任法》第22条从文义上解释的确仅适用于侵权损

① 参见辽宁省抚顺市中级人民法院（2014）抚中民一终字第00310号民事判决书。

② 参见湖北省宜昌市中级人民法院（2014）鄂宜昌中民三终字第00238号民事判决书。

③ 参见辽宁省锦州市中级人民法院（2014）锦民二终字第00332号民事判决书；河南省西峡县人民法院（2014）西西民初字第82号民事判决书；重庆市第一中级人民法院（2012）渝一中法民终字第03101号民事判决书；浙江省温州市中级人民法院（2009）浙温民终字第1081号民事判决书。

④ 参见辽宁省抚顺市中级人民法院（2014）抚中民一终字第00310号民事判决书；湖北省十堰市茅箭区人民法院（2014）鄂茅箭民一初第01765号民事判决书；云南省曲靖市中级人民法院（2014）曲少民终字第8号民事判决书。

⑤ 参见辽宁省葫芦岛市中级人民法院（2015）葫民终字第00140号民事判决书；浙江省宁波市镇海区人民法院（2013）甬镇民初字第210号民事判决书；河南省叶县人民法院（2013）叶民二初字第467号民事判决书。

⑥ 参见海南省第二中级人民法院（2015）海南二中民一终字第51号民事判决书。

⑦ 参见云南省曲靖市中级人民法院（2014）曲少民终字第8号民事判决书。

⑧ 参见云南省曲靖市中级人民法院（2014）曲少民终字第8号民事判决书。

⑨ 参见重庆市第四中级人民法院（2013）渝四中法民终字第00995号民事判决书；河南省沁阳市人民法院（2014）沁民西万初字第00050号民事判决书。

⑩ 参见海南省第二中级人民法院（2015）海南二中民一终字第51号民事判决书。

⑪ 参见浙江省嵊州市人民法院（2014）绍嵊三民初字第4号民事判决书。

害赔偿责任，但在见义勇为人因见义勇为行为受损尤其是遭受严重人身损害或者死亡的情形，法院明确拒绝见义勇为人或者其遗属请求受益人支付一定的精神损害抚慰金不合情理，也不符合《民法典》第1条规定的“弘扬社会主义核心价值观”的立法目的。笔者建议法院在斟酌补偿比例时考虑见义勇为一方的实际情况，尤其是在见义勇为人死亡的情形，应当在补偿金中予以体现，或者至少不明文拒绝。

（三）应该建立多顺位的见义勇为综合救济机制

应该认识到，如果受益人没有经济能力支付相关费用和赔偿损失，见义勇为人的损失就无法得到补偿。① 所以将希望寄于受益人这一私法主体，并非解决问题的根本之道，应该考虑建立多顺位的见义勇为综合救济机制，具体来说包括以下内容。

1. 侵权责任

严格地说，《民法典》第183条第一句规定的“因保护他人民事权益使自己受到损害的，由侵权人承担民事责任”并非一般侵权责任，而是一种特殊侵权责任。这是因为，侵权人主观上试图侵害的最初的对象并非见义勇为人，见义勇为人受到的损害也可能是其在实施见义勇为过程中自行摔伤等原因造成的，这些都不影响见义勇为案件中侵权责任的构成。因此，《民法典》第183条第一句既包括了侵权人侵害见义勇为人的情形，也包括了虽然侵权人没有侵害见义勇为人，但见义勇为人的受损与侵权人的行为有法律上因果关系的情形。立法明确由侵权人承担责任具有统一司法适用的价值。

有学者提出，要区分存在侵害人的侵害制止型见义勇为和一般不存在侵害人的抢险救灾型见义勇为。② 笔者认为，这种区分名义上是以“侵害制止”和“抢险救灾”来区分，实质上是以有无“侵权人”来区分。质言之，“天灾”与“人祸”的区分设计无法绕开有侵权人但无赔偿能力的情形，也无法应对无法查明是否有侵权人的情形。例如，有一恶犬正在追咬一未成年人，见义勇为人上前与恶犬搏斗，击退恶犬的同时自己受伤。该恶犬是饲养动物还是流浪动物，是与对受益人补偿责任进行构建无关的事实。

2. 社会保险

由于《社会保险法》是在原《侵权责任法》施行之后通过的，因此不少侵权法学者忽略了《社会保险法》对受损害者的救济体系，尤其是对类似见义勇为人受损受益人补偿责任体系的影响。与见义勇为人受损密切相关的是基本医疗保险和工伤保险。《社会保险法》第42条规定：“由于第三人的原因造成工伤，第三人不支付工伤医疗费用或者无法确定第三人的，由工伤保险基金先行支付。工伤保险基金先行支付后，有权向第三人追偿。”《社会保险法》第30条规定：“下列医疗费用不纳

① 参见蒋万庚：《见义勇为立法的思考》，《广西大学学报（哲学社会科学版）》2002年第6期。

② 参见王雷：《见义勇为行为中的民法学问题研究》，《法学家》2012年第5期。

入基本医疗保险基金支付范围：（一）应当从工伤保险基金中支付的；（二）应当由第三人负担的……医疗费用依法应当由第三人负担，第三人不支付或者无法确定第三人的，由基本医疗保险基金先行支付。基本医疗保险基金先行支付后，有权向第三人追偿。”根据上述规定，工伤保险基金和基本医疗保险基金先行支付医疗费用后，可以向第一顺位的侵权人追偿。在部分案件中，法院确定补偿责任时，就存在考虑了公费医疗报销①和农村医保报销②的情况。

尤其值得关注的是，最高人民法院指导案例 94 号“重庆市涪陵志大物业管理有限公司诉重庆市涪陵区人力资源和社会保障局劳动和社会保障行政确认案”的“裁判要点”明确指出：“职工见义勇为，为制止违法犯罪行为而受到伤害的，属于《工伤保险条例》第十五条第一款第二项规定的为维护公共利益受到伤害的情形，应当视同工伤。”在这种情形下，可以由工伤保险基金给予相应的工伤待遇。

3. 人寿保险

我国《保险法》第 46 条规定：“被保险人因第三者的行为而发生死亡、伤残或者疾病等保险事故的，保险人向被保险人或者受益人给付保险金后，不享有向第三者追偿的权利，但被保险人或者受益人仍有权向第三者请求赔偿。”实务中，法院在确定受益人补偿金额时，会考虑人寿保险的理赔情况。③

4. 政府或者见义勇为基金补偿

从行政法的角度，公民没有法定或约定义务而实施的及时制止违法犯罪和维护国家或公共财产的行为，是对国家机关职责行为的代行。④ 最高人民法院指导案例 98 号“张庆福、张殿凯诉朱振彪生命权纠纷案”的“裁判要点”明确指出：“行为人非因法定职责、法定义务或约定义务，为保护国家、社会公共利益或者他人的人身、财产安全，实施阻止不法侵害者逃逸的行为，人民法院可以认定为见义勇为。”见义勇为行为不但维护了国家、集体和他人的合法权益，而且维护了公共秩序和安全，是一种行政协助行为，因而，见义勇为人在其见义勇为行为中所遭受的损失，如受伤后的医疗费等，应被视为其为维护公共利益所承受的负担，并且对于一般公民来说是一种额外负担。根据公共负担平等理论，国家应从财政中拿出一部分来对见义勇为人的额外负担加以填补⑤，使见义勇为人对公共义务的负担达到其实施见义勇为行为前的同等状态，从而实现公民公共负担的平等。⑥ 由于现行法尚未明确政府的补助义务，政府的补助一般是根据实际情况发放的，对于学生的见义勇为行

① 参见湖北省十堰市茅箭区人民法院（2014）鄂茅箭民一初第 01765 号民事判决书。

② 参见浙江省丽水市中级人民法院（2015）浙丽民终字第 50 号民事判决书。

③ 参见陕西省西安市莲湖区人民法院（2011）莲民二初字第 88 号民事判决书。

④ 参见杨海坤、曹达全：《试析行政法意义上的见义勇为行为——兼评我国见义勇为法律制度之不足》，《法学论坛》2008 年第 1 期。

⑤ 参见赵迅、蒋安：《当代道德法律化趋势的若干误区与检讨》，《当代法学》2001 年第 8 期。

⑥ 参见傅昌强、甘琴友：《见义勇为行为的行政法思考》，《行政法学研究》2002 年第 2 期。

为，教育部门往往还会单独予以补助。①

另外，我国各地都相继建立了见义勇为基金会，根据具体情形发放各类见义勇为的奖金和抚慰金。② 政府应该参与见义勇为基金的资金筹集和运作，见义勇为基金垫付后，其管理机构有权向侵权人追偿。③

5. 社会捐助

见义勇为行为通过媒体宣传后，有时会获得各类社会捐助，捐助额甚至超过人身损害赔偿标准。在这样的情形下法院仍然判决受益人予以补偿④，其实是没有必要的。

6. 受益人补偿责任

在上述侵权责任、社会保险、人寿保险、政府或见义勇为基金补偿和社会捐助救济不足的情形下，才有受益人补偿责任的适用空间。这是因为，损失填平原则是受益人适当补偿的先决条件。⑤

（四）统一规定补充性无偿受益补偿责任的立法建议

综上所述，面对“因保护他人民事权益使自己受到损害的”情形，《民法典》延续了原《侵权责任法》的路径，只考虑到了侵权人赔偿和受益人补偿两项损害填补来源。我们完全可以跳出路径依赖，将补偿来源扩展到社会保险、人寿保险、政府或者见义勇为基金的补偿以及社会捐助。有侵权人的，由侵权人承担民事责任；上述民法之外的救济来源都无法充分救济受害人的，才补充性地由受益人承担补偿责任。《民法典》中其他涉及实际损害是由第三人造成的情形均规定了有追偿权的立法模式，建议未来最高人民法院通过《民法典侵权责任编解释》明确受益人承担了补偿责任后对侵权人的追偿权，但该追偿权劣后于见义勇为人对侵权人的侵权损害赔偿请求权。

① 参见浙江省温州市中级人民法院（2009）浙温民终字第1081号民事判决书。

② 参见丰霏、王霞：《论见义勇为的奖金激励条款》，《当代法学》2010年第3期。

③ 参见王雷：《见义勇为行为中受益人补偿义务的体系效应》，《华东政法大学学报》2014年第4期。

④ 参见河南省柘城县人民法院（2013）柘民初第1295号民事判决书；河南省柘城县人民法院（2013）柘民初第1296号民事判决书。

⑤ 参见上海市徐汇区人民法院（2015）徐民一（民）初字第424号民事判决书。

参考文献

一、中文参考资料

（一）中文著作

1.《法学研究》编辑部编著．新中国民法学研究综述．北京：中国社会科学出版社，1990.

2. 安徽省高级人民法院编．跃进中的安徽人民调处工作．合肥：安徽人民出版社，1959.

3. 安徽省高级人民法院编．推行社会主义爱国公约．北京：法律出版社，1960.

4. 曹建明．国际产品责任法概说．上海：上海社会科学院出版社，1987.

5. 曹艳春．雇主替代责任研究．北京：法律出版社，2008.

6. 曾隆兴．详解损害赔偿法．北京：中国政法大学出版社，2004.

7. 曾世雄．损害赔偿法原理．北京：中国政法大学出版社，2001.

8. 陈忠五主编．新学林分科六法：民法．台北：新学林出版股份有限公司，2011.

9. 程啸．侵权行为法总论．北京：中国人民大学出版社，2007.

10. 程啸．侵权责任法．北京：法律出版社，2011.

11. 程啸．侵权责任法．2 版．北京：法律出版社，2015.

12. 邓曾甲．日本民法概论．北京：法律出版社，1995.

13. 邓小平．关于整风运动的报告．北京：人民日报出版社，1957.

14. 福建省高级人民法院编．爱国公约和人民调处工作．福州：福建人民出版社，1959.

15. 顾昂然．新中国民事法律概述．北京：法律出版社，2000.

16. 顾昂然，王家福，江平，等．中华人民共和国民法通则讲座．北京：中国法制出版社，2000.

17. 胡平．精神损害赔偿制度研究．北京：中国政法大学出版社，2003.

18. 胡泽卿主编．法医精神病学．4 版．北京：人民卫生出版社，2016.

19. 黄立．民法债编总论．修正 3 版．台北：自版，2006.

20. 黄薇主编．中华人民共和国民法典侵权责任编解读．北京：中国法制出版社，2020.

21. 黄薇主编．中华人民共和国民法典总则编解读．北京：中国法制出版社，2020.

22. 江平．民法学．北京：中国政法大学出版社，2011.

23. 蓝承烈．民法专题研究与应用．北京：群众出版社，2002.

24. 冷传莉．论民法中的人格物．北京：法律出版社，2011.

25. 李婧．侵权法的经济学分析．北京：知识产权出版社，2016.

26. 林诚二．民法债编总论：体系化解说．北京：中国人民大学出版社，2003.

27. 刘春茂主编．民法学．北京：中国人民公安大学出版社，1992.

28. 刘春梅．人身伤害中的非财产损害赔偿研究．北京：法律出版社，2011.

29. 刘得宽．民法诸问题与新展望．北京：中国政法大学出版社，2002.

30. 刘士国．现代侵权损害赔偿研究．北京：法律出版社，1998.

31. 马俊驹，余延满．民法原论．北京：法律出版社，2010.

32. 马原主编．中国民法教程．北京：人民法院出版社，1989.

33. 梅仲协．民法要义．北京：中国政法大学出版社，1998.

34. 邱聪智．新订民法债编通则：上．北京：中国人民大学出版社，2003.

35. 邱聪智．新订民法债编通则：下．北京：中国人民大学出版社，2003.

36. 瞿同祖．中国法律与中国社会．北京：中华书局，2003.

37. 全国科学技术名词审定委员会．遗传学名词 2006.2 版．北京：科学出版社，2006.

38. 芮沐．民法法律行为理论之全部：民总债合编．北京：中国政法大学出版社，2003.

39. 邵海．现代侵权法的嬗变：以责任保险的影响为视角．北京：法律出版社，2012.

40. 史尚宽．亲属法论．北京：中国政法大学出版社，2000.

41. 史尚宽．债法总论．北京：中国政法大学出版社，2000.

42. 孙森焱．民法债编总论：上册．北京：法律出版社，2006.

43. 孙森焱．民法债编总论：下册．北京：法律出版社，2006.

44. 唐德华主编．最高人民法院《关于确定民事侵权精神损害赔偿责任若干问题的解释》的理解与适用．北京：人民法院出版社，2015.

45. 佟柔主编．民法原理．北京：法律出版社，1983.

46. 佟柔主编．民法原理．修订本．北京：法律出版社，1987.

47. 佟柔主编．中国民法．北京：法律出版社，1990.

48. 王家福主编．中国民法学·民法债权．北京：法律出版社，1991.

49. 王军．侵权损害赔偿制度比较研究．北京：法律出版社，2011.

50. 王雷．民法学视野中的情谊行为．北京：北京大学出版社，2014.

51. 王立峰．惩罚的哲理．北京：清华大学出版社，2006.

52. 王利明．侵权行为法归责原则研究．北京：中国政法大学出版社，1992.

53. 王利明．侵权行为法归责原则研究．北京：中国政法大学出版社，2003.

54. 王利明．侵权行为法研究：上卷．北京：中国人民大学出版社，2004.

55. 王利明．人格权法．北京：中国人民大学出版社，2005.

56. 王利明．人格权法研究．北京：中国人民大学出版社，2005.

57. 王利明．侵权责任法研究：上．北京：中国人民大学出版社，2010.

58. 王利明．侵权责任法研究：下．北京：中国人民大学出版社，2011.

59. 王利明．人格权法研究．3版．北京：中国人民大学出版社，2018.

60. 王利明，郭明瑞，方流芳．民法新论：上册．北京：中国政法大学出版社，1988.

61. 王利明，杨立新．侵权行为法．北京：法律出版社，1996.

62. 王利明，周友军，高圣平．中国侵权责任法教程．北京：人民法院出版社，2010.

63. 王利明主编．民法·侵权行为法．北京：中国人民大学出版社，1993.

64. 王利明主编．民法典·侵权责任法研究．北京：人民法院出版社，2003.

65. 王利明主编．人身损害赔偿疑难问题．北京：中国社会科学出版社，2004.

66. 王利明主编．中国民法典评注·侵权责任编．北京：人民法院出版社，2021.

67. 王胜明主编．中华人民共和国侵权责任法解读．北京：中国法制出版社，2010.

68. 王胜明主编．中华人民共和国侵权责任法释义．北京：法律出版社，2010.

69. 王卫国．过错责任原则：第三次勃兴．北京：中国法制出版社，2000.

70. 王泽鉴．民法学说与判例研究：第2册．北京：中国政法大学出版社，1998.

71. 王泽鉴．债法原理：第1册．北京：中国政法大学出版社，2001.

72. 王泽鉴．民法概要．北京：中国政法大学出版社，2003.

73. 王泽鉴．民法学说与判例研究：第3册．北京：中国政法大学出版社，2005.

74. 王泽鉴．民法学说与判例研究：第6册．修订版．北京：中国政法大学出版社，2005.

75. 王泽鉴．侵权行为．北京：北京大学出版社，2009.

76. 王泽鉴．债法原理．北京：北京大学出版社，2009.

77. 王泽鉴．人格权法：法释义学，比较法，案例研究．北京：北京大学出版社，2013.

78. 王泽鉴．侵权行为．3版．北京：北京大学出版社，2016.

79. 王竹．侵权责任分担论．北京：中国人民大学出版社，2009.

80. 王竹主编．侵权责任纠纷与人格权纠纷：法律大数据案由法条关联丛书．北京：北京大学出版社，2017.

81. 魏振瀛主编．民法．北京：北京大学出版社，2000.

82. 徐爱国编著．英美侵权行为法．北京：法律出版社，1999.

83. 杨大文主编．亲属法与继承法．北京：法律出版社，2013.

84. 杨帆．风险社会视域中侵权损害赔偿与责任保险的互动机制．北京：中国社会科学出版社，2016.

85. 杨立新．侵权法论．3 版．北京：人民法院出版社，2005.

86. 杨立新．类型侵权行为法研究．北京：人民法院出版社，2006.

87. 杨立新．侵权损害赔偿．5 版．北京：法律出版社，2010.

88. 杨立新．侵权责任法．北京：法律出版社，2010.

89. 杨立新．侵权法论．4 版．北京：人民法院出版社，2011.

90. 杨立新．侵权责任法．2 版．北京：法律出版社，2012.

91. 杨立新．家事法．北京：法律出版社，2013.

92. 杨立新．侵权法论．5 版．北京：人民法院出版社，2013.

93. 杨立新．人格权法．北京：法律出版社，2015.

94. 杨立新．侵权责任法．4 版．北京：法律出版社，2021.

95. 杨垠红．侵权法上的作为义务：安全保障义务之研究．北京：法律出版社，2008.

96. 姚辉．人格权法论．北京：中国人民大学出版社，2011.

97. 于敏．日本侵权行为法．北京：法律出版社，1998.

98. 于敏．日本侵权行为法．3 版．北京：法律出版社，2015.

99. 张广兴．债法总论．北京：法律出版社，1997.

100. 张俊浩主编．民法学原理．北京：中国政法大学出版社，1991.

101. 张俊浩主编．民法学原理：下．修订 3 版．北京：中国政法大学出版社，2000.

102. 张民安．过错侵权责任制度研究．北京：中国政法大学出版社，2002.

103. 张民安．法国民法．北京：清华大学出版社，2015.

104. 张新宝．中国侵权行为法．2 版．北京：中国社会科学出版社，1998.

105. 张新宝．侵权责任法原理．北京：中国人民大学出版社，2005.

106. 张新宝．侵权责任法．北京：中国人民大学出版社，2006.

107. 张新宝．侵权责任构成要件研究．北京：法律出版社，2007.

108. 张新宝．侵权责任法．2 版．北京：中国人民大学出版社，2010.

109. 张新宝主编．精神损害赔偿制度研究．北京：法律出版社，2012.

110. 赵汀阳．论可能生活．2 版．北京：中国人民大学出版社，2010.

111. 赵晓明，宋秀英．生物遗传进化学．北京：中国林业出版社，2003.

112. 郑玉波著，陈荣隆修订．民法债编总论．修订2版．北京：中国政法大学出版社，2004.

113. 中国社会科学院语言研究所词典编辑室．现代汉语词典．北京：商务印书馆，1983.

114. 中华人民共和国司法部办公厅编．人民司法工作在跃进：推行社会主义爱国公约和开展调处委员会的工作．北京：法律出版社，1958.

115. 中央政法干部学校民法教研室编著．中华人民共和国民法基本问题．北京：法律出版社，1958.

116. 周枏．罗马法原论：下册．北京：商务印书馆，1996.

117. 周枏．罗马法原论：上册．北京：商务印书馆，2005.

118. 周友军．交往安全义务理论研究．北京：中国人民大学出版社，2008.

119. 周友军．侵权法学．北京：中国人民大学出版社，2011.

120. 朱冬．知识产权侵权损害赔偿救济制度研究．北京：知识产权出版社，2018.

121. 邹海林，朱广新主编．民法典评注·侵权责任编．北京：中国法制出版社，2020.

122. 最高人民法院民法典贯彻实施工作领导小组办公室编著．最高人民法院实施民法典清理司法解释修改条文（111件）理解与适用．北京：人民法院出版社，2022.

123. 最高人民法院民事审判第一庭编著．最高人民法院人身损害赔偿司法解释的理解与适用．北京：人民法院出版社，2004.

124. 最高人民法院民事审判第一庭编著．最高人民法院人身损害赔偿司法解释的理解与适用．2版．北京：人民法院出版社，2015.

（二）中文论文

1. 艾尔肯，秦永志．论医疗知情同意书：兼评《侵权责任法》第55条、第56条的规定．东方法学，2010（3）.

2. 艾尔肯．论医疗知情同意理论．河北法学，2008（8）.

3. 白江．我国应扩大惩罚性赔偿在侵权责任法中的适用范围．清华法学，2015（3）.

4. 蔡颖雯．论我国未成年人监护人责任制度的完善：兼议侵权责任法的立法选择．法学家，2008（2）.

5. 曹冬子．关于帮工责任的若干思考．甘肃社会科学，2011（4）.

6. 曹险峰．侵权法之法理与高空抛物规则．法制与社会发展，2020（1）.

7. 曾大鹏．见义勇为立法与学说之反思：以《民法通则》第109条为中心．法学论坛，2007（2）.

8. 柴发邦，李春霖．改革与完善人民调解制度．政法论坛，1986（1）.

9. 车辉．我国未成年人监护人责任的立法检讨．宁夏社会科学，2014（1）.

10. 车志平．雇佣关系与帮工、承揽等相似关系的界定及识别．人民司法，2011（10）.

11. 陈帮锋．论监护人责任．中外法学，2011（1）.

12. 陈帮锋．民事责任能力：本原与异化．中外法学，2012（2）.

13. 陈本寒，陈英．公平责任归责原则的再探讨．法学评论，2012（2）.

14. 陈飞．责任保险与侵权法立法．法学论坛，2009（1）.

15. 陈皓．保险对侵权法损害赔偿功能的冲击与限度．社会科学辑刊，2014（3）.

16. 陈科．公平责任一般条款的司法适用：以 100 份侵权案件判决书为分析样本．法律适用，2015（1）.

17. 陈龙江．对我国民法上的“公平责任”的质疑．海南大学学报（人文社会科学版），2005（4）.

18. 陈兴良．奸淫幼女构成犯罪应以明知为前提：为一个司法解释辩护．法律科学，2003（6）.

19. 陈钊．论公平责任在《侵权责任法》中的适用．广西大学学报（哲学社会科学版），2017（6）.

20. 程啸．论侵权行为法上的过失相抵制度//清华法学：第 6 辑．北京：清华大学出版社，2005.

21. 程啸．论未来我国民法典中损害赔偿法的体系建构与完善．法律科学，2015（5）.

22. 崔建远．关于“公平责任原则”的考察与评论．当代法学，1990（3）.

23. 崔建远．论归责原则与侵权责任方式的关系．中国法学，2010（2）.

24. 崔建远．债法总则与中国民法典的制定：兼论赔礼道歉、恢复名誉、消除影响的定位．清华大学学报（哲学社会科学版），2003（4）.

25. 邓大榜．共同侵权行为的民事责任初探．现代法学，1982（3）.

26. 邓海鹰．这起邮票纠纷案该如何处理．法律适用，1994（12）.

27. 翟羽艳，吕秀军．公平责任三论．求是学刊，2000（2）.

28. 丁建军．浅谈民事责任中的赔礼道歉．法律适用，1997（2）.

29. 董春华．产品自身损害赔偿研究：兼评《侵权责任法》第 41 条．河北法学，2014（11）.

30. 董春华．再论产品责任的责任主体及归责原则：兼与高圣平教授商榷．法学论坛，2011（5）.

31. 段匡，何湘渝．医师的告知义务和患者的承诺//梁慧星主编．民商法论丛：第 12 卷，北京：法律出版社，1999.

32. 樊启荣，张晓萌．民法典编纂背景下我国保险法之发展：以保险法与民法诸部门法之关系为视角．云南社会科学，2016（1）.

33. 房清侠．上访者“被精神病”现象的法社会学思考．河北法学，2011（1）.

34. 房绍坤，武利中．公平责任原则质疑．法律科学，1988（1）.

35. 房绍坤．略论教唆侵权的民事责任．法学论坛，1991（3）.

36. 丰霏，王霞．论见义勇为的奖金激励条款．当代法学，2010（3）.

37. 傅昌强，甘琴友．见义勇为行为的行政法思考．行政法学研究，2002（2）.

38. 高圣平．产品责任法律制度研究：以《侵权责任法》第五章为分析对象//陈小君主编．私法研究：第9卷．北京：法律出版社，2010.

39. 高圣平．产品责任中生产者和销售者之间的不真正连带责任：以《侵权责任法》第五章为分析对象．法学论坛，2012（2）.

40. 高圣平．论产品责任的责任主体及归责事由：以《侵权责任法》“产品责任”章的解释论为视角．政治与法律，2010（5）.

41. 高圣平．论产品责任损害赔偿范围：以《侵权责任法》、《产品质量法》相关规定为分析对象．华东政法大学学报，2010（3）.

42. 葛云松．民法上的赔礼道歉责任及其强制执行．法学研究，2011（2）.

43. 葛云松．赔礼道歉民事责任的适用．法学，2013（5）.

44. 郭明瑞．补充责任、相应的补充责任与责任人的追偿权．烟台大学学报（哲学社会科学版），2011（1）.

45. 郭明瑞．关于公平责任的性质及适用．甘肃社会科学，2012（5）.

46. 海燕．略论个体经济组织中帮工与学徒的法律地位．山东法学，1987（4）.

47. 何国强．“风险侵权法”的理念及制度逻辑：从对高空抛物致害责任制度正当性的论证展开．湖北大学学报（哲学社会科学版），2017（3）.

48. 贺光辉．见义勇为行为民法属性新探．广西社会科学，2002（4）.

49. 胡晶晶．知识产权“利润剥夺”损害赔偿请求权基础研究．法律科学，2014（6）.

50. 胡凌．大数据兴起对法律实践与理论研究的影响．新疆师范大学学报（哲学社会科学版），2015（4）.

51. 胡吕银．从责任保险看侵权法之嬗变．扬州大学学报（人文社会科学版），1999（3）.

52. 胡伟强．反思《侵权责任法》第35条第1款之规定：从法律经济分析的视角解读//2012年度（第十届）中国法经济学论坛论文集，2012-06-23.

53. 黄雪兰．工伤认定及其赔偿规则之探讨．当代法学，2003（8）.

54. 黄阳寿．大陆民法通则第一三二条关于“公平责任原则”规定之研究．东吴法律学报，1997（2）.

55. 黄忠．赔礼道歉的法律化：何以可能及如何实践．法制与社会发展，2009

(2).

56. 黄忠．认真对待“赔礼道歉”．法律科学，2008 (5).

57. 季涛．谁是医疗关系中知情同意权的主体？．浙江社会科学，2010 (2).

58. 姜春玲．论患者的知情同意权：判例调查基础上的理论与立法检讨//南京大学法律评论：2006 年秋季卷．北京：法律出版社，2006.

59. 姜启波，郭锋，陈龙业．《关于依法妥善审理高空抛物、坠物案件的意见》的理解与适用．人民司法·应用，2020 (16).

60. 蒋颂平．“公平责任”原则应是独立的归责原则．人民司法，1989 (7).

61. 蒋万庚．见义勇为立法的思考．广西大学学报（哲学社会科学版），2002 (6).

62. 孔祥俊．论侵权行为的归责原则．中国法学，1992 (6).

63. 蓝承烈．论公平责任原则．学习与探索，1987 (3).

64. 李昊．论英美法上的“好撒马利亚人”．华东政法大学学报，2014 (4).

65. 李剑．论销售者的产品缺陷责任：兼议《产品质量法》第 42 条与第 43 条的关系．当代法学，2011 (5).

66. 李林启．“人格权商品化”法律概念解析．科技创业月刊，2012 (5).

67. 李林启．论人格权商品化侵权责任．湖南科技大学学报（社会科学版），2011 (2).

68. 李璐．抛掷物致人损害侵权责任研究．郑州大学学报（哲学社会科学版），2013 (3).

69. 李实．试论侵权法的渊源及三项责任原则．河北法学，1984 (4).

70. 李挺，王全弟．论责任保险与侵权法的关系：兼论两者的发展趋势．黑龙江省政法管理干部学院学报，2012 (5).

71. 李妍．反思高空抛物致害责任．社会科学家，2015 (11).

72. 李永军．论监护人对被监护人侵权行为的“替代责任”．当代法学，2013 (3).

73. 李中原．论机动车所有人与使用人的责任承担机制．苏州大学学报（哲学社会科学版），2011 (6).

74. 李中原．论民法上的补充债务．法学，2010 (3).

75. 梁慧星．从近代民法到现代民法：二十世纪民法回顾．中外法学，1997 (2).

76. 梁慧星．试论侵权行为法．法学研究，1981 (2).

77. 梁慧星．中国产品责任法：兼论假冒伪劣之根源和对策．法学，2001 (6).

78. 梁慧星．中国人身权制度．中国法学，1989 (5).

79. 林嘉．社会保险对侵权救济的影响及其发展．中国法学，2005 (3).

80. 林文学．《侵权责任法》医疗损害责任规定若干问题探析．法律适用，

2010 (7).

81. 刘邦琰，郭斌．如何确定该枚邮票的赔偿价额．人民司法，1993 (1).

82. 刘保玉，秦伟．论自然人的民事责任能力．法学研究，2001 (2).

83. 刘保玉．监护人责任若干争议问题探讨．法学论坛，2012 (3).

84. 刘承韪．获益损害赔偿制度的中国问题与体系构建．陕西师范大学学报（哲学社会科学版），2016 (6).

85. 刘敏．未成年人监护的责任减轻规则：以《侵权责任法》第 32 条第 1 款后段为中心的讨论．财经法学，2016 (6).

86. 刘士国．论侵权损害的公平责任原则．法律科学，1989 (2).

87. 刘士国．使用人责任疑难问题探讨．辽宁大学学报（哲学社会科学版），2006 (6).

88. 刘书锜．论我国的侵权损害赔偿．安徽大学学报（哲学社会科学版），1984 (4).

89. 刘淑珍．试论侵权损害的归责原则．法学研究，1984 (4).

90. 刘新熙．公平责任原则探讨．法学研究，1983 (2).

91. 刘媛媛．共同危险行为法效果之重构：内部比例责任对平均担责的替代．法律科学，2020 (5).

92. 吕群蓉．论我国强制医疗责任保险制度的构建：以无过错补偿责任为分析进路．法学评论，2014 (4).

93. 麻昌华，蔡军．试论损害．中南政法学院学报，1991 (1).

94. 马俊驹．论作为私法上权利的人格权．法学，2005 (12).

95. 满洪杰．作为知情同意原则之例外的紧急专断治疗："孕妇死亡"事件舆论降温后的思考．法学，2008 (5).

96. 米健．关于"公平"归责原则的思考．中外法学，1997 (1).

97. 米健．再论现代侵权行为法的归责原则：兼答张佩霖先生．政法论坛，1991 (2).

98. 缪宇．获利返还论：以《侵权责任法》第 20 条为中心．法商研究，2017 (4).

99. 宁金成，田土城．民法上之损害研究．中国法学，2002 (2).

100. 潘杰．《侵权责任法》上用人者责任制度的司法适用：立法与司法解释的比较与适用衔接．法律适用，2012 (2).

101. 潘元松．论骨灰的民法调整和保护．人民司法，2011 (7).

102. 齐云．高空坠物的法律规制研究：从罗马法、近现代民法到我国《侵权责任法》．西部法学评论，2017 (2).

103. 秦伟，王莉莉．高空抛物致害责任再认识．东岳论丛，2011 (10).

104. 冉克平．缺陷产品自身损失的救济路径．法学，2013 (4).

105. 沈玮玮．从甘结到具结悔过：传统民事司法信任的转变．安徽大学学报（哲学社会科学版），2010（3）.

106. 石佳友．当代侵权法的挑战及其应对：侵权法改革国际论坛综述．法律适用，2008（8）.

107. 石柱华．试论公平责任原则．中南政法学院学报，1987（3）.

108. 税兵．惩罚性赔偿的规范构造：以最高人民法院第 23 号指导性案例为中心．法学，2015（4）.

109. 宋伟哲．高空坠物问题的多元共治之道．探索与争鸣，2019（11）.

110. 粟榆．责任保险在大规模侵权中的运用．财经科学，2009（1）.

111. 孙维飞．弹性的法学移植：以侵权行为法学中“法益”学说之发展为个案的考察．中外法学，2009（6）.

112. 孙维飞．法学论文的“普法性论述”现象之探讨：从“义务帮工人自身受伤应如何处理”的个案出发．社会科学，2008（7）.

113. 谭玲．我国《产品质量法》关于缺陷的界定标准问题．学术研究，2003（8）.

114. 唐德华．高度重视对民事权益的保护：在国家法官学院中级法院院长培训班上的讲话//唐德华主编．民事审判指导与参考：2001 年第 2 卷．北京：法律出版社，2001.

115. 田侃，虞凯．试论保护性医疗措施的法律特征及行使原则．南京医科大学学报（社会科学版），2006（4）.

116. 汪渊智．论定作人的侵权责任．法学杂志，2007（3）.

117. 王彬．乡土社会的民间习惯与纠纷解决：以帮工习惯为中心的考察．湖南公安高等专科学校学报，2010（3）.

118. 王成．高空抛物侵权责任的配置及其正当性．民主与法制时报，2019－08－24，4 版.

119. 王洪亮．交往安全义务基础上的物件致损责任．政治与法律，2010（5）.

120. 王家昌，徐兴田，秦广生．帮手与雇工、帮工性质根本不同．经济管理，1981（11）.

121. 王金利，郭娜．无偿代驾应认定为义务帮工．人民司法·案例，2018（29）.

122. 王雷．见义勇为行为中的民法学问题研究．法学家，2012（5）.

123. 王雷．见义勇为行为中受益人补偿义务的体系效应．华东政法大学学报，2014（4）.

124. 王立峰．民事赔礼道歉的哲学分析//判解研究：2005 年第 2 辑．北京：人民法院出版社，2005.

125. 王利明．惩罚性赔偿研究．中国社会科学，2000（4）.

126. 王利明．共同危险行为若干问题研究：兼评《最高人民法院关于审理人身损害赔偿案件适用法律若干问题的解释》第四条．法学杂志，2004（4）.

127. 王利明．建立和完善多元化的受害人救济机制．中国法学，2009（4）.

128. 王利明．论产品责任中的损害概念．法学，2011（2）.

129. 王利明．论高楼抛物致人损害责任的完善．法学杂志，2020（1）.

130. 王利明．论人格权商品化．法律科学，2013（4）.

131. 王利明．抛掷物致人损害的责任．政法论坛，2006（6）.

132. 王利明．侵权获利返还若干问题探讨：兼评民法典分编草案二审稿第959条．广东社会科学，2019（4）.

133. 王利明．试论人格权的新发展．法商研究，2006（5）.

134. 王利明．我国侵权责任法的体系构建：以救济法为中心的思考．中国法学，2008（4）.

135. 王全弟，李挺．对侵权责任法公平责任的新解读．三峡大学学报（人文社会科学版），2013（6）.

136. 王若冰．获利返还制度之我见：对《侵权责任法》第20条的检讨．当代法学，2014（6）.

137. 王向楠．我国责任保险发展的影响因素研究．西部论坛，2015（4）.

138. 王轶．作为债之独立类型的法定补偿义务．法学研究，2014（2）.

139. 王永华．建国初期的爱国公约运动．党史博览，2007（4）.

140. 王毓莹，向国慧．论公平责任原则的限制适用：公平责任原则的公平危机及其防范．法律适用，2004（9）.

141. 王占明．医生告知义务的三种豁免根据//厦门大学法律评论：第十八卷．厦门：厦门大学出版社，2010.

142. 王竹，方延．身体权学理独立过程考．广州大学学报（社会科学版），2012（5）.

143. 王竹，刘洋．论缺陷产品预防性除险责任：以《侵权责任法》第45条为中心//北航法律评论：2013年第1辑．北京：法律出版社，2013.

144. 王竹，刘雨林．“High pressure”抑或“high voltage”?：对《侵权责任法》第73条“高压”的本意解读//杨遂全主编．民商法争鸣：第二辑．北京：法律出版社，2010.

145. 王竹，王毅纯，邵省．全球视野下的产品责任典型案例分析//判解研究：2013年第2辑．北京：人民法院出版社，2013.

146. 王竹，张恒．劳务派遣工作人员的侵权责任：兼论“不真正补充责任”的确立与扩展适用．法学，2013（2）.

147. 王竹，张恒．论我国侵权法上使用人替代责任的谱系化建构：兼论对“雇佣关系”概念的改造．四川师范大学学报（社会科学版），2013（5）.

148. 王竹，张敏．论侵害特定纪念物品精神损害赔偿的适用范围：从“人格象征意义说”到“身份象征意义说”．现代法治研究，2018（3）.

149. 王竹，郑小敏．我国侵权法上公平责任的类型化研究//民事审判指导与参考：2007 年第 4 集．北京：法律出版社，2008.

150. 王竹，周旭．机动车所有人与使用人不是同一人时的机动车一方交通事故责任分担规则研究//望江法学：2013 年卷．北京：法律出版社，2013.

151. 王竹．“批发”抑或“零售”：《民法总则》的编纂定位与内容评析．当代法学，2018（1）.

152. 王竹．《民法典·侵权责任编》编纂背景与结构调整．国家检察官学院学报，2017（4）.

153. 王竹．《民法典》高空抛物坠物责任新增规则评述．厦门大学学报（哲学社会科学版），2021（3）.

154. 王竹．《民法总则（草案）》若干法律规范去留问题大数据分析：以《民法通则》相应条文的司法适用大数据报告为基础．四川大学学报（哲学社会科学版），2017（1）.

155. 王竹．《侵权责任法》第 86 条第 1 款的理解与适用//月旦民商法杂志（第 31 期）．台北：元照出版公司，2011.

156. 王竹．《侵权责任法》立法程序的合宪性解释：兼论“民法典”起草过程中的宪法意识．法学，2010（5）.

157. 王竹．《侵权责任法》侵权责任分担立法体例与规则评析．法学杂志，2010（3）.

158. 王竹．见义勇为人受损受益人补偿责任论．法学论坛，2018（1）.

159. 王竹．来源不明抛掷、坠落物品致害建筑物区分使用人道义补偿责任研究//梁慧星主编．民商法论丛：第 59 卷．北京：法律出版社，2015.

160. 王竹．论《民法典·侵权责任编》的监护人责任设计．四川大学学报（哲学社会科学版），2018（5）.

161. 王竹．论补充责任在《侵权责任法》上的确立与扩展适用．法学，2009（9）.

162. 王竹．论法定型不真正连带责任及其在严格责任领域的扩展适用//人大法律评论：2009 年卷．北京：法律出版社，2009.

163. 王竹．论风险责任概念的确立．北方法学，2011（2）.

164. 王竹．论教唆行为与帮助行为的侵权责任．法学论坛，2011（5）.

165. 王竹．论客观关联共同侵权行为理论在中国侵权法上的确立//南京大学法律评论：2010 年春季卷．北京：法律出版社，2010.

166. 王竹．论实质意义上侵权法的确定与立法展望．四川大学学报（哲学社会科学版），2011（3）.

167. 王竹．论受害人有过错的数人侵权责任分担．清华法学，2010（2）.

168. 王竹．论数人侵权责任分担中最终责任份额的确定方式．法商研究，2010（6）.

169. 王竹．论我国侵权法上的缺陷产品营销参与者责任：兼评最高人民法院《食品药品纠纷司法解释》相关规定//人大法律评论：2014年卷第1辑．北京：法律出版社，2014.

170. 王竹．论医疗产品责任规则及其准用：以《中华人民共和国侵权责任法》第59条为中心．法商研究，2013（3）.

171. 王竹．人格权法立法展望//陈小君主编．私法研究：第10卷．北京：法律出版社，2011.

172. 王竹．特殊侵权行为中受害人过错制度的适用研究：以《侵权责任法》第六章到第十章为中心．河南财经政法大学学报，2012（1）.

173. 王竹．我国侵权法上“公平责任”源流考．甘肃政法学院学报，2008（2）.

174. 王竹．我国侵权法上特殊数人侵权责任分担制度立法体例与规则研究．政法论丛，2009（4）.

175. 王竹．再论共同危险行为：以客观关联共同侵权行为理论为视角．福建师范大学学报（哲学社会科学版），2010（4）.

176. 魏平，魏丽．国际财产保险业务结构研究及启示．保险研究，2018（3）.

177. 魏振瀛．论请求权的性质与体系：未来我国民法典中的请求权．中外法学，2003（4）.

178. 温世扬．析“人格权商品化”与“人格商品化权”．法学论坛，2013（5）.

179. 吴从周．见义勇为与无因管理：从德国法及台湾地区法规定评河南法院判决．华东政法大学学报，2014（4）.

180. 吴国喆．论高空抛物致害的比例责任承担．西北师大学报（社会科学版），2016（6）.

181. 吴汉东．试论人格利益和无形财产利益的权利构造：以法人人格权为研究对象．法商研究，2012（1）.

182. 吴小平．责任保险对于侵权法的影响．经济评论，1993（3）.

183. 伍再阳．意思联络是共同侵权行为的必备要件．现代法学，1984（2）.

184. 夏芸．患者自己决定权和医师裁量权的冲突：评“病人基于宗教信仰拒绝接受输血案”//南京大学法律评论：2003年春季卷．北京：法律出版社，2003.

185. 肖泽晟．坟主后代对祖坟的权益．法学，2009（7）.

186. 谢鸿飞．精神损害赔偿的三个关键词．法商研究，2010（6）.

187. 谢鸿飞．民法典与人的美德．中国法律评论，2015（4）.

188. 熊继前，王煊城，徐新友．未出师徒弟履行职务侵权的民事责任承担．人民司法，1998（2）.

189. 徐爱国．重新解释侵权行为法中的公平责任原则．政治与法律，2003（6）.

190. 徐国栋．见义勇为立法比较研究．河北法学，2006（7）.

191. 徐国栋．人格权制度历史沿革考．法制与社会发展，2008（1）.

192. 徐国栋．现代的新财产分类及其启示．广西大学学报（哲学社会科学版），2005（6）.

193. 徐开墅．论民事活动中的法律责任．政法论坛，1987（5）.

194. 徐同远．见义勇为受益人与行为之间法律关系的调整．法治研究，2012（12）.

195. 徐武生，何秋莲．见义勇为立法与无因管理制度．中国人民大学学报，1999（4）.

196. 许传玺．中国侵权法现状：考察与评论．政法论坛，2002（1）.

197. 许赛莹，张玉敏．如何处理损害赔偿纠纷．法学，1984（5）.

198. 薛军．《侵权责任法》对监护人责任制度的发展．苏州大学学报，2011（6）.

199. 薛军．非典型人格利益的民法保护模式研究．暨南学报（哲学社会科学版），2012（3）.

200. 薛军．走出监护人“补充责任”的误区．华东政法大学学报，2010（3）.

201. 薛林．论人民调解委员会．新疆社会科学，1983（4）.

202. 杨波，蔡峰华．义工行为侵权责任制度研究：以义工行为法律关系为基础．法学论坛，2004（3）.

203. 杨海坤，曹达全．试析行政法意义上的见义勇为行为：兼评我国见义勇为法律制度之不足．法学论坛，2008（1）.

204. 杨华柏．德国侵权法与责任保险的互动关系及对中国的启示．保险研究，2009（3）.

205. 杨立新，贾一曦．《民法总则》之因见义勇为受害的特别请求权．国家检察官学院学报，2017（3）.

206. 杨立新，梁清．原因力的因果关系理论基础及其具体应用．法学家，2006（6）.

207. 杨立新，马桦．性骚扰行为的侵权责任形态分析．法学杂志，2005（6）.

208. 杨立新，王海英，孙博．人身权的延伸法律保护．法学研究，1995（2）.

209. 杨立新，王竹．论侵权法上的受害人过错制度//陈小君主编．私法研究：第7卷．北京：法律出版社，2009.

210. 杨立新，尹艳．试论定作人指示过失的侵权责任．河北法学，1991（2）.

211. 杨立新，袁雪石．论医疗机构违反告知义务的医疗侵权责任．河北法学，2006（12）.

212. 杨立新．共同侵权行为及其责任的侵权责任法立法抉择．河南省政法管理干部学院学报，2006 (5).

213. 杨立新．教唆人、帮助人责任与监护人责任．法学论坛，2012 (3).

214. 杨立新．论不真正连带责任类型体系及规则．当代法学，2012 (3).

215. 杨立新．论公民身体权及其民法保护．法律科学，1994 (6).

216. 杨立新．论侵害财产权中的精神损害赔偿．人民检察，2002 (6).

217. 杨立新．试论共同危险行为．法学研究，1987 (5).

218. 杨立新．新类型侵权行为的责任形态及其规则：对最高人民法院有关人身损害赔偿的司法解释的解读．政法学刊，2005 (3).

219. 杨立新．修正的《道路交通安全法》第 76 条的进展及审判对策．法律适用，2008 (3).

220. 杨立新．应当维护侵权连带责任的纯洁性：《关于审理人身损害赔偿案件适用法律若干问题的解释》规定的侵权连带责任研究//判解研究：第 6 辑．北京：人民法院出版社，2004.

221. 杨丽珍．论定作人之责任．西北大学学报（哲学社会科学版），2010 (1).

222. 杨署东．转承责任基本理论问题新探．重庆大学学报（社会科学版），2010 (4).

223. 杨遂全．现行婚姻法的不足与民法典立法对策．法学研究，2003 (2).

224. 杨永华，方克勤．陕甘宁边区调解工作的基本经验．西北政法学院学报，1984 (2).

225. 姚宝华，王竹．道路交通安全法第七十六条第一款第（二）项的解读与适用．人民司法，2008 (15).

226. 姚辉，段睿．“赔礼道歉”的异化与回归．中国人民大学学报，2012 (2).

227. 姚辉，梁展欣．使用人责任相关问题探讨．政法论丛，2010 (5).

228. 姚辉．论人格权法与侵权责任法的关系．华东政法大学学报，2011 (1).

229. 姚辉．赔礼道歉与“最后的手段”．法制日报，2010－08－11，11 版.

230. 姚辉．侵权法的危机：带入新时代的旧问题//人大法律评论：2000 年卷第 2 辑．北京：中国人民大学出版社，2000.

231. 姚建军．产品质量检验合格并不等于产品无缺陷．人民司法，2014 (2).

232. 叶金强．《侵权责任法》第 24 条的解释论．清华法学，2011 (5).

233. 叶延玺．论美国二十世纪 80 年代保险危机以来的侵权法改革运动．云南大学学报（法学版），2014 (1).

234. 易继明，周琼．论具有人格利益的财产．法学研究，2008 (1).

235. 易军．个人主义方法论与私法．法学研究，2006 (1).

236. 尹飞．论义务帮工责任的独立地位．法学杂志，2009 (3).

237. 尹飞．为他人行为侵权责任之归责基础．法学研究，2009（5）.

238. 尹鲁先，褚兢．国家名片索赔记：全国首例珍稀邮票赔偿案审判纪实．人民司法，1993（4）.

239. 余小伟．“公平责任”是否“公平”：以二十世纪新侵权法理论为视角．政治与法律，2017（12）.

240. 岳业鹏．论人格权财产利益的法律保护：以《侵权责任法》第 20 条为中心．法学家，2018（3）.

241. 张富文．新中国初期社会主义爱国公约运动初探．北京社会科学，2009（6）.

242. 张谷．作为救济法的侵权法，也是自由保障法：对《中华人民共和国侵权责任法（草案）》的几点意见．暨南学报（哲学社会科学版），2009（2）.

243. 张海峡，白云飞，黄晓扣．紧急救助论：见义勇为立法的民法法理依据．河北经贸大学学报，2000（6）.

244. 张红．侵权责任之惩罚性赔偿．武汉大学学报（哲学社会科学版），2020（1）.

245. 张家勇．不当的方法产生不当的结论：评《劳务派遣工作人员的侵权责任》一文//民商法争鸣：第 7 辑．北京：法律出版社，2014.

246. 张建文．作为新兴权利司法保护方法的一般人格权．法学杂志，2019（6）.

247. 张江莉．论销售者的产品责任．法商研究，2013（2）.

248. 张金海．公平责任考辨．中外法学，2011（4）.

249. 张力，郑志峰．侵权责任法中的第三人侵权行为．现代法学，2015（1）.

250. 张民安，林泰松．我国《侵权责任法》对他人民事权益的保护．暨南学报（哲学社会科学版），2010（3）.

251. 张佩霖．谈谈《民法通则》规定的民事责任．政法论坛，1986（5）.

252. 张铁薇．侵权法的自负与贫困．比较法研究，2009（6）.

253. 张铁薇．侵权法危机的伦理诊断．法学家，2012（1）.

254. 张维迎，邓峰．信息、激励与连带责任：对中国古代连坐、保甲制度的法和经济学解释．中国社会科学，2003（3）.

255. 张翔．论家庭身份的私法人格底蕴及其历史演变．法律科学，2011（2）.

256. 张晓霞．侵权获利返还之请求权基础分析：以第三次修订的《专利法》第 65 条为出发点．知识产权，2010（2）.

257. 张新宝，解娜娜．“机动车一方”：道路交通事故赔偿义务人解析．法学家，2008（6）.

258. 张新宝，任鸿雁．我国产品责任制度：守成与创新．北方法学，2012（3）.

259. 张新宝，宋志红．论《侵权责任法》中的补偿．暨南学报（哲学社会科学版），2010（3）.

260. 张新宝，唐青林．共同侵权责任十论：以责任承担为中心重塑共同侵权理论//民事审判指导与参考：第18集．北京：法律出版社，2004.

261. 张新宝，唐青林．经营者对服务场所的安全保障义务．法学研究，2003（3）.

262. 张新宝，张馨天．从《侵权责任法》第87条到《民法典》第1254条："高空抛（坠）物"致人损害责任规则的进步．比较法研究，2020（6）.

263. 张新宝．"公平责任"的再定位．法商研究，2021（5）.

264. 张新宝．侵权责任法立法：功能定位、利益平衡与制度构建．中国人民大学学报，2009（3）.

265. 张新宝．侵权责任法立法的利益衡量．中国法学，2009（4）.

266. 张学军．"监护人""公平分担损失"制度研究．当代法学，2013（5）.

267. 张学军．儿童所负公平责任之比较研究．北京航空航天大学学报（社会科学版），2013（6）.

268. 张作华．认真对待民法中的身份：我国身份法研究之反思．法律科学，2012（4）.

269. 章程．见义勇为的民事责任：日本法的状况及其对我国法的启示．华东政法大学学报，2014（4）.

270. 章亮明．派遣劳动者职务侵权时的雇主责任．法学论坛，2009（4）.

271. 赵德魁，孙承基，阎为群．对有关调处工作的几个问题的意见．法学，1958（7）.

272. 赵迅，蒋安．当代道德法律化趋势的若干误区与检讨．当代法学，2001（8）.

273. 赵泽君．民事争点整理程序的合理性基础及其建构．现代法学，2008（2）.

274. 郑定，马建兴．论宗族制度与中国传统法律文化．法学家，2002（2）.

275. 郑晓剑．不应被淡化的侵权责任能力：对侵权责任能力制度若干功能的考察与审思．法律科学，2011（6）.

276. 郑晓剑．侵权损害完全赔偿原则之检讨．法学，2017（12）.

277. 郑志涛，王崇敏．我国建筑物抛物、坠物侵权责任强制保险构建．海南大学学报（人文社会科学版），2020（3）.

278. 重庆市第三中级人民法院课题组．权衡与博弈：高空抛物致害责任的路径选择：兼评《侵权责任法》第87条．法律适用，2012（12）.

279. 周宏．《侵权责任法》中劳务关系之认定．唯实，2011（11）.

280. 周辉．见义勇为行为的民法思考．人民法院报，2000年5月27日，第3版.

281. 周美华．论侵权责任制度与责任保险的共生与博弈．重庆科技学院学报（社会科学版），2015（1）.

282. 周学峰．侵权诉讼与责任保险的纠结：从两方对抗到三方博弈．清华法学，2012（2）.

283. 周友军．我国侵权法上完全赔偿原则的证立与实现．环球法律评论，2015（2）.

284. 周友军．我国侵权责任形式的反思．法学杂志，2009（3）.

285. 朱广新．被监护人致人损害的侵权责任配置．苏州大学学报，2011（6）.

286. 朱浩然．八达岭野生动物园老虎伤人事件的法律分析：从野生动物园安全保障义务角度．法治论丛，2016（5）.

287. 朱利．中国侵权法财产损失的完全赔偿原则之检讨：以比较法的视角为核心．西部法学评论，2017（5）.

288. 朱晓喆，冯洁语．产品自损、纯粹经济损失与侵权责任：以最高人民法院（2013）民申字第908号民事裁定书为切入点．交大法学，2016（1）.

289. 朱岩．“利润剥夺”的请求权基础：兼评《中华人民共和国侵权责任法》第20条．法商研究，2011（3）.

290. 朱岩．从大规模侵权看侵权责任法的体系变迁．中国人民大学学报，2009（3）.

291. 朱岩．风险社会与现代侵权责任法体系．法学研究，2009（5）.

（三）中文译作

1. ［古希腊］亚里士多德．尼各马可伦理学．廖申白，译注．北京：商务印书馆，2005.

2. ［德］U·马格努斯主编．侵权法的统一：损害与损害赔偿．谢鸿飞，译．北京：法律出版社，2009.

3. ［德］埃尔温·多伊奇，汉斯-于尔根·阿伦斯．德国侵权法：侵权行为、损害赔偿及痛苦抚慰金．5版．叶名怡，温大军，译，刘志阳，校．北京：中国人民大学出版社，2016.

4. ［德］迪特尔·梅迪库斯．德国债法总论．杜景林，卢谌，译．北京：法律出版社，2003.

5. ［德］迪特尔·梅迪库斯．德国债法分论．杜景林，卢谌，译．北京：法律出版社，2007.

6. ［德］格哈德·瓦格纳主编．比较法视野下的侵权法与责任保险．魏磊杰，王之洲，朱淼，译．北京：中国法制出版社，2012.

7. ［德］黑格尔．精神现象学：下卷．贺麟，王玖兴，译．北京：商务印书馆，1979.

8. ［德］卡尔·拉伦茨．德国民法通论．王晓晔，等，译．北京：法律出版社，2013.

9.［德］康德．法的形而上学原理．沈叔平，译．北京：商务印书馆，1991.

10.［德］康德．实践理性批判．韩水法，译．北京：商务印书馆，1999.

11.［德］克雷斯蒂安·冯·巴尔．欧洲比较侵权行为法：上卷．张新宝，译．北京：法律出版社，2001.

12.［德］克雷斯蒂安·冯·巴尔．欧洲比较侵权行为法：下卷．焦美华，译．北京：法律出版社，2001.

13.［德］鲁道夫·冯·耶林．为权利而斗争．胡宝海，译．北京：中国法制出版社，2004.

14.［德］鲁道夫·冯·耶林．罗马私法中的过错要素．柯伟才，译．北京：中国法制出版社，2009.

15.［德］罗尔夫·克尼佩尔．法律与历史：论《德国民法典》的形成与变迁．朱岩，译．北京：法律出版社，2003.

16.［德］马克西米利安·福克斯．侵权行为法．齐晓琨，译．北京：法律出版社，2006.

17.［德］梅尔．德国观念论与惩罚的概念．邱帅萍，译．北京：知识产权出版社，2015.

18.［德］乌尔里希·贝克．风险社会．何博闻，译．南京：译林出版社，2004.

19.［加］欧内斯特·J. 温里布．私法的理念．徐爱国，译．北京：北京大学出版社，2007.

20.［美］W·D·罗斯．亚里士多德．王路，译．张家龙，校．北京：商务印书馆，1997.

21.［美］肯尼斯·S. 亚伯拉罕．美国保险法原理与实务．韩长印，韩永强，楚清，易萍，王之洲，陈静，译．北京：中国政法大学出版社，2012.

22.［美］小詹姆斯·A. 亨德森，理查德·N. 皮尔森，道格拉斯·A. 凯萨，约翰·A. 西里西艾诺．美国侵权法：实体与程序．7版．王竹，丁海俊，董春华，周玉辉，译，王竹，校．北京：北京大学出版社，2014.

23.［日］星野英一．现代民法基本问题．段匡，杨永庄，译．上海，上海三联书店，2015.

24.［日］圆谷峻．判例形成的日本新侵权行为法．赵莉，译．北京：法律出版社，2008.

25.［日］滋贺秀三．中国家族法原理．张建国，李力，译．北京：法律出版社，2003.

26.［苏］A·B·维涅吉克托尔．苏联民法对社会主义财产的保护．谢怀栻，李为，译．北京：法律出版社，1957.

27. ［苏］B·п·格里巴诺夫，C·M·科尔涅耶夫主编．苏联民法：下册．中国社会科学院法学研究所民法经济法研究室，译．北京：法律出版社，1986.

28. ［苏］C·H·布拉都西主编．苏维埃民法：上．中国人民大学民法教研室，译．北京：中国人民大学出版社，1954.

29. ［苏］格拉维，诺维茨基主编．债权法分论：关于几种债的研究．王明毅，等，译．北京：中国人民大学出版社，1957.

30. ［苏］坚金·布拉图斯主编．苏维埃民法：第三册．中国人民大学法律系民法教研室，译．北京：法律出版社，1957.

31. ［意］彼德罗·彭梵得．罗马法教科书．黄风，译．北京：中国政法大学出版社，1992.

32. ［意］桑德罗·斯奇巴尼选编．民法大全选译：债 契约之债．丁玫，译．北京：中国政法大学出版社，1992.

（四）中文译文

1. ［南］佛·克鲁尔杰．南斯拉夫新债法的概念及其基本制度．王名扬，译，盛愉，校．法学译丛，1980（2）.

2. ［苏］苏哈诺夫．社会主义民法典的体系//法学教材编辑部《民法原理》资料组选编．外国民法资料选编．北京：法律出版社，1983.

3. ［日］小口彦太．日中侵权行为法的比较，丁相顺，译．法制与社会发展，1999（3）.

4. ［日］小口彦太．不法行为法二题，丁相顺译//张新宝主编．侵权法评论：2004 年第 1 辑．北京：人民法院出版社，2004.

5. ［美］汤姆·贝克．作为侵权法规则的责任保险：责任保险影响行动中的侵权法的六种途径，李威娜译//《人大法律评论》编辑委员会组编．人大法律评论：2012 年卷第 2 辑．北京：法律出版社，2013.

6. ［美］托马斯·S. 尤伦．来自域外的视角：美国的侵权法与责任保险//［德］格哈德·瓦格纳主编．比较法视野下的侵权法与责任保险，魏磊杰，王之洲，朱淼，译．北京：中国法制出版社，2012.

7. ［奥］海尔穆特·库齐奥著．比较法视角下的产品责任法基础问题，王竹，张晶，译．求是学刊，2014（2）.

8. ［美］Michael D. Green. 石棉诉讼中责任分担的再思考．王竹，周奥杰，译//王洪亮，等主编．中德私法研究：第 12 卷．北京：北京大学出版社，2015.

（五）外国法律条文中文译本

1. ［古罗马］查士丁尼．法学总论：法学阶梯．张企泰，译．北京：商务印书馆，1989.

2. 苏俄民法典．王增润，译，王之相，校．北京：新华书店，1950.

3. 苏俄民法典．马骧聪，吴云琪，译，王家福，程远行，校．北京：中国社会科学出版社，1980.

4. 苏联民法纲要和民事诉讼纲要．中国科学院法学研究所，译．北京：法律出版社，1963.

5. 捷克斯洛伐克共和国民法典．郑民，译．北京：法律出版社，1956.

6. 捷克斯洛伐克社会主义共和国民法典．陈汉章，译．北京：法律出版社，1981.

7. 德意志民主共和国民法典．费宗祎，译．北京：法律出版社，1982.

8. 德国民法典．陈卫佐，译注．北京：法律出版社，2010.

9. 德国民法典全条文注释．杜景林、卢谌，译注．北京：中国政法大学出版社，2015.

10. 美国法律整编·侵权行为法．刘兴善，译．台北：司法周刊杂志社，1986.

11. 蒙古国民法典．海棠，吴振平，译．北京：中国法制出版社，2002.

12. 欧洲侵权法小组．欧洲侵权法原则：文本与评注．于敏，谢鸿飞，译．北京：法律出版社，2009.

13. 瑞士债务法．戴永盛，译．北京：中国政法大学出版社，2016.

（六）立法资料与学者建议稿

1. 王汉斌．关于《中华人民共和国民法通则（草案）》的说明．在1986年4月2日第六届全国人民代表大会第四次会议上.

2. 宋汝棼．全国人大法律委员会关于《中华人民共和国产品质量法（草案）》审议结果的报告．在1993年2月15日第七届全国人民代表大会常务委员会第三十次会议上.

3. 宋汝棼．关于国家安全法（草案修改稿）、修改商标法的决定（草案）、关于惩治假冒注册商标犯罪的补充规定（草案）、产品质量法（草案修改稿）修改意见的汇报．在1993年2月22日第七届全国人民代表大会常务委员会第三十次会议上.

4. 李重庵．全国人大法律委员会关于《中华人民共和国道路交通安全法修正案（草案）》审议结果的报告：2007年12月23日在第十届全国人民代表大会常务委员会第三十一次会议上．中华人民共和国全国人民代表大会常务委员会公报，2008（1）.

5. 李适时．全国人民代表大会法律委员会关于《中华人民共和国侵权责任法（草案）》主要问题的汇报．在2008年12月22日第十一届全国人民代表大会常务委员会第六次会议上.

6. 张柏林．全国人民代表大会法律委员会关于《中华人民共和国侵权责任法（草案）》审议结果的报告．在2009年12月22日第十一届全国人民代表大会常务委员会第十二次会议上.

7. 高铭暄、赵秉志编．新中国刑法立法文献资料总览．北京：中国人民公安大学出版社，1998.

8. 中国民法典立法研究课题组．中国民法典·侵权行为编草案建议稿．法学研究，2002（2）.

9. 何勤华、李秀清、陈颐编．新中国民法典草案总览：上卷．北京：法律出版社，2003.

10. 何勤华、李秀清、陈颐编．新中国民法典草案总览：下卷．北京：法律出版社，2003.

11. 张新宝．《中国民法典·侵权行为法编草案建议稿》理由概说//张新宝．法路心语．北京：法律出版社，2003.

12. 梁慧星主编．中国民法典草案建议稿附理由·侵权行为编/继承编．北京：法律出版社，2004.

13. 王利明主编．中国民法典学者建议稿及立法理由·侵权行为编．北京：法律出版社，2005.

14. 高圣平主编．中华人民共和国侵权责任法：立法争点、立法例及经典案例．北京：北京大学出版社，2010.

15. 全国人大常委会法制工作委员会民法室编．侵权责任法立法背景与观点全集．北京：法律出版社，2010.

16. 杨立新主持．中华人民共和国侵权责任法司法解释草案建议稿．河北法学，2010（11）.

17. 石宏主编．《中华人民共和国民法总则》条文说明、立法理由及相关规定．北京：北京大学出版社，2017.

18. 王竹主编．《民法典·侵权责任编》（编纂建议稿）附立法理由书．北京：清华大学出版社，2019.

（七）《中华人民共和国最高人民法院公报》刊载案例

1. 江宁县东山镇副业公司与江苏省南京机场高速公路管理处损害赔偿纠纷上诉案．最高人民法院公报，2000（1）.

2. 李彬诉陆仙芹、陆选凤、朱海泉人身损害赔偿纠纷案．最高人民法院公报，2002（4）.

3. 李萍、龚念诉五月花公司人身伤害赔偿纠纷案．最高人民法院公报，2002（2）.

4. 彭家惠诉《中国故事》杂志社名誉权纠纷案．最高人民法院公报，2002（6）.

5. 王利毅、张丽霞诉上海银河宾馆赔偿纠纷案．最高人民法院公报，2001（2）.

6. 吴成礼等五人诉官渡建行、五华保安公司人身损害赔偿纠纷案．最高人民法院公报，2004（12）.

7. 谢叶阳诉上海动物园饲养动物致人损害纠纷案．最高人民法院公报，2013（8）.

二、英文参考资料

（一）法律、重述与统一法案

1. ALI, Restatement of the Law, Second, Torts, 1965—1979.

2. ALI, Restatement of the Law, Third, Torts: Apportionment of Liability, 2000.

3. ALI, Restatement of the Law, Third, Torts: Liability for Physical and Emotional Harm, 2009—2012.

4. DIRECTIVE 92/59/EEC.

5. Law Reform (Miscellaneous Provisions) (Scotland) Act, 1940.

6. Law Reform (Miscellaneous Provisions) Act (North Ireland), 1937.

7. NCCUSL, Uniform Apportionment of Tort Responsibility Act (2003).

8. NCCUSL, Uniform Comparative Fault Act (1977).

9. NCCUSL, Uniform Contribution Among Tortfeasors Act (1939).

10. NCCUSL, Uniform Contribution Among Tortfeasors Act (1955 Revised Act).

11. Table of pre-2000 Uniform Statutes enacted, listed by statute.

（二）英文论文

1. Anthony J. Sebok, "Punitive Damages: From Myth to Theory", 92 Iowa L. Rev. 957 (2007).

2. Benjamin C. Zipursky, "Palsgraf, Punitive Damages, and Preemption", 125 Harv. L. Rev. 1757 (2012).

3. Bruce Chapman; Michael Trebilcock, "Punitive Damages: Divergence in Search of a Rationale", 40 Ala. L. Rev. 741 (1989), p. 761.

4. C. Parsons, "Employers' Liability Insurance-How Secure is the System?", Industrial Law Journal, Vol. 28, No. 2 (1999).

5. Dale W. Broeder, "The University of Chicago Jury Project", 38 Neb. L. Rev. 3 (1959).

6. Dan B. Dobbs, "Ending Punishment in Punitive Damages Deterrence-Measured Remedies", 40 Ala. L. Rev. 831 (1989).

7. David G. Owen, A Punitive Damages Overview: Functions, Problems and Reform, 39 Vill. L. Rev. 363 (1994).

8. David G. Owen, Punitive Damages in Product Liability Litigation, 74 Mich. L. Rev. 1257 (1976).

9. Dru Stevenson & Nicholas J. Wagoner, "Bargaining in the Shadow of Big

Data", 67 Fla. L. Rev. 1337.

10. Florence G'sell-Macrez, Medical Malpractice and Compensation in France, 86 Chicago-Kent Law Review, 1103 (2011).

11. Jean Hampton, "Correction Harms versus Righting Wrongs: The Goal of Retribution", 39 UCLA L. Rev. 1659 (1992).

12. John C. P. Goldberg, "Two Conceptions of Tort Damages: Fair v. Full Compensation", 55 DePaul L. Rev. 435.

13. John G. Fleming, "Contemporary Roles of the Law of Torts, Introduction", 18 Am. J. comp. L. 1 (1970).

14. John O. McGinnis & Russell G. Pearce, "The Great Disruption: How Machine Intelligence Will Transform the Role of Lawyers in the Delivery of Legal Services", 82 Fordham L. Rev. 3041.

15. Kent D. Syverud, "On the Demand for Liability Insurance", 72 Tex. L. Rev. 1629 (1994).

16. Marc Galanter David Luban, Poetic Justice: Punitive Damages and Legal Pluralism, 42 Am. U. L. Rev. 1393 (1993).

17. Margaret Jane Radin, Property and Personhood, 34 Stan. L. Rev. 957 (1982).

18. Melville B. Nimmer, The Right of Publicity, 19 Law & Contemp. Probs. 203 (1954).

19. N. H. Andrews, "Hard Bargaining: Out of Court Settlement in Personal Injury Actions. by Hazel Genn", Cambridge Law Journal, Vol. 47, No. 3 (1988).

20. Robert MacCoun, Is There a "Deep-Pocket" Bias in the Tort System? —the Concern over Biases against Deep-Pocket Defendants, Santa Monica, Calif. : RAND (1993).

21. Roscoe Pound, Interests of Personality, 28 Harv. L. Rev. 445 (1914—1915).

22. Scott Herschovitz, "Corrective Justice for Civil Recourse Theorists", 39 Fla. St. U. L. Rev. 107 (2011).

23. Scott Herschovitz, "Corrective Justice for Civil Recourse Theorists", 39 Fla. St. U. L. Rev. 107 (2011).

24. Stig Jorgensen, "The Decline and Fall of the Law of Torts", 18 Am. J. comp. L. 39 (1970).

25. Thomas B. Colby, "Beyond the Multiple Punishment Problem: Punitive Damages as Punishment for Individual, Private Wrongs", 87 Minn. L. Rev. 583 (2003).

(三) 英文著作

1. Ariel Porat, Alex Stein, Tort Liability under Uncertainty, Oxford University Press, 2001.

2. Basil S. Markesinis, Hannes Unberath, Law of Torts: A Comparative Treatise (4th ed.), Hart Publishing, 2002.

3. Bénédict Winiger, Helmut Koziol, Bernhard A. Koch, Reinhard Zimmermann, eds., Essential Cases on Natural Causation. Springer Wien New York, 2007.

4. Christian von Bar and Eric Clive, Principles, Definitions and Model Rules of European Private Law, Oxford University Press, 2010.

5. Dan B, Dobbs, Paul T. Hayden, The Law of Torts 2008 Supplement (Volume 2), Thomson West, 2008.

6. Dan B. Dobbs, The Law of Torts, West Group, 2001.

7. David G. Owen, Products Liability (second edition), Thomson/West, 2008.

8. European Group on Tort Law, Principles of European Tort Law: Text and Commentary, Springer, 2005.

9. F. Dessemontet, T. Ansay, ed., Introduction to Swiss Law (3rd ed.), Kluwer Law International, 2004.

10. George A. Bermann, Etienne Picarded, Introduction to French Law, Kluwer Law International, 2008.

11. Glanville L. Williams, Joint Torts and Contributory Negligence: A Study of Concurrent Fault in Great Britain, Ireland and the Common-Law Dominions, Stevens, 1951.

12. J. Spier (ed.), Unification of Tort Law: Causation, Kluwer Law International, 2000.

13. James A. Henderson, Jr., Richard N. Pearson, Douglas A. Kysar, John A. Siliciano, The Torts Process (7th ed.), Aspen Publishers, 2007.

14. Jules Coleman, Risks and Wrongs, Cambridge University Press, 1992.

15. Peter Cane, Responsibility in Law and Morality, Hart Publishing, 2002.

16. Report of the Royal Commission on Civil Liability and Compensation for Personal Injury (1978), Cmnd. 7054, Vol. 2.

17. Richard A. Epstein, Torts, Aspen Publishers, 1999.

18. Simon Deakin, Angus Johnston, Basil Markesinis, Markesinis and Deakin's Tort Law, Oxford University Press, 2008.

19. Steven Shavell, "Economic Analysis of Accident Law", NBER Working Paper, No. 9694, issued in May 2003.

20. Tsachi Keren-Paz, Torts, Egalitarianism, and Distributive Justice, Ashgate Publishing Company, 2007.

21. Ulrich Magnus, Martín-Casals (eds.), Unification of Tort Law: Contributory Negligence, Kluwer Law International, 2004.

22. Victor E. Schwartz with Evelyn F. Rowe, Comparative Negligence, LexisNexis Matthew Bender, 4th ed., 2002 with 2007 Cumulative Supplement.

23. Vrleta Krulj, "La conception et les institutions fondamentales de la nouvelle Loi yougoslave des obligations", Yugoslav Law, No. 2, 1978.

24. W. Page Keeton, et al., Prosser and Keeton on Torts, 5th ed., West Group, 1984.

25. W. V. H. Rogers (ed.), Unification of Tort Law: Multiple Tortfeasors, Kluwer Law International, 2004.

26. W. V. H. Rogers, Winfield, Jolowicz, On Tort (16th ed.), London: Sweet & Maxwell, 2002.

27. Walter van Gerven, P. Larouche, J. lever, Cases, Materials and Text on National, Supranational and International Tort Law, Hart Publishing, 2000.

28. Winfield and Jolowicz, "The Law of Tort", 9 th ed., London, 1971.

土鳖而立，To Be Early
——《侵权责任法疑难问题专题研究》（第一版）后记

题记：辛卯年初，恩师虚岁花甲，同门聚首于京郊别墅，畅谈欢笑，其乐融融。原意在恩师六十周岁之际，因正值鄙人而立有余，以新作杀青，敬祝寿比南山，谨记以师为范，始赴另一三十年学人之路。今恩师花甲以虚岁记，而吾人而立以周岁算，以本书敬致于恩师，拜谢知遇之恩与哺育之情；谨致于自己，铭记学术理想与家庭责任；并与同仁共勉。

不觉之间，我竟也奔三了。2011年年初，一日突然念叨"土鳖而立"，百度、Google一番，竟属首创；在互联网时代，实为惊喜！又是一闪念，"To be early"，英文也是如此贴切。故本书又名《土鳖而立集》（*Selections to Be Early*），待十年后不惑之时，再回首，遥望风华正茂之而立青年，当是何等感慨！

一、土鳖而立：立业与成家

而立的本意应是"立业"，古人结婚早，弱冠之时大多就已成家。今人生活压力大，教育周期长，所以立业与成家的压力就比肩而至。时间流逝，事务累积，自信而立业，温情以成家，实为幸事！

（一）立业：为徒与为师

1. 为徒八年，从学徒走向门徒

1999年我考入中国人民大学，年方十八，初出蜀地，可谓意气风发，摩拳擦掌，大有作出一番事业之朦胧愿景。但仔细想来，当时竟无读博为学之理想，大概连研究生是何物都不知。摸爬滚打了两年多，专业没太上心，团学工作倒是做了不少。一日突然醒悟，决心静心求学，愿一生修行为学。最初选定的专业是社会学，后因家人实用主义的反对，难以抉择间，偶遇恩师杨立新教授。儒雅淡定之大家风范，顷刻间征服了我这个迷茫青年，故转投法学，拜入师门，逾今八年有余。

八年间，从第一篇洋洋洒洒5万余字的杂乱长文缩减到1万字的精华发表，从

言之无物到掷地有声，从人云亦云到独立思考，从自己文章的进步中看到的是为学的成长。从与人斗气到与人为善，从看人短处到看人长处，从认为自己很特别到认识到自己也很普通，从认为自己很牛到发现别人很牛，从恩师眼中看到的是自己做人的成熟。

为徒八年，屡有困惑，更多的是坚定；鲜有怠惰，常见的是勤奋；偶有拖沓，通常的是守时；少有犯错，多半是开拓。学术成长，情谊深入，自己逐渐从学徒走向门徒。

2. 为师两年，从教学走向为学

两年前，走过“博士僧”时代①，正式获得“土鳖”头衔的我，得到了四川大学法学院特批副教授的礼遇，实为意外。知遇之恩，无以为报，故勤写劳作，尽心教学。半年后获聘中国人民大学民商事法律科学研究中心侵权法研究所副所长，更激发了自己的学术热情。次年获聘硕士研究生导师，开始培养自己名下的学生，逐渐找到了自己的学术定位。

两年来，自己迎来了学术人生的多项“第一”：出版了第一本专著《侵权责任分担论：侵权损害赔偿责任数人分担的一般理论》并以该书获得了第一项省部级奖励，发表了自己的第一篇英文论文，获得了第一项社会科学基金和第一项“教改”项目，培养的第一位硕士研究生顺利毕业并获得优秀硕士学位论文，第一位从川大走出的师妹获得了全校的优秀本科毕业论文……

为师两年，从理想回归现实，从激情逐渐淡定，从忙碌升华充实。研习相生，教学相长，自己逐渐从教学走向为学。

（二）成家：为夫与为父

1. 为夫六年，从爱人走向丈夫

六年前正值硕士毕业前夕，爱妻已经决定回蓉工作。考虑到户口因素，在一个未经特别挑选的日子，我与爱妻在北京登记结婚。随后在我读博三年期间，近一学期在我国台湾地区，一学年在美国，剩余时间大多待在北京。不少友人劝我在读博期间把小孩儿要了，这样，工作时小孩儿正好上幼儿园。我却觉得生儿育女乃父母共同的责任，不忍让爱妻独自操劳，也不希望经济上太多依靠父母，所以此事就暂缓下来。但三年的两地分居，终究找不到做丈夫的感觉，直到回到成都，任教于川大，才开始担当起做丈夫的责任。

工作不久，老丈人突发心肌梗死去世，家庭的责任一下子重压到我身上，有一段时间内心理压力很大，难以解脱。父母的支持，丈母娘的善解，爱妻的相助，使我逐渐适应了这一新的家庭和社会角色，并在工作与家庭之间找到了平衡点。最终，走过六年的心路，而立为丈夫。

① 参见拙文：《谨以至诚谢意向我的“博士僧”时代道别》，《侵权责任分担论》后记。

2. 为父一年，从茫然走向欣然

要小孩儿是工作后计划好的事情，爱妻怀胎十月，我工作日益忙碌。出差之时，心有牵挂；医院产检，日益频繁。在三天催产素的催促下，小女布布终于顺产降生。当父亲的喜悦，并不像电视剧或者小说中所描绘的那样涌上心头，现场的实际情况是护士程序性的交接与一片嘈杂。我径直走向刚从产房被推出来的爱妻和布布。爱妻的微笑带给我安全感，布布的明眸和浓发带给我健康感，除此之外，心无旁骛。为了最大限度地不帮倒忙，腾出家庭空间，我每晚都睡在另一处房子。每天早上醒来顾不上洗脸，就奔回家中。如此一个半月，终于出了月子，我也敢于怀抱小布布了，只是抱着时有些茫然，小布布一哭我就不知所措，很快就有人接手过去，也就没我的什么事情了。

大多数情况下，我都在家里将小布布放在一个我可以看见的位置，在写作之余就可以看看她。由此可知，我其实带小布布的时间很少，我自己的定位是给她“打杂”，无外乎扔尿不湿、凉开水、洗奶瓶、买东西之类，但也不亦乐乎。倒不是不愿意带，只是丈母娘和爱妻都不放心，加上请了钟点工做饭，自己倒是忙里偷闲，可以写写文章。小女乖巧，自己也开了个博客，放上小女照片，与好友分享自己的喜悦。大约三个月的时候，不知道是否丈母娘和爱妻故意串通好了，一定要我照顾几个小时。我自己当时又有稿件要交，就只能将布布放到车上绑好，安全第一，任凭她哭；哭得实在没有办法，只能电话催爱妻早点回来。临近一岁，又自己单独带了一次，小朋友已经通晓性情，在小区里转悠，陪我去买菜，竟然没哭就过了。也许是自己也找到当父亲的感觉了吧，倍感欣然。

二、To Be Early：教训与经验

回顾自己从记事开始的这些年、那些事，吃下的是教训，记住的是经验。从教训到教育，希望能够授予学生，避免重蹈覆辙；从经历到经验，希望能够为己所用，激励前行。所以，To be early，有两层意思：其一，作为教训，土鳖而立还太嫩（To be too early）；其二，作为经验，早起的鸟儿（To be an early bird）有虫吃。

（一）教训：土鳖而立还太嫩

“而立”本是成熟的表现，但而立土鳖最大的问题就是还太嫩。学术嫩气，期待抛头露面；人情浅淡，难免恭维迎合；自恃学问，必致轻狂气盛；憧憬成功，屡憾铩羽而归。总结起来，教训主要有两点。

1. 为学：眼高手低，碗里锅外

鄙人曾自觉聪敏，常立志而难立长志，故眼高而手低。大多是手上的事情还没做完，下次的活儿还没开始，已经开始策划下下次的工作。正所谓“碗里”没吃净，“锅里”没盛完，却已想到“锅外”，必然难成大事。到川大任教以来，踌躇满

志。凡有机会总是不加选择地争取，每有合作提议总是热情参与，时有项目无不跃跃欲试，各类评奖都翘首以盼。两年下来，感觉时间越来越紧，问题越来越多，事务越来越杂，收获却日渐稀少。最让我焦虑的是，欠下了一笔“文债”，羞于见人。方知“舍得”二字重在“舍”而自成“得”。

在而立之年，身心俱疲，痛下决心，以此书为诫，平心静气，踏实勤恳，了结文债，以求解脱。也以此教训赠予即将踏入学界的年轻同仁，切莫好高骛远。

2. 处事：接纳人情，拒绝潜规则

中国是个人情社会，鄙人曾钟情于世故，后倾心于学术，仍善纳人情；潜规则横行，学界也非净土，偶被潜规则，倍感无奈。人情与潜规则之间，一步之遥，如雷池内外，晴空云雨，一线之隔。有时托付的是人情，办事时才知是潜规则，或许受托之人并不知情，或许已习以为常。这是最难以抉择的情形。有时告诉你的是显规则，等待你的却是潜规则，交流时牛头不对马嘴，自然办不成事情，待到高人指点，方知其中奥妙。这却是最幸运的情形。以鄙人之个人经历，凡是侥幸托情之事，总不如正当程序办理得顺利，有时反而会误事；有时被潜规则愚弄，心理负担加重，内心难以平复，往往也达不到预期效果。

尝自问：何谓人情，何谓潜规则？今试作答：人情，人之常情，或情投意合，或礼尚往来，或投桃报李，终归落到“义”上；潜规则，有悖常情，或利益交换，或钱权交易，或有辱斯文，终归落到“利”上。然则潜规则，“以利取义，以义换利”，为人所不齿，因而谓之“潜”；市场经济，追求效益，公平竞争，自由选择，“以利谋益，崇益尚利”，无可厚非，因而谓之“显”。

我等年轻一辈，乃今日社会之希望，明日国家之脊梁，倘若不明此“潜－显”之分，将难免被潜规则之虞。我们这个社会最大的隐忧，就是年轻一代被潜规则化，然后潜规则进一步显规则化，则再无挽回之希望。故而立之前，鄙人偶被潜规则，已成往事，无以挽回。而立之后，鄙人誓言，以此书为证，接纳人情，拒绝潜规则。也以此作为对我学生的人生寄语，望能谨记践行。

（二）经验：早起鸟儿有虫吃

确切地说，机会总是留给最先有准备的人。勤能补拙，亦能先飞；林中虫少，早起先得。我辈民法学人，正值百年来中国民法典起草之黄金时期，理应奋发而图强，自强并不息。

不少友人羡慕我人生较为顺利，说我处处都“踩着了点儿”，却不知我一路走来，艰辛坎坷，历经挫折。回想起来，对这种矛盾只能用“塞翁失马，焉知非福”来描绘。小学五年级成绩优异，却因为当时倡导“德智体美”全面发展，体育未达标而没能跳级到初中。结果次年成都实验外国语学校开始招生，我以该校第一名分数考入，为塑造健全人格争取到了最佳出发点。高考之前曾立志以状元级分数考取一所提前批录取的院校，结果最为擅长的数学和化学却“马失双蹄”，终有幸考入了中国人民大学，开启了我人生的新篇章。在本科担任学生会干部期间，意外落选负责人，却迎来了人生的华丽转身，投身于学术。报考硕士研究生，第一年考试时因为看错了不止一道题目而没考上，反而为后来的研习积淀了学术基础，还在第二年考试复习中与爱妻坠入爱河。博士生一年级国家留学基金管理委员会开始大规模资助博士生出国交流，我因已经申请了赴台交流而遗憾错过，第二年却得到了美国富布赖特基金会的资助赴美求学……

我曾在遭受挫折之后，忧郁数日而难以解脱。数日之后，天色不变，地球自转，生活还要继续，成功仍需奋斗。一步一个脚印，不可能处处"踩着了点儿"，也多有"踩空"之时。人生有得有失，关键是自己要随时提前做好准备，明白自己最需要的。遇到挫折时务求淡定，反而失望更少，惊喜颇多。

三、十年后，拿什么来不惑?

如果说弱冠之时，我尚在懵懂之中，那么在今日而立之年，则对未来有些许规划。对我来说，不惑首先是做人，同时也是做学问。做人的不惑，估计得不惑之后才知道，也许要不了十年就豁然开朗，也许二十年后迷惑依旧。做学问的不惑却可以作为自己未来十年奋斗的目标。那么，十年后，拿什么来不惑呢? 对我来说，就是在侵权法领域达到"引进来"、"本土化"和"走出去"之不惑。

(一)"引进来"之不惑

百年来中国民法的整体态势是对域外法治的借鉴与移植，侵权法也不例外。我将中国侵权法的西学东渐特色，总结为"欧洲画布、美国色彩和中国精神"。有意思的是，大多数搞侵权法的人，包括我在内，并不懂德语或者法语，所以"欧洲画布"更多地源于民法典的中译本和有限的二手资料。美国法能成为比较借鉴的普遍选择，一方面受益于全国性的英语教学运动，另一方面得助于坊间流传的美国法学会《侵权法重述·第二次》的中文译本，后者极大地丰富了我国侵权法学说中的"美国色彩"。但需要指出的是，《侵权法重述·第二次》出版于20世纪60、70年代，30多年来美国侵权法已经发生了较大变化，美国法学会已经开始第三次重述并出版了部分编章，因此，我国侵权法学说上的"美国色彩"亟待重新补色。笔者在留美期间，通过北京大学出版社获得了两位美国导师参与合著的 *The Torts Process* 一书第七版的翻译版权，回国后与几位同仁一直在倾心翻译这本百万字的巨著。几经延期，希望明年能够付梓，作为"引进来"的第一步。

如果能够有合适的机会，笔者希望能够赴欧洲交流，捡起多年前初学的法语，走上前辈德语求学之路，实现阅读欧陆侵权法第一手文献的心愿，补全自己的"欧洲画布"。参与东亚侵权法学会（AETL）起草《东亚侵权法示范法》的机遇，也使自己有机会更深入地了解文化临近法域的侵权法理论和实务。十年后，愿能以更扎实的第一手资料和丰富的学术交流，达到"引进来"之不惑。

（二）“本土化”之不惑

在研习侵权法的过程中，笔者逐渐形成了“侵权责任构成论”、“侵权责任分担论”和“侵权责任公平论”这一“侵权责任三论”的理论构想。其中，“侵权责任构成论”的内在伦理基础是“矫正正义”，“侵权责任分担论”的内在伦理基础是“分配正义”。在亚里士多德伦理学的框架中，矫正正义与分配正义分别是和算术比例与几何比例相对应的。正所谓“法之极，恶之极”，按照这两种数学模型对正义的实现方式，必然与现实生活不完全相符，因此在这两种“正义”与现实生活的缝隙中，侵权法上才有适用“公平”进行裁判的余地。这也是“侵权责任正义论”与“侵权责任公平论”的分野所在。笔者希望通过三个方面来实现自己侵权法理论的本土化：

第一，通过完成“侵权责任三论”来推进侵权法理论体系的现代化。其中《侵权责任分担论》已经于2009年出版，感谢国家社会科学基金对我《侵权责任公平论》写作计划的支持，在此基础上，将最后撰写《侵权责任构成论》。

第二，通过判解研究方法，提升侵权判例法与成文法的结合程度。侵权法是民法中判例法和成文法配合程度最高的领域，但我国现在尚未全面公布判决，这对于一个每年有600多万件民事案件的国家的法制化进程是不小的遗憾。希望《最高人民法院关于案例指导工作的规定》能够尽快落实，民事案例能够全面公开化。笔者也将持续关注并积极参与这一法治进程。

第三，通过探求侵权法的法理基础，深化对侵权责任正当性的认识。笔者以为，侵权法的目的是保护自由，限制责任，包括对最终责任和风险责任的双重限制，否则就不必设计复杂的归责原则、构成要件、抗辩事由和侵权责任分担形态的适用条件，直接规定“有损害就有救济”即可。这种观念的确立，还任重道远。

十年后，愿能以一本侵权法体系书，整合上述三个方面的思考，达到“本土化”之不惑。

（三）“走出去”之不惑

几次都被学友误认为是“美国派”，大约是有过赴美的经历，写文章又没有引用过德文、法文或者日文文献的原因。其实我的个人定位是彻头彻尾的“本土派”，最有学术兴趣的三个领域是：第一，新中国前三次民法典起草过程中历次草案和相关文献，以回答“《民法通则》是怎么炼成的?”；第二，20世纪50年代和80年代翻译的苏联和东欧各国民法资料，以还原对我国民法学说形成和恢复过程中有着深刻影响的社会主义民法体系；第三，第四次“民法典”起草过程中各部法律的历次草案、修正案和相关学者建议稿以及相关文献，以把握即将形成的中国民法典的精髓。

在各种与域外学者交流的过程中，我逐渐认识到，最中国的，才是最世界的。中国侵权法理论的相对成熟与《侵权责任法》的颁布，使侵权法领域成为改变中国法律百年来纯输入态势，实现法律输出梦想的最佳突破点。十年后，愿能以一本英文写作的中国侵权法，向世界发出中国侵权法学者的声音，达到“走出去”之不惑。

四、致谢

本书的写作得到了国家社会科学基金青年项目“我国侵权法上公平责任适用研究”（11CFX037）和教育部人文社会科学重点研究基地——中国人民大学民商事法律科学研究中心重点研究项目“解释论视野下的中国侵权责任法”（11MSFJD820002）的资助，在此一并致谢。本书文责自负。

本书写作过程中，除了与恩师杨立新教授多次深入交流，我还就部分问题请教了王利明教授、崔建远教授、郭明瑞教授、张新宝教授、姚辉教授、刘士国教授、王轶教授和朱岩教授，以及我国台湾地区王泽鉴教授、林诚二教授、邱聪智教授、潘维大教授、詹森林教授、陈聪富教授，香港城市大学丁春艳教授，并在国际会议上先后与奥地利皇家科学院欧洲侵权法研究中心主任Oliphant教授、美国亚利桑那大学法学院Bublick教授、美国南方卫理公会大学法学院Pryor教授、英国牛津大学伍斯特学院Nolan教授、澳大利亚国立大学Lunney教授和韩国庆熙大学法学院苏在先教授等国外学者进行过交流，在此也一并感谢。

本书的部分内容，是在与最高人民法院姚宝华法官、中国人民大学法学院郑小敏博士和刘雨林、赵尧、舒星旭、王毅纯等同学的合作成果的基础上修改而成的，对此在本书相关专题中已经进行了说明，在此一并致谢。

对于本书的各专题在初稿形成的不同阶段，分别在中国人民大学法学院“明德民商法研习社”、四川大学法学院“望江法研社”、与张家勇和张金海两位师兄共同举办的“民法三人谈”，以及与马特博士、刘长秋博士、满洪杰博士、高飞博士、耿卓博士和张红博士等同仁发起的“民法典青年沙龙”的各期活动中进行过讨论，并就部分内容还征求过刘生亮博士、周友军博士、丁海俊博士、李昊博士、陈璐博士、王占明博士、杨垠红博士、董春华博士、胡超宏博士、张玉东博士、刘召成博士和王丽莎博士的意见。对在上述学术活动中对本书提出建议和意见的学友，以及组织、参与上述学术活动的同学致敬！

我的硕士研究生刘雨林、李东岳、孙琦琳、赵晓芹、张振峰、朱律、张珏琼、张建芳、舒星旭、栾维维、蔡娜、林子焜、张链、滕彦，以及吴玉章学院学生张晶、饶王林、孙瑀璠、苗可培等同学，阅读了全部或者部分书稿，从读者角度对本书提出了大量修改建议和意见，从而使本书更适合同学们的口味。在此再次对各位同学的辛勤劳动表示感谢。

感谢四川大学法学院各位领导和同仁对我教学、研究和生活的关心与帮助，尤其是民商法教研室各位同仁的鼎力支持，让我找到了学术之家的归属感和荣誉感，激励我向着更高的目标继续努力前行。

爱妻方洁女士悉心照顾，丈母娘辛勤操劳，父母慈祥关爱，小女布布茁壮聪慧，也确保了本书的写作时间和精力。无以为报，谨以此书深情致谢！

最后，要特别感谢中国人民大学出版社法律分社的领导和各位同仁，尤其是郭虹编辑，对我学术研究和出版计划的大力支持。

王竹　法学博士

四川大学法学院教授、博士生导师

中国人民大学民商事法律科学研究中心侵权法研究所副所长

世界侵权法学会执委会秘书长

电子邮件：wangzhu@scu. edu. cn

2011 年 8 月 21 日于四川大学江安校区法学院新楼

图书在版编目（CIP）数据

侵权责任法疑难问题专题研究/王竹著．--3版．--北京：中国人民大学出版社，2023.12
21世纪法学研究生参考书系列
ISBN 978-7-300-32256-8

Ⅰ.①侵… Ⅱ.①王… Ⅲ.①侵权行为-民法-研究-中国-研究生-教材 Ⅳ.①D923.04

中国国家版本馆CIP数据核字（2023）第193415号

21世纪法学研究生参考书系列
侵权责任法疑难问题专题研究（第三版）
王　竹　著
Qinquan Zeren Fa Yinan Wenti Zhuanti Yanjiu

出版发行	中国人民大学出版社		
社　　址	北京中关村大街31号	**邮政编码**	100080
电　　话	010－62511242（总编室）		010－62511770（质管部）
	010－82501766（邮购部）		010－62514148（门市部）
	010－62515195（发行公司）		010－62515275（盗版举报）
网　　址	http://www.crup.com.cn		
经　　销	新华书店		
印　　刷	中煤（北京）印务有限公司	**版　　次**	2012年5月第1版
开　　本	787 mm×1092 mm　1/16		2023年12月第3版
印　　张	29.75 插页3	**印　　次**	2023年12月第1次印刷
字　　数	605 000	**定　　价**	118.00元

日本影鈔正宗寺本春秋正義

第一册

唐　孔穎達撰
日本文化間影鈔正宗寺本

山東人民出版社·濟南

圖書在版編目（CIP）數據

日本影鈔正宗寺本春秋正義 /（唐）孔穎達撰 .— 濟南：山東人民出版社，2024.3
（儒典）
ISBN 978-7-209-14339-4

Ⅰ.①日… Ⅱ.①孔… Ⅲ.①《春秋》-注釋 Ⅳ.① K225.04

中國國家版本館 CIP 數據核字（2024）第 037781 號

項目統籌：胡長青
責任編輯：吕士遠
裝幀設計：武　斌
項目完成：文化藝術編輯室

日本影鈔正宗寺本春秋正義
〔唐〕孔穎達撰

主管單位　山東出版傳媒股份有限公司
出版發行　山東人民出版社
出 版 人　胡長青
社　　址　濟南市市中區舜耕路517號
郵　　編　250003
電　　話　總編室（0531）82098914
　　　　　市場部（0531）82098027
網　　址　http://www.sd-book.com.cn
印　　裝　山東華立印務有限公司
經　　銷　新華書店

規　　格　16開（160mm×240mm）
印　　張　102.5
字　　數　820千字
版　　次　2024年3月第1版
印　　次　2024年3月第1次
ISBN 978-7-209-14339-4
定　　價　296.00圓（全六册）
如有印裝質量問題，請與出版社總編室聯繫調换。

《儒典》選刊工作團隊

學術顧問　杜澤遜　李振聚　徐　泳

項目統籌　胡長青

責任編輯　劉　晨　劉嬌嬌　張艷艷
　　　　　呂士遠　趙　菲　劉一星

前言

中國是一個文明古國、文化大國，中華文化源遠流長，博大精深。在中國歷史上影響較大的是孔子創立的儒家思想，因此整理儒家經典、注解儒家經典，爲儒家經典的現代化闡釋提供权威、典范、精粹的典籍文本，是推進中華優秀傳統文化創造性轉化、創新性發展的奠基性工作和重要任務。

中國經學史是中國學術史的核心，歷史上創造的文本方面和經解方面的輝煌成果，大量失傳了。西漢是經學的第一個興盛期，除了當時非主流的《詩經》毛傳以外，其他經師的注釋後來全部失傳了。東漢的經解祇有鄭玄、何休等少數人的著作留存下來，其餘也大都失傳了。南北朝至隋朝興盛的義疏之學，其成果僅有皇侃《論語疏》幸存於日本。五代時期精心校刻的《九經》、北宋時期國子監重刻的《九經》以及校刻的單疏本，也全部失傳。南宋國子監刻的單疏本，我國僅存《周易正義》、《爾雅疏》、《春秋公羊疏》（三十卷殘存七卷）、《春秋穀梁疏》（十二卷殘存七卷），日本保存了《尚書正義》、《毛詩正義》、《禮記正義》（七十卷殘存八卷）、《周禮疏》（日本傳抄本）、《春秋公羊疏》（日本傳抄本）、《春秋正義》（日本傳抄本）。南宋兩浙東路茶鹽司刻八行本，我國保存下來的有《周禮疏》、《禮記正義》、《春秋左傳正義》（紹興府刻）、《論語注疏解經》（二十卷殘存十卷）、《孟子注疏解經》（存臺北「故宫」），日本保存有《周易注疏》《尚書正義》（凡兩部，其中一部被清楊守敬購歸）。南宋福建刻十行本，我國僅存《春秋穀梁注疏》、《春秋左傳注疏》（六十卷，一半在大陸，一半在臺灣），日本保存有《毛詩注疏》《春秋左傳注疏》。從這些情況可以看出，經書代表性的早期注釋和早期版本國内失傳嚴重，有的僅保存在東鄰日本。

鑒於這樣的現實，一百多年來我國學術界、出版界努力搜集影印了多種珍貴版本，但是在系統性、全面性和準確性方面都還存在一定的差距。例如唐代開成石經共十二部經典，石碑在明代嘉靖年間地震中受到損害，明代萬曆初年西安府學等學校師生曾把損失的文字補刻在另外的小石上，立於唐碑之旁。近年影印出版唐石經拓本多次，都是以唐代石刻與明代補刻割裂配補的裱本爲底本。由於明代補刻采用的是唐碑的字形，這種配補本難以區分唐刻與明代補刻，不便使用，亟需單獨影印唐碑拓本。

爲把幸存於世的、具有代表性的早期經解成果以及早期經典文本收集起來，系統地影印出版，我們規劃了《儒典》編纂出版項目。

《儒典》出版後受到文化學術界廣泛關注和好評，爲了滿足廣大讀者的需求，現陸續出版平裝單行本。共收録一百十一種元典，共計三百九十七册，收録底本大體可分爲八個系列：經注本（以開成石經、宋刊本爲主。開成石經僅有經文，無注，但它是用經注本删去注文形成的）、經注附釋文本、纂圖互注本、單疏本、八行本、十行本、宋元人經注系列、明清人經注系列。

《儒典》是王志民、杜澤遜先生主編的。本次出版單行本，特請杜澤遜、李振聚、徐泳先生幫助酌定選目。特此説明。

二〇二四年二月二十八日

目録

第一册

第二册

第三册

第四册

第五册

第六册

上五經正義表

臣无忌等言：臣聞混元初闢，三極之道分焉；醇德既醨，六籍之文著矣。於是龜書浮於温洛，爰演九疇；龍圖出於榮河，以章八卦。故能範圍天地，埏埴陰陽，道濟四溟，知周万物。所以七教八政，垂炯戒於百王；五始六虛，貽徽範於千古。詠歌明得失之跡，雅頌表興發之由。實刑政之紀綱，乃人倫之隱括。昔雲官司契之后，火紀建極之君，雖步驟不同，質文有異，莫不開茲膠序，崇以典墳。敦稽古以弘風，闡儒雅以立訓。啓含靈之耳目，贊神化之丹青。姬孔發揮於前，荀孟抑揚於後。馬鄭迭進，成均之望鬱興；蕭戴同升，石渠之業愈峻。歷夷險其教不墜，經隆替其道弥尊。斯乃邦家之基，王化之本者也。伏惟

皇帝陛下得一繼明，通三撫運，乘天地之正，齊日月之暉。敷四術而緯俗經邦，蘊九德而辯方軌物。御紫宸而訪道，坐玄扈以裁仁。化被丹澤，政洽幽陵。三秀六穗之祥，府无虛月；集囿巢閣之瑞，史不絕書。照金鏡而泰階平，運玉衡而景宿麗。可謂鴻名軼於軒昊

茂績冠於勛華而垂拱无为遊心經典以为聖教幽賾妙理深玄
訓詁紛綸文疏踳駁先儒競生別見後進爭出異端未辨三豕之
疑莫袪五日之惑故祭酒上護軍曲阜縣開國子孔穎達宏才碩
学名振當時貞觀年中奉
勅脩撰雖加討覈尚有未周爰降絲綸更令刊定勅大尉揚州都
督監修國史上柱国趙国公臣无忌司空上柱国英国公臣勣尚
書左僕射兼太子少師监修国史上柱国燕国公臣志寧尚書右
僕射兼太子少傅監修国史上護軍北平縣開国公臣行成光禄
大夫侍中兼太子少保監脩国史上護軍蓨縣開国公臣季輔光
禄大夫吏部尚書監脩国史上柱国河南郡開国公臣褚遂良銀
青光禄大夫守中書令監脩国史上騎都尉臣柳奭前諫議大夫
弘文館学士臣谷那律国子博士弘文館学士臣刘伯莊朝議大夫
国子博士臣王德韶朝散大夫行大学博士臣賈公彥朝散大夫行大
学博士弘文館直学士臣范義頵朝散大夫行太常博士臣柳宣直
直郎守大学博士臣齊威宣德郎守国子助教臣 史士弘宣德郎守

大常博士臣孔志约右内率府長史弘文館直学士臣薛伯珍兼大学助教臣郑祖玄徵吏郎守大学助教臣隨德素徵吏郎守四门博士臣趙君贊兼務郎守大学助教臣周玄達兼務郎守四门助教臣李玄植儒林郎守四门助教臣王真儒等上稟宸旨旁攈群書釋左氏之膏肓翦古文之煩乱探曲臺之奥趣索連山之玄言囊括百家森羅万有比之天象与七政而長懸方之地軸將五嶽而永久筆削已了繕寫如前臣等學謝伏恭業慙張禹魚蠹庸淺懼非典正謹以上聞伏增戰越謹言永徽四年二月二十四日大尉揚州都督上柱國趙國公臣无忌等上

春秋正義序

夫春秋者紀人君動作之務是左史所職之書王者統三才而宅九有順四時而治万物四時序則玉燭調於上三才協則宝命昌於下故可以享國永年令聞長世然則有为之務可不慎与國之大事在祀与戎祀則必敬其敬戎則不加无罪盟會協於礼興動順其節失則貶其惡得則褒其善此春秋之大旨为皇王之明鑒也若夫五始之目章

於帝軒六經之道光於礼記然則此書之發其來尚矣但年祀綿邈
无得而言暨乎周室東遷王綱不振楚子北伐神器將移鄭伯敗王於前
晉侯請隧於襄竊僭名号者何国不然專行征伐者諸侯皆是下陵
上替内叛外侵九域騷然三綱遂絶夫子内韞大聖逢時若此欲垂
之以法則无位正之以武則无兵賞之以利則无財說之以道則不用虚
歎銜書之鳳乃似喪家之狗既不救於已往冀垂訓於後昆因魯史之
有得失據周經以正褒貶一字所嘉有同華袞之贈一言所黜无異蕭斧之
誅所謂不怒而人威不賞而人勸實永世而作則歴百王而不朽者也
至於秦滅典籍鴻猷遂寢漢德既興儒風不泯其前漢傳左氏者有
張蒼賈誼尹咸劉歆後漢有鄭衆賈逵服虔許惠卿之等各為詁
訓然雜取公羊穀梁以釋左氏此乃以冠雙屨將絲綜麻方鑿圓
枘其可入乎晉世杜元凱又為左氏集解專取丘明之傳以釋孔氏之經
所謂子應乎母以膠投漆雖欲勿合其可離乎今校先儒優劣杜
為甲矣故晉宋傳授以至于今其為義疏者則有沈文何蘇寛劉炫然
沈氏於義例粗可於經傳極踈蘇氏則全不体本文唯旁攻賈服使

柄

鴻者大 猷者[illegible]

後之学者鑽仰元成刘炫於数君之内寔為翹楚然聰恵辯博固
亦罕儔而探賾鉤深未能致遠其經注易者必具飾以文辞其理
致難者乃不入其根節又意在矜伐性好非毀規杜氏之失凡一百
五十餘條習杜義而攻杜氏猶蠹生於木而還食其木非其理也
雖規杜過義又淺近所謂捕鳴蟬於前不知黄雀在其後案僖公
三十三年經云晋人敗狄于箕杜注云郤缺称人者未為卿刘炫
規云晋侯称人与殽戰同案殽戰在葬晋文公之前何得云背喪
用兵以賤者告箕戰在葬晋文公之後詎是背喪用兵何得云与
殽戰同此則一年之經數行而已曽不勘省上下妄規得失又襄
公二十一年傳云邾庶其以漆閭丘来奔以公姑姊妻之杜云蓋
寡者二人刘炫規云是襄公之姑成公之姊只一人而已案成公二年
成公之子公衡為質及宋逃帰案家語本命云男子十六而化生公
衡已能逃帰則十六七矣公衡之年如此則於時成公三十三四
矣計至襄二十一年成公七十餘矣何得以姉而妻庶其此等皆
其変歷然猶尚妄説況其餘錯乱良可悲矣然此諸事跡猶有可観

今奉勅刪定據以為本其有疎漏以沈氏補焉若兩義俱違則特
申短見雖課率庸鄙仍不敢自專謹與朝請大夫国子博士臣谷
那律故四门博士臣楊士勛四门博士臣朱長才等對共參定至
十六年又奉勅與前脩疏人及朝散大夫行大学博士上騎都尉臣
馬嘉運朝散大夫行大学博士上騎都尉臣王德韶給事郎守四
门博士上騎都尉臣蘇德融登仕郎守大学助教雲騎尉臣隨德
素等對勅使趙弘智覆更詳審為之正義凡三十六卷冀貽諸学
者以裨萬一焉

附釋音春秋左傳注疏卷第一

春秋正義卷第一

国子祭酒上護軍曲阜縣開国子臣孔穎達等奉
勅撰

春秋左氏傳序

正義曰此序題目文多不同或云春秋序或云左氏傳序或云春
秋經傳集解序或云春秋左氏傳序案晉宋古本及今定本並云
春秋左氏傳序今依用之南人多云此本釋例序後人移之於此

且有題曰春秋釋例序置之釋例之端今所不用晉大尉劉寔与
杜同時人也宋大学博士賀道養杜亦近俱為此序作注題並
不言釈例序明非釋例序也又晉宋古本序在集解之端徐邈以
晉世定五經音訓為此序作音且此序稱分年相附隨而解之名
曰經傳集解是言為集解作序也又別集諸例從而釈之名釋例
異同之説釈例詳之是其據集解而指釈例安得為釋例序也序
与敍音義同尓雅釋詁云敍緒也然則舉其綱要若繭之抽緒孔
子為春作序為易作序卦子夏為詩作序故杜亦称序々春秋名
異經傳体例及已為解之意也此序大略凡有十一段明義以春秋
是此書大名先解立名之由自春秋至所記之名也明史官記事之
稱名曰春秋之義自周礼有史官至其実一也明天子諸侯皆有
史官必須記事之義自韓宣子適魯至旧典礼経也言周史記事
襃貶得失本有大法之意自周徳既衰至從而明之言典礼廢缺
悪无章故仲尼所以修此經之意自左丘明受經於仲尼至所修
之要故也言丘明作傳務在解經而有无傳之意自身為国史

然後為得也言經旨之表不應循傳有通經之意自其發凡以言
例至非例也言丘明傳有三等之体自故發傳之体有三至三叛
人名之類是也言仲尼修經有五種之例自推此五体至人倫之
紀備矣總言聖賢大趣足以周悉人道所說經傳理畢故以此言
結之自或曰春秋以錯文見義至釋例詳之也言已畢於先儒自
明作集解釋例之意自或曰春秋之作下尽亦无取焉大明春秋
之早晩始隠終麟先儒錯謬之意貫達大史公十二諸侯年表序
云魯君子左丘明作傳授劉向別録云左丘明授曾申々々授呉起
々々授其子期々々授楚人鐸椒々々作抄撮八巻授虞卿々々作抄撮十
撮九巻授荀卿荀卿授張蒼此經既遭焚書而亦廢滅及魯恭王
壊孔子旧宅於壁中得古文逸礼有三十九篇書十六篇天漢之（年号）
後孔安国献之遭巫蠱倉卒之難未及施行及春秋左氏丘明所
脩皆古文旧書多者二十餘通蔵於秘府伏而未發漢武帝時河
間献左氏及古文周官光武之世議立左氏学公羊之徒上書訟公（ウツタヘテ）
羊抵左氏々々之学不立成帝時劉歆校秘書見府中古文春

秋左氏傳歆大好之時丞相尹咸以治左氏与歆共校傳歆略
從咸及丞相翟方進受質問大義左氏古字古言学者傳訓
詁而已及歆治左氏引傳文以釋經轉相發明由是章句義理
備焉歆以為左丘明好悪与聖人同親見夫子而公羊穀梁在七
十子後傳聞之与親見其詳略不同歆數以問向向不能非
也及歆親近欲建立左氏春秋及毛詩逸礼古文尚書皆列於学
官哀帝令歆与五經博士講論其義諸儒博士或不肯置對歆因
移書於大常博士責讓之和帝元興十一年鄭興父子及歆創通
大義奏上左氏始得立学遂行於世至章帝時賈逵上春秋大義
四十條以抵公羊穀梁帝賜布五百匹又與左氏作長義鄭康玄
成箴左氏膏肓發公羊墨守起穀梁廢疾自此以後二傳遂微左發去
氏学顯矣　春秋者魯史記之名也　人臣動主品自不同掌吏
曰司字書曰史々官記吏為書立名以春秋二字為記吏之書名
也　正義曰此以下至記之名也明史官記吏之書名曰春秋
之意春秋之名經元所見唯傳記有之昭二年韓起聘魯稱見魯

記事者以事繫日以日繫月以月繫時以時繫年所以紀遠近別同異也

春秋外傳晋語司馬侯對晋悼公云羊舌肸習於春秋楚語申叔時論傅太子之法云教之以春秋禮坊記云魯春秋記晋喪曰殺其君之子奚齊又經解曰屬辭比事春秋教也凡此諸文所說皆在孔子之前則知未修之時舊有春秋之目其名起遠亦難得而詳禮記內則稱五帝有史官既有史官必應記事但未必名為春秋耳據周禮每國有史記當同名春秋獨言魯史記者仲尼修魯史所記以為春秋止解仲尼所脩春秋故指言魯史言脩魯史春秋以為褒貶之法也

記事者以事繫日至別同異也　既辨春秋之名又言記事之法繫者以下綴上以末連本之辭言於此日而有此事故以事繫日月統日故以日繫月時統月故以月繫時年統時故以時繫年所以紀理年月遠近分別事之同異也若隱三年春王二月己巳日有食之二年秋八月庚辰公及戎盟于唐之類是事之所繫年時月日四者皆具文也史之所記皆應具文而春秋之經文多不具或時而不月月而不日亦有日不繫月而無時者史之所記日必繫月月必繫時春秋二百四十二年之間

一〇

有日无月者十四，有月无時者二，或史文先闕而仲尼不改，或仲尼備文而後人脫誤。四時必具乃得成年，桓十七年五月无夏，昭十年十二月无冬，二者皆有月而无時，既得其月，時則可知，仲尼不應故（故或即本之誤）闕其時，独舉其月，當是仲尼之後寫者脫漏其日，不繫於月，或是史先闕文，若僖二十八年冬下无月而有壬申、丁丑，計一時之間再有此日，雖欲改正，何以可知？仲尼无以復知，當是本文自闕，不得不因其闕文，使有日而无月，如此之類，蓋是史文先闕，未必後人脫誤。其時而不月，月而不日者，史官立文亦互自有詳略，何則？案經朝聘侵伐執殺大夫土功之屬，或時或月，未有書日者；其要盟戰敗崩薨卒葬之屬，雖不盡書日，而書日者多，是其本有詳略也。計記事之初，日月應備，但國史總集其事，書之於策簡，其精麤，合其同異，量事而制法，率意以約文，史非一人，辭无定式，故日月參差不可齊等。及仲尼修改，因魯史成文，史有詳略，日有具否，不得不即因而用之。案經傳書日者凡六百八十一事，自文公以上書日者二百四十九，宣公以下亦俱六公，書日者四百三十二討年數略同而日數向倍此則久遠遺落不與近同且他國之告有詳有略若告不以日魯史無由得其日而書之如是則當時之史亦不得使日月皆具當時已自不具仲尼從後脩之何由參差日月不等仲尼安得盡知其日月皆使齊同去其日月則或害事之先後備其日月則古史有所不載自然須舊有日者因而詳之舊無日者因而略之亦既自有詳略不可以為襃貶故春秋諸事皆不以日月為例其以日月為義例者唯卿卒日食二事而已故隱元年冬十有二月公子益師卒傳曰公不與小斂故不書日桓十七年冬十月朔日有食之傳曰不書日官失之也丘明發傳唯此二條明二條以外皆無義例既不以日為例獨於此二條見義者君之卿佐是謂股肱股肱或虧何痛如之病則親問斂則親與卿佐之喪公不與小斂則知君之恩薄但是疏之小失不足以貶人君責不臨臣喪亦非死者之罪意欲垂誡於後無辭可以寄文而人臣輕賤死日可略故特假日以見義也日食者天之變甲乙者歷之紀朔是日月之會其食必在朔日是故史書日食

必記月朔々有甲乙乃可推求故日有食之須書朔日々与不日
唯此而已月与不月傳本无義公羊穀梁之書道聽塗説之学或
日或月妄生褒貶先儒溺於二傳横為左氏造日月褒貶之例故
杜於大夫卒例備詳説之仲尼刊定日无褒貶而此序言史官記
事必繫日月時年者自言記事之体須有所繫不言繫之是否皆
有義例也春秋感精符曰日者陽之精耀魄光明所以察下也淮
南子曰積陽之熱気生火々気之精者為日劉熙釋名曰日実也
光明盛実是説日之義也日之在天隨天轉運出則為昼入則為
夜故毎一出謂之一日々之先後无所分別故聖人作甲乙以紀之
世本云容成造暦大橈作甲子宋忠注云皆黄帝史官也感精符
曰月者陰之精地之理也淮南子曰積陰之寒気久者為水々気
之精者為月劉熙釋名曰月闕也満而闕缺是説月之義也月之
行天其疾於月十三倍有餘積二十九日已半而行及日与日相
會張衡霊憲曰日譬火月譬水火外光水含景故月光生於日之
所照魄生於日之所蔽當日則光盈就日則明尽然則以明一尽謂

之一月所以揔紀諸月也三月乃為一時四時乃為一年故遞相統攝紀理庶事紀遠近者前年遠於後年後月近於前月異其年月則遠近明也別同異者共在月下則同月之事各繫其月則異月之事觀其月則異同別矣若然言正月二月則知是春四月五月則知是夏不須以月繫時足明遠近同異必須以月繫時者但以日月時年各有統屬史官記事唯須顯敘時既管月不得不以月繫時案經未有重書月者日則有之桓十二年冬十有一月丙戌公會鄭伯盟于武父丙戌衛侯晉卒一日再書者史本異文仲尼從而不改故杜云重書丙戌非義例因史成文也

故史之所記必表年以首事年有四時故錯舉以為所記之名也

故史之所記至所記之名也　將解名曰春秋之意先說記事主記當時之事必有先後須顯有事之年表顯也首始也事繫日下年是事端故史之所記必先顯其年以為事之初始也年有四時不可偏舉四字以為書号故交錯互舉取春秋二字以為所記之名也春先於夏秋先於冬舉先可以及後言春足以兼夏言秋足以見冬故舉二字以包四時也春秋二字是此書之摠名雖舉春秋二字其

実包冬夏四時之義四時之内一切万物生植孕育尽在其中春秋之書无物不包无事不記与四時義同故謂此書為春秋孝經云春秋祭祀以時思之詩魯頌云春秋匪解享祀不忒鄭箋云春秋猶言四時也是舉春秋足包四時之義年歳載祀異代殊名而其実一也尓雅釋天云載歳也夏曰歳商曰祀周曰年唐虞曰載李巡曰夏歳商祀周年唐虞載各自紀事尭舜三代示不相襲也孫炎曰載始也取物終更始也歳取歳星行一次也祀取四時祭祀一訖也年取年穀一熟也是其名別而実同也此四者雖代有所尚而名興自遠非夏代始為歳名周時始有年称何則尭典云期三百有六旬有六日以閏月定四時成歳禹貢作十有三載乃同是於唐虞之世已有年歳之言記事者則各従所尚常語者則通以為言故虞亦称年周亦称歳周詩唐風称百歳之後是周之称歳也四時之名春夏秋冬皆以時物為之号也礼記郷飲酒義曰春之為言蠢也夏之為言假也秋之為言揫也冬之為言中也中者蔵也漢書律歴志云春蠢也物蠢生也夏假也物假大也秋𪓔（即由反）也

物熟斂也冬終也物終蔵之也是解四時異名之義也史之記事一月无事不空挙月一時无事必空挙時者蓋以四時不具不成為歳故時雖无事必虚録首月其或不録皆是史之闕文隠六年空書秋七月注云雖无事而書首月具四時以成歳桓四年不書秋冬注云国史之記必書年以集此公之事書首時以成此年之歳故春秋有空時而无事者今不書秋冬首月史闕文是其説也然一時无事則書首月荘二十二年書夏五月者杜雖於彼无注釋例以為闕謬春秋之名錯挙而已後代儒者妄為華葉賈逵云取法陰陽之中春為陽中万物以生秋為陰中万物以成欲使人君動作不失中也賀道養云春貴陽之始秋取陰之初計春秋之名理包三統故周以建子為正言之則春非陽中秋非陰中挍夏以建寅為正言之則春非陽始秋非陰初乃是宂數混沌而畫蛇足必將天性命而失施酒　周礼有史官亦名有国史　既解名曰春秋之意又影記事之人春官宗伯之属有大史下大夫二人小史中士八人内史中大夫一人外史上士四人御史中士八人雖設

周礼有史官掌邦国四方事達四方之志諸侯亦各有国史

各有所職倶是掌書之官　正義曰周禮春官小史職曰掌邦國
之志内史職曰凡四方之事書内史讀之外史職曰掌四方之志
掌達書名于四方令杜氏序云掌邦國四方之事者掌邦國取小
史職文四方之事取内史職文杜惣括兩史共成此語諸侯官屬
雖備知要傳記毎説諸侯之史知諸侯亦各有國史也周禮言邦
國者乃謂畿外諸侯之國也國在四表故言四方云凡四方之事
書内史讀之者謂四方有書來告内史讀以告王也告王之後則
小史主掌之故云掌邦國之志内史雖云讀四方之事存其實則
内史策皆内史所掌故其職掌八柄及策命之事也然則内史小
史既主國内又主四方來告之事故僖二十三年杜注云國史主
告而書是也杜此序又云達四方之志取外史職文案外史職云
掌四方之志掌達書名于四方令移達於四方之志上加杜之意
外史達此國内之志以告四方故僖二十三年杜注云同盟然後
告名赴者之禮是也然則掌邦國四方之事者據此兼受他國之
赴也達四方之志者據已國有事赴告他國也春秋既有内外二

種故杜翦撰天子之史取外史内史兩文周礼諸史並皆掌書仍
不知所記春秋定是何史蓋天子則内史主之外史佐之諸侯蓋
亦不異但春秋之時不能依礼諸侯史官多有廢闕或不置兩史
其策命之多是大史則大史主之小史佐之刘炫以為尚書周
公封康叔戒之酒誥其經曰大史友内史友如彼言之似諸侯有
大史内史矣但偏撿記傳諸侯无内史之文何則周礼内史職曰凡
命諸侯及孤卿大夫則策命之依二十八年傳説襄王使内史叔
興父策命晋侯為侯伯是天子命臣内史掌之襄三十年傳稱鄭
使大史命伯石為卿是諸侯命臣大史掌之諸侯大史當天子内史
之職以諸侯兼官无内史故也鄭公孫黒強与薫隧之盟使大史
書其名齊大史書崔杼弑其君晋大史書趙盾弑其君是知諸侯
大史主記事也南史聞大史尽死執簡以往明南史是佐大史者
當是小史也若然襄二十三年傳稱季孫召外史掌悪臣言外
史則似有内史矣必言諸侯无内史者閔二年傳称史華竜滑与
礼孔曰我大史也文十八年傳称魯有大史克哀十四年傳称齊

大事書之
於策小事
簡牘而已

有大史子餘諸国皆言矢史安得有内史也季孫召外史者蓋史
官身居在外季孫從内召之故曰外史猶史居在南謂之南史耳
南史外史非官名也藝文志云古之王者世有史官君舉必書所
以慎言行昭法戒左史記言右史記事事為春秋言為尚書帝王
靡不同之禮記玉藻云動則左史書之言則右史書之與左右所
記二文相反要此二者皆言左史右史周禮无左右之名得稱左
右者直是時君之意処之左右則史掌之事因為立名故傳有左
史倚相掌記左事謂之左史左右非史官之名也左是陽道陽氣
施生故令之記動右是陰道陰氣安靜故使之記言藝文志称左
史記言右史記動誤耳上言魯史記則諸侯各有史可知又言諸
侯各有国史者方説諸侯各有春秋重詳其文也　大事書之於
策小事簡牘而已　既言尊卑皆有史官又論所記簡策之異釋
器云簡謂之畢郭璞云今簡札也許慎説文曰簡牒也牘書版
也蔡邕獨断曰策者簡也其制長二尺短者半之其次一長一短
兩編下附鄭玄注中庸云策簡也由此言之則簡札牒畢同

物而異名單執一札謂之為簡連編諸簡乃名為策故於文策或
作冊象其編簡之形以其編簡為策故言策者簡也鄭玄注論語
序以鉤命決云春秋二尺四寸書之孝經一尺二寸書之故知六經
之策皆稱長二尺四寸蔡邕言二尺者謂漢世天子策書所用故
与六經異也簡之所容一行字耳牘乃方版々廣於簡可以並容
數行凡為書字有多有少一行可盡者書之於簡數行乃盡者書
之於方々所不容者乃書於策聘禮記曰若有故則加書將命百
名以上書於策不及百名書於方鄭玄云名書文也今謂之字策
簡也方版也是其字少則書簡字多則書策此言大事小事乃謂
事有大小非言字有多少也大事者謂君舉告廟及隣國赴告經
之所書皆是也小事者謂物不為災及言語文辭傳之所載皆是
也大事後雖在策其初亦記於簡何則弑君大事南史聞崔杼執
簡而往董狐既書趙盾以示於朝是執簡而示之非舉策以示之
明大事皆先書於簡後乃定之於策也其有小事文辭或多如呂
相絶秦聲子說楚之字過數百非一牘一簡所能容者則於衆簡

名字也

牘以次存録也杜所以知其然者以隱十一年傳例云滅不告敗勝不告克不書于策明是大事來告載之策書也策書不載丘明得之明是小事傳聞記於簡牘也以此知仲尼修經皆約策書成文丘明作傳皆博采簡牘衆記故隱十一年注云承其告辭史乃書之于策若所傳聞行言非將君命則記在簡牘而已不得記於典策此蓋周礼之旧制也又莊二十六年經皆無傳々不解經

孟子曰楚之謂之檮杌晉謂之乘而魯謂之春秋其実一也

注云此年經傳各自言其事者或策書雖存而簡牘散落不究其本末故傳不復申解是言經據策書傳馮簡牘經之所言其事大傳之所言其事小故知小事在簡大事在策也 孟子曰至其実一也 既言簡策之異又説諸國別名孟子姓孟名軻字子輿鄒邑人也當六國之時師事孔子之孫子思修儒術之道著書七篇其第四离婁篇云王者之迹息而詩亡詩亡然後春秋作晉謂之乘楚之謂之檮杌魯謂之春秋一也其言與此小異是杜足其義二字使成文也彼趙岐注云乘者興於田賦乘馬之事因以爲名檮杌者嚚凶之類興於記惡之戒因以爲名春秋以二始挙四時記万事之名是

三者立名雖異記事則同故云其実一也序發首云春秋者魯史
記之名也故引此以為證且明諸侯之国各有史記故魯為春秋仲
尼得因而修之也案外傳申叔時司馬侯乃是晋楚之人其言皆云
韓宣子適　春秋不言乘与檮杌然則春秋是其大名晋楚私立別号魯无別
魯（宣子名起晋大夫適魯在昭）号故守其本名賈逵云周礼尽在魯矣史法最備故史記与周礼
（二年也）見易　同名然則晋楚豈當自知不備故別立悪名　韓宣子云所以王
象与魯春既言諸国有書蓋明魯最兼備故云此　正義曰此昭二年傳文
秋曰周礼尽也宣子晋卿名起食邑於韓因以為氏謚曰宣子者有徳之称
在魯矣昭公新立身新為政故来聘魯因観書於大史氏見此書而發言
（尽津忍反後放此）吾杜注彼以為易象即今周易上下経之象辞也魯春秋謂魯史記
乃今知周之策書也春秋遵周公之典以序事故曰周礼尽在魯矣易象春
公之徳与秋是文王周公之所制故見春秋知周公之徳見易象知周之所以
周之所以王也文王已制此典即是身有聖徳聖不空生必王天下周室之王
王（王于况反又如字）文王之功故観其書知周之所以得王天下之由也文王身処王位故以
王言之周公不王故以徳言之人異故文異傳言観書大史則所観

非亡而獨言易象魯春秋者韓子主美文王周公故特言之易象魯
無增改故不言魯易象春秋雖是周法所記乃是魯事故言魯
春秋也春秋易象晉應有之韓子至魯方乃發歎者味其義善其
人以其旧所未悟故云今始知示其歎美之深非是素不見也
易下繫辭云易之興也其當殷之末世周之盛德當文王與紂之
事則謂易象文象之辭也鄭玄案據此文以為易是文王所作鄭
衆賈逵虞翻陸績之徒以易有箕子之明夷東隣殺牛皆以為
易之文辭周公所作杜雖无明解似同鄭説韓子所見蓋周之旧
典禮經也 序言史官所書旧有成法故別韓子之事以此言結
之韓子所見魯春秋者蓋是周之旧日正典禮之大經也韓子之言
并歎易象此之所見唯謂春秋者指説春秋不須易象故也知是
旧典禮經者傳於隱七年書名例云謂之禮經十一年不告例云
不書于策明書於策必有常禮未脩之前旧有此法韓子所見而
説之即是周之旧典以无正文故言蓋為疑辭也制禮作樂周公
所為明策書禮經亦周公所制故下句每云周公正謂五十發凡

是周公旧制也必知史官所記有周公旧制者以聖人所為動皆
有法以能立官紀足豈得全无憲章定四年傳称備物典策以
賜伯禽典策則史官記足之法也若其所記无法何足以賜諸侯
々々得之何足以為光栄而子魚称為美談也且仲尼修此春秋
周德既衰以為一経若周公无法史官妄説仲尼何所可凴斯文何足為典
官失其守得与諸書礼楽詩易並称経哉以此知周公旧有定制韓子所
上之人不見是也　周德既衰多違旧章　正義曰此明仲尼修春
已使春秋秋之由先論史策失宜之意計周公之垂法典策具存豈假仲尼
昭明赴告更加筆削但為官失其守褒貶失中赴告策書多違旧典是故仲
策書告古毒反尼修成此法垂示後昆襄三十一年傳称卿大夫已守其官職昭
一音古報反翦覺曰赴禍福二十年傳曰守道不如守官是言人臣之官各有所守周德既衰
日告諸所邦国无法群小在位故官人失其所守也魚廣言衆官失職要其
記注任反注張本意是言史官失其所掌也昭三十一年傳曰春秋之称微而顕
字或作註多違宛而辨上之人已使春秋昭明注云上之人謂在位者也彼謂賢
旧章德之人在天子諸侯之位已使春秋褒貶勸戒昭明周德既衰主掌

之官已失其守在上之人又非賢聖故不能使春秋褒貶勸戒昭明致令赴告記注多違舊章也文十四年傳曰崩薨不赴禍福不告然則隣國相命凶事謂之赴他事謂之告對文則別散文則通昭七年傳衛齊惡告喪于周則是凶亦稱告也赴告之中違舊章者若隱三年平王以壬戌崩赴以庚戌桓五年陳侯鮑卒再赴以甲戌己丑没不同盟者而赴以名同盟而赴不以名之類是也策書記注多違舊章者仲尼既已脩改不可復知正以仲尼脩之故知其多違也

仲尼因魯史策書成文考其真偽而志其典禮上以遵周公之遺制下以明將來之法

仲尼因魯史策書成文至將來之法　此明仲尼所因并其制作之意既脩之經以魯爲主是因魯史策書成定之舊文也考謂校勘志謂記識考其真偽真者因之偽者改之志其典禮合典法者褒之違禮度者貶之上以遵周公之遺制使舊典更興下以明將來之法令後世有則以此故脩春秋也前代後代事終一揆所賞所罰理必相符仲尼定之春秋之文制治國之法文之所褒是可賞之徒文之所貶是可罰之類後代人主誠能觀春秋之文揆萬代之事辟所惡而就所善順褒貶而施賞罰則法必明而國必治

故云下以明将来之法也不専當時而為将来制法者孔子之時道不見用既知被屈冀範将来之与今時其法亦何以異但為将不見用故指之将来其実亦以教當代也其教之所存文之所害則刊而正之以示勸戒此説仲尼改旧史之意教之所存謂名教善悪義存於此事若文無褒貶无以懲勸則是文之害教若僖二十八年天王狩于河陽僖云晋侯召王以諸侯見且使王狩将仲尼曰以臣召君不可以訓故書曰天王狩于河陽杜以晋文之意本欲尊周将率諸侯共朝天子自嫌彊大不敢至周諭王出将得尽臣礼尊其蹤緒心是跡非又昭十九年許世子止弑其君買傳云許悼公瘧五月戊辰飲太子止之薬卒書曰弑其君々子曰尽心力以事君舎薬物可也許止進薬不由於医其父飲之因藥而卒名教善悪須存於此若也不罪許止不没晋文无以息篡逆之端勸事君之礼故隠其召王之名顕称弑君之悪如此之例皆是文之害教則刊削本策改而正之以示後人使聞善而知勸見悪而自戒諸仲尼所改新意皆是刊而正之也其餘則皆即用旧史

文王之 襄公之 貫 緒事

其餘則皆至不必改也　此說仲尼不改舊史之意甚餘謂新意之外皆即
即用舊史用舊史也蓋隱終麟二百餘載史官遷代其數甚多人心不同屬
之有文質辭必異自然史官有文有質致使其辭有詳有略既無所害故不
辭有詳略必改也史謂文質謂居官之人辭謂詳略謂書策之文史文則辭
不必改也華史質則辭直華則多詳直則多略故春秋之文詳略不等也螟
螽蜚蜮皆害物之蟲蜚蜮言有螟螽不言有諸侯反國或言自某
歸或言歸自某晉伐鮮虞異入郢直舉國名不言將帥及郊與聞
鄭皆無所發諸侯卒或名或不名明是立文承異是其史舊有
詳略義例不存於此故不必皆改也　故傳曰其善志又曰非聖人
孰能修之　上傳昭三十一年言春秋之書其是善志記也下傳
成十四年言若非聖人誰能修春秋使成五例也下傳既非聞華而
云又者言又重上事之辭上又其傳非又其年也　蓋周公之志仲
尼從而明之　既以蓋為疑辭而知疑必然者案禮君子論春秋
之義而云善志春秋既是舊名明稱舊記為善故知之　上傳之言蓋
言周公之志也脩者治舊之名傳善聖人而言脩舊明脩前聖之

道故知下傳之言蓋仲尼之明周公也上已言蓋周之旧典礼經
此後重言蓋周公之志者上明春秋記事之法旧史之遺周公也
左丘明受 此明仲尼因旧史之文還修周公之法故重言蓋敘此以上論經
經於仲尼 以下論傳 左丘明受經於仲尼至隨義而發 正義曰丘明為
以為經者 經作傳故言受經於仲尼未必面親授受使之作傳也此說作傳
不刊之書 解經而傳文不同之意丘明以為經者聖人之所制是不可刊削
也故傳或 之書也非傳所已乱之假使傳有先後不畏經因錯乱故傳或先經為
先經以始 文以始後經之事或後經為文以終前經之義或依經之言以辨
事或先恚廖 此經之理或錯經為文以合此經之異皆隨義所在而為之發傳
或後經以 期於釋盡經意而已是故立文不同也大史公十二諸侯年表序云自
終義立文後戶 孔子論史記次春秋七十子之徒口受其傳魯君子左丘明懼弟
或依經以 子各有安其意失其真故具論其語成左氏春秋沈氏云嚴氏春
辨理或錯 秋引觀周篇云孔子將修春秋與左丘明乘如周觀書於周史歸而
經以合異 而脩春秋之經丘明為之傳共為表裏藝文志云左丘明魯史也
隨義而發 是言丘明為傳以其姓左故号為左氏傳也先經者若隱公不書

其例之所重（々直用反　又直竜反）旧史遺文略不尽挙非聖人所脩之要故也
身為国史躬覧載籍必廣記而備言之

即位先發仲子歸于我衛州吁弑其君完先發莊公娶于齊如此之類是先經以始事也後經者昭二十二年王室亂定八年乃言劉子伐盂以定王室哀二年晉納蒯聵于戚哀十五年乃言蒯聵自戚入衛如此之類是後經以終義也依經者經有其事傳辯其由隠公不書即位而求好於邾故為蔑之盟案其經文明其歸趣如此之類是依經以辯理也錯經者若地有兩名經傳互舉及經侵傳伐經伐傳侵於文雖異於理則合如此之類是錯經以合異也傳文雖多不出四體故以此四句明之也　其例之所重至所脩之要故也　此說有經无傳之意例之所重者若桓元年秋大水傳云凡平原出水為大水莊七年秋大水亦則例之所重皆是旧史遺餘策書之文丘明略之不復發傳非聖人所脩之要故也言遺者旧史已没策書貴當故曰遺文　身為国史至究其所窮　此說无經有傳之意　正義曰說文云籍部書也張衡東京賦曰多識前世之載々亦書也躬覧載籍所見者博故以義有所取必廣記而備言之非直解經故其文緩遥明聖意其旨遠將

其文緩其
旨遠將令学者本原其変之始要截其変之終尋其枝葉尽其根本則重
学者原始人之趣無遠其賾可得而見是故經先其変而傳亦言之為此也
要終 令力呈反 原始要終及其旨遠並易下繋辞文也尋其枝葉以樹木喩也
下令学者同 究亦窮也言窮尽其所究窮之処也 優而柔之〻然後為得也
要於遥反 尋其枝葉 此又申説先經之傳有利益之意優而柔之使自求之大戴礼子 礼記
究其所窮 張問入官学之篇有此文也其饜而飫之則未知所出優柔俱訓
優而柔之 為安寛静之意也饜飫俱訓為飽饒裕之意也謂丘明富博其文
使自求之 優游学者之心使自求索其高意精華其大義飽足学者之好使
饜而飫之 自奔趨其深致言其廣記備言欲令使条韻不倦也江海以水深
饜於艶反 飫於預反 之故所浸者遠膏澤以雨多之故所潤者博以喩傳之廣記備言
使自趨之 趨七住反 亦欲浸潤經文使其理通洽如是而求之然後渙然解散如春冰
若江海 之釈怡然心説而衆理皆順然後為得其所也江海水之大者故挙
之浸膏 浸子鴆反 以為喩脂之釈者為膏言雨之潤若脂膏然故称膏澤也
澤之潤 潤如字 膏古刀反 其發凡以言例至一經之通体 正義曰自此至非例也辯説傳
渙然冰釈 之三体此一段説旧發例也言發凡五十皆是周公旧法先儒之
渙呼乱反 怡然

理順之　怡以
然後為得
也
其發凡以
言例皆經
国之常制
周公之垂
法史書之
旧章仲尼
違而修之
以成一經之
通體

說春秋者多矣皆云丘明以意作傳說仲尼之經凡與不凡無新
旧之例杜所以知發凡言例是周公垂法史書旧章者以諸所發
凡皆是国之大典非独經文之例隱七年始發凡例特云謂之礼
經十一年又云不書于策違此二句於諸例之端明書於策者皆
是經国之常制非仲尼始造策書自制此礼也何則天灾無牲卒
哭作主諸侯薨于朝會加一等夫人不薨于寢則不致豈是仲尼
始造此言也公行告廟侯伯分災二凡之末皆云礼也豈是丘明
自制礼乎又公女嫁之送人尊卑哭諸侯之親疏等級王喪之秩
小畫分至之書雲物皆經無其變傳亦發凡若丘明以意作傳主
說仲尼之經此既無經須發傳以是故知發凡言例皆是周公
垂法史書旧章仲尼従而脩之以成一經之通体也国之有史在於
前代非獨周公立法史始有章而指言周公垂法者以三代異物
法度
節文不同周公必因其常文而作以正其變者非是盡變其常也
但以一世大典周公所定故春秋之義史必主於常法而以周公正
之然凡是周公之礼經今案周礼竝無凡例内掌礼外別有凡
文　發周

為當凡在禮內今者所以擬禮則凡知者案周禮大宰職於八法
之內有官成官法鄭衆注云官成者謂官府之有成事品式官法者
者謂職所主之法度然則式凡者是史官之策書成事法式也釋
例終篇云揔凡者五十其別四十有九蓋以母弟二凡其義不異
故也計周公垂典應每事設法而擬經爲例於傳無凡多矣釋例
四十部其凡者十五然則周公之立凡例非徒五十而已蓋作傳
之時已有遺落丘明采而不得故也且凡雖舊例亦非全語丘明采
合而用之耳終篇云諸凡雖是周公之舊典丘明撮其體義約以
爲言非純寫故典之文也蓋擬古文覆逆而見之此丘明會意之
微致是其說也然丘明撮凡爲言體例不一於一凡之內事義不
同亦有因經所無連釋經之所無如王曰小童公侯曰子是也亦
有略經之所無直釋經之所有如凡祀啓蟄而郊龍見而雩
不言禘祀以經無故也如此之類是也所以然者蓋以舊凡語少
經雖無事則亦連文引之所以兼引王曰小童若舊凡語多經無
者則略之經有者則載之所以略甚禘祀獨舉郊雩故莊十一年

王師敗績于某杜注云事列於經則不得不因申其義是曰凡多个者唯舉經文也發凡之体凡有二條一是特為策書一是兼載国事特為策書者凡告以名則書之類是也兼載国事者凡嫁女于敵国之彰是也虽為国事但他書有者亦不在凡例如天子七月而葬既於礼文備有故丘明作傳不在凡例也此諸凡者自是天下大例其言非獨為魯故哭諸侯之條既發凡例乃云故魯為諸姬臨知正凡所言非止魯事且送女例云於天子則諸卿皆行魯莅嫁女於天子之理祭祀例云啓蟄而郊自非魯国不得有郊天之事明是采合故典裁約為文也

其微顯闡幽裁成義類者（幽闡昌善反明也）皆據舊例而發義指行事以正褒貶（褒保刀反 貶彼撿反 字林方犯反）

其微彰闡幽云褒貶　此下尽曲而暢之說新意也微彰闡幽易下繋辭文也微謂纖隱闡謂著明旧說云下云經無義例此釈經有義例一謂孔子脩經微其顯事闡其幽理裁節經之上下以成義之般數其善事顯者若秦穆悔過四国大夫以例称人觀文与常文无異惡事顯者若諸侯城緣陵叔孫豹違命城緣陵依例称諸侯与无罪文同叔孫豹去氏与未賜族者文同皆微其彰事闡幽者謂闡其幽理使

之宣蓄若晋趙盾鄭帰生楚陳乞及許大子止皆非親弑君
是其罪並隱孔子脩経加弑使罪状宣露是闡幽也諸春秋褒貶
之例並是也蓋以為皆拠旧例而発義以下論丘明之伝微顕闡
幽乃是経意故賀沈諸儒皆悉同此劉炫以微顕闡幽皆説作伝
之意経文顕者作伝卒其繊微経文幽者作伝闡使明著顕者若
天王狩于河陽観経文足知王是天子狩是出獵但不知天子何故
出畿外狩耳故伝発晋侯召王是其微顕也幽者若鄭伯克段于
鄢観経不知段是何人何故称克故伝発武姜愛段是闡其幽也
丘明作伝其有微経之顕闡経之幽以裁制成其義理比彰者皆
拠旧典凡例而起発経以指其人引事是非以正経之褒貶例称
得儁曰克伝言如二君故曰克是其拠旧例発義也晋侯召王使
將鄭伯不教其弟仲尼没其召王顕称鄭伯丘明正述其意先解
経文是指其初意以正褒貶也此二意尤明者耳其余皆是新意
也此序主論作伝而賀沈諸儒皆以為経解之是不識文勢而謬
失杜旨　諸称書不書等謂之変例　上既言拠旧例而発義故

諸稱書不書先書故書不言不稱書曰之類皆所以起新舊發大義謂之變例

更指發義之條諸傳之所稱書不書先書故書不言不稱及書曰七者之類皆所以起新舊之例令人知發凡是舊七者是新發明經之大義謂之變例以凡是正例故謂此為變例猶詩之有變風變雅也自杜以前不知有新舊之異今言謂之變例是杜自明之以曉人也稱書者若文二年書士穀堪其事襄二十七年書先晉々有信也如此之類是也不書者若隱元年春正月不書即位攝也邾子克未王命故不書爵如此之類是也先書者若桓二年君子以督為有無君之心故先書弒其君僖二年虞師晉師滅下陽先書虞賄故也如此之類是也故書者若隱三年壬戌平王崩赴以庚戌故書之成八年杞叔姬卒來歸自杞故書如此之類是也不言者若隱元年鄭伯克段于鄢不言出奔難之也莊十八年公追戎于濟西不言其來諱之也如此之類是也不稱者若僖元年不稱即位公出故也莊元年不稱姜氏絶不為親如此之類是也書曰者若隱元年書曰鄭伯克段于鄢隱四年書曰衛人立晉衆也如此之類是也案襄元年圍宋彭城非宋地追書也隱元年稱鄭伯譏失教

也昭三十一年公在乾侯言不能外内也先書故書既是新意則追書亦是新意書与不書俱是新意則稱与不稱言与不言亦俱是新意豈得不言不稱猶為新意言也稱也便即非其釋例終篇云諸雜稱二百八十有五止有其數不言其目就文而數又從參差窮稱謂追書也言也稱也亦是新意序不言者蓋諸數之中足以包之故也指田儁紹者亦注此序以為序言諸稱々亦即是新意与下七者合為八名斯不然矣案書与不書其文相次若稱字即是新意但當言稱与不稱相次何以分為別文明知杜言諸稱自謂諸傳所稱不以稱為新意但以理而論之稱亦當是新意耳

然亦有史所不書即以為義者此蓋春秋新意故傳不言凡曲而暢之也

暢勅亮反

然亦有史至曲而暢之也　此說因旧為新也仲尼脩春秋者數以上遵周制以下明立教其旧史錯失則得刊而正之春秋以為變例其旧史不書則无可刊正故此又辯之亦有史所不書正合仲尼意者仲尼即以為義改其旧史及史所不書此二者蓋是春秋新意故傳亦不言凡無事別釋曲而通暢之也此蓋春秋新意其言總上通變例与不別書也舉一凡而文同者諸

理盡見是其直也不言凡而每事發傳是其曲暢旁通故
言曲而暢之也若然隱公實不即位史無由得書即位鄭克實
未有爵史無由得書其爵然則傳言不書自是舊史不書而
以爲仲尼新意者釋例終篇杜自問而釋之云丘明之爲
傳所以釋仲尼春秋仲尼春秋皆因舊史之策書義之所在則
時加增損或仍舊史之無亦或改舊史之有雖因舊文固是仲尼
之書也丘明所發固是仲尼之意也雖是舊文不書而事合仲尼
之意仲尼因而用之即是仲尼新意若宣十年崔氏出奔衛傳
稱書曰崔氏非其罪也且告以族不以名是告不以名故知舊史無
其經無義名及仲尼修經無罪見逐例不書名此舊史之文適當孔子之意
例因行史不得不因而用之因舊爲新皆此類也然杜唯言史所不書即以
而言則傳爲義不云所書爲義者但夫子約史記而修春秋史記之文皆是
直言其餘舊史所書因而褒貶理在可見不須更言但恐舊史不書而夫
趣而已　子不用故特言之　其經無義例之非例也　此一段説經無
非例也　義例者國爲太史必書之例是既無得失其文不著善惡

自問自答

故傳直言其指歸趣向而已非褒貶之例也春秋此類最多故隱元年及宋人盟于宿傳曰始通也杜注云經無義例故傳直言其歸趣而已他皆放此是如彼之類皆非例也　故發傳之体有三而為例之情有五　正義曰傳体有三即上文發凡正例新意變例歸趣非例是也為例之情有五則下文五曰是也言經有此五情縁經以求義為例言傳為經發例其体有此五事下文五句成十四年傳也案彼傳上文云春秋之称下云非聖人誰能脩之聖人指謂孔子義孔子所脩成此五事々々所據諸例皆尽下句釋其顯者以漏之耳此發傳之体有三上文三言其以別之觀文足可知耳劉寔分變例新意以為二事釋例終篇曰丘明之傳有称周禮以正常者諸称凡以發例者是也有明經所立新意者諸顯義例而不称凡者是也称古典則立凡以顯之製變例則隨辭以讃之杜言甚明尚不言語其為暗也不亦甚乎一曰微而顯至城縁陵之類是也文見於此謂彼注云辭微而義顯也称族尊君命舍族尊夫人成十四年傳為叔孫僑如發也経曰秋叔孫僑如々齊逆女九月僑如

一曰微而顯　文見於此而起義在彼　見賢遍反下同　称族尊君命舍族尊夫人　梁亡城縁陵之類是也　楷書

二曰志而晦約言示制推以知例参会不地与謀曰及之類是也

参七南反又音三与音預

以夫人婦姜氏至自斉叔孫是其族也賞称其族貶責去其氏衛君命出使称其族所以為栄与夫人俱還去其氏所以為辱出称叔孫挙其栄名所以為君命也入舎叔孫替其尊称所以為夫人也族自卿家之族称舎別有所為是文見於此而起義在彼僖十九年経書梁亡是秦亡之也傳曰不書其主自取之也僖十四年経書諸侯城縁陵是斉率諸侯城之以遷杞也傳曰不書其人有闕也秦人滅梁而曰梁亡文見於此梁亡見取者之罪斉桓城杞而書諸侯城縁陵文見於此城縁陵見諸侯之有闕而是文見於此而起義在彼皆是辞微而義顕故以式三変属之二曰志而晦訖曰及之類是也　彼注云志記也晦亦微也謂約言以記事々敘而文微　桓二年秋公及戎盟于唐冬公至自唐傳例曰特相会往来称地譲事也自参以上則往称地来称会成事也二人共会則莫肯為主両相推譲会事不成故以地致三国以上則一人為主二人聴命会事有成故以会致　宣七年公会斉侯伐莱傳例曰凡師出与謀曰及不与謀曰会其意言同志之国共行征伐彼

三曰婉而成章，婉於元反曲從義訓，以示大順，諸所諱辟，璧假許田之類是也。辟本亦作避音同後放此假古雅反後不音者同

与我同謀計議々成而後出師則以相連及爲文彼不与我謀不得已而往應命則以相會合爲文此二是者義之所異在於一字約少其言以示法制推尋其事以知其例是所記事有叙而其文微也　三曰婉而成章至許田之類是也　彼注云婉曲也謂屈曲其辭有所辟諱以示大順而成篇章諸所諱辟者其事非一故言諸以總之也若僖十六年公會諸侯于淮未歸而取項齊人以爲討而止公十七年九月得釋始歸諱執止之恥辟而不言經乃書公至自會諸如此類是諱辟之事也諸侯有大功者於京師受邑爲將朝而宿焉謂之朝宿之邑方岳之下亦受田邑因從巡守備湯沐以共沐浴焉謂之湯沐之邑魯以周公之故受朝宿之邑於京師許田是也鄭以武公之勳受湯沐之邑於泰山祊田是也隱桓之世周德既衰魯不朝周王不巡守二邑皆無所用因地勢之便欲相与易祊薄不足以當許鄭人加璧以易許田諸侯不得專易天子之田文諱其事桓元年經書鄭伯以璧假許田言若進璧以假田非久易也掩惡揚善臣子之義可以垂訓於後

四曰尽而不故此二言皆屈曲其辞從其義訓以示大順之道是其辞婉曲而
汙亦倶又曲也直成其篇章也　四曰尽而不汙至獻捷之類是也彼注云謂直言
書其事具　其事尽其実无所汙曲礼制宮廟之飾楹不丹桷不刻荘二十三
文見意丹年秋丹桓宮楹二十四年春刻桓宮桷礼諸侯不貢車服天子不
楹刻桷天私求財桓十五年天王使家父来求車礼諸侯不相遺俘荘三十
王求車齊一年齊侯来獻戎捷二者皆非礼而動直書其事不為之隠具為
侯獻捷之其文以見譏意是其事実尽而不有汙曲也　五曰懲悪而勸善
類是也音楹　至三叛人名之類是也彼注云善名必書悪名不滅所以為懲
盈劉音克桷音角捷在妾勸昭二十年盗殺衛侯之兄縶襄二十一年邾庶其以漆閭丘来
反　五曰懲悪而奔昭五年莒牟夷以牟婁及防茲来奔昭三十一年邾黒肱以濫来
勸善懲且求外及欲奔是謂盗与三叛人名也齊豹衛国之卿春秋之例卿皆書其名
名而亡欲盖氏齊豹忿衛侯之兄起而殺之欲求不畏彊禦之名春秋抑之書曰
而章書齊豹盗　盗者賤人有罪之称也邾庶其黒肱莒牟夷三人皆小国之臣
豹盗三叛並非命卿其名於例不合見経竊地出奔求食而已不欲求其名
人名之類　聞春秋故書其名使悪名不滅若其為悪求名而有名章徹則作
是也

大体轉相祖述進不成為錯綜經文以盡其変退不守丘明之傳於丘明之傳有所不通皆没而不說而更膚引公羊穀梁適足以自亂

趙人貫公々傳子長卿々々傳清河張禹々々授尹更始々々傳子咸及丞相翟方進々々授清河胡常々々授黎陽賈護々々授蒼梧陳欽而劉歆從尹咸及翟方進受由是言左氏者本之賈護劉歆是前漢言左氏者也漢武帝置五經博士左氏不得立於学官至平帝時王莽輔政方始立之後漢復廢然学者傳多矣中興以後陳元鄭衆賈逵馬融延篤彭仲博許惠卿服虔潁容之徒皆傳左氏春秋魏世則王肅董遇為之注此等比至杜時或在或滅不知杜之所見十數家定是何人也

大体轉相祖述至適足自乱　礼記中庸云仲尼祖述堯舜祖始也謂前人為始而述修之也經之詳略本不着宜義強為之說理不可通故進不成為錯綜經文以㕘其変於傳之外別立異端故退不守丘明之傳々有不通所屬書没而不說謂諸家之注多有此変祖諸注既亡不可指摘若觀服虔賈逵之注皆没而不說者衆矣謂若文二年作僖公主傳於僖三十三年云作主非礼也凡君薨卒哭而祔々而作主及襄九年閏月戊寅濟于陰阪之類是也膚謂皮膚言淺近引之也公羊穀梁口

相傳授因筭起問意与左氏不同故引之以解左氏適足以自錯乱也

預令所以為異專修丘明之傳以釈經々之條貫必出於傳々貫古乱反之義例總歸諸凡推變例以正褒貶簡二傳而去去起呂反異端蓋丘明之志也

預令所以為異主蓋丘明之志也丘明与聖同恥為經作傳經有他義无容不尽故專修丘明之傳以釈經也作傳解經則經義在傳故經之條貫必本於傳也發凡言例則例必在凡故傳之義例總歸諸凡也若有例其尭則傳有變例如是則推尋變例以正褒貶若左氏不解二傳有說有是有非可去可取如是則簡選二傳取其合義而去其異端杜自言以此立說蓋是丘明之本意也昭三年北燕伯款出奔齊傳云書曰北燕伯款出奔齊罪之也則知二十一年蔡侯朱出奔楚亦是罪之也釋例曰朱無罪拙失位而出奔亦其咎也宣十年崔氏出奔衛傳云書曰崔氏非其罪也不書名者非其罪則書名者是罪也襄二十一年晉欒盈出奔楚是杜注云稱名罪之如此之彰是推變例以正褒貶也莊十九年公子結媵陳人之婦于鄄杜注云公羊穀梁皆以為魯女媵陳侯之婦俟九年伯姬卒杜注云公羊穀梁曰未適人故不稱國如此之彰是簡二傳也先儒取二傳多矣杜不取者是去異端也 其有

然劉子駿創通大義 駿音俊子駿劉歆字創初亮反亦作剏 賈景伯父子許惠卿皆先儒之義者也末有潁子嚴者雖淺近亦復名家 復扶又反下同 故特舉劉賈許潁之違以見同異 見賢遍反下同

疑錯則備論而闕之以俟後賢　集解与釋例每有論錯闕疑之事非一二也釋例終篇云去聖久遠古文篆隷歴代相變自然當有錯誤亦不可拘文以害意故聖人貴闕疑而知二賢史之闕文也今左氏有無傳之經亦有無經之傳或可廣文無傳之經則不知其事又有事由於魯々君親之而後不書者先儒或強為之說或設而不說疑在闕文誠難以意理推之是備論闕之々事也

然劉子駿云以見同異　漢書楚元王傳称劉歆字子駿劉德孫劉向少子也哀帝時歆校秘書見古文春秋左氏傳大好之初左氏傳多古字古言学者傳訓詁而已及歆治左氏引傳文以解經々傳相發明由是章句義理備焉是其創通大義也後漢賈逵字景伯扶風人也父徽字元伯授業於歆作春秋條例逵傳父業作左氏傳訓詁許惠卿名淑魏郡人也潁子嚴名容陳郡人也比於劉賈之徒学識雖復淺近然亦注述春秋名為一家之学杜以為先儒之内四家差長故特舉其違以見異同自餘服虔之徒劣於此輩故棄而不論也

分經之年至集解

分經之年與傳年相附比其義類（比毗志反）各隨而解之名曰經傳集解又別集諸例及地名譜第曆數（譜本又作普同布古反數所具反後不音者皆同）相與為部凡四十部十五卷皆顯其異同從而釋之名曰釋例將令

丘明作傳不敢與聖言相亂故與經別行何止丘明公羊穀梁及毛公韓嬰之為詩作傳莫不皆爾經傳異處於省覽為煩故杜分年相附別其經傳聚集而解之杜言集解謂聚集經傳為之作解何晏論語集解乃聚集諸家義理以解論語言同而意異也又別集諸例以詳之也　春秋記事之各前人後人行事相類書其行事不得不有比例而散在他年非相比校則善惡不章褒貶不明故杜別集諸例從而釋之將令學者觀其所聚察其同異則於其學易明故也言諸例及地名譜第曆數三者並春秋之事於經傳並例者繁多以特為篇卷不與諸例相同故言及也事同則為部小異則附出孤經不及例者聚於終篇故言相與為部也其四十部次第從隱即位為首先有其事則先次之唯世族土地事既非例故退之於後終篇最處末故次終篇之前終篇處其終耳土地之名起於宋衛遇于垂世族譜起於无駭卒无駭卒在遇垂之後故地名在世族之前也　或曰春秋之作至所安

正義曰上一問一荅說作注理畢而更問春秋作之早晚及仲尼述

学者觀

其所聚異作大意先儒所說並皆辟謬須於此明之亦以於文不決故更假問

同之說釋答以明之一問之間凡有四意其一問作之早晚其二問先儒言孔

例詳之也子自為素王其事虛實其三問公羊說孔子黜周王魯其言是

或曰春秋之非其四問左氏獲麟之後乃有餘經問杜於意妥否杜云左傳

作左傳及及穀梁無明文則指公羊有其顯說今驗何休所注公羊亦無作

穀梁無明春秋之事案孔舒元公羊傳本云十有四年春西狩獲麟何以書

文說者以為記異也今麟非常之獸其為非常之獸奈何有王者則至無王者

仲尼自衛反則不至然則孰為而至為孔子之作春秋是有成文也左傳及穀梁

魯脩春秋則無明文故說左氏者言孔子自衛反魯則便撰述春秋三年文

立素王王于況反下王魯素王同丘明成乃致得麟孔子既作此書麟則為書來應言麟為孔子至也

為素臣言麟是帝王之瑞故有素王之說言孔子自以身為素王故作春秋

公羊者亦云立素王之法丘明自以身為素臣故為素王作左氏之傳漢魏諸

黜周而王儒皆為此說董仲舒對策云孔子作春秋先正王而繫以萬事是

魯黜勑律反危素王之文焉賈逵春秋序云孔子覽史記就是非之說立素王之

行言孫行下孟反孫音遜法鄭玄六藝論云孔子既西狩獲麟自號素王為後世受命之君

本亦作遜

以辟當時之害故微其文隱其義公羊經止獲麟而左氏經終孔丘卒故問所安

制明王之法盧欽公羊序云孔子自因魯史記而修春秋制素王之道是先儒皆言孔子立素王也孔子家語稱齊大史子餘歎美孔子言云天其素王之乎素空也言无位而空王之也彼子餘美孔子之深原上天之意故為此言耳非是孔子自号為素王先儒蓋因此而謬遂言春秋立素王之法左丘明述仲尼之道故復以為素臣其言丘明為素臣未知誰所說也言公羊者謂何休之輩黜周王魯非公羊正文說者推其意而致理耳以杞是二王之後本爵為上公而經稱杞伯以為孔子黜之宣十六年成周宣榭火公羊傳曰外災不書此何以書新周也其意言周為王者之後比宋為新緣此故謂春秋託王於魯以周宋為二王之後黜杞同於庶国何休隱元年注云唯王者然後改元立号春秋託新王受命於魯宣十六年注云孔子以春秋當新王上黜杞下新周而故宋黜周為王者之後是黜周王魯之說也定元年公羊傳曰定哀多微辭主人習其讀而問其傳則未知己之有罪焉爾何休云此假設而言之主人謂定哀也習其經而讀之問其傳解詁則不知己之有罪

於是此孔子畏時君上以諱尊隆恩下以辟害容身慎之至也是其孫言辟害微文隱義之説自衛反魯危行言孫皆論語文也鄭玄以為擬時高言高行者皆見危謂高行為危行也何晏以危為厲言行不隨俗也未知二者誰當杜旨公羊之經獲麟即止而左氏之經終於孔子卒先儒或以為麟後之經亦是孔子所書故問其意之所安也

答曰異乎余所聞仲尼曰文王既沒文不在茲乎此制作之本意也歎曰鳳鳥不至河不出圖吾已矣夫蓋傷時王之政也

答曰異乎至時王之政也　此盡末以來答上問四意但所答或先或後而其文不次欲令先指案據乃得遞相發明之故不得以次而答問者先問作之早晚杜意定以獲麟乃作故從仲尼曰至庶以為終明作之時節兼明白本意自欲制作感麟方始為之非是先作春秋乃後致麟也既言止麟之意須説始隱之由且欲敢平王周正驗其非黜周王魯之證但既言其終便言其始則於文不次故答前義未了更起一問自曰然則以下盡其義也明春秋始隱之意答黜周王魯之言既言王魯為非遂并辯公羊之謬自若夫制作盡非隱之也答微文隱義之為非也自聖人包周身之防盡非所聞也答孫言辟害之為虚也先儒以為未獲

此両本誤欤異本作比

麟而已作春秋遇獲麟而經猶未止故既荅公羊之謬然後却辯
素王爲虛并説引經爲妄自子路欲使門人尽又非通論也荅素
王素臣之問自先儒以爲尽得其実荅經上獲麟之意至於反袂
以下言其不可采用此章分段大意其文旨如此問者以所聞而
問其異乎余所聞一句歎其所拠非理故言異乎余所聞仲尼曰
与歟曰二者皆論語文也孔子匡人以兵遮而脅之後者驚
怖故設此言以強之文王既没其爲文王之道豈不在茲身
乎孔子自比其身言已有文王之道也其下文又云天之將喪斯
文也後死者不得与於斯文也天之未喪斯文也匡人其如予何其
意言天若未喪文王之道必將使我制作匡人不能違天以害己
此言是有制作之本意也聖人受命而王則鳳鳥至河出圖仲尼
歎曰鳳鳥不至河不出圖吾已矣夫此言蓋傷時王之政不能致
此瑞也先有制作之意而恨時無嘉瑞明是既得嘉瑞即便制作
杜欲明得麟乃作故先表此二句鄭玄以為河圖洛書亀龍衘負
出如中候所説竜馬衘甲赤文緑色甲似亀背袤廣九尺上有列

麟鳳五灵宿計正之度帝王録紀興亡之数是也孔安国以為河図即八卦
王者之嘉是也未知二者誰當杜言麟鳳五霊至所以為終也麟鳳
瑞也（瑞書又）今与亀竜白虎五者神霊之鳥獣王者之嘉瑞也今麟出於衰乱之
麟出非其世是非其時也上無明主是虚其應也為人所獲是失其所也夫
時虚其應此聖人而生非其時道無所行功無所済与麟相類故所以為感
而失其皈也先因制作之意復為外物所感既知道屈當時欲使功被来世由是所
息々對之
集也此聖以作春秋絶筆於獲麟之一句者麟是仲尼所感而書為感麟而
人所以為感作既以感而起固所以為終也答上春秋之作左傳無明文之問
也絶筆於又言已所以為獲麟乃作之意独挙麟鳳而云五灵知二獣以外
獲麟之句為亀竜白虎者以鳥獣而為瑞不出五者經傳讖緯莫不盡然礼
者所感而起記礼器曰升中于天而鳳皇降亀竜假詩序曰麟趾関雎之應騶
固所以為終虞鵲巣之應騶虞即白虎也是亀竜白虎並為瑞應只言麟鳳
也
便言五灵者挙鳳配麟足以成句略其二者故曰五灵其五灵之
文出尚書緯也礼記礼運曰麟鳳亀竜謂之四灵不言五者彼称
四灵以為畜則飲食有由也其意言四灵与羣物為群四霊既擾

則蓋物皆備竜是魚鮪之長鳳是飛鳥之長麟是走獸之長亀是甲虫之長飲食所須唯此四物〻之内各挙一長虎麟皆是走獸故略而兼杜欲偏挙諸瑞故備言五者也直云絶筆獲麟則文勢已足而言之下句者以春秋編年之書必應尽年乃止入年唯此下句故顕言之以明下句是其所感也

曰然則春秋何始於魯隱公答曰周平王東周之始王也隱公譲国之賢君也考乎其時則相接言乎其位則列国本乎其始則周公之祚胤（祚才路反胤以母反）若平王巳祈天永命紹開中興（中丁仲反）隱公巳弘宣

曰然則春秋何始於魯隱公至垂法将来上既解終麟之意未辯始隱之由故又假問以釋之不言或問而直言曰者以答前未了須更起此問若言問者猶是前人且既解絶筆即因問初起以此不復言或欲示二問共是一人故也然者然上語則者陳下意乗前起後之勢問者言絶筆於獲麟既如前解然則春秋初起何独始於魯隱公不始於他国餘公何也答曰周平王東周之始王也遷居洛邑平王為首是始王也隱公譲国之賢君也於第當立辞位譲桓是賢君也考乎其時則相接隱公之初當平王之末是相接也言乎其位則列国其爵為侯其土則廣是大国也本乎其始則周公之祚胤也魯是周公之後是其福祚之胤也若使平王巳撫養下

祖業光啓王室則西周之美可尋文武之迹不墜地（墜直類反）是故因其曆數附其行事来周之旧以含成王義（王如又于況反）垂法將来

民求天長命紹先王之烈開中興之功隱公能大宜垂祖之業光
啓周王之室君臣同心照臨天下如是則西周之美猶或可尋文
武之迹不墜於地而平王隱公居得致之地有得致之資而竟不
能然只為无法故也仲尼愍其如是為之作法其意言若能用我
道豈致此乎是故因其年月之歷數附其時人之行事求周公之
旧典以会合成一王之大義雖前事已往不可復追冀得垂法將
来使後人放習以是之故作此春秋此序下段大明作春秋之深
意問者不直云隱公而言魯隱公者言魯決其不始於他国言隱
決其不始於餘公挾此二意故并魯言之也其旨直言隱公不云
魯者以魯之春秋已為韓起所説可知故也周自武王伐紂定天下
恒居鎬地是為西都周公攝政営洛邑於土中謂之东都成王雖暫
至洛邑还歸鎬京及幽王滅於西周平王東遷洛邑因謂洛邑為東
周謂鎬京為西周平王始居東周故云東周之始王也平王四十九
年而隱公即位隱公三年而平王崩是其相接也詩既醉云永錫
祚胤言福祚及後胤也尚書召誥云用供王能祈天永命言用善

德治民得長命也。襄十年傳曰：而以偪陽光啓寡君。論語曰：文武之道未墜於地。是杜所用之文也。春秋據魯而作，即是諸侯之法，而云令成王義者，春秋所書，爲卑足備王使，來聘錫命，皆有天子撫邦國之義。以如京師拜賜命冪，有諸侯來王者之法，蓋據魯史爲文，足成王者之義也。以其令成王義，故得無法將事將使天子法而用之，非獨遺將事諸侯也。所書之王，亦此其義也。

所書之王，即平王也。所用之曆，即周正也。（正音政諱，若多音，征役皆効此也。）所稱之公，即魯隱公也。安在其黜周而王魯乎。子曰：如有用我者，吾其爲東周乎。此其義也。

既言作春秋之意，然後答黜周王魯之言。經書春王正月，王即周平王也，月即周正也。公及邾儀父，公即魯隱公也。魯用周正，則魯尊周矣。天子稱王，諸侯稱公，魯尚稱公，則号不改矣。春秋之文，安在黜周王魯乎。若黜周王魯，則魯宜稱王，周宜稱公。此言周王而魯公，知非黜周而王魯也。孔子之作春秋，本欲興周，非黜周也。故引論語以明之。公山弗擾召孔子，孔子欲往，子路不説，夫子設此言以解之。其意言彼召我者，而豈空然哉，必謂我有賢已之德故也。既謂我有賢德，或將已用我言，如其已用我，吾其爲東方之周乎。言將欲興周道於東方也。原其此意，知非黜周，故云此其興周之義也。

若夫制作之文所以章往考來情見乎辭言高則旨遠辭約則義微此理之常非隱之也聖人包周身之防（包必交反 防扶放反 又音房）既作之後隱諱以辟患非所聞也子路欲使門人為臣孔子以為欺天而云仲尼素王丘明素臣

注論語者其意多然唯鄭玄獨異以東周為成周則非杜所用也
若夫制作之文至非隱之也　此一段答說公洋者言微其文隱其浅之意若夫者發端之辭既答王魯更起言端故云若夫聖人制作之文所以章明已往考校方來欲使將來之人鑒見既往之事聖人之情見乎文辭若使發語畢雜則情趣瑣近立言高簡則旨意遠大章句煩多則文情易顯文辭約少則義趣微略此乃理之常叓非故隱之也文王演易則亦文高旨遠辭約義微豈復孫辭辟害以彼先所辟其文亦微知理之常非為所隱也其章往考來情見乎辭皆易下繫辭之文彼作彰往而察來意不異耳
聖人包周身之防至非所聞也　此一段答孫書辟害之意若成湯繫於夏臺文王囚於羑里周公留滯於東都孔子絶糧於陳蔡自古聖人皆困厄則嘗有之未聞有被殺害者也包周身之防者謂聖人防慮必周於身自知先患方始作之既作之後方復隱諱以辟患害此叓實非所聞也云非所聞者言前訓未之有也
子路欲使門人為臣又非通論也　此一段答素王素臣為非也案論

又非通論也

語称孔子疾病子路使門人為臣病間曰久矣哉由之行詐也無
臣而為有臣吾誰欺欺天乎其意言子路以孔子將死使門人為臣欲
令以臣礼葬君冀其影榮夫子々々瘳而責之我實无臣何故而
為有臣吾之於人也於誰嘗欺我尚不敢欺人何故使吾欺天乎
子路使門人為臣総僭大夫礼耳孔子尚以為欺天況神器之重
非人臣所議而云仲尼為素王丘明為素臣又非通理之論也聖
人之生無貴運隆替運通則功濟當時運閉則道存身後無復富有
天下若益於堯舜賤為匹庶何損於仲尼道為升降自由聖與不
重認之至無乃聞覧與不肖非復假大位以宣風藉虚名以範
世称王称臣復何所取若使無位无人虚称王号不爵不禄妄竊
臣名是則羞富貴而恥貧賤長僭踰而開乱逆聖人立教豈當爾
系也臧文仲山節藻梲謂之不知管仲鏤簋朱紘称其器小見季
氏舞八佾云孰不可忍若仲尼之竊王号則罪不容誅而言素
王素臣是誣大賢而負聖人也嗚呼孔子被誣久矣賴杜預方始

先儒以為制
作三年文
成致麟既已
妖妄又刊經
以至仲尼卒
亦又近誣
近誣加字近皆
音附丘之近誣音見

先儒以為制作三年至亦又近誣　此下至為得其實

春秋正義卷第二

国子祭酒上護軍曲阜縣開国子臣孔穎達等奉

勅撰

春秋經傳集解隱公第一

正義曰五經題篇皆出注者之意人各有心故題無常準此本經傳別行則經傳各自有題注者以意裁定其本難可復知也今服虔所注題云隱公左氏傳解誼第一不題春秋二字然則春秋二字蓋是經之題也服言左氏傳三字蓋本傳之題也杜既集解經傳春秋此書之大名故以春秋冠其上序說左氏言已備悉故略去左氏而為此題焉經傳集解四字是杜所加其餘皆舊本也經者常也言事有典法可常遵用也傳者傳也博釋經意傳示後人分年相附集而解之故謂之經傳集解隱公魯君侯爵杜君未大史公魯世本旁引傳記以為世族譜略記国之興滅譜云魯姬姓文王子周公旦之後也周公股肱周室成王封其子伯禽於曲阜為魯侯今魯国是也自哀以下九世二百一十七年而楚滅魯

依魯世家伯禽至隐公凡十三君兄弟相及者五人隐公名息姑
伯禽七世孫惠公弗皇子邑子所生平王四十九年即位是歲
々在豕韋礼記檀弓曰死謚周道也周法天子至於大夫既死則
累其德行而為之謚周書謚法云隐拂不成曰隐魯實侯爵而
稱公者五等之爵雖尊卑殊號臣子尊其君父皆稱為公是礼之
常也字昏云第訓次也一者数之始弌参於次弟當其一也
杜氏　正義曰杜氏名預字元凱畿之孫恕之子也陳壽魏志云
杜畿字伯侯京兆杜陵人也漢御史大夫杜延年之後文帝时為
尚書僕射封樂亭侯試船溺死追贈大僕謚戴侯也恕字務伯官
至幽州刺史預司馬宣王女壻也王隐晉書云預知謀深博明於
治乱嘗稱德者非所企及立言立功預所庶幾也大觀群典謂公
羊穀梁詭辯之言又非先儒説左氏未究丘明之意横以二傳乱
之乃錯綜微言著春秋左氏經傳集解又参考衆家為之釋例
又作盟會圖春秋長歴備成一家之学至老乃成預有大功名於
晉室位至征南大将軍開府封當陽侯荊州刺史食邑八千戶时

人號為武庫不言名而言氏者註述之人義在謙退不欲自言其
名故但言杜氏毛君孔安国馬融王肃之徒其所註皆称為傳
鄭玄則謂之為註而此於杜氏之下更無称謂者以集解之名已
題在上故止云杜氏而已刘炫云不言名而云氏漢承焚書之后
諸儒各載学名不敢布於天下但欲傳之私族自題其氏為謙之
辞　傳惠公一　惠公名不皇謚法愛人好与曰惠其子隐公讓
国之君元妃芳非反傳曰嘉耦曰妃適本又作嫡同丁歷反　傳
惠公元妃孟子正義曰惠公名弗皇孝公之子也謚法愛民好与
曰惠釈詁云元始也妃匹也始匹者言以前未曾娶而此人始為
匹故註云言元妃明始適夫人也妃者名通適妾故傳云陳哀公
之元妃鄭姬生悼太子偃師二妃生公子留下妃生公子勝元者
始也長也一元之字兼始適兩文故云始適夫人也然則有始而
非適若孟任之類是也亦有適而非始若哀姜之類是也妃者配
匹之言非有尊卑之異其尊卑殊称則曲礼所云天子之妃曰后
諸侯曰夫人大夫曰孺人士曰婦人庶人曰妻是也鄭玄以為后

之言為後蓋執治內事在夫之后也夫之言扶言能扶成人君之
佗孺之言屬言其繫屬人也婦之言服言其服事人也妻之言齊
言与夫齊等也庶人之賤見其齊等也以上因其爵之尊卑為立
別号其実皆配夫通以妃為稱少牢饋食禮云以某妃配某氏是
大夫之妻亦稱妃也孟仲叔季兄弟姊妹長幼之別字也孟伯俱
長也禮緯云庶長稱孟然則適妻之子長者稱伯妾子長於妻子
則稱為孟所以別適庶也故杜註文十五年及釋例皆云慶父為
長庶故或稱孟氏沈氏亦然案傳趙莊子之妻晉景公之姊則趙
武適妻子也而武稱趙孟荀偃之卒也士匄請後曰鄭甥可則荀
吴妾子也而吴稱知伯豈知氏常為適而稱伯趙氏恒為庶而孟
者也蓋以趙氏趙朔之后朔為庶長故子孫恒以孟言之与慶父
同之推此言之知知氏荀首之后傳云中行伯之季弟則俱是適
妻之子俱林父荀首並得立家故荀首子孫亦從適長稱伯也或
可春秋之時不能如禮孟伯之字无適庶之異蓋從心所欲而自
稱之耳契姓子宋是殷後故子為宋姓婦人以字配姓故稱孟子

成喪則知此不稱薨亦不成喪也案傳例不赴則不稱薨然則此云不成喪者正謂不赴於諸侯也周禮小史卿大夫之喪賜謚讀誄上賜卿大夫不賜婦人則婦人法不當謚故號當繫夫釋例曰謚者興於周之始王變質從文於是有諱焉傳曰周人以諱事神名終將諱之故易之以謚末世滋蔓降及匹夫爰暨婦人婦人死外於禮而繫夫之謚以明所屬詩稱莊姜宣姜即其義也是言婦人於法無謚故取其夫謚冠於姓之上生以夫國冠之韓姞秦姬是也死以夫謚冠之莊姜定姒是也直見此人是某公之妻故從夫謚此謚非婦人之行也夫謚已定妻即從而稱之先夫而死則夫未有謚或隨宜稱字故云無謚言婦人法無謚也先夫死不得從夫謚解其不稱惠也此言其正法耳其末世滋蔓則爲之作謚景王未崩妻稱穆后如此之類皆非禮也重言孟子者服虔云嫌與惠公俱卒故重言之下仲子名然　注聲謚至繼室

正義曰謚法不生其國曰聲是聲爲謚也襄二十三年傳稱臧宣叔娶于鑄生賈及爲而死繼室以其姪則姪之與娣皆得繼室此

既其文故設疑辭云蓋孟子之姪娣也成八年傳曰凡諸侯嫁女同姓媵之異姓則否莊十九年公羊傳曰諸侯娶一国則二国往媵之以姪娣從姪者何兄之子也娣者何弟也諸侯壹聘九女然則諸侯娶於三国々別各有三女此言諸侯始娶則同姓之国以姪娣媵者欲言媵者亦有姪娣省略為文耳其實夫人与媵皆有姪娣但声子或是孟子姪娣或是同姓之国媵者姪娣以其難明故杜兩解之初云孟子之姪娣又云同姓之国以姪娣媵是也故釋例曰古者諸侯之娶適夫人及左右媵各有姪娣皆同姓之国々三人凡九女參骨肉至親所以息陰訟陰訟息所以廣繼嗣是其義也然宋之同姓国依世本子姓殷時來宋空同黎比髳自夷蕭但春秋不載其国未知宋之同姓者是何釋言云媵送也言妾送適切故夫人姪娣亦稱媵也經傳之說諸侯唯有繼室之文皆无重娶之礼故知元妃死則次妃攝治内事次妃謂姪娣与媵諸妾之最貴者釋例曰夫人薨不更聘必以姪娣媵繼室是夫人之姪娣与二媵皆可以繼室也適庶交爭禍之大者礼所以別嫌明疑防微杜漸

故雖攝治內叓猶不得稱夫人又異於餘妾故謂之繼室妻處夫
之室故書傳通謂妻為室言繼續元妃在夫之室　宋武至于我
正義曰宋國公爵譜云宋子姓其先契佐唐虞為司徒封於商成
湯受命王有天下及紂無道周武王滅之而封其子武庚以紹殷
後武庚作亂周公伐而誅之更封紂兄帝乙之元子微子啓為宋
公都商丘今梁國睢陽縣是也微子卒其弟微仲代立穆公七年
魯隱公之元年也景公三十六年魯哀公之十四年獲麟之歲也
昭公得之元年春秋之傳終矣其後五世百七十年而齊魏楚共
滅宋依宋世家微子至武公凡十二君兄弟相及者二人武公是
微仲九世孫謚法克定禍亂曰武　注婦人至於魯　正義曰婦
人謂嫁曰歸隱二年公羊傳文也以其手之文理自然成字有若
天之所命使為魯夫人然故嫁之於魯也成季唐叔亦有文在其
手曰友曰虞曰下、不言為此傳言為魯夫人者以宋女而作他國
之妻故傳加為以示異耳非為手文有內字故魯夫人之上有為
字也仲子手有為文自然成字似其天命使然故云有若天命也

隸書起於秦末手文必非隸書石經古文虞作㳄魯作叏手文容
或似之其友及夫人固當有似之者也傳重言仲子生者詳言之
亦上重言孟子卒其義同也舊說云若河圖洛書天神言語真文
天命此雖手有文理更無靈驗又非夢天故言有若從言歸至年
薨正義曰杜知不以桓生之年薨者以元年傳曰惠公之薨也有宋
師大子少葬故有闕少者未成人之辭非新始生之稱又改葬惠
公而隱公不臨使桓為主若薨年生則纔二歲未堪為喪主又羽父
弒隱與桓同謀若年始十二亦未堪定弒君之謀以此知桓公之
生非惠公薨之年也年之長幼理无所異杜言此者欲明慶父為
莊公庶兄故顯言之以張本也釋例曰今推案傳之上下羽父之弒
隱公皆諮謀於桓然則桓公已成人也傳云生桓公而惠公薨指
明仲子唯有此男非謂生在薨年也桓以成人而弒隱即位乃娶
於齊自應有長庶々故氏曰孟是杜張本之意也注隱公即位傳
正義曰繼室蓋非夫人而貴於諸妾惠公不立大子母貴則宜為君
隱公當嗣父世正以禎祥之故仲子手有天人之文其父娶之有以

仲子為夫人之意故追成父志以位讓桓但為桓尚少未堪多難
是以立桓為太子帥國人而奉之已則且攝君位待其年長故於
歲首不即君位傳於元年之前預發此語者為經不書公即位
傳是釋先經以始事也凡稱傳者皆是為經雖文五年霍伯曰
季等卒注云為六年蒐於夷傳者以蒐於夷與此文次相接故
不得言張本也或言張本或言起本或言起檢其上下事同文異
疑杜隨便而言也鄭衆以為隱公攝立為君奉桓為太子衆傳言
立而奉之是先立後奉之也若隱公先立乃後奉桓則隱立之時
未有太子隱之為君復何所攝若先奉太子乃後攝立不得云立
而奉之是鄭之謬也賈逵以為隱立桓為太子奉以為君隱雖不
即位稱公改元号令於臣子朝正於宗廟言立桓為太子可矣安在
其奉以為君乎是賈之妄也襄二十五年齊景公立傳云崔杼立
而相之以此知立而奉之謂立為太子帥國人奉之正謂奉之以
為太子也元年傳曰太子少是立為太子之文也太子者父在之稱
今惠公已薨而言立為太子者以其未堪為君仍處太子之位故也

礼記曾子問曰君薨而世子生是君薨之後仍可以稱大子也經
元年春王正月　正義曰此經字并下傳字亦杜氏所題以分年相
附若不有經字何以異傳不有傳字何以別經又公羊穀梁二傳年
上皆無經傳字故知杜所題也釋詁云元始也正長也此公之始年
故稱元年此年之長月故稱正月言王正月者王者革前代馭天下
必改正朔易服色以變人視聽夏以建寅之月為正殷以建丑之
月為正周以建子之月為正三代異制正朔不同故礼記檀弓
云夏后氏尚黑殷人尚白周人尚赤鄭康成依拠緯候以正朔三
而改自古皆相變如孔安國以自古皆用建寅為正唯殷革夏命
而用建丑周革殷命而用建子杜無明說未知所從正是時王所
建故以王字冠之言是今王之正月也王不在春上者月改則春
移春非王所改故王不先春王必連月故王処春下周以建子為正
則周之二月三月皆是前世之正月也故於春每月書王々二月者言
是我王之二月乃殷之正月也王三月者言是我王之三月乃夏
之正月也既有正朔之異故每月稱王以別之何休云二月三月

皆有王者二月殷之正月也三月夏之正月也王者存二王之後使統其正朔服其服色行其礼樂所以尊先聖通三統師法之義恭讓之礼服虔亦云孔子作春秋於春每月書王以統三王之正其意以為王二月王三月王是夏殷之王謂大禹成湯也為周室之臣民尊夏殷之旧主每月書王敬奉前代揆之人情未見其可杞宋二王之後各行己祖正朔宋不行夏杞不行殷而使天下諸侯偏視二代考諸典籍未之或聞杞宋不奉周正周人慕尊夏殷則是重已去而忽當今尊已困而慢時王其為顛倒不亦甚乎且經之所言王二月王三月若是夏殷之王當自皆言正月何以言王二月王三月乎謂之二月三月其王必是周王安得以為夏殷王也若如公羊之說春秋黜周王魯則杞非王後夏無可為復通夏正何也但春之三月不必月皆有事若入年已有王正月者則二月不復書王若已有王二月者則三月不復書王以其上月已是此王之月則下月從而可知故每年之春唯一言王耳春秋之例竟時無事乃書首月以記時此下三月有會盟之事則不得空書首月

也正月无事而空書首月者以人君於始年初月必朝廟告朔因即人君之位以繼臣子之心故君之始年必書曰元年春王正月公即位史策之正法也隱公攝行君事雖不即位而亦改元朝廟与人更始異於常年之正月故史特書其事見此月公宜即位而自不即位莊閔僖元年皆書春王正月与此同也定公元年不書正月者正月之時定公未立即位在於六月歲首未得朝正公之即位別見下文正月无所可見故不書也然則定以六月即位即位乃可改元正月已稱元年者未改之日必承前君之年既改之後方以元年紀事及其史官定策須有一統不可半年從前半年從後雖非年初亦統此歲故入年即稱元也釋例曰癸亥公之喪至自乾侯戊辰公即位喪在外踰年乃入故因五日改殯之節因史用元年即位之禮因以此年為元年也古法既然故漢魏以來雖秋冬改元史於春夏即以元年冠之是有因於古也受命之法必改正朔繼世之王奉而行之每歲頒於諸侯諸侯受王正朔故言春王正月王即當時之王序云所書之王即平王是其事也公羊傳

曰王者孰謂〻文王也始改正朔自是文王所爲頒於諸侯非後
文王之歷受令王之歷称文王之正非其義也　注隱公至元年
正義曰傳云王周正月知是周王之正月也説公羊者云元者氣之
始春者四時之始王者受命之始正月者政教之始公即位者一國
之始春秋緯称黄帝受□有五始謂此五事也杜於左氏之義雖
无此文而始之理亦於杜无害此非左氏褒貶之要自是史官記
事之体故晋宋諸史皆言元年春王正月帝即位是也元年正月
實是一年一月而別立名故解之云凡人君即位欲其体元以居正
故不言一年一月也言欲其体元以居正者元正實是始長之義但
因名以廣之元者氣之本也善之長也人君執大本長庶物欲其
與元同体故年称元也正者直方之間語也直其行方其義人君
當執直心杖大義欲其常居正道故月称正也以其君之始年歳
之始月故特假此名以示義其餘皆即從其數不復改也昏称月
正元日意同於此又解元之而昏正月之意隱雖不即位然攝行
君事而亦朝廟告朔改元布政故書首年始月以明其應即位而

不为也天子之封諸侯也割其上壤分之臣民使之專為己有故
諸侯於其封内各得改元傳説鄭国之事云傳之元年朝於晋簡
之元年士子孔卒是諸侯皆改元非独魯也刘炫為規過云元正
唯取始長之義不為体元居正規欺杜云欲其体元以居正謂人
君体是元長以居正位不欲在下陵奪処位不終是刘妄解杜意
不為体其元善居於正道以規杜氏其理非也刘炫又難何休云
唯王者然後改元立号春秋託新王受命於魯故因以録即位者
然新王受命正朔必改是魯得称元亦應改其正朔仍用周正何
也既託王於魯則是不事文王仍奉王正何也諸侯改元自是常
法而云託王改元是妄説也説公羊者云元者気之始春者四時之
始王者受命之始正月者政教之始公即位者一国之始春秋緯
云黄帝坐於扈閣鳳皇銜書致帝前其中得五始之文謂此五
事何休又云公即位者一国之始政莫大於正始故春秋以元之気
正天之端以天之端正王之政以王之政正諸侯之即位以諸侯之
即位正竟内之治諸侯不上奉王之政則不得即位故先言正月而

後言即位政不由王出則不得為政故先言王而後言正月王者不承天以制号令則无法故先言春而後言王天不深正其元則不能成其化故先言元而後言春五者同日並見相須成体非氏辞也何休自云諸侯不得改元則元者王之元年非公之元年公即位不在王之元年安得同日並見共成体也即以託王於魯史之改元元既為魯所改則政不由王出安得以王之政正諸侯元為而王甲年大而月小年之前元改而元忌王之立政必云須奉舍其大而更其細敬所卑而慢所尊以此立教必不可訓聖人有作豈當尔也黄帝之作五始者當天子法乎為諸侯法乎諸侯不得改元必非諸侯法若非諸侯法安得稱公即位乎无公即位則闕一始何得為五始也若是天子法不得言王正月王即位何休言以王之政正諸侯之即位然王者豈復以已之政正已即位不遍若此何以訓之言左氏者或取為說是逸狂東走也隱莊閔僖四公元年傳皆說不書即位之由故指以為例隱不行即位又讓不告廟而歲首告朔朝正所以為敬祖考也若不行即位又不朝正則

与臣子无别不成为君故告朔朝廟也　三月至于蔑
正義曰公隐公也及与也与彼邾君字儀父者盟于蔑地譜云邾
曹姓顓頊之後有六終産六子其弟五子曰安邾即安之後也周
武王封其苗裔邾俠為附庸居邾今魯国鄒縣是也自安至儀父
十二世始見春秋齊桓行霸儀父附從進爵稱子文公徙於繹桓
公以下春秋後八世而楚滅之諸侯俱受王命各有寰宇上受天
子旁交隣国天子不信諸侯々々自不相信則盟以要之凡盟礼
殺牲歃血告誓神明若有背違欲令神加殃咎使如此牲也曲礼
曰約信曰誓涖牲曰盟周礼天官玉府職曰若合諸侯則共珠槃
玉敦夏官戎右職曰盟則以玉敦辟盟遂役之贊牛耳桃茢秋
官司盟職曰掌盟載之法日邦国有疑會同則掌其盟約之載及
其礼儀北面詔明神鄭玄以為槃敦皆器名也珠玉以為飾合
諸侯者必割牛耳取其血歃之以盟敦以盛血槃以盛耳將歃則
戎右執其器為衆陳其載辞使心皆聞辟司盟之官乃北面読其
載書以告日月山川之神既告乃尊卑以次歃戎右傳敦血以授

畜歃者今含其血既歃乃坎其牲加書於上而埋之此則天子會
諸侯使諸侯聚盟之禮也凡天子之盟諸侯十二歲於方岳之
下故傳云再會而盟以顯昭明若王不巡守及諸侯有違朝王即
时見曰會殷見曰同亦為盟禮其盟之法案覲禮為壇十有二尋
深四尺方明于其上方明者木也方四尺設六玉上圭下壁南
方璋西方琥北方璜東方圭朝諸侯於壇訖乃加方明於壇而祀
之列諸侯於庭玉府共珠槃玉敦戎右以玉敦辟盟遂役之贊牛
耳桃茢司盟北面詔告明神諸侯以次歃血鄭注覲禮云王之盟
其神主日王官之伯盟其神主月諸侯之盟其神主山川是盟禮
之略也若諸侯之盟亦有壇知者故柯之盟公羊傳稱曹子以手
劒劫桓公于壇是也其盟神則先後定限故襄十一年傳稱司慎
司盟名山名川群神群祀先王先公七姓十二國之祖是也其盟
用牛牲故襄二十六年傳云歃用牲又哀十七年傳云諸侯盟
誰執牛耳是也其殺牛必取血及耳以手執玉敦之血進之於口知
者定八年涉佗捘衛侯之手及捥又襄九年傳云与大國盟口血

未乾是也既盟之後牲及餘血并盟載之書加於牲上坎而埋之故傳二十五年傳云宵坎血加書是也春秋之世不由天子之命諸侯自相与盟則大国制其言小国尸其变官虽小異礼則大同故釋例曰盟者殺牲載書大国制其言小国尸其变珠盤玉敦以奉流血而同歃是其变也其盟載之辭則傳多有之此時公求好於郑々君来至蒐地公出与之盟史各書变以公為主言公及々者言自此及彼拠魯為文也桓十七年公會邾儀父盟于趡彼言會此言及者彼行會礼此不行會礼故也故刘炫云策書之例先會後盟者上言會下言盟唯盟不會者直言及此為不行會礼故言及也或可史異辭非先會而盟則称會知者文七年公會諸侯晋大夫盟于扈傳云公後至則是不及其會而經称會故知盟称會者未必先行會礼也　注附庸至姑城　正義曰傳言未王命知是附庸也莊五年郳犂來々朝傳曰未王命觧其称名之意是知附庸之君例称名也礼記王制云不合於天子附於諸侯曰附庸郑玄云不合謂不朝會也小城曰附庸々々者以

國受附於大國未能以其名通是說附庸之義也王制又云天子之元士視附庸然則附庸貴賤與天子之元士同也其禮則四命知者天子大夫視子男卿視伯三公視公侯所視皆多一命明知附庸多於元士一命又諸侯世子未誓執皮帛視小國之君公之孤四命亦執皮帛及附庸亦執皮帛故知四命也然則天子大夫四命稱字附庸稱名者以王朝之臣故特尊之而稱字釋例曰名重於字故君父之前自名朋友之接自字是以春秋之義貶責昏其名亦所重也褒厚顯其字辟所諱也然則應字而名則是貶應名而字則是貴故罕唯昏名以貶之儀父昏字以貴之傳文唯言貴之不說可貴之狀賈服以為儀父嘉隱公有至孝謙讓之義而與結好故貴而字之善其慕賢說讓知不然者案傳云公攝位而欲求好於邾是公先求邾非邾先慕公後何足貴且書曰儀父乃是新意仲尼以受有可善乃得昏字善之不是緣魯之意以為褒貶安得以其慕賢使足貴之又桓十七年公及邾儀父盟于趡桓公不賢不讓彼經亦昏儀父故知貴之々言不為慕賢說

讓也附庸不已自通不与盟會今已自通大国继好息民故知為
弍貴而字之不貴來朝而貴其盟者朝更大国則附庸常道脊
盟結好非附庸所已故盟則貴之朝後常法　夏五月至于鄢
正義曰郑国伯爵譜云郑姬姓周厉王子宣王母弟桓公友之後
也宣王封友於郑今京兆郑縣是也及幽王无道友徙其民於虢
鄶虢鄶之君分其地遂国焉今河南新郑縣是也莊公二十二年魯
隱公之元年也惠公二十年獲麟之歲也二十三年而春秋之傳
終矣惠公三十七年卒自惠公以下五世八十七年而韓滅郑此
郑伯莊公也謚法勝敵克壯曰莊　注不称至陵縣　正義曰国
討者謂称国君人称国称人則明其為賊言一国之人所欲討也
令称郑伯指言君自殺弟若弟先罪然譏其失兄之教不肯早
為之所乃是養成其悪及其作乱則必欲殺之故称郑伯所以罪
郑伯也傳例母弟称弟段實母弟以其不為弟行故去弟以罪
段也两罪之者明兄虽失教而段亦凶逆也釋例曰兄而害弟
者称弟以章兄罪弟又害兄則去弟以罪弟身統論其義兄

弟二人交相殺害各有曲直存弟則示兄曲也鄭伯既失教若依
例存弟則嫌善段故特去弟兩見其義是其說也襄三十年天
王殺其弟佞夫傳曰罪在王則与鄭伯同說而佞夫不去弟者
釈例曰佞夫稱弟不與反謀也鄭段去弟身為謀首也然則佞夫
不与反謀罪王而不罪佞夫故稱弟也傳例戰敗克取兩国之
文段實鄭臣而言克段故申明傳意以解之得雋曰克莊十一
年傳例也国討例在莊二十二年者彼經書陳人殺其公子御
寇實君殺大子而稱陳人者陳人惡其殺大子之名故不稱君父
以国討公子告也傳稱陳人殺其大子御寇以實言之明經所
書國討之例也彼某凡例而言例者正以此傳云稱鄭伯譏失教
也言稱是仲尼之變例也稱君為罪君則知稱人為国討序去推
變例以正褒貶即此類也推以為例故言例在彼年諸注言例在
者未必皆有凡例也地理志河南郡有宛陵縣又有新鄭縣於漢
則宛陵新鄭各自為縣晋世分河南而立滎陽郡新鄭而入宛
陵故鄭在宛陵西南也又地理志潁川郡有鄢陵縣　状七

月至之賵　正義曰天王周平王也譜云周黄帝之苗裔姬姓后稷之後也后稷封於邰及夏之衰后稷之子不窋失其官竄於西戎至大王為狄所逼去邠居岐文王受命武王克殷而王有天下幽王為犬戎所殺平王遷都王城今河南縣是也平王四十九年魯隱公之元年也敬王又遷成周今洛陽是也敬王三十九年獲麟之歲也四十三年而敬王崩敬王子元王九年春秋之傳終矣元王以下十一世二百二十六年而周亡也周本紀武王至平王凡十三王兄弟相及者一人平王是武王十一世孫也惠公薨在往年明年仲子始薨蓋於時有疾王聞其疾謂之已薨故使大宰大夫名咺者來至於魯并歸惠公仲子之賵々者助喪之物文五年注云車馬曰賵士喪既夕禮云公賵玄纁束帛兩馬士之制只得駕兩馬故云賵兩馬大夫以上皆駕四馬此宰咺來賵蓋用四馬也公羊傳曰喪事有賵々者蓋以馬以乘馬束帛車馬曰賵穀梁傳曰乘馬曰賵皆謂宰咺用乘馬來也惠公仲子不言及者是并致二賵或是史異辭蓋二者各以乘馬不宜以一乘之馬賵二人也服虔云賵覆也天

王所以賵被臣子案士喪既夕礼先身所知悉皆致賵非独君之
賵臣以賵為賵則可矣其言賵被臣子則非也何休亦云賵猶覆
也蓋謂覆被亡者耳　注宰官至之辭　正義曰傳言緩且子
氏未薨故名是不應名而名之也既乃書名知法應合字故云此
天子大夫稱字之例傳先明例故推此以為例也周礼天官大宰卿
一人小宰中大夫二人宰夫下大夫四人宰夫小宰皆是大夫未知
宰咺是何宰也宰夫職曰凡邦之弔事掌其戒令與其幣器財
用鄭玄云弔事弔諸侯諸臣幣所用賻也既掌弔事或即充使
此蓋宰夫也仲子乃惠公妾耳王使賵之者隱立桓為太子成桓
母為夫人天王知其然故遣賵惠公因即賵之　杜言仲子者桓
公之母正見此意不然仲子為桓母傳有明文不須解也男子之有
謚者人君則配王配公大夫或配子或配字皆不以字配姓婦人於
法無謚故以字配姓言其正法然也釋例曰婦人無外行於礼當繫
夫之謚以明所屬是言婦人不合謚也繫夫謚者夫人而已衆妾
不合繫夫正當以字配姓也其它子戴媯有謚者皆越礼妄作

也　注容主至陽縣　正義曰春秋之例若是命卿則名書於經此盟容主无名故知皆是微者公羊傳曰孰及之内之微者也穀梁傳曰及者何内卑者也宋人外卑者也卑微言非卿也容謂宋主謂魯直言及者他國可言某人魯史不得自言魯人直言及彼是魯及可知其微人与他國聚會亦直言會与此同也會盟之地地必有主舉地者地主之國或与或否故地主之國亦序於列其經舉國名以為盟地者國主与在其中不復序之於列以其可知故也例在僖十九年者彼經書會陳人蔡人楚人鄭人盟于齊傳曰陳穆公請脩好於諸侯以无忘齊桓之德冬盟于齊脩桓公之好也言脩桓公之好齊人必与可知也齊人不序於列而以齊為盟地是其盟以國地者國主与盟之例此亦推以為例非凡例也然則桓十四年公會鄭伯于曹即亦是例而遠指僖十九年者此既是盟故取盟為例其實會亦然也故彼注云以曹地曹与會是也僖二十七年楚人陳侯蔡侯鄭伯許男圍宋公會諸侯盟于宋々不与盟亦地以宋者彼注云宋方見圍嫌於与盟故直

以宋地然則宣十四年楚子圍宋十五年公孫歸父會楚子于
宋亦是不嫌宋与故地以宋也地理志梁國睢陽縣故宋國微子
所封也　注祭伯至称使　正義曰僖二十四年傳富辰說周
公封建親戚以蕃屏周而云邢茅胙祭則祭之初封畿外之国也
穆王之时有祭公謀父今有祭伯世仕王朝蓋本封絶滅食采於
王畿也莊二十三年祭叔來聘注以為祭叔為祭公來聘魯天子
内臣不得外交是祭於此时為畿内之国仍有封爵故言諸侯為
王卿士也釋例曰王之公卿皆書爵祭伯凡伯是也大夫称字南
季榮叔是也元士中士称名劉夏石尚是也下士称人公會王人于洮
是也其或称祭公举官而言之此其变例也然春秋之世有王之
卿士死來地者若王叔陳生伯輿之属是也但未知書經其称云
何杜云公卿称爵而王子虎及劉卷卒称名者彼是天王爲赴
以名告魯如諸侯之例薨則称名此云公卿称者謂聘使往
还与彼為異也又襄十五年注云天子卿書字者以傳云劉夏逆
王后于齊卿不行非礼也以劉夏非卿書名若卿則應書字以

名字相對故舉以言焉其實卿皆爵也此祭伯若王使來當云
天王使祭伯來聘亦如天王使凡伯來聘今以自來為文明非王命
而私行也劉炫云卿而先爵或亦書字大夫有爵或亦書爵傳
稱王叔陳生與伯輿爭政俱是卿士並不言爵又滕侯之先為周卜
正書稱齊侯呂伋為虎賁氏則大夫或有爵也然則大夫有爵
不可舍爵而書字卿而无爵不可越字而書名蓋有卿士
亦書字大夫亦書爵也王臣之見經者衆祭伯凡伯毛伯單伯
召伯君子單子劉子其間未必无大夫榮叔南季家父叔服其間
未必无卿但无明證故依例解之襄十五年注云天子卿書字是
言天子卿有書字之理　注傳例至見義　正義曰傳文與上
下作例者注皆謂之傳例釋例曰君之卿佐是謂股肱々々或虧
何痛如之疾則親問焉喪則親與小斂大斂慎終歸厚之義也故仲
尼脩春秋卿佐之喪公不與小斂則不書日示薄厚戒將來也即
以新死小斂為文則但臨大斂及不臨其喪亦同不書日也襄五年
冬十二月辛未季孫行父卒傳曰大夫入斂公在位是公與小斂則書日之

亥也其羣柔溺等生見經傳死而不書卒者皆不以卿礼終也文十四年秋九月甲申公孫敖卒于齊已絶卿位公不与小斂而書日卒者釋例曰公孫敖縱情棄命既已絶位非大夫也而備書於經者惠叔毀請於朝感子以赦父敦公族之恩崇仁孝之教故傳曰為孟氏且國故也是言雖不与斂恩實過厚故書日也莊三十二年秋七月癸巳公子牙卒時公有疾昭二十五年冬十月戊辰叔孫婼卒二十九年夏四月庚子叔詣卒時公孫在外成十七年冬十一月壬申公孫嬰齊卒于貍脤在外而卒皆公不与斂而書日者釋例曰其或公疾在外大夫不卒於國而猶存其日者君子不責人以所不得備非不欲臨也然則為其有故不得以責公故皆書日也公孫嬰齊書所卒之地餘皆不書地者釋例曰魯大夫卒其竟内則不書地傳稱季平子行東野卒于房是也而先儒以為雖以卿礼終而不臨其喪皆没而不書杜知不臨其喪亦同不書日者案慶父之死不以卿礼終而經不書足知唯叔不以卿礼終者經始不書明以卿礼終雖全不臨喪亦同書卒

但不書日耳春秋諸變日与不日傳皆不發唯此發傳故特解之云春秋不以日月為例唯卿佐之喪独託日以見義也言變之得失未足以褒貶人君者春秋之文褒為厚賞貶為大罰君之於臣有恩則常變不足以加賞無恩則小失不足以致罰故云未足以褒貶也止欲貶責死者君自無恩然亦非死者之罪意欲以為勸戒無辭可以寄文而人臣對君為輕賤死日可略去故於此一條特假日以見義其餘則不以日月為例故無傳也　傳不書即位攝也　正義曰攝訓持也隱以桓公幼少且攝持國政待其年長所以不行即位之礼史官不書即位仲尼因而不改故發傳以解之公實不即位史本無可書莊閔僖不書即位義亦然也旧說賈服之徒以為四公皆實即位孔子修經乃有不書故杜詳辨之釋例曰遭喪繼位者每新年正月必改元正位百官以序故國史皆書即位於策以表之隱既繼室之子於第應立而尊父娶仲子之意委位以讓桓天子既已定之諸侯既已正之國人既已君之而隱終有推國授桓之心所以不行即位之礼也隱莊閔僖雖居

君位皆有故而不脩即位之礼或讓而不為或痛而不忍或乱而
不得礼廢変異国史固无所書非行其礼而不書於文也頴氏説
以為魯十二公国史尽書即位仲尼修之乃有所不書若実即位
則為隠公无讓若實有讓則史无縁虚書是言實不即位故史
不書也傳於隠閔云不書即位於莊僖云不称即位者秋例曰丘明
於四公發傳以不書不称起文其義一也劉賈頴為傳文生例云恩
深不忍則傳言不称恩淺可忍則傳言不書傳（批）傳辞殊多不通案
殺欒盈則云不言大夫殺良霄則云不称大夫君氏卒則云不曰
薨不言葬不書姓鄭伯克段則云称鄭伯此皆同意而別文之
驗也傳本意在解經非曲文以生例是言不書不称義同之意也
膏肓何休以為古制諸侯幼弱天子命賢大夫輔相為政无摂代
之義昔周公居摂死不記崩今隠公生称侯死称薨何因得為摂
者周公摂政仍以成王為主直摂其政事而已所有大事禀王命
以行之致政之後乃死故卒称薨不称崩隠公所摂則位亦摂之以
桓為大子所有大事皆專命以行摂位被殺在君位而死故生称

公死稱薨是与周公異也且公羊以爲諸侯死擯鄭康成引公羊
難云宋穆公云吾立乎此攝也以此言之何得非左氏是鄭意亦
不從何說也下傳曰公攝位而欲求好於邾是位亦攝也又曰惠
公之薨也大子少是以桓爲大子也所以異於正君者元年不即位
行還不告廟不爲惠公之葬不成邑子之喪尊仲子爲夫人薨則
赴於諸侯又爲之立廟此是謙之實也隱公讓位賢君故爲春秋
之首所以不入頌者魯僖公之時周王歲二月東巡守至于岱宗
柴季孫行父爲之請於周大史克爲之作頌故得入頌隱公死人
爲請故不入頌也　注王末至克卒　正義曰莊十三年齊
桓會諸國于北杏邾人在焉及十六年而書邾子克卒故知由是
齊桓乃得王命也賈服以爲北杏之會時已得王命蓋以北杏之會
邾人在列故謂其已得命也列与不列在於主會之意不由有
爵与否襄二十七年宋之盟齊人請邾宋人請滕邾滕不列於會
故不書邾滕襄五年戚之會穆叔以屬鄫爲不利使鄫大夫聽命
于會故經書鄫人然則爲人私屬則不列於會不爲人私屬則列於

會不可擬列會以否以明有爵也昭四年申之會淮夷列焉未必有爵也邾令无爵得与魯盟北杏會齊何須有爵莊十五年會于鄄傳曰齊始霸則齊桓为霸自鄄會始耳北杏之時諸侯未從霸功未立桓尚未有殊勳僖父何足可紀且齊桓未有功於王室亡使王命之其得王命必在北杏之後但未定是何年耳服虔云爵者醮也所以醮盡其材也　注貴伯至放此　正義曰史之策書皆君命者謂君所命为之書乃得書之於策非謂君命遣書方始書也又解史策不書經亦不書之意仲尼書於經者亦因史之旧法旧史不書則亦不書故傳發此書釋經不書之意諸魯書傳釋不書他皆放此謂下盟于翼作南门之數是也　初鄭至武姜　正義曰杜以为凡倒本其書者皆言初也賈逵云凡言初者隔其年後有禍福將終之乃言初也　注申国至宛縣　正義曰外傳說伯夷之後曰申呂雖衰齊許猶在則申呂与齊許俱出伯夷同为姜姓也国語曰齊許申呂由大姜言由大姜而得封也然則申之始封亦在周興之初其後中絕至宣王之時申伯以王舅改封

於謝詩大雅崧高之篇美宣王襃賞申伯云王命召伯定申伯之宅是其事也地理志南陽郡宛縣故申伯国宛縣者謂宣王改封之後也以前則不知其地　注段出奔鄂侯　正义曰貫服以共為謚々法敬長事上曰共作乱而出非有共德可称餬口四方无人与之句謚故知段出奔共故称共猶下晋侯之称鄂侯也

莊公至惡之　正义曰謂武姜寤時生莊公至寤始覺其生故杜云寤寤而莊公已生　注虢叔至陽縣　正义曰僖五年傳曰虢仲虢叔王季之穆也晋語称文王敬友二虢則虢国本有二也晋所滅者其国在西故謂此為東虢也鄭語史伯為桓公謀云虢叔恃勢鄶仲恃險皆有驕侈怠慢之心君以成周之衆奉辭伐罪无不克矣桓公從之是其恃險而不脩德為鄭滅之々事也云虢叔封西虢仲封東而此云虢叔東虢君者言所滅之君字叔也傳云虢仲譖其大夫謂叔之子孫字曰仲也案傳燕国有二則一称北燕鄭国有二則一称小鄭此虢国有二而經傳不言東西者於時東虢已滅故西虢不称西其並存之日亦應以東西別之地理志

云河南郡熒陽縣應劭云故虢国今虢亭是也　注祭仲至百雉
正義曰注諸言大夫者以其名氏顯見於傳更无卑賤之驗者皆
以大夫言之其實是大夫以否亦不可委知也定十二年公羊
傳曰雉者何五板而堵五堵而雉何休以為堵四十尺雉二百尺許
慎五經異義戴礼及韓詩說八尺為板五板為堵五堵為雉板廣
二尺積高五板為一丈五堵為雉々長四丈古周礼及左氏說一丈
為板々廣二尺五板為堵一堵之牆長丈高丈三堵為雉一雉之
牆長三丈高一丈以度其長者用其長以度其高者用其高也諸
說不同必以雉長三丈為正者以鄭是伯爵城方五里大都三国
之一其城不过百雉則百雉是大都定制因而三之則侯伯之城當
三百雉計五里積千五百步々長六尺是九百丈也以九百丈而
為三百雉則雉長三丈賈逵馬融鄭玄王肅之徒為古学者皆云
雉長三丈故杜依用之侯伯之城方五里亦无正文周礼冬官考
工記匠人營国方九里旁三門謂天子之城天子之城方九里諸侯
礼命降殺則知公七里侯伯五里子男三里以此為定說也但春官典

命職乃欲上公九命侯伯七命子男五命其国家宮室車旗衣服
礼儀皆以命數為節鄭玄以為国家国之所居謂城方也如典命
之言則公當九里侯伯七里子男五里故鄭玄兩解之其注尚書
大傳以天子九里為正說又云或者天子之城方十二里引文王有
邑箋言文王城方十里大於諸侯小於天子之制論語注以為公大
都之城方三里皆以為天子十二里公九里也其駁異義又云鄭伯
城方五里以匠人典命俱是正文因其不同故兩申其說今杜旣
二解以侯伯五里為正者蓋以典命所云国家者自謂国家所為
之法礼儀之度未必以為城居也　大都至九之一　正義曰定以
王城方九里依此數計之則王城長五百四十雉其大都方三里長
一百八十雉中都方一里又二百四十步長一百八雉也小都方一里
長六十雉也公城方七里長四百二十雉其大都方二里又一百步
長一百四十雉也中都方一里又一百二十步長八十四雉也小都
方二百三十三步二尺長四十六雉又二丈也侯伯城方五里長三
百雉其大都方一里又二百步長百雉也中都比王之小都其小

八九

都方一百六十六步四尺長三十三雉又一丈也子男城比王之大都其大都比侯伯之中都其中都方一百八十步長三十六雉也小都方百步長二十雉也考工記曰王宮門阿之制五雉宮隅之制七雉城隅之制九雉門阿之制以為都城之制宮隅之制以為諸侯之城制然則王之都城隅高五丈城蓋高三丈諸侯城隅高七丈城蓋高五丈也三丈以下不復成城其都城蓋亦高三丈也周礼四縣為都周公之設法耳但土地之形不可方平如圖其邑竟廣狹无復定準隨人多少而制其都邑故有大都小都焉下邑謂之都々亦一名邑莊二十八年傳曰宗邑无主閔元年傳曰分之都城俱論曲沃而都邑互言是其名相通也　无使滋蔓　正義曰此以草喻也草之滋長引蔓則難可芟除喻段之威勢稍大難可圖謀也　注滋无路也　正義曰釋言文也孫炎曰蔓延曰路　國不堪貳　正義曰兩屬則賦役倍賦役倍則國人不堪也　厚將崩　正義曰以牆屋喻也厚而无基必自崩喻衆所不附將自敗也高大而壞謂之崩　注完城郭聚人民

正义曰服虔以聚为聚禾黍也段欲輕行襲鄭不作固守之資
故知聚为聚人非聚糧也完城者謂聚人而完之非欲守城也
如二君故曰克　正义曰謂實非二君儁傑彊盛如似二君伐
而勝之然後稱克非謂真是二君也若真是二君則以戰襲敗
取为文然既非二君而杜注經云以君討臣而用二君之例又似真
二君者但杜於彼應云以君討臣而用如二君之例略其如字但云
而用二君耳準獲麟之後史文夫子未脩之前應云鄭伯之弟段
出奔共与秦伯之弟鍼出奔晉同也以其不弟故不言弟志在於
殺故不言奔然則鄭伯亦是旧史之文而得为新意者段以去弟
為貶宜以國討為文仍存鄭伯見其失教其文雖是旧史即是仲
尼新意也　注傳言至其奔　正义曰經皆孔子所脩此變文特言
書曰必是旧史不然夫子始然故知傳之此辭言夫子作春
秋改旧史以明义也克者戰勝獲賊之名公伐諸鄢段即奔
共既不交戰亦不獲段々實出奔而以克为文者此非夫子之心
謂是鄭伯本志不欲言其出奔難言其奔志在於殺故夫子兼其

本志而書克也鄭伯之於段也以其母所鍾愛順母私情與之大邑恣其榮寵實无殺心但大叔无義恃寵驕盈若微加裁貶則恐傷母意故祭仲欲早為之所子封請往除之公皆不許是其无殺心也言必自斃厚將崩者上謂自損其身不言惡已害國及其謀欲襲鄭禍將逼身自念友愛之深遂起切心之恨由是志在必殺難言出奔此時將有殺心往前則無殺意傳稱公曰姜氏欲之焉辟害詩序曰不勝其母以害其弟經曰父母之言亦可畏也是迫於母命不得裁之非欲待其惡成乃加誅戮也服虔云公本欲養成其惡而加誅使不得生出此鄭伯之志意也言鄭伯本有殺意故為養成其惡斯不然矣傳曰稱鄭伯譏失教也止責鄭伯失於教誨之道不謂鄭伯元有殺害之心若從本以來即謀殺害乃是故相屠滅何止失教之有且君之討臣過其萌漸惡虽未就足得誅之何須待其惡成方始殺害服言本意欲殺乃是誣鄭伯也劉炫云以克為文非其實狀故傳解之謂之鄭志言仲尼之意書克者謂是鄭伯本志也 注又申解傳意言鄭伯志在於殺心欲其克難

言其奔故仲尼昏克不書奔如鄭伯之志為文所以惡鄭伯也
注封人典封疆者　正義曰周礼封人掌為畿封而樹之鄭玄云
畿上有封若今時界也天子封人職典封疆知諸侯封人亦然也
傳言祭仲足為祭封人宋高哀為蕭封人論語有儀封人此言潁
谷封人皆以地名封人蓋封人職典封疆居在边邑潁谷儀祭皆
是国之边邑也　注食而至之常　正義曰礼公食大夫及曲礼
所記大夫士与客燕食皆有牲体殽胾非徒設羹而已此与華元
饗士唯言有羹故疑是古賜賤官之常　注賦々至樂也
正義曰賦詩謂自作詩也中融外洩各自為韻蓋所賦之詩有此
辞傳略而言之也融和条洩々舒散皆是樂之狀以意言之耳
服虔云入言公出言姜明俱出入互相見　注純猶篤也　正義
曰尔雅釈詁訓純為大則純孝純臣者謂大孝大忠也此純猶篤
者言孝之篤厚也　詩曰至謂乎　正義曰詩毛傳及尔雅之訓
匱竭永長錫予爾女也此詩大雅既醉之五章言孝子為孝不有
竭極之時故已以此孝道長賜予女之族類言行孝之至已延及

旁人其此吏之謂乎族類者言俱有孝心則是其族類也

注不匱至放此　正義曰潁考叔有純孝之行已錫莊公莊公雖失之於初孝心不忘則與潁考叔同是孝之般類也今考叔已感而通之是謂永錫爾類也詩人之作各以情言君子論之不以文害意出孟子文也此云春秋傳引詩不皆與今說詩者同何以昭八年注云叔向時詩義如此所以不同者此是丘明作傳稱君子之言容可引詩斷章評論得失彼是叔向之語吏近前代當時諷刺故云叔向時詩義如此也詩注意彰謂子孫族此義傳意以爲吏之般類也　天王至故名　正義曰緩賵惠公生賵仲子吏由於王非咺之過所以貶咺者天王至尊不可貶責貶王之使足見王非且緩賵惠公惠是王已生賵仲子咺亦循慾使者受命不受辭歟令遭時設宜臨机制變王謂仲子已薨令咺并致其賵仲子尚存賵吏須上宰咺知其未薨猶尚致賵是則不達時宜恥辱君命王則任非其人咺爲辱命之使君臣一体好惡同之貶咺亦所以責王也文五年王使榮叔歸含且賵不指所賵之人此指言惠[illegible]

子者彼成風未葬不言可知此則惠公已葬子氏未薨若不言其
人則不知為誰來賵文九年秦人來歸僖公成風之襚亦為年月
已遠故指其所襚与此同也季文子求遭喪之礼以行亦豫凶事
不貶者宰咺无喪致賵文子乃量時制宜備豫不虞古之善教与
此不同　天子至姻至　正義曰天子諸侯大夫士位既不同礼亦
異數赴弔遠近各有等差因其尊卑以為葬節且位高則礼大爵
卑則事小大礼踰時乃備小事累月即成聖王制為常規示民
軌法欲使各脩其典无敢忒差資父事君生民之所極哀死送終
臣子之所盡是以未及期而葬譏之不懷過期而葬謂之緩慢春
秋從實而錄以示是非天子七月諸侯五月者死月葬月皆通數
之也文八年八月天王崩九年二月葬襄王是天子之七月也成
十八年八月公薨于路寢十二月葬我君成公是諸侯之五月也
宣八年傳云礼卜葬先遠日辟不懷也是卜遠日不吉乃卜近日
辟不思親之嫌也則未及期而葬者不思其親理在可見故傳皆
不言其事唯過期乃葬者傳言緩以示譏耳桓王以桓十五年崩

莊三年乃葬積七年也僖公以其三十三年十一月薨文元年四
月乃葬薨葬中有閏積七月也二者並過於期故傳皆言緩以譏
之也衛桓公以隐四年三月為州吁所殺五年四月乃葬積十
四月也莊公以其三十二年八月薨閔元年六月乃葬積十一月
也二者雖亦過期而国有变難故傳皆言乱故是以緩原其非
慢不以責臣子也然則諸侯五月而葬自是正法得礼可知不假發
傳而葬成公之下傳特云書順者釋例曰魯君薨葬多不順制
唯成公薨于路寢五月而葬國家安静世適承嗣故傳見莊之
舉成書順以包之然則特發此傳欲以包群公之得失於莊見乱
故而緩於僖見无故而緩於成見順礼傳發三者則其餘皆可知
也士踰月者通死月亦三月也襄十五年十一月晋侯周卒十六年
正月葬晋悼公杜云踰月而葬速是踰月亦三月也此注云踰月
度月者言從死月至葬月其間度一月也士与大夫不異而別設
文者以大夫与士名位既異因其名異示為等差故变其文耳其
实月数同也同軌同盟至者謂遣使来至非諸侯身至釈例曰万

国之數至衆封疆之守至重故天王之喪諸侯不得越竟而奔脩服於其国卿共弔葬之礼魯侯无故而穆伯如周弔氏天子崩諸侯遣卿共弔葬之經傳也是言礼天子之喪諸侯不親奔也其諸侯相弔則昭三十年傳云先王之制諸侯之喪士弔大夫送葬是正礼也同位至詩其使還也外姻至親戚畢集也於天子言畢至以下不言畢者天子貴在尊極海内為家天下聞喪无敢不至故言畢也諸侯同盟戚或來或否大夫出使本奉君命雖或聞喪未必盡來故不言畢也此亦例而不言凡者序已解說何休膏肓以為礼士三月葬今云逾月左氏為短鄭康成云人君殯數來日葬數往月大夫殯葬皆數來日來月士殯葬皆數往日往月士之三月大夫之逾月也鄭之此言天子諸侯葬數往月於左氏无害云大夫葬數來月恐非杜旨蘇寬之意以古礼大夫以上殯葬皆數來日來月士殯葬數往日往月並云古礼事无所出不可依用也刘炫云此亦例不言凡者諸所發凡皆為經張例此舉葬之大期以說宰咺之緩非是為葬發例故不言凡也　注言同至之国

正義曰郑玄服虔皆以軌為車轍也王者馭天下必令車同軌書同文同軌畢至謂海内皆至也四夷異俗不可同其文軌天子之喪不亡以時赴弔故言同軌以別四夷之国也周礼巾車木路以封蕃国々々即四夷也既受王命車亦應同軌而言別四夷者四夷来朝天子々々賜之車服行於中国自然同軌其在本国軌必不同若以巾車之文即言与華夏同軌豈亦亡同文也　注同在方嶽之盟　正義曰周礼司盟凡邦国有疑會同則掌其盟約之載然則天子之合諸侯有使諸侯共盟之礼也王合諸侯唯有巡守其非巡守則有事而會々之多少唯王所命不得有同盟常礼々之同盟唯方嶽耳故左氏旧説十二年三考黜陟幽明既分天子展義巡守柴望既畢諸侯遂朝退相与盟同好惡奬王室是其当方諸侯同有方嶽之盟同盟情親吉凶相告遣使會葬也

注古者至踰時　正義曰同位謂同為大夫共在列位者待其来至三月待之故知古者於法行役不踰時也隠五年穀梁傳曰伐不踰時明行役聘問亦不踰時也　注尸未葬之通称　正義曰曲礼

下云在牀曰尸在棺曰柩是其相對言耳今以既葬乃未而云不
及尸知尸是未葬之通称也葬則尸不復見未葬猶及見之故以
葬為限也釋例曰喪贈之幣車馬曰賵貨財曰賻衣服曰襚珠玉
曰含然而摠謂之贈故傳曰贈死不及尸也然則此文雖贈發其
賓賵賻含襚摠名為贈但及未葬皆無所譏也襚以衣尸含以実
口大斂之後無所用之既殯之後猶致之者亦存恩好不以充用
也今讃曰雜記弔含襚賵臨之等未葬則葦席既葬則蒲席是
葬後得行此言緩者礼記後人雜録不可与傳同言也或可初葬
之後則可久則不許　注諸侯至終喪　正義曰昭十五年傳称
穆后崩王既葬除喪叔向曰三年之喪雖貴遂服礼也杜云天子
諸侯除喪當在卒哭今王既葬而除故譏其不遂也案僖三十三
年傳　云卒哭而祔杜云既葬反虞則免喪故曰卒哭々止也如杜
此言則卒哭与葬相去非遠同在一月伐礼士三虞則天子諸侯
皆同於此必知然者以卒哭是葬之餘事共在一月之中故杜云既
葬則衰麻除或云既葬卒哭衰麻除以其相近故也若拠雜記云

諸侯五月而葬七月而卒哭中間既縣或有國喪稱号云何是知葬与卒哭相連間无喪也然雜記云諸侯五月而葬七月而卒哭者案釋例曰礼記後人所作不与春秋同是杜所不用也既葬除喪唯杜有此說正以春秋之例皆既葬成君明葬是人君之大節也昭十二年傳曰齊侯衛侯鄭伯如晋々侯享諸侯子産相鄭伯辞於享請免喪而後聽命晋人許之礼也於時鄭有簡公之喪未葬故請免喪其下傳又云六月葬鄭簡公丘明作傳未嘗虛舉經文而虛言此葬得非終前免喪之言也以此知諸侯既葬則免喪々服既除則无哭位諸侯既然知天子亦尒尚書高宗亮陰三年不言論語云何必高宗古之人皆然是天子諸侯除服之後皆諒陰終喪也晋書杜預傳云大始十年元皇后崩依漢魏舊制既葬帝及群臣皆除服疑皇太子亦應除否詔諸尚書令僕射盧欽論之唯預以為古者天子諸侯三年之喪始服齊斬既葬除喪服諒闇以居心喪終制不与士庶同礼於是盧欽魏舒問預證據預曰春秋晋侯享諸侯子産相鄭伯時簡公未葬請免喪以聽命君子

之得礼宰咺帰恵公仲子之賵傳曰弔生不及哀此皆既葬除服諒闇之證也春傳之説既多学者未之思耳喪服諸侯為天子亦斬衰豈可謂終服三年也預又作議曰周景王有后世子之喪既葬除喪而宴楽晋叔向譏之曰三年之喪雖貴遂服礼也王雖不遂宴楽以早此亦天子喪事見於古也称高宗不言喪服三年而云亮陰三年此釋服心喪之文也譏景王不譏其除喪而譏其宴楽早則既葬応除而違諒闇之節也堯喪舜諒闇三年故称遏密八音由此言之天子居喪斉斬之制菲杖絰帯當遂其服既葬而除諒闇以終之三年无改於父之道故曰百官總已以聴冢宰喪服既除故更称不言之美明不復寝苫枕凷以荒大政也礼記云三年之喪自天子達又云父母之喪无貴賤一也又云端衰車皆无等此通謂天子居喪衣服之制同於凡人心喪之礼終於三年亦无服喪三年之文天子之位至尊万几之政至大群臣之衆至廣不得同之於凡人故大行既葬祔祭於廟則因踈而除之已不除則群臣莫敢除故屈己以除之而諒闇以終制天下之人皆曰

我王之仁也屈己以從宜皆曰我王之孝也既除而心喪我王猶若此之篤也凡我臣子亦安得不自勉以崇礼此乃聖制移風易俗之本也議奏皇大子遂除衰麻而諒闇終喪於時内外卒聞預議多怪惑者乃謂其違礼以合時預謂鄉人叚暢曰兹定体大本欲宣明古典知未合於當今也宜博采典籍為之證拠全大分明足以垂示將来暢遂敷通危疑以弘指趣其論見存焉杜議方尚書傳云亮信也陰默也為聽於冢宰信默而不言鄭玄以諒闇為凶廬杜所不用　紀人伐夷　正義曰世族譜紀姜姓侯爵莊四年齊滅之世本夷妘姓傳無其人不知為誰所滅釋例土地名夷國在城陽莊武縣莊十六年晉武公伐夷執夷詭諸杜云詭諸周大夫夷采地名釋例土地名注為闕則二夷別也世族譜於夷詭諸之下注云妘姓更無夷國則以二夷内一計莊武之縣遠在東垂不得為周大夫之采邑而晉取其地是譜誤也　注蜚負至放此　正義曰釋蟲云蜚蠦蜰舍人李巡皆云蜚蠦一名蜰郭璞云蜚即負盤臭蟲洪範五行傳云蜚負蠜夷狄之物越之所生其為蟲臭

惡南方淫女氣之所生也李巡曰蜚厉蟲也然則蜚是臭惡之
蟲害人之物故或為災或不為災也經傳皆云有蜚則此蟲以直
名蜚耳不名蜚蠊尔雅所釈當蜚一名蠦蜰説尔雅者言蜚蠊
一名蜰非也此虫一名負盤漢書及此注多作負蠜者釈蟲云草
螽負蠜彼則歳時常有非災蟲也蓋相涉誤為蠜耳又明下有成
例此不合書而傳發之者明傳之所拠非独正史之策亦兼采簡
牘所有故傳拠而言之案上傳紀人伐夷注云傳見其事以明春
秋例則此有蜚亦明春秋例此云傳之所拠非唯史策兼采簡牘
則上紀人伐夷亦是兼采簡牘但紀人伐夷他国不告故以明例解
之蜚是魯国之有故以兼采簡牘言之其実二注互以相通也如
此類有宋至改葬　正義曰上云惠公之季年敗宋師于黄公立而
求成焉則隱公未立之前惠公敗宋師也今云惠公之薨也有宋
師蓋是報黄之敗来伐魯也隱公將兵禦宋委葬事於大子故
有闕也服虔以為宋師即黄之師也是時宋来伐魯公自与戰然
則隱自敗宋还自求成傳何当属敗於惠公而別言公立也曰孟薨

之与葬相去既遠豈有宋師無覺時已来葬時未去　衛侯来
會葬　正義曰衛國侯爵譜云姬姓文王子康叔封之後也周
公既誅禄父以其地封康叔為衛侯居殷虚今朝歌是也狄滅衛
文公居楚丘成公徙帝丘今東郡濮陽是也桓公十三年曾隱
公之元年也出輒十二年獲麟之歲也悼公二年春秋之傳終矣
悼公三年卒自悼以下十一世二百五十年而秦滅衛也世家桓公
康叔十一世孫尚書顧命稱康叔為衛侯則初封侯爵也世家康
叔子則稱伯至頃侯夜為侯故今桓公為侯爵　注諸侯至故
此　正義曰昭三十年傳云先王之制諸侯之喪士弔大夫送葬
昭三年傳稱文襄之霸君薨大夫弔卿共葬吏皆不書諸侯親
會葬是諸侯會葬非礼也不得接公成礼故不書此云不見公不
書介葛盧亦不見公而書者以則公在國而不與衛侯相見故不
書彼則公身在會國人賓礼之又欲見其一年再来故書之也
注礼卿至書日　正義曰喪大記君臨臣喪之礼云君於大夫大斂
焉為之賜則小斂焉卿是大夫之尊者也明小斂大斂君皆親之

所以崇恩厚也小斂大斂皆應親之獨以小斂爲文故知始死情
之所篤故也賈逵云不與大斂則不昏卒然則在殯又不往者後
啟何以裁之旦傳无其文不宜妄説故杜以爲但臨大斂及不臨
其喪亦同不昏日也

春秋正義卷第二

計一万八千三百一十七字

春秋正義卷第三　　隱公

國子祭酒上護軍曲阜縣開國子臣孔　穎達等奉
勅撰

二年注戎狄至魯地　正義曰曲礼云東夷西戎南蠻北狄然則四者是九州之外別名也詩商頌曰自彼氐羌氐羌西戎之國名也杜欲明其在遠死以相形故云氐羌之別種謂是相彰之物耳非謂四者是羌內之別也其實氐羌乃是戎內之別耳戎子駒支云我諸戎飲食衣服不与華同贄幣不通言語不達何悪不堪會盟故解云言順其俗以為礼也沈氏云會㧕公往戎為主人故得隨主人之俗以為會礼朝㧕戎來魯為主人戎不得從主人之俗故朝礼不成戎是西方之夷必不遠來會魯故知謂居中國若戎子駒支者也駒支見襄十四年　莒人入向　正義曰世本莒己姓向姜姓此傳云莒人入向以姜氏還文八年傳稱穆伯娶莒從己氏是莒己向姜見於傳也譜云莒嬴姓少昊之後周武王封茲輿於莒初都計斤後徙莒今城陽莒縣是也世本自紀公以下為

已姓不知誰賜之姓者十一世茲丕公方見春秋共公以下微弱不復見四世楚滅之向則唯此見經不言知其終始　注向小至三年正義曰將卑師少稱人者周礼万二千五百人為軍二千五百人為師五百人為旅用兵多少其數无常重其舉大衆動大衆滿師則書之不滿則不書輕其衆少故經皆不書旅也師者衆也雖復五軍三軍悉皆以師為名取其衆義故經亦不書軍也釋例曰春秋不書軍旅壹皆曰師從衆辭是其義也經之大例君自將者言君不言師卿將者滿師則將並書不滿則空舉將名大夫將者滿師則稱師不滿則稱人所以然者宣四年傳曰君行師從卿行旅從則君行必有師卿行必有旅文雖不見理足可明君將不言帥師卿將不言帥旅以其可知故也卿行不合師從今乃帥領一師若不言師則師文不見卿為自合書名師文又須別見故師將並舉言某帥師也其師少者卿自須見唯舉將名不云師旅言衆少不足録也大夫爵位卑下名氏不合見經但所帥滿師々自須見故言師不言將也若不滿師者一旅之衆則例所不書

大夫位卑又名不當見則空舉其將謂之爲人人即大夫身也其將爲師少及將卑師衆若其序列則將卑師衆者在上襄二年晉師宋師衛寗殖侵鄭是也隱五年公羊傳曰曷爲或言率師或不言率師將尊師衆稱某率師將尊師少稱將將卑師衆稱師將卑師少稱人君將不言率師書其重者也釋例曰大夫將滿師稱師不滿稱人而已卿將滿師則兩書不滿則直書名氏君將不言帥師卿將不言師旅此史策記注之常此用公羊爲說也劉炫云盟會例卿則書名氏非卿則稱人人當名氏之處由是將卑師少則稱人亦與盟會同　注无駭至八年　正義曰春秋之例卿乃見經今名書於經傳言司空故知无駭是魯卿諸名書於經皆是卿也故於此一注以下不復言之又王制云上大夫卿則卿亦大夫也故注多以大夫言卿下注云列數紀大夫如此之類皆是卿也其名見於傳而注云大夫者則其爵真大夫也穀梁以極爲國杜云附庸者沈云以費伯帥師城郎因得勝極則極是竟內故云附庸凡卿出使必具其名氏以尊君命今不書氏故解云未賜族其

旌可称故也賈云極戎邑也極為戎邑傳其文零戎之於魯本无
怨惡言修惠公之好則是求与魯親公未信戎心故辭其盟耳秋
即与盟復修戎好若已共戎會故不与盟旋令師入其都然後結
好其為惡行亦不是已讓位賢君固應不尔良史直筆豈得无譏
傳乃本其勝之所由而歸功於費伯也　注高平至有誤　正義
曰杜勘檢經傳上下月日制為長歷此年八月壬寅朔其月三日
甲辰十五日丙辰二十七日戊辰其月无庚辰也七月壬申朔則
九月有庚辰杜觀上下若月不容誤則指言日誤若日不容誤則
指言月誤此則上有秋下有九月則日月俱得有誤故云日月必
有誤也　注裂繻至於此　正義曰此書逆女傳曰卿為君逆也
宣五年齊高固來逆叔姬傳曰昏曰叔姬卿自逆也是為君逆則
称女自逆則昏字故云以別卿自逆也釋例曰天子娶則称逆王
后卿為君逆則称逆女其自為逆則称所逆之字尊卑之別也此
不言紀侯使裂繻而成八年經書宋公使公孫壽來納幣俱是昏
礼而立文不同故解之也言昏礼不稱主人者主人謂壻也為有

廉恥之心不欲自言娶婦故使卿為君昏行者必稟君母之命婦人之命不得通於隣国君言卿輙自来非君所命故裂繻不言使也其无母者臣无所稟不得不稱君命故公孫壽言宋公使也史皆隨其實变而書之非褒貶之例也公羊傳曰何以不稱使昏礼不稱主人然則曷稱稱諸父兄師友宋公使公孫壽来納幣則其稱主人何辭窮也辭窮者何无母也然則紀有母乎曰有有則何以不稱母母不通也是婦人之言不通外国故不言君使亦不言母命作自身之文也公羊言无母者稱父兄師友宋公不稱父兄者諸侯臣其父兄故不得稱也昏礼記曰宗子无父母命之親皆沒已躬命之以宗子之尊尚不稱父兄況諸侯也其稱父兄師友謂大夫以下非宗子者身昏礼記所云支子則稱其宗弟稱其兄是也

注子帛至密卿　正义曰杜云比之内大夫而在莒子上者案諸經文魯大夫出会他国皆先書魯大夫下即云及其人今子帛之下不云及者不可全同魯大夫故也　注柏未訖三年

正义曰妾子為君其母成為夫人敬嬴齊歸是也仲子實妾柏未

為君故仲子不應稱夫人也今稱夫人薨是隱成之讓桓為大子成其母喪傳例曰不赴則不曰薨故知稱薨是赴於諸侯故經於此稱夫人也五年考仲子之宮公羊傳曰桓未君則曷為祭仲子隱為桓立故為桓祭其母也然則何言爾成公意也是言隱公成仲子為夫人也　傳注許其訖而足　正義曰戎貪而無信盟或背之公未得戎意恐好不久成故不許其盟也禦夷狄者不壹而足文九年公羊傳文言制禦夷狄當以漸教之不一度而即使足也　三年注日行訖七年　正義曰古今之言歷者大率皆以周天為三百六十五度四分度之一日行比月為遲每日行一度故一歲乃行一周天月行比日為疾每日行十三度十九分度之七故一月內則行一周天又行二十九度過半乃逐及日言一月一周天者略言之耳其實及日之時不啻一周天也日月雖共行於天而各有道每積二十九日過半行道交錯而相與會集以其一會謂之一月每一歲之間凡有十二會故一歲為十二月日食者月掩之也日月之道互相出入或月在日表從外而入內或月在日

裡從内而出外道有交錯故日食也二十九日已半月及日者以歷家一日分為九百四十分則四百七十分為半今月未及日凡二十九日又四百九十九分是過半校二十九分也日有食之言有物来食之也日月同處則日被月映而形魄不見聖人不言日被月食而云日有食之者以其月不可見作不知之辭穀梁傳曰其不言食之者何也知其不可知知也是言慎疑故不言月也朔則交會故食必在朔然而每朔皆會慮每月常食故解之言日月動物雖行度有大量不能不小有盈縮故有雖交會而不食者或有頻交而食者自隱之元年盡哀二十七年積二百五十五年凡三千一百五十四月唯三十七食是雖交而不食也襄二十一年九月十月頻食二十四年七月八月頻食是頻交而食也食无常月唯正陽之月君子忌之以日食者陰侵陽也當陽盛之月不宜為弱陰所侵故有伐鼓用幣之變餘月則否其日食例皆書朔己巳之下經无朔字長歷推此己巳實是朔日而不書朔史失之也此注作大判言耳戰國及秦歷紀全廢漢来漸候天始造其術

刘歆三統以為五月二十三分月之二十而日一食也得食日而不得加時漢末會稽都尉刘洪作乾象歷始推月行遲疾求日食加時後代修之漸益微密今為歷者推步日食莫不符合但无虧月食法故漢初以來殆將千歲為歷者皆一百七十三日有餘而始一交會未有虧月食者今虧月而食乃是正經不可謂之錯誤世考之歷術更无不驗不可謂之疎失由是註不能定故未言之也又漢書高祖本紀高祖即位三年十月十一月晦日頻食則日有虧食之理其解在襄二十四年穀梁傳曰言日不言朔食晦日也朔日並不言食晦夜也朔日並言食正朔也言朔不言日食既朔也　天王崩　正義曰曲礼下曰天子死曰崩諸侯曰薨大夫曰卒士曰不祿庶人曰死鄭玄云異死名者為人褻其无知若猶不同然也自上顛壞曰崩薨顛壞之聲卒終也不祿不終其祿死之言澌也精神澌盡也是由天子尊若山崩然諸侯卑取崩之聲以為尊卑之差也不書天王名者以其內之主故尊之極故敬而不敢名也穀梁傳云高曰崩厚曰崩尊曰崩天子之崩以尊也以

其在氏上故崩之其不名何也大上故不名也蘇氏云王后崩大
子卒不赴者赴不及魯也今以為略之例所不書也告喪禮云
告王喪曰天王登假此言崩者魯史裁約為文不道崩時赴不
言登假也　注周平至不會　正義曰今檢杜注死葬者皆顯
言其謚此為其葬故書周平王也仲尼修經當改正真偽以為
褒貶周人赴不以實孔子從偽而書者周人欲令諸侯速至故遠
其崩日以赴也不書其實而從其偽言人知其偽則已足章矣故
即傳其偽以懲創臣子之過耳例曰天王偽赴遂用其虛明日月
闕否亦從赴辭君子不變其文以悟其疑且虛實相生隨而長之
真偽之情可以兩見采赴而書之亦所以示將來也　君氏卒
正義曰君氏者隱公之母聲子也謂之君氏者言是君之母氏也
母之與子氏族必異故經典通呼母舅為母氏舅氏言其與已異
氏也　注武氏至歸也　正義曰武氏者天子大夫之姓直云武
氏子不稱其字則其人未成為大夫也若是上士例當書名又不
應繫之父族謂之為子明其是大夫之子也又王使歸賵皆言天

王使其此役不言王使明其不稱王命也以此知此人父喪已終宜嗣父位但平王未命而崩新王居喪未得列其爵命故事馳於冢宰々々使之適魯冢宰不得專命故作自來之文傳言王未葬者意兼兩事王喪在殯新王不得加臣爵位故此人仍繫父族王又不得命臣出行故此人不稱王使以未葬之故闕此二事故傳以未葬解之　注魯使卿六葬　正義曰文九年叔孫得臣如京師葬襄王昭三年叔弓如滕葬滕成公如此之類遣卿行者皆書其使名此不書使名知是大夫往也大夫奉命出使位賤不合書名故直書其所爲之事而已盟則云及某盟會則云會某人葬則云葬某公舉其所爲之事明有使往可知也釋例曰先王之制諸侯之喪士弔大夫送葬及其失也禮已於重文襄之伯因而抑之諸侯之喪大夫弔卿共葬事夫人之喪士弔大夫送葬猶已古制故公子遂如晉葬襄公傳不言禮葬秦景公傳曰大夫如秦葬景公特稱禮也一以示古制二以示書他國之葬必須魯會三以示奉使非卿則不書於經此丘明之微文也是言大夫得正而卿爲過

礼也諸侯曰薨礼之正名鲁史自書君死曰薨若隣国亦同書薨则与已君无别国史自在已国兼他国赴告为与已君同故惡其薨名虽赴称薨皆改赴書卒略外以别内也至於書葬则五等之爵皆举謚称公者会葬者在於国外拟彼国之辞彼国臣子称君曰公書使之行不得不称公也又云惡其薨名改赴書者釈例曰天子曰崩諸侯曰薨大夫曰卒古之制也春秋所称曲存鲁史之義内称公而書薨所以自尊其君则不得不略外諸侯書卒以自異也至於既葬虽卿许子男之君皆称謚而言公各顺臣子之辞两通其義是其說也案礼雜記赴告之辞云君訃於他国之君曰寡君不禄敢告於執事然则赴辞本无薨語而云惡其薨名者以夫人薨例云不赴於諸侯則不曰薨明其以薨告人故書薨也是知王侯丧者其通国命皆以崩薨相告記之所称謂答主人之問飾其文辞耳若以記文无薨即疑不以薨告記称大夫士赴人之辞皆云不禄岂大夫无卒名也以此知相赴策書必以薨而史但擯者口傳赴辞義在謙退遜士之不禄故礼記言之赴则必以薨

但改赴君卒再史之君薨不在国今葬者自可在外君篡者国
内君之而云於彼国之辞者君使行之事言使为此事故文延
彼称不谓君不在国也卿为君逆谓之逆女亦是君已之使於彼
称女与此同也　傳注夫人致詳矣　正義曰傳八年致夫人傳
曰不赴於同則弗致故知赴者赴於同盟之国也礼檀弓記葬礼
云既封有司以几筵舍奠於墓左反日中而虞士丧礼既葬乃反
哭於廟遂適殯宫而虞是既葬日中自墓反虞於正寝寝即殯
宫也僖三十三年傳与檀弓記皆云卒哭而祔丧服小記曰婦祔
於祖姑雜記曰妾祔於妾祖姑是祔於姑者祔於祖姑也此三者
皆夫人之丧礼夫人丧礼有三史策所君有二唯卒葬两事而已
其卒之異者或云夫人某氏薨仲子文姜之類是也或云某氏卒
定姒孟子是也葬之異者或云葬我小君某氏文姜敬嬴之類是
也或云葬某氏葬定姒是也或則不君葬也今声子三礼皆闕经
異常辞必是闕一事則变一文但傳既并釋注不顯配無言釋例
詳之例亦未甚分明此傳故上三事故下三事若以次扣配則不

赴於諸侯故不曰薨不反哭於寢故不稱夫人不祔於姑故不言葬文次相屬㝎乃似然但顧下傳文則不尔定十五年姒氏卒傳曰不稱夫人不赴且不祔也哀十二年孟子卒傳曰死不赴故不稱夫人不反哭故不言葬小君彼二傳皆以不赴解不稱夫人以不反哭解不書葬然則由不赴故不曰薨由不反哭故不書葬也二事既然則由不祔故不稱夫人斷可知矣傳文不以次打配者初死即赴葬乃反哭反哭之後始祔三者依㝎之先後為文也至於書經則夫人與薨共文故先言不稱夫人後言不書葬順經之先後為文也禮之本意必赴乃稱薨祔乃稱夫人反哭乃書葬者夫人與君同體死必赴於隣國若不以赴告於隣國則夫人之禮不成為成以否爰由赴告成否之狀在於書薨故赴則稱薨不赴則不稱薨也禮適祔於適祖姑妾祔於妾祖姑亦既不祔於姑使是適妾莫辯故祔則稱夫人不祔則不稱夫人也既葬於墓反哭於寢哀之尤極情之最切既葬而不反哭全是不念其親葬與不葬殆其以異故不反哭則不書葬也皆所以懲臣子責其不行禮

也人之行礼有勤有惰未必廢則但廢行則皆存此邑子自三礼
皆闕其餘或可一行一否釋例曰夫人子氏赴而不反哭故不書
葬定姒則反哭而不赴故書葬而不言小君以此二者推傳則然
理在不惑但不知赴而不祔〻而不赴者辭窮云何耳薨者夫人
之死号不称夫人必不得称薨也小君者夫人之別号不称夫人
必不得称小君也孟子卒下注云不称夫人故不言薨是夫人与
薨文相将也葬定姒傳曰不称小君不成喪也注云不赴不祔故
不称小君傳以不赴不祔解不称夫人注以不赴不祔解不称小
君是夫人小君文相将也夫人也薨也小君也三者相将之物不
可致詰蓋赴祔二礼課行一事則是此三文二事並廢則三文皆
去耳何則検此傳相配不赴則不曰薨不祔則不称夫人是称夫
人由祔不由赴也孟子之傳乃云不赴故不称夫人是称夫人由
於赴不由於祔也定姒之傳云不称夫人不赴且不祔又以二事
並解不称夫人注云赴同祔姑夫人之礼二者皆闕故不曰夫人
明是二者俱闕乃去夫人課行一事則称夫人称夫人則必書薨

昏薨則必称小君所異者不反哭則不昏葬若不昏葬則小君之
文先所施耳即仲子是也赴弔祔姑皆是夫人之礼故赴而不祔
々而不赴則皆曰夫人某氏薨惠公自有元妃別為仲子立廟則
仲子未必祔姑蓋以赴弔之故得称夫人薨也　註不昏謂妾媵
正義曰辟正夫人謂辟仲子耳何則妾子為君則其母得為夫人
不須辟孟子也但公以讓位之故不從正君之礼故亦不備於其
母使之辟仲子也釋例曰凡妾子為君其母猶為夫人雖先君不
命其母々以子貴其適夫人薨則為得加於臣子外内之礼皆如
夫人矣故姒氏之喪責以小君不成々風之喪王使会葬傳曰礼
也隠以讓桓摂位故不成礼於邑子假称君氏以別凡妾媵蓋是
一時之宜隠之義也是其辟仲子之意也　注四月記陽縣也
正義曰此直言秋々有三月若是季秋則今之七月杜必知秋令
之夏者以此傳在武氏之上案経武氏之下有八月宋公和卒則
知此是七月故為今之夏謂今之五月也麦熟在夏而云麦禾皆
未熟者謂四月之時麦未熟七月之時禾未熟二者異时故言皆

也　澗谿沼之菜　正義曰毛即菜也而重其文者谿沼言地之
陋蘋藻言菜之薄故文重也　注谿亦至毛屮　正義曰尔雅釋
山云山夾水澗李巡曰山間有水釋名曰言水在西山間也釋水
曰水注川曰谿李巡曰水出於山入於川釋山又云山瀆无所通
谿李巡曰山中水流虽無所通与水注川同名宋均曰无水曰谷
有水曰谿然則谿亦山間有水之名是澗之類故云谿亦澗也沼
者池之別名張揖廣雅亦云沼池也應劭風俗通云池者陂池從
水也壹沚与時音義同釋水曰小渚曰沚釋名曰沚止也小水可
上息其上草是地之毛周礼宅不毛謂宅内無屮木也故杜以毛
為屮々即下句蘋蘩薀藻是也蘩陸菜而云沼沚之毛者或采之
水旁非皆水内也　注蘋大至聚藻也　正義曰釋屮云苹蓱其
大者蘋舍人曰苹一名蓱大者名蘋郭璞曰水中浮蓱江东謂之
薸陸机毛詩義疏云今水上浮蓱是也其麤大者謂之蘋小者曰
蓱季春始生可糝蒸為茹又可苦酒淹以就酒釋屮又云蘩皤蒿
孫炎曰白蒿也陸机疏曰凡艾白色為皤蒿今白蒿春始生及秋

香美可生食又可烝一名遊胡北海人謂之旁勃故大戴礼夏小
正傳曰蘩遊胡々々旁勃也許慎説文云藻水草從艸從水巢聲
或作藻從澡毛詩傳曰藻聚藻也然則此草好聚生蘊訓聚也故
云蘊藻聚藻也陸璣疏云生水底有二種其一種葉如雞蘇莖大
如箸長四五尺其一種莖大如釵股葉如蓬謂之聚藻又云扶風
人謂之藻聚為發聲也此二藻皆可食煮熟挼去腥氣米麪糝蒸
為茹嘉美揚州人饑荒可以當穀食　注方曰至曰錡　正義曰
此皆詩毛傳鄭箋之文也説文云筥飯牛筐也廣雅云錡釜也
注潢汙至流潦　正義曰傳水謂水不流也行道也雨水謂之潦
言道上聚流者也服虔云畜小水謂之潢水不流謂之汙行潦道
路之水是也此水用為飲食故引泂酌之篇藻無潦水所生要此
潦非生菜處也　可薦至王公　正義曰上言鬼神此言王公是
生王公也或以為王公亦謂鬼神非生王公也此傳之意取弼為
言泂酌論天子之事是羞於王也采蘩云公侯之事是羞於公也言
薦又言羞者鄭玄注庖人云備品物曰薦致滋味乃為羞　雅有

行葦　正義曰采蘩采蘋泂酌上傳所言皆有彼篇之事其言未及行葦今言行葦者其意别取忠厚非以結上也　武氏至葬也　正義曰蘇氏云案文九年毛伯來求金傳曰不書王命未葬也此傳直云王未葬不同者毛伯直欲不稱使故云不書王命此武氏子非但不稱使又稱父族二事皆由未葬故直云王未葬也　而立寡人　正義曰曲礼下曰諸侯見天子曰臣某侯某其与民言自称曰寡人今与臣言亦云寡人則知其對臣民自称同也老子曰孤寡不穀王侯之謙称故以下諸侯自称亦多言不穀命以義夫　正義曰義者宜也錯心方直動合事宜乃謂之由義宜公之立穆公知穆公之賢必以義理不棄其子今穆公方卒命孔父以義事而立殤公是穆公命立殤公出於仁義之中故杜云命出於義也必知命以義夫謂穆公命立殤公者以杜注云帥義而行則殤公宜受此命宜荷时祿公子馮不帥父義終傷咸宜之福明知殤公受穆公之命与殷湯武丁同有咸宜是知穆公命殤公是為義也　商頌至謂乎　正義曰商頌玄鳥之卒章言殷湯武丁

此二王者受天之命皆得其宜故天之百種之祿於是荷負之
言天祿皆歸故得而荷負也今穆公立殤公亦得其宜故殤公宜
荷此祿詩之意其是此事之謂乎　注詩頌成商頌　正義曰唐
虞之代契為司徒封於商十四世成湯王有天下遂以商為代號
後世有武丁者中興賢君時有作詩頌之者謂之商頌美湯與武
丁皆荷天祿今殤公亦荷天祿與詩義同故引以證之　公羊傳言
宋之禍宣公為之尤其舍子立弟果令馮有爭心以馮之爭為宣
公之過今此傳善宣公故申明其事若使師義而行則殤公宜受
此命宜荷此祿但公子馮不帥父義失其咸宜故知人之禍唯在
宣公上善宣公知穆公耳馮自爭國非宣公之罪故善之傳言使
公子馮出居于鄭則是父使之出注言忿而出奔者四年傳曰公
子馮出奔鄭鄭人欲納之又衛告宋曰君若伐鄭以除君害是馮
出奔鄭求入欲害宗國也又使居鄭欲以辟殤公馮乃因鄭欲以
害殤公故擬父言之則云使之出居擬馮言之則云忿而出奔各
從其實而為之文也謚法短折不成曰殤布德執義曰穆　注既

盟誓曰詛　正義曰釋言云隤僵也舍人曰背踣意也車路而入濟是尋常之隊濟水非常之變故云傳記異也禹貢導流水東流為濟入于河溢為滎釋例曰濟自滎陽卷縣東經陳留至濟陰北經高平東經濟北東北經濟南至樂安博昌縣入海案檢水流之道今古或殊杜既考校元由據當時所見載於釋例今一皆依杜與水經乖異亦不復根尋也庚戌無月而云十二月者以經盟于石門在十二月知此亦十二月也經書十二月下云癸未葬宋穆公計庚戌在癸未之前三十三日不得共在一月故長歷推此年十二月甲子朔十一日有甲戌二十三日有丙戌不得有庚戌而月有癸未則月不容誤知日誤也

衛莊至莊姜　正義曰齊國侯爵譜云姜姓大公望之後其先四岳佐禹有功或封於呂或封於申故大公曰呂望也大公股肱周室成王封之於營丘今臨淄是也僖公九年魯隱公之元年也簡公四年獲麟之歲也簡公弟平公十二年春秋之傳終矣平公二十五年卒後二世七十年而田氏奪齊大公之後滅矣案齊世家莊公生僖公東宮得臣未

知何公大子案史記十二諸侯年表衛莊公之立在春秋前二十五年齊僖公之立在春秋前八年然則莊姜必非齊僖公之女蓋是莊公之女僖公姊妹也得臣爲大子早死故僖公立也不言僖公姊妹而繫得臣者見其是適女也得臣爲大子云常處東宮者四時東爲春万物生長在東西爲秋万物成就在西以此君在西宮大子常處東宮也或可擬易象西北爲乾々爲君父故君在西東方震々爲長男故大子在東也　所爲賦碩人也　正義曰此賦謂自作詩也班固曰不歌而誦亦曰賦鄭玄云賦者或造篇或誦古然則賦有二義此與閔二年鄭人賦清人許穆夫人賦載馳皆初造篇也其餘言賦者則皆誦古詩也　又娶于陳　正義曰陳國侯爵譜云嬀姓虞舜之後當周之興有虞閼父者爲周陶正武王賴其利器用与其先聖之後以元女大姬妃閼父之子滿封於陳賜姓曰嬀号胡公桓公二十三年魯隱公之元年也僖公二十一年獲麟之歲也二十四年楚滅陳此當桓公時二嬀蓋桓公姊妹也　注嬀陳氏未定　正義曰謚法暴慢無親曰厲典礼無愆

曰戴是皆謚也石碏言將立州吁乃定之矣請定州吁明大子之
位未定衛安危言立完為大子非也　弗納於過也　正義曰驕
謂恃己陵物奢謂夸於僭上淫謂耆慾過度泆謂放恣无藝此四
者之來從邪而起故服虔云言此四者過從邪起是也劉炫云此
四者所以自邪己身言因之不已將至於邪々理惡逆之事劉又
難服云邪是何事能起四過若從邪起何須云四者之來寵祿過
也寵祿豈是邪事四者隨從而來乎且言弗納於邪懼其緣驕以
至於邪非先邪而後驕也　夫寵而至鮮矣　正義曰恃君寵愛
未有不驕亦既驕矜必不能自降其心強降其心未有不恨亦既
怨恨必不能自重其身釋言云眕重也言恨則思亂必不能自安
自重也寵而必驕降而必憾言其勢必自然故言其能不然者少
也驕而不能降憾而不能眕言其心難自抑故言其能然者少也
鮮訓少以一鮮總四事言四事皆鮮也　賤妨至破義　正義曰
賤妨貴謂位有貴賤少陵長謂年有長幼楚公子申多受小國之
賂以偪子重子辛是賤人而妨貴人也邾捷菑以弟而欲奪兄位

是年少而陵年長也齊東郭偃棠无咎專崔氏之政而侮崔成崔彊是疏遠而間親戚也晋胥童夷羊五得君寵而去三郤是新臣而間旧臣也息伐鄭曹奸宋是小國而加大国也陳灵蔡景甚織无度是邪淫而破正義也妨謂有所害陵謂加尚之間謂居其間使彼疏遠也加亦加陵破謂破散除義不兩立行惡則破善故言破也　去順效逆　正義曰州吁於逆則少陵長於順則有不敬是去順效逆也六順六逆因事廣言非謂州吁備犯之也　注老致仕始事　正義曰礼七十而致事言还其所掌之事於君也傳之初始有此故言傳先經以始事餘不注從可知也　四年莒人取牟婁　正義曰譜云杞姒姓夏禹之苗裔武王克殷求禹之後得東楼公而封之於杞今陳留雍丘縣是也九世及成公迁緣陵文公居淳于成公始見春秋湣公六年獲麟之歲也湣公弟哀公三年春秋之傳終矣哀公十年卒自哀公以下二世十三年而楚滅杞檢杞於此已[歲]見於經桓二年有杞侯來朝莊二十七年有杞伯来朝於傳並无号謚又不書其卒僖二十三年杞成公卒其

謚乃見於傳未知何年杞國至是何君當是成公之父祖耳牟婁
杞邑莒伐取之自是以後常爲莒邑昭五年莒牟夷以牟婁來奔
是也文三年秦人伐晉傳稱取王官及郊襄二十三年齊侯伐
晉傳稱取朝歌並書伐不書取此伐取兩書者彼告伐不告取此伐
取並告故也昭元年伐莒取鄆書取不書伐昭十年伐莒取鄆書
伐不書取者元年兵未加莒而鄆逆服故書取不書伐十年晉以
取鄆討公故書伐不書取其伐国圍邑書圍以否亦從告也 注
書取至婁鄉 正義曰襄十三年傳例曰凡書取言易也知此書
取亦言易也地理志云陳留郡雍丘縣故杞國武王封禹之後東
樓公是杞本都陳留雍丘縣也志又云北海郡淳于縣應劭曰春
秋州公如曹左氏傳曰淳于公如曹臣瓚案州国名淳于国之
所都此淳于縣於漢屬北海郡晉時屬東莞郡故釋例土地名云
州国都於東莞淳于縣以雍丘淳于並郡別而竟連也桓五年傳
稱淳于公如曹度其国危遂不復六年春寔來無知其国必滅不
知何国取之襄二十九年晉師諸侯城杞昭元年祁午數趙文子

之功云城淳于是知淳于即杞国之都也僖十四年諸侯城縁陵
而迁杞不知経何而迁故云淳于公亡国杞似并之而迁居其地
僖十四年又経淳于而迁於縁陵襄二十九年又経縁陵而迁於
淳于以无明文疑不敢質故言推尋其跡似自然也自然淳于為
杞所并定似不虚而迁都淳于未有定跡自雍丘而迁縁陵亦可
知矣而杜必言迁都淳于又従淳于迁縁陵者以桓六年淳于公
亡国襄二十九年又杞都淳于則淳于始末是杞之所有又杞之
所都故疑未都縁陵之前亦都淳于也取国易者則直言取若取
鄣取鄣之類是也故不須加伐於上若其伐国取邑其邑既小不
得名通若不加伐於上不知得何国之邑是以雖易亦加伐文則
伐杞取牟婁伐邾取須句之類是也成二年取汶陽田乞師盟主
興兵伐斉得邑既雖而亦書取者国其伐斉晋使本汶陽之田魯
不加兵故昏取経易也劉君或疑此意義云上言伐下言取者非
易以規杜氏非也　注称臣弑无月　正義曰宣四年傳例曰凡
弑君称君々無道也称臣々之罪也注云称君謂唯書君名而称

国以弑言衆所共绝也称臣者謂君弑者之名以示来世終為不
義然則以称州吁之名称臣弑君是臣之罪也言完非无道而州
吁為賊也州吁実公子而不称公子者傳文更无其褒貶直是告
辞不同史有詳略耳公子魚後非族而史畄族処春秋昏書族
以否大有乖異故杜備言之釋例曰尋案春秋諸氏族之称甚多
参差而先儒皆以為例欲託之於外赴則患有人身自来者例
不可合因以辟陋未賜族為説弑君不昏族者四事州吁其知
不称公子公孫貫氏以為弑君取国故以国言之案公子商人
亦弑君取国而独称公子案督貫氏以為督有其君之心故去
氏案傳自以先昏弑君見義不在於氏也宋万貫氏以為未賜
族案傳称南宮長万則為已氏南宮不得為未賜族也執殺大夫
不昏族者二変楚殺得臣与宜申貫氏皆以為陋案楚殺大
夫公子側大夫成熊之等云七人皆称氏族其為独於此二
人陋也欲以為通例則有若此之錯欲以為其義例則傳曰言嘉
之故不名昏曰仲孫嘉之昏曰崔氏非其罪翬帥師皆曰族之

称族尊君命舍族尊夫人尊晋罪己之文炳然著明以此推之知亦非仲尼所造也斯盖非史策旧法故其凡例當時諸国以意而赴其或自来聘使者辞有詳略仲尼修春秋因采以示義々之所起則刊而定之不者即因而示之不皆刊正也故蔡人嘉赴而經從称季傳曰蔡人嘉之書崔氏傳亦曰且告以族明皆從其本也書司馬華孫来盟亦无他比知非大例也然則總而推之春秋之義諸侯之卿當以名氏備書於經其加貶損則直称人若有褒異則或称官或称氏若内卿有貶則特称名文不宜言魯人故異於外也若无褒无貶傳所不發者則皆就旧文或未賜族或時有詳略也推尋經文自莊公以上諸弑君者皆不書氏閔公以下皆書氏亦足明時史之異同非仲尼所皆刊也是杜解州吁不称公子之意杜知然者正以經之所書无常此例褒則或書官或書氏貶則或称人或去族既無定例明非旧典仲尼有所起發則刊正旧史无所褒貶則因循故策仲尼改者傳辭其由傳所不言則知无義正是史官自有詳略故耳戊申在癸未之後二十五日更盈一

间则八十五日往年十二月癸未葬宋穆公则此年二月不得有
戊申虽系二月之下未必是二月之日故长歷推此年二月癸亥
朔十日壬申二十二日甲申不得有戊申也三月壬辰朔则十七
日有戊申也此經上有二月下有夏得在三月之内不是字誤故
云有日而无月僖二十八年冬下无月而經有壬申公朝于王所
有日而无月經有此類故知此亦同之凡如此者有十四事 注
遇者至清亭 正义曰曲礼下云諸侯未及期相見曰遇相見於
郤地曰会然则会者豫謀间地克期聚集訓上下之则制財用之
節示威於衆各重其礼並特会一国若二国以上皆稱会也遇者
或未及会期或暫須相見各簡其礼若道路相逢遇然此時宋魯
特会欲尋旧盟未及会期衛来告乱故二国相遇若三国簡礼亦
曰遇故莊四年齊侯陳侯鄭伯遇于垂是也曲礼稱未及期而相
見指此類也周礼冬見曰遇则与此别刘賈以遇者用冬遇之礼
故杜難之釋例曰遇者倉卒簡儀若道路相逢遇者耳周礼諸侯
冬見天子曰遇刘氏因此名以說春秋自与傳違案礼春曰朝及

曰宗秋曰覲冬曰遇此四时之名今者春秋不皆月之於礼冬見
天子啇是百官備物之時而云遇礼簡易經胥季姬及鄫子遇于
防此婦呼夫共朝豈啇後用見天子之礼於理皆違是言春秋之
遇与周礼冬遇異也草次猶造次々々倉卒皆迫促不暇之意
注他国至魯人　正義曰案郑伯使宛来帰祊庚寅我入祊及齊
侯伐我北鄙及我師敗績然魯史皆得称我則已之卿佐被貶亦
可称我人所以不然者凡云我者皆上有他国之辞故對他称我
魯人出会他国上未有他国之文不可發首言我人故也　注州
吁至水名　正義曰春秋之世王政不行賞罰之根不在天子弑
君取国为罪虽大若已列於諸侯会者則不復討也甚有臣子殺
之即与弑君無異未必礼法當然要其時俗如是宣公殺悪取国
納賂於齊以請会傳曰会于平州以定公位杜云篡立者諸侯既
与之会則不得復討臣子殺之与弑君同故公与齊会而位定是
其義也釈例又云諸侯篡立虽以会諸侯为正此列国之制也至
於国内策名委質即君臣之分已定故諸殺不成君者亦与成君

一三四

同義然杜前注云篡立者諸侯既與之會臣子殺之與弑君同則若未會諸侯臣子殺之不與弑君同似與釋例違者釋例所云諸弑不成君亦與成君同義者即莊九年齊人殺無知及此年衛人殺州吁以其未會諸侯故不書爵猶不踰兩下相殺之例故云亦與成君同義若既會諸侯則臣弑稱爵則文十八年齊人弑其君商人是也曹伯負芻殺其大子而自立成十五年諸侯同盟于戚曹伯既列於會然後晉人執之十六年傳稱曹人請于晉曰若有罪則君列諸會矣是列會即成君矣此州吁未列於會故不稱君曹人之辭即是成例故云例在成十六年殺之於濮謂死於水旁也釋例土地名此濮下注云闕哀二十七年傳濮下注云濮自陳留酸棗縣受河東北經濟陰至高平鉅野縣入濟彼濮與此名同實異故杜於此不言闕直云濮陳地水名 注衛人至八年 正義曰成十八年傳例曰凡去其國國逆而立之曰入此公子晉去衛居邢衛人迎而立之於法正當書入宜與齊小白同文傳言書曰衛人立晉衆也是仲尼善其得衆故改常例變文以示義也

傳注請二公之怨　正義曰二年伐衛見經故以屬之未必往前更無怨也衛世家稱桓公十六年乃為州吁所弒則隱之二年當桓之世服虔以先君為莊公非也何則宣公烝夷姜生急子公納急子之妻生壽及朔朔々与構兄壽与代死則是年皆長矣宣公以四年即位桓十二年卒終始二十年矣雖壽之死未知何歲急子之娶當在宣初若隱之二年莊公猶在豈於父在之時已得烝父妾生急子也史記多謬語未可信然　注蔡今上蔡縣　正義曰蔡國侯爵譜云蔡姬姓文王子叔度之後也武王封之於汝南上蔡為蔡侯作亂見誅其子蔡仲成王復封之於蔡至平侯徙新蔡昭侯徙九江下蔡宣侯二十八年魯隱公之元年也昭侯子成侯十年獲麟之歲也成侯子聲侯四年春秋之傳終矣聲侯十四年卒自聲侯以下二世二十八年而楚滅蔡地理志云汝南上蔡縣故蔡國周武王弟叔度所封　注阻兵而安忍　正義曰阻訓恃也恃兵以求勝而征伐不已安忍行虐事刑殺過度也　故衆皆疾之也　正義曰案元年傳邾人鄭人盟于翼公子豫請往公不

許遂行彼則不書又不加貶責此公子翬之行公亦不許而書於
經又加貶責者公子豫公不許私竊而行翬則强梁固請公更不
獲已令其出會故以君命而書又加貶責　王觀爲可　正義曰
於王之行觀礼此是爲可也　宣公即位　正義曰賊討乃立
自絶前君故不待踰年也　五年注書陳至魚臺　正義曰陳魚
者獸獵之類謂捕魚之人陳設取魚之備觀其取魚以爲戲樂
非謂既取得魚而陳列之也其實觀魚而書陳魚者因君爵位尊
重非蒐狩大事則不當親行公故遠陳魚而觀其捕獲主譏其陳
故書陳魚以示非礼也傳曰非礼也且言遠地故知書棠譏遠地
也　九月至六羽　正義曰二年之內木主特祀於寢宮廟初成
木主近入其中設祭以安神也祭則有樂故初獻六羽初始也往
前用八今乃用六也獻者奏也奏進其樂以娛神也六羽謂六佾
之人秉羽舞也　注成仲至名宮　正義曰考成釈詁文也言初
獻六羽者謂初始而獻非在後恒用知者案宣十五年初税畝杜
云遂以爲常故云初杜於此不解初義明不与彼同故春秋之經

有文同寔異如此之類是也注以祭文不見故辨之云成仲子宮安其主而祭之以其与獻羽連文知考謂祭以成之非謂始築宮成也又解立宮之意惠公以仲子手有夫人之文因即娶之雖不以為夫人有欲以为夫人之意礼諸侯不再娶於法无二適孟子入惠公之廟仲子无享祭之所蓋隱公成父之志為别立宮仲子以二年十二月薨四年十二月已再期矣喪畢即應入廟至此始成宮者仲子立廟本非正法喪服既終將為吉祭主無祭處始議立之故晚成也傳云始用六佾不書佾而舉羽者以公問羽數故舉羽也婦人法不當謚仲子無謚故因姓以名宮也立宮必書於策羽則非當所舉善其復正故舉之傳載衆仲之對而言公從之是其善之意也為舉大羽故言考宮言其因考以獻羽也若不為羽當云立仲子之宮如立武宮煬宮然不須言考也礼雜記下云成廟則釁之路寢成則考之而不釁似廟則當釁寢則當考此廟言考者考是成就之義廟者鬼神所居祭祀以成之寢則生人所宅飲食以成之雜記注云路寢者生人所居不釁者不神之也考

之者設盛食以落之是也廟成釁之者尊而神之蓋木主未入之
前已行釁礼也案雜記釁廟之礼云祝宗人宰夫雍人皆爵弁純
衣雍人拭羊宗人視之宰夫北面于碑南東上雍人舉羊升屋自
中々屋南面刲羊血流于前乃降門夾室皆用雞先門而後夾室
其衈皆於屋下割雞門當門夾室中室有司皆鄉室而立門則有
司當門北面既事宗人告事畢乃皆退是釁廟之礼此言考宮獻
羽自為主已入廟則祭以成之非釁礼與彼異也故公羊傳曰考
宮者何考猶入室也始祭仲子也是謂祭為考也服虔云宮廟初
成祭之名為考將納仲子之主故考成以致其五祀之神以堅之
其意謂考即是釁也案雜記釁廟之礼止有雞羊既不用樂何由
獻羽言將納仲子之主則是仍未入宮然則作樂獻羽敬事何神
考仲子之宮唯當祭仲子耳又安得致五祀之神乎蘇氏云不稱
夫人宮者栢宮僖宮不言公則仲子例不合稱夫人宮也不稱廟
而言宮者於經例周公稱大廟群公稱宮故仲子依例稱宮也若
然案文十三年大室屋壞大廟稱室者謂大廟之室屋壞耳若傳

文則大廟或稱宮即大宮之椽是也群公或稱廟即同宗於祖廟同族於禰廟是也 注鄭主至鄭上 正義曰天下有道諸侯不得專行征伐春秋之時專行征伐以其不稟王命故以主兵為首雖小国主兵即序於大国之上欲見伐由其國善惡所歸故也雖大夫為主国君陪之亦序主兵於上僖二十七年楚人陳侯蔡侯鄭伯許男圍宋注云傳言楚子使子玉去宋經書人者恥不得志以微者告猶序諸侯之上楚主兵故是微人主兵亦序国君之上史策之常法也 注蟲食至故書 正義曰釋虫云食苗心螟食葉蟘食節賊食根柔（蟊平）舍人曰食苗心者名螟言冥冥然難知也李巡曰食禾心為螟言其姦冥冥難知也食禾葉者言其假貸無厭故曰蟘也食其節者言其貪狠故曰賊也食其根者言其稅取万民財貨故曰柔也孫炎曰皆政貪所致因以為名郭璞曰分別蟲啖食禾所在之名耳李巡孫炎以政致為名舍人郭璞以食處為名陸機疏云旧說螟蟘蟊賊一種蟲也如言寇賊姦宄内外言之耳故犍為文学曰此四種虫皆蝗也実不同故分別釋之然則螟

非以其名以食菑之處為名耳　注大夫已所及　正義曰檀弓下云君於大夫將葬弔於宮君親弔之而不書者弔喪問疾人君之常假有得失不足褒如此小事例皆不書葬若國家所營則亦不可不書大夫之葬皆臣子自為非公家所及事不関國典以得書葬也他國之君書葬者遣使往會須書君命故耳　傳觀魚者　正義曰說文云漁捕魚也然則捕魚謂之魚矣天官䲆人掌以時䲆為梁凡䲆者掌其政令是謂捕魚為魚々者猶言獵者也

臧僖至敗也　正義曰凡物不足以講大事者物謂事物旌旗車服之屬若其為教戰祭祀等大事故布設陳列則可如其細碎盤遊魚陳其物不堪足以講習大事止謂不為大事而陳此物故云不足以講大事也其材不足以備器用者材謂皮革齒牙之屬若其為飾器用故狩獵取材則可如其因遊宴戲樂所得之材不堪足以備飾器用止謂不為器用而取此材故云不足以備器用也人君一國之主在民之上當直已而行之以法毆民而納之於善故云人君將納民於軌物者也言當為軌為物納民於其中也既

言民帰軌物更解軌物之名故講習大事以準度軌法度量謂之為軌準度軌量即謂習戰治兵祭祀之屬是也取鳥獸之材以章明物色采飾謂之為物章明物采即取材以飾軍国之器是也刘炫云捕魚獵獸其事相類此諫大意言人君可觀獵獸不可觀捕魚凡物者廣言諸物鳥獸魚鼈之類也材謂所有皮革毛羽之類也器謂車馬兵甲軍国所用之物也凡此諸物捕之不足以講習兵事其材不足以充備器用如此者則人君不親舉壹其意言獵之坐作進退可以教戰陳獸之齒牙皮革足以充器用人君可以觀之捕魚不足以教戰陳鱗甲不足以為器用人君不宜觀之人君以下云云用令若人君所行不得其軌舉動不順器服不當其物上下等章如是則謂之荒亂之政也亂政数行國家之所以禍敗也其意言魚非講事是不軌材不充用是不物今君觀魚是為亂国之政禍敗之本故不用使公行也事度軌量正謂順時狩獵以教習戎事也材章物采正謂取其皮革以備造器物也下云四時田獵治兵振旅以習威儀此講事也肉不登俎材不登器則

公不射覆此章物也别言川澤之実非君所及指言不可觀魚辞
用首引自相配成也　注臧僖伯与戎　正義曰僖伯名彄字子
臧世本云孝公之子即此冬各公子彄卒是也謚法小心畏忌曰
僖是依為謚也諸侯之子称公子々々之子称公孫々々之子不
得祖諸侯乃以王父之字為氏計僖伯之孫始得以臧為氏今於
僖伯之上已加臧者蓋以僖伯是臧氏之祖傳家追言之也成十
三年傳曰国之大事在祀与戎故知大事祀与戎也必知兼祀者
以下云鳥獣之肉不登於俎故也劉炫云田獵上教戎而言祀者
獵狩主以祭祀故并祀言之下注云俎登宗廟器見此意也　注
言器用所起　正義曰車馬旌旗衣服刀劍無不皆用法度器用
衆物不入法度廣言之也器不當法用非其物則為不軌不物政
不在君則乱敗之所起也　注蒐索之擇也　正義曰尔雅釈天
四时之獵名与此同説者皆如此注故杜依用之周礼大司馬職
中春教振旅遂以蒐田中夏教茇舍遂以苗田中秋教治兵遂以
獮田中冬教大閲遂以狩田其名亦与此同鄭玄解苗田与此小

異言擇取不孕任者若治苗去不秀實者孫炎亦然桓四年公羊
傳曰春曰苗秋曰蒐冬曰狩三名既与礼異又後夏時不田穀梁
傳曰四時之田皆為宗廟之事也春曰田夏曰苗秋曰蒐冬曰狩
皆与礼異者良由微言既絶曲辨妄生丘明親受聖師故独与礼
合漢代古学不行明帝集諸学士作白虎通義因穀梁之文為之
生説曰王者諸侯所以田獵何為苗除害上以共宗廟下以簡集
士衆也春謂之田何春歳之本舉本名而言之也夏謂之苗何択
其懐任者也秋謂之蒐何蒐索肥者也冬謂之狩何守地而取之
也四時之田揔名為田何為田除害也棄苗非懐任之名何云択
去懐任秋獸尽皆不瘦何云蒐索取肥無名通義々不通也故先
儒皆依周礼左傳尔雅之文而為之説其名亦有意焉無後春獮
獲則取之不忌択取不孕夏獮所取无多不忌為苗除害為因時
異而変文耳謂之獮者蔡邕月令章句云獮者捷取之名也　注
各隨時事之間　正義曰隙訓間也四仲之月自是常期就其月
中簡選間日無則農月必有間時故曰隨時事之間也仲冬農之

最隙故大備礼也　注蒐四至無也　正義曰蒐每年常四時講
武猶後三年而一大習猶如四時常祀三年而後為禘祭意相類
也出曰治兵者以其初出始治其事也入曰振旅者以治兵礼畢
整衆而还振訊是整理之義故振為整也旅衆也訊詁文治兵振
旅坐作進退其礼皆同所異者唯長幼先後耳釈天云出為治兵
尚威武也入為振旅反尊卑也孫炎曰出則幼賤在前貴勇力也
入則尊老在前後常法也莊八年穀梁傳曰出曰治兵習戰也入
曰振旅習戰也公羊傳曰出曰治兵入曰振旅其礼一也皆習戰
也是其礼同也何休公羊為出曰祠兵休云殺牲饗士卒郑玄詩
箋引公羊亦作治兵是其所見本異也此治兵振旅亦四時教之
但於三年大習詳其文耳周礼春教振旅秋教治兵者四時教民
各以其宜春即止兵收衆專心於農秋即繕甲厉兵將威不軌故
異其文耳　注飲於至獲也　正義曰桓二年傳例曰凡公行告
于宗廟反行飲至彼飲至在廟知此言飲至亦飲於廟也軍之資
実唯有車徒器械獮則有所獲詩序車攻美宣王脩車馬備器械

因田獵而遉車徒故知數軍実者數車徒器械及所獲也說文云械器之總名虞喜云器械謂鎧甲兜鍪也宣十二年傳言楚國昔日不討軍実而申儆之襄二十四年傳曰齊社蒐軍実使客觀之二注並云軍実軍器不言車徒及所獲者彼無獵事故不言也

注車服旌旗　正義曰周礼巾車職曰革路建大白以即戎木路建大麾以田司服職曰凡兵事韋弁服凡甸冠弁服鄭玄云甸田獵也計田獵當乘木路服冠弁但三年治兵乃習兵大礼不宜乘田車服田服天子蓋乘革路服韋弁也在軍君臣同服公卿以下蓋亦乘兵車服兵服也其旌旗則尊卑異建治兵之礼為辨旗物必不建大白大麾大司馬職曰中秋教治兵辨旗物之用王載大常諸侯載旂軍吏載旗師都載旜鄉遂載物郊野載旐百官載旟遂以狝田鄭玄云軍吏諸軍帥也師都遂大夫也鄉遂鄉大夫也或載旜或載物衆屬軍吏无所將也郊謂鄉遂之州長縣正以下也野謂公邑大夫載旐者以其將羨卒也百官卿大夫也載旟者以其屬衛王也凡旌旗有軍衆者畫異物无者帛而已然則治兵

旌旗當如司馬職文也案司常職云及國之大閱贊司馬頒旗物
王建大常諸侯建旂孤卿建旜大夫士建物師都建旗州里建旟
縣鄙建旐道車載旞斿車載旌計大閱治兵俱是教戰而旌旗之
物所建不同者郑玄云凡頒旗物以出軍之旗則如秋以尊卑之
常則如冬大閱備軍礼而旌旗不如出軍之時空辟实然則大閱
所建尊卑之常治兵所建出軍之礼此三年治兵与秋教治兵其
名既同是當不異故服虔解此亦引司馬職文明是旌旗所建用
秋辨旗物之法案大司馬職教治兵王載大常所以巾車云大麾
以田又云大白以即戎者先儒以为王田春夏則大麾秋冬則大
常旌旗所用並如治兵之时然王若親軍則建大白　鳥獸至於
器　正义曰說文云革獸皮治去其毛革更之然則有毛为皮去
毛为革周礼掌皮秋斂皮冬斂革以其小異故别时斂之散文則
皮革通也頷上大齒謂之为牙鳥翼长毛謂之为羽齒牙毛羽各
自小異故歷言之也登於俎謂升俎以共祭登於器謂在器以为飾
諸器之飾有用寸材者　注俎祭宗廟器　正义曰饗食燕之饌莫

不用俎獨言宗廟器者明田獵取禽主為祭祀若上共燕食則公
亦不為下注云法度之器其義亦然非法之器公亦不舉登訓為
升服虔以上登為升下登為成二登不容異訓且云不成於器為
不辭矣又器以此物為飾寧復待之乃成也周礼獻人凡祭祀共
其魚之鱻薧特牲少牢祭祀之礼皆有魚為俎實肉登於俎公則
射之而以觀魚為非礼者此言不登於俎者謂妄出遊獵虽取鳥
獸元不為祭祀不登於器亦謂盤遊元不為取材以飾器物令公
觀魚乃是遊戲故以非之然登俎登器之物虽君所親至於虞蓋
雜物細小之倫虽為祭祀亦君不射礼水土之品籩豆之物苟可
薦者莫不咸在豈皆公親之也刘炫云此言田獵之时小鳥小獸
則公不射虽講事而田尚不射小物況魚非講事不宜輒舉不譏
登俎之物皆公所親射祭祀水土云々同　若夫至及也　正義
曰山林之実謂材木樵薪之類川澤之実謂蔆芡魚蟹之屬此皆
器用之所資須賤人之所守掌非人君所宜親及之也此虽意諫
觀魚而廣言小事故注云取此雜猥之物以資器備非諸侯所親

也雜猥謂諸雜猥碎也資謂器之資財待此而備器之所用及所
盛皆是也穀梁傳曰礼尊不親小事卑不尸大功魚卑者之事也
公觀之非正与此同也若然月令季冬命漁師始漁天子親往嘗
魚先薦寢廟彼礼天子親往此譏公者彼以時魚絜美取之以薦
宗廟特重其事天子親行意在敬事鬼神非欲以為戲今隱公觀
魚志在遊戲故譏之也　注孫辭訖否矣　正義曰僖九年傳曰
東略之不知西則否矣又十六年傳曰謀鄫且東略也略者巡行
之名也公曰吾將略地詐言欲案行边竟是孫辭也若圖竟之內
不應譏公遠遊且言遠地明是他竟也釋例曰旧說棠魯地據傳
公辭欲略地則非魯竟也釋例土地名棠在魯部内云本宋地蓋
宋魯之界上也　注矢亦陳也　正義曰釋詁云矢陳也　注曲
沃至國縣　正義曰晉國侯爵譜云姬姓武王子唐叔虞之後也
成王滅唐而封之今大原晉陽縣是也燮父改之曰晉燮父孫成
侯徙都曲沃今河東聞喜縣是也穆侯徙都絳鄂侯二年魯隱公
之元年也定公三十一年獲麟之歲也出公八年而春秋之傳終

矣出公十七年卒自出公以下五世八十二年而韓趙魏滅晉也
地理志云河東聞喜縣故曲沃也武帝元鼎六年行過改名應邵
曰武帝於此聞南越破改曰聞喜志又曰趙國襄国縣故邢国然
則於漢屬趙国於晉屬廣平　注南燕至燕縣　正義曰燕有二
国一称北燕故此注言南燕以別之世本燕国姞姓地理志東郡
燕縣南燕国姞姓黄帝之後也小国無世家不知其君号謚唯莊
二十年燕仲父見傳耳　注郕国至郕鄉　正義曰史記管蔡世
家称郕叔武文王子武王之母弟後世無所見既無世家不知其
君号謚唯文十二年郕大子朱儒奔魯書曰郕伯來奔見於經傳
則郕国伯爵也　注万舞也　正義曰案公羊傳曰万者何干舞
也籥者何羽舞也則万与羽不同今傳云将万焉問羽數於衆仲
是万与羽為一者万羽之異自是公羊之説今杜直云万舞也則
万是舞之大名也何休云所以仲子之廟唯有羽舞无干舞者婦
人無武事独奏文樂也劉炫云公羊傳曰万者云々籥者云々羽
者為文万者為武々則左執朱干右秉玉戚文則左執籥右秉翟

此傳將万問羽即似万羽同者以當此時万羽俱作但將万而問
羽數非謂羽即万也經直舉羽者与傳互見之　注六々三十六人
正義曰何休說如此服虔以用六爲六八四十八大夫四爲四八
三十二士二爲二八十六杜以舞勢宜方行列既減即每行人數
亦宜減故同何說也或以襄十一年鄭人賂晉侯以女樂二八爲
二佾之樂知自上及下行皆八人斯不然矣彼傳見晉侯減樂之
半以賜魏絳因歌鐘二肆遂言女樂二八爲下半樂張本耳非以
二八爲二佾若二八即是二佾鄭人豈以二佾之樂賂晉侯晉侯
豈以一佾之樂賜魏絳　夫舞所八風　正義曰舞爲樂主音逐
舞節八音皆奏而舞曲齊之故舞所以節八音也八方風氣寒暑
不同樂能調陰陽和節氣八方風氣由舞而行故舞所以行八風
也　注八音至其情　正義曰八音爲金石土革絲木匏竹周礼
大師職文也鄭玄云金鐘鎛也石磬也土塤也革鼓鼗也絲琴瑟
也木柷敔也匏笙也竹管簫也八風八方之風者服虔以爲八卦
之風乾音石其風不周坎音革其風廣莫艮音匏其風融震音竹

其風明庶巽音木其風清明离音絲其風景坤音土其風涼兌音
金其風閶闔易緯通卦驗云立春調風至春分明庶風至立夏清
明風至夏至景風至立秋涼風至秋分閶闔風至立冬不周風至
冬至廣莫風至風体一也逐天氣隨八節而為之立名耳調与融
一風二名昭十八年傳曰是謂融風是其調融同也沈氏云宋樂
緯云坎主冬至樂用管艮主立春樂用塤震主春分樂用鼓巽主
立夏樂用笙离主夏至樂用絃坤主立秋樂用磬兌主秋分樂用
鍾乾主立冬樂用柷敔此八方之音既有二說未知孰是故兩存
皆更說制樂之本節音行風之意以八音之器宣播八方之風使
人用手以舞之用足以蹈之節其禮制使不荒淫次序人情使不
蘊結也蟋蟀詩曰无以大康職思其居是節其制也舜歌南風曰
南風之時兮可以阜吾人之財兮南風之薰兮可以解吾人之慍
兮是序其情也　注魯唯至用六　正義曰襄十二年傳曰魯為
諸姬臨於周廟是魯立文王之廟也文王天子自然用八禮記祭
統曰昔者周公旦有勳勞於天下成王康王賜之以重祭朱干玉

戚以舞大武八佾以舞大夏此天子之樂也康周公故以賜魯明堂位曰命魯公世世祀周公以天子之禮樂是周公之廟用八也傳曰始用六佾則知以前用八何休云僭齊也下傚上之辭魯之僭傚必有所因故本其僭之所由言由文王周公廟用八佾他公之廟遂因仍僭而用之今隱公詳問衆仲衆仲因明大典公從其言於仲子之廟初獻六羽故傳亦因言始用六佾謂仲子之廟用六佾他公則仍用八也至襄昭之時魯猶皆亦用八故昭二十五年公羊傳稱昭公謂子家駒曰吾何僭哉答曰朱干玉戚以舞大夏八佾以舞大武此皆天子之禮也是昭公之時僭用八也此識從正禮尚存於經若更僭非禮无容不貶自此之後不貶僭用八佾知他廟僭而不改故杜自明其證其後季氏舞八佾於庭知唯在仲子廟用六也　注諸侯至不敢　正義曰詩伐木篇毛傳曰天子謂同姓諸侯諸侯謂同姓大夫皆曰父異姓則稱舅覲禮載天子呼諸侯之義曰同姓大國則曰伯父其異姓則曰伯舅同姓小邦則曰叔父其異姓則曰叔舅然則諸侯之國有大小之異大

夫无地之大小明以年之長少爲異莊十四年傳稱鄭厲公謂原繁爲伯父禮記祭統稱衛莊公呼孔悝爲叔舅諸侯呼異姓大夫爲伯舅同姓大夫爲叔父者雖則無文明亦然矣僖伯者孝公之子惠公之弟惠公立四十六年而薨則子臧此時年非幼少呼曰叔父者是隱公之親叔父也此注自言呼臣之大法耳

春秋正義卷第三　　計一万七千九百八字

文化十二年三月以常陸國久慈郡萬秀山
正宗寺藏本寫之以爲家珍
御書物奉行近藤守重

春秋正義卷第四　隱公

國子祭酒上護軍曲阜縣開國子臣孔　穎達等

勑撰

六年注和而不盟曰平　正義曰宣十五年宋人及楚人平傳載
盟辭昭七年燕暨齊平傳稱盟于濡上似平皆有盟而云不盟
者平是解怨和好之辭非要盟也彼自既平之後別爲盟耳此與
定十年及齊平皆傳無盟事定十一年及鄭平下乃云叔還如鄭
涖盟平後乃盟知平非盟也　注雖無至於此　正義曰公羊傳
曰此無事何以書春秋雖無事首時過則書首時過則何以書春秋
編年四時具然後爲年此注用公羊爲說釋例曰年之四時雖或
無事必空書首月以紀時變以明曆數也　注秋取至易也　正
義曰經書冬傳言秋並明爲傳例不虛舉經文獨以秋言此事明
是以秋取冬乃告也冬告者告言冬始取耳故書之於冬若其使
以冬至告言秋取亦當追書於秋八年傳曰冬齊侯使來告成三
國秋成冬告書之於秋明此以冬取告故書於冬也賈服以爲長

葛不繫鄭者刺不能撫有其邑凡邑為他國所取皆是不匕撫
有之何故於此独為悪鄭故杜以為上有伐鄭圍長葛則長葛鄭
邑可知故不言鄭也既言秋取々実在秋因其経文在冬遂言冬
乗无備襄十三年傳例曰凡書取言易也知此乗其无備而取之
也杜知長葛不繫鄭非大都以名通者以前年云伐鄭圍長葛々
々之文繫於鄭故也刘炫以大都名通而規杜氏非也　傳注渝
変為更成　正義曰渝変也釈言文変平者変更前悪而後為和
好変即更之義成則平之訓故傳解渝平謂之更成自狐壌以来
与鄭不和今日復和故曰更成言更復狐壌以前之好也服虔云
公為鄭所獲釈而不結平於是更為約束以結之故曰渝平案傳
公賂尹氏而与之逃帰非鄭所釈安得釋而結平也　注翼晋邑
大夫　正義曰唐叔始封受懐姓九宗職官五正者謂周成王滅
唐始封唐叔以懐氏一姓九族及是先代五官之長子孫賜之言
五官之長者謂於殷特為五行官長今蘇依寉竜唐叔故以其家族賜
之耳今云頃父之子嘉父者以頃父旧居職位名号卓顕嘉父新為

大夫未甚著見故繫之於父諸繫父為文者義皆同此也
注諸地至放此　正義曰在言不復記其闕者理但言其邑而已
下不云闕若鄢直云晉別邑及翼侯奔隨注云隨晉地鄭人侵衛
牧注云牧衛邑如此之類皆不言闕是也若不知何國之地者則
言闕若虞公出奔共池公孫嬰齊卒于貍脤並注云闕是也亦有
雖知其國之地注亦云闕則隱十一年蘇忿生十二邑注陘云闕者
以餘邑皆知所在唯此獨闕故也　五月庚申　正義曰案經盟
于艾亦在五月傳略不言月庚申之日須月以統之故別言五月
他皆放此　注告饑至之資　正義曰王使至魯皆悉書經此獨不
書故解之以人情恕之不得自不輸粟空告他人故知已國不足旁
請隣國故曰礼也定五年歸粟于蔡尚書於經此不書者魯以往
歲螟災故已國饑困所輸不多宋鄭輸粟不復告魯故皆不書此
更无經而發故解傳意見隱之賢諸无經之傳皆意有所見悉皆
放此　注周桓至　尋依　正義曰桓公是周公黑肩更見桓十
八年傳也幽王娶申女為后生大子宜臼後得襃姒嬖之生子伯

服廢申后幷太子以褒姒為后伯服為太子宜臼奔申〻侯乃与犬戎共攻幽王殺幽王於驪山之下於是諸侯乃与申侯共立宜臼是為平王以西都偪戎晉文侯鄭武公夾輔平王東遷洛邑毛詩尚書国語史記皆略有其事　七年注叔姬至故書　正義曰女嫁於他国皆有姪娣与適俱行則所爲在適書適不書姪娣叔姬待年之女年滿特行故書其歸魯女嫁於他国之例皆書之夫人之娣爲与卿同其書國是常例賈云書之者刺紀貴叔姬傳无其事是妄說也　滕侯卒　正義曰譜云滕姬姓文王子錯叔繡之後武王封之居滕今沛郡公丘縣是也自叔繡至宣公十七世乃見春秋隱公以下春秋後六世而齊滅之世本云齊景公亡滕案齊景之卒在滕隱之前世本言隱公之後仍有六世為君而云齊景亡滕為謬何甚服虔昭四年注亦云齊景亡滕是不考校而謬言之地理志云沛郡公丘縣故滕国也周文王子錯叔繡所封三十一世為齊所滅　注諸聘至元年　正義曰聘禮使者執圭以致命束帛加璧以致享鄭玄云享獻也既聘又獻所以厚恩惠

也是執玉帛以相存問也玉人職云瑑圭璋璧琮八寸以覜聘注云八寸者據上公之臣案聘礼圭以聘君璋以聘夫人既行聘之後璧以享君琮以享夫人又鄭玄注小行人云使卿大夫覜聘降其君瑞一等則侯伯之臣圭璋璧琮皆六寸子男之臣皆四寸又小行人云圭以馬璋以皮璧以帛琮以錦琥以繡璜以黼鄭玄注云二王之後享天子圭以馬享后璋以皮其餘諸侯享天子璧以帛享后琮以錦子男享大國之君琥以繡享大國夫人璜以黼是玉帛之文也　注戎鳴至西南　正義曰傳例有鍾鼓曰伐此既言伐知其鳴鍾鼓也杜意以歸者以彼隨已而已非因執之辭故云但言以歸非執也杜必知以歸非執者穀梁傳云以歸猶愈乎執也又昭十三年晉人執季孫意如以歸若以歸是執何須别起執文明直言以歸者非執也至如定四年以沈子嘉歸經云殺之哀七年以邾子益來傳云囚諸負瑕既有囚殺之文容或是執若直言以歸無因殺之事者則非執者也春秋有文同事異此即其類也劉君引沈子邾子云以歸者皆執以規杜氏非其義也

傳凡諸至礼經　正義曰諸侯者公侯伯子男五等之揔号侯訓
君也五等之主虽爵命小異而俱是国君故揔称諸侯也諸發凡
者皆周公之垂法史書之旧章丘明采合旧語以發明史例虽意
是旧典而辞出丘明非全寫旧語同盟称名薨則赴以名是周公
之旧典其告終称嗣以下乃是解釋赴意非旧語也僖二十三年
又發例曰凡諸侯同盟死則赴以名礼也直言赴名是礼不言繼
好是礼繼好息民是礼之大意非礼之實明是丘明言此以解赴
名之意彼云礼也此云禮之礼經其事一也言禮此赴名為礼之
常法丘明之意言周公禮之然也禮之礼經虽指此一事諸發凡者
莫不盡然以此為例之初故特言之　注此言至放此　正義曰
凡例是周公所制其來亦无所出以傳言禮之礼經則是先聖禮
之非丘明自禮之也史之書策必有旧法一代大典周公所制故
知凡例亦是周公所制此言凡例則云禮之礼經下言凡例則云不
書于策以此明所謂礼經皆當書策遂傳之首至此始開凡例故
特顯此二句（二句）者謂之（礼）經是一句与不書于策為二句也然則

九年凡雨自三日以往為霖不以為災而遠取十一年云始開凡
例者以九年雖記當國雨雪之事史策舊文非是赴告國家大事
之例　注朝而至卿寺　正義曰朝於天子獻國之所有亦發陳
財幣於公卿之府寺如今者如晉時諸州年終遣會計之吏獻物於
天子因令以物詣公府卿寺然自漢以來三公所居謂之府九卿
所居謂之寺風俗通曰府聚也公卿牧守府道德之所聚也藏府
私府財貨之所聚也寺司也庭有法度令官所止皆曰寺釋名曰
寺嗣也治事者相嗣續於其内　歃如忘　正義曰歃謂口含血
也當歃血之時如似遺忘物然故注云志不在於歃血也服虔云
如而也臨歃而忘其盟載之辭言不精也盟載之辭在於簡策祝
史讀以告神非歃者自誦之何言忘載辭也且志在心乃終不
自言己忘泄伯安知其忘而譏之　八年注宛鄭武東南　正義
曰內卿貶則去族外卿貶則稱人外無去族之理今宛无族傳無
說文故知未賜族也傳言鄭釋泰山之祀使來歸祊知祊是鄭祀泰
山之邑鄭以桓公之故受邑泰山之下天子祭泰山必從往助祭

使共湯沐焉故公羊謂之湯沐之邑既有此邑因立別廟列炫云
言祀泰山之邑者謂泰山之旁有此邑々内有鄭宗廟之祀蓋祀
桓武之神　注襄六至以名　正義曰同盟赴名自有成例而引
杞桓公者蔡自春秋以来未与魯盟疑与惠公同盟故引杞桓為
例杞桓与成公同盟而以名赴襄公伝曰同盟故也則与其父盟得
以名赴其子故疑蔡与惠盟故以名赴隠也同盟称名則两君相
知君既知之則国内皆知故彼父雖薨得以名赴彼子以此名嘗
与彼父對称故也若父与彼盟彼君雖在此子不得以其名赴以
此名未与彼君對称故也　注元年至備故　正義曰於例盟以国
地則地主与之元年盟于宿知宿与盟也魯宋俱是微人宿
君必不親与知宿亦大夫盟也盟禱雖異俱是告神苟偃之禱先称
君名知大夫聚盟亦各称君名臣盟既称君名則君薨得以名
赴宿君之卒宜以名赴魯今宿男不名自不以名赴非法不得也
故引僖二十三年伝例以明之言其赴不以名雖知亦不得書也
諸君不親盟而以名赴魯注云大夫盟於某者義皆出此衛異隆

雖杜云周人以諱事神臣子何得以君之名告神又荀偃禱河一
時之事耳非正禮也何得知大夫盟先稱君名乎杜必為此解者
以諱事神謂諱神之名以事其神若祭祖而諱祖之類山川之神
為於諸侯故尚書武成告名山大川云有道曾孫周王發則荀偃禱河
自稱君名於理何怪杜云諸例或發於始事或發於後者若七年
滕侯卒傳曰凡諸侯同盟於是稱名及桓二年公至自唐凡公行告
于宗廟是或發於始事也宣四年凡弒君稱君及僖二十六年凡師
能左右之曰以是或發於後也云因宜有所異同者宣四年鄭公
子歸生弒君嫌歸生無罪及宣五年高固來逆叔姬嫌見偪成昏
故傳因以明之是也云亦或丘明所得記注本末不能皆備者但
杜又自疑以為諸例皆應從始事而發在後發者以記注周公旧
凡不繫於始事繫於後事丘明作傳因記注所繫遂以發之如杜
此言則周公旧凡於記注之文散在諸事丘明作傳因記注之文
發例故或先或後也　注齊侯至周地　正義曰春秋之例國以
大小為序外傳鄭語云齊莊僖於是乎小伯此齊侯即僖公也此

盟平宋衛也齊為會主則齊宜在上今宋在齊上故特解之由宋
敬齊侯与衛先遇故齊侯為宋使為會主瓦屋既闕知是周地者
以其會于溫盟于瓦屋會盟不得相遠溫是周地知瓦屋亦周地
也　注莒人至来聞　正義曰僖二十九年公會王子虎及諸侯
之卿盟于翟泉設公不言疑卿稱人直言會某人〻〻傳曰卿不書
罪之也在礼卿不會公侯會伯子男可也此莒人乃對會公侯故
解之莒是小國卿尚稱人非貶辭也微者不嫌已敵公侯故直稱
公也　傳注犬丘至兩名　正義曰地有兩名新旧改易者傳則
言實以明之若二名俱存者傳則錯經以見之此犬丘与垂兩名
俱存故傳不言實釋例曰若一地二名尚時並存則直兩文互見
黒壤犬丘時來之屬是也猶卿大夫名氏互見非例也　注成王
至之田　正義曰成王營邑於洛以為居土之中貢賦路均將於洛
邑受朝許田近於王城故賜周公許田以為魯國朝宿之邑於魯頌
曰居常与許復周公之宇是周公得許田也公羊傳曰許田者何
魯朝宿之邑也是許田為魯朝宿之邑鄭請易許田而求祀周公故

知後世因在許田之中而立周公别廟焉鄭桓公以周宣王之母
弟故於泰山之下亦受祊田以為湯沐之邑祊邑内亦有鄭先君
别廟此時周室既衰王不巡守鄭以天子不復巡守則泰山之祀
既廢祊无所用故欲以祊易許田之近鄭祊田近魯各從本國所近
之宜也魯以許田奉周公之祀易其田則廢其祀恐魯以周公
别廟為疑慮將不許云已廢泰山之祀而欲為魯祀周公言鄭得
許田周公之祀不絶也云已廢泰山之祀者謂天子不復巡守鄭
家已廢此助祭泰山祭祀之吏无所祭祀故欲為魯祀周公其實
廢來已久今始云已廢者欲為魯祀周公故云已廢耳方便遜辭
以求於魯也定四年祝佗言康叔之受分偏云取於有閻之土以
共王職取於相土之東都以會王之東蒐有閻之土猶魯之許田
也相土之東都猶鄭之祊邑也鄭近京師無假朝宿魯近泰山不
須湯沐各受其一衛以道路並遠故兩皆有之禮記王制曰方伯
為朝天子皆有湯沐之邑於天子之縣内然則朝宿之邑亦名湯
沐但向京師主為朝王從王巡守主為助祭各必沐浴隨事立名朝宿

湯沐亦互言之耳異義左氏說諸侯有大功德乃有朝宿湯沐之
邑公羊說以為諸侯皆有朝宿湯沐之邑許慎以公羊為非則杜
意亦從許慎也公羊傳曰此魯朝宿之邑也則曷為謂之許田諱
取周田也諱取周田則曷為謂之許田繫之許也曷為繫之許近
許也杜言近許之田是用公羊為說杜依公羊之傳邑實近許故
以許為名劉君更無所馮直云别有許邑自名許非由近許國
始名為許以規杜氏非其義也　注鍼子至後祖　正義曰先
配後祖多有異說賈逵以配為成夫婦也禮齊而未配三月廟見
然後配案昏禮親迎之夜衽席相連是士禮不待三月也禹娶塗
山四日即去而有啟生豈亦不三月乃配是賈之謬也鄭衆以配
為同牢食也先食而後祭祖無敬神之心故曰誣其祖也案昏禮
婦既入門即設同牢之饌其間無祭祀之事先祭乃食禮無此文
是鄭之妄也鄭玄以祖為軷道之祭也先為配匹而後祖道言未
去而行配案傳既言入于鄭乃云先配而後祖寧是未去之事也
若未去先配則鍼子在陳說之何須云送女也此三說皆滯故杜

引楚公子圍告廟之事言鄭忽先逆婦而後告廟故曰先配而後祖此時忽父見在計告廟以否當是莊公之事而說忽者楚公子圍本人臣是而自布几筵告於莊共之廟不言稟君之命知逆者忽受父命當自告廟且忽先為配匹而後告祖見其告祖方始說之知忽自告祖也或可鄭伯為忽娶妻先逆而後告廟鍼子見而說之公子圍告廟者專權自由耳非正也　注言鄭至丙戌

正義曰庚午之後十六日而有丙戌二十一日而辛卯七月有庚午九月有辛卯其間不容一月是八月不得有丙戌更遥一周則丙戌去庚午七十七日八月亦不得有丙戌是明丙戌為日誤長歷推七月丁卯朔四日庚午至二十日是丙戌九月丙寅朔二十六日辛卯其月二十一日是丙戌八月小丁酉朔十日丙午二十日丙辰二日戊戌十四日庚戌二十六日壬戌未知丙戌二字孰為誤也不直云日誤而檢上下者因傳明文故顯言之他皆放此　注因其王媯姓

正義曰陳世家云陳胡公滿者虞帝舜之後也昔舜為庶人時居于媯汭其後因為氏姓々媯氏武王克殷得媯滿封之

於陳是舜由嬀汭故陳為嬀姓也案世本帝舜姚姓哀元年傳
稱虞思妻少康以二姚是自舜以下猶姓姚也昭八年傳曰及胡
公不淫故周賜之姓是胡公始姓嬀耳史記以為胡公之前已姓
嬀非也　注報之至曰陳　正義曰胙訓報也有德之人必有美
報々之以土謂封之以國名以為之氏諸侯之氏則國名是也周
語曰帝嘉禹德賜姓曰姒氏曰有夏胙四岳國賜姓曰姜氏曰有呂
与賜姓曰嬀命氏曰陳其事同也姓者生也此為祖令之相生雖下
及百世而此姓不改族者屬也与其子孫共相連屬其旁支別屬
則各自立氏禮記大傳曰繫之以姓而弗別百世而昏姻不通者
周道然也是言子孫當共姓也其上文云庶姓別於上而戚單於下
是言子孫當別氏也氏猶家也傳稱盟于子晳氏逐瘈狗入於華
臣氏如此之類皆謂家為氏々族一也所從言之異耳釋例曰別而稱
之謂之氏合而言之則曰族例言別合者若宋之華元華喜皆出
戴公向魚鱗蕩共出桓公獨舉其人則云華氏向氏幷指其宗則
云戴族桓族是其別合之異也記謂之庶姓者以始祖為正姓高

祖為庶姓々々亦氏族之别名也姓則受。之於天子族則禀之於
時君天下之廣兆民之衆非君所賜皆有族者人君之賜姓賜族
为此姓此族之始祖耳其不賜者各從父之姓族非復人々賜也
晋語稱黄帝之子二十五人其得姓者十二人天子之子尚不得
姓況餘人哉固當從其父耳黄帝之子兄弟異姓周之子孫皆姓
姬者古今不同質文代革周代尚文欲令子孫相親故不使别姓
其賜姓者亦少唯外姓媯滿之徒耳賜族者有大功德宜世享祀
者方始賜之无大功德任其興衰者則不賜之不賜之者公之同姓
蓋亦自氏祖字其異姓則有旧族可称不世其禄不須賜也衆仲
以天子得封建諸侯故云胙土命氏拟諸侯言耳其王朝大夫不
封為國君者亦當王賜之族何則春秋之世有尹氏武氏之徒明
亦天子賜之与諸侯之臣亦无異也此無駭是卿羽父為之請族
蓋為卿乃賜族大夫以下或不賜也諸侯之臣卿為其極既登極
位理合建家若其父祖微賤此人新升為卿以其位絶等倫其族
不復因故身未被賜无效可称魯挾鄭宛皆未賜族故單称名也

或身以才举暫升卿位功德猶薄未足立家則雖为卿竟不賜族
羽父為无駭請族知其皆由時命非例得之也華督生立華氏知其
恐慮不得故早求之也由此而言明有竟无族者魯之翚挾柔
溺名見於經而其後无聞是或不得族也其士會之帑処秦者为
刘氏伍員之子在斉为王孫氏外傳稱知果知々伯之将滅自别
其族為輔氏如此之類皆是身自為之非復君賜釈例曰子孫繁
衍枝布葉分始承其本末取其别故其流至於百姓万姓其言百
有百姓万姓未必皆君賜也晋語称炎帝姓姜則伯夷炎帝之後
姜自是其本姓而云賜姓曰姜者黄帝之後别姓非一自以姜姓
賜伯夷更使為一姓之祖耳非復因旧姓也猶后稷别姓姬不是
因黄帝姓也　諸侯至为族　正義曰杜意諸侯以字言賜先人
字为族也为謚因以为族謂賜族雖以先人之字或用先人所
为之謚因将為族以謚為族者衛斉悪宋戴悪之彭是也而刘
君乃称以謚為族全無一人妄規杜氏非其義也死後賜族乃是
正法春秋之世亦有非礼生賜族者華督是也釈例曰旧説以為

大夫~~有~~功德者則生賜族非也至於鄭祭仲為祭封人後升為卿經稱祭仲似生賜族者檢傳既元同華氏之丈則祭者是仲之舊氏也諸侯以字〻有二等檀弓曰幼名冠字五十以伯仲周道也然則二十有加冠之字又有伯仲叔季為長幼之字二者皆可以為氏矣服虔云公之母弟則以長幼為氏貴適統伯仲叔季是也庶公子則以配字為氏尊公族展氏臧氏是也案鄭子人為鄭厲公之弟桓十四年鄭伯使其弟語來盟即其人也而其後為子人氏不以仲叔為氏則服言公之母弟以長幼為氏其事未必然也杜以慶父叔牙與莊公異母自然仲叔非母弟族矣其或以二十之字或以長幼之字蓋出自時君之命也叔肸稱叔不稱孫而三桓皆稱孫俱氏長幼之字自不同也臧氏稱孫展氏不稱孫俱氏二十之字自不同也然則稱孫與不稱孫蓋出其家之意未必由君賜也以字為族者謂公之曾孫以王父之字為族也諸侯之子稱公子〻〻之子稱公孫公子公孫繫公之常言非族也其或賜貴則亦與族同成十四年叔孫僑如〻〻齊逆女傳曰稱族尊君命也

僑如以夫人婦姜氏至自齊傳曰舍族尊夫人也宣元年公子遂
如齊逆女遂以夫人至事与僑如正同其傳直云尊君命尊夫人
不言稱族舍族既非氏族則不待君賜自稱之矣至於公孫之子
不復得稱公曾孫如无駭之非卑直以名行及其死也則賜之族以
其王父之字爲族也此无駭是公之曾孫公之曾孫必須有族故
拠曾孫爲文言以王父字爲公之曾孫正法死後賜族亦有未死
則有族者則叔孫得臣是也公子公孫於身必无賜族之理經書
季友仲遂叔肸者皆是以字配名連言之故杜注並云字也其蕩
伯姬者公子蕩之妻不可言公子伯姬故繫於夫字言蕩伯姬蕩
非當時之氏其傳云立叔孫氏臧僖伯臧哀伯叔孫戴伯之徒皆
傳家拠後追言之耳其公孟彄世本以爲靈公之子字公孟名彄
与季友仲遂相似俱以字配名劉炫不達此旨妄規杜過非也必
如劉解生賜族之文證在何處其公之曾孫玄孫以外并及異姓
自新升爲卿君賜之族蓋以此卿之字即爲此族案世本宋督是
戴公之孫好父說之子華父是督之字計督是公孫耳未合賜族

息死~~陵~~其子乃賜族故杜云督未死而賜族督之妄也沈亦云督
之子方可有族耳　注謂取至時君　正義曰旧官謂若晉之
士氏旧邑若韓魏趙氏非是君賜則不得为族嫌其居官邑不
待公命故云皆稟之時君此謂同姓異姓皆然也服虔上謂異姓
又引宋司城韓魏为證韓与司城非異姓司城又自爲氏不以
司城为族也　九年大雨震電　正義曰說文云震辟歷震物
者電陰陽激曜也河圖云陰陽相薄为雷陰激陽为電然則震
是雷之劈歷電是雷光僖十五年震夷伯之廟是劈歷破之
雷之甚者爲震故何休云震雷也　大雨雪　正義曰說文云雨
水從雲下也然則雨者天上下水之名既見雨從天下自上下者
因即以雨言之雨螽亦秋爲雨故下君称雨雪也平原出水爲大
水直言大水平地尺爲大雪不直言大雪而云大雨雪者水則從
天入地出地乃爲多見其在地之多言其出水之大故不言大雨
水雪則自天而下下即委之於地見其自上而下言其下雪之多
故言大雨雪水則俯視雪則仰觀故立文有異其大雨雹亦与雪

冂傳注此解乇經語　正義曰傳發凡以解經若經無霖字則
傳先由發故知經誤然則經當如傳言大雨霖以震不當云大雨
震電是經脫霖以二字而妄加電也　先者乇以逞　正義曰
嘗寇速去知戎必逐之逐其去者必有所獲獲謂獲鄭人也在先
者見逐有所獲不復顧後必務在速進謂棄其後者獨自先進進
而遇覆必速回奔走後者不救則是無繼續矣無繼則易敗如是
乃可以解患服虔云先者見獲言必不往相救各自務進言其貪
利也其言見獲者當謂戎被鄭獲也鄭人速去以誘之安得獲戎
也在先者已被鄭獲重進者將復為虜各自務進欲何所貪而云
貪利也此則不言可解無故以解亂之　注為三乇死也　正義
曰前後及中三處受敵者前謂衷一伏逆其前也後謂祝聃與後
伏逐其後也中謂衷二伏擊其中也衷戎師者謂戎師在三伏之
中殪死也釋詁文也　十一月乇戎師　正義曰此即上傳所說擊
戎之事史官得其戰狀乃裁約為之辭經之所陳皆是傳載既不合
經故舉經為文以總之。　十年注公子至七年　正義曰傳稱羽父

先會齊侯鄭伯是不待公命也貪會二國之君自求其名時史疾
其專進故貶去公子々々義与氏同故以氏言之中丘之會計君
自親行今齊鄭稱人是使微者從之也於例師出与謀曰及傳稱
盟于鄧為師期公既与謀計當書及今乃言會明其以翬專行非
鄧之謀釋例曰王命伐宋羽父不匡君以速進而先會二國自以
為名故貶去其族齊為侯伯鄭伯又為王卿士二君奉王命以討
宋惡羽父之專進故使与微者同伐動而无功故无成敗也案四
年翬固請而行故貶去其氏此直言羽父先會齊侯鄭伯无固請
之文亦貶之者又公子豫邾人鄭人以不待明公命而往不書此翬
亦不待公命而經書者翬於四年傳稱固請此先會亦固請也
傳於四年其文已詳故於此而略耳豫會邾人鄭人本非公命故
不書此則公會齊鄭于中丘已為師期翬又請公先會先會則
是君命故以書之　注齊鄭至宋地　正義曰案傳公會齊侯
鄭伯于老桃然後公敗宋師則知老桃之會謀与宋戰彼与公謀
戰而公独敗宋師知齊鄭後期也　注三國至戴城　正義曰案

传例克邑不用師徒曰取然則取者挾克邑之易今此克得軍師
亦稱取者但取者每挾克邑之文其克得師衆而易者亦曰取是
以莊十一年注云威力兼備若羅網所掩覆一軍皆見禽制若非
前敵之易何已覆而取之故釋例曰如取如攜然則凡言取者皆
易辭列君以取之非易而規杜氏非也沈氏亦云今日圍明日取
故知易也公羊傳曰其言伐取之何易也是杜所用之義地理志
云梁國甾縣故戴國應劭曰章帝改曰考城古者甾戴音相近故
鄭玄詩箋讀俶載為熾菑是其音大同故漢於戴國立甾縣於晉
屬陳留　传注尋九至魯地　正義曰九年傳稱會于防謀伐宋
未及伐宋而更為此會為師伐宋之期知是尋防會也釋例曰盟
于鄧盟于榮盟于戚公既在會而不書盟者以理推之會在盟前
知非後盟也蓋公先告會而不告盟　注會不書曰誤　正義曰
六月无戊申者下有辛巳取防亦在六月之內戊申在辛巳之前
三十三日不得共在一月上有五月今別言六月知日誤月不誤長
歷推六月丙辰朔三日戊午五日庚申未知二者孰誤　注勞者至

王爵　正義曰聘礼賓至于近郊君使卿朝服用束帛勞覲礼至
于郊王使人皮弁用璧勞周礼司儀曰諸公相為賓主君郊勞皆
不言以饔餼勞案礼饔餼乃是既相見致大礼不應於郊以設之
杜意蓋以熟食曰饔生牲曰餼以勞客於郊必有牲饌故以饔餼
言之非謂大礼之饔餼也勞礼大行人云上公三勞近郊勞一也
遠郊勞二也竟首勞三也侯伯再勞去竟首子男一勞去遠郊凡
近郊勞皆君自行遠郊使卿竟首使大夫掌客又云上公五積皆
眡飧牽侯伯四積子男三積是賓入竟之後有致積之礼積由是
牽亦或有芻或在郊致積故謂之郊勞沈依聘礼注其郊之遠近
上公遠郊五十里侯伯三十里子男十里近郊各半之　注三國已
通称　正義曰三國之軍在戴城下故鄭伯合圍之不言圍戴者
本意圍三師不圍戴也不言圍三師者今日圍明日取圍之不久
經以取告不以圍告三國經皆称人於例為將卑師少而傳言三
師故辯之師者軍旅之通称　注報入也四日　正義曰九月无戊
寅者經有十月壬午長歷推壬午十月二十九日戊寅在壬午之

前四日月故九月不得有戊寅上有八月下有冬則誤在日也
十有一年至来朝　正義曰十下言有者千室去十盈則更始
以奇從盈數故言有也經備文傳從略故傳不言有栢七年穀伯
鄧侯别言来朝此兼言来朝者彼别行礼此同行礼由同時行礼
當长者在先故争之　注与祺亡昌縣　正義曰与祺曰及宣七
年傳例也傳称會于郲祺伐許是公与祺也譜云許姜姓与齊同
祖堯四嶽伯夷之後也周武王封其苗裔文叔于許今潁川許昌
是也靈公徙葉悼公遷夷一名城父又居析一名白羽許男斯処容
城自文叔至莊公十一年始見春秋元公子結元年獲麟之歲也
當戰國初楚滅之地理志云潁川郡許縣故許国文叔所封二十
四世爲楚所滅也漢世名許縣魏武作相改曰許昌　注実弑至諱
也　正義曰他君見弑則書弑魯君見弑則書薨公薨例皆地此
公又不地故解之言魯史策書所諱也不忍言君之見弑又不忍
言其僵尸之処諱而不書故夫子因之傳不言書日知是旧史諱
之也董狐書趙盾弑君仲尼謂之良史不書君弑則是史之不良

夫子不改其文而固之者為人臣者或心实愛君为諱惡也或志
在疾惡故章賊名出事跡不同而俱是為国聖賢兩通其事欲
見仁非一塗僖元年傳曰諱国惡禮也以仲尼之善董狐知为史
必須直也以丘明之禮諱惡知為史又當諱也釋例曰臣之事君
猶子事父微諫見志造膝詭辭執其是而諫其非不必其得蓋匡
救将然而將順其已然故有隱諱之義焉至於激節之士則不然
南史執簡而累進董狐書法而不隱鬻拳劫君而自刖晏嬰端委
而引直聖賢亦錄而善之所以廣義訓傳大道殷有三仁此之理
也是言聖賢兩通之意也鄭伯髡頑楚子麇齊侯陽生之徒俱
實見弑而以卒赴魯是他国之臣亦有諱国惡者非独魯史也
傳注薛魯国薛縣　正義曰譜云薛任姓黃帝之苗裔奚仲封
為薛侯今魯国薛縣是也奚仲遷于邳仲虺居薛以為湯左相武
王復以其冑為薛侯齊桓霸諸侯黜為伯獻公始与魯同盟小国
无記世不可知亦不知為誰所滅地理志云魯国薛縣夏車正奚
仲所国後迁于邳湯相仲虺居之　注薛祖至之前　正義曰定元

年傳曰薛之皇祖奚仲居薛以為夏車正是夏所封也　注卜正
卜官之長　正義曰周礼春官大卜下大夫二人其下有卜師卜人
龜人筮人大卜為之長正訓長也故謂之卜正　注庶姓他姓也
正義曰周礼司儀職云詔王儀南鄉見諸侯土揖庶姓時揖異姓
大揖同姓鄭玄云庶姓无親者也異姓昏姻者也是庶姓非同姓
也周之至為後　正義曰賈逵以宗為尊服虔以宗盟為同宗
之盟孫毓以為宗伯屬官掌作盟詛之載辭故曰宗盟杜君明
辭盟之尊卑自有定法不得言尊盟也周礼司盟之官乃是司
寇之屬非宗伯也唯服之言得其旨矣而孫毓難服云同宗之盟
則無与異姓何論先後若通共同盟則何稱於宗斯不然矣天子
之盟諸侯令其共獎王室未閑離逖異姓独与同宗者也但周人
貴親先叙同姓以其篤於宗族是故謂之宗盟魯人之為此言見
其重宗之義執甚宗盟之文即云无与異姓然則公与族則異姓
為賓後言族燕不得有異姓也孟軻所云說詩者不以辭害意此
之謂也異姓為後者謂王官之伯降臨諸侯以王命而盟者耳其

春秋之世狎主齊盟者則不復先姬姓也踐土之盟其載書云王若曰晉重魯申是用王命而盟也召陵之會劉子在焉故祝佗引踐土為此為有王官故也宋之盟楚屈建先於趙武明是大國在前不先姬姓若姬姓常先則楚不得競也且言周之宗盟是唯周乃然故釋例曰斥周而言猶稱王室之宰臨盟者也其餘雜盟未必皆然是言餘盟不先姬姓盟則同姓在先朝則各從其爵故鄭康成注禮記云朝覲爵同同位若然案覲禮曰諸侯前朝皆受舍于朝同姓西面北上異姓東面北上鄭玄云言諸侯明來朝者衆矣顧其入覲不得並耳分別同姓異姓受之將有先後也若如此言則似朝覲不以爵者但朝覲實以爵同同位就爵同之中先同姓後異姓若盟則爵雖不同先同姓也禮記明堂位周公朝諸侯于明堂之位三公中階之前北面東上諸侯之位阼階之東西面北上諸伯之國西階之西東面北上諸子之國門東北面東上諸男之國門西北面東上覲禮於方明之壇鄭言諸侯見王之位亦引明堂位為說是則諸侯總見皆以爵為班雖不分別同姓異姓其受禮之時

爵同者猶先同姓也其王官之伯臨諸侯之盟與群后咸在常先
同姓故此言宗盟耳取重宗之事以喻己也取譬之事聊舉一边
寡人若朝于薛不敢与諸任齒朝於彼國自可下主國之宗諸侯
聚盟不肯先盟主之宗也　注薛任姓齒列也　正義曰世本氏
姓篇云任姓謝章薛舒呂祝終泉畢過言此十國皆任姓也禮記
文王世子曰古者謂年齡齒亦齡也然則齒是年之别名人以年
齒相次列以爵位相次列亦名為齒故云齒列也　挾輈以走
正義曰廟内授車未有馬駕故手挾以走輈轅也方言云楚衛謂
轅为輈服虔云考叔挾車轅並馬而走古者兵車一轅服馬夾之若
馬已在轅不可復挾且並馬而走非徒步所及子都豈復乘車
逐之　注逵道方九軌也　正義曰冬官考工記匠人営国經塗
九軌々車轍謂王城之内道廣並九車也尓雅宮云一達謂之道路
二達謂之岐旁三達謂之劇旁四達謂之衢五達謂之康六達謂
之莊七達謂之劇驂八達謂之崇期九達謂之逵説尓雅者皆以
為四道交出復有旁通故刘炫規過以逵为九道交出也今以为

道方九軌者蓋以九出之道世俗所希不應城內得有此道以記
有九軌故以逵為之言並容九軌者得前達亦是九達之義故李
巡注爾雅亦取並軌之義又塗方九軌天子之制諸侯之国不得
皆有唯鄭城之内獨有其塗故傳於鄭國每言逵也故桓十四年
焚渠门入及大逵莊二十八年衆車入自純门及逵市宣十二年入
自皇门至于逵路則君以為国々皆有逵道以規杜氏其義非也
注蝥弧旗名　正義曰周礼諸侯建旂孤卿建旜而左傳鄭有蝥
弧齊有灵姑銔皆諸侯之旗也趙簡子有蠭旗卿之旗也其名旗
特為之其義不可知也　注弟共至元年　正義曰莊公之弟逃
於四方故知雅是共叔段也說文云餬寄食也以此傳言餬口四方
故以寄食言之昭七年傳云饘於是鬻於是以餬余口釋言云餬
饘也則餬是饘鬻別名今人以薄鬻塗物謂之餬紙餬帛則餬
者以鬻食口之名故云餬其口也　注謁告至曰媾　正義曰謁告
也釋詁文婦之父曰昏釋親文也媾与昏门文故先儒皆以為重
昏曰媾　注絜齊至之祀　正義曰釋詁云禋祭也孫炎曰禋絜

敬之祭周語曰精意以享禋也是絜齊以享謂之禋享訓獻也言絜清齊敬以酒食獻神也礼諸侯祭山川之在其地者若其受許之士則當祭許山川故知祀謂許山川之祀　注圉边垂也　正义曰釋詁云圉垂也舍人曰圉边垂也　注此今至京兆　正义曰地理志云河南郡新郑县诗郑国郑桓公之子武公所国是知新邑於此謂河南新郑也且志又云京兆郑县周宣王弟郑桓公邑是知旧郑在京兆也志又云本周宣王弟友为周司徒食采於宗周畿内是为郑桓公桓公问於史伯曰王室多故何所可以逃死史伯为桓公謀取虢郐之地今寄帑与贿而虢郐受之後三年幽王败桓公死其子武公与平王东迁卒定虢郐之地然则傳云先君新邑於此謂武公始居此也史记郑世家称虢郐自分十邑献於桓公桓公竟国之案郑語桓公始謀未取之也武公始国非桓公也全灭虢郐非献邑也馬迁之言皆謬耳昭十六年傳子產謂韓宣子曰我先君桓公与商人皆出自周以艾殺此地而共处之者謂寄帑与贿之於商人即与俱行耳非桓公身至新郑　注大岳至德也　正义曰周語

称共工伯鲧二者皆黄炎之後言鲧为黄帝之後共工为炎帝
之後炎帝则神農之别号周语又称尧命禹治水共之従孫四岳
佐之胙四岳国命为侯伯赐姓曰姜氏曰有吕贾逵云共工也従
孫同姓末嗣之孫四岳官名大岳也主四岳之祭尊姜炎帝之姓其
後变易至於四岳帝後赐之祖姓以绍炎帝之後以此知大岳是神
農之後尧四岳也以其主岳之祀尊之故称大岳胙国是其後也
胤继也释诂文舍人云胤继世也　礼纬至嗣者也　正义曰经谓纪
理之若谓之经营纪始也国家非礼不治社稷得礼乃安故礼所以经
理国家安定社稷以礼教民则亲戚和睦以礼守位则泽及子孫
故礼所以次序民人利益後嗣经国家犹谓序之言经夫妇也
注百人至谓之　正义曰周礼夏官序制军之法百人为卒二十五
人为两此言二十五人为行者以传先卒後行數大於大知行之人
數少於卒也軍法百人之下唯有二十五人为两耳又大司馬之属
官行司馬是中士軍之属官两司馬亦中士知周礼之两即此行是
也周礼之行裨軍之行列知此行亦卒之行列也詛者盟之细殺

牲告神令加之殃咎疾射潁考叔者令卒及行閭祝詛之欲使神
殺之也一卒之内已用一豭又更令一行之間或用雞或用犬重
祝詛之犬雞者或雞或犬非雞犬並用何則盟詛例用一牲不用二也
豭謂豕之牡者尔雅釋獸豕牝曰豝々者是牝知豭者是牡祭祀
例不用牝且宋人謂宋朝為艾豭明以雄豬為喻也　注蘇忿生公
也　正義曰成十一年傳曰昔周克商使諸侯撫封蘇忿生以溫
為司寇尚書立政稱周公告大史曰司寇蘇公是其事也　注息國
至息縣　正義曰世本息國姬姓此息侯伐鄭責其不親々知与
鄭同姬姓也莊十四年傳楚文王滅息其初則不知誰之子
何時封也地理志汝南郡有新息縣故息國也應劭云其後東徙
故加新　云者其後東徙當云故息何以反加新字乎蓋本自他處
徙此也　凡諸至于策　正義曰此傳蓋因宋不告敗而發此例
其言諸侯有命非獨為被伐之命故注云命者國之大事政令也
謂諸是大事崩卒會盟戰伐克取君臣乖离水火災害經皆他
國之事文皆是來告則書不告則否來告則否者或彼以實告改其

告辭而書之或從彼以虛告因其虛言而記之立文褒貶章云善惡雖從依告者多不必盡皆依告衛獻公之出奔也傳稱孫林父甯殖出其君名在諸侯之策及其赴經則云衛侯出奔齊如此之類是改告辭也晉人之敗秦也傳稱潛師夜起以敗秦于令狐秦實未陳不與晉戰晉人諱背前言妄以戰告及其赴經乃言晉人及秦人戰于令狐如此之類是因虛言也雖從或因其虛或改其實終是敢於勸戒得告乃書也不然則否者雖從傳聞行言實知其事但非故遣來告知亦不書所以慎謬誤辟不審若楚滅六蓼臧文仲歎而為言魯非不知但无命來告故不書也師出臧否亦如之者傳因被兵發例嫌出師伐人不必須告故重明之並及滅國者既以侵伐發例又據滅國事重不待告命故更明之言不書于策者明告命大事皆書於國史正策以見仲尼修定魯國正策之文

註臧否至乃書　正義曰不言勝敗而臧否者明其臧否之言非徒勝敗之理故知是善惡得失總理有曲直兵有強弱也狄伐邢之類非狄之告也楚滅庸之徒非庸之告也故知敗克互言

不須西告乃告也且哀元年傳曰吳入越不告吳不告慶越不告
敗也吳越並言知其不得西告　注大宰官名　正義曰周礼天
子六卿天官为大宰諸侯則并六为三而兼職焉昭四年傳稱季
孫为司徒叔孫为司馬孟孫为司空則魯之三卿无大宰也羽父
名見於經已是卿矣而復求大宰蓋欲令魯特置此官以榮己耳
以後更无大宰知魯竟不立之　討寪氏有死者　刘炫云羽父
還賊弑公公非寪氏所弑公在寪氏而死遂誣寪氏弑君欲以正
法誅之君非寪氏所弑故討寪氏之家僅有死者而已言不揔誅
之　注欲以至其拠　正義曰刘炫云欲以弑君之罪加寪氏
則君非寪氏所弑而復不已以正法誅之正法謂戮其族汙其宮
也傳言此者進退无拠進誅寪氏則实非寪氏弑君退舍寪氏
則无弑君之人是其進退无拠也

春秋正義卷三第四

計一万二千五百三十四字

春秋正義卷第五　桓公

國子祭酒上護軍曲阜縣開國子臣孔穎達等奉

勑撰

正義曰魯世家桓公名允惠公之子隱公之弟仲子所生以桓王九年即位莊王三年薨世本桓公名軌世族譜亦為軌謚法辟土服遠曰桓謚法非一略舉一耳亦不知本以何行而為此謚他皆放此是歲歲在玄枵　元年注嗣子至備矣　正義曰顧命曰乙丑成王崩使齊侯呂伋以二干戈逆子釗于南門之外延入翼室恤宅宗孔安國云明室路寢延之使居憂為天下宗主天子初崩嗣子定位則諸侯亦當然也釋例曰尚書顧命天子在殯之遺制也推此亦足以準諸侯之禮矣是知嗣子位定於初喪孝子緣生以事死歲之首月必朝事宗廟因即改元釋例曰襄二十九年經書春王正月公在楚傳曰釋不朝正于廟也然則諸侯每歲首必有禮於廟今遭喪繼立者每新年正月亦改元正位百官以序故國史因書即位於策以表之此新君之常禮也桓之於隱本無

君臣之義討隱公之死桓公即合改元不假踰年方行即位猶如晉厲被弒悼公即位改元今桓無實篡立歸罪寪氏詐言不與賊謀而用常禮自同於遭喪繼位者亦既實即其位國史依實書之仲尼因而不改反明公實篡立而自同於常亦足見桓之篡也

注公以至所隱　正義曰成會禮於垂既易許田然後盟以結之故先會次假田然後晉盟也言公迎之成禮於垂者垂是衛地就以為公迎鄭伯於垂知將史之所隱諱者傳不言會曰知非仲尼新意也　傳注魯不至易也　正義曰防薄於許加之以璧易取許田非假借之也今經乃以璧假為文故傳言為周公祊故解經璧假之言也注又解傳之意周公非鄭之祖魯不宜聽鄭祀周公天子賜魯以許田義當傳之後世不宜易取祊田於此一交犯二不宜以動故史官諱其實不言以祊易許乃稱以璧假田言若進璧於魯以權借許田非久易然所以諱國惡也不言以祊假而言以璧假者此璧實入於魯但諸侯相交有執圭璧致信命之理今言以璧假似若進璧以致辭然故璧猶可言祊則不可言也何則祊許俱

地以地借地易理已章非復得為隱諱故也　注渝變也　正義曰秋言文也傳載其盟辭者以易田惡事而誓不變改見其終无悔心所以深惡魯也此時許田已入於鄭而詩頌僖公云居常與許復周公之宇蓋僖公之時復得之也奇人取讙及闡及其歸也經復書之自此以後不書鄭人奇餘許田者此經書假言若暫以借鄭地仍魯物不得書鄭人取之　凡平原至大水　正義曰洪範云水曰潤下言雨自上而下浸潤於二陂鄭下地可使水濼停留平原高地則不宜有也凡平原出水則為大水平原出水言水不入於土而出於地上若湧泉出也　注廣平曰原　正義曰釋地文也李巡曰謂土地寬博而平正名之曰原　注鄭伯至繆誤　正義曰六年傳云魯為其班後鄭注云魯親班齊饋則亦使大夫戍齊矣經不書蓋史闕文然則經所不書自有闕文之類注既疑此事不云闕文而繆誤者所出征伐貢賦皆書經所不書必是文誤若其事重使人出賦亦書鄭人來渝平齊人取讙及闡是也今以拜盟事輕若其使賤則例不合書故杜云若遣使來當云鄭人疑

傳繆誤知非實是鄭伯有不見公不肯者以魯鄭相親易田結好
鄭伯既拜盟而來魯君無容不見故知非實是鄭伯止是鄭人而
已　注華父至世祖　正義曰宋世本云華父督宋戴公之孫好父
說之子孔父嘉生木金父水金父生祁父其子奔魯為防叔防叔
生伯夏伯夏生叔梁紇々々々生仲尼是孔父嘉為孔子六世祖
目逆至而艷　正義曰未至則目逆既過則目送俱是目也故以
目冠之義者言其形貌美艷者言其顏色好故曰美而艷為二事
之辭色義曰艷詩毛傳文也　二年宋督至孔父　正義曰凡言
其者是其身之所有君是臣之君故臣弒君則去弒其君臣是君
之臣故君殺臣則去殺其大天子亦君之子故去殺其世子稱國
稱人以殺亦言其者人與國並舉一國之辭君與大夫皆是國人
所有故亦言其也若兩臣相殺死者非殺君所有則兩書名氏不
得言其則王札子殺召伯毛伯是也與夷是督之君言弒其君則
可孔父非督之大夫而言及其大夫者與君俱死挾君為文言宋
督弒其君挾督為文而上弒其君也言及其大夫孔父挾君為文

而下及其大夫言及与夷之大夫非督之大夫也仇牧荀息其患亦同　注称督至其君　正義曰宣四年傳例曰弑君称君々无道也称臣々之罪也故知称督以弑罪在督也諸言父者皆是字而春秋之世有齊侯祿父蔡侯考父季孫行父衛孫林父乃皆是名故杜以孔父為名文七年宋人殺其大夫傳曰不称名衆也且言非其罪也不名者非其罪則知称名者皆有罪矣杜既以孔父為名因論為罪之狀内不已治其閨门使妻行於路令華督見之外取怨於民使君數攻戰而國人恨之身死而禍及其君故合名以罪孔父也釋例曰經書宋督弑其君与夷及其大夫孔父仲尼丘明唯以先後見義无善孔父之文孔父力國政則取怨於民攝其家則無閨閫之教身先見殺禍逮及君既无所善仇牧不警而遇賊又死無忠事晉之荀息期欲復言本无大節先儒皆随加善例又为不妥经書臣蒙君弑者有三直是弑死相及即実为文仲尼以督為有无君之心故咎一事而已无他例也是以孔父称无可善晉名罪之也宋公羊穀梁及先儒皆以善孔父而書字知

不然者案宋人殺其大夫司馬傳稱握節以死故書其官又宋人
殺其大夫傳以為死罪不書名今孔父之死傳先善事故杜氏之
意以父為名言若奇使稱父字公孫父之等父既是名孔則為氏
猶仇牧荀息被殺皆書名氏蓋孔父先世以孔為氏故傳言督攻孔
氏也婦人之出禮必鄣蔽其面孔父妻行令人見其色美是不
能治其閨門又殤公之好攻戰孔父須伏死而爭乃從君之非是
取怨於百姓事由孔父遂禍及其君似公子比劫立加弑君之罪
杜君積累其惡故以書名責之則君不違此言妄為規過非也
注隱十已所黜　正義曰杞則夷禮傳每發之此不發傳非為夷
禮自是以下滕常稱子故疑為時王所黜於時周桓王也東周雖
則微弱猶為天下宗主尚得命鄰為諸侯明已黜滕為子爵
注成平至宋地　正義曰成平釋詁文也宣十五年傳晉侯
治兵于稷治兵欲以懼秦明其不忘晉竟故以稷為河東之稷山
此欲平宋故以稷為宋地　注宋以至十日　正義曰禮記明堂位
稱魯君季夏六月以禘禮祀周公於大廟文十三年公羊傳曰周

公稱大廟故知大廟周公廟也始欲平宋亂故會于稷終舍宋罪
而受其賂故得失備書之始書成宋亂終書取郜鼎是其備書之
也鄭衆服虔皆以成宋亂為成就宋亂故以此言正之長歷此年
四月庚午朔其月無戊申五月己亥朔十日得戊申是有日而無
月也　注潁川有鄧城　正義曰賈服以鄧為國言蔡鄭會於鄧
之國杜釋例以此潁川鄧城為蔡地其鄧國則義陽鄧縣是也
以鄧是小國去蔡路遠蔡鄭不宜遠會其都且蔡鄭懼楚始為此
會何為反求近楚之小國而與之結援故知非鄧國也　注傳例至
策勳　正義曰釋例曰凡盟有一百五公行一百七十六書至者
八十二其不書至者九十四皆不告廟也隱公之不告謙也餘公
之不告慢於禮也是言不告不書之意也知隱不書至為謙者以
隱是讓位賢君必不慢於宗廟假使情慢宗廟上可時或失禮不
應終隱之身竟不書至知其以讓之故勞非所憚勳無可紀不敢
自同於正君書勞策勳故不告至也　傳君子至其君　正義曰
諸傳言君子者或當時賢者或指仲尼或據丘明之意而託

诸賢者明於明理而已不假曲為義例雖所隱之狩趙盾之弑泄治之罪危疑之理須取聖證故特称仲尼以明之其餘皆託诸君子〻〻者言其可以居上位子下民有德之美称也此言先君弑君則是仲尼新意不言仲尼而言君子者欲見君子之人意皆然非獨仲尼也督有无君之心而先君弑君者君人執柄臣人畏威每事稟命而行不敢妄相殺害督乃專殺孔父而取其妻非有忌君之心全無敬上之意不臣之迹在心已久非為公怒始興毒害若先書孔父後書弑君便似既殺孔父始有惡心今先書弑君後書孔父則其先有輕君之心以著不義之極故也注經称至亦也正義曰傳言为賂故立華氏解經以成宋亂之言也成宋亂者欲殺賊臣定宋國今乃受貨賂立華氏非是平辭之狀而傳以解經故注申通其義以成宋亂者是四國為會之本謀及其既會違背前謀非徒不討宋督乃更為立華氏宋亂實不平而經言平宋亂者蓋以魯君受賂立華氏貪貨縱賊為惡之甚時史惡其指斥不可言四國為會縱賊取財故遠言為會之本意言會于稷欲以平

宋乱也传以经文不实解其讳之所由所讳者讳其受赂立华氏故也为周公防故文与此同故以彰相明然实为周公防故令字在下而向上结之此亦应去为赂立华氏故也何以此文故字乃在立华氏之上为赂之下者以周公防故其文约少得以故字在下总而结之此则文句长缓不可总而结之先举为赂恶重所以云为赂故也然后始言立华氏备详其事令定本有故字检晋宋古本往往无故字者妄也襄三十年诸侯之卿会于澶渊谋皈宋财既而无皈书曰宋灾故尤之也此后成宋乱知非说受赂尤四国者澶渊之会皆归称人是尤之之文此则具序君爵辞无贬责非尤过之状知为讳故而本其会意从其平文也文十七年晋会诸侯于扈欲以平宋之乱既而不讨受赂而还其变与此正同而经书诸侯会于扈传曰书曰诸侯无功也此亦无功不言诸侯会于稷而历序诸国者扈之会晋为伯会诸侯以讨乱乃受赂而还犹如僖十四年诸侯城缘陵齐桓为伯城而不终故贬称诸侯此则齐陈郑自相平乱故不加贬文知不为公讳不贬诸侯者以狄

衆之諱雖沒公文其餘皆貶此若必諱雖須沒公而已何須不貶諸國之四年公及齊侯平莒及郯成平同義而彼言平此言成者史官非一固辭不同猶賢之與及更无他義所謂史有文質不必改也文十三年傳稱衛侯鄭伯請平于晉公皆成之是知成平義无異也　注隱公至公世　正義曰服虔云與夷隱四年即位一戰伐鄭圍其東門再戰取其禾皆在隱四年三戰取邾田四戰邾鄭入其郛五戰伐鄭圍長葛皆在隱五年六戰鄭伯以王命伐宋在隱九年七戰公敗宋師于菅八戰宋衛入鄭九戰宋人蔡人衛人伐戴十戰戊寅鄭伯入宋皆在隱十年十一戰鄭伯以虢師大敗宋師在隱十一年是皆在隱公世也　注郜國至郜城　正義曰穀梁傳曰郜鼎者郜之所爲也孔子曰名從主人故曰郜大鼎也公羊傳曰器從名地從主人其意言器從本主之名地從後爲主人是知郜國所造故繫名於郜劉炫難杜注郜國濟陰成武縣東南有北郜城郜宋邑濟陰成武縣東南有郜城俱是成武縣東南相去不遠何得所爲郜國所爲宋邑劉以南郜北郜並宋邑

別有郜國以規杜氏知不然者以許田許國相去非遠則郜國
郜邑何妨相近且杜言有者皆是疑辭何得執杜之疑以規其過
知劉所解郜國竟在何処　君人至子孫　正義曰君人謂与
人為君也昭德理昭明善德使德益章聞也塞違理閉塞違邪
使違命止息也德者得也理内得於心外得於物在心為德施
之為行德是行之未發者也而德在於心不可聞見故聖王設
法以外物表之儉与度數文物色明皆是昭德之事故傳每事
皆言昭是昭其德也自不敢易紀律以上言昭德耳都无塞違
之事自滅德立違以下言違德之事德之与違義不並立德明
則違絶故昭德之下言塞違違立則德滅故去違之上言滅德立
違謂建立違命之臣知塞違理遏絶違命之人也國家之敗
理邪國喪亡知猶懼或失之理恐失國家此諫辭有首尾故理互
相見　注以茅至之飾　正義曰冬官考工記有葺屋瓦屋則
屋之覆蓋或草或瓦傳言清廟茅屋其屋必用茅也且用茅覆
屋更无他文明堂位曰山節藻棁復廟重檐刮楹達鄉反坫出尊

崇坫康圭疏屏天子之廟飾也其飾備物盡文不應以茅為霞浮明茅為杜云以茅飾屋著儉也以茅飾之而已非謂多用其茅總為霞蓋猶童子垂髦及蔽膝之屬示其存古耳白虎通曰王者所以立宗廟何緣生以事死敬亡若存故以宗廟而事之此孝子之心也宗者尊也廟者貌也象先祖之尊貌然則象尊之貌尊祭之所蔽其合宇簡其出入其處肅然清靜故稱清廟清廟者宗廟之大稱詩頌清廟者祀文王之歌故鄭玄以文王解之言天德清明文王象焉故稱清廟此則廣指諸廟非獨文王故以清靜解之

注大路至結草　正義曰路訓大也君之所在以大為號門曰路門寢曰路寢車曰路車故人君之車通以路為名也周禮巾車掌王之五路鄭玄云王在焉曰路彼解天子之車故云王在耳其實諸侯之車亦稱為路大路之最大者巾車五路玉路為大故杜以玉路為大路巾車云玉路鍚樊纓十有再就建大常十有二斿以祀故云祀天車也越席結蒲為席置於玉路之中以茵藉示其儉也經傳言大路者多矣隨事皆觀文為說尚書顧命陳列

器物有大輅繅輅先輅次輅孔安国以為玉金象以飾車以其編陳諸路故以周礼次之僖二十八年王賜晋文公以大輅之服定四年祝佗言先王分魯衛晋以大路注皆以為金路以同礼金路同姓以封知路不可以賜故知皆金路也襄十九年王賜鄭子蟜以大路二十四年王賜叔孫豹以大路二注皆云大路天子所賜車之總名以周礼孤乘夏篆卿乘夏縵釋例以所賜穆叔子蟜當是革木二路故杜以大路為賜車之總名服虔云大路木路杜不然者以大路越席猶如清廟茅屋清廟之華以茅飾屋示儉玉路之美以越席示質若大路是木則与越席合為一物豈清廟与茅屋又為別乎故杜以大路為玉路於玉路而施越席是可以示儉故沈氏云玉路雖文亦以越席示儉而劉君擬生異義以大路為木路妄規杜氏非也 注大羹至五味 正義曰郊特牲云大羹不和貴其質也儀礼士虞特牲皆設大羹湆鄭玄云大羹湆煮肉汁也不和貴其質設之所以敬尸也是祭祀之礼有大羹也大羹是大古初食肉者煮之而已未有五味之齊祭神設之所以敬而不忘本也

記言大羹不和故知不致者不致五味々々即洪範所云酸苦辛
鹹甘也　注黍稷至精鑿　正義曰釋草云粢稷舍人曰粢一名
稷々粟也郭璞云今江東人呼粟為粢士虞記云明齊鄭云今文曰
明粢々稷也然則粢是稷之別名但稷是諸穀之長粢亦稱穀總
名周礼小宗伯辨六粢之名物鄭玄云六粢謂黍稷稻梁麥苽是
諸穀皆名粢也祭祀用穀黍稷為多故云黍稷曰粢飯謂之食傳
云粢食不鑿謂以黍稷為飯不使細也九章算術粟率五十鑿二
十四言粟五斗為米二斗四升是則米之精鑿　注衮畫至持簿
正義曰畫衣謂畫龍於衣祭服玄衣纁裳詩稱玄衮是玄衣而畫
以衮龍衮之言卷也謂龍首卷然玉藻曰龍卷以祭知謂龍首卷
也尚書益稷云帝曰予欲觀古人之象日月星辰山龍華蟲作會
宗彝藻火粉米黼黻絺繡言觀古人之象謂觀衣服所象日月以
至黼黻十二物皆衣服之所有也華蟲以上言作會宗彝以下言
絺繡則二者並在於服而施之不同冬官考工記畫繢與繡布采
異次知在衣則畫之在裳則刺之故鄭玄礼注及詩箋皆云衣繢

而裳繡以此知袞是畫文故云袞畫衣也袞衣以下章數鄭云
司服云有虞氏十二章自日月而下至周而日月星辰畫於旌旗
又登龍於山登火於宗彝冕服自九章而下如鄭此言九章者龍
一山二華蟲三火四宗彝五在衣藻六粉米七黼八黻九在裳鷩冕者
去龍去山自華蟲而下七章華蟲一火二宗彝三在衣餘四章在裳毳冕者
去華蟲去火五章自宗彝而下宗彝一藻二粉米三在衣餘二章在
裳希冕者去宗彝云藻三章自粉米而下粉米一在衣餘二章在裳
玄冕者其衣無畫裳上刺黻而已杜昭二十五年數九文不取宗彝則與鄭
異也冠者首服之大名冕者冠中之別號故云冕冠也世本云黃帝作
冕宋仲子云冕冠之有旒者禮文殘缺形制雖詳周禮弁師掌王
之五冕皆玄冕朱裏上言玄朱而已不言所用之物論語云麻冕
禮也蓋以木為幹而用布衣之上玄下朱取天地之色其長短廣狹則經
傳無文阮諶三禮圖漢禮器制度云冕制皆長尺六寸廣八寸天子以
下皆同沈引董巴輿服志云廣七寸長尺二寸應劭漢官儀云廣七
寸長八寸沈又云廣八寸長尺六寸者天子之冕廣七寸長尺二寸

者諸侯之冕廣七寸長八寸者大夫之冕但古礼殘缺未知孰是故備載焉司馬彪漢書輿服志云孝明帝永平二年初詔有司采周官礼記尚書之文制冕皆前圓後方朱裏玄上前垂四寸後垂三寸天子白玉珠十二旒三公諸侯青玉珠七旒卿大夫黑玉珠五旒皆有前无後此則漢法耳古礼鄭玄注弁師云天子袞冕以五采繅前後各十二旒々有五采玉十有二鷩冕前後九旒毳冕前後七旒希冕前後五旒玄冕前後三旒々皆五采玉十有二上公袞冕三采繅前後九旒々有三采玉九侯伯鷩冕三采繅前後七旒々有三采玉七子男毳冕三采繅前後五旒々有三采玉五孤卿以下皆二采繅二采玉其旒及玉各依命數耳禮之冕者冕俛也以其後高前下有俛俯之形故因名焉以在上位者失於驕矜欲令位弥高而志弥下故制此服令貴者下賤也韍韠制同而名異鄭玄詩箋云芾大古蔽膝之象也冕服謂之芾其他服謂之韠以韋為之故云韍韋韠也詩云赤芾在服則芾是尚服之衣故云以蔽膝也鄭玄易緯乾鑿度注云古者田漁而食因衣肉

其皮先知蔽前後知蔽後々王易之以布帛而独存其蔽前者重古道而不忘本也是説韍韠之元由也易下繫辞曰包犧氏之王天下也作為網罟以佃以漁則田漁而食伏犧時也礼運説上古之時云昔者先王食鳥獸之肉衣其羽皮是田漁而食因衣其皮也又曰後世有作治其麻絲以為布帛易繫辞曰黄帝堯舜垂衣裳而天下治然則易之布帛自黄帝始也垂衣裳服布帛初必始於黄帝其存蔽膝之象未知始自何代也礼記明堂位云有虞氏服韍言舜始作韍也祭服而異其名耳未必此時始存象也冕服謂之韍者易云朱紱方来利用享祀知他服謂之韠者案士冠礼士服皮弁玄端皆服韠是他服謂之韠以冕為主非冕謂之他此欲以兩服相形故謂韍為韋韠韍之与韠祭服他服之異名耳其體制則同玉藻説玄端服之韠云韠君朱大夫素士爵韋發首言韠句末言韋明皆以韋為之凡韠皆象裳色言君朱大夫素則是畢之韠直色別而已無他飾也其韍則有文飾故明堂位曰有虞氏服韍夏后氏山殷火周龍章鄭玄云韍冕服之韠也

常始作之以為祭服禹湯至周增以畫文後王弥飾也山取其仁
可仰也火取其明也龍取其變化也天子備焉諸侯火而下卿大
夫山士韎韋而已是謂韍之飾也玉藻曰韠下廣二尺上廣一尺
長三尺其頸五寸肩革帶博二寸鄭玄云頸五寸亦謂廣也頸中
央肩兩角皆上接革帶以繫之肩与革帶廣同是說韠之制也
記傳更无韍制皆是韠義明其制与韠同經傳作黻或作韍或作
芾音義同也徐廣車服儀制曰古者韍如今蔽膝戰國連兵以韍
非兵飾去之漢明帝復制韍天子赤皮蔽膝蔽膝古韍也然則漢
世蔽膝猶用赤皮魏晉以來用絳紗為之是其古今異也以其用
絲故字或有為紱者天子之笏以玉為之故云斑玉笏也管子云
天子執玉笏以朝日是有玉笏之文也礼之有笏者玉藻云凡有
指畫於君前用笏造受命於君前則書於笏故名曰笏忽也君有
命則書其上備忽忘也或曰　可以簿疏物也徐廣車服儀制曰
古者賤皆執笏即今手板也然則笏与簿手板之異名耳蜀志称
秦宓見大守以簿擊頰則漢魏以來皆執手板故云右今吏之持

簿玉藻云笏畢用也因飾焉言貴賤尽皆用笏因飾以示尊卑其
上文云笏天子以球玉諸侯以象大夫以魚須文竹士竹本象可
也鄭玄云球美玉也文猶飾也大夫士飾竹以為笏不敢与君並
用純物是其尊卑異也大夫与士笏俱用竹大夫以魚須飾之士
以象骨為飾不敢純用一物所以下人君也用物既殊体制亦異
玉藻云天子搢珽方正於天下也諸侯荼前詘後直讓於天子也
大〻前詘後詘无所不讓也鄭玄以為袵之珽〻之言珽然无所屈
前後皆方正也荼猶舒懦所畏在前也圜殺其首屈於天子也大
夫上有天子下有已君故首末皆圜前後皆讓是其形制異也其
古則諸侯以下与天子又異珽一名大圭周礼典瑞云王晉大圭
以朝日是也冬官考工記大圭長三尺天子服之是天子之珽長
三尺也玉藻云笏度二尺有六寸短於天子蓋諸侯以下度至背
然也　注帯革至複後　正義曰下作鞶是紳帯知此帯為革帯
王藻革帯博二寸鄭玄云凡佩繫於革帯白虎通云男子有鞶革
者示有金革之交然則示有革交故用革為帯為佩也昭十二年

傳云裳下之飾也經傳通例皆上衣下裳故云衣下曰裳幅与行
縢今古之異名故云若今行縢鄭云邪幅在下毛傳曰幅偪也所
以自偪束也鄭箋云邪幅如今行縢也偪束其脛自足至膝々訓
緘也然則行而緘足故名行縢邪纏束之故名邪幅舄者屨之
小別鄭玄周礼屨人注云複下曰舄禪下曰屨然則舄之与屨下
有禪複為異屨是總名故云舄複履襌其複下也鄭玄又云天子
諸侯吉事皆舄赤舄者冕服之舄白舄者皮弁之舄黑舄者玄端
之舄其士皆著屨纁屨者爵弁之屨白屨者皮弁之屨黑屨者
[illegible]冠之屨其卿大夫服冕者亦赤舄餘服則屨其王后褘衣玄舄
褕狄青舄闕狄赤舄鞠衣黄屨展衣白屨緣衣黑屨其諸侯夫人
及卿大夫之妻合衣狄者皆舄其餘皆屨其舄之飾用對方之色
赤舄黑飾是也屨之飾用北方白屨黑飾是也　注衡維至上覆
正義曰此四物者皆冠之飾也周礼追師掌王后之首服追衡笄
鄭司農云衡維持冠者鄭玄云祭服有衡垂于副之兩旁當耳其
下以紞縣瑱彼婦人首服有衡則男子首服亦然冠由此以得支

立故云維持冠者追者治玉之名王后之衡以玉為之故師掌亨
弁師掌王之五冕弁及冕皆用玉笄則天子之衡亦用玉其諸侯
以下衡之所用則未聞紞者縣瑱之繩垂於冠之兩旁故云冠之垂者
魯語敬姜曰王后親織玄紞則紞必織線為之若今之條繩鄭玄詩
箋云充耳謂所以縣瑱者或名為紞織之人君五色臣則三色是
也條必雜色而魯語獨言玄者以玄是天色故特言之非謂純玄
紘纓皆以組為之所以結冠於人首也纓用兩組屬之於兩
旁結之於頷下垂其餘也紘用一組從下屈而上屬之於兩旁垂
其餘也紘纓同類以之相形故云紘纓從下而上者弁師掌王之
五冕皆玉笄朱紘祭義稱諸侯冕而青紘士冠禮稱緇布冠青
組纓皮弁笄爵弁笄緇組纓鄭玄云有笄者屈組為紘垂為飾無
笄者纓而結其條以其有笄者用紘力少故從下而上屬之无笄
者用纓力多故從上而下結之冕弁皆有笄故用紘緇布冠无笄
故用纓也魯語稱公侯夫人織紘綖知紘亦織而為之士冠禮言
組纓組紘知天子諸侯之紘亦用組也綖冠上覆者冕以木為幹

以玄布衣其上禮之縱論語尚書皆云麻冕知其當用布也弁師掌王之五冕皆玄冕知其色用玄也孔安國論語注言績麻三十升布以爲冕師是縱也鄭玄玉藻注云延冕上覆也此云冠上覆者冠冕通名故此注衡及縱皆以冠言之其實悉冕飾也 注爲卑各有制度 正義曰此上十二物者皆是明其制度哀伯恐及則言无次弟也鄭玄覲礼注云上公衮无升龍天子有升龍有降龍是衮有度也冕則公自衮以下侯伯自鷩以下是冕有度也黻則諸侯火以下卿大夫山是黻有度也珽則玉象不同長短亦異冕珽有度也衮冕鷩冕毳衣四章已上冕希冕毳衣二章是毳衣有度也鄭玄屨人注云王吉服舄有三等赤舄爲上冕服之舄下有白舄黑舄王后祭服舄有三等玄舄爲上褘衣之舄下有青舄赤舄是舄有度也紞則人君五色臣則三色是紞有度也天子朱紘諸侯青紘是紘有度也其帶幅衡綖則無以言之傳言昭其度也明其尊卑各有制度 注藻率至下飾 正義曰鄭玄覲礼注云繅所以藉玉以韋衣木廣袤各如其玉之大小典瑞注云

繅有五采文所以薦玉木為中榦用韋衣而畫之此言以韋為之
指木上之韋其實木為榦也禮之言繅皆有玉共文大行人謂之
繅藉曲禮單稱藉故知所以藉玉也大行人云公執桓圭九寸繅
藉九寸知大小各如其玉也大行人注云繅藉以五采韋衣板
若奠玉則以藉之是由有奠之時須有繅以之藉玉故小大如玉
耳典瑞職曰王執鎮圭繅藉五采五就以朝日公執桓圭侯執信
執躬圭繅皆三采三就子執穀璧男執蒲璧繅皆二采再
就以朝覲宗遇會同于王是王五采公侯伯三采子男二采也凡
言五采者皆謂玄黃朱白蒼三采朱白蒼二采朱綠就成也五
就謂五帀每一帀為就也禮之言藻其文雖多典瑞大行人聘禮
覲禮皆單言繅或云繅藉未有言繅率者故服虔以藻為畫藻率
為刷巾杜以藻率為一物者以拭物之巾元名率者服言禮有
刷巾亦無所出且哀伯謂之昭數固應禮之大者寧當舉拭物之
巾與藻藉為數故知藻率正是藻之複名藻得稱為藻藉何以
不可名為藻率也玉藻說帶之制曰士練帶率下辟凡帶有率無

箴功鄭玄云士以下皆禪不合而縪積如今作幧頭為之也然則禪而不合縫縪其边禪之为縪此以帛衣木蓋亦縪積其边故稱縪也鄭司農典瑞注讀繅為藻縪之藻似亦藻縪共為藻也詩曰鞞琫容刀故知鞞鞛佩刀削之飾也少儀云刀授穎削授拊削是刀之類故與刀連言之鞞鞛二名明飾有上下先鞞後鞛故知鞞為上飾鞛為下飾列君以毛詩傳下曰鞞上曰琫而規杜氏但鞞鞛或上或下俱是无正文不可以規杜過也　注鞶紳至帶正義曰易訟卦上九或錫之鞶帶知鞶即帶也以帶束要垂其餘也為飾禮之紳上帶為革帶故云鞶紳帶所以別上帶也玉藻說帶云大夫大帶是一名大帶也詩毛傳云厲帶之垂者故用毛說以為厲大帶之垂者也大帶之垂者名之為紳而復名為厲者紳是帶之名厲是垂之皃詩稱垂帶而厲是厲為垂皃也玉藻稱天子素帶朱裏終辟諸侯素帶不朱裏大夫玄華辟垂帶皆博四寸士帶博二寸再繚四寸緇辟下垂貫服等說鞶革厲皆與杜同唯鄭玄獨異禮記內則注以鞶革為小囊讀厲如裂繻之列衣言

鞶囊必刺衣繪緣之以為飾案礼記内則男鞶革女鞶絲鞶革是帯之別内則遂以鞶為帯名言其帯革帯絲耳鞶非囊之号也礼記又云婦事舅姑施鞶袠是囊之別名今人謂裹書之物為袠言其施帯施囊耳其鞶亦非囊也若以鞶為小囊則袠是何器若袠亦是囊則不應帯二囊矣以此知鞶即是紳帯為得其実游是旒之垂者旆之別名九旗雖各有名而旌旗為之總号故云旌旗之游案巾車王建大常十有二斿又大行人云上公九斿侯伯七斿子男五斿其孤卿建旜大夫士建物其斿各如其命数其鳥旟則七斿熊旗則六斿亀旐則四斿故考工記云鳥旟七斿以象鶉火熊旗六斿以象伐亀旐四斿以象営室是也鄭司農巾車注云礼図説曰纓當胷以削革為之鄭玄云纓今馬鞅是纓在馬膺前也服虔云纓如索帬今乗輿大駕有之然則漢魏以来大駕之馬膺有索帬是纓之遺象故云如索帬也案巾車玉路樊纓十有再就鄭玄注云樊及纓皆以五采罽飾之金路樊纓九就象路樊纓七就革路絛纓五就鄭玄云其樊及纓以絛絲飾之木路翦樊

鵠纓鄭玄云以淺黑飾韋為樊鵠色飾韋為纓不言就數飾与革
路同　注每畢各有數　正義曰藻有五采三采之異是藻率有
數也毛詩傳說容刀之飾云天子玉琫而珧珌諸侯盪琫而璆珌
是鞞鞛有數也玉藻云紳長制士三尺有司二尺有五寸又大夫
以上帶廣四寸士廣二寸是鞶厲有數也玉路十二旒金路九旒
是游有數也玉路纓十有二就金路纓九就是纓有數也數之与大
同々小異度謂限制數謂多少言其每畢有節數也　注火畫至相
戾　正義曰考工記々畫繢之事云火以圜鄭司農云為圜形似
半環然鄭玄云形如半環然又曰水以竜鄭玄云竜水物畫水者并
畫竜是衣有畫火畫竜也白与黑謂之黼黑与青謂之黻考工
記文也其言形若斧两已相戾相傳為說孔安國尚書傳亦云黼
若斧形黻為两已相背是其旧說然也周世袞冕九章傳唯言
火竜黼黻四章者略以明義故文不具舉衣之所畫竜先於火
今火先於竜知其言不以次也　注車服至虛設　正義曰考
工記云畫繢之事雜五色東青南赤西白北黑天玄地黃是其比

象天地四方也比象有六而言五者玄在赤黑之間非別色也昭二十五年傳云九文六采言采色有六故注以天地四方六事當之五行之色為五色加天色則為六故五色六采至相見也其物者以示物不虛設必有所象其物皆象五色故以五色明之注錫在至鳴聲 正義曰鄭玄巾車注云錫馬面當盧刻金為之所謂鏤錫也詩箋云眉上曰錫刻金飾之今當盧也然則錫在眉云在馬額也詩稱輶車鸞鑣知鸞在鑣也鑣在馬口兩旁衡在服馬頸上鸞和亦鈴也以処異故異名耳爾雅釋天説旌旗有鈴曰旂李巡曰以鈴置旐端是鈴在旂也錫在馬額鈴在旂先儒更无異説其鸞和所在則舊説不同毛詩傳曰在軾曰和在鑣曰鸞韓詩内傳曰鸞在衡和在軾前鄭玄經解注取韓詩為説秦詩箋云置鸞於鑣異於乘車也其意言乘車之鸞在衡田車之鸞在鑣及商頌烈祖之箋又云鸞在鑣是疑不定故兩從之也案考工記輪崇車廣衡長參如一則衡之所容唯兩服馬耳詩辭每言八鸞當謂馬有二鸞々若在衡々唯兩馬安得置八

鸞乎以此知鸞必在鑣鸞既在鑣則和當在衡經傳不言和數
未知和有幾也四者皆以金為之故動則皆有鳴聲也　注三辰
至之明　正義曰春官神士掌三辰之法鄭玄亦以為日月星也
謂之辰々時也日以照晝月以照夜星則運行於天昏明遞帀而
正所以示民早晚民得取為時節故三者皆為辰也三辰是天之
光明照臨天下故畫於旌旗象天之明也九旗之物唯日月為常
不言畫星者蓋大常之上又畫星也穆天子傳稱天子葬盛姬
建日月七星蓋畫北斗七星也案司常交龍為旂熊虎為旗不畫
斗而云三辰旂旗者旂旗是九旗之總名可以統大常故舉以
為言也　注九鼎至郟鄏　正義曰按宣三年傳知九鼎是殷家
所受夏九鼎也戰國策稱齊救周求九鼎顏率謂齊王曰昔周
伐殷而取九鼎一鼎九萬人挽之九鼎八十一萬人挽之挽鼎人
數或是虛言要知其鼎有九故稱九鼎也知武王遷九鼎於洛邑
欲以為都者鼎者帝王所重相傳以為寶器戎衣大定之日自可遷
置西周乃徙九鼎處于洛邑故本意欲以為都又以尚書洛誥說

周公營洛邑則知武王但有迁意周公乃卒營之地理志云河南
縣故郟鄏地也武王遷九鼎周公致太平營以為都是為王城
至平王居之言即今河南城者晉時猶以為河南縣成王定鼎
三年傳文　注蓋伯夷之屬　正義曰史記伯夷列傳曰伯夷叔
齊孤竹君之二子也讓國俱逃歸周及至西伯卒武王東伐紂伯
夷叔齊叩馬諫曰父死不葬爰及干戈可謂孝乎以臣伐君可謂
仁乎　左右欲兵之太公曰此義人也扶而去之武王既平殷夷齊
恥之不食周粟隱於首陽山采薇而食之作歌曰登彼西山兮采
采薇矣以暴易暴兮不知其非矣按春傳之說非武王者唯此人
故知是伯夷之屬　注內史至於魯　正義曰周禮春官內史中
大夫是周大夫官也積善之家必有餘慶易文言文也　注楚國
之舍禖　正義曰地理志云南郡江陵縣故楚郢都楚文王自丹
陽徙此世本云楚鬻熊居丹陽武王徙郢宋仲子云丹陽在南郡
枝江縣今南郡江陵縣北有郢城史記楚文王徙都于郢地理志
依史記為說耳時楚之武王也譜云楚之芊姓顓頊之後也其後

有鬻熊事周文王早卒成王封其曾孫熊繹於楚以子男之田居丹陽今南郡枝江是也熊達始稱武王〻〻十九年魯隱公之元年也武王居郢今江陵是也昭王徙鄀惠王八年獲麟之歲也惠王二十一年春秋之傳終矣惠王五十七年卒自惠王以下十一世二百九年而秦滅之楚世家稱武王使隨人請王室尊吾号王弗聽还報楚〻王怒乃自立為楚武王是楚之武王始僭号稱王也刘炫云号为武〻非謚也 冬公至礼也 正義曰凡公行者或朝或會或盟或伐皆是也孝子之事親也出必告反必面事死如事生故出必告廟反必告至不言告禰廟而言告宗廟者諸廟皆告非独禰也礼記曾子問曰諸侯適天子必告于祖奠于禰命祝史告于宗廟諸侯相見必告于禰命祝史告于五廟反必親告于祖禰乃命祝史告至于前所告者由此而言諸侯朝天子則親告祖亦祝史告餘廟朝隣国則親告禰祝史告餘廟其隣遠者亦親告祖故於其反也言告于祖禰明出時亦告祖也出時不言祖者鄭玄云道近或可以不親告祖明道遠者亦親告祖矣盖

親与不親而諸廟皆告故摠言告于宗廟也曾子問曰凡告用制幣反亦如之則出入皆以幣告也但出則告而遂行反則告訖又飲至故行言告廟反言飲至以見至有飲而行无飲也飲至者嘉其行至故因在廟中飲酒为乐也襄十三年傳曰公至自晋孟献子書劳于廟礼也書劳策勲其寔一也舍爵乃策勲々々者在廟知飲至亦在廟也彼公至自晋朝還告廟也此公至自唐盟还廟也十六年公至自伐郑傳曰以飲至之礼伐还告廟也三者傳皆言礼知朝會盟伐告廟礼同傳所以反覆凡例也朝還告至而献子書劳則策勲者非唯討伐之勲虽常寔有以安国寧民或亦書功于廟也公行告至必以嘉會昭告祖祢有功則舍爵策勲无功則告寔而已无不告也反行必告而春秋公行一百七十六書至者唯八十二耳其餘不書者欵例曰凡公之行不書至者九十有四皆不告廟也隱公之不告謙也餘公之不告慢於礼也慢於礼者举大例言耳其中亦應有心実非慢而不宜告者若行有恥辱不足为榮則克躬罪己不以告廟非为慢於礼也若寔

实可恥而不以为恥反行告廟則史亦書之宣五年傳曰公如齊
高固使齊侯止公請叔姬焉反公至自齊書過也釋例曰執止之
辱獻為戮列所以累其先君而其社稷固當克躬罪已不以嘉礼
自終宣公如齊既已見止連昏於隣國之臣而行飲至之礼故傳
曰書過也是不應告而告故書之以示過也釋例又曰桓公之喪至
自齊此則死還告廟而書至者也莊公違礼如齊觀社用飲至之
礼此則失礼之書至者也宣公黒壤之會以賂免諱不書盟而後
書至亦諱不以見止告廟也襄公至自晋此則榮還而書至者也
昭公至自齊居于鄆此則宜告而書至者也諸書至皆告廟啓反
或即实而言或有所諱辟傳於伐見飲至之礼於宣見書過之説
於朝見書勞于廟舉此三者以包其他行也僖十六年公會諸侯
于淮未敍而取項齊人以為討而止公十七年秋聲姜以公故會
齊侯于卞公始得敍而書公至自會是諱其見止而以會告廟故
傳曰猶有諸侯之事焉且諱之是諱止而以會告也諸侯盟者必
在會後皆書公至自會不言公至自盟者盟是因會而為之初

必以會徵衆公行以會告廟故還以會告至雖并以盟告亦不云
至自盟為行時不以盟告故也僖二十八年公會諸侯于温遂圍
許經書公至自圍許襄十年公會諸侯于相遂滅偪陽經書公至
自會二文不同釋例曰諸若此類事勢相接或以始致或以終致蓋
時史之異耳无他義也定十二年公至自圍成行不出竟而亦告廟者
釋例曰陪臣執命大都偶國仲由建墮三都之計而成人不從故
公親伐之雖不越竟動衆興兵大其事故出入皆告于廟也　注爵
飲至功也　正義曰韓詩說一升曰爵爵盡也足也二升曰觚觚寡也
飲當寡少三升曰觶觶適也飲當自適四升曰角角觸也飲不自適
觸罪過也五升曰散散訕也飲不自節為人謗訕也揔名曰爵其
實曰觴觴餉也然則飲酒之器其名有五而揔稱為爵案燕礼
爵用觚觶此飲至之爵不過用觚觶而已為人君者賞不踰月欲
民速覩為善之利故舍爵即書勞於策言速紀有功也　千畝之戰
正義曰案周本紀宣王三十九年王与姜戎戰于千畝敗此戰事以
為子名也　夫名至生亂　正義曰出口為名合宜為義人之出言使合於事

宜故云名以制義杖義而行所以生出礼法故云義以出礼礼夜礼而則
所以体成政教故云礼以体政以礼為政以正下民故云政以正
民今晋侯名子不得其宜礼教无所從出政不以礼則民各有心
故為始兆乱也　注穆侯以諷諫　正義曰大子与桓叔並因
戰為名而所附意異仇取於戰相仇怨成師取已成師衆緣名求
義則大子多怨仇而成師有徒衆穆侯本立此名未必先生此意
但寵愛少子於時已著師服知桓叔將盛故推出此理因解其名
以為諷諫欲使之強幹弱枝耳人臣規諫若无端緒憑何致言以
申其志亦理人之立名必將有驗而何休理左氏後有興亡由立
名善惡引名穆名棄為膏肓以難左氏非也　注靖侯至傳相
正義曰案晋世家靖侯生僖侯々々生獻侯々々生穆侯々々生
桓叔靖侯是桓叔之高祖也史傳稱祖皆云祖父故理高祖為高
祖父亦高祖之父也特云靖侯之孫則知傳意言其得貴寵公孫
為傳相也時人之後遂為欒氏蓋其父字欒　注側室至一官
正義曰礼記文王世子云公若有出疆之政庶子守公宮正室守

大廟鄭玄云正室適子也正室是適子故知側室是衆子言其在
適子之旁側也文十二年傳曰趙有側室曰穿是卿得立此官也
卿之家臣其數多矣獨言立此一官者其餘諸官更連於國臨時
選用異姓皆得爲之其側室一官必用同族是卿屬所及唯知宗
事故特言之案世族譜趙穿是夙之庶孫於趙盾爲從父昆弟而
爲盾側室然選其宗之庶者而爲之未必立卿之親弟 注適子
云輔貳 正義曰禮有大宗小宗天子諸侯之庶子禰之別子及
異姓受族爲後世之始祖者世適承嗣百世不遷禰之大宗爲父
後者諸弟宗之五世則遷禰之小宗五世遷者禰高祖以下喪服
未絶其繼高祖之適則總服之內共宗之其繼曾祖之適則小功
之內共宗之繼祖繼禰所宗及亦然故鄭玄喪服小記注云小宗
有四或繼高祖或繼曾祖或繼祖或繼禰皆至五世則遷以總服
既窮不相宗敬故疏即遞遷也禮記大傳曰有百世不遷之宗有
五世則遷之宗百世不遷者別子之後也宗其繼別子之所自出
者百世不遷者也宗其繼高祖者五世則遷者也是言大宗小宗

之別也大夫身是適子为小宗故其次者为貳宗以相輔助為副
貳亦立之为此官也杜知此大宗而云小宗者以其大夫不必皆
是大宗據为小宗者多故杜言之也若大夫身为大宗亦上得立
貳宗官耳礼記據公族为説故言別子为祖主説諸侯庶子耳其
実異姓受族亦为始祖其継者亦是大宗但記文不及之耳沈云
適子为小宗謂是大夫之身为小宗次者为貳宗謂大夫庶弟貳
宗与側室为例皆是官名与五宗別　注諸侯之服者　正義曰
周公斥大九州廣土万里制为九服邦畿方千里其外每五百里
謂之一服侯甸男采衛要六服为中国夷鎮蕃三服为夷狄大司
馬謂之九畿言其有期限也大行人謂之九服言其服事王也如
其数計甸服内畔尚去京師千里晋距王城不容此数而得在甸
服者周礼設法耳土地之形不可方平如圖未必每服皆如其数
也地理志云初雒邑与宗周通封畿東西長南北短々長相覆爲
千里是王畿不正方也志又云東都方六百里半之爲三百里外
有侯服五百里為八百里計晋都在大原去洛邑近八百里也畿

既不方服必羌改故晋在甸服也

春秋正義卷第五

計一万三千三百七十五字

春秋正義卷第六　桓公

國子祭酒上護軍曲阜縣開國子臣孔　穎達　等奉
勅撰

三年注經之至嬴縣　正義曰桓公元年二年十年十八年凡四年於春有王九年春無王無月其餘十三年雖春有月悉皆無王穀梁傳曰桓無王其曰王何也謹始也其曰無王何也桓弟弒兄臣弒君天子不能定諸侯不能救百姓不能去以為無王之道遂可以至焉爾元年有王所以治桓也二年有王正與夷之卒也十年有王正終生之卒也十八年書王范甯注云此年書王以王法終治桓之事先儒多用穀梁之說賈逵云不書王弒君易祊田成宋亂無王也元年治桓二年治督十年正曹伯十八年終始治桓杜以正是王正曆從王出故以為王者班曆史乃書王明此曆天王之所班也其或廢法違常失不班曆則諸侯之史不得書王言此十三年無王皆王不班曆故也劉炫規過云然天王失不班曆經不書王乃是國之大事何得傳無異文又昭二十三年以後王室

有子朝之亂經待王猛豈是王官猶已班歷又襄二十七年再失閏
杜云魯之司歷頓置兩閏又哀十三年十二月螽杜云季孫雖聞
仲尼之言而不正歷如杜所歷既天王所班魯人何得擅改又子
朝奔楚其年王室方定王位猶且未定諸侯不知所奉復有何
人尚已班歷昭二十三年秋乃書天王居于狄泉則其春未有
王矣時未有王歷无所出何故其年亦書王也若春秋之歷必
是天王所班則周之錯失不關於魯魯人雖或知之无由輒得改
正襄二十七年傳稱司歷過再失閏者是周司歷也魯司歷也
而杜釋例云魯之司歷始覺其謬頓置兩閏以應天正若歷為王
班魯一論王命寧敢專置閏月改易歲年哀十二年十二月螽
仲尼曰火猶西流司歷過也杜於釋例又云季孫雖聞此言猶
不即改明年復螽於是始悟十四年春乃置閏欲以補正時歷
既言歷為王班又稱魯人輒改改之不憚於王亦復何須王歷杜
之此言自相矛楯以此說難得而通又案春秋經之闕文甚多其
事非一卄如夫人有氏无姜有姜无氏及大雨霖廬各如隕之

彰也此元王者正是闕文耳今删定知此不昏王班是經之闕文必以為失不班歷者杜之所拠虽元明文若必闕文止應一處而事而已不應一公之内十四年並闕王字杜以周礼有頒告朔于邦国都鄙以有成文故為此說但齊桓晉文以尊翼戴天子王室虽微猶〻班歷訖靈王景王以後王室卑微歷或諸侯所为亦遥稟天子正朔所以有子朝之乱經仍称王不貴人所不得也猶如大夫之卒公疾在外虽不与小斂亦同昏日之限然則司歷之過魯史所改拠此而言有何可責列君不尋此旨横生異同以規杜已恐非其義也　注既昏而不見　正義曰食既者謂日光盡也故云既盡也月体无光待日照而光生半照即为弦全照乃成望〻为日光所照反得奪月光者歷家之說謂日之衝有大如日者謂之闇虚闇虚當月則月必滅光故为月食張衡靈憲曰當日之衝光常不合是謂闇虚在星則星微遇月則月食是言日奪月光故月食也若是日奪月光則應每望常食而望亦有不食者由其道度異也日月異道有時而交則相犯故日月遞食交在

望前朔則日食望則月食交在望後望則月食後月朔則日食交
正在朔則日食既前後望不食交正在望則月食既前後朔不
食大率一百七十三日有餘而道始一交非交則不相侵犯故朔
望不常有食也道不正交則日斜照月故月光更盛道若正交
則日衝當月故月光即滅譬如火斜照水日斜照鏡則水鏡
之光旁照他物若使鏡正當日水正當火則水鏡之光不已為照
日之奪月亦猶是也日月同會道度相交月揜日光故日食日
奪月光故月食言月食是日光所衝日食是月体所映故日食
常在朔月食常在望也食有上下者行有高下裡月在日南從
南入食南下北高則食起於下月在日北從北入食則食發於
高是其行有高下故食不同也故異義云月高則其食虧於上
月下則其食虧於下也日月之体大小正同相揜密者二体相近
正映其形故光得溢出而中食也相揜疏者二体相遠月近而
日遠自人望之則月之所映者廣故日光不復已見而日食既
也日食者實是月映之也但日之所在則月体不見聖人不

言月來食日而云有物食之以自食為文闕於所不見也　注禮
君已卿逆　正義曰天子尊无與敵不自親逆使卿逆而上公臨
之諸侯則親逆有故得使卿八年祭公逆王后于紀傳曰禮也是當
使人天子不親逆也襄十五年傳曰官師從單靖公逆王后于齊
卿不行非禮也是知天子之禮當使卿逆而上公臨之也禮記哀
公問曰冕而親迎不已重乎孔子對曰合二姓之好以繼先聖之
後以為天地宗廟社稷之主君何謂已重乎此對哀公指言魯事
是諸侯正禮當親逆也莊二十四年公如齊逆女丘明不為之傳
以其得禮故也文四年逆婦姜于齊傳曰卿不行非禮也以卿不
行為非禮知君有故得使卿逆也　有年　正義曰年訓為稔
謂歲為年者取其歲穀一熟之義故禾稼既收農功畢入以其
歲豐於常故史書有年於策此書有年宣十六年書大有年
穀梁傳曰五穀皆熟為有年五穀大熟為大有年杜取穀梁為說
其義亦當然也周禮疾醫以五穀養病鄭玄云五穀麻黍稷麥
豆即月令五時所食穀也賈逵以桓惡而有年豐異之也言有非

其所宜有案昭元年傳曰国君道而年穀和孰天贊之也是言
歲豊為佐助之祉妖異之物也君行既惡澤不下流遇有豊年
輒以為異是則无道之世唯宜有大饑不宜有豊年非上天祐
民之本意也且言有不宜有傳无其說釋例曰劉賈許因有年
大有年之經有鸛鵒来巢書所无之傳以為經諸言有皆不宜
有之辞也從經螟螽不昏有傳發於魯之无鸛鵒不以有字為
例也經書十有一年十有一月不可謂不宜有此年不宜有此月
也螟螽俱是非常之災亦不可謂其宜有也　傳注武公晉之
右　正義曰武公莊伯子韓万莊伯弟世本云文也周礼戎僕
掌馭戎車戎右掌戎車之兵革使故知御為戎僕右是戎車之
右也　注汾隰汾水邊　正義曰釋例曰汾水出大原故汾陽縣
東南至晋陽縣西南經西河平陽至河東汾陽縣入河尒雅釋地
云下溼曰隰知汾隰汾水邊也　注驂騑馬　正義曰說文云
騑驂旁馬是騑驂為一也初駕馬者以二馬夾轅而已又駕一馬
与兩服為參故謂之驂又駕一馬乃謂之駟故說文云驂加馬三

馬也駟一乘也兩服為主以衛參之兩旁二馬遂名為驂故摠舉
一乘則謂之駟指其騑馬則謂之驂詩稱兩驂如舞二馬皆稱驂
礼記稱說驂而賻之一馬亦稱驂是本其初參遂以為名也驂馬
在衡外挽靷每結於木由頸不當衡故也名騑者以騑馬有騑々
之容故少儀云騑々翼々是也　注公不至礼也　正義曰此成昏
謂聘文姜也詩刺魯桓公不能禁制文姜云取妻如之何匪媒不
得既曰得止曷又極止言桓公以媒得文姜此云不由媒者公親
會齊侯必先媒也詩舉正法以刺上傳執實事以解經故不同耳
注昏礼至其義　正義曰公子遂逆女傳言為君命是奉時君之
命也此言脩先君之好是稱先君為辭也翬遂俱是逆女傳文各
言其一是亦舉其義昏礼納采辭曰某有先人之礼使某也請納
采其納徵辭曰某有先人之礼使某也請納徵是男家辭也主人
醴賓辭曰子為事故至於某之室某有先人之礼請醴從者是
女家辭也彼士礼也故稱先人若諸侯則稱先君以此知其言必
稱先君以為礼辭　凡公至送之　正義曰昏以相敵為耦先以敵

国为文然後於大国小国辨其所異姊妹於敵国猶上卿送之於大国則上卿必矣且姊妹礼於先君不以所嫡輕重爲則小国亦使上卿送也於小国則上大夫送之文繫公子之下謂送公子亦送姊妹也周礼序官唯有中大夫无上大夫也礼記王制曰諸侯之上大夫卿鄭玄云上大夫曰卿則上大夫即卿也又无上大夫矣而此云上大夫者諸侯之制三卿五大夫五人之中又復分爲上下成三年傳曰次国之上卿當大国之中々當其下々當其上大夫小国之上卿當大国之下卿中當其上大夫下當其下大夫是分大夫为上下也　注古者至釋之　正義曰經書來聘傳言致夫人是行聘礼而致之也故知使大夫隨加聘問得所以存謙敬序殷勤也其意言不堪事宗廟則欲以之歸也成九年季孫行父如宋致女与此事同而文異故辨之云在魯而出則曰致女在他国而來則摠曰聘是詳内略外之文傳嫌其不同故以致夫人釋之　注为明至北縣　正義曰地理志云馮翊臨晉縣芮鄉故芮国也河東郡河北縣詩魏国也世本芮魏皆姬姓尚書顧命成

王將崩有芮伯為卿士名謚不見魏之初封不知何人閔元年晉
獻公滅魏芮則不知誰滅之　四年注冬獵至書地　正義曰冬
獵曰狩亦離釋天文也易比卦九五王用三驅失前禽鄭玄云
王者習兵於蒐狩驅禽而射之三則已法軍禮也失前禽者謂禽
在前來者不逆而射之旁去又不射唯背走者順而射之不中
則已是其所以失之用兵之法亦如之降者不殺奔者不禦皆
為敵不敵已加以仁恩養威之道是說三驅之事也狩獵之禮
唯有三驅故知行三驅之正禮得田獵之常時故傳曰書時禮也
善其得時明禮皆先違矣周之春正月建子即是夏之仲冬也
周禮大司馬中冬教大閱遂以狩田是田狩從夏時也釋例曰三
王異正朔而夏數為得天虽在周代於言時舉事皆據夏正故公以
春狩而傳曰書時禮也隱五年公矢魚于棠傳曰言遠地也僖廿
八年天王狩于河陽傳曰言非其地也舉地名者皆言其非地
故知此即非國內之狩地故書地也若國內狩地大野是也哀
十四年傳曰西狩於大野經不書大野明其得常地故不書耳

由此而言則狩于禚蒐于紅比蒲昌間皆非常地故書地也田狩之地須有常者古者民多地狹唯在山澤之間乃有不殖之地故天子諸侯必於其封内捄隙地而為之依三十三年傳曰鄭之有原圃猶秦之有具囿也是其諸国各有常狩之処違其常処則犯害居民故書地以譏之　注宰官至放此　正義曰周礼天官有大宰小宰々々夫知宰是官也傳言父在故名知伯糾是名自然渠為氏矣周礼大宰卿小宰中大夫宰夫下大夫未知伯糾是何宰也貶之乃書名則於法當書字但中下大夫例皆書字則此宰高下猶未可量故注直言王官之宰不指小宰々々夫慎疑故也詩称濟々多士書戒无曠庶官為政有三擇人為急王官之宰当以才授位今其父居官而使子攝職是王者慢侮爵位遺人則可故書名以譏之糾之出聘吏由於王而貶糾者王不應授糾々不應受使二者俱有其咎貶糾亦所以責王如宰咺之比也春秋編年之書四時畢具乃得為年此无秋冬知是史闕文也旧史先闕故仲尼因之膏肓何休以為左氏宰

渠伯糾父在故名仍叔之子何以不名又仍叔之子以為父在稱
子伯糾父在何以不稱子鄭箴之云仍叔之子者譏其幼弱故略
言子不名之至於伯糾已堪聘享私覿又不失子道故名且字
也鄭氏所箴与杜同云伯糾名且字非杜義傳注即非至合礼
正義曰春秋之世狩獵多矣見於經者九數事害良由得時
得地則常事不書故也以獲麟在於大野得地則不書其地知地
時並得則例皆不書此書公狩于郎必是有所譏刺所刺之意在
於失常地也但傳於棠与河陽已去言非其地則非地地責於理
已見而此狩得時恐并時亦刺駁書合礼而非礼自明故注申其
意言即非狩地唯時合礼以時合礼　地非礼也公羊傳曰常事
不書此何以書譏何譏爾遠也公羊說諸侯遊戲不得已郊故有
遠近之言左氏無此義要言遠者亦是說其失常地也　五年注
未同盟而書　正義曰僖二十三年傳例曰赴以名則亦書之檢
經傳魯未与陳盟而書鮑名知其來赴以名故也隱八年蔡侯考
父卒注云蓋春秋前与惠公盟故赴以名案史記年表隱之元年

是陳桓公之二十三年則桓公亦得與惠公盟而云未同盟者以
蔡侯之卒去惠尚近故疑與惠公盟此去惠公年月已遠且自隱
公以來陳魯未嘗交好於惠公之世亦似无盟故以未同盟解之
也以長歷推之知甲戌己丑別月而赴者並言正月故兩書其
曰而共言正月若其各以月赴亦應兩書其月但此異年之事
設令兩以月赴則當於四年十二月甲戌陳侯鮑卒五年正
月己丑陳侯鮑卒　注外相至故書　正義曰傳言朝經言如
知々即朝也下文州公如曹與此相鄰故云外相朝皆言如也
魯出朝聘例言如独言外朝者經有公朝王所以不言公如故
独云外也朝聘而謂之如者爾雅釋詁云如往也朝者兩君相
見揖讓兩楹之間聘者使卿通問隣國執圭以致君命批礼
而為言也魯之君臣出適他國始行即書於策未知成礼以否
經每有在途乃復是礼未必成故直云如言其往彼國耳不果，
必成朝聘也公朝王所則朝訖乃書故指朝言之此齊鄭朝紀
亦應朝訖乃告但略外故言如耳外相朝例　不書而此独書

左傳言歆以襄紀々人知之明其懼而告魯故書也　注仍叔
子出聘　正義曰天子大夫例皆書字仍氏叔字知是天子大夫
也公羊穀梁皆以仍叔之子為父老代父從政者氏直云弱也言
其幼弱不言父在則是代父嗣位非父在也伯糾身未居官攝
行父事故稱名以貶之此子無已嗣位而未堪從政故繫父以言
之說王使童子出聘也蘇氏用公羊穀梁之義以為父老求聘
非父沒義或當然　注螽螣至故書　正義曰釋蟲云蜤螽蜙
蝑揚雄方言云舂黍謂之蜙蝑陸機毛詩疏云幽州人謂之舂箕
々々即舂黍蝗類也長而青股鳴者或謂似蝗而小班黑其股狀
如瑇瑁又五月中以兩股相切作聲聞十數步爾雅又有蟿
螽土螽樊光云皆蜙蝑之屬然則螽之種類多故言屬以包
之傳稱凡物不為災不書知此為災故書　州公如曹　正
義曰周礼公之地封疆方五百里侯四百里伯三百里子男二百
里男一百里隱五年公羊傳曰天子三公稱公王者之後稱公其
餘大國稱侯小國稱伯子男然則三公之外爵稱公者唯二王之後

杞与宋耳此州公及係五年晋人執虞公並是小国而得稱公者鄭玄王制注以為殷地三等百里七十里五十里武王克殷雖制五等之爵而因殷三等之地及周公制礼大国五百里小国百里所因殷之諸侯亦以功黜陟之其不滿者皆益之地為百里豈是以周世有爵尊而国小爵卑而国大者言爵尊国小蓋指此州公虞公也宋虞是克商始封非因殷之餘国鄭玄之言不可通於此矣杜之所解亦无明言唯世族譜云虞姬姓武王克商封虞仲之庶孫以為虞仲之後処中国為西吳後世謂之虞公服虔云合秋前以黜陟之法進爵為公未知孰是或可當為三公之官若虢公之属故稱公也以其無文故備言之列炫難服云周法二王之後乃得稱公雖後周公大公之勳齊桓晉文之霸位止通侯未升上等州有何功得近公爵若其爵得稱公上亦應賞安得爵為上公地仍小国若地被兼黜爵亦宜減安得地既削小爵尚為崇此則理之不通也 注不書至陶縣 正義曰 如者朝也以朝出国不得

書奔外朝不書以國棄向魯故書其本也世本州國姜姓曹
國伯爵譜云曹姬姓文王子叔振鐸之後也武王封之陶丘今
濟陰定陶縣是也桓公三十五年魯隱公之元年也伯陽立
十五年魯哀公之八年而宋滅曹地理志云濟陰郡定陶縣
詩曹國是也　傳公疾病　正義曰郑玄論語注云病謂疾益
困也　注奪不使知重政　正義曰隱三年傳稱王貳于虢謂
欲分政於虢不復專任郑伯也及平王崩周人將畀虢公政即
周郑交惡未得与之八年傳曰虢公忌父始作卿士于周於
是始与之政共郑伯分王政矣九年傳曰郑伯為王左卿士然
則虢公為右卿士与郑伯夾輔王也此年王奪郑伯政全奪与
虢不使郑伯復知王政故郑伯積恨不復朝王　注曼伯檀
伯　正義曰十五年傳曰郑伯因櫟人殺檀伯昭十一年傳曰郑
京櫟实殺曼伯知一人也　注司馬穰苴　正義曰史記稱齊
景公之時有田穰苴善用兵景公尊之位為大司馬六国時齊威
王用兵行威大放穰苴之法而使大夫追論古者司馬兵法而

附穰苴其中凡一百五十篇若曰司馬法車戰二十五乘為偏是彼文也五人為伍周礼司馬序官文也　注旝旃至号令正義曰旝之為旃事无所出說者相傳為然成二年傳張侯曰師之耳目在吾旗鼓進退從之是在軍之士視將旗以進退也今命二拒令旝動而鼓望旗之動鼓以進兵明旝是可觀之物又旝字從於旌旗之類故知旝為旃也周礼司常通帛為旜故云通帛為之禮通用一絳帛无畫飾也鄭玄云凡旌旗有軍眾者畫異物无者帛而已綏遂大夫或載旜或載物眾屬軍吏無所將如鄭之意則將不得建旃而此軍得有旃者僖二十八年傳曰城濮之戰晉中軍風于澤亡大旆之左旃是知戰必有旃故以旝為旃也鄭氏之言自禮治兵之時出軍所建不廢戰陳之上猶自用旃指麾令時為軍猶以旌麾号令故云蓋今大將所麾執以為号令也賈逵以旝為發石一曰飛石引范蠡兵法作飛石之事以證之說文亦云建大木置石其上發以机以追敵与賈同也案范蠡兵法雖有飛石之事不言名為旝也發石

非旌旗之比説文載之於部而以飛石解之為不類矣且三軍之衆人多路遠發石之動何以可見而使二拒準之為擊鼓使也注以旝説為長故從之　注祭足至非也　正義曰隱元年傳稱祭仲上云祭仲足此云祭足十一年傳云祭封人仲足此人雖名字互見而不知孰字孰名公羊以仲為字左氏先儒亦以為字但春秋之例諸侯之卿嘉之乃書字十一年經書祭仲而事無可嘉注意以仲為名故云名仲字仲足釋例曰伯仲叔季固人字之常然古今亦有以為名者而公羊守株專謂祭氏以仲為字既謂之字無辭以善之因託以行權人臣而善其行權逐君是亂人倫壞大教也説左氏者知其不可更云鄭人嘉之以字告故書字此為因有告命之例欲以苟免未是春秋之實也宰渠伯糾蕭叔大以皆以伯叔為名則仲亦名也傳文曰祭仲足或偏稱仲或偏稱足蓋名仲字足也是辨其名仲之意也凡傳所記事必有意存焉此丁寧説鄭土言其志在苟免知其意言王封之非也　注仍叔之子未秋　正義曰此子來聘雖不言聘意

蓋為將伐鄭而遣告魯也經在伐鄭之上傳在伐鄭之下明其必
有深意故注者原之以為童子將命无速反之心久留在魯故經
書夏聘傳釋之於末秋說其夏至而秋末反也下句更言
秋大雩則秋末為末注云末秋者上有秋王以諸侯伐鄭此仍
叔之文在秋事之末故云末秋也下文更云秋者自為欲顯天時
更別言秋　注十二年凡事　正義曰上既言秋王以諸侯伐鄭
而此復言秋故解之方發雩祭之例須辨雩祭之月欲顯言天
時以指急慢之意故重言秋異於凡事凡事則不須每事重舉
時也襄二十六年重言秋者彼注自釈中間有初不言秋則嫌
楚客已在他年　注言凡至南郊　正義曰下三句謂雩嘗烝也
雩是祭天嘗烝祭宗廟此无祭地而言祭地者因天連言地耳
周礼天神曰祀地祇曰祭人鬼曰享對則別為三名散則總也一
号礼諸侯不得祭天魯以周公之故得郊祀上帝故雩亦祀帝各
傳皆不言魯得祭地蓋不祭地也魯不祭地而注言天地者以發
凡言例虽因魯史經文然凡之所論總包天子及諸国則凡公

婦女於天子諸卿皆行及王曰小童之例是也此凡祀亦揔包
天子及諸國則有祭地之文故杜連言之釋例云凡祀舉郊雩烝
嘗則天神地祇人鬼之祭皆通其他群祀不錄可知也禘祠及地
祇經无其事故不備言亦約文以相包也礿祠之祭過則亦書但
无過時者故經不書耳夏小正曰正月啓蟄其傳曰言始發蟄也
故漢氏之始以啓蟄為正月中雨水為二月節及大初以後更改
氣名以雨水為正月中驚蟄為二月節以迄于今踵而不改今歷
正月雨水中四月小滿中八月秋分中十月小雪中注皆以此四
向為建寅建巳建酉建亥之月則啓蟄當雨水龍見當小滿
始殺當秋分閉蟄當小雪晉世之歷亦以雨水為正月中而釋例
云歷法正月節立春啓蟄為中氣者因傳有啓蟄之文故遠取
漢初氣名欲令傳與歷合其餘三者不可強同其名雖則不同
其法理亦不異故釋例云案歷法有啓蟄驚蟄而無龍見始殺
閉蟄此古人所名不同然其法雖不得有異傳曰火伏而後蟄者
畢此謂十月始蟄也訖十一月則遂閉之猶二月之驚蟄既啓之

後遂驚而走出始蟄之後又閉塞也是言啓蟄為正月中閉蟄為十月中也注以閉蟄為十月而釋例云十一月遂閉之者以正月半蟄蟲啓戶二月初則驚而走出十月半蟄蟲始閉十一月初則遂閉之傳稱四者皆舉中氣言其至此中氣則卜此節次月初氣仍是參限次月中氣乃為已時既以閉蟄為建亥之月又言十一月則遂閉之既見閉蟄以後冬至以前皆得烝祭也故釋例云孟獻子曰啓蟄而郊郊而後耕耕謂春分也言得啓蟄當卜郊不應過春分也春分以前皆得郊則冬至以前皆得烝也釋例又曰僖公襄公夏四月卜郊但譏其非所宜卜而不譏其四月不可郊也以建卯之月猶可郊知建子之月猶可烝也正由節卻月亦未涉後月中氣故耳傳本不舉月為限而舉候以言者釋例曰凡十二月而節氣有二十四共通三百六十六日分四時間之以閏月故節未必恒在其月初而中氣亦不得恒在其月之半是以傳舉天宿氣節為文而不以月為正也土功作者不必月月故亦言龍見而畢務戒事也火見而致用

水昏正而栽日至而畢此其大準也是言凡候天時皆不以月為其節有參差故也若周礼不舉天象故以月為正大司馬職曰中夏獻禽以享礿中冬獻禽以享烝言四時之祭不得後仲月非謂孟月不得祭也釋例曰周礼祭宗廟以四仲蓋言其下限也下限至於仲月則上限起於孟月烝起建亥之月則嘗起建申之月此言始殺而嘗謂建酉之月亦是下限也若仲是下限則周之正月得為烝祭春秋之例得常不書而八年書正月烝者釋例云經書正月烝得仲月之時也其夏五月復烝此為已烝若但書夏五月烝則唯可知其非時故先發正月之烝而繼書五月烝以示非時并明再烝瀆也然仲月雖不過時而月節有前有卻若使節前月卻即為非礼此秋大雩是建午之月耳而傳言不時明涉其中氣故說之釋例云龍星之体畢見謂立夏之月得此月則當卜礼已涉後節則以過而書故秋雩書不時此涉周之立秋節也言涉立秋節者謂涉立秋之月中氣節也已涉次節

亦禮中節非初節也君始涉初節則不記之矣如此傳注必是
建寅之月方始郊天周之孟春未得郊也礼記明堂位曰魯
君孟春乘大輅載弧韣以祀帝於郊季夏六月以禘礼祀周
公於大廟季夏周之六月即孟春是周之正月矣又雜記云
孟獻子曰正月日至可以有事於上帝七月日至可以有事
於祖七月而禘獻子爲之如彼記文則魯郊以周之孟春而傳
言啓蟄而郊者礼祀後人所録其言或中或否未必所言皆是正
礼襄七年傳孟獻子曰啓蟄而郊礼祀左傳俱稱獻子而記言
日至傳言啓蟄一人兩說必有謬者若七月而禘獻子爲之
特應有七月禘矣烝嘗已則否禘過亦應書何以獻子之時
不書七月禘也是知獻子本无此言不得云礼祀是而左傳非也
明堂位言正月郊者蓋春秋之末魯稍僭侈見天子冬至祭天
便以正月祀帝記者不察其本遂謂正月爲常明堂位後世之
書其末章云魯君臣未嘗相弑也礼樂刑法政俗未嘗相變
也春秋之世三君見弑髽而弔 士有誄俗變多矣尚云无之

此言既誣則郊亦難信以此知記言孟春非正礼也鄭玄注書
多用讖緯言天神有六地祇有二天有天皇大帝又有五方之
帝地有崑崙之山神又有神州之神大司樂冬至祭於圜丘者
祭天皇大帝北辰之星也月令四時迎氣於四郊所祭者祭五
德之帝大微宮中五帝坐星也春秋緯文耀鉤云大微宮有
五帝坐星蒼帝其名曰靈威仰赤帝曰赤熛怒黃帝曰含樞紐
白帝曰白招拒黑帝曰汁光紀五德之帝謂此也其夏正郊
天祭其所感之帝焉周人木德祭靈威仰也魯无冬至之
祭唯祭靈威仰耳唯鄭玄立此爲義而先儒悉不然故王肅作
聖證論引群書以證之言郊則圜丘々々即郊天體唯一安得
有六天也晉武帝王肅之外孫也泰始之初定南北郊祭一地
一天用王肅之義杜君身处晉朝共遵王說集解釋例都不言
有二天然則杜意天子冬至所祭魯人啓蟄而郊猶是一天
但異特祭耳此注直云祀天南郊不言靈威仰明与鄭異
也劉炫云夏正郊天后稷配也冬至祭天圜丘以帝嚳配也

注龍見至膏雨　正義曰天官東方之星盡為蒼龍之宿見謂合昬見也雩之言遠也遠為百穀祈膏雨遠者豫為秋收言意深遠也穀之種類多故詩每言百穀舉成數也雨之潤物若脂膏然故謂甘雨為膏雨襄十九年傳曰百穀之仰膏雨是也傳直言雩而經書大雩者賈逵云言大別山川之雩蓋以諸侯雩山川魯得雩上帝故稱大月令云大雩帝用盛樂是雩帝稱大雩也此龍見而雩定在建巳之月而月令記於仲夏章者鄭玄云雩之正當以四月凡周之秋五月之中而旱亦脩雩禮而求雨因著正雩於此月失之矣杜君以為月令秦法非是周典穎子嚴以龍見即是五月釋例曰月令之書出自呂不韋其意欲為秦制非古典也穎氏因之以為龍見五月五月之時龍星已過於見此為強牽天宿以附會呂不韋之月令非所據而據既以不安且又自違左氏傳稱秋大雩書不時此秋即穎氏之五月而忘其不時之文而欲以雩祭是言月令不得與傳合也鄭玄禮注云雩之言吁也言吁嗟哭

泣以求雨也郊雩俱是祈穀何独雩為吁嗟旱而脩雩言吁嗟
可矣四月常雩於時未旱何為已吁嗟也賈服以雩為遠故杜
疑之也　注建酉至宗廟　正義曰嘗者薦於宗廟以嘗新
爲名知必待嘉穀熟乃為之也詩稱八月其穫〻刈嘉穀在於
八月知始殺為建酉之月陰氣始殺也釋例引詩蒹葭蒼〻白
露為霜以證始殺百草也月令孟秋白露降季秋霜始降然則
七月有白露八月露結九月乃成霜將寒有漸歲事稍成八月
嘉穀熟所薦之物備故以建酉之月薦嘗於宗廟案月令
孟秋農乃登穀天子嘗新先薦寢廟則似七月穀熟矣七
月而嘗祭而云建酉之月乃嘗祭者以上下準之始殺嘗祭
實起於建申之月今云建酉者言其下限然杜獨於嘗祭舉下
限者以秋物初熟孝子之祭必待新物故特舉下限而言之哀
十三年子服景伯謂吳大宰曰魯將以十月嘗祭之驗也何
上帝先公季辛而畢彼蓋恐吳之辭亦是八月嘗祭之驗也何
則於時吳在彼公亦在秋景伯言然之時秋之初也若嘗在

建申而言九月不應遠指十月知十月是嘗祭之常期周之十月是建酉之月也建酉是下限耳若節前月卻孟秋物成亦可以孟秋嘗祭故釋例云周礼四仲月言其下限若建申得嘗何以釋例又云始殺而嘗謂建酉之月蒹葭蒼々白露為霜又以始殺唯建酉之月者以賈服始殺唯拠孟秋不通建酉之月故釈例破賈服而為此言也先此則不可十四年八月乙亥嘗乃是建未之月故注云先其時亦過也　注建亥至備矣　正義曰傳称火伏而後蟄者畢周礼季秋内火則火以季秋入而孟冬伏是蟲以孟冬蟄故知閉蟄是建亥之月也王制云昆蟲未蟄不以火田鄭玄云昆明也盟蟲者得陽而生得陰而藏陰陽即寒温也祭統注云昆蟲温生寒死之蟲也是蟄蟲蟲之昆蟲也月令仲春云蟄蟲咸動啓戶始出々言啓戶故蟄言閉戶尓雅釋詁云烝衆也知万物皆成可薦者衆故名此祭為烝　卜日至慢也　正義曰祭必當卜々有吉否不吉則當改卜次旬故不可期以一日卜不過三故限以一月

遏诸次月之節則各之以訊其慢　六年大閱　王荅曰公狩
于郎公狩于禚皆書公大蒐大閱不書公者周礼虽四时教戰而
遂以田獵但蒐閱車馬未必皆因田獵々々從會未必皆閱車
馬何則怠慢之主外作禽荒豈待教戰方始獵也公及齊人
狩于禚乃与隣国共獵必非自教民戰以失魚于棠非教戰之
事主為遊戲而作言公則狩于郎禚亦主於遊戲故特書公也
大蒐大閱国之々常礼公身虽在非为遊戲如此之类例不容
公定十四年大蒐于比蒲邾子來會公々身在蒐而経不書
公知其法所不容以其国之大事非公私欲故也且比蒲昌間皆
举蒐地此不言地者蓋在国簡閱未必田獵昭十八年郑人簡
兵大蒐在於城内此亦當在城内　注齊為迄車馬　正
義曰大閱之礼在於仲冬令農时閱兵必有所為傳不言其意
故注者原之於时四隣与魯无怨又竟无征伐之処諸侯戍齊
經所不見而傳説郑忽如事於大閱之上及十年郑与齊衛
來戰于郎知此大閱是懼郑忽而畏齊人故以非时簡車

焉也　注佗立至二年　正義曰殺陳佗傳无文不言無
傳者以傳說此事在莊二十二年不是全無其事故不言無
無傳　注桓公至生也　正義曰適妻長子於法當爲大
子故以大子之禮舉之由舉以正禮故史書於策古人之立大
子其禮無則無文蓋亦待其長大特加禮命如今之臨軒策
拜始生之時未得即爲大子也以其備用正禮故書其生
未得命故不言大子也杜云十二公唯子同是適夫人之
長子又云文公哀公其母並无明文未知其母是適以否蓋
其父未爲君之前已生縱令是適亦不書也釋例云執公衡之
年成公又非穆姜所生杜此注云子同是適夫人之長子
備用大子之禮故史書之然則雖適夫人之長子不用大子
之禮亦不書也　傳注隨國　正義曰世本
隨國姬姓不知始封爲誰隨以此年見傳僖二十年經書楚
人伐隨自是以後遂爲楚之私屬不與諸侯會同至定四
年吳入郢昭王奔隨隨人免之卒復楚國楚人德之使列諸國哀

并隨侯見經甚路不知為誰所賊　以有至其君　正義曰言
此計今虽益以為在後圖謀也言季梁之諫不過一見從耳少
師得其君心君將必用其計若用少師則此謀必合故請示弱
以希日之利　天方授楚　正義曰楚之先君熊繹始封於荆
在蠻夷之間食子男之地至此君始驕盛戮服隣國似有天
助故云天方授楚　臣聞至可也　正義曰此臣聞小國之能敵
大國也必小國得道大國淫辟如是乃得為敵也其意言隨未
有道而楚未為淫辟隨不能敵楚之也既言隨未有道更說為
道之事道猶道路行不失正名之曰道施於人君則治民事神
使之得所乃可稱為道矣故云所謂道者忠於民而信於
神也此覆說忠信之義於文中心為忠言中心愛物也人言為
信謂言不虚妄也在上位者思利於民欲民之安飽是其忠也
祝官史官正其言辞不欺誑鬼神是其信也今隨國民皆飢餒
而君快情欲是不思利民是不忠也祝史詐稱功德以祭鬼神是
不正言辞是不信也无忠无信不可謂道小而无道何以敵大君

欲歆之臣不知其可也欲君之下楚之也　注牲牛至曰盛　正
義曰諸侯祭用大牢祭以三牲爲主知牲爲三牲牛羊豕也周礼
牧人掌共祭祀之牲牷祭用純色故知牷謂純色完全言毛体全
具也曲礼曰豚曰腯肥々腯共文知腯亦肥也重言肥腯者古人自有
複語耳服虔云牛羊曰肥豕曰腯案礼記豚亦称肥非独牛羊也粢
是黍稷之别名亦爲諸穀之總号祭之用米黍稷爲多故云
黍稷曰粢々是穀之体也盛謂盛於器故云在器曰盛　對曰夫民
至於難　正義曰鬼神之情依人而行故云夫民神之主也
以民和乃神說故聖王先成其民而後致力於神言養民使成
就然後致孝享由是告神之辭各有成百姓之意祭之所用有
牲有食有酒耳聖人文飾辭義爲立嘉名以告神季梁舉其
告辭解其告意故奉牲以告神曰博碩肥腯者非謂所祭之
牲廣大肥充而已乃言民之畜産盡肥充皆所以得博碩肥
腯者由四種之謂々故又申說四種之事々四謂者第一謂民力
普徧安存故致弟二畜之碩大滋息民力普存所以致之者由

民無勞役養畜以時故六畜碩大蕃多滋息民力普存又
致其三不有疾病疥癬所以然者由民力普存身無疾苦
故所養六畜飲食以理埽刷依法故皮毛身體無疥癬疾病
民力普存又致其四備腯咸有所以然者由民力普存人皆肥
粢種養食畜群牲備有也奉盛以告神曰絜粢豐盛者非
謂所祭之食絜淨豐多而已乃言民和雍食足豐多也言
豐絜者謂其春夏秋三時農之要節為政不害於民得使盡
力耕耘自事生產故百姓和而年歲豐也奉酒醴以告神曰嘉
栗旨酒者非謂所祭之酒栗善味美而已乃言百姓之情上
下皆善美也言嘉旨者謂其國內上下群臣及民皆有善德
而無違上之心若民心不和則酒食腥穢由上下皆善故酒
食馨香非言酒食馨香無腥膻臭穢乃謂民德馨香無
讒諛邪惡也所謂馨香總上三者由是王者將祝神心先和民
志故務其三時使農無廢業脩其五教使家道協和親其九
族使內外無怨然後致其禋敬之禮於神明矣於是民俗大和

而神降之福故動則有成戰莫不克今民各有心或欲殘主或欲叛君不得為甚違上之心而鬼神乏主百姓飢餧民力彫竭不得為年歲豐也民既不和則神心不說君雖獨豐其何福之有神所不福民所不与以此敵大必喪其師君且脩政撫其民人而親兄弟之國以為外援如是則庶幾可以免於禍難也告牲肥碩言民畜多告粢豐絜言民食多告酒嘉旨不言民酒多而言民德善者酒之与食俱以米粟為之於咸已言年豐故於酒變言嘉德重明民和之意　注雖告所謂

正義曰劉炫云杜以博碩肥腯揔牲体而言季梁推此出理嫌其不實故云其實皆當兼此四謂又民力普存謂畜之形貌而季梁以之解情又申之民力適完則得生養六畜故六畜既大而滋息也博碩言其形狀大蕃滋言其生乳多碩蕃滋皆複語也瘯蠡畜之小病故以為疥癬之疾也不疾者猶言不患此病也　注嘉善至敬也　正義曰嘉善釋詁文也杜訓栗為謹敬言善敬為酒案詩實穎實栗与田事相連

故栗为穗貌此栗与嘉善音除相彭故栗為謹敬之心即論語
云使民戰栗与此相似列炫以栗为穗貌而規杜𠀌於理恐非
注父義至子孝　正義曰父母於子並为慈但父主教訓母主撫養
々々在於恩愛故以慈為名教訓愛而加教故以義為稱義者
宜也教之義方使得其宜弟之於兄亦宜為友但兄弟相於乃
有長幼為卑故分出其弟使之为共言敬其兄而友愛　注禋
絜至族者也　正義曰釋詁云禋敬也故以禋为絜敬十一年注
云絜齊以享禋之禋意亦与此同也漢世儒者說九族有二異
義今礼戴尚書歐陽說九族乃異姓有屬者父族四五屬之内
为一族父女昆弟適人者与其子为一族己女昆弟適人者与其
子为一族己之子々適人者与其子为一族母族三母之父姓为一族
母之母姓为一族母女昆弟適人者与其子为一族妻族二妻之
父姓为一族妻之母姓为一族古尚書說九族者從高祖至玄孫
凡九皆同姓謹案礼緦麻三月以上恩之所及礼为妻父母有服
明在九族中九族不得但施於同姓鄭駁云玄之聞也婦人歸

宗女子雖適人字猶繫姓明不得與父兄為異族其子則然昏
礼請期辭曰唯是三族之不虞欲及今三族未有不億度之事
而迎婦也如此所云三族不當有異姓異姓其服皆緦礼雜
記下緦麻之服不禁嫁女取婦是為異姓不在族中明矣周
礼小宗伯掌三族之別名喪服小記説服之義曰親親以三
為五以五為九以此言之知高祖至玄孫昭然察矣是鄭説
古尚書説以九族為高祖至玄孫也此注所云猶是礼戴歐陽
等説以鄭玄駁云女子不得與父兄為異族故簡去其母唯取
其子以服重者為先耳其意亦不異也不從古学與鄭説者以
言親其九族詩刺不親九族必以九族者疏遠恩情已薄故
刺其不親而美其親親耳高祖至父已之所稟承也子至玄孫
已之所生育也人之於此誰或不親而美其親親也詩刺棄
其九族豈復上遺父母下棄子孫哉若言棄其九族謂棄
其出高祖出曾祖者然則豈亦棄其出曾孫出玄孫者乎又
鄭玄為昏必三十而娶則人年九十始有曾孫其高祖玄孫

先相及之理則是族終其九安得九族而親之三族九族々
名虽同而三九数異引三族以難九族為不相值矣若緣三及九
則三九不異設使高祖喪玄孫死亦應不得為昏礼何不言九
族之不虞也以此知九族皆外親有服而異族者也　注班次見闕
文　正義曰劉炫云在戍受饋而使魯為班明魯人在矣襄五
年戍陳書經此戍齊亦宜書今不書經疑史闕文以史策本闕
仲尼不得書之十年說此云北戎病齊諸侯救之或可魯亦
往救但傳其文之驗魯必不救不須解之　注大牢至適也
正義曰大牢々之大者三牲牛羊豕具為大牢　儀礼少牢饋
食之礼以羊豕為少牢以牲多少殊大少也詩公劉曰執豕于
牢周礼充人掌繫祭祀之牲牷祀五帝則繫于牢芻之三月
是牢者養牲之処故因以為名鄭玄詩箋云繫養曰牢是
其義也礼記內則曰国君世子生告于君接以大牢文在三日
負子之上則三日之內接之矣記云凡接子擇月鄭玄云虽三月
之內必選其吉焉是之三月之以擇日接之為子接母故祀稱

接子此傳舉之々下即云接牢亦以接子為夫其實接母故云以礼接夫人重適也郑玄云接讀為捷々勝也謂食其母使補虛強氣也此言以礼接之則与郑異也内則又云接子庶人特豚士特豕大夫少牢国君世子大牢其非冢子則皆降一等　注礼世至乳母　正義曰四方以上皆内則文也内則又云卜士之妻大夫之妾使食子食祀乳也故以乳母言之郑玄云桑弧蓬矢本大古也天地四方男子所有事也士妻大夫之妾禮時自有子者定本直云射四方無天地案礼云桑弧蓬矢六今无天地误也賈逵云桑者木中之衆蓬者草中之乱取其長大統衆而治乱　注世子至之婦　正義曰乃降以上皆内則文也郑玄云子升自西階則人君見世子於路寢也見妾子就側室凡子生皆就側室以其生於側室見於路寢故從外而升階也襄二年葬齊姜傳曰齊侯使諸姜宗婦来送葬諸姜是同姓之女知宗婦是同宗之婦也公与夫人共命之故使宗婦侍夫人　注若文至名發　正義

曰周本紀称大見季歴生昌有聖瑞乃言曰我世當有興者其在
昌乎則是大王見其有瑞度其當興故名之曰昌欲令昌盛周
也其度德命發則先以言之服虔云禮若大王度德命文王曰
昌文王命武王曰發似其有旧說也旧說以為文王見武王之
生以為必發兵誅暴故名曰發　注若丸丸尼丘　正義曰
孔子世家云叔梁紇与顏氏祷於尼丘得孔子孔子生而首上圩
頂故因名曰丘字仲尼是其象尼丘也　注若伯至曰鯉　正義曰家
語本姓篇云孔子年十九娶於宋并官氏一歲而生伯魚伯魚生
魯昭公以鯉魚賜孔子孔子栄君之賜因名子曰鯉字伯魚弌
注不言昭公賜而云人有饋之者如家語則伯魚之生當昭公
九年昭公甫君孔子尚少未必已為重聖人礼其生子取其意
而遺其人疑其非昭公故　注国君至名也　正義曰下云以国則
廢名以国不可易須廢名不諱若以他国為名則不須自廢名
也且春秋之世晋侯周衛侯鄭陳侯吳衛侯晋之徒皆以他国
為名以此知不以国者禮国君之子不得自以本国為名不以山

川者亦謂国内之山川下云山川則廢主謂廢国内之所主
祭也若他国山川則非其主不須廢也此虽国公之问而對以
此法曲礼亦云名子者不以国不以日月不以隱疾不以山川
則諸言不以者臣民亦不得以也此注以其言国故特云国君
子耳其实虽非国君之子亦不得以国為名其言廢名廢礼
之徒唯謂国君之子若使臣民之名国家不内之廢也然則
臣民之名亦不以山川而孔子尊人尼丘魯山得以丘為名
者蓋以其有象故特以彰命非常例也　注隱痛至祥也
正義曰鄭玄云隱疾衣中之疾也謂若黑臀黑肱矣疾在外
者虽不得言尚可指擿此則無时可辟俗語云隱疾難為醫案
周語單襄公曰吾聞成公之生也其母夢神規其臀以黑
曰使有晉国故命之曰黑臀此与叔虞季友何以異而云
不得名也且黑臀黑肱本非疾病以證隱疾非其彰矣強称
如有隱憂是隱為痛也以痛疾為名則不祥之甚故以為辟
不祥　注畜牲六畜　正義曰尔雅釋畜於馬牛羊豕狗雞之

下題曰六畜故鄭衆服虔皆以六畜为馬牛羊豕犬雞礼
牧人掌牧六牲鄭玄亦以馬牛等六者为之然則畜牲一物養
之則为畜共用則为牲故并以六畜解六牲　注幣玉帛　正義
曰周礼小行人合六幣圭以馬璋以皮璧以帛琮以錦琥以繡璜
以黼然則幣玉帛者謂此圭璋璧琮帛錦繡黼之屬也以幣
々々为玉帛則器者非徒玉器服虔以为俎豆罍彝儀象之
屬皆不可以为名也　周人至諱之　正義曰自殷以往未有諱
法諱始於周々人爲神之故为之諱名以此諱法敬事明神故
言周人以諱事神子生三月为之立名終久必將諱之故須豫
有所辟为下諸廢張本也終將諱之謂死後乃諱之　注君父
至所言　正義曰君父之名固非臣子所斥謂君父生存之時
臣子不得斥其名也礼稱父前子名君前臣名鄭玄云對至
爲元大小皆相名是對文則弟可以名兄對君則子可以名父
非此則不可也文十四年傳曰齊公子元不順懿公之爲政
也終不曰公曰夫己氏注云猶言某甲是斥君名也彼以不順

故斥其名知平常不斥君也成十六年傳曰欒書將載晉侯
鍼曰書退國有大任焉得專之注云在君前故子名其父彼以
對君故名其父知平常不斥父也雖不斥其名猶未足為諱
曲禮曰卒哭乃諱鄭玄云敬鬼神之名也諱辟也生者不相辟
名衛侯名惡大夫有石惡君臣同名春秋不非是其未為之
諱故得與君同名但言及於君則不斥君名耳既言生已不斥
死後為之加諱欲表為諱之節故言然以形之禮既卒哭以
木鐸徇曰舍故而諱新自寢門至於庫門皆禮記檀弓文也
既引其文更解其意謂舍親盡之祖而諱新死者也親盡謂高
祖之父服絕廟毀而親情盡也卒哭之後則以鬼神事之故
言以諱事神又解終將諱之所諱世數自父上至高祖皆不敢
斥言此謂天子諸侯禮也曲禮曰逮事父母則諱王父母不逮
事父母則不諱王父母鄭玄云此謂庶人適士以上廟事祖雖
不逮事父母猶諱祖以其立廟事之死容不為之諱也天子諸侯
立親廟四故高祖以下皆為諱親盡乃舍之既言以諱事神則

是神名必諱文王名昌武王名發詩雝禘大祖祭文王之廟也
其經曰克昌厥後周公制禮臨人有昌本之菹七月之詩周公
所作經曰一之日觱發烝民詩曰四方爰發皆不以為諱而得
言之者古人諱者臨時言語有所辟耳至於制作經典則直言
不諱曲禮曰詩書不諱臨文不諱是為詩為書不辟諱也由
作詩不諱故祭得歌之尚書牧誓云今予發武成云周王發武
王祈告史官録而不諱知於法不當諱也金縢云元孫
某獨諱者成王啓金縢之書親自讀之諱其父名曰改為某既讀
之後史官始録依王所讀遂即云某武成牧誓則宜讀為
人宣讀即録故因而不改也古者諱名不諱字禮以王父字
為氏明其不得諱也屈原云朕皇考曰伯庸是不諱之驗也
注國不至廢名　正義曰國名受之天子不可輒易若以國為
名終卒之後則廢名不諱若未卒之前誤以本國為名則改
其所名晉之先君唐叔封唐燮父稱晉若國不可易而晉得改
者蓋王命使改之　注改其山川之名　正義曰廢主謂廢其

所主山川之名不廢其所主之祭知為漢文帝諱恒改北嶽為常山諱名不廢嶽是也劉炫云廢主謂廢其所主山川不復更得共祀故須改其山川之名魯改二山是其事也　廢祀廢禮　正義曰祀以牲為主無牲則祀廢器幣以行禮器少則禮廢祀雖用器少一器而祀不廢且諸禮皆用器幣故以廢禮總之　注二山至名山　正義曰晉語云范獻子聘於魯問具敖之山魯人以其鄉對獻子曰不為具敖乎對曰先君獻武之諱也是其以鄉名山也禮稱舍故而諱新親尽不復更諱計獻子聘魯在昭公之世獻武文諱久已舍矣而尚以鄉對者為諱之時改其山號諱雖已舍山不復名故依本改名以其鄉對猶司徒司空雖歷世多而不復故名也然獻子言之不為失禮而云名其二諱以自尤者禮入國而問禁入門而問諱獻子入魯不問故以之為慙耳　注物類也謂同日　正義曰魯世家云桓公六年夫人生子与桓公同日故名之曰同是知同物為同日也言物類者辨此以為類命也

日本影鈔正宗寺本春秋正義

第二册

唐　孔穎達撰

日本文化間影鈔正宗寺本

山東人民出版社·濟南

春秋正義卷第七　桓公

國子祭酒上護軍曲阜縣開國子臣孔　穎達等　奉

勅撰

七年注焚火至故書　正義曰咸丘地名以火焚地明為田獵故知焚是火田也不言蒐狩者以火田非蒐狩之法而直書其焚以譏其人物也釋例曰咸丘魯地非蒐狩常処經不言蒐狩但稱焚咸丘言火田盡物非蒐狩之義是言火田非狩法故不書狩々既非法虽得地亦譏不後譏其失地々々咸丘知地亦非也礼記王制云昆蟲未蟄不以火田則是已蟄得火田也又尒雅釋天云火田為狩似法得火田而譏其焚者説尒雅者李巡孫炎皆云放火燒艸守其下風周礼羅氏蜡則作羅襦鄭云襦細密之羅此特蟄者畢矣可以羅罔圍取禽也今俗放火張羅其遺教然則彼火田者直焚其一叢一聚羅守下風非謂焚其一澤也礼天子不合圍諸侯不掩群尚不盡取一群豈容并焚一澤知其譏盡物故書也沈氏以周礼仲春火弊謂夏之仲春今周之二月乃夏之季冬故譏其盡

物義亦通也　傳注陋至書夏　正義曰傳直云賤之不言賤
意以穀鄧是南方諸侯近楚之小国明以辟陋小国故賤之也賤之
者以其朝礼不足故書名也曲礼云諸侯不生名今生書其名欲
比之附庸但実非附庸故仍書其爵介葛盧言來不言朝全不能
行朝礼此則行朝礼但礼不足耳傳在春經在夏經書実朝之日
故春來至夏乃書之世本鄧為曼姓莊十六年楚文王滅之穀則
不知何姓是誰滅之服注云穀鄧密迩於楚不親仁善隣以自固
卒為楚所滅无同好之救桓又有弑賢兄之悪故賤而名之衛冀
隆難杜云傳曰要結外援好事隣国以衛社稷又云服於有礼社
稷之衛穀鄧在南地属衡岳以越棄彊楚之遠朝悪人卒至滅亡故
書名以賤之杜駮論先儒自謂一準丘明之傳今辟陋之語傳本
无文杜何所準馮知其辟陋傳又称莒之辟陋而經无貶文穀鄧
辟陋何以書名此杜義不通秦道静釋云杞桓公來朝用夷礼故
曰子杞文公來盟傳云賤之明賤其行夷礼也然則穀鄧二君地
接荊蛮來朝書名明是賤其辟陋也此則傳有理例故杜枇而言

之若必魯桓惡人不合朝聘何以伯糾来聘譏其父在仍叔之子
譏其幼弱又魯班齊饋春秋所善美魯桓之有礼責三国之来伐而
言遂朝惡人非其辞也　注盟向至鄭成　正義曰此盟向之邑必
有主拠之言求成于鄭是主求成也隠十一年王以与鄭僖称王
不已有然則鄭雖得之亦不已有故今始求成既而背之是背鄭帰
王故王迁于郟若主不敢王則王无由得迁之也　八年春正月己卯烝
正義曰衛氏難杜云上五年閉蟄而烝謂十月此正月烝則是過
時而烝春秋有一貶而起二事者若武氏子来求賻一責天王求賻二
責魯之不共此正月烝一責過時二責見瀆何為不可而云非為
過時者秦氏釋云案周礼四時之祭皆用四仲之月此正月則夏
之仲冬何為不得烝而云過時也又傳无過時之文明知直為再
烝而瀆也　注祭公至略輕　正義曰隱元年云祭伯今而称公
知其為天子三公々羊亦云祭公者何天子之三公也援周向紀不由
魯国継令因使過魯自為假道而去不須言来也凡言遂者因
上事生下事之辞既書其来又言遂逆是先来見魯君然後向

紀知王使魯主昏故祭公來受魯命而往逆也凡昏姻皆賓主
敵体相對行礼天子嫁女於諸侯使諸侯為主令與夫家為礼天
子娉后於諸侯亦使諸侯為主令與后家為礼嫁女則送女於魯令
魯嫁女與人迎后則令魯為主使魯遣使往逆故祭公受魯命也
嫁王女者王姬至魯而後至夫家其王后昏后不來至魯者以王
姬至魯待夫家之逆以為礼故須至魯后則王命已成於魯故
是故即歸京師於逆稱王后舉其得王之命后礼已成於歸稱季
姜申父母之尊言子尊不知於父母從父母之家而將歸於王
故父母之家為文故於歸申父母之尊也公不獨以必須卿
從卿不書舉重略輕也知非卿不行者以傳云礼也釋例曰襄
十五年劉夏逆王后于齊傳曰卿不行非礼也知祭公如紀時
亦有卿卿不書舉重略輕猶鞌鄢之戰唯書郤克林父此天子
使公卿之文是杜約彼文知公行必卿從也異義公羊說天子
至庶人皆親迎左氏說王者至尊無敵体之義不親迎鄭玄駁
之曰文王親迎於渭濱即天子親迎也天子雖尊其於后則夫

婦也夫婦判合礼同一体所謂无敵豈施於此哉礼記哀公問
冕而親迎不已重乎孔子對曰合二姓之好以継先聖之後以为天
地宗廟社稷之主君何謂已重乎此言継先聖之後为天地之主
非天子則誰乎是鄭以天子當親迎也此注之意猶以为天子不
親迎者以此時祭公迎后傳言礼也刘夏逆后説卿不行皆不説
王不親行明是王不當親也文王之迎大姒身为公子迎在殷世
未可擬此以为天子礼也孔子之對哀公自論魯国之法曽周公
之後得郊祀上帝故以先聖天地爲言耳其意非説天子礼也且
鄭玄注礼自以先聖为周公及駮異義則以为天子二三其德自
无定矣　傳漢淮之間　正義曰漢淮二水名漢淮之間漢北淮
南禹貢云嶓冢導漾東流爲漢又東爲滄浪之水過三澨至
于大別南入于江孔安国云泉始出山爲漾水東南流爲沔水
至漢中東行爲漢水釋例曰漢一名沔水出武都沮縣東經漢中
魏興至南陽東南經襄陽至江夏安陸縣入江禹貢又云導淮自
桐柏東會于泗沂東入于海釋例曰淮出義陽平氏縣桐柏山東

北經汝陰淮南譙国沛国下邳至廣、陵縣入海也　九年注季姜至之尊　正義曰時當栢王故云栢王后也公羊傳曰其稱紀季姜何自我言紀父母之於子雖為天王后猶曰吾季姜是申、父母之辭也公羊又曰京師者何天子之居也京者何大也師者何衆也天子之居必以衆大之辭言之　注曹伯至来朝　正義曰朝礼當君自親行不應使大子也當享而大子歎明年而曹、伯卒知其、有疾故使大子来朝也大子不合称朝攝行父叓故言朝也諸經称世子及衛世叔申經作世字傳皆為大然則古者世之与大字義通也　傳注韓服至州縣　正義曰以巴所使故言巴行人々々謂使人也地理志巴郡故巴国江州是其治下縣也昭十三年楚共王与巴姬埋璧則巴国姬姓也此年見傳文十六年与秦楚滅庸以後不見蓋楚滅之　三逐巴師不克　正義曰三逐巴師謂鄧師逐巴師也不克謂楚巴不能克鄧故鬭廉設權以誘之　注梁国至国名　正義曰地理志云馮翊夏陽縣故少梁也是梁在夏陽也僖十七年傳曰惠公之在梁也梁伯妻之梁嬴孕過期既以國

配嬴則梁爲嬴姓世李荀賈皆姬姓僖十九年秦人滅梁荀賈
不知誰滅之晉大夫有荀氏賈氏蓋晉滅之以賜大夫　注諸侯
至上卿　正義曰繼子男以上皆周礼典命職文也鄭玄云誓猶
命也言誓者明天子既命以爲之嗣樹子不易也釋例曰周礼諸侯
之適子誓於天子則下其君礼一等未誓則以皮帛繼子男此謂
公侯伯子男之世子出會朝聘之儀也誓者告於天子正以爲世子
受天子報命者也未誓謂在國正之而未告天子者也曹之世子
未誓而來故賓之以上卿謂比於諸侯之上卿繼子男之末命數
相準故也是言曹大子由未誓之故賓之以上卿謂以賓客待之
同上卿之礼也卿礼飧饔積膳之數掌客聘礼略有其事傳不
言未誓知曹大子必未誓者若誓則下其君一等而已侯伯之子
當如子男不得徒以上卿之礼待之也釋例摠論世子故言比於
諸侯之上卿此指說曹國故分明辨之云各如其國之上卿僖二
十九年傳曰在礼卿不會公侯會伯子男可也昭二十三年傳曰
列國之卿當小國之君固周制也然則小國之君乃當大國之卿

小国之世子必不得過大国之卿故知各如其国之上卿耳何休
膏肓以为左氏以人子安处父位尤非衰世救失之宜於義左氏
为短郑箴云必如所言父有老耄罷病孰當理其政預王事也蘇
云諸侯於天子下君一等未誓継子男並是降下其君寧是安居父
位。非歎所也　正義曰服虔云古之为享食所以觀威儀省禍福无
喪而戚憂必讎焉今大子臨樂而歎是父將死而兆先見也　十
年注改侵至有辞　正義曰周礼大司馬以九伐之法正邦国賊
賢害民則伐之負固不服則侵之然則侵伐者師旅討罪之名也
魯以周礼为班則魯有礼矣三国伐有礼是討有辞矣春秋善魯
之用周班不使三国得伐之故改侵伐而言来戰言若三国自来
戰而魯人不与戰也釋例曰齊侯衛侯郑伯来戰于郎夫子善魯
人之秉周班惡三国之伐有礼故正王爵以表周制去侵伐以見
无罪此聖人之所以扶弊王室敦崇大教故詭常例以特見之見其
義也　傳注魏仲至大夫　正義曰周礼每郷之下皆有大夫傳
言讚其大夫知是屬已之大夫非魏大夫者若魏国大夫魏仲自隨

加罪无有譖之加王且其若是魏人不得以王師伐魏故也
注虞國至陽縣　正義曰譜云虞姬姓也周大夫王之子大伯之
弟仲雍是為虞仲嗣大伯之後武王克商封虞仲之庶孫以為虞
仲之後处中国為西吳後世謂之虞公僖五年晉滅之地理志
河東大陽縣周武王封大伯後於此是為虞公志言大伯後
者以仲雍嗣大伯故也　注虞叔虞公之弟　正義曰祭叔既
為祭公之弟知虞叔亦是虞公之弟　匹夫无罪　正義曰士
大夫以上則有妾媵庶人唯夫妻相匹其名既定雖單亦通故
書傳通謂之匹夫匹婦也　注鄭主至周礼　正義曰傳言
先書齊衛則齊衛不合先書當先書鄭也春秋之例主兵
者先書此則鄭人主兵鄭宜在先而先序齊衛者王爵齊
衛為侯高於鄭伯故以王爵高卑為序也不依主兵之例而以
王爵序者魯班諸侯之戍以王爵為次鄭忽負功懷怨致有此
師故特改常例還以王爵次之見魯猶秉周礼故也　十一
年注祭氏至詳之　正義曰莊二十五年陳侯使女叔來聘傳

曰嘉之故不名是諸侯之歸嘉之乃不名則於法當書名祭仲行无可嘉知仲非其字故云祭氏仲名也祭仲鄭卿而至宋見執必是行至宋也行使被執例稱行人此爲云執鄭行人而不稱行人者聽宋迫脅以逐出其君罪之故不稱行人昭八年楚人執陳行人于徵師殺之傳曰罪不在行人也以罪不在則稱行人知祭仲罪在其身故去行人也釋例曰祭仲之如宋非會非聘与於見誘而以行人應命不亡死節挾僞以篡其君故經不稱行人以罪之是說罪仲之意襄十一年楚人執鄭行人良霄傳曰書曰行人言使人也是變例也傳稱誘祭仲而執之則本非行人故經不言杜必知以行人應命罪之故不稱行人者祭仲若不至宋人何得執之既往至宋即是因事而行亦既因事而行便爲使人之例杜以傳文稱誘故序其本意言非聘非會聽宋迫脅故不稱行人罪之經与齊人執鄭詹文亦何異劉君以祭仲是字鄭人嘉之妄規杜氏就如劉言既云罪其逐君何以嘉而稱字杜以蕭叔字故知祭仲

是名仲既書名為罪則不稱行人是其貶責劉云祭仲本非行人不
知有何所拠　注突厉至言鄭　正義曰成十八年傳例曰諸侯
納之曰帰　故知此為宋所納故曰帰也突実公子而不称公子傳无褒
貶之例知從告者之辞告言不言公子故不称也十五年許叔入
于許十七年蔡季帰于蔡皆以字繫国突不繫鄭者以文連祭仲
祭仲之上已有鄭字蒙上鄭文故下言鄭也以宋人執仲納突乃是
一事連書故突得蒙上文其鄭忽奔衛則鄭人別告故不連上文
注忽昭至名赴　正義曰僖九年傳曰宋桓公卒未葬而襄公會
諸侯故曰子里克殺奚齊于次書曰殺其君之子未葬也彼以未葬
故繫父知既葬則成君此莊公既葬則忽成君矣宜書鄭伯出
奔今書忽之名知鄭人賤之以名赴也其賤之意說在忽之復
帰　注柔魯至地闕　正義曰以柔不稱族与无駭相對是无族
可稱知其未賜族也亦以蔡叔无善可嘉知叔是名叔亦无族
蓋亦未賜族也　傳注宋不書經闕　正義曰丘明作傳本以
解經經傳不同皆傳是其實今傳有宋而經无宋知是經之闕

文宋为大国传处郑下是史文回败传先举經之所有乃以败者
实之故後言宋且非謂盟之序列宋在下也服虔以为不書
宋々後盟宋若後盟々本无宋传不得言斉衛郑宋为此盟也
传之上下例不虚举經文举此盟者为經阙宋故也　注邑亦
国也　正義曰書云欲宅洛邑传每云敝邑是也　注君謂屈瑕
也　正義曰礼坊記云礼君不称天大夫不称君恐民之惑也然
则大夫不得称君此謂屈瑕为君者楚之僭王号縣尹称公故呼卿
为君大夫正法當呼为王昭元年传醫和謂趙文子曰主相
晋国是其事也祁盈之臣謂祁盈为君伯有之臣謂伯有为公
是家臣称其主耳　鄖有虞心　正義曰鄖人曰虞四邑之至
負其与己合势有虞度外援之心而又自恃近城故无鬬志
注商紂至夷人　正義曰古文尚書泰誓曰受有億兆夷人
離心離德予有乱臣十人同心同德昭二十四年传引之云亦
有離德已与本小殊此注改予为武王又倒其先後者便文耳
雖言传曰非传本文刘炫云欲以證商周之不敵故先少而後多

非便文　注祭仲至應命　正義曰傳言誘而執之則祭仲被誘
如宋在宋見執々不在會知非會也被誘而往知非聘也直為見
誘而以行人應彼宋命也行人謂行往宋耳劉炫云杜欲成不稱
行人之義故以行人言之　十二年注厲公至從赴　正義曰躍為
厲公世本文也莊二十二年傳曰陳厲公蔡出也故蔡人殺五父而
立之五父即佗六年殺佗而厲公立也陳世家以佗与五父為二
人言蔡人為佗殺五父及桓公大子免而立佗是為厲公立七年
大子免之三弟躍林杵臼共弒厲公而躍立是為利公々々立五
月卒林立是為莊公案傳五父佗一人而世家以為二人案經蔡
人殺佗桓公卒之明年不得為佗立七年也佗以六年見殺躍以此
年始卒不得為躍立五月也既以佗為厲公又妄稱躍為利公世
本々无利公皆是馬遷妄說束皙言馬遷分一人以為兩人以无
為有謂此事也壬辰是七月二十三日上有七月書於八月之
下如此類者注皆理之日誤今云從赴者以其終不可通蓋欲兩
解故也以五年正月甲戌己丑陳侯鮑卒甲戌非正月之日而以正

月起文傳言再赴是趒以正月也彼以十二月之日為正月赴魯
知赴者或有以前月之日從後月而赴故因此以示別意 注重
書至以名 正義曰春秋之中唯此重書日其餘亦應有一日兩
変各書日名但更无其日不可復知計赴告之体本應皆以日
告史官書策後應各書其日但他国之告或有詳略魯史記注
多違旧章致使日与不日无復定準及其仲尼書經不以日月襃
貶或略或詳非此所急故日月詳略皆依旧文此重書丙戌非
是義例以旧史所重故因史成文耳 注既書至為文 正義
曰春秋之例戰不言伐以其伐可知故略其文也伐者討有罪之
辞言戰又言伐者皆是罪彼所伐之国此既書伐宋又重書戰者以
見宋之无信言以鍾鼓声其罪而伐之彼不服罪而反与我戰所
以深責之也莊二十八年斉人伐衛〻人及斉人戰此文亦當如
彼宜云及宋人戰今直言戰于宋者尤其无信故以独戰為文皆
陳曰戰〻是敵辞不言及宋戰不使宋得敵也十年郎之戰我有
礼彼无礼斉鄭无辞以罪我不令我与彼敵彼自独戰為文此戰

我有信而宋无信我有辭以責宋不使宋敵我獨戰為文
郎戰我有辭故言戰不言伐此戰宋无辭故言伐下言与宋戰一者
虽文皆獨戰而義存彼此俱是善惡有殊不得相敵故也　傳
注城下至深耻　正義曰宣十五年楚圍宋傳称華元裡子反曰
敝邑易子而食析骸以爨虽然城下之盟有以国斃不能從也寧
以国斃不肯從城下之盟是其深耻也必為深耻者諸侯當好交
四隣以衛社稷相時而動量力而行令乃構怨疆敵兵臨城下力
屈勢沮求服受盟是其不知之甚將為隣国所笑故深耻之
注彭水至魏縣入漢　正義曰釋例云彭水出新城昌魏縣東北至
南鄉筑陽縣入漢　注羅熊至偏也　正義曰羅熊姓世本文
也說文云諜軍中反間也謂詐為敵国之人入其軍中伺候間隙
以反報其主故此訓諜為伺而兵書謂之反間也巡偏也謂巡遶
偏行之　十三年公會至敗績　正義曰傳称宋多責賂於鄭故
以紀魯及齊与宋衛燕戰然則此戰之興本由宋鄭相怨虽後各
連同好而以宋鄭為主其序紀在鄭上宋处齊下者若魯人不

与而隣国自行則以主兵为先若与鲁同行鲁史所記則南以
鲁为主不得復先主兵亦既不先主兵即以大小为序故纪先郑也
宋使齐为主猶隐四年州吁伐郑使宋为主故齐先宋此以公
在會故不以主兵为先莒甲为序故纪在郑先若然莊二十六年
會宋人齐人伐徐杜云宋主兵故序齐上彼鲁亦在而先主兵者
彼是鲁之微人所會之国又少此則公自在會及所戰之国歷序
又多故不与彼同也戰称將败称师是史策之常法也史所以然
者师是將之所帥戰則举將为重敗則群师尽崩固當举师言
敗若甚敗还書將則是將身独败无以見师之大崩故戰則称將
敗則称师言其與师尽败非独將身败也此燕人謂將也楚子傷
目故称楚子敗績此若云燕人敗績則是燕將身傷以此不得不
称师敗唯莊二十八年衛人敗績違常文耳　注大崩至礼也
正義曰言史異辞者決莊二十八年衛人及齐人戰衛人敗績也
此敗称师而彼敗称人是史異辞也史非一人之辞自異非褒貶之
例也此二者切理則师是而人非但不以为義故命合從其本耳村

以既葬為成君雖則踰年猶待葬訖故以惠公為非礼釈例曰父
雖未葬喪服在身踰年則於其国内即位称君伐鄭之役宋公衛
侯是也春秋書魯叓皆踰年即位称公不可曠年无君則知他国
亦同然拠父未葬於其国内雖得伸其為若以接隣国則違礼失
制也是言先君未葬則不得称爵成君以接隣国也杜言違礼失
制礼制亦无明文案文八年八月天王崩九年春毛伯来求金傳
曰不書王命未葬也故以踰年未葬不得称王命使是其礼制不
可以此知接隣国則違礼制也　傳大夫至行也　正義曰大夫
伯比言濟衆者其非益衆之理也其此伯比之意尚理君宜抚慰
小人士卒以言信也教訓諸司長率以令德而威懼莫赦以刑罰
也莫敖狃於蒲騒之役狃貫也貫於蒲騒之得勝遂恃勝以為
常将自用其心不受規諫必輕小羅国以為无己君若不以言辞
刑罰鎮重抚慰之莫敖其将不設備乎夫謂伯比〻〻之意固当
謂君教訓衆民而好以言辞鎮抚之召軍之諸司而勸勉之以善
德見莫敖而告之道乃天之意不借貸慢易之人不使慢易之人

得勝言其必須敬懼也其意當如此耳若其不然此伯比豈不知
楚師之尽行也而更請益師乎　注狃忕也　正義曰說文云狃
狎也忕習也郭璞云貫忕也今俗語皆然則狃忕皆貫習之義以
貫得勝則輕易前敵將自用其意不復持重　注鄢水至入漢　正
義曰釋例曰鄢水出新城沶鄉縣東南經襄陽至宜城縣入漢
注公後至之地　正義曰兩敵將戰必豫期戰地公未見紀鄭紀
鄭已與齊宋先設戰期公不及設期唯及其戰故言戰而不書所
戰之地言此地亦公所期故不書也釋例曰桓十三年戰不書所々
者期戰所在之地也公會戰而後其期猶及諸侯共其成敗故備書
諸國而不書地成十六年傳曰戰之日齊國佐至於師此其類也
然則諸戰書日者日即是月計此經當去二月已巳公會紀侯鄭
伯今退已巳於鄭伯之下者春秋之例公之出會例多取月要
盟戰敗例多以月故已巳之文在公會紀侯鄭伯之下十二年十
二月及鄭師伐宋丁未戰于宋亦其類也服虔云下日者公至師
後定戰日地交與月當日對設期公既不及期地并得及期日也

刘炫云公會紀郑告廟而行始行即合會也其戰〻合則戰罷乃
告廟史官虽連并其文而存其本旨已已是戰日故下日以附戰
十四年注御廪至六年　正義曰傳称御廪災乙亥嘗書不害
也明嘗之所用是御廪之所藏也礼記祭義云天子爲藉千畝諸
侯百畝躬秉耒以事天地山川社稷先古敬之至也穀梁傳曰天
子親耕以共粢盛王后親蠶以共祭服国非无良農工女也以爲
人之所尽事其祖祢不若以已所自親者也月令季秋乃命冢宰
藏帝藉之收於神倉郑玄云重粢盛之委也帝藉所耕千畝也藏
祭祀之穀故爲神倉以此諸文知御廪藏公所親耕以奉粢盛之
倉也廪即倉之别名周礼廪人爲倉人之長其職曰大祭祀則共
其接盛郑玄云接讀爲扱〻以授舂人大祭祀之穀藉田之收藏
於神倉者不以給小用是公所親耕之粟擬共祭祀藏於倉廪故
謂之御廪災其屋而不損其穀故曰書不害也　注先其至示法
正義曰八月建未〻是始殺故云先其時亦過也周礼大宰祀五
帝前期十日帥執事而卜日遂戒享先王亦如之郑玄云十日者容

散七日致齋三日壬申在乙亥之前三日是致齋之初日也既已戒日致齋御廩雖災苟其不害嘉穀有穀可以共祭祀則祭不應廢故書以示法也若害穀則當廢不可苟用他穀故也先時亦已々則當書但書過已有成例故傳指言不害故沈氏云杜以先時亦過々則當書傳何以專言不害此丘明之意若非先時有災不害亦書若非御廩有災先時亦書進退明例也服虔云魯以壬申被災至乙亥而嘗不以災害為恐故衛難杜云若救之則息不害嘉穀則傳當有救火之文若如宋災傳舉救火今直言不害明知不以災為害杜必為不害嘉穀者秦氏答云傳所以不載救火者傳以指釋經文略舉其要所以不載救火至於宋鄭之災彼由簡牘備載詳略不等不可相難也 傳注熟曰饔生曰餼 正義曰周禮外內饔皆掌割亨之事亨人給外內饔之爨亨煮饔者煮肉之名知熟曰饔哀二十四年傳稱晉人餼臧石牛以生牛賜之知生曰餼又聘禮致饔餼五牢餁一牢腥二牢餼二牢餁是熟肉腥是生肉知餼是未殺鄭玄以為生牲曰餼雖鄭箋云腥曰餼欲以

牽为牽行故餼为已殺非定解也定解猶以生为餼作諸言餼者
皆致生物於賓也　十五年注突既至三年　正义曰凡諸侯出奔
皆被逐而出非自出也旧史書臣以逐君仲尼脩春秋責其不已
自固皆以自奔为文以故此注述突之悪言其罪之々意釋例曰諸
侯奔亡皆迫逐而苟免非自出也傳称衛孫林父甯殖出其君名在
諸侯之策此以臣名赴告之文也仲尼之經更没逐者主名以自奔为
文責其不已自安自固所犯非徒所逐之臣也言其所犯処多非徒
逐者独悪君不已君故臣亦不臣々之逐君其罪已著没其臣名独
見君罪言罪不純在其臣故也衛献公出奔不名鄭伯突及北燕
伯款蔡侯朱宋仁等皆書名者從彼告辞故釋例曰衛赴不以名而燕赴
以名隨赴而書之義在彼不在此也言責其不已自安自固自奔
即是身罪名与不名不復著義故從告也昭三年傳曰書曰北燕伯
款出奔罪之也是变例也　注忽実元八年　正义曰成八年
年傳曰復其位曰復歸忽本既居君位然後出奔故今還以復位
之例为文也經言復歸明是復位之例注言此者以忽之出奔不

称鄭伯旣言世子又非君号非君而称伯旣嫌其不是伯位故明
之礼父在称世子忽父之喪於今五年世子非所當称故迹其称
之意鄧曼所生立為世子是有母氏之寵也宋雍謂同姓之卿祭
仲之女曰雍姬則祭仲姬姓是同宗卿也救齊敗戎是有功也而
守介節謂守瑣瑣猶介介之節不娶齊女也經書鄭忽出奔不称鄭
伯是降名以赴也今称世子復歸是逆以大子之礼也逆以大子之
礼者以突是庶子无道出奔更欲扶君莫踰於忽以本是世子故
逆之使还為是世子所以得歸鄭以世子名告不以嘗為君告时史
因其告辞書曰世子實復本位書曰復歸而忽之為君不已自固
始於見逐終於見殺三公子更立為君乱鄭国者実忽之由釋例
与此注盡同其未云故仲尼因以示義言因旧史之文即称世子
示鄭人本有不以為君之義忽於隱公之世每称公子六年称大
子則救齊之时已立為大子故也　注許叔至逆例　正義曰入者
自外之辞本其所自之処言其自許東偏而入于許国非從外
国入也鄭莊公以十一年奉許叔今始入者蓋鄭實使其後忽既

得位親仁善陵存許以德許人冀其為己之援故此年始得入也小白陽生入皆称名此叔称字故云許人嘉之以字告也杜知是字者以蔡季帰於蔡季子来帰亦以昏字故知之也杜以傳例云凡去其国〻逆而立之曰入嫌此亦為国逆之例釈例曰諸在例外称入直是自外入内記事常辞義无所取賈氏虽夫人姜氏之入皆以為例由先儒以為国逆故言許叔本不去国非国逆之正例国逆正例拠去国而来許叔本非去国故云非国逆例其実許始復国許叔得逆上下交歓同心迎逆指其実更有国逆之理　故於釈例云許叔有国逆之文但非国逆正例耳列君不違此旨安規杜失非也　注三人至東北　正義曰三国俱称人合行礼知其為卑同也以邾子未得王命知牟葛之等是附庸郳犂来〻朝附庸昏名此若君自親来則亦應称名若遣臣来聘又不得称朝曹伯使世子射姑来朝是世子有称朝之義知此二人皆附庸世子摂行父事而来朝也諸侯之卿称名大夫降称人是人之於名例差一等若附庸其君應称名故其子降称人釈例曰王之世子

不名諸侯世子則名會王世子于首止曹世子射姑来朝是也附
庸世子称人郳人牟人葛人来朝是也是言世子称謂之等級也
地理志泰山郡牟縣故牟国也陳留郡寧陵縣應劭曰故葛伯
国然則於晋屬異国也　注先行會礼　正義曰知非不与謀言
會者以言于襄故知此行會礼也若不言地直言會則是不与
謀例也召陵會杜注云於召陵先行會礼与此同也　十六年春
既訖乃至　正義曰宣七年傳例云与謀曰及不与謀曰會此春
既謀之例當言及今有會者魯諱与諸侯聚議納不正之人故
從不与謀之文釋例曰魯既春會于曹以謀伐鄭夏遂与師而
更從不与謀之文者厉公篡大子忽之位謀而納之非正故諱之
從不与謀之例是其義也諸侯之序以大小為次班序譜称自隱
至莊十四年四十三歲征伐盟會者凡十六国时无霸主會同不并
无有成序其間蔡与衛凡七會亦在衛上唯此処在陳下故以
內蓋後至也　注傳曰至月別　正義曰杜以城向与下同月故
檢叔弓如滕經傳之異如滕与葬同月知此城向与出奔同月但本

事既異各隨本而昏之下有月而此无月耳其實是十一月也
但十一月水星昏猶未正故後推校歷數此年月卻節前水星可
在十一月而正又方者未至之辭故以定之方中為方欲向中而實
未正中十一月可以興土功昏時非傳誤也刘炫規過以為案周語
云辰角見而雨畢天根見而水涸駟見而隕霜火見而清風戒寒
故先王之教曰雨畢而除道水涸而成梁隕霜而冬裘具清風至
而脩城郭故夏令曰九月除道十月成梁營室之中土功其始先儒
以為建戌之中霜始降房星見霜降之後寒風至而心星見鄭
玄云辰角見謂九月本天根見謂九月末天根謂氐星是也自然
火見是建亥之月又春秋城楚丘是正月而杜引詩云杜之方中
未正中也定星豈正月未正中乎挍此諸文則火見土功必在建
亥之月則建戌之月必无土功之理而杜以為建戌之月得城向
者非也今以為周語之文單子見陳不除道故說為此言故所舉
特節並早（在）月也月令孟冬天子始裘單子云隕霜而冬裘具九
月已裘是其早也且周語之文挍尋常節氣九月而除道十月而

興五功杜以此年閏在六月則建戌之月二十一日已得建亥節氣
是十月節氣在九月之中五功之吏何为不可諸侯城楚丘自在
正月衛人初作宮室必在其前杜云定星方欲正中於理何失刘
君廣引周語之文以規杜々以月卻節前何須致難　傳注夷姜
至曰烝　正義曰晉獻公烝於齊姜惠公烝於賈君皆是淫父
之妾知此亦父妾故云庶母也成二年傳稱楚莊王以夏姬予連
尹襄老々々死其子黑要烝焉淫母而謂之烝知烝是上淫蓋訓
烝為進言自進与之淫也安家云初宣公愛夫人夷姜烝淫而謂
之夫人馬遷謬耳　注左右至为号　正義曰名子法元左右明
其因母為号公羊稱諸侯取一国則二国往媵之以有二媵故分
为左右說公羊者言右媵貴於左媵義或當然此左右公子蓋宣
公之兄弟也　載其旌　正義曰代之而載其旌蓋旌有志識故
也安家云与太子白旄而告盜曰見白旄者殺之或當以白旄为
旌但馬遷演此文而为之說其辭至鄙未必其言可信也　十
七年　注稱侯蓋謬誤　正義曰五等諸侯卒則各書其爵葬

則舉謚稱公禮之常也此無貶責而獨稱侯故云蓋謬誤也釋例曰卒而外赴者皆王爵而稱名慎死考終不敢違大典也昏葬者皆從主人私稱客主之人敬各有本謙敬各得其所而後二國之禮成也葬蔡桓侯獨不稱公劉賈許曰桓卒而季歸無臣子之辭也蔡侯無子以弟兼位群臣無廢主社稷不乏祀故傳稱蔡人嘉之非貶所也杞伯稱子傳為三發蔡侯有貶傳亦宜說史闕謬誤疑在闕文是其疑之意也　傳疆場至不虞　正義曰疆場謂界畔也至此易主故名曰場典封疆者不得已往侵人無使人來侵已謹慎守其一家之所有以備不意度之事　注曰官至歷數　正義曰周禮大史掌正歲年以序更頒告朔于邦國然則天子掌歷者謂大史也大史下大夫非卿故不在六卿之數傳言居卿則是為之若卿故知非卿而位從卿故言居卿也平（一平仍）歷數者謂掌作歷數平其遲速而頒於邦國也晦朔弦望交會有期日月五星行道有度歷而數之故曰歷數也　君子至惡矣　正義曰弒君者人臣之極惡也昭公惡其人人果行大惡是昭公知所惡矣言昭公惡之不

妄也韓子以為君子言知所惡者非多其知之明而嫌其心不斷也曰知之者是其明也而不如早誅焉以及於死故言知所惡以見其无權也昭公知其惡而不已的其誅致使渠弥含憎懼死以儌幸故昭公不免於弑戒人君使彊於斷也　注公子達魯大夫　正義曰知非鄭人者若是鄭人当在君子之前言之傳先載君子之議後陳子達之言是達聞其言而評之与臧文仲聞蓼六之滅其事相類故知是魯人也　十八年公与至如齊　正義曰僖十一年公及夫人會齊侯于陽穀彼言及此不言及者公羊傳曰公何以不言及夫人夫人外也言夫人淫於齊侯而疎外公故不言及也穀梁傳曰不言及夫人何也以夫人之伉不稱數也言夫人驕伉不可及故舍而不數也杜无明解傳載申繻之言說公男女相瀆蓋以相褻瀆之故果致大禍時史說其男女无別故不書及也　注公本至曰遂　正義曰檢傳文知其嚮會之時即与夫人俱行至於濼水之上不言及夫人會者夫人從公行耳其會之時夫人不与既會乃相隨嚮齊故如齊之上始書夫人公自因會而行故言遂耳傳女有家

男有室　正義曰沈氏云卿大夫称家〻者內外之大名户內曰室但男子一家之主職主內外故曰家婦人主閨內之事故為室也刘炫云釋宮云宮謂之室其內謂之家則家之与室義无以異欲見男女之别故以室屬之其實室家同也　注上車至殺之　正義曰莊元年公羊傳曰夫人譖公於齊侯〻〻怒与之飲酒於其出焉使公子彭生送之於其乘焉搚幹而殺之何休云搚折声也齊世家云襄公使力士彭生抱上魯君車因搚殺魯桓公下車則死是搚　搚拉音義同也　注車裂曰轘　正義曰襄二十二年傳称轘觀起於四竟又曰觀起車裂是其事也周礼滌狼氏誓僕右曰殺誓馭曰車轘然則周法有此刑也

春秋正義卷第七

計一万五百五十九字

春秋正義卷第八　莊公

國子祭酒上護軍曲阜縣開國子臣孔　穎達　等奉

勑撰

正義曰魯世家云莊公名同桓公之子文姜所生即桓六年子同生者也以莊王四年即位謚法勝敵克壯曰莊是歲歲在鶉火

元年王正月　正義曰此月無事而空書月者莊雖不即君位而亦改元朝廟與民更始史書其事見此月公宜即位而父弒母出不忍即位故空書其文閔僖亦然　注夫人至而去　正義曰夫人孫意傳文不明故云魯人責之蓋責其許公於齊侯而使公見殺故慙懼而出奔也公羊傳曰孫者何孫猶孫也內諱奔謂之孫穀梁傳曰孫之爲言猶孫也諱奔也杜用彼爲說昔帝堯孫位以讓虞舜故假彼美事而爲之名猶孫讓而去釋例曰使若不爲臣子所逐自孫位而去者　注單伯至不敵　正義曰檢經上下公卿書爵大夫書字單伯書爵故爲卿也單者天子畿內地名人君賜臣以邑令采取賦稅謂之采地禮運曰諸侯有國以處其子孫

大夫有采以處其子孫是謂食邑為采地單氏世仕王朝此及文公之世皆云單伯成公以下常稱單子知伯子皆爵也此時稱伯後降為子耳又解不稱王使之意王於時將遣魯主昏必先有命豈得未嘗命魯徑送女來故知主已命魯為主魯已兼受王命單伯送女付魯而已不復重宣王命故不稱使也十一年王姬不云送使送者為送者微也以姬繫王不稱女字以王為尊故繫之於王且以別於內女內女則以字配姓謂之伯姬是也公羊傳曰使我主之曷為使我主之天子嫁女乎諸侯必使諸侯同姓者主之諸侯嫁女于大夫必使大夫同姓者主之所以然者昏之行禮必賓主相敵天子於諸侯諸侯於大夫尊卑不敵故也二王之後與王所賓客示崇先代而已不得即與王敵嫁於二王之後亦使諸侯主之秦漢以來使三公主之呼為公主 注云在塗於外 正義曰穀梁傳曰築之外變之正也仇讎之人非所以接昏姻也衰麻非所以接弁冕也其意言公與齊為讎又身有重服不得與齊侯為禮故築于外也左氏先儒亦用此為說杜案傳文稱

請以彭生除之齊人為殺彭生心實讎齊但不敢逆王命故以諒闇為辭故築館于外杜謂諸侯之喪既葬則衰麻除矣不得以喪服為言也若讎不除服未釋則諸侯之国同姓多矣天王不應強使魯侯冒斬衰接父讎與之行吉禮也以此益明杜諒闇之言為得其實從以昏姻吉禮行事在廟公在諒闇之内處齊侯尚来親迎不可使以全吉之禮接賓於廟又讎除服釋不敢逆王命辭主昏故築舍於外使齊侯從外迎之 注榮叔至之比 正義曰公羊傳曰錫者何賜也命者何加我服也又詩唐風無衣之篇晉人為其君請命於天子之使以無衣為辭則王賜諸侯當有服也傳稱王賜晉惠公命受玉惰則王賜又有玉也但賜諸侯以玉者欲使執而朝覲所以合瑞今追命桓公若追命衛襄之比上既褒稱其德賜之策命或當有服以表尊卑不復合瑞未必有玉也釋例曰天子錫命其詳未聞諸侯或即位而見錫或歷年乃加錫或已薨而追錫魯桓薨後見錫則亦衛襄之比也魯文即位見錫則亦晉惠之比也魯成八年齊靈二十三年乃見錫隨恩所加得失

存乎其事言存乎其事者觀其錫之早晚知恩之厚薄觀其人之善惡知烖之得失故傳不復顯言其是非也杜於追命衛襄之下注云命如今之哀策魏晉以來唯天子崩乃有哀策將葬於是遣奠讀之陳大行功德叙臣子哀情非此類也人臣之喪不作哀策良臣既卒或贈之以官褒德叙哀載之於策將葬賜其家以告柩如今哀策蓋此謂也　注不書逆公不與接　正義曰成九年伯姬歸于宋杜云宋不使卿逆非禮以逆者非卿故不書此云公不與接者杜意以公不與接由卿亦不書也所以知者十一年齊侯來逆共姬而經不書故也又婦伯姬于宋魯與宋无故此時有故知不與接也春秋之例送女不書者取更我而厚之此單伯書者為送至於魯不至於齊故也　注齊欲至郚城　正義曰齊人遷此三邑非三邑之人自遷也故知齊欲滅紀故徙其三邑之民而取其地也蘇氏云直取其地不取其民故云遷不云取不言所遷之處者志在去之而已非欲安存其人故與宋人遷宿文同其文異於郱遷也釋例曰郱遷于夷儀則以自遷為文宿宋人

迁宿斉人迁陽則以宋斉為文各從彼此所迁之実記注之常
辭亦非例也郱在東莞言郡郡在朱虛不言郡者叙例土地名朱
虛亦屬東莞使之蒙上郡　傳注文姜至告廟　正義曰不称即
位為文姜出故也則即位之日文姜未还故知莊公以父弑母出
不忍行其即位之礼也經書三月夫人孫于斉則是夫人来而復
去故知文姜於是感公意而还（不）也三月以来經傳皆无夫人还复
故解之还不書不告廟釋例曰文姜之身終始七如斉再如莒皆
以淫行書行而不書反則元年之还亦不告廟推此可知也公羊
傳曰夫人固在斉矣其言孫于斉何念母也正月以存君念母以
首事穀梁傳曰接練時録母之変始人之也其意言文姜往年如
斉至此年三月猶尚不反三月練祭念及其母乃書其出奔非三
月始從魯去也左氏先儒皆用此説杜不然者史之所書拠実而
録未有虛書其事者也夫人若遂不还則孫已久矣何故至是三
月始言孫于斉乎公若念及於母自可迎使来帰何以反書其孫
豈莊公召命史官使書其母孫乎又礼三年之喪期月而練桓公

以往年四月薨至今年三月未得一期何故已得為練而云接練
録變存君念母也若以經先還文即言留齊不反則自是以後亦
先還文二年夫人會齊侯于禚豈復自齊會之哉以此知三月始
從魯去也　注姜氏至示義　正義曰文姜終始皆称姜氏唯此
一文独異故傳解其意云不称姜氏絶不為親言於夫人之義宜
与齊絶不復為親也姜氏者齊之姓也礼婦人在家則天父出嫁
則天夫為夫斬衰三年為兄大功九月今兄殺己夫於文姜之義
宜与齊絶姜意不与齊絶而復奔之故於其奔也特去姜氏去姜
氏者若言夫人不是齊女不姓姜氏以示應絶之義應絶不絶所
以刺文姜也傳言礼者為夫絶兄礼之意也公羊傳曰夫人何以
不称姜氏貶曷為貶与弒公也其与弒公奈何夫人譖公於齊侯
公曰同非吾子齊侯之子也齊侯怒使公子彭生摺幹而殺之穀
梁傳亦云不言氏姓貶之也左氏先儒取二傳為說言傳称絶不
為親礼也謂莊公絶母不復以之為親為父絶母得礼為父之義
故曰礼也杜不然者釋例曰文姜与公如齊以淫見適懼而帰訴

於襄公々々殺公而委罪於彭生弑公之謀姜所不与疑懼而自
留於齊莊公感其不反以嗣即位之礼故姜氏自齊而还魯々人
探情以責之故後出奔夫子以為姜氏罪不与弑於莊公之義留
以母淫於齊而絶其齊親内全母子之道故經不稱姜氏傳曰絶
不為親礼也明絶之於齊也文姜稱夫人明母義存也哀姜外淫
故孫稱姜氏明義異也觀此觧之意夫人宜与齊絶釋例之文言
莊公宜与齊絶者夫人猶尚宜絶莊公固宜絶矣先儒譏々莊公宜
与母絶杜意莊公宜与齊絶故偏抝莊公為文所以排旧説耳其
実夫人及公俱當与齊絶也　注齊彊至之変　正義曰傳不直
言礼而云為外礼者築之是常未足褒美正為築之于外是應変
之礼故觧其意齊彊魯弱又委罪彭生魯既不能讎齊雖内実深
讎外若不怨既不敢辞王命又不欲見齊侯因其喪制未闋故異
其礼為之於外是其得礼之変也杀息為闋則闋訓為息也未闋
言其未息也王姬之館必築之者公羊傳曰主王姬者必為之改
築於路寢則不可小寢則嫌群公子之舍則以卑矣其道必為

之改築者也穀梁傳曰於廟則已尊於寢則已卑為之築節矣郑箴膏肓云宮廟朝廷各有定处无所館天子之女故宜築于宮外是言須築之意也但杜意若其内不恨務非有喪制不須築於城之外耳此言外者謂城之外説公羊穀梁者亦以为城外然王姬来嫁必須築館所以十一年王姬不築館者或因其旧館或築而不昏也　二年注於餘至廢兄　正義曰公羊穀梁皆以於餘丘為邾之別邑左氏无傳正以春秋上下之旨未有伐人之邑而不繫國者此无所繫故知是國釈例注闕不知其处蓋近魯小国也莊公時年十五者以桓六年生至此二年為十五莊二十七年公羊傳曰公子慶父公子牙公子友皆莊公之母弟也左氏先儒用此為説杜以不然故明之釈例曰經書公子慶父伐於餘丘而公羊以為莊公母弟計其年歳既未堪統軍又无晋悼王孫滿幼知之文此蓋公羊之妄而先儒曾不覺悟取以為左氏義今推案傳之上下羽父之弑隱公皆諮謀於桓公則桓公已成人也傳曰生桓公而恵公薨指明仲子唯有此男非謂生在薨年也桓以

成人而弑隱即位乃娶於齊自應有長庶故氏曰孟此明證也
公疾問後於叔牙々稱慶父材疑同母也傳稱季友文姜之愛子
與公同生故以死奉般情義相推考之左氏有若符契是杜明其
異母之意也氏曰孟氏傳文實然而經稱仲孫杜元明釈八年傳
稱仲慶父其舉謚稱之則謂之共仲蓋慶父雖為庶長而以仲
為字其後子孫以字為氏是以經書仲孫時人以其庶長稱孟故
傳稱孟孫其以謚配字而謂之共仲猶臧僖伯管敬仲之類也劉
炫云蓋慶父自稱仲欲同於正適言已少次莊公為三家之長故
以莊公為伯而自稱仲春秋之例皆傳言實而經順其意經稱當
時之事書其自稱之辭其人自稱仲孫不得不書為仲傳序已適
之事舉其時人之語時人呼為孟氏不得不以孟錄論語云孟孫
問孝於我是時人呼云孟氏也楚公子棄疾弑君取國改名為
居經書楚子居卒是從其自稱也　注魯為至內女　正義
曰他國夫人之卒例皆不書唯魯女為諸侯之妻書其卒耳王
姬非是為女亦書其卒為比之內女故也檀弓曰齊告王姬之喪

魯莊公為之大功或曰由魯嫁故為之服姊妹之服是其比内女也
注再与桓同盟也 正義曰桓十一年盟于折十二年于穀丘是再也三年
注溺魯至去氏 正義曰隱四年翬會宋公陳侯蔡人衛人伐鄭傳
曰羽父請以師會之公弗許固請而行故書曰翬帥師疾之也彼不
称公子傳言疾之今溺亦不称公子傳亦言疾之知其事与翬同
疾其専命而行故去氏也公子非氏貶与氏同故言氏也 注季紀至
貴之 正義曰公羊傳曰紀季者何紀侯之弟也何以不名賢也何賢
乎紀季請後五廟以存姑姊妹穀梁傳曰酅紀之邑也入于齊者以
酅受齊也杜取彼為說知季是紀侯之弟以酅邑入齊為附庸之
君附屬齊国也諸侯之卿例當書名善其能自存立故書字貴之
也釈例曰齊侯鄭伯詐朝于紀欲以襲之紀人大懼而謀難於魯
請王命以求成于齊公告不能齊遂偪之迮其三邑国有旦夕之
危而不能自入為附庸故分季以酅使請事于齊大去之後季為
附庸先祀不廢社稷有奉季之力也故書字不書名言入不書叛
也判分也傳曰始分為紀侯大去張本也劉賈謂紀季以酅奔齊

不言叛不已專酅也傳稱紀侯不已下齊以與紀季々非叛也紀
七之後叔姬歸于酅明為附庸猶得專酅故可歸也是杜異說賈
之意也以叔姬歸酅知酅為附庸々々之君雖無爵命而分地建
國南面之主得立宗廟守祭祀僖二十一年傳曰任宿須句顓臾
皆風姓也實司大皞與有濟之祀論語云夫顓臾昔者先王以為
東蒙主須句顓臾皆附庸也得祀所出之祖主其竟內山川明得
祀先君奉社稷　注滑鄭至處次　正義曰此解略而釋例詳釋
例曰凡師一宿為舍再宿為信過信為次此周公之典以詳錄師
出入行止遲速因為之名也兵事尚速若師費財不可以久故春
秋告命三日以上必記其次舍之與信不書者輕碎不以告也兵
未有所加所次則書之以示遲速公次于滑師次于郎是也既書
兵所加則不書其所次以事為宜非虛次諸久兵而不書次是々
也既書兵所加而又書次者義有取於次遂伐楚次于陘盟于
牡丘遂次于匡是也所記或次在事前次以成事也或次在事後
事成而次也皆隨事實無義例也杜言既書兵所加則不書其

次者或伐或戰曠日持久其間必有三日之次既書戰伐則亦書次雖次在事前次在事後皆不書也既書兵所加而又書次者義有取於次齊侯伐楚楚強齊欲綏之以德故不速進而次于陘盟于牡丘本為救徐各使大夫救徐次匡以為之援義取於次故書兵所加而又書其次次在事前謂僖元年齊師宋師曹師次于聶北救邢也次在事後謂襄二十三年叔孫豹帥師救晉次于雍榆也聶北之下公羊傳曰曷為先言次而後言救君也雍榆之下公羊傳曰曷為先言救而後言次先通君命也左氏先儒取彼為說言齊桓君也進止自由故先次後救叔孫臣也先通君命故先救後次杜以傳無此言故改正其繆言此二事或次以成事或事成而次皆隨事實先後而書之無義例也先儒又言書次者皆善之辭釋例曰叔孫救晉次于雍榆傳曰禮也禮者善其宗助盟主非以次為禮也齊桓次于聶北救邢亦以存邢具其器用師人無私見善不在次也而賈氏皆即以為善次次之與否自是臨時用兵之宜非禮之所素制也言非素制者非禮家制此名以為善號

也沈氏云將會鄭伯非軍旅而書次者古者君行師從卿行旅從故亦從師行之例也 注為經至君臣 正義曰舍者軍行一日止而舍息也信者住經再宿得相信問也穀梁傳曰次止也則次亦止舍之名過信以上雖多日亦為次不復別立名也通君臣者公次于滑君也叔孫豹次于雍榆臣也但是師行皆從此例君將不言師師故止云公次亦師次也非師之次則不在此例釋例說賈氏云若魯公次乾侯之比非為用師不應在例而復例之亦為濫也 四年注享食至魯地 正義曰鄭玄儀禮注云饗謂享大牢以飲賓則享是飲酒大礼与會小別而以享為會者言夫人与齊侯會而設享礼故書享齊侯也定十年夾谷之會傳稱齊侯將享公孔丘拒之乃不果享是享者兩君相見之礼二年穀梁傳曰婦人不言會言會非正也饗甚矣是享非夫人所當用也礼不合用而夫人用之故直書以見其失也定本享會作享食注隱二至敵体 正義曰穀梁傳曰外夫人不卒此其言卒何也吾女也適諸侯則尊同以吾為之變卒之也為之變者為之服也

礼諸侯絶期并同則為之變服々大功九月恩成於敵体故書其卒適大夫則略之釋例曰内女唯諸侯夫人卒乃書恩成於敵体其非適諸侯則略之以服制相準也生書其来而死不録其卒從外大夫之比也注以国至之辞　正義曰傳称紀侯不能下斉以与紀季是往年分酅与之紀国猶在今則全以紀国与之故云以国与季子釈例曰紀侯力弱憂窮自以列国不忍屈臣於斉使季以酅求安而脱身外寓季果為附庸社稷有奉故不言滅不見迫逐故不言奔大去者不反之辞蓋時史即実而言仲尼弗改故傳不言故書々曰也是說大去之意也滅人国者皆毀其宗廟遷其社稷紀季雖降為附庸得自立廟社而其国不滅也諸侯之奔皆被逐而出此則不見迫逐故不言奔時史謂之大去仲尼以為得理故因而用之十二年叔姫帰于酅則紀季雖全得紀国亦不移就紀都紀之宗廟社稷皆遷之於酅奉祀如本故為不滅雖去国作不滅其実為斉所吞紀之器物財賄亦悉為斉所得成二年傳称紀甗玉磬同之以紀得非滅紀所得也季既入臣於斉縱使斉不自取必悉以

之为赂假令季以赂齐亦是灭纪所得也　注纪季至葬之　正义曰纪侯由齐大去则是齐为纪雠而葬其夫人故解其意云云虽为齐侯所葬亦由鲁往会之故书释例曰纪侯大去其国令弟纳邑附齐々侯嘉而愍之恩及伯姬々々鲁女故以来告大夫会葬故书齐侯葬纪伯姬也不书谥者亡国之妇夫妻皆降莫与之谥而贾许方以诸侯礼说又失之也　传注尸陈至为陈　正义曰尸陈也释诂文荆即楚之旧邑故云荆亦楚也楚之本小国地狭民少虽时复出师未有为法式今始言荆尸则武王初为此楚国陈兵之法名曰荆尸使后人用之宣十二年传称荆尸而举是遵行之也杨雄以尔雅释古今之语作书拟之采异方之语谓之方言方言云戟谓之孑郭璞云取名于钩孑也戟是击刺之兵有上刺之刃又有下钩之刃故以钩孑为名也始云授师孑焉是往前未以此器授师故云然则楚始于此参用戟为陈言参用之者参杂用之陈之所用専用戟　注樠木々名　正义曰此字之音或为曼或为朗若以萌为邑当作曼以两为邑当作朗字体难定故两为之音杜

亘云木名不知何所似榆者俗呼为朗榆盖为朗也　注時秘至行
成　正義曰除道謂除治新路故知更開直道梁溠为作梁於
溠故为橋也釋例曰義陽厥县西有漈水源出县北後县西東南至
隨县入鄖水杜以漈解溠蓋声相近而字轉耳　且請至發喪
正義曰莫敖既与隨侯盟且又請隨侯与楚之为会礼於漢水之汭
而我还楚也隨侯畏楚遂從莫敖为会礼会訖隨侯因濟漢還
国而後發王喪也　五年夫人至斉师　正義曰於时斉先征伐
之事不知师在何処蓋斉侯疆理紀地有师在紀杜云各於〻發
夫人当向紀地後之不言会者往其軍内、就斉侯耳不行会礼
傳注未受至鄀子　正義曰鄀者附庸之国犂来其君之名傳言
未王命者解其称名之意由未得爵命為諸侯故称名也經各其
名傳言未王命此傳所發即是附庸称名之例〻当称名故儀父
称字為貴之也郳之上世出於邾国世本云邾顏居邾肥徙郳宋
仲子注云邾顏別封小子肥於郳为小邾子則顏是邾君肥始封
郳譜云小邾〻俠之後也夷父顏有功於周其子友別封為附庸

居鄍曾孫犂來始見春秋附從齊桓以為周室命為小邾子穆公之孫惠公以下春秋後六世而楚滅之世本言肥杜譜言友南是丁人僖七年經書小邾子來朝知齊桓請王命々之　六年注王人至称字　正義曰昭十二年傳称叔孫昭子三命踰父兄則昭子之父叔孫豹再命也再命而名見於經知諸侯之卿再命三命皆書名一命乃称人諸侯之臣既然則王朝之臣亦然周礼王之上士三命中士再命下士一命故杜以为刘夏石尚称名氏者上士中士也称王人者下士也僖八年公羊傳曰王人微者知此王人亦微者故云王人王之微官也春秋之世二字而子在上者皆是字故知子突是字救衛必以師救而文不称師於例为將卑師少以卑官而帥少師救衛不能使衛侯不入是无功也无功而称字者以朔既讒構取国而又不能於民王意即定黜牟不欲使朔得入故遣師救之时史惡諸侯逆王命故為王使言子突為則官卑蒙王授以大事故称人而又称字貴王人所以責諸侯也釈例曰莊六年五国諸侯犯逆王命以納衛朔大其事故字王人謂之子

突是說進之意也進之不称名而越称字者王之上士下士爵同
而命異耳進之同中士未足以為榮故超從大夫之例称字以貴
之也文二年垂隴之會晉士穀堪其事即書名氏似若真為卿然
故不復称人此貴子突止為數責諸侯非是人實堪進故称人依
其本班称字見其別有所為耳穀梁傳曰王人卑者也名貴之也
善救衛也救者善則伐者不正矣杜意取彼為說唯以子突為字
耳范甯注穀梁亦云此名當為字誤尒　注朔為至八年　正
義曰去年齊宋陳蔡伐衛傳曰納惠公也此年衛侯得入則是諸
侯納之當言歸而經書入成十五年宋花元奔晉宋人迎而反之
當言復歸而經書歸釋例曰朔懼有違衆之犯而以國逆告花元
實国逆歎挾晉以自助故以外納赴春秋從而書之亦二子之情
也凡諸侯外納有三一者以言語告請得入蔡季歸于蔡是也二者
興師送入其国楚人圍陳納頓子于頓是也三者所納之君別在
他国而諸侯師伐彼国令其得入今公及諸侯伐衛是也　注公
羊乱囚也　正義曰釋例曰齊人来歸衛寶公羊穀梁經傳及

左氏傳皆同唯左氏經独言衛侯考三家經傳有六而其五皆言宝此必左氏經之独誤也案説文保從人呆省声古文保不省然則古字通用宝或作保字与侯相似故誤作侯耳杜既以為誤而又解侯為因是其不敢正決故且從之　傳君子至百世　正義曰君子以二公子之立黔牟也為不知揆度形勢矣夫立人為君使已自堅固其位者必當揆度於本末度其本者謂其人才德賢善根本牢固度其末者謂其人終已保有邦国蕃育子孫知其堪已自固而後立其衷焉衷謂節適言使得節適時乃立之也若不已知其本之可立与否則不當謀之如似樹木知其根本之弱不已生長枝葉以喻所立之人材力劣弱不已保有邦国蕃育子孫則不須自強立之詩以樹木本幹喻適枝葉喻庶言文王子孫本幹枝葉適子庶子皆傳国百世由文王之德堪使蕃滋故也劉炫云度其本謂思所立之人有母氏之寵有先君之愛有強臣之援為国人所信服也度其末謂思所立之人有度量有知謀有治術為下民所愛樂也　注祁謚至曰暘　正義曰謚法經典不易

曰祁衛有石祁子亦謚也釋親云謂我舅者吾謂之甥是姊妹之子
曰甥　人將不食吾餘　正義曰食謂噉之為甥設享而因享害
之所有餘食更為人設之將賤吾不肯復食噉吾之餘食也膏肓
以為楚之鄧疆弱相縣若從三甥之言楚之子雖死鄧滅曾不旋踵若
剗股去疾炊炭止沸左氏為短鄭箴云楚之強盛從滅鄧以後於時楚之
未為強何得云彊弱相縣蘇氏云三甥既有此語左氏因史記之
文録其實事非君子之論何以非之　注魯莊公十六年　正義曰
知非楚文王十六年者以文王莊五年即位至十九年卒唯十五
年耳　七年注恒常至昏夜　正義曰恒常釋詁文夜者自昏至
旦之總名但此經下言夜中則此言夜者夜未至中謂初昏之後
耳非竟夜不見星也穀梁夜作昔傳曰日入至於星出謂之昔不
見者可以見也必如彼言星出以前名之曰昔則名昔之時法當
未有星矣何以怪其不見而各為異也明經所言夜者夜昏之後
星應見之時而不見耳公羊傳曰恒星者何列星也言天官列宿
常見之星也於周之四月則夏之仲春月令仲春之月日在奎

昏弧中郑玄云弧在輿鬼南則於時南方之星盡當列見謂常見
之星者謂南方星也杜以長歷校之知辛卯是四月五日也杜以
五日月光尚微不足奄星使不見若有雲蔽當時夜无雲蓋日光
不以昏後是故以为異也　注如而至知之　正義曰公羊說如
雨者言其狀似雨也此傳言星隕如雨与雨偕也偕訓为俱与雨
俱下不得为狀似雨也故轉如为而謂星落而且雨其數多与雨
雜下所落非一星也非常为異害物为災此二事雖是天之變異
不見物被災害皆記異也星隕非常固可記異雨乃常事亦言之
者見星之隕其勢宜明時乃陰雨雨內見星所以为異主言星之
異不言雨之为異也夜之早晚以星为驗月光不匿恒星不見而
云夜中者以水漏知之漏者晝夜百刻於時春分之月夜當五十
刻二十五刻而夜半也　注今五至之苗　正義曰直言无麥苗
似是麥之苗而知麥苗別者公羊傳曰曷为先言无麥而後言无
苗待无麥然後書无苗知彼傳文知麥苗別也且此秋今之五月麥
已熟矣不得方云麥之无苗故知熟麥及五稼之苗皆為水漂殺也

種之曰稼斂之曰穡月令五時食穀黍稷麻麥豆周礼謂之五穀
故云五稼之苗何休云禾初生曰苗秀曰禾 傳注文姜至言之
正義曰文姜數与齊侯會者二年于禚四年于祝丘五年如齊
師此年于防于穀是也哀十五年傳稱齊致禚媚杏於衛則禚
是齊地定五年傳稱季平子行東野卒于房則防是魯地傳於
齊地言書姦於魯地言齊志故知至齊地則姦發夫人至魯地
則齊侯之志也二年會之始此年會之末故傳略舉二端以言之
之明其餘意同也杜于禚于穀皆言齊地于祝丘言魯地見其有
二意若其不然桓五年經書城祝丘〃〃魯地不須解之欲例曰
婦人无外更見兄弟不踰國故其他行非礼所及亦例所不存而
自其時實有出入或以本宜或以淫縱小君之例不得不書故直
書其行而其善惡各繫於本會于禚傳稱書姦夫人入齊地也會
于防傳稱齊志齊侯入魯地也於經无例傳以實言之
八年注期共至待之 正義曰唯言以俟陳蔡不知何故待之
下有師及齊師圍郕郕与陳蔡同討故云期共伐郕陳蔡不至

故待之實遠及說穀梁者皆云陳蔡欲伐魯故待之陳蔡於魯竟
絶路遥春秋以来未嘗猎怨何因輙伐魯也又使者相須月行之
辞非防寇拒敵之称若是畏其来伐寧謂之禦不得称俟故知期
共伐郕耳何休服虔亦言欲共伐郕　住治兵至囲郕　正義曰
周礼中春教振旅中秋教治兵穀梁傳曰出曰治兵習戰也入曰
振旅習戰也公羊傳曰出曰祠兵入曰振旅其礼一也皆習戰也
釋天云出为治兵尚威武也入为振旅反尊卑也孫炎云出則幼
賤在前貴勇力也入則為老在前復常法也彼言治兵振旅皆理
因田獵而還車徒教戰法習号令知寸治兵亦是習号令也寸治
兵於廟欲就為嚴之処使之畏威用命耳但軍旅之衆非廟内所
容止應告於宗廟出在門巷習之昭十八年傳称鄭人簡兵大蒐
將為蒐除杜云治兵於廟城内地迫故除廣之是告於廟習於巷
也下有囲郕知治兵為囲郕也沈云周礼中秋治兵月令孟春令
云是月也不可以称兵所以甲午治兵者以為囲郕故非時治兵
猶如備難　而城虽非時不説沈又云治兵之礼必須告廟々々虽是

内事治兵乃是外事故虽告庙仍用甲午且治兵则征伐之类又
为围郕虽在郊内亦用刚日甲午治兵公羊以为祠兵谓杀牲飨
士卒 师及齐师 正义曰于例将卑师众称师此直言师
则公不自将传称仲庆父请伐齐师阅郕降齐师在国请耳非
是军中请也 注时史至师还 正义曰春秋之例公行征伐还
则告至今将出师未有告师还者也庆父请伐齐师欲以自围郕
之师回伐齐师若用其言则方相战斗师或丧败公乃自责无德
引罪归己时史善公克己复礼全军而还喜其得还故特告师还
也传言君子是以善鲁庄公君子谓当时之史告此师还以善鲁
庄公也仲尼以为得理故因而用之克己复礼论语文也克胜也
己虽恨齐胜情而止责己而不责于人合于人合于礼意僖三
十年秦晋围郑传称秦人窃与郑盟子犯请击秦师晋侯不许
与此事同而彼无善文者鲁庄中平之主已有善事故为可嘉
晋文身为霸主而私有恨郑引秦共伐而秦人背之失其所与
则为不知得免不知之说已为幸矣虽不从子犯未足可尚时史

不善其夏故仲尼亦無褒文　傳夏書至乃降　正義曰此虞書
皋陶謨之文以述禹夏故傳謂之夏書孔安國以為邁行種布降
下也言皋陶已行布其德德乃下洽於民故民歸之今引之斷章
取證降義與言皋陶已布行其德由其有德乃為人降服也杜不見
古文故以為逸書以邁為勉言皋陶已勉力種樹功德不知德乃
降亦是書文謂為莊公之語故隔從下注言已慕皋陶之種德乃
人自降服之自恨不已如皋陶也　九年注無知至六年　正義
曰無知弒君自立則是為齊君矣而不言弒其君者為未列於會
故不書爵不書爵者正謂不書弒其君也釋例曰諸侯不受先君
之命而篡立得與諸侯會者則以成君書之齊商人蔡侯般之屬
是也若未得接於諸侯則不稱爵楚公子棄疾殺公子比蔡人殺
陳佗齊人殺無知衛人殺州吁公子瑕之屬是也諸侯篡立雖
以會諸侯為正此列國之制也至於國內策名委質即君臣之分
已定故雖殺不成君亦與成君同義也是言殺而不稱君之意也
曹伯負芻殺大子而自立成十五年晉侯討而執之十六年曹人

請于晉曰若有罪則君列諸會矣是之列會則成君故指彼以為例
注齊乱至甈亭　正義曰依二十九年傳曰在礼卿不會公侯會
伯子男可也是大夫不得敵公也若敵公則經没公不書而貶卿
称人翟泉之盟是也此不没公者齊乱无君故大夫得敵公旣得
敵公當書名氏而直言齊大夫者来者非一人故不称名也文七
年宋人殺其大夫傳曰不称名衆也是衆則不得書名　公伐齊
納子糾　正義曰公羊傳曰糾者何公子糾也何以不称公子君
前臣名也何休云嫌當為齊君在魯君前不為臣礼故去公子見
臣於魯也賈逵云不言公子次正也公羊之説不可通於左氏
以正不称公子其事文无所出案今定本經文糾之上且有子字
自外入内不称公子者多唯有楚公子比称公子蓋告辞有詳略
故為文不同此有伐齊之文故不須言于齊納捷菑于邾為无伐
邾之文故須言于邾　注二公至死位　正義曰傳称鮑叔牙
以小白奔莒管夷吾召忽奉子糾来奔則二子在国竈均勢敵
故国内各有其黨今齊大夫来盟于甈直是子糾之黨来迎子

糾耳小白之黨猶自向苦迎小白也若其舉國同心共推子糾來迎所宜付之不須以盟要之今既與之盟而興師送糾是二公子各自有黨須伐乃得入故公伐齊也昭十三年傳稱桓公有國高以為内主則國子高子是小白之黨也彼迎小白既早公送子糾又遲公伐齊納子糾始行即各小白入齊得告乃各故至齊之時出小白之殘也傳例曰凡去國國逆而立之曰入小白稱入從國逆之文以其本無位也若本有位則當云復皈賈服以為齊大夫來迎子糾公不亟遣而盟以要之齊人叛迎小白謂迎小白者非是盟既大夫故杜言各自有黨以排之　注小白至乾時　正義曰公以夏伐齊已出小白向之後齊人得葬襄公便是國寧位定公可退而不退戰而敗績是公之罪時史各策不稱公戰公敗為公諱也若言此戰非公是將卑師衆故直言師戰師敗耳此戰雖諱猶各敗升陘之戰敗亦不各者彼為獲公胄恥諱之深故不各敗也

敗子糾殺之　正義曰此名糾耳稱子者公羊傳曰其稱子糾何貴也其貴奈何宜為君者也何休云以君薨稱子某言之者

著其宜为君從未踰年君例賈逵云稱子者懸之案定本上納子
糾已稱子則此言子非懸之也況云齊人稱子糾故魯史從其所
稱而經否子糾知者傳云子糾親也請君討之豈後是懸之爭刘
与賈同　注公子至言之　正義曰諸侯之臣为卿乃見經公
子为賊亂者則書其名不問位之貴賤釈例曰禍福不告則不否
然則國之大事見告則皆隶告而否貴賤各以所告为文也福莫
大於享国有家禍莫甚於骨肉相殘故公子取国及为亂見殺者
亦皆否之不必繫於为卿故子糾意恢以公子見否於經也是說
公子書經之意也　注洙水至齊備　正義曰釈例云洙水出魯
國東北西南入沇水下合泗公羊傳曰洙者何水也浚之者何深之
也曷为深之畏齊也是畏齊故深之由阻固也　傳鮑叔至可也
正義曰此傳大略並有管子否者或是後人所錄其言甚詳其小
匡篇曰桓公自莒反於齊使鮑叔牙为宰鮑叔辭曰君有加惠於
臣使臣不凍餒則是君之賜也若必治国家則非臣之所巳也其
唯管夷吾乎臣之所不如夷吾者五寬惠愛民臣不如也治国不失

秉臣不如也忠信可結於諸侯臣不如也制礼義可法於四方臣不如也介胄執枹立於軍門使百姓皆加勇臣不如也夫管子民之父母也將欲治其子不可棄其父母公曰管夷吾親射寡人中鉤殆於死今乃用之可乎鮑叔曰彼為其君動也君若宥而反之其為君猶是也公曰然則為之奈何鮑叔曰君使人請之魯公曰夫施伯魯之謀臣也彼知吾將用之必不吾与鮑叔曰君詔使者曰寡君有不令之臣在君之国願請之以戮於群臣魯君必諾且施伯之知夷吾之才必將致魯之政夷吾受之則魯已弱齊矣夷吾不受彼知其將反齊必殺之君亟請之不然死及公乃使鮑叔行成曰公子糾親也請君討之魯人為殺公子糾又曰管仲讎也請受而戮之魯君許諾施伯謂魯侯曰勿与非戮之也將用其政也管仲天下之賢人今齊求而得之則必長為魯国憂君何不殺之而授其屍魯君曰諾將殺管仲鮑叔進曰殺之齊是戮齊也殺之魯是戮魯也寡君願生得之以徇於国為群臣戮若不生得是君与寡君之賊比也非敝邑之所請也使臣不敢受命於是乎魯

君乃不殺遂生束縛而以与斉鮑叔受而哭之三挙施伯從而笑
之狸大夫曰管仲必不死矣鮑叔之不忍戮賢人其知〻称賢以
自成也云於堂阜之上鮑叔祓而浴之三栢公親迎於郊遂与飯礼
之於廟三酌而問為政焉外傳斉語与管子大同管子當是本耳
管子无治於高傒之言鮑叔之美管子其言非一說者各記所聞
故不同耳　十年注斉人云魯地　正義曰例称敵未陳曰敗某
師皆陳曰戰此傳称斉人成陳擊鼓不應称敗斉師故觧之孫
子兵各曰誓稽之使失其先後謂稽留彼敵不時与戰使先後乖
其次才魯以曹劌之語設權謀譎詐以稽留之列成而不得用与
未陳相似故以未陳為文釋例曰長句之役魯俱陳而鼓音不斉
檇李之役越人患呉之整以死士乱呉虽皆已陳猶以独克為文
挙其權詐是也此注稽或作掩誤耳今定本作稽　注不言
云句同　正義曰此春敗斉師于長句傳称斉師伐我則今次于
郎亦是敵来伐我而經並不称侵伐〻〻者責罪之文也栢十年
斉侯郑伯来戰于郎傳曰我有辞也故不称侵伐則知此与長句

不晉侵伐亦为我有辭也我有辭者齊来伐我为公伐齊納子糾
来報伐也公之伐齊大夫来盟于蔇許以子糾為君令魯伐齊納
子糾彼自背盟伐魯非責魯也魯有此辭故齊人不合伐也杜言
二公子各有黨則迎子糾者非小白之徒而責齊背盟者言彼蔇
盟大夫背盟而從小白誤公使伐齊耳不言桓公背盟也杜以傳於
長勺之役有伐我之語故就傳为解而以此同之　注荊楚至蔡地
正義曰荊楚一木二名故以为国号亦得二名終莊公之世經皆
書荊僖之元年乃書楚人伐鄭蓋於尔時始改为楚以後常稱楚
也他国虽將有尊卑师有多少或称师或称將不得直書国名史之
書策兼彼告辭此直称国知其告命之辭未合典礼故不称將帅
也　以蔡侯獻舞歸　正義曰穀梁傳曰以歸猶愈乎執也杜於
隱七年注云但言以歸非執也則以敗者直將与共敗不被囚
執其恥輕於執也釋例得獲例曰敵国交兵亦有兵器之獲欲殊
別君臣故於君曰滅於臣曰獲国君者社稷之主百姓之望當与
社稷宗廟共其存亡者也而見獲於敵国虽存若亡死之与生皆与

滅门至於偏軍元帥君之臣僕出身致命崇辱得失自其常变故
傳曰胡子髡沈子逞滅獲陳夏齧君臣之辞也如杜此言師敗身
虜亦應称滅此不言滅而云以歸者叙例所云拠宗廟社稷已亡
而君見獲於敵君身雖在与亡無異皆以滅為文則定六年鄭游
速帥師滅許以許男斯歸是也若社稷宗廟不亡君身見獲於
敵則云以歸此蔡侯獻舞歸是也刘炫云在陳死則称滅以还者
則言以歸以規杜氏非也　注不言至所出　正義曰公羊傳曰
何以不言出国已滅無所出也　傳注曹劌魯人　正義曰案
記作曹沫亦云魯人　注肉食至与也　正義曰孟子論庶人云五
畝之宅樹之以桑五十者可以衣帛雞豚狗彘之畜無失其時七
十者可以肉食是賤人不得食肉故云在位者也襄二十八年傳
說子雅子尾之食云公膳日双雞昭四年傳說頒冰之法云食肉
之祿冰皆与焉大夫命婦喪浴用冰蓋位為大夫乃得食肉也間
謂間雜言不應間其中而為之謀故云間猶与也　衣食所安
正義曰公意衣食二者出所以安身然亦不敢専己有之必以之

分人　犧牲玉帛　正義曰四者皆祭神之物曲礼曰天子以犧牛諸侯以肥牛鄭玄云犧純毛也肥養於滌也然則牲謂三牲牛羊豕也犧者牲之純色也魯自得用天子之礼要犧牲相配之語未必为得用乃言之也　注孚大信也　正義曰孚亦信耳以言小信未孚故解孚為大信以形之　注上思利民忠也　正義曰桓六年傳文也言以情審察不用使之有枉則是思欲利民故為忠之屬也　登軾而望之　正義曰考工記云兵車之廣六尺有六寸三分車廣去一以為隧隧謂輿內前後深四尺四寸也三分其隧一在前二在後以揉其式式在輿間從前量之深一尺四寸三分寸之二也以其廣之半為之式崇崇三尺二寸也謂當車輿之內去前軨一尺四寸三分寸之二下去車板三尺三寸橫施一木名之曰軾得使人立於其後時依倚之曹劌登軾得臣云君馮軾皆謂此也　注雩门至虎皮　正義曰雩门為魯南城门蓋射人猶以名之故知也僖二十八年傳稱胥臣蒙馬以虎皮此云蒙皋比而先犯之事与彼同知皋比是虎皮也以胥臣之事譬之必知

定是虎皮其名曰皐比則其義未审杂記云倒載干戈包之以虎皮名之曰建櫜鄭玄以为兵甲之衣曰櫜々韜也而其字或作建皐故服虔引以解此　注妻之姊妹曰姨　正義曰釈親云妻之姊妹同出為姨孫炎云同出俱已嫁也　十一年公敗宋师于鄑　正義曰往年公敗宋师于乘丘今為乘丘之役侵我則是報彼前恥魯旣无辞亦不称侵伐者荘公以宋未嘗犯宋々黨斉伐我故敗于乘丘今復重来更是宋之可責非魯罪也　傳注通謂至为文　正義曰設權譎変詐以勝敵者謂若長勺之役待斉人三鼓氣衰乃擊之定十四年檇李之役越子患呉之整使罪人屬劍自剄呉师屬之目越子因而伐之此二者敵虽已陳設權勝之成列而不得用也此及昭元年晋荀呉敗狄于大鹵傳皆云未陳而薄之是其未成列也彼我不得成列与成列而不得用皆以未陳独敗為文言彼不能拒而此独克之也昭五年叔弓敗莒师于蚡泉傳曰莒未陳也此已發例彼後發者釈例曰魯敗宋莒再發未陳之例者嫌君臣有異也　注堅而至者也　正義曰戦者共鬬之

辞彼此成列權无所施故为各得其所成敗決於志力者也兩国
交戰必有勝負或有未至成敗各自收斂故有言戰不言敗者桓
十年齊侯郑伯来戰于郎十二年及郑师伐宋丁未戰于宋如此
之類交戰而未至於敗故不書敗也或有彼実未陳應從未陳之
例亦書戰者或有実敗而不書敗者皆從告辞也釈例曰令狐之
役晋人潛師夜起而書戰者晋諱背其前意而夜薄秦师以戰告
也河曲之戰秦晋交綏長岸之戰吴楚兩敗交綏並退軍士未憗
吴楚俱病莫肯以告故皆書戰而不書敗也邲之戰上軍先陳桃
文乃敗故書戰又書敗也　注师徒至敗績　正义曰师徒撓敗
成二年傳文穀梁傳曰高曰崩厚曰崩解其师非高厚而称崩意
沮訓壞也沮岸謂河岸崩也師旅大敗似岸崩山崩也績訓為功
喪其功績故曰敗績唯成十六年言楚子郑师敗績者釈例曰鄢
陵之戰楚之师徒未大崩楚子傷目而退故指事而言也言楚子身
敗非师敗也故言楚子敗績僖十五年晋侯及秦伯戰于韓獲晋
侯其君被獲而不書敗者晋侯戎馬還濘而止為秦所獲師不大

崩故不备敗也城濮之戰傳称楚左右師潰子玉收其卒而止故
不敗是二軍敗而經書敗績鄢陵之戰傳称子反曰臣之卒實奔
是一軍敗而杜云師未大崩然則敗績若是大崩之名敗多存少乃
称敗績敗少存多則不称敗績也　注謂若至之名　正義曰克
訓勝也戰勝其師獲得其軍内之雄儁者故云得儁曰克春秋称
克者唯有叔段一事而已既非敵國相伐又非君之討臣而於戰
陳之例別立此名彼傳注云如二君故曰克故與迹叔段之事以
克之凡例乃是旧典非独為段發故云叔段之比釋例与此尽同
注覆謂之為文　正義曰取謂尽取无遺漏之意也哀九年宋皇
瑗取鄭師于雍丘傳称皇瑗囲鄭師每日遷舍壘合鄭師哭是自
知尽死无逃逸之路也又曰使有能者无死是其合軍之内死生
在宗也取狀如此而云覆而敗之知其如羅網掩覆一軍皆見禽
制故以取為文服虔云覆隱也設伏而敗之謂攻其无備出其不
意敵人不知敗之易故曰取即如服言与未陳何異而別以為例
謂之取也荀吴敗狄于大原於越敗吴于檇李並攻其无備出其

不意而經不言取郑二公子敗燕師于北制郑人大敗戎師是設
伏敗之而傳不言取服謂此為取何也宋囲郑師罡合而哭自知
必敗非敵人不知而爲取何也　注王者至得校　正義曰此亦周
公旧凡杜解旧凡之意得有王師敗績者以周公制礼理包盛衰
故周礼載大喪及王師不功之事故旧凡例有敗績之文杜以爲
畢逆順言之天王不應有戰敗之事遂申說凡例故云无敵於天
下々々非所得与戰者然春秋之世揔有其事成元年王師敗績于
茅戎是事列於經丘明不得不因申旧凡之義蘇氏之說義亦如
此沈氏不解杜意以京師敗績非周公旧凡是孔子新意丘明為
傳不得不因申孔子新意之義列炫亦不達杜旨謂杜与沈氏意
同非也　禹湯罪已桀紂罪人　正義曰湯誥云其尔方々有罪
在予一人是罪已也泰誓数紂之罪云焚炙忠良刳剔孕婦是罪
人也禹桀之時昏多亡矣国亦應有此事沈引帝王世紀云禹見
罪人下車泣之是罪已也桀殺関竜逢是罪人也　注列国至寡
人　正義曰列国謂大国也曲礼曰庶方小侯自称曰孤諸侯与

民言自称曰寡人其在凶服曰適子孤郑玄云与臣言亦自謂寡
人是元凶則常称寡人有凶則称孤也 既而亡之心 正義曰謂
御說明年為君之後方始閔之閔之時已為君故云是人宜其為
君也傳以御說有礼故以此言實之 注金僕姑矢名 正義曰
用之射人必知是矢其名僕姑其義未聞 公右歂孫生 正義
曰檀弓云魯莊公及宋人戰于乘丘縣賁父御卜国为右車右与
此不同者礼記後人所録聞於所聞之口其言未必實也案傳云
公子偃先犯宋師公從而大敗之則本非交戰礼記称馬驚敗績
公隊佐車授綏御与車右皆死之必如記言則是魯師敗績經安
得称公敗宋師于乘丘傳記不同固當記文妄耳 注戲而至得
還 正義曰服虔云恥而惡之曰靳傳称宋人請之若是恥惡其
人不應為之請魯故杜以为戲而相愧曰靳郑玄注礼記儒行云
遭人名為儒而以儒靳故相戲俗有靳故之語知是戲而相愧之
名也公羊傳以為宋万与閔公博婦人皆在側万曰甚矣魯侯之
淑魯侯之美閔公矜此婦人妬其言曰此虜也魯侯之美惡乎至

何休云惡乎至猶何所至万怒摶閔公絶其脰是其斬之㝎也
十二年注紀侯至大敂　正義曰公羊傳曰其言敂于鄭何隱之
也何隱尓其國亡矣徒敂于叔尓穀梁傳曰其曰敂何吾女也失夫
國喜得其所故言敂焉尓杜略取彼意为說釈例与此尽同大意
以其賢愍其國亡乃依附於叔故書之耳　注捷閔至可褒　正
義曰隱十一年公羊傳曰君弑臣不討賊非臣也子不復讎非子
也葬生者之事也春秋君弑賊不討不書葬以为不繫乎臣子也
左氏无此義故杜明之不書葬為乱故也凡葬魯不會則不書亦
使宋乱不葬魯本无可會之理兼見此義故言乱也万及仇牧並
名見於經智皆卿也万不書氏者釈例曰宋萬賈氏以为未賜族
案傳称南宮長万則為已氏南宮不得为未賜族也推尋經大
自莊公以上諸弑君者皆不書氏閔公以下皆書氏亦足明時史
之異同非仲尼所皆貶也是杜意以为史有詳略无義例也文八
年宋人殺其大夫司馬傳曰司馬握節以死故書以官然則有善
可褒苟文以見義此仇牧書名不警而遇賊无善可褒故不

変其文公羊善其不畏強禦故言此以異之傳注蒙澤宋地蒙縣
正義曰昭十三年楚公子比自晉歸于楚弑其君虔于乾谿書地
此弑閔公于蒙澤不書地者釋例曰先儒旁采二傳橫生異例宋
之蒙沢楚之乾谿俱在国内閔公之弑則以不書蒙沢国内為義
楚之弑灵王後以地乾谿為失所明仲尼本不以為義例則丘明亦
无異文也是亦言史自詳略无義例也　注子游宋公子　正義
曰世族譜子游雜人不知何公之子　注叔蕭大夫名　正義曰
卿大夫采邑之長則謂之宰公邑之長則曰大夫此則是宋蕭
邑大夫也以此年有功宋人以蕭邑別封其人為附庸二十三年
經書蕭叔朝公附庸例稱名故杜以叔為名　于陳以賂　正
義曰斷以賂為句言用賂請于陳也請猛獲于衛不言以賂蓋於
衛无賂　十三年傳注宋有至霸業　正義曰桓二年會于稷以成
宋乱者為會之意欲平除宋督弑君之賊此云平宋乱者宋万已
誅宋新立君其位未定齊桓欲脩霸業為會以安定之非欲平除
新君故宋人聽命来列於會也　十四年注既伐至大夫　正義曰

偁諸侯伐宋齊請師于周則伐事已成單伯始至故云會伐宋
言來就宋地會之也元年注云單伯天子卿也此云周大夫者大
夫亦卿之總號故兩言之　單伯至于鄄　正義曰春秋因魯史
之文魯史自書其事會他國者皆言已往會之不問君之與臣會
諸侯者皆魯人在會字之上若微人往會則會上无字直言其會
明魯往會之微人不合書名書其所為之事而已十六年會齊侯
宋公陳侯衛侯鄭伯許男滑伯滕子同盟于幽是也若魯人不
與而諸侯自會則并序諸侯言會于某十五年齊侯宋公陳侯衛
侯鄭伯會于鄄是也雖霸主召會諸侯霸王之身列在諸侯之上
耳不言霸主會諸侯以其俱是王臣不得與諸侯為主故也若霸
主之國遣大夫往會諸侯雖政在霸國大夫名列諸侯之下由非
諸侯之主列位從其班爵文十四年公會宋公陳侯衛侯鄭伯許
男曹伯晉趙盾同盟于新城是也若王臣在會不問尊卑皆列諸
侯之上僖八年公會王人齊侯宋公衛侯許男曹伯陳世子款盟
于洮九年公會宰周公齊侯宋子衛侯鄭伯許男曹伯于葵丘是

也此含魯人不与單伯宜列在諸侯之上下言含于鄄耳今含字
乃在齊侯之上是齊桓歸功天子故赴以單伯含諸侯為文所以
為天子示名義也此含魯自不与魯所与者皆魯人在上史文以
魯為主耳當含之時以大小為序魯不在上也釋例曰魯為春秋
主常列諸侯上非其實次也子帛郳也依魯大夫之比列於莒上
故傳曰魯故也叔孫豹曰宋衛吾匹也又曰諸侯之含寡君未
嘗後衛君是魯在衛上也宋既先代之後又襄公一合諸侯以紹
齊桓之伯或在齊上則魯次宋也　傳注齊欲至之辞　正義曰
齊既以諸侯伐宋而更請師于周者齊桓始脩霸業方欲尊崇
天子故請師假王命以示大順耳非慮伐不克而藉王威也經書
人而傳言諸侯先儒以為諸如此輩皆是諸侯之身釋例曰傳滅
入例衛侯燬滅邢同姓故名又云穀伯綏鄧侯吾離来朝名賤之
也又云不書蔡許之君棄楚之東也貍之失位此皆貶諸侯之例々
不称人也諸侯在事傳有明文而經称人者凡十一條丘明不示
其義而諸儒皆據案生意原无所出貶諸侯而去爵称人是為君

臣刁文非正等差之謂也又澶渊大夫之會傳曰不書其人棄經皆去名称人至諸侯親城緣陵傳亦曰不書其人而經揔称諸侯此大夫及諸侯經傳所以為別也通校春秋自宣公五年以下百數十年諸侯之咎甚多而皆无貶称人者益明此蓋當時告命記注之異非仲尼所以為例故也是言諸侯之貶或書名或沒而不書必不得称人故以此經書人傳言諸侯為揔衆国之辞假元年齊師宋師曹師救邢於例將卑師衆称師則三国皆大夫師也傳称諸侯救邢亦是揔衆国之辞与此同也　六年而厲公入

服虔云蛇北方水物水成數六故六年而厲公入　猶有至有妖

正義曰公閔厲公之入問於申繻曰猶有蛇妖而厲公得入乎古者由猶二字義得通用申繻對公曰人之所忌謂子儀畏懼厲公心不堅正其畏忌之氣燄燄未盛而進退之時以取此妖来應人也蛇鬭之變由人興也若使人无釁隙焉則妖孽不能自作人棄其常則妖自興以此故有妖棄常謂既不能強又不能弱失常度也　注桓公至守臣　正義曰桓公初封西郑蓋是畿内之国周

礼王子母弟有功者得立祖王之廟故桓公始封為君即命臣使典宗祏々々者慮有非常火災於廟之北壁内為石室以藏木主有叓則出而祭之既祭納於石室祏字從示神之也 注繩譽也

正義曰字書繩作譝字從言訓為譽 十五年注夫人至鄭寧

正義曰文姜僖公之女故為桓公姊妹詩美后妃之德云歸寧父母是父母在則礼有歸寧襄十二年傳曰秦嬴歸于楚々司馬子庚聘于秦為夫人寧礼也是父母没則使卿寧兄弟不得自歸也但不知今桓公有母以否故杜不明言得失

春秋正義卷第八

計一万六千一百五字

春秋正義卷第九　莊公

國子祭酒上護軍曲阜縣開國子臣孔　穎達　等奉

勅撰

十六年注宋主至效此　正義曰往年齊桓始霸未敢即尸其任救患討罪今為宋伐鄭仍使宋自報怨故宋主兵序於齊上也諸侯會許男在曹滑之上班序上下以國大小為次不以爵之尊卑也隱五年邾人鄭人伐宋附庸在伯爵之上是以主兵為先也歷檢上下皆然知是春秋常法禮記祭義云有虞氏貴德而尚齒夏后氏貴爵而尚齒殷人貴富而尚齒周人貴親而尚齒而春秋序會不先同姓而大國在上者孔子修春秋有變周之文從殷之質故也　注書會至宋地　正義曰公羊傳曰同盟者何同欲也穀梁傳曰同者同尊周也杜云服異者亦是同其欲同尊周也合同盟者為盟之時告神稱同釋例曰盟者假神明以要不信故載辭或稱同以服異為言也是言載辭稱同也二十七年同盟于幽傳曰陳鄭服也文十四年同盟于新城傳曰從於楚者服且謀邾也

成五年同盟于蟲牢傳曰郑服也七年同盟于馬陵傳曰尋蟲牢之盟且莒服故也襄三年同盟于雞澤傳曰晉為郑服故合諸侯二十五年同盟于重丘傳曰齊成故也昭十三年同盟于平丘傳曰齊服也如此之類皆是服異故称同也喪服絰父不同居傳曰嘗同居乃為異居未嘗同居則不為異居春秋同盟亦猶是也嘗同盟而異乃称服異未嘗同盟則不為服異故盟不称同也僖二年齊侯宋公江人黃人盟于貫傳曰服江黃也定四年陳許頓胡楚之屬國皆来會于召陵其下云公及諸侯盟于皐鼬二盟並不称同皆為未嘗同盟非服異故不称同也應称同而不称同者僖五年首止之盟郑伯逃歸七年盟于甯毋郑伯使太子華聽命於會而不称同者郑心未服故傳称子華請去三族管仲曰君其勿許郑必受盟是甯毋之時郑未服也八年盟于洮郑伯乞盟傳称請服也而洮盟不称同者郑伯始請服耳未列於會故不称同也文十五年夏晉郤缺帥師伐蔡戊申入蔡其冬諸侯盟于扈傳称晉侯宋公衛侯蔡侯陳侯郑伯許男曹伯盟于扈則是蔡新来服

不稱同者傳稱郤缺入蔡以城下之盟而還是則蔡已先服故不
稱同也宣十二年同盟于清丘傳曰恤病討貳十七年同盟于斷
道傳曰討貳也成九年同盟于蒲傳曰為歸汶陽之田故諸侯貳
於晉晉人懼會於蒲以尋馬陵之盟十五年同盟于戚傳曰討曹
成公也十七年同盟于柯陵傳曰尋戚之盟也十八年同盟于虛
朾傳曰謀救宋也此六盟皆非服異稱同盟者清丘斷道與蒲於
時諸侯已有二心同心討貳故稱同盟戚與虛朾同心疾惡故稱
同盟柯陵之盟鄭人不服欲令諸侯同心伐鄭故稱同盟猶襄十
八年諸侯同心疾齊稱同圍齊自此以前陳在衛下今在上知齊
桓始進之釋例班序譜自隱至莊十四年四十三歲衛與陳凡四
會衛在陳上自莊十五年盡僖十七年三十五歲凡八會陳在衛
上故知是齊桓進之遂班在衛上終於春秋也　注克伐至同盟
正義曰此告之會鄭人在會今而稱子故云蓋齊侯請王命以為
諸侯得為子爵見經也隱元年盟于蔑桓十七年盟于趡是再同
盟也　傳注二字至曰刖　正義曰周禮司刑刖罪五百尚書呂

刑荊罰之屬五百孔安国云刖足曰剕釈言云跳刖也李巡曰斷足曰刖也説文云刖絶也則剕刖是斷絶之名斬足之罪故云斷足曰刖　注數滿於十　正義曰易繫辞云天一地二天三地四天五地六天七地八天九地十至十而止是數滿於十也閔元年傳曰万盈數也數至十則小盈至万則大盈傳具載寔叔事者服虔云寔叔之祖共叔段有伐君之罪宜世不長而云不可使共叔无後於鄭言其刑之偏頗鄭厉公以孽簒適同悪相恤故黨於共叔欲令其後不絶傳所以悪厉公也　注曲沃武至一軍　正義曰桓八年傳称曲沃武公滅翼其年冬王命虢仲立晋哀侯之弟緍于晋至是乃并之也晋世家云曲沃武公伐晋侯緍滅之尽以其宝器賂献於周僖王々々命曲沃武公為晋君列為諸侯於是尽并晋地而有之曲沃武公已即位三十七年矣自桓叔始封曲沃以至武公滅晋凡六十七歳而卒代晋為諸侯是僖王命之意也周礼小国一軍晋土地虽大以初并晋国故以小国之礼命之

注魯桓至之末　正義曰史記十二諸侯年表云莊王元年當魯

柏十六年即位十五年而崩僖王元年當魯莊十三年即位五年
而崩惠王元年當魯莊十八年即位在十八年而此年傳說惠王
之立者杜云傳因周公忌父之宦而見惠王立在此年
公忌父此年出奔至惠王立而得復与史記不違十七年注齊桓
以賤故　正義曰僖七年傳曰鄭有叔詹堵叔師叔先言詹是詹最
貴也且傳稱鄭不朝也以君不朝而詹被執明詹是執政大臣為
不道君使朝故執之也若詹不至齊則无由被執知是諸齊見執
蓋聘齊也昭八年楚人執陳行人于徵師殺之傳曰罪不在行人
也无罪乃稱行人知不稱行人罪之也襄十一年楚人執鄭行人
良霄傳曰書曰行人言使人也言使人者言非使人之罪也書曰
者是仲尼新意故指以為例也執諸侯有稱人稱侯之異執大夫
者悉皆稱人以執之為大夫賤故也劉炫以此注云詣齊見執釈
例曰詹本非出使謂二者自相矛楯今知非者齊以鄭不朝而責
於鄭々令詹詣齊謝罪齊人執之故釈例云元非出聘之使集解
云詣齊被執二文雖異實同耳劉炫不尋此意乃為規已非也

注纖盡至為文　正義曰纖盡也釋詁文舍人曰纖衆之盡
也時史惡其輕敵而以自盡為文罪奇戍也釋例曰奇人纖于遂
鄭棄其師亦時史即意以安文或從赴辭故傳無不彰明義例也
注譽不至賤之　正義曰伏節守死以解國患當如昭元年叔孫
豹之居位待罪也逃若匹夫逃竄故云譽逃以賤之鄭譽自奔
逃來過魯而後假鄭故書之　注麋多至災書　正義曰麋是澤
獸魯所常有是年暴多々則害五稼故言多以災書也　十八
年注不書日官失之　正義曰經亦無朔字當云不書朔與日注
不言朔脫也　注蜮短至為災　正義曰穀梁傳曰蜮射人者也
洪範五行傳曰蜮如鼈三足生於南越々々婦人多淫故其地多
蜮淫女惑亂之氣所生也陸璣毛詩義疏云蜮短狐也一名射景
如鼈三足在江淮水中人在岸上景見水中投人景則殺之故曰
射景或謂含砂射人入皮肌其創如疥服虔云徧[illegible]或々故
為災沈氏云此有蜮傳重發例者以螟螽與蜚同是害禾稼此蜮
則害人故傳特發之　傳陸王之至備設　正義曰王饗醴命之

宥者王為之設饗礼置醴酒命之以幣物所以助歡也宥助猶祐文周礼掌客王待諸侯之礼上公三饗三食三燕侯伯三饗再食再燕子男壹饗壹食壹燕三礼先言饗是王之覲群后始則行饗礼也酒正辨五齊之名一曰泛齊二曰醴齊三曰盎齊四曰緹齊五曰沈齊鄭注云泛者成而滓浮泛泛然醴猶體也成而汁滓相將如今恬酒矣盎猶翁也成而翁翁然葱白色緹者成而紅赤沈者成而滓沈如今造清矣自醴以上尤濁然則以其尤濁故先置之示不忘古也知者礼運云燔黍捭豚下即云以燔以炙以為醴酪是醴酒在先而有故曰先置醴酒示不忘古也詩序曰鹿鳴燕群臣嘉賓也既飲食之又實幣帛筐篚以將其厚意聘礼云若不親食使大夫朝服致之以侑幣致饗以酬幣亦如之是饗礼有酬幣也礼主人酌酒於賓曰獻賓荅主人曰酢主人又酌以酬賓曰酬謂之酬幣蓋於酬酒之時賜之幣也所賜之物即下玉馬是也傳稱饗醴命宥言其備設盛礼也此注命之宥者命在下以幣物宥助僖二十八年命晉侯宥注云命晉侯助以束帛以將

厚意皆命不同者以彼有命晉侯之寵故也　注双玉為瑴
正義曰倉頡篇瑴作珏双玉為瑴故字從兩玉　注諸侯而至人禮
正義曰虢君不知何爵稱公謂為三公也周禮王之三公八命侯
伯七命是其名位不同也其禮各以命数為節是禮亦異数也
今侯而與公同賜是借人禮也假借同義取者假為上邑借為入
邑与者假借皆為去邑　注戎来至其来　正義曰傳例有
鐘鼓曰伐无曰侵戎之来也魯人不知宜无鐘鼓故以侵言之
釈例曰戎之入魯々人不知去而遠追又无其獲邊竟不備候不
在疆所以為諱々此君之闕亦所以示戒將来之君也　鬪緡尹
之　正義曰尹訓正也楚之官多以尹為名此滅權為邑使緡為長
故曰尹也　十九年注公子訖来伐　正義曰公羊傳曰媵者何
諸侯娶一国則二国往媵之媵不書此何以書為其有遂事書大
夫无遂事此其言遂何聘禮大夫受命不受辞出竟有可以安社
稷利国家者則專之可也穀梁文雖不明其意亦為魯女左氏无
傳取彼為說故云公羊穀梁皆以為魯女媵陳侯之婦穀梁傳曰

其曰陳人之婦略之也以未入国略而不言陳侯夫人成九年伯
姬皈于宋晋衛斉三国来媵然則為人媵者皆送至嫁女之国使
之従適而行此鄄是衛之東地蓋陳取衛女為婦魯使公子結
送媵向衛至鄄聞斉宋為会将謀伐魯故權事之宜去其本職
不復送女至衛遂与二君会盟故備書之也送女于鄄停女会盟
鄄是盟処故言于鄄非本期送女使于鄄也既盟之後遂不復送
女其盟本非公意又失媵陳之好故至冬而三国来伐結之此盟
於魯无益故无嘉善之文々八年冬十月壬午公子遂会晋趙盾
盟于衡雍乙酉公子遂会雒戎盟于暴四日之間不容反報亦是
專命而盟患難俱解故再称名氏珍而貴之与此異也宣十二年
宋華椒兼群偽之言以誤其国宋人被伐而貶華椒今三国伐
魯不貶公子結者結之為盟本欲安社稷利国家与華椒事異
故不貶　注非父之昏也　正義曰此既无傳不知何為如莒婦
人不以礼出為無故曰昏也　傳注黄嬴姓　正義曰世本文
注經皇之失職　正義曰衛奉自殺以殉當是近墓之地宜

十四年傳稱楚子聞宋殺申舟投袂而起屨及於室皇劍及於寢
门之外則室皇近於门外當是寢门闕也知此經皇亦是冢前闕
也且此人生為大閽職掌守门明此亦是守门示死不失職也餘
皆死經皇之名蓋唯楚有此号也　以為大閽埋之大伯　正义
曰周礼天官閽人掌守王宮之中门之禁郑玄云閽人司昏晨以
啓閉者刑人墨者使守门秋官掌戮墨者使守门刖者使守囿則
閽不使刖而鬻拳得為閽者周礼地官之屬有司门下大夫二
人掌授管鍵以啓閉国门郑玄云若今城門校尉主王城十二門此
注亦云若今城门校尉官然則鬻拳本是大臣楚人以其賢而
使典此職非為刑而役之其为大閽者當如地官之司门非天官
之閽人亦主晨昏開閉通以閽為名焉謂之大伯々長也為门官
之長也　注言愛君明非臣法也　正义曰何休膏肓云人臣諫
君非有死亡之急而以兵臨君開簒弑之路左氏以為愛君於义
左氏为短故注言此以釋何休之難　注圃園也囿苑也
正义曰冢宰職云園圃毓草木郑玄云樹果蓏曰圃園其樊也詩

云折柳樊圃成十八年築鹿囿然則圃以蓄为之所以樹果蓏圃
則築牆为之所以養食禽獸二者相類故取圃为囿　二十年注来
告玄六年　正義曰襄九年三十年宋災昭九年陳災十八年
宋衛陳鄭災皆不言大知此来告以大故者大也　傳注燕仲父
南燕伯　正義曰譜亦云南燕伯爵不知所出服虔亦云南燕
伯爵　注背舞六代之樂　正義曰言樂及偏舞則樂之所有舞
悉周偏故知皆舞六代之樂也周禮大司樂以樂舞教国子舞
雲门大卷大咸大磬大夏大濩大武鄭玄云此周所存六代之樂
也傳記所説雲门大卷黄帝也大咸堯也大韶舜也大夏禹也大
濩湯也大武周武王也是为六代奏黄鐘歌大呂舞雲门以祀天
神奏大簇歌應鐘舞咸池以祭地示奏姑洗歌南呂舞大磬以祀
四望奏蕤賓歌林鐘舞大夏以祭山川奏夷則歌中呂舞大濩以
享先妣奏无射歌夾鐘舞大武以享先祖　注去盛饌　正義曰
周礼膳大職曰王日一举鼎十有二物皆有俎以樂侑食大喪則
不举大荒則不举大札則不举天地有災則不举邦有大故則不

举郑玄云殺牲盛饌曰举襄二十六年傳曰古之治民者将刑为
之不举不举則徹乐是不举者貶膳食、徹音乐也　二十一年注
薨寢乙昏之　正义曰經无所闕礼莫可知杜为此注者以先儒
之説使荘公絶母子之親故於此明之知母子不絶下葬注亦然
傳注闕象魏也　正义曰定二年雉门及兩觀災注云兩觀闕也
礼運云昔者仲尼与於蜡賓事畢出遊於觀之上郑玄云觀闕
也釈宮云觀謂之闕郭璞云宮门双闕周礼大宰正月之吉縣
治象之法于象魏使万民觀治象郑衆云象魏闕也哀三年魯
災傳称季桓子御公立于象魏之外命藏象魏曰旧章不可亡
也由此言之則觀闕象魏其実一也刘熙釈名云闕在门兩旁
中央闕然為道也然則其上縣法象其狀巍巍然高大謂之象
魏使人觀之謂之觀也闕西辟者辟是旁側之語也服虔云西辟
西偏也南謂兩觀之内道之西也　注略界至皐縣　正义曰
孟子云仁政必自經界始昭七年傳曰天子經略諸侯正封々
略之内何非君土孟子經界即傳之經略且云封略之内封是竟

则知略是界也武公车郑之始封君也言武公之略则是武公旧
竟若其由来不失不须今月後与故知後失其地惠王今後与之
隐十一年王取邬刘蒍邗之田于郑盖桓王之世非此地 注巡
守也巡守 正义曰孟子云诸侯适天子曰述职天子适诸侯曰
巡守々々者守也言诸侯为天子守土天子时巡行之易称后不省
方故云天子省方谓之巡守 注后王遺服 正义曰鞶是带
也鉴是镜也此与定六年传皆鞶鉴双言则鞶鉴一物故知以
镜饰带举今羌胡之服以明之 虢公也於王 正义曰郑
伯谓厉公子文公也服虔云鞶鉴王后妇人之物非所以赐有功
爵饮酒器王爵也一升曰爵々人之所贵者言郑伯以其父得
赐不如虢公为是始恶於王积而成怨僖二十四年遂执王使也
为彼张本 二十二年注赦有至故眚 正义曰肆大眚者肆
缓也眚过也缓纵大过是赦有罪也大罪犹赦则小罪亦赦之犹
今赦眚大辟罪以下悉皆原免也易解卦象云雷雨作解君子以
赦过宥罪解卦坎下震上震为雷坎为雨雷动雨下而万物解散

三五四

故君子以此卦象而放赦有過寬宥罪人也吝称眚災肆赦
舜典文孔安国云眚過災害肆緩也過而有害當緩赦之肆眚
国郑襄九年传文也此諸言肆眚者皆是放赦罪人蕩滌衆故
除其瑕穢以新其心也必其国有大患非赦不解或上有嘉慶
須布大恩如是乃行此宥故釈例曰天有四時得以成歲雷霆
以振之霜雪以肅之春陽以煖之雲雨以潤之然後能相育也
天且弗違而況於人乎物不可終否故受之以同人々々者与人
同也解天下之玉結成天下之亹々肆大眚之謂也尧曰咨爾
舜有罪不敢赦所以須待華命有時而用之非制所常故吝之
也杜唯言有時用之而不知此時何以須赦穀梁傳曰肆大眚為
嫌天子之葬也其意言文姜有罪不合以礼而葬若不赦不復吝
葬嫌天子許之明須赦而後得葬故為赦也賈逵以文姜為有罪
故赦而後葬以説臣子也魯大赦国中罪過欲令文姜之
過因是得除以葬文姜杜不明説要文姜出奔之日尚称夫
人々々之名未嘗有貶何須以赦除之此赦必不為文姜但夫

人以去年七月薨十一月則當合葬乃至此年正月經七月始葬如此遲緩必是国家有患須赦解之但不知其所由耳　注宣公訖子告　正義曰傳言大子必是大子也僖五年晉侯殺其世子申生稱君稱世子此不然者釋例曰古者討殺其大夫各以罪狀宣告諸侯所以懲不義重刑戮也晉侯使以殺大子申生之故來告衛殺孔達傳載其辭々雖當時之狀其告則常也然則殺大夫公子當以罪狀告人此傳不說御寇之罪則陳人不以罪告而經書公子是惡殺大子之名故不稱君父以国討公子告之五月　正義曰釋例曰年之四時雖或无事必空書首月以紀時變以明歷數莊公獨稱夏五月及經四時有不具者丘明无文皆闕繆也　注公不至明故　正義曰釋例曰宋公使花元來聘々不應使卿故傳但言聘共姬也使公孫壽來納幣々々應使卿故傳明言其得禮也是納幣當使卿公不使卿親納幣非禮也傳注齊桓訖公酒　正義曰春秋之世設享禮以召君者皆大臣擅寵如衛公叔文子宋桓魋之徒始為之耳為之非禮法也敬仲

羈旅之臣且知礼者也必不召公㠯已知是桓公賢之自就其家
命也擬敬仲為主人之辭故言飲公酒耳 臣卜云不敢 正義
曰服虔云臣將享君必卜之示戒慎也此桓公自就其家非敬仲
發心請享不得言將享必卜也蓋桓公告其往日乃卜之耳言未
卜其夜者詩云厭厭夜飲在宗載考鄭玄云考成也夜飲之礼
在宗室同姓則成於庶姓讓之則止引此敬仲之意云此之謂不
成是言敬仲非齊同姓故不敢也 注龜曰卜 正義曰曲礼文
也周礼大卜掌三兆之法一曰玉兆二曰瓦兆三曰原兆其經兆
之體皆百有二十其頌皆千有二百鄭玄云兆者灼龜發於火其
形可占者其象似玉瓦原之釁罅是用名之焉原原田也頌謂繇也
每体十繇然則卜人所占之語古人謂之為繇其辭視兆而作出
於㠯分之占或是旧辭或是新造猶如筮者引周易或別造辭卜
之繇辭未必皆在其頌千有二百之中也此傳鳳皇于飛下盡莫
之与京襄十年傳稱衛卜禦寇姜氏問繇曰兆如山陵有夫出征
而喪其雄哀九年傳所晉趙鞅卜救鄭遇水適火史龜曰是謂

沈陽可以興兵利以伐姜不利子商三者皆是繇辭其辭並韻
則繇辭法當韻也郭璞撰自所卜筮理之辭林其辭皆韻習於古
也　注雄曰至邑咎　正義曰釋鳥云鶠鳳其雌皇郭璞云瑞
應鳥說文云鳳神鳥也天老曰鳳之象也鴻前麐後蛇頸魚尾
鸛顙鴛思竜文龜背燕頷雞喙五色備舉出於東方君子之國翱
翔四海之外過崐崘飲砥柱濯羽弱水莫宿丹穴見則天下大安
寧從鳥凡色鳳飛則群鳥從之以万數故古文鳳作朋字山海經
云丹穴之山有鳥焉其狀而鶴五采而文名曰鳳皇首文曰德翼
文曰順背文曰義膺文曰仁腹文曰信是鳥也飲食則自歌自
舞是說鳳皇之狀也鳳皇雄雌俱飛喻敬仲夫妻相隨鏘々鳴之
邑故以喻有邑咎也　五世至与京　正義曰五世其昌言其
始昌盛也並于正卿位与卿並得為上大夫也莫之与京謂無与
之比大言其位最高也五世八世當是卜兆之間有其象隱言其
占之辭不言其知之意固非後学所得詳之　注姊妹之子曰出
正義曰釋親云男子謂姊妹之子為出言姊妹出嫁而生子也

注周大史也　正義曰直言周史知是大史者周礼大史掌昏昭
二年傳称韓宣子觀書於大史氏此以周易見陳侯故知是大史
也以周易見者自以知周易見陳侯言已明易是筮故陳侯使之
筮也　注蓍曰筮　正義曰曲礼文也其揲蓍求卦之法則易
繫辭是也　遇觀之否　正義曰此注坤下巽上觀坤下乾上否
及六四爻變諸如此輩皆擬周易之文知之劉炫規過云觀之
否者爲觀卦之否爻屯之比者屯卦之比爻皆不取後卦之義今
删定以爲不然何者以閔元年畢万筮仕遇屯之比云屯固比入
僖十五年晋献公筮嫁伯姬得歸妹之睽云士刲羊亦无衁歸妹
上六爻辭又云歸妹睽孤寇張之弧睽之上九爻辭又云歸妹之
睽猶无相也昭五年明夷之謙云明夷于飛垂其翼又云謙不足
飛不翔此之等數皆取前後二卦以占吉凶今人之筮亦皆如此
故賈服及杜並皆同焉劉炫苟異前儒好爲別見以規杜氏非也
況云遇者不期而會之名筮者所得卦之吉凶非有宿契逢遇而
已故謂之遇劉炫云下体坤々爲地爲衆上体巽々爲風爲木互

体有艮々为门闕地上有木而为门闕宫室之象宫室而可風化使
天下之衆觀瞻故謂之觀也下体坤々为地上体乾々为天々不
下降地不上騰天地不通其氣上下否塞故謂之否也　是謂王
子孫　正義曰觀国之光利用賔于王二句周易文也此先云不
在此其在異国後云非此其身在其子孫所以在下要後結先云其
在後乎後云在異国者其在異国之下更欲廣説異国是大嶽姜
姓其言稍多且須以結末故進其在後乎於上先解之也庭実旅
百以下方解利用賔于王則上句故曰觀国之下未須賔王之句
而再言利用賔于王者蓋以觀国之光即是朝王之宴直言觀光
於文不足故連言賔王但未解賔王之義故於下更重解之傳稱
別詩斷章則引易論宴亦未必如本此言觀国之光謂所為筮
者觀他人有国之光榮也此有国之人利用為賔客於王朝也其
意言見其子孫有国作賔於王家耳非其身也代陳有国言代陳
正適子孫有其国家陳滅此與是代之也　注此周王論之
正義曰易之為筮揲蓍求爻重爻為卦爻有七八九六其七八

者六爻並皆不變卦下摠爲之辭名之曰彖々者才也摠論一卦之才德若乾元亨利貞之類皆是也其九六者當爻有變每爻別爲其辭名之曰象々者像也指言一爻所像若乾初九潛竜勿用之類皆是也不變者聚而爲彖其變者散而爲象計每於一卦當叠兩体但以此爻陰陽既同唯變否有異且每爻異辭不可交作二叠從上可知不叠二也傳之箋者指取易義不爲論卦丘明不叠卦也諸爲注者皆言上体下体若其叠卦不人則當不煩此注々亦不叠卦也今書有叠卦者蓋是後之学者自恐不識私叠以備忘遂傳之耳每爻各有象辭是六爻皆有變象二至四三至五兩体交互各成一卦先儒謂之互体聖人隨其義而論之或取爻象或取互体言其取義无常也

光遠而耀者也　正義曰易稱觀國之光故解其光義言光在此処遠照於他物從他物之上而有明耀者也謂光已遠照於他物有明故下云照之以天光是也　於土上山也　正義曰六四之爻位在坤上坤爲土地山是地之高者居於土上是爲土上山

也又巽变为乾六四变为九四從二至四互体有艮之象艮为山故言山也　有山玉于王　正義曰山則材之所生此人有山之材言其必大富也上天以明照下照之以天光言天子照照之也於是乎又居於土上既富矣而被天照又復居有土地是为国君之象也易位四为諸侯变而为乾々为天子是有国朝王之象故曰觀国之光利用賓于王　庭實玉于王　正義曰覲礼侯氏執圭見王々受圭礼成乃出又入行享礼献国之所有此説行享礼也旅陳也庭之所實陳有百品々々言物備也奉之以玉帛謂執玉帛而致享礼被天之照有地之材天子賜之土田國君献国所有天地之美備具焉朝王之儀畢足矣故曰利用賓于王　注艮为玉物備　正義曰易説卦艮为门闕乾为金玉坤为布帛杜以门内有庭傳言庭實故改言艮为门庭耳杜言諸侯朝王陳贄幣之象者謂陳之以行享礼也覲礼侯氏既見王乃云四享皆束帛加璧庭實唯国所有鄭玄云四當为三大行人職曰諸侯廟中將幣皆三享其礼差又見取於四也初享或用馬或用虎豹之皮其

次享三牲魚腊籩豆之实龜也金也丹漆絲纊竹箭也其餘无常
貨此物非一国所有唯国所有分為三享皆以璧帛致之礼器
云大饗其王事与三牲魚腊四海九州之美味也籩豆之薦四時
之和氣也内金示和也東帛加璧尊德也龜為前列先知也金
次之見情也丹漆絲纊竹箭与衆共財也其餘无常貨各以其
国之所有則致遠物也郊特牲曰旅幣无方所以別土地之宜而
節遠邇之期也龜為前列先知也以鐘次之以和居參之也虎豹
之皮示服猛也東帛加璧往德也郑玄覲礼之注所言出於彼也
杜言贄幣即郑所謂璧帛也此奉之以玉帛執以致庭实耳其玉
帛不入王也覲礼侯氏致享執玉致命王撫之而已不受之也又
曰侯氏降授宰幣是庭实之幣皆庭受之唯馬受之於門外耳
旅陳积陌文也百者言其物備也　注因觀其子孫　正義曰
以卦名觀故因觀文以傳占也觀者觀他之辞以賓王之変若所
為筮者身自當有則不應觀他此卦猶有觀辞觀非在已之言其
人觀他有之故知在其子孫也　風行而著於上　正義曰服虔

云巽在坤上故為著土也一曰巽為風後為木風吹木實落去更
生他土而長育是為在巽國　注姜姓也四嶽　正義曰周語稱
堯命禹治水共之從孫四嶽佐之胙四嶽國命為侯伯賜姓曰姜
氏曰有呂賈逵云共工也從孫同姓末嗣之孫四岳官名大岳
也主四岳之祭焉然則以其主嶽之祀為之故稱大也　注變而
至必衰　正義曰六四爻變為九四与二共為艮象艮為山故知
興於山嶽之國姜姓大岳之後知其將育于姜地之高者莫过於
山詩云崧高維嶽駿極于天言其大能至天故山嶽則配天也旦
乾在上艮在下亦是山嶽配天之象此人子孫養於大嶽之後居
為位貴得大嶽之權則其功德有配天之大然天子其功配天今
縱得大嶽之權唯諸侯耳言配天者以其功大故甚言之物莫已
兩大此有興兆故知陳必衰也　注桓子也无宇　正義曰史記
田完世家完卒謚為敬仲々生稺孟夷々生湣孟莊々生文子須
无文子生桓子无宇是為敬仲五世孫也　注成子也效此
正義曰沈氏云世家桓子生武子啓及僖子乞々生成子常代之是

内田成子是於敬仲為七世言八世者拠其相代在位为八世也成子弑簡公專斉政是莫之与大也成子生襄子盤々生莊子白々生大公和々遷斉康公於海上和立为斉侯和孫威王称王四世而秦滅之作傳之時完之子孫已盛故備言其終始也世家云敬仲之如斉以陳字為田氏左傳終始称陳田必非敬仲所改未知何時改耳左傳之初訖此始有卜筮故杜於此通説之曲礼曰卜筮者先聖王之所以使民決嫌疑定猶与也是先王立之本意也因而生義教禮教人以行戋行善則德協於卜行悪則遇吉反凶必以行戋乃可卜也洪範曰汝則有大疑謀及乃心謀及卿士謀及庶人謀及卜筮謀及卿士而以卜筮同之是通亀筮以同卿士之数也南蒯卜爲乱不信則不可臧含卜为僭不信乃逆吉二変相反故特引之言卜筮應人行也南蒯在昭十二年臧含在昭二十五年南蒯筮而言卜者卜筮通言耳杜引洪範者欲明亀筮未必神灵故云以同卿士之数言亀筮所見纔与卿士同耳又引南蒯者明吉凶由行不由卜筮欲使人脩德行不可

純信卜筮也又引臧会者吉凶亦由卜筮不可專在於行欲使人
敬卜筮也故丘明举繇驗於行事者以示來世脩德行敬龜筮
言驗於行事者南蒯則行驗而龜筮不驗臧会則行不驗而龜
筮驗言君子志其善者遠者善者謂勸人脩德行敬龜筮是也
遠者謂举其大綱勸人為善長久遠道非有臨時應驗此遠者
即上善者指其事謂之善指其教謂之遠刘炫云計春秋之時
卜筮多矣丘明所載唯二十許事举其繇驗於行事者其不驗
者不載之君子之人当記其忠之善者知之遠者他皆效此
二十三年注穀梁至使聘　正義曰諸言聘者皆言某侯使某
來聘此不言使左氏无傳故取穀梁為說穀梁傳云其不言使
何也天子之内臣也不正其外交故不与使也然則言内臣不
得外交必是畿内之国畿内之国非唯祭耳傳不言為祭公來
聘杜言為祭公來聘者但祭叔連祭為文必是祭人虞叔是虞
公之弟此祭叔或是祭公之弟故以為祭公來聘天子内臣不
得外交諸侯故不言使不与其得使聘也魯受其聘行其礼故魯

聘耳　二十五年陳女叔來聘嘉之故不名此无可嘉而叙叔者杜意叔為名為字无以可知故不明言　注齊因祀觀之　正義曰魯語說此事云夫齊棄大公之法而觀民於社孔晁云聚民於社觀戎器也襄二十四年傳稱楚子使薳啓疆如齊々社蒐軍實使客觀之知此亦然故公往觀之釋例曰凡公出朝聘奔喪會葬皆但書如不言其事此春秋之常然則喪葬常事故不書觀社非常故特書　注不書至其禮　正義曰釋例曰楚之君臣最多混錯此乃楚之初興未閑周之典禮告命之辭自生同異楚武王熊達始居江漢之間然猶未乞自同列國故稱荊敗蔡師荊人來聘從其所居之稱而揔其君臣是言楚之始通未成其禮之意君臣同辭者此云荊人來聘是臣來也僖二十一年楚人使宜申來獻捷言使則是君也而經無書楚之人是君臣同辭　注蕭附至野合　正義曰无爵而稱朝知是附庸國也郳犁來貴之乃書字此无所貴知叔為名也公羊傳曰其言朝公何公在外也文連過于穀是就穀朝公穀是齊地故不言來也定十四年大蒐于比

蒲邾子来会公　比蒲鲁地故言来也穀梁传曰朝於廟正也於外
非正也是言在外行朝則礼不得具定十年传秋嘉粢不野合
知嘉礼亦不野合嘉礼謂善礼非五礼之嘉也朝於五礼属賓
传夫礼亦不然　正義曰夫礼者所以整理天下之民々謂甿庶
貴賤者皆是也諸侯会聚所謀皆是為王室脩臣礼故会以訓上
下之則以諸侯受天子訓在下受其君也於会必号令諸国出貢
賦多少即是制財用之節度也礼使小国朝大国是朝以正班爵
之等義也爵同則小国在下是帥長幼之次序也諸侯之序以爵
不以年此言長幼謂国大小也沈氏云爵同者據年之長幼故云
帥長幼之序不朝不会則征討之故言征伐以討其不然
二十四年注刻鏤亦盛飾　正義曰釈器云金謂之鏤木謂之
刻々木鏤金其受相類故以刻為鏤也桷謂之榱々即椽也穀梁
传曰刻桷非正也夫人所以崇宗廟也取非礼与非正而加之於
宗廟以飾夫人非正也刻桓宮桷丹桓宮楹斥言桓宮以悪莊也
是言丹楹刻桷皆為將逆夫人故為盛飾　注親逆礼也

正義曰公羊傳曰何以書親迎礼也親迎是正礼有故得使卿逆
之无譏也　注哀姜至朝廟　正義曰公羊傳曰其言入何難也
其難柰何夫人不可使入与公有所約然後入唯言有所要不知
要何変故云蓋以孟任故也明日戊寅大夫宗婦覿用幣夫人若
未朝廟不得受臣覿礼知明日乃朝廟既朝乃見大夫宗婦杜言
朝廟者為覿用幣發也書入不書至者釋例曰荘公顧割臂之盟
崇寵孟任故即位二十三年乃娶元妃雖丹楹刻桷身自納幣
而有孟任之嫌故与姜氏俱反而異入経所以不以至礼書也
注宗婦至俱見　正義曰襄二年葬斉姜傳稱斉侯使諸姜宗
婦来送葬諸姜是同姓之女知宗婦是同姓大夫之婦也礼小君
至大夫執贄以見明臣子之道礼亦无此文士相見礼稱大夫始
見于君執贄夫人為与君同臣始為臣有見君之礼明小君初至
亦當有礼以見也且傳唯譏婦贄不宜用幣不言覿之為非知其
礼當然也大夫當用羔鴈用幣亦為非礼也荘公欲奢夸夫人
故使男女同贄悪其男女无別且譏僭為失礼故書之　注羈蓋

至名赴　正義曰此事左氏穀梁並无傳公羊以曹羈為曹〻大夫〻三諫不從而出奔杜以此經在曹羈出奔陳亦皈于曹与鄭忽出奔衛突皈于鄭其文相類故附彼為之說稱蓋為疑辞微弱不能自定曹人以名赴亦如鄭忽之出奔　注赤曹至曰帰　正義曰史記曹世家与年表皆云僖公名夷三家經傳有五而皆言赤杜以鄭突類之知赤是曹君故以赤為僖公名有舛誤何必史記是而杜說非也傳例曰諸侯納之曰皈以戎侵曹而赤皈故云蓋為戎所納也賈逵以為羈是曹〻君赤是戎之外孫故戎侵曹逐羈而立赤亦以意言之无所按也　注蓋經至采用　正義曰公羊穀梁並以赤皈于曹〻郭公連文為句言郭公名赤失国而皈于曹是〻為說不了故不采用　傳注并非丹楹故言皆　正義曰穀梁傳曰礼楹天子諸侯黝堊大夫倉士黈丹楹非礼也注云黝堊黑色黈黄色又曰礼天子之桷斲之礱之加密石焉諸侯之桷斲之礱之大夫斲之士斲本刻桷非正也加密石注云以細石磨之晋語云天子之室斲其椽而礱之加密石焉諸侯礱之大夫斲

之士首之言虽小異要知正礼楹不丹桷不刻故云皆非礼也
注傳不至非常　正義曰士相見礼云下大夫相見以鴈上大夫
相見以羔如士相見之礼始見於君執摯郑玄云士大夫一也如
彼礼文大夫始見於君用羔鴈始見夫人亦當然々則大夫用幣
亦非常而以大夫為常者礼孤執皮帛則諸侯之臣有執帛者矣
大夫執帛唯上僭耳其帛猶是男子所執婦人執幣則全非常是
御孫唯諫婦人不宜執幣丘明為諫發傳故唯举非常也尤傳
諸為諫者或言諫曰或不言諫意在載辞不為例也　注公侯
至執帛　正義曰周礼大宗伯職云公執桓圭侯執信圭伯執躬
圭子執穀璧男執蒲璧是公侯伯子男皆執玉也典命職曰凡
諸侯之適子誓於天子摄其君則下其君之礼一等未誓則以
皮帛继子男公之孤四命以皮帛眡小国之君是諸侯世子与孤
御執帛也附庸虽則无文而為一国之主来則謂之為朝未有爵
命不合執玉明与世子同執帛也且哀七年傳称禹合諸侯於塗
山執玉帛者万国附庸是国明執帛者附庸也郑玄周礼注云皮帛

者束帛而表以皮為之飾皮虎豹皮帛如今璧色繒也周礼以玉作六瑞以禽作六摯則瑞贄有異而此傳玉帛同言贄者鄭玄曲礼注云摯之言至也當謂執之見人以表至誠也與瑞注云瑞節信也礼天子執冒以見諸侯々々執圭璧以朝天子々々以冒々之以為信故以瑞為名皮帛以下无此合信之事故以贄為名其實皆以表至誠故傳以贄言之凡贄皆以爵不以命數也

注卿執至執雉　正義曰周礼大宗伯職文也鄭玄云羔取其群而不失其類鴈取其候時而行雉取其守介而死不失其節鶩取其不飛遷雞取其守時而動曲礼曰飾羔鴈者以繢言天子之臣飾羔鴈以布又畫之諸侯之臣飾以布不畫之自雉以下无飾

注榛小至示敬　正義曰曲礼云婦人之摯椇榛脯脩棗栗鄭玄云婦人无外事見以羞物也椇榛木名椇枳也有實今邳郯之東食之榛實似栗而小鄭又注周礼腊人云薄析曰脯捶之而施薑桂曰鍛脩然則脩脯大同故以脩為脯也虔敬釋詁文皆取其名以示敬者先儒以為栗取其戰栗也棗取其早起也脩取其自

脩也唯榛无説蓋以榛邑近處取其處於事也　二十五年注鼓
伐、至常也　正義曰尚書召誥云用牲于郊牛二如此之類言用
牲者皆用之以祭知此用牲以祭社也鼓之所用必是伐之伐理
可見故不言伐鼓牲不言用則牲无所施於文不足故言用牲傳
称正月之朔慝未作日有食之於是乎用幣于社伐鼓于朝正月
謂周六月也此經虽書六月杜以長歷校之此是七月〻〻用鼓
非常月也鼓當于朝而此鼓于社非其処也社應用幣而於社用
牲非所用也一舉而有三失故説之　注門国門也　正義曰祭
法云天子立七祀諸侯立五祀其門皆曰国門知此門亦国門〻
〻謂城門也傳称天災有幣无牲非日月之眚不鼓則鼓与牲二
事皆失故説之　注報女至七年　正義曰魯出朝聘多有在道
復者假令得到彼国尚不知受之以否故皆書如〻者往也直言
往彼而已不果彼国必成其礼故不称朝聘為春秋之常也僖二
十八年公朝于王所朝訖乃書故即称為朝此公子友莊公之母
弟也於莊世称公子昭元年陳公子招陳哀公母弟也於哀世称

公子故解之称公子者史策之通言也释例曰庶弟不得称弟而母弟得称公子秦伯之弟鍼適晋女叔齐曰秦公子必归此公子亦国之常言得两通之證也是言公子母弟得通言之意也释例又曰兄而害弟则称弟以章兄罪弟又害兄则去弟以罪弟身統論其义兄弟二人交相殺害各有曲直存弟则示兄曲也是言其相殺害则称弟以示义也释例又曰若夫朝聘盟会嘉好之宴此乃兄弟之笃睦非义例之所興故仍旧史之策或称弟或称公子践土之盟叔武不称弟此其义也案经桓三年齐侯使其弟年来聘十四年郑伯使其弟語来盟成十年衛侯之弟黑背帥師侵郑彼皆称弟季友陳招並称公子俱无襃貶所称不同知是史文之異不为义例仲尼无所見义故仍旧史耳　傳既非常之月錯　正义曰此及文十五年昭十七年皆書六月朔日有食之昭十七年傳称祝史請所用幣昭子許之平子禦之曰止也唯正月朔慝未作日有食之於是乎有伐鼓用幣礼也其餘则否大史曰在此月也經書六月而史言在此月则知傳言正月之朔慝

未作者謂此周之六月夏之四月也文十五年傳直說天子諸侯
鼓幣異禮不言非常知彼言六月直六月也此亦六月而云非常
下句始言唯正月之朔有用幣伐鼓之禮明此經雖書六月實非
六月故云非常鼓之月長歷推此辛未為七月之朔由置閏失所
故致月錯不應置閏而置閏誤使七月為六月也釋例曰莊二十
五年經書六月辛未朔日有食之實是七月朔非六月故傳云非
常也唯正月之朔有用幣伐鼓明此食非用幣伐鼓常月因變而
起歷誤也文十五年經文皆同而更復發傳曰非禮者明前傳欲
以審正陽之月後傳發例欲以明諸侯之禮此乃聖賢之微旨而
先儒所未喻也劉炫云知非五月朔者昭二十四年五月日有食
之傳云日過分而未至此君是五月亦應云過分而未至也今言
慝未作則是已作之辭故知非五月案二十四年八月丁丑夫人
姜氏入後彼推之則六月辛未朔非有差錯杜云置閏失所者以
二十四年八月以前誤置一閏非是八月以來始錯也　注正月
之陰氣　正義曰昭十七年傳大史論正月之事云當夏四月是

謂孟夏知正月是夏之四月周之六月也詩云正月繁霜鄭玄云夏之四月建巳純陽用事是謂正月為正陽之月慝惡也人情愛陽而惡陰故謂陰為惡故云慝陰氣也未作謂陰氣未起也

注月食非大災　正義曰古之歷書亡矣漢興以來草創其術三統以為五月二十三分月之二十而日月交會近世為歷者皆以為一百七十三日有餘而日一食是日食者歷之常也古之聖王因事設戒夫以昭昭大明照臨下土忽尓殲亡俾晝作夜其為怪異莫斯之甚故立求神請救之礼責躬罪己之法正陽之月陽氣尤盛於此尤盛之月而為弱陰所侵故尤忌之社是上公之神為於諸侯故用幣于社請救於上公伐鼓于朝退而自攻責也日食者月揜之也日者陽之精月者陰之精日君道也月臣道也以明陰不宜侵陽臣不宜揜君以示大義也昭二十九年傳曰故有五行之官是謂五官實列受氏姓封為上公祀為貴神社稷五祀是尊是奉故社以社為上公之神

注天災至牲也　正義曰傳言亦非常亦上日食也但日食之鼓非常月伐鼓于社非常礼入求用牲

亦非常礼俱是非常故亦蕑也傳既無蕑即發凡例知天災之言
兼日食大水也天之見異所以譴告人君欲令改過脩善非為求
人飲食既過天災隨時即告唯為告請而已是故有幣無牲若乃
元旱歷時霖雨不止然後禱祀群神求彌災沴者設礼以祭々
必有牲詩雲漢之篇美宣王為旱禱請自郊徂宮無所不祭云靡
神不舉靡愛斯牲是其為旱禱祭皆用牲也祭法曰埋少牢於
泰昭祭時也相近於坎壇祭寒暑也王宮祭日也夜明祭月也
幽禜祭星也雩禜祭水旱也鄭玄云凡此以下皆祭用少牢
寒暑不時則或禳之或祈之是説祈禱之祭皆用牲　注眚猶至
鼓之　正義曰易稱是謂災眚秋眚災肆赦是眚災相類故云
眚猶災也月侵日為眚陰犯陽為逆々順之事賢聖所重故見其
逆事而特鼓之此擬日食為説耳傳稱日月之眚日月並言則月
食亦有鼓周礼大僕職云凡軍旅田役贊王鼓救日月亦如之是
日食月食皆有鼓也穀梁傳曰天子救日置五麾陳五兵五鼓諸
侯置三麾陳三鼓三兵大夫擊門士擊柝左氏雖無傳或然也

二十六年注不称至七年　正義曰文七年傳称宋人殺其大夫不称名衆也且言非其罪也是仲尼新意變例也　傳注大司空卿官　正義曰傳於此年以来說士蔿為獻公設計晋國以安今又言大司空明任以卿位也直言司空者是大夫即司空亞旅皆受一命之服是也晋自文公以後世為盟主征伐諸國卿以軍將為名司空非復卿官故文二年司空士穀非卿也然則非卿職掌不異成十八年傳曰右行辛為司空使脩士蔿之法是其典是同也　注為傳記而已　正義曰此年傳不解經々傳各自言事伐戎日食体例已舉或可經是直文不須傳記曹々殺大夫宋齊伐徐或須說其所以此去丘明已遠或是簡牘散落不復能知故耳上二十年亦傳不解經彼經皆是直文故就此一說言下以明上　二十七年注伯姬莊公女　正義曰上二十五年婦于杞莊公死毋而此來寧知是莊公女也今女非常故於此言女以辯之　注原仲至知說　正義曰玉藻記云士於君所言大夫没矣則称謚若字桓二年穀梁傳曰孔父既死父不忍称其名臣既

死君不忍称其名是礼臣卒不名陳侯不称其名故鲁史亦昏其字　注杞称子所黜　正義曰桓二年杞侯来朝十二年公会杞侯莒子盟于曲池自尔以来不見经传隐廿称伯终於春秋故云蓋為時王所黜於時周王南桓莊僖惠不知何王黜之　傳注二十七服也　正義曰此年以来陳郑无不服之状此言其服故注者原之二十一年郑厉公卒二十五年是郑文公之四年也文十七年傳称郑子家与趙宣子書云文公四年二月壬戌为齐侵蔡亦獲成於楚是二十五年既与楚平故至此始服也　凡諸侯于其　正義曰釋例曰歸寧者女子既嫁有時而歸問父母之寧否父母没則使卿歸問兄弟也出者謂犯七出而見絶者也歸者有所往之称来者有所反之言故婦謂之歸而寧謂之来見絶而出則以来歸為辞来而不反也如某者兼終安之称歸于某者亦不反之辞是解其文異之意也此杞伯姬来歸也宣十六年郯伯姬来歸出也文九年夫人姜氏如齐歸寧也魯之夫人无被出者文十八年夫人姜氏歸于齐虽子死自去歸而不反亦出之

彰故与出同文　夫礼所用也　正义曰礼杀慈爱谓国君蓄
民々间有此四者畜聚此众然后可与人战故云战所畜也上篇
既言其用更以其义而復之礼尚谦让々谓礼也杀以和亲杀和
谓乐也慈谓爱之深也爱亲谓慈也爱极然后哀丧々々谓爱也
民间有此四事然后可用以战　注召伯所侯伯　正义曰召伯
称爵知是王之卿士召康公之封召也食在西都畿内释例曰扶
风雍县东南有召亭也春秋时召伯犹是召公之后西都既已
赐秦则东都别有召地不复知其所在　僖二十八年传称王命尹
氏及王子虎策命晋侯为侯伯则知此赐齐侯命者亦赐命为侯
伯也彼注云周礼九命作伯则此亦九命之伯谓九州之长为二
伯也僖元年传曰凡侯伯救患分灾讨罪礼也注云侯伯州长也
彼主说齐桓之事亦谓九州之长非州牧也言州长者兼见州牧
之事耳　二十八年注齐侯所失之　正义曰传称齐侯而经书
人知其讳取赂以贱者告也　诗美僖公之伐淮夷得其元龟象齿
大赂南金襄十一年传称晋侯伐郑受郑之赂告于诸侯皆不以

為諱而此諱之者彼服罪致賂乃以得賂為榮此舍罪受賂故以受之為恥今于稷會宋督取郜鼎亦此之類也戰皆書地此獨不地知是史失之也莊十年公羊傳曰戰不言伐圍不言戰入不言圍滅不言入書其重者左氏無此義而泓韓鞌鄢令狐河曲鄢陵城濮大棘彭衙長岸柏舉之屬皆書戰不書伐此書伐又書戰襄十八年諸侯同圍齊言圍不言伐文十五年晉郤缺伐蔡戊申入蔡書伐又書入丘明無文杜不為說皆是從告而書史有詳略無義例也此經既言齊人伐衛不言齊及衛戰而言衛人及齊人戰者公羊以為伐人者為客被伐者為主以主及客故使衛人主齊尋案經傳令狐河曲大棘彭衙長岸泓韓之屬皆以主及客也乾時外堰及鞌皆魯與人戰以魯為主城濮鄢陵與鄢外楚而內晉也柏舉內蔡而外楚也被伐為主或如公羊之說　注郿魯下邑曰築　正義曰國都為上邑為下故云魯下邑成十八年築鹿囿傳曰書不時也此傳唯發城築之例不言時與不時者春秋重上功無備而興作者傳每言各言時與不時以別有所備禦如書

旱雩之别也雩也其有所畏懼而與作者唯一發而已襄十九年城西郛傳曰懼齊也是其事也此年大无麥禾時歲饑虛恐或侵伐故築之以備難焉西郛之例故不發傳也　注書於冬者也　正義曰麥熟於夏禾成在秋而書於冬者計食不足而後總書之此年不言水旱而得无麥禾者服虔曰陰陽不和土氣不養故禾麥不成也傳言饑而經不書者得齊之糴救民之急不至於饑也傳言饑者指未糴之前説告糴之意故言饑也　臧孫辰告糴于齊　正義曰何休云買穀曰糴告糴者將貨財告齊以買穀魯語云文仲以鬯圭與玉磬如齊告糴曰不腆先君之敝器敢告滯積以紓執事齊人歸其玉而與之糴公羊傳曰何以不稱使以爲臧孫辰之私行也君子之爲國也必有三年之委一年不熟告糴譏也穀梁亦然據經魯臣出使例不言使何以爲怪此也傳言告糴禮也必不得如二傳之説服虔云不言如重穀急辭以其情急於糴故不言如齊告糴乞師則情緩於穀故云如楚乞師　注臧孫辰文仲　正義曰世本孝公生僖伯彄彄生哀伯達達生

伯氏鉼々生文仲辰々是臧僖伯曾孫 傳注大戎𣎆狄者
正義曰晋語云狐氏出自唐叔狐伯行之子実生重耳又曰狐偃
其舅也 注小戎𣎆女也 正義曰昭九年傳称晋率陰戎伐潁
王使辞於晋曰先王居梼杌于四裔故允姓之姦居于瓜州知戎
為允姓也凡言子者通男女也知子謂女也二戎相對為大小也
蠱文夫人 正義曰昭元年傳称周易女惑男謂之蠱知蠱謂惑
以陘㝎 注桔柣至門也 正義曰此已入一門矣又云入自純
門又是入一門矣後言縣門不發則更有一門矣不發是城門則
知純門外郭門桔柣遠郊門也尚書費誓序云東郊弗開是郊
有門也 注子元𣎆曰旆 正義曰軍行之次旆最在先故宣十
二年傳称令尹南轅反旆是旆居前而殿在後也釋天云繼廣充
幅長尋曰旐繼旐曰旆郭璞云旐帛全幅長八尺旆帛續旐末為
燕尾者 注周礼至非例 正義曰周礼小司徒職云九夫為井
四井為邑四邑為丘四丘為甸四甸為縣四縣為都 注別此者以
證都大邑小耳經傳之言都邑者非是都則四縣邑皆四井此從

所發凡為小邑發例大者皆名都都則悉皆曰城小邑有宗廟則雖小曰都無乃為邑邑則曰築都則曰城為尊宗廟故小邑與大都同名釋例曰君邑有先君宗廟雖小曰都尊其所居而大之也然則都而無廟固宜稱城城漆是也而穎氏唯繫於有先君之廟患漆本非魯邑因說曰漆有邾之旧廟是使魯人尊邾之廢廟與先君同非經傳意也又解傳言凡邑則主為邑言則他築非例也者築臺築囿築王姬之館則皆称為築無大小之異 二十九年注傳例至之辞 正義曰馬之所處謂之廄延是廄之名名之曰延其義不可知也公羊傳曰新延廄者何修旧也謂旧廄敝壞不可因而補治故言新為更造之辞也傳言新作延廄而經無作字僖二十年新作南門定二年新作雉門及兩觀皆言新作而此独無作是作傳之後轉寫闕文也釋例曰言新意所起言作以與事通謂興起功役之事摠而言之不復分别因旧而与造新也經者延廄称新而不言作傳言新作延廄者不時也此称經文而以不时為說義不在作也然尋[illegible]是以知經闕作字也而則

賈云言新有故木言作有新木延廏延書作所用之木非公命也
凡諸興造因當有新因有因今為春秋微義直記別此門此觀
有新木故木既已鄙近且材木者立廏之具也公命立廏則與用
皆隨之並季有所用之木非公命也此為近人受命立廏而盗共
其用豈然乎哉　城諸及防　正義曰此言城諸及防文十二年
城諸及鄆定十四年城莒父及霄襄十年傳晉師城梧及制因時
城二邑者皆言及穀梁傳曰以大及小也何休云諸君邑防臣邑
言及別君臣之義賈逵云言及先後之辭杜不為注先後之辭是
也　傳注日中至不時　正義曰中者謂日之長短與夜中分故
春秋二節謂之春分秋分也釋例曰春秋分而晝夜等謂之日
中凡馬春分百草始繁則牧於坰野秋分農功始藏水寒草枯
則皆還廄此周典之制也今春而作廏已失民務又違馬節故曰
書不時也　凡師至曰襲　正義曰釋例曰侵伐襲者師旅討
罪之名也鳴鐘鼓以声其過曰伐寢鐘鼓以入其竟曰侵掩其
不備曰襲此所以別興師用兵之狀也然則春秋之世兵加於人

唯此三名擊鼓斬木俱名为伐鳴鐘鼓声其罪往討伐之若擊鼓斬木然侵者加陵之意寢其鐘鼓潛入其竟往侵陵之意者重衣之名倍道輕行掩其不備忽然而至若披衣然立此三名制討罪之等級也周礼大司馬掌九伐之法賊賢害民則伐之負固不服則侵之天子討罪无掩襲之事唯侵伐二名々与礼合而礼更有七名馮弱犯寡則眚之暴內陵外則壇之野荒民散則削之賊殺其親則正之放弑其君則殘之犯令陵政則杜之內外亂鳥獸行則滅之彼謂王者行兵此據當時實事无其事則傳不為例其滅与入為例故不列於此　凡土至而畢　正義曰釈例曰都邑者人之聚也国家之藩衛百姓之保鄣不固則敗不脩則壞故雖不信寇必於農隙備其守禦无妨民務傳曰龍見而畢務戒事也謂夏之九月周之十一月龍星角亢晨見東方於是納其禾稼三務始畢而戒民以土功事也火見而致用大火星次角亢而晨見於是致其用也水昏正而栽謂夏之十月定星昏而中於是樹板榦而興作焉日至而畢謂日既南微陽始動故土功息傳既

顯称凡例而昏時昏不時各重發者以別无備而興作如昏旱
雩之則也雩也若城西郭傳特曰懼齊此其意也然則此發例者
止謂預脩備禦冰有為時之意故拔間月而為之若為時交急則
不拘此制畢者竟也畢務謂農務竟而民閒也日至而畢謂 土
功竟也冬至之後當更脩來年農事不得復興土功也 注謂
令至功事 正義曰今之九月則季秋也月令季秋之日月在房
漢書律歷志論星之度數云角十二亢九氐十五自角之初至房
初三十六度晨謂夜之將旦於晨之時日体在房故角亢見在東
方也東方之宿各為龍星角即蒼龍角也故角亢為得龍名戒
謂令語之也春夏秋之時之務始畢民將閒暇故預令語民將脩
土功之事使自備也 注大火至之物 正義曰襄九年傳曰心
為大火星度心五尾十八月令孟冬之月日在尾自心初至於尾
末二十三度十月之初心星次角亢之後而晨見東方也致築作
之物謂板榦畚梮諸是城之所用皆致之於作所也 注謂令至
興作 正義曰五行北方水故北方之宿為水星言水屬正者夜

之初昏水星有正中者耳非北方七宿皆正中也詩云定之方中作于楚宮釋天云營室謂之定孫炎云定正也天下作宮室者皆以營室為正國語曰營室之中土功其始是定星昏而正中為土功之大候故知水昏正謂十月定星昏而正中時也鄭玄詩箋云定星昏中而正謂小雪時小雪十月之中氣月令仲冬之月昏東壁中室十六度日行一度是十月半而室中十一月初而壁中礼記中庸云栽者培之栽者樹立之語故知樹板幹而起為興作也釋詁云楨翰幹也舍人曰楨正也築牆所立兩木也翰所以為牆之兩邊鄣土者也然則榦在牆之兩端為樹之之即楨是也翰則在兩邊鄣土即板是也板榦既異而云樹板榦者因類連言耳

三十年注將卑至設備　正義曰於例將卑師少稱人人謂大夫身也大夫卑名氏不見故稱人他國可言其人魯史不得自稱魯人故魯之大夫使出者皆言其所為之事而已此大夫帥師而次于成故直言次也穀梁傳曰次止也有畏也欲救鄣而不能是為降鄣故設備也　注鄣紀至降附　正義曰公羊穀梁傳並云鄣

紀之遺邑也釋例曰刘賈依二傳以爲郱紀之遺邑計紀侯去国
也此二十七年紀侯猶不堪齊而去則邑不得独存此蓋附庸小
国若郱鄑者也是言鄑爲附庸之意不言鄑降于齊而云齊人降
鄑又不言侵伐故云蓋以兵威脅使降附　注濟水也魯地
正義曰釋例曰濟水自滎陽卷縣東經陳留也濟陰北經高平東
平至濟北東北經濟南至樂安博昌縣入海案高平東平魯西
也濟南樂安齊竟內也指言魯濟故疑魯地遇于魯地濟水之也
傳注射師至曰梏　正義曰杜此注与譜並以射師与鬭廉爲一
人不知何拠也服虔云射師若敖子鬭班也射師被梏不言舍之
何以得殺子元也知射師与班必非一人也杜譜以爲鬭射師若
敖子鬭班若敖孫周礼掌囚上罪梏拲而桎中罪桎梏下罪梏梏
拲共文拲施於手知梏亦手也鄭玄亦云在手曰梏在足曰桎是
先儒同此說也易大畜六四童牛之梏牛云梏者牛虽无手謂梏
前足也　三十一年注傳例至示也　正義曰捷勝也戰勝而有
獲獻其所獲故以捷爲獲也釋例曰敍者遺也獻者自下奉上之

称遺者敵体相与之辞傳曰諸侯不相遺俘斉侯替之人失辞称献
失礼遺俘故因其来辞見自卑也以其大卑故各以示己此經言
献捷傳言遺俘則是献捷献因俘也襄八年邢丘之会傳称鄭伯
献捷于会又曰獲司馬燮献于邢丘是献俘謂之捷也襄二十五
年鄭公孫舎之帥師入陳傳称司空致地司徒致民是不以俘因
帰也亦云子産献捷于晋然則无因而献其功空有器物亦称捷
也　三十二年注小穀己繫国　正義曰傳称為管仲知是斉邑
管仲所食采邑也昊滅州来晋滅下陽如此之類皆不繫国知大
都以名通者則不繫国也華亥向寧入于宋南里以叛南里非大
都不得以名通故繫之宋耳賈逵云不繫斉者安其禄然則彼不
繫者豈皆安其禄乎　注路寝至凶変　正義曰公羊傳曰路
寝者何正寝也喪大記曰男子不死於婦人之手婦人不死於男
子之手君夫人卒于路寝鄭玄云言死必於正処也是薨于路寝
得其正也言詳凶変者釈例云詳内変謹凶変　注子般己諱之
也　正義曰傳称公疾問後於叔牙若己有大子則不應須問嗣

問之對似未有大子也季友以死奉般既殺叔牙蓋於尔時始命為大子公薨而般立知其為大子也子惡之死也直書子卒不書名此子般及子野皆書名者釋例曰公子惡魯之正適嗣位免喪則魯君也襄仲倚齊而弑之國以為諱故不稱君若言君之子也及子般子野或見殺或不勝喪言罪則不足成貶為孝而滅性故直略而書卒也又曰未成君而卒若君未葬則嗣子書名在喪之禮也既葬則嗣君諒闇群臣復吉免喪則成君也文公既葬襄仲殺惡及視書曰子卒與未成君同文所以為諱也如杜此言未葬之前生則直稱為子死則書曰子某卒猶外諸侯生稱其爵死書其名以為禮之常也既葬則嗣子成君以理而卒當稱公薨全成君也子惡父既葬魯人諱其弑不得稱君其實已葬不得從子般子野未葬之例故書子卒而不稱名以示似未成君其實已成為君上不得同閔公下不得同般野故直書為子繫之於父若言君之子也公羊以為君存稱世子君薨稱子某既葬稱子踰年稱公擬子般子野卒似欲當然但左氏稱宋桓公卒未葬而宋襄公會諸

侯故曰子即發例曰凡在喪公侯曰子是未葬稱子傳之明文不、
得如公羊說也　狄伐邢注无傳　正義曰明年有傳而言无者
明年自為管仲之言發端耳非說此年伐邢之事故言无傳
傳注有神至虢地　正義曰易稱神也者妙万物而為言者也鬼
後鬼神之神亦无形象可見今言神降則人皆聞知故知有神謂
有神聲以接人也吳孫權時有神自稱王表言語与人无異而形
不可見今此神降于莘蓋亦王表之類神者氣也猶在人上今下
接人故稱降也國語說此事稱內史過對王云昔昭王娶於房曰
房后實有爽德協於丹朱丹朱馮身以儀之生穆王焉若由是觀
之其丹朱之神乎下說神居莘而虢公請土內史過往聞虢請命
知莘是虢地　虞夏商周皆有之　正義曰國語內史過曰夏之
興也祝融降於崇山其亡也回祿信於黔隧商之興也檮杌次於
丕山其亡也夷羊在牧周之興也鸑鷟鳴於岐山其衰也杜伯射
宣王於鎬是夏商周之所有也其虞則國語不言焉未知其所謂
也服虔云虞舜祖考來格鳳皇來儀百獸率舞案虞書夔說樂

祭所致非神降也必其傳會尚書以為得神以興則虞舜得神以亡者又安在也　注享祭至祭之　正義曰此降莘之神非祀典所載神必須祭故內史過令以其物享之其物不知所謂更以至日釋之謂此神初降之日以其至日之物也月令春其日甲乙夏其日丙丁中央土其日戊己秋其日庚辛冬其日壬癸所用之物月令具有其文注引甲乙所用舉一隅也丙丁日至祭用肺玉服皆赤也戊己日至祭用心玉服皆黃也庚辛日至祭用肝玉服皆白也壬癸日至祭用腎玉服皆玄也　神居莘六月　正義曰國語稱惠王十五年神降于莘年表惠王元年是魯莊公之十八年則此年惠王十五年也上云七月神降則今年七月降也居莘六月虢公使祝史享焉則今年十二月也內史過往已聞虢請命則過至虢亦十二月也傳先說王事使了後論虢事以終內史之言故文倒耳　神聰云已得　正義曰國語曰耳目心之樞機也故必聽和而視正聽和則聰視正則明然則所謂聰明者不聽淫辭不視邪人之謂也襄七年傳曰正直為正正曲為直言正者已自正直

者㠯正人曲而壹者言其一心不二意也依人而行謂善則就之惡則去之貌多薄德神所不依其何土之㠯得言賜之土田必歷安也若神所不依則不應賜土而言神賜之土田者神厭其人不告以实猶晋献公筮以驪姬為夫人亦云吉耳　注之國　正義曰服虔云注之言欲与通也　注雩祭至肆也　正義曰魯以周公之故得郊祀上天故雩亦祭天也　文四年傳曰臣以為肄業及之也肄謂習業故講為肄　注圉人掌養馬者　正義曰周禮圉人掌養馬芻牧之事昭七年傳曰馬有圉牛有牧　注蓋覆至門上　正義曰稷門魯南城門蓋時人猶以名之故知也投蓋者謂自投其身以蓋物故以為走而自投反覆門上　刘炫規過云公言犖有力焉如杜此說勁捷耳非有力也蓋謂投車蓋過於稷门今知不然者周礼車蓋以物帛為之輕而帆風非可投之物且傳直云投蓋于稷门不云過稷門明知自投反覆稷門之上今時猶然且游楚超乘而出女曰子南夫也則勁捷之人亦是勇力之定刘君以勁捷非力而規杜氏非也　注䲘鳥至則死　正義曰

說文云鴆毒鳥也一名運日廣雅云鴆鳥雄曰運日雌曰陰諧廣
志曰鴆鳥形似鷹大如鴞毛黑喙長七八寸黃赤如金食蛇及橡
実常居高山巔晉語諸公讃云鴆鳥食蝮以羽翮擽酒水中飲之
則殺人旧制鴆不得渡江有重法石崇為南中郎得鴆以与王愷
養之大如鵝喙長尺餘純食蛇虺司隷傅祗於愷家得此鳥奏
之宣示百官燒於都街是說鴆鳥之狀也以其因酒毒人故字或
為酖　注閔公至八歲　正義曰傳稱閔公哀姜之娣叔姜之
子哀姜以二十四年八月始入娣必与適俱行當以二十五年生
子故云八歲

春秋正義卷第九

計一万九千六百二十七字

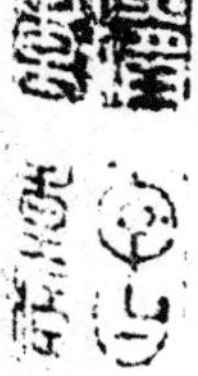

春秋正義卷第十　閔公

國子祭酒上護軍曲阜縣開國子臣孔穎達等奉

勅撰

正義曰魯世家閔公名開莊公之子惠王十六年即位杜世族譜

云名啓方漢景帝諱啓故開因是而亂杜譜云啓方或世本文謚法

在國逢難曰閔是歲歲在大梁　元年注季子至曰歸

正義曰季是友之字也子者男子之美稱國人賢而思之得其還

魯喜而呼曰季子來歸史因其言而書之傳稱請復季友齊侯許

之是得齊之力齊侯許納故曰歸也　注仲孫至之志

正義曰傳稱仲孫湫則名湫而字仲孫也杜言以宴出疆或使向

他國因來省魯難非齊侯命之使來來而不稱君命故不言齊侯

使也諸侯之卿例當書名此人還國使齊侯務寧魯難明年即

有高子來盟是齊侯用其言魯人知其事不書其名嘉而字之杜

云稱字嘉之則仲孫是字猶林之之伯或亦以孫為字也來者身

來之魯是事實也省難心自省之不書其意也其志在省難不告魯

人云已省其難故經擬實事但名仲孫之來傳尋仲孫之志言其來省難也　傳戎狄至簡書　正義曰戎狄之心若豺狼之獸不可厭足也言其尚伐戎狄也諸夏之國皆親近之人不可遺棄也言其尚救邢也宴安自逸若酖毒之藥不可懷戀也言其尚自勞也詩小雅出車之篇美文王勞來諸侯令賢臣出使此臣在外思皈而以王事自勉言我豈不思皈乎誠思歸也但畏此簡書來告急耳諸侯有事則各之於簡遣使執簡以告命告則須救故畏而不歸也此簡書者同有所惡則相憂之禮也請救邢以從簡書　傳旅勤則不匱安則敗名　齊侯縱心宴安不敬征伐安則自損其身故言酖毒以勸之釋獸云豺狗足郭璞云腳似狗說文云豺狼屬狗聲釋獸又云狼牡貛牝狼舍人曰牡名貛牝名狼陸機毛詩義疏云狼鳴能小能大善為小兒啼聲以誘人去數十步其猛健者雖善用兵者不能免也二者皆貪殘之獸故比戎狄也　注敬仲管夷吾　正義曰敬謚々法夙夜勤事曰敬仲字管氏夷吾名也　注諸夏親近也　正義曰此言諸夏襄四年傳魏

餘云諸華必叛華夏皆謂中国也中国而謂之華夏者夏大也言有礼儀之大有文章之華也暱近釋詁文舎人曰暱戚之近也言中国諸侯情親而路近　注已重云成之　正義曰服虔云重不可動因其不可動而堅固之杜以此修四句相類間攜貳々々皆間之覆昏乱々々皆敗之知此重固皆固之則非固重而固之　注為公云祖父　正義曰史記趙世家夙生共孟々々生趙衰晋語云趙衰先君之戎御趙夙之弟也杜以夙為衰兄從晋語也魏世家畢万生武子世本畢万生芒季々々生武仲州々々即犨也杜以万為犨之祖父依世本也　注大伯云適呉　正義曰史記呉世家云呉大伯弟仲雍皆周大王之子而王季歴之兄也季歴賢而有聖子昌大王欲立季歴以及昌於是大伯仲雍二人乃奔荊蛮以辟季歴々々果立是為王季是大伯讓位適呉之事　猶有至及也　正義曰言逃雖失國猶有善名与其留而及禍也何若為勝勸之使逃　万盈云名也　正義曰以算法從一至万每十則改名至万以後猶一万十万百万千万万万始名億從是以往皆

以万為極是至万則数満也論語魏々乎其有成功是魏為高
大之名　遇屯之比　正義曰震下坎上為屯説卦云震動也坎
象云坎険也動而遇険有屯難之象坤下坎上為比説卦坎為水
坤為地水潤下而地受之相親比之象也　注辛廖晋大夫
正義曰杜云辛廖晋大夫則以畢万筮仕在晋国而筮劉炫云若
在晋国而筮何得云筮仕於晋又辛甲辛有並是周人何故辛廖
独為晋大夫令知不然者傳以畢万是畢国子孫令乃筮仕於晋
言於晋以對畢耳非謂筮時在他国也案昭十五年傳云及辛有
之二子董之晋於是乎有董史注云辛有周人二子適晋為大史
則辛氏蓋出於周枝流於晋劉炫用服氏之説以為畢万在周筮
仕於晋又以晋国不得有姓辛而規杜過其义非也　注震為車
坤為馬　正義曰晋語云司空季子占公子重耳之筮云震車
也坤彖云利牝馬之貞是坤為馬也下注震為足震為長男坤
為母坤為衆皆説卦文也　注比合屯之卦　正義曰震之為殺
傳無明文晋語云震車也車有威武昭二十五年傳云為刑罰威

獄以斷其震曜殺戮是震為威武殺戮之意故震為殺也
必復其始　正義曰万是畢公之後公侯之子孫必當復其初始
言此人子孫又將為公侯也及春秋之後三家分晉而魏為諸侯
是其筮之驗也　二年注陽國名闕之　正義曰世本无有陽國
不知何姓杜世族譜土地名闕不知所在与京人近宿文同知陽
是國名蓋齊人偪近之　注三年亦示說　正義曰依三十三年
傳曰凡君薨卒哭而祔々而作主特祀於主烝嘗禘於廟禘祀為
吉祭說喪竟而言禘知禘是喪終而吉祭也襄十五年晉悼公卒
十六年傳稱晉人答穆叔云以寡君之未禘祀知三年喪畢乃為
禘也喪畢而為禘祭知致新死之主於廟也新主入廟則遠主當
遷知其遷入祧者祭法云天子七廟有二祧則祧是遠祖廟也周
礼守祧掌守先王先公之廟祧其遺衣服藏焉廟之遠主其廟既
遷主无所處固當遷入祧也鄭玄以二祧為文王武王之廟遷主
入廟當各從其班穆入文祧昭入武祧礼諸侯五廟更无別祧則
當禮大祖之廟為祧也遠主初始亦以祧新死之主又當与先君相

接故禮同異而為大祭以審序昭穆故謂之禘々者諦也言使昭穆之次審諦而不亂也莊公以其卅二年八月薨至此年五月唯二十二月故喪制未闋也公羊傳曰其言于莊公何未可以稱宮廟也曷為未可以稱宮廟在三年之中矣三年之中未得以禮遷廟而特云莊公知為莊公別立廟廟成而吉祭也僖八年禘于大廟文二年大事于大廟宣八年有事于大廟彼言大事有事亦禘祭也則禘禮必于大廟今未可以吉祭而為吉祭又不于大廟故詳略以示說也既云吉禘又云于莊公是其詳也　注哀姜至姜氏　正義曰此決莊元年夫人孫于齊不稱姜氏也賈服之說皆以為文姜殺夫罪重故去姜氏哀姜殺子罪輕故不去姜氏故杜為此言以異之言外淫者謂與外姓為淫　注蓋高至美稱　正義曰莊二十二年及齊高傒盟于防自爾以來不見經傳故云蓋高傒也往年仲孫湫勸齊侯使寧魯難今而高子適魯知齊侯使來平魯亂也尚齊侯初命高子之時慶父未出僖公未立及其至魯值僖公新立因遂與魯結盟而去之不云齊侯使者盟非

齊侯之命故不稱使也齊侯不使之盟而高子輒為盟者齊侯使
之來平魯亂新君既立遂盟而安之亦足稱齊侯之意其盟非專
擅也魯人不已自安高子盟以安之魯人貴之故不名其名子者
男子之美稱故呼之曰高子穀梁傳曰其曰來喜之也其曰高子
貴之也盟立依公也然則盟立依公必僖公共盟不言公及齊高
子盟者桓十四年鄭伯使其弟語來盟文十五年宋華孫來盟皆
不言公及則不書公者春秋之常也晉荀庚衛孫良夫並為來聘
既行聘禮更與公盟非是直為盟來故聘後別言及耳　注高克
[illegible]魯也　正義曰此及詩序具為大夫出奔多是本國來告傳稱
晉侯使以殺大子申生之故來告又衛殺孔達告於諸侯是其本
國告也宣十年傳例曰凡諸侯之大夫違告於諸侯曰某氏之守
臣某失守宗廟敢告是大夫私奔之告辭昭二十六年王子朝奔
楚傳稱告于諸侯是奔者自告也此鄭文公心惡高克而欲遠
之克既奔陳無罪可告故杜以為高克自狀其寔以告魯々史以
為克若將師出奔是為棄師之道不合高克出奔而合鄭棄其師

者案詩序云公子素惡高克進之不以禮文公退之不以道危國亡師之本是棄其師也穀梁傳曰鄭棄其師惡其長也兼不反其衆則是棄其師也　僖注犬戎己曰納　正義曰西方曰戎知犬戎是西戎別在中國者也釋例曰渭水出隴西狄道縣鳥鼠同穴山東經南安天水略陽扶風始平京兆至弘農華陰縣入河釈丘在隩隈厓内爲隩外爲隈李巡曰厓内近水爲隈孫炎云内隈曲裏也彼雖不言汭汭即隩也而汭字以内爲邑明是水之隈曲之内也　注卜齮至因之　正義曰莊公三十二年注云閔公於是年八歲此云即位年八歲者閔公之年歲傳文不明服虔於莊三十二年注云閔公於是年九歲於此注云公即位時年九歲依二年注云閔公死時年九歲杜知其不可故於莊公之末注言年八歲以異之嗣子位定於初喪言即位者亦謂初立之年也

注宮中小門謂之闈　正義曰釋宮云宮中之門謂之闈其小者謂之閨小閨謂之閤彼就小門之内更別以爲二名大率宮中之門皆小故云宮中小門也名之曰武則其義未聞

注慶父生書卒　正義曰：叔牙云慶父材者，始有黨慶父之心，本其惡未顯見，故季子隱之，而書其卒，若自死然。慶父弒二君，其罪已章著，討而書其誅殺。季子推親親之恩，致同之叔牙，存孟氏之族，故略其罪，不書殺也。又不可全同叔牙，故又不書卒。慶父子孫終為孟氏，是季子推親親之恩枉正法耳。　注兩社至所在

正義曰：王者取五色之土，封以為社。若封諸侯，隨方割其土，包之以白茅，賜之，使立國社。魯是周之諸侯，故國社謂之周社。哀四年亳社災，是魯國有亳社。穀梁傳曰：亳社者，亳之社也。亳，亡國也。亡國之社以為廟屏戒也。則亳社在宗廟之前也。周禮小宗伯掌建國之神位，右社稷，左宗廟，則諸侯亦當然。至二年雉門及兩觀災，則兩觀在雉門外也。禮運云：昔者仲尼與於蜡賓，事畢，出遊於觀之上。蜡祭在廟，故出廟而遊於觀也。由此言之，宗廟社稷在雉門之外，分左右廟也。鄭玄考校禮文，以為魯制三門，庫、雉、路；天子諸侯皆三朝，圖宗人之嘉事則有路寢庭朝，日出視朝則在路門之外，其詢國危、詢國遷、詢立君，周禮朝士所掌外朝之位者，乃在雉

门之外耳雉门之外左有亳社右有周社间于两社是在两社
之间朝廷询谋大吏则在此处是執政之所在也　季氏亡則魯
不昌　正義曰服虔云謂季友出奔魯弑二君案傳子般既死乃
云成季奔陳閔公既死乃云成季適邾皆君死乃出奔非由出奔
乃致君死杜雖無注義必不然尚謂季友子孫与魯升降終以
後季氏世为上卿終於春秋礼記称悼公之喪季昭子問为君何
食以後無則無文尚是与魯俱滅也　注筮者之君同　正義曰
此無六五爻變不取周易之文筮者推演卦意自为其辭也离是
乾子还變为乾故云同復于父言其尊与父同也国人敬之其敬
如君之处所言其貴与君同也説卦乾为君父言其身之尊則云
同復于父言其为人所敬則云敬如君所屬意異故分为二也
衛懿公好鶴　正義曰陸璣毛詩義疏云鶴形狀大如鵝長脚青
翼高三尺餘赤目赤頰喙長四寸餘多純白或有蒼色蒼色者今
人謂之赤頰常夜半鳴故淮南子曰雞知將旦鶴知夜半其鳴高
亮聞八九里雌者声差下今吴人園囿中及士大夫家皆養之

注軒大夫車　正義曰定十三年傳秫齊侯斂諸大夫之軒故杜
云軒大夫車也服虔云車有藩曰軒　注此熒澤當在河北
正義曰禹貢豫州熒波既豬導沇水入于河溢為熒是熒在河南
此時衛都河北為狄所敗乃東徙渡河故知此熒澤當在河北但
沇水入河乃泆被河南多故專得熒名其北雖少亦稱熒也
注蓋年十五六　正義曰衛宣公以隱四年立桓十二年卒終始
二十年耳即位之後乃納急子之妻生壽及朔朔既有兄知其蓋
年十五六耳　注廬舍也文公　正義曰周礼秋官野廬氏掌道
路宿息地官遺人云凡國野之道十里有廬廬有飲食是廬為舍
也廬于曹者言隨宜寄舍耳曹邑無闕不知其處當在河東近楚
丘也戴公名申世本世家文經傳皆云十二月狄入衛衛之人東徙
渡河收集離散乃立戴公此年之末文公即位計戴公為君不過
十數月耳言立一年卒者滅而復興不是嗣位故成喪而諡文公
繼世而立明年始為元年故戴公雖復月少亦稱一年年表亦以
此年為戴公元年今注云以其年卒　注歸遺也門戶

乂卬本誤釵
步叉乙

正義曰焯者不反之縩故為遂也周礼校人云乘馬一師四圉之養一馬故云四馬曰乘以乘車并師五人必駕四馬故也喪大記曰袍必有表不禅衣必有裳謂之一稱是表禅複具曰稱　注魚軒至為飾　正義曰詩云象弭魚服此云魚軒則用魚為飾其皮可以飾器物者唯魚獸耳故云以魚皮為飾陸機毛詩義疏云魚獸似猪東海有之其皮背上有班文腹下有純青今人以為弓鞬步乂者也其皮雖乾燥為弓鞬矢服經年海水將潮及天陰毛皆起水潮還及晴則毛伏如故雖在數千里外可以知海水之潮自相感也　注重錦至匹也　正義曰服虔云重牢也杜以其遺夫人貴義不貴牢故以為錦之熟細者雜記曰納幣一束々五兩々五尋八尺曰尋則五尋四丈謂之兩者分為兩段故也謂之匹者兩々合卷若匹偶然也　注赤狄至氏族　正義曰狄有赤狄白狄成十三年傳晉侯使呂相絕秦云白狄及君同州則白狄与秦相近當在晉西此云東山當在晉東宣十五年晉師滅赤狄潞氏潞則上黨潞縣在晉之東此云伐東山皐落氏知此亦在晉

東是赤狄别種也臯落其氏族也此族之人狄之渠帥也

注膳廚膳　正義曰鄭玄膳夫注云膳之言善也今時美物曰珍膳是膳者美食之名廚者造食之处故云膳廚膳也礼記云文王之为世子食上必在視寒煖之節食下問所膳命膳宰然後退是大子朝夕視君膳者也

對曰告之至廢乎　正義曰竟謂大子臣曲以告百姓以臨下民之事并教之軍旅之法不共是二事为懼矣何故憂其廢乎

注偏衣至公服　正義曰下云服其身則衣之純言此偏衣不純知其左右異色也又云衣身之偏言半以身衣之偏半衣大子知其半似公服也

狐突至死之　正義曰傳之上下諸言某御戎某為右者禮國君自將此大子亦然者摠君之事故与君同文也行歷言將帥御右者以下各有言故此举其同先友不知君有害大子之心故推此衣佩以为善意勸之狐突歎先友不知君意乃徑言时衣佩三者反覆以荅之罕夷唯举服佩二文故云尨奇无常金玦不復也其梁餘子養先丹木唯言服举其重者故子養云不獲而尨命可知也先丹木云是服也

狂夫阻之是背勸大子之行也狄突以衆言同己故決意欲行
羊舌大夫乃以忠孝之事勸之使留各以意之所見故其言或深
或淺　注羊舌大夫晉軍尉　正義曰羊舌氏也爵為大夫号曰羊舌
大夫不知其名何也此人生羊舌職々生叔向故為叔向祖父譜
云羊舌氏晉之公族羊舌其所食邑也或曰羊舌氏姓李名果有
人盜羊而遺其頭不敢不受々而埋之後盜羊事發辭連李氏々
々掘羊頭而示之以明己不食唯識其舌々存得免号曰羊舌氏
也或曰者不知誰為此言杜所不取記異聞耳　服以之時也
正義曰服以遠之覆上衣之尨服也時以閟之覆上命以時卒也
上先時後服時先服後時者以下連尨涼冬殺之文又欲使冬殺
与金寒相近冬殺是時故退之在下言尨涼則申上衣之尨服也
冬殺則申上命以時卒也尨涼概服冬殺概時耳金寒玦离申上
佩以金玦也金是秋之寒氣故言金寒也　注脤宜至脤器
正義曰釈天云起大事動大衆必先有事乎社而後出謂之宜知
出兵必祭社祭社名為宜周礼大宗伯以脤膰之礼親兄弟之国

四一〇

定十四年天王使石尚來歸脤知脤是器物可執之以賜人也今
言受脤於社明是祭社之肉盛以脤器賜元帥也地官掌蜃祭祀
共蜃器之蜃鄭玄云蜃大蛤蜃之器以蜃飾因名焉　注阻疑也
正義曰劉炫云阻疑以意訓耳今言猶云阻疑是阻得為疑也言
雖狂夫猶知於此服有疑也服虔云阻止也方相之士蒙玄衣朱
裳主索室中毆疫號之為狂夫止此服言君與大子以狂夫所止
之服衣之晉語云且是衣也狂夫阻之衣也韋昭云狂夫方相
氏之士也阻古詛字也將服是衣必先詛之是由也正訓各以意
解劉以為方相氏狂夫所服玄衣朱裳左右同色不得為偏衣也
苟服此衣非是意所止也詛乃服之文无出故杜別為此解
注曰公辭　正義曰言公辭者苟以公賜之偏衣金玦推其義理
原公之意而為之作辭非公出言作此辭也　注驪姬至不成
正義曰辛伯之語先有成文其內寵之徒不為晉發故劉炫云二
五嬖賊不得為二政大子不以曲沃作亂不得為大都而杜云驪
姬為內寵二五為外寵奚齊為嬖子曲沃為大都者今刪定以為

辛伯之言雖不為晉晉國之亂寔理相當故杜以事託之二五
為耦驪姬傷晉室曲沃彊大子奔之又築屈與蒲終為禍難但此
擬大子故以曲沃為文刺君不達此旨而為規過違傳意也孝
而至罪也　正義曰去則孝而安民留則危身召罪等之其危
身以召罪也豈若孝而安民乎勸使逃也　務材至任能　正義
曰務材務在殖材財用也訓農訓民勤農業也通商々々販之路令
貨利往來也惠工加恩惠於百工賞其利器用也敬教敬民五教
也勸學勸民學問也授方授民以事皆有方法也任能其所委任
信用能人也　僖公　正義曰魯世家僖公名申莊公之子閔
公庶兄其母成風所生也惠王十八年即位謚法小心畏忌曰僖
是歲々在鶉首　元年注齊師至邢地　正義曰公羊穀梁皆
以為齊師宋師曹師皆是侯伯之身公羊稱不與諸侯專封故
變稱師耳此時方始救邢々本不滅何以言其封也左氏無此義
將卑師衆稱師此三國皆師多而大夫將故名氏不見並稱師公
羊以為此言次于聶北救邢與襄二十三年叔孫豹救晉次于

雍榆二事相反為之作説言此是君也進止自由彼是臣也先通
君命貢服取以為説杜以傳先此事故不用其言釋例曰所説或
次在事前次以成事也或次在事後事成而次也皆隨定實无義
例也此時狄人尚彊未可即擊案兵觀釁以待其事須可擊乃
擊之故次在事前　注邢遷至邢地　正義曰傳稱師遂狄人具
邢器用而遷之則是諸侯遷邢也而文作邢自遷者以邢遷如歸
故以自遷為文公羊傳曰遷者何其意也遷之者何非其意也言
邢遷于夷儀許遷于白羽者皆是其國之意自欲遷之宋人遷宿
齊人遷陽者他人強遷其國之意不欲遷也　注傳例至師故
正義曰春秋之例先會而後盟者會則具序諸國盟則總稱諸侯
公羊謂之前目而後凡此上文已列三國之師救邢救邢与城邢
猶是一事相連耳而再列三國之師不依前目後凡者於文不可
言諸侯師故也案此十五年歷序諸侯盟于牡丘下晉諸侯之大
夫救徐襄二十七年歷序諸國大夫會于宋下云諸侯大夫盟于
宋此不言諸侯之師城邢者此与會盟小異廿四年諸侯城緣陵

為其事有闕故摠稱諸侯此若云諸侯之師滅邢似為其事有闕
摠書為毀故重則煩文而再列三國 注傳在至外薨 正義曰
傳在閔二年者彼因孫于邾遂終言之實齊人殺之諱故不言殺
也夫人之薨例不書地書地者明其在外而薨若言夫人於行至
夷遇疾而薨齊人乃以其喪歸耳 注荊始改號曰楚 正義曰
此前常呼為荊此後遂稱為楚按其見經為言故云荊始改號莊
二十八年仍書荊伐鄭自爾至今不知何年改 注檉宋至盟告
正義曰經書會于檉傳言盟于犖犖即檉也而經不書盟釋例
曰盟于鄧盟于犖盟于戚公既在會而不書其盟以理推之會在
盟前知非後盟也蓋公还告會而不告盟也 注鄫魯邑二年
正義曰傳言莒子之弟而經不書弟者諸侯之臣為卿乃見經見
經則備書名氏若言莒子之弟挐則是為卿之備文此不書弟見
其非卿也傳曰非卿也嘉獲之也以非卿不應書經嘉季友之功
已獲莒之大將故特書所獲以美季子公羊亦云大季
子之獲也釋例曰莒挐非卿非卿則不應書今嘉獲故特書之特

昏猶不稱孝閔諸書孝者皆鄉也　注依公至闕文　正義曰齊人
治哀姜之罪取而殺之則位絕於魯非復魯之夫人其死不合昏
之於策以依公請而葬之外欲固齊以居厚內存母子不絕之義
故具書於經薨葬備禮諱之若言無罪而自死然既諱其殺不宜
有貶公羊傳曰夫人何以不稱姜氏貶曷為貶與弒公也穀梁傳
曰其不言姜以其殺二子貶之也或曰為齊桓諱殺同姓也賈逵
云殺子輕故但貶姜然則姜氏者夫人之姓二字共為一義不得
去姜存氏去氏存姜若其必有所貶自可替其一姜号去一姜字復
何所明於薨於葬未嘗有貶何故喪至獨去一姜公羊傳又曰曷
為不於弒焉貶貶必於其重者莫重乎其以喪至也案禮之成否
在於薨葬何以喪至獨得為重喪至已加貶責於葬不應備文何
故葬我小君復得成禮正以薨葬備禮知其無所貶責故杜以經
無姜字直是闕文公羊穀梁見其文闕妄為之說耳　傳元年至
禮也　正義曰去年八月閔公死依公出奔邾九月慶父出奔莒
公即歸魯言公出故春公出而復歸即位之禮有闕為往年公出

奔之故非言慝即位之時公在外也奔小白渴生之後皆书而後
入經書其入依公彰之亦慝書入往年公书後入不書諱之國内
悄乱致令公出不書公出後入諱國乱也國乱國之惡事諱國惡
是礼也时史諱而不書仲尼因而不改嫌諱非礼故以礼居之
注掩惡亦可也 正義曰坊記曰善則稱君過則稱己則民作忠
善則稱親過則稱己則民作孝是掩惡揚善之義也存君与親也
君親之惡務欲掩之是故聖賢作法通有諱例諱雖有例而事无
定体或諱大不諱小或諱小不諱大皆當时臣子率已之意而為
之隐故无深淺常準隐十年公羊傳曰於外大惡書小惡不書於
内大惡諱小惡書必如彼言是有常準歷檢春秋都无定例納鼎
惡於易田諱田而不諱鼎公入小於公出諱入而不諱孫是其无
常準也既无常準隨諱深淺舊史有所辟諱聖賢因而隱之以通
人變之理故容有掩惡之法釋例曰有時而聽之則可也正以為
後法則不經故不奪其所諱亦不為之定制言若正為後法每變
皆諱則為惡者无復忌憚居上者不知所懲不可盡諱也人之

所極唯君与親總有小惡即發其短非復臣子之心全无愛敬之
義是故不抑不勸有時駐之以為諱惡者禮也无隱者直也二者
俱通以為世教也　注寔夫至之辭　正義曰於例將卑師衆稱
師三國並称為師皆是大夫將也寔大夫也而曰諸侯摠衆國之
辭也桓五年蔡人衛人陳人從王伐鄭傳曰王以諸侯伐鄭彼亦
大夫將摠衆國而称諸侯也先儒以為此役諸侯身行故言此以
異之　注背擯至私取　正義曰邢人潰而奔師棄其私之器物
師遂欲人為之斂聚背擯莫以还邢人師人无所私取善齊桓專
任得人用兵嚴整也　注侯伯至穀帛　正義曰此因齊侯救邢
齊侯之為侯伯當是王之二伯此言州長必是九州之長但州牧
於其竟内亦當救患討罪以州牧亦掌此事故言州長以包之有
災害者分之財物知分者分穀帛也　注虛丘至敗之　正義曰
犖之盟也邾人在焉公既盟而敗其師傳不明言其故直云虛丘
之戍不知虛丘誰地何故戍之服虔云虛丘魯邑魯有亂邾欲兵
戍虛丘魯与邾無怨因兵將还要而敗之所以惡諱公也邾之於

魯季无怨惡僖公奔邾則為之外主國亂則成其內邑无故而敗
其師亡信背義莫斯之甚非僖公作頌之主所當行也杜以為不
然故別為此說此說亦无所據要其理當然也案十二月夫人之
喪始至此九月敗邾師而云以義求齊齊送姜氏之喪者夫人以
七月薨公即求齊齊既許之邾閔許而將歸魯得許而敗邾師耳
注汶陽至入濟　正義曰水北曰陽故知汶水北也釋例曰汶水出
泰山萊蕪縣西南經濟北至東平須昌縣入濟　二年注楚丘至
未近　正義曰此決城邢也彼既近訖乃為城之不言城夷儀而
言城邢邢已近也此則先城楚丘將以封衛言城楚丘不言城衛
衛未近也　江人黃人　正義曰公羊穀梁皆云江人黃人遠國
之辭言其實是君也以其遠國降而稱人賈云江黃稱人刺不度
德善鄰恃齊背楚終為楚所滅其意雖異皆以江人黃人為國君
親來杜以諸侯之貶不至稱人則此稱人者皆是其國之大夫耳
齊桓威德精盛遠國來服齊桓謙以接遠故與眾公會之
傳注君死至言封　正義曰封者聚土之名也天子之建諸侯必

分之土地立其疆界聚土為封以記之故建国謂之封国衛是旧
国今云封者以其君死国滅更封建之故云封也　假道於虞
正義曰聘礼云若過他邦至于竟使次介假道束帛將命于朝下
大夫取以入告出許是礼也他国必假道也聘尚假道況乎伐国
故請以璧馬假借也穀梁傳曰借道乎虞　注并是至軨坂
正義曰服虔以為冀為不道伐鄍三門謂冀伐晉也冀之既病亦
唯君故謂虞助晉也將欲假道稱前恩以誘之案傳荀息以室假
道公尚慮虞不許則晉之於虞旧非与国若其虞經助晉則是昔
來通好何憂乎不許而請進国之美寶尚畏宮之奇諫乎故杜以
為冀自伐虞虞自報冀以虞已報冀晉不已報虢已弱以示其
恥言虞彊以說其心此雖無文理必然也　注逆旅至邊邑
正義曰晉語云陽處父過甯舍於逆旅甯嬴氏知逆旅是客舍也
逆迎也旅客也迎止賓客之處也保者国守之稱知其分依客舍
伺候於晉邊邑既又入而保之觀其此語則虢晉接隣但向其都
邑須過虞虢国以從彼詣虢路遠山險易來難往故也　注晉猶

不信虞　正义曰如传之言直云舍虞伐虢未知誰为兵主但下
云先書虞賄故也若虞为兵主自当在先不須云先晉虞也明晉
实为主而仲尼先書虞故知晉猶主兵不信虞也　注寺人至張
本　正义曰周礼内宰之属有内小臣奄上士四人寺人王之正
内五人内竖倍寺人之数寺人掌王之内人及女宫之戒令内竖
掌内外之通令皆掌婦人之事是自内小臣以下皆用奄人为官
也郑玄云竖未冠者之官名然則此十人名貂幼童为内竖之官以
为齐侯所寵後虽年長遂呼为竖貂焉此時为寺人之官故称寺
人貂也言漏师者漏泄师之密謀也漏師已是大罪此云始者言
其終又甚焉故言始以为齐乱张本　三年注一时至为災
正义曰一时不雨則書首月者解去冬今春也書首月者皆竟时
不雨次月不雨不復書也故夏四月不雨五月不雨不復書六月
得雨乃書之此由不雨日久方始追書其事每時一書所以詳其
文也不於去年冬十月及今年正月不雨注必於夏四月不雨注
者以下有六月雨既備書則五月不雨亦應備書今唯云夏四月

不雨故杜云一時不雨則書首月以解五月不書不雨之意文二
年自十有二月不雨至于秋七月十三年自正月不雨至于秋七
月二者背揔書不雨又不書得雨之月与廿年書不雨文異者穀
梁傳曰一時言不雨者閔雨也閔雨者有志乎民者也六月雨々
云者喜雨也喜雨者有志乎民者也文二年傳曰歷時而言不雨
文不憂雨也不憂雨者无志乎民也言僖有憂民之志故每時一
書文无憂民之志是以歷時揔書賈逵取以為說杜既不注或亦
史異辭也　注徐国至三年　正義曰諸侯相滅亡者多是土壤
隣接思啓封疆今檢杜注徐在下邳舒在廬江相去甚遥而越竟
滅国无傳元注不知所以襄十三年傳例曰凡書取言易也用大
師焉曰滅然則滅之与取俱是絶其国家有其土地難則称滅易
則為取釋例曰用大師起大衆重力以陷敵因而有之故曰勝国
通以滅為文也取者乘其衰亂或受其潰叛或用小師而不頓兵
勞力則直言取如取如攜言其易也是勝国而不用大師亦為取
也　注涖盟也　正義曰公羊傳曰涖盟者何注盟乎彼也來盟

言何來盟于我也盟者殺牲歃血告誓神明以臨其上謂我去者
出我之意故言往彼臨視從外至者我共臨視故直舉其來
四年注遂兩事之辭　正義曰桓八年祭公來遂逆王后于紀公
羊傳曰遂者何生事也謂本無向紀之心至魯始生意也穀梁傳
曰遂繼事之辭也此云兩事之辭謂既有上事復為下事不以本
謀有心無心為異也此齊侯先有伐楚之心因行而侵蔡耳三十
年襄仲將聘于周遂初聘于晉桓十八年公將有行遂與姜氏如
齊如此之類本謀為二事也五年諸侯伐鄭楚人圍許諸侯遂救
許莊十九年公子結媵陳人之婦于鄄遂及齊侯宋公盟如此之
類本無謀而因事便行也但是兩事皆稱為遂故曰兩事之辭不
別本謀與否　許男新臣卒　正義曰成十三年曹伯廬卒于師
此不言于師者穀梁傳曰諸侯死於國不地死於外地死於師何
為不地內桓師也注云齊桓威德洽著諸侯安之雖卒於外與其
在國同賈逵云不言於師善會主加禮若卒於國無氏無此義釋
例曰若卒于朝會或在師或書地者史之成文非義所存然則或

言于師或不言于師亦是史有詳略无義例也注称赴以名者公
爲在軍无須相赴史得赴乃書耳 注屈完至嫌也 正義曰公
羊傳曰屈完者何楚大夫也何以不称使尊屈完也曷爲尊屈完
以當桓公也其意言屈完楚之貴者尊之以敵齊侯若屈完是以
自專无假君命不爲楚子所使故作自來之文服虔取以爲説案
孔子曰君使臣以礼臣事君以忠此聖人之明訓也今乃尊人之
臣許其不爲使輕人之主以爲不合使臣是乃縱群下以覬覦教
疆臣以爲恣約之以礼豈當然乎故杜別爲此解楚子本使屈完
如師以觀齊師之強弱強則欲服弱則欲拒屈完覩齊之盛因則
求盟〻非楚子之意故不称使以屈完自來盟爲文穀梁傳曰其
不言使權在屈完也是其權時之宜自求与齊盟也完之本意欲
即盟於軍齊桓嘉其來服退舍以礼楚〻言來盟于師昏屈完之意
也盟于召陵爲實盟之所也成二年齊侯使国佐如師不言來而
此言來者彼既云如師不須称來此不言如師故云來耳此既云
來盟不須言及屈完盟彼无來盟之文故別言及国佐盟意異

於此故云不同服虔云言来者外楚也傳意無罪言来以外之来
者自外之文非别罪之所在若以言来即为罪楚則仲孫高子之
来也後外齊而罪之乎且悪楚者尚悪其辟在蛮夷負固不服不
服之日容可外之服而又外叛何内也　注受齊至七年
正義曰直言及江黄者將卑師少故不言主師言微者及之宜七
年傳例曰凡師出与謀曰及不与謀曰會而集秋征伐受命於盟
主者實是与謀皆不言及釋例曰盟主之令則上行乎下非匹敵
和成之數故雖或先謀皆從不与謀之例然則此伐陳者受齊之
命討陳之罪亦是上行乎下而經書及者於時齊師不行使魯為
主義与江黄謀之然後共伐故以与謀為文　傳注楚界至取喻
正義曰襄十三年傳稱楚子囊述共王之德撫有蛮夷奄征南海
唯言征南海耳其竟未必至南海也因齊實處北海遂称所近言
其相去遠也服虔云風放也牝牡相誘謂之風尚書称馬牛其風
此言風馬牛謂馬牛風逸牝牡相誘蓋是末界之微事言此事不
相及故以取喻不相干也　召康公　正義曰謚法安樂撫民曰

康 注 五等至夸楚 正義曰大公為王官之伯得以王命征討
天下隨罪所在各致其罰故五等諸侯九州之伯皆得征討其罪
齊桓因大公有此王命言已上世先公得征討有罪所以夸楚也
鄭玄以為周之制每州以一侯為牧二伯佐之九州有九侯十八
伯大公為東西大伯中分天下者當各統四侯半一侯不可分故
言五侯其伯則各有九耳侯為牧伯佐之言是周制其文无所出
也且征者征其所統之国非征侯伯之身何當校計人數以充五
九之言即如其言使伯佐牧二伯共佐治而已非是分州之半侯
安得征九伯也校數煩碎非復人情故先儒无同之者 東至于
海西至于河 正義曰釋例曰海自遼西北平漁陽章武渤海樂
陵樂安北海東萊城陽東海廣陵吳郡會稽十四郡之東界以東
河出西平西南二千里從西平東北經金城故北地朔方五原至
故雲中南經平陽河東之西界東經河東河内之南界東北經汲
郡頓丘陽平々原樂陵之東南入海杜之此言據其當時之河耳
禹貢導河積石至于龍門南至于華陰東至于底柱又東至于孟

滦東碣石納至于大陸北過降水至於大陸又北播為九河同為
逆河入于海案驗其地自大陸以上河道不改大陸以下即是汲
郡以東河水東流秦漢以來始然也古之河道自大陸而北已降
水故迹不可復知其大陸則趙地之廣澤也大陸以北播為九河
九河故道河間成平以南平原鬲縣以北其九河者徒駭一大史
二馬頰三覆釜四胡蘇五簡六絜七鉤盤八鬲津九徒駭最西以
次而東故鄭注禹貢河間弓高縣往々有其處中候云齊桓霸遏
八流以自廣計桓公之時齊之西竟尚在九河之最西徒駭蓋是
齊之西界其東至于海尚冬条安北濊之東界也　注包裹至未
畱　正義曰禹貢荊州包匭菁茅孔安国云其所包裹而致者匭
匣也菁以為菹茅以縮酒郊特牲云縮酌用茅鄭玄云泲之以茅
縮去滓也周礼甸師祭祀共蕭茅鄭興云蕭字或為莤々讀為縮
束茅立之祭前沃酒其上酒滲下去若神飲之故謂之縮々滲也
故齊桓公責楚不貢包茅王祭不共無以縮酒杜用彼鄭興之說
也孔安国以菁与茅别杜云茅菁茅則以菁茅為一特令荊州貢

茅必有異於餘处但更无傳說故云茅之為異未審也沈氏云大史公封禪書云江淮之間一茅三脊杜云未審者以三脊之茅比目之魚比翼之鳥皆是灵物不可常貢故杜云未審也　注昭王之問之　正義曰昭王成王之孫周本紀文也呂氏春秋季夏紀云周昭王親將征荊蛮辛餘靡長且多力為王右還反涉漢梁敗王及祭公隕于漢中辛餘靡振王北濟反振祭公高誘注引此傳云昭王之不復君其問諸水濱由此言之昭王為没於漢辛餘靡焉得振王北濟也振王為虛誠如高誘之注又稱梁敗復非船壞旧說皆言漢濱之人以膠〻船故得水而壞昭王溺焉不知本出何書　注昭王至受罪　正義曰楚世家成王封熊繹於楚以子男之田國居丹陽宋仲子云丹陽南郡枝江縣也枝江去漢其路其遥昭王時漢非楚竟故不受罪也　注言諸至謙称　正義曰諸侯之交必称先君以相接此時諸侯有魯宋陳衛鄭許曹栢公以前皆與齊交接故齊侯称繼先君之好謙以自廣也老子曰孤寡不穀王侯之謙称也曲礼云諸侯與民言自称寡人庶方小

侯自称曰孤其在四夷虽大曰子於内自称不穀礼記虽為定例变在臨時所称此齊侯自称不穀襄王出奔亦称不穀皆出自當時之意耳尔雅訓穀為善穀是養人之物言我不似穀之養人是謙也　資糧扉屨　正义曰少儀云君將適他臣如致金玉貨貝於君則曰致馬資於有司鄭玄云資猶用也然則諸所費用之物皆为資也糧謂米粟行道之食也扉屨俱是在足之物善恶異名耳楊雄方言云扉麤也絲作之曰履麻作之曰扉不借粗者謂之屨喪服傳曰疏屨者藨蒯之菲也是扉用草為之也注云草屨者履屨通言耳相形以曉人也屨之本為草屨　諸侯薨至三等　正义曰沈氏云朝會亦王事而別言死王事者謂困王室或戰陳而死故別其文也　卜之不吉筮之吉　正义曰曲礼云卜筮不相襲鄭玄云卜不吉則又筮筮不吉則又卜是瀆龜筴也晉獻公卜娶驪姬不吉公曰筮之是也如彼記文卜之不吉不合更筮但獻公既受驪姬欲必為其位故卜既不吉更令筮之冀乎筮而得吉所以遂己心也詩云我龜既厭不我告猶鄭玄云卜筮數而瀆龜龜靈

屢之不復告其所圖之吉凶，是瀆亂筮，不復告之以实，故終
实不吉而筮称其吉，是筮非不知而不以实告也。周礼筮人云：凡
国之大事先筮而後卜。郑玄云：當用卜者先筮之，即事漸也。於筮
之凶则止不卜，而传称桓公卜季友、晋献公卜驪姬、晋文公卜納
王、趙鞅卜救郑，皆先卜而後筮者，周礼言其正法耳。春秋之世煩
時請問者，或卜或筮，出自當時之心，不必皆先筮後卜。崔灵恩以
为国之大事先筮而後卜，筮凶則止不卜者，筮必以三代之法，若
三法皆凶則止不卜，若兩法是凶一法內吉，名为筮逆，猶是疑限，
故更卜以決之，则洪範筮逆龜從是也。故大卜掌三兆、三易，仪礼
特牲、少牢筮皆旅占，是筮有衆占之法，则灵恩之説義亦可通。

注物生至数短　正義曰：筮数以上，皆十五年傳文。象者，物初生
之形；数者，物滋息之狀。凡物皆先有形象，乃有滋息，是数從象生
也。龜以本象金木水火土之兆以示人，故为長；筮以末数七八九
六之策以示人，故为短。周礼占人掌占龜，郑玄云：占人亦占筮，言
掌占龜者，筮短龜長，主於長者。亦用此传之説。案易繫辭云：蓍之

之德圓而神卦之德方以知神以知來知以藏往然則知來藏往
是爲極妙雖龜之長无以加此聖人演筮以爲易所知豈短於卜
々人欲令公舍筮從卜故云筮短龜長非是龜實長杜欲成筮
短龜長之意故引傳文以證之若至理而言卜筮實无長短
專之至有臭 正義曰言公若專心愛之公心必將改變々乃除
公之美公先有美此人將除去之薰是香草蕕是臭艸一薰一蕕
言分數正等使之相和雖積十年尚猶有臭氣香氣盡而臭氣
存言善惡聚而多少敵善不能止惡而惡能消善 注繇卜至
之義 正義曰筮卦之辭亦名爲繇但此是卜人之言知是卜兆
辭也卜人舉此辭以止公則兆頌舊有此辭非卜人始爲之也卜
人言其辭而不言其意不知將何兆此義何所出也渝變壞除皆
釋言文也釋畜云夏羊牡羭牝羖則羭是羊之名美善之字皆從
羊故羭爲美也變乃除公之美言公心必變而除公美也 注薰
香至難除 正義曰此傳之意言善惡相雜二字皆從艸知是香
草臭艸也月令五時各言其臭中央土云其臭香易繫辭云其臭

如蘭傳稱在君之臭味則臭是氣之揔名元非善惡之称但既謂善氣為香故專以惡氣為臭耳十是數之小成故舉以為言正与十年香氣盡々矣惡氣尚存言善易消而惡難滅也杜知蕕是臭者內則云牛夜鳴則庮彼庮亦是臭義其字雖異其意亦同尚猶有臭猶則尚之義重言之耳猶尚書云弗遑暇食遑則暇也　公田至亦斃　正義曰晉語說此事云公田驪姬受胙乃寘鴆於酒寘堇於肉公至召申生獻公祭地々墳申生恐而出驪姬与犬肉犬斃飲小臣酒亦斃此傳既略當如國語也賈逵云堇烏頭也穀梁傳曰以酖為酒藥脯以毒　注毒酒至之惑　正義曰毒酒經宿便敗而公不怪其六日仍得如故明公之惑於驪姬不以六日為怪也　五年注稱晉至後告　正義曰公羊傳曰曷為直稱晉侯以殺々世子母弟直稱君者甚之也言父子相殘惡之甚者是惡其用讒殺太子故斥言晉侯以罪之罪晉侯則申生无罪也傳稱晉侯使以殺太子申生之故來告實以去年死告稱今年殺故以今年吝也釋例曰晉魯之不交使而其称申生則所告不必皆有王

帛之使但歆廣邑其罪目言廣邑其罪則晉侯誣誣言為實誣
加大子以罪時史知其實改告而書之然後不言昏曰則是旧史
然也　注伯姬至其子　正義曰伯姬未必是成風所生但哀姜
既死成風得為夫人縱非其母亦得歸寧也沈氏云伯姬以莊二十
五年六月歸于杞假令後年生子則其年十四矣杜云十歲左右
者以其從母言朝故云十歲左右也桓九年曹伯使世子射姑來
朝是諸侯之子得有攝君之礼行朝之義但此子幼弱而卒不成
朝故繫於母而曰朝其子也若其已行朝礼則世子當如射姑伯
姬別言来耳　注叔孫至為逆　正義曰牟是附庸之国唯桓十
五年邾人牟人葛人来朝自尔以来更不朝聘於魯々不應使卿
聘此小国當是叔孫聘妻已定但卿非君命不得越竟故啓公請
使奉君命以聘因自為逆婦故傳稱娶焉明其因娶而聘　注闕
元至世子　正義曰公羊傳曰諸侯何以不序一叓而再見者前
目而後凡也言此諸侯還是上會之諸侯故從省文不復序也昭
十三年秋公會劉子晉侯云々于平丘八月甲戌同盟于平丘不

言諸侯者為間无異事故也九年夏公會宰周公齊侯云〻于葵丘九月諸侯盟于葵丘言諸侯者為其間有伯姬卒故也此會盟之間无他異变後秋諸侯者為王世子不盟故也穀梁傳曰後舉諸侯何也尊王世子而不敢与盟也釋例曰未有臣而盟君臣而盟君是子可盟父故春秋王世子以下會諸侯者皆同會而不同盟是解後言諸侯者見王世子不与盟也王世子者王之儲副周礼膳夫掌養王及后世子歲終則會唯王及后世子之膳不會是其尊与王同也齊桓行霸翼戴天子尊崇王室故殊貴王之世子於會則歷序諸侯言會王世子則王世子不序諸侯之列也盟則諸侯自盟世子不与是殊尊世子也　注逃其至三年　正義曰礼君行師從卿行旅從然則會盟必有師旅鄭伯棄其師衆挺身逃歸釋例曰國君而逃師棄盟違其典伐棄其章服群臣不知其謀社稷不保其安此与匹夫逃竄无異故例在上曰逃是言私逃之意也逃在盟前辟盟而逃故云逃歸不盟以还先告會盟故後會鄭伯　注虞公至為識　正義曰〻不晋人執虞公則從无道於

民之例虞公於傳未有不道之狀但公貪璧馬之寶拒絕忠諫
々者所以安存社稷保祐下民志在貪寶無恤民之意即力不道
於民是故稱人以執之也實是滅其國而言執其君者所以罪虞
公且言執之易歟例曰虞公昧於貨賄貪以自亡國非其國臣非
其臣晉人取之若執一夫故稱人以執而不言滅罪虞且言易也
二十五年衛侯燬滅邢傳曰同姓也故名虞亦晉之同姓不言晉
侯名者傳稱晉侯脩虞祀且歸其職貢於王以是之故不以滅同姓
為譏謂不名晉侯名也　傳辛亥乙備故也　正義曰辛亥朔者月
一日也日南至者冬至日也天子班朔於諸侯諸侯受而藏之於
大祖廟每月之朔告廟受而行之諸侯有觀臺所以望氣祥也公
既親自行此視朔之禮遂以其月往登觀臺之上以瞻望雲及物
之氣色而書其所見之物是禮也凡春秋分冬夏至立春立夏為
啓立秋立冬為閉用此八節之日必登觀臺書其所見雲物氣色
若有雲物變異則是歲之妖祥既見其變後必有驗書之者為豫
備故也視朔者月朔之禮也登臺者至日之禮也公常以一日視朔

至日登臺但此朔即是至日故視朔而遂登臺也　注周正至
南極　正義曰日之行天有南有北常立八尺之表以候景之短
長夏至之景尺有五寸日最長而景最短是謂日北至也自是以
後日稍近南冬至之景一丈三尺日最短而景最長是謂日南至
也冬至者十一月之中氣々々者月半之氣也月朔而已得中氣
是必前月閏々前之月則中氣在晦閏後之月則中氣在朔閏者
聚殘餘分之月其月無中氣半屬前月半屬後月是去年閏十二
月十六日已得此年正月朔大雪節故此正月朔得冬至也而杜
長曆僖元年閏十一月此年閏十二月又閏之相去曆家大率三十
二月耳杜於此閏相去凡五十月不與曆數同者杜推勘春秋日月
上下置閏或稀或穊自準春秋時法故不與常曆同　注視朔
至得禮　正義曰視朔者公既告廟受朔即聽視此朔之政是其
親告朔也禮天子曰靈臺諸侯曰觀臺々々在宮去四方而高曰臺々
上構屋可以遠觀望故謂之觀臺也古之為曆者皆舉其大數周
年有三百六十五日四分日之一一歲十二月則一月合有三

十月十六分日之七是故從前月初至後月初節必三十日有
餘也其日月之行天也日行遲月行疾每二十九日已半而月及
日謂之一月故從朔至朔唯二十九月過半耳計一歲則有餘十
一日而不得周年故作閏月以補之計十九年而有七閏古歷十
九年為一章以其閏餘盡故也步歷之始以朔旦冬至為首歷之
上元其年是十一月朔旦冬至々々十九年閏餘盡後得十一月朔
旦冬至故以十九年為一章積章成部積部成紀治歷者以此章
部為法因此可以明其術數推之而知氣朔也審別陰陽寒暑不
失其時也所以陳敘時叓教訓下民魯君不已常脩此叓故善公
之得礼也　注分春至其職　正義曰一年分為四時々々皆九十
餘日春之半秋之半晝夜長短等晝夜中分百刻故春秋之半稱
春秋分也冬之半夏之半晝夜長短極々訓為至故冬夏之半稱
冬夏至也四時之氣寒暑不同春夏生物秋冬殺物生物則啓
殺物則閉故立春立夏為啓立秋立冬為閉言物裡氣色者裡
非雲而別有氣色杜恐与雲相乱故別為氣色也周礼保章氏以

五雲之物辨吉凶水旱降豐荒之祲象鄭玄云物色也視日旁雲
氣之色 降下也知水旱所下之國鄭衆云以二至二分觀雲色青
為蟲白為喪赤為兵荒黑為水黃為豐然之此言蓋出占候之書
計雲氣之占不啻盡此而已但世絕其学故莫已焉无傳諸所發
凡皆是周之旧典既言礼也更復發凡是重申周典也直言必書
雲物不更云公是日官掌其職非公所當親也劉炫規云書雲物
亦是公親為之但上文有公既視朔故下文去公字耳今刪定知
不然者上言公既視朔是傳家之語下云必書雲物是周公旧凡
旧凡之文包該侯天子君諸侯稱公書雲物則天子當稱王書雲
物是知旧凡元無王公之文 日官掌其叓若以上文有公既視朔
故去公字然則周公旧凡豈豫知有公既視朔沒去公字乎苟生
異見妄規杜氏非也 注不謹慎 正義曰不謹慎所為多寘薪
於中焉若今柾木 士蒍稽首 正義曰周礼大祝辨九拜一曰
稽首二曰頓首三曰空首鄭玄云稽首拜頭至地也頓首拜頭叩
地也空首拜頭至手所謂拜手也劉以解此三者拜之形容所以

为異也稽首頭至地跽下緩至地頓首頭不至地暫一叩之而已尚書每稱拜手稽首者初為拜頭至手乃復申頭以至地至手是為拜手至地乃為稽首然則凡為稽首者皆先為拜手乃成稽首故尚書拜手稽首連言之傳雖不言拜手者亦先為拜手乃為稽首稽首拜手共成一拜之礼此其作敬之極故臣於君乃然孔安国以為尽礼致敬知此是礼之極尽也大祝九拜又云四曰振動五曰吉拜六曰凶拜七曰奇拜八曰襃拜九曰肅拜鄭玄云振動戰栗變動之拜吉拜拜而後稽顙謂齊衰不杖以下者凶拜稽顙而後拜謂三年服者奇拜謂一拜荅臣下拜襃拜再拜神与尸肅拜今時撎也介者不拜說者又以為稽首臣拜君也頓首禮敵者相拜也空手禮君荅臣拜也　詩云至惟城　正義曰詩大雅板之七章懷和也寧安也和其德以撫民則其国唯安矣但已以德安国則宗子之固若城　注袪袂也　正義曰礼深衣記云袂之長短反詘之及肘喪服云袂属幅袂尺二寸幅禮衣之身也袂属於幅長於手反屈至肘則從幅尽於袖口摠名為袂其袂近

口又别名為袪此斬其袪斬其袖之末也詩唐風羔裘傳云袪袂
末(末)鄭玄玉藻注云袪袂口也但袂是揔名得以袂表袪故云袪袂
注惠王至其位　正義曰二十四年傳曰不穀不德得罪于母氏
之寵子帶書曰天王出居于鄭辟母弟之難也如彼傳文則襄王
与子帶俱是惠后所生但其母鍾愛其少子故欲廢大子而立之
周本紀云襄王母早死後母曰惠后生叔帶与傳不同史記繆也
七年惠王崩襄王畏子帶不敢發喪知此時有廢大子之意故弃
桓師読使令大子定其位而王國也　注輔頰輔車牙車
正義曰易咸卦上九咸其輔頰舌三者並言則各為一物廣雅云
輔頰也則輔頰為一歟名曰頤或曰輔車其骨強可以輔持其口
或謂牙車牙所載也或謂頷車也衛風碩人云巧笑倩兮毛傳云
好口輔也如此読文牙車頷車牙下骨之名也頰之与輔口旁肌
之名也蓋輔車一処分為二名耳輔為外表車是内骨故云相依
也　注王季至君学　正義曰大伯虞仲辟季歷適荆蛮若有適
廢不須相辟知其皆同母也周本紀古公有長子曰大伯次曰

虞仲大姜生季歷如史記之文似指与大伯別母馬遷之言疏繆耳此言虢仲虢叔王季之穆国语称文王敬友二虢故亦以为文王母弟々々之言莫元所出仲叔皆文王之時虢君字也杜传文郑滅一虢晋滅一虢不知誰是仲誰是叔後賈逵云虢仲封東虢制是也虢叔封西虢々公是也馬融云虢叔同母弟虢仲異母弟虢仲封下陽虢叔封上陽案传上陽下陽同是虢国之邑不得分封二人也若二虢共处郑後安得虢国而滅之乎賈之言亦元明證各以意断不可審知　注盟府司盟之官　正義曰周礼司盟掌盟載之法今凡則掌其盟約之載既盟則貳之郑云貳之者寫副当以授六官唯言今凡之盟不掌勲功之事而得有二虢之勲藏在盟府者凡諸侯初受封爵必有盟誓之言檀弓云衛大史柳莊死公与之邑裘氏与縣潘氏昏而納諸棺曰世々万子孫毋变也其言即盟誓之辞也漢書功臣侯表記高祖即位八載天下乃平始論功而定封侯者一百四十三人封爵之誓曰使黄河如帶泰山若礪国以永存爰及苗裔其誓即盟之載也必有因於古

明知以勲愛封必有盟要其辭尚藏於司盟之府也　其愛之也
正義曰愛之謂愛虞也虞豈已親於桓莊乎其尚愛此虞也
服虔其作甚注云愛之甚尚謂愛桓莊之族甚也愛之若甚何
以誅之且文勢不順又改字失真繆之甚也　注桓叔至五年
正義曰莊伯之族從父昆弟也桓叔之族從祖昆弟也唯言從祖
昆弟舉疏者而略言耳　周書至繄物　正義曰皇天无親惟德
是輔蔡仲之命文也黍稷非馨明德惟馨君陳文也人不易物惟
德其物旅獒文也杜不見古文故以為逸書此傳與書異者其作
繄師援不同字改易耳其意亦不異也民不易物者設為二人俱
以物祭其祭相似不改易此物唯有德者繄此乃是物无德而薦
神所不享則此物不是物也　以其族行　正義曰晉語云宮之
奇諫而不聽出謂其子曰將亡矣吾不去懼及焉以其孥適西山
韋昭云西山國西界也　虞不臘矣　正義曰月令孟冬臘門閭
及先祖五祀臘之見於傳記者唯月令與此二文而已秦本紀惠
王十二年初臘始皇三十一年更改臘曰嘉平蔡邕獨斷云臘者

歲終大祭縱吏民宴飲非迎氣故但送不迎應劭風俗通云秦礼
傳夏曰嘉平殷曰清祀周曰大蜡漢改曰臘々者獵也田獵取獸
祭先祖也此言虞不臘矣明當時有臘祭周時臘与大蜡各為一
祭言漢改曰臘不蜡而為臘耳　童謡至時也　正義曰釋乐云
徒歌謂之謡言無乐而空歌其声逍遥然也於時有童稚之子為
此謡歌之辭故卜偃取以對公也夜之向明為晨日月聚會為辰
星宿不見為伏言乙日夜半之後丙日將旦之時竜尾之星伏在
合辰之下當是之時軍人上下均同其服振々然而盛旂者晉軍
旂也而往取虢故云取虢之旂南方鶉鳥之星其体賁々然見於
南方天策之星近日焞々然無光耀甚微也鶉火之次正中於南
方尔時其當成軍事也虢公其當奔走也既引童謡之言乃後指
其時日在尾之九月十月之交乎謂九月十月晦朔之交也十月
朔丙子之月平旦時日体在尾星月在天策星鶉火正中於南方
必是時克之　注竜尾至不見　正義曰東方七宿皆為蒼竜之
宿其竜南首北尾角是竜角尾即竜尾故云竜尾々星也日月之

今為辰昭七年傳文於時日在尾々星与日月處共日俱出入故常伏不見也兩之晨者説文云晨早昧爽也謂夜將旦雞鳴時也　注戎事上下同服　正義曰周礼司服職云凡兵事韋弁服鄭玄云韋弁以韎韋為弁又以為衣裳今時伍伯緹衣古兵服之遺色然則在兵之服皆韋弁均服者謂兵戎之事貴賤上下均同此服也　注鶉々至世教　正義曰南方七宿皆為朱鳥之宿其鳥西首東尾故未為鶉首午為鶉火巳為鶉尾鶉火星者謂柳星張也天策傅説星史記天官書之文莊子云傅説得之以騎箕尾傅説殷高宗之相死而託神於此星故名為傅説星也傅説之星在尾之末合朔在尾故其星近日星微焞々然無光耀也説文云齔毁齒也男八月齒生八歳而齔女七月齒生七歳而齔童齔之子未有念慮之感不解自為文辭而群聚集會成此嬉游遨戲之言其言韻而有理似若有神憑之者其言或中或否不可常用博覧之士及巨懼思之人兼而志之以為鑒戒以為將來之驗有益於世教故書傳時有采用之者文三年傳曰孟明之臣也其不解

也已懼思也已懼思之人謂孟明之類也　注是歲亦在策

正義曰以三統歷推之此歲是月小餘盡夜半合朔在尾十四度

從乙夜半亦平旦日行四分度之一月行三度有餘故丙子旦日

在尾星月在天策鶉火之次正中也月令孟冬之月日在尾昏危

中旦七星中七星則鶉火次之星也　注虞所命祀　正義曰

虞受王所命之祀謂天子命虞使祀其竟內山川之神也既滅其

國故代虞祭之

春秋正義卷第十　　　　計一万七千四百五字

春秋正義卷第十一　僖公

國子祭酒上護軍曲阜縣開國子臣孔　穎達等奉

勅撰

六年公至自伐鄭　正義曰二十八年公會晉侯云云于温諸侯遂圍許二十九年公至自圍許此年會伐鄭遂救許不稱至自救許而云至自伐鄭与温會反者釋例曰諸若此類亦勢相接或以始致或以終致蓋時史之異也此亦當由公至自告廟所告不同史依告而書不為義例　傳注實新至諸侯　正義曰密是邑名鄭人新築密邑故傳稱新密經不稱圍新密言圍新城傳云鄭所以不時城也解經言新城之意鄭以非時築城違礼害民爲相虐其罪以告諸侯故書新城以新城爲鄭之罪狀劉炫云先王之制諸侯无故不造城造城則攻其所造司馬法曰産城攻其所産是也　注微子乙祖也　正義曰案宋世家云微子開者殷帝乙之首子而帝紂之庶兄周武王克殷微子乃持其祭器造於軍門肉袒而縛左牽羊右把茅膝行而前以告於是武王乃釋微子復其

位成王誅武庚乃命微子伐殷之後國於宋史記之言多有錯謬
微子手縛於後故以口銜璧又手得牽羊把茅也此皆馬迁之妄
耳　注祓除凶之礼　正義曰周礼女巫掌歲時祓除謂之祓除
明是除凶之礼也襄二十九年称公臨楚之喪使巫以桃茢先祓殯
此亦當以桃茢祓之　七年傳心則至於病　正義曰競彊也言
心則不能強盛則當須屈服於人何得難於屈弱之病而不下齊
吾知其所由来矣　正義曰孔叔既請鄭伯下齊公初欲下齊不
知何意而来得說於齊後更云吾知其說齊所由來矣謂由殺申
侯說齊之意得来矣　注諸侯至之物　正義曰周礼大行人云
侯服貢祀物甸服貢嬪物男服貢器物采服貢服物衛服貢材物
要服貢貨物鄭玄云祀貢者犧牲之屬嬪物絲枲也器物尊彝之
屬服物玄纁絺纊也材物八材也貨物龜貝也如彼礼文諸侯所
貢之物皆以服數為差尚書禹貢任土作貢皆貢土地所生不計路
之遠近然則周礼雖依服數亦貢土地所生不宜遠求他方之物以
貢王也王室盛明之时每國貢有常職天子既衰諸侯惰慢貢賦

之事先後定準故霸主總帥諸侯為崇天子量其國之大小號令
所出之物傳言諸侯各使官司取齊約束受其方所當貢天子之
物言其一聽齊令義齊侯已以禮服諸侯　注列奸用子華正義
曰經書齊侯宋公陳世子款鄭世子華盟于甯母則已列於會矣
管仲方云會而列奸何以示後嗣者猶公列之於會直是列其身
耳管仲言列奸者謂將用其奸謀故杜云列奸用子華也不受子
華之請即是會不列奸他國無事可記齊史無所可隱故下句言
他國記奸則廢君盟齊史隱諱則損盛德也　八年注王人至曹
地　正義曰公羊傳曰王人微者曷為序乎諸侯之上先王命也
穀梁傳曰王人之先諸侯何也貴王命也弁冕雖舊必加於首周
室雖衰必先諸侯釋例以為中士稱名下士稱人此言王人是天
子之下士也諸侯相與為盟所以同獎王室天子之臣不與諸侯
共盟釋例曰未有臣而盟君臣而盟君是子可盟父故春秋王世
子以下會諸侯者皆同會而不同盟是言王臣正法不與諸侯盟
也二十八年踐土之盟傳稱王子虎盟諸侯于王庭杜云王子虎

臨盟不同歃故不吝宣七年傳曰諸侯盟于黑壤王叔桓公臨之以謀不睦杜云王叔桓公銜天子之命以監臨諸侯不同歃為卑之別也哀十三年傳曰公會單平公晉定公吳夫差于黃池杜云平公周卿士也不書為之不與會此三者王臣皆不與盟是其正法然也若天子初立王室不安命臣使結盟諸侯以安王室雖非正法事勢宜然既無褒義亦無貶責此王人與諸侯盟不說者王室有難王勅使來盟故也文十年及蘇子盟于女栗傳曰頃王立故也襄三年公會單子晉侯云云盟于雞澤杜云周靈王新即位使王官伯出與諸侯盟以安王室將事與弌月以情義可許故都無貶責二十九年翟泉之盟於時諸侯輯睦王室無虞而王子虎下盟列國以瀆大典故貶稱王人是很禮不合故批法貶之春秋王臣與諸侯會盟凡十有餘事說與不說皆從此例　注新服至乞盟　正義曰鄭伯往年使子華聽命心猶未服齊桓拒子華之請故今始服從齊桓以其新服尚未與之會故不序列而別言乞盟止言乞盟不知與盟以否傳稱鄭伯乞盟請服也既言請服義

无不受命是既盟之後而别与之盟諸言乞師皆乞得其師知此
乞盟亦乞得其盟但盟理可見不復别言盟耳 經禘三至書之
正義曰釋天云禘大祭也言其大於四時之祭故为三年大祭之
名言每積三年而一为此祭也大廟〻之大者故有周公廟釋例
曰三年喪畢致新死之主以進於廟〻之遠主當迁入祧於是乃
大祭於大廟以審定昭穆謂之禘是說致者致新死之主於廟而
列之昭穆也此致〻哀姜也哀姜薨已多年非復新死而於今始
致者傳發凡例夫人不薨于寢則不致哀姜例不應致故僖公疑
其礼喪畢之日不作禘祭之礼以致之既不为哀姜作喪畢禘祭
其禘自從閔公數之二年除閔喪为禘至五年復禘今八年復禘
姜死以來已歷三禘今因禘祭累後行之三年一禘〻自是常不
为夫人禘祭因禘而致夫人嫌其異於常礼故史官書之若其不
致夫人則此禘得常不書为用致夫人而書之耳 傳凡夫至致
也 正義曰夫人薨葬之礼有赴同祔姑反哭三事而已此說致
之礼加以薨寢殯廟而不言反哭者蓋以致於廟者終始成其為

死生之礼畢不薨于寢死不得其所也不殯于廟葬之不以礼也死
葬非礼則先神恥之故不具回更皆不合致反哭者直为書葬
以否假使不吝其葬夫人之礼亦成自是生者之可説非为死者
之有失虽不反哭亦得致之故於此不言反哭也　注寢小室致
也　正義曰喪大記云男子不死於婦人之手婦人不死於男子
之手君夫人卒於路寢既言婦人不死於男子之手必不得死於
君之路寢言夫人卒於路寢謂卒於夫人之大寢對君路寢为小
故云小寢也同者同盟之国也檀弓曰喪之朝也順死者之孝心
也其哀離其室也故至於祖考之廟而後行殷朝而殯於祖同朝
而遂葬士喪礼朝而遂葬与記正同知同法不殯於廟而此傳及
襄四年皆云不殯于廟以为失礼知其將葬之時不以殯過廟耳
殯過廟者將葬之時遷殯宮出告廟乃葬非是殯尸於廟中也據
經哀姜薨葬之文知其赴同祔姑可矣亦知其殯於廟者以元年
十二月喪至二年五月始葬明之則殯於寢也既殯於寢自然葬
當朝廟故據葬文亦知殯廟唯當以不薨於寢不得致耳　九年

注四月盟　正義曰御說以莊十三年即位十六年盟于幽十九
年于鄄二十七年于幽僖元年于檉四年于召陵五年于首止七
年于甯母八年于洮皆魯宋俱在是也八月盟不數莊公之盟檉
盟經不書亦不數故云四月盟則居乃數莊公之盟又不數召陵
以為六月盟而規杜非也　注周公至葵丘　正義曰傳稱王使
宰孔賜齊侯胙知周公即宰孔也其官為大宰采地名為周天子
三公故稱公孔則其名也穀梁傳曰天子之宰通於四海其意言
宰者六官之長官名通於海內是故舉其官名也通于四海者周
禮大宰之長官耳其屬官不應得通而宰咺宰渠伯糾則必非長
官亦稱為宰者蓋自宰夫以上皆通也釋例曰今案春秋以考之
其稱公者皆三公非五等之公也是言祭公周公皆三公也釋例
又曰王之公卿皆書爵則卿亦不字杜云三公不字者以入春秋
以來家父南季皆大夫稱字宰周公文兼其後故云不字不於祭
公逆王后注者因歷序諸國而言之莊八年傳曰連稱管至父戍
葵丘杜云齊地臨淄縣西南地名葵丘知此葵丘與彼異者傳稱

齊侯不務德而勤遠略，西為此會，則此地遠處齊西，不得近在臨淄，故釋例以为東地。陳留外黃縣東有葵丘，或曰河東汾陰縣为葵丘，非也。經書夏會葵丘，九月乃盟。晉为地主，无緣歃會而不及盟也，是説不月之意。注公羊至之冠　正義曰：公羊傳曰：此未適人，何以卒？許嫁矣。婦人許嫁，字而笄之，死則以成人之喪治之。穀梁傳意亦與之同。嫁於大夫，死不書卒，此許嫁者嫁於國君也。但未往彼國，不成彼國之婦，故不称國也。喪服小記曰：男子冠而婦人笄，其義一也。是許嫁而笄，猶丈夫之冠也。礼，男子冠而不为殤，婦人笄而不为殤，故以成人之喪治之，为之服成人之服。礼，姊妹在室期，出嫁大功。檀弓曰：姑姊妹之薄也，蓋有受我而厚之者，为夫厚之，故我降之也。曾子問云：取女有吉日而女死，如之何？孔子曰：壻齊衰而弔，既葬而除之。其夫不为服，則兄弟不为降。礼，諸侯絶旁期，此为將嫁於諸侯，故書其卒。既書其卒，當服其本服，为之齊衰期也。但於時服否，不可知耳。注交會至与盟　正義曰：平丘會後即盟，不言諸侯，內間无異事故也。此亦會後为盟，間有

伯姬卒盟令文不相比故重言諸侯又傳稱宰孔先歸則宰孔不
盟杜云宰孔先既不与盟者欲見㣲死伯姬之卒亦当重言諸侯
注未同至從赴 正義曰甲子在戊辰之前而書在盟後從
赴從赴者赴在盟後也春秋之世史失其守赴告之文多違礼制
計諸侯之薨有具以薨之月日告於隣國隱三年傳曰壬戌平王
崩赴以庚戌故書之是赴者妄称日也襄二十八年傳曰王人来
告喪問崩日以甲寅告故書之是元赴不以日被問乃称日也文十
四年傳曰七月乙卯夜齊商人弒舍齊人定懿公使来告難故書
以九月是赴者不言死月魯史不復審問即依以来告之月也此
甲子晋侯卒蓋赴以日而不以月魯史不復審問書其来告之
日唯称甲子而已不知甲子是何月之日故在戊辰後也若赴以
九月告魯々史自推其月之先後不得甲子在戊辰後也明告不
以月故書其日耳 傳注在喪至相接 正義曰既言相云未葬
即發在喪之例知其在喪禮未葬也童者未冠之名童而又小
故乃童蒙幼末之称易蒙卦云匪我求童蒙々々求我蒙禮闇

昧也幼童於事多闇昧是以謂之童蒙焉曲礼曰夫人自称於其
君曰小童郑玄云小童若云未成人也王崩未葬嗣王自称亦言
已未成人也子者對父之名故云繫父之辞以未成君故繫於父
不忍絶之称也諸侯爵有五等唯言公侯曰子以公侯爲也偽称
在礼卿不會公侯會伯子男可也又子產云鄭伯男也使從公侯
之貢懼弗給也是公侯之爲絶於伯子男也此既言王即去公侯
是其与王相遠特爲公侯立称伯子男不得同之也春秋无伯子
男在喪之事既不爲立称又不得成君不知其當何所称也然案
桓十一年鄭忽出奔衛莊二十四年曹羈出奔陳杜云先君既葬
不称爵者国人賤之以名赴則既葬称爵未葬称名也周康王在
喪称予一人釗尚書康王之誥也曲礼云君天下者曰天子朝諸
侯分職授政曰余一人天子未除喪曰余小子是礼天子自称亦
不言小童也此言王曰小童必有称之時或所称之辞各有所施
但不知施何処耳如曲礼之文天子未除喪曰余小子則是未得
称一人而康王在喪称予一人釗者當以諸侯列土之君將欲合

歸其国故正其成君之稱以荅諸侯也此小童者王謙自稱之辭
非諸下所得稱故經无其事其公侯曰子乃是史書之文二者非
相對之事而并為一凡是傳通取舊典之文以事對相接耳非言
小童是策書之例也釋例郊雩烝嘗例不云地祇及祊祠者經无
其事故傳略而不言此王曰小童亦經无其事所以言之者郊雩
例多故經无者略之此王曰小童与公侯相接其文簡約經无
事亦言而言之釋例曰位號高者事號重々處周於經遠故傳制
異於凡人存其實篤其志足以敘親疏之情通萬事之理而已故
諸列国之君在喪或不得已而脩會盟之事唯公侯特稱子以別
喬甲是言偶內公侯立稱之意春秋公侯稱子皆是其父未葬唯
二十五年公會衛子莒慶盟于洮於時衛文公已葬而成公稱子
釋例曰衛文公欲平莒於魯未終而薨故衛子尋父之志魯人由
此亦脩文公之好以孝子之至感人情之所篤故成公雖已免喪
亦於此盟降從在喪之名故經隨而書子傳從而釋之云脩文公
之好也　注胙祭至王後　正義曰傳稱大子祭于曲沃歸胙于

公此天子有夏于文武賜齊侯以胙知胙是祭肉也周礼大宗伯以脤膰之礼親兄弟之國鄭玄云脤膰社稷宗廟之肉以賜同姓之國同福禄也脤膰即胙肉也言親兄弟之國則異姓不合賜也二十四年傳曰宋先代之後也於周爲客天子有夏膰焉是言二王之後礼合得之今賜齊侯是尊之比二王後也　注天子之伯舅　正義曰曲礼曰五官之長曰伯天子同姓謂之伯父異姓謂之伯舅鄭玄云謂爲三公者周礼九命作伯齊桓是九命之伯故以伯舅呼之　注七十曰耋級等也　正義曰釋言云耋老也舍人云耋六十稱也郭璞云八十爲耋釋名云八十曰耋耋鐵也皮黑如鐵彼説或云六十或云八十杜云七十曰耋者耋之年齒既无明文曲礼云七十曰老尔雅以耋爲老故以爲七十曲礼升階之法云涉級聚足是級爲等也法當下拜賜之勿下是進一等　注言天威曰咫　正義曰顔謂額也楊雄方言云顔額謂顙也中夏謂之額東齊謂之顙汝潁淮泗之間謂之顔魯語云肅慎氏貢楛矢長尺有咫賈逵亦云八寸曰咫説文云周制寸尺咫尋皆以

人之作為法中婦人手長八寸謂之咫周尺也　注小白至身也
正義曰諸自稱余者當稱名之處耳齊侯既稱小白而後言余故
解之余身釋詁文舍人曰余卑謙之身也孫炎曰余舒遲之身也
郭璞曰今人亦自呼為身　下拜登受　正義曰覲禮天子賜侯氏
以車服諸公奉篋服加命書于其上升自西階東面大史氏右侯
氏升西面立大史述命侯氏降兩階之間北面再拜稽首升成拜
彼侯氏降階再拜是此下拜也升成拜是此登受　注言其至縣
藐　正義曰藐者縣遠之言諸子皆長而奚齊獨幼是小大相去
縣藐也藐諸孤者言年既幼稚縣藐於諸子之孤　臣欲復言而
愛身乎　正義曰意臣欲使前言可反覆而行之得愛惜身命不
死乎　注言夷至勸秦　正義曰秦伯問公子誰恃問公子於晉
國之臣倚恃誰為內主也對言夷吾无黨无讎者由无黨故往前
易出无讎故此時易入言易出易入以徼勸秦使納之　唯則定
利也　正義曰唯身有則者乃臣定國也詩美文王之德不記識
古事不學知今事常順夫之法則而行之為此行者文王之德也

又曰人行不僭差不賊害能如此者少不為人所法則言必為人所法則也此二詩所去者无所偏好无所私惡不為忌差不好勝人之禮也今其此表吾之言多有所忌多欲陵人以此而求安定難哉今其言多忌克覆上不忌不克上既有无好无惡不覆之者以身行忌克則有私好私惡之心舉忌克是以包好惡也公曰多忌於人則多為人怨又尋已勝人此乃是吾之利也无好无惡言文王之行也不忌不克述抑篇之義也引二詩於前以此言結之　注詩大至之法　正義曰詩大雅皇矣之篇也則法秉祐文彼鄭箋云其為人不識古不知今順天之法而行之是言聞行自然合天地之法也禮記稱天无私覆地无私載合天地法者即无偏好无私惡之禮也　注僭過也法則　正義曰詩大雅抑之篇也彼毛傳云僭差也鄭玄云不殘賊是賊為害也心有所忌則多過差志在陵人必多為賊害下云不忌不克覆述此文故言僭賊者皆忌克也　注其言至吾利　正義曰心忌前人則人亦忌己志在陵人則人亦陵己若使人皆忌之人皆陵之是適足以自害不已

勝人也秦伯閔其忌克慮其还来害已故以不忌勝人為是吾利也十年注弑卓至於昏　正義曰傳於前年甚詳經以今年昏之明赴以今年弑也傳称立公子卓以葬是免喪始死故称君也文七年宋人殺其大夫傳曰不称名衆也且言非其罪也死者不称名非其罪故知称名者皆有罪也荀息称名者不知奚斉卓子之不可立又不忌誅里克以存君是其蛊該後言本无遠謀也襄十九年斉殺其大夫高厚傳称從君於昏献公惑於驪姫殺適立庶荀息知其事而為之傳奚斉是其從君於昏也　注奚斉至罪之　正義曰宣四年傳例曰弑君称君々无道也称臣々之罪也里克殺奚斉弑卓子皆昏里克之名是奚斉与卓子未為无道也殺大夫傳言不称名者為其罪則称名為有罪故今称里克之名以罪之　傳注蘇子至九年　正義曰尚書立政云司寇蘇公成十一年傳曰昔周克商蘇忿生以温為司寇以此知蘇子司寇蘇公之後也国名為蘇所都之邑名為温故温蘇通見於経是得兩称故也　欲加至辞乎　正義曰言君今欲加臣之罪其畏无辞以罪

臣乎言必方便有辞耳　注下国曲沃新城　正义曰曲沃邑也
而称国者晋昭侯封桓叔々々国之三世武公始并晋
国迁居而就之此曲沃晋之旧国故谓之为下国也　夷吾无礼
正义曰贾逵云烝於献公夫人贾君故曰无礼马融云申生不自
明而死夷吾改葬之章父之过故曰无礼杜不为注尚以鬼神之
意难得而知夷吾无礼或非一事不可指言故不说也　神不歆
非族　正义曰伪称非我族类其心必异则族类一也皆谓非其
子孙妄祀他人父祖则鬼神不歆享之耳祭法云圣王之制祭祀
也法施於民则祀之以死勤事则祀之以劳定国则祀之巳御大
菑则祀之匕捍大患则祀之若農棄为稷后土为社々稷功被天
下乃令率土报功如此之徒非独歆己之族若功不被於下民名
不载於祀典唯其子孙祀之神亦不歆他族然则秦非晋类而使
祀申生祀之大失也晋无罪而灭以畀秦刑之滥也天岂不达此
事而待狐突之言方改图者民之与神不相杂扰纵理有大败非
曲为小惠岂为一人冤枉即已许天々受人许辞便将灭国以支

本是妖多假託上天非天實為之人能改易偽言鬼神所馮有時而言非言代變實是天心不可執其言而以人變為難也　七日見我焉　正義曰申生埋狐突云更經七月於新城西偏將有巫者而與之俱見我焉故杜云將因巫而見　注撤敗至而信　正義曰晉語云惠公即位出共世子而改葬之臭徹於外國人誦之曰貞之不報孰是人斯而有是臭也貞為不聽信為不誠不更厥正大命其傾猗兮違兮心之哀兮歲之二七其靡有徵兮郭偃曰甚哉善之難也君改葬共君以為榮也而惡滋章十四年君之冢祀其替乎亦是申生猶忿之事　注三子也之幣　正義曰曲禮云凡以弓劍苞苴簞笥問人者鄭玄云問猶遺也重問禮多以財貨遺之也下云幣重而言甘故云問聘問之幣也　七輿大夫　正義曰周禮大行人云侯伯七命貳車七乘貳即副也每車一大夫主之禮之七輿大夫服虔云上軍之輿帥七人屬申生者襄二十三年下軍輿帥七人往救申生將下軍今七輿大夫為申生報怨欒盈將下軍故七輿大夫與欒氏炫謂服言是

十一年傳天王至乇世　正義曰召武公亦名過周語云襄王使召公過及内史過賜晉惠公命晉侯執玉卑拜不稽首内史過歸以告王曰晉不亡其君必无後不敬王命棄其禮也執玉卑替其贄也拜不稽首无其王也替贄无鎮无王无人晉侯无主人亦將无之敬替其鎮人亦將替之其言多而小異孔晁云左丘明集其典雅令辭与經相發明者以為春秋傳其高論善言別為國語凡左傳國語有事同而辭異者以其詳於左傳而略於國語詳於國語而略於左傳　伊雒之戎　正義曰釋例曰諸雜戎居伊水雒水之間者河南雒陽縣西南有戎城伊水出上雒盧氏縣熊耳山東北至河南雒陽縣入雒雒水出上雒縣冢領山東北經弘農至河南鞏縣入河　十二年傳注楚丘至衛傳　正義曰衛以二年遷於楚丘諸侯為之築其城至此為之築其郛公羊傳曰郛者何郛也不單言衛楚丘者見楚丘未有郛也諸侯不告魯不与故不書无經而為傳者其言必有所為故云為狄侵衛傳　余嘉至朕命　正義曰余朕皆我也乃女也應篤也懿美也督正也言我善女功

勲尚女美德禮女功德正而不可忘宜受其礼往居女職无得遂
我之命敬令受上卿之礼　君子曰宜哉　正義曰丘明之意假
称君子論管氏應合世祀也宜哉而遂不世祀子孫絶滅是有善
无驗故杜注云傳亦舉其无驗是也　注詩大至无驗　正義曰
詩大雅旱麓之篇愷悌樂易皆釋詁文悌易言志度弘簡所樂
而和易也世族譜管氏出自周穆王成十一年傳有齊管于奚
譜以為雜人則非管仲之子孫也哀十六年傳称楚白公殺齊管
脩杜云管脩楚賢大夫故齊管仲之後是管仲之後於齊没不復
見也　十三年傳晉薦饑　正義曰釋天云穀不熟為饑仍饑
為薦李巡曰穀不成熟曰饑比歲不熟曰薦　注從渭至入河
汾　正義曰秦都雍々臨渭晉都絳々臨汾渭從雍而東至弘農
華陰縣入河從河逆流而北上至河東汾陰縣乃東入汾逆流
東行而通絳故杜云從渭水運入河汾也　十四年注沙鹿至繫
国　正義曰公羊傳曰沙鹿者何河上之邑也穀梁傳曰林屬於
山為鹿沙山名也服虔云沙山名鹿山足林屬於山曰鹿取穀梁

内說也漢吞元后傳秭后祖翁孺自東平陵徙魏郡元城委粟里元城建公曰昔春秋沙鹿崩晉史卜之曰陰为陽雄土火相乘故有沙鹿崩々後六百四十五年宜有聖女興今王翁孺徙正值其地日月當之元城郭東有五鹿之虛即沙鹿地計尔時去聖猶近所言當得其實故以沙鹿為山名依漢吞为義也沙鹿實是晉地不言晉沙鹿者凡有災害繫於所災所害之処不繫於所屬之国故不繫晉也釋例曰陳既已滅降为楚縣而吞陳災者猶晉之梁山沙鹿崩不吞晉也災害繫於所災所害故以所在为名災为陳災成周宣榭火害为梁山沙鹿崩山崩必有所害故所災所害別言之 傳注闕謂坐迁也 正義曰元年齊師宋師曹師城邢傳稱具邢器用而迁之師无私焉是器用具而城池固故具列三国之師詳其文以美之也今此揔云諸侯城緣陵不言其侯々々与城邢文異不具吞其所城之人为其有闕也知闕为器用不具城池不固而去为患不終故揔言諸侯以說之凡諸侯盟會不歷序其人揔言諸侯者皆是說之辭文十五年諸侯

盟于扈傳曰書曰諸侯无能為也十七年諸侯會于扈傳曰書曰
諸侯无功也是其惣言諸侯皆説辭也十六年會于淮傳稱城
鄫役人病不果城而還亦是為患不終而淮會具書其人者淮
之會為謀鄫且東略非為城鄫而聚會既會之後乃欲城鄫而
不果本意不城鄫无可貶也先儒以為諸侯有已貶而稱人杜
擬澶淵之會与此傳文知諸侯之貶不至稱人故釋例曰傳滅入
例衛侯燬滅邢同姓故名又云穀伯綏鄧侯吾離來朝名賤之
也又云不書蔡許之君乘楚車也謂之失位此皆諸侯貶之例
〻不稱人也諸侯在會傳有明文而經稱人者凡十一條丘
明不示其義而諸儒皆擬案生意原无所出貶諸侯而去爵稱
人是為君臣同文非正等差之謂也又澶淵大夫之會傳曰
不書其人棄經皆去名稱人至諸侯親城緣陵傳亦曰不書其
人而經惣稱諸侯此大夫及諸侯經傳所以為別也通校春秋
自宣公五年以下百數十年諸侯之咎甚多而皆无貶稱人者
益明此蓋當時告命注記之異非仲尼所以為例故也　注国

主至之徵　正義曰成五年傳曰国主山川故山崩川竭君為之不舉周語幽王二年西周三川皆震伯陽父曰昔伊雒竭而夏亡河竭而商亡国必依山川山崩川竭亡國之徵也卜偃明達災異以山崩為亡国之徵知其將有大咎不言知之意非未学者所得詳也釋例曰天人之際或異而無感或感而不可知沙鹿崩因裡期年將有大咎梁山崩則云山有朽壤而自崩此皆聖賢〻之讜言達者所宜先識是說卜偃之言非後人所能測注魏射惠公舅　正義曰晉語云秦饑惠公命輸之粟魏射請勿与慶鄭請与之公曰非鄭之所知也遂不与秦侵晉至于韓公謂慶鄭曰寇深矣奈何慶鄭曰非鄭之所知也君其訴射也公曰舅所病也是魏射為惠公之舅也

十五年注諸侯至五年　正義曰文十五年曹伯來朝傳曰礼也諸侯五年再相朝以修王命古之制也杜云十一年曹伯来朝雖至此乃来亦五年也比十年公如齊至此則六年非五年再朝之事杜引之者以去朝歲亦五年故引證之刘炫云杜

云礼者謂文十五年傳为礼此仍非礼也　注夷伯至书字
正义曰公羊穀梁傳皆以晦为冥謂昼日闇冥也杜以長歷推
己卯晦九月三十日春秋值朔书朔值晦书晦无义例也傳称
於是展氏有隐慝焉知此夷伯展氏之祖父也大夫之謚多連
字称之不知夷伯其名为何又不知今之展氏其人是谁故漫言
祖父耳謚法安人好静曰夷是夷为謚也伯是其字也说文云
震劈歷振物者電陰陽激耀也然則震是劈歷而言電〻擊
之者劈歷有声有光電〻之大者耳故言電〻以明之玉藻
云士於君所言大夫沒矣則称謚若字是大夫既沒礼尚书其
字也　注例得至大崩　正义曰諸侯与大夫因戰而被殺
者昭二十三年傳例君死曰滅大夫死曰獲其被囚虜者大
夫生死同名皆称为獲国君生獲則曰以皈蔡侯献舞沈子嘉
胡子豹之類皆是也今此晋侯称獲故解之〻不书敗績晋侯
之車还濘而被執耳其师不大崩也　傳夏五至失之〻
正义曰桓十七年已有例此重發者沈氏云彼直不书日今朔日

皆不書故盡發之　注晉侯至女也　正義曰莊二十八年傳曰
晉獻公娶于賈无子烝於齊姜生秦穆夫人及太子申生先言穆
姬後言申生知是申生姊也言娶于賈則是正妃杜言次妃者蓋
杜別有所見也晉世家云申生母齊桓女也同母女弟為秦穆夫
人夷吾母重耳母女弟也案傳申生之母本是武公之妾武公
末年齊桓始立不得為齊桓女也虢射惠公之舅狐偃文公之
舅二母不得为姊妹也皆馬遷之妄耳　注中大至不等
正義曰晉語稱夷吾謂秦公子縶曰中大夫里克与我矣吾命之
以汾陽之田百万丕鄭与我矣吾命之以負蔡之田七十万此外
猶應更有賂也　注河外至西南　正義曰河自龍門而南至華
陰而東晉在西河之東南河之北以河北為內河南為外虢略虢
之竟界也獻公滅虢而有之今許以賂秦列城五者自華山而東
盡虢之東界其間有五城也傳稱許君焦瑕蓋焦瑕是其二其餘
三城不可知也列城猶列國言是城之大者解梁城則在河北非
此河外五城之數也　注傳父至言之　正義曰傳父以下卜冠

名知是掌龜卜者卜人，當卜而今用筮，知其本非所掌，不已通三
易之占，其封遇蠱，不引易文，是拠其所見雜占而言之。刘炫云：案
成十六年筮卦遇復，云南國蹙，射其元王中厥目，亦是雜占，則筮
法亦用雜占，不必皆取易辭，而云不已通三易之占者，今刪定以
為此云涉河侯車敗，又云千乘三去，獲其雄狐，了无周易片意，又
云卜徒父筮之，是卜人掌筮，故杜云不已通三易，而成十六年非卜
人為筮，且南國蹙，虽非易辭，还是周易之象，不与此同。刘君以彼
難此而規杜，過非也。　注秦伯至詰之。　正義曰：如杜意，則卜
千乘三去，謂晉侯之乘車三度敗壞而去，三去之後而獲晉君也。
刘炫以為侯者五等揔名，國君大號，以涉河侯車敗，为秦伯車敗。
又云韓戰之前秦晉未有交兵，何得言晉侯車有三敗，以为秦伯
車三敗也。今刪定知不然者，以秦是伯爵，晉是侯爵，既云侯
車敗，故知是晉侯車敗。秦伯作詞，車敗謂敗在己，不違其言，故致
詰問也。又以韓戰之前秦晉未有交兵，何得言晉侯車有三敗
者，此謂車有敗壞，非兵敗也。刘君數生異見以規杜，非也。　注呂共

下艮上蠱　正義曰艮剛巽柔剛上而柔下巽順艮止既順而止无所爭競可以有事故曰蠱序卦曰蠱者事也　注於周易未聞　正義曰筮者若取周易則其事可推此不引易意不可知故杜含此傳文而以周易言之蠱卦彖云利涉大川往有事也秦晉隔河往而有事亦是秦勝晉之卦也今此所言不出於易蓋卜筮之書別有雜辭此雜辭不出周易无可擬而推求故云其象未聞　注內卦至晉象　正義曰筮之畫卦從下而始故以下為內上為外此言貞風悔山知內為貞外為悔洪範論筮云曰貞曰悔是筮之二体有貞悔之名也貞正也筮者先為下体而以上卦重之是內為正也乾之上九稱亢龍有悔從下而上物極則悔是外為悔也凡筮者先為其內後為其外內卦為己身外卦為他人故巽為秦象艮為晉象　注晉侯車三壞　正義曰謂晉之車乘三度與秦戰而敗壞非謂晉侯親乘之車也杜言晉侯車壞者成上侯車敗之文故也且晉之車總屬晉侯亦得云晉侯車也劉炫云此一句是史家序事充卜人之語上言秦伯之車三經敗壞乃至於

韓而晋始懼　亂氣至中乾　正義曰言馬之乱氣狡戾而憤
滿陰血徧身而動作張脉動起外雖有彊形內實乾竭外為
陽內為陰血在膚內故稱陰血々既動作脉必張起故言張脉
也氣憤於外內必乾燥內血為力故內潤則彊內乾則弱言乾竭
者竭尽也內乾則力尽　注九月十三日　正義曰以經序十
一月壬戌恐与經壬戌相乱故顯言之下注云十一月壬戌十四
月是也　注熒康至得遍　正義曰文十八年秦伯熒卒即
此康公也熒弘連文即言与女簡璧知弘是熒弟簡璧是其姊
妹也刘向列女傳説此事云与大子熒公子弘与女簡璧亦以
簡璧為女也此言登臺履薪是自因之事哀八年傳称邾子又無
道呉子因諸樓臺栫之以棘以此二文知古之宮閉者皆居之故
臺以抗絶之俗本作履者履是在足之服故踐者亦称履是以
誤耳定本作履薪　注免衰至自殺　正義曰初死則有免服
成則衰經皆為遭喪之服傳文於此或有曰上天降災使我两
君相見不以玉帛而以興戎若晋君朝以入則婢子夕以死夕

以入則朝以死唯君裁之右傳本无此言後人妄增之耳何以知
其然二十二年傳曰寡君之使婢子侍執巾櫛杜云婢子婦人之
卑稱若此有婢子不當舍此而注彼也又此注云且告夫人將以
恥辱自殺若有此辭不煩此注服虔解誼其文甚煩傳本若有
此文服虔必應多解何由四十餘字不解一言亦云二十二年始
解婢子明是本无之也今定本亦无　作爰田　正義曰服虔
孔晁皆云爰易也賞衆以田易其疆畔杜言爰之於所賞之衆
則亦以爰為易理旧入公者今改易與所賞之衆　作州兵
正義曰周礼鄉大夫以歲時登其夫家之衆寡辨其可任者州
長則否今以州長管人既少督察易精故使州長治之　遇歸
妹之睽　正義曰兑下震上為歸妹震為長男兑為少女兑說
也震動也少陰而乘長陽說以動是嫁妹之象婦人謂嫁為歸
故名此卦為歸妹兑下离上為睽兑為沢离為火火動而上澤
動而下乖离之象故名此卦為睽睽乖也　史蘇至之虛
正義曰易歸妹上六爻辭女承筐无實士刲羊无血无攸利此刲

彼文而以血為盍實為䍃唯倒其句改兩字而加二亦耳其意亦不異也二句以外皆史蘇自衍卦意而為之辭非易文也易之文辭亦名為繇故去其繇曰刲刺也䍃賜也刺所以求血士刲羊亦无血筐所以承賜女承筐亦无賜皆所求无獲是不吉之象西方隣國有責讓之言不可報償也嫁妹者欲其與夫和親而其爻變為睽歸妹之值睽爻既嫁而更乖張猶如无助者也言夫不助妻故乖离也震變為离々還變為震々為雷离為火震變為离是雷變為火以其雷為火為此嬴敗姬言秦將敗晉也震為車上六爻在震体則无其應是為車則脫其輹离為火上九爻在离体則失其位是為火則焚其旗車敗旗焚是不利於行師若其行師敗於宗族之丘邑也以其變為睽卦後就睽卦求之睽卦則上九孤絕失位是乖离而孤独也孤独无助遇寇難則張之弧々弓也遇寇張弓怖懼警備亦是不吉之象姪其從姑言兄子其齒從至姑家与同處也在姑家六年其將逋逃叛其本国而棄遺其家室言將棄妻而独叛也叛家之明年其將死於

高梁之屋筮嫁女而得此卦是不吉之象　陸周易云士女
正義曰易之爻辞无二亦字為文加之言男亦猶女女々亦猶男其
意同也易言血而此言衁知衁是血也貺賜敘結文刲刺也虧穿
男子之事故刲羊士之功也筐篚婦人所掌故承筐女之職也上
爻与三其位相值一陰一陽乃为相應上三俱是陰爻是为无應
動而无人應之所求无獲故下刺无血上承无實是不吉之象上
爻變則是震为離々为中女故稱女承筐震为長男々稱士故
为士刲羊王弼以兌为羊々謂三也上六處卦之窮仰无所承下
又无應为女而上承則虛筐而莫之与为士而下命則刲羊而无
血不應所命也言士發命而莫之應女承筐而莫之与是不吉之
象服虔以離为戈兵兌为羊震變为離是用兵刺羊之象也三
至五有坎象坎为血々在羊上故刺无血也震为竹々为筐震艮
變为離々为火々動而上其施不下故筐无實也此士刲羊女
承筐是歸妹上六爻辞直據上六之一爻故杜云上六无應所
求不獲故下刲无血上承无實与王輔嗣同則不須變为離卦

自有士女之義今杜云離為中女便是拋棄之後始有女承筐之
象既為離卦則上九有意所以与易說卦不同者但易之所論當
卦為義此既用筮法震變為離故以離震雜說其理与易不同
故服虔亦稱離為戈兵用變為說也　注將幽至報償
正義曰知杜此言直以遇卦不吉則知言不可償不知其象何所
出也服虔以為三至五為坎〻為月〻生西方故為西鄰坎為水
兊為澤〻〻聚水故坎責之澤〻〻償水則竭故責〻〻不可償此取
象甚迂杜言歷而不經〻〻此類也　注飲妹至助也　正義曰杜
意嫁女而遇睽離之爻〻即是无相助也不知其象所出服虔云兊
為金離為火金火相遇而相害故无助也　注二卦至相通
正義曰為震与離通也震既与離通則離亦与震通言此二卦
相通者与下張本震為雷〻〻是動離為火震之離是動而適火
離之震是火往適動猶明火之動熾〻之意　注嬴秦至敗姬
正義曰震為雷離為火說卦文服虔云離為日為火秦嬴姓水
位三至五有坎象水勝火故為嬴敗姬　注輹車至宗邑

正義曰子夏易傳云輹車下伏兔也今人謂之車屐形如伏兔以繩縛於軸因名縛也土之高者曰丘衆之所聚為邑故丘猶邑也晉語震為車也說卦離為火也上爻在震則无應故車脫輹三亦陰爻是无應也在離則失位故火焚其旗初三五奇為陽位二四上耦為陰位在離則變爲陽而居陰位是失位也師行必乘車而建旗車敗旗焚故不利行師也火還害母故敗不出國近在宗邑也服虔云五至三有坎為水象震為車車得水而脫其輹也震為雷雷為諸侯旗離之震故火焚其旗也震東方木克西方金木遇金必敗韓有先君之宗廟故曰宗丘　注此睽至之象　正義曰睽卦上九云上九睽孤見豕負塗載鬼一車先張之弧後說之弧匪寇婚媾往遇雨則吉彼文甚多此略取之先張之弧謂見寇而張弓故曰遇寇難而有弓矢之警皆不吉之象服虔云坎為寇為弓故曰寇張之弧　注震為至質秦　正義曰釋親云父之姊妹為姑女子謂昆弟之子為姪是謂我姪者我謂之姑　注逋亡至懷嬴　正義曰桓十八年傳曰女有家男有室室家瀆言

耳夫謂妻爲家棄其家謂棄其妻故爲懷嬴也子圉以十七年
質于秦二十二年逃歸是六年乃逋也　注惠公亡於此
正義曰圉以二十二年既二十三年惠公死二十四年二月殺懷
公于高梁是爲惠公死之明年也此筮之意言六年逋明年死
則是逃既之明年而去惠公死之明年者以二月即死擬交正言
之猶是逃歸之明年也但周正已改故以惠公證之耳春秋筮史
既多此占最少其象故杜因而明之云用周易則其象可推非周
易則不可得知杜意所取不在周易若盡皆附會爻象以求其變
則象非其類事非其實全構虛而不經故略言旨趣而已不盡
得其象也陰陽參以爲斷則木王火相土死金囚水休時日王相
理此也　韓簡至何益　正義曰卜之用龜灼以出兆是龜以金
木水火土之象而告人筮之用蓍揲以爲卦是筮以陰陽蓍策
之數而告人也凡是動植飛走之物物既生而後有其形象既
爲形象而後滋多多而後始有頭數其意言龜以象而示人筮
以數而告人惠公之意以先君若從史蘇之占不嫁伯姬於秦已

便不及此禍尤先君不從卜筮也韓簡之意以為惠公及禍自由
先君獻公廢適立庶之敗德不由卜筮故云先君之敗德既定致
公今及此禍可由筮數始生之乎敗德有其象數龜筮從後而知
因嫁女於秦見於蓍兆故云史蘇是占縱使當時不從何能加益
此禍明禍敗既定龜筮知之從之不已損不從 不已益也
注言龜、无益禍 正義曰禮象生而後有數是數因象而生也
若易之卦象則因數而生故先揲蓍而後得卦是象從數生也上
云龜象筮數下直言數不言象者上揔論卜筮故龜筮並言當
時唯筮伯姬故下直舉數耳 詩曰无由人 正義曰詩小雅
十月之交篇也下民之有邪惡妖孽非是下自止天令小人傳々
沓々相對譚語背則相憎主於競逐為惡者由人耳因以諷諫惠
公言善惡由人耳 注隱惡至為僻 正義曰隱慝訓惡也隱蔽
之惡不見於外非法令所得繩也其人為非刑罰所已加也忽
相震破其廟乃是幽冥加罪聖人因天地之變自然之妖故章其
是以感動識切之人使自懲艾也知達之主則識先聖之情知此

欲以懼愚人也中下之主亦信此妖祥之言謂身爲惡則神必加禍以此不妄動作易稱聖人以神道設教故云神道助教唯此言爲深固此遂汎解春秋諸有妖祥之言皆爲此也　注言還至之功　正義曰服虔云一役者謂韓戰之役知不然者呂甥之言勸秦伯而納晉侯假稱君子之意若納晉君可以更有一役之功欲深勸秦伯若直論韓戰之役於秦未有深利何肯納也故杜別爲其說劉炫以服義規之亦於理未通未爲殊絶　注唐叔至庶兄　正義曰唐叔晉始封之君晉世家文也宋世家云箕子者紂親戚也止云親戚不知爲父也兄也鄭玄王肅皆以箕子爲紂之諸父服杜以爲紂之庶兄既无正文各以其意言耳歷檢諸書不見箕子之名唯司馬彪注莊子云胥餘箕子名不知其然否

春秋正義卷第十一

春秋正義卷第十二　僖公

國子祭酒上護軍曲阜縣開國子臣孔　穎達　等奉

勅撰

十六年注隕落至而書　正義曰隕落釋詁文公羊傳曰曷為先言霣而後言石霣石記聞々其磌然視之則石察之則五是隨聞見先後而配之也傳稱隕星也則石亦是星而与星隕文倒故解之彼見星之隕不見在地之驗此見在地之石不見始隕之星史各據其所見而書故文異也三十三年書隕霜者亦見在地之霜不見在天之驗故竟上言隕与此同也星石霜言隕雪雹螽言雨者其狀似雨者稱雨不似雨者稱隕　注是月至故書　正義曰月令諸言是月皆是前事之月知此是隕石之月也石隕鷁退俱是宋事相類而同時告故重言是月嫌同日也告者不以鷁退之月告故言是月以異之鷁水鳥者相傳為然春秋考異郵云鷁者毛羽之蟲生陰而屬於陽洪範五行傳曰鷁者陽禽鷁字或作鶂廣志云鷁古退飛者今以其首為船頭莊子云鷁之

之相視牉子不運而風化博物志云雄雌相視則孕或曰雄鳴上風雌承下風則亦孕是也鳥飛不已自退傳言風也是鳥高飛遇風而退卻也公羊傳曰視之則六察之則鶂徐而察之則退飛是亦隨見先後而書之魯史而記宋变知知其宋人以為吳告於諸侯故書　注禄字至書日　正義曰季是其字友是其名猶如仲遂叔肸之類皆名字双举刘炫以季為氏而規杜已非也炫云季友仲遂皆生賜族非字也　注焐濉郡左右　正義曰濉水發源入泗其路甚长舍于濉者必是舍于水旁不得舍于水内杜欲指其处亡以可明故云焐濉郡左右　傳　注但言亡隕星　正義曰下云風也是風使鶂退此若直言星也則嫌是星便石隕故重言隕星以明所隕之石即是星也易称在天成象在地成形則星之在上其形不可知也古今之說星隕至地皆言為石經昏在地之驗故言隕石傳本在天之付故言隕星石知星之在上其形本是石也為尚既隕始变為石聖賢不說難得而知　注祥吉亡所在　正義曰中庸云国家將興必有禎祥国家將亡必有妖

孽則變之先見善惡異名吉之先見謂之祥凶之先見謂之妖此
揔而祥者彼對文耳尚書序云亳有祥桑穀共生于朝五行傳云青
祥白祥之類惡變亦稱為祥祥是揔名公問是何祥也吉凶焉
在故杜并以吉凶解之言吉凶先見皆為祥也襄公以為石隕鷁
退飛為禍福之始故問其所在蓋尚慶其在己故問之 注曾喪
而知之 正義曰此三者叔興止言其變不說知之所由或觀政
教刑法或他變別有占驗故云別以政刑他占知之言知之不由
石鷁也劉炫云政者若周大夫入陳竟見官職不脩君臣南冠如
夏氏知簡將亂子貢見公執玉卑知其替死也刑者若衛吾忌
克多怨君子知其不終也吉凶有二陰陽調序四時玉燭時吉也
陰陽錯逆寒暑失度民多疾疫五穀不登時凶也父慈子孝君義
臣忠人吉也父不父子不子君不君臣不臣人凶也 注言石而
告人 正義曰劉炫云言是陰陽之變也則知事由陰陽若陰陽
順序則物皆得性必无妖異故云陰陽錯逆所為非人吉凶所生
也傳稱天反時為災地反物為妖人反德為亂亂則妖災生洪範

咎徵曰狂恒雨若之彰皆言人有愆失乃致陰陽錯逆而云陰陽
錯逆非人所生者石隕鷁飛是由陰陽錯逆陰陽錯逆乃是人行
所致襄公不問己行何失致有此異乃裡既有此異將來始有吉
凶故答云是乃陰陽之事非將來吉凶所生言將來若有吉凶慎
此石鷁之異耳非始從石鷁而出也襄公不知陰陽錯逆為既往
之咎乃裡將来吉凶出石鷁之間是不知陰陽而亦問人事故云
君失問也叔興若以實對當云由君愆失致有此異今乃别以政
刑他占横説奇亂魯襄自以對非其實恐為有識所譏故退而告
人以此言也服虔云鷁退風咎君行所致非吉凶所從生襄公
不問己行何失而致此變但問吉凶焉在以為石隕鷁退吉凶所
從而生故云君失問是劉炫用服義為説也今刪定以杜注云石
鷁陰陽錯逆所為非人所生則陰陽錯逆自然有此非由人事之
失致此錯逆又吉凶不由石鷁所生故傳云是陰陽之事非吉凶
所生是吉凶不由石鷁〻〻不由於人則吉凶之来别由人行得
失耳故釋例云或異而无感或感而不可知如此之彰是也其傳

云饑则妖災生陸范曰狂恒雨若此皆假之陰陽以為勸戒神道
助教非實辭也但聖賢之說未知孰是故兩載其義以俟後賢
注積善至以對　正義曰積善餘慶積惡餘殃易文言也言將
來吉凶由人行所致行善则有吉行惡则有凶吉凶自由於君不
從石鷁而出吾不敢逆君之心故假他占以對之　注狐廚至入
河　正義曰汾水從平陽南流折而西入于河臨汾縣在汾水北
狐谷疑是狐廚乃在縣之西北则狐廚受鐸皆在汾北狄自北而
侵南涉汾水至于昆都々々在汾南也　十七年注項國至諱之
正義曰知非師少不言師而言諱之者沈云襄十三年傳云用大
師曰滅此既稱滅故知用大師劉炫云案傳齊人以為討々其
滅國非討用師既不得滅何以諱師炫謂將卑師少稱人不可自
言魯人故不稱師炫不達此旨以為將卑師少以規杜氏非也
夫人至于卞　正義曰婦人送迎不出门見兄弟不踰閾今出會
齊侯其說文者凡夫人之行得礼失礼直書其事善惡自明故
於文悉無褒貶此時公為齊人所止夫人會以釋之縱使違礼不

合娶責　注與㑹之以名　正義曰元年盟于蔑三年公子友如齊涖盟五年于首止七年于甯母八年于洮九年于葵丘十五年于牡丘四年與屈完盟于召陵諸侯皆在公亦與焉故為八也同盟相赴以名主禮當时兩君但與其父盟亦得以名赴其子耳與㑹盟既多故不復遍數莊閔也　傳注已十之曰孕　正義曰十月而產婦人大期又國語云人十月而生故知已期已十月也易稱婦孕不育說文云孕懷子也　注圉養之曰妾　正義曰昭七年傳曰馬有圉牛有牧内則云聘則為妻奔則為妾是也　猶有之諱之也　正義曰寔无諸侯之事而言之自含者尚似有諸侯之臣辱　注雍巫之易牙　正義曰周禮掌食之官有内饔外饔此人為饔官名巫而字易牙也　十八年注狄救至義例　正義曰決上狄救齊不稱人也於例將卑師衆稱師將卑師少稱人理中文諸侯之例此稱邢人是將卑師少者夷狄既无爵命非有君臣之別文多稱戎稱狄今君臣同文或單稱狄或稱狄人是时史異辭非褒貶也穀梁傳曰狄其稱人何也善累而後進之伐

衛所以救齊也其意以為上已救齊今後代衛救齊故進之稱人
左氏无此義故為史異辭　傳注楚金利　正義曰考工記云吳
越之劍是也　十九年注稱人言從赴　正義曰此云宋人執滕
子下云鄫人執鄫子二君於傳无不道之狀而皆稱人以執是宋
公欲重其罪以罪及民告故史從而書之以示虛實釋例曰凡諸
侯无加民之惡而稱人以執皆時之赴告欲重其罪以加民為辭
國史承之書之於策而簡牘之記具存夫子因示虛實故傳隨
而著其本狀以明得失也滕子鄫子皆稱人見執宋欲重二國之
罪故以不道赴或名或不名從所告之文也傳具載子魚之辭
以虐二國之君見義明非罪也杜言書名從赴者諸侯被執其罪
與不罪宜以執者稱人稱侯為異傳例不以書名為義釋例曰
諸見執者已在罪賤之地書名與否非例所加故但言執某侯也
其意言被執已是罪賤書名更无可加故不復以名為義既不以
名為義而被執者有名與不名知其從赴也　注曹雖无見用
正義曰哀十二年傳曰諸侯之會侯伯致禮地主歸餼柏十四年

公會鄭伯于曹〻傳曰曹〻人致餼禮也集〻秋諸會於國都者即以國
都名為會地〻主不序於列此會地於曹〻南則在曹〻之都也在曹〻
之都而曹〻人在列是曹〻雖與盟而心猶不服秋宋人圍曹〻傳曰討
不服也以不服而被圍知此地以曹〻南即是不服之狀明是不肯
致餼无地主之禮以此故不以國地而曰曹〻南所以及秋而見圍
以秋見圍知此時不服故注言之　注不及至如會　正義曰諸
徒盟于曹〻南鄫〻子欲往會之未至於曹〻諸侯既罷以邾既盟訖故
如邾會之本意欲往會盟未至於曹〻諸侯已去其實至於邾國
故書會盟于邾言其本意欲盟也二十八年踐土盟下云陳侯如會
彼經注至會所此不至會所故書其所至而不言如會襄七年鄬
之會下鄭伯髡頑如會未見諸侯丙戌卒于鄵亦不至會所而云
如會者其意欲會而在道身喪故亦書其所至義與此同但卒
執有異故文異耳鄫子不及曹〻南而至於邾國蓋宋公知其在
邾故使邾子執之　注稱人至他命　正義曰昭十一年楚之執蔡
世子友用之與此執鄫子用之皆惡其无道直書用之言其若

用畜牲所以悪楚宋也悪宋而以犉自用為文者南面之君善悪
自專不得訖之他命复寔悪宋亦所以悪邾也傳称用之于社而
经不晉于社故云赴不及也列炫規已云執蔡世子友用之不言
岡山仕何須云于社今刪定知不然者以莊二十五年鼓用牲于
社今鄭子既用畜牲而用畜云邾人用鄫子于社今不云于社故
知赴不及則昭十一年執蔡世子友用之亦赴不及也　注地於已
与盟　正義曰地於齊者言即以齊為所盟之地也傳称陳穆公
請脩桓公之好而為此盟明是齊亦与盟地於齊而齊不序然
盟會以國都而地主不列於序者地主亦与盟會皆以此而知之
耳　注以自亡悪梁　正義曰諸侯受命天子有地建國无相滅
之理此以自亡為文不書所取之國以為梁國自亡非被取者之
罪所以深悪梁耳非言秦得滅人國也釈例曰作复不時則怨讟
動於民彼梁伯者虚興无慮之功詐称无兽之寇遂溝其宮以
遏百姓之心開大国之志是妖釁之先徵自亡之實應故不言
秦滅梁而以自亡為文　傳歆以屬東夷　正義曰屬訓聚也殺

邾子以懼東夷使东夷聚来帰已也脊栢以德屬諸侯諸侯聚
帰脊栢　注睢水至用祭　正義曰釋例曰汴水自滎陽受河睢
水受汴東經陳留梁国譙郡沛国至彭城縣入泗凡水首從水出
謂之受流帰他水謂之入漢存之例為然言汴從河出睢從汴出
也次謂水旁也下云用諸淫昏之鬼則此祀不在祀典故云此水
次有妖神妖神而謂之社傳言以屬東夷則此是東夷之神故言
東夷皆社祠之劉炫云案昭十年季平子伐莒獻俘始用人於亳
社彼亳社旧不用人杜何以知此社殺人而用祭乎今知不然者
彼傳云始用人於亳社故知旧来不用此云使邾文公用鄫子于
次睢之社既不言始明知旧俗用之劉取彼而規杜過非也
注司馬至用馬　正義曰爾雅釋畜馬牛羊豕犬雞謂之六畜周
礼謂之六牲養之曰畜用之曰牲其實一物也此云六畜不相為
用昭十一年傳曰五牲不相為用彼注不云馬而以其餘為之明
其復為祭祀所用彼此同也周礼校人春祭馬祖鄭玄云馬祖天
駟也孝經說曰房為竜馬六畜之言先祖者唯此一文而已以外

牛羊之等其祖不知為何神也禮若祭馬先不用馬略舉一隅故也
有文者言之耳沈氏云春秋説天苑主牛又有天雞天狗天豕以
馬祖類之此等各有其祖　小事不用大牲　正義曰雜記言釁
廟用羊門夾室皆用雞隱十一年傳稱鄭伯之詛使卒出豭行出
犬雞如此之類皆是不用大牲也　注三亡國魯衛邢　正義曰
齊語云魯有夫人慶父之亂二君弑死國絶無嗣桓公使高子存
之狄人攻邢桓公築夷儀以封之狄人攻衛衛人出廬于曹桓公
城楚丘以封之是也衛則狄滅之矣魯邢不滅而言亡者美大齊
桓之功耳　二十年注魯城南門　正義曰魯城南門本名稷
門今新作者新脩彼稷門更令高大因改名高門此復非有所故也
魯人相傳云然今時魯人其言猶如此也刺者易舊之意作者與
復之辭皆是更造之文也劉賈先儒皆云言新有故木言作有
新木故為此言以異之釋例曰言新意所起言作以興事通禮
興起功役之事總而言之不復分別國舊與造新也　注郜姬姓
國　正義曰二十四年傳富辰所云郜之初封文王之子耼季

之才以後更无所闕唯此薛一見而已无时君謚号不知誰滅之
注西宫乜六年　正義曰穀梁以西宫為閔公之廟礼宗廟在左
不得稱西宫也公羊傳曰西宫者何小寢也小寢則曷為謂之西
宫有西宫則有東宫是此注取公羊為説故云公别宫也　傳注
门户乜之例　正義曰傳唯言啓塞從時不知啓塞之言意何所
謂服虔云闔扇所以開鍵閉所以塞月令仲春脩闔扇孟冬修鍵
閉從时從此时也傳既云作門不时更發從时之例則啓塞之事
當是城门之類安得以為闔扇鍵閉細小之物乎若是仲春孟冬
備何以不言兼冬而直云從時知從何时豈立明作傳不了待月
令而後明哉故杜更為别説雖杜之言亦无明證正以門户道橋
所以開人行路故以為啓城郭牆塹所以障蔽往来故以為塞雖
言无所據而理在可通此二事者皆官民之所開閉終當須之不
可一日而闕言從时者特從壞时而脩之不得拘以土功时月也
此新作南门者當时不是傾壞依公欲脩飾使高大耳非開閉之
急得待土功間月今以日至之後興造此門故以土功之制譏之

云書不時也傳既説依公作門不時嫌門戶牆塹之類是急之事
亦待土功之月故別起後特之例言凡啓塞不須待時其新作門須
待時耳杜云城郭謂之塞亦待後壞時而治之所以春秋築城每
云書不時者謂非因破壞而輒脩理故譏之不時釋例曰門戶道
橋城郭牆塹官民之開閉不可一日闕者也故特隨壞時而脩之
皆為其時而説不必用土功之常時也故傳既曰書不時又曰啓
塞從時重發以明二義其他急事亦包之也魯城南面三門隱公
元年開一門故今南有四門依公意更繕治高大稷門非啓塞
之義而以日至之後興功故經書傳曰書不時言失土功之
時也啓塞之事猶得從宜而脩之　二十一年注雩不至不收
正義曰春秋之例旱則脩雩雩必為旱而經或書雩或書旱
者雩而得雨喜雩有益書雩不書旱雩不得雨則書旱明
災成此時雩不獲雨故書旱也周之夏即今之二月三月四月
也於時方欲下種此月不雨未已成災而書夏大旱者此後得
小雨而終是不堪生殖經夏及秋五稼悉皆不收不收之後飢最

旱之月而雩之故雩变大旱也刘炫云大旱而不雩飢者傳云是
歲也飢而不害故不書飢　注諸侯至諸侯　正義曰諸侯之
被執者皆不書其執々而公不与又不告故魯史不得書之此
由公往与盟見其得執故書之耳文七年公会諸侯晉大夫盟
于扈傳曰公後至故不書所会凡会諸侯不書所会後也後
至不書其国辟不敏也此盟亦總言諸侯不書其国似是公之
後期故解之魯先不屬楚公本先会期閒盟而往故書公会諸
侯非後期也公非後期而總書諸侯者此則会盂之諸侯也一夏
而再見者前目而後凡自禮前已歷序故後總言耳非为尊公变
文也　傳注巫尪至焚之　正義曰周禮女巫職云旱暵則舞雩
此以为旱欲焚之故知巫尪女巫也并以巫尪为女巫則尪是常
弱之称因以女巫尪弱故称尪也或以为尪非巫也巫是禱神之
人尪是瘠病之人二者非一物也尪是病人天恐雨入其鼻俗有此
說不出傳記義或因然故兩解之也檀弓云歲旱穆公召縣子而
問焉曰天久不雨吾欲暴尪而奚若曰天則不雨而暴人之疾

子產无乃不可与鄭玄云尫者面鄉天覬天哀而雨之又曰然則
吾欲暴巫而奚若鄭玄云巫主接神亦覬天哀而雨之彼欲暴人
疾而求雨故鄭玄以爲覬天哀而下雨此欲燒殺以求雨故杜以
爲天哀之而不雨意異故解異也礼記既言暴尫又別言暴巫々々
尫非一物記言暴人之疾則尫是病人或說是也　注穡儉也
正義曰穡是愛惜之義故爲儉也襄二十四年穀梁傳曰五穀不
升謂之大侵々々之礼君食不兼味臺榭不塗弛侯廷道不除
百官布而不制鬼神禱而不祀曲礼云歲凶年穀不登君膳不
祭肺馬不食穀如此之類皆是務爲儉也務爲儉穡而修城郭君
服虔云國家凶荒則无道之國乘而加兵故脩城郭爲守備也
注此鄭乱諸夏　正義曰蠻夷猾夏舜典文猾訓爲乱故云乱諸
夏也此注引昭二十三年傳首云叔孫婼曰備檢古本皆作豹字
蓋主後即傳誤　二十二年注須句也須句　正義曰上傳云須
句子則須句子爵故云雖別國而不已自通爲魯私屬若襄公
之世鄭國屬魯故知如顓臾之比略不備書也　傳其礼先亡

矣　正義曰其中国之礼先亡矣　注允姓至年信　正義曰
昭九年傳曰先王居檮杌于四裔故允姓之姦居于瓜州伯父惠
公歸自秦而誘以来是此戎為允姓也彼注云瓜州今敦煌則陸
渾是敦煌之地名也徙之伊川後以陸渾為名故至今為陸渾縣
十一年傳稱伊洛之戎同伐京師則伊洛先有戎矣而以今始此
我為辛有言驗者蓋今之遷戎始居被髮祭野之處故耳
注婶子婦人之卑称　正義曰礼云夫人自称於其君曰小童
世婦以下自称曰婶子是婶子為婦人之卑称　詩曰毛孔云
正義曰詩小雅正月之篇也毛傳云洽合隣近云旋也言王者和
合親比其近親則昏姻甚迴旋而相歸附其詩之意欲令王親ゝ
以及遠　敬之无易哉　正義曰詩周頌羣臣進戒成王之辞
言為国君者宜敬之哉敬之哉天之道唯明見思言天之臨下
善惡必察奉承天命不易哉言其承天命甚為難　蜂蠆有
毒　正義曰說文云蜂飛虫螫人者也蠆毒虫也方言云燕
趙之間逢蜂為蠓螉其小者謂之蠮螉通俗文云蠆長尾謂之蠍ゝ

毒傷人曰蛆 張列反 字或作蜇 注胄兜鍪 正義曰說文云胄
兜鍪首鎧也今俗皆云胄無兜鍪之文言兜鍪舉今以曉古蓋
秦漢以來語 注門官至盡也 正義曰周礼虎賁氏掌先
後王而趨以卒伍軍旅會同亦如之舍則守王閑王在國則守
王宮國有大故則守王門諸侯之礼亡其官屬不可得而知此門
官蓋亦天子虎賁氏之類故在國則守門師行則在君左右近衛
故盡死也殲盡釋詁文舍人云殲衆之盡也 不鼓不成列
正義曰軍法鳴鼓以戰因謂交戰為鼓彼不成列而鼓以擊之是
詐以求勝故注云恥以詐勝 且今至吾敵也 正義曰言用兵
之法前敵無門強弱不可遺留且後若留強者還為己害故曰且今
之陳上不被損傷材力強者皆己與吾相敵若其不殺還來害
我是以雖及胡耇獲則取之何有恩義於二毛之人 雖及胡
耇 正義曰謚法保民耆艾曰胡胡是老之稱也釋詁云耇壽也
舍人曰耇覯也血氣精花覯竭言色赤黑如狗矣孫炎曰耇面
如凍梨色似浮垢老人壽徵也 若愛至服焉 正義曰如猶

不如古人之語然猶似敵即不敵若愛彼重傷則不如本勿傷之
若愛其二毛不敬傷害則不如早服從之何須与戰　注鼓以佐
声氣　正義曰言金鼓以声氣謂金鼓佐士衆之声氣下文声
盛致志者謂士衆由聞金鼓声氣滿盛乃致勇武之志以擊
前敵為此前敵儳巖未陳鼓而擊之可也　注不言金省以金
有止衆之時不是尽足故也周礼鼓人掌教六鼓四金之音声
以節声樂以和軍旅以正田役以金錞和鼓以金鐲節鼓以金
鐃止鼓以金鐸通鼓是錞鐲鐸皆助鼓以声氣其鐃則鳴之以
止鼓大司馬教戰法亦云三刺之後乃鼓退鳴鐃且卻哀十一年
傳書曰此行也吾聞鼓而已不聞金矣杜云鼓以進軍金以退軍
不聞金言將死也是金有止鼓之時足（非）用以声氣　注不言金見此
意也　注楚子之鄭地　正義曰以芊（弥介反）是楚姓芊女是芊姓故云
楚女斉女耳亦无明文言之二者共以夫人冠之蓋俱是夫人
礼无二適而有兩夫人者當時僭濫不如礼也　注師縉无載耳
正義曰書傳所言師曠、師曹、師蠲、（師縉）之類皆是樂師知此師縉亦

來師也釋詁云俘取也馘獲也李巡云因敵曰俘伐執之曰取鄭
箋云今以獲賊耳為馘毛詩傳曰殺而獻其耳曰馘鄭箋云馘
所格者左耳也然則俘者生執因之馘者殺其人截取其左耳欲
以計功也　注閾門限　正義曰釋宮云柣謂之閾孫炎曰柣門
限也經傳諸注皆以閾為門限謂門下橫木為外內之限也
注用上至禮畢　正義曰周禮大行人云上公九獻侯伯七獻子
男五獻案儀禮主人酌以獻賓賓酢主人主人又酌以酬賓乃成
一獻之禮九獻者九為獻酬而禮始畢也楚之實子爵以霸王自
許故鄭以極禮待之　注庭中至百也　正義曰饗賓禮既亡庭
實所有及所加籩豆無以言之然鄭注周禮享禮兼燕禮食禮
与飧禮略同掌客云饔餼之禮其死牢如飧之陳上公飧五牢
餁一牢陳在西階之前正鼎九牛一羊二豕三魚四腊五腸胃
六膚七鮮魚八鮮腊九從北南陳又有陪鼎三膷鼎一在牛鼎
之後臐鼎一在羊鼎之後膮鼎一在豕鼎之後腥四牢陳於東階
之前牢別九鼎無陪鼎也侯伯飧四牢餁一牢腥三牢子男飧

三牢餼一牢腥二牢其陳列皆如上公又上公醯六十罋從陳於庭碑東醯六十罋從陳於碑西侯伯醯醢百罋子男八十罋其陳如上公又上公米百有二十筥橫陳於醯醢之間侯伯百筥子男八十筥陳如上公此飧禮庭實之物饔餼亦然掌客上公豆四十侯伯三十二子男二十四鄭注云公四十豆堂上十六西夾東夾各十二侯伯三十二豆堂上十二西夾東夾各十子男二十四豆堂上十二西夾東夾各六然簋籩之数亦然其簋籩豆之物者周礼籩人掌四籩之實朝事之籩其實麷蕡白黑形鹽膴鮑魚鱐饋食之籩其實棗栗桃乾穚榛實加籩之實蔆芡栗脯羞籩之實糗餌粉餈醯人掌四豆之實朝事之豆其實韭菹醓醢昌本麋臡菁菹鹿臡茆菹麇臡饋食之豆其實葵菹蠃醢脾析蠯醢蜃蚳醢豚拍魚醢加豆之實芹菹兔醢深蒲醓醢箈菹鴈醢筍菹魚醢羞豆之實酏食糝食此等所陳雖為祭祀下云賓客亦如之是賓客与祭祀不異故三十羊饗食有昌歜白黑形鹽公食大夫礼亦有昌本之屬此云加籩豆六品必是此

等之物但传文不具无以言之　二十三年注三月盟
曰兹父以九年即位其年盟于葵丘十五年于牡丘唯与鲁同弍
二盟而已云三者并数盟于薄释宋公也案经盟于薄始云释
宋公则盟薄之时宋公未得与盟而数之者以凡盟之法皆含
其前恶结其後好故宜十五年楚人围宋围後始盟及城下之盟
皆是其事今释宋公之後恐楚人伐宋宋公恨楚故盟以结之若
未释宋公之前何须盟誓但经文欲显公会之事故盟在释前列
焉以宋公不与薄盟而规杜氏非也　楚人伐陈　正义曰传称
楚成得臣帅师伐陈则是楚之贵卿也而称人者释例曰楚之君
臣最多混错此乃楚之初兴未闲周之典礼告命之辞自生异同
犹秦之辟陋不与中国准故成二年以上春秋未以入例也如杜
彼言楚不以得臣名告故称人耳　传注名书至罪也　正义曰
策简策也质形体也古之仕者於所臣之人书已名於策以明系
属之也拜则屈膝而委身体於地以明敬奉之也名系於彼所奉
之君则不可以贰心辟罪释诂文　注成公至明之　正义曰何

休膏肓雖左氏云杞子卒豈為用夷禮死乎故解之此杞成公始
行夷禮以終其身故於卒貶之卒者人之終於終貶之見其終身
行夷禮也於時杞實稱伯唯此獨稱子是仲尼以文貶之稱子貶
之而曰子者曲禮曰其在東夷北狄西戎南蠻雖大曰子四夷之
君爵不過子故貶之為子言如夷狄之大國耳　不書至敏也
正義曰隱七年已有例矣今重發者釋例曰杞侯降爵嫌有異
同故傳重發不書之例又更發凡者以明雖薨赴有法若或違之
國史亦承告而書不必改正也赴以名則亦書之者禮諸侯雖不
同盟或以名赴也不然則否辟不敏者禮雖同盟而赴不以名則
亦不書以審違謬也　享其生祿　正義曰人以祿生故謂之生
祿　注胥臣至大功　正義曰胥氏也臣名也胥有臼邑蓋食采
於臼邑字季子而為司空之官故名氏互見也不言狐毛賈佗而
獨舉此五人者賢而有大功故也顛頡歸晉尋即被戮而言大功
者爲內從亡之時有大功也晉語稱公子長事賈佗〃非不賢蓋
傳文意之所在便即言之未必五人皆賢於賈佗　注廧咎如隗姓

正義曰成三年晉郤克衛孫良夫伐廧咎如傳曰討赤狄之餘焉
彼言赤狄之餘知是赤狄之別種也如曰叔隗季隗知爲隗姓也
乞食〻載之　正義曰晉語云已五鹿乞食於野人〻〻举塊以
与之公子怒將鞭之子犯曰天賜也民以土服又何求焉天事必
象十二年必獲此土二三子志之歲在壽星及鶉尾其有此土乎
天以命矣復於壽星獲於諸侯天之道也由是始之有此其以
戊申乎所以申土也再拜稽首受而載之及齊至殺之　正義
曰晉語云齊侯妻之甚善焉有馬二十乘將死於齊而已曰民生
安樂孰知其他桓公卒孝公即位諸侯叛齊子犯知齊之不可
以動而知文公之安齊有終焉之心欲行而患之与從者謀於桑
下蠶妾在焉莫知其在也妾告姜氏〻〻殺之　醒以戈逐子
犯　正義曰晉語云逐子犯曰若無所濟吾食舅氏肉其知
饜乎舅犯走且對曰若無所濟吾未知死所誰〻与豺狼爭食
若克有成公子無亦晉之柔嘉是以甘食偃之肉腥臊將焉用
之遂行　及曹〻觀之　正義曰斷其裸以上爲句裸裎赤体

无衣也駢脅非裸不見故欲觀其裸伺其浴乃逼迫以觀之晉語
云曹共公聞其駢脅欲觀其狀止其舍諜其將浴設微薄而觀之
孔晁云諜候也微蔽也注薄迫也駢脅合幹　正義曰薄者逼近
之意故為迫也說文云駢脅并幹也肋脅骨也廣雅云脅幹謂
之肋孔晁云聞公子脅幹是一骨故欲觀之通俗文曰腋下謂之
脅知此諸說則脅是腋下之名其骨謂之肋幹是肋之別名駢訓
比也骨相比迫若一骨然　天之所啓　正義曰啓開也凡是天
開道者非人所能及欲令鄭伯礼之　天其或者　正義曰天意
不可必知故言或者謂天意或當然也　男女至不蕃　正義曰
礼取妻不取同姓辟違礼而取故其生子不能蕃息昌盛也晉語
曰同姓不昏懼不殖也又曰異姓則異德〻〻則異類〻〻雖近
男女相及以生民也同姓則同德〻〻則同心〻〻則同志〻〻
雖遠男女不相及畏黷故也黷則生怨〻亂育災〻育滅姓是
故取辟同姓畏乱災也周礼不得取同姓彼遂演說其意耳未
必取同姓者皆滅姓也　注国語至卿才　正義曰晉語云僖負

羈言於曹曹伯曰晉公子生十七年而亡卿才三人從之可謂賢乎
宋公孫固言於襄公曰晉公子好善不厭父事狐偃師事趙衰
而長事賈佗此三人者實左右之公子居則下之動則諮焉傳負
羈言有卿才公孫固說其名氏知是一物故并引之 注 弭弓至
遂也 正義曰釋器云弓有緣者謂之弓无緣者謂之弭李巡曰
骨飾兩頭曰弓不以骨飾兩頭曰弭孫炎曰緣謂繳束而漆之弭
謂不以繳束骨飾兩頭者也二說雖反俱以弭為弓末也詩云載
櫜弓矢則弓矢所藏俱名櫜也昭元年傳伍舉請垂櫜而入
注云示无弓則櫜亦受弓之物方言云弓藏謂之鞬此櫜鞬二
物必一弓一矢以鞬是受弓故云櫜以受箭因對文而分之耳
孔晁云馬鞭及弓分在兩手欲辟右帶櫜鞬之文故云左執
廣而能力 正義曰廣大者失於奢僭故美其能儉也文華
者失於傲慢故美其能有禮也能敬者失於褊急故美其能寬
容也忠誠者未必有力故美其能勤也此四者每兩事相反而
美其能兼有之 注 匹沃至淵也 正義曰說文云匹似羨斟

柄中有道可以注水盥澡手也疏曰水沿皿然則匜者盛水器也
盥謂洗手也沃謂澆水也懷嬴奉匜盛水為公子澆水令公子
洗手既而以濕手揮之使水湔污其衣故云揮湔也　注去上衣
謝之　正義曰晉語說此事云公子欲辭司空季子々犯子餘勸
取之乃歸女而納幣且逆孔晁云歸懷嬴更以妻妾禮迎之也服
虔云申意於楚之子申於知己降服於懷嬴屈於不知己　注六月已
於此　正義曰杜言全引詩篇者多取首章之義劉炫規過云
案春秋賦詩有雖舉篇名不取首章之義者故襄二十七年
公孫段賦桑扈趙孟曰匪交匪敖乃是卒章又昭元年云令尹
賦大明之首章既特言首章明知舉篇名者不是首章今刪
定知不然者以文四年賦湛露云天子當陽又文十三年文子賦
四月是皆取首章若取餘章者傳皆指言其事則賦載馳之四
章綠衣之卒章是也所以令尹特言大明首章者令尹意特取
首章明德故傳指言首章与餘別也杜言多取首章言多則
非是總皆如此劉以春秋賦詩有不取首章以規杜氏非也

二十四年天王出居于鄭　正義曰出居實出奔也出禮出藏内
居若移居然天子以天下為家所在皆得安居故為天子别立此
名釋例曰天子以天下為家故傳曰凡自周无出今以出居為名而
不容奔殊之於別國　傳注羈馬羈紲馬韁　正義曰説文云羈馬
絡頭也又曰馬絆紲係也少儀云犬則執紲牛則執紖馬則執靮
服虔云一曰犬韁曰紲古者行則有犬杜今正以紲為馬韁者紲
是係之别名係馬係狗皆得稱紲彼對文耳散則可以通也於天
下用馬為多故主於馬耳　注子犯至皦日　正義曰諸言有如
皆是誓辭有如日有如河有如皦日有如白水皆取明白之義言
心之明白如日如水也有如上帝有如先君言上帝先君明見其
心意亦同也　夫袪猶在　正義曰夫辭也彼時斬袪之恨今日
猶在　蒲人至狄乎　正義曰言獻公之時君為蒲邑人惠公之
時君為狄國人余未事君何有恩義於君乎今君即位其无蒲狄
乎言有人在蒲在狄為君猶是也　行者至刑臣　正義曰公言
女其行乎欲使之出奔也公若反齊桓念舊惡則出奔者甚衆多

矣豈唯刑臣一人乎言畏罪者皆將去 注新有至紀綱 正義
曰新有呂郤之難國未輯睦恐晉人情不可信故秦伯以兵衛文
公也說文云綱維紘繩也紀絲別也則綱是維之大繩紀者別理
絲縷諸門戶僕隸之事皆使秦卒共之與晉人為紀綱謂為之首
領主帥也 注頭須至小吏 正義曰一曰里鳧須者史記謂之
里鳧須與傳文不同必有一謬故辨出其別不敢正之鄭玄周禮
注云豎未冠者之官名 沐則心覆 正義曰韋昭云沐則低頭
故心反覆也 下義無處矣 正義曰在下者以貪天之功為己
君之義是下義其罪也在上者以立君之勳賞盜天之罪是上
賞其姦也居下者義其罪是下欺上也居上者賞其姦是上欺
下也如此上下相欺蒙難可與並居處矣 大上無及也 正義
曰曲禮云大上貴德其次務施報鄭玄以大上為帝皇之世其次
謂三王以來則以大上其次為世代之先後也襄二十四年傳曰
大上立德其次立功其次立言杜以立德謂黃帝堯舜立功謂禹
稷立言謂史佚周任則以人之賢愚為上次非復年代之先後也

然则大上謂人之最大上上聖之人也以德抚民唯〻是用不簡親踈也其次聖之人則親其所親以漸相及而至於遠人為下周公親〻之事殊末也周公亦是上聖不以德而先親者制法為後不独為身聖人之身不特親也 昔周至亂也 正义曰伯仲叔季長幼之次也故通謂國衰為叔世將亡為季世昔周公傷彼夏殷二國叔世踈其親戚令使宗族之不同心以相匡輔至於滅亡故封立親戚為諸侯之君以為蕃籬屏蔽周室言封此以下文武周公之子孫為二十六國也此二十六國武王克商之後下及成康之世乃可封建畢矣非是一時封建非盡周公所為富辰盡以其事為周公者以武王克殷周公為輔又攝政制礼成一代大法雖非悉周公所為皆是周公之法故歸之於周公耳 昭二十八年傳曰昔武王克商光有天下之兄弟之國十有五人姬姓之國四十人彼言由其克商乃得封建兄弟故歸功於武王耳亦非武王之時已建五十五國其後不復封人也 昭二十六年傳曰昔武王克殷成王靖四方康王息民並建母弟以蕃屏周 昭九年傳曰文武

成康之建母弟以蕃屏周則康王之世尚有封国非独周公時也
且見於經傳者管叔蔡叔霍叔周公攝政之初以流言見黜則
三叔之国已是武王封矣尚書康誥之篇周公營洛之时始封康
叔于衛洛誥之篇周公致政之月始封伯禽于魯書傳称成王削
桐葉為珪以封唐叔如此之類不得為武王封也凡蔣邢茅胙
祭周公之亂也豈周公自封哉固當成王即政之後或是康王之
時始封之耳　注弔傷至兄弟　正義曰弔傷但是悼往之辭咸
訓為皆故為同也昭六年傳曰夏有乱政而作禹刑商有乱政而
作湯刑周有乱政而作九刑三辟之興皆叔世也彼叔世謂三代
之末世知此二叔亦二代之末世也二代之末疏其親戚以至滅
亡周公創其如此故制礼設法親其所親廣封兄弟以自蕃衛也
蕃屏者分地以建諸侯使与京師作蕃籬屏扞也鄭衆賈逵皆
以二叔為管叔蔡叔傷其不和睦而流言作乱故封建親戚鄭玄
詩箋亦然案其封建之中方有管蔡豈傷其作乱始封建之馬融
以為夏殷叔世故杜同之　注十六至縣東　正義曰文之昭者

自后稷以後一昭一穆文王於次為穆故文子為昭武子為穆昭
二十八年传称武王兄弟之国十五人此十六彼十五者人異故
説異耳非武王時十五而周公加一也此十六国所在之地蔡郕
魯衛郜曹滕七国為时皆在已經解説霍在閔元年原在隱十一年
郇在此年毛亦已解説其毛聃閑故唯解管雍畢酆也武穆四
国晋時見在故唯解應韓邘也周公之胤邢国見在隱七年解
説凡蔣茅胙祭閑故唯解蔣茅胙也　召穆至其侮　正義曰常棣之
詩周公所作故周語説此事云周文公之詩曰即明是周公作也
召穆公厉王時人於時周德既衰兄弟道缺召穆公思周德之
不善致使兄弟之恩缺收合宗族於成周為設燕享而作此周公
樂歌之詩曰常棣之木華鄂〻然外發之時豈不韡〻而光明乎
以與華俱外發實韡〻而光明以喻兄弟衆多而相和睦豈不
強盛而有光輝乎言兄弟和睦實強盛而有光輝兄弟和睦則
強盛如是然則凡今日天下之人欲致此韡〻之盛莫如兄弟之
相親也其四章曰兄弟或有自不相善有争訟于墻内若有他人

侵之則同心合意外禦其他人之侵侮也　注鄭善已小雅
正義曰鄭善釋詁文糾者聚合之意故為收也召穆公厲王宣王
之臣詩江漢序云命召公平淮夷經曰王命召虎是也思周德之
不善故知是厲王之時周德衰微兄弟道缺也召穆公於東都合
宗族蓋當宣王之時若當厲王之時天子蹤之召公雖則聚合不
已使之親也於合之上作此周公之糸歌欲感切宗族使相親也
劉炫云杜云常棣詩屬小雅明是周公所作也　注常棣至韡然
正義曰常棣釋木文也舍人曰常棣一名棣郭璞曰今關西山中
有棣樹子似櫻桃可啖鄂々然華外發者華聚而發於外鄂
々然而光明也不韡々乎言其實韡々也古之人語有遠而倒者
詩文多有此類　注閱訟爭貌　正義曰釋言云閱恨也孫炎
云相很戾也李巡本作恨注云相怨恨以心相怨恨而為閱是
為爭訟貌也　庸勳至大　正義曰親暱者是愛敬之辭
也即經與是依就之意也其庸而用也用其有功勳者親其親族
親者暱其道路近者為其有賢行者此四事是德之大者也即

訓就也就其耳聾者聽其目昧者與其心頑者用其口嚚者此四
姦是惡之大者也勲親近賢與姦上为名聾昧頑嚚與身上为名
以狄无他姦故於耳目心口之上為惡名耳下文各以四姦覆之
唯棄辟女寵而用三良是言鄭伯之賢與上文倒隨便言耳杜言三
良叔詹堵叔師叔所理為賢如杜此注則謂鄭伯為賢與上文為
賢乖者已用三良則是鄭伯之賢王則當為此鄭伯但杜注省略耳
王德狄人　正義曰荷其恩者理之為德古人有此語也
狄固貪惏　正義曰方言云殺人取財曰惏　注周禮至二人
正義曰周禮无御士之官唯夏官大僕之屬有御僕下士十有二
人掌王之燕令鄭玄云燕居時之令以親近王故欲為王禦寇
注原毛皆采邑　正義曰此原伯毛伯蓋是文王之子原毛之
後世為王臣仍為伯爵或本封絕滅食采畿內故云皆采邑也
注鄭南至縣南　正義曰南氾是襄城縣南則鄭之西南之竟南
近於楚之西近於周故王處于氾及楚之伐鄭師于氾皆以為南氾其
東氾在中牟縣南去鄭城既近三十年秦晉圍鄭秦軍氾南故

內東氾各隨其所近而言也　注鷸鳥至之服　正義曰釋鳥云翠鷸李巡曰鷸一名為翠其羽可以為飾樊光云青羽出交州鄣璞云似燕紺色生鬱林說文云翠青羽雀也案漢書尉他獻文帝翠鳥毛然則鷸羽可以飾器物聚此鷸羽以為冠也　注夏書至為宜　正義曰此是大禹謨之文以說禹事故傳通以其篇為夏書彼孔安國云水土治曰平五行序曰成水土既治是地平其化五行既序是天成其施杜雖不見孔傳於義亦不相違也　注宋弔至謝之　正義曰禮弔喪之法皆主人拜其弔者謝其勤勞弔者不荅拜以其為事而來不自同於賓客此皆據弔及主人敵禮以上若其臣下來弔則主人不拜宋是先代之後王以敵禮待之故拜其來弔其餘諸侯則否　省視官具　正義曰鄭伯與三大夫每日親自省視當國官司令具其器用送之於氾而後聽其私政也　二十五年注衛邢至罪之　正義曰曲禮曰諸侯不生名滅同姓名傳云同姓也故名然則諸侯位貴居尊故不斥其名昏名則是罪絶之意故云罪之　注五月盟　正義曰燬以

九年即位四年盟于召陵五年于首止八年于洮九年于葵丘十
五年于牡丘皆魯衛俱在是五月盟也　注伯姬至故書　正義
曰伯姬魯女而以宋蕩冠之知為宋大夫蕩氏妻也婦者對姑之
文姑即伯姬故知自為子來逆婦公羊傳曰宋蕩伯姬者何蕩氏
之母也其稱婦何有姑之辭也穀梁傳曰婦人既嫁不踰竟是婦
人越竟逆婦非禮也以非禮故書之紀裂繻來逆女此云逆婦者
姑自來逆故即稱婦也宋有蕩氏者宋桓公生公子蕩々生公孫
壽々生蕩意諸意諸之後以蕩為氏則此人字蕩也故云蕩氏
妻　注頓迫至納故　正義曰圍陳而納頓子明頓子迫於陳
而出奔也楚人納之知其出奔楚也公羊傳曰何以不言遂兩之
也一舉兵而行此兩意非因前生後故不言遂明此圍陳納頓子
正是一事釋例曰傳稱諸侯納之曰歸今經諸稱納者皆有興師
見納之事不待例而自明故但言納不復言歸々納不須兩見故
云頓子不言歸興師見納故　注洮魯至賜族　正義曰八年盟
于洮杜云曹地三十一年魯始得曹田此時不得為魯地注誤

耳礼先君既葬則嗣子成君此文公既葬成公不称爵者釋例曰
文公欲平莒於魯未終而薨故衛子尋父之志魯人由此亦脩文
公之好此孝子之心感而人情之所篤故成公雖已免喪至於此
盟會降以在喪自名猶武王伐紂称大子發故經隨而存之傳稱
而釈之曰脩文公之好也是說書子名之事　傳掖以赴外　正義
曰說文云掖持臂也謂執持其臂投之城外也掖本持臂之名遂
謂臂下脅上為掖是因名轉而相生也　踵文之業　正義曰言
欲繼文侯之功業而使信義宣布於諸侯今曰納王是可矣
注黃帝至為吉　正義曰大戴礼五帝德曰黃帝與赤帝戰于
阪泉之野晉語云昔少典娶於有蟜氏生黃帝炎帝黃帝為姬
炎帝為姜二帝用師以相濟也韋昭注云濟當為擠擠滅也史記称
黃帝伐炎帝之後于阪泉之野炎帝即神農也黃帝將戰卜得吉
兆令卜偃得彼兆故以為吉也　戰克而王饗　正義曰卜遇
黃帝吉兆是戰克也筮得大有是王享也　注闕地云而下
正義曰隱元年傳曰闕地及泉隧而相見是闕地通路曰隧也天

子之葬棺重礼大尤須謹慎去壙遠而闕地通路從遠处而漸邪
下之諸侯以下棺輕礼小偪壙上而直縣下之故隧為三之葬礼
諸侯皆縣柩而下故不得用隧晋侯請隧者欲請以王礼葬也
注鄀本至鄀縣　正義曰言本在商密者擬在後移都鄀旧都以
为本耳其実此时在商密後始迁於鄀縣国至彼縣而滅故彼縣
専得鄀名當此秦晋伐鄀之时国名為鄀所都之邑名商密楚
以申息之師戍商密者正謂戍鄀国也析是鄀之别邑戍人居析
地为商密之援　注言其至行也　正義曰杜以徑猶行者以傳
文为徑故釈为行上讀为劉炫改徑为經謂經歷飢餒下屬为
句輒改其其字以規杜氏非也　二十六年齊人至弗及　正義曰
於例將卑師少称人將卑師衆称師此来去一也而師人異文者
穀梁傳曰其侵也曰人其追也曰師以公之弗及大之也此傳无
解或如穀梁之言美公已逐其師若言追大師然変文以美公
猶嘉季子之獲而書莒拏也公追戎于濟西不言所至此言至酅
者美公遠追追已遠至齊地故書之也桓十年齊侯衛侯鄭伯來

戰于郎傳曰不書侵伐我有辭也此莒人侵我討邢向二盟与莒
和好我亦无罪而書侵者於時晉文初起諸侯无伯莒侯是柏
公之子數以盟主自居魯不告莒而私為此盟非有正礼可辭莒
侯容得侵伐故從本文　注公子遂之辭　正義曰公子遂名存
於經則是卿也而云大夫者大夫是惣辭也今定本為魯卿乞
則自我之心得否在於彼國乞者執謙之意不保必得之辭釈例
曰凡乞者深求已理之辭執謙以偪成其計故雖小國之乞大國
々々之乞小國亦皆從不与謀之例臧宣叔郤錡乞師是也然則
与謀者彼此合計同謀共行乞師者取彼之力我独用之故不從
与謀之例公羊傳曰乞者何卑辭也曷為内外同辭重師也曷為
重師々出不正反戰不正勝穀梁亦同其意以為兵凶器戰危事
用師必有死傷不可必全得埤本不可𡠠之假借故皆以乞為名
傳注勞齊師　正義曰犒者以酒食餉饋軍師之名也服虔云以
師枯槁故饋之飲食勞苦禮之勞也魯語云使展喜以膏沐犒
師　注柳下惠　正義曰魯語展禽對臧文仲云獲聞之是其人

氏展名獲字禽柳下是其所食之邑名謚曰惠列女傳柳下惠死
門人將謚之妻曰夫子之謚宜為惠乎門人從以為謚莊子云柳
下季者季是五十字禽是二十字　注如而亡苟恐　正義曰服
虔云言室屋皆發撤榱椽在如縣磬孔晁曰縣磬但有桷無覆蓋
杜以下云野無青草言在野無青草可食明此在室無資糧可
噉故改如為而言居室而資糧縣盡劉炫云如磬在縣下無粟
帛炫乃以服義規杜非也　注祝融至其祝　正義曰楚世家云
楚之先出自帝顓頊高陽高陽生稱稱生卷章卷章生重黎重黎
為高辛氏火正帝嚳命曰祝融帝誅重黎而以其弟吳回居火
正為祝融吳回生陸終陸終生季連季連芊姓楚　其後也其
後中微或在中國或在蠻夷不能紀其世周文王之時季連之苗
裔曰鬻熊事文王曾孫熊繹成王封於楚是祝融鬻熊皆為楚
之遠祖也自祝融至鬻熊司馬遷不能紀其世杜言十二世不
知出何書故劉炫規杜云計其間出有一千二百年略而言之則
百年為一世計父子為十二世何以得近千二百年乎今删定

知不然者以其間或兄弟伯叔相及皆為君故年多而世少或可
轉寫誤則更无別文以意而規杜氏未為得也 注熊摯至夔
子 正義曰傳言熊摯有疾是以失楚之明是適子有疾不得嗣
位楚世家无其事不知熊摯是何君之適何時封夔案鄭語
孔晁注云熊繹玄孫曰熊摯有疾楚人廢之立其弟熊延熊摯
自棄於夔子孫有功王命為夔子亦不知何所據也 凡師至
曰以 正義曰能左右者謂欲左則左欲右則右故注云謂進退
在己釋例曰凡師能左右之曰以謂求助於諸侯而專制其用征
伐進退帥意而行故書會及之文而曰以施於匹敵相用者若伯
主之命則上行於下非例所及也吳雖大國順蔡侯之請自將其
衆唯蔡侯之命故亦言以吳子也傳例稱師則諸不言師者皆不
用以為例也以之於言所涉甚多劉賈許潁既不守例為斷又亦
不能盡通諸以唯難取晉人執季孫以偏列子單子以王猛居于
皇尹氏毛伯以王子朝奔楚之隨示以義數事而已又云諸稱以皆
小以大下以上非其宜也尋案晉侯以季孫歸又非下以上也荊

以蔡侯歸亦非小以大也

春秋正義卷第十二

日本影鈔正宗寺本春秋正義

第三册

唐 孔穎達撰

日本文化間影鈔正宗寺本

山東人民出版社·濟南

春秋正義卷第十三　僖公

國子祭酒上護軍曲阜縣開國子臣孔穎達等奉

勅撰

二十七年注傳言至兵故　正義曰此年傳云楚子及諸侯圍宋明是楚子親自來也十二月公會諸侯盟于宋云為楚子在宋而使公會之明與楚子共盟也明年傳晉侯執曹伯分曹衛之田以畀宋人其下始云楚子入居于申使子玉去宋由此而言楚子初來圍宋必親至宋圍使子玉主兵明年見晉之盛身始去之獨留子玉於宋耳杜以諸侯之卿不至稱人今言楚人不得為楚子之身也子玉楚之正卿宜書其名今書曰楚人非子玉也故以恥不得志以微者告也若然在二十八年荊人伐衛杜云荊侯稱人者諱取賂而還以賤者告二十二年宋公及楚人戰于泓杜云楚告命不以主帥人數故略稱人則以彼二解我亦得通但傳稱子玉在宋之文故挽子玉解之所以弘通其義也初圍宋在此年冬楚子入居于申乃是明年三月圍至明年不克始是不得志且非是初圍

之時為不隱志也杜意蓋以此為明年始告々以今冬圍耳下句
即有公會諸侯于宋楚未來告而公得往會之者公傳例即往咪
待告也其書圍宋之事必待專使來告傳例行言不得書也然若
成十三年公會諸侯伐秦傳稱戰于麻隧秦師敗績而經無戰敗
之事杜云時公在師後不須告蓋經文闕漏傳文獨存即如彼言
公見其事不復須告此時公會諸侯于宋即是親見宋圍何以不
即書之而云待楚告者案檢上下襄十一年公會晉侯云々伐
鄭傳稱鄭人行成下言晉趙武入盟鄭伯鄭子展出盟晉侯杜
云二盟不書不告二十五年公會晉侯云々于夷儀傳稱伐齊
々人使隰鉏請成慶封如師杜云慶封獨使於晉不遍諸侯故不
書二十六年傳六月公會晉趙武宋向戌鄭良霄曹人于澶淵晉
人執甯喜以歸杜云歸晉而後告諸侯故經書在秋此二事者公
雖在會不告不書所言不須告者皆謂公親行其事麻隧公親在
戰故云不復須告此時公往與盟不與圍宋故圍宋之事必待告
乃書既以微者來告猶序諸侯之上者春秋之例會同以國大小

五二四

内序征伐則以主兵在前此序諸侯之上由楚主兵故也　疏注
侯至宋地　正義曰陳蔡鄭許皆是楚之屬國楚子帥而與之圍
宋往年公使公子遂如楚乞師始與之通和好魯亦楚之屬國圍
宋之事公不與謀直以其在宋往會之耳亦是楚來召公公自往
會之亦後期也言此者文七年扈之盟爲公後期不序其國而總
曰諸侯此亦總曰諸侯有後期之嫌故明之非内後期而總稱諸
侯即上圍宋之諸侯也一見而再見者前目而後凡常例也國稱
楚人以微者告魯此與諸侯盟會必是楚子親之不復別言楚子
者上已歷序諸侯遂令楚子爲楚人之処即從總文故不復曲序
之也凡盟會以國内地者必國主與其盟會此時宋方見圍無嫌
與盟故直以宋地也　傳不廢喪紀　正義曰周禮小司徒掌喪紀以
之禁令庖人掌喪紀之庶羞杂記曰衰麻哭泣所以節喪紀也言
喪紀者多矣喪紀者喪事之總名諸侯相於雖爲弔賻故注云弔
賻之數不有廢也　毋闅之二一八耳　正義曰耳助句也　國老皆賀
正義曰王制云有虞氏養國老於上庠養庶老於下庠然則國老

者國之卿大夫士之致仕者也　子之至國也　正義曰二十三年子玉伐陳城頓而還子文使爲令尹叔伯曰子若國何對曰吾以靖國也夫有大功而無貴仕其人能靖者與有幾子文恐子玉矜功爲亂故授令尹與以靖國蓋此舉其前言以非之　至三百乘　正義曰若使爲帥過三百乘其必不能入前敵矣　注先軫至之施　正義曰劉炫云下蒐于被廬先軫始佐下軍此時未爲下軍之佐以規杜氏知不然者以爲謀救宋即蒐被廬先軫此語與蒐相近不知未蒐之前先軫身作何官故以蒐後下軍之佐明之然先軫後年亦爲中軍帥不云中軍帥者相去既遠又隔下軍之佐故杜不言之　謀元帥　正義曰元長也謂將帥之長軍行則重者居中故晉以中軍爲尊而上軍次之其二軍則上軍爲尊故閔元年晉侯作二軍公將上軍　說禮至本也　正義曰說謂愛樂之敦謂厚重之詩之大旨勸善懲惡書之爲訓尊賢伐罪奉上以道禁民爲非之謂義詩書義之府藏也禮者謙卑恭謹行歸於敬樂者欣喜歡娛事合於愛揆度於內舉措得中之

謂德礼樂者德之法則也心説礼樂志重詩書遜礼樂以布德習
詩書以行義有德有義利民之本也晉語云文公問元帥於趙衰
對曰郤縠可年五十矣守學彌惇夫好先王之法者德義之府也
夫德義生民之本也能敦篤不忘百姓請使郤縠公從之夏書
云試之　正義曰夏書言用臣之法賦取也取人納用以其言察
其言觀其志也分明試用以其功考其功觀其能也而賜之車服
以報其庸庸亦功也知其有功乃賜之古人之法如此君其試用
之　注尚書至功也　正義曰此古文虞書益稷之篇漢魏諸儒
不見古文因伏生之謬從堯典至胤征凡二十篇揔名曰虞夏書
以与禹對言故傳通謂大禹謨以下皆為夏書也古本作敷納以
言明庶以功敷作賦庶作試師受不同古字改易耳賦税者取受
之義故為取也庸功釋詁文舜典云敷奏以言明試以功車服以
庸文與略同此引夏書謂舜典也　注狐毛偃之兄　正義曰晉
語偃辭曰毛之知賢於臣其齒又長毛也不在位不敢聞命　注
死義則苟生　正義曰未知君臣之義不作長久之圖苟且而生

以過朝夕是未安其居　入務至生矣　正義曰利民之宜非止
一塗晉語説文公爲政云棄責薄斂施舍分災救乏振滯匡困
資無輕關易道通賈寬農務穡勸分省用足財利器明德以厚
民性皆是利民之宜民懷生者謂有懷義之心不復苟且劉炫云
生既厚民皆懷戀居處　注未明於見用之信　正義曰信是人
之所用若未伐原示信民未明於信是人用故傳云未宜其用云
見用者言信見爲人所用　文之教也　正義曰論語云上好禮
則民莫敢不敬上好義則民莫敢不服上好信則民莫敢不用情
今晉侯以義信禮教民然後用之是文德之教也明年傳君子謂
晉於是役也以德攻注云以文德教民而後用之謂此役也
二十八年注公子買其罪　正義曰經言買傳言叢蓋名買字
叢或字相似而一誤也周禮司刺掌三刺之法以贊司寇聽獄訟
一刺曰訊群臣再刺曰訊群吏三刺曰訊万民鄭玄云刺殺也訊
而有罪則殺之訊言也內殺大夫此及成十六年刺公子偃皆書
刺者若云用彼三刺之法言問臣吏万民皆言合殺乃始殺之以

示不枉濫也此三剌之法位在外朝庫門之外皋門之内故小司
寇掌外朝之政三公及州長百姓北面群臣西面群吏東面於此
訊之也魯史独設此名所以異於外也公羊以為内諱殺大夫謂
之刺以為誅侯不得專殺故諱言刺之其意小異於式公實畏晉
殺子叢以説晉言戍衛者叢之所為又歸罪於叢言不終戍是故
殺之恐不為遠近所信故顯書子叢之罪也然魯殺子叢本為
兩意謂〻楚云不卒戍謂晉云叢欲戍衛令經之所書〻稱楚之辭
不書稱晉之辭者以魯先与楚同好恐楚疑之故顯書不卒戍之
罪以告屬楚諸侯心實畏晉未敢宣露故經不昏告晉之辭蘇
云公子買不卒戍者告晉楚之辭也謂〻晉云公子買此来戍衛令
不使終其戍事是以殺之謂〻楚云比令公子買為楚戍衛其買
不終戍事是以殺之　注畀与也　正義曰劉炫云公羊傳曰畀
者何与也其言以畀宋人何与使聽之何休云衆稱人者明聽訟
必師斷与其師與共之穀梁傳曰畀与也其曰人何也不以晉
侯畀宋公也注云畀上与下之辭故不以侯畀公案傳執曹伯分

曹衛之田以畀宋人則田亦称人非為斷獄故称人也若不使晋侯与宋公自可改其畀名何以名之而畀而使晋不得与也若与宋人豈宋国卑賤之人得独受曹伯而治之乎二傳之言皆不得合左氏直以人為衆辞舉国而称之耳　注宋公至敗績

正義曰於例將卑師衆称師此齊宋秦皆文称師則將非尊者傳云宋公齊國歸父秦小子慭次于城濮及其交戰唯言晋師陳于莘北説晋之將帥与楚相敵都不言齊宋公卿知其既次城濮以師属晋不与戰也沈氏云定四年戰于柏举傳称蔡侯吳子唐侯伐楚杜云唐侯不書兵属於吳蔡今宋齊秦属晋而書之者彼柏举之戰唐師并属吳蔡与之同陳故不書此齊宋師雖属晋猶異陳故得書之傳称子玉及陳蔡之師皆在於陳而不書者楚人恥敗告辞略故史不得書之劉炫規過以為晋人告略今知不然者但於此戰時魯猶属楚凡禍福相告必同好之国故知楚人来告也楚人来告不言陳蔡者恥其諸国皆在不能敵晋故略言楚人而已若其晋告則應矜其勝豈以少敗多何肯

略其陳蔡而不告也刘以為晋人来告而規杜氏非也　陘殘
上必有誤　正义曰傳称王子虎盟諸侯于王庭而不名子虎知
子虎臨盟不与歃定四年傳称踐土之盟其載書云王若曰晉重
魯申衛武蔡甲午鄭捷齊潘宋王臣莒期其次与今不同者今之
班次以国大小為序及其盟也王臣臨之異姓為後故載書之次
与今異也定四年召陵之會傳称祝佗言於萇弘曰踐土之盟衛
成公不在夷叔其母弟也猶先蔡萇弘說告刘子及長衛侯於盟
如彼傳文則踐土召陵二盟衛皆先蔡而經序諸国之序二會皆
蔡在衛先者釋例曰周之宗盟異姓為後故踐之載書齊宋在大
降於鄭衛亦同而言止禮王官之宰臨盟者也其餘雜盟未必皆
然踐土召陵二會蔡在衛上时国次也至盟乃正其高下者敬恭
明神本其始也是言盟會異次之意也如釋例之言王官之宰
臨盟乃以異姓為後則二十九年翟泉之盟王子虎在上宣七年
黑壤之盟王叔桓公臨之彼二盟亦當異姓為後与今異次也八
年溴之盟王人在列杜指王官之宰則早者未必已別同姓異姓

若無王官之伯則以大小為序襄二十七年宋之盟晉楚爭先是其餘雖盟不先同姓之文周禮典命云諸侯之適子誓於天子攝其君則下其君一等未誓則以皮帛繼子男叔武是衛侯之弟未得攝世子之法攝位受盟得先正禮其班位高下出於主會之意以其非王命所加使攝未成君之禮故稱子而序於鄭伯之下盡晉文之意使然 陳侯如會 正義曰沈氏云八年鄭伯云乞盟此直云如會者彼及其盟故云乞盟此則不及其盟又陳侯不乞故與彼文異 注王在至王所 正義曰穀梁傳曰朝不言所言所者非其所也是其由非京師故稱王所也公羊傳曰曷為不言公如京師天子在是也曷為不言天子在是不與致天子也其意言晉文公召王來踐土左傳於此無召王之事直云作王宮于踐土杜云襄王聞晉戰勝自往勞之故為作宮則以王意自往非晉召之不同公羊說也 注元咺至十年 正義曰宣十年齊崔氏出奔衛傳曰書曰崔氏非其罪也文八年宋司城來奔傳言司城效節於府人而出故書以官貴之也然書官及氏為貴則

昏名不是賢文以元咺訴君於晉所訴雖直令君陷罪失君臣之節故無賢文昏其名從本文也　注凡四同盟　正義曰款以十三年即位十五年盟于牡丘十九年于齊二十一年于薄二十七年于宋魯陳俱在是四同盟也　注陳共至貶也　正義曰陳侯款經不書葬正以稱子知其先君未葬也宋襄稱子九年葵丘會也陳共公稱子此會也陳懷公稱子定四年召陵會也其班次上下傳無義例故疑主會所次非襃貶也桓十六年公會宋公衛侯陳侯蔡侯伐鄭杜云蔡常在衛上今序陳下蓋後至二十九年翟泉之盟秦人在陳蔡之下傳歷序諸侯之卿而有秦小子慭杜云秦小子慭在蔡下為若宋向戌之後會彼二叓班失其次杜以後至釋之知此陳共公稱子降在鄭下非踰年者杜以踰年内說亦無明文正以國之大小班序先定今乃退在小國之下因向戌有踰年之說故取以為說耳未成君者例無定式不知所由故言蓋内疑辭疑主會之意亦未必不由踰年而降之禮雜記云君薨太子號稱子待猶君也然則待之如君在本班者為得禮也

降其班者出自主命之意　晉人至京師　正義曰成十五年晉
侯執曹伯歸于京師彼不言之此言之者公羊傳曰歸之于者罪已
定矣歸于者罪未定也左氏無此義正是史異辭耳注晉感至之
例正義曰侯獳受君以請此曹伯從國逆之例成十六年曹人再
請於晉乃歸成公而云曹伯歸自京師從外納之文者彼國人請
君自是恒事此侯獳貨筮史致其誠心晉侯感其言而特歸之所
以顯侯獳故從國逆例也傳輿人至於墓　正義曰此謀字或作
誦涉下文而誤耳其云誦者皆韻如詩賦此稱舍於墓直是計
謀之言不得為誦今定本作謀　勞之至何有　正義曰二子有
從行之勞未得厚賞故言勞苦之大不嘗圖謀其報此小惠於
何有義恨公忘己而念彼也　注距躍至踊也　正義曰詩稱魚
躍易言龍躍則躍是舉身向上之名禮記婦人踊不絕地則踊亦
向上之名詩云踊躍用兵則踊躍二字勢相類也說文云躍迅也
踊跳也然則躍以疾生名故以距為超越言距地向前跳而越
物過也曲踊以曲為言則謂向上跳而折後下故以曲踊為跳踊耳

言直上向下而已以傷病之人而再言三百不可為六百跳也杜
言百猶勵亦不知勵何所謂蓋後訓勸為勉言每跳皆勉力為
之軍志之謂矣　正義曰允當則歸謂信當乎理則須歸還无求
過分決戰取勝也知難而退謂知前敵之難則須退辟也有德不
可敵謂必知敵強不須與競也此三志者與晉相遇之謂矣劉炫
云此志三云者情有淺深允當則歸謂彼雖可勝得當則還言前
人弱於己也知難而退謂勝不可必早自收斂言前人與己敵也
有德不可敵謂必知彼彊不須與競言前人彊於己也三者彼弱
之強總言晉之謂矣指言晉強於己也　注楚子至益之　正
義曰宣十二年傳欒武子說楚事云其君之戎分為二廣有一
卒卒偏之兩是楚有左右廣也周禮車僕掌戎路之萃廣車之
萃鄭玄云廣車橫陳之車襄十一年鄭人賂晉侯以廣車蓋兵車
之名名之為廣因即以車表兵謂屬西廣之兵也文元年商臣以
宮甲圍成王是東宮兵也周禮司馬凡制軍百人為卒知六卒六
百人也　先軫曰子與之　正義曰以子犯言為无理故先言子

与之歃令子犯与子玉復衛封曹既言此以荅子犯然後復言其不可之理更别為之立計使私許復曹衛以攜之　背惠食言

正義曰釋詁云食僞也孫炎云食言之僞尚書湯誓云朕不信朕不食言孔安國云食盡其言僞不實也哀二十五年傳孟武伯惡郭重曰何肥也公曰是食言多矣能無肥乎然則食言者而不行如食之消散後終不行則前言為僞故通謂僞言為食言故爾雅訓食為僞也　注直氣盈飽

正義曰素訓為空忿怒之深空腹不食直氣盈飽也　注鄭丘陵險阻名

正義曰兵法右背山陵前左水澤楚之師背鄭而舍知其背丘陵也蓋所舍之处有丘陵名鄭其处有險阻也　注盬唼也

正義曰盬之為唼未見正訓蓋相傳為然服虔云如俗語相罵云唼女腦矣　注五万乙偹備

正義曰説文云韅著掖皮也靷引軸也鞅頸皮也此注与説文不同蓋以時驗而為解也驂馬挽車有皮在背者為韵胷者有在服為带者有縶絆其足者從馬上而下次之在後正謂在足是也傳唯举四者文无所結举其小者皆具言其駕乘

脩備明諸事皆備也　鄭伯至而懼　正義曰致其師者致其鄭國之師許以佐楚也戰時雖死鄭師要本心佐楚故既敗而懼　泄子人氏九名　正義曰桓十四年鄭伯使其弟語來盟傳稱子人來盟杜云子人即弟語也其後爲子人氏七年傳子華云泄氏孔氏子人氏三族實違君命今子人九必是語之後也杜譜以九爲雜人謬矣　晉欒至衡雍　正義曰此二盟及上文晉侯齊侯盟于斂盂皆不書者皆不告也　注以策至寵晉　正義曰周語稱晉文公初立襄王使大宰文公及内史叔興賜文公命注國語者皆以爲大宰文公即王子虎也今尹氏又在王子虎之上故以爲皆卿士唯叔興是大夫或云皆大夫皆字妄耳九命者大宗伯云一命受職再命受服三命受位四命受器五命賜則六命賜官七命賜國八命作牧九命作伯　注大輅至有服　正義曰周禮巾車金路鉤樊纓九就建大旂以賓同姓以封革路龍勒條纓五就建大白以即戎金路以封同姓知大輅是金輅也革路以即戎言戎輅戎車即周禮之革路二輅各有服者周禮司服侯伯之服

自鷩冕而下凡兵事韋弁服金輅祭祀所乘其大輅之服當謂袞
冕之服戎輅之服當謂韋弁服也　注彤赤至征伐　正義曰彤
赤玈黑旧說皆然說文彤從丹玈從玄是赤黑之別也周礼司弓
矢掌六弓王弓弧弓以授射甲革椹質者夾弓庾弓以授射豻侯
鳥獸者唐弓大弓以授学射者使者労者鄭玄云労者勤労王事
若晉文侯文公受王弓矢之賜者考工記弓人云往體多来体
寡謂之夾庾之属往体寡来体多謂之王弓之属往体来体若
一謂之唐弓之属然則唐大是弓強弱之名彤玈是弓漆之色
王弧則合九而成規唐大合七而成規夾庾合五而成規司弓矢
又有八矢枉矢絜矢利矢射用諸守城車戰殺矢鍭矢用諸近射
田獵矰矢茀矢用諸弋射恒矢庳矢用諸散射鄭注約考工記云
枉矢之属五分二在前三在後殺矢之属三分一在前二在後矰
矢之属七分三在前四在後恒矢之属軒輖中其枉殺矰恒弓所
用絜鍭茀庳弩所用彼司弓矢既云枉矢絜矢用諸守城車戰此
天子賜諸侯弓矢使用之以戰則彤矢玈矢當彼枉矢也但弓矢

相配強弓用重矢弱弓用輕矢既唐弓大弓強弱中其恒矢軒
輖亦中又司弓矢云恒矢痺矢用諸散射鄭玄云散射禮射及
習射也此賜弓矢則礼糸之事形矢旅矢或旬恒矢也旅弓矢千
具於形而略於旅準之則矢千弓十也諸侯賜弓矢然後專征伐
王制文　注秬黑至器名　正義曰秬黑黍釋草文李巡云黑
黍一名秬黍周礼鬯人掌共秬鬯而飾之鄭玄云鬯釀秬為酒芬
香條暢於上下也鬱人掌祼器凡祭祀之祼事和鬱鬯以實彝
而陳之礼祭祀必先祼是用之以降神也彝器云彝卣罍器也
李巡曰卣鬯之鐏也孫炎曰鐏彝為上罍為下卣居中也詩江
漢篇述宣王賜召穆公云秬鬯一卣告于文人鄭箋云賜之使祭
其宗廟告其先祖也當賜之時實之於卣其祭則陳之於彝也
虎賁三百　正義曰國語云天子有虎賁習武訓諸侯有旅賁禦
災害大夫有貳車備承事士有陪乘告奔走周礼司馬之屬虎
賁氏下大夫二人虎士八百人掌先後王而趨以卒伍軍旅令
門亦如之舍則守王閑　注逖遠至遠之　正義曰逖遠釋詁文

糾者纏洛之名有悉於王者為緄洛之而使遠於王也　注弊助
也巳也　正義曰勸弊者佐助之意故為助也餘皆釋言文注
弁以至如星　正義曰私稱皮弁明其用皮也知以鹿子皮者相
皆為繼至今仍用之據毛傳云璣玉之美者則璣亦玉也選美者
飾弁以悉者飾纓耳周禮弁師掌王之皮弁會五采玉璂鄭玄云
會縫中也璂讀如綦綦結也皮弁之縫中每貫結五采玉以為
飾謂之綦又諸侯及孤卿大夫之皮弁各以其等為之鄭玄云孤
則璂飾四三命之卿璂飾三再命之大夫璂飾二是諸侯之臣其
皮弁得以玉為飾也弁師又云王五采諸侯三采鄭玄云王璂飾
十二上公九侯伯七子男五卿大夫皆二采璂飾各如其命數鄭
又云三采朱白蒼二采朱綠其纓之飾則无以言之蓋以玉飾纓
之春耳詩云會弁如星衛風淇奧篇也鄭箋云會謂弁之縫中
飾之以玉皪皪而處狀似星也　注孟諸宋曰麋　正義曰釋地
云十藪宋有孟諸郭璞云今在梁國睢陽縣東北周禮職方氏
正東曰青州其澤藪曰望諸禹貢豫州道荷澤被孟豬明皆

是一物而字改易耳釋水云水草交為湄李巡曰水中有草木交
會曰湄古字皆得通用故此作麋耳　注因神至之理　正義曰
劉炫云神道冥昧與人不交楚師之敗未必由此但於時戰在河
旁河神許助若子玉從神所求不惜瓊玉則國人以為神得
所欲必將助己自當三軍用命戰士爭先亦既不遂神心人謂神
必不助則衆意皆阻莫不畏敵且兵凶戰危必有傷殺三軍之命
在茲一舉猶尚愛惜此物是无恤民之心在軍之士誰肯競勸故
云因神之欲以附百姓之願是濟師之理也裨竈請用瓘斝禳火
非神所求若強而與之則驚動民意且災不可免徒長妖妄故
子產不與異於此也　注夷謚　正義曰謚法安民好靖曰夷
注牛馬至失之　正義曰劉炫規過以為放牛馬於澤遺失大旆
左旃不失牛馬今刪定知不然者若不失牛馬唯亡左旃罪夫
亡重何須殺之以徇牛馬是軍之要用於是尤重故費誓云馬
牛其風臣妾逋逃則有常刑今既亡左旃又失牛馬為罪至重
故殺之以徇若牛馬不失又大旆在軍何得因放牛馬而亡左

旃故知風于沢者為别失馬牛又於軍中亡失大旆之左旃故杜
云掌此二事而不脩理則以為不失牛馬而規杜逃也　注大
旆已曰旃　正義曰釈天云緇廣充幅長尋曰旐継旐曰旆則
旆是旗之尾也今别名大旆則此旆有異於常故以大旆為旗
名也　云狐毛設二旆而退之亦此類也通帛為旜周礼司常文
也鄭玄云通帛謂大赤従周正色無飾釈天云因章曰旃孫炎曰
因其繒色以為旗章不画之是也謂之左旃蓋是左軍所建者
此亦於事難明不可強説　注愷楽也　正義曰大司馬云若師
有功則左執律右秉鉞以先愷楽献于社注云律所以聴軍声
鉞所以為将威兵楽曰愷司馬法曰得意則愷楽愷歌示喜也
注大士已之義　正義曰周礼獄官多以士為名鄭玄云士察也
主察獄訟之事者周礼命夫命婦不躬坐獄訟小司寇職文也鄭
玄云為治獄吏褻尊者也躬身也不身坐必使其属若子弟
也喪服伝曰命夫者其男子之為大夫者命婦者其婦人之為
大夫妻者凡断獄訟皆令競者坐而受其辞故云不躬坐也大

司寇云以兩造禁民訟以兩劑禁民獄鄭玄云訟謂以財貨相告
者獄謂相告以罪名者對文則小別散則可以通獄訟皆爭罪之
事也元咺不宜與君對坐故使鍼莊子代衛侯爲坐獄之主寗子
爲輔輔莊子也以寗子位高故先言之士榮亦輔莊子舉其官名
以其主獄事故亦使輔之與晉之獄官對理質正元咺也所引傳
因在襄十年　注寗俞至者深　正義曰寗俞親以衣食爲己職
者慮君飢渴且防酖毒也詩毛傳曰小曰槖大曰囊囊槖所以盛
衣亦可以盛食宣二年傳曰爲之簞食與肉寘諸槖以與之是也
釋言曰餬饘也饘糜也郭璞曰饘糜也孫炎曰饘淖糜也然則
糜之與饘稠淖之異名耳　注晉侯至之事　正義曰晉侯本意
止欲大合諸侯之師共尊事天子以爲臣之名義實無覬覦之
心但於時周室既衰天子微弱忽然帥九國之師將數十万衆
入京師以臨天子似有篡奪之謀恐爲天子拒逆或後天子怖懼
棄位出奔則晉侯心實盡誠無辭可解故自嫌强大不敢朝王
故召諸侯來會于溫令王去京師路近因加諷諭令王就會受朝天

子不可以度朝内辟故令假称出狩若言王自出狩諸侯因會遇
王遂共朝王得尽君臣之礼皆孔子所理譎而不正之是穀梁傳
曰全天王之行也内若將會而遇諸侯之朝也内天王諱也是使
王狩之意也公羊以内踐土与此皆是晉侯召王何休云時晉文公
并老恐霸功不成故上白天子曰諸侯不可卒致願王居踐土下
謂諸侯曰天子在是不可不朝迫使正君臣明王法案溫去京
師路先百里晉侯已以致之於溫何故不以致之於路何休妄造
其辭非晉侯之意故杜氏正之自嫌彊大不敢朝周耳　注使
若巡狩地　正義曰此傳稱仲尼之語即云書曰明是仲尼新意
非旧文也杜以書曰為仲尼新意亦以此而知之聖人作法所以
貽訓後世以臣召君不可以為教訓故改正旧史旧史當依實而
書言晉侯召王且使王狩仲尼書曰天王狩于河陽言天王自來
狩獵于河陽之地使若獵失其地故書之以諱王然秋例曰天子
諸侯田獵皆於其封内不越国而取諸人河陽実以屬晉非王狩
所故言非其地且明德也義在隱其召君之闕是諱改史之意也

許天王之狩失地不書周此實非王地借之以改舊史若說王狩
然實不說王也穀梁傳曰水北為陽山南為陽溫河陽也舍于溫
言小諸侯以河陽言之大天子也然河陽與溫止是一地天子一
就諸侯假辞以稱狩耳左氏无此義但舍指所在之地故言溫狩
是因儀之所故廣言其地蘇氏云明晉侯之德沒其召君書天子
之狩顯其失地使是褒諸侯賤天子所以然者此亦假其失地之
文欲明王狩所在非實賤也若隱其召君則全沒不書於義為可
必書天王非地之狩者若全沒其文无以明晉侯為崇天子之
德故書天子出狩諸侯往朝　注隱其召明之　正義曰晉侯所
以召王（功德）志在為崇天子故改舊史隱其召君之闕以明晉侯之
功德讚為事天子是也丘明為傳所以寫仲尼之意凡所改
易者是仲尼而於河陽之狩趙盾之弑泄冶之罪此三事
特稱仲尼曰者史策所書皆實事晉侯召王使狩而作
自督之文是言不實也凡例弑君稱君君无道靈公不君而
稱臣以弑似君无色也大夫无罪見殺不書其名泄冶忠諫而被

被殺書名乃罪合死也此三事皆違凡典変旧例以起大義危
疑之理恐人不信須重言以明證故特稱仲尼以明之　壬申
公朝于王所　正義曰傳之上下例不虛舉經文此虛舉經者
經上晉侯召王以諸侯見之是　二十九年但翟泉也稱人
正義曰傳曰卿不書罪之也在礼卿不會公侯唯言諸侯之卿會
魯君罪耳不書罪魯侯与子虎知其亦有罪者襄二十六年公
會晉人鄭良霄宋人曹人于澶淵彼為趙武敵公貶之稱人而
文不沒公此沒公不書明公別有罪五年公及齊侯宋公云云會
王世子于首止王世子不盟也九年公會宰周公云云于葵丘宰
周公不盟也往年踐土之會王子虎盟諸侯于王庭宣七年黑
壤之會王叔桓公臨之王之公卿皆不与諸侯若盟則知諸侯不
合盟王臣々々不合与推盟今王子虎亦貶稱人知魯侯諱盟天
子大夫故沒公不書也王子虎違礼下盟故貶稱人　傳饋之
芻米　正義曰周礼掌客天子待諸侯之礼上公饔餼九年饔
五牢飧四年車禾視死牢々十車則禾五十車々米視生牢々

十車則米四十車侯伯饗餼七牢禾四十車米三十車子男饗
餼五牢禾三十車米二十車芻薪皆倍禾也聘礼卿饗餼五牢
禾米与子男同其附庸執帛与公之孤同則饗餼亦五牢禾
三十車米二十車薪芻倍禾則此饋之芻米芻大十車米二十
車　且謀伐鄭　正義曰晉侯受命鄭伯侍王踐土与溫二會
咸在鄭无叛晉之狀而此會謀伐鄭者文公昔嘗已鄭々不礼
享城濮戰前鄭復如楚与以楚敗之後畏威來會晉侯以大義
受之内實懷恨此會鄭人不至必有背晉之心故謀代之也晉
語城濮戰下秋文公誅觀狀以伐鄭及其陴鄭人以名寶行
成公不許陽叔詹將亨而舍之左傳无伐鄭之事蓋溫會以後
已嘗伐鄭々至今未服故比會謀伐明年遂与秦圍之傳曰
且貳於楚也是鄭自知負晉故有貳心也　注經書至後會
正義曰經若敗卿稱人傳則言其名氏若傳无名氏則本是
微人此經書蔡人而傳无名氏此是實蔡之微者秦是大國
小子憖名見於傳而在蔡微者之移若秦向戌之後會也襄

二十六年公會晉人鄭良霄宋人曹人于澶淵傳曰趙武不
書尊公也向戌不書後也鄭先宋不失所也於是大國常在鄭
先向戌既以會公貶又以後至退其班使在鄭下此小子憖
既以會公貶又退之在蔡下若彼宋向戌之後會也然向戌
後會傳兩發之經書良霄以駮向戌之後今小子憖既是後
會傳不為發又不書蔡人之名以駮之者但秦辟陋西戎未同
中國蔡人又蔡之微者不合書名故傳不發之經不顯責也
公孫周序在齊上者蓋為大司馬尊於歸父々々雖執國政不
廢身非上卿如管仲之類稱 文十七年陳公孫寧襄二十七
年陳孔奐皆序在衛下杜云非上卿即此類也 注大國卿發
之 正義曰昭二十三年傳叔孫婼曰列國之卿當小國之君
固周制也是其可以會伯子男也諸卿見貶更有此例者謂諸
卿既上盟天子大夫又上敵公侯故云兼案杜上注經云諸侯
大夫違禮盟公侯又注傳云諸侯大夫上敵公侯則是唯責諸侯
大夫上敵公侯不責上盟天子之使而言兼有此例者以魯君上

盟天子之使已諱而不書則諸侯之臣罪在可恚故傳云歸不否
罪之略言其叟故杜經傳二注唯言敵公侯不云盟王使以其可
知故也劉炫以為直責其敵公侯不責其盟王使以規杜氏必
如劉義則是君盟王使乃為有罪臣盟王使罷先賤責賤是君
臣易位為卑失序重人孟訓豈若是乎　注傳言○之情　正義
曰周礼夷隸掌与鳥言貉隸掌与獸言鄭司農云夷狄之人
或曉鳥獸之言鄭玄云夷隸征東夷所獲貉隸征東北夷所
獲然則介葛盧是東夷之國其土俗有知者故介葛盧曉之
三十年注咺見至稱君　正義曰咺既稱名故知以訟君立瑕為
咺之罪狀其狀之世諸侯多篡弒而立已列於會多復見弒即成
為君称尚人蔡侯班之屬是也瑕立雖已經年未會諸侯故不
称君既不成君即与元咺同為國討之辭元咺先死故称及也瑕
若成君當稱周欲治虐為文答曰衛弒其君瑕傳注衍陷○
酖毒　正義曰周礼大司馬以九伐之法正邦國賊殺其親則正
之鄭玄云正之者執而治其罪王霸記曰正殺之也春秋傳二十

八年晋人執衛侯歸之于京師坐殺其弟叔武如鄭彼言則衛侯合死而云罪不及死者衛侯之心疑叔武耳前驅歂犬卜君意而殺之非衛侯命殺也公知其無罪枕股而哭又命殺歂犬是則殺非公意也故不云死者然則是衛侯無罪而往年衛侯與元咺訟衛侯不勝殺士榮刖鍼莊子者用讒疑賢才踰盟先期入是衛侯之罪也罪不合死而晋侯心怨欲陰殺之故使醫因治疾而加酖毒若不治疾不得使醫故知因治疾也魯語云晋人執衛成公歸之于周使醫酖之不死醫亦不誅臧文仲言於僖公曰夫衛君殆無罪矣今晋侯酖衛侯而不死亦不討其使者諱而惡殺之也是罪不合死之意也　注服卿已受命　正義曰上言祀先君而服將命知其將入廟也必入廟者祭統云古者明君爵有德而祿有功必賜爵祿於大廟示不敢專也命臣必在廟而王制云爵人於朝者朝上詢於衆人依定然後入廟受命令世受官孫然　注升東氾　正義曰劉炫云二十四年王出適鄭處于氾注云鄭南氾也釋例土地名僖二十四年氾下云此南氾也周王

出居于氾楚伐鄭師于氾襄城縣南氾城是也此年氾下云此東氾也秦軍氾南晉伐鄭師于氾滎陽中牟縣南氾澤是也楚杜考校既精尚不復爾尋討傳文未見杜意　注行李使人　正義曰襄八年傳云一介行李杜云行李行人也昭十三年傳云行理之命杜云行理使人李理字異而注則同都不解理字周語行理以節逆之賈逵云理吏也小行人也孔晁注國語其本亦作李字注云行李行人之官也然則兩字通用本多作理訓之為吏故為行人使人也　不闕秦焉取之　正義曰沈云不闕秦安更何從取之言為心取秦先謀取鄭言減秦以增利晉益大疆土注昌歜形象虎　正義曰昌歜饗之所設必是籩豆之實周礼醢人朝事之豆其實有昌本麋臡鄭玄云昌本昌蒲根切之四寸為菹彼昌本可以為菹知此昌歜即是昌蒲菹也存為那歜曾有云甫歜其音為觸說文云歜盛氣怒也从欠蜀聲此昌歜之音相傳為在感反不知其字与彼為同為異偏檢昏傳昌蒲之草无此別名未知其所由也此云白黑下云嘉穀々之白黑

唯稱彖為然下云鹽虎形知其形象虎也　辞曰至堪之　正
义曰周礼掌客王巡守百官從者所過之國共其積膳之公賦
上公之礼卿賦侯伯之礼大夫賦子男之礼掌周公是天子三公
其主國待之當為於國君但周公自謙不敢當比國君耳既云
備物之饗以象其德及説備物之下即云以献其功功德互見之
耳献其功者献禮並見旌表之也備設以象德薦献以見功故
象献分配為文　注公既至曰初　正义曰經書実如之史傳
説將命之初故云命之將聘于周未行又命之遂聘于晋令其
從周即去更不迴也賈服不曉傳意解為先聘晋後聘周故杜
詳説之　三十一年注晋分至曰取　正义曰濟西之田実是
曹地晋文分以賜魯故不繫於曹曹不繫晋者晋本意賜諸侯不
為已有故亦不繫晋也昭四年傳例曰凡克邑不用師徒曰取
取田取邑义亦同也　注龜曰至緩也　正义曰龜曰卜曲礼文也
洪範稽疑云龜從筮從禮從人之心也人心歆吉不從是不吉也
卜郊不吉不從内郊牲免所用故免牲免猶縱放不殺之也

穀梁傳曰免牲者爲之緇衣纁裳有司玄端奉送至于南郊免牛亦然左傳无説其事或然也桓五年傳例曰凡祀啓蟄而郊啓蟄周之三月也今於夏四月卜郊者傳舉節氣有前有却但使春分未過仍得爲郊故四月得卜郊也故杜釋例曰凡十二月而節氣有二十四共通三百六十六日分爲四時間之以閏月故節不必得恒在其月初而中氣亦不得恒在其月之半是以傳舉天宿氣節爲文而不以月爲正僖公襄公夏四月卜郊但譏其非所宜卜而不譏其四月不可郊也孟獻子曰啓蟄而郊郊而後耕耕謂春分也言得啓蟄當卜郊不得過春分耳是言四月得郊也周禮大宰職云祀五帝前期十日帥執事而卜日然則將祭必十日之前豫卜之也言四卜郊者蓋三月每旬一卜至四月上旬更卜乃成爲四卜也此言四卜郊不從襄七年三卜郊不從公羊傳曰曷爲或言三卜或言四卜三卜禮也四卜非禮也三卜何以禮求吉之道三今左傳以爲禮不卜常祀則一卜亦非不云四非而三是異於公羊説　注三望至之辭　正義曰公羊傳曰三望者何

望祭也然則曷祭祭泰山河海鄭玄以為望者祭山川之名
諸侯之祭山川在其地則祭之非其地則不祭且魯竟不及於
河禹貢海岱及淮惟徐州徐即魯地之望謂淮海岱也賈逵服
虔以為三望分野之星國中山川今杜亦從之以襄九年傳曰陶
唐氏之火正閼伯居商丘祀大火相土因之故商主大火昭元年
傳云辰為商星參為晉星楚語云天子徧祀群神品物諸侯二
王後祀天地三辰及其土地之山川注國語者皆云諸侯二王
後祀天地三辰日月星也非二王後祀分野星辰山川也以此知
三望分野之星國内山川其義是也昭七年夏四月甲辰朔日有
食之於時夏之二月日在降婁傳稱去衛地如魯地於十二次
豕韋衛地降婁魯地魯祭分野之星其祭婁之神也此三望
者因郊祀天而望祭之於路不獨祭也魯既廢郊天而独脩小
祀故曰猶公羊穀梁皆云猶者可止之辭　注辟狄迁帝丘
正義曰傳稱狄圍衛衛迁于帝丘蓋有阻險可以辟狄難也
釋例曰帝丘故帝顓頊之虛故曰帝丘昆吾氏因之故曰昆吾

之虛東郡濮陽縣是也傳重館之曹之地　正義曰魯語說此事
云獲地於諸侯爲多臧文仲反既復命爲之請曰地之多重館
人之力也臣聞之曰善有章雖賤賞也今一言而辟境其章大
矣請賞之乃出而爵之　注諸侯至常祀　正義曰明堂位稱
成王幼弱周公踐天子之位以治天下制禮作樂七年致政於成
王成王以周公爲有勳勞於天下命魯公世世祀周公以天子
之禮樂是以魯君孟春乘大路載弧韣旂十有二旒日月之章
祀帝于郊配以后稷天子之禮也是魯以周公之故得用天子
禮樂天子命之則爲常祀故郊爲魯之常祀也記言正月謂周
正建子之月與傳啓蟄而郊其月不同禮記是後儒所作不可
以難左傳　注既得至曰牲　正義曰上云卜其牲日則牲之與
日俱卜之也必當先卜牲而後卜日卜得吉日則改牛爲牲然則牛
雖卜吉未得稱牲牲是成用之名不可改名爲牲更卜吉凶明
知卜牛在卜日之前也此言免牲是已得吉日牲既成矣成七年
乃免牛是未得吉日牲未成也　趙襄爲卿　正義曰晉語云文

公命趙衰為卿讓於欒枝先軫後又使為卿讓於狐偃狐毛卒
又使為卿讓於先且居公曰趙衰三讓其所讓皆社稷之衛也廢
讓是廢德也以趙衰故蒐于清原作五軍使趙衰將新上軍箕
鄭佐之胥嬰將下軍先都佐之如彼文止謂趙衰作五軍故特言
趙衰為卿以見之於時舊三軍之將佐先軫將中軍郤溱佐之
先且居將上軍狐偃佐之欒枝將下軍胥臣佐之國語有其文
也　卜曰三百年　正義曰案史記衛世家及年表衛從此年
以後歷十九君積四有二十年衛元君乃徙于野王元君卒子角
代立秦滅衛廢角為庶人　注相夏至祭也　正義曰夏本紀禹
生啓啓生太康及仲康仲康生相是為啓之孫也周禮祭人鬼
曰享　注敗祀相之命　正義曰昭七年傳稱晉居夏虛祀鯀
而晉侯疾瘳此衛居帝丘而不合祀相者祭法云鯀障洪水
而殛死載在祀典傳稱實為夏郊三代祀之周室既衰晉為盟
主因代天子祭絕祀之神故祭鯀為得禮相無功德於民惟當
子孫自祭故稱杞鄫何事非衛之罪与鯀異也　三十二年

注文公也三月盟　正義曰經死其葬故言其謚也揵以莊二十二年即位至此与魯十餘同盟言三同盟者但杜數同盟不例若同盟少者數先君之盟或數大夫之盟或數經不曰盟而傳載盟者若同盟多者唯數今君或就今君之中數其大會盟之顯著者此言三同盟者特擬王臣臨盟則八年盟于洮九年于葵丘二十八年于踐土是也劉炫不尋杜意而規其謬非也

注不地至帳盟　正義曰會狄于攢函言地今不言地故云就庐帳盟庐帳即是狄人所居之處上云衛人侵狄及狄盟猶若公如晉及晉侯盟是指其所居之處故不言地也劉炫云春秋特戎狄錯居中國此狄無國都處所直云及狄盟々於狄之處也以狄俗逐水草无城郭宮室故云就庐帳盟　傳注殯窆〻宮室

正義曰周礼鄉師職云大喪及葬与匠師御柩及窆執斧以涖匠師昭十二年傳曰日中而堋礼記皆作封堋窆声相近而字改易耳皆謂葬時下棺之名也殯則攢置於西序亦是下棺於地故殯而窆棺也晉武公自曲沃而兼晉國曲沃有旧

時宮廟故公卒而往殯宮禮諸侯五日而殯案經文以己卯卒
庚辰是卒之明日即將殯者以曲沃路遠故早行耳禮在牀曰
尸在棺曰柩下云柩有聲明是斂於棺而後行也　注孟明
至乙丙　正義曰世族譜以百里孟明視為百里奚之子則姓
百里名視字孟明也古人之言名字者皆先字後名而連言之
其術丙必是名西乞白乙或字或氏不可明也譜云或以為西乞
術白乙丙為蹇叔子案傳稱蹇叔之子與師言其在師中而
已若是西乞白乙則為將帥不得云與也或說必妄記異創耳
中壽　正義曰上壽百二十歲中壽百下壽八十　注大阜曰
陵　正義曰釋地云高平曰陸大陸曰阜大阜曰陵李巡曰高
平謂土地豐正名為陸大陸謂土地高大名曰阜阜最高大為
陵　注皋夏桀之祖父　正義曰夏本紀夏桀父名發桀名
履癸　注此道至高道　正義曰此道見在殽是山名俗呼為
土殽石殽其阪道在兩殽之間山高而曲兩山參差相映其下
兩所不及故可以辟風雨也　公羊傳曰蹇叔送其子而戒之

曰爾即死必於殽之嶔巖是文王之所辟風雨者也此注言兩
山相嶔故可以辟風雨者杜氏此言或取公羊之意嶔字蓋
從山但嶔巖是山之貌而相嶔文亦不順未能審杜意也何休
云其處險阻隘勢一人可要百故文王避之驅馳常若辟風雨
三十三年注晉侯至言及　正義曰杜以諸侯之喪不乙稱人故
知諱在喪用兵以賤者告也襄十四年傳戎子駒支自陳此事云
謂我諸戎四嶽之裔胄且此云姜戎知是姜姓之戎也角之掎
之皆彼傳文直彼云晉禦其上戎亢其下是不同陳故言及也然
戰之陳共用師不言及者皆同陳也　注大原至為卿　正義
曰刘炫云案傳晉侯親兵先軫死敵則將帥非郤缺也而稱人
者晉諱而以微人告今知不然者以戰于殽文公未葬故諱其
背殯用兵此則文公既葬之後於禮得從我夏又敗狄有功又何
恥諱而以微者告故杜云郤缺將人未為卿則以晉侯稱人同於
殽諱而規杜氏非也　注霜當至為災　正義曰此在十二月下
杜以長曆校之乙巳是十一月十二日　誤經十二月為誤遂以此

經四年夏皆為十一月夏之九月霜不應重々又不已殺草所以為
災也此云隕霜不殺草定元年冬十月隕霜殺菽穀梁傳曰未可
以殺而殺舉重可殺而不殺舉輕其意言菽重草輕也傳注王
城也不下　正義曰成二年傳稱晉解張御郤克鄭丘緩為右
張侯曰矢貫余手及肘左輪朱殷傷手而血染左輪是御者在
左大將居中也宣十二年傳稱楚許伯御樂伯攝叔為右樂伯
云左射以菆是射在左而御在中也鄭玄詩箋云兵車之法左
人持弓右人持矛中人御車故左右下御不下　注謂已也示勇
正義曰服虔云无禮謂已天子門不橐甲束兵而但免冑呂氏
春秋說此事云師行過周王孫滿曰過天子之城宜橐甲束兵
左右皆下然則過天子門當卷甲束兵必右有此禮或出司馬
兵法其書既亡未見其本　注商行也先之　正義曰周禮大宰
以九職任萬民六曰商賈阜通貨賄鄭玄云行曰商處曰賈易
云商旅不行是商行賈坐而言行賈者相形以曉人也乘車
駕四馬因以乘為四名禮言乘矢謂四矢此言乘韋謂四韋也

遺人之物必以輕先重後故先韋乃入牛老子云雖有拱璧以先四馬不如坐進此道是古者將獻饋必有以先之　注　腆厚也䓕薪　正義曰腆厚淹久經傳常訓也周禮大行人云王待諸侯之禮上公五積侯伯四積子男三積々皆謂米禾芻薪知此亦然案掌客上公五積皆視飧牽鄭注云飧牽謂牽牲以往不殺也亦有米禾芻薪鄭又注云上公飧五牢米二十車禾三十車侯伯四牢米禾皆二十車子男三牢米十車禾二十車芻薪皆倍其禾積既視飧則米禾芻薪与飧同　注　遽傳車　正義曰釋言云馹遽傳也孫炎曰傳車驛馬也　注　資糧也羊豕　正義曰聘礼曰飧饔餼五牢飪一牢腥二牢餼二牢以飪是熟肉腥是生肉知餼是未殺故云生曰餼牛羊豕可牽行故云牽謂牛羊豕也　注　原圃具囿皆囿名　正義曰下注云中牟縣西有圃田澤則原圃地名以其地由囿知与具囿皆囿名也囿者所以養禽獸故令自取其麋鹿耳天子曰苑諸侯曰囿　注　迎來也於賓　正義曰聘礼賓至于近郊君使卿朝服用束帛勞及聘享皆畢

乃云賔遂行舍於鄭公使御贈如覿幣是来有郊労去有贈
賄也　郤缺獲白狄子　正義曰宣十五年晋師滅赤狄潞氏以
潞子嬰兒歸彼書於經而此不書者盖略賤之不以告也　注曰
季記曰鐺　正義曰世本云垂作耨爾雅云所斸謂之定李巡曰
鉏也廣雅云定謂之耨呂氏春秋云耨柄尺此其度也其耨六寸
所以間稼也高誘注云耨耘苗也六寸所以入苗間也釈名云耨
鉏嫗薅禾也釈詁云鐺鐀也孫炎曰鐺斸之鐀也　康誥記及
也　正義曰此無言康誥曰直引康誥之意耳非康誥之全
文也彼云子弗祗服厥父事大傷厥考心于父不能字厥子乃疾
厥子于弟弗念天顯乃弗克恭厥兄兄亦不念鞠子哀大不友
于弟曰乃其速由文王作罰刑茲無赦其意言不慈不祗不友
不恭各用文王之法刑之不是罪子又罪父刑弟復刑兄是其不
相及也　注詩国風善篇　正義曰彼毛傳曰葑須也菲芴也
釈草云須葑孫炎曰須一名葑郑玄坊記注云葑蔓菁也釈草
又云菲芴也孫炎曰葍類也陸璣毛詩義疏云葑蔓菁　幽州人

人或謂之芥也菲似蔔莖麁葉厚而長有毛三月中烝煮為
茹滑美又可以內羹是也此二菜其根有惡時故云上善下惡食
之者取善節也　注且居至進之　正義曰且居父在之時也
將上軍以父死敵故進之注文公至倒錯　正義曰經書十二月
下云乙巳公薨杜以長歷推之十一月十二日有乙巳乙巳非十
月文元年傳曰於是閏三月非禮也故試四月并閏內七月禮當
五月而葬今乃七月始葬故傳曰緩也左氏內傳凡有說者皆
先言所說乃後述其事自此以下不論葬緩既言葬之緩遂
因說作主祭祀之事皆事與葬連故文相次耳僖公葬在明
年而此年有傳知其當在明年經葬僖公下今在此者竹簡編
倒錯故亦杜以此年空說葬事而其上无經文元年空舉經而
其下无傳故謂此年之傳當在彼經之下於理識內順序於文
失於重疊此云葬僖公彼又云葬僖公重生文者亦既錯謬必
非其本或可編絶之処三字分簡彼有葬无公此有公无葬
後人并添足之致使彼此共為一文每若其不然不知所以謬也

凡君至於廟　正義曰釋例云此諸侯之禮故稱君々既葬反虞
則免喪故曰卒哭々止也以新死者之神祔之於祖尸柩既已遠
矣神形又不可得而見矣孝子之思彌篤傍徨求索不知所以
故造木主立几筵特用喪禮祭祀於寢不同之於宗廟々々則
後用四時烝嘗之禮也三年喪畢致新死者之主以進於廟々
之遠主當遷入祧於是乃大祭於大廟以審定昭穆謂之禘此
皆自諸侯上達天子之制也其意與此注同文少詳耳劉炫云既
言作主非禮因言作主祭祀吉凶之節凡諸侯之薨葬日而虞從
是以後間日一虞七虞之後明日而爲卒哭々之祭卒哭之明日而
作祔祭以新死之神祔於祖父於卒祔祭而作木主以依神其主
在寢特用喪禮祭祀於在寢之主其四時常祭礿祠烝嘗及三
年喪畢爲大祀禘祭並行之於廟正禮當如是々耳今以葬後
以後積十月始作僖公木主是作主太緩故爲非禮也　注既
葬訖大夫　正義曰檀弓曰既封有司以几筵舍奠於墓左反
日中而虞葬日虞弗忍一日離也雜記曰士三虞大夫五諸侯

七七虞記曰始虞用柔日再虞皆如初三虞卒哭用剛日如士虞之礼諸侯七虞其六虞用柔日最後虞改用剛日閒一日乃卒哭卒哭亦用剛日則諸侯卒哭在葬後十四日也然始免喪与葬不得相遠共在一月之内故杜每云既葬卒哭衰麻除是其不甚相遠然喪事先遠日則葬在月半之後葬後行虞虞後卒哭所以得同月者但卜葬每先遠日但葬是喪之大事又爲虞祔之祭爲慮及早爲之使得容其虞祔禮云喪事先遠日禫練祥禫除之屬晉平公之喪大夫欲見新君王与文伯宴樽魯壺皆是既葬之後未卒哭之前雜記曰天子七月而葬九月而卒哭諸侯五月而葬七月而卒哭釋例云礼記後人所作不与春秋同是七虞九虞杜所不用或云杜亦同之解云此注言虞則免喪者謂七虞皆畢乃免喪免喪後日爲卒哭也理亦通耳檀弓曰葬日虞是日也以虞易奠卒哭曰成事是日也以吉祭易喪祭是葬前奠而不祭至虞乃爲喪祭卒哭乃爲吉祭也自初死以於卒哭昼夜哭无時謂之卒哭者卒此无時

之哭自此以後唯朝夕哭耳天子諸侯則於此除喪全不復哭
也檀弓於卒哭之下云明日祔於祖父士虞祀亦云卒哭明日以
其班祔是以新死之神祔之於祖也於此之時葬已多日尸柩既
已遠矣孝子思慕彌篤彷徨不知所至故造木主立几筵以依
神也作主致之於寢特用喪祭之禮祭之於寢不同祭之於宗
廟也大夫以下不得稱君此言凡君者謂諸侯以上耳不得通
於卿大夫也文二年公羊傳曰主者曷用虞主用桑練主用栗
鄭玄注禮用公羊之說以為虞已有主此傳稱祔而作主者虞
而作主禮本無文不可以公羊而疑左氏也 注冬祭乃於吉
正義曰周禮〻祀諸文皆有之也新主既特祀於寢則其餘宗
廟四時常祀自如舊不廢也三年喪畢新主入廟〻之遠主當
遷入祧乃為大祭於大廟以審昭穆謂之為禘於是新死者乃
得同於吉也釋例曰舊說以為諸侯喪三年之後乃烝嘗禘傳
襄公十五年冬十一月晉侯周卒十六年春葬晉悼公改服脩官
烝于曲沃會于溴梁其冬穆叔如晉且言齊故晉人答以寡君

五六六

之未禘祀其後晉人徵朝于鄭鄭公孫僑云湨梁之明年公孫夏從寡君以朝于君見於嘗酎與執膰焉此皆春秋之明證也是言知諸侯卒哭以後時祭不廢之事也釋例又曰凡三年喪畢然後禘於是遂以三年為節仍計除喪即吉之月卜日而後行事無復常月也是以經書禘及大事傳唯見莊公之速他無非時之譏也如例所言除喪即吉禘遂以三年為常則新君即位二年而禘五年又禘八年又禘僖八年禘于大廟宣八年有事于大廟定八年經祀先公皆踰三年之常期也案元年夫人姜氏薨以三年喪畢而禘再經三年則九年乃可禘耳而得八年禘者哀姜喪畢不為作禘八年因禘祭乃致之故計閔公之喪數之耳昭十五年有事于武宮計非禘年而為禘者釋例曰禘于大廟禮之常也各於其宮時之為也雖非三年大祭而書禘用禘禮也昭二十五年傳曰將禘於襄公亦其義也三年之禘自國之常事不書故唯書其數事祭雖得常亦記仲遂叔弓之非常也如杜此言昭十五年雖非禘年用禘禮故稱禘也鄭玄解禮二年一祫五

年一禘杜解左傳都不言祫者以左傳无祫語則祫禘正是一
祭故杜以審諦昭穆謂之為禘明其更无祫也古礼多亡未知
孰是且使礼傳各從其家而為之說耳劉炫云以正經无祫文也
唯礼記毛詩有祫字耳釋天云禘大祭也則祭无大於禘者若
祫大於禘禘惡得稱大乎

春秋正義卷第十三

春秋正義卷第十四　文公

國子祭酒上護軍曲阜縣開國子臣孔穎達等奉

勅撰

正義曰魯世家文公名興僖公之子夫人聲姜所生以襄王二十六年即位諡法慈惠愛民曰文是歲々在降婁　元年注先君至死君　正義曰諸侯之禮既葬成君先君雖則未葬既踰年矣而君即位者不可曠年無君故也即位必於歲首若歲首不行此禮餘月不得行之使是曠年無君故雖則未葬亦即行之釋例曰遭喪繼立者每新年正月必改元正位百官以序故國史書即位於策以表之文公成公先君之喪未葬而即位因三正之始明繼嗣之正表朝儀以固百姓之心此乃國君明分制之大禮譬周康王麻冕黼裳以行事々畢然後反喪服也雖踰年行即位之禮名通於國內必須既葬卒哭乃免喪古之制也杜引顧命康王之事以譬此者彼是既殯此是踰年雖時不同取其暫服吉服事相似耳康王之誥云王義嗣德荅拜彼始殯訖即呼為王知諸侯既殯

臣子亦呼为公既尸其位名号即成但先君未葬百官總聽於冢宰
未得即成为君八年八月天王崩九年春毛伯来求金傳曰不書
王命未葬也是踰年未葬不得命臣出使必待卒哭乃免喪也
注叔氏之礼也　正義曰四月風氏薨五年王使榮叔歸含且賵
召昭公来會葬傳曰礼也夫人之喪含葬為得礼也蘇氏云外卿来含葬不書此書者為王使
使大夫含葬為得礼也蘇氏云外卿来含葬不書此書者為王使
故特書之傳称内史叔服内史於周礼內中大夫天子大夫例書
字知叔氏服字也　注毛国之比也　正義曰依二十四年傳為
原伯毛伯杜云原毛皆采邑此毛与彼計是一人而注不同者此
毛當是文王之子封為畿外之国於时諸侯无復有毛或是世变
王朝本封絶滅经此以後常称毛伯国名尚存仍為伯爵必受得
采邑為畿内諸侯故注彼云采邑此云国也封爵既存故并諸侯
為王卿士者周礼大宗伯以玉作六瑞以等邦国王執鎮圭公執
桓圭侯執信圭伯執躬圭子執穀璧男執蒲璧冬官玉人桓圭以
下皆禮之命圭是用之以命諸侯也諸侯即位天子賜之以命圭

魯是侯爵，當賜之以信圭也。玉人又云：天子執冒四寸，以朝諸侯，
其冒邪刻其下，與圭頭相合，諸侯執圭以朝天子，天子々々執冒以冒
之，觀其相當以否，所以合瑞爲信也。僖十一年晉惠公新立，王賜
之命，此亦新立，是其比也。傳稱晉侯受玉惰，以此知賜命必有玉
也。公羊傳曰：錫者何？賜也。命者何？加我服也。唐風无衣之篇，晉人
爲其君請命於天子之使，以无衣爲辭，則賜命亦有服，杜不言服
者，主於玉而略之耳。　注成衛至魯史　正義曰：僖二十九年翟
泉之盟，諸侯之卿爲會，魯侯故貶稱人，則魯卿會他諸侯亦合貶，
而春秋魯大夫皆不貶者，貶他國之卿，已成體例，々々已舉，於魯
不須加貶，理足可明，故㧗用魯史成文，不復改易也。他國君各卒
及爵內常稱公，稱薨，亦體例已舉，皆用史也。　傳於是至不悖
正義曰：於是年魯歷置閏，々三月，非禮也。言於禮置閏不當在此
月也。因論置閏之法，先王之正時也，履端於始，履，步也，謂推步歷
之初始，以爲術歷之端首，舉月之正半在於中氣，歸其餘々置於
終，末言於終末乃置閏也。更復申之：履端於始，序則不愆，謂四時

之序不愆也舉正於中民視瞻則不疑惑也歸餘於終於時叓
則不悖亂也此年不合置閏而置閏則不是歸餘於終故爲非禮
也　注於歷法所説　正義曰古今歷法推閏月之術皆以閏餘
減章歲餘以歲中乘之章閏而一所得爲積月命起天正算外閏
所在也其有進退以中氣定之無中氣則閏月也右歷十九年爲
一章章有七閏入章三年閏九月六年閏六月九年閏三月十一
年閏十一月十四年閏八月十七年閏四月十九年閏十二月此
拠元首初章若於後漸積餘分大率三十二月皆則置閏不必恰同
初章閏月僖五年正月辛亥朔日南至治歷者以彼爲章首之
歲漢書律歷志云文公元年距僖五年辛亥二十九歲是歲閏餘
十三閏當在十一月後而在三月故傳曰非禮也志之所言閏當
在此年十一月後今三月已即置閏是嫌閏月大近前也杜以爲
依三十年閏九月文二年閏正月故言於歷法閏當在僖公末年
誤於今年置閏嫌置閏大近後也杜爲長歷置閏疏數無復定準
凡爲歷者閏前之月中氣在晦閏後之月中氣在朔僖五年正月

朔旦冬至则四年當閏十二月也杜長歷僖元年閏十一月五年
閏十二月与常歷不同者杜以襄二十七年再失閏司歷過昭二
十年二月己丑日南至哀十二年十二月螽云火猶西流司歷過
则春秋之世歷法錯失所置閏月或先或後不与常同杜唯勘經
傳上下日月以为長歷若日月同者则數年不置閏月若日月不
同須置閏乃同者则未滿三十二月頻置閏所以異於常歷故釋
例云春秋日有頻月而食者有曠年不食者理不得一一如算以
守恒數故歷无有不失也始失於毫毛尚未可覺積而成多以失
弦望朔晦则不得不改憲以順之書所謂欽若昊天歷象日月星
辰易所謂治歷明時言當順天以求合非为合以驗天者也故當
循經傳日月以考晦朔以推時驗下又云擬經傳微旨考日辰晦
朔以相發明为經傳長歷未必得天蓋春秋當時之歷也是杜自
言不与常歷同　注步歷訖於終　正義曰日月轉運於天猶如
人之行步故推歷謂之步歷々々之始以为術之端首謂歷之上
元必以日月全數为始於前更无餘分以此日为術之端首故言

履端於始也朞之日三百六十有六日謂從冬至〻冬至必歸此
數乃圓天也日月之行有遲有速日行遲月行速凡二十九日過
半月行及日謂之一月過半者謂一日於歷法分內九百四十分
月行及日必四百九十九分是過半二十九分今一歲氣周有三
百六十五日四分日之一其十二月一周唯三百五十四日是少
十一日四分日之一未得氣周細而言之一歲止少弱十一日所
以然者一月有餘分二十九一年十二月有餘分三百四十八是
一歲既得三百五十四日又得餘分三百四十八其四分日之一
一日內九百四十分則四分日之一為二百三十五分今於餘分
三百四十八內取二百三十五以當四分日之一餘分仍有一
百一十三其整日唯有十一日又以餘分一百一十三減其一日
九百四十分唯有八百二十七分是一年有餘十日八百二十七
分少一百一十三分不成十一日也劉炫云則一歲為十二月猶
有十一日有餘未得周也分一周之日為十二月則每月常三十
日餘計月及日為一月則每月唯二十九日餘前朔後朔相去二

十九日餘前氣後氣相去三十日餘每月參差氣斷不正但觀中
氣所在以为此月之正取中氣以正月故言舉正於中也月朔之
与月節每月剩一日有餘所有餘日歸之於終積成一月則置之
内闰故言歸餘於終　注斗建至疑惑　正義曰闰後之月中氣
在朔則斗柄月初已指所建之辰闰前之月中氣在晦則斗柄月
末方指所建之辰故举月之正在於中氣則斗柄常不失其所指
之次如是乃得寒暑不失其常　注衛毛伯字　正義曰知是字
者以天子公卿例各爵不言名大夫稱字故毛伯雖卿或稱字案
僖九年公會宰周公云云杜云三公不字明卿或否字　晉襄公
既祥　正義曰礼朞而小祥晉文公以僖三十二年十二月卒則
三十三年十二月内小祥此云既祥謂小祥也　注合古礼執孝
正義曰釋例云衛孔達為政不共盟主興兵於隣國受討喪邑容
而告陳雖從陳之謀僅得自定以謀而濟故君子但言合古而不
稱其尤也劉炫云春秋之時天子微弱霸主秉德刑以長諸侯諸
侯從時命以事霸主大字小小事大所以相保持也晉之与衛小

大不同而恥於受压望以殭獲免明王在上理在可然度時之宜則非善計君子以為合古之道失當今之宜亦不言其謀全非理也 注言其是惡謚 正義曰既見其不瞑目則是未斂於棺故知未斂也禮葬乃加謚未斂而加惡謚言其忍之甚也冤枉之人怨矣未有臣見其靈此復特為商臣忍甚耳桓譚以為自縊而死其目未合尸冷乃瞑非由謚之善惡也亂而不損曰靈安民立政曰成 為大子之室 正義曰商臣今既為王以其為大子之時所居室內財物僕妾盡以與潘崇非與其所居之宮室也 凡君之並聘 正義曰即位者既葬除喪即成君之吉位也唯以既葬為限不以踰年為斷八年八月天王崩九年春毛伯來求金傳曰不書王命未葬也是未葬雖踰年不得命臣出使也宣十年夏四月齊侯元年六月葬齊惠公冬齊侯使國佐來聘是既葬未踰年得命臣出使也何休膏肓以為三年之喪使卿出聘於義左氏為短鄭康成箴云周禮諸侯邦交歲相問殷相聘世相朝左氏合古禮何以難之 二年注孟明之御城 正義曰於例將卑師眾稱

師今稱秦師知將非卿者故云孟明名氏不見非命卿也傳稱秦伯不廢孟明復使為政則孟明秦之執政之卿也而言非卿者成二年注云大夫常不書而書遂者遂命於國備於禮成為卿故也然則備卿禮乃成為卿禮不備則不書秦是辟陋之國不以卿禮成孟明不言孟明非執政也此年晉士穀堪其事故名書於垂隴襄二十九年鄭公孫段攝卿以行名見於城杞況此真卿而不書者以秦辟陋在戎異於中國禮命不足故云非命卿也

注主者至於廟　正義曰主所用木經無正文公羊傳曰主者曷用虞主用桑練主用栗左傳唯言袝而作主々一而已非虞練再作公羊之言不可通於此也論語哀公問主於宰我々々對曰夏后氏以松殷人以柏周人以栗先儒舊解或有以為宗廟主者故杜依用之案古論語及孔鄭皆以為社主社為木主者古論不行於世且社主周禮謂之田主无單稱主者以張包周等並為廟主故杜所依用刘炫就此以規杜通未為得也　注處父至晉都

正義曰春秋卿則書名氏賤者則稱人外卿之敗例皆稱人魯卿

之貶乃去其族去族与称人相對即是不為卿也処父為晉正卿不已斥君如礼君使盟魯即從君命親与公盟故貶去其族若言処父是晉之賤人則不復舉公直言及晉処父盟若言魯之賤人往与之盟也魯之賤人不合舉名舉其所為之事而已言及不言名是微人之常称也以微人常称与処父為偶若処父亦賤人也魯以微人敵微人直也晉以卿敵公不直也如此舉經者以魯之直厭晉之不直也然則不貶処父称人者貶之称人則悪名不見貶其族　當其名所以悪処父也釈例曰違此称人則所罪之名不章故特舉処父也翟泉會淵亦令公侯所以称人者以其貶卿非一依例揔貶不地者盟於晉之都也諸侯會聚盟於他国之都者即以国名為盟地魯之君臣往他国而与之盟者不復舉国地三年冬公如晉十二月公及晉侯盟是也　注大事是其文

正義曰昭十五年有事于武宮傳称禘于武宮有事禘則知大事亦是禘也躋升也釈詁文公羊傳曰躋者何升也禘祭之礼審諦昭穆諸廟已毀未毀之主皆於大祖廟中以昭穆為次序父為

昭子爲穆大祖東向昭南向穆北向孫從王父以次而下祭畢則
復其廟其兄弟相代則昭穆同班近拠春秋以來惠公與莊公當
同南面西上隱桓與閔僖亦同北面西上僖是閔之庶兄繼閔而
立昭穆當同位次閔下今升在閔上故書而譏之僖公以其三十
三年十一月薨至此年十一月喪服始畢今始八月時未應吉禘
而於大廟行之與閔公二年吉禘于莊公其違礼同也彼書吉禘
其説已明則此亦從説可知不復更説其速也從猶空也空以逆
祀之故亂國大典故特大其事謂之大事説逆祀也釋例曰文公
二年僖公之喪未終未應行吉禘之礼而於大廟行之其説已明
徒以躋僖而退閔故特大其事異其文定八年亦特書順祀皆所
以起非常也有事于武宮及順祀傳皆稱禘則知大事有事于大
廟亦禘也　注四人至善秦　正義曰四國大夫皆言名氏是
四人皆賤也秦穆悔過終用孟明仲尼特善其事无辭可以寄文
故貶四國大夫稱人所以爲崇秦德以諸侯之名无所可加貶大
夫以善秦大夫非有罪也襄八年邢丘之會晉悼霸功既就德立

刑行貶諸侯之卿以爲晉侯其是与此同也釈例曰秦伯終用孟明而致敗々而罪已赦其闕而養其志孟明增修其德以霸西戎夫子嘉之故於伐秦之役貶四國大夫四國大夫奉君命而行今以一義变例故称尊秦謂之崇德明罪不在四國大夫也　注傳曰礼也昏礼　正義曰公羊傳曰此何以昏説何説尔説喪取也娶在三年之外則何説乎喪取三年之内不圖昏其意謂此喪服未畢而行昏礼也何休擬此作膏肓以左氏为短令左氏傳謂之礼也必是喪服已終杜以長歷推之知僖公以其三十三年十一月薨迄此年十一月喪已畢矣納幣雖則无月以傳言礼則知納在十二月也士昏六礼其一納采次有問名納吉至納徵始有玄纁束帛士謂之納徵諸侯則謂之納幣以其幣帛多其礼大与士礼不同故異其名也案士之昏礼納采問名同日行事納采者納其采擇之礼主人既許賓即問名將歸卜其吉凶也卜而得吉又遣使納吉如納采之礼納吉之後方始納徵成也使々納幣以成昏礼也此納幣以前已有三礼須再度遣使一月之内不容三遣

適齊蓋公為大子時已行昏禮疑在僖公之世已行納采納吉今繞而成之也杜言其一納采欲明納徵之前更有昏禮納幣非昏禮之始豫為下句公為大子時已行昏禮張本也大子昏禮理自不昏無則公昏唯昏納幣其納采納吉亦不昏也釋例曰諸侯昏禮亡以士昏禮準之不得唯止於納幣逆女々々納幣二者皆必使卿行々々則昏之他禮非卿則不昏也宋公使華元來聘々不應使卿故傳但言聘共姬也使公孫壽來納幣々々應使卿故傳明言得禮也魯君之昏亦唯存納幣逆女此其義也　傳箕之至黜之　正義曰御与車右無有常員必臨戰更選定之韓之戰卜右慶鄭吉是其事也自殽戰之後狼瞫為右箕之役將戰選右先軫黜之箕戰先軫死焉非既戰乃黜之也　周志至待之　正義曰周之志記有之曰有勇以害在上則為不義之人不得升於明堂若殺先軫則必死々々而不義非勇也如以死共國家之用是之謂勇吾自以有勇之故求為車右若殺先軫則是無勇無勇而被黜退亦是得其所也吾後安得為狙吾今恨者謂在上不我知也

也言其不知我有勇也若殺先軫即是成為无勇无勇被黜退
則黜而合其宜也乃是在上知我是不得言在上不我知也子且
待之　注周志逸詩　正義曰志者記也謂之周志明是
周世之書不知其書何所名也鄭玄以為明堂在國之陽與祖
廟別處左氏舊說及賈逵盧植蔡邕服虔等皆以祖廟與明堂
為一故杜用之祭統云古者明君必賜爵祿於大廟傳稱公行
還告廟舍爵策勳是明堂之中所以策功序德故不義之人不
得升之也言上即是不義故不得登明堂也　注遇葬之三年
正義曰僖三十三年傳已發例言作主非禮此復云書不時者
彼因葬緩遂通說作主之失未辯失之所由於此又言不時以明
失禮之狀接成彼義也　以未之諸侯　正義曰沈云非公命
不書此穆伯會諸侯以未至而書者此公既在外命正卿守國
故守國之臣亦合告廟而行故得書之也　注晉司之故書
正義曰傳舉司空之官云堪其事乃書之明本不當書故知非卿
也成二年傳稱魯賜晉三帥三命之服司空亞旅皆受一命之

服是其知司空非卿之文也　注依是為逆祀　正義曰礼文子異昭穆兄弟昭穆故同僖閔不得為父子同為穆耳當閔在僖上今升僖先閔故云逆祀二公位次之逆非昭穆乱也魯語云將躋僖公宗有司曰非昭穆也弗忌曰我為宗伯明者為昭其次為穆何常之有如彼所言似閔僖異昭穆者位次之逆如昭穆之乱假昭穆以言之非謂異昭穆也若兄弟相代即異昭穆設令兄弟四人皆立為君則祖父之廟即已從毀知其理必不然故先儒无作此說　注宗伯至之礼　正義曰周礼大宗伯掌建邦之天神人鬼地祇之礼小宗伯掌建国之神位辯廟祧之昭穆諸侯之官所掌亦當然也　注新鬼至所見　正義曰且明見者既為崇僖出且明言其意之所見々其順大小升聖賢也刘炫以為直擬兄弟大小為義不須云死之長幼以規杜氏今刪定知不然者以傳云新鬼大故鬼小則大小之語總該諸事非直独擬兄弟明知亦擬年時也　君子以為失礼　正義曰傳有評論皆託之君子此下盡先始以來皆是一君子之辭耳刘詩二文於詩之下各言君

子者君子謂作詩之人此論定君子又引彼作詩君子以為證耳僖公薨後始作魯頌为仿之時乃設此辭非當時君子有此言也弗忌之意以先大後小為順故言明順礼也君子之意以臣不先君內順故云礼无不順各其順々不同也魯語展禽云夏父弗忌必有天殃其葬也焚煙達于上孔晁云已葬而柩焚煙達榑外

注鯀禹至世祖　正義曰鯀禹父夏本紀文也契湯十三世祖殷本紀文契生昭明々々生相土々々生昌若々々生曹圉々々生冥々生振々生微々生報丁々々生報乙々々生報丙々々生主壬々々生主癸々々生天乙々々即湯也下注云不窋后稷子周本紀文服虔云周家祖后稷以配天明不可先也故言不先不窋禹湯異代之王故言不先鯀契也然則文武大聖后稷賢耳非是不可先也下句引詩皇祖后稷不敢重文故舉不窋以辟之

注帝乙至尚之　正義曰帝乙微子父宋世家文厲王鄭桓公父鄭世家文微子桓公宋鄭始祖也言宋祖帝乙鄭祖厲王則二国立其廟而祖祀之微子不先帝乙桓公不先厲王猶上祖也言不以

不肖猶尊尚之也宋为王者之後得祀殷之先王帝乙之廟不毀者蓋以为其所出故特存焉周制王子有功德出封者得廟祀所出之王魯以周公之故得立文王之廟襄十二年傳稱魯为諸姬臨於周廟々々文王廟也鄭之桓武安有大功故得立厲王之廟昭十八年傳稱鄭人救火使祝史徙主祏於周廟々々厲王廟也

魯頌云后稷　正義曰魯頌閟宮之篇美僖公之德也上皇々为美下皇为君言僖公春秋祭祀非有懈倦其所享祀不有差忒所祀之神有皇々之美者为君之上天配之以君祖后稷也

仲尼云知也　正義曰魯臣多矣而独說文仲者以文仲執国之政有大知之名为不知之事故特說之其餘則不足責矣論語稱仁者愛人知者不惑故以害於物者为不仁闇於事者为不知卑下展禽而不肯舉薦廢去六関而不設防禁妾織蒲席而与民爭利此三事为不仁也死其位而虛器不知礼而縱逆祀不識鳥而祀爰居此三事为不知也

注展禽云立人　正義曰論語云臧文仲其竊位者与知柳下惠之賢而不与立也又曰仁者己欲立而

立人知賢不舉是无怨心故为不仁也　注塞關至廢之　正義
曰昭五年傳稱孟丙仲壬之子殺豎牛於塞關之外襄十七年傳
稱師自陽關逆臧孫二關見於傳如此之屬凡有六也民以田農
为本商賈为末農民力以自食商民遊以求食漢書賈誼說上曰
今毆民而歸之農皆著其本令食其力末伎遊食之民轉而緣南
畝則畜積足矣杜稱末遊者謂此末役遊食之民也周礼司關司
貨賄之出入掌其治禁是所以禁絕末遊者令其出入有度今而
廢之使末遊之人无所禁約損害農民是不仁也　注家人至爭
利　正義曰家語說此事作妾織蒲知織蒲是为席以販賣之也
大学云食祿之家不與民爭利故以此为不仁也　注謂居至曰
虛　正義曰論語云子曰臧文仲居蔡山節藻梲何如其知也鄭
玄云節栭也刻之为山梲梁上楹也畫以藻文蔡謂國君之守龜
山節藻梲天子之廟飾皆非文仲所當为之有其器而无其位故
曰虛君子下不僭上其居蔡如此是不知也　注海鳥至祀之
正義曰魯語云海鳥曰爰居止於魯東門之外三日臧文仲使國

人祭之展禽曰越哉臧孫之為政也夫祀国之大節也節政之所
成也故制祭祀以為国典今无故而加典非政之宜也今海鳥至
己不知而祀之以為国典難以言仁且知矣无功而祀之非仁也
弗知而不問非知也今茲海其有災乎夫廣川之鳥獸皆知辟其
災是歲海多大風冬煖　三年注不書丕内赴　正義曰王子虎
即王叔文公也謚之為文必當有爵不書爵若畿内之国不得外
交諸侯其臣不敢赴魯必天子為之赴々以王子為親不復言其
爵也翟泉之盟子虎在列而貶之称人若王使来盟則不應貶責
不假王命則不得与盟故知於時輒假王命周王遂以同盟之礼
為之赴魯傳称来赴弔如同盟礼也是其来赴往弔皆如同盟之
礼　傳凡民乇曰逃　正義曰公羊傳曰潰者何下叛上也国曰
潰邑曰叛叛例曰衆保於城々保於德言上臣以德附衆以功庇
下民信其德恃其国故臣交相依懷以衛社稷苟死固志盈城之
衆一朝而散如積水之敗故曰潰々者衆散流遁之辞也国君而
逃師棄盟違其典儀棄其車服群臣不知其謀社稷不保其安此

与匹夫逃竄无異是以在衆為潰在君為逃以別上下之名无敢於別國邑也賈潁以為舉國曰潰一邑曰叛棄反氏无此義也傳曰陳侯如楚慶氏以陳叛此則舉國不必言潰也叛者舉城而屬他非民潰之謂也是解潰逃之義也僖五年首止之盟鄭伯逃歸襄七年鄬之會陳侯逃歸皆書於經十年傳厥貉之會麇子逃歸不書者於時楚會諸侯魯不与楚不告故不書也襄十六年溴梁之會傳稱高厚逃歸不書於經者釋例云例之潰逃指為一國一單一邑君民相須為用變文以別之也鄭詹見囚於齊自齊逃來此為逸囚无不可逃春秋指叓而書所謂民逃非在上之逃也而賈氏夜甲以入例亦不安也如例所言高厚之逃維有佛衆止同逸囚之限非是逃例然鄭詹書而高厚不書者鄭詹為逃來向魯故書高厚不別赴故不書　注王子至赴也　正義曰隱七年傳例曰凡諸侯同盟於是稱名故薨則赴以名者指謂同盟之二君耳不言与其父盟得以名赴其子但同盟稱名則兩君相知君既知之則國内皆知故彼父雖卒得以名赴其子此理雖然凡例未

明王子虎与僖同盟文公是其同盟之子今乃以名赴丈是其於
礼合赴此數多矣僖因王子虎天子之臣異於諸侯王叔又未与
文公同盟故於此顯示体例則其餘傚可知也　注諡遺至之謀
正義曰諡遺敘諸文燕之為安常訓也翼異者賛成之義故為成也
詩大雅文王有聲之篇美武王之定言子来有此義也　注晉救
至蠡下　正義曰先僕救江經先其事但實在雨蠡之後不進救
江於前而退圍江於下故令下与処父救江相接故也　注柏公
至親伐　正義曰王叔文公不知何王之子字叔遂以叔為氏柏
亦是其子王叔陳生是其後也衛有公叔文子此人蓋以王叔為
氏也　注儐還上成拜礼　正義曰燕礼賓降階再拜稽首公命
小臣辭賓升成拜鄭玄云升成拜復再拜稽首也先時君辭之於
礼若未成然此荘叔以公降拜晉侯降辭以礼未成故更登成拜
是賓主俱還上成拜礼也　四年逆婦姜于齊　正義曰桓三年
齊侯送姜氏于讙注云已去齊國故不言女未至於魯故不稱夫人
然則往逆當稱逆女入國當稱夫人此時逆則卿不行入後不

告之其礼輕略異於常文後以有姑故称婦以齊女則称姜直云

逆婦姜于齊略賤之文也　注滅例在十五年　正義曰案莊十

年齊師滅譚注云滅例在文十五年滅弦滅黄滅蓼皆不注獨更

於此言者沈氏云滅譚為入春秋之初故須指其例弦黄蓼等傳

皆載其見滅所由今滅江傳無其迹恐異於餘滅故更引滅例云

在十五年　注僖公至夫人　正義曰杜言此者以成風本是莊

公之妾婦其不成夫人故明之也釋例曰凡妾子為君其母猶為

夫人雖先君不命其母々以子貴其適夫人薨則尊得加於臣子

内外之礼皆如夫人矣故姒氏之喪責以小君不成々風之喪王

使會葬傳曰礼也是言適夫人既死妾母於法得成夫人也　傳

注降服至之　正義曰僖三十三年傳曰秦伯素服郊次鄉與

此同知此降服為素服也出次出於宫而別次舍故云辟正寢也

殺牲盛饌曰舉知不舉去盛饌也隣國之礼有數不知其數況何

以言已數知其必有數耳哀十年傳称齊人弑悼公赴於師吳子

三日哭于軍門之外隣國之數蓋三日也　君子之謂也　正義

曰徧檢諸本君子曰下皆无詩云則傳文本自略也詩意言維彼
文商二国其政不得民心致使国家喪滅維此四方之国見其亡
滅於是自謀於是自度其政更自懼巳之滅亡也此詩所言其秦
穆之誤也此詩大雅皇矣之篇　注非礼也小雅　正義曰諸自
賦詩以表巳志者斷章以取義意不限詩之尊卑若使工人作樂
則有常礼穆叔所云肆夏樊遏渠天子所以享元侯也文王大明
緜則兩君相見之樂也燕礼者諸侯燕其群臣及燕聘問之賓礼
也歌鹿鳴四牡皇皇者華如彼所云蓋尊卑之常礼也自賦者或
全取一篇或止歌一章未有頌賦兩篇者也其使工人歌樂各以
三篇爲斷此其所以異也此時武子來聘魯以燕之於法當賦鹿
鳴之三今賦湛露彤弓非是礼之常法傳特云爲賦知公特命樂
人歌此二篇以示意也此二篇天子燕諸侯之詩公非天子賓非
諸侯不知歌此欲示何意蓋以武子有令名歌此疑是試之耳
注肄習也可及　正義曰說文肆訓爲陳字從長聿聲肄訓爲習
字從隶豸声古書經傳所作字皆同耳但以爲工人自習詩業以

及此篇非謂歌之以由已也魯人失於所賦辭則章主之失荅則
已當其寵故不辞又不荅佯若不知其所由如愚人然論語云甯
武子其知可及其愚不可及此亦是愚之一事也案燕礼先荅賦
之法而怪其不荅賦者非常之賦宜有對荅故也　天子當陽　正
義曰湛露詩云湛々露斯匪陽不晞陽謂日也言天子當日諸侯
當露也　諸侯至其功　正義曰敵者相當之言愾是恨怒之意
當王所怒謂往征伐之勝而献其功也彤弓序云天子錫有功諸
侯也　注覺明迄宴条　正義曰覺者悟知之意故為明也使諸
侯明己心也莊三十一年傳曰諸侯有四夷之功則献于王中國
則否礼諸侯賜弓矢然後專征伐故有功則賜之以弓矢又歌此
彤弓之詩以明天子之心知是報功宴条也詩言一朝饗之則是
由設饗礼此云宴者明其由宴条耳非言設宴礼也　五年　王使
迄且賵　正義曰公羊傳曰其言歸含且賵何兼之々々非礼也
賈服云含賵當異人今一人兼兩使故吞且以譏之案礼雜記諸
侯相弔之礼含襚賵臨同日而畢与介代有事安不言遣異使也

諸侯相於則唯遣一使而責天子於諸侯必有異人礼何所出而
非責王也春秋之世風教陵遲吉凶賀弔罕已如礼王之崩葬魯
多不行魯之有喪寧已尽乎全无所譏不含又无貶責既含且賵
便責兼之不可是礼備不如不備行礼不如不行豈有如此之理
哉左傳舉来含且賵含葬二事乃言礼也則二事俱是得礼无譏
兼之々意也言者且有二礼而已宰咺言来皈此不言来者穀梁
傳曰其不言来者不周事之用也賵以早而含以晚其意以内含
者所以實口曲皈未殯而亦以其至晚故不言来乎以責王也案雜
記含者執璧將命坐委于殯東南有葦席既葬蒲席然則含襚者
所以助喪尽是示其有礼而已既葬猶尚致之不必以濟其用天
子之与隣国莫不道路長遠赴者猶尚不必責其未殯而来此是
理之不通也且来者自外之文非是寢懸之竟九年秦人来皈僖
公成風之襚々衣是斂之所用彼最晚矣何以復言来乎言来与
不言来史異文耳宰咺奉人皈之既晚故舉其所内之人此夫人
新薨言皈含賵内夫人可知故不言皈夫人含賵也何休膏肓以

内礼為不含早又不兼二礼左氏以内礼於夏内短鄭康成箴云
礼天子於二王後之喪含内先襚次之賵次之賻次之於諸侯含
之賵之小君亦如之於諸侯臣襚之諸侯相於如天子於二王後
於卿大夫如天子於諸侯於士如天子於諸侯臣何休云為不含
早是違礼非經意其一人兼啟二礼亦是内說如康成言為不含
早礼先其吏康成以内說一人兼二吏者非左氏意也　注珠玉
乙曰賵　正義曰周礼玉府大喪共含玉穀梁傳曰貝玉曰含士
喪礼含用米貝莊子說發冢之吏云儒人破其頰无傷口中珠是
含有用珠者也故云珠玉曰含何休云天子以珠周礼大喪共玉
不共珠也莊子所言發冢未必發天子冢也雜記云諸侯相含以
璧未知何人用珠耳公羊傳曰含者何口實也孝子不忍虛其親
之口故以米貝珠玉實之謂之飯含檀弓曰飯用米貝弗忍虛也
不以食道用美焉尔士喪礼用生稻米是不以食道也車馬曰賵
公羊傳文　注与僖公六日盟　正義曰業以僖五年即位其年
盟于首止八年于洮九年于葵丘十五年于牡丘二十一年于薄

二十七年于宋嚚許偃在是六月盟也　傳注成風云曰礼　正
義曰傳舉二吏以一礼結之則含賵含葬皆得礼也釋例称賵賻
襚含總謂之贈言以夫人礼賵之指為賵含也　注寗晉云大夫
正義曰晉語說此吏云舍旅逆旅寗嬴氏注国語者賈逵孔晁皆
以寗嬴為掌逆旅之大夫故杜亦同之刘炫以寗嬴直是逆旅之
主非大夫今刪定知不然者若是逆旅之主則身為匹庶是卑賤
之人稱如重館人告文仲重丘人罵孫蒯止應称人而已何得名
氏見傳杜以傳載名氏故為逆旅大夫刘炫以為客舍主人而規
杜氏非也　注沈漸至周書　正義曰此傳引周書是洪範之三
德也彼說人之三德乃以此言覆之孔安国以此二句為天地之
德故注云沈漸謂地雖柔亦有剛能出金石高明謂天言天為剛
德亦有柔克不干四時杜以傳證人性即以人吏解之沈漸謂人
性之沈滯濡溺也高明謂人性之高亢明爽也滯溺者當以剛勝
其本性亢爽者當以柔勝其本性必自屈矯已乃能成全不然則
沈漸失於弱高明失於剛不能保其身也此文在洪範今謂之周

昏箕子商人所誂故傳謂之商昏　注成子至夷傳　正義曰樹
濮之戰先軫郤溱將中軍狐毛狐偃將上軍欒枝胥臣將下軍晉
語云狐毛卒先且居將上軍清原之蒐三軍如故趙衰箕鄭將新
上軍胥嬰先都將新下軍箕之役先軫死先且居將中軍不知誰
代且居將上軍也此言趙衰新上軍帥中軍佐并舉二官二年彭
衙之役云先且居將中軍趙衰佐之注云代郤溱是趙衰新上軍
帥中軍佐也　六年注再同盟　正義曰二年及晉處父盟三年
公及晉侯盟是再同盟也　注卿共弔葬連　正義曰昭三十年
傳曰先王之制諸侯之喪士弔大夫送葬昭三十傳曰昔文襄之
霸也其務不煩諸侯君薨大夫弔卿共葬是也　注諸侯弔之
辭　正義曰周禮大夫頒告朔于邦國鄭玄云天子頒朔于諸侯
々々藏之祖廟至朔朝于廟告而受行之論語云子貢欲去告朔
之餼羊是用特羊告於廟謂之告朔人君即以此日聽視此朔之
政謂之視朔十六年公四不視朔僖五年傳曰公既視朔是也視
朔者聽治此月之政亦謂之聽朔玉藻云天子聽朔於南門之外

是也其日又以礼祭於宗廟謂之朝廟周礼謂之朝享司尊彝
之追享朝享是也其歲首为之則謂之朝正襄二十九年正月公
在楚傳曰釋不朝正于廟是也告朔視朔聽朔朝廟享朝正二
礼各有三名同日而为之也文公以閏非常月故闕不告朔告朔之
礼大朝廟之礼小文公怠慢政事既不告朔虽朝于廟則如勿朝
故書猶朝于廟言猶以譏之必於月朔为此告朔聽朔之礼者釋
例曰人君者設官分職以为民極遠細事以全委任之責縱諸下
以尽知力之用揔成敗以效已否執八柄以明誅賞故自非机事
皆委心焉誠信足以相感事实尽而不擁故受位居職者思効忠
善日夜自進而无所顧忌也天下之細事无数一月二月万端人
君之明有所不照人君之力有所不堪則不得不借问近習有時而
用之如此則六卿六遂之長虽躬履此事躬造此官当皆移聽
於内官迴心於左右政之粃乱恒必由此聖人知其不可故简其
節敬其事因月朔朝迁坐正位會群吏而聽大政考其所行而決
其煩疑非徒議將然也乃所以考已然又惡其密聽之亂公也故

顯事以斷之是以上下交泰官人以理万民以察天下以治也文
云謂閏非常月緣以闕礼傳因所闕而明言典制雖朝于廟則如
勿朝故經称猶朝于廟也經称告月傳言告朔明告月必以朔也
每月之朔必朝於廟因聽政事々敬而礼成故告以特羊然則朝
廟朝正告朔視朔皆同日之事所從言之異耳是言聽朔朝廟之
義也玉藻說天子之礼云聽朔於南門之外諸侯皮弁聽朔於大
廟鄭玄以為明堂在國之陽(南)門之外謂明堂也諸侯告朔以特羊
則天子以特牛与天子用特牛告其帝及其神配以文王武王諸
侯用特羊告大祖而已杜以明堂与祖廟為一但明堂是祭天
之處天子告朔雖杜之義亦應告人帝朝享即月(日)祭是也祭法云
王立七廟曰考廟王考廟皇考廟顯考廟祖考廟皆月祭之二祧
享嘗乃止諸侯立五廟曰考廟王考廟皇考廟皆月祭之顯考廟
祖考廟享嘗乃止然則天子告朔於明堂朝享於五廟諸侯告朔
於大廟朝享自皇考以下三廟耳皆先告朔後朝廟々々小於告
朔文公廢其大而行其小故云猶朝于廟公羊傳曰猶者可止之

辭也天子玄冕以視朔皮弁以日視朝諸侯皮弁以聽朔朝服以
日視朝其閏月則聽朔於明堂闔門左扉立於其中聽政於路寢
門終月故於文王在門內閏　傳注僖三亦軍帥　正義曰清原
之蒐五軍十卿有先軫郤溱先且居狐偃欒枝胥臣趙衰箕鄭胥
嬰先都箕之役先軫死往歲趙衰欒枝先且居胥臣卒八年傳說
此蒐之事云晉侯將登箕鄭父先都則郤溱狐偃胥嬰亦先卒矣
清原十卿唯有箕鄭先都在耳故蒐以謀軍帥服虔云使射姑代
先且居趙盾代趙衰也箕鄭將上軍林父佐也先蔑將下軍先都
佐也改蒐于董趙盾將中軍射姑奔狄先克代佐中軍耳　注處
父亦大夫　正義曰僖三十一年清原之蒐襄始內卿三十三年
處父已專帥侵蔡則處父之屬成子未有多年蓋情素相親當
於趙氏耳邪專以晉為其屬也　宣子亦常法　正義曰制事典
者正國之百事使有常也正法罪者準所犯輕重豫為之法使在
後依用之辟獄刑者有事在官未決斷者令於今理治之也董逋
逃者舊有逋逃負罪播越者將審追捕之也由質要者謂斷爭

贼之獄用券契正定之也治旧灋者国之旧政灋職不絜理治改
正之也本秩礼者時有僭踰貴賤相濫本其次秩使如旧也統常
職者職有廢闕任賢使臣令統故常也出滞淹者賢臣之人沈滞
田里拔出而官爵之也此謂所由制作灋式者豫為將來使官府
遵行臨時決斷者皆為故事使後人放習故得行諸晉国以為常
灋也　注辟灋理也　正義曰辟訓為灋依灋斷決是理治之也
此与上句所以為異者正灋罪謂準狀制罪為將來之灋為今之
遵律令也辟獄刑謂有獄未決斷當時之罪若昭十四年韓宣子
命斷旧獄之類是也　注董督也　正義曰釋詁云董督正也俱
訓為正是董得為督謂督察之也　注由用也質要契券　正義
曰周礼小宰以官府之八成經邦治四曰聽称責以傅別六曰聽
取予以書契七曰聽賣買以質劑鄭衆云称責謂貸予也傅別謂
券書也聽訟責者以券書決之傅著約束於文書也別々為兩々
家各得一也鄭玄云傅別謂為大手書於一札中字別之書契
謂出予受入之凡要也質劑謂兩書一札同而別之長曰質短曰

劑傳別質劑皆今之券書也事異其名耳　如彼禮文知質要是契券也　注治理洿穢　正義曰洿者穢之別名不潔之稱也法有不便於民事有不利於國是爲政之洿穢也治理改正使潔清也　注賈佗至之數　正義曰晉語宋公孫固云晉公子長事賈佗又曰賈佗公族也而多識以共敬公子居則下之動則咨焉是以公族謂文公也尚書周官大師大傅大保天子三公也宣十六年傳晉侯請于王命士會將中軍且爲大傅則大傅爲於中軍之將與大師皆爲孤卿也周禮上公之國有孤一人王制諸侯三卿晉侯爵也而有三軍六卿有孤二人者晉爲霸主多置群官共時所須不足如禮孤爲於卿法由在上故宣子法成授二孤使行之　古之至不長　正義曰知命之不長知其必將有死不得長生久視故制法度以遺後人非獨爲當己之世設善法也並建聖哲以下即位使爲之非臨死始爲此也下云衆隸賴之而後即命言其施行此事功成乃就死耳非謂設此法以擬死也　注建立至教民　正義曰此說王者之事或封爲諸侯或置之群官聖哲是人

之儁者故抱言之耳　注因土至之法　正義曰漢書地理志云凡民性有剛柔緩急聲者不同繫水土之風氣故謂之風好惡取舍動靜无常隨君上之情欲故謂之俗王制云廣谷大川異制民生其間者異俗器械異制衣服異宜脩其教不易其俗齊其政不易其宜故聖王為教因其土地風俗為立善聲教也聲教人之所立故言樹之今杜云因土地風俗為立聲教之法如杜此言唯樹以聲而俗云樹之風聲而風亦樹者其実風俗亦是人君教化故孝經云移風易俗孔注尚書云立其善風揚其善聲是也　注旌旗至分制　正義曰采物謂采章物色旌旗衣服尊卑不同名位高下各有品制天子所有分而与之故云分之定四年傳稱分魯公以大路大旂之類皆是也　注話善至遺戒　正義曰著之話言為作善言遺戒著於竹帛故言著之也　注鐘律至明時　正義曰周語云先王之制鐘也律度量衡於是乎生小大器用於是乎出又曰古之神瞽考中聲而量之以制度律均鐘百官軌儀其意言度律之聲以為鐘之均於鐘律取法為度量衡也故漢書律

歷志云推歷生律莫不用焉度量衡皆出於黃鐘之律也度者分寸尺丈引所以度長短也本起於黃鐘之長以子穀秬黍之中者一黍之廣度之九十黃鐘之長一黍為一分十分為寸十寸為尺十尺為丈十丈為引而五度審矣量者龠合升斗斛所以量多少也本起於黃鐘之龠以子穀秬黍中者千有二百實其龠合龠為合十合為升十升為斗十斗為斛而五量嘉矣權者銖兩斤鈞石所以稱輕重也本起黃鐘之重一龠容千二百黍重十二銖兩之為兩十六兩為斤三十斤為鈞四鈞為石而五衡諟矣權衡一物衡平也權重也稱上謂之衡稱錘謂之權所從言之異耳其鐘者亦起於律故服虔云晁氏為鐘各自計律倍而半之黃鐘之管長九寸則黃鐘之鐘長二尺二寸半餘鐘亦各自計律倍而半之度量衡其本俱出於律借言律度注言度量其言不及衡者文雖不足理實兼之易革卦象云君子以治歷明時此律度量衡皆推歷為之為此法以教天下使之明四時也　注藝準也无極　正義曰藝是準限極是中正制貢賦多少之法立其準限中正使不多

不少陳之以示民故言陳之所引傳曰及又曰皆昭十三年子産
辞也　注刑道至威儀　正義曰引禮在前故為道也表章儀飾
故稱威儀也威儀禮則王者制之以道民言刑之道之不用重文
故異之也　注訓典先王之書　正義曰訓典先王之書教訓之
典取其言以語之故言告之法制謂王者身自制作己之所有故
言予之　注防惡興利　正義曰防者防使勿然故為防惡利者
務生此利故為興利傳言防利於文不足互見以曉人也此最為
急故特言教之　注委任至常職　正義曰設官分職當委任責
成故言委之常秩禮職掌位次故為官司之常職　注季文子疾
故　正義曰刘炫以為聘使之法自須遣遭喪之礼而行防其未
然也非是聞晋侯有疾今知不然者依聘礼出使唯以幣物而行
无別齎遭喪之礼若主國有凶則臨時辦備今文子聘晋特求遭
喪之礼出聘之後晋侯遂卒考其情意有異尋常聞晋侯之疾何
為不可刘炫以不聞晋侯之疾而規杜氏恐非其義也　注抒除
也　正義曰字有音相近而為訓者鬼之為言歸也春之為言蠢

也其類多矣揔邑近除故爲除也服虔作紓〻緩也　偪姞　正
義曰譜以偪爲國名地闕不知所在　注帑妻子也　正義曰詩
云乐尔妻帑文已有妻故毛傳以帑爲子　此傳无妻故杜并妻言
之帑者細弱之号妻子俱得称之傳称以害鳥帑鳥尾猶尚称帑
况妻子也說文云帑金幣所藏字昏帑謂子經傳妻帑亦從巾
敵惠怨之道　正義曰敵惠謂有惠於彼不可望彼人之子報敵
怨謂有怨扵彼不可讎彼人之子父祖愛人之惠子孫自可不忘
要有恩於其父祖不可求報於彼子孫〻〻或時不知乃是更後
長怨故惠怨皆不在後是爲忠恕之道也　七年注二年盟垂隴
正義曰王臣以僖二十四年即位与僖盟于踐土翟泉今唯言盟
俺拠与文同盟言之杜注或兼取前世或止取時君不内例也
傳注戴公玄孫鱗矔柄云孫　正義曰世本戴公生乐甫術〻生
碩甫沢〻生季甫〻〻生子僕伊与乐豫是也世本又云相公生公
子鱗〻生東鄉矔是也　葛藟猶比　正義曰此引葛藟王風
葛藟之篇也彼毛傳以之爲興此云君子以爲比者但此之隱者

謂之興々之顯者謂之比々之与興深淺為異耳此傳近取庇根理
淺故以為比毛意遠取河閏義深故以為興由意不同故此與異
耳　注二子見所殺　正義曰經書宋人殺其大夫傳言不称名
非其罪則此二子名氏當見於經亦卿官也傳二十二年傳称大
司馬固於時又有司馬子魚上文兼豫為司馬下云六卿和公室
六卿之外有此二子蓋是孤卿之官也宋是上公礼得有孤且
春秋之時不必如礼　注不称見称名　正義曰傳云不称名怪
殺者死者並不名也又言衆也解殺者不名言殺者衆多其名不
可知也且言非其罪也解死者不名言死者无罪則於例不称名
也此傳言書曰是仲尼新意殺大夫有例无凡故每言書曰所謂
曲而暢之也此言死者无罪故不称名則被殺書名皆為有罪故
諸是大夫被殺書名者杜皆言其罪狀正以此傳為例故也敘例
曰大臣相殺死者无罪則兩称名氏以示殺者之罪王札子殺召
伯毛伯是也若死者有罪則不称殺者名氏晉殺其大夫陽處父
是也若為賊者衆因亂而殺則亦称國人殺者主名不分故也主

名不與死者無名氏可知亦隨而去之嫌於罪死者也士殺大夫則書曰盜盜殺鄭公子騑公子發公孫輒是也　若然宋之穆襄之族既非六卿於例名氏不見亦應書盜而不言盜者彼殺鄭卿者知是尉止司臣之類故書盜以惡其人此則不得主名書盜不知所惡故不書其盜耳若知其人則亦書盜也　一注先蔑至晉地　正義曰諸言御戎內右皆是君之御右知此步招戎津始以逆雍出軍此擬為雍之御右也改立靈公故御右猶在職也十二年河曲之戰傳稱范無恤御戎注云代步招晉君不行有御戎者成二年楚令尹子重為陽橋之役王卒盡行彭名御戎注云王卒盡行故王戎車亦行然則河曲之戰亦公卒盡行公之戎車亦行故御戎在職也此時未至令狐令狐之稱是晉地知堇陰亦是晉地也

凡會至不敏　正義曰僖十四年諸侯城緣陵傳曰不書其人有闕也十五年諸侯盟于扈傳曰書曰諸侯無功也十七年諸侯會于扈傳曰書曰諸侯無功也然則總稱諸侯皆是罪諸侯也此總稱諸侯不稱所會為公後也傳還自釋凡例云後至不書其國

者辞不敬也不敬犹不達也諸国皆在公独後至是以不達於事
辞公之不達於事謂公罪而皈責於諸侯者若言諸侯无功然故
既諸侯而揔之所以辞公耻也 夏書云三事 正義曰此虞書
大禹謨之文也以其夏書之言故傳釋之夏書勿使壞以上皆彼
正文唯彼言俾勿壞俾亦使也一字别耳彼上文云水火金木土
穀惟修正德利用厚生惟和九功惟叙九叙惟歌乃次此辞下云
帝曰六府三事允治郤缺令宣子脩德行礼使人歌乐故先引勸
之以九歌然後郤言六府三事 无礼至叛也 正義曰在上為
政无礼則民不乐是叛之所由 注为明至張本 正義曰鄭往
前侵衛田今晉令鄭皈还衛田也言皈鄭衛田者謂晉皈以鄭所
取衛田故杜下注云斥本衛邑中属鄭今晉令鄭还衛是也然晉
亦还衛田独言鄭还衛田者以鄭皈衛田為主遂略之刘炫以為
皈鄭及皈衛田怪傳文皈衛不皈鄭而規杜氏非也 八年注乙
酉至貴之 正義曰以壬午乙酉相去四日其間不容報君見其
受命之意故注詳其日也衛雍鄭地知暴亦鄭地經无受命之義

故翟輒皆去其旗此公子遂不受君命因事遂行輒与我盟宜去
其旗傳言昏曰公子遂珍之是善其能國患故称公子以貴之也
釈例曰人臣受命不受辞出竟有可以利社稷者专之可也故襄
仲始盟趙盾遂盟伊洛之戎四日之間經再書公子不可以遂事
常辞貶之也　傳注公婿至諸侯　正義曰釈親云女子子之夫
為婿傳称公婿知是晋君之女婿也其名也杜以上言偪斥戚之
田于衛又言且復致則晋亦致于衛故言又取衛地以封之今并
还衛也刘炫云服虔以為致之于鄭以服言是規杜已叙之　注
珍貴至之可　正義曰傳多言貴之而此言珍之事同而文異故
以珍為貴也大夫出竟以下皆在十九年公羊傳文　注節國至
駿命　正義曰周礼掌節掌守邦節而辨其用守邦國者用玉節
守都鄙者用角節鄭玄云玉節有五則典瑞云穀圭以和難以聘
女牙璋以起軍旅以治兵守珍圭以徵守以恤凶荒琬圭以治德
以結好琰圭以易行以除慝其角節鄭注云未聞此司馬司勳以
事在官蓋執此等之玉節小行人云守都鄙者用管節此司馬司

城或食采地即都鄙之主此節或是管節也掌節文云山国用虎
節土国用人節沢国用龍節郑注云鑄金為之禮王使之使於土
国之等掌節又云門関用符節貨賄用璽節道路用旌節郑玄云
門関者禮司門司関也道路者禮天子之鄉遂大夫也其諸侯之
国及門関鄉遂亦有節小行人云山国用虎節土国用人節沢国
用竜節禮巳是山沢之国出使用竜虎之節小行人又云道路用
旌節門関用符節都鄙用管節郑注云道路禮諸侯鄉遂及诸侯
司門司関都鄙之等也今之為官樣以此此節今揔節以死示已
不廢命也弌夫人殺而經書宋人殺其大夫者夫人与君共有国
敵為与君同不如為兩下相殺故同国討之文蓋同国討称人実
非国討之例以其死者不称名无罪故也　注卿違至皆後　正義
曰卿違從大夫昭七年傳文也效節於府人然後出奔示已解任
而退不敢帶官而逃公覽其效節故以本官逮之為是貴宋因城
來奔善其人故貴其官也請宋後之事在十一年一人不得言皆
知司城官屬悉与來奔述悉与皆後也　注登之至去年　正義

曰清原之蒐箕鄭佐新上軍先都佐新下軍二人先為卿矣而後
欲登之知登於上軍也然則七年令狐之戰傳歷言諸軍將佐箕
鄭將上軍先都佐下軍先都不登容可怨恨箕鄭不失其登而亦
共作亂者蓋先克之奪狐趙並亦請退箕鄭先都々々於時即佐
下軍箕鄭雖隨不退因此意望以成小憾及狐射姑出奔箕鄭位
次宜佐中軍而先克代射姑箕鄭守其故職蓋以此而恨也　九
年注卿共葬定礼也　正義曰言礼者以明天子之喪卿弔卿會
葬諸侯不親行也釋例曰万国之數至衆封疆之守至重故天王
之喪諸侯不得越竟而奔脩服於其国卿共弔送之礼既葬卒哭
而除凶魯侯死故而穆伯如周弔喪此天子崩諸侯遣卿弔送之
經傳也杜以往年穆伯弔喪今令會葬二文傳无說文知其礼當
然也昭三十年傳鄭游吉云靈王之喪我先君簡公在楚似不在
楚即當親行而言礼不親者彼言由君在楚上卿守国故使少卿
印段往耳然言君當親行也　夫人風氏薨　正義曰蘇氏云夫
人因命書至唯有此耳餘不書者或礼儀不備或慮縱不告廟也

注七年同盟于郔　正义曰襄以僖八年即位其其年盟于洮九年于葵丘十五年于牡丘二十一年于薄今唯言于郔杜文公言之注地道也故书　正义曰穀梁传曰震动也公羊传曰震者何動地也何休云傳先言動者喻若物之動地以曉人也周語伯陽父曰陽伏而不能出陰迫而不能烝遂於是有地震孔晁云陽為伏於陰下見迫於陰故不能升以至於地動是地道安靜以動為異也　注称君云略文　正义曰莊二十三年荆人來聘不称楚子使某至此称君以使大夫其礼与中国同其礼既同故亦宜書其名氏今不書氏传无贬文知是史辞自略无义例也释例曰楚之殺得臣与宜申賈氏皆以为陋蛮楚殺大夫公子側成熊之等六七人皆称氏族无内独於此二人陋也斯蓋非史策旧法故无凡例當時諸国以意而赴其自来聘使者辞有詳略仲尼脩春秋因采以示义义之所起则刊而正之不書者即而示之不皆刊正也诸侯之卿當以名氏備書於經其加貶損则直称人若有褒異则或称官或但称氏若无褒无貶传所不發者则皆就旧文或未賜族或

時有詳略也推尋經文自莊公以上諸弑君者皆不書氏閔公以
下皆書氏亦足以明時史之同異非仲尼所皆脱也　注衣服曰
者辭　正義曰隱元年公羊傳曰衣被曰襚穀梁傳曰衣衾曰襚
禮稱襚者君使臣致服故云衣服曰襚也秦處西戎其國辟陋故
不稱君使楚在莊世稱荆人其聘也成風夫人也其者不言夫
人從其者之辭也先言僖公僖公先薨也不言及并致之者　傳
莊叔如周葬襄也　正義曰虛舉此經者嫌莊叔別以他事使周
葬王更使人含故明之　注梁益至非卿　正義曰士穀書經則
是卿也七年令狐之戰三軍將佐无士穀　十二年河曲之戰三軍
將佐杜注无代士穀者而士穀得為卿者先蔑奔秦傳无其代十
二年欒盾將下軍注云代先蔑者擬傳成文言之耳未必不是士
穀代先蔑業者代士穀也箕鄭上軍將也傳文先箕鄭後士穀士
穀若將下軍則是佐之次也其事似然或者晉於將佐之外推別
有散位從卿若郤缺趙穿之類也傳箕鄭先士穀經士穀先箕鄭
者經以殺之先後傳以位次序列傳崩得居下知其以位次也賈

逵云箕鄭稱及非首謀案襄二十三年陳殺其大夫慶虎及慶寅
杜云言及史異辭无義例則此亦然也　注華耦云放此　正義
曰在禮卿不書公侯書則貶之稱人元年公孫敖會晉侯于戚文
无所貶此公子遂與諸國同行諸卿皆貶遂獨不貶諸如此數莫
不盡然知諸所魯事自非指為其國褒貶皆從魯史以其体例已
舉不假改正故也　諸侯至旧好　正義曰此雖廣言諸侯主為
秦人發傳隱元年王使來賵尚譏其緩若是同盟之國必譏其緩
可知釋例曰秦之與魯本非方嶽同盟魯薨不赴秦之不賵魯自
是其常也僖穆二公雖有同盟之義二君已卒則二子不得用同
盟之禮也今秦康公遠慕諸華欲通敬於魯无以為辭因翟泉有
盟追贈僖公并及成風假弔禮而行故曰禮也送死不及尸禮不
當其事書者書之於策垂之子孫以示己厚之好也是言此傳主
為秦也僖公成風服除久矣今始來弔贈當以變禮待之檀弓曰
衛將軍文子之喪既除喪而後越人來弔主人深衣練冠待於廟
垂涕洟子游曰將軍文氏之子其庶幾乎亡於禮者之禮也其動

也中是古有以服終來弔者也何休膏肓云礼主於敬一使兼二
喪又於礼既緩而左氏以之為礼非也鄭箴云若以由緩棄礼衛
將軍文子之喪既除喪而越人來弔子游何得善之是鄭不非其
緩也若譏一使兼二礼雜記諸侯弔礼有含襚賵臨何以一使兼
行知休言非也　十年傳皆將強死　正義曰強健也无病而死
謂被殺也　注沿順流泝逆流　正義曰商在漢水北漢水東流
而南入江子西既至商邑欲諫不敢居商順沿漢水順流而下至
江乃泝流逆上渚宮當郢都之南故王在渚宮下見之也下注云
小洲曰渚釋水文　注陳楚名司寇為司敗　正義曰言歸死於
司敗知司敗主刑之官司寇是也論語有陳司敗知陳楚同此名
也　注陳鄭至同也　正義曰杜以陳鄭會楚子于息遂與蔡侯
次于厥貉則陳鄭當在次也傳稱厥貉之會麇子逃歸則麇子亦
在也宋公逆楚子則宋公亦在也獨言楚子蔡侯不言陳鄭宋麇
故述其意而為之說言宋陳鄭三君降爵麇子逃歸故不書也劉
炫以為告文略故不書陳鄭宋今知不然者此楚會諸侯必是楚之

人來告若楚人本告當以得諸侯為第何以略其宋鄭陳乎麇子
不舍傳之逃歸宋鄭二國為楚僕役猶如許蔡二君降乘楚之車許
蔡既不書於經故知宋鄭失位不見此乃傳互以明故杜為此解
劉炫直以告文略以規杜氏非也　注將帥至中央　正義曰宋
公為右孟無畏為左司馬而扶宋公之僕自謂當官而行明無畏
當右子朱為左是其張兩甄故置二左　司馬使各掌一甄自然右
司馬一人當中央也　毋縱詭隨　正義曰無縱此詭人隨人
無正心者以謹勑彼無中正之人言小罪尚不赦則大罪不敢為
也

春秋正義卷第十四

春秋正義卷第十五　文公

國子祭酒上護軍曲阜縣開國子臣孔穎達等奉

勅撰

十一年傳注八年乙失之　正義曰諸侯之卿出奔而後皈者宋
花元衛孫林父之徒皆書其皈則爲意諸之皈亦當書之服虔云
反不書者施而不德衛隆亦同服義而難杜云襄二十九年欒
氏施而不德春秋所善不書意諸之皈則是施而不德且經所不
書傳即發之史失之即不書曰史失之之類是也此既无傳何知
史失杜必以爲史失者案衛侯鄭之皈于衛也僖公納賂而請之
衛侯相之入于衛也莊公與師而納之皈鄭子益于鄭自我而皈
之皆受魯施並書於經何獨意諸施而不德若意諸施而不德彼何
故施而德之春秋公侯大夫失位出奔僭人力而反者多矣若皆
施而不德不應赴告諸侯魯以不書爲是則書者爲非何以无貶
責之文定人之禮礼存亡之謂義未有礼華在可諱之竟故杜以爲
史官失之故不書於策　注鄋瞞至漆姓　正義曰秋是北夷大

号鄋瞞是其国名魯語云吴伐越隳会稽獲骨節專車吴子使来
聘問之仲尼〻〻宴之客執骨而問曰敢問骨何為大仲尼曰昔禹
致群臣於会稽之山防風氏後至禹殺而戮之其骨節專車此為
大矣客曰防風氏何守仲尼曰汪芒氏之君守封嵎之山者也為
漆姓在虞夏商為汪芒氏於周為長狄氏今曰大人客曰人長之
極幾何仲尼曰僬僥氏長三尺短之至也長者不過十之數之極也言
長狄〻之長者彼言於周為長狄知鄋瞞即是防風氏之後故以
国語為說服云伐我不書諱之　注僑如至狄也　正義曰經書
敗狄于鹹即是敗一国也敗其国而獲此人傳不言是其將帥知
是其国之君也穀梁傳曰長狄瓦石不能害叔孫得臣最善射者
射其目身横九畝断其首而載之眉見於軾何休云蓋長百尺魯
語仲尼所云此十倍僬僥氏之長者故云蓋長三丈魯語言不過
十之是疑之言故云蓋也宣十五年晉師滅赤狄潞氏以潞子嬰
児皈彼獲嬰児皈書之此獲僑如不書者潞国大其君貴故書之
此国小僑如賤不書賤夷狄也　摏其喉以戈殺之　正義曰考工

記戈之長六尺六寸耳得及長狄之喉者兵車之陪皆三人共乘
魯宋與長狄之戰車皆四乘改其乘必長其兵謂之戈蓋形如戈
也　注得臣至其功　正義曰襄三十年傳說此事云叔孫莊叔
敗狄于鹹獲長狄僑如及虺也豹也皆以名其子定八年傳稱魯
苫越生子將待事而名之陽州之役獲焉故名之曰陽州知得臣
亦待事以名其三子以旌章其功也此三子未必同年而生或生
訖待事或事後始生欲以章己功取彼名而名之也　注在春秋前
正義曰史記十二諸侯年表宋武公即位十八年以魯惠公二十一
年卒卒在春秋前二十六年不知鄭瞞以何年伐宋也　注皇父
皇父名　正義曰皇父戴公子世本文古人連言名字者皆先字
後名且此人子孫以皇為氏知皇父字充石名　獲長狄緣斯　正
義曰服虔云不言所埋埋其身首同處於戰地可知　注皇父至受
賞　正義曰賈逵云皇父與穀甥牛父三子皆死鄭衆以為穀甥
牛父二人死耳皇父不死馬融以為皇父之二子從父在軍為敵
所殺名不見者方道二子死故得勝之如今皆死誰殺緣斯服虔

々殺緣斯者未必三子之手士卒獲之耳下言宋公以門賞耏班
々爲皇父御而有賞三子不見賞疑皆死賈君爲逆之如馬之言於
傳文爲順但班獨受賞知三子皆死故杜弗用之　注門關門征
税也　正義曰禮雖關門有征知門是關門也周禮司關司貨賄
之出入掌其治禁與其征廛國凶札則无關門之征鄭玄云征廛
者貨賄之税孟子曰關譏而不征則天下行旅皆悅而願出於其
塗矣如彼文知出入關者必有征税但不知譏而税一也然拠禮文
城門亦有征必知關門者以關門征税其數既多故昭二十年傳曰
介之關暴征其私是關禁之重異於城門此云食其征税故知關税
也注長狄之種絶　正義曰此時長狄種絶仲尼猶云今日大人者言
當時呼往前長狄爲大人未必其時有之若當時猶有其種吴人
不應怪其骨也但如此傳文長狄有種々類相生當有支胤唯獲數
人々其種遂絶深可疑之命守封嵎之山賜之以漆爲姓則是世
爲國主綿歷四代安得更无支屬唯有四人且君爲民心方以類
聚不應獨立三丈之君使牧八尺之民又三丈之人誰爲匹配豈有

三丈之妻為之生產乎人情度之深可感也國語仲尼之談左傳
丘明所說通賢大聖立此格言不可論其是非實疑之久矣蘇氏
亦國語稱今日大人但逆居夷狄不在中國故云遂亡公羊穀梁
並云長狄兄弟三人之齊一之魯一之晉何以書記異稱如史記所云
秦時大人見於臨洮　十二年注稱爵至匹之　正義曰此寔大子
公以諸侯禮逆之公既為之內君史遂緣公之意成十年晉侯有
疾立大子州蒲為君會諸侯伐鄭經即書為晉侯史官不可反公之
心追言世子從君所稱更是其實故也　注既嫁記其卒　正義
曰天子諸侯絕期嫁女於諸侯則為同恩成於敵体其礼不為降
卒則服大功九月叔姬既為杞之夫人雖見出棄稱以恩錄其卒
喪服女子既嫁而反在父母之室從本服為之齊衰期此既書其
卒為服其本服杜譜不知此叔姬是何公之女要姑與姉妹皆服
期也釋例曰出棄之女反在父母之室則與既笄成人者同故亦書
卒也杞叔姬卒穀梁以為公母姉妹謂同母姉妹　傳始朝公也
正義曰劉炫云魯公新立隣國及時來朝則曰公即位而來朝晚

則云始朝公也諸侯自新立來及時者則云即位而來見晚則云始見霸主即位魯君往朝則曰朝嗣君魯君新立往朝之國則曰即位而往見也　注亦終至而卒　正義曰傳言請無絕昏成五年有杞叔姬來歸故知立其娣為夫人也其娣亦字叔者周之法積叔也釋例曰杞桓公以僖二十三年即位襄六年卒凡在位七十一年文成之世經書叔姬二人一人卒一人出皆杞桓夫人也傳例出曰來歸不言來歸未歸而卒也既歸而卒亦當書之成五年杞叔姬來歸八年書卒是也宣十六年郯伯姬來歸後不言卒者或更嫁於大夫故不書卒耳　注群舒至龕舒　正義曰世本偃姓舒庸舒蓼舒鳩舒龍舒鮑舒龔以其非一故言屬以包之　注大器至璧玉　正義曰聘君用圭享用璧聘夫人用璋享用琮聘禮記曰凡四器者唯其所寶以聘可也故知所言大器是圭璋也考工記玉人云瑑圭璋八寸璧琮八寸以覜聘禮記云所以朝天子圭與繅皆九寸問諸侯朱綠繅八寸鄭玄云於天子曰朝於諸侯曰問記之於聘文互相備言互相備者朝諸侯與天子

同聘天子与諸侯同也所言朝圭九寸聘圭八寸謂上公礼也使臣出聘降君一等故八寸則侯伯之使當瑑圭六寸子男之使當瑑璧四寸也聘義曰以圭璋聘重礼也已聘而還圭璋此輕財而重礼之義也然則王必還其來使而下云致諸執吏以為瑞節及襄仲辞之者礼聘終無復歸還玉初聘之時其意欲致与主国但主国謙退礼終還之且襄仲辞之者為不欲与秦為好 注藉䔍也 正義曰聘礼執圭所以致君命々々致藉玉而後通為坐之有䔍䔍然故以藉為䔍也 深壘固軍 正義曰壘壁也軍營所処築土自衛謂之為壘深者高也高其壘以為軍之阻固營覲礼說為壇深四尺鄭注云深高也是其義也 注側室至庶孫 正義曰文王世子云公若有出疆之政庶子守公宮正室守大廟鄭玄云正室適子也正室是適子知側室是支子言在適子之側也世族譜穿趙夙之孫則是趙盾從父昆弟之子也盾為正室故謂穿為側室穿別為邯鄲氏趙旃趙勝邯鄲午是其後也 裹糧坐甲 正義曰甲者所以制御非常備敵則被之於身未戰且坐之

於地　注司馬也兩退　正義曰魏武全引司馬法云將軍死綏舊說
綏卻也言軍卻將當死綏必是退軍之名綏訓為安蓋兵皆務在進
取恥言其退以安行即為大罪故以綏為名焉　注愁缺也　正義
曰愁者缺之貌今人猶謂缺為愁也沈氏云方言云愁傷也即缺也
下云死傷未收則是已有死者但不至大崩未甚喪敗故為皆未
缺耳　十三年注再同盟　正義曰朔以僖二十九年即位其年盟
于翟泉文二年于垂隴七年于扈云再同盟者據之以言之　注未
同盟而赴以名　正義曰蘧蒢荊子瑣之子也莊二十九年即位僖
元年與魯盟于犖而云未同盟蓋據文公為言故云未同盟劉炫
以犖盟規之非也　注大廟之室　正義曰傳稱不共則於此室
為共知大廟之室也明堂位曰祀周公於大廟此周公之廟壞也
不直言大廟壞而云大室屋壞者大廟之制其簷四阿而下為其
室中又拔出為重屋明堂位云大廟天子明堂復廟重檐天子之
廟飾鄭云復廟重屋也是天子之廟上為重屋此是大廟當中之
室其上之屋壞非大廟全壞也　公羊經作世室傳曰世室者何魯

公之廟也周公稱大廟魯公稱世室群公稱宮此魯公之廟也曷
爲謂之世室世室猶世世不毀也左傳不辨此是何公之廟而經謂
之大室則此室是室之最大者故知是周公之廟非魯公也明堂
位曰魯公之廟文世室也武公之廟武世室也不毀則稱世室世室非
一君廟名若是伯禽之廟則宜舉其号謚且左氏經內大室不作世
室故左氏先儒賈服等皆以爲大廟之室也壞必更作書其壞而
不書作者隨即脩之故不書也定二年五月雉門及兩觀災十月新
作雉門及兩觀啓塞從時譏其緩作故別書之耳 傳使詹嘉處
瑕關 正義曰桃林之塞在南河之南遠處晉之南竟極秦適周
乃由此路使詹嘉守此塞者以秦與東方諸侯遠結恩好及西乞
聘魯亦應更交餘國慮其要結外援東西圖己故使守此阨塞欲
斷其來往故也 六卿相見於諸浮 正義曰六卿在朝旦夕聚集
而特云相見於諸浮者將欲密謀慮其漏泄故出就外野屏人私議諸
浮蓋是城外之近地耳 臣外吏 正義曰賈季是狐突之孫狐
偃之子本是狄人臣知外竟之吏習知狄之情得豫爲之備

邑賤而有耻　正義曰服虔云禮邑処賤且又知耻言不可汗辱
請東垂之先　正義曰請旧是東方之人并有才邑堪与彼魏邑
二三有司説飯秦之言者吾与先行　注魏壽餘畢万之後　正
義曰閔元年晋侯賜畢万魏々犨者万之孫為魏之世適壽餘為
魏邑之主當是犨之近親故云畢万之後　臣死無悔也　正義
曰言身拘死　晋妻　為戮於秦必无益於君不可改悔　注策
馬檛　正義曰服虔云繞朝以策書贈士會杜不然者壽餘請説
士會即行不暇昼策為辞且臭既密不宜以簡贈人傳称以書相
与皆云与之書此独不宜云贈之以策知是馬檛々杖也　其処者
為劉氏　正義曰伍員屬其子於齊使為王孫氏者知己將死豫
令改族其傳文因而發之士會之帑在秦不影於會之身後死所
辟傳説処秦為劉氏未知何意言此討尋上下其文不類深疑此
句或非本旨蓋以為漢室初興損棄古学左氏不顕於世先儒无
以自申劉氏從秦從魏其源本出劉累插注此辞將以媚於世明
帝時賈逵上疏云五經皆无證図讖明劉氏為堯後者而左氏独

有明文竊謂前世籍書以求道通故好刻之以為證耳　注士會
至之姓　正義曰昭二十九年傳稱陶唐氏既衰其後有劉累己
飲食龍夏王孔甲賜氏曰御龍襄二十四年傳范宣子云匄之祖自
虞以上為陶唐氏在夏為御龍氏在商為豕韋氏在周為唐杜氏晉
主夏盟為范氏晉語云昔隰叔子違周難於晉生子輿為司空世
及武子佐文襄輔成景是以受隨范賈逵云隰叔杜伯之子周宣
王殺杜伯其子逃奔晉子輿士蔿也武子蔿之孫即士會也又世
本士蔿生士伯缺々生士會々生士燮會是蔿之孫是為竟德會
子在秦不被賜族故自復累之姓為劉氏秦滅魏劉氏徙大梁漢
高祖之祖為豐公又徙沛故高祖為沛人　注紀郱至紀山正義
曰郱都本在鄒縣々々北有繹山徙都於彼山旁々々當有旧
邑故曰紀郱邑也郱既遷都於此竟由別有繹邑宣十年公孫歸
父帥師伐郱取繹取彼之別邑不取郱之國都也但郱是小國彼
邑亦取繹山由名應遷郱之都耳　注左右至從之　正義曰史明
卜筮知國遷君必死不知君命自當卒也左右之意謂不遷命可

長左右勸君勿遷以一人之命而言也文公之意人君之命於養民
遷則民利志在必遷以百姓之命爲主也一人之命各有短長々
短先定不遷亦死是不可如何百姓之命利在水土遷就善居則
民安樂乃終世無窮也晉遷新田十世之利衛遷帝丘卜曰三百年
是終世也　君子曰知命　正義曰俗人見其早卒謂其由遷而死々
之短長有時不遷至期亦卒傳言君子曰知命所以證俗人之惑
邾文公以莊二十九年即位至今五十一年享國久矣命非短折
也書不共　正義曰杜例曰大室之屋國之所尊朽而不繕久旱遇雨
乃遂傾頹不共之甚故特書之　注子家記恤之　正義曰鴻厂
義宣王勞來諸侯之詩也首章云之子于征劬勞于野爰及矜人
哀此鰥寡之子侯伯卿士也存省諸侯劬勞外野爰曰也矜憐也
王命之曰當及此可憐之人謂貧窮者又當哀此鰥夫寡婦當收
斂之使有依附子家言鄭國寡弱欲使魯侯還晉存恤之也
注四月憂還晉　正義曰四月大夫行役之怨詩也首章云四月
維夏六月徂暑先祖匪人胡寧忍予大夫言已四月初夏而行至

六月徃暑矣寒〻暑易節尚不得皈我之先祖非人乎王者何爲施
忍於我不使得祭祀也文子言已思皈祭祀不欲更莅还晋 徃載
馳至救助 正義曰載馳許穆夫人閔衛之滅思皈唁兄之詩也
其四章曰陟彼阿丘言采其蝱女子善懷亦各有行許人尤之衆穉
且狂其五章曰我行其野芃〻其麥控于大邦誰因誰極大夫君
子無我有尤而尔所思不如我所之 此義取小國有急控告大國
之在五章而傳言四章故云四章以下言其并賦五章 徃一月
三捷 正義曰捷勝也三者謂侵也伐也戰也 十四年徃七年至
遲赴 正義曰齊世家孝公卒弟潘殺孝公子而立之是爲昭公〻
〻則以僖二十八年即位其年盟于踐土㮣文公言之唯同盟之
盟耳杜以長歴校之知乙亥是四月二十九日書五月遲赴者蓋赴
以五月到唯言卒日不言其月即書其所至之月 徃孛彗至昏之
正義曰公羊傳曰孛者何彗星也其言入于北斗何北斗有中也
何以書記異也穀梁傳曰孛之爲言猶茀也其曰入北斗〻有環
域也釋天云彗星爲欃槍郭璞曰妖星也亦謂之孛言其形孛日

似埽彗也經言入于北斗則是他處而入是既見而移入北斗也彗星長有尾入于北斗杓中妖星非常所有故書　納捷菑于邾　正義曰捷菑不言邾者下有于邾之文莊公伐齊納子糾不言齊者上有伐齊之文與此同也僖二十五年楚人圍陳納頓子于頓昭十二年齊高偃納北燕伯于陽彼舊是國君故稱其國哀二年晉趙鞅納衛世子蒯聵于戚世子之號以名係國上下又無衛文故亦稱國與此異也齊小白齊陽生許叔蔡季之屬經無納文復得國與此不同也劉炫云已去邾國又非邾君故不稱邾捷菑也得國內君皆舉國言之齊小白入于齊是也　注既許復書卒　正義曰傳稱請葬不許明年傳云葬視共仲則是不得從大夫禮葬而得從大夫例書卒者卒葬異禮事不相連隱公書薨不書葬不成喪不以君禮成其喪也不以君禮猶得書公薨敖雖不以卿禮葬既許其復得從例書卒　注舍未至四年　正義曰公羊之例既葬稱子踰年稱公左氏則不然僖九年九月晉侯詭諸卒冬晉里克殺其君之子奚齊傳曰書曰殺其君之子未葬也荀息立公子

卓以葬十一月里克殺公子卓于朝經書里克弒其君卓是未葬稱子既葬稱君不待踰年始稱名也此稱弒其君舍舍已成君故云未踰年而稱君者先君既葬舍已即位也傳云五月昭公卒舍即位後七月爲商人所弒經傳无葬昭公之文又齊侯以五月而卒傳稱七月弒舍時未合葬知已葬者正以舍已稱君決知既葬春秋之世多不如禮葬之早晚時有遲速雖彼違禮而葬後君葬訖即成君非計禮之葬日始成君也宣十年夏四月齊侯元卒六月葬齊惠公冬齊侯使國佐來聘是葬速成君之文也杜以成君在於既葬不以踰年爲限此言未踰年者意在排舊說也　注大夫至書字　正義曰崔杼无罪書崔氏出奔此貴子哀書其字者於例字貴於名故儀父女叔之徒皆書其字則書字是貴之常例也崔氏傳曰且告以族故因稱氏唯以不名爲義　注諸侯至人例　正義曰諸侯執諸侯之大夫无罪則稱行人以見无罪之義王者之使不問有罪无罪諸侯皆不得執之執之則內不臣以諸侯无執王使之義故單伯不依行人例言單伯身雖无罪不依使例故

不称行人也諸侯不得執王使而諸侯之史得貶王使者史之所書
周公定法已君有過猶尚書之王使有愆亦得貶也　注叔姬至母
辭　正義曰傳称子叔姬妃齊昭公知舍之母也不称夫人自魯
録之父母辭亦不知是何公之女魯是其父母家不言文公是其
父称子叔姬者服云子殺身執閔之故言子為在室辭十二年子叔姬
卒已被杞絶是並在室也　傳注奔亡至福也　正義曰因崩薨
而言禍福則禍亦崩薨之類福是反禍者也福莫大於享國有家禍
莫甚於亡家喪國禍亦崩薨之數相次之物且奔亡既後其事多
矣雖有出入之例未見不告之義此傳於崩薨之末言之故知奔亡
是禍既後是福也　將免乎我　正義曰言爾已殺君矣我若為君
亦將皆放免我乎言將復殺我劉炫云亦將免我為君之事乎　注
後三至詳言　正義曰昭十七年傳申須云彗所以除舊布新也
天事恒象又二十六年傳晏子曰天之有彗也以除穢也宋齊晉
三國之君並為无道皆有穢德今彗星出而彼死是除穢之事但未
測何以知此三君當之史服但言事徵不言其占非末學所得詳言

故言其險而不推其義　注國語至內傳　正義曰楚語蔡聲子
云楚莊王方弱申公子儀父為師王子燮為傅使潘崇子孔師師
以伐舒燮及儀父施二帥而分其室師還至則以王如廬廬戢黎
殺二子而復王　注蕭宋至內卿　正義曰蕭本宋邑莊十二年宋
萬弑閔公蕭叔大心者宋蕭邑之大夫也平宋亂立桓公宋人賞其
勞以蕭邑封叔為附庸莊二十三年蕭叔朝公是內附庸故稱朝
附屬宋國故云宋附庸也宣十二年楚子滅蕭此時蕭國仍在
高哀仕於蕭國遂被拔擢升內宋卿　注齊人至從赴　正義曰
商人實以七月弑舍取其位而齊人未服三月而後定定訖始來
告不告舍死之月唯言商人弑舍魯史以其九月來告即書之於
九月如此傳文告以九月即書九月明經之日月皆從赴而書非
褒貶詳略也杜言此者排先儒言日月有褒貶之義　注猶言某甲
正義曰心惡其政不以為公凡與人言欲稱君者終不謂之為公曰
夫己氏斥懿公之名也劉云甲巳俱是名故云猶言某甲　十五年
注華孫至司馬　正義曰成三年晉侯使荀庚來聘衛侯使孫良

夫来聘丙午及荀庚盟丁未及孫良夫盟彼先以君命行聘礼既
而别与之盟故書聘又書盟此雖使来聘魯不令結盟故書盟不
称使也僖四年楚屈完来盟于師即其比也諸侯之卿例書名氏
以華耦已率其屬官備礼尽従故貴其人書其官也八年宋人殺
其大夫司馬宋司城来奔雖言其官不言氏族此既書司馬後曰
華孫者刘炫云或以为華耦貴之既深故特書族案傳華耦魯人
以为敏則君子不許是魯当之不深蓋史有文質故辞有詳略
注大夫至来盟　正義曰桓十八年公之喪至自齊僖元年夫人
氏之喪至自齊二注皆云告於廟也是公与夫人薨于外竟皆告廟
告至例書於策宣八年仲遂卒于垂成十七年公孫嬰齊卒于貍
脤皆不書喪至是大夫喪至例不書此独書齊人歸公孫敖之喪
者叙例曰公孫敖絶情棄命既已絶位非大夫也而備書於經者
惠叔毀請於朝感子以赦父敦公族之恩崇仁孝之教故曰内孟氏
且國故是也不言来者魯人取之齊人送之非有專使特来故不
言来哀八年齊人歸讙及闡注云不言来命歸之无指使此亦彼之

歎也　注齊人亦異文　正義曰傳例出曰來歸是直出之文也齊人以王之故來送叔姬故與直出異文也使者卑微不可言齊侯使人故云齊人來歸九年秦人來歸僖公成風之襚定十年齊人來歸鄆讙龜陰之田成九年晉人來媵之類皆是來者微賤不得稱君命故舉國稱人　傳注古之至不名　正義曰杜檢傳文諸言書曰者皆是仲尼新意此云其官皆從即乃書曰司馬者之明是貴其官從故書其官也聘禮之大夫有上介衆介至所聘之國誓于其竟則史讀書司馬執策賈人拭王有司展幣其從群官多矣詩緜蠻之篇言大臣出行微臣隨從傳稱卿行旅從昭六年楚公子棄疾聘晉至於鄭竟而誓知其從人多矣盟會禮重於聘知古之盟會必備威儀崇贄幣賓之與主以成禮爲敬故傳云其官皆從者之也春秋之時率多不能備威儀故傳每言一介行李是也華孫今能率其官屬以從古典所以敬其君事而自鎮重也使人既重而兼事恭敬則魯被尊而賓禮篤也無使隣國能爲主厚禮是可貴之事故仲尼貴而不名亦宴无故揚其先祖之罪爲己謙辭

是不敏之極魯人以爲敏明君子所不與言仲尼貴其官從君子嗤其失辭有善有惡傳兩舉之也釋例曰古之盟會必備禮儀示等威明貴賤各以成禮內節節制兼備則名位不濫華孫居攝壞之世而已率由古典所以敬事而自重使重而事敬則魯尊而禮篤故貴之也至於宴會追稱先人之罪以爲己謙辭以失辭故傳云魯人以爲敏明君子所不與也是言善惡兩舉之事也襄五年傳曰楚殺其大夫公子壬夫貪也君子謂楚共王於是不刑言貪也罪壬夫不刑責共王亦是兩舉之文其事類於此也服虔云華耦內卿修而不度以君命脩好結盟舉其官屬從之空官廢職魯人不知其非反爲貴之其意以爲貴之者魯人貴之非君子貴之案經儀父與魯結好子哀不義宋云司城蕩意諸來奔單伯自齊致命傳皆言書曰貴之賓善而貴之也此亦云書曰司馬華孫貴之何故惡而貴之也劉炫又難云此內不知其非儀父豈亦魯不知其非而貴之乎孔子脩春秋裁其得失定其褒貶善惡章於其職否亦於來世若魯人所善亦善之所惡亦惡之已死恐於抑揚

遂逐魯人之善惡則筆之勞何所施用約之以理豈其然哉其官多
説禮禮共聘之官先剛者有留治政者豈舉朝盡行而責其主官也
若以官從則責主官聘禮官屬不少豈周公妄制禮乎　注亞旅
上大夫也　正義曰尚書牧誓武王呼群官而誓言曰司徒司馬司
空亞旅孔安國云亞次也旅衆也衆大夫其位次卿成二年傳魯
賜晉三帥三命之服候正亞旅受一命之服皆歸後即次亞旅知
是上大夫也華孫不敢當君請受上大夫之宴　魯人
魯人魯鈍之人　諸侯之制也　正義曰周禮大行人云凡諸侯之
邦交歲相問也殷相聘也世相朝也鄭玄云父死子立曰世凡諸
侯相朝皆小國朝於大國或敵國相往賓或彼君新立此往朝焉
或此君新即位自往朝彼皆是世相朝也襄元年邾子來朝傳曰
凡諸侯即位小國朝之是此新立而彼朝之也文九年曹伯襄卒
十一年曹伯來朝傳曰即位而來見也是彼新立而朝此也則知春
秋之時猶有世相朝法與周禮合也周禮諸侯邦交唯有此法元
五年再朝之制此云古之制也必是古有此法但禮文殘缺未知

古是何時鄭玄云古者據今而述前代之言夏殷之時天子蓋六
年一巡狩諸侯間而朝天子其不朝者朝罷朝五年再相朝者似
如此然則古者據今時而道前世耳不必皆道前代傳稱古者越
國而謀非禮〻前代之人有此謀也古人有言非禮〻前代之人有此
言也詩云我思古人非思夏殷之人也此云古者亦非必夏殷鄭
言夏殷禮非也依十五年公如齊杜云諸侯五年再相朝禮也引
此證彼則是當時正法非禮前代禮也或人見僖公朝齊杜引此
內證遂言五年再相朝是夏霸主之法然則魯非霸主曹伯何以
朝之曹豈推魯為霸主而屈己以朝之也且云古之制也則是古
之聖王制為此法天子不衰諸侯無霸明德天子豈慮世衰霸主
威權不行而為之制此法歐諸侯以朝之此不達理之言耳然則諸
侯之邦交者將以協近鄰結恩好安社稷息民人土宇相望竟界
連接一世一朝號為大甚其於間暇之年必有相朝之法周禮言
世相朝者以其一舊一新彼此未狎於此之際必須往朝舉其禮之
大者不言唯有此事五年再相朝正是周禮之制周禮文不具耳丈

襄之霸其務不煩諸侯以五年再朝往來大數更制三年一聘五
年一朝所以説諸侯也五年一朝者亦謂朝大國耳且彼因説弔葬
非獨霸主之衰明使諸侯相共行此禮也霸主遭時制宜非己創
制改物諸侯或從時令或率舊章此在文襄之後仍安舊制故五年
再相朝也傳言古之制以文襄已改故也昭十三年歲聘間朝是
周之諸侯朝天子之法故釋例引之云明王之制歲聘以志業以
解朝聘之數尚書周官六年五服一朝孔傳云一朝會京師是再朝而
會周之正禮也若然大行人云侯服一歲一見甸服二歲一見男服
三歲一見采服四歲一見衛服五歲一見要服六歲一見何於服
數朝者大行人所云禩貢物而見或君自至或遣臣來除此貢物
之外別有朝會之禮沈氏以為諸侯五年再相朝及昭十三年皆
內朝牧伯之注以間朝以講禮與再朝而會是三歲之朝與六年
之朝大率言之是五年之內再相朝也但魯非董之伯國而沈云
朝牧伯之禮又昭十三年朝盟主之法亦无明證沈氏之言未可
疑也注孟氏至孟氏　正義曰公孫敖慶父之子杜以慶父與莊公異母

庶長称孟魚強曰於道自称為仲以其実是長庶故時人或称孟氏　注堂阜至所殹　正义曰喪大記云飾棺君竜帷黼荒火三列黻三列素錦褚加帷荒纁紐六大夫畫帷畫荒火三列黻三列素錦褚纁紐二玄紐二郑玄云飾官者以華道路及壙中不欲使衆悪其親也荒蒙也在旁曰帷在上曰荒皆所以衣柳也　士布帷布荒君大夫加文章畫黼荒緣边為黼文畫荒緣边為雲気大黻為列於其中耳褚以襯覆棺乃加帷荒於其上紐所以連結帷荒者也礼之飾棺唯有此耳旁人所欲之飾棺蓋依此大夫之制而内之飾置諸堂阜故内不殯示无所異魯人哀之也沈氏云飾棺即雜記云諸侯死於道其輤有裧緇布裳帷素錦以内屋而行大夫死於道以布内輤而行义或當然　注卞人魯卞邑大夫正义曰治邑大夫例呼為人孔子父曰鄹邑大夫謂之鄹人知此卞人是卞邑大夫其邑近堂阜故見之而告魯君　注敖卒至喪礼　正义曰敖卒已向周年猶尚毀以内請知敖卒即請　至今未已也偕言猶毀是不後應毀故知毀過喪礼也刘炫云敖去年九

月卒至今年亥秋月末而不得称期年　今知非者杜以傳云惠叔
猶毀秋日月之久欲盛言其遠故云期年但首尾二年亦得內期
年之義刘以未周十二月而規杜氏非也　惟堂　正義曰檀弓云
尸未設飾故帷堂小斂而徹帷至大斂之節又帷堂以至於殯恒
帷堂雜記云朝夕哭則不帷今邑已恨穆伯故朝夕哭仍帷堂檀
弓又云帷殯非古自敬姜之哭穆伯始也与此相對也敬姜者穆伯妻
文伯歜之母也穆伯季悼子之子公甫靖与歜非一人　祭敬至道也
正義曰祭敬者謂助祭於兄弟之家盡其敬也喪哀者謂兄弟死
喪之事竭其哀也情雖不同謂內相怨恨情雖不已和同当死絶
其愛是相親之道也　注自縊以而死　正義曰句縊廢丘有寇攻
門不啓者服虔云魯国中小寇非異国侵伐故不啓也　注得常
也非礼　正義曰此与莊二十五年經文正同彼傳云非常此傳云
非礼者彼失常鼓之月言鼓之內非常時得常鼓之月而用牲內
非礼彼云六月實是七月傳因日月之變以起時曆之誤故釋例
曰文十五年与莊二十五年經文皆同而史後發傳曰非礼者明前

傳欲以審正陽之月後傳發例欲以明諸侯之禮而用牲爲非禮也此乃聖賢之微旨而先儒所未論也是解二傳不同之意 注去盛饌 正義曰周禮膳夫掌王之食飲膳羞以養王及后世子王日一舉鼎十有二物皆有俎天地有災則不舉鄭玄云殺牲盛饌曰舉 今云天子不舉是去盛饌徹膳食也 注責群陰伐鼓擊也 正義曰郊特牲云社祭土而主陰氣也君南鄉於北墉下答陰之義論語云鳴鼓而攻之伐鼓者是攻責之意故云責群陰也日食者陰侵陽故責陰以救日孔安國尚書傳云凡日食天子伐鼓于社責上公然則社以上公配食天子伐鼓責群陰亦以責上公也諸侯用幣于社請上公亦以請群陰也互相備也 注社尊至責之 正義曰昭二十九年傳曰封爲上公祀爲貴神社稷五祀是尊是奉是社爲上公之神尊於諸侯禮用幣者皆是告請神明之事以社尊故用幣請救而不敢攻責也陰侵陽而請陰者請止而勿侵陽也 注天子至訓民 正義曰天子不舉自貶食耳而以爲事神者畏敬神明乃自貶損徹膳不舉亦是事神之義故通以不舉爲

事神也　凡勝至入之　正義曰此傳已發凡例襄十三年復發傳之用大師曰滅弗地曰入再發例者兵之所加不可細舉故舉旧策之典以例而言用大師起大衆重力以陷敵因而有之皆勝國通以滅爲文也以成師重力雖獲大城得而弗有故直以出入爲辭曰入之而已城不包地國不通邑滅邑必主大師是故再發例也　凡諸侯至後也　正義曰七年公會諸侯晉大夫盟于扈傳曰公後至故不書所會因發例云凡會諸侯不書所會後也後至不書其國辟不敏也彼乃莫與而公後期諱君之惡故揔稱諸侯此亦揔稱諸侯不會非公之罪而經文相似傳辯其嫌故更復發例而以善形惡凡諸侯同盟更聚會而公不與則不歷書諸國諱君惡也若公實與會而亦不書諸國爲公後期也即七年扈之盟是也今於此會受賂舍罪致使魯有齊患公雖不與非公之罪經與後期文同似爲公諱故傳發例以明之此會公雖不與非公惡也　曰女至道也　正義曰言曰者原齊侯之意而爲之辭也責其曰女何故行禮禮責於朝魯也天道以早義爲人道以小事大禮者自

早而爲人朝者謙順以行礼〻〻以順天是天之道也 詩曰毛
于天 正義曰此詩小雅雨无正之篇胡何也詩人責朝廷之臣
女群臣上下何以不相畏乎女上下不相畏乃是不畏于天也十
六年注諸侯至詐疾 正義曰天子頒朔於諸侯〻〻受而藏之
於祖廟每月之朔以特羊告廟受而施行之遂聽治此月之政謂
之視朔因以其月又以朝享之礼祭皇考以下埋之朝廟此年公
疾自二月至於五月已經四月不得視朔故書公四不視朔傳稱
正月及齊平公有疾使季文子會齊侯則正月公初疾不得視二
月朔至五月而四故知不得視二月三月四月五月朔也春秋十
二公二百四十二年計有三千餘月公以疾不視朔當非一也餘皆不
書而此独書者公身有疾不得視朔國事不廢義无所取因此齊
侯疑公故特舉此以表行事餘皆疑可知也釋例曰魯之群公以
疾不視朔多矣因有事而見一比猶叔不朔 正之義是其事也又
於時齊侯不信公實有疾書此者且明公實有疾非詐齊也 史
之所書當書其始不於二月書之而以五月書者二月公始有疾

未知來月瘳否不得豫書其數至六月公瘳乃積前數之㓕故以五月書四也昭二十三年公如晉至河有疾乃復彼屬有疾此不言有疾者在道而還容有他故昭十二年十三年公如晉至河乃復皆為晉人辭公而還非内疾也故須言有疾以辯之公不視朔唯有假耳无所分辯故不書疾也告朔禮告於祖廟視朔禮聽治月政視朔由公疾而廢其告朔或有司告之不必廢也論語云子貢欲去告朔之餼羊必是廢其禮而羊在蓋從是以後更有不告朔者故欲去其羊耳六年閏月不告月書經以譏之在後若不告朔不復書之者蓋以閏月不告其譏已明故於後不復譏之閔二年吉禘于莊公已譏其速文二年大事于大廟不復譏之者亦如彼之類不重譏也　傳注伯禽至七君　正義曰魯世家云魯伯禽子考公酋弟煬公熙子幽公圉弟徽公濞子厲公擢弟獻公具子慎公濞弟武公敖子懿公戲弟孝公稱子惠公弗皇子隱公息姑弟桓公允子莊公同子閔公開兄僖公申周公不之魯從魯公數之為十七君也　毁泉臺　正義曰蛇自宮出而毁其臺則臺在宮

内人見從宮而出毀臺并毀其宮也　注魯人至壞之　正義曰人見蛇出而姜薨以為臺是妖之穴仍謂此処有妖更將為害毀之所以絶其源安民意也故釋例曰以蛇自泉臺出如先君之數入於國聲姜之薨適與妖會而國以存災遂毀泉臺者毀而不変大以示義者君人之心一國之俗須此為安故不說也以不変文知不說也不書蛇入國者鸜鵒非魯國之有故書其所无蛇是魯地所有姜薨不由此蛇凡物不为災則不書也　注戎山夷也　正義曰四夷之名隨方定称則曰東夷西戎南蛮北狄其當処立名則各從方号故北戎病燕齊侯伐山戎北方得有戎故楚西亦有戎々是山間之民夷为四方揔号故云戎山夷也　注庸楚地百濮夷也　正義曰將欲伐楚聚於此地故知是楚地也牧誓武王伐紂有庸濮從之孔安國云庸濮在江漢之南是濮為西南夷也釋例曰建寧郡南有濮夷濮夷无君長揔統各以邑落自聚故称百濮也下云各走其邑是无君長統之　中息之北門不啓　正義曰中息北接中国有寇必從北來故二邑北门不敢開也　注

蚡冒亦地名 正義曰刘炫云案楚世家蚡冒卒弟熊達殺蚡冒
子而代之是爲楚武王則蚡冒是兄不得爲父今知不然者以世
家之文多有紕繆与經傳異者此是一條杜氏此不見其文但見
而不用耳刘以世家而規杜非也言服陘隰則陘隰本是他國蚡
冒始服之也釋例陘隰与僖四年次于陘爲一地潁川召陵縣南
有陘亭楚自武王始居江漢之間則蚡冒之時未至中土不應已
已越中息遠服潁川之邑疑非也 注馹傳車也 正義曰釋言云馹
傳也舍人曰馹尊者之傳也郭璞曰傳車驛馬之名也 案公乞
恤也 正義曰礼於國人總言接待之也錫其粟而貸与國之飢
民也礼与人物曰饋詒遺也饋詒皆是与人物之名也民年自七
十以上死有不饋遺以飲食也珍異謂非常美食蓋進也時加進
珍異者謂四時初出珍異之物也死有一日不數數於六卿之門言
參請不絶也國之賢材之人死不更公子者更之也其族親自懷
以下子孫死不恤公子皆賑恤之也 注元華督曾孫 正義曰世
本云華督生世子家家生華孫御事事生華元右師是也 注君

祖至夫人　正義曰：哀十六年傳蒯聵告周公蒯聵得罪于君父
君母，謂母爲君母，則祖母爲君祖母矣，故云君祖母者諸侯祖母
之稱也。昭公成公之子，襄公之孫，故襄夫人是其祖母也。注襄夫
至之師　正義曰：周礼載師云：以宅田士田賈田任近郊之地，以官田
牛田賞田牧田任遠郊之地，以公邑之田任甸地，以家邑之田任稍
地，以小都之田任縣地，以大都之田任疆地。凡任地，近郊十里，遠郊
二十，而三甸稍縣都皆无过十二。彼從國都而出，計遠近節級而
别爲之名。鄭玄引司馬法：王國百里爲郊，二百里爲州，三百里
爲野，稍四百里爲縣，五百里爲都。諸侯之与天子竟虽不同，亦當
近國爲郊，〃外爲甸。天子之甸爲公邑之田，則諸侯之甸亦公邑
也。師甸者，甸地之師，當是公邑之大夫也。独言師甸，无以相明，故舉
郊言之。去郊甸之師，其實正是甸地之師，非郊地之師也。注始
例至君罪　正義曰：宣四年傳例曰：凡弑君稱君，〃无道也；稱臣，
〃之罪也。彼是弑君大例，經下注云例在宣四年，指彼例也。彼虽
在此之後，乃是例之初始，故謂彼爲始例。彼因歸生弑君而發傳

例是始例發於臣之罪也　此稱弟人弒其君文異於彼故重明君罪
謂謂與彼例為重也釋例曰鄭良宋昭文異而例同重發以同之
十七年注自閔至故也　正義曰釋例班序譜自隱至莊十四年
四十三歲衛與陳凡四會衛在陳上莊十五年冬僖十七年二十五
歲凡八會陳在衛上莊十六年幽盟之下注云齊桓始霸楚亦始
強陳侯介於二大國之間而為三恪之客故齊桓因而進之遂班
在衛上終於春秋但齊桓升陳於衛上乃在莊之中年不得以莊為
始故云自閔僖以下終於春秋陳侯常在衛上也今此大夫會伐宋
皆之稱人而陳在衛下襄二十六年澶淵之會傳稱宋向戌後至退
在鄭良霄之下此傳具歷序大夫之名不言公孫寧以後至被退
成三年傳曰次國之上卿當大國之中中當其下下當其上大夫彼
言大夫位有尊卑次序以之升降則公孫寧位非上卿故降在衛
下也檢春秋上下亦有後至先書而杜云後至者則秦小子慭是
也案彼則公孫寧未必非後至但杜弘通兩解故云非上卿耳
注西當為北蓋經誤　正義曰經言西鄙傳言北鄙服虔以為肅

来伐魯西鄙吞北鄙不吞諱仍見伐案經十五年秋齊人侵我西
鄙冬齊侯侵我西鄙僖二十六年春齊人侵我西鄙夏齊人伐我
北鄙皆仍見侵伐吞而不諱此何独諱而不書凡言諱者諱國惡
也齊侯无道而伐我〻非有惡而可諱何以諱其仍伐故知正是一
叓經文誤耳知非傳誤者魯求与平即盟于穀〻是濟北穀城縣也
穀在魯北知北鄙是也　注昭公至大赦　正義曰弑君稱君〻又
罪者欲以懲創人君使為鑒戒不書弑者之名以見君亦合死其
君惡則合死要非臣所得弑故文公宜以弑君受討林父稱人諸侯
不序責死者罪弑者所以督大赦〻〻理為君罪臣之教也　傳使
執訊而与之書　正義曰使執訊使之行適晉也与之書与此執訊
昏令持以告宣子　注藏勅也　正義曰藏之為勅先正訓也先
儒相傳為然賈服皆云藏勅也　一朝至于君　正義曰鄭穆公以僖
三十三年即位晉襄公以文公六年卒一朝于襄三年十一月也
再見於君十四年七月往年八月也或者十四年七月寡君又朝
勅成陳叓再見于君謂往年正月燭之武往朝夷八月寡君又朝

是也　孤之二三臣　正義曰礼諸侯与民臣言自謂寡人小国之
君自称曰孤臣与他国之人言称己君為寡君此皈生對晋称己
君而云寡君之二三臣昭十九年子産對晋人云寡君之二三臣
札瘥夭昏是其吏也此言孤者蓋鄭伯身自對晋或自称孤皈生
因即以孤言其君也　注音所至假借　正義曰釋言云庇庥蔭
也舍人曰庇蔽也庥依止也郭璞曰今俗呼樹蔭為庥杜意言本
當作蔭古字音同皆相假借故傳作音言鹿死不択庇蔭之処喩
已不択所從之国欲强楚也服虔云鹿得美草呦々相呼至於困
迫将死不暇復択善音急之至也刘炫從服説以為音声裡不択
音声而出之而難杜今知不然者以傳云鋌而走険急何能択言
走険論其依止之処以其怖急得険則停不能選択寛静庥蔭
之所傳文所論止言其出処所在不論音声好悪故杜不依服義
刘以内音声而規杜非也　注鋌疾走貌　正義曰鋌文連走故為
疾走貌　十八年注不称盗罪商人　正義曰弑君称臣々之罪
賤臣弑君則称盗哀四年盗殺蔡侯申是也盗字當臣名之処以

賤不得書名變文謂之盜耳此弒商人者邴歜閻職亦應書盜不稱盜弒者罪商人今從弒君稱君之例也　注書二至為介　正義曰卿為卿介則書使不書介僖二十六年公子遂臧孫辰如楚乞師書遂不書辰是其正也襄十四年季孫宿叔老並書之者晉人敬之自亦以後晉人輕魯幣而益敬其使故特兩書之於法不應書也此傳稱惠公立故且拜葬是以兩受行非相為介故並書之耳定六年季孫斯仲孫何忌如晉傳稱柏子獻鄭俘孟孫報夫人之幣亦以兩受行故並書之但彼非是同時受命經應各自為文但以晉人輕之故不各自別書與此意少異也　注先君至之稱　正義曰齊公子商人弒其君舍以先君既葬故稱君也此亦先君既葬不稱君者魯人諱弒成君以未成君書之也子者葬前在喪之稱也若言猶在喪而自卒然諱之也釋例曰公子惡魯之正適嗣位免喪則魯君也襄仲倚齊而弒之國以為諱故不稱君若言君之子也　注稱君至無道也　正義曰楚世子商臣弒君言世子此傳稱大子僕因國人以弒紀公不稱世子而稱君者以見君無道

传言多行无礼於国是其无道之状十六年宋人弑其君杵臼称国又称人此直云莒弑其君庶其不称人者释例曰刘贾许颖以为君恶及国朝则称国以弑君恶及国人则称人以弑宋传郑灵宋昭经文异而例同故重发以同之子弑其父又嫌异於他臣亦重明不异既不辟辩国之与人而传云莒纪公多行无礼於国大子仆因国人以弑之经但称国不称人知国之与人虽言别而事同也传注以卜事告龟　正义曰周礼大卜大祭祀则视高命龟郑玄云命龟告龟以所卜之事士丧礼卜葬命龟云哀子某来日某卜葬其父某甫考降无有近悔如此之类是令龟之辞也令者告令使知其意与命同也　襄仲至许之　正义曰恶是齐甥齐侯许废恶者恶以世适嗣立不爱齐恩宜以邻分随国荷恩必厚齐侯新立数亲鲁为援故许之　注诈以子恶命　正义曰传因杀恶之下即云而立宣公其实宣公之立当在惠伯死后恶虽已死来告外人故诈以子恶之命召惠伯使入公冉务人疑其宫内有变谓非子恶之命故云入必死耳亦未是审知恶已死也如鸜鹆之遂

鳥雀　正義曰叙鳥云鷹来鳩郭璞曰来當為爽字之誤耳左傳
作爽鳩是也又云晨風鸇舍人曰晨風名鸇々摯鳥名郭璞曰鷂
屬也　先君至不忌　正義曰言制周礼曰作誓命曰謂制礼之
時有此語為此誓耳此非周礼之文亦无誓命之書在後作九刑
者記其誓命之言著於九刑之書耳德者得也自得於心々之所得
有惡有善欲知善惡以法觀之合法則為吉德不合法則為凶德
故曰則以觀德也既有善德乃能制斷事宜故曰德以處事也既
為其事務求成功度量功勲必功成乃善故曰事以度功也民不
自治立君牧養作事成功所以養食下民故曰功以食民也其意
言在上位者必有法則乃為養民之主將言莒僕无可法則故言
此以服本也又作要信誓命以戒後人曰有人毀法則者是為賊
言其賊敗法也掩匿賊人是為藏言其藏罪人也竊人財賄謂之
為盜々人器用謂之為姦主為藏匿罪人之名恃賴姦人所盜之
為極大之凶德有常刑无赦其事在九刑之書不遺忘也以宣公
容納莒僕為主藏受其宝玉為賴姦故舉此以極諫也　注誓言

命至今亡　正義曰昭六年傳曰夏有乱政而作禹刑商有乱政
而作湯刑周有乱政而作九刑三辟之興皆叔世也叔世謂衰世
世衰民慢作嚴刑以督之称其創制聖王以為所作之法夏作禹
刑商作湯刑則周作九刑作周公之刑也此云周公作誓命其文
在九刑知自誓命以下皆九刑之書所載也謂之九刑必其諸法
有九而九刑之書今亡不知九者何謂服虔云正刑一議刑八即礼小司
寇八議々親故賢能功貴勤賓之辟此八議者載於司寇之章周
公已制之矣後世更作何所復加且所議八等之人就其所犯正刑
議其可赦以否八者所議其刑一也安得謂之八刑杜知其不可故
不解之　注高陽氏苗裔　正義曰先儒旧說及譙周考史皆以顓
頊帝嚳為帝之身號高陽高辛皆國氏土地之号高陽次少昊
高辛次高陽堯兼高辛之後孔子之録尚書自堯為始史籍之
說皇帝其言不經大戴礼五帝德司馬遷五帝紀皆言顓頊帝
嚳代別一人春秋緯命歷序顓頊傳九世帝嚳傳八世典籍散亡
无以取信要二帝子孫至舜時始用必非帝之親子其八人者不

已知其出生本系伎派遠近故略言其苗裔耳 注此即咎陶字
正義曰司馬遷采帝系世本以為史記其夏本紀稱禹是顓頊之
後秦本紀稱皋陶是顓頊之後伯益則皋陶之子繇之所出史无
其文舊說相傳亦出顓頊故云此即繇益禹皋陶之倫服虔云
八人禹繇之屬也六年傳臧文仲聞六與蓼滅云皋陶庭堅不祀忽、
諸知庭堅皋陶為一人其餘則不知誰為禹誰為益故云之倫之屬
不敢斥言也班固漢書有古今人表銓量古人為九等之次雖
知禹益必在八愷稷契必在八元不能識知其人不得自相分配故
八元八愷與皋陶禹稷並不出其名亦為不知故也鄭玄注論語
云皋陶為士師號曰庭堅杜云庭堅皋陶字者古人名之與字難
得審知言字者明其是一人也齊聖至八愷 正義曰此并序八
人總言其德或原其心或擬其行一字為一事其義亦更相通
齊者中也率心由道舉措皆中也聖者通也博達衆務庶事盡
通也廣者寬也器宇宏大度量寬弘也淵者深也知已周備思慮
深遠也明者達也曉解事務照見幽微也允者信也終始不愆

言行相副也篤者厚也志性良謹交遊款密也誠者実也秉心純
直布行貞実也以其德行如是天下之民為其美目謂之八愷々
和也言其和於物也孟子曰伊尹聖人之和者也　注齊中至和
也　正義曰齊中釋言文允信篤厚釈詁文愷訓為樂々亦和也
深水謂之淵故淵為深也　注此即至之倫　正義曰契後為殷稷
後為周史記殷周皆為帝嚳之後也此言伯虎仲熊尚書有朱虎
熊羆二者其字相類知此即稷契朱虎熊羆之倫也尚書更有夔
龍之徒亦應有在元愷之内者但更无明證名字又殊不知与誰
為一故不復言之史記稷契皆為帝嚳之子而上句注云其苗裔
者史記堯亦帝嚳之子則稷契堯之親弟以堯之聖有大賢之弟
久而不知舜始舉用以情而測理必不然且云世濟其美其間必
應累世不容高辛之下即至其身馬遷傳聞於人未必盡得其実
世族譜取史記之説又從而説之云契鯀則舜之五世從祖父也
而及舜共為堯臣堯則舜之三從高祖而妻其女此史記之疑者
然則以其不可悉信故言苗裔以誤之　忠肅至八元　正義曰此

亦揔言其德於義亦得相通忠者与人无隱尽心奉上也肅者敬
也懇惻敏達臨事恪勤也共者治身克謹當官理治也懿者美也
保也精粹立行純厚也宣者徧也應變多方知思周徧也慈者愛
出於心恩被於物也惠者性多哀矜好拯窮匱也和者体度寬
簡物无乖爭也以其德行如是天下之民由之美目謂之八元々
善也言其善於事也論語曰善人為邦百年亦可以勝殘去殺矣
注肅敬至善也　正義曰肅敬釋訓文懿美釋古文宣徧釋言文
易文言曰元者善之長也　此十六至其名　正義曰此十六人奉
而謂之族者以其各有親屬故稱族也世濟其美後世承前世之
美不隕其名不隊前世之美名言其世有賢人積善而至其身也
劉炫云各有大功皆賜氏族故稱族　注后土至之官　正義曰
后訓君也天稱皇天故地稱后土舜典云伯禹作司空呂刑云禹
平水土則禹是主地之官故云主后土也　以揆至天成　正義
曰用禹為主后土之官令以揆度百事々々无不揆度於是皆有
次序得地平其化天成其施言有成功也　注揆度也成亦平也

正義曰揆度釋言文度百事者令之豫自筭度爲之數量法制事成則平其可否使之總爲務也　地平天成大禹謨之文　孔安國云水土治曰平五行敘曰成釋詁云成平也是成亦爲平其義一也

注契作至之中　正義曰舜典云帝曰契百姓不親五品不遜汝作司徒敬敷五教在寬尚書契敷五教此云舉八元使布五教以此故知契在八元中也然則尚書禹作司空此云舉八愷使主后土以此亦知禹在八愷中也但不知八愷之中何者是禹八元之中何者是契耳主后土布五教是事之大者故舉以爲言非是各令八人共主一事故主土唯禹主教唯契餘者別有所主或助而爲之尚書稱益佐禹治水是其助之事也

父義至外成　正義曰一家之內父母兄弟子尊卑有五品父不義母不慈兄不友弟不共子不孝是五品不遜順也故使契爲司徒布五教於四方教父以義教母以慈教兄以友教弟以共教子以孝是之謂五教此五教可常行又謂之五典也諸夏夷狄皆從其教是爲內平外成所云五典克從即此內平外成之謂也

掩義至渾敦　正義曰掩蓋義

叓而不行隱蔽其外而張內賊害也其有凶醜之類織惡之物心頑而不則德義之經口嚚而不道忠信之言如此惡人不可与之親友者此不才子於是与之相附近相親密言惡人所憂〻日已者也以其為惡如是故天下之民為之惡目謂之渾敦〻〻不開通之貌言其无所知也服虔用山海經以為驩兜人面馬喙渾敦亦為獸名　注醜亦至密也　正義曰醜亦惡也物亦類也指謂惡人等輩連類而言之耳比是相近也周是親密也雅是親愛之義非為善惡之名論語云君子周而不比小人比而不周以君子小人相對故鄭玄云忠信為周阿黨為比觀文為說也　注謂驩至之貌　正義曰此傳所言說虞書之事彼云四罪謂共工驩兜三苗鯀也此傳四凶乃謂之渾敦窮奇檮杌饕餮換其事以識其人堯典帝言共工之行云靖言庸違傳說窮奇之惡云靖譖庸回二文正同知窮奇是共工也堯典帝求賢人驩兜舉共工應帝是与共工相比傳說渾敦之惡云醜類惡物是与比周知渾敦是驩兜也堯典帝言鯀行云咈哉方命圮族傳說檮杌之罪云告頑舍嚚

傲很明德，是（即）咈戾圮族之狀，且解是顓頊之後，知檮杌是鯀也。尚
書无三苗罪狀，既甄去三凶，自然饕餮是三苗矣。先儒盡然，更无
異說，皆以行狀驗而知之也。莊子稱南方之神，其名為儵；北方之
神，其名為忽；中央之神，其名為混沌。混沌无七竅，儵忽為鑿之，一
日為一竅，七日而混沌死。混沌与渾敦字之異耳。莊子雖則寓言，
要以无竅為混沌，是渾敦為不開通之貌。此四凶者，渾敦、檮杌以
狀貌為之名，窮奇、饕餮以義理為之名。古人之意自異耳。服虔案
神異經云：檮杌狀（身）似虎，毫長二尺，人面虎足，豬牙，尾長丈八尺，能
鬪不退。饕餮，貪獸名，如千人面目在腋下，食人。　注少皞至黃帝
正義曰：金天國号少皞，身号讙周，云金天氏能脩大皞之法，故曰
少皞也。其次黃帝，則昭十七年傳有其文。　毀信至盛德　正義
曰：毀信者，謂信不足行，毀壞之也。廢忠者，謂忠為无益，廢棄之也。
以惡言為善，為崇脩飾之，安於讒譖，信用回邪，常行讒慝，慝
為惡以誣罔盛德之賢人也。天下之民謂之窮奇，言其行窮困
所好奇異也。　注崇聚至人也　正義曰：釋詁云：崇，充也。舍人曰

威大充盛々大亦集聚之義故崇為聚也庸用靖安回邪慝惡
常訓也服從是奉行之義也蒐索隱伏是蒐得為隱也服虔亦以
蒐為隱々慝裡隱々為惡也成德裡成就之德故為賢人也定本
成德為盛德　注裡共至好奇　正義曰孔安国云共工官稱也其
人為此官故尚書舉其官也行惡終必窮故云其行窮也好惡言
好讒慝是所好奇異於人也　注方以至除之　正義曰宣公不
能去莒僕而行父能去之恐宣公以不去之為恥行父以去之為專
史克方以宣公比堯行父比舜故言堯朝有四凶堯亦不能去須賢臣
而除之所以雪宣公不去之恥解行父專擅之失也然則聖主莫過
於堯任賢王政所急大聖之朝不才總萃雖曰帝其難之且後何
其甚也此四凶之人才實中品雖行有不善未有大惡故得仕於
聖世致位大官自非聖舜登庸大禹致力則滔天之罪未或可平
以舜禹之成功見此徒之多罪勳業既謝從釁自生為聖所誅甚
欲益大且魯史欲盛章舜德故罪惡於前人史克以宣公比堯同
四凶於莒僕此等並非非下愚未有大惡甚為不善唯帝所知尚

書時言求舜以見帝之知人此傳安慰宜公故言堯不能去辟名有為情頗增甚學者因以意達文不可即以為實 注縉雲黃帝時官名 正義曰昭十七年傳稱黃帝以雲名官故知縉雲黃帝時官名字書縉赤繒也服虔云夏官為縉雲氏 貨賄 正義曰鄭注周禮云金玉曰貨布帛曰賄 注貪財至為饕 正義曰此無正文先儒賈服等相傳為然 注內堯臣 正義曰昭七年傳稱王臣公公臣大夫謂王以公為臣公以大夫為臣皆是上臣下也而此云舜臣堯裡內臣以事堯乃是下臣上也文同義異意足相顧故辯之云為堯臣 注闢四至衆賢 正義曰賓于四門是禮賢之事而舜典下文云闢四門明四目達四聰言開闢四方之門未開者廣視聽於四方使天下無壅塞亦是賓禮衆賢之事意同於上故引以解之 注投棄至者 正義曰投者擲去故為棄也舜典云流共工于幽洲放驩兜于崇山竄三苗于三危殛鯀于羽山四罪而天下咸服孔安國云幽洲北裔崇山南裔三危西裔羽山東裔在海中是放之四方之遠處螭魅若欲害人則使此四

者當彼螭魅之哭令代善人受害也宣三年傳王孫滿說九鼎云
鑄鼎象物百物而為之備民入川澤山林不逢不若螭魅罔兩莫
能逢之知螭魅是山林異氣所生為人害者也　故虞、之人也　正
義曰此虞書堯典之篇也三事六句舜典本文其云无違教也无
廢事也无凶人也是史克解虞書之意也每引一事以一句解之
故每事言曰　注史克至直也　正義曰宣公貪宝玉而受莒僕
為惑已大行父違君命而逐出之其專已甚故史克激揚而言舜
之事竟以辯宣公之惑以解行父之志方欲盛談善惡說事必當
增甚故其言美惡有大過之辭言美則大美言惡則大惡禹則鯀
之子也說禹則云世濟其美言鯀則云世濟其凶明其餘亦有大
過非其實也蓋事勢宜然耳何休以為孔子云蕩〻乎堯之為
君唯天為大唯堯則之今如左氏堯在位數十年久抑元愷而不
能舉養育凶人以為民害而不能去則孔子稱堯虛言也桀紂為
惡一世則誅四凶歷數千歲而无誅放易云積不善之家必有餘
殃虛言也左氏為短但堯之為君能舉十六相去四凶〻〻之人

未必世濟其惡但史克欲明行父之志欲辯宣公之惑故美惡過
辭具於此注何休之難不足疑也　注樂呂戴公曾孫　正義曰
世本云戴公生樂甫術々生碩甫澤々生夷父須々生大司寇呂
今云曾孫誤也

春秋正義卷第十五

計一万七千九百三十一字

春秋正義卷第十六　宣公

國子祭酒上護軍曲阜縣開國子臣孔穎達等奉

勑撰

正義曰魯世家云宣公名倭或作接文公之子敬嬴所生以匡王五年即位是歲歲在壽星謚法善問周達曰宣　元年注不說公

正義曰文公喪未期此時已娶違禮不說者此寔甚惡言不待貶責而其惡自明也昭元年公羊傳曰春秋不待貶絶而罪惡見者不貶絶以見罪惡貶絶然後罪惡見者貶絶以見罪惡是其義也文四年逆婦姜于齊傳云卿不行非禮也是卿爲君逆之例也　注称婦亡闕文　正義曰宣公母敬嬴在是有姑也夫人以姜爲姓舉姓而称姜氏去氏称姜則不成文義知不称氏者史闕文也傳言新作延廄而經无作字是作傳之時經猶未闕於後經始闕耳此文傳亦无氏知是本史先闕故云史闕文而不云經闕文也史文既闕仲尼不正之者以无所褒貶故因其詳略也諸經所闕者或史文先闕仲尼不改或仲尼見文在後始闕

公羊穀梁漢初始為其傳見其闕文妄為之説非其實也公羊傳
曰夫人何以不稱姜氏貶曷為貶譏喪娶者公也則曷為貶
夫人內無貶于公之道內無貶于公之道則曷為貶夫人々々與公
一体也穀梁之意亦然先儒取以為説服虔云古者一礼不備貞
女不從故詩云雖速我訟亦不女從宣公既以喪娶夫人從亦非
礼故不稱氏見略賤之也杜不然者一女之身嫁定由父母夫來取
之父母許之豈得問礼與否拒逆昏姻之命從夫喪娶父母之咎
自可罪其父母何以貶責夫人若其貶責夫人當去夫人之号減
一氏字復何所明夫人之稱姜氏猶遂之稱公子也舍遂之族而
去子稱公可乎亦知遂不可去子稱公夫人復安可以去氏稱姜
也逆婦姜于齊以卿不行變文略賤此經貶遂不稱公子以成夫
人之尊非略賤之文也詩責強暴之男行不由礼陳其爭訟之
辭述其守貞之意此豈是宣公淫掠而欲令齊女守貞哉
注放者至以遠　正義曰舜典云流宥五刑孔安国云流放之法
寬五刑是放者有罪當刑而不忍刑之寬其罪而放棄之也三

諫不從待放而去者彼雖死罪君不用其言任令自去亦是放棄
之義放之与奔俱是去國而去情小異釋例曰奔者迫窘而去逃
死四隣不以礼出也放者受罪黜免宥之以遠也臣之事君三諫
不從有待放之礼故傳曰義則進否則奉身而退迫窘而出奔及
以礼見放俱去其國故傳通以違為文仲尼修春秋又以所称為
優劣也言優劣者放者君舍其罪緩步而出是其優也奔者走則
懼死奔馳而去是其劣也昭八年楚人執陳公子招放之于越襄
三年蔡人放其大夫公孫獵于吴与此胥甲父等皆甘心受罪黜
其官位宥之以適遠方是実放而書放也襄二十九年傳称齊公孫
蠆公孫竈放其大夫高止於北燕書曰出奔罪高止也高止好以
事自為功且專故難及之彼罪高止故実放而書奔也然則文十四
年傳称宋高哀不義宋公而出遂来奔高哀非罪亦非放而書奔
者放者緣遣者之意為義奔者指去國之人立文拠其所往之処皆
是從外来身高哀身来至魯自當而称来奔不當宋人之意故不
得言放此乃外内之文異耳叛者以地適他称叛入魯則称来奔

亦此之義也　注傳言至蓋闕　正義曰陳宋俱被楚侵明其並
救二國傳稱救陳宋而經去宋字故設疑云蓋闕也服虔云趙盾
既救陳而楚師侵宋趙盾欲救宋而楚師解去案經傳皆言侵陳
遂侵宋陳在宋南是先侵陳去陳乃侵宋也若趙盾越宋而南救陳
猶及楚師北迴救宋安得不及楚也若言欲救宋而楚師解去則
救陳之時楚師已向宋矣何以昏救陳也蓋以陳既被侵方始告
晉晉人起師救陳楚又移師侵宋晉師比至於鄭楚師既已去矣
故諸國會于棐林同共伐鄭棐林鄭地明晉始至鄭不得與楚相
遇故竟无戰叟言救陳宋者皆是致其耳　注晉師至林卿
正義曰晉本興師為救陳宋但楚師已去故四國之君往會晉師
與共伐鄭言于棐林者行會禮然後伐柏十五年公會宋公衛侯
陳侯于襄伐鄭亦行會禮乃伐與此同也晉師趙盾為將不言會
趙盾而言晉師者取於兵會非好會言所會會其兵非會其人故
稱師案定八年公會晉師于瓦注云卿不昏禮不敵公知此非為
趙盾不敵公侯稱師者沈氏云此會有宋公陳侯等猶成二年會

于罵有蔡許之君故知此非為趙盾不得敵諸侯但取於兵會彼
會于瓦唯有公故知与此異耳 傳注諸侯至叙之 正義曰氏
者位尊乃賜是臣之寵号具名氏所以尊君命言君命重故貴臣
行々人貴則君命尊也諸侯之卿出入称名氏者若宋花元衛元
咺之類是也如魯卿公孫敖喪服尚称氏明生帰亦然其服又意
如叔孫婼不称氏者各有所為与常例不同也會盟征伐具名氏
者皆是尊君命也傳稱於此發者為其与還文不同故於此釈之
釈例曰昏礼雖奉時君之命其言必称先君以為礼辞故公子翬
逆女傳曰脩先君之好公子遂逆女傳稱曰尊君命互發其義也
注遂不至備矣 正義曰公子亦是寵号其与族相似曾臣有
罪則貶去其族々去則非卿今遂与夫人俱至物无两大人不並
尊若從夫人者尊則夫人卑矣故替其尊称今從夫人者卑則夫
人尊矣釈例曰往必称族以示其重還雖在塗必舍族以替之所
以成小君之尊是其義也成十四年叔孫僑如逆女及以夫人至
其文与此正同彼傳云称族尊君命舍族尊夫人此傳不言称族

舍族者釋例曰傳云公子遂如齊逆女尊君命也遂以夫人婦姜
至自齊尊夫人也叔孫僑如逆女則往曰稱族還曰舍族然則公
子公孫繫公之常言非族也是言公子非族故与彼異文公子無
則非族稱舍亦与族同故其言爲君命爲夫人与彼亦不異也所
以異者族必君賜乃稱之公子公孫繫公之常言不須待賜乃
稱之耳　注胥甲至於險　正義曰案彼傳胥甲与趙穿同
罪放胥甲而舍趙穿者於時趙盾为政穿是晉君之壻或本罪
輕於胥甲故得免咎　注篡立至位定　正義曰春秋之世王政
不行諸侯自相推戴廢立不由天子篡弑而立則隣国討之若与
之會則序之於列成其为君諸侯既已为會則臣子不得復討若
其殺之則与弑君罪同宣公殺子惡而取国常畏魯人討己心不
自安納賂請會故既与齊會而公位乃定成十五年戚之會討曹
成公成公得列于會後曹人請于晉曰先君無乃有罪乎若有罪
則君列諸會矣是列會則位定也　注文十至受賂　正義曰杜以
傳言皆取賂而還必有二處乃得稱皆故指二處之盟以充皆義

刘炫云案傳數晉罪近發宋弒昭公前扈之盟文所不及何為虛指其惡言皆取賂炫謂宋及晉平取宋賂為魯討齊取齊賂也案此言會諸侯于扈文繫宋人之弒昭公下知非十七年會于扈既取宋賂又取齊賂而稱皆必為十七年十五年二扈之盟者案十七年會于扈尋檢經傳全無為魯討齊之惡豈得違背經傳妄指十七年乎但宋弒昭公其罪既大故先言之為魯討齊其失小故後言之刘炫以傳文先後顛倒又以會于扈為十七年之惡違背經傳而規杜非也取賂而還昏本或云取齊賂而還檢勘古本及杜注意並無齊字文十七年宋及晉平唯受宋賂十五年會扈受齊賂耳傳言皆者皆齊宋也故知皆取齊賂者非也　秦急崇正義曰崇是秦之与国故秦人急於援崇　二年宋華元生師師正義曰此花元飯生及哀二年趙鞅罪違客主各言師師者皆是將為師衆故並具其文或於飯生之下無師師之字脫耳注謂大武縣南　正義曰此獲花元生也哀十一年獲齊国昏死也以此知生死皆曰獲昭二十三年傳云昏曰胡子髡沈子逞滅獲陳夏

盭君臣之辭也傳言晉曰是仲尼變例也　注鄭為至稱人　正義曰諸經貶諸侯之卿稱人者傳皆言其名氏此傳唯稱趙盾及諸侯之師侵鄭諸侯之將不言名氏則實是微者非貶之也趙盾畏楚而還故貶之稱人釋例曰鄭受楚命伐宋大敗宋師獲其二卿此晉之不競也晉於是申命衆國大起其兵將以雪宋之恥取威定霸趙盾為政而畏越椒之盛不敢遂其所志託辭班師失宋之心孤諸侯之望所以致貶也　注靈公至四年　正義曰釋例曰經書趙盾弒君而傳云靈公不君又以明於例此弒宜稱君也弒非趙盾而經不變文者以示良史之意深責執政之臣傳故特見仲尼曰越竟乃免明盾亦應受罪也雖原其本心而春秋不赦其罪蓋為教之遠防　傳君子至戮也　正義曰軍法以殺敵為上將軍臨戰必三令五申之狂狡失即戎之禮違元帥之命曲法以拯鄭人宜其為禽也昭明也兵戎之事明此果毅以聽之々謂禮也殺敵人是名為果言已果敢以除賊致此果敢乃名為毅言已彊毅以立功易之戮也反易此道則合刑戮也昭謂明曉此禮

致謂達之於敵毅強也已致用此意乃為強人言在軍對敵必須
殺也尚書成湯數桀之罪以誓衆云爾尚輔予一人致天之罰予
其大賚汝尔不從誓言予則孥戮汝武王數紂之罪以誓衆云勗
哉夫子尚桓々如虎如貔如熊如羆于商郊尔所不勗其于尔躬
有戮二王以至聖伐至惡尚誓衆使多殺是軍法務在多殺々敵
乃為礼也公羊善宋襄公不鼓不成列以為文王之戰亦不過此
武王之戰既知不然文王之戰豈岡若是審如公羊之言文王未
曉戰法甚不已身定天下豈為此乎　注疇昔猶前日也　正義曰
礼記檀弓云孔子謂子貢曰吾疇昔之夜夢坐奠於兩楹之間鄭
玄云疇昔猶前日也是相傳為然　注畫馬為文　正義曰謂文
飾雕畫之若朱其尾鬣之彩也　見叔至來奔　正義曰叔牂畢
賤故得先歸華元見而安慰之曰往奔入鄭軍者子之馬自然非
子之罪叔牂自知前言已彰不敢隱諱乃對元曰非馬也其人也
言是已為之叔牂既答華元而即來奔曹耳服虔載三說皆以子
之馬然為叔牂之語對曰。以下為花元之辭賈逵云叔牂宋守門

大夫花元既見叔䍧々謂花元曰子見獲於鄭者是由子之馬使
然也花元對曰非馬自奔也其人為之也謂羊斟驅入鄭也奔走
也言宋人贖我之叓既和合而我即來奔耳鄭衆云叔䍧即羊也
也在先得敗花元見叔䍧々即誣之曰奔入鄭軍者子之馬然也
非我也花元對曰非馬也其人也言是女驅之耳叔䍧既与花元
合語而即來奔魯又一説叔䍧宋人見宋以馬贖花元謂元以賤
得敗謂元曰子之得來當以馬贖故然花元曰非馬也其人也言
已不由馬贖自以人叓來耳贖叓既合而我即來奔杜以傳文見
叔䍧而即言曰則曰下皆當為花元之語不得為叔䍧之辭旦以
花元与賤人交語而稱對曰謂敗国而言來奔皆於文不順又羊
斟与叔䍧當是名字相配故不從三家而別為之説案鄭氏來奔
為奔魯耳合是聚合言語故云合猶荅也　注植將主也　正義
曰周礼大司馬大役屬其植鄭司農云植謂部曲將吏故宋城華
元為植巡功是植謂將領主帥監作者也巡功謂巡城檢作功也
注睅出目皤大腹　正義曰説文云睅大目也目大則出見故云

出目也皤是腹之狀腹以大內異故為大腹也　注于思多鬚貌之
皃　正義曰賈逵以為白頭皃成十五年花元為右師距此三十
二年計未得頭白故杜以為多鬚貌皃亦是以意言之耳　犀兕尚
多　正義曰釋獸云犀似豕郭璞曰形似水牛豬頭大腹庳腳〻
有三蹄黑色三角一在頂上一在額上一在鼻上〻〻者食角也
小而不橢好食棘亦有一角者劉欣期交州記曰犀出九德毛如
豕蹄有甲頭似馬吳録地理志云武陵阮南縣以南皆有犀釋獸
云兕似牛郭璞云一角青色重千斤說文云兕如野牛青毛其皮
堅厚可制鎧交州記曰兕出九德有一角〻長三尺餘形如馬鞭
柄徧檢書傳犀兕二獸並出南方非宋所有假令波及宋國必不
已多言尚多者尚以答詆者耳　牽夫腳能踏　正義曰字書云
蹴曰腳命此牽夫腳能踏其蹄不乇於蹴以其違命故殺之
注畚以乇筥屬　正義曰周禮挈壺氏挈畚以令軍糧鄭衆云縣
畚于廩假之處畚所以盛糧之器故以畚表廩說文云畚蒲器可
以盛糧韓詩外傳云鮑焦挈畚采蔬遇子貢於道是畚可以盛糧

盛菜以草索为之今人猶有此器形制似筥故为筥屬也朝以示
人令衆懼也　將諫至繼之　正義曰言二人將欲相隨入諫士
季謂盾曰子是爲卿令与子俱諫而不入則莫之已繼續为諫會
是卑卿請先往諫不入則子繼之　三進及溜　正義曰溜謂簷
下水溜之処入門伏而不省起而更進三進而及於君之屋溜言
迫於公之前也　趨登至非礼　正義曰此言飲趙盾酒是小飲酒
耳非正燕礼燕礼献酬之後方脱屨升堂行无筭爵非止三爵而
已其侍君小飲則三爵而退玉藻云君子之飲酒也受一爵而色
洒如也二爵而言言斯礼已三爵而油油以退鄭玄云礼飲過三
爵則敬殺可以去矣是三爵礼訖自當退也提彌明言此之時未
必已過三爵假此辞以悟趙盾耳　遂扶至獒焉　正義曰服虔
本扶作跣注云趙盾徒跣而下走礼脱屨而升堂降階乃納屨堂
上无屨跣則是常何須云遂跣而下且遂者因上生下之言提彌
明言訖而遂不得爲趙盾遂也杜本作扶言扶盾下階也服虔云
嗾噉也夫語辞獒犬名公乃噉夫獒使之噬盾也說文云狗四尺

為獒是大犬之名以其使之嗾盾故云獒猛犬也　注宦學也
正義曰曲礼云宦学事師則二者俱是学也但宦者学仕宦学者
尋經藝以此為異耳　注箪笥也　正義曰鄭玄曲礼注云圓曰
箪方曰笥然則俱是竹器方圓異名耳故以箪為笥鄭玄論語注
亦云箪笥也　注穿趙盾弟子　正義曰晉語云趙衰趙夙之弟
世族譜盾是衰子穿是夙孫是穿為盾之從父昆弟之子也世本
夙為衰祖穿為夙之曾孫世本轉寫多誤其本未必然也　注越
竟乃討賊　正義曰哀八年傳公山不狃云君子違不適讎國未
臣而有伐之奔命焉死之可也注云未臣所適之國則可還奔命
死其難如彼傳文雖則出奔臣義未絕此注云越竟則君臣之義
絕者以仲尼云越竟乃免出竟則免責明其義已絕也襄三十年
鄭人殺良霄傳曰不稱大夫言自外入也去國不稱大夫是為義
絕之驗且受君之命乃得為臣今君欲殺己逃奔他國君之於臣
既已絕矣臣之於君豈無絕乎董狐云子為正卿反不討賊明其
威足討賊卿位猶在故責之耳我以君寵得為國卿杖君之威故

群下用命亦既失位出奔國人不復畏我國内自有賊亂非我所能禁之故越竟得免由我絶故也不狃之言謂已以他故出奔非是君欲殺己閔其宗国宜还救之昭二十一年宋公子城以晉師救宋是其定也襄二十七年傳曰崔氏之乱申鮮虞来奔僕賃於野以喪莊公彼是公之寵臣去国而行君服豈復責无罪而將見殺逃竄而得免死者皆令反服君乎礼檀弓曰穆公問於子思曰为旧君反服古与子思曰古之君子進人以礼退人以礼故有旧君反服之礼也今之君子進人若將加諸膝退人若將隊諸淵无为戎首不亦善乎又何反服之礼之有是言去国虽同本情有異不可以一槩論也　注黑臀晉文公子　正義曰周語單襄公云吾聞成公之生也其母夢神規其臀以黑曰使有晉国故命之曰黑臀晉世家成公者文公少子其母周女也　初驪姬至公子　正義曰服虔云驪姬与獻公及諸大夫詛无畜群公子欲令其二子專国杜虽不注義似不然若驪姬身在此詛姬死即應復常何得比至於今国无公族豈復文襄之霸遂踵驪姬法乎蓋为奚齊卓子以廢

篡適晉國創其為亂不用後畜公子案檢傳文及國語文公之子
雍在秦欒在陳黑臀在周襄公之孫談在周則是晉之公子悉皆
出在他國是其因行而不改成公令始革之故傳本其初也則是
國內因驪姬之亂乃設此詛非驪姬自為詛也若驪姬為詛不須
言驪姬之亂以言之亂知其創驪姬也自此之後無立公族而顯
者亦少唯有悼公之弟揚干悼公之子憖二人名見於傳昭十八
年鄭人救火子產辭晉公子公孫於東門以外更無其人良由偏
於六卿不被任用故耳　注無公至之官　正義曰不畜群公子
故無公族是公族之官掌教公之子弟也下注云餘子適子之母
弟亦治餘子之政餘子屬餘子之官則適子屬公族之官也孔晁
注國語云公族大夫掌公族及卿大夫子弟之官是卿之適子屬
公族也晉語云欒伯請公族悼公曰荀家惇惠荀會文敏黶也果
敢無忌恬靖使茲四人者為之膏粱之性難正也故使惇惠者教
之文敏者道之果敢者諗之恬靖者脩之使茲四人者為公族大
夫是公族主教誨也　注餘子至之政　正義曰下庶子為妾子

知餘子則是適子之母弟也言亦為餘子則知餘子之官亦治餘
子之政令主教卿大夫適妻之次子也下云庶子為公行掌率公
之戎車則公行不教庶子然則卿大夫之妾子亦是餘子之官教
之矣　注庶子至戎行　正義曰下句趙盾自以為庶為旄車之
族則旄車之族即公行也掌車而謂之公行知其掌率公戎車之行
列也　晋於至公行　正義曰此晋有公族餘子公行皆魏風有
公族公路公行其公族公行既同公路似此餘子但餘子不主路
車公路非餘子也卣与公行為一以其主君路車謂之公路主車
行列謂之公行其實正是一官詩人變文以韻句耳周礼无此三
官之名夏官有諸子下大夫二人掌國子之倅变与公族同也春
官有巾車下大夫二人掌王之五路变与公行同也无餘子同者
天子諸侯礼異耳　注旄車戎旄車　正義曰王公車行列謂之
公行車皆建旄謂之旄車之族詩云孑孑干旄又曰建旐設旄
是公車必建旄也周礼主車之官謂之巾車巾者衣也主衣飾之
車謂之巾車此掌建旄之車謂之旄車之族循本卿之適子其子

也兼正適當為公族使辟屏季故更為旄車之族自以身為妾子
故使其子為妾子之官知非盾身自為旄車之族而云使其子去
旄車之族賤官耳盾身既為正卿无容退掌賤職六年經稱晉趙
盾衛孫免侵陳仍居於經非身退位故知使其子耳原同長而使
趙括者沈氏云以其君姬氏之愛子故使之非正適也　注盾以正
之適　正義曰旄即屬也故官屬者父時舊官屬也將父時官屬盡
与屏季使季為衰之正適也盾之此意欲令身死之後使屏季兼
其父後為趙氏宗主但晉人以盾之忠更使其子朔兼盾後耳　三年
注再与文同盟　正義曰蘭以僖三十三年即位文二年盟于垂
隴七年于扈十四年于新城魯郑俱在當言三同盟而云再者以
扈之盟經文不序諸侯故不數刘炫規之非也　傳注言牛至而
祭正義曰案經牛死在正月郊當用三月其間足得養牛々雖一
傷一死當更改卜取其吉者郊天之礼不可廢也牛死而遂不郊故
為非礼也不郊非礼則於礼得郊礼諸侯為天子斬衰天王崩未
葬而得郊者不以王事廢天事也引曾子問者举輕以明重也初

死以至於殯啓殯以至反哭於此之間五祀之不行耳既殯之後
啓殯以前五祀之祭猶尚不廢郊天必不廢矣故鄭注云郊社亦
然王制云喪三年不祭唯祭天地社稷為越紼而行事鄭玄云不敢
以卑廢尊紼輴車索礼天子殯於西序攢輴車而塗之繫紼以備火
災言越紼而行事是在殯得祭也案曾子問既殯而祭其祭也尸入
三飯不侑酳不酢而已矣謂尸唯三飯祝不侑勸其食食罷主人酌
酒酳尸尸不酢主人曾子問又云已葬而祭祝畢獻而已謂尸飯而侑勸
訖酳尸尸酢主人訖又布祝席祝坐主人酌酒以獻祝祝獻畢而止
故鄭注云既葬弥吉畢獻祝而後止是也鄭又注彼云天子七祀
言五者闗中言之案礼記祭法云王為群姓立七祀曰司命曰中
霤曰國門曰國行曰泰厲曰戶曰竈王自為立七祀諸侯為國立
五祀曰司命曰中霤曰國門曰國行曰公厲諸侯自為立五祀大夫
立三祀曰族厲曰門曰行適士立二祀曰門曰行庶士庶人立一
祀或立戶或立竈是其義也　注螭山至水神　正義曰螭山神
獸形魅怪物先儒相傳為然魯語仲尼云木石之怪夔罔兩水之

怪龜罔象則罔兩是木石之神社以為水神者魯語賈逵注云
罔兩罔象言有夔龜之形而无實體然則罔兩罔象皆是虛无當
摠彼之意非神名也上句言山林川沢則螭魅罔兩四神文十八
年注螭魅山林異氣所生螭魅既為山林之神則罔兩宜為川沢
之神故以為水神也　注載祀皆年　正義曰釋天云唐虞曰載
商曰祀周曰年孫炎云載取物終更始祀取四時祭祀一訖年取
年穀一熟是載祀皆年之別名變言之耳律歷志云商三十一王
六百二十九年　卜世卅七百　正義曰律歷志云周三十六王
八百六十七年已卜數也　夛天使与己蘭　正義曰夛言天者
皆非天也此既言天使与己蘭即云余為伯鯈〻〻即非天也伯鯈不
得自稱為天〻〻不得變為伯鯈明是夛者恍惚之言耳成五年
晉趙嬰夛天使謂己祭余〻福女上天之神聰明正直寧當就謡
亂之人降福以求食乎昭四年叔孫穆子夢天壓己弗勝号豎牛
助而勝之若是上天之神寧當与豎牛爭力而不勝也明皆恍惚
之言或別有邪神夛者不識而妄稱天耳　朝于楚　正義曰諸

侯大子振行父更称朝此公子士非大子亦称朝者以大子称朝故傳亦通言之其實合称聘耳　四年傳注弟二指　正義曰大射礼云右巨指鉤弦郑玄云右巨指右手大擘也又曰設決朱極三郑玄云極猶放也所以韜指利放弦也以朱韋為之三者食指將指无名指小指短不用然則手之五指之名曰巨指食指將指无名指小指也定十四年傳闔閭傷將指取其一屨注云其足大指見斬遂失屨謂大指為將指者將者言其將領諸指也足之用力大指為多手之取物中指最長故足以大指為將指手以中指為將指其食指者食所偏用服虔云俗所謂啑鹽指也　黿　正義曰說文云黿大鼈也玄中要記曰千歲之黿能与人語

凡弑君之罪　正義曰晉語云趙宣子曰大者天地其次君臣則君臣之交猶父子也君无可弑之理而云弑君称君々无道者弑君之人固為大罪欲見君之无道罪亦合弑所以懲創將來之君所見甚義非赦弑君之人以弑之為无罪也釋例曰天生民而樹之君使司牧之群物所以繫命故戴之如天親之如父母仰之如日月

叓之如神明其或受雪霜之嚴雷電之威則奉身皈命有死无貳
故傳曰君天也天可逃乎此人臣所執之常也然本无父子自然
之恩未无家人習翫之愛高下之隔縣殊壅塞之否万端是以居
上者降心以察下表誠以感之然後上下相親也若亢高自肆群下
絕望情義圮隔是謂路人非君臣也人心苟離則位號雖存无以
自固故傳例曰凡弑君稱君君无道稱臣臣之罪稱君者唯書君
名而稱國稱人以弑言衆之所共絕也稱臣者謂書弑者主名以
垂來世終為不義而不可赦也然君雖不君臣不可以不臣故宋
昭之惡罪及國人晉荀林父討宋曰何故弑君猶立文公而還除
見殺削懷諸賊亂以為心者固不容於誅也若鄭之歸生齊之陳
乞楚之公子比雖本无其心春秋之義亦同大罪是以君子慎疑
以立也諸侯不受先君之命而篡公立得與諸侯會者則以成君書
之齊商人蔡侯班之屬是也若未得接於諸侯則不稱爵楚公子
棄疾殺公子比蔡人殺陳佗齊人殺无知衛人殺州吁公子瑕之
屬是也諸侯篡立雖以會諸侯為正此列國之制也至於國內策

名委質即君臣之分已定故殺不成君者亦与成君同義傳曰會于平州以定公位又云若有罪則君列諸會矣此以會為斷也經晉趙盾弑君而傳云靈公不君又以明於例此弑宜稱君也弑非趙盾而經不變文者以示良史之意深責執政之臣傳特見仲尼曰越竟乃免明盾亦應受罪也醫不三世不服其藥古之慎戒也人子之孝當盡心嘗禱而已藥物之齊非所習也許止身為國嗣國非無醫而輕果進藥故罪同於弑二者雖原其本心而春秋不赦蓋為教之遠防也楚靈死通於民於例當稱國以弑公子比首兵自立楚衆散叛而靈王縊死故以比為弑主也比既得國々人驚亂棄疾遥而扇之比懼自殺皆棄疾之由故書公子棄疾殺公子比也左氏義例止此而已其餘小異皆從赴也劉賈許穎以為君惡及國朝則稱國以弑君惡及國人則稱人以弑案傳鄭靈宋昭經文異而例同故重發以同之子弑其父又嫌異於他臣亦重明其不異既不辟別國之与人而傳云莒紀公多行無禮於國大子僕因國人以弑之經但稱國不稱人知國之与人雖言別而更

一也杜言小異從赴者宋之蒙沢楚之乾谿俱是国内而弑捷不
書蒙沢斉商人衛州吁俱是公子而州吁不称公子諸如此類頗
有不同皆從赴也此弑君之例有君罪臣罪之異而諸侯出奔皆
不書逐君之人以罪臣者以君之見弑未必皆為無道故立臣罪
之文以見君有無罪死者国君而被臣逐悉是不能固位其罪皆
在於君故杜諸侯出奔例云諸侯奔者皆迫逐而苟免非自出也
仲尼之經更沒逐者主名以自奔為文者責其不能自安自固所
犯非徒所逐之臣也蔡侯朱無罪擬其失位出奔亦其象也是
說逐君無罪臣之文意也　注漳澨漳水边　正義曰釋例云漳
水出新城沶鄉縣南至荊山東南經襄陽南郡當陽縣入沮尔雅
水边之名唯有厓涘岸滸無以澨為水边者但此　云漳澨成十五年
云決睢澨睢漳皆水名举水名而言澨知澨是水边也　及鼓跗
著於丁寧　正義曰車上不得置簨虡以縣鼓故為作跗若殺之
楹鼓也言著於丁寧則丁寧是器晉語云伐備鍾鼓聲其罪也
戰以淳于丁寧儆其民也是丁寧戰之用也周礼鼓人以金錞和

鼓鄭玄云錞淳于也其形圜如碓頭以金錞節鼓鄭玄云鐲鉦也形如小鐘軍行鳴之以為鼓節是錞即淳于鐲即丁寧故先儒皆以鐲為鉦之別名丁寧即鉦也　注兵車云之蓋　正義曰服虔云笠轂々之蓋如笠所以蔽轂上以禦矢也一曰車轂上鐵也或曰兵車旁幔輪謂之笠轂杜以彼為不安故改之而為此說亦是以意而言差於人情為允耳　王使云是矣　正義曰此是強軍人之　心耳息有此矢々為有法不得其人學作唯三而已且射中王車由射之工不由矢善若其由矢王國猶有一矢何不一發以取越椒　注易其君　正義曰言越椒之亂合誅絕其族今更存立故命曰生言應死而更生　五年注高固云諸侯　正義曰僖五年公孫茲如牟注云娶於牟也卿非君命不越竟故奉公命聘於牟因自為逆然則此高固亦是因來聘而自逆也經書公孫茲如牟是以聘為文此高固以逆為文不言聘者此二者皆以非君之命不得越竟請君行聘而因自逆妻本意為逆不為聘也從魯而出私娶輕而君命重故書聘不書逆自外而來則嫁女重而受

聘輕故書逆不告聘内外之異文耳諸侯嫁女於大夫則使大夫
爲之主而書於經者以礼爲尊卑不敵故使大夫爲主耳其女適
他族以先公遺体許人必告於廟故告之耳嫁於諸侯者皆書其
歸此不書緻者差降於諸侯也非齊夫人不得言歸于齊若言緻
于齊高氏則下嫁於大夫非公之敵故不得書其歸也　注叔姬
寧國反馬　正義曰傳言來反馬也擬高固爲文耳嫌叔姬亦爲
反馬故辯之二者各有所爲而相隨行耳女既適人當稱夫族宗
蕩伯姬是其喪也叔姬已適高氏而猶言子叔姬者以其新歸於
夫反馬乃成爲婦今始來反馬故以父母之辭言之　傳注公既
至示過　正義曰凡公行还告至者往反无咎喜之而告廟也公如
齊見止求与高固爲昏方始得歸當以恥而不告亦復告廟飲至
故依常書之以示過釋例曰凡反行飲至必以嘉會昭告祖禰有
功則舍爵策勳无勳无勞告事而已若夫執止之辱厭尊毀列所
以累其先君忝其社稷故當克躬罪己不以嘉礼自終宣公如齊
既已見止連昏於鄰國之臣而行飲至之礼故傳曰書過也言告

已者書之以示公已也　注適諸至明之　正義曰俱是外來逆女適諸侯諸侯遣臣來逆則称逆女紀裂繻來逆女是也適大夫々々自來逆則称所逆之字此高固來逆叔姬是也二文不同所以別尊卑也傳言卿自逆者別其与君逆也莊二十七年莒慶來逆叔姬文与此同不於彼發例者嫌此高固見逆而成昏与常例或異故因此以明其不異也　注礼送至示譏　正義曰礼送女適於夫氏留其所送之馬謙不敢自安於夫若被出棄則將乘之以歸故留之也至三月廟見夫婦之情既固則夫家遣使反其所留之馬以示与之偕老不復歸也注高遣使不合親行高固因叔姬歸寧遂親自反馬与之俱來故經傳具見其事以示譏也儀礼昏礼者士之礼也其礼無反馬故何休據之作膏肓以難左氏言礼無反馬之法鄭玄答之曰冠義云無大夫冠礼而有其昏礼則昏礼者天子諸侯大夫皆異也士昏礼云主人爵弁纁裳緇衣乘墨車從車二乘婦車亦如之此婦車出於夫家則士妻始嫁乘夫家之車也詩鵲巢云之子于歸百兩御之又曰之子于歸百兩將

之將送也國君之禮夫人始嫁自乘其家之車也則天子諸侯嫁
女留其乘車可知也高固大夫也來反馬則大夫亦留其車也禮
雖散亡以詩之義論之大夫以上其嫁皆有留車反馬之禮留車
妻之道也反馬壻之義也高固以秋九月來逆叔姬冬來反馬則
婦入三月祭行乃反馬禮也是說禮有反馬之法唯高固不宜親
行耳杜言三月廟見謂無舅姑者士昏禮婦至其夕成昏質明贊
見婦於舅姑若舅姑既沒則婦入三月乃奠菜鄭玄云奠菜者祭
菜也又記曰婦入三月然後祭行鄭玄云謂助祭也曾子問篇端
稱孔子曰三月而廟見稱來婦也擇日而祭於禰成婦之義也鄭
玄云謂舅姑沒者也是舅姑沒者以三月而祭因以三月為反馬
之節舅姑存者亦當以三月反馬也士昏禮又稱若不親迎則婦
入三月然後壻見於妻之父母此高固親迎則不須更見故說云
親反馬也案杜注經云叔姬寧固反馬傳唯舉反馬不言寧者以
寧是常事唯反馬非禮故傳舉其非禮者　六年傳注殪盡也習
也　正義曰釋詁云貫習也殪死也言其死盡故以殪為盡盈云

貫者杜以為盈滿其心使其習兼伐劉炫云案尚書泰誓武王數紂之惡云商罪貫盈言紂之為惡如物在繩索之貫不得為習也今知不然者以詩稱射則貫兮先儒亦以為習故杜用毛義得兩通劉直以尚書之文而規杜過恐非也周書曰殪戎殷　正義曰如杜所注戎訓為兵謂以兵伐殷而殪盡也殪字宜在下以周書本文故其字在上　注豐上至滅亡　正義曰豐卦震上離下震為動離為明動而益明豐大之義豐卦上六變而為純離之卦故為豐之離也杜以筮得此卦爻變而為彼卦可言遇觀之否遇坤之比耳此直口語不是揲蓍而亦言豐之離者周易論變為義故雖不筮論易者必以變言其義故言豐之離也杜又引豐上六至不覿凶皆周易之文也王弼以為上六以陰處極而最在外不履於位深自幽隱絕跡深藏者也蔀者覆鄣之物也豐大其屋又鄣蔽其家闇之甚也以甚闇而處大屋不已久享其利其屋雖大其室將空故窺其戶而闃然無人也經三歲而不能顯見則凶伯廖引此者義取其德而居乃屋不過三歲必滅亡　七年衛侯

公來盟　正義曰文二年晉人以公不朝使陽處父盟公以恥之
書曰及晉處父盟者其族以厭恥也然則公與大夫對盟則為恥
辱此良夫乘盟若貶責者彼公親朝晉晉侯不與公盟故遣大夫
敵公是為恥辱此不貶責者其君不得親來遣臣來與公盟不對
彼君非為恥也　傳凡師出曰會　正義曰釋例曰與謀者同志
之國彼我之計未定相與共謀講議利害計成而後行之故以相
連及為文不與謀而出師者謂不得已而應命故以外合為文皆
據魯而言之也公親會齊侯伐萊而傳以師出示例所以通卿大
夫帥師者也魯既春會于曹以謀伐鄭夏遂起師而更從不與謀
之文者厲公篡大子忽之位謀而納之非正故諱從不與謀之例
若夫盟主之令則上行乎下非匹敵和成之類故雖或先謀皆從
不與謀之例成八年晉士燮來聘且言將伐郯下云會伐郯是也
凡乞師者深求過理之辭執讎以偪成其計故雖小國乞之於大
國々々乞之於小國亦皆從不與謀之例臧宣叔卻錡是也傳以師
出為例是唯繫於戰伐而劉賈許穎濫以經諸及字為義本不在

例今欲强合之所以多相錯伐也杜言小乞大々乞小者依二十六年公子遂如楚乞師成二年臧宣叔如晉乞師是小國乞於大國也成十三年郤錡來乞師十六年欒黶來乞師十七年荀罃來乞師十八年士魴來乞師是大國乞於小國也与謀者心俱欲伐彼此同謀乞師者非彼所欲乞來為已也我乞彼者彼不与我謀彼乞我者我不与彼謀是故凡言乞者皆從不与謀之例宣叔是小乞大郤錡是大乞小除晉乞魯以外更無大乞小者故舉郤錡以辯乞小之意耳晉是盟主自是上行乎下例无与謀之文不由郤錡乞師乃從不与謀之例　注此无秋字蓋闕文　正義曰苗秀乃名為禾夏則无禾可取知此取必在秋此无秋字蓋闕文　注慢盟故諱之　正義曰昭十三年公會劉子晉侯云々于平丘八月甲戌同盟于平丘公不与盟於時晉以讒慝弘多不与公盟公不得与非國之恥故書其同盟而彰言不与此時公實有罪為晉所執不得与盟是公之恥故諱而不書其盟若言諸侯實不盟公無所可与然　八年注并与五年書邑同　正義曰被執不以

为耻而亦告庙饮至故书之以示过也故杜云义与五年书过同
注盖有至礼也　正义曰下言其卒故疑有疾而还也聘礼曰宾
入竟而死遂也若宾死未将命则既敛于棺造于朝介将命哀十
五年传曰有朝聘而终以尸将事之礼是入所聘之竟则当遂行
黄是齐竟遂以疾还非礼也　注有事至书地　正义曰有事祭
也尔谓禘祭也杂例以昭十五年有事于武宫传称禘于武公则
知此言有事亦是禘也祭之日仲遂卒不书禘而略言有事者禘
事得常不书禘为下绎祭张本耳上言公子遂如齐此言仲遂
卒不书公子者此书有事为仲遂卒而书之与上相连犹是一事
因上行还间无异事故省公子之文从可知也卫氏难杜云其间有
卒巳有事于大庙何得为间无异事秦氏杂云有事于大庙是
为仲遂卒起文上是一事故云间无异事也既不书公子而称仲
遂者时君所嘉宠故称其字非义例也定五年传云季平子行
东野卒于房房是鲁地卒于竟内故不书其地垂是齐地非鲁竟
故书地也　注绎又至邑阙　正义曰绎又祭。释天文孙炎云祭之

明日尋繹復祭也公羊傳曰繹者何祭之明日也穀梁傳云繹者
祭之旦日之享賓也天子諸侯謂之爲繹少牢饋食大夫之禮
也謂之賓尸釋詁云繹陳也是陳昨日之禮以賓敬此尸也公羊
傳曰万者何干舞也籥者何籥舞也其言万入去籥何去其有聲
者廢其無聲者知其不可而爲之也猶者何通可以已也是万爲
舞名禮明堂位曰朱干玉戚冕而舞大武干楯也戚斧也此舞者
左手執楯右手執斧故謂之武舞言王者以万人服天下故以万
爲名詩言碩人之舞云左手執籥右手秉翟鄭玄云籥如管六孔
何休云吹之以節舞也故吹籥而舞謂之文舞魯人知卿佐之喪
不宜作樂故去其有聲而不知廢繹納舞去籥惡其聲聞也尋
杜注意直云万舞名又注隱五年亦直云万舞也下問羽數則万
是舞之大名不取公羊万是干舞之義則執羽吹籥是爲万舞故
杜云納舞去籥惡其聲聞是无干舞籥舞之別名也沈氏云案曾
子問嘗禘郊社簠簋既陳天子崩后之喪廢則卿喪不廢正祭
繹是又祭爲輕故當廢之　注敬謚　正義曰謚法夙夜勤

叓曰敬　雨不至克葬　正義曰定十五年九月丁巳葬我君定公
雨不克葬戊午日卜昃乃克葬彼云乃此云而者公羊傳曰而者何
難也乃者何難也曷為或言而或言乃乃難乎而也何休云難者臣子
重難不得以正日葬其君言乃者内而深言而者外而淺下昃日昳
久故言乃左氏無傳杜又不説或如公羊之言是史家異辭
傳注舒蓼二国名　正義曰舒蓼二國名者蓋轉寫誤當云一国名
案釈例土地名有舒群舒舒蓼舒庸舒鳩以為五名則与文五年
滅蓼同蓋楚滅後更復故楚今更滅之刘炫以杜為二国而規之
非也　盟吴越而还　正義曰譜云吴姬姓周大王之子大伯仲
雍之後大伯仲雍讓其弟季歷而去之荊蠻自号句吴句或為工
夷言發声也大伯无子而卒仲雍嗣之當武王克殷而因封其曾
孫周章於呉因呉子又别封章弟虞仲於虞自大伯五世而得封
十二世而晋滅虞虞滅而呉始大至壽夢而称王寿夢以上世数
可知而不紀其年寿夢元年魯成公之六年也夫差十五年獲麟
之歳也二十三年魯哀公之二十二年而越滅呉越姒姓其先夏后

少康之庶子也封於會稽自号於越於者夷言發声也濱在南海
不与中国通後二十餘世至於允常魯定公五年始伐呉允常卒
子句践立是為越王〻〻元年魯定公之十四年也魯哀公二十二
年句践滅呉霸中国卒春秋後七世大為楚所破遂微弱矣外傳
曰芊姓帰越是越本楚之別封也或非吏后之後也　注記礼云
下柩　正義曰礼記諸言自某始者皆与後人為始此云始用葛
茀則自此以後常用葛故云記礼変之所由茀字礼或作紼或作
綍縄之別名也周礼遂人大喪属六紼天子用六也喪大記君葬
用四紼大夫士葬用二紼是紼者所以引柩也於殯則已有之繋
於輴車以備火災有災則引柩以辟火及葬則用之以下柩也
雨不至懐也　正義曰曲礼云凡卜筮日旬之外曰遠某日旬之
内曰近某日喪事先遠日吉事先近日鄭玄云喪事葬与練祥也
吉事祭祀冠取之屬也然則先近日先卜上旬不吉卜中旬又不
吉卜下旬喪事則先卜下旬卜葬先卜遠日辟不思念其親似欲
汲〻而早葬之也今若冒雨而葬亦是不思其親欲得早葬故举

卜葬先遠日以證為雨而止礼王制云庶人葬不為雨止者鄭云
云雖雨猶葬礼儀少也　九年注卒於毛日諱　正義曰釋例虎
是鄭地故云卒於竟外黑臀以二年始立而云四與文同盟者杜
注春秋又為釋例前後經傳勘當備盡豈晉侯二年始立不于文
公之世而云四與文同盟必是後寫之誤蘇氏亦以為然劉炫以此
規杜非也其君卒或書地或不書地皆從赴今云卒於竟外故書
地者晉侯實在竟外卒非以為例也劉炫云襄七年鄭伯髡頑卒
于鄵昭二十五年宋公佐卒于曲棘竟内亦書地非竟外九月死
辛酉者下有十月癸酉杜以長歷推之癸酉是十月十六日辛酉
在前十二日耳故云九月死辛酉上有八月下有十月非月誤也
注三與文同盟　正義曰鄭文燬以僖二十五年卒鄭代立其年
盟于洮二十六年于向二十八年于踐土文七年于扈十四年于
新城唯二與文同盟云三者以二三字體相近轉寫之誤耳若其
不然杜元容不委劉炫以此規杜非也　注賤合書名　正義
曰文八年宋人殺其大夫司馬貴之而不名此書賤賤之名是不

为春秋所貴故書名傳稱臣者所以治煩去惑是以伏死而爭則
直諫者臣之盡忠之爭識治忠諫而死不为春秋所貴者釋例曰
魯哀之可諫者甚衆未聞仲尼之若言元於陳恒弒其君孔子沐
浴而朝告於哀公求討不義顯交施舍足以致益者因人臣之所
當造膝也若乃情色之感君不已得之於臣父不已得之於子臣
子而欲彰直於其君父適所以益謗而致罪也陳靈公宣淫悖德
亂倫志同禽獸非盡言所救洩冶進无匡濟遠策退不危行言孫
安昏亂之朝慕匹夫之直忘蘧氏可卷之德死而无益故經同罪
賤之文傳特稱仲尼以明之忠为令德非其人猶不可況不令乎
此其義也是說不貴洩冶之意也然則比干諫紂而死孔子稱殷
有三仁寫善比干者家語云子貢曰陳靈公君臣宣淫於朝洩冶
諫而殺之是與比干諫死同可謂仁乎孔子曰比干於紂親則諸
父官則少師忠款之心在於存宗廟而已固當以必死爭之冀身
死之後紂當悔悟本志存於仁者也洩冶之於靈公位在大夫无
骨肉之親懷寵不去仕於亂朝以區區之身欲止一國之淫昏死

而无益可謂猶矣詩云民之多辟无自立辟其洩冶之謂乎是言
洩冶之行不得同於比干之意也 傳注不書其將帥 正義曰依二
十八年晉侯齊師宋師秦師及楚人戰于城濮彼注云宋公齊國歸父
秦小子憖既次城濮以師屬晉不與戰也彼以師屬晉而經書其
師此全不書者彼雖公卿不行仍有大夫帥之將卑師眾故稱師耳
此則全設將帥以兵付晉并入晉軍林父獨自帥之故唯書林父伐陳也
十年注齊略其无罪 正義曰崔杼有寵於惠公惠公既薨高國
二家恐其藉前世之寵又有寵於新君故畏其偪已因君薨而逐
之崔杼未有罪也時人疑其更故不言其名略言崔氏見其舉
族出奔耳及仲尼脩之大夫出奔注罪不名名即是无罪故因
告稱氏而書氏以見无罪若貴之或稱官或稱字如司城子哀之
類是也 注王季其稱字 正義曰公羊傳曰王季子者何天子
之大夫也其稱王季子何貴也其貴柰何母弟也是公羊以為
天王之母弟也母弟而稱季子然則字季子也天子大夫例稱字
襄三十年天王殺其弟佞夫母弟稱弟此不言王弟者釋例云朝

聘盟會嘉好之事此兄弟之篤睦非義例之所與故仍舊史之策
或稱弟或稱公子是由義先所見故因其舊文其相殺害乃稱弟
以示義耳　注繹邾至繹山　正義曰文十三年傳稱邾遷于繹
則繹為邾之都矣更別有繹邑今魯伐取之非取邾之都也亦因
繹山為名蓋近在邾都之旁耳　傳注典策至改舊　正義
曰傳言旦告以族不以名知注舊以名告而齊人誤以族告也
釋例云若乃稱司城以貴效節於府人自歸父之逐以善復命
於介因齊人告辭以著其无罪蓋隨事以示褒貶也傳既
云書曰崔氏以明非罪後云旦告以族不以名知典策之書
舊當以名通也齊國雖繆以族告適合仲尼所褒之實因而
不革以示其罪且明春秋之作或因仍舊史成文不必皆有
改也何休膏肓以為公羊說世卿而難左氏蘇氏釋云崔杼祖
父名不見經則知非世卿且春秋之時諸侯擅相征伐猶尚不
說世卿雖曰非禮夫子何由獨責又鄭駁異義引尚書世選爾勞
又引詩刺幽王絕功臣之世然則興滅繼絕王者之常說世卿之

七〇四

文其義何在　注違奔放也　正義曰釋例曰迫窘而奔及以礼
見放俱去其國故傳通以違爲文是言違兼奔放也　注上某氏
某名　正義曰若言崔氏之守臣杼也大夫受氏爲世守宗廟故
謂之守臣言守宗廟之臣也僖十一年管仲云天子之二守高國
在彼謂天子命之爲守國之臣与此異也知此異於彼者豈天子
命者出奔乃得告於諸侯餘臣亦奔不得告也且下句云失守宗
廟知守臣謂守宗廟之臣非守國也天子賜姓諸侯賜族對文則
姓与族別散文則可以通礼謂族人爲庶姓故云上某出者姓其
實正是族也　注玉帛之使謂聘　正義曰聘礼執玉致命執帛
致享故云玉帛之使謂聘也下注云恩好不接故亦不告又昭二
十年曹公孫會自鄸出奔宋注云嘗有玉帛之使來告故書則杜
意以爲奔者之身嘗有玉帛之使於彼國已經相接則告之若奔
者未嘗往聘恩好不接則不告唯告奔者嘗聘之國餘不告也劉炫
以爲玉帛之使謂國家有交好之國皆告非指奔者之一身
注潁水出入淮　正義曰釋例曰潁水出河南陽城縣陽乾山東

南經潁川汝陰、至淮南下蔡縣入淮也　注以四至卿礼　正義曰喪大記云君大棺八寸屬六寸椑四寸上大夫大棺八寸屬六寸下大夫大棺六寸屬四寸士棺六寸然則子家上大夫棺當八寸今斲薄其棺不使從卿礼耳不知斲薄之使從何礼也　蓋以正義曰謚法動靜乱常曰幽　十一年注晉侯、至狄地　正義曰凡諸侯聚會魯不与者皆歷序諸國云會于某地上盟于辰陵即其事也狄従諸夏序列亦然僖二十年齊人狄人盟于邢是也此異於彼而云晉侯會狄是狄在彼地晉往會之故傳說晉大夫欲召狄郤成子勸其勤是晉侯自往故以狄為會主　成十五年會吴于鍾離襄十年會吴于相其意与此同　注不言至辭也　正義曰討賊辭者言弑君之賊人々皆欲殺之作挙國共殺之文故不言楚子也襄二十七年衛殺其大夫甯喜亦是討賊但衛人自殺其臣故称大夫徵舒非楚之臣不得言殺其大夫諸放殺及執他國之臣皆不言某國大夫者以人臣卑賤故没其爵号而空書名氏　注楚子、至之後　正義曰案傳楚子為陳討夏氏乱遂入陳

殺夏徵舒轘諸栗門此經先書殺夏徵舒後書入陳者擬先後事
實為文故杜注云楚子先殺徵舒而欲縣陳後得申叔時諫乃復
封陳不有其地故書入在殺徵舒之後是其事也劉炫云楚子入
陳乃殺徵舒經先言殺徵舒後言入陳者以楚子本意正欲討賊
无心滅陳及殺徵舒滅陳為縣後得申叔時諫乃復封陳於例不
有其地故云入陳言楚人既殺徵舒楚子乃復入陳納二子於陳
入陳之文為下納張本傳云書曰入陳納公孫寧儀行父于陳書
有礼也入納連文是入為納也昭八年楚之師滅陳執公子招放于
越殺陳孔奐彼心欲滅陳此則主為討賊无心滅陳而復封之君
子善其自悔故退入陳於下隱其縣陳之惡若其不然當云楚子
入陳殺夏徵舒如此則楚子本為入陳國入乃討陳賊則是惡楚
子故書入在殺徵舒之後　注二子至復之　正義曰二子与君淫
昏致使君死國亂實罪人也今楚子入陳而納之乃是納罪人也
討應罪楚子而傳言書曰入陳納公孫寧儀行父于陳書有礼也
既善楚子有礼則是恕彼之惡故杜迹其合恕之中言賊討國復

是二子之力其功足以補過故君子善楚侯之賁達云二子不繫之陳絶於陳也惡其与君淫故絶之善楚之有礼也案子糾捷菑皆不繫國自是例之常賈說非也釈例云賈氏依放穀梁云称納者內難之辞納公孫寧儀行父于陳言書有礼不可言內難也陳縣而見復上下交驩二人雖有淫縱之闕今道楚匡陳賊討君葬威權方盛傳称其礼理无所難此先儒說之不安也杜言於時陳成公播蕩於晋者此傳云陳侯在晋襄二十五年傳云夏氏之亂成公播蕩是也　傳注艾獵孫叔敖　正義曰服虔亦云艾獵爲賈之子孫叔敖也此年云令尹蔿艾獵明年云令尹孫叔敖明一人也世本艾獵爲叔敖之兄世本多誤本不必然　注封人至討功　正義曰周礼封人凡封國封其四疆造都邑之封域者亦如之大司馬大役与慮事受其要以待考而賞誅鄭玄云慮事者封人也於有役司馬与之屬賦丈尺与其用人數也是封人主造城邑計度人數此云使封人故云其時主築城者慮事者謀慮城築之事无則慮之訖則討功也史書多有无慮之語皆謂揆度前

叓也　注幹楨也　正義曰釋詁云楨翰幹也舍人曰楨正也築牆
所立兩木也翰所以當牆兩邊鄣土者也彼楨為幹故謂幹為楨謂
牆之兩頭立木也板在兩旁卧鄣土者即彼文翰也平板幹
者等其高下使城齊也　称畚築程土物　正義曰畚者盛土之
器築者築土之杵司馬法輦車所載二築是也称畚築者量其
輕重均負土与築者之力也程土物謂鍬钁畚輦之屬為作程
限備豫也　注少西至之名　正義曰礼以王父字為氏徵舒以
夏為氏知子夏是字少西是名言少西氏者氏猶家也言將討
少西之家　以諸侯討而戮之　正義曰經无諸侯而云以諸侯
討之諸侯皆慶者時有楚之屬国從行也十二年邲之戰經不書
唐而傳云唐侯為左拒昭十七年長岸之戰經不書隨而傳言
使隨人守舟明此時亦有諸侯但為楚之私屬不以告耳　謂之夏
州　正義曰謂之夏州者討夏氏鄉取一人以歸楚而成一州故
謂之夏州　注沒其至復礼　正義曰言入陳納人為有礼也直
言入陳納人是沒其縣陳本意言陳国見存入而納此人耳是全

以討亂存國為文所以善其得禮　注為明亂義也　正義曰十年鄭及楚平既先其叓謂經先之也鄭徼叓晉又先端跡亦謂經所先也傳若不發此語不知楚以何故明年忽然圍鄭為此特發此傳以明後年圍鄭之經也自厉役以來鄭南北兩屬不專心於楚故楚未得志而明年圍之七年晉為黑壤之會鄭伯在焉厉役在黑壤之前九年傳言楚之子為厉之役故伐鄭叓在黑壤之後而彼傳不以黑壤興伐而遠稱厉之役者楚子之志所恨在於厉役逃歸不為黑壤會晉故也上指厉役下指辰陵中包黑壤此皆傳上下相包通之義也

春秋正義卷第十六

計一万六千一百一十一字

春秋正義卷第十七　宣下

國子祭酒上護軍曲阜縣開國子臣孔　穎達　等奉

勅撰

十二年注晉上軍郊地　正義曰此一軍成陳軍不成陳成陳者無少以戰爲文案昭二十三年雞父之戰六國成陳而楚不成陳成陳者多而以敗爲文者六國無衆楚之爲兵主楚既未陳故以獨敗爲文與此異也　注蕭宋邑九日　正義曰莊十二年宋萬弑閔公蕭叔大心者宋蕭邑之大夫也平宋亂立桓公宋人嘉之以蕭邑封叔爲附庸莊二十三年蕭叔朝公是其事也此年楚子滅蕭定十一年宋公之弟辰入于蕭以叛則此後復爲宋邑也杜以長歷校之十二月无戊寅戊寅乃是十一月九日此不言月誤長歷云日月必有誤者案此經稱師人多寒若是十一月則今之九月未是寒時當月是而日誤也　注晉衛宋東南　正義曰僖云盟曰恤病討貳陳貳於楚而宋伐之衛救陳不討貳也楚伐宋而晉衛不救不恤病也是晉衛背盟故貶其大夫而稱人曹是小

国貶与不貶俱當稱人故不言曹也明年傳稱君子曰清丘之盟
唯宋可以免則宋不違盟而亦貶宋卿者彼晋衛曹並皆偽妄
花椒承群偽之言以誤其国致使宋為盟故伐陳衛人救之楚人
討之伐陳陳恐楚被伐先救宋雖有守信之善而椒猶不免譏者為
諸国失信而累及椒也晋衛不信乃在盟後非是心欲不信而妄
作此盟當盟之時未有不信之狀在後違約不可豫知而亦并責
椒者君子結交當擇善而從之所与不善必將敗德椒与不信約
盟則是不信之黨無獨守信并亦貶之戒後之人使擇交也
傳注臨哭於祖廟　正義曰案雜記客致含賵諡請臨襄十二年
傳吴子壽夢卒臨于周廟故云臨哭也宫即廟也象其尊貌則謂
之為廟言其牆屋則稱之為宫大宫々之大者郑祖廟者謂郑大
祖之廟也　注陴城上俾倪　正義曰陴城上小牆俾倪者看視
之名襄六年晏弱圍萊堙之環城傅於堞注云堞女牆也又二十
五年吴子門于巢々牛臣隱於短牆以射之二十七年盧蒲嫳
攻崔氏々々堞其宫而守之注云堞短垣也陴堞俾倪短牆短垣

女牆皆一物也說文云堞城上女垣也廣雅云陴俾倪女牆也釋名云城上垣曰陴言於其孔中俾倪非常亦言陴益也助城之高也或曰女牆言其卑小比之於城如女子之於丈夫也　注哀其至十日　正義曰杜以三月克之謂圍經三月方始克之故云九十日也知非季春克之者下云六月晉師救鄭及河聞鄭既及楚平桓子欲還是將欲至河鄭猶未敗至河聞敗猶欲還師在國聞敗師必不發若是季春克之不應此至六月而晉人不聞以此知三月非季春也經傳皆言春圍鄭不知圍以何月為始圍經旬有七日而退師聞其脩城乃復更進又圍三月方始克之則從初以至於克凡經一百二十許日蓋以三月始圍至六月乃克也

注周厲至滅也　正義曰鄭桓公是周厲王之子宣王母弟又宣王封之故依二十四年及此皆厲宣並言之桓公始封西鄭武公始居東鄭二公是始封之賢君若其存鄭則四君祐楚故願楚之要福於此四君使社稷不滅祇滅也釋詁文

注楚之滅至比之　正義曰楚滅諸國見於傳者哀十七年稱文王縣申息莊六年稱楚滅

鄧十八年稱武王克權後五年滅弦十二年滅黄二十六年滅夔
文四年滅江五年滅六又滅蓼十六年滅庸凡十一國見於傳後
二十八年傳曰漢陽諸姬楚實盡之則楚之滅國多矣言九縣者
申息定是其二餘不知所謂蘇氏沈氏以權是小國庸先屬楚自
外為九也　庸可幾乎　正義曰庸用也幾詭如異言用可冀
幸而得之乎何必滅其國　注欒季代林父　正義曰服虔云食
采於欒或曷然也文十二年河曲之戰荀林父佐中軍臾駢佐上
軍欒盾將下軍自尒以來傳無其代知先穀代林父郤克代臾駢
趙朔代欒盾也八年傳趙朔佐下軍知欒書代趙朔也案傳文皆
稱欒子今注云欒季者勘譜亦以欒子欒季為一人則杜君別有
所據書傳殘缺不可得而知也劉炫云傳文皆稱欒子何以知是
欒季以穀非欒季以規杜今知非者杜以子為男子之稱季是幼
少之辭季之與子是得通稱子路或為季路舉其常稱謂之子論
其字謂之季故公子友或稱季友而劉以傳雖稱欒子見欒季
而規杜非也　注韓萬玄孫　正義曰韓世家云韓之先與晉同

封韓原曰韓武子後三世有韓厥世本云桓叔生子万々生求伯
々々生子輿々々生獻子厥史記所云武子蓋韓万也如彼二文
厥是万之曾孫而服虔杜預皆言厥韓万玄孫不知何所拠也
瑕釁罪也　正義曰釁訓為罪者釁是間隙之名今人謂瓦裂龜
裂皆為釁既有間隙故得為罪也　德刑至是征　正義曰既言
觀釁而動更說无釁之事德刑政事典礼此六事則是不變易者
不可与之敵也聖王之制征伐者為有罪者耳不内是天事不易
行征伐也此舉六事之目下文歷說楚不易六事以充之　君无
怨讟　正義曰讟誹也政有常則民不恨故國君无人怨无人謗
擊鼓怨及吁郑人謗子産是有怨謗也　商農至其業　正義曰
齊語云公曰成民之事若何管子對曰四民者勿使雜処　公曰処
士工商農若何管子對曰昔聖王之制也処士就閒燕処工就官
府処商就市井処農就田野彼四民謂士農工商此數亦四无士
而有賈者此武子意言舉兵動眾四者不敗其業兵則以士從
征不容復就閒燕故不云士而分商賈為二行曰商坐曰賈周

是販賣而行坐異業發兵征伐四者悉皆不与故揔云不敗其業
也　注宰令乙叔敖　正義曰周礼六卿大宰為長遂以宰為上
卿之号楚臣令尹為長故從他国論之理令尹為宰楚之国仍別有
大宰之官但位任卑耳傳称大宰伯州黎是也楚之国名上卿為令
尹者釈詁云令善也釈言云尹正也言用善人正此官也楚官多
以尹為名皆取其正直也　注在車乙為主　正義曰司馬法兵
車一乘有甲士三人步卒七十二人甲士在車不共碎役所言左
右者分步卒為左右也兵車一轅服馬夾之而言挾轅者步卒被
分在右者當軍刂之時又分之使在兩廂挾轅以為戦備楚之陳以
轅為主故以轅表車正是挾車嚴兵以備不虞也其應在左者使
之追求草蓐令离道求草不近兵車也蓐謂卧止之草故云為宿
備也此是在道時然故云軍行右轅左追蓐乙於對陳之時則各
在車之左右故豫定左右之分在道分使之耳　注慮无乙旌識
正義曰茅明也在前者明為思慮其所无之事恐其卒有非常當
預告軍中兵衆使知而為之備也如今軍行理當杜之時行軍有

此法也前有斥候騎伏者今人遠在軍前斥度候望慮有伏兵使
騎行之持以絳及白爲幡與軍人自私號也曲禮曰前有水則載
青旌前有塵埃則載鳴鳶前有車騎則載飛鴻前有士師則載虎
皮前有摯獸則載貔貅其意與此見賊舉幡相似也茅明釋言文
舍人曰茅昧之明也　注物猶云勑令　正義曰彰謂旌旗畫物
彰也百官尊卑不同所建各有其物象其所建之物而行動軍之
政教不待約勑號令而自備辨也周禮大司馬中秋教治兵辨旗
物之用王載大常諸侯載旂軍吏載旗師都載旜鄉遂載物郊野載
旐百官載旟鄭玄云軍吏諸軍帥也師都遂大夫也鄉遂鄉大夫
也或載旜或載物衆屬軍吏無所將也郊謂鄉遂之民長縣正以
下野謂公邑大夫載旐者以其將羨卒也百官卿大夫也載旟者
以其屬衛王也凡旌旗有軍衆者畫異物無者帛而已是其尊卑
所建各有物彰也案春官司常職云及國之大閱贊司馬頒旗物
王建大常諸侯建旂孤卿建旜大夫士建物師都建旗州里建旟
縣鄙建旐道車載旞斿車載旌俱是周禮而所建不同者大司馬

所云中秋教治兵之法司常所云中冬教大閱之法鄭玄云凡頒
旗物以出軍之旗則如秋以尊卑之常建則如冬大閱備軍礼辨
旗不如出軍時空辟実也是為時不同故所建異此云象物而動
謂軍行之時當指治兵之法也　亓君至施舎　正義曰内姓謂
同姓也亓君之举用人也於同姓則選之於親於外姓則選之於
旧於親内選賢於旧内選賢言唯賢是任不以親以旧便即用之
所举不失有德所賞不失有労必有德乃举有労乃賞言不賞无
労不举无德臣民年老有加増恩恵外来旅客有施舎常法謂羈
旅之臣以亓新来施以恩恵舎不労役也　注賜老則不計労
正義曰老有恩恵當謂年老有加増恩恵不論有労与无労也劉
炫云老者當有恩恵之賜非労役之限但恩恵則賞賜之以文連
賞不失労之下故杜云賜老則不計労劉炫以不計労之文而規
杜氏一何煩碎　注威儀有等差　正義曰言貴有常尊則當云
賤有常卑而云賤有等威者威儀等差文兼貴賤既属常尊於貴
遂属等威於賤使互相發明耳　德立至敵之　正義曰功德

苦甚不立刑威若甚不行政以成就為上變以得時為善典貴乎
從禮惡其逆故云德立刑行政成變時典從禮順各以義理相配
為文皆不易之變既歷序此變乃云若之何敵之副上德刑政變
典禮不易不可敵也　注仲虺至之後　正義曰取亂侮亡尚書
仲虺之誥文也定元年傳薛宰曰薛之皇祖奚仲居薛以為夏車
正仲虺居薛以為湯左相二人皆是薛祖是仲虺為奚仲之後
注酌詩至取之　正義曰酌詩經無酌字序云言能酌先祖之道
以養天下故以酌為名烏鑠美歎祐文於歎辭也時是也晦昧也言於
乎美哉武王之用師也言遵天之道養是闇昧之君待闇昧者惡
積而後取之言遵天之道者上天誅紂之期未至武王靖以待之
是其遵天之道也　注耆致至於昧　正義曰耆耆指々致竟相
近故為致也致討於昧者言養之使昧然後可討之上句云兼弱
攻昧引仲虺之言以證兼弱引武王之事以證攻昧此不云攻昧而
言耆昧者以酌詩之意言養紂而不言伐紂不得謂之攻昧故緣
詩之意言致之於昧然後攻之　注武詩至之業　正義曰烈業

也釋詁文競強也詩意言無強乎唯武王之功業言克商功業實
爲強也此引武詩兼兼弱攻昧之下故杜以傳意解之言武王兼
弱取昧故成此無強之業此頌詩武二篇並無兼弱之事因傳上
文連言之　撫弱至可也　正義曰上言兼弱此云撫弱言其撫
養而取之未必皆攻伐以求之也此撫弱即酌上仲虺有言兼弱
也耆昧即酌上詩曰於鑠王師者昧也以務烈所酌上武曰無競
惟烈士會言不須敵楚兼撫餘諸侯弱者致討諸侯昧者以務武
王烈業之所可也　晉所至佐將　正義曰言晉之所以得爲霸
主者由軍師之武群臣有力以有武力成此霸功今失諸侯不可謂
之爲力見敵不能從不可謂之爲武命爲軍師者三軍將佐皆受
君命爲軍之主師以中軍佐將謂一軍之內將佐分之各有所帥
故注云佐彘子所帥也僖二十八年晉臣以下軍之佐與此同也
知莊子至大咎　正義曰莊子見彘子違命必當有禍乃論其事
云此師之行甚危殆哉周易之書而有此事師之初六變而爲臨
初六爻辭云軍師之出當須以法若不善則致其凶既引易文以

人從律令者師旅乃以律從人則有不臧之凶又覆解不臧之義
凶執事上下相順和成則為臧若相違逆則為不臧既釋不臧之
事又釋以律之意坎為衆今變為兌々為柔弱是衆散為弱坎為
川今變為兌々為澤是川壅為澤坎為法象今為衆則弱為川則
壅是法律破壞從人之象故曰律否臧以釋易文律否臧之義
否臧易注云為師之始齊衆以律失律則散故師出以
律々不可失々律而臧何異於否失令有功法所不赦故師出不
以律否臧皆凶釋否臧既了又釋凶之一字故云且律竭云法律
竭盡也川水當盈而以竭盡且又被夭塞不得整流似法當嚴整
而以破壞被人違逆不得施行所以致此凶禍解釋凶義既了以
盡易意然後論彘子之愚當此初六之禍故云水之不行是謂臨
矣彘子有師不從故論不行之臨事雖甚於彘子周易所言是彘
子之謂若已違辟前敵於事猶可若果敢遇敵必致禍敗也此禍
敗之事彘子主受之雖在敵免死而歸必有大咎也師坎為水坤
為衆々則如水師旅。之象故名其封為師服虔云坎為水坤為衆又互体震々為雷々鼓聲又為長子々々帥衆唱鼓巡水而行之師之象也臨兌為澤坤為地居地而俯視於澤臨下之義故名為臨　注坎為至柔弱　正義曰晉語文公筮尚有晉國司空季子占之曰震雷也車也坎水也衆也主雷与車而尚水与衆是坎為衆也易説卦兌為少女故為柔弱衆聚則強散則弱坎變為兌是衆散為弱也　注坎為至見壅　正義曰説卦坎為溝瀆々々即是川也説卦兌為澤川是流水今變為澤是川見壅也　注如從至之象　正義曰釈詁云如往也往是相從之義故訓為從也法行則人從之率人以從法也法敗則法從人々各有心棄法不用法從人也釈言云坎律銓也樊光曰坎卦水也水性平律亦平銓亦平也郭璞曰易坎卦主法々律皆所以銓量輕重是坎為法象也今坎變為兌為衆則散而為弱為川則壅而為澤是失法之所用法敗從人之象也　注竭敗至法敗　正義曰竭是水涸之名坎為水為法水之竭似法之敗故云竭敗也坎變為兌則為水不流水不流則為法不行失為坎之用是法敗之象　注水遇至涸

也　正義曰哀九年傳曰如川之滿不可游也水當盈川而以壅
故竭是水過火塞不得整流則竭涸也天邑遇是壅塞之義故云遇
火塞也　注主此禍　正義曰釋言訓尸為主故云主此禍也服
虔亦云主此禍也又引易師卦六五長子帥師弟子輿尸凶長子帥
師以中行也弟子輿尸使不當也佐之於元帥弟子也而專以師
潰使不當也軍必破敗而輿尸案下句云雖免而歸則謂擧字為
在陳而死師卦有輿尸之語其言尸之或容有此意但尸字不可
兩解故杜略去之　注沈或至始縣　正義曰楚之官多名為尹沈
者或是邑名而其字或作寢哀十八年有寢尹吳由于因解寢為
縣名不言寢是何沈邪也　次于管　正義曰土地名熒陽京縣
東北有管城古管國也　注若敖至啓土　正義曰楚世家云熊
咢卒子熊儀立是為若敖　〻〻卒子霄敖立霄敖卒子熊眴立是
為蚡冒〻〻卒弟熊達立是為楚武王案杜注文十六年傳蚡冒
楚武王父不從史記也以荊竹織門謂之篳門則篳路亦以荊竹
編車故謂篳路為柴車方言云楚謂凡人貧衣破醜敝為藍縷〻

々謂敵衣也服虔云言其縷破藍々然　廣有至之兩　正義曰
兩廣之別各有一卒之兵百人也一卒之外復有十五乘之偏并
二十五人之兩既言一卒又云卒偏之兩言卒之者成辭婉句耳
或解云兩屬於偏云偏之兩者謂偏家之兩知不然者案成七年
以兩之一卒亦云之字豈又是兩家之卒且杜注云十五乘為大
偏今楚亦用旧偏法此一廣之中實有此偏非是偏名為兩而於
一卒別復有偏之一兩二十五人從之刘炫云兩廣之別各有一
卒百人一卒外復有偏一兩二十五人兵法十五乘為偏々有一
兩從之兩是偏家之物故知此為偏之兩者家一廣十五乘有一
百二十五人從之　注十五至兼副　正義曰下云楚子為乘廣
三十乘分為左右知十五乘為一廣也史記称齊景公時有司馬
田穰苴善用兵至六国時齊威王使大夫追論古者司馬兵法附
穰苴於其中凡一百五十篇号曰司馬法百人為卒二十五人為
兩十五乘為偏皆司馬法之文百人為卒二十五人為兩周禮亦
有此文但周禮无偏故杜并引司馬法耳此云大偏對成七年九

七二四

乘为小備故此為大備也桓五年二十五乘为偏戰時臨陳所用
不同不可与此相對为大小杜注多以皆望文也言亦用旧備防
者謂楚雖荊尸而舉仍用旧偏旧備於轅苴前已有則應周礼有文
但以已設者多故礼文不具　右廣至于夜　正義曰右廣雞鳴
初駕數及日中則左廣受而代之以至於昏此晝日更也其内官
親近王者為次序以遞其夜若今宿直遞持更也　以我卜也
正義曰將我晉戰之勝負卜其象來遂往猶人揲蓍看卦善惡而
卜其去之与往也　注二先至穆王　正義曰莊十六年楚將伐
鄭文王之世也二十八年子元伐鄭成王之初也僖五年首止之
令鄭伯逃歸自是以後鄭將時後從楚成王以前鄭未屬楚故也
入此句唯成穆耳令之莊王成王孫穆王子也入此行猶往來於
鄭　注單車至群帥　正義曰周礼環人掌致師鄭玄云致師
其必戰之志則致師者致已欲戰之意於敵人故單車揚威武以
挑之下云趙旃請挑戰是也挑彼晉師故言以致晉師也楚子既
求成而又令挑戰示其不欲崇和以疑誤晉之群帥　注龙車至

善者　正義曰兵車自非元帥皆射者在左御在中央故云左車
左樂伯居左故稱左也下云莊子抽矢菆納諸廚子之房選好矢
而留之知菆是矢之善者　注兩飾至閒暇　正義曰兩飾掉正
皆無明訓服虔亦云是相傳為然也飾馬者謂隨宜刷刮馬又正
其鞅以示閒暇　注麗著至心者　正義曰易離卦彖云離麗也
日月麗乎天百穀草木麗乎土是麗為著之義龜之形背高而前
後下此射麋麗龜謂著其高處故杜以龜為背之隆高當心者服
虔亦然是相傳為此說也　以歲至從者　正義曰周禮獸人冬
獻狼夏獻麋春秋獻獸物者謂獻之以共王之膳耳非能徧及
於百官也禮冬獵曰狩言圍守而取之獲禽多也於時麋人所獻
或頒及群臣故言歲之非時獻禽之未至以為謙之辭耳　注錡
魏犨子　正義曰服虔亦以為犨子世本以為犨孫世本多誤未
必然也　使其徒入之　正義曰使已從人入壘以取俘馘也
注軘車兵車名　正義曰襄十一年鄭人賂晉侯以廣車軘車淳
十五乘甲兵備甲兵從之是兵車明矣鄭玄云廣車橫陳之車服

虔云軘車所守之車古名難得而知其義或當然矣　注元戎至
為備　正義曰元大也戎車也詩小雅六月之篇言王者軍行必
有大車十乘常在軍前以開道諸軍從行所以先人為備也詩毛
傳云夏后氏曰鉤車先正也殷曰寅車先疾也周曰元戎先良也
三代行軍皆前有此車其名司馬法之文也其先正先疾先良毛
解其名鄭玄又釋其意鉤車備謂鉤般車其行曲直有正故曰先正
寅進也此車能進取遠道故曰先疾元戎大車之善者故曰先良
也　晉師元未動　正義曰晉之三軍上軍在左中軍在中下軍
在右言晉之中軍下軍敗走在上軍之右者皆移唯上軍未動故
杜云餘軍皆移去唯上軍在　告唐惠侯　正義曰此未戰之前
告經不書唐侯者為楚私屬故不見也　注游車補闕者　正義曰
周礼車僕有闕車之倅鄭玄云闕車所用補闕之車也此言游闕
知游車以擬補闕令使從唐侯是補闕也　注以衆左得勝故
正義曰桓八年傳云楚人尚左君必左者謂置車尚左故君在左
此言先左謂乘廣先乘左上文旦則右廣初駕日中乃換左廣則旧

法先乘右廣今楚王偶然乘左廣以逐趙旃因是而得戰勝以為宜乘左廣自是以後乘廣先左以乘左得勝故也　注廣兵車　正義曰襄十一年鄭人賂晉侯以廣車定四年史皇以乘廣死是兵車稱廣也此言晉人廣隊下云拔旆投衡軍行則旆在軍前不是車皆有旆也此蓋是晉人在軍之前載旆之車　注惎教至兵蘭　正義曰脫扃拔旆皆是教人之語知惎為教也服虔云扃横木有木横投於輪間一曰扃車前横木張衡西京賦云旗不脫扃薛綜注云扃所以止旗今杜以扃為車上兵蘭各以意言皆无明證而礼扛鼎之木其名曰扃則扃是横木之名教之脫扃則扃是可脫之物杜云兵蘭蓋横木車前以約車上之兵器慮其落也隊坑則横木有礙故不能進　注还使之差輕　正義曰旆扇風重故馬便旋而不已進欲天云緇廣充幅長尋曰旐繼旐曰旆郭璞曰帛續旐末为燕尾者此旆已扇風使重令馬不已進則其制必大矣故云旆大旗也城濮之役亡大旆之左旃此之彰也旆縣於竿插之車上衡是馬頸上横木故拔取旗竿投於衡上卧之使不

帆風則於車差輕故得於坑也帆是扇風之名今人猶上張布以
鄣風名之曰帆 注兄弟累尸而死 正義曰獲者被殺之名並
皆被殺唯角言皆獲耳欲見尸相重累之皆獲故杜辯之云兄弟
累尸而死累即積之重也 可勝既乎 正義曰重物不可舉者
謂之不勝用之不可盡者亦言不勝史傳多有其文今人猶復此語
故少難解耳既盡也可勝盡乎言用之不可盡也 不以或故也
正義曰言我不以好箭射楚貴人之子而賀之吾之子其可
得乎吾爲此計者不可用惡箭苟且爲射故也 注重輜重也
正義曰輜重載物之車也說文云輜一名軿前後蔽也蔽前後以
載物謂之輜車載物必重謂之重車人挽以行謂之輦輜重輦
一物也襄十年傳稱秦堇父輦重如役挽此車也輜重載器物
糧食常在軍後故乙卯日戰丙辰始至於邲也周禮鄉師大軍旅
會同正治其徒役與其輂輦鄭玄云輂駕馬輦人輓行所以載
任器也止以爲蓄營司馬法曰夏后氏謂輦曰余車殷曰胡奴車
周曰輜輦輦一斧一斤一鑿一梩一鋤周輦加二版二築又曰夏

后氏二十人而華殷十八人而華周十五人而華說者以為夏尚
師不踰時殷踰時周歷時故前世華少而後世華多　武王至
保之　正義曰昔武王克商周公為之作頌曰武王誅紂之後則
戢藏其干戈則櫜韜其弓矢言既誅暴亂則兵後所用故韜藏之
懿美也肆遂也時是也夏大也允信也武王以天下既定又已求
義德之士而任用之故於是功業遂大信哉唯我武王保之美武
王已保天下也　注戢藏至息兵　正義曰戢訓為斂聚斂藏之
義故為藏也櫜一名韜盛弓矢之衣也干戈弓矢藏而不復用是
美武王已誅滅暴亂而息兵也此所引者周頌時邁之篇也詩序
云頌者以其成功告於神明則頌詩功成乃作此傳言武王
克商作頌者武王克商後安追為作頌々其克商之功非克商即
作也國語引此云周文公之頌曰則此周公所作也傳言克商作
頌者包下三篇皆述武王之夏　注肆遂至天下　正義曰肆之
為遂相傳為此訓也夏大釋詁文求義德謂求而任用之遂大者
功業遂大也　又作至尔功　正義曰既作時邁又作武篇也頌

皆一章言其卒章者謂終章之句也言武王誅紂致定爾武之大功也　其三至求定　正義曰其三周頌賚之篇也鋪布也敷陳也但往也言武王已布陳政教故其時之民皆往武王者皆言我往惟自求安定美武王已安民故民皆往之也　注其三至安定　正義曰鋪是布散之義故為布也繹陳釋詁文思是語之辭不為義也　其六至豐年　正義曰其六周頌桓之篇也綏安也屢數也言武王伐紂安天下萬國數有豐熟之年美武王已和衆國豐民財也　注其六至之事　正義曰綏安釋詁文屢數常訓也杜以其三其六與今詩頌篇次不同故為疑辭蓋楚樂歌之第言楚之樂人歌周頌者別為次第故賚第三桓第六也劉炫以為其三其六者是楚子次三引鋪時繹思第六引綏萬邦今刪定知非者此傳若是舊文及傳家敘事容可言楚子第三引鋪時繹思第六引綏萬邦此既引此既引楚子之言明知先有三六之語故楚子引之得云其三其六若楚子始第三引詩第六引詩豈得自言其三曰其六曰劉以其三其六為楚子引頌次第以規

杜旣何辟之甚詭氏難云襄二十九年季札觀樂篇次不同杜云
仲尼未删定此亦不同而云楚樂歌之次者襄二十九年樂少有
篇次不同大略不甚乖越故云仲尼未删定以前此之三大全与
詩次不同故云楚樂歌之第今周頌篇次桓第八賚第九也夫武
至財者也　正義曰楚子旣引四篇乃陳七德則四篇之內有此
七者之義戢　干戈櫜弓矢禁暴戢兵也時夏保之保大也耆定
尒功定功也我徂求定安民也綏万邦和衆也屢豐年豐財也
我徂求定是已安民故往求定也綏万国由德已和衆故万国安
也　注著之至不忘　正義曰杜以不忘其章謂子孫不忘上四
篇之詩故云著之篇章使子孫不忘必知然者以文彰武王克
商作頌之後文連四篇詩義故以爲著之篇章刻銘　云已有七
德故子孫不忘章明功業横取下文京觀爲死忘其章明武功
以規杜失非也　注祀先君告戰勝　正義曰礼記曾子問稱
古者師行必以遷廟主行載于齊車言必有尊也尚書甘誓云
用命賞于祖謂遷廟之祖主也爲先君宮爲此遷主作宮於此祀之

告成事告戰勝也禮大傳記云牧之野武王之大事也既事而奠
於牧室亦是新作室而奠祭也曾子問又曰无遷主則何主孔子
曰天子諸侯將出必以幣帛皮圭告于祖禰遂奉以出載于齊車
以行每舍奠焉而後就舍　注鯨鯢大魚名　正義曰裴淵廣州
記云鯨鯢長百尺雄曰鯨雌曰鯢鯢目即明月珠也故死即不見眼
睛也周處風土記云鯢海中大魚也俗說出入穴即為潮水
是役至魚臣　正義曰入楚師言入此楚師於鄭國服虔云入楚
師使楚師來入鄭是也此石制引楚師入鄭將以分鄭國以半與
楚取半立公子魚臣為鄭君已欲擅其寵也　注詩不至殺之
正義曰詩小雅四月之篇也爰憂瘼病爰於皆釋詁文言時世禍
亂必有憂病者於何其所適歸乎數此禍亂不知將何所歸也
柏子請死　正義曰檀弓云謀人之軍敗則死之謀人之邦邑危
則亡之今柏子將軍師敗故請死　進思至補過　正義曰孝經
有此二句孔安國云進見於君則必竭其忠貞之節以圖國事直
道正辭有犯无隱退還所職思其事宜獻可替否以補主過此孔

意進謂見君退謂還私職也或當以此二句擬臣心為文文既擬
臣君在其上施之於君則稱進內省其身則稱退盡忠者盡己之
心以進獻於君補己志內脩己心以補君愆失故以盡忠為進補
己為退耳非謂進見與退還也　蕭讀　正義曰實未讀史以實
王之意故言讀知者下云明曰蕭讀是也　注纊繇也　正義曰
玉藻云纊為繭縕為袍鄭玄云纊新綿也　注麥麴至謬語
正義曰麥麴鞠窮所以禦濕賈逵有此言則相傳為此說也尚書
說命云若作酒醴爾惟麴蘖則麥麴作酒之物本草有芎窮者
是藥草之名觀傳文勢欲使無社逃於泥水中而問有此物以否
知是禦濕所用但不知若為用之耳　河魚至拯之　正義曰上句是
叔展之言曰下是無社對語無社頻荅言無叔展乃言必須入水
故以水況告之云如似河中之魚久在水內則生腹疾無此二物
其禦濕何無社乃解其意告叔展云當目視於眢井而拯出之出
溺為拯方言文　若為至則已　正義曰此亦叔展之言也無社
既解其意令展視井拯己但廢井必多不可知處故教無社令結

茅為絰置於井上又恐死社錯應他人更教之云若号哭向井則
是我之己身己展叔自謂也　注原穀先穀　正義曰杜譜以為
雜人則不知誰之子也案傳先軫或稱原軫此蓋先軫之孫也傳
有名号之異杜譜皆並言之先穀之下不言原穀是杜脱也上文
稱為彘子服虔以為食菜於彘今復稱原原其上世所食也於時
趙氏有原同蓋分原邑而共食之也　十三年傳注宋討陳以免
正義曰往年清丘之盟宋鄭亦與傳稱不實其言此年宋被楚伐
而晉衛不救即是不實之狀於此發傳言唯宋可以免者意在責
諸國耳嫌華椒之罪累及其國恐言宋亦有罪宜其不救但盟之
不信唯椒身合與宋國無罪言唯宋可以免見諸國皆合責也
注盡滅至其也　正義曰先穀之罪不合滅族盡滅其族為誅已
甚亦是晉刑大過是為大惡君子既嫌晉刑大過又尤先穀自招
故曰惡之來也己自取之惡之來也言大惡之寔來先穀之家
十四年傳注以有至妻之　正義曰釋詁以平為成則成亦平也
男子謂妻為室故杜以為衛人以其父有平定國家之勞復以女

妻之言衛侯以女妻之也刘炫以為傳文无衛侯之女為孔達之
妻後室其子謂後以室家還其子謂達既被誅家資没入官後以
孔達財物家室还其子今知非者案檢傳文上孔達云苟利社稷
請以我説是孔達忠於衛国本実无罪所以告於諸侯稱欲虚以
説晋衛人荷其功力何得没其家資男子謂妻為室則室者對夫
之言故傳云女有家男有室今若以孔達之妻而还其子便則以
母还子不得云後室其子又諸国大夫之妻傳皆不載其氏姓何
得独責孔達之妻須言衛侯之女既言後室其子明孔達之妻則
衛侯之女可知刘以孔達之妻為衛侯之女於傳无文以規杜過
於義非也 注昭明也聾闇也 正義曰人之聽視聰明唯在耳目而
已郑昭言其目明則宋不明也宋聾言其耳闇則郑不闇也耳目
各舉一邊而對以相反言宋不解邊必殺我也 注室皇寢門闕
正義曰下云劔及於寢門之外則屨之所及未至於外故以室皇
為寢門之闕謂至門遂及也莊十九年鬻拳葬於絰皇注云絰皇
冢前闕者亦以此而知也經傳通謂兩觀為闕唯指雉門以雉門

高大為縣旧章而使民觀之故雉門之觀特得闕名々為闕者以
其在門兩旁而中央闕然為道也則小門亦如此耳故杜於寢門
冢門皆以闕言之此作室被作經字異音同未知孰是其名為室
皇及市名蒲胥其義皆未聞　与之言魯桑　正義曰桑謂桑居
高位也　懷於至不已　正義曰懷思也謂思高位於魯也既思高
位必貪々必計謀去他人既謀去他人々々亦謀去己一国之人謀去之何
以不至已也　孟獻子以說　正義曰臣聞小国之免罪於大国
也使鄉往聘大国而獻其玉帛皮幣之物於是主人亦礼待之庭
前所賓筵豆醯醢有百品也君自親朝於牧伯之国而獻其諸国
之功若征伐之功於是主人敬以待之主人之身有威儀容皃車
服之飾有物采文章嘉淑皆善也有善言辭善稱讚歎而送賓有
加埤賄貨言賓往既苦則主執亦厚礼使小国如此朝聘大国者
謀其不免於罪也若不往朝聘待其被誅責而始薦賄貨則无及
於好變矣今楚子在宋君其圖之勸君使往聘也刘炫以為皆是
賓受聘而獻物謂獻其国內之物於是所獻之物庭中实之有百品

謂聘享之礼龜金竹箭之屬有百品也朝而獻功言諸国有功
故土饒物産於是有玄纁玩組羽毛齒革乃得為容貌之物采文
章嘉淑謂美善之物加貨謂賄賂之多々獻賄賂以謀其不免於
罪也　注物玉帛皮幣也　正義曰聘礼賓執圭以致命享用
東帛加璧夫人聘用璋享用玄纁束帛加琮其享幣又有皮
馬是聘所獻物有玉帛皮幣也　注主人所答賓　正義
曰聘礼君使卿韋弁服歸饔餼五牢有司入陳鼎豆笾簋鉶醯醢百
罋缶米百筥黍稷稻粱皆設於中庭是主人設笾豆百品実於庭
以答賓也列炫謂治国有功土饒云々炫以杜注莊二十二年
庭実旅百奉之以玉帛諸侯朝玉陳贄幣之象則朝聘陳幣亦
実百品於庭非独主人也　注容貌至亦備　正義曰杜謂於是
有者皆主人之夏故以容貌為威儀容顏國謂善為威儀容顏
以接賓也采章車服文章謂主人陳設物采文章以接賓周礼車
逆之彭也嘉淑皆訓為善容貌文章以外別言善々故以為令辭
称讚謂接賓之時善言辭善称讚也加貨謂好貨加增於常若儀二

十九年介葛盧來朝礼之加燕好成十三年孟獻子為介王重賄之々彰故以加貨為侖宥幣帛也刘炫云案此勸君行聘唯當論聘之義謀不宜言王之礼備豈慮楚之不礼而言此也君之威儀无時可舍豈待朝聘賔至乃始審威儀正顔色无賔容則驕容儀容儀非報賔之物何言報礼備又獻其諸国刘炫云傳称朝以正班爵之儀率長幼之序則不名獻功成二年王礼鞏伯如侯伯克敵使大夫告慶之礼則侯伯克敵繼合使大夫告王征伐之功何故親朝獻牧伯礼小朝大小国不合有征伐有何功可獻炫謂采章加貨則聘享獻国所有玄纁玩組羽毛齒革皆充衣服旌旗之飾可以為容貝物米文章嘉淑謂美善之賄加貨言賄賂之多皆賔所獻亦庭實也於聘摠言庭實於朝指其所有詳於君略於臣也案莊二十二年傳庭実旅百則朝者庭実又成二年傳云侯伯克敵使大夫告慶之礼擬此文則聘賔有庭實又庭実旅百与容貝采章相對杜何知庭実容貝之等非是賔之所有必為主人之物又君无獻征伐之功何以知獻功於牧伯今知刘說非者傳二十二年楚之子

入享于郑庭实旅百加笾豆六品又昭五年燕有好貨飧有陪鼎
僖二十九年介葛盧来朝礼之加燕好此傳云嘉淑而有加貨故
知加貨庭實之等皆是主人待賓之物礼傳賓之於主无加貨之
文故杜為此解襄八年郑伯親献蔡捷于邢丘是献征伐之功於
牧伯也列荀違杜義以為庭実旅百及容貌采章嘉淑加貨之等
並為賓物又以諸侯親朝无献征伐之功以規杜氏違經背傳於
義非也 十五年注平者和其人 正義曰平者和也言其先不
平而今始平小服大弱下強之意昭七年暨齊平燕与齊平也宣
十年及齊平十一年及郑平魯与平也諸言平者皆举国言平揔
言二国和同之意故不書其人謂不書公卿也燕暨齊平不言人
此言宋人楚人史異辭耳穀梁傳曰人者衆辭也平称衆上下欲
之也貴達其称人衆辭善其与衆同欲然則彼不称人者豈唯国
君欲平而在下不欲平乎傳載盟辭則此平有盟不書盟者欲例
曰宋人及楚人平實盟書平從赴辭也 注潞赤狄從告
正義曰狄有赤狄白狄既其赤白之間各自別有種類此潞是国

名赤狄之內別種一國夷狄祖其雄豪者子孫則稱豪名為種若
中國之始封君也謂之赤白其義未聞蓋其俗尚赤衣白衣也傳
稱天子建德因生以賜姓胙之土而命之氏者即以國名為氏但
華夏不須言夏國名不以氏配赤狄既須言狄單國不復成文故
以氏配之潞氏甲氏皋落氏皆是也杜言氏國故稱氏雖指解此
狄而中國亦然劉炫云狄稱種者周禮內宰上春生種稑之種賤
之同之草木故稱種林父為卿而稱帥師令從將卑師衆之例直
稱帥師者從告也　注稱殺至札字　正義曰穀梁傳曰不言其兩
下相殺也言兩臣下自相殺非君殺臣不得言其大夫也釋例曰
大臣相殺死者无罪則兩稱名氏以示殺者之罪王札子殺召伯
毛伯是也若死者有罪不稱殺者名氏晉殺其大夫陽處父是也
傳稱此人為王子捷〻札一人而札在子上故疑經文倒札字也
公羊傳曰王札子者何長庶之号也何休云天子之庶兄也左傳
言札為王孫蘇所使非是尊貴不得為王之庶兄故譜以為雜人
不知何王之子　注公田至曰初　正義曰公羊傳曰古者什一

而藉古者曷為什一而藉什一者天下之中正也多乎什一大桀
小桀寡乎什一大貉小貉什一者天下之中正也什一行而頌聲
作矣何休云多取於民比於桀蠻貉無百官制度之費稅薄穀梁
傳亦云古什一而藉孟子云夏后氏五十而貢殷人七十而助周
人百畝而徹其實皆什一也趙岐注云民耕五十畝者貢上五畝
耕七十畝者以七畝助公家耕百畝者徹取十畝以為賦雖異名
而多少同故云皆什一也書傳言十一者多矣故杜言古者公田
之法十取其一謂十畝內取一旧法既已十畝取一矣今又履其
餘畝更復十收其一乃是十取其二故論語云哀公曰二吾猶不
足謂十內稅二猶尚不足則從此之後遂以十二為常故曰初言
初稅十二自此始也諸書皆言十一而周禮載師云凡任地近郊
十一遠郊二十而三甸稍縣都皆無過十二漆林之征二十而五
者彼謂王畿之內所共多故賦稅重諸書所言十一皆謂畿外之
國故鄭玄云十一而稅謂之徹徹通也為天下之通法言天下皆
十一耳不言畿內亦十一也孟子又曰方里為井井九百畝其中

爲公田八家皆私百畝同養公田公事畢然後敢治私事漢書食貨志取彼意而爲之文云井田方一里是爲九夫八家共之各受私田百畝公田十畝是爲八百八十畝餘二十畝爲廬舍諸儒多用彼爲義如彼所言則家別一百一十畝是爲十外稅一也鄭玄詩箋云井稅一夫其田百畝則九而稅一其意異於漢書不以志爲說也又孟子對滕文公云請野九一而助國中什一使自賦鄭玄周禮匠人注引孟子此言乃云是邦國亦異外內之法則鄭玄以爲諸侯郊外郊內其法不同郊內十一使自賦其一郊外九而助一是爲二十而稅二故鄭玄又云諸侯謂之徹者通其率以十一爲正言郊內郊外相通其率爲十稅一也杜今直言十取其一則又異於鄭唯謂一夫百畝以十畝歸公今又履其餘畝稅之更十取一耳履畝穀梁傳文也趙岐不解夏五十殷七十之意蓋古者人多田少一夫唯得五十畝耳五十而貢貢五畝七十而助助七畝好惡於此鄭注考工記云周人畿內用夏之貢法邦國用殷之助法　注螽子至成螽　正義曰釋蟲云蝝蝮

蠜蚚螽蜙蝑李巡云皆分别蝗子異方之語也釋蟲文　云蝝蝮蜪
李巡云蝮蜪一名蝝蝝蝗子也郭璞云蝗子未有翅者劉歆以為
蚍蜉有翅者非也如李郭之說是蝝為螽子也上云秋螽秋而生
子於地至冬其子後生遇寒而死故不成災傳稱凡物不為災不
書此不為災而書之者傳云幸之也此年既飢若使蝝早生更為
民害則其困甚矣喜其冬生以為國家之幸故喜而書之公羊傳
亦云蝝生不書此何以書幸之也注凡雨至不豐　正義曰此
年秋螽知不為螽而飢者春秋書螽多矣有螽之年皆不書飢
而此獨書飢知年飢不專為螽故云凡雨不和五稼不豐也
傳川澤至藏疾　正義曰周礼澤虞之官有大澤大藪小澤小
藪尔雅十藪皆是大澤則藪是澤藪鄭玄周礼注云澤水所鍾
也水希曰藪是藪者澤之少水之名也川澤山藪相配為文者川
是流水澤是委水俱是水故揔云納汙言其納汙濁也山有木
藪有草毒螫之蟲在草在木故俱云藏疾言其藏毒害也
藪是澤藪而杜云山之有林藪者藪雖澤藪傳文与山相連藪

是草木積聚之处近山近澤皆得稱藪上既有川澤之文下別云山藪之事此藪近山故杜云山之有林藪也刘炫以为澤旁之藪以規杜氏非也　注匿亦至瑕穢　正義曰瑾瑜玉之美名騁義曰瑕不掩瑜瑜不掩瑕鄭玄云瑕玉之病也瑜其中間美者玉之性善惡不相掩此云匿瑕似以美匿惡故云匿亦藏也言玉質雖美亦瑕藏其中不言瑜已掩蓋瑕也　子反懼与之盟　正義曰服虔云与華元私盟許為退師若孟任割臂与魯莊公盟下云盟曰是兩国平後共盟而楚人為此辭耳非此華元子反私盟之辭也　注儁絕至者三　正義曰辨名記云倍人曰茂十人曰選倍選曰儁千人曰英倍英曰賢万人曰桀倍桀曰聖是儁為絕異之稱也有三儁才知其有才藝勝人者三事耳不知三者何事也

不祀至五也　正義曰此五者從輕至重　祀雖為大罪廢祀未是害物故先言之耆酒則廢乱政事有害於民故次之棄賢人而侵陵国其害已大又次之殺夫人傷君自罪之大者故後言之棄仲章而奪黎氏地是为二事而并數為一者俱是為政之惡故并

數之奪黎氏地已盡奪之使黎侯失位故下云立黎侯而還更復
其國也　商紂由之故滅　正義曰史記殷本紀云紂資辯捷疾
聞見甚敏材力過人手格猛獸知足以拒諫飾是非之端矜人臣
以已高天下以聲以為皆出已之下武王伐滅之是由恃才雋故
滅也　天反至災生　正義曰極其害物謂之災言其怪異謂之
妖時由天物在地故屬災於天屬妖於地其實民有亂德感動天
地天地為之見變妖災因民而生天地共為之耳非獨天為災而
地為妖民謂人也感動天地皆是人君感之非庶民也昭七年傳
曰國無政不用善則自取謫於日月之災言以政取謫是其由君
不由民以民表人故釋例引此即改民為人是其民謂人也傳言
天災地妖民亂歷序以為畀為治更言亂則妖災生明妖災由民
起妖災亦通言耳天雖四時氣唯寒暑故杜以反時為寒暑易節
物則其數無窮故總云群物失性反其常性即是妖也釋例曰物
者雜而言之則昆蟲草木之類也大而言之則歲時日月星辰之
謂也歲者水旱饑饉也時者寒暑風雨震電雪霜也日月者薄食

夜明也星辰者彗孛霣錯失其次也山崩地震者陽伏而不能出陰迫而不能升也凡天反其時地反其物以害其物性皆為妖災是言妖災皆通天地共為之此傳地反物者唯言妖耳洪範五行傳則有妖孽禍痾眚祥六者之名以積漸為義漢書五行志說此六名云凡草物之類謂之妖妖猶夭胎言尚微也蟲豸之類謂之孽々則牙孽矣及六畜謂之禍言其著也及人謂之痾々病貌言浸深也甚則異物生謂之眚自外來謂之祥是六名以漸為稱唯眚祥有外内之異耳大旨皆是妖也　故文反正為乏　正義曰許慎說文序云蒼頡之初作書蓋依類象形謂之文其後形聲相益謂之字文者物象之本字者孳乳而生是文謂之字也制字之体文反正為乏服虔云言人反正者皆乏絕之道也人反德則妖災生々々々則國滅亡是乏絕之道也　冬在秋矣　正義曰言冬在秋矣則秋皆有之其反德為亂則五罪是也天地災妖傳不指斥不知指時晉國有何災何妖也　卒立召襄　正義曰卒終也謂殘終立之非此時即立毛氏殘亦不識但傳不言之耳　注心之至同傳　正義

曰心之精爽是謂魂魄々々去之何以已久昭二十五年傳文
初稅畝財也 正義曰藉者借也民之田穀出共公者不過取所
借之田穀以豐民之財故不多稅也既譏其稅畝言非禮乃舉正
禮言穀出不過藉則知所稅畝者是藉外更稅故杜以為十一外
更十取一且以哀公之言驗之知十二而稅自此始也 冬蝝
生饑幸之也 正義曰幸之者為幸蝝冬生不幸饑也而傳以饑
連蝝生乃云幸之者以歲饑而後有災則民彌益甚困由饑之故
乃以為幸故傳連饑歎之 十六年注傳例至歇前 正義曰楚
語云先王之為臺榭也榭不過講軍實臺不過望氛祥知榭是
講武屋也名之曰宣則其義未聞服虔云宣揚威武之處義或當
然也成周々々之下都此榭別在洛陽講習武事則往就之爾雅釋
宮云无室曰榭又云闍謂之臺有木者謂之榭李巡曰臺積土為
之所以觀望臺上有屋謂之榭則榭是臺上之屋居臺而臨觀講
武故無室而歇前々々者无壁也如今廳是也公羊以為宣宮之
榭謂宣王之廟也々其中興其廟不毀与左氏異也 傳注代林

亦孤卿　正義曰晋之中軍之將執政之上卿也大傅又為於上卿且加大傅以襃顯之礼命臣者皆賜之以服使服而受命傳言以黻冕者黻冕是命孤卿之服故以之命士會也論語稱禹惡衣服而致美乎黻冕鄭玄云黻祭服之衣冕其冠也此云黻冕亦當然也黻蔽膝也祭服謂之黻其他服謂之韠俱以韋為之制同而色異韠各從裳色黻則其色皆赤尊卑以深淺為異天子純朱諸侯黄朱大夫赤而已大夫以上冕服悉皆有黻故為言黻冕此亦云黻冕但冕服自有尊卑耳周礼司服孤之服自希冕而下此士會黻冕當是希冕也天子大傅三公之官也諸侯大傅孤卿之官也周礼典命云公之孤四命鄭衆云九命上公得置孤卿一人春秋時晋為霸王侯亦置孤卿文六年有大傅陽子大師賈佗則晋嘗置二孤　凡火至曰災

正義曰人火從人而起人失火而為害本其火之所由故指火體而謂之為火天火則自然而起不知本其火體故以其所害言之謂之為災聖人重天變故異其名春秋書災多矣唯此言火耳

注祭升也并蔽於俎　正義曰礼升蔽於俎皆謂之祭故祭為升

也郑玄詩箋云凡非穀而食之曰殽則殽是可食之名切肉為殽乃升於俎故謂之殽烝　注享當重其字　正義曰若公侯來朝王為設享則當有体薦〻其半体而謂之房烝武子謂已被王享亦當房烝今乃殽烝故怪而問之　注享則至共儉　正義曰王為公侯設享則半解其体而薦之為不食故不解折所以示共儉也示共儉与下示慈惠成十二年傳文　注体解至惠也　正義曰王為公侯設宴礼体節解折升之於俎即殽烝是也其物解折使皆可食共食噉之所以示慈惠也其宴飲殽烝其數无文若祭祀体解案特牲饋食礼有九体則肩一臂二臑三肫四胳五正脊六横脊七長脅八短脅九此謂士礼也若大夫礼則十一体加脡脊代脅其諸侯天子無文或同十一　注公謂諸侯　正義曰五等諸侯揔名為公故云公謂諸侯言諸侯親來則為之設享又設燕也享用体薦燕用折俎若使卿來雖為設享仍用公之燕法亦用折俎是王室待賓之礼也周語說此甚詳王召士季曰子弗聞乎禘郊之事則有全烝王公立飫則有房烝親戚宴享

則有殽烝今叔父使士季實來唯是先王之宴礼欲以貽亦体解節折而共飲食之於是乎有折俎以示容合好將安用全烝注國語者皆云禘祭宗廟郊祭天地則有全其牲体而升於俎謂之全烝王公立飫即享礼也礼之立成者名為飫十解其体而升於俎謂之房烝傳言体薦即房烝也親戚宴享則宴享礼同皆体解節折乃升於俎謂之殽此傳略而為文猶是彼意故注皆取彼解之

十七年注再與之同盟　正義曰錫我以文六年即位七年盟于扈十四年于新城魯許俱在是再同盟也　傳注跛而登階　正義曰琉氏引穀梁傳云魯行父禿晉郤克跛衛孫良夫眇曹公子首傴故婦人笑之是以知郤克跛也穀梁傳定本作郤克眇衛孫良夫跛　以信齊沮　正義曰使沮者之言信也　而又至有焉　正義曰晏桓子等懼晉之命不得已而來恨齊侯之使也今晉不以礼待之而又久執之以成其悔恨言本恨齊今又恨晉齊侯見晉如此將有背晉之心齊若叛晉何利之有言此者勸晉侯免之耳　注勇解也　正義曰方言文　凡大至弟也

正義曰此例再言凡者前凡明稱母弟之人適子及妾子之等殊凡明策書稱弟者皆母弟之義公之母弟見經者鄭段魯公子友衛叔武宋母弟而不稱弟陳公子招昭元年稱公子八年稱弟釋例曰母弟之寵異於眾弟蓋緣自然之情以養母氏之志公在虽俱稱公子其兄為君則特稱弟殊而異之親而睦之既以隆友于之恩亦以獎為人弟之敬成相親之益也適庶子為君故不言夫人之子而曰母弟母弟之見於經者二十而傳之所發六條而已凡稱弟皆母弟此策書之通例也庶弟不得稱弟而母弟得稱公子故傳之所發通而歎之諸稱弟者不言皆必稱弟也秦伯之弟鍼適晉女叔齊曰秦公子必歸此公子亦國之常言得兩通之證也仲尼因母弟之例起例以興義鄭伯懷害弟之心天王殺群臣以救其罪夫子探書其志故顯稱二兄以首惡使夫稱弟不閑反謀也鄭段去弟身為謀首也然則兄而害弟稱弟以章兄罪弟又害兄則去弟以罪弟身也推此以觀其餘秦伯之弟鍼陳侯之弟黃衛侯之弟鱄出奔皆是兄害其弟者也秦伯有千乘之國而不能容

于母弟傳曰罪秦伯既罪秦伯則鍼罪輕也陳侯不能制禦臣下使遂其弟傳言非罪罪非黃之罪則罪在陳侯此互舉之文也至於陳招殺兄之子宗辰率群卿以背宗國披大邑以成叛逆然不攜外於其兄故以首惡稱弟稱名從兩下相殺也統論其義兄弟二人交相殺害各有曲直存弟則示兄曲也鄭伯既云失教若依例存弟則嫌善臣故特去弟兩見其義也若夫朝聘盟會嘉好之事此乃兄弟之篤睦非義例之所興故仍舊史之策或稱弟或稱公子踐土之盟叔武不稱弟此其義也莒挐非卿非卿則不應書今嘉獲故特書特書猶不稱弟明諸書弟者皆卿也先儒說母弟者惡廢聚既多相錯涉又云稱弟皆謂公子不爲大夫者屬以君爲尊寵傳莒挐非卿乃陸所不書書而不言弟非屬以君爲屬也凡聘享嘉好之事於是使卿故夷仲年之聘皆以卿稱弟而行此例所謂凡稱弟皆母弟尤傳明文而自違之趙氏又曰臣无竟外之交故去弟以貶季友子招樂憂故去弟以懲之鄭段去唯以名通故謂之貶今此二人皆稱公子公子者名号之義稱又非貶

所也刘炫云再言凡者前凡抛适妻子为文后凡嫌妾子为君母
者不得称夫故更言凡也　十八年注传例至郑子　正义曰杜
以会盟之例卿则书名氏大夫则称人此称郑人故云郑大夫耳
贾逵亦云郑使大夫往残贼之　注未同至之传　正义曰诸侯
之葬鲁不会则不书知吴楚之葬为僭不书者襄二十九年传
称葬楚康王公亲送葬经亦不书故知其不为僭不会也礼坊记
曰天无二日土无二王示民有君臣之别春秋不称楚越之王
丧恐民之惑也郑玄云楚越之君僭号称王不称其丧谓不书葬
也公羊传曰吴楚之君不书葬辟其号也辟其号者五等诸侯死
则称爵书卒及葬则从彼臣子之辞皆称为公若书楚葬亦宜
从彼所称为云葬楚王以此僭而不典不得称王故遂绝之而不
书其葬同之蛮夷言其不足纪录以惩创自求名号之伪同之蛮
夷者蛮夷卒亦不书言其不书似之也　传注杀戕至之名
正义曰弑者试也言臣下伺候间隙试犯其君戕者残也言外人
卒暴而来残贼杀害也弑戕皆是杀也所以别内外之名耳释例

曰列国之君而受害於臣子其所由者積微而起所以相測量非一朝一夕之漸故改殺為弑戕者卒暴之名有国之君當重門設險而輕近暴客變起倉卒亦因變而見戒也臣弑其君子弑其父世之悪逆君子難言故春秋諱自内虐其君者通以弑書文也春秋弑君多矣其戕唯此一變自弑其君足明无道臣罪之例戕者外人所殺為无防被害皆是君自招之縱使君或无道其悪不加外国不得從弑君之例也若戰死則書滅此謂在国見殺耳

復命於介　正義曰聘礼復命之礼云南鄉使者執圭反命曰以君命聘于某君々々受幣于某宮某君再拜以享某君々々再拜若聘君薨于後歸執圭復命于殯升自西階不升堂子即位不哭辯復命如聘子臣皆哭与介入北鄉哭出袒括髮入門右即位踊是君之存亡皆有復命之法今身将出奔不得親自復命故立介於位介西南面既受於介前北面執圭復命既復命之後北面哭乃退括髮訖前即位北面哭三踊而出以復命之語々介使知令介以此言告於殯也

春秋正义卷第十七

计一万六千五百五十一字

春秋正義卷第十八　成公

國子祭酒上護軍曲阜縣開國子臣孔　穎達　等奉

勅撰

正義曰魯世家云成公名黑肱宣公之子穆姜所生以定王十七年即位謚法安民立政曰成釋例曰計公衡之年成公又非穆姜所生不知其母何氏也案宣元年夫人婦姜至自齊即穆姜也至此始十八年耳二年傳稱公衡爲質於楚公衡成公子也既堪爲質則其年已長成公若是穆姜之子未得有成長之男　元年注

周二至冬温　正義曰襄二十八年春无冰彼春无月則是竟春无冰此亦應竟春无冰而書在二月下者以盛寒之月書之也穀梁傳曰終時无冰則志此未終時而言无冰何也終无冰矣加之寒之辭也其意言此月寒最甚此月无冰則終无冰矣言今之杜十二月者見此意也冬而无冰是時之失故書之記冬温也　注

周礼至故書　正義曰周礼九夫爲井四井爲邑四邑爲丘四丘爲甸小司徒職文也司馬法六尺爲步步百爲畝畝百爲夫夫三

為屋々三為井四井為邑四邑為丘々有戎馬一匹牛三頭是曰匹馬丘牛四丘為甸々六十四井出長轂一乘馬四匹牛十二頭甲士三人歩卒七十二人戈楯具謂之乘馬然則杜之此注多是司馬法文而独以周礼冠之者以司馬法祖述周礼其所陳者即是周法言此是周之礼法耳不言周礼有此文也鄭注論語云司馬法成方十里出革車一乘与此不同者鄭注小司徒云方十里為成緣边一里治溝洫實出税者方八里六十四井案鄭注小司徒又引司馬法云成出革車一乘甲士十人徒二十人十成為終千井革車十乘甲士百人徒二百人十終為同万井革車百乘甲士千人徒二千人与此車一乘甲士三人歩卒七十二人不同者小司徒辨畿内都鄙之地域鄭所引士十人徒二十人者謂公卿大夫畿内采地之制此之所謂諸侯邦国出軍之法故不同也古者用兵天子先用六鄉々々不足取六遂々々不足取公卿采邑及諸侯邦国若諸侯出兵先尽三鄉三遂鄉遂不足然後捴徵竟内之兵案此一車甲士歩卒捴七十五人周礼大司馬五人為伍

五伍為兩四兩為卒五卒為旅五旅為師五師為軍大數不同者大司馬職云謂鄉遂出軍及臨時對敵布陳用兵之法此甲士三人步卒七十二人謂徵調邦國出兵之時所徵之兵既至臨陳還同鄉遂之法必知臨敵用鄉遂法者以桓五年戰于繻葛先偏後伍又宣十二年廣有一卒卒偏之兩及尚書牧誓云千夫長百夫長是臨時對敵皆用卒兩師旅也長轂馬牛甲兵戈楯皆一甸之民同共此物若鄉遂所用車馬甲兵之屬皆國家所共知者以一鄉出一軍則是家出一人其物不可私備故也此言四丘為甸並據上地言之若以上中下地相通則二甸共出長轂一乘耳甸即乘也六十四井出車一乘是故以甸為名此一乘甲兵甸之所賦今魯使丘出甸賦乃四倍於常譏其重斂故書之也穀梁傳曰作為也丘為甲也丘甲國之事也丘作甲非正也古者立國家百官具農工皆有職以事上古者有四民有士民有商民有農民有工民丘作甲非正也其意以為四邑為丘使一丘農民皆作甲以農為工失其本業故譏之今左氏經傳並言作丘甲耳重斂之事傳

先明文而知必異較畧以為丘作甸甲者以傳云為奇難故作丘甲以慮有奇難而多作甲兵知使丘為甸甲而倍作之也士卒牛馬悉倍於常而独言甲者甲是新作之物其餘斂充之耳非作之也訖其新作故舉甲言之初税畝言初此不言初者此備奇難暫為之耳非是終用故不言初然則築城備難非時不說此亦備難而說之者魯是大国甲兵先多僖公之世頌云公車千乘昭公之蒐傳稱革車千乘此時亦應然也其甲足以拒敵而又加之重斂故說之　傳注康公至无備　正義曰宣十年經書王季子來聘傳言劉康公知即王季子也傳言平戎于王戎必遣使詣周受平但康公要戎者非要戎平逆之使單使來平不逆伐也欲伐其国耳以未平之月設備衞周今既平矣戎必无備要其无備擬遂往伐之故下云遂伐茅戎起兵伐其国也　敗績于徐吾氏　正義曰敗于徐吾之地也茅戎已是戎内之別徐吾又是茅戎之内聚落之名王師与茅戎戰之処　二年注魯乞至寄地　正義曰注云盟主之令故不從与謀釋例云乞師不得從与謀所以不同者以

乃得兩通故互言之會於聘與盟會每二卿並行止書一使至於
行師用兵則並書諸將以書四卿昭定之世或書三卿或書二卿
皆謂重兵故書之其他國唯書元帥詳內略外也書曹公子首者
釋例曰公侯伯子男及卿大夫士命數周官具有等差而春秋時
漸以變改是故仲尼丘明擬時之宜隨而然之不復與周官同也
命者其君正爵命之於朝其宮室車旗衣服禮儀各如其命數皆
以卿禮書於經衛之於晉不得比次國則邾莒杞鄫之屬固以微
矣此等諸國當時附隨大國不得列於會者甚衆及其得列上不
能通於天子下無暇於備禮成制故與於盟會戰伐甚多唯曹
公子首得見經其餘或命而禮儀不備或未加命數故皆不書之
是言首成爲卿故書　注穀梁至十里　正義曰齊之四竟不應
遠遠且韋已是齊地來必竟上之邑豈得去齊有五百里乎穀梁
又云壹戰縣地五百里則是甚言之耳釋例土地名韋與袁婁並
闕不知其處遠近無以驗之　注晉使至言取　正義曰晉使齊
逆魯魯不用力故直書取哀八年齊人取讙及闡此不言齊人取

者不以好得非齊敗我故不言敗　注子重不書不親伐　正義曰僖二十五年楚人圍陳注云子玉称人從告此云子重不書不親伐者彼以路遠或略不以實告此傳言侵衛遂侵我道路既近告當以實經傳皆言楚師例是將卑師衆故以為子重不親伐所以弘通其義也　注公與至君故　正義曰傳称在礼卿不會公侯會公侯則貶之而称人翟泉之盟是也此嬰齊會公許亦應貶而不貶者為其會有蔡許之君蔡侯許男與公相敵嬰齊不與公敵故不貶也傳称孟孫賂楚々人許平即云十一月公及楚公子嬰齊蔡侯許男秦右大夫說宋花元陳公孫寧衛孫良夫鄭公子去疾及齊国之大夫盟于蜀凡會且盟者必先會而後盟々時蔡許在列會時必亦在焉以二君乘楚之車謂之失位經虽抑而不書會時其身实在且二君與楚同行无客不列於會故知二君在會嬰齊不敵公也或以為於時兵將嬰齊為主蔡許為王左右隸屬嬰齊則二君卑於嬰齊何由得與公敵斯不然矣征伐以主兵為先盟會以尊卑為序春秋之常也僖二十七年楚人陳侯蔡侯鄭

伯許男圍宋楚既稱人必非貴者為其主兵猶序於上文七年公
會諸侯晉大夫盟于扈傳曰齊侯宋公衛侯陳侯鄭伯許男曹伯
會晉趙盾盟于扈、於時晉為盟主召諸侯使集會而趙盾猶序於
下文不先之諸侯則知此時行兵楚為其主會則蔡許在先故二君
自敵公明嬰齊不敵公也襄二十六年公會晉人鄭良霄宋人曹
人于澶淵傳曰公會晉趙武宋向戌鄭良霄曹人于澶淵趙武不
晉尊公也於是衛侯會之然則時有衛侯猶貶趙武者於時衛侯
欲往晉將執之不得與會而趙武敵公故貶之也彼傳又曰晉人
執甯喜北宮遺使女齊以先歸衛侯如晉晉人執之於會已執其
卿衛侯如晉晉即執之明其不得與會公先所敵故趙武敵公與
此異也　注齊在至惡也　正義曰諸會盟同地而間有他事者
例不重序其人此會盟別序者前會之時唯公會楚耳蔡許從楚之
而行唯應蔡許在列秦宋以下諸國未至會盟人別故別序也諸
征伐會盟實卿而貶稱人者傳皆言其名氏實是大夫而本合稱
人者則傳皆言大夫此傳鄭公子去疾以上言其名氏則皆是卿

也。齐国之大夫则实是大夫，故齐在郑下，为非卿故也。传曰：卿不书匮盟也。谓匮盟之故，并贬楚之卿。楚之卿於是盟上始与中国相准。释例曰：楚之君臣最多混错，旧说亦随文强生善恶之状，混渎无已。其不能得辞，则皆言恶蛮夷得志然。为齐桓之盛而经以屈完敌之，若必有褒贬，非抑楚也。此乃楚之初与未闲周之典礼，告命之辞自生同异，犹秦之辟陋不与中国准，故春秋亦未以存例也。楚之熊绎始封於楚，辟在荆山，荜路蓝缕以处草莽。及武王熊达始居江汉之间，然未能自同於列国，故经称荆败蔡师、荆人来聘，从其所居之称，而揔其君臣。至於鲁僖，始称楚人，而班次在於蔡下。僖二十一年，当楚成王之世，能遂其业，内列於公侯，会于盂。楚之君爵始与中国列，然其臣名氏犹多参错。至鲁成二年，楚公子婴齐始乃具列。传曰：卿不书匮盟也。兼为楚臣示例也。自此以上，春秋未以入例。自此以下，褒贬之义可得而论之也。杜言兼为楚臣示例者，解传言匮盟之意。传言卿不书者，非独言诸侯之卿不书，兼言楚卿亦不书，是兼为楚之卿示例。　传注腾䚮也　正义曰

周礼掌戮掌斩殺賊諜而搏之鄭玄云搏當爲膊諸城上之膊字
之誤也膊謂去衣磔之方言云膊曝也　注取竟至未聞　正義
曰外取内邑非魯之罪无所可諱而此独不言故杜云其義未聞
賈逵云殺盧蒲就魁不与齊盟以亡其邑故諱不言耳案楚子滅
蕭嬰齊入莒皆殺楚人而經不變文以加罪此何爲改文以諱惡
也哀八年齊人取讙及闡以濫女見取猶尚言之此殺敵見取何
以當諱知諱義不通故不從也　皆不對　正義曰子者指斥孫
子其言並告諸將言皆不對者孫子与甯相向禽皆不對又曰子
國卿也乃專与孫子言耳　注于奚守新築大夫　正義曰大夫
守邑以邑冠之呼爲某人孔子父鄹邑大夫傳稱鄹人紇論語謂
孔子爲鄹人之子即此類也　注軒縣至南方　正義曰周礼小
胥正樂縣之位王宮縣諸侯軒縣卿大夫判縣士特縣鄭衆云宮
縣四面縣軒縣去其一面判縣又去一面特縣又去一面四面象
宮室四面有牆故謂之宮縣軒縣三面其形曲故春秋傳曰請曲
縣繁纓以朝諸侯之礼也鄭玄云樂縣謂鍾磬之屬縣於筍虡者

軒縣去南面辟王也判縣左右之合又空北面特縣〻於東方或於階間而已是先儒皆以闕南方故曲也家語說此事云請曲縣之条繁纓以朝王肅云軒縣闕一面故謂之曲縣 注繁纓至之服 正義曰周礼巾車掌王之五路玉路樊纓十有再就以祀金路樊纓九就同姓以封象路樊纓七就異姓以封革路條纓五就以封四衛木路前樊鵠纓以封蕃国鄭玄云樊讀如鞶帶之鞶謂今馬大帶也纓今馬鞅也玉路金路象路其樊及纓皆以五彩罽飾之就成也玉路十二成金路九成象路七成革路樊纓以條絲飾之而五成木路以淺黑飾韋為樊鵠色飾韋為纓亦五成是言天子諸侯樊纓之飾繁即鞶也字之異耳巾車又云孤乘夏篆卿乘夏縵大夫乘墨車士乘棧車其飾皆无樊纓是繁纓為馬之飾皆諸侯之服也案儀礼既夕士薦馬纓三就又諸侯之卿有受革輅木輅之賜皆有繁纓而云諸侯之服者以与曲縣相對又于奚所請故云諸侯之服且諸侯之卿特賜乃有大輅士喪礼為送葬設盛服耳皆非正法所有也 仲尼至止也已 正義曰仲尼在

後閔之曰此曲縣繁纓可惜也不如多与之邑唯車服之器与爵
号之名不可以借人也此名号車服是君之所主也名位不愆則
為下民所信此名所以出信也動不失信然後車服可保此信所
以守車服之器也礼明尊卑之別車服以表尊卑車服之器其中
所以藏礼言礼藏於車服之中也義者宜也尊卑各有其礼上下
乃得其宜此礼所以行其物宜也物皆得宜然則是利生焉此義
所以生利益也利益所以成民此乃政教之大節也若以名器借
人則是与人政也政教既亡則国家從之而亡不復可救止也已
言利以平民者平成也每吏有利所以成就下民使国益民皆是
利也此以曲縣繁纓与人假人器耳名器俱是可重故并言名
注范文子代荀庚　　正義曰宣十二年邲之戰傳稱荀林父將中
軍先縠佐之士會將上軍郤克佐之趙朔將下軍欒書佐之十三
年晉殺先縠蓋是士會佐中軍郤克將上軍不知誰代郤克佐上
軍疑是荀首為之十六年士會將中軍則林父卒矣蓋是郤克佐
中軍疑是荀首將上軍荀庚佐之十七年士會請老郤克將中軍

當是荀首佐中軍荀庚將上軍所以知者此年傳稱楚之屈巫對莊王云知罃之父中行伯之季弟也新佐中軍則荀首於莊王之世已佐中軍明士會老後郤克逐而荀首代也首於邲戰尚為大夫不應宣之末年得佐中軍故疑先穀死後代郤克佐上軍也明年荀庚來聘傳稱中行伯之於晉也其位在三則此時荀庚將上軍矣林父卒來已久不應始用荀庚故疑林父卒後荀庚即佐上軍士會老後荀庚轉將上軍故杜以為士燮代荀庚也邲戰以來趙朔先代今欒書將下軍則趙朔卒矣故知欒書代趙朔不知此時誰代欒書佐下軍也　注中軍至不息　正義曰以郤克為中軍之將言已之傷而未絕鼓音明是法當自執旗鼓也周禮大僕軍旅田役贊王鼓鄭玄云王通鼓佐擊其餘面上云再侯親鼓則天子諸侯自將兵者亦親執旗鼓以令衆　若之至變也　正義曰郤克云余病矣言已不堪擊鼓欲猶退軍之意故責之云如之何其以身病之故欲喪敗君之大變也　援枹而鼓　正義曰說文云援引也枹擊鼓杖也援枹而鼓謂引杖以擊之　注居中至在

左　正義曰韓厥爲司馬亦是軍之諸將也以夢之故乃居中爲
御明其本不當中先非御者若御不在中又不須云代御以此知
自非元帥其餘軍之諸將皆御者在中將在左　注齊侯不知戎
禮　正義曰依二十二年傳曰雖及胡耇獲則取之明恥教戰求
殺敵也宣二年傳曰戎昭果毅以聽之之謂禮殺敵爲果致果爲
毅是戎事以殺敵爲禮齊侯謂射君子爲非禮者乃是齊侯不知
戎禮也　皆肘之　正義曰說文云肘臂節也謂左右爲兩處故
以肘排退之　韓厥俛定其右　正義曰言此者爲下丑父与公
易位由厥之俯故不覺其易綦毋張蓋助厥定右故並不見之
注轏士車　正義曰周禮巾車士乘棧車鄭玄云棧車不革鞔而
漆之考工記輿人云棧車欲弇鄭玄云爲其无革鞔不堅易坼壞
然則弇者謂上狹下闊也轏与棧字異音義同耳　韓厥至以進
正義曰襄二十五年鄭公孫舍之帥師入陳傳曰陳侯免擁社子
展執縶而見再拜稽首承飲而進獻事与此同唯无璧耳蓋古者
有此禮彼雖敗績猶是國君故戰勝之將示之以臣禮事之不忍

即加屈辱所以申貴賤之義晉語云靡笄之役郤獻子伐齊々侯
來獻之得以殯命之禮也服虔引司馬法其有殯命以行禮如會所
用儀也若殯命則左結旗司馬授飲右持苞壺左承飲以進杜不
引之者蓋被此不甚相當故也　注重其至求之　正義曰劉
炫以齊侯三入齊軍又三出齊軍以求丑父每出之時齊之將師
敗而怖懼以師而退不待齊侯致使齊侯入于狄卒令知不然者
以傳文三入在前三出在後若用此說齊侯先在晉軍令入齊軍
得以三入在前令齊侯既先在齊軍欲出求丑父應先出後入不
應先入後出且初時二出容有二入在後之出遂入狄卒有出无
入何得云三入又以傳文師帥兩字分明故杜以為齊侯每出齊
帥以帥旁退者每出之文別自為義不計上之三出列君不違此
旨妄規杜失非也　注媚人至所得　正義曰經書齊侯使國佐
如師故知賓媚人即國佐也杜譜云國佐賓媚人武子三變互見
於經傳不知賓媚人是何等名号也鄭衆注考工記云甗无底甑
方言云甑自關而東謂之甗知甗是甑也下云子得其國寶知甗

亦以玉為之傳文王在甗磬之間明二者皆是玉也莊四年紀侯大去其國不言齊滅而云滅紀所得者紀侯被逼而去後齊侯收其民人又取其珍寶此則与滅无異故為此解 蕭同至類也乎 正義曰蕭同叔子非他人是寡君之母也若以匹敵言之則亦晉君之母也吾子布大命於諸侯而曰必質其諸侯之母以為信其若王命何先王之命諸侯也使之孝於母親其類令輕慢其母不愛同類即是違王命也柰此王命何乎令輕齊侯之母亦是輕晉侯之母自輕其母即是不孝且告語諸侯云以母為質是此者以不孝之事令諸侯也詩之意言孝子所以行孝不為匱乏之道故以孝道長賜女之族類諸侯皆晉侯之類晉侯皆以孝德賜同類若以不孝之事号令諸侯其无乃非是以孝德賜同類乎責其違孝道也所引詩者大雅既醉之篇 詩曰至其畝 正義曰詩小雅信南山之篇 四王至之欲 正義曰禹湯文武四王之王天下也立德於民而成其同欲民有所欲上即同之東畝南畝皆順民意 五伯之霸諸侯也唯勤勞其功而撫順之以奉事王命而已

不改王之制度也吾子求合諸侯以快其无疆畔之欲止求自快
己欲不与民同是違王霸之政也　注夏伯至晉文　正義曰鄭
語云祝融能昭顯天地之光明其後八姓昆吾為夏伯矣大彭豕
韋為商伯論語云管仲相桓公霸諸侯昭九年傳曰文之伯也豈
能改物是三代有五伯矣伯者長也言為諸侯之長也鄭玄云天
子衰諸侯興故曰霸々把也言把持王者之政教故其字或作伯
或作霸也　詩曰至害焉　正義曰詩商頌言成湯布政優々然
而寬故百種福禄於是聚歛之子實不能優寬而自棄福禄於諸
侯何害言不能為諸侯害也所引詩者商頌長發之篇　注戰而
曰犒為遜辭　正義曰士卒之勞於外師衆枯槁以酒食勞之謂
之犒師此以師拒戰非犒勞之義而亦稱犒者言以式師衆往萬
待之如以酒食犒之然為遜順之辭耳　注言究至從命　正義
曰言於先字全福事之時尚不違晉故言亦云從也是指其實更
列燼以為賓人請戰言敝邑既或有幸戰勝亦云從也虛稱未然
之更無違文勢上下苟異杜氏而規其過非也　注藉薦從白也

正義曰禮義玉之物名為繅藉藉是義薦之言故為薦也復者報
命於君故為白也言無物則空口以為報少有所得則与口為藉
故曰藉口服虔云今河南俗語治生求利少有所得皆言可用藉
手矣　注上鄭至史闕　正義曰定八年經書公會晉師于瓦此
獨不書故云史闕謂舊史先闕故仲尼修經無之　賜三至之服
正義曰周禮典命公之孤四命其卿三命其大夫再命其士一命
侯伯之卿大夫士亦如之此三帥皆卿也本國三命故魯賜以三
命之服司馬司空輿帥候正亞旅皆大夫本國一命故皆受一命
之服於卿言賜於大夫言受互相足也周禮大夫再命此司馬司
空等皆一命者春秋之時其變已異於周禮故大夫一命　注三
帥至之物　正義曰三卿各統一軍故總稱三帥魯君之賜晉臣
正可知其諸所得服改新以与之耳不得特命他臣發初賜以此
物且被君先無此物則無由敢受魯賜故杜以為此三帥已嘗受
王先路之賜今改而易新并此車所建之旌旗所著之衣服皆賜
之也案釋例先路者革路若木路或云先或云次蓋以就數為差

其受之於王則稱大杜言革路若木路者或用革或用木也知受
之於王則稱大者鄭子蟜叔孫穆子受之於王皆稱大是也革木是
卿大夫車之爵者故云大路金路是諸侯車之爵者亦稱大則
定四年大路大旂是也玉路天子車之爵者亦稱大故顧命云大
路在賓階面是也言所建所服之物者周礼巾車革路建大白以
即戎司服云凡兵事韋弁服巾車又云木路建大麾以田司服又
云凡田冠弁服然則此車所建或是大白大麾所服或是韋弁冠
弁劉炫以為既言先路則是晉君之賜杜云受王先路之賜非其
義也今知不然者杜以穆叔子蟜嘗受王路故杜擬而言之欲例
襄云受王大路之賜言先路者須倚先路之文故也劉以為嘗受
晉君賜而規杜氏非也　注晉司空侯賜　正義曰司馬司空本
是卿官之名但晉之諸卿皆以三軍將佐為号其司馬司空皆為
大夫之官仍有為卿之嫌故云晉司馬司空皆大夫也明他国以
為卿晉以為大夫也輿帥次於亞旅本是大夫官名故又云亦大
夫也軍行有此大夫從者司馬主甲兵司空主營壘輿帥主兵車

候正主斥候亞旅次於卿是衆大夫也某事職掌散共軍吏故後
言之直言受服嫌非魯賜故云皆魯侯賜　注燒蛤記後葬　正
義曰晉語云雀入于海為蛤雉入于淮為蜃月令孟冬雉入大水
為蜃鄭玄云大水謂淮也大蛤曰蜃則蜃者蛤之類也周禮掌蜃
掌斂互物蜃物以共闉壙之蜃鄭玄云互物蚌蛤之屬闉猶塞也
將井椁先塞下以蜃禦濕也是用蜃以塗壙也禮檀弓記曰塗車
芻靈自古有之鄭玄云芻靈束茅為人馬謂之靈者神之類也不
解塗車者是用泥為車也傳言益車馬者謂用此塗車茅馬益多
於常故云多埋車馬也鄭玄云殺人以衛死者曰殉言殉還其左
右也言始用殉則自此以後宋君葬常用殉故謂此為始也劉炫
以為用蜃炭者者用蜃後用炭知不然者杜以傳用蜃炭共文故
知燒蛤為炭又且炭之類亦灰蛤灰亦得稱炭劉君以為用蜃後用炭
而規杜氏非也　注重猶多也　正義曰重謂重疊故猶多々
為盟器也言器備者士喪禮下篇陳明器云用器弓矢耒耜敦
杅槃匜役器甲胄干笮燕器杖笠翣其器有共用之器有備禦之

器〻言器備故〻　注四阿謂王礼　正義曰周礼匠人云殷人四阿重
屋鄭玄云阿棟也角設棟也是為四注椁也士喪礼下篇陳明
器云抗木横三縮二謂於椁之上設此木從二横三以負土則士
之椁上平也今此椁上四注而下則其上方而尖也礼天子椁題
湊諸侯不題湊不題湊則許四阿釋詁云楨翰榦也舍人曰楨正也
築牆所立兩木也翰所以當牆兩边障土者也翰在牆之旁則
知此翰亦在旁也詩云會弁如星鄭玄云會謂弁之縫中書其際
會之処也會在弁之上知此檜亦在上棺有此物明是其飾故以
為旁飾上飾也言椁有棺有則是本不當有言其厚葬譏其奢僭
宋公所僭必僭天子明此四阿翰檜皆是王之礼也蜃炭言用亦
本不當用其蜃炭蓋亦王之礼也車馬器備法得有之言益言重
但譏其多耳殉則本不得然非譏其僭　注若言何用為臣　正
義曰言何用為臣是不成臣也言無有君詔君還以為不成臣
与杜異别而規杜氏非也　哭於遂以葬　正義曰哭於大門
之外謂大門外之西東面衛人逆之謂大門外之東西面各從賓

主之位婦人哭於門内謂門内之西東面以堂上在西東面故也
玉於三子之去衛人送之其位如（赤）之自此有隣国吊者常行此礼
以至於葬沈氏云雜記吊者即位于門西東面主孤西面相者受
命曰孤某使某請事客曰寡君使某如何不淑相者入告出曰孤
某須矣吊者入主人升堂西面吊者升自西階東面致命此臣奉
君命行吊之礼今三子将行經衛事不敢成礼故於大門之外注
喪位婦人哭於堂　正義曰喪大記云君之喪夫人坐于西方内
命婦姑姊妹子姓立于西方外命婦率外宗哭于堂上北面又
曰婦人迎客送客不下堂是喪位婦人哭於堂　周書ヿ已謂也
正義曰周書康誥之篇周公述文王之事以告康叔云惟乃丕顯
考文王克明德慎罰巫臣既引其言乃申其意言文王能為此行
故所以造周国也務崇之謂務崇益道德務去之謂務去
其刑罰　夭子蛮殺御叔　正義曰子蛮御叔自以短命死耳似天
鍾美於是致使物為两大故亦以二事為夏姫之罪　皈吾聘女
正義曰礼記内則云聘則為妻奔則為妾道之云女皈鄭国吾依

礼聘女以為妻也　注至郤克族子　正義曰世本郤豹生冀芮
芮生缺缺生克又云豹生義義生步揚揚生蒲城鵲居居生至如
世本克是豹之曾孫至是豹之玄孫於克為二從兄弟子　注禁
錮勿令仕　正義曰說文云錮鑄塞也鐵器穿穴者鑄鐵以塞之
使不漏禁人使不得仕官者其事亦似之故謂之禁錮今世猶然
注王卒至之位　正義曰諸言御戎皆御君之戎車此云彭名御
戎知王戎車亦行也若君親在軍則君當車中御者在左勇力之
士在右故御戎戎右常連言之此王車虽行王身不在故不立戎右
使御者在中令蔡許二君居王車上當左右之位若夾衛王然下
注云乘楚王車為左右是二君皆在車之上也　注齊大至卿也
正義曰諸大夫盟會經貶之稱人或總言大夫若實是國卿
本合書名者傳即顯其名氏若本是大夫不合書名者傳直言其
大夫見其貶與不貶俱為稱人故不復言其名氏此傳言齊國之
大夫傳不顯其名為非卿故也襄十六年溴梁之會經書戊寅大
夫盟傳云於是叔孫豹晉荀偃宋向戌衛甯殖鄭公孫蠆小邾之

大夫盟於時會上鄭之下有曹莒邾薛杞而小邾之大夫最處其
下舉小邾而上包之此盟鄭人之下有齊曹邾薛鄫俱是大夫齊
最在上舉齊而下揔之止為齊若是卿則合言名氏此會非卿故
舉齊也　註匱乏也　正義曰私竊為盟々然不固此盟是匱乏
之道也傳既言匱盟以解經又自解名曰匱盟之意於是乎畏晉
而竊與楚盟故曰此是匱乏之盟也諸侯之卿竊與楚盟而仲尼
貶之言其不應背晉故責之也責諸侯之背晉是成晉為盟主也
哀十二年公會吳于橐皋吳子請盟公不欲使子貢辭之而私與
衛侯宋皇瑗盟彼畏吳而竊相與盟不貶者不與吳為盟主言其
私盟可許但魯自畏吳不昏其盟其情無可責也釋例曰諸侯畏
晉而竊與楚盟書盟而貶其卿此所以成晉為盟主也吳之疆大
始於會鄫終於黃池凡三會三伐三盟唯書會伐而不書盟者吳
以盟主自居而行其夷禮々儀不典則盟神不蠲非所以結信矣
昭明德故不錄其盟不與其成為盟主也既不與吳之為盟主則
宋魯衛三國私盟可許故無貶文是也若然僖二十一年公會諸

侯盟于溴，二十七年公會諸侯盟于宋，彼二者皆顯与楚盟，並合貶責。此竊与楚盟而貶之者，當僖公之時，齊桓既卒，晉文未興，中国無伯，唯強是与，雖遠共楚盟，無所可責。此時晉為盟主，堪率諸侯，私竊為盟，心實畏晉，故貶之耳。然諸侯之卿畏晉，容可貶之，楚之強盛，怕与晉敵，非是畏晉，卿亦貶者，楚之既強盛，應顯然作盟，今私竊受盟，不敢宣露，亦是畏晉之義，且成晉為伯，更須貶楚。注乘楚以之別　正義曰：小国之從大国其征伐也，皆自乘其車，自率其軍以戰陳之時，与同出力耳。此二君棄己之車，乘楚之乘，乃為楚之王左右，則是失位。既失其位，非復国君，故侵与盟會並皆不序。經書楚之師、鄭師侵衛，於時蔡許在矣，公會楚之公子嬰齊于蜀，蔡許亦在也，及盟，又蔡許之君在焉。侵也、會也、盟也，三處並失其位，經悉不書，故傳於盟下敘之，明上侵衛、會蜀皆失位也。旧說諸侯之貶，亦書為人，杜意謂諸侯之貶不及於人，故因此而又明之。卿不書則稱人，諸侯不書則全不見經，此是君臣之別，明貶諸侯矣，稱人之法也。詩曰以攸塈　正義曰：此大雅假樂之篇，大誓以

衆也　正義曰泰誓云受有億兆夷人离心离德予有乱臣十人
同心同德此言大誓所謂者引其意非本文也　注三吏三公也
正義曰曲礼云五官之長曰伯其擯於天子也曰天子之吏鄭玄云
謂三公也是三公称吏故知三吏三公也　礼之己一等　正
義曰如侯伯克敵使大夫告慶之礼則不得依獻捷之礼其獻捷
之礼王待之必重於告慶之礼鞏朔晋之上軍大夫也縱使得如
獻捷之礼亦當降卿礼一等傳言降於卿礼一等以見王待鞏朔
不失常也　三年注宋衛己礼也　正義曰僖九年傳曰宋桓公
卒未葬而襄公會諸侯故曰子凡在喪公侯曰子傳因未葬而發
在喪之例是先君未葬嗣君不得称爵以會諸侯也知非踰年得
成君者文八年八月天王崩九年春毛伯來求金傳曰不書王命
未葬也彼王既踰年矣猶不得称王命臣知諸侯雖則踰年但是
未葬不得称爵以接隣国正以王不命臣明知其非礼也　注三
年己哭之　正義曰公羊傳曰新宮者何宣公之宮也宣宮則曷
為謂之新宮不忍言也其言三日哭何廟災三日哭礼也穀梁傳

曰新宮者稱宮也三日哭哀也其哀禮也迫近不敢稱謚恭也二
傳皆以新宮為宣宮三日哭為得禮故杜依用之宣公以其十八
年冬十月薨至二年十月而大祥〻而禘祭神主新始入廟故謂
之新宮禮檀弓記曰有焚其先人之室則三日哭故曰新宮火亦
三日哭鄭玄云謂人燒其宗廟新宮火人火也記稱新宮火者指
此新宮哭耳傳例曰天火曰災人火曰火三家經傳有五字皆為
災鄭玄以為人火雖非其義要天火人火其哭皆當三日是其善
得禮也哀三年桓宮僖宮災不言哭而此言三日哭者釋例曰新
宮者宣公之廟父廟也諒闇始闋而遇天災故感而哭之以致哀
異於餘廟也　及荀庚盟　正義曰隱元年及宋人盟于宿曾之微
者及之也此言及荀庚盟及孫良夫盟十一年及郤犨盟皆是公
自及之非臣及之也知者僖二十八年傳晉欒枝入盟鄭伯襄十
一年傳晉趙武入盟鄭伯鄭子展出盟晉侯臣對君者皆君自与
盟知此使來亦公自与盟也上言來聘盟又不地盟於國都公親
可知故不言公　注不書至諱略　正義曰直舉國名傳無其說

知是告辭略故史異文耳賈逵云鄭小國与大國爭諸侯仍伐許不稱將帥夷狄之刺可知也此年夏鄭公子去疾帥師伐許明年冬鄭伯伐許先後並可貶責何独此伐偏刺之 傳注以血塗釁鼓 正義曰說文釁血祭也礼雜記釁廟之礼云雍人举羊升屋自中々屋南面刲羊血流于前乃降釁廟以血塗廟知釁鼓以血塗鼓也 然則德我乎 正義曰德加於彼々荷其恩故謂荷恩為德論語以德報德傳稱王德狄人皆是也 死且不朽 正義曰懷荷君恩身雖死而朽腐此恩不朽腐也死尚不朽以示其至死不忘也 注宣十至討之 正義曰謂赤狄餘民散入咎如之內令伐咎如者來就咎如之內討彼赤狄餘黨然廧咎如容赤狄餘民則咎如亦赤狄矣劉炫以為廧咎如之國即是赤狄之餘今知不然者以赤狄之國種類極多潞氏甲氏鐸辰皋落氏等皆是其類並為建國假令潞氏甲氏鐸辰皋落雖滅自外猶存則是不滅者多止應言討赤狄之數不得稱餘且伐者聲其鐘鼓討者責其罪狀以廧咎如容受赤狄餘黨故伐而討責若以廧咎如即是

赤狄之餘應取土地與兵絶滅何為唯伐討而已刻以廧咎如即
是赤狄之餘而規杜非也　注此傳記四字　正義曰傳言上失
民也釋經潰文若經元潰文則傳無所解故疑經闕此四字釋例曰
傳云廧咎如潰上失民也今經但言伐廧咎如先廧咎如潰之文
若經本先此文則丘明為横益經文而加失民之傳也是言知
經闕之意也文三年潰逃已有例矣復發傳者嫌夷狄異於中國故
重發也　其位在三　正義曰於時郤克將中軍荀首佐之荀
庚將上軍是其位在三也注云下卿者傳稱小國之上卿當大國
之下卿又言衛在晉不得為次國則以衛為小國荀庚若是中卿
自然當先晉矣乃云晉為盟主其將先之直以盟主先晉明是二
人位等以此知荀庚是下卿也晉立三軍將佐有六第三猶為下
卿則其餘皆下卿也蓋以諸侯之禮唯合三卿三是其正故定以
三人為上中下餘皆從下卿也卿有上下往年賜晉三帥皆以三
命之服者侯伯之卿禮皆三命上卿下卿命不異也　注春秋
小國　正義曰古制公為大國侯伯為次國子男為小國以土地

之大小命數為等差也春秋之世強陵弱大吞小爵雖不能自改
也則以力升降諸侯繫會強者為雄史書時變大小為序此變不
可改易仲尼即而用之策公在齊侯之下許男在曹伯之上不復
計爵之尊卑故衛雖侯爵猶為小國以地狹小故也襄二十五年
傳子產論晉曰今大國多數圻矣圻方千里是晉有方千里者三
四也昭五年十三年傳皆言晉有革車四千乘計衛比於晉不包
當五六分之一耳故不得為次國其為次國者當齊秦乎　注韓
厥至六軍　正義曰杜知韓厥為新中軍將佐者以
下六年傳云韓厥將新中軍且為僕大夫時晉更增置新中上下
三軍韓厥將新中軍名居其首故杜依名配其將佐　將授玉
正義曰玉謂所執之圭也凡諸侯相朝升堂授玉於兩楹之間於
此時郤克趨進故記之也史記齊世家曰頃公十一年晉初置六
軍頃公朝晉欲尊王晉景公景公不敢當晉世家云景公十二年
齊頃公如晉欲上尊景公為王景公讓不敢然此時天子雖微諸
侯並盛晉文不敢請隧楚莊不敢問鼎又齊弱於晉所較不多豈

为一戰而勝使即以王相許准時度勢理必不然竊原馬遷之意所以有此說者當議此傳將援玉以為將援王遂飾成為此謬辭耳 注戎朝異服 正義曰周礼司服凡兵事韋弁服礼玉藻記云諸侯皮弁以聽朔朝服以日視朝聘礼賓皮弁聘公皮弁迎賓迎聘客尚以皮弁迎朝賓必皮弁矣在朝君臣同服公當皮弁則韓厥於時亦皮弁也鄭玄云韋弁以韎韋為弁又以為衣裳春秋傳曰晉郤至衣韎韋之跗注是也皮弁之服十五升白布衣素積以為裳是戎朝異服也 四年冬城鄆 正義曰釋例土地名魯有二鄆文十二年城諸及鄆杜云此東鄆莒魯所爭者城陽姑幕縣南有員亭或曰鄆即員也成十六年傳晉人執季文子公待于鄆杜云此西鄆昭公所出居者東郡廪丘縣東有鄆城然則此為公欲叛晉故城鄆以為備當西鄆也 傳通嗣君也 正義曰文元年公孫敖如齊傳曰始聘焉礼也凡君即位卿出並聘踐脩旧好要結外援好事隣國以衛社稷忠信卑讓之道也其事与此一也謂君初即位聘隣國耳在魯而出謂之始聘自外而來謂之通

嗣君言彼君嗣位以來未與魯通於此始通之也　注汜祭至汜
水　正義曰杜注熒陽中牟縣有東汜襄城縣有南汜知此汜祭既為
非彼二汜而以成皐縣東有汜水者以僖為晉伐鄭取汜祭既為
晉人所取當是鄭之西北界即今之汜水也字書水旁巳為汜水
旁己為汜字相亂也漢書音義亦為汜今汜水上源謂汜谷
五年杞叔姬來歸　正義曰杞既出之猶稱杞者雜記曰諸侯出
夫人々々比至于其國以夫人之禮行至以夫人入鄭去云行道
以夫人之禮者棄妻致命其家乃義絕不用此為始　注記異也
正義曰公羊傳曰梁山崩何以書記異也公羊以為非常為異害
物為災此山崩無所害故為異也　傳注自告身伯從人　正義
曰嫌告趙嬰使人故云自告身伯從人也若告趙嬰使人不須云
神福仁而禍淫　注野饋至大國　正義曰釋詁云饁饋也孫炎
曰饁野之饋也彼言野饋々田農在野之人此言野饋々在野行
路之人俱是在野皆以野言之謂之餫者言其運糧饋之彼自送
女而往饋之者敬大國也　注捷邪出　正義曰捷亦速也方行

則遲邪出則速楚之辭謂邪行小道力捷徑是捷為邪出　注車无
文　正義曰周礼巾車掌王之五路皆不言車有文飾其下服車
五乘孤乘夏篆卿乘夏縵大夫乘墨車鄭玄云夏篆五采畫轂約
也夏縵亦五采畫無瑑耳墨車不畫也孤之車尚有瑑約明諸侯
之車必有瑑約詩所謂約軧錯衡是其文也乘縵車无文蓋乘大
夫墨車也覲礼侯氏乘墨車乃朝鄭玄云墨車大夫制也乘之者
入天子之國車服不可盡同也彼為適王尚乘墨車明此山崩降
服亦乘墨車也　注舍於郊　正義曰僖三十三年傳秦伯以師
敗于殽素服郊次此言出次降服明亦次於郊也文四年傳楚人
滅江秦伯為之降服出次注云辟正寢与此文互相見也　注經
在訖衍文　正義曰傳不虛舉經文此无所明文上下倒錯諸家
之傳文悉无此言必是衍文此杜以疑更毋質不敢輙去之耳
六年注魯人訖殘世　正義曰杜以傳稱季文子以鞌之初立武
宮鞌在二年今始立武宮故云魯人自鞌之初訖今无患追思鞌
戰以為己功故築武軍又作先君武公之廟以告戰勝之吏敬以

章示後世明己之功也　其意言築為武軍入作武公之廟公羊傳
曰武宮者何武公之宮也是立宮為武公廟也武公是成公九世
之祖其廟毀已久矣令復立之乃為不毀之廟礼明堂位曰魯公
之廟文世室也武公之廟武世室也世室言其世々不毀則焼以
為直立武公之宮不築武軍令知不然者以下傳云聽於人以赦
其難不可以立武立武由己非由人也是丘明說魯立武以章武
功明非徒築宮而已又宣十二年潘黨請築武軍楚子云武有七
德我无一焉武非吾功遂不敢築武軍以明武功此則丘明說魯
章武功明亦築武軍也若其唯築武宮傳應云不可以立武宮不
得單稱武也劉以為唯築武公之宮而規杜非也　傳注礼授玉
東楹　正義曰聘礼云公受玉于中堂与東楹之間鄭玄云中堂
南北之中也入堂之深尊賓事也東楹之間亦以君行一臣行二
也聘礼大夫奉命來聘君臣不敵故授玉于東楹之間國君來朝
尊卑礼敵且傳言東楹之東以說鄭伯行速明礼當授玉于兩楹
之間　注宣十五說之　正義曰服虔云鞌之戰禱武公以求勝

故立其宮案定元年傳昭公於故季平子禱于煬公立煬宮試若內禱而立何以不言禱也无驗之說故不可從 沃饒云失也 正義曰土田良沃五穀饒多民豐則國利財多則君樂其處不可失也 注盬謂池是 正義曰說文云盬河東鹽池袤五十一里廣七里周總百一十六里字從鹽省古聲然則盬是鹽之名鹽雖是鹽唯此池之鹽獨名爲盬餘鹽不名盬也 注路寢之庭

正義曰禮玉藻云君日出而視朝退適路寢聽政知路寢庭是路寢之庭也沈氏云大僕職云王視燕朝則正位掌擯相鄭注云燕朝々於路寢之庭韓獻子既爲僕大夫故知寢庭路寢之庭也其路門之外朝則司士掌寫故司士掌路朝之儀治朝則路門之外每日治朝吏之朝也其庫門之外朝則朝士掌焉故朝士云掌外朝之法此是詢衆庶問罪人之處也凡人君內朝二外朝一內朝二者路門內外之朝也外朝一者庫門外之朝也若諸侯三門皋應路外朝則在應門外魯之三門庫雉路則外朝在雉門外 注惡疾疢觀成也 正義曰下云土厚水深居之不疾此云土薄水淺

必居之多疾以此知患是疾疹也尔雅訓覯為見杜以患為疾疹疾疹非難見之物唯若其病成耳故訓覯為成言其病易成由水土惡故也　易覯至墊隘　正義曰疾疹易成則下民愁苦民既愁苦則必羸困々々而謂之墊隘者方言云墊下也地之下溼狹隘猶人之羸瘦困苦故杜以墊隘為羸困也　且民至利也　正義曰民有災患則不暇從上無災患則從教化十者數之小成故云十世之利也　注財易至驕佚　正義曰魯語敬姜云昔者聖王之處民也擇瘠土而居之勞其民而用之故長王天下夫民勞則思々々則善心生逸則淫々々則忘善々々則惡心生沃土之民不材逸也瘠土之民莫不向義勞也敬姜此語自是激發之辭未必聖王盡然要亦有此理也大史云昔稱武王克殷患殷民富侈大史公曰奢侈厚葬以破其產為其富而驕佚故設法以貧之也管子曰倉廩實而知禮節衣食足而知榮辱讓生於有餘爭生於不足論語稱孔子適衛欲先富後教為其貪而无恥欲營生以富之也此皆觀民設教故其理不同若近都近監則民皆商販則富者

弥富驕侈而難治貧者益貧飢寒〻而犯法且貧者貲富而致貧富
者削貧而為富惡民之富乃是愍民之貧欲使貧富均而勞逸等
也　注近室則民不務本　正義曰農業人之本也商販是之末
也若民居近室則棄本逐末廢農為商則貧富兼并若貧富兼
并則貧多富少貧者无財以共官家者不可以倍稅賦稅少則公
家貧也　子之佐十一人　正義曰服虔云是時欒書將中軍荀
首佐之荀庚將上軍士燮佐之郤錡將下軍趙同佐之韓厥將新
中軍趙括佐之鞏朔將新上軍韓穿佐之荀騅將新下軍趙旃佐之
注商書洪範　正義曰武王克殷將作洪範今見在周書傳
謂之商書者以箕子商人所陳故也　七年鼷鼠至免牛。正義
曰釋獸云鼷鼠李巡曰鼷鼩鼠一名鼸鼠孫炎曰有螫毒者蓋如
今鼠狼改卜牛下重言鼷鼠文食其角不重言牛者何休云言角
牛可知後食牛者未必故鼠故重言鼠改卜被食角者言乃免牛
則前食角者亦免之矣從下免省文也　注稱牛〻至礼也　正義
曰僖三十一年傳曰牛卜日〻牲今稱牛是未卜日也免放也放

不穀遂不鄭也　傳詩曰亂有定　正義曰此詩小雅節南山之
篇　當宣公來朝　正義曰此文及八年傳召桓公來賜公命並
先所解釋而虛載經文者敘例曰其經傳曼同而文異者或告命
之辭有差異或氏族名号當須互見此蓋須互見名号故舉之也
以兩之一焉　正義曰以兩之一謂將二十五人也又言卒謂吏
將百人也言之者婉句耳凡將一百二十五人適吳也舍偏謂舍
一偏之車九乘也兩之一焉又舍二十五人也凡舍九乘車二十
五人与吳矣發首言兩之一者內舍此兩之一故先言之又言卒
者見巫臣所將非唯有一兩也司馬法車九乘為小偏十五乘為
大偏杜云偏不言大者是當九乘車矣唯言當一偏不見其將車數
不知去時幾乘車去也丘明為傳辭皆易解此獨蹇陋或誤本
文蘇氏云舍九乘車以六乘車还則乃云將十五乘車傳不言者
以舍既稱偏明去時有車可知從省文也沈氏云聘使未有將兵
車者今此特將兵車為方欲教其戰陳故与常不同　注戚林父
屬晉　正義曰傳言晉反戚焉則戚已屬晉襄二十六年衞孫林

父入于戚以叛此不言叛故解之戚是孫氏世所食邑林父出奔
之後戚自從隨而屬晉非林父入而將去故不言叛也　八年注
昏聘至之文　正義曰傳於華元來聘之下云聘共姬也則華元
新始告魯欲圖爲昏々礼發首云昏礼下達乃言納采鄭玄云達
通也將欲与彼合昏姻必先使媒氏下通其言女氏許之乃後使
人納其采擇之礼此華元來聘則彼昏礼所謂下達者也士礼使
媒諸侯不可求媒於他国自使臣行則亦媒之義昏有六礼下達
之後初有納采擇之礼既行納采其日即行問名問女之名將欲
卜其吉凶也既卜得吉又使々者往告謂之納吉納吉則昏
礼定矣後遣納徵々成也納幣以成昏礼士礼納徵有玄纁束帛
儷皮其諸侯謂之納幣以其幣多故指幣言之納幣乃後又有請
期親迎是之謂六礼也計華元來聘之後當有納采納吉二使二
使之後乃始納幣今唯書納幣者納采納吉其使非卿故不書也
釋例曰諸侯昏礼亡以士昏礼準之不得唯止於納幣逆女納幣
逆女二事皆必使卿行々々則書之他礼非卿則不書也宋公使

華元來聘於不應使卿故傳但言聘共姬也使公孫壽來納幣中納幣
應使卿故傳明言得禮也魯君之昏唯存納幣進女此其義也是
言聘女不應使卿今華元以卿將命故特書之也隱二年公羊傳
曰昏禮不稱主人宋公使公孫壽來納幣則其稱主人何辭窮
也辭窮者何無母也禮有母則母命之宋公無主昏者宋公自命
之故稱宋公使公孫壽來也公孫壽蕩意諸之父者文十六年傳
文　注傳曰至稱名　正義曰傳稱莊姬譖之則是同括無罪大
夫無罪見殺例不書名此並書名故解之宣十二年傳曰原屏咎
之徒也明本不以德義自居而妄叨高位宜其見討今並不作
亂誣告而稱其名言誣告者凡殺大夫必以其實有罪告不肯言
其無罪魯史辭其曲直乃立其文故所書或否耳　注諸侯至
通稱　正義曰天子賜諸侯之命書傳亦無正禮唯文元年天
王使毛伯來錫公命僖十一年傳王賜晉惠公命周語王賜晉文
公命皆是即位而賜之文賜之以圭擬朝而合瑞諸侯即位禮必
朝王明當即位即賜之命今八年乃來是緩也隱元年宰咺來贈

為其緩書名以譏之此亦緩也而不譏之者彼贈死不及尸弔生不及哀子氏未薨而豫凶事所失者大故特譏之春秋之時賜命礼廢唯文公即位而賜成公八年乃賜桓公死後追賜其餘皆不得賜苟以得之為榮故不復譏其緩也且賜之以圭者為朝而合瑞魯尚不朝天子不宜譏天子賜緩也天子之見經者三十有二稱天王者二十五稱王者六稱天子者一即此文是也三稱並行傳無異説故知天子天王王者之通稱也其不同者史異辭耳公羊傳曰其稱天子何元年春王正月正也其餘皆通矣杜用彼説也賈逵云諸夏稱天王畿内曰王夷狄曰天子王使榮叔歸含且賵以恩深加礼妾母恩同畿内故稱王成公八年乃得賜命与夷狄同故稱天子左氏無此義故杜不從之 注古者至媵之 正義曰莊十九年公羊傳曰媵者何諸侯娶一國則二國往媵之以姪娣從姪者何兄之子也娣者何弟也諸侯一聘九女是諸侯娶適夫人及左右媵各有姪娣也傳曰同姓媵之異姓則否是夫人与媵皆同姓之國也魯衛同姓故來媵之釋例曰古者諸侯之娶

適夫人及左右媵各有姪娣皆同姓之国々三人凡九女参骨肉
至親所以息陰訟々々息所以廣継嗣也當時雖无其人必待年
而送之所以絶望求塞非常也辟称忝愚不教故遣大夫随之亦
謂之媵臣所以將謙敬之實也夫人薨不更聘必以姪娣媵継室
一与之醮則終身不二所以重昏姻固人倫々々之義既固上足
以奉宗廟下足以継後世此夫婦之義也　傳注餞送別飲酒
正義曰詩大雅韓奕篇云韓侯出祖出宿于屠顯父餞之清酒百
壺是餞为送行飲酒也　大国至盟主　正義曰義者宜也叓得
其宜謂之为義汶陽之田宜其皈魯是皈皈魯为義皈奇不義大
國爲制其義叓以为諸侯之盟主　信以至解體　正義曰言之
有信義叓乃行是信以行義叓必以義命乃成就故義以成命也
秋信以行義叓以義而命諸侯故小国所望而皈之懷皈也言而
无信則信不可知所命非義則義无所立如是則四方諸侯其誰不
解体謂叓晋之心皆疎慢也　詩曰至其德　正義曰衛風氓之
篇　詩曰至言之　正義曰詩大雅板之篇也言王者之所圖

謀甚遠未能長遠我以是故用大道諫王行父今亦懼晉之不能
遠圖而因此以失諸侯是以敢私言之私布此言即是大諫也
楚師之還也　正義曰還在六年不於彼言者因其今獲申驪追
言六年侵沈述欒書得楚善之功故於此并言之　詩曰「豈作人
正義曰大雅旱麓之篇　注穆姜之女　正義曰明年季文子如
宋致女還稱宋工之条穆姜出拜謝之知是穆姜所生之女也
注趙武孤也　正義曰史記世家云趙朔娶晉成公姊為夫人
案傳趙衰適妻是文公之女若朔妻成公之姊則亦文公之女父
之從母不可以為妻且文公之卒距此四十六年莊姬此時尚少
不得為成公姊也賈服先儒皆以為成公之女故杜從之史記又稱
有屠岸賈者有寵於靈公此時為司寇追論趙盾弒君之事誅趙
氏殺趙朔趙同趙括而滅其族案二年傳欒書將下軍則於時朔
已死矣同括為莊姬所譖此年見殺趙朔不得與同括俱死也於
時晉君明諸臣強無容有屠岸賈輒廁其間得如此專恣又說云
公孫杵臼取他兒代武死程嬰匿武於山中居十五年因晉侯有

疾韓厥乃請立武為趙氏後与左傳皆違馬遷妄說不可從也
夫豈得免也　正義曰此趙同趙括謂天祿之父祖若桀紂之輩
蚩耶辟子孫賴禹湯之功而食天祿　注渠丘郊遂里　正義曰
十四年莒子朱卒知渠丘公即是朱也渠丘莒之邑名夷不當有
謚或作別号此朱以邑名为号不知其故何也　唯然　正義曰
俗本唯作蚩今定本作唯　衛人逆則否　正義曰膏七月以为媵
不必同姓所以博異氣今左傳異姓則否十年齊人來媵何以見
貶刺之文左氏為短鄭箴云礼称納女於天子云備百姓於國君
云備酒漿不得云百姓是不博異氣也齊是大国今來媵我得之
為榮不得貶也　九年注女嫁至之好　正義曰桓三年九月夫人
姜氏至自齊冬齊侯使其弟年來聘傳曰齊仲年來聘致夫人也
此二月伯姬歸于宋夏季孫行父如宋致女二者其間並近三月
礼婦入三月廟見知致女必以三月蓋廟見之後婦礼既成使大
夫聘問謂之致女致其成婦之礼存謙敬序殷勤耶乃篤昏姻之
好也仲年行父俱是致女而彼言聘者在魯而行則曰致女在他

國而來則但言聘外内之異文也以彼言聘而實是致女故二注皆言使大夫隨加聘問為此也　注五月盟　正義曰兗野以宣十年即位此二年及國佐盟于袁婁又盟于咒五年于蟲牢七年于馬陵此年于蒲皆魯齊俱在是五月盟也　注魯邑譏昏時　正義曰長歷推此年閏十一月傳城中城文在十二月上而云昏時也即是閏月城之閏月半後即是十二月節故水昏已正而城之是得時也　傳注南冠楚冠　正義曰應劭漢官儀云法冠一曰柱後冠左傳南冠而縶則楚冠也秦滅楚以其冠賜近臣御史服之即今解豸冠也古有解豸獸觸不直者故執憲以其角形為冠令觸人也　注泠人樂官　正義曰詩簡兮序云衛之賢者仕於泠官鄭玄云泠官樂官也泠氏世掌樂官而善焉故後世多号樂官為泠官呂氏春秋稱黃帝使泠倫自大夏之西崑崙之陰取竹斷兩節而吹之以為黃鐘之宫昭二十一年傳景王鑄無射泠州鳩非之是泠氏世掌樂官也周語云景王鑄鐘成泠人告和魯語云泠簫詠歌及鹿鳴之三此稱泠人皆稱泠官是泠為樂官之名

也　注舍其名〻誠　正义曰楚王既为君矣不言为君時变而
遠称大子者若言为君時变嫌为君隐恶或疑已在君位矯情为
善舍其爲時近变遠称大子少小者未为君時不須隐蔽以示王
性自然言其從小如此以明己之名誠无所私也礼君前臣名字
則貴於名此道遠二卿之名不言字是為晉君也　注浹辰十二日
也　正义曰浹为周帀也從甲至癸为十日從子至亥为十二辰
周礼縣治象浹日而斂之謂周甲癸十日此言浹辰謂周子亥十
二辰故为十二日也　无棄菅蒯　正义曰釋草云白華野菅郭
璞曰菅茅屬陸璣毛詩疏曰菅似茅滑澤无毛朋宜为索漚及曝
尤善蒯与菅連亦菅之類喪服疏屨者傳曰藨蒯之菲也可以为
屨明朋如菅並可代絲麻之乏故云无棄也　十年注卜常至故
备　正义曰曲礼論卜筮云旬之外曰遠某日旬之内曰近某日
則卜者每旬一卜傳称啓蟄而郊則周之三月郊之大期此云五
卜者蓋是三月三卜四月又二卜皆不吉乃止也僖三十一年傳
云礼不卜常祀不應卜而卜以不吉而不郊皆非礼也　注晉侯

亡之禮　正義曰知傳文知晉侯是大子也漢末有汝南應劭作
舊君諱議云昔者周穆王名滿晉厲公名州滿又有王孫滿是同
名不諱則此為州滿或為州蒲誤耳今定本作滿傳無諱文知諱
其生代父位失人子之禮者傳稱凡在喪公侯曰子父喪代位尚
不稱君生代父位諱之必矣傳言立大子以為君若其不諱則不
須此傳是顯其諱之意　注六同盟　正義曰稱以宣九年即位
十七年盟于斷道元年于赤棘二年于袁婁五年于蟲牢七年于
馬陵九年于蒲皆魯晉俱在是六同盟也　傳注厲鬼亡故怒
正義曰鬼怒言殺余孫不義必是枉死者之祖也景公即位以來
唯枉殺趙同趙括故知是趙氏之先祖趙氏先祖其人非一鬼不
自言其名未知誰之鬼世本云公明生趙夙晉語云趙衰趙夙之
弟則括之祖公明是也服虔又以為公明之鬼凡為疫癘之鬼皆妖
邪之氣未必真是被人故杜不復指斥　注肓鬲也心下為膏
正義曰此賈逵之言杜依用之古今傳文皆以為膏肓之下賈服何
休諸儒等亦皆以為膏雖凝者為脂釋者為膏其實凝者亦曰

膏故内則云小切狼臅膏則此膏謂連心脂膏也列炫以为釈者为膏連心之脂不得称膏以为膏當为鬲改易傳文而規杜氏非也　注叔禽叔申弟　正義曰此无文也以禽与申俱死當是坐其兄弟知是弟也　忠为令德乎　正義曰言叔申忠誠为此令善之德施之於鄭伯施非得其善人猶尚不可何况不有令德者乎言令德者往年公孫申曰我出師以圍許为將改立君者而紓晋使晋必歸君是也

春秋正義卷第十八

計一万七千一百八字

日本影鈔正宗寺本春秋正義

第四册

唐 孔穎達撰

日本文化間影鈔正宗寺本

山東人民出版社·濟南

春秋正義卷第十九　成公

國子祭酒上護軍曲阜縣開國子臣孔穎達等奉勅撰

注正月至見止　正義曰襄二十九年正月公在楚傳曰釋不朝正于廟也彼以踰年故書正月公楚此亦踰年不書正在月公在晉者為諱見止故正月不以告廟案春秋上下公之在晉諱与不諱悉皆不書此言諱見止者以此兼有諱義故詳之也宣五年傳公如齊高固使齊侯止公請叔姬焉夏公至自齊書過也注云公既見止連昏於隣国之臣厭尊毀列累其先君而於廟行飲至之礼故書以示過宣七年公會晉侯云云于黒壤傳稱晉侯以公不朝又不聘止公于會不与公盟八年公至自晉注云義与五年書過同此亦見止還而告至杜不言義与宣過同者公實不貳於楚晉以兇罪止公非所當諱故依法告至然則正月諱不告者正月公猶被執守臣者其告廟當云公被晉執故諱而不告公還不以為恥故告至耳　注郤犨至兄弟　正義曰案世本郤豹

生巽芮々生鈌々生克也又云豹生義々生步揚々生州々卻犫
也如彼文則犫与克俱是豹之曾孫當爲從祖昆弟服虔以爲從
祖昆弟杜云從父昆弟或父當爲祖字誤耳　傳注昆弟之妻相
謂爲姒　正義曰世人多疑娣姒之名皆以爲兄妻呼弟妻爲娣
弟妻呼兄妻為姒因即惑於傳文不知何以為說今謂母婦之號
隨夫尊卑娣姒之名從身長幼以其俱來夫族其夫班秩既同尊
卑无以相加遂從身之少長喪服小功章曰娣姒婦報傳曰娣姒
婦者弟長也以弟長解娣姒言娣是弟姒是長也公羊傳亦云娣
者何弟也是其以弟解娣自然以長解姒長謂身之年長非夫之
年長也釋親云長婦謂稚婦為娣婦々々謂長婦為姒婦止言婦
之長稚不言夫之大小今穆姜謂聲伯之母為姒昭二十八年傳
叔向之嫂謂叔向之妻為姒二者皆呼夫弟之妻為姒豈計夫之
長幼乎釋親又云女子同出謂先生為姒後生為娣孫炎云同出
謂俱嫁事一夫也事一夫者以己生先後為娣姒則知娣姒以己
之年非夫之年也故賈逵鄭玄及此注皆云兄弟之妻相謂為姒

言兩人相謂々長者為姒知娣姒之名不計夫之長幼也　注儷
耦也　正義曰禮謂兩皮為儷皮儷兩也故為耦　注伉敵也
正義曰伉者相當之言故為敵也伉儷者言是相敵之匹耦　注
郤犨至略輕　正義曰晉臣來盟於魯々臣往盟於晉俱是相要
其意一也意既同矣可書一以包二宜舉重而略輕遣使為輕君
親為重故郤犨各聘又各盟文子直書如晉略言其聘而已衛冀
隆難以為他鄉來敵魯君春秋所諱魯卿出敵他國顯各名氏則
應郤犨来盟為輕行父盟晉為重今書郤犨之盟則是舉輕略重
何得云舉重略輕蘇氏釋云所言輕重者自謂魯之君臣々盟為
輕君盟為重二國各稟君命奉使而行非關敵公之義其意不同
不得相難　注言温郤氏舊邑　正義曰御是温之别邑本從温
内分出温屬晉御屬周温是郤氏旧邑郤氏既已得温則謂從温
而分出者亦宜從温而屬郤氏故郤至爭之其劉子單子之言襄
王勞文公而賜之温於時御已分矣賜晉以温不賜以御也狐氏
陽氏先處温邑於時亦不得御々本未嘗屬晉故為王官之邑

注蘇忿至公也　正義曰尚書立政云周公若曰大史司寇蘇公此傳与彼俱言蘇公為司寇明是一人　此言克商即為司寇是為武王司寇　十二年傳注天子至亦之　正義曰凡言出者謂出其封内天子以天下為家本无出封之理以无外之故雖有出奔之人史策皆不言出昭二十六年君氏召伯毛伯以王子朝奔楚實出而不言出是其事也襄王蔽於匹夫之孝不顧天下之重故書云出居于鄭此周公王既復之而又自出故書云出奔是不應言出而言出皆所以罪責之也鄭玄荅孫皓問凡自周无出者周无放臣之法罪大者刑之小則宥之以為賓无出法案書流宥五刑則宥者流之邪不出也舜放四罪投之四裔安得不出竊乎若四如周礼無流放之文即云周无放臣之法礼三諫不從待放於郊然則周臣三諫不從終是不蒙王放欲令諫者何所措身左傳敘凡自是各策之例因即以為周制謂其實无出者執文害意為蔽何甚　注贄幣也　正義曰傳言交贄往來謂聘使來去也聘礼賓執圭以通命執幣以致享故知贄是幣謂聘享之幣也　注擊

鐘而奏樂　正義曰作樂謂之奏々樂先擊鐘故周禮大司樂々師每事皆云令奏鐘鼓以鐘先擊故先言鐘也鐘以金為之謂之金奏故鐘師掌金奏鄭玄云金奏擊金以為奏樂之節金謂鐘及鎛也鄭玄燕禮注云以鐘鎛播之鼓磬應之所謂金奏也是金為奏節之初故傳言金奏作於下作樂先擊鐘故注云擊鐘而奏樂也禮記仲尼燕居云兩君相見入門而縣興升堂而樂闋郊特牲曰賓入大門而奏肆夏示易以敬也鄭玄云賓朝聘者朝聘連言之則燕享朝賓聘客皆入門即奏樂矣其賓朝賓入門而奏樂聘客則至庭乃奏樂此郤至將登堂始奏樂者縣當在庭而楚之為地室而縣待客將登乃奏皆所以見異故欲以驚賓矣燕享聘客皆當入門奏肆夏若燕己之群臣則有王事之勞者乃得以樂納賓其常燕唯有升歌間合而已無納賓之樂也故燕禮記云若以樂納賓則賓及庭奏肆夏鄭玄云卿大夫有王事之勞者則奏此樂焉是燕己之臣無王事之勞者不以樂納賓也　驚而至備樂正義曰卒聞地下鐘聲出其不意故驚而走出其出齊為驚怖因

即飾辭々糸言已不敢當大礼遥其驚走之意　注言此至之礼
正義曰仲尼燕居云兩君相見入門而縣興是賓入门作糸為兩
君相見之礼也而燕礼雖兼聘問之賓以燕已臣為主而云若以
樂納賓燕已之臣尚有以糸納賓之法則燕享聘客必以樂納賓
矣故鄭玄郊特牲注云賓朝聘者朝聘並言則君臣同糸郤至不
敢同君故以之為辭耳非謂礼不得也　注言兩至此樂　正義
曰子反意晉楚並是大国不肯相朝唯戰乃相見其相見之時言
唯當用是一矢以相加陵相遣与耳无為用此樂也　注傳諸至
明之　正義曰知傳諸交讓得賓主辭多曰賓主者此傳每稱郤
至為賓文十二年傳称西乞術為賓并称主人曰之類是也　注
享有至共儉　正義曰享有體薦宣十六年傳文也設几而不倚
爵盈而不飲昭五年傳文也礼聘義記曰聘之礼至大礼也酒清
人渴而不敢飲也肉乾人飢而不敢食也彼言聘礼即是享聘賓
之礼此事皆所以教訓共儉也　注宴則至共食　正義曰宣十
六年傳云宴有折俎宴則節折其肉升之於俎相与共啗食之所

以表示慈惠也　朝而不夕　正義曰旦見君謂之朝莫見君謂
之夕哀十四年傳稱子我夕晉語稱叔向夕皆謂夕見君也人息
事少故百官莫奉職事皆朝々而莫不夕々々言无事也　注扞
蔽至其民　正義曰扞者扞衛寇難故為蔽也言燕享結好与隣
國通和甲兵不興人得安息所以蔽扞其民若如城然故云所以
扞城其民也　注詩周至而已　正義曰詩周南兔置之篇言兔
置之人亦是賢者其人乃是赳々然雄武之夫与公侯共扞城其
民也引詩之意言世治无事公侯之与武夫設共儉慈惠之礼与
人扞難而已不侵伐他国也干扞釋言文　注八尺至攻伐　正
義曰周礼考工記云人長八尺殳長尋有四尺崇於人四尺車戟
常崇於殳四尺是八尺曰尋倍尋曰常喻其少故言争尺丈之地
以相攻伐尽殺其民孟子曰争城以戰殺人盈城争地以戰殺人
盈野是謂尽殺其民也　注略取至无已　正義曰武夫有武能
為人之扞蔽世治則公侯同於武夫同其腹心相与扞已民而已
不侵犯々人也世乱則使武夫同於公侯其公侯欲得拓竟寬土他

則制禦武夫以從己志使武夫為己腹心股肱爪牙令之侵害隣
國搏擊也噬齧也犬能搏噬譬之於犬為搏噬之用无己時也
注舉詩至腹心　正義曰此亦兔罝之篇美賢人之事而引之以
證世亂故解之此舉詩之正以駁世亂之義詩言治世則武夫能
合德以侯外則扞城其民內則制其腹心也以其人心則本貪縱
之則害物矣義公侯能以武夫制己腹心自守扞難而已不害人
也　天下至反之　正義曰天下有道之時則公侯能為民扞城
禦難而使武夫制其己之腹心不侵犯他國也亂則反之不復扞
蔽己民乃以武夫從己腹心將武夫為股肱爪牙以侵害他國是
反治世也晉楚之世為仇敵常有相害之心子反言一矢相加仍懷
戰鬭之意故郤至言世治則自守世亂則相侵害荅上一矢之言
冀得交為和故說此也　无礼至矣夫　正義曰以一矢為辭好
是无礼也食言是其將背盟也背盟必相伐故為死亡无日矣
十三年注將伐至讓辭　正義曰晉雖是侯伯恐魯不与若言召
兵或容辭說言乞則不得不与釋例曰乞師者深求過理之辭執

謙以通成其計是解乞為謙意　注伐秦至朝王　正義曰公本
為伐秦道過京師因往朝王不稱朝而言公如京師者以明公朝
于王所王不在京師故指言王所據王言之不得不稱朝此則王
在京師〻〻是國之揔號不斥王身不可稱朝故依尋常朝聘隣
国之文稱如而已劉炫云魯朝聘皆言如不果彼國必成其礼或
在道而還如者舍其始發言往而已言公朝王所者發国不為朝
王至彼過王朝之朝訖乃舍故稱朝也此過京師亦宜稱朝言如
者發雖主為伐秦即有朝王之意舍其初發故言如也　注五同
盟　正義曰盧以宣十五年即位十七年盟于斷道成二年于袁
婁又于蜀五年于蟲牢七年于馬陵九年于蒲凡六同盟不數宣
公斷道為五　傳礼身至无基　正義曰幹以樹木為喻基以牆
屋為喻樹木以本根為幹有幹故枝葉茂焉牆屋以下土為基有
基乃牆屋成焉人身以礼敬為本必有礼敬身乃得存郤子无基
則亦无幹但言有所局不復得言幹耳　宣伯至賄之　正義曰
周語云簡王八年魯成公來朝使叔孫僑如先聘且告見王孫說

與之語說言於王曰魯叔孫之來自異焉其幣薄而言諂殆請之
也若請之必欲賜也且其狀方上而銳下宜觸冒人王其勿賜若
貪陵之人來而盈願是不賞善也且財不給王使私問諸魯々人
云請之也王遂不賜礼如行人孔晁云行人使人也以使人之礼
々之不從聘者之賜礼也又曰魯侯至仲孫蔑為介王孫說与之
語說讓說以語王々厚賄之　注脤宜至之名　正義曰宜者祭
社之名脤是盛肉之器受脤于社受祭社之胙肉也周礼掌蜃祭
祀共蜃器之蜃鄭玄云飾祭器之屬也春秋定十四年秋天王使
石尚來皈蜃々之器以蜃飾因名焉鄭衆云脤可以白器令色白
是盛以脤器故曰脤也既言宜社又自解宜名釋天云起大事動
大衆必先有事乎社而後出謂之宜孫炎曰有事祭也宜求見祐
也是宜者出兵祭社之名　民受至皮乎　正義曰天地之中謂
中和之氣也民者人也言人受此天地中和之氣以得生育所謂
命也命者教命之意若有所稟受之辞故孝經說云命者人之所
稟受度是也命雖受之天地短長有本順理則壽考逆理則夭折

是以有動作礼義威儀之法則以定此命言有法則命之長短得
定无法則夭折无恒也故人有能者養其威儀礼法以往適於福
或本分之外更得延長也不能者敗其威儀礼法而身自取禍或
本分之内仍有减割也為其求福畏禍之故君子勤礼以臨下小
人尽力以事上勤礼莫如臨事致敬尽力莫如用心敦篤敬之所
施在於養神朝廷百官事神必敬篤在守業草野四民勿使失業
也國之大事在祀与戎宗廟之祀則有執膰兵戎之祭則有受脤
此是交神之大節也今成子受脤而惰是自棄其命矣死必在近
此行其不得反乎爾之往也養之以福謂將身向福也敗以取禍
謂禍及身也福則人之所欲作往就之辭也禍則人之所惡作自
來之語也敬則所施有処故言致敬也厚則唯在己身无所可致
故重言敦篤也執膰受脤俱是於祭末受而執之互相見也劉炫
云命者冥也言其生育之性得之於冥兆也　注膰祭肉　正義
曰詩詠祭祀之礼云為俎孔碩或燔或炙又曰育酒欣々燔炙芬
々毛傳云傅火曰燔祭肉有燔而薦者因謂祭肉為膰也　勠力

同心　正義曰孔安国以勠力為陳力以論語有陳力就列故也
勠力猶言勉力努力耳　又不至之師　正義曰言秦既納惠公
又不能遂成大功而復伐晋為此韓之師也下云亦悔于厥心謂
秦悔伐晋也　注致死至此意　正義曰劉炫以為誣秦本知不
然者凡誣秦者謂加之罪偽辞少略者可得称誣今傳云諸侯疾
之将致命于秦文公恐懼綏静諸侯又云我有大造于西傳文既
詳明諸侯實有此意若无諸侯何得称為大造且秦師棄鄭〻亦
疾秦此則諸侯之義也刘以為實无諸侯而規杜過非也　注不
見弔傷　正義曰曲礼云知生者弔知死者傷知生而不知死弔
而不傷知死而不知生傷而不弔鄭玄云人恩各施於所知弔傷
皆謂致命辞也雜記諸侯使人弔辞曰寡君聞君之喪寡君使某
如何不淑此施於生者傷辞未聞也説者有衍弔辞云皇天降災
子遭罹之如何不淑此施於死者蓋傷辞畢退背哭是弔傷之变
蔑死至襄公　正義曰輕蔑文公以為死无知矣謂襄公寡弱而
陵忽之　奸絶我好　正義曰奸乱断絶不復与我和好也　注

伐保至氏縣　正義曰伐我涑川俘我王官傳皆无文得謂此為
誣者於時輕行童衣鄭不得在道用兵故知此伐保城是誣之也春
秋之時更无費国秦唯滅滑不滅費知即滑也国都於費国邑費
並举以因文耳　注秦使至成王　正義曰文十四年傳云初鬪
克囚于秦秦有殽之敗使歸求成僖三十三年秦敗于殽文元年
楚殺成王故謀不成也　闕翦我公室　正義曰闕為缺損翦謂
滅削言欲害晉之公室　注蟊賊至虫名　正義曰釋虫云食擿
根蟊食節即賊是食禾稼之虫也納雍害晉若虫食禾然被晉自召
雍非秦罪也　注虔劉皆殺也　正義曰劉殺釋詁文方言云虔
殺也重言殺者亦因文耳　注聚衆也　正義曰謂聚衆以拒秦
也以上有殽之師令狐之役河曲之戰不用重文故變文言聚衆
為文亦有辟耳　注令狐至謀也　正義曰劉炫以為臣之出使
自稱己君皆曰寡君今呂相雖奉君命要有己語稱寡君正是其
理杜何知宜為寡人稱君為誤今刪定知劉説非者以呂相奉厲
公之命而往絕秦則皆是厲公之言不得兼有己語案隱十一年

郑伯告許大夫云假手于我寡人今吕相称厉公之命還与自称
无異亦當云我寡人故知称君為誤刘以称寡君為是以規杜過
非也　白狄及君同州　正義曰周礼職方氏正西曰雍州其川
涇汭其浸渭洛皆秦地也正北曰并州其澤藪曰昭餘祁其川虖
池嘔夷皆晉地也是秦屬雍而晉屬并白狄蓋狄之西偏屬雍州
也　注季隗至文公　正義曰三年晉衛伐廧咎如傳曰討赤
狄之餘焉知咎如是赤狄也文公所奔之狄不言赤白以其伐赤
不應赤自相伐知白狄伐之也其女雖是赤狄之種而由白狄以
納文公得以白狄為昏姻也且此辭多誣欲親狄以曲秦故引狄
為昏姻耳晉人自數代狄寧復顧昏姻也杜以傳有季隗之事引
之以證昏姻未必晉於白狄先昏姻　昭告昊天上帝　正義
曰礼諸侯不得祭天其盟不王天神鄭玄覲礼注云王巡守之盟
其神主日諸侯之盟其神主山川襄十一年亳城北之盟其載書
云司慎司盟名山名川注云二司天神唯告天之别神不告昊天
上帝此秦楚為盟告天帝者春秋之時不能如礼且此辭多誣未

心是實晉与諸國結盟皆不告昊天上帝何由秦楚獨敢告之蓋欲示楚人恨秦之深言其所告處重耳　以懲不壹　正義曰楚道秦人用心不壹其盟不足与國宜示諸侯以懲創不壹之人

寡人不佞　正義曰服虔云佞才也不才者自謙之辭也論語云焉用佞禦人以口給屢憎於人則佞非善事而以不佞為謙者佞是口才捷利之名本非善惡之稱但為佞有善有惡耳為善敏捷是善佞為惡敏捷是惡佞但君子欲訥於言而敏於行言之無多情貮不信故云焉用佞耳　注不更至猶存　正義曰秦之官爵有此不更之名知女父是人之名字不更是官爵之号漢書稱商君為法於秦戰斬一首者賜爵一級其爵名一為公士二上造三簪褭四不更五大夫六公大夫七官大夫八公乘九五大夫十左庶長十一右庶長十二左更十三中更十四右更十五少上造十六大上造十七駟車庶長十八大庶長十九關内侯二十徹侯商君者商鞅也秦孝公之相封於商號為商君案傳此有不更女父襄十一年有庶長鮑庶長武春秋之世已有此名蓋後世以漸

增之商君定為二十非是商君尽新作也其名之義雖得而知耳傳言戰敗而經不書杜以意測之不知其故欤以為秦曲晋直不以曲有敵直故不書戰則僖十五年韓之戰秦直晋曲書戰于韓也欤以為不告故不書當時公親在師復不須告也欤以為无功諱負則克獲有功亦无所諱也再三揆度不識所以故云蓋經文闕漏傳文獨存也經文依史官策書策書所无故經文遂闕也傳文采於簡牘々々先有故傳文獨存也　注涇水至渭也　正義曰釋例曰涇水出安定朝那縣西東南經新平扶風至京兆高陵縣入渭　注逆迎至秦地　正義曰經書公會晋侯齊侯宋公衛侯鄭伯曹伯邾人滕人伐秦是伐時諸侯親行也傳云晋師以諸侯之師及秦師戰則知諸侯不親行也蓋皆別次以待之新楚當是晋侯次之処也以傳不言其次晋侯或別戰勝而移処故云止新楚也　注子如至虢子　正義曰子如即是子班摠傳可知以外无文見其同時被殺必是近親相倚為此說耳　十四年注成公至絕也　正義曰釈例曰成公逆女及夫人至最為得礼故詳

其文立明謂之微而顯婉而成章也然則杜以傳文詳知其最得
禮也釋例又云成公娶夫人而不納幣此經文闕也貴聘而賤逆
失禮之微者傳猶詳之言其不終若實不納幣非所略也是言闕
之意也闕絕者闕而文斷絕蓋疑仲尼脩定後其文始闕若脩時
已闕傳應言其故也　注五同盟　正義曰臧父遠以二年八月
卒而臧代立其年十一月衛大夫與公盟于蜀三年孫良夫來盟
五年于蟲牢七年于馬陵九年于蒲皆魯衛俱在是五同盟也
傳注同姓之卿　正義曰世本孫氏出於衛武公至林父八世是
同姓也　詩曰至來求　正義曰兕觵罰酒之爵言古之王者与
群臣燕飲无失礼者用兕觵之爵其觩然空陳設之无所可罰在
席飲美酒者皆能思柔順中和故不用彼飲燕君子与人交接也
非有傲慢之心故万種福禄求來斂之　注詩小至之皃　正義
曰詩小雅桑扈之章言設爵不用之意君子好礼与於燕者皆思
柔順之德无過可罰故雖設觵爵不用之也兕是獸名觵是爵稱
知兕觵以兕角為觵也周礼小胥職云觵其不敬者是所以罰不

敬也異義韓詩說觵五升所以罰不敬也觵廓也著明之皃君子
有過廓然明著詩毛傳說觵大七升許慎云觵罰有過一飲七升
為過多當謂五升是也詩良耜云有捄其角則捄是角皃此詰之
意指其角皃言陳設不用故云陳設之皃　稱旅尊君命　正義
曰宣元年已發尊君命尊夫人之例今復發者彼以喪娶嫌非正
禮且公子非族故重明之何休膏肓難左氏叔孫僑如舍族為尊
夫人案襄二十七年豹及諸侯之大夫盟復何所尊而亦舍族春
秋之例一事再見者亦以省文耳左氏為短鄭箴云左氏以豹違
命故貶之而去族今僑如无罪而亦去族故以為尊夫人也春秋
有叓異文同則此類也　十五年注襄仲至仲氏　正義曰公羊
穀梁皆以嬰齊為仲遂之子敀父之弟也以為敀父之弟則同其
言稱仲之意則異公羊以為才死後兄之義仲嬰齊為敀父之子
則為仲遂之孫故以王父字為氏穀梁以為宣八年仲遂卒者為
殺子赤疎之不使稱公子父既見疎不得稱公子故其子由父亦
疎之不得稱公孫故別言仲氏杜之此注甚言不明當以為襄仲

皈父本以東門為氏及命嬰齊紹皈父之後改之曰仲氏也劉炫云仲遂受賜為仲氏故其子孫稱仲氏耳　注不稱至礼也　正義曰諸傳於其事之下發凡例者杜皆於經之下引傳而言傳例曰今傳因曹伯發凡杜不引傳例者傳據稱人以執為例卻云不然則否曹伯稱侯以執從不然之例故杜不得引之也不稱人以執者曹伯罪不及民其稱人之例於義為然也諸侯不得相治故皈之京師使天子治之是礼也釋例曰執諸侯當皈于京師而或以皈或皈于諸侯背失其所從實而顯之義可知也　注四同盟　正義曰固父鮑以二年八月卒而固代立其年十一月宋大夫与公盟于蜀五年于蟲牢七年于馬陵九年于蒲皆魯宋俱在是四同盟　注華元至納告　正義曰案傳花元奔晉魚石即議止之魚石自止華元于河上元如至河本未至晉既書奔晉又書自晉皈者花元既出宋即來告華元既皈宋復來告十八年傳例曰凡去其國國逆而立之曰入復其位曰復皈諸侯納之曰皈此是魚石止之宜從國逆之例而為諸侯納之文書曰自晉皈者花元与

宗書相善怖懼桓族款使晉以自重以晉納告于諸侯春秋從而
書之以示无之本情故也　傳凡君至則否　正義曰春秋執諸
侯多矣或名或否此例不言之者衆例曰諸侯見執者已在罪賊
之地書名与否非例所加故但書執某侯也天生民而樹之君使
司牧之勿使失性名乃肆於民上人懷怨讎諸侯致討則稱其人以
執某侯衆討之文也諸侯無身犯不義而惡不及民則不稱人以
執之晉侯執曹伯是也諸无加民之惡而稱人以執皆時之赴告
欲重其罪以加民為辭國史承以書策而簡牘之記具存夫子因
示虛實傳隨而著其本狀以明得失也　聖達至守節　正義曰
節猶分也人生天地之間性命各有其分聖人達於天命識已知
分若以歷數在已則當奉承天命不復拘君臣之交上下之禮衆
爲受終陽武革命是言達節者也若自知已分不合高位得而不
取与而不受子臧季札衛公子郢楚公子閭如此之類皆守節者
也下愚之人不識已分僭張妄作取非其理干紀亂常如此之輩
古今多矣州吁无知之等皆失節者也子臧自以身是庶子不合

有國故言爲君非吾節也雖不能爲聖敢失其守節者乎　注蕩澤云々　正義曰世本云公孫壽生大司馬虺々生司馬澤也華喜督之玄孫者又云督生世子家々生季老々生司徒鄭々生司徒喜也公孫師莊公之孫者又云莊公生右師戊々生司城師也鱗朱鱗矔孫者又云桓公生公子鱗々生東鄉矔々生司徒文々生大司寇子奏々生小司寇朱也向戌桓公曾孫者又云桓公生向父盻々生司城訾守々生小司寇鱣及合左師々々即向戌也注四大至石告　正義曰襄元年傳謂此五人爲五大夫故除去魚石謂之四大夫也彼四大夫所以不告者宋人獨以魚石告不以四人告也服虔云魚石卿故告以爲四人非卿故不告杜不然者案文七年傳云宋成公卒於是公子成爲右師公孫友爲左師樂豫爲司馬鱗矔爲司徒公子蕩爲司城華御事爲司寇六卿和公室哀二十六年傳宋景公无子於是皇緩爲右師皇非我爲大司馬皇懷爲司徒靈不緩爲左師樂茷爲司城樂朱鉏爲大司寇六卿三族降聽政據彼二文則向爲人爲大司寇亦是卿也若五

人皆書為卿則書向為人亦當書之所以独書魚石杜言独以魚
石書正為向為人不書故也或少司寇二宰等六卿之外亦是卿
官合書名氏猶如魯之三卿外别有公孫嬰齊臧孫許但非如六
卿等世掌國政也　十六年正月雨木冰　正義曰正月今之仲
冬時猶有雨未是盛寒雨下即著樹為冰記寒甚之過其節度公
羊穀梁皆云雨而木冰是冰封著樹也今世時有之皆寒甚所致
也　注黶欒書子　正義曰十八年悼公之入黶尚為公族大夫
此時欒書尚在黶未為卿而得名見經者襄二十九年鄭公孫段
未為卿而見經杜云蓋以攝卿行然則此亦當以攝卿故書　注
楚師至敗績　正義曰此戰楚師未至於敗而楚子身傷故書楚
子敗績也泓之戰宋公傷股師亦敗績故書師敗而不書宋公敗
也君將不言師師以君重於師也戰陳以師相敵死亡既多舉師
為重故師敗君傷者唯書師敗而已不復書君身敗也刘炫又云
若君將被殺獲者須以殺獲者為重既書師敗又書殺獲即韓之
戰獲晉侯大棘之戰獲華元雞父之戰獲胡沈之君是也　注不

及至執止　正義曰諸公被執者皆諱不書執此會晉侯不肯見
公不諱之者公為國内有故不及戰期雖不見公非公之罪是為
恥輕於執止故直書之以示諫公之意異公改過无後犯及皈書
公至自會以无罪不諱故依法告廟也　注莒丘至使人　正義
曰昭十三年晉人執季孫意如以皈此言舍之莒丘明其不以皈
也大夫因使被執无罪者則書行人以見无罪於時行父從公伐
鄭在軍見執雖則无罪不稱行人以其非使人故也季孫意如得
赦而皈書意如至自晉此行父得赦不書至者赦例曰賈氏以為
書執行父舍于莒丘言失其所不書至者刺晉聽讒執之示己无
罪也案傳因之莒丘以別晉都无義例也公待于鄆与行父俱皈
猒於公尊故不書行父至耳若欲示无罪則宜於執見義今既直
書其執必絶不書至乃所以示然於見執非示无罪也穀梁以行
父至不致者為公在故与杜義合也　傳注糸懼至氏族　正義
曰糸懼是戴公六世孫世本有文也將鉏為糸氏之族不知所出
杜譜於糸氏之下糸鉏將鉏為一人傳无糸鉏之文不知其故何

也　欒黶至變佐之　正義曰晉語云鄢陵之役晉伐鄭荊救之欒武子將上軍范文子將下軍與此異者彼孔晁注云上下中軍之上下也傳曰欒黶將中軍士燮佐之又曰欒范以其族夾公行引此爲正是彼謂分中軍爲二將各上而佐將下　注荀罃至罷矣　正義曰十三年傳云韓厥將下軍荀罃佐之又此年末傳云知武子佐下軍郤犨將新軍是其文也三年行六軍其新三軍將佐六人皆賞鞌之功死亡不復補至此唯有韓厥在耳郤至佐新軍不言中下是新軍唯一知新上下軍於是罷矣　對曰至子矣　正義曰叔時此對首尾相成先舉六名云戰之器也言有此六事乃可以戰若器用然也自德以施惠至信以守物辨六事施用之處也自民生厚至所由克言能用六事得戰勝之意也自今楚內棄其民至疲民以逞言楚不行六事也民不知信以下言楚必敗之意也德者得也自得於心美行之大名有大德者以德撫人是德用之以施恩惠也有姦邪者斷以刑罰是刑用之以正邪辟也詳則祥也古字同耳釋詁云祥善也李巡曰祥福之善也事神得

福乃名為祥是祥用之以事神也義者宜也物皆得宜利乃生焉
故義所以生立利益也礼者履也其所踐履當適時要故礼所以
順時事也言而无信物將散矣故信所以守群物也人君用此道
以撫下民々之生計豐厚財用足則民之德皆正矣德謂人之性
行論語云民德歸厚矣即是正也此一句覆上德以施惠由上施
恩惠故民生計豐厚也財用有利益而每事得節飢則有食寒則
有衣其事皆得節矣此一句覆上義以建利也政不擾民時節皆
順春種夏耨而物得成矣此一句覆上礼以順時也自上及下和
睦而相親周旋運轉不有違逆上之所求下无不具下民自知其
中无復二心故詩美先王成立我之衆民无不於女先王得其中
正言先王善養下民使得中也自上下和睦以下至莫匪尔極總
論在上德義礼三事以教於下則在下之人皆无邪惡以信自守
即包上刑以正邪信以守物二句也聖王先成於民而後致力於
神民既如此是以明神下之福祐時无水旱災害此覆上詳以事
神也故下民生計皆豐厚而多大人皆和同其心以聽進止无不

尽己之力以從上命戰陳之上有被殺傷者皆致其死命以補其空闕之处此戰之所由得而勝也今楚内棄其国内之民不行施惠是无德也外絕其隣國之好不得其利是无義也与晋結盟而復背之貫瀆齊同之盟是无詳也与人要言今背其語食消善言是无信也夏之二月農事正煩奸犯時節而動兵伐人是无礼也晋人无罪苟欲伐之疲勞下民以快己欲是无刑也六事皆无是无器也无器而戰其可勝乎上若有信民知所適上既无信不知所從〻前言則違後令從後令則背前言人既不知在上之信其進与退皆得罪也人〻憂其所至不知己之性命將至何处其誰肯致死而戰也子其勉力為之此行也必敗吾不復得見子矣知其必死与之長訣也　注烝衆至中〻正義曰烝衆釋詁文極中正常訓也詩頌思文之篇美后稷之德周語云昔我先王世后稷故杜以先王言之言先王后稷立其衆人无不得其中正也當堯之末洪水滔天人不粒食皆失其正性后稷教人耕稼以養之各復本性故无不得中正也　注敦厚厖大也　正義曰皆釋詁文也

言人之生計若財物足皆豐厚而多大管子曰倉廩實而知礼節衣食足而知榮辱讓生於有餘争生於不足是其人生厚大則心和而聽上命也　注礼不至農業　正義曰沈氏云晉亦奸時所以无天殃者以鄭既有罪晉人討之楚黨有罪之鄭故独謂之奸時　注刑不至快意　正義曰魯語曰大刑用甲兵其次用斧鉞故大者陳之原野小者致之市朝則征伐之刑々之大者刑不正邪而苟快意正謂伐晉是也此六句言楚无上六事隨便而言故与上不次服虔以外絶其好為刑不正邪也食話言為義不建利也疲民以逞為信不守物也杜以食話言是言之不信也快意征伐是刑之失所也故不從旧說　注底至也　正義曰底者致至故為至也在上之信不著於人号令无常動靖恐惑或乍東乍西或欲遲欲速毎事如此不可測量人不知信進退獲罪人々各憂其身不知性命所至誰肯致死戰也　注晦月至為忌　正義曰日為陽精月為陰精兵尚殺害陰之道也行兵貴月盛之時晦是月終陰之盡也故兵家以晦為忌不用晦日陳兵也昭二十三年

七月戊辰晦吴败楚师于鸡父吴犯兵忌而战胜者杜云违兵忌
晦战击楚所不意彼知楚有可败之机晦是兵家所忌原楚之情
必以吴为不动故以晦日掩之击楚不备故也　注巢车〻上为
橹　正义曰说文云轈兵高车加巢以望敌也橹泽中守草楼也
是巢与橹俱是楼之别名　注左将帅右车右　正义曰兵车唯
元帅在中御者在左也其余将帅皆御者在中将帅在左也左右
执兵而下唯御者持车不下耳　注晋侯至意异　正义曰服虔
以此皆曰之文在州犁贲皇之下解云贲皇州犁皆言曰晋楚之
士皆在君侧且陈厚不可当以为州犁言晋强贲皇言楚强故云
皆曰也如服言贲皇既言楚不可当何故复请分良以击其左右
右故杜不用其说晋侯左右皆为此言以惮伯州犁耳　注震下
至无变　正义曰说卦震为雷坤为地复象曰雷在地中复服虔
云复反也阴盛于上阳动于下以喻小人作乱于上圣人兴道于
下万物复萌制度复理故曰复也其筮六爻无变者故言其所遇
之卦而已　注此卜至厥目　正义曰此实筮也而言卜者卜筮

通言耳此既不用周易而别為之辭蓋卜筮之晉更有此類筮者
據而言耳服虔以為陽氣觸地射出為射之象杜以陽氣激南為
飛矢之象二者无所依馮各以意說得失終於无驗是非无以可
明今以杜言离為諸侯者案禮器云大明生於東君西酌犧象鄭
玄云象日出東方而西行也詩鄘柏舟鄭箋云日君象也說卦离
為日故為諸侯　注二族至左右　正義曰劉炫云族者屬也屬
謂中軍以中軍夾公耳非謂宗族之兵今知非者杜云二族者順
傳之文无明言宗族之處劉誣杜以為宗族妄規其過非也　國
有至專之　正義曰言國有元帥之大任何得專意廢之而為御
也　注在君至其父　正義曰曲禮曰父前子名君前臣名鄭玄
云對至尊无大小皆相名以君至尊為在君前故子名其父　注
掀舉也　正義曰說文云掀舉出也公在於淖知掀當訓為舉也
潘尫之黨　正義曰潘尫之子其名為黨襄二十三年申鮮虞之
傅摯辭与此同古人為文略言耳　注問遺也　正義曰遺人以
物謂之為問々弦多以琴問子貢以弓論語云問人於他邦皆是

也　注韎赤至袴連　正義曰鄭玄詩注云韎茅蒐染也韎音也
韋昭云茅蒐今絳草也急疾呼茅蒐成韎也茅蒐即今之蒨也賈
逵云一染曰韎爾雅云一染謂之縓謂一入赤為淺赤色也跗注
兵戎之服自要以下而注於脚跗謂屬袴於下与跗相連周礼司
服凡兵事韋弁服鄭玄云韋弁以韎韋為弁又以為衣裳晋郤至
衣韎韋之跗注是也鄭以跗當為幅謂裁韋若布帛之幅相縫屬
鄭言以為衣裳則衣裳不連聘礼君使卿韋弁皈饔餼鄭玄云其
服蓋韎布以為衣而素裳鄭以彼非戎事當為素裳明衣裳不連
跗杜言連袴謂要脚連耳若然在軍之服其色皆同所謂均服振
々上下同色郤至与衆同服所以獨見識者礼法雖有此服軍士
未必尽然郤至服必鮮華故楚之王偏識之　注介者不拜　正義
曰曲礼云介者不拜為其拜而蓌拜鄭玄云蓌則失容節蓌猶詐
也慮其筰甲折　注以君至自安　正義曰劉炫以為楚王云死
乃傷乎恐其傷也答云敢告不寧告其身不傷耳魏犨云不有寧
也以傷為寧此与魏犨相似今知不然者案僖二十八年魏犨云

以君之灵不有寧也謂不有被傷以自寧也知不与彼同者以彼
云不有寧謂不有損傷此直云不寧既无有字又先无被傷之狀
与魏犨不同也案檢杜注敢告不寧君命之辱宜連讀之若敢告
不寧別自為句則君命之辱一句零行无所依附故知与彼不同
列君不辱杜意以為与魏犨相似而規杜非也　注言君至今撎
正義曰周禮大祝辨九拜九曰肅拜鄭司農云肅拜但俯下手今
時撎是也說文云撎舉手下手也其勢如今揖之小別晉宋役注
貴人侍賤人人拜貴人撎　注欲遣至執之　正義曰說文云
諜軍中反間也兵書有反間之法謂詐為敵國之人入其軍中伺
候間隙以反告已軍今謂之細作人也此欲令諜迎鄭伯則非一
人細作於時鄭伯退走故杜以為輕兵單進遶鄭伯之前逆距鄭
伯使鄭伯前視輕兵不復顧後得自後登其車以執之也鄭軍亂
走輕兵獨出其間亦諜之類故翰胡得以諜言之　内旌於弢中
正義曰旌謂鄭伯所建之旗弢是盛旌之囊也周禮全羽為旞析
羽為旌謂空建鳥羽者也但九旗竿首皆有析羽故旌為之總名

故此傳鄭伯与子重所建皆以旌言之其鄭伯所建當是交龍之
旂子重所建當是熊虎之旗周礼中秋教治兵辨旗物諸侯載旂
軍吏載旗鄭玄云軍吏諸軍帥也凡旌旗有軍衆者畫異物无者
帛而已子重為将自然當建熊虎之旗　因楚公子茷　正義曰
晋語謂之王子發鉤蓋一名一字也　注夷亦傷　正義曰服虔
云金創為夷杜以戰用五兵唯矢无及所言傷者皆丑傷也何須
於此独辨金木故知夷亦傷也復言之耳　注穀陽子反内竪
正義曰鄭玄云竪未冠者之名故杜以為内竪也案呂氏春秋云
荊共王与晋厉公戰于鄢陵荊師敗共王傷臨戰司馬子反渴而
求飲竪陽穀操酒而進之子反曰却酒也竪陽穀曰非渴也子反
曰却酒也竪陽穀又曰非酒也子反受而飲之子反之為人也嗜
酒甘而不能絶於口醉戰既罷共王欲復戰而謀使召司馬子反
〻〻辞以心疾共王駕往視之入幄中聞酒臭而還曰今日之戰
不穀親傷所恃者司馬也而司馬又若此不穀无与復戰矣於是
遂罷師去之斬司馬子反以為戮与此不同者傳依簡牘本紀彼

采傳聞異辭所說既殊其文亦異　注周晉臯是与　正義曰周
公稱成王之命告康叔以此言也唯上天之命不常於一人也言
善則得之惡則失之唯有德者於是与之　虽微至不義　正義
曰微无也縱使虽无先大夫有此旧交今大夫將義命已敢不以
爲之義乎　衛侯至壞隤　正義曰出于衛者已出衛竟也公出
于壞隤始從壞隤而出猶未出魯竟下云公待於壞隤設守而後
行是出國止於壞隤更從壞隤而出　注二子公庶弟　正義曰
沈氏云以刺公子偃不云弟故也　注諸侯至无罪　正義曰諸
侯廢立當由天子但春秋之世王政不行若篡弑而立則侯伯既
列於會便是已成爲君臣人不得殺之隣國不得復討往年爲戲
之會會主爲討曹但晉侯既列於會會盟畢乃始執之故曹人以爲无
罪也宣元年會于平州以定公位身非侯伯而得公位定者繼非
侯伯乃是彊隣既得与會即爲黨援晉若討魯身必救之於是晉
國竟不伐魯是由會身而公位遂定也　注爲曹至告傳　正義
曰諸侯被殺或名或否雖從告辭傳不爲例但諸侯尊貴不執

非其名曲礼曰諸侯不生名諸侯失地名滅同姓名是諸侯称名
者是罪責之意彼告者亦量其意之善否惡之則以名告故釈例
曰蔡侯般弑父自立楚子欲顯行刑誅以章伯業誘而殺之蔡人
深怨故称名以告春秋從而書之是告者謂其有罪則称名以告
謂其无罪則告不以名此曹人訴君无罪晉侯從而釈之言其无
罪而皈故晉人不以名告下云晉侯謂子臧反吾皈而君是晉人
告其皈也此傳說曹伯无罪是為經不以名告之信也　注豹叔
至奔齊　正義曰此時十月也至十月而僑如奔齊昭四年傳称
穆子去叔孫氏及庚宗遇婦人使私為食而宿焉後生豎牛適齊
娶於国氏生孟丙仲壬乃云宣伯奔齊穆子饋之則似豹在齊多
年僑如婬佐故服虔以為叔孫豹先在齊矣此時從国佐在師宣
伯令人就齊師使豹々不忘宗国閒白国佐為魯請逆杜不然者
若豹以前在齊則非復魯臣宣伯正可困之以請不得云宣伯使
豹宣伯安得專使背叛之臣也又宣伯豈无魯人可使而崎嶇艱
險遠使他国之人乎今傳言宣伯使豹明在魯軍得為宣伯使耳

下云邑伯食使者而後食不言食豹而言食使者明豹因請逆遂即不還還者豹之介耳於時魯師在鄭徑鄭向齊塗出於魯豹必過魯乃去故得宿於庚宗彼傳因言宿於庚宗遂說娶於國氏生二子耳二子之生必在僑如奔後豹之還魯蓋元敀年而襄二年始見於經豎牛已乃奉雉故杜以為此年去彼年敀故下注云傳因言其終　注將主至後也　正義曰服虔以失軍為失其軍糧傳稱諸侯遷于潁上子罕宵軍之則軍諸侯之營不軍其輜重安得為失軍糧也故杜以為將主與軍相失謂夜霧迸散相失耳此諸侯即伐鄭之諸侯也經書公會尹子晉侯齊國佐邾人伐鄭不書宋衛傳言宋衛皆失軍則宋衛在矣而不書後至故也　若朝至夕亡　正義曰朝亡之謂朝失歲與行文也魯必夕亡謂亡為他國也下云亡而為讎是欲棄晉而屬齊楚之　晉侯至其伐正義曰周語稱郤至見召桓公與之語召桓公以告單襄公非郤至自與襄公語也襄公論郤至將死答召桓公語耳非語諸大夫也其文與此小異其意與此大同周語詳而此傳略先賢或以為

国語非丘明所作為其或有与傳不同故也驟称其伐謂数々自伐其功周語説郤至自伐之言多矣其辞不可具載　温季其亡乎　正義曰周語單襄公答召柏公云人有言曰兵在頸者其郤至之謂乎即具論郤至之失乃曰以吾觀之兵在其頸不可久也　位於七人之下　正義曰此时栾書将中軍士燮佐之郤錡将上軍荀偃佐之韓厥将下軍荀罃佐之郤犨将新軍郤至佐之是位在七人之下　注称己至上功　正義曰周語曰郤至自称己有大功郤求晋国之政召柏公謂之曰吾子則賢矣晋国之举不失其次吾懼政之未及子也至謂召柏公曰何次之有先大夫荀伯下軍之佐以為政趙宣子未有軍行而以為政今欒伯自下軍往是三子也吾又過之无不及也若佐新軍而以之為政不亦可乎将必求之是掩上功　夏書至可乎　正義曰夏書五子之歌身一章也其為人所怨者豈必在明白之处乎其於人所不見當於是圖謀之此書之言将謂慎其細小之事者也今乃明言之遍已欲掩其上此事甚明其可乎言必不可也杜不見古文故云逸

書十七年注九月至史文　正義曰傳例啓蟄而郊今九月郊祀是非礼明矣公羊傳曰用者何用者不宜用也九月非所用郊也穀梁傳曰夏之始可以承春以秋之末承春之始蓋不可矣九月用郊用者不宜用也賈逵以二傳為説諸言用者不宜用也釋例曰辛丑用郊文異而丘明不發傳因時史之辭非聖賢意也劉賈以為諸言用皆不宜用反於礼者也施之用郊似若有義至於用幣用鄫子諸若此之比皆當須言用以别所用者也若不言用則吏叙不明所謂辭窮非聖人故造此用以示義也且諸過祀三望之類豈獨皆不言用邪案左氏傳用幣于社傳曰得礼冉有用矛於齊師孔子以為義乃宜用之例也丘明云我師豈欺我哉　注十一至脤胾　正義曰杜長歷推十一月丁亥朔六日壬辰十六日壬寅二十六日壬子十日丙申二十二日戊申不知壬申二字何者為誤長歷云公羊穀梁傳及諸儒皆以為十月十五日也十月庚午圍鄭十三日也推至壬申誠在十五日然據傳曰十一月諸侯還自鄭壬申至于貍脤而卒此非十月分明誤在日也又杜

於土地之篇凡有地名二十六所不知所在之國貍脤即是其一不知是何國之地故直云闕也杜又稱舊說曰壬申十月十五日貍脤魯地也傳曰十月庚午圍鄭則二日未得及魯竟也釋例又曰魯大夫卒其竟內則不書地傳稱季平子行東野卒于房是也以此益明貍脤非魯地矣以下有十二月丁巳朔逆而推之故諸舊說皆以壬申為十月十五日也公羊穀梁傳以為待公至然後卒大夫故十月之日書在十一月之下於左傳則不通故杜以為日誤　注五同盟　正義曰釐旦以文十四年即位宣十七年盟于斷道成二年于蜀五年于蟲牢七年于馬陵九年于蒲十五年于戚此年于柯陵凡七同盟而云五者沈以杜數同盟之例但有君盟者不數大夫之盟此二年盟蜀十七年盟柯陵皆卿之大夫故不數之劉炫并數二盟而規其過非也　傳注虛滑至屬周　正義曰依三十三年秦人滅滑經書入則是滅而不有不知滅後屬何國也此言侵晉知此時屬晉耳襄十八年傳楚公子格侵費滑胥靡注云胥靡鄭邑不言費滑杜意當以費滑為周邑也然

則若是周邑當言侵周以別之定六年傳鄭伐周馮滑胥靡亦
時胥靡亦為周邑蓋費滑胥靡周鄭之間襄時屬鄭定時屬周推
洧水　正義曰釋例云洧水出熒陽密縣西北陽城山東南至
潁川長平縣入潁　注傳言至自裁　正義曰劉炫以為士燮及
昭子之卒適与死會非自殺今知非者以傳云使祝宗祈死又云
祝我使速死元及於難是其欲死之意叔孫昭子心懷憂懼亦我
与此同身皆並卒故知自裁若其二人之死適与死會春秋之内
唯有兩人頓死何得身死皆与相當故杜斟酌傳文以為自殺劉
以為偶然而死以規杜非也何休膏肓以為人生有三命有壽
命以保度有隨命以督行有遭命以摘暴未聞死可祈也故杜以
為因禱自裁也傳記此事者欲見厉公无道賢臣憂懼　于闈
正義曰釋宮云宮中衖謂之壼衖门謂之闈孫炎曰衖舍間道也
李巡曰闈衖頭门也　汝上　正義曰釋例云汝水出南陽魯縣
大盖山東北至河南梁縣東南經襄城潁川汝南至汝陰褒信縣
入淮　注瓊玉至合象　正義曰瓊是玉之美者廣雅云玫瑰珠

也呂靖韻集云玫瑰火齊珠也含者或用玉或用珠故多食珠玉
為含象也詩毛傳云瓊瑰石而次玉礼緯天子含用珠諸侯用玉
大夫用碧此邑伯得有瓊瑰者案周礼天子含用玉則礼緯之文
未可全依或可珠玉兼有故釋例云珠玉曰含　今衆至傷也
正義曰邑伯之意以初得此夢謂凶在己懼不敢占今衆既繁多
而從余三年余之此夢凶災散在衆人不在己也故云无傷　待
命于清　正義曰欲遣國勝告難故令待進止之命在于清地非
是使還待命　注孫周至悼公　正義曰晉世家云悼公周者其
先祖父捷晉襄公少子也不得立號為桓叔〻〻生惠伯談〻生
悼公周是周為襄公曾孫也　注榭講武堂　正義曰楚語云榭
不過講軍實字是榭為講武堂傳言將謀於榭似仍未至榭猶在
塗也下云殺駒伯苦成叔於其位〻〻所坐之処則已至榭矣三郤
憂公殺己謀欲自安未及謀而已死故云將耳非謂未至榭也或
可將謀於榭是未至榭故杜云位所坐処也謂當時隨便所坐之
処故長魚矯得偽訟而殺之若已至榭不應就榭偽訟　一朝

而尸三卿　正義曰一朝謂一旦也晉語說此事一旦而尸三卿
不可益也　注厲公至國戮　正義曰厲公以私欲殺三郤則上
郤無罪經應直云晉殺其大夫不應稱名也又胥童爲欒書中行
偃所殺乃直是兩下相殺今經書二者並爲国討之文故傳解之
言民不與郤氏郤氏有罪也胥童道君爲亂胥童有罪也故皆
書曰晉殺其大夫以二者擬其死狀皆非國討故傳正其二者之
罪解其並爲国討之意劉炫云杜言三郤不以無罪書正謂不書
盜書盜即無罪也胥童之死本非国家所殺故特言胥童受国討
文其實傳意并論郤氏受国討故云皆書曰晉殺其大夫也杜之
云郤氏失民胥童道亂乃揔秋傳並言二者皆爲国討之意也
十八年傳注言不至七乘　正義曰周禮大行人上公貳車九乘
侯伯七乘子男五乘謂生時副貳之車也其送葬亦當如之今唯
一乘是不以君禮葬也以晉是侯爵故指言侯禮七乘耳諸侯各
依命數不是皆七乘也襄二十五年傳齊人葬莊公下車七乘杜
以特言七乘明七非旧制故彼注云齊旧依上公禮九乘以齊嘗

為侯伯囚而用九〃非侯之正法故此以正言之——辛巳朝于武宮　正義曰服虔本作辛未晉語亦作辛巳孔晁云以辛未盟入國辛巳朝祖廟取其新也案晉語称庚午大夫逆于清原傳云庚午盟而入逆日即盟非辛未也傳与晉語皆云辛巳朝于武宮服本自誤耳孔晁強欲合之非也　注花免至人宮　正義曰杜世族譜於晉國雜人之中有華免而无士字此注以華免為大夫則士者為士官也士官掌刑故使殺国佐也於夫人之宮有朝群妾之处故云内宮之朝蓋晉侯召入与語而殺之　注朝廟至居喪　正義曰辛巳距乙酉五日先定所脩之政待朔旦而後施之故五日也晉語云正月乙酉公即位孔晁云二月即位言正月者記者誤也厉公被殺而嗣絶故悼公自外而入即位之日即命百官施布政教与居喪即位其礼不同釋例曰厉公見殺悼公自外紹立本非君臣元喪制也若然礼喪服小記云与諸侯為兄弟者服斬鄭玄云謂卿大夫以下也与尊者為親不敢以輕服〃之言諸侯者明雖在異国猶来為三年也計厉是文公之曾孫悼是夫公之

玄孫有緦麻之親法當服斬而云无喪制者悼之父祖去晉適周
与本親隔絶无往來恩義厉既見殺悼即被迎迎之以爲晉君即
与厉公体敵且葬厉公以車一乘国内尚不以爲君不可責悼公
服斬也縱使當爲之斬絶而别立亦非嗣矣　注相魏至晉国
正義曰晉語云使呂宣子佐下軍曰邲之役呂錡佐知莊子於下
軍獲楚公子穀臣与連尹襄老以免其子鄢陵之役親射楚王而
敗楚師以定晉国而无後其子不可不崇也使彘共子將新軍曰
武子之季文子之母弟也武子宣法以定晉国文子勤身以定諸
侯二子之德其可忘乎故以彘季屏其宗使令狐文子佐之曰昔
克潞之役秦來圖敗晉功魏顆以其身退秦于輔氏親止杜回其
勳銘于景鍾至于今不忘其子不可不与也彼言呂宣子魏相也
彘共子士魴也令狐文子魏頡也又曰呂宣子卒公以趙文子爲
恤大事使佐下軍趙武父祖功名顯著故不復序之是四人父祖
皆有勞於晉国　荀家至孝弟　正義曰晉語云欒伯請公族
大夫公曰荀家惇惠荀會文敏黶也果敢无忌慎靖膏粱之性

難正也故使惇惠者教之文敏者道之果敢者諗之慎靖者脩之使茲四人者為公族大夫也公族大夫職掌教誨故使訓卿之子弟令之共儉孝悌也晉語云韓獻子老使公族穆子受事于朝辭曰厲公之亂無忌備公族弗能死孔晁云備公族大夫則韓無忌先為公族大夫今言使為之者悼公始命百官更改新授之 使士渥至時使 正義曰晉語曰君知士貞子之帥志博聞而宣惠於教也使為大傅知右行辛之能以數宜物定功也使為司空知欒糾之能御以和於正也使為戎御知荀賓之有力而不暴也使為戎右是四人者皆公知其能而使之耳范武子為大傅孤也士蒍司空卿也皆前世能者其法可遵故使二大夫居其官而為脩其法也二人皆是大夫非孤卿也 注辛將至為氏 正義曰僖二十八年晉作三行三十一年即罷之以為五軍其置三行無多年世彼云屠擊將右行未知此人即屠擊之子孫也為是其祖代屠擊也正以荀林父將中行遂以中行為氏故謂此人之先將右行因以為氏耳 注弁糾至馬官 正義曰以晉語知是欒糾

也周礼大御〻官之長別有戎僕掌御戎車春秋征代之世以御
戎為重此御戎當是御之尊者校正當周礼校人〻〻掌王馬之
政襄九年傳曰命校正出馬知是主馬之官也周礼校人不屬大
御此蓋諸侯兼官或是悼公新法此傳所言諸官皆不得与周礼
同也　注戎士尚節義　正義曰此訓諸御謂諸是御車之人
設令国有十乘〻〻有一御皆令此官教之戎士尚節義故訓之使
知義知羊斟之徒是不知義也周礼校人主養馬耳不知御事此
言校正屬焉乃云訓御蓋令校正助御戎訓御　注司士車右之
官　正義曰周礼司士掌群臣之版以詔王治其職非車右之類
不得屬車右也周礼有司右上士也掌群右之政凡国之勇力之
士能用五兵者屬焉其下更有戎右中大夫齊右下大夫道右
上士此三右或官尊於司右而司右掌其政令春秋之世車右為
尊此司士蓋周礼司右之類故為車右屬官服虔以為司士主
右之官謂司右也　注勇力至之使　正義曰所訓勇力之士皆
謂為車右者也設令国有千乘〻〻有一右摠使此官訓之勇力之

士失於強暴如魏絳之徒不順上命故訓之使共時之使不犯法
也　御元至攝之　正義曰御謂軍之諸將也若梁餘子養御罕
夷解張御郤克之類往前恒有定員掌共卿御今始省其常員
唯立軍尉之官臨有軍事使兼攝之令軍尉兼卿御也　祁奚
至知禮　正義曰晉語云公知祁奚之果而不淫也使為元尉知
羊舌職之聰敏肅給也使佐之知魏絳之勇而不亂也使為元司
馬知張老之知而不詐也使為元候知鐸遏寇之共敬而信彊也
使為輿尉知籍偃之惇帥舊職而共儉也使為輿司馬知程鄭為
端而不淫且好諫而不隱也使為贊僕晉語皆稱其才而用之善
公之知人也言元尉元司馬元候者此皆中軍之官元大也中軍
尊故稱大也輿尉司輿馬者皆上軍官也輿衆也官與諸軍同故
稱衆也從車者為卒在車者為乘使此中軍與上軍軍尉司馬
各教其軍之士卒使相親以聽在上之命　注程鄭至知禮　正
義曰荀氏別族世本有文周禮齊僕下大夫掌馭金路以賓朝覲
宗遇饗食皆乘金路杜言乘馬御車之僕則當彼齊僕也晉乘

語謂之贊僕當時之官名耳周礼掌馬之官无名騶者襄二十二
年傳稱豐黙為孟氏之御騶則騶亦御之類月令季秋天子乃教
田獵命僕夫七騶咸駕載旌旐則騶是主駕之官也鄭玄云七騶
謂趣馬主為諸官駕說者也周礼趣馬下士掌駕說之頒是騶為
主駕之官駕車以共御者程鄭為乘馬御〻之貴者故令掌賀之
官亦屬之校人職云良馬三乘為皁〻一趣馬〻〻下士三皁為
繫〻一馭夫馭夫中士六繫為廄〻一僕夫〻〻上士天子十有
二閑邦国六閑鄭玄云每廄為一閑〻有二百一十六匹如彼計
之每廄有趣馬十八人六閑之騶有一百八人皆屬程鄭而使揔領
之也戎車貴彊力乘車尚礼容故訓群騶使知礼令教馬進退使
合礼法也校人乘馬一師四圉三乘為皁〻一趣馬三皁為繫〻
一馭夫六繫為廄〻一僕夫六廄成校〻有左右天子十二閑馬六
種邦国六閑馬四種家四閑馬二種鄭玄云每廄為一閑二百一
十六匹易乾為馬此應乾之策也校有左右則天子良馬五種各
有四百三十二匹合二千一百六十匹駑馬三之四百三十二

匹則千二百九十六匹合三千四百五十六匹詩云騋牝三千举
大數也玉路駕種馬戎路駕戎馬金路駕齊馬象路駕道馬田路
駕田馬駑馬給宮中之役邦国六閑四種去種戎其齊道田各用
一閑駑馬三之則千二百九十六匹大夫四閑二種去齊道田馬
一閑駑馬三之則八百六十四匹四匹一師也十二匹一趣馬也
三十六匹一馭夫也二百一十六匹一僕夫也　凡六至誉也〇
義曰上已歷言諸官特為公所知者更復揔言所任皆得其人於
時晉立六卿卿下各有統領群官非一凡六官之在民上為長者
皆是有德有邑之人是民所褒誉者也使魏相以下至種（程乙）鄭為乘
馬御以上凡有八條之官魏相等為卿一也荀家等為公族大夫
二也士渥濁為大傅三也右行辛為司空四也弁糾為御戎五也
荀賓為右六也祁奚為中軍尉至籍偃為司馬七也程鄭為乘馬
御八也自公族大夫以下七條各云使為某吏而卿下不云使者
以卿揔揔群職非偏主一吏故也公族大傅司空不云某官
屬焉者以其當官自主更无餘官来屬其祁奚為中軍尉及羊

舌職張老魏絳鐸遏寇籍偃虽是数官總為一條使訓卒乘親以
聽命此唯有中軍上軍无下軍之官者盖特下下軍无闕不別立其
官故也其卿无共御立軍尉以攝之一句為下祁奚為中軍尉亂
緒也大略所叙皆尊官在前卑官在後　注大国至其人　正義
曰大国三卿是正法當時晉置六卿為三軍之将佐皆是師也於
是晉又更置新軍凡有四軍八卿但新軍或置或廢故傳不數之
耳六官之長非獨卿身乃謂其下凡為人之長者皆為民之美譽
故總舉六官則知群官无非其人者也　舉不至易方　正義曰
所舉用者皆堪其官不有失職者也文任文官武任武官其用為
官各守其業不踰易其方也若文人為武〻人為文則違方易務
不乞守其業矣　注正軍至陵偪　正義曰傳言不陵不偪者皆
謂下不陵偪其上旅卑於師〻卑於正知正是軍將命卿也唯舉
師旅不相陵偪言上下有礼皆不相陵偪也　所以復霸　正義
曰霸者把也把持王政鄭玄云天子衰諸侯興故曰霸夏有昆吾
商有豕韋天彭周有齊桓晉文此最彊者也故晉傳通謂彼五人

為五霸耳但霸是彊國為之天子既衰諸侯无主若有强者即當霸業其數无定限也而何休以霸不過五不許悼公為霸以鄭曲之学足以惑人傳稱文襄之霸襄兼文后紹繼其業以後漸弱至悼乃彊故云復霸 凡去至復入 正義曰釋例曰凡去其國者通謂君臣及公子母弟也国逆而立之本无位則稱入本有位則稱復歸齊小白入于齊无位也衛侯鄭復歸于衛復其位也諸侯納之有位无位皆曰歸衛孫林父蔡季是也身為戎首則曰復入晉欒盈是也此所以明外内之援辨逆順之辭故經正魚石衛衎以表旧制傳稱凡例總而明之也衛人逆公子晉于邢宜稱入善其得衆公子友忠於社稷国人所思歸故閔公為落姑之盟以復之夫衛公子晉絶位而在邢魯之季子勢弱而出奔咸得民望享国有家是以聖人貴之殊其文也莊六年五国諸侯犯逆王命以納衛朔大其吏故字王人謂之子突朔懼有違衆之犯而以国逆告華元實國迎欲挾晉以自助故以外納赴春秋從而書之以示二子之情也韓魏有耦国之彊陳蔡有復国之端故晉趙鞅楚公

子此皆稱歸從諸侯納之例言非晉楚之所已制也侯獨愛君以
請故曹伯有國逆之辭許叔有國逆之文此皆時史
因周典以起歸事之情也傳例稱諸侯納之曰歸今撿經諸稱納
者皆有與師見納之事不須例而自明故但言納而不復言歸也
衛侯鄭曹伯負芻皆見執在周晉魯請而復之鄭書歸于衛負芻
稱歸自京師所發事同而文異者例意本在於歸不以他文為義
也賈氏又以為諸歸因稱所自之國所自之國有力也案楚公子
比去晉而不送是無援於外而經書自晉陳侯吳蔡侯廬皆平王
所封可謂有力而不言自楚此既明證又春秋稱入其例有二施
於師旅則曰入不地在於歸復則曰國逆國逆又以立為例逆而不
立則皆非例所及鄭之良霄以寇而入入即見殺而復例之例稱
凡去其國明非天子之制也周敬王王子猛不書出而書入襄王
書出而不書入凡自周無出故非春秋舊例也諸在例外稱入直
是自外入內記事者常辭義無所取而賈氏雖夫人姜氏之入皆
以為例如此甚多又依放穀梁云稱納者內難之辭因附會諸納

為癸至於納北燕伯于陽傳稱因其衆窮不臣通乃云時陽守距
難故稱納此又无證晉楚人圍陳納頓子于頓則頓國之所欲經
也北燕伯傳有因衆之文不可言内難也又晉納公孫寧儀行父
于陳々縣而見復上下交雖二人虽有淫縱之亂今道楚之用陳賊
討君莽威權方盛傳稱有礼理无有難此皆先說之不安也沈
氏云國逆而立之曰入唯謂國君知不兼臣者以臣而无位李賊
不存故知臣无國逆之例也其復入唯謂臣知者以君虽不君臣
不可不臣君若入國臣无違拒之法且杜云身為我首稱兵入代
是我首指臣為文故知不得兼君也杜所以云四條者通君臣取
國有家之大例即是事通君臣者此擬大略而言不復曲細為别
也　不然至吾患　正義曰不然謂不与吾同惡也而收取吾之
所憚謂魚石是也使從其楚國之政以伺間吾之釁隙而侵伐我
如此則亦是吾之所患若晉用楚材皆為楚國之患害是也
注夷庚至之道　正義曰夷平也詩序云曰庚万物得由其道是
以庚為道也此云以塞夷庚下云而懼吳晉知謂塞吳晉往來之

要道也吳晉往來路由彭城楚取彭城以封魚石欲以斷絕吳晉往來之道使其不得往來故吳晉所以懼耳若其不然何以独云懼吳晉也夫庚止謂吳晉往來之平道耳非山川險難之名故杜土地名不得指其所在　逞姦而攜服　正義曰逞快也封魚石為快姦人也攜貳也諸侯見楚助賊服從者其心皆貳是貳其服從者之心　驟朝于晉　正義曰詩云載驟駸駸是疾行之名從魯即疾朝于晉也　言道也　正義曰喪大記云君夫人卒於路寢是在路寢得君薨之道也　成霸安疆　正義曰謂文公成霸安疆自宋為始言今宋有患不可不救也　君順也　正義曰自此以前莊宣薨于路寢僖文宣皆君葬矣今於此公薨之下言道也於葬之下言君順也獨發傳者隱桓閔皆為人所殺僖公薨于小寢文公薨于臺下皆其薨不得道也莊宣雖薨于路寢莊則子般見殺宣則啟父出奔家國不安非是得道順禮得道順禮唯成公耳故傳於此發之釋例曰魯君薨葬多不順制唯成公薨于路寢五月而葬國家安靜世適承嗣故傳見莊之縱舉

戍昏順以包之是也

春秋正義卷第十九

春秋正義卷第二十　襄公

国子祭酒上護軍曲阜縣開国子臣孔　穎達　等奉

勅撰

正義曰魯世家云襄公名午成公之子定姒所生以簡王十四年
即位謚法因事有功曰襄是歲〻在壽星　○元年注於是公年
四歲　正義曰九年傳曰會于沙隨之歲寡君以生晉侯曰十二年
矣知於是公年四歲　注鄫鄭至晉師　正義曰釋例曰兵未
有所加所次則書之以示遲速既書兵所加則不書其所次此書
次于鄫者為此魯斉曹邾杞其兵皆不加鄭故書次也傳曰於是
東諸侯之師次于鄫以待晉師是韓厥伐鄭此次以待之　注辛
酉九月十五日　正義曰顯言此日者欲明下冬聘是十月之初
而王崩日近赴人未至故也　注冬者至善之　正義曰礼記曾
子問曰諸侯相見揖讓入門不得終礼廢者幾孔子曰六天子崩
大廟火日食后夫人之喪雨霑服失容則廢是王崩當廢礼也今
傳歎此朝聘皆云礼也知此冬者是十月之初崩赴未至由其俱

未聞喪故得以吉行礼而傳善之　傳注下有至日誤　正義曰
長歷推之年正月庚戌朔其月无巳亥圍宋彭城經在正月之下
傳文下有二月則巳亥必是正月々不容誤知是日誤　注成十
至之宋　正義曰公羊傳曰宋華元曷為与諸侯圍宋彭城為宋
誅也其為宋誅奈何魚石走之楚々為之伐宋取彭城以封魚石
成十八年傳曰楚伐彭城納魚石焉以三百乘戍之而還西鉏吾
曰崇諸侯之姦而披其地不言取為楚之邑而云披地長笑是左氏
之意亦為楚以彭城封魚石為國故注言封魚石也既列為國非
復宋地傳言追書是仲尼新意故云夫子治春秋追書繫之宋也
言追書者其地已非宋有追來使屬宋耳非謂夫子在後追書前
事若以追為在後追前則仲尼新意皆是追書前事非独此為追
書也　於是至宋志　正義曰魚石旧是宋人今還取宋地以自
封若其不繫於宋則成此魚石為一國之君夫子追繫於宋乃有
二意於是為宋討魚石宜繫於宋且又不成此為叛人使得取君
之邑以為一國之主有此二意故繫之於宋謂之宋志者言宋人

志在攻取彭城，故以魚石繫之於宋，成此宋人之志。注登成至
繫宋　正義曰：登，成，釋詁文。不与其專邑叛君，不与楚得取邑封
人，故使彭城還繫於宋也。釋例曰：楚人棄君助臣，取宋彭城以封叛
者，削正與偽，雖非復宋地，故追書繫宋，不与楚之所得，是其義也。
言不登叛人，則叛罪重矣。不書魚石以彭城叛者，孫林父將戚而
出，故得書云孫林父入于戚以叛。此則因楚之力取彭城，与宋交
争，非欲出附他國，故言復入也。若總而言之，俱是背叛於君，故云
不登叛人也。　注稱宋至宋志　正義曰：此与隱元年謂之鄭志
義勢同也。鄭伯實不獲段，而經書克，謂之鄭志，言鄭伯志在於殺，
雖實不克段，而書之為克，見鄭伯之志也。此彭城實非宋地，而經
書為宋，謂之宋志，言宋人志在取之，雖實非宋地，而繫之於宋，成
宋人之志也。夫子脩春秋而傳於此二條特言謂之宋志、謂之鄭
志者，夫子所脩春秋，或褒或貶，皆是夫子之志，非取國人之心。此宋
志、鄭志者，以其雖是夫子所脩，還取二國本志故也。案下十年戍
鄭虎牢，傳云非鄭地也，言將歸焉。杜云繫之于鄭，以見晉志，即此

彭也此二叓傳例已明故彼不云謂之晉志也　注彭城至略之
正義曰案莊八年郕降于齊師既書於經則知彭城之降亦合書
也今不書者但以其賤故略之也晉欒盈復入于晉下云晉人殺
欒盈而書於經此彭城降所以賤略不書者彼以殺之為重來告
故書此以降叓為輕故為賤略　韓厥至其郛　正義曰傳唯言
諸侯之師不見諸侯之国未知諸侯之師是何国師也於是東諸
侯之師次于鄫以待晉師則次鄫之師皆不与伐鄭此諸侯之師
其中必无齊曹邾杞也案上圍彭城除此五国以外猶有宋衛
莒滕薛下云晉侯衛侯次于戚以為之援則衛師從伐明矣明年
戚之會〻知武子云滕薛小邾之不至皆齊故於戚之會〻始怪滕薛
不来明此時伐鄭滕薛在矣東諸侯皆次于鄫莒在齊曹之東若
其在此當与東人同次前圍彭城亦无小邾此時或无莒与小邾
耳諸侯之師當是宋衛滕薛也賈逵云韓厥荀偃帥諸侯之師
謂師宋衛滕薛伐鄭齊曹邾杞次于鄫故諸侯之師不序也入
郛不書者晉人先以鄭罪令於諸侯故書伐鄭入郛既敗鄭不復

告故不吝　注荀偃不吝非元帥　正義曰魯師出征並舉諸將
他國之師唯舉元帥詳內略外春秋之常故杜為注復時一言之
耳　注徒兵步兵　正義曰論語云以吾從大夫之後不可徒行
徒猶空也謂無車空行也步行謂之徒行故步兵謂之徒兵也隱
四年傳云敗鄭徒兵注云時鄭不車戰則此亦然也　注於是至
不吝　正義曰獻子先歸傳無其文正以不吝侵楚侵陳知其必
先歸矣若獻子從師則吝不待告以獻子先歸晉不告魯故侵陳
楚皆不吝也然不知獻子何以先歸傳既不言未測其故也今贊
云則先歸者以前年虛朾會獻子先歸會葬今公雖即位年又幼
小君既新立故獻子先歸　二年注未與至經誤　正義曰睔
以成六年即位九年盟于蒲十五年于戚又七年楚子重伐鄭諸
侯救鄭而楚退同盟于馬陵諸侯雖不重序明亦與鄭同盟則是
與成三同盟矣與其父盟於法得以名赴其子此云未與襄同盟
而是以名者其嘗與成同盟於法得以名赴襄也此類多矣注言
皆云與其父同盟而已此注特言未與襄同盟者以此時鄭既從

楚之熸其已背前盟不合更以名赴故明之也此經云六月庚辰鄭
伯睔卒傳言七月庚辰鄭伯睔卒經傳必有誤者杜以長歷校之
此年六月壬寅朔其月无庚辰七月壬申朔九日得庚辰則傳與
歷合知傳是而經誤也此經六月七月其文皆異所言誤者非徒
字誤而已乃是舊經為誤七月之文錯在六月故長歷云舊
於六月經誤言元本舊之誤非字誤也　注宋雖至衛上　正義
曰於例將卑師衆稱師將尊師少稱將此晉宋稱師不書將非卿
也衛甯殖書將不稱師師少也晉為兵主故當先書宋雖非卿以
師為重故序甯殖之上　注齊謚至葬速　正義曰謚法執心克
莊曰齊是齊為誤也葬而舉謚禮之常也此特云齊謚者以謚齊
者少且齊所字夫人齊女嫌齊非謚晉大子申生之母稱齊姜
者齊女姓姜氏彼齊非謚故此須明之　遂城虎牢　正義曰
虎牢是鄭旧邑此時屬晉而不繫晉者莊三十二年注云大都以
名通者則不繫國此以名通故不繫晉也十年戍鄭虎牢繫於鄭
者傳曰非鄭地也言將歸焉彼為將歸鄭而繫之鄭也或當虎牢

虽已屬晉〻人新得不為己有故不繫晉也 傳馬牛皆百匹

正義曰司馬法丘出馬一匹牛三頭則牛當稱頭而亦云匹者因馬而名牛曰匹并言之耳經傳之文此類多矣易繫辭云潤之以風雨論語云沽酒市脯不食玉藻云大夫不得造車馬皆從一而省文也 注檟梓之屬 正義曰釋木云槐小葉曰檟郭璞曰槐當為楸〻細葉者為檟又云大而皵楸小而皵檟樊光云大老也皵措皮也皮老而麤措者為楸小少也少而麤措者為檟又云椅梓郭璞曰即楸也如彼所云楸梓皆檟之小別故云梓之屬也 注櫬棺至送終 正義曰以論死者言櫬知櫬是棺也四年注云櫬親身棺也以親近其身故以櫬為名案禮記檀弓曰天子之棺四重水兕革棺一杝棺一梓棺二鄭玄云杝椵也所謂椑棺也梓棺二所謂屬與大棺也記文從內向外水兕革棺最近尸也次椑以椵為之次屬與大棺乃以梓為之檀弓又云君即位而為椑鄭玄云椑謂杝棺親尸者椑堅著之言也天子椑內又有水兕革棺喪大記云君大棺八寸屬六寸椑四寸 如彼記文諸侯之棺三重

親身之棺名之為椑々即櫬是也其椑用椵為之屬与大棺乃用
梓耳此以梓為櫬者名之曰櫬其内必先棺也擇櫝為櫬其櫬必
用梓也記唯言即位為椑不言椑所用木鄭玄據天子之棺其椑
用杝即云椑謂杝棺也天子之椑自用杝則諸侯不必然故此傳
文諸侯之椑必用梓也頌琴者詩為樂章琴瑟必以歌詩々有雅
頌故以頌名琴猶知言雅琴也櫬琴同文知皆欲以送終也
詩曰至哲矣　正義曰詩大雅抑之篇也其惟有知之人告之以
善言則順從之為美德之行矣言之者行直无有不順從者今季
孫逆之於是為不知矣哲知釋言文也　注襄公適妣　正義
曰曲礼曰生曰父曰母死曰考曰妣襄公是成公之妾定姒所生
穆姜是其適母故曰君之妣也　詩曰至孔偕　正義曰詩周頌豐
年之篇也豐有之年多稻多黍釀之為酒為醴以進与祖妣以洽
百種之礼為烝嘗之祭鬼神享之則下与福祐甚周偏言今亡妣
失礼神將不福祐之也烝進畀与皆釋詁文偕訓為俱々亦徧之
義也釋言云孔甚也　注宗婦至非礼　正義曰諸姜同姓之女

也宗婦同姓之婦也夫人齊姜是齊國之女故使其宗親之婦女
來會葬也齊為姜姓歷世多矣不可姜姓之女姜姓之婦令其皆
來魯國莊二十四年大夫宗婦覿用幣者宗婦是同姓大夫之婦
知此宗婦亦是同姓大夫之婦然則諸姜是齊同姓之女嫁与齊
大夫之為妻者也礼記檀弓云婦人不越疆而弔人是越疆送葬
非礼也　召萊子々々不會　正義曰世族譜不知萊國之姓齊
侯召萊子者不為其姓姜也以其比隣小國意陵蔑之故召之欲
使逆送諸姜宗婦來向魯耳萊子以其輕侮故不肯會々集矢至
三子　正義曰說文云隹鳥之短尾者揔名為隹々在木上為集々
是鳥止之名矢有羽似鳥故亦稱集也楚之君破射目者非是為異人
也任由患者為寡人也今若背之棄其助郑之力与盟誓之言他人
其誰肯親我乎免寡人此棄力背言之責唯二三子有　子罕當
國　正義曰礼君薨聽於冢宰不須攝行君事此令子罕當國者
郑國間於晉楚之國家多難喪伐之際或致傾危蓋成公顧命使之
當國非常法也子駟為政已是正卿知當國者為攝君事矣沈氏

云魯襄四歲国家无虞今僖公年雖長大為偪於晉楚之故令子罕當国也官命未改　正義曰先君既葬嗣君正位乃得達官命臣十六年晉侯改服脩官是其吏也先君未葬皆因旧吏不得達官命臣故云官命未改庶吏悉皆未改不可即違先君言此者不用從晉之意故也　注元年至武子　正義曰元年伐鄭次于鄫唯有韓厥荀偃於時武子未必在軍當是此會始告之耳　三年注晉侯至于外　正義曰文三年公如晉公及晉侯盟々不言地在晉都也此時晉侯出其国都与公盟于長樗蓋近城之地盟訖還入於晉故公既至曰公至自晉也文三年盟于晉都此盟出城外者出与不出皆由晉侯意耳此或是悼公謙以待人不敢使国君就己出盟于外若似相就然故出城也　注不以至非會　正義曰曰假令公朝於晉更与晉侯餘処別會即從會所而歸亦得告曰公至自晉何則一行而為二吏者或以始致或以終致出自當时之意看其所告之吏而已所告先後无定例也但此盟于長樗晉侯为盟之故暫出城耳本非剋期聚會之処唯得以自晉告廟不

得以長樗告也注言本非會解其必不得以長樗致之意也
注雖澤至无說　正義曰諸侯不得盟天子之臣天子之臣不得
与諸侯聚盟〻則加以貶責依二十九年翟泉之盟貶王子虎称
人是其宜也僖八年洮之盟王人在列傳曰謀王室也諸侯共謀
王室不說王人在盟是由襄王新立命遣与盟故耳此盟單子在
列於經亦无說文灵王以往年新立明是王新即位使王官之伯
出与諸侯結盟以安王室故无所說与洮之盟同也釋例曰未有
臣而盟君臣而盟君是子可盟父故春秋王世子以下會諸侯者
皆同會而不同盟洮之盟王室有子帶之難襄王懼不得立告難
于齊遣王人与諸侯盟故傳釋之曰謀王室以明王勑其來盟非
諸侯所敢与也踐土之盟王子虎臨諸侯而不与同歃故經但列
諸侯而傳具載其實此實聖賢之垂意以為將來之永法也一年
之間諸侯輯睦翼戴天子而翟泉之盟子虎在列君子以為非天
子之命虧上下常節故不存魯侯而人子虎以示篤戒也今雞澤
之會單子与盟亦王所命也杜言王使盟者傳无其文正以經无

貶責知是命使盟也　注陳疾至如會　正義曰凡盟主召其同好之國剋期而与結盟來不及期則加貶責他國後期則没其國而不序於列曹君後期則揔称諸侯不復國別歷序文七年公會諸侯晉大夫盟于扈是也僖二十八年踐土之盟陳侯如會此袁僑如會皆本非同好慕義而來喜其來而不責其晚故言陳疾楚政而來屬晉本非召會而來袁僑自來故言如會解其後至特存而不貶之意也七年鄭伯髡頑如會自是被召而來其人未見諸侯在道而卒故存如會為卒張本与此異也　注諸侯至經諱　正義曰諸侯盟會歷序國君其下云某人々々皆是大夫也若卿來則存卿名氏文十四年公會宋公陳侯衛侯鄭伯許男曹伯晉趙盾于新城如此之類其事多矣此袁僑來若及盟即序於列尚在世子光下今諸侯既盟袁僑乃至不可特為袁僑更復重盟若其不与之盟則又逆陳來意以袁僑是大夫故使大夫盟之若其陳侯自來諸侯雖則盟訖亦當更与之盟不得使大夫也凡諸侯盟會皆先目後凡上文雖尽之會既以其序諸侯此揔言諸侯大夫則

雜淫諸侯足以明矣故不復具序諸國從省文耳諸侯大夫既以
摠書而獨見叔孫豹者經拠魯史々々所記詳內略外僖十五年
牡丘之盟下公孫敖帥師及諸侯之大夫救徐獨舉魯臣亦此類
也言諸侯之大夫其內可以兼袁僑而殊袁僑言及陳袁僑盟為
明此諸侯之大夫所以為此盟者止為盟陳袁僑耳且上文雖只
之會其內未有陳侯直言諸侯之大夫則不得包陳袁僑故殊之
也 傳注組甲至練袍 正義曰賈逵云組甲以組綴甲車士服
之被練帛也以帛綴甲步卒服之凡甲所以為固者以盈竅也帛
盈竅而任力者半卑者所服組盈竅而尽任力尊者所服馬融云
組甲以組為甲裏公族所服被練以練為甲裏卑者所服然則甲
貴牢固組練俱用縧也練若不固宜皆用組何為造不牢之甲而
令步卒服之豈欲其被傷故使甲不牢也若練以綴甲何以謂之
被也又組是絛繩不可以為衣服安得以為甲裏杜言組甲漆甲
成組文今時漆甲有為文者被練文不言甲必非甲名被是被覆
衣著之名故以為練袍被於身上雖並无明證而杜要愜人情

注當時君子　正義曰傳言君子多矣独此言當時君子者諸言
君子論議往復多是丘明自言託之君子此傳君子謂子重乞多
於獲楚人以君子之言咎責子重不得為後世君子故云當時君
子　注稽首々至地　正義曰周礼九拜一曰稽首諸侯事天子
之礼也．盟於彤外　正義曰此是士匄適齊々侯与盟其盟不
當城之左右若是地名山名不得為外内之異爾雅云厓内為隩
外為隈李巡曰厓内近水為隩外為隈孫炎曰内曲裏也外曲表
也是水有内外之異知此彤為水名其水蓋曲而近城故称彤外
讎也　正義曰讎者相負挾怨之名奚負狐々負奚皆謂之讎此
是奚負狐也不是举之以解怨故下云称其讎不為諂也　称其
至為黨　正義曰設令他人称其讎則諂以求媚也其子則心在
親比也举其偏則情相阿黨也今祁奚以其人實善故举薦之人
見彼善知奚不諂不比不黨也諂者阿順曲従以求彼意故以
諂為媚々愛也言為諂以求愛也偏者半廂之名故傳多云東偏
西偏軍師為己分之別行謂之偏師僖三十三年子以偏師陷是偏為

爾屬之名也祁奚為中軍尉羊舌職佐之職屬祈奚復舉其子是
舉其偏屬也 建一官而三物成 正義曰尉佐同掌一事故為
建一官也三事成者成其得舉得位得官也官位一也變文相辟
身服虔云所舉三賢各已成其職事衆解祇得舉而死身未居職
何成事之有 詩云至似之 正義曰此小雅裳々者華之篇也
其卒章云右之々々君子有之維其有之是以似之 侵欲於小
国 正義曰多悄所欲求索無厭侵害小国故小国怨也 魏絳
戮其僕 正義曰以車亂行是御者之罪故戮其僕也周礼司寇
之屬有掌戮之官鄭玄云戮猶辱也既斬殺又辱之其職云掌斬
殺賊諜而膊之凡殺其親者焚之殺王之親者辜之殺人者踣諸
市肆之三日 鄭玄云膊謂去衣磔之焚燒也辜謂磔之踣僵尸也
肆猶申也陳也彼膊焚辜肆皆謂陳以示人然則此言戮者非徒
殺之而已乃殺之以徇諸軍 昭四年楚戮慶封負之斧鉞以徇於
諸侯先徇乃殺之也成二年韓獻子既斬人卻子使速以徇是殺
之而後徇也 此戮即彼之謂也文十年楚申舟抶宋公之僕以徇

徇或曰国君不可戮也彼扶以徇亦称為戮下云至於用鉞當是殺之乃以徇也　叓君至逃刑　正義曰此言絳之宿心旧行耳非独為此叓而言也服虔云謂敢斬揚干之僕是不辟獲死之難然則斬僕依軍法也豈是絳之罪而得謂之有罪不逃刑乎不逃不辟此叓自亦是矣要本其宿心非是專為此叓耳　將伏劍　正義曰謂仰劍刃身伏其上而取死　臣聞至用鉞　正義曰臣聞師旅兵衆順従上命莫敢違逆是為威武此拠在軍之衆也軍旅之叓守官行法欲討罪人雖有死難不敢辟死犯違法令而従舍罪人是為共敬也君命既合諸侯臣豈敢畏懼死罪放舍罪人不為共敬也今君之師衆違命乱行既已不武謂揚干也執叓之臣畏懼其死罪不戮罪人是為不敬魏絳自謂也不武不敬罪莫大焉是揚干与已皆有大罪臣若不討非直臣有死罪揚干亦合有死罪臣懼身之死罪連及揚干是臣罪更重无所逃辟重罪也不臣以礼漸致教訓至於用鉞以斬其僕是臣之罪重也　与之礼食　正義曰与之礼食者若公食大夫礼以大夫為賓公親為

之特設礼食　使佐新軍　正義曰服虔云共是魏頡卒矣使趙
武将新軍代魏頡升魏絳佐新軍代趙武也世族譜魏顆魏絳俱
是魏犨之子顆長之頡則絳是頡之叔父顆別為令狐氏絳為魏
氏蓋顆長而庶絳幼而適故也魏世家武子生悼子々々生絳則
絳是犨孫計其年世孫応是也先儒悉皆不然未知何故　○四年
注成　公至杞姓　正義曰二年齊姜薨者是成公夫人故此為成
公之妾也拠傳匠慶之言知是襄公之母以子既為君故得称夫
人而言薨也於時諸国杞鄫之徒皆姒姓拠大者言之故云姒杞
姓疑是杞女而未審故也　注定謚至葬速　正義曰謚法純行
不爽曰定旧説妾子为君其母不得成為夫人故杜詳言之於例
赴同称薨也祔姑称小君也反哭成喪告葬也今定姒三礼皆具
薨葬備文皆以正夫人之礼者由母以子貴故也釈例曰凡妾子
為君其母猶為夫人雖先君不命其母以子貴其適夫人薨則
尊得加於臣子而内外之礼皆如夫人矣故姒氏之喪責以小君
不成々風之喪王使来含々葬傳曰礼也夫人姒氏薨皆以礼備為葬

文明季文子雖譏隱略賤閔匠慶之言懼而備禮殯葬無闕也禮公子為其母練冠縓緣既葬除之及其嗣位乃君非復公子適母薨則申其母尊而先儒同之公子亦誤矣是杜言妾母得為夫人之意也季孫初議欲不成定姒之喪匠慶以君長懼之乃略取季孫之木君子謂之多行無禮必自及也則季孫初議是無禮也既季孫議為無禮明知於禮得成是知妾母成尊是為正法但尊無二上適母若在君尚不得盡禮於其母臣民豈得以夫人之禮處之哉適母既薨則君得盡禮君既盡夫人之禮處其母臣民豈得以妾意遇之哉故適母薨則妾母尊也哀姜既薨成風乃正出姜既出敬嬴乃正齊姜既薨定姒乃正襄公一世無娶夫人之文故齊歸得正也鄭玄以為正夫人有以罪廢妾母得成為夫人也哀姜雖被齊殺僖公請而葬之案經薨葬備文安得以罪黜也又齊姜非以罪黜定姒薨葬成尊成風定姒並無誅文知其法得成也

傳注軍禮不伐喪　正義曰十九年晉士匄侵齊至穀聞齊侯卒乃還傳曰聞喪而還禮也是軍禮不伐喪

金奏至三拜

正義曰奏謂作樂也作樂先擊鐘鐘是金也故稱金奏周禮鐘師掌金奏鄭玄云金奏擊金以爲奏樂之節金謂鐘及鎛也又燕禮注云以鐘鎛播之鼓磬應之所謂金奏也此晉人作樂先歌肆夏夏是作樂之初故於肆夏先言金奏也次工歌文王樂已先作非復以金爲始故言工歌也於文王已言工歌鹿鳴又略不言工文見以從省耳其實金奏肆夏亦是工人歌之工歌文王擊金仍亦不息其歌鹿鳴亦是工歌之耳　注肆夏至夏曲　正義曰周禮鐘師凡樂事以鐘鼓奏九夏王夏肆夏昭夏納夏章夏齊夏族夏陔夏驁夏言以鐘鼓奏之也又以文王類之如是樂曲名也杜子春云王出入奏王夏尸出入奏肆夏牲出入奏昭夏四方賓來奏納夏臣有功奏章夏夫人祭奏齊夏族人侍奏族夏賓醉而出奏陔夏公出入奏驁夏定本納夏爲納此傳直言之三不辨其三之名魯語曰說此事而云金奏肆夏樊遏渠天子所以享元侯也文王大明緜則兩君相見之樂也文王之三冬文王大明緜以文王爲首并取其次二篇以爲三則知肆夏之三以肆夏

為首亦并取其次二夏以為三也且下云三夏天子所以享元侯
也三者皆名為夏知是其次二夏并肆夏為三也周礼謂之肆昭
納國語謂之繁遏渠故杜以為每夏而有二名肆夏一名樊韶夏
一名遏納夏一名渠先儒所說義多不同周礼注載杜子春云肆夏
与文王鹿鳴俱称三謂其三章也以此知肆夏詩也吕叔玉云肆
夏繁遏渠皆周頌也肆夏時邁也繁遏執競也渠思文也肆遂
也夏大也言遂於大位謂王位也故時邁曰肆于時夏允王保之
繁多也遏止也言福禄止於周之多也故執競曰降福穰穰降福
簡簡福禄来反渠大也言以后稷配天王道之大也故思文曰思
文后稷克配彼天鄭玄云以文王鹿鳴言之則九夏皆詩篇名頌
之族也此歌之大者載在樂章樂崩亦從而亡是以頌不能具數
家之說各以意言經典散亡无以取正刘炫云杜為此解頗允三
夏之名而分字配篇不甚愜當何則文王之三即文王是其一大
明緜是其二鹿鳴之三則鹿鳴是其一四牡皇皇者華是其二然則肆
夏之三亦當肆夏是其一樊遏渠是其二安得復以樊為肆夏

之別名也若樊即是肆夏何須重舉二名雖恥習前蹤亦未踰先
哲今刪定知不然者以此文云肆夏之三是自肆夏以下有三故
為韶夏納夏凡為三夏但此三夏各有別名故國語謂之繁遏渠
是一字以當一夏若国語直云金奏繁遏渠則三夏之名没而不
顯故於繁字之上特以肆夏冠之云肆夏繁樊既是肆夏明遏
是韶夏渠是納夏也国語舉其難明以會左氏三夏之義利不撓
杜之深意遂散妄從先儒〻〻之說何所馮準先儒以樊遏二字
共為執競以渠之一字獨為思文分字既无定限文句多少任意
則杜以樊共肆夏為句何為不可列君乃与奪恣情不顧曲直妄
規杜過於義深非也　注行人通使之官　正義曰周禮大行人
掌大賓之禮大客之儀小行人掌使適四方協賓客之禮諸侯行
人當亦通掌此事故為通使之官也此言韓獻子行人問魯語
云晋侯使行人問者彼孔晁注云韓獻子白晋侯使行人問也
注元侯牧伯　正義曰周禮大宗伯云八命作牧九命作伯鄭玄
云牧謂侯伯有功德者加命得專征伐於諸侯也伯謂上公有功

德者加命為二伯得征五侯九伯者也鄭司農云牧一州之牧也
伯長諸侯為方伯也然則牧是州長伯是二伯雖命數不同俱是
諸侯之長也元長也謂之長侯明是牧伯　注及与至相樂
正義曰及与也釋詁文言不敢与在其間而聞之曾語并陳兩宜
乃摠云昔昭令德以合好非使臣之所敢聞彼俱不敢聞此分之
為等級耳詩序文王言文王受命作周大明言文王有明德故天
復命武王伐紂緜言文王之興本由大王是文王之三皆稱文王之德
已受天命造立周故諸侯會同歌此以相燕樂也朝而設享是亦二君國
聚會故以會同言之肆夏既亡不知其篇之義故唯詩意以解耳
文王鹿鳴耳詩是樂章樂歌詩篇運王因其尊卑定其差等詩
有四始風也小雅也大雅也頌也鄭玄以肆夏為頌之族類其差
与頌同矣天子享元侯歌肆夏則於其餘諸侯不得用肆夏矣當歌文
王与兩君相見同也然則兩元侯相見与天子享之禮同亦歌肆
夏之類仲尼燕居兩君相見升歌清廟謂元侯也不歌肆夏辟天
子也諸侯來朝乃歌文王遣臣來聘必不得同矣當歌鹿鳴也偕

言文王兩君相見之樂則其臣来聘不得与其君同亦當歌鹿鳴也燕礼雖以己臣為主賓燕四方之賓其樂歌鹿鳴是其定差也燕礼升歌訖乃為笙歌三篇堂下吹笙以播詩也笙歌訖乃為間歌六篇堂上歌一篇堂下吹一篇相間代也故燕礼云乃間歌魚麗笙由庚歌南有嘉魚笙崇丘歌南山有臺笙由儀是也間歌訖遂合鄉樂周南關雎葛覃卷耳召南鵲巢采蘩采蘋合樂謂堂上堂下合作樂也鄉樂者風詩也燕礼歌小雅而合鄉樂以合卑於歌一等則知諸所歌者其合樂用詩皆卑於升歌一等故鄭玄詩譜云天子享元侯歌肆夏合文王於諸侯歌文王合鹿鳴諸侯於鄰國之君与天子於諸侯同天子諸侯燕其群臣及聘問之賓皆歌鹿鳴合鄉樂笙間所用則鄭玄云未聞也燕礼升歌小雅笙歌間歌亦用小雅則笙間用詩与升歌差同而云未聞者升歌合樂其用風雅皆用發首二篇笙用南陔間用魚麗不復更用其首篇未聞者未知其用何篇也此傳言三夏天子所以享元侯則文王兩君相見之樂亦謂享也雖不言燕燕亦當然此傳晉侯享

穆叔為歌鹿鳴穆叔以己所當得三拜而受燕礼也工歌鹿鳴則
是享燕同条明享之与燕用条各自间矣若然肆夏之為条章条
之最尊者兩君相見猶尚不得用之而燕礼者諸侯燕己群臣之
礼而記云若以条納賓則賓及庭奏肆夏鄭玄云卿大夫有王事
之勞者則奏此条所以得用之者彼謂納賓之条郊特牲云賓入
大门而奏肆夏示易以敬也鄭玄云賓朝聘者是朝賓聘容俱
得用之与此升歌異也　注晋以至魯君　正義曰詩序言鹿鳴
燕群臣嘉賓正謂燕己之臣以己臣為嘉賓耳叔孫以晋歌此篇
者以己為嘉賓故拜受之也燕礼記云若与四方之賓燕則公迎
之于大门内鄭玄云四方之賓謂来聘者也是燕聘客唯君迎為
異餘悉与己臣同也　注詩言至勞之　正義曰詩序曰四牡勞
使臣之来謂遣臣出使来皈乃勞之也叔孫以晋歌此篇勞己来
聘故重拜受之也魯語云四牡君之所以章臣之覲也敢不拜章
注皇々至四事　正義曰此詩本意文王敎出使之臣使遠而有
光華又當諮问善道於忠信之人今晋君歌此以寵穆叔々々執

議以為晉侯所教故云君教使臣下云臣獲五善敢不重拜与詩本意異也忠信為周魯語文也爰於也若遇忠信之人於是訪問詢度諏謀等四事也魯語云皇皇者花君教使臣曰每懷靡及諏謀度詢必咨於周敢不拜教　咨親至為謀　正義曰魯語言比四事唯咨親為詢与此文同其餘咨材為諏咨事為謀咨義為度三者与此皆異韋昭改從此傳注云材當為事事當為難孔晁注云材謂政幹也　臣獲五善　正義曰教之咨人即得一善故并咨為五魯語云君既使臣以大礼重之以六德孔晁云既有五善又自謂无及成為六德言自謂知所无及懷讓以問知者此亦即是一德故為六德也皆是受君之教乃知如此亦是君之所賜故云臣獲也　注櫬親至反哭　正義曰櫬者親身之棺初死即當有之將葬以殯過廟葬訖乃為虞祭今定姒初薨匠慶以君長櫬之乃始作櫬知此是季孫以定姒本賤素无器備識其喪制欲如此耳非是緩久遂无之也檀弓曰君即位而為椑夫人尊与君同亦當生已有櫬今識欲不為是素无器備故始識之也檀弓又曰

喪之朝也順死者之孝心也其哀離其室也故至於祖考之廟而後
行殷朝而殯於祖周朝而遂葬士喪礼朝而遂葬与記正同知周
法不殯于廟而此及僖八年傳皆云不殯于廟以為非礼知其將
葬之時不以殯過廟耳非是殯尸於廟中也葬訖日中反虞於正
寢謂之反哭今欲不虞者欲不為反哭也　注蒲圃至為櫬
正義曰詩云九月築場圃毛傳云春夏為圃秋冬為場樹菜蔬為
圃治禾黍為場々圃同地耳故杜以場明圃々名蒲也櫝是為櫬
之木知季孫樹之欲自為櫬也　季孫至謂乎　正義曰不以道
取為略今律略人略賣人是也季孫言略令匠慶略他木也官非
无木可用意欲不成其喪請木不順其意怒慶曰請令略木為之
也匠慶又怨季孫未必无木可故取季孫之櫝其意言遺我略用
人我止略女季孫令之為略匠慶奉命而略雖自被略不得止之
季孫此議自是无礼也被匠慶略木是自及也君子言古之志記
所謂多行无礼必自及者其季孫之謂乎而釈例論此云譏擅略
賤彼自是解正義之語与此不以道取為略別也　注櫝上至哭夫

八八四

正義曰止寇謂之禦御即禦也故訓为止季孫李議欲无櫬不虞
今傳唯言取木為櫬而已尚不知得殯廟虞祭以否不虞即是不
反哭不反哭則不得為葬令定以薨葬備文則因匠慶之言遂得
每變成礼是故經无異文　注鄫小至鄫縣　正義曰附庸附大
国耳鄫乃子爵而欲得屬魯者春秋之世小国不能自通多附於
大国二十七年齊人請邾宋人請滕邾滕猶尚附人況鄫又小也故
杜譬之如須句顓臾之比須句亦子爵使助魯出貢賦耳時公年
七歲未能自謀蓋國内共為此計使相者代公言之　注晉官徵
發之命　正義曰二年鄭子駟以君初喪云官命未改此魯以国
小賦重恐失官命二者官命雖同而主意有異故杜彼以未葬解
之此以徵發解之觀文為說　注夏訓至之號　正義曰夏啓五
子之歌云太康尸位以逸豫畋于有洛之表十旬弗反有窮后羿
因民弗忍距于河厥弟五人御其母以從五子咸怨述大禹之戒
以作歌其一曰皇祖有訓是大禹立言以訓後故傳謂此啓为夏
訓也羿居窮石之地故以窮為国号以有配之猶言有周有夏也

后君也窮国之君曰羿々是有窮君之号　注禹孫至国名
正义曰夏本紀禹生啓々生太康是禹孫也為羿所距書序云太
康失邦是为滛放失国也本紀又云太康崩弟仲康立尚書胤征
云惟仲康肇位四海孔安国云羿廢太康而立其弟仲康為天子
則仲康羿之所立但羿握其權仲康不能除去之耳哀元年傳称
有過澆殺斟灌以滅后相々依斟灌故澆滅之是相立为天子乃
出依斟灌則相之立也蓋亦羿立之矣此傳言羿代夏政云不假
民受寒浞殺羿言取其国家則羿必自立為天子也當是逐出后
相羿乃自立相依斟灌斟尋夏祚猶尚未滅蓋与羿並称王也及寒
浞殺羿因羿室而生澆々已長大自能用师始滅后相々死之後
始生少康々々生杼々又年長已堪誘殪方始滅浞而立少康計
太康失邦及少康紹国向有百載乃滅有窮挍此傳文夏乱甚矣
而夏本紀云仲康崩子相立相崩子少康立都不言羿浞之事是
馬迁説之踈也　注羿善射　正义曰尚書云太康尸位以逸豫
有窮后羿因民弗忍距于河孔安国云羿諸侯名杜云有窮君之

号則与孔不同也羿善射論語文也說文云羿帝嚳射官也賈逵
云羿之先祖世為先王射官故帝嚳賜羿弓矢使司射淮南子
云堯時十日並出堯使羿射九日而落之楚辭天問云羿彈日烏安
解羽歸藏易亦云羿彈十日也言虽不經難以取信要言嚳時有
羿堯時亦有羿則羿是善射之号非復人之名字信如彼言則不
知此羿名何也　伯明后寒棄之　正義曰寒是國名伯明寒
君之名也后君也伯明君此寒国之世而棄不收采也　注夷氏
正義曰此傳再言夷羿故以夷為氏也　家衆殺而亨之　正義
曰家衆謂羿之家衆人反羿以逆浞為浞而殺羿也孟子云逢蒙
学射於羿尽羿之道思天下唯羿為愈己於是殺羿則殺羿者逢
蒙也　注二国夏同姓諸侯　正義曰世本文也　注戈在宋鄭
之間　正義曰哀十二年傳曰宋鄭之間有隙地焉曰嵒戈錫是
也　注燼遺民　正義曰燋燭既燒之餘名之曰燼二国之燼謂
澆之所殺死亡之餘遺脱之民也思報父兄之讎故靡得收而用
之　注后杼少康子　正義曰夏本紀少康崩子帝杼立是也

有窮至故也　正義曰有窮遂亡謂浞亡也武羅伯因熊髡尨圉
本羿棄之浞亦不用失人是國之大患故言之規悼公也
注辛甲至王過　正義曰晉語稱文王訪于辛尹賈逵以為辛甲
尹佚則辛甲文王之臣而下及武王但文王之時天命未改未得
命百官〻箴王闕故以為武王時大史也闕謂過失也大史号令
百官每官各為箴辭以戒王若箴之療疾故名箴辭言官箴者各
以其官所掌而為箴辭虞人掌獵故以獵為箴也漢成帝時揚雄
發虞箴遂依放之作十二州二十五官箴後亡失九篇後漢崔駰
〻子瑗〻子寔世補其闕及臨邑侯劉騊駼大傅胡廣各有所增
凡四十八篇廣乃次而題之署曰百官箴皆放此虞箴為之
注虞人掌田獵　正義曰周礼山虞大田獵則萊山田之野澤虞
大田獵則萊澤野萊謂芟其草萊以為殺圍之处詩毛傳云大芟
草以為防是也　注芒〻至分也　正義曰畫分者言畫地分之
以為竟也禹貢唯冀州帝都不言竟界以餘州所至則冀州可知
也八州各言竟界云濟河惟兗州海岱惟青州海岱及淮惟徐州

淮海惟揚州荊及衡陽惟荊州荊河惟豫州華陽黑水惟梁州黑
水西河惟雍州是禹所畫分也　注啓開九州之道　正義曰既
分海内以為九州遂皆以九言之禹貢云九州攸同九山刊旅九
川滌源九澤既陂故此亦言九道言禹開通九州之道也　在帝
夷羿　正義曰帝王之号因時所稱三代稱王自以德劣於前謙
而不稱為帝其統天下實与帝同所謂今之王古之帝也后人之
稱先代或以王言帝或以帝言王史記於夏殷諸王皆稱為帝
此羿篡立為王故以帝稱焉　注重猶數也　正義曰杜讀為重
累之重故為數也服虔云重猶大也言武夏不可大任　於是至
及之　正義曰魏絳本意主勸和戎忽云有窮后羿以聞公問遂
說羿事以及虞箴乃与初言不相應令故傳為此二句以辭魏絳
之意　注荐聚也　正義曰釋言云荐再也孫炎曰荐草生之再
也即荐是聚也服虔云荐中也言狄人逐水草而居徙无常処刘
炫案莊子云麋鹿食荐即荐是草也服言是　注頓壞
正義曰頓謂挫傷折壞今俗語云委頓是也　注畜縣　正義曰

魯国地理志曰蕃讀如藩屛之藩言魯国南藩也汝南陳子游為魯相子游者藩之子也国人辟諱遂改皮音而為蕃字因而不改也　注髽麻至而已　正义曰髽之形制礼无明文先世儒者各以意說鄭衆以為枲麻与髮相半結之馬融以為屈布為巾高四寸著於顙上鄭玄以為去纚而紒案檀弓記称南宮縚之妻孔子之兄女也縚母喪孔子誨之髽曰尒毋從々尒々毋扈々爾鄭玄云從々謂大高扈々謂大廣若布高四寸則有定制何當慮其從々扈々而誨之哉如鄭玄去纚而空露其紒則髮上本无服矣喪服女子々在室為父髽衰三年空露紒髮安得与衰共文而謂之髽衰也魯人逆喪皆髽豈直露紒迎喪哉凶服以麻表髽字從髟是髮之服也杜以鄭衆為長故用其說言麻髮合結亦當麻髮半也於時魯師大敗遭喪者多婦人迎子迎夫不巳備其凶服唯髽而已門路迎喪以髽相弔傳言魯於是始髽者自此以後遂以髽為弔服虽有吉者亦髽以弔人檀弓曰魯婦人之髽而弔也自敗於臺鮐始也鄭玄云時家々有喪髽而相弔知於是始髽者始

用髽相弔也髽者依喪服婦人爲斬衰三年者髽故喪服云女子
子在室箭笄髽衰三年是也其齊衰期亦髽故檀弓云南宮縚之
妻之姑之喪夫子誨之髽是也其婦人弔服則鄭注檀弓云大夫
之妻錫衰士之妻則疑衰皆吉笄无首素總也 ○五年注魯衛至
地闕 ○正義曰諸言及者皆魯君命之使與彼行故稱及彼此傳
稱晉將爲吳合諸侯使魯衛先會之魯衛俱受命於晉非是魯
君命蔑使與林父會吳故不言及也下文戚之會序吳於列者公
會晉侯云云吳人鄫人于戚此不序吳於林父之下而別云會吳
者爲吳人先在善道蔑與林父往彼會之故云會吳也十年會吳
于柤成十五年會吳于鍾離皆是吳在彼地往彼會之故殊會吳
也公羊以爲外吳言春秋內其國而外諸夏內諸夏而外夷狄故
殊會以外之左氏无此義杜不從公羊故皆云吳在彼也下戚會
不殊吳者來會于戚故與諸國同序列也 注諸侯至魯戍
正義曰此戍陳及十年戍鄭虎牢僖二年城楚丘案傳皆諸國同
行而經獨書魯者城楚丘傳云不書所會后也彼爲魯人後期諸

侯已散故作鄟城之文此則於戚之會受命伐陳十年諸侯伐鄭
於伐鄭受命伐鄭虎牢還國各自遣戍更無告命故獨書魯戍也
傳注覲見至成之　正義曰覲見叔詁文也前年魯請屬鄫鄫雖
被晉許而鄫人未知故將巫至晉以成之　注豹與至大夫
正義曰巫若自受鄫命則豹當言及今巫來至魯魯侯命之令與
豹同行與豹俱受魯命故經不言及比之魯大夫也魯大夫兩人
同行皆不言及文十八年公子遂叔孫得臣如齊定六年季孫斯
仲孫何忌如晉其類皆是也　注雩夏至書旱　正義曰例称
龍見而雩是夏祭常禮所以祈甘雨也過時則書若值歲旱則又
脩此雩禮而爲祈禱故雖秋雩非書過也此是爲旱而雩非常雩
之時也但經書大雩則過雩旱雩無以相別故爲旱而雩傳皆言
旱以秋之秋例曰始夏而雩者爲純陽用事防有旱災而祈之也
至於四時之旱又因用此禮而求雨故亦曰雩經書雩而傳不以
旱釋之者皆過雩也經書過雩則與旱雩不別故傳皆發之是解發
傳言旱之意也雩爲旱禱而不書旱者雩而獲雨故書雩而不書

旱雩不得雨則書旱以明災成僖二十一年夏大旱是也雩而獲雨則書雩穀梁傳文也　注陳之至不刑　正義曰釋例曰陳之叛楚罪在子辛共王既不能明法示教以肅大臣陳叛之日又不能嚴斷威刑以謝小國而擁其罪人以興兵致討暴師經年加礼於陳々恨彌篤乃愠而皈罪子辛子辛之貪雖足以取死然共王用刑為失其節故君子論之以為不刑也加礼於陳者謂明年楚將伐陳聞喪乃止是也不刑者言不得用刑之道也　注共王至不可　正義曰釋例以君子此言止為殺公子申與壬夫二人而已此注又兼言殺子反者傳言已則無信尤共王也背盟而敗于鄢陵及殺子反皆是共王無信之事故追言之也殺此三卿欲令諸侯息忿還來屬己故言欲以為諸侯以為諸侯者依十九年傳文也逞訓解也共王殺此三人望解己意而諸侯不從意竟不解故云殺人以逞不亦難乎　注亦逸至成功　正義曰此虞書大禹謨之文虞是夏王故傳稱夏書杜不見古文故稱逸書亦々前逸詩也彼辭謂禹已成邑教之信成治水之功為二事此傳引之

言共王无信故无成功杜預傳意言信成然後有成功爲一文也

注公及至告廟　正義曰凡諸侯會而盟者皆先會而後盟非先

盟而後會既及其會知非後盟釋例曰盟于鄧盟于犖盟于戚

公既在會而不書其盟者以理推之會在盟前知非後盟也蓋公

還告會而不告盟也　注公及至城棣　正義曰桓十五年公會

宋公衛侯陳侯于袲伐鄭既會而伐并會書之計此當書會亦

故辭之公及救陳而不及其會故不書會注在阼階西鄉

正義曰喪大記云大夫之喪將大斂既鋪絞紟衾衣君至主人迎

先入門右巫止于門外君釋菜視先入升堂君即位于序端士喪

禮君若有賜焉則視斂既布衣君至君升自阼階西鄉以君臨士

喪西鄉知臨大夫之喪即位于序端者亦西鄉也鄭玄士冠禮注

云阼猶酢也東階所以荅酢賓客也堂東西牆謂之序劉炫又

引記云君既即位于序端卿大夫即位于堂廉楹西北面東上主

人房外南面主婦尸西東面近尸卒斂宰告主人降北面于堂

下君撫之主人拜稽顙君降升主人馮之命主婦馮之士之喪將

大斂君不在其餘礼猶大夫也　相三君矣　正義曰季孫行父
以文六年見經則為卿矣宣公之初襄仲執政宣八年仲遂卒
後始文子得政故至今為相三君也　六年傳注杞入至以名
正義曰杞入春秋以来唯僖二十三年杞成公卒用夷礼告杞子
卒未嘗書杞君之名也世本杞桓公是成公之弟成公卒而桓公立
至此七十一年唯成五年盟于蟲牢七年于馬陵九年于蒲曽杞俱
在未嘗与襄同盟嫌其不合以名赴故傳發之釋例曰杞伯姑容
未与襄同盟而定遠其義用同盟之礼蓋絶好之義也嫌於赴非
所盟之君故傳曰始赴以名同盟故也　注狎親至戯也　正義
曰論語云雖狎必変曲礼云賢者狎而敬之狎是相褻慢相習
習之名也二十八年傳稱慶氏之徒觀優至於魚里是優為戯
名也晉語有優施史記滑稽傳有優孟優旃皆善為優戯以
優著名是優為調戯也　注子蕩至曰梏　正義曰貫者穿也
張弓以貫皆其頸々穿於弓之中故曰貫其頸周礼掌囚有梏
桎在手曰梏在足曰桎頸貫於弓若手在梏故云以弓梏也桎梏

俱名為械，欲名云械者戒也，戒止人使不得逃行也。司城子如初
正義曰：子罕以華弱奔後而發此言，盡以告諸大夫，非告君也。亦
逐子蕩一句亦是子罕之語。說子蕩之罪，言亦宜逐子蕩也。子蕩
恐即被逐，故射子罕之門。宋亦不復逐之，子蕩非被逐之意，故云
況日而不我從也。宋人不復更逐，故子罕善之如初，不恨其射門
也。或當實逐子蕩，故子蕩云況日而不我從，理亦通也。注言子至
得安 正義曰：服虔云言子罕不阿同族，亦欲樂轡以正國法，忠
之至也。及樂轡射其門，畏從華弱之罰，復善樂轡如初，是為茹
柔吐剛，喪其志矣。傳故舉之，明春秋之義善惡俱見。杜以春秋
之世，君弱臣彊，莫不蓋失掩罪以相忍為國，向戌欲蓋華臣，子
罕不懲樂轡，皆忍怨求安之度，不足以為大尤，知傳載此言，是
善其得安，非尤其從惡，故異於服也。注始代至受罪 正義
曰：昭二年晉韓宣子來聘，傳曰告為政而來見，禮也。大國政卿尚
來見小國，知此傳言見者，是始代父為政卿，往見於大國也。
注堞女至女牆 正義曰：兵書攻城有為堙之法，宣十五年公羊

傳曰子反乘堙而窺宋城是堙為土山使高與城等而攻之也言

環城是環遶其城知周帀其城為土山也　近萊于郳　正義曰

郳即小邾也二年傳曰滕薛小邾之不至皆齊故也小邾附屬於

齊故滅萊國而近其君於小邾使之寄居以終身也○七年夏四

月至免牲　正義曰周禮大宰職云祀五帝前期十日帥執事而

卜日然則將祭十日之前預卜之蓋一旬一卜也例稱啟蟄而郊

建寅之月也此四月三卜蓋三月二卜四月又一卜也春分之前猶

是啟蟄節內於法仍可以郊按傳獻子之言三卜在春分之後

則初卜即已大晚故三卜而涉於春分也人心欲其吉不吉是不

從不從則不郊故免牲而不殺也　注稱牲至禮也　正義曰僖

三十一年夏四月四卜郊不從乃免牲傳曰禮不卜常祀而卜其

牲曰牛卜日曰牲牲成而卜郊上怠慢此經與彼正同唯四卜三

卜為異耳彼言其非則此亦非也牛已稱牲是既卜日矣牲既成

矣而又卜郊與僖同說故云又非禮也　注南遺至城之　正義

曰此傳唯說南遺請城之由不言時與不時則知南遺假託言有

事雖以請城之　注謀救至鄭地　正義曰楚既圍陳而陳侯用
列於會者當是圍之不密故陳侯得出會求救也陳侯逃歸陳遂
爲楚之諸侯不與楚之戰各自罷歸不成爲救故不書救也　注實爲
至會上　正義曰魯之隱閔實被弑而皆薨諱而不言弑則亦不
以被弑赴諸侯此鄭伯實爲子駟所弑而以瘧疾赴於諸侯亦如之
隱閔之類諱而不言弑故魯史不得書弑也穀梁傳曰禮諸侯不
生名此其生名何也卒之名也卒之名則何爲加之如會之見以
如會卒也是言書名爲書卒而稱之也三年盟于雞澤五年盟
于戚魯鄭俱在同盟故赴以名法當書名故進名於上其名本爲
下卒非是生名之也如會者會諸侯於鄬欲往赴其會也公羊傳
曰未見諸侯其言如會何致其意也原其意本欲往會故書之也
未見諸侯言其未至會所而死非至會而不見也書卒于鄵者赴
以所卒之地故書之　傳注郊祀至殖者　正義曰言后稷周之
始祖已播殖者辨知后稷是何人不爲已播殖故祀以祈農事月謂
郊天以祈農耳案孝經云孝莫大於嚴父嚴父莫大於配天則周

公其人也昔者周公郊祀后稷以配天宗祀文王於明堂以配上帝止云配天而祀之不言祈農也郊特牲說郊天之義曰万物本乎天人本乎祖此所以配上帝也郊之祭也大報本反始也宣三年公羊傳曰郊則曷為必祭稷王者必以其祖配王者則曷為必以其祖配自內出者无匹不行自外至者无主不止何休云天道闇昧故推人道以接之不以文王配者重本尊始之義也按此諸文則郊祭天者為物本於天故祭天以報本神必須配故推祖以配天上報生成之恩非求未來之福此傳專言郊祀后稷主為祈農交者斯有育矣祭祀者為報已往非求將來之福也但祭為明神所享神以將來致福將來而獲多福乃由祭以得之禮器稱君子曰祭祀不祈祭者意出不祈其實福以祭降以祭獲福即祈之義也宗廟之祭緣生交死盡其孝順之心非求耕稼之利少牢饋食者大夫之祭禮也其祭之末尸嘏主人使女受福于天宜稼于田彼豈為田而祭哉神以宜田福之耳郊天之義亦由是也神以人為主〻以穀為命人以精意交天〻以宜稼報人以此謂之祈農

本意非祈農也詩噫嘻序曰春夏祈穀于上帝禮仲春之月〻令
曰是月也天子乃以元日祈穀于上帝即是郊天之祭也其下即
云乃擇元辰天子親載耒耜躬耕帝藉是郊而後耕也獻子此言
正與禮合孝經止言尊嚴其父主述孝子之志本意不說郊天之
祭元由得有祈穀之言何休膏肓執彼難此追而想之亦可以歎
息也　注啓蟄至春分　正義曰釋例曰歷法正月節立春啓蟄
為中氣二月節驚蟄春分為中氣是啓蟄為夏正建寅之月中
氣也月令祈穀之後即擇日而耕初耕亦在正月傳言既耕而卜
郊宜其不從是此卜之時已涉春分之節時過不復可郊故言耕
謂春分指釋獻子言耕是春分之節不謂春分始可耕也釋例又
曰僖公襄公夏四月卜郊但說其非所宜卜不說其四月不可郊
也孟獻子曰啓蟄而郊〻而後耕〻謂春分也言得啓蟄即當卜
郊不得過春分也是言此卜在春分之後故獻子說之拠傳獻子
此言郊天之禮必用周之三月而雜記云孟獻子曰正月日至可
以有事於上帝七月日至可以有事於祖七月而禘獻子謂之

也此与礼記俱称献子二文不曰必有一謬礼記後人所録左傳
當得其真若七月而禘献子為之則當献子之時應有七月禘者
烝嘗過則書禘過亦宜書何以献子之時不書七月禘也足知礼
記之言非献子矣 注隧正主役徒 正义曰九年注云隧正官
名五縣為隧則隧正當周礼之遂人也掌諸遂之政令徒役出諸遂
之民故為主役徒者 詩曰至多露 正义曰詩国風召南行露
之首章也言人行者豈不欲早夜而行乎謂早夜而行則多露濡
己义取非礼不可以妄行穆子引之言非其才不可以妄居官位
弗躬至弗信 正义曰此詩小雅節南山之篇詩注云言王之政
不躬而親之則恩澤不信於衆民矣 詩曰至可乎 正义曰詩
小雅小明之篇言人臣安靖共敬以居尔之職位愛好正直之人
与之共处於朝則神明聽順之當助女以大福也既引詩文又述
其意臣憂念下民是為德也正直己心是為正也臣以己正正人
之曲是為直也此德也正也直也三者和備是為仁也人臣如是
則神明聽順之大福降与之 田蘇是知人者也田蘇言起好仁起

必備有此行立之不亦可乎 注介助也景大也 正義曰定本
介景皆為大也 注靖共至恤民 正義曰天生烝民立君以牧
之君不独治為臣以佐之君之与臣皆為恤民而設之也臣安靖
共敬在其職位是其所以憂民也 注為之師長 正義曰无忌
先為公族大夫今言使掌是与諸公族大夫為師長也 注礼登
至一等 正義曰聘礼公迎賓于大門内及廟門公揖入立于中
庭納賓々入三揖至于階三讓公升二等郑玄云先賓升二等亦
欲君行一臣行二言君先升二等然後臣始升一等是礼登階臣
當後君一等 詩曰至必折 正義曰詩国風召南羔羊之篇言
大夫賢者退朝而食從公門入私门委蛇々々然委蛇順従之貌
詩之此意謂順者也今孫子為臣而君自延是横不順道以横道
而為委蛇其人必將毀折不得終其職位 注魯成公 正義曰
杜必言魯成公者欲明非郑成公也非者以郑成公成七年即知
位至襄二年卒唯十四年死十六年故也 使公子黄往 正義
曰於時楚師圍陳使公子黄往入楚軍也 八年注郑子至公子

正義曰此決舍之入陳鄭有宿怨比時与蔡無怨晉復無命使侵
無故興師以生國患以其動而無謀故貶之釋例曰陳蔡楚之与
國鄭欲求親於晉故伐而入之晉士莊伯詰其侵小且問陳之罪
子產荅以東門之役故免於誅及其侵蔡既無晉令又無直辭君死
主少興師以求媚於晉不乞以德懷親以直報怨故二大夫異於
子產也陳之見伐本以助晉晉不逆勞而以法詰之得盟主遠理
故仲尼曰晉為伯鄭入陳非文辭不為功善之也　注時公至先
飲　正義曰公以正月如晉比會之下始云公至則晉侯適會公
乃飲嘗季孫蓋從公朝晉即從晉赴會故季孫在會而公先飲
傳注晉悼至多少　正義曰昭三年鄭子大叔云文襄之霸也令
諸侯三歲而聘五歲而朝自襄以後晉德少衰諸侯朝聘無復
定準今晉悼復修霸業更令諸侯故公朝晉而稟其多少如公
朝者蓋亦非一晉侯謙不敢在國約束故出外合之又難煩諸侯
使大夫聽命故為邢丘之會以命朝聘之數數之多少傳亦無文
按子大叔之言不說悼公之法而遠陳文襄之令則悼公此命與同

文襄耳非復別制法也　注辟罪至戮之　正義曰辟罪釋詁文也不直言殺而云辟殺明是加誣以罪而殺之子駟知其謀已不以罪殺恐動衆心故加誣以罪言其罪自當死非爲己討所以自解說也　注二孫子孤之子　正義曰賈逵云然未必有文可據相傳爲此說也　注鄭侵至獲告　正義曰於時鄭无蔡怨又无晉令鄭自發心侵蔡知欲求媚於晉也獲其將必與之戰〻敗乃獲之不言敗者唯以獲告不告敗也　注晉悼至崇之　正義曰礼卿不會公侯會則貶之稱人自是常例而云尊晉侯者此有鄭伯在會自与晉侯相敵諸卿不敵晉侯无罪不合貶也但欲尊晉侯无辭以見之故貶大夫以尊之大夫非有罪也文二年晉宋陳鄭四国之卿伐秦皆貶稱人尊秦謂之崇德其意与此同也諸侯之卿皆貶而独不貶季孫宿者文元年公孫敖會晉侯于戚注云礼卿不會公侯而春秋魯大夫皆不貶者體例已舉故據用魯史成文是其義也言儉而有礼德義可尊者雖煩諸侯使大夫聽命即亦是有礼之事也　兆云詢多　正義曰杜云兆卜詢謀也既

卜且謀多如杜此言則云是語辞　注謂三至郤丘　正義曰郤
之舍鄭伯未至而卒亦數之者鄭伯雖身死而其舍与鄭同謀故
數之　八卿和睦　正義曰八卿者杜以九年傳荀罃將中軍
士匄佐之荀偃將上軍韓起佐之欒黶將下軍士魴佐之趙武
將新軍魏絳佐之　詩云至于道　正義曰詩小雅小旻之三章
也言謀事之夫甚多是非相奪无可適從爲是之故其事用此
益不成也發言訩訩而盈滿於庭无已決當是非事若不成誰
敢執其咎責者如彼道上行人每得人即与之謀意无所從爲
是之故用此不得于正道也　注匪彼至適從　正義曰鄭玄以
匪爲非如非行邁之謀言止而不行坐圖遠近也杜以如者如似
他物故以匪爲彼言如彼行人逢值岐路問其所從也鄭以行爲
道邁爲行言道上行人杜亦當然　注皇暇也啓跪也　正義曰
詩釋言文也舍人曰閒暇无事也李巡曰啓小跪也　注彤弓至
知礼　正義曰文四年甯俞聘魯爲賦彤弓甯俞不敢當此賦來
彤弓而宣子受之故解其意彼以彤弓當甯俞故甯俞不敢受此

賦形弓其義在於晋君非當范匄故范匄受之而為知礼也

春秋正義卷第二十

計一万七千三百二十八字

春秋正義卷第二十一　襄公

國子祭酒上護軍曲阜縣開國子臣孔穎達等奉
勑撰

○九年注天火至故書　正義曰得告則書史之常例於此須言告
者公羊傳曰外災不書此何以書為王者之後記災也曷為或言
災或言火大者曰災小者曰火然則內何以不言火內不言火者
甚之也公羊此言不可通於左氏故杜明為此注以異之　注伐至鄭
地　正義曰成十七年夏公會尹子云云伐鄭六月乙酉同盟于
柯陵於時鄭實不服諸侯自同盟耳鄭不與盟也此注云伐鄭而
書同盟則鄭受盟可知者此盟鄭與僖文分明不是準約同盟之
文始知鄭與盟也杜言此解經於盟不書鄭伯之意耳經若重序
諸侯必當鄭伯在列但經已前自諸侯不復重序鄭伯不見故
特解之以其伐鄭而書同盟則鄭與盟可知同盟之文足以包鄭故
不復見鄭伯耳非謂因伐而同盟者所伐之國必與也柯陵之盟
鄭實不服諸侯自相與盟非同鄭也文同事異不可執彼以難此

十一年諸侯伐郑同盟于亳城北其文与此同矣此經曆十二月己亥同盟于戲傳言十一月己亥同盟于戲經傳不同必有一誤而傳於戲盟之下更言十二月癸亥門其三門己亥在癸亥之前二十四日杜以長曆推之十一月庚寅朔十日得己亥十二月己未朔五日得癸亥故長曆參校上下己亥在十一月十日又十二月五日有癸亥則其月不得有己亥經曆十二月誤也此誤當唯以一字誤為二非曆經誤也　傳注条喜至之政　正義曰文七年及成十五年二傳言宋六卿之次皆云右師左師司馬司徒司城司寇其右師最貴故華元曰我為右師君臣之訓師所司也然則宋國之法当右師為政卿今言司城為政卿者蓋宋以華閱是花元之子以元有大功使閱繼其文耳子罕賢知故特使為政爵位登表吾魯位叔孫婼皆位卑而執國政此亦當然也此傳言以為政者以為救火之政耳但得此以後歷檢傳文鄭人請賂宋人獻玉扶築臺之謳則向戌之賞皆是政卿之任故言為政卿也　下晉侯云宋災於是乎知有天道是宋人自知天道當有

火災故子罕素相戒勑為備火之政也自伯氏司里以下巷伯儆
宮以上皆是子罕素戒之也其享祀之寔是二卿命之非子罕也
注伯氏至里宰　正義曰釈言云里邑也李巡云里居之邑也是
里為邑居之名也周礼五隣為里以五隣比同居故以里為名里
長謂之宰周礼里宰每里下士一人謂六遂之内二十五家之長
也此言司里謂司城内之民若今城内之坊里也必里有長不知
其官之名周礼有里宰故以宰言之非是郊外之民二十五家之
長也使伯氏司此城内諸里之長令各率里内之民表火道以来
背使此伯氏率里民為之　注畚簣至汲器　正義曰説文云
畚蒲器所以盛糧也宣二年注云畚以草索為之其器可以
盛糧又可以盛土也論語称為山用簣是簣為盛土之器故
以畚為簣篭也説文云挶戟持也戟持者執持此畚其臂如
戟形故也其字従手謂以手持物也与畚共文畚是盛土之器
則挶是舉土之物也綆者汲水之索儀礼謂之繘方言云自関
而東周洛韓魏之間謂之綆関西謂之繘釈器云盎謂之缶

說文云缶瓦器所以盛酒漿亦謂之甖甖可以汲水故云汲器也
易井卦亦謂取井水焉汲也　注盆鑒之屬　正義曰周礼凌人
春始治鑒鄭玄云鑒如甀大口以盛冰則鑒是盛水之器知備水
器者備盆鑒之屬　巡丈城　正義曰十尺為丈巡行其城以丈
度之故云丈城　注華臣至主也　正義曰周礼大司徒掌徒庶
之政令小司徒凡用衆庶則掌其政教凡国之大变致民是司
徒掌役徒也言其正徒司里所使遂正所納皆是臨時調民而役
之若今之夫役也司徒所具正徒者常共官役者今之正丁也
注隧正至救之　正義曰此隧正當天子之遂大夫故遂大夫職
云各掌其遂之政令遂人職云五家為隣五隣為里四里為酇五
酇為鄙五鄙為縣五縣為遂鄭司農云王国百里内為六鄉外為
六遂鄭玄云郊内比閭族黨州鄉郊外隣里酇鄙縣遂異其名者
示相變耳尚書費誓云魯人三郊三遂然則諸侯之制鄉遂亦以
郊内郊外別之也郊内属鄉者近於国都司徒自率之以入城矣
郊外属遂者是郊野保守之民不可全离所守司徒令遂正量其

多少納之於国隨火所起而奔往救之華臣直言其正徒不言其
宜者以是鄭内之民共救火百役即上畜水潦積土塗之類非唯
救火而已若鄭保之民既遠故使隨火所起奔往救之直救火而
已　注杀盗至刑書　正義曰此人掌其刑器知其為司寇也恐
其為大所焚爲是国之所重必非刑人之器故以刑器為刑書也
哀三年魯人救火云出礼書御書〻不名器此言刑器必載於器
物鄭鑄刑鼎而叔向責之晋鑄刑鼎而仲尼譏之彼鑄之於鼎以
示下民故譏其使民知之此言刑器必不在鼎當書於器物官府
自掌之不知其在何器也或書之於版号此版為刑器耳
注皇鄖至其官　正義曰服虔云皇鄖皇父充石之後十世宗卿
為人之子大司馬椒也車馬甲兵司馬之職使皇鄖掌此官是皇鄖
必是司馬也校正主馬於周礼為校人是司馬之屬官也周礼司
馬之屬无主車之官巾車〻僕職皆掌車乃為宗伯之屬昭四年
傳云夫子為司馬與工正書服是諸侯之官司馬之屬有工正主
車也国有火災恐致姦寇故使司馬命此二官出車馬備田兵以防

非常也傳言庀武守者甲兵器械藏於府庫者今武庫使吳其
守守此武庫也此事輕於車馬故後言之　注鉏吾至之典
正義曰鉏吾大宰傳無其文賈逵云然相傳說耳不知其本何所
出也周礼大宰之職掌建邦之六典以佐王治邦國一曰治典二曰
教典三曰礼典四曰政典五曰刑典六曰事典六官之典謂此也杜以
府為六官之典者謂六官之典其事載之於書故使吳其守劉炫以
為府守謂府庫守藏令知不然者以百司府藏已屬左右二師上
華閱討右官官庀其司向戌討左亦如之則是府庫之物二師總
令群官所主案哀三年魯遭大災出礼書御書藏象魏皆以
典籍為重明此府守是六官之典者以為府庫財物便是不重
六典唯貴財物劉以為府庫而規杜非也　注司宮至之事
正義曰昭五年傳楚子欲以羊舌肸為司宮欲加宮刑以此知司
宮奄臣謂奄人為臣主司宮內周礼無司宮巷伯之官唯有內小
臣奄上士四人掌王后之命正其服位鄭玄云奄稱士者異其賢
也奄人之官此最為長則司宮當天子之內小臣也周礼又云寺人

王之正内五人鄭玄云正内路寢也獻宫云宫中巷謂之壼孫炎
曰巷舍間道也王肅云今後宫称永巷是巷者宫内道名伯長也
是宫内门巷之長也周礼内小臣其次即有寺人故知巷伯是寺
人也又以詩篇名巷伯經云寺人孟子作為此詩故知巷伯寺人
一也鄭以巷伯為内小臣既无明文各以意説　注二師至祀也
正義曰周礼大司徒云五家為比五比為閭四閭為族五族為黨
五黨為州五州為鄉々大夫每鄉々一人天子六鄉即以鄉為之長此
傳云二師令四鄉正則立鄉正非鄉與之但其所職掌當天子之
鄉大夫耳周礼鄉大夫各掌其鄉之政教正月之吉受教法于司
徒退而頒之于其鄉則鄉正當属司徒此傳言二師令之者上文右
師討右右（則之本作）左師討左則宋国之法二師分掌其方左右各掌其二
鄉并言其事故云二師令四鄉正也費誓云魯人三郊三遂則魯
立三鄉此云令四鄉正則宋立四鄉也周礼鄉為一軍大國三軍宋是
大国不過三軍而有四鄉者當時所立非正法也於時宋置六卿況
四鄉乎周礼祭人鬼曰享故享為祀也　止令敬享不知所享何神

周礼大祝国有天灾弥祀社稷祷祠郑玄云天灾疫疠水旱也
弥犹徧也徧祀社稷及诸所祷又大司徒以荒政十有二聚万民
其十有一曰索鬼神郑众云索鬼神求废祀而脩之云汉之诗
所谓靡神不举靡爱斯牲者也彼由荒之年水旱之灾而索鬼
神而祭之此遇天火为灾亦当徧祀群神其所合祭皆应祭之
也盖火起始命之祭耳 注祝大至非礼 正义曰周礼大祝掌
六祝之辞以事鬼神祇祈福祥小宗伯掌建国之神位特牲少
牢士大夫之祭祀也皆宗人掌其事然则诸是祭神言辞大祝
掌之礼仪宗人掌之故所有祭祀皆祝宗同行此事别命祝宗
使奉此祭非乡正所为也文承二师命下亦是二师命之不复言
命者亦从上省文也用马者以马为牲祭于四面之城以禳火也
禳却也却火使灭也盘庚汤之九世孙殷之第十九王也自盘庚
至纣又十二王而殷灭盘庚弟小乙是宋微子之八世祖也盘庚
之为殷王无大功德而祀盘庚者当时之意不知何故特祀之也
祀盘庚不别言牲明其祀亦用马也城以积土为之土积则为阴

積々陰之氣或已制火故祭城以禳火礼亦无此法也莊二十五
年傳例曰凡天災有幣无牲用馬祀盤庚皆非礼言用馬祭城祭
盤庚皆非礼也此備火災所使群官急者在前緩者在後故先
伯氏司里次華臣具正徒次到隧正納郊保然後二師揔庀群官
先右後左尊卑之次也以刑器車馬甲兵典法国之所重故特命
三官庀具其物先外官備具救火然後及内故次司宮巷伯人叓
既畢乃祭享鬼神故次敬享祀盤庚之叓也　注謂火至放火
正義曰昭二十九年傳五行之官有木正火正金正水正土正此
五官各掌其職封為上公祀為貴神謂已其叓者後世祀之火正
之官居職有功祀火星之時以此火正之神配食也五行之官每
歲五時祀之謂之五祀月令云其神句芒祝融后土蓐收玄冥配五
帝而食其神矣而火正又配食於火星者以其於火有功祭火星又
祭之后稷得配天又配稷火正何故不得配帝又配星也有天下
者祭百神天子祭天之時因祭四方之星諸侯祭其分野之星其
祭火星皆以火正配食也火正配火星而食有此傳文其金木水

土之正不知配何神而食經典散亡不可知也周禮司爟掌行火之政令季春出火民咸從之季秋內火民亦如之鄭云火所以用陶冶民隨國而為之鄭司農云以三月本時昏心星見於辰上使民出火九月本黃昏心星伏在戌上使民內火故春秋傳曰以出內火周禮所言皆據反正故杜以周禮之意解其咮為火之由建辰之月即月令季春之月日在胃昏七星中南方七星朔井鬼柳星張翼軫七者共為朱鳥之宿星即七星也咮謂柳也春秋緯文耀鉤云咮謂鳥陽七星為頸宋均注云陽猶首也柳謂之咮咮鳥首也七星為朱鳥頸也咮與頸共在於午者鳥之止宿口屈在頸七星與咮体相接連故也鶉火星昏而在南方於此之時令民放火咮星為火之候故於十二次咮為鶉火也建戌之月即月令季秋之月日在房東方七宿角亢氐房心尾箕七者共為蒼竜之宿叙天云大辰房心尾也大火謂之大辰孫炎曰竜星明者以為時候大火心也在中最明故時候主焉以是故此傳心為大火九月日体在房房心相近与日俱出俱沒伏在日下不得出見故

令民内火禁放火也火官合配其人蓋多不知誰食於心誰食於
咮也此傳鶉火大火共為出火之候周礼之注不言咮者以咮非
内火之候故唯指大火以解出内之故其言不及咮也
注陶唐至宋地　正義曰史記五帝本紀云帝堯為陶唐氏是
堯有天下以陶唐為代号也氏猶家也古言高辛氏陶唐氏猶
言周家夏家也閼伯高辛氏之子遷閼伯于商丘主辰皆昭元年
傳文也尓雅以大火為大辰是辰為大火也昭十七年傳云宋大
辰之虚是大火為宋星也閼伯已居商丘祀大火今大火為宋星
則知宋亦居商丘以此明之故云然則商丘在宋地也釋例云宋
商〻丘三名一地梁国睢陽縣也傳曰陶唐氏之火正閼伯居商
丘祀大火又曰宋大辰之虚也然則商丘在宋或以為漳水之南
故殷虚為商丘非也是由商丘所在不明故釋例与此注俱以闕
伯明之　祀大火主大火　正義曰祀大火者閼伯祀此大火之
星居商丘而祀火星也相土因之複主大火是商丘之地為大火
也然則在地之土各有上天之分周礼保章氏以星土辨九州之地

所封々域皆有分星鄭玄云星土星所主土以封猶界也大界則曰九州々中諸國之封域於星亦有分焉其書亡矣今其存可言者十二次之分也星紀吳越也玄枵齊也娵訾衛也降婁魯也大梁趙也實沈晉也鶉首秦也鶉火周也鶉尾楚也壽星鄭也大火宋也析木燕也是言地屬於天各有其分之変也鄭唯云其存可言不知存者本是誰說其見於傳記者則此云商主大火昭元年傳云參爲晉星二十八年傳云竜宋鄭之星則蒼竜之方有宋鄭之分也又曰以害鳥帑周楚惡之則朱鳥之方有周楚之分也昭七年四月日食傳称魯衛惡之去衛地如魯地則春分之日在魯衛之分也又十年傳曰今茲歲在顓頊之虚姜氏任氏實守其地則於時歲星在齊薛之分也又三十二年傳曰越得歲而吳伐之凶則於時歲星在吳越之分也晉語云實沈之虚晉人是居周語云歲在鶉火我有周之分野是有分野之言也天有十二次地有九州以此九州當彼十二次周礼雖云皆有分星不知其分誰分之也何必所分已當天地星紀在於東北吳越實在

東南魯衛東方諸侯遙屬戌亥之次又三家分晉方始有趙而韓
魏無分趙独有之漢書地理志分郡国以配諸次其地分或多或
少鶉首極多鶉火甚狹徒以相傳為說其源不可得而聞之於其
分野或有妖祥而為占者多得其効蓋古之聖哲有以度知非
後人所臆測也　注相土至大火　正義曰殷本紀契生昭明昭明
生相土相土是契孫也本紀云帝舜封契於商鄭玄云商国在大
華之陽皇甫謐云今上洛商縣是也如鄭玄意契居上洛之商
至相土而近於宋之商及湯有天下遂取契所封商以為一代大
号服虔云相土居商丘故湯以為天下号王肅書序注云契孫相
土居商丘故湯以為国号案詩述后稷云即有邰家室述契云天
命玄鳥降而生商即稷封邰而契封商也若契之居商即是商丘
則契已居之不得云相土因閼伯也若別有商地則湯之為商不
是因相土矣且經傳言商未有称商丘者釈例云宋之先契佐唐
虞封於商武王封微子啓為宋公都商丘是同鄭玄說也傳言商
主大火商謂宋也宋主大火耳成湯不主火宋是商後謂宋為

商昭八年傳曰自根牟至于商衛是名宋為商之驗釈例曰商宋一地謂此商也相土商之祖者是陽之祖亦宋之祖也堯封閼伯於商丘比及相土應歷數世故云代閼伯之後居商丘祀大火也

商人至道也　正義曰閲猶數也釁謂閒隙也商人謂殷商之人為王之時數其禍敗之釁隙必始於火言其政教有失將欲致禍既閒禍敗之釁必有火災應之也今宋是商後亦如商世欲有禍敗必初始於火是以言日知其有天道也然殷商不居商丘必有火者以商是相土子孫相土居商丘祀火之故〻火之為災連及殷商之世也傳唯言此而已亦不知不時宋有何失而致此災

公曰至知也　正義曰公曰此豈可必乎但有愆失必致火乎對曰在其君之所行道百若時政小失天未棄之或下災異與其覺悟或可常有火災也若国家昏亂无復常象不可知也象謂妖祥有所象似以戒人也国若无道災變亦殊既无所象故不可必知也

注艮下至之八　正義曰周礼大卜掌三易之法一曰連山二曰歸藏三曰周易鄭玄云易者揲蓍變易之數可占者也名

曰連山似山之出内雲氣也歸藏者万物莫不歸而藏於其中
也洪範言卜筮之法云三人占則從二人之言孔安國云夏殷周
卜筮各異三法並卜從二人之言是言筮用三易之変也大卜周
官而職掌三易然則周世之卜雜用連山歸藏周易者也周易之文
雖有九六此筮乃言遇艮之八二易皆以七八為占故此筮遇八
謂艮之第二爻不変者是八也揲蓍求爻繫辞有法其揲所得有
七八九六説者謂七為少陽八為少陰其爻不変也九為老陽
六為老陰其爻皆変也周易以変為占占九六之爻傳之諸筮
皆是占変爻也其連山歸藏以不変為占占七八之爻二易並
亡不知實然以否世有歸藏易者偽妄之書非殷易也假令
二易俱占七八之亦不知此筮為用連山為用歸藏所云遇艮之
八不知意何所道以為先代之易其言亦无所拠覺鄭先儒相
傳云耳先儒為此意者此言遇艮之八下文穆姜云是於周易
晉語公子重耳筮得貞屯悔豫皆八其下司空季子云是在周
易並於遇八之下別言周易知此遇八非周易也　注震下至論

之　正義曰震爲雷兌爲澤象曰澤中有雷隨鄭玄云震動也
兌説也内動之以德外説之以言則天下之民慕其行而隨從之
故謂之隨也史疑古易遇八者爲不利故更以周易占變〻其爻
乃得隨封(卦)而論之所以説姜意也　注易筮至析之　正義曰易
筮皆以變者爲占傳之諸筮皆是也若一爻獨變則得指論此爻
遇一爻變以上或二爻三爻皆變則每爻義異不知所從則當總
論彖辭故姜亦以彖爲占此元亨利貞无咎是隨封(卦)之彖辭也
史言是謂艮之隨者拠周易而言故姜亦指言周易以析之也
周易卦下之辭謂之爲彖〻者統論一封(卦)之体明其所由之主
隨彖云元亨利貞无咎者元長也長亦大也亨通也貞正也隨
卦震下兌上以剛下柔動而適説故物皆隨之而不已大通於貞
逆於時也相隨而不爲利正共適邪淫則災之道也必有此元亨
利貞四德乃得无咎過耳无此四德則不免於咎　元体至出矣
正義曰自幹亨以上与周易文言正同彼云元者善之長此云体
之長彼云嘉會是以合礼此云嘉德唯二字異耳其意亦不異也

九二二

元者始也長也物得其始為衆善之長於人則謂有為元〻是
体之長以善為体知亦善之長也亨通也嘉善也物无不通則
為衆善之會故通者善之會也物得裁成乃名為義〻理和協
乃得其利故利者義之和也貞正也物得其正乃成幹用故正者
事之幹也体仁以仁為体也君子体是仁人堪得与人為長体
仁足以長人也身有美德動与礼合嘉德足以合礼也以已利
物義事和恊利物足以和義也正而牢固事得幹濟貞固足
以幹事也此四德者在身必然固不可誣罔也是以雖得隨卦而
其身无咎今我婦人也而与於儒如之亂婦人卑於男子固在下
位而有不仁之行不可謂之元也不安靖国家欲除去季孟不可
謂之亨也作為亂事而自害其身使放於東宮不可謂之利也
棄夫人之德位而与儒如淫姣不可謂之貞也有此元亨利貞四
德乃得隨而无咎四德我皆无之豈當隨卦也哉我則自取此
惡其身已无咎乎必死於此宮不已出矣　注言不至吉事
正義曰不誣四德者四德寧有於身不可誣罔以无為有也如是

乃遇隨卦可得身无咎有明其无此四德而遇隨卦者乃是淫而
相隨非是善事故得隨必有咎也穆姜自以身无四德幽隨為
惡其意謂隨為惡卦故云雖隨无咎　注姣淫之別名　正義
曰服虔讀姣為放效之效言效小人為淫〻自出於心非效人也
今時俗語謂淫為姣故以姣為淫之別名　注種曰農收曰穡
正義曰農是力田之名詩毛傳云種之曰稼斂之曰穡稼者言如
嫁女之有所生也穡愛也言愛惜而收斂之也此文穡无所對故
以農為種名其實農是營田之名種曰稼也　注四民不雜
正義曰齊語四民者士農工商此傳言其士競於教是說士也
庶人力於農穡是說農也士農已訖唯有工商在耳故以皁隸
賤官足成其句杜言四民不雜通上士庶為四非以皁隸工商為
四也　斬行栗　正義曰行道也謂之行栗必是道上之栗周語云
列樹以表道知此行栗是表道之樹　注肆經至成圍　正義曰
肆訓為緩〻縱罪人謂放赦之也將求民力前恩赦罪赦諸侯之
軍內犯法者服虔以為放鄭囚案傳未與鄭戰无囚可放設使有

曰可放鄭人以戰而獲非有所犯不得謂之肆眚也不待圍鄭者此肆眚圍鄭是號令之辭耳鄭人開而逆服不成圍故也

注分四軍為三部　正義曰賈逵以為三分四軍為十二部鄭衆以為分四軍為三部杜以分為十二則一部人少不足元敵故從鄭説分四軍為三部晉各一動而楚三來欲罷楚使不能也

注門子卿之適子　正義曰周禮小宗伯掌三族之别以辨親疏其正室皆謂之門子鄭玄云正室適子也將代父當門者也是卿之適子為門子也

注以長至洧津　正義曰杜以長歷推之此年無閏故知此閏字當為門五又月當為日也晉人分四軍為三番以二番為待楚之備一番以攻鄭之門一番一門以癸亥初攻每門五日積十五日欲以苦鄭而來楚也楚不敢來鄭猶不服至明日戊寅濟于陰阪復侵鄭外邑而後歸也鄭都洧水之旁故知陰阪洧津也衛氏難云案昭二十年朔旦冬至其年云閏月戊辰殺宣姜又二十二年云閏月取前城並不應有閏而傳稱閏是史之錯失不必皆在應閏之限杜豈得云此年不得有閏而改為門

五日也若然、閏月殺宜姜閏月取前城皆為門五日乎秦氏釋
云以傳云三分四軍又云十二月癸亥門其二門既言三分則三
當攻門計癸亥至戊寅十六日當别攻門五日三五十五日明日
戊寅濟于陰阪上下符合故杜為此解蘇氏又云案長歷襄十
年十一月丁未是二十四日十一年四月己亥是十九日拠丁未至己
亥一百七十三日計十年十一月之後十一年四月之前除兩箇
殘月唯置四箇整月用日不盡尚餘二十九日故杜為長歷於十
年十一月後置閏既十年有閏明九年无閏也　注歲星至周
天　正義曰直言一星終知是歲星者以古今歷書推步五星
金水日行一度土三百七十七日行星十二度火七百八十日行星
四百一十五度四者皆不得十二年而一終唯木三百九十八日行星
三十三度十二年而彊一周舉其大数十二年而一終故知是歲星
君冠至処之　正義曰冠是嘉礼之大者當祭以告神故有祼
享之礼以祭祀也国君无故不徹縣故有金石之条行冠礼之
時為舉動之節也冠必在廟故先君之祧処之也既行祼享祭

必有祭所言金石節之謂冠時之祭非祭祀之祭也諸侯之冠礼
亡唯有士冠礼在耳其礼亦行度於廟而不為祭祀士無祭可設
而唯处祧月有士冠必三加始加緇布冠次加皮弁次加爵弁公
則四大戴礼公冠篇於士三冠後更加玄冕是也案此傳文則諸侯
十二加冠也文王十三生伯邑考則十二加冠親迎于渭用天子
礼則天子十二冠也晋語柯陵會趙武冠見范文子冠時年十六
七則大夫十六冠也士庶則二十而冠故曲礼云二十曰弱冠是
也注祼謂至君也　正義曰周礼大宗伯以肆獻祼享先王鬱鬯
人凡祭祀之祼事和鬱鬯以實彝而陳之鄭玄云鬱々金香草
也鬯釀秬為酒芬香條暢於上下也築鬱金煑之以和鬯酒鄭
特牲云灌用鬯臭鄭玄云灌謂以圭瓚酌鬯始獻神也然則
祼即灌也故云祼謂灌鬯酒也祼是祭初之礼故奉之以表祭
也周礼祭人鬯曰享故云享祭先君也刘炫云冠是大礼旬備
告群廟　注諸侯至為祧　正義曰祭法云遠廟為祧天子有
二祧鄭玄云祧之言超也超上去意也諸侯无祧稱礼去不腆先

君之祧是謂始祖廟也聘礼注云天子七廟文武為祧諸侯五廟
則祧始祖也是亦廟也言祧者祧尊而廟親侍賓客者上尊者
然則彼以始祖之尊故特言祧耳昭元年傳云敢愛豊氏之祧大
夫之廟亦以祧言之是尊之意也不待至曽而假於衛者及諸侯
賓客未撤故也　注成公至所処　正義曰成公是献公曽祖衛
世家文也服虔以成公是衛之曽祖即云祧謂曽祖之廟也曽祖
之廟何以独有祧名王制大夫三廟一昭一穆与大祖之廟為三鄭
之豊氏豈得立曽祖之廟乎而亦謂之祧也杜言從衛所処意
在排旧説也以晋悼敬速故寄衛廟而假鐘磬其裸享之礼
皆暫乃条耳　注質主也　正義曰質之為主以意言耳无正
訓也晋云唯晋命是聽鄭云唯彊是従二辞但以告神是其无定
主也服虔云質誠也无忠誠之信故神弗臨也　注中分鄭城中
里名　正義曰言入盟是入城盟也入城而言盟地知是城内里
名　〇十年注呉子至楚地　正義曰成十五年諸侯大夫會呉于
鍾離五年魯衛會呉于善道皆大夫来也此傳云會呉子壽夢

則吳子自來也五年戚之會吳序鄫上此殊吳者亦如鍾離善道晉以諸侯往彼會之故曰會吳也哀十三年公會晉侯及吳子于黃池彼稱吳子此不稱子者從其所稱也穎氏云謂諸侯直稱之曰吳故從諸侯之所稱也至於黃池之會自王其僭号而稱子以告令諸侯故諸侯亦從而稱之也劉炫云從所稱者諸侯盟會則必自言其爵則自言其名故盟得以名告神會得以爵否盟策吳是東夷之君來闕諸夏之禮於此自稱為吳不知以爵告盟故從所稱否吳也故釋例云吳晚通上國故其君臣朝會不同於例亦猶楚之初始是言吳未知稱爵也　注偪陽至曰遂

正義曰偪陽妘姓傳文也鄭語云妘姓鄔鄶路偪陽也遂者因上事生下事之辭此因祖會而遂滅偪陽並度陽以日月文猶繫於會祖因會祖而始謀滅之故言遂也　注荀罃至其也　正義曰傳稱荀罃伐秦而經不書罃知罃不親兵以師告也　注舟世至勝上　正義曰周禮典命諸侯之適子誓於天子攝其君則下其君之禮一等未誓則以皮帛繼子男鄭玄云誓猶命也言誓者明

天子既命以為之嗣也十九年傳云光之立也列於諸侯矣則光
是未誓者也法當繼於子男之下相之會列於小邾之下是其正
也於此伐也傳稱崔杼使大子光先至于師故長於滕晉悼以爲是
大國光復先至心善其共遂進其班爲盟主所尊故在滕上言其
非正法也　注非國至大夫　正義曰若國家討而殺之則舉國
名言殺其大夫若非國討兩下相殺則兩書名氏王札子殺召伯
毛伯是也此非國討亦當兩書名氏但殺之者尉止司臣之徒皆非卿
也非卿則名氏不合見經故稱之爲盜凡言其者是其所有也君
是臣之君故書弒其君臣是君之臣故書弒其大夫盜者冠賊
之名賤之不繫於國被殺者非盜之所有既以盜爲文故不得言
其大夫若如他物殺之然哀四年盜殺蔡侯申注云賤者故稱盜
不言弒其君賤盜也文十六年公羊傳曰大夫弒君稱名氏賤者
窮諸人大夫相弒稱人賤者窮諸盜其義雖不可通於左氏其
言賤盜之意則同　傳注壽夢吳子乘　正義曰十二年吳子
乘卒是也服虔云壽夢發聲吳蠻夷言多發聲數語共成一

言壽夢一言也經言乘傳言壽夢欲使學者知之也然壽夢与乘邑小相涉服以經傳之異即欲使同之然則餘祭戴吳豈復同邑也當是名字之異故末言之　注吳子至六日　正義曰言先會諸侯則是會期未到故知吳子未至而諸侯自會也柤与鍾离相近地在宋之東南知光從東道与東方諸侯遇蓋邾莒滕薛之徒自相會遇也本非期會之地會亦不以告魯故不書也如杜此注則吳子未至亦未赴於柤而上注云吳子在柤諸侯往會之者吳子先遣告晉言已至柤而已非晉侯自期於柤召吳子使赴也戚之會則吳子在善道召使赴戚故与諸国同序於列也杜明言癸丑是三月二十六日下四月戊午云月一日五月庚寅云月四日甲午云月八日所以明言日者欲證成九年閏月為門五日於上下日月相當故杜備言其月也劉炫曰杜言癸丑二十六日者見与下四月一日會相近知非二會也　注經書春　正義曰傳言夏會而經書春知經書始行傳言會日也諸赴盟會者初去皆告行而已盟會必行還乃書何則初去之時未知所會幾国豈得即

合會々也明其皆是行還告廟乃合之耳但所合者或追記發四
之初或即合所會々之日此會々粗以其經傳不同乃知春行夏會
其餘傳先會日亦應有如此者如此之類是追記初行也二十年六
月庚申公會々晉侯云々于澶淵成五年十二月巳丑公會晉侯云
々于蟲牢如此之類是即合會日也此蓋旧先定法史官不同
故立文異耳　輦重如役　正義曰重者車名也載物必
重謂之重人挽以行謂之輦軍行以載器物止則以為藩營此
人挽此重車以從役也宜十二年解巳具之　縣門至門者
正義曰縣門者編版廣長如門施関机以縣門上有寇則發机
而下之諸侯之士攻偪陽之門已有入者縣門乃發郰人紇抉而
舉之以出门者门者謂攻門者也紇為郰邑大夫公邑大夫皆以
邑名冠之呼為某人孔子之父名紇字叔梁古人名字並言者皆
先字而後名故史記孔子世家稱為叔梁紇也服虔云抉撅也謂
以木撅抉縣門使舉令下容人出也門者下屬為句　狄虒至一
隊　正義曰鄭玄云大車平地載在之車也考工記車人為車柯長三

尺大車轂長半柯輪崇三柯是輪高九人其車周圍周二丈七尺
建立也立此大車之輪而覆之以甲以為櫓也考工記殳長尋有
四尺車戟常崇於殳四尺八尺曰尋倍尋曰常則戟長一丈六尺
也隊是行列之名百人為隊相傳為然成一隊者言其當百人也
穫而復上　正義曰宣八年傳曰晉人獲秦諜殺諸絳市六日而
蘇則穫者死而更生之名也堇父隊而悶絕似若死然得穫悟而
復緣布上　注射在矢石閒　正義曰服虔云古者以石為箭鏃
引國語有隼集於陳侯之庭楛矢貫之石砮以證石為箭鏃
若石是箭鏃則猶是矢也何須矢石並言杜言在矢石閒則不
以石為矢也周禮職金凡國有大故而用金石則掌其令鄭玄云
用金石者作槍雷之屬雷即礧也兵法守城用礧石以擊攻者
陳思王征蜀論云下礧成雷榛殘木碎是也　注言其至之也
正義曰僖四年公會齊侯云〻侵蔡〻潰遂伐楚二十三年秋
侯伐衛遂伐晉如此之類一行而有二事者法當言遂〻非善
惡之名而此傳特云昏曰遂滅偪陽言自會也則知此言遂者

有非之之意所以然者彼因伐遂伐本謀伐行兵容可一舉而伐
两国會非征伐之实荀偃士匄於會始請則偪陽无大罪諸侯
无宿謀因會滅人情在可責傳稱言自會也是尤其從會行也
釋例云會以訓上下叙德刑遂滅偪陽言滅生於會非本意也
是言因會以滅国非之之实也吞曰者是仲尼新意則旧史不
然本蓋別有諸侯滅偪陽仲尼改之而言遂耳　光啓
寡君　正義曰光昭宋国開其疆竟以賜寡君　注桑林至樂
名　正義曰若非天子之樂則宋人不當請荀罃不須辭以宋人
請而荀罃辭明其非常樂也宋是殷後得用殷樂知桑林是殷
天子之樂名也經典言殷樂為大護而此復云桑林者蓋殷家
本有二樂如周之大武象舞也名為大護則傳記有說湯以寬
政治民除其邪虐言已覆護下民使得其所故名其樂為大護
其曰桑林先儒无說唯有傳言湯伐桀之後大旱七年史卜曰
當以人為禱湯乃翦髮斷爪自以為牲而禱於桑林之社而雨
大至方數千里或可禱桑林以得雨遂以桑林名其樂也皇甫謐

云殷樂一名桑林以桑林為大護別名无文可馮未能審也
注禘三至侯樂　正義曰明堂位云季夏六月以禘禮祀周公於
大廟朱干玉戚冕而舞大武皮弁素積裼而舞大夏彼禘祭雖
用大武大夏而不言韶護以二十九年魯為季札舞四代之樂知
四代之樂魯皆有之明堂位云凡四代之服器魯兼用之禘是三
年大祭禮无過者知禘祭於大廟則作四代之樂也禮唯周公之
廟得用天子之禮知其別祭群公則用諸侯之樂諸侯之樂謂時
王所制之樂大武是也然則禘是禮之大者群公不得與同而於
賓得同禘者禘者敬隣國之賓故得用大祭之樂也其天子享
諸侯亦同祭樂故大司樂云大祭祀王出入奏王夏尸出入奏
肆夏牲出入奏昭夏大饗不入牲其他如祭祀鄭注云不入牲不
奏昭夏王出入賓出入亦奏王夏肆夏又禮記祭統云大嘗
禘升歌清廟下管象仲尼燕居云兩君相見亦升歌清廟下而
管象是祭與享賓用樂同也而荀罃云我辭禮矣阮氏云嘉樂
不野合故也魯之禘祭用四代樂則天子禘用六代樂也鄭康成

疏以為禘祫各異祫大禘小天子祫用六代之樂禘用四代之樂魯有禘樂謂有周之禘祭之樂非左氏疏也劉炫云禘是大礼賓得與同者享賓用樂礼傳无文但賓礼既輕必異於禘魯以享賓為時之失用之已久遂以為常荀偃士匄引過謬之变以諂晉侯使聽宋存魯以禘樂享賓猶以十一年為士鞅吕以引微百年亦非正也　舞師題以旌夏　正義曰舞師樂人之師主陳設樂变者也謂舞初入之時舞師建旌夏以引舞人而入以題識其舞人之首故晉侯卒見懼而退入于房也謂之旌夏蓋形制大而別為之名也　謂之夷俘　正義曰昭十七年晉荀吳滅陸渾之戎獻俘于文宫不言謂之夷俘彼直戎也此言謂之夷是俘明非夷而謂之夷知其諱俘中國改名之也莊三十一年傳例曰凡諸侯有四夷之功則獻于王中國則否中國之俘既不合獻王故獻廟亦諱知其无罪內慚於心故諱之謂之夷俘　注霍晉至王命　正義曰霍是旧国閔元年晉獻公滅之以為晉邑也內史掌爵祿廢置周礼內史職文也礼天子不滅国諸侯不滅姓其

身有罪宜廢者選其親而賢者更紹立之論語所云興滅國繼絕
世者謂此也晉侯以偪陽之罪不合絕祀故致諸天子使周內史
選偪陽宗族賢者繼嗣偪陽之後令居晉之霍邑以奉妘姓之祀
依鄭語及世本皆云偪陽妘姓是祝融之孫陸終第四子求言之
後虞夏以來世祀不絕今復繼之善其不滅姓故曰禮也晉侯不
自選其人而使周內史者諸侯不得專封亦有王命不自專也言
納諸霍人者此霍邑或稱霍人猶如晉邑謂之柏人也必知霍人
為霍邑者班固漢書樊噲傳云攻霍人是霍人邑名也劉炫云霍
晉邑人掌霍邑大夫猶鄉邑大夫稱鄉人紀蓋使為晉附庸也
注繇兆辭　正義曰周禮大卜掌三兆之法一曰玉兆二曰瓦兆
三曰原兆其經兆之体皆百有二十其頌皆千有二百鄭玄云頌
謂繇也是言灼龜得兆其兆各有繇辭下三句是也此傳唯言
兆有此辭不知卜得何兆但知舊有此辭故卜者得之以答姜耳
其千有二百皆此類也此繇辭皆韻古人讀雄與陵為韻詩无羊
正月皆以雄韻蒸韻陵是其变也　注於魯至來聘　正義曰服

慶云不得諱從晉不能服鄭旋復為楚之鄭所伐恥而諱之也杜以
從盟主而不能服叛國於魯未足為恥被伐無所諱故云其義所
未聞　注言女至過制　正義曰前已減損其車後云亦車非礼
明是仍僭車多言其過制大夫之制不知車當冗乘從軍之車
未必制有定限子駟心憎尉止嫌其豪富本意不為過礼制也
注洫田至族田　正義曰考工記匠人為溝洫耜廣五寸二耜為
耦一耦之伐廣尺深尺謂之甽田首倍之廣二尺深二尺謂之遂
九夫為井々間廣四尺深四尺謂之溝方十里為成々間廣八
尺深八尺謂之洫方百里為同々間廣二尋深二仞謂之澮然
則溝洫俱是通水之路相對大小為異耳皆於田畔為之故云
田畔溝也為田造洫故侵田洫此四族皆是富家占田過制子駟
為此田洫正其封疆於分有剩則減給他人故正封疆而侵四族
田也小司徒云九夫為井四井為邑四邑為丘四丘為甸四甸為
縣四縣為都注云此謂都鄙采地之制也　注自群至朝政
正義曰於時鄭伯幼弱政在諸卿國更相与戮之不得一人獨決

子孔性好專權自以身既當国望其一聽於己新經禍亂与大夫
設盟為盟載之書曰自群卿諸司以下皆以位之次序一聽執政
之法悉皆稟受成旨不得干与朝政令其權柄在己也大夫諸司
门子不順子產譏之專欲難成謂此也服虔云鄭旧世卿父死
子代今子孔欲擅改之使以次先為士大夫乃至卿也若如服言
唯當门子恨耳何由大夫諸司亦不順也子孔若為此法即是自
害其子子孔之子亦當恨何独他家门子乎焚書倉门則還依
旧法旧法若父死子代子產即應代父何由十九年始立為卿
諸侯至歸焉　正義曰如此傳文諸侯戍虎牢士魴魏絳戍梧与
制耳其虎牢之田亦應更有晉戍也二年晉城虎牢則虎牢久已
屬晉非復鄭有今繫鄭者晉侯之意鄭人若服將歸之焉善晉
侯故探其心而繫之鄭也釋例曰虎牢鄭之郊竟晉人既有之矣
又城而居之將以逼鄭鄭畏而懼服遇楚之而復叛八年之間一南
一北至於數四晉悼慮其未已故大城置戍先以示威鄭服之日
釋戍而歸之德立刑行故已終有鄭國春秋探書其本心善之也

注平王至大難　正義曰七姓從王從王之大臣有七姓也瑕禽
言伯輿之祖是七姓之一言其世貴也其祖爲王主備犧牲以共
祭祀王家牲用備具王恃賴之言其世有功也平王初遷國家未
定故與大臣結盟令使世掌其職也周禮牧人陽祀用騂牲毛之
云周人尚赤牲用騂尚書洛誥云文王騂牛一武王騂牛一諸言
騂皆是赤牛則知此騂旄是赤牛也旄謂尾也其旌旗之用故
其字從旌旗者旌旗行而從風偃也　刑放於寵　正義曰刑罰
放赦之處在於寵臣不勝其富　正義曰勝訓堪也言財多故
不可用令不己堪此富　下而至正矣　正義曰凡在上正定在
下須明在下曲直瑕禽自云已有直理不被上知則是使下無直
在上何謂正矣故云正者不失下之直也劉炫云七年傳云正直
爲正正曲爲直晉斷王朝之獄乃以下正上宣子若在下而無直心
何以謂之爲正也勸宣子使心正矣　天子至左之　正義曰人有
左右右便而左不便故以所助者爲右不助者爲左宣子知伯輿直
故從王之所助也　使王至其契　正義曰周禮鄉士職云辯其獄

説異其死刑之罪而要之鄭玄云要之為其罪辭如今劾矣彼謂官人略取罪狀為其要約之辭如今斷㝎也漢世名斷獄為劾故云如今劾矣此言要辭亦是辭之要約如今辯答也今要者使其各為要約言語兩相辯答伯輿辭直王叔无以應之故不能舉其要契之辭也　十一年注增立至為軍　正義曰昭五年云舍中軍明此年作而彼年舍故知旧有二軍今增立中軍也然則正是作中軍耳而云作三軍者傳言三子各毀其乘則旧時屬已之乘毀之以足成三軍是旧軍盡廢而全改作之故云作三軍也杜見其以三改二壞撥彼中軍之文故言增立中軍耳万二千五百人為軍周礼夏官序文　夏四至不郊　正義曰此四月四卜與僖三十一年文同蓋亦三月三卜而四月又一卜也言不郊不云免牲免牛蓋不以其礼免直使放其本牧而已故不書也注世子至進之　正義曰劉炫以為序莒上者直是先至非為先莒今知不然者往年傳云齊大子光先至于師故長於滕是前經為先滕至序在滕子之上今經序在莒子之先明知亦先莒而至

也若非先莒而至唯當還序滕子上耳刘炫无所依憑直云先
至更長之而規杜氏非也　注以命至侵伐　正義曰刘炫云杜
釈例自言變勢相接或以始致或以終致是時史異辭何為
此注而云不果侵伐今知刘說非者凡云或以始致或以終致皆
拠實有伐變今拠傳文云觀兵于鄭東門是則實无伐變故云
不果侵伐刘不達此意而規杜非也　傳注魯本至改作
正義曰以昭五年舍中軍知此時作者作中軍是魯本无中軍
也以閔元年晉侯作二軍謂之上軍下軍知魯有二軍亦名上
下軍也此言請為三軍各征其軍知往前二軍皆屬公也明其有
變則三卿更互帥之以征伐耳三卿不得專其民也此時襄公幼
弱季氏世秉魯政因公之少欲專其民故假立中軍因以改作也
礼明堂位云成王封周公於曲阜地方七百里其特必有三軍也
詩魯頌閟宮頌僖公能復周公之宇云公徒三万鄭玄云大国
三軍合三万七千五百人言三万者舉成數也則僖公復古制亦
三軍矣蓋自文公以来霸主之令軍多則貢重自減為二軍耳非

是魯衆不滿三軍也若然昭五年舍中軍書之於經但前若減一軍亦應書之而經不書者作三軍与舍中軍皆是變故改常卑弱公室季氏秉国權專擅改作故史特書之耳若国家自量彊弱其軍或減或益国史不須書也何則僖公復古始有三万則以前无三万矣僖公作亦不書何怪舍不書也蘇氏亦云僖公之時實有三軍自文以後舍其一軍不書者非是故有所舍故不書蘇氏又云鄭注詩公徒三万以為三軍鄭荅臨碩之問云公徒三万為二軍者鄭隨問而荅尚以詩箋為正蘇氏又云蒐于紅革車千乘所以今不滿三軍者以當時采地衆多公邑民少故不足滿三軍三子各毁其乘以足之与前解異也周礼小司徒云凡起徒役无過家一人是家出一人故鄉為一軍天子六軍出自六鄉則大国三軍出自三鄉其餘公邑采地之民不在三軍之數季武子今為三軍則異於是矣以魯国屬公之民皆分为三亦謂之三軍其軍之民不啻一万二千五百家也何則魯国合竟之民屬公者豈唯有三万七千五百家乎明其決

不然矣由此言之此作三軍与礼之三軍名同而實異也春秋
之世兵革遞興出軍多少量敵強弱勍寇未息卒士尽行士
卒之数无復定準成二年鞌之戰晉車八百乘計有六万人
唯三卿師之昭十三年平丘之會〻晉叔向云寡君有甲車四千
乘在計四千士卒成二十四軍尔時晉国唯立三軍則甲車四
千為三軍有其軍豈止一万二千五百人乎昭八年魯蒐于
紅傳称革車千乘〻〻之衆充三軍之数明知此分合竟之民
以為三軍之所統其数異於礼也賈服何休以為左氏說云
尊公室休以為与舍中軍義同於義左氏為短鄭康成箴云左
氏傳云作三軍三分公室各有其一謂三家始專兵甲卑公室云
左氏說者尊公室失左氏意遠矣義荷杜說也注征賦至家
屬　正義曰周礼大司徒以土均之法制天下之地征制云市
廛而不税関說而不征經典之文通謂賦税為征故云征賦税也
往前民皆屬公〻税其民以分賜群臣今武子欲令民即為已己
所應得自税取之恐穆子不従故先告之請分国内之民以為三

軍三家各自征稅其軍之家屬冀望稅々子亦便於己而從其計
也言軍之家屬者丁壯從軍者官无所稅其家屬不入軍者乃
稅之耳　注政者至㐌堪　正義曰於時天子衰微政在霸主々
々量國大小責其貢賦若為二軍則是次國若作三軍則為大
國大國之制貢賦必重故云霸主重貢之故將及於子々必不㐌
堪之憂其不㐌堪之言三軍不可為也魯為三軍二軍國之大小
冃有但作三軍則自同大國自同大國則霸主必依大國責其貢
重也　注僖宮之門　正義曰釋宮云衖門謂之閎孫炎曰巷舍
閎道也李巡曰閎巷頭門也以此知僖閎是僖公之廟門也
注壞其至三軍　正義曰往前民皆為公國家自有二軍若非
征伐不屬三子故三子自以采邑之民以為己之私乘如子產出
兵車十七乘之類是其私家車乘也今既三分公室所分得者即
是已有不須更立私乘故三子各自毀壞舊時車乘部伍分以足
成三軍也壞者壞其部伍將領也令使各自屬其軍不復立私乘
故也　李氏至倍征　正義曰其乘之人即所分得者國內三分

有一之人也役謂共官力役則今之丁也邑謂賦稅若今之租調也
以其役之與邑皆來入季氏者則無公徵也若不以入季氏者則使
公家倍征之當輸一而責其二也設利害以懼民毆之使入己耳
民畏倍徵故盡歸季氏所分得者無一入公也知邑是賦稅者以
言役邑入則役之與邑皆從民而入官也役從民入官唯有力役與
賦稅耳故知邑是賦稅也賦稅而謂之邑者賦稅所入若私邑然
故以邑言之　孟氏至為臣　正義曰昭五年傳追說此事云季
氏盡徵之叔孫氏臣其子弟孟氏取其半焉叔孫氏臣其子弟不
臣父兄謂取二分而二歸公也孟氏取其半又如叔孫所取其中
更取其半又以半歸公謂取一分而三歸公也彼傳順序此文顛倒
傳意以叔孫為主而先說孟氏言孟氏如叔孫所得使其半為己
之臣叔孫所得子與弟也此孟氏若子若弟是子弟中課取其一
又分半以歸公也叔孫使子弟盡為己臣唯以父兄歸公耳　注制
軍至本言　正義曰如上所分三家所得又各分為四季氏盡取
四分叔孫取二分而二分歸公孟氏取一分而三分歸公分國民以為

十二三家得七公得五也舍謂舍故也制三軍分国民者不如是
則三家不肯舍其故法而别改作也使尽為臣以上是序意之辭
不然不舍一句是要契之語故云此蓋三家盟詛之本言盟本言
必應詳其但史家略取其意而為之立文不復如本辭耳
東侵旧許　正義曰昭十二年傳楚子云我伯父昆吾旧許是
宅鄭人貪賴其田而不我与是旧許為鄭邑也謂之旧許明是
許之旧国許南迁而鄭得之　注二司天神　正義曰盟告諸
神而先稱二司知其是天神也覲礼諸侯覲于天子為宮方三百
步壇十有二尋深四尺加方明于其上方明者木也方四尺設六色
青赤白黑玄黃設六玉圭璋琥璜璧琮公侯伯子男皆就其旂而
立天子祀方明礼日月四瀆山川丘陵彼文雖不言盟其所陳設
盟之礼也鄭玄云方明者上下四方神明之象也會同而盟明神
監之則謂之天之司盟有象者猶宗廟之有主乎天子巡守之盟
其神主日諸侯之盟其神主山川王官之伯會諸侯而盟其神主
月是言盟之所告々天神也鄭云神監之司盟司盟非一謂之

神也其同慎亦不知指作何神但在山川之上知其是天神耳名山〻之有名者謂五嶽四鎮也名川謂四瀆也　注七姓　至誤也正義曰十三國為七姓世本世家文也姬即次曹意及則言不以大小為次也實十三國而言十二服虔云晉主盟不自數知不然者案定四年祝佗稱踐土之盟云晉重魯申於是晉為盟主自在盟內何因晉今主盟乃不自數故知字誤也劉炫難服虔云案宣子恐失諸侯謹慎辭令告神要人身不自數已不在盟彼叛必速豈有如此理哉　注昏行至不昏　正義曰釋例曰使以行言〻以接事信令之要於是乎在苟不以怨則刑不濫刑不濫則兩國之情得通兵有不交而解者皆行人之勲也是以雖飛矢在上走驛在下及其末節不統大理近怨肆忿快意於行人讐諸豺狼求食而已傳曰鄭人使伯蠲行成晉人殺之非禮也兵交使在其間可也故夫子特顯行人之文行人有六而傳數其三者因良霄以顯其稱行人之事因干徵師以示其非罪因叔孫婼以同外內大夫則餘三人皆隨例而為義也諸以行人為名通及外內以卿出使義

取於非其罪也若濤塗寗喜之屬罪在其身鄭叔詹魯行父之等以執政受罪本非使出故不稱行人從實而書以罪之也鄭祭仲之如宋也非會非聘與於見誘而以行人應命不死節挾偽以篡其君故經不稱行人以罪之也是言罪之故不稱行人則稱行人者皆無罪也鄭人先遣告楚乃從諸侯故傳在會先也經在會後既成而後告執故書執在蕭魚會下　注經書秋史失之　正義曰會于蕭魚經雖無月但會下有冬故以為會在秋也傳言日月次第分明是經誤史官失之也　注悝觸蠲皆樂師名　正義曰樂師稱師下稱賂以樂知此三人皆樂師悝觸蠲是其名也服虔見下有鐘鎛師磬即云三師鍾師鎛師磬師謂悝主鐘觸主鎛蠲主磬也然則鄭人以師茂師慧賂宋者又主鐘乎主鎛乎三師必是主鐘磬者要不可即以名次配言之　注廣車至耦也　正義曰皆是兵車而別為之名蓋其形制殊用處異也鄭玄云廣車橫陳之車也服虔云軘車屯守之車也或可因所用遂為名及其用之亦無常也射禮數射筭二筭為純一筭為

奇是淳為耦也　注他兵至百乘　正義曰偏見服李皆云淳十
五乘則凡兵車有乘者更合言轅廣或轅廣之外別有百乘杜
本轅十五乘更以他兵車七十乘增轅廣〻共為百乘耳知非轅
廣之外更有百乘而云兼轅廣者以上既言廣〻車轅車下云凡
兵車百乘言凡是摠攝之辭故知摠上轅廣也若然直言兵車
百乘於理自足上別云廣車轅車者以廣車轅車甲兵備足自
外之車甲兵不備又別有車名非轅廣也　注肆列至二枚
正義曰以肆為列者鍾磬皆編縣之在筍簴而各有行列也周
禮小胥云凡縣鍾磬半為堵全為肆鄭玄云鍾磬者編縣之二
八十六枚而在一簴謂之堵鍾一堵磬一堵謂之肆半之者謂諸
侯之卿大夫士也諸侯之卿大夫半天子之卿大夫西縣鍾東縣
磬士亦半天子之士縣磬而已如鄭彼言鍾與磬全乃成為肆此
傳於鍾即言肆者十六枚而一簴古今皆同其簴不可分也簴不
可分而云有全有半明如鄭言鍾磬相對肆為全單為半也傳
言歌鍾一肆則並有磬矣若其無磬不得成肆杜以傳唯云歌

鐘故但解鐘數云三十二枚其鼓磬數亦同矣此二肆皆為編縣也下云及其鎛磬者鎛是大鐘磬是大磬皆特縣之非編縣也按鄭玄礼圖如此也言歌鐘者歌必先金奏故鐘以歌名之晉語孔晁注云歌鐘〻以節歌也刘炫云傳言歌鐘二肆及其鎛磬則鎛磬亦二肆〻之為名實由鐘磬相對但傳於磬下不復更言其數於鐘則言二肆明鎛磬數與之同乃成肆若磬无二肆則半賜魏絳无磬矣安得有金石也知色別各三十二枚也歌必先云〻同

八年至之和　正義曰服虔云八年從四年以來十一年也九合諸侯者五年會〻于戚一也其年又會〻于城棣救陳二也七年會〻于鄬三也八年會〻于邢丘四也九年會〻于戲五也十年會〻于柤六也又戍鄭虎牢七也十一年同盟于亳城北八也會〻于蕭魚九也晉語說此事云於今八年七合諸侯孔晁云不數救陳与戍鄭虎牢餘為七也如樂之和謂諸侯和同如樂之相應和也

詩曰至師從　正義曰詩小雅采菽之篇也旨美也言樂美之德君子以有樂美之德可以鎮无天子之邦國也以有樂美之德政故為福禄

之所同級也既已鎮邦国受福禄垂後蹤遠之人使著然数来在
其左右亦於是相師而来從之也　注司盟至之制　正義曰周
礼司盟會同則掌其盟約之載既盟則貳之貳之者寫兩本盟書
一埋盟処一藏盟府也唯言會同之盟不掌功勲之吏而得有賞
功之制者僖五年傳曰虢仲虢叔為文王卿士勲在王室藏於盟
府是司盟之府掌藏功勲典策故有賞功之制也　注礼大至賜
楽　正義曰以魏絳纂賜始有金石之楽知未賜不得有也賜之
而云礼也知礼法得賜之也周礼小胥云大夫判縣士特縣郷飲
酒礼云笙入堂下磬南北面郷射礼云縣于洗東北面喪大記西
云疾病君大夫徹縣是大夫得有鍾磬之楽有功乃賜之正礼也
唯言魏絳有金石之楽不言女楽々々房中私宴之楽或不以賜
之　十二年注五年至以名　正義曰劉炫云杜於五年注以為
公及其盟還而不以盟告廟也今注云會於戚公不与盟而赴以
名何為兩注自相矛楯今知劉難非者以戚盟經既不書公之与
否又傳无其事杜弘通其義故為兩解劉不尋杜旨而規其過非

也　傳注周廟至曰礼　正義曰杜以下文周廟尊於周公之廟
知是文王廟也以鄭祖厉王立所出王廟知為周公出文王故魯
立其廟也哀二年蒯聵禱云敢昭告皇祖文王衛亦立文王廟也
郊特牲曰諸侯不敢祖天子大夫不敢祖諸侯而公廟之設於私
家非礼也而諸侯得立王廟者彼謂无功德非王命而輙自立之則為
非礼魯衛有大功德王命立之是其正也鄭祖厉王亦然此是常礼
特於吴子而傳發例者以吴始通公邑依礼故於此言礼也
注於城外向其国　正義曰礼奔喪之記云哭父之黨於廟母妻
之黨於寢師於廟门外朋友於寢门外所識於野張帷此傳言
於外与彼於野同於城外向其国張帷而哭之耳　同姓於宗廟
正義曰此即周廟也但發大例意通古今故不復斥言周爾其實
於周之世亦周廟也異姓之国无所出王之廟者其哭同姓必不得
同諸異姓亦當於祖廟　及姑姊妹　正義曰釋親云父之姊妹
為姑樊光曰春秋傳云姑姊妹然則古人謂姑為姑姊妹蓋父之
姊為姑姊父之妹為姑妹列女傳梁有節姑妹入火取其兄子是

謂父妹為姑妹也後人從省故單稱為姑也古人稱祖父近世單
稱祖亦此類也　秦嬴至礼也　正義曰此事不見於經而傳自
廣記備言以明礼之事耳楚共王以成元年即位秦嬴歸楚蓋應
多年傳因子庚之聘發其歸楚非此年歸而即使歸寧案昭元
年秦鍼奔晉傳云其母曰弗去懼選鍼則景公之弟昭元年其
母猶在此注云父母既沒歸寧使卿者父母並在則身自歸寧
君父沒母存身不自歸則亦使卿寧也杜云父母既沒連言之耳

春秋正義卷第二十一

計一万七千四百字

春秋正義卷第二十二　襄公

國子祭酒上護軍曲阜縣開國子臣孔　穎達等奉
勅撰

十一年傳注昏勲至詳之　正義曰其昏労与策勲一也周礼注曰勲㕜功曰労對則勲大而労小故傳變文以包之注云昏勲労也策明其不異也桓二年傳發凡例有告廟也飲至也策勲也桓十六年傳言飲至此年傳言昏労二者各舉其一所以反覆凡例以此知三㕜徧行一礼則亦書至悉闕乃不書至耳所云徧行一礼謂徧行告至其飲至策勲則不可偏行也何則告廟因行飲至舍爵而即策勲々々飲至並行之於廟豈得不告至而在廟聚飲乎不告至而入廟昏労乎明其決不然矣但告至已後或飲至而不書労或書労而不飲至二㕜或有闕其一者傳因献子書労復言礼也所以發明凡例釈例曰公行或朝或會或盟或伐得礼失礼其㕜非一故傳随而釈之於盟釈告廟嫌他例不通故復摠云凡公行告于宗廟反行飲至舍爵策勲焉礼也此以明公

之出竟當先不告及其反也則必飲至有功則策勳故公至自伐
鄭傳重言以飲至之禮孟獻子昏勞于廟傳後云礼所以反覆
凡例也公朝於晋而獻子昏勞知策勲非唯討伐之功雖或常
行有以足国安民亦書功於廟也然則凡反行飲至必以嘉會昭
告祖禰有功則舎爵策勲无勞告事而已　注魯師至言之
正義曰莊八年師及齊師圍郕郕是大夫將滿師故称師此亦大
夫將所將不滿二千五百人故直言取郜而不得言師也傳言師
者師是衆人之摠名雖少亦通言之　注不用至曰取　正義曰
宣九年取根牟傳曰言易也成六年取鄟傳曰言易也昭四年取
鄫傳曰言易也莒亂著丘公立而不撫鄫々叛而來故曰取凡克
邑不用師徒曰取与此四發取例傳皆云言易也取鄫之下又發
凡例云克邑不用師徒曰取者不用師徒即是易得之状所以覆
明凡例也若用而不勞則与不用相似故杜云用而不勞亦曰取也
凡例克邑都乃是国知雖国亦曰取釋例曰取者乗其衰亂或受
其潰叛或用小師而不頓兵勞力則直言取如取如攜言其易也

傳四發取例者郜以師徒鄫叛而來根牟東夷鄅附庸國名各不
同故也郜爲小國非邑非夷故以凡例附之　注敵人至曰滅
正義曰國大邑小嫌邑易國難滅取上兒難易不由國邑大小
故注辯之上云易則雖國亦曰取此取郜郜是國也此言用力難重
則雖邑亦曰滅僖二年虞師晉師滅下陽昭十三年吳滅州來皆
邑而言滅是也注謂勝至其地　正義曰入謂入其都邑制其
民人當入之日與滅亦同但尋即去之不爲已有故云勝其國邑不
即有其土地如此之類謂之爲入國邑雙舉者國邑皆稱入也
文十五年晉郤缺入蔡是入國也成七年吳入州來九年楚人入
鄆是入邑也若然閔二年狄入衛哀八年宋公入曹二者傳皆言
滅而經書入者釋例曰狄滅衛而書入者狄無文告衛之君臣死
盡齊桓存之以告諸侯言狄已去不能有其土地也曹背晉而奸
宋是以致討宋公既還而不忍褚師之詬怒而反兵一舉滅
曹滅非本志故以入告也　晉侯至禮也　正義曰什吏謂十人
長也從車曰卒在車曰乘新軍將佐皆還晉侯選賢未得難用

其人使其軍內十人之長率其步卒士與其新軍官屬軍尉
司馬之類以從於下軍令下軍將佐兼顧之得慎舉之禮也周
禮夏官序云凡制軍萬有二千五百人為軍軍將皆命卿一
千有五百人為師師帥皆中大夫五百人為旅旅帥皆下大夫百
人為卒卒長皆上士二十五人為兩兩司馬皆中士五人為伍伍
皆有長不言十人有長而此傳云什吏者夏官所云周禮之正
法耳其量時制事未必盡然尚書牧誓有千夫長百夫長齊語
管子設法五人為伍五十人為小戎二百人為卒二千人為旅萬
人為軍吳語王孫雄設法百人為行十行一旌十旌一將軍引
司馬法云十人之帥執鈴百人之帥執鐸千人之帥執鼓萬人之
將執大鼓三者數人置帥皆以什計之異於周禮則晉人為軍
或十人置吏也　詩曰至善也　正義曰此大雅文王之篇係
善也刑法也孚信也善用法者文王也言文王善用法故能為
萬國所信言文王之法善也　詩曰至讓也　正義曰詩小雅北
山之篇刺幽王役使不均平被使之人自稱已之功勞我所以特

從王事者在上獨以我為賢自云已賢是不讓也　注窀厚至葬埋
正義曰晉語云屯厚也說文云夕暮也從月半見夜字從夕知是
以夕為夜也厚長意同故厚夜猶長夜也孝經云春秋祭祀以
時思之故春秋謂祭祀也長夜者言夜不復明死不復生故長
夜謂葬埋也以其事施於葬故令字皆從穴　王意自貶祭之與
葬皆不敢從先君之禮　注從先至禰廟　正義曰祭法云諸侯
立五廟曰考廟王考廟皇考廟顯考廟祖考廟此云禰廟即
彼考廟也曲禮云生曰父死曰考考成也言有成德也禰近也於
諸廟父最為近也禮三年喪畢遠祖遞遷新主入廟是從先君代
為禰廟也計昭穆之次昭次入昭廟穆次入穆廟皆代為祖廟而
言代為禰廟者謂與見在生者為禰廟　不弔至有定　正
義曰詩小雅節南山之篇　注土功至為時　正義曰莊二十
九年傳例曰凡土功龍見而畢務戒事也火見而致用水昏正而
栽是土功之常節也本設此節以為農事既閒故。此時興土功以
令此冬城防經傳皆不言月當在犬見致用之前此歲農收差

早雖天象未至而民事已閒故云土功雖有常節通以事閒為
時言時節未是時而事以得時故言書事時也釋例曰冬
城防臧武仲請畢農事故傳曰書事時也言興作出火見致用
之前亦得兼以事時而禮之　注先征至征行　正義曰先征五
年而卜其吉凶謂征前五年而預卜之也征訓行也先王之行謹
慎而卜必是禮之大者大礼遠行莫過巡守故知征謂巡守
也征行釋言文也傳言卜征五年未知何代之禮案尚書舜典
云五載一巡守孔安國云堯舜同道舜攝則然堯又可知周
礼大行人云十有二歲王巡守殷國王制云天子五年一巡守
鄭玄云天子以海内為家時一巡省之五年者虞夏之制也
周則十二歲一巡守如孔鄭之言唐虞及夏皆五年一巡守然
則卜征五年虞夏法也在周之世而遠陳虞夏法者蓋重古而
言之或周之巡守不必十二年也周十二年一巡守法歲星行天
一周也虞夏五年一巡守取五行還王而徧也　而歲至則行
正義曰禮記云卜筮不相襲鄭玄云襲因也釋詁云祥善也歲

因其善謂去年吉今年又吉也善因則行謂五年五吉善，善相
因則先王然後行巡守也傳稱卜不習吉而得五年、五卜者卜
不習吉謂不可一時再卜耳此則每年一卜非相習也　注不習
謂卜不吉　正義曰其善不因往年是謂不習吉也脩德改卜
更以卜吉爲始又得五吉乃行也　止鄭至用之　正義曰貴
者多則勢相偪令止鄭一卿於楚以除其國内相偪之患使不偪
則大臣和睦使鄭在家之人和睦而疾楚以牢固事於晋焉用
之何須用此良霄留之於楚　使歸至愈乎　正義曰往者
鄭使良霄向楚其意欲得楚執良霄鄭得堅事晋國是鄭
本遣良霄其意如此今若放良霄使歸於鄭則鄭不得堅事晋國
是廢其本使之意藉氏之説亦然也良霄被執久留在楚今
若歸之則怨恨其君以憎疾其大夫而相牽引令鄭國大臣不
和則事晋之心不固不猶少差乎方言云病差謂之愈後年注以
愈爲差此亦當爲也服虔云愈猶病愈是愈爲差之義
也鄭玄論語注云愈猶勝也　十四年注叔老至鄭地　正義

曰叔老穀伯子叔肸孫故以叔爲氏也卿出聘使及盟會皆以大夫爲介禮之常也此會當使季孫宿與叔老二卿會晉敬事霸國故以卿爲介於例唯征戰重兵詳內略外當師出征伐則諸將並書其聘與會唯書使主其介不合書也晉人自是輕魯幣而益敬其使叔老雖則爲介而晉爲盟主亦列之於會魯人以其並列於會故並書之也傳稱宋華閱仲江會伐秦向之會亦如之則此會亦二卿華閱猶尚被貶仲江固不在列宋若二卿並敬其事俱得列會亦當並書於策何則盟主列之於會魯史無容略之也故傳言崔杼華閱會伐秦不書惰也向之會亦如之北宮括不書於向書於伐秦攝也是齊宋衛三國之卿於其會也惰慢不自整攝故貶稱人罪其身故去名氏猶序鄭卿之上從其大小舊次也在會惰慢未是大惡即加貶責者此是仲尼新意蓋欲督率諸侯獎成晉悼霸功故也以吳來在向諸侯就會之故不序吳於列而云會吳于向與鍾離善道同也　注諸侯至從告　正義曰二十年甯子疾召悼子曰諸

侯之策云云甯殖自爲此言明知諸國策書皆云孫林父甯殖逐衛侯不言衛侯自出奔也仲尼脩春秋以其自取奔亡之禍故諸失國者皆是被臣逐之惡非其君身出仲尼尤其不能自安皆不書逐君之賊所以責其君也北燕伯款出奔齊蔡侯朱出奔楚並書名此不書名從告也釋例曰諸侯奔亡皆迫逐而苟免非自出也傳稱孫林父甯殖出其君名在諸侯之策此以臣名赴告之文也仲尼之經更沒逐者之名主以自奔爲文責其君不能自安身固所犯非徒所逐之臣也衛赴不以名而燕赴以名各隨赴而書之義在於彼不在此也杜言在彼不在此者義在身出爲罪不在名與不名以其失國已足罪賤不假復以名責故史記隨赴而書仲尼依舊爲定也曲禮云諸侯失地名滅同姓名記之所言當據春秋爲義滅同姓名春秋既依用之則失地書名亦是大例而杜云名與不名無義例者案經書衛侯燬滅邢傳云同姓也故名其言與記符同左氏本有此例也失地書名則傳無其事且記言失地者謂國被人奪非禀位

出奔者也此云如曹紀侯大去皆是失地之君經不書名亦不發傳知失地之君不以名為貶也穀伯綏鄧侯吾離來朝公羊傳皆云何以名失地之君也則禮記之文武據公羊之義不可通於左氏故杜不為此說　傳注四嶽至燉煌　正義曰周語稱堯遭洪水使禹治之共之從孫四嶽佐之胙四嶽國命為侯伯賜姓曰姜賈逵云共共工也從孫同姓末嗣之孫四嶽官名大嶽也主四嶽之祭焉姜炎帝之姓其後變易至於四嶽帝復賜之祖姓以紹炎帝之後是四嶽為姜姓也下傳云謂我諸戎四嶽之裔胄是姜戎為四嶽之後姜姓故稱姜戎也昭九年傳云先王居檮杌于四裔故允姓之姦居于瓜州伯父惠公歸自秦而誘以來因說此事而云允姓知姜姓之後又別為允姓也其姜姓是帝堯所賜允姓不知誰賜之也周語云胙四嶽國為侯伯謂為諸侯之長下注云四嶽堯時方伯據彼文而知之　被苫蓋蒙荊棘正義曰被苫蓋言無布帛可衣唯衣草也蒙荊棘言無道路可從冒榛藪也說其窮困之極耳　注蓋苫之別名　正義曰

釋器云白蓋謂之苫孫炎曰白蓋茅苫也郭璞曰白茅苫也今江
東呼為蓋　昔秦至諸戎　正義曰僖二十二年傳曰秦晉遷陸
渾之戎于伊川則秦晉共遷之已昭九年傳云惠公歸自秦而誘
以來又似晉侯獨誘之也此云秦人逐之惠公云與田乃是被秦逐
而自歸晉也三文不同者此戎本處瓜州遠在秦之西北秦貪
其土晉貪其人二國共誘而使遷僖傳是其實也昭傳王專責
晉故指言晉耳此傳宣子施恩於戎故言被逐歸晉駒支順宣子
之言故云秦貪土地逐戎諸戎秦本實貪其土地而遷之也譬
如至踣之　正義曰角之謂執其角也掎之言戾其足也前覆
謂之踣言與晉共倒之　注詩邶至必濟　正義曰此詩本文云
匏有苦葉濟有深涉深則厲淺則揭釋水全引下三句而釋之
云揭者揭衣也以衣涉水為厲繇膝以下為揭繇膝以上為涉
繇帶以上為厲李巡云濟渡也水深則厲水淺則揭衣渡也不
解衣而渡水曰厲孫炎曰揭褰衣也以衣涉水濡褌也詩意
言過水深淺期之必渡猶子賦此詩言己志在於必濟也常語云

叔向見叔孫穆子穆子曰豹之業在匏有苦葉矣叔向退召舟虞與司馬曰夫苦匏不材於人共濟而已魯叔孫賦匏有苦葉必將涉矣彼叔向之意取匏有苦葉爲義此注取深厲淺揭爲義者穆子止賦此詩不言所取之意未必叔向曲得其情杜以厲揭爲義切於取匏有苦葉故不從國語而别爲此解　不獲成焉　正義曰此役止爲報櫟之敗非欲求與秦戰而云不獲成者凡興師伐國彼若服罪謝過即當相與和平故注解其意不獲成焉者正謂秦不服也服虔云不得成戰陣之事案傳諸伐國者皆服之而已不是皆成戰陣之事此何以獨云不獲成戰也　注欒黶至女也　正義曰欒鍼自以家有二位恥其無功與士鞅共馳秦師非鞅召之是誣逐士鞅也　注敕戒至宴食　正義曰君之於臣有禮食宴食儀禮公食大夫禮者主國之君食聘賓之禮也其食己之大夫亦當放之而迎送答拜之儀有差降耳曲禮云凡進食之禮左殽右胾鄭玄云此大夫士與賓客燕食之禮其禮食則宜放公食大夫禮也如鄭之言大夫與客禮食尚

故公食大夫禮明知國君與臣禮食亦當放之公食大夫之禮
其禮甚大衛侯雖則無道不應與臣禮食而得棄之射鴻知是
公自勑戒二子欲共爲宴食宴食者閒燕合事召臣與之共
食耳 注服朝服 正義曰言服而朝明朝服也諸侯每日視朝
其君與臣皆服玄冠緇布衣素積以爲裳禮通謂此服爲朝
服宴食雖非大禮要是以禮見君故服朝服公食大夫之禮賓朝
服則臣於君雖非禮食亦當服朝服也 注皮冠至與食 正
義曰此公射鴻於囿而冠皮冠明皮冠是田獵之冠也且虞人
掌獵昭二十年傳曰皮冠以招虞人又十二年傳言雨雪楚子
皮冠以出出田獵也是諸侯之禮皮冠以田獵周禮司服云凡
甸冠弁服鄭玄云甸田獵也冠弁委貌也其服緇布衣素積
以爲裳是服諸侯視朝之服也彼天子之禮故以諸侯朝服而
田異於此也昭十二年傳又云右尹子革夕王見之去皮冠杜云
敬大臣是君敬大臣宜釋皮冠既不釋皮冠又不與食二子所以
怒也 并帑於戚 正義曰孫子衛朝大臣食邑於戚其子先

分兩處將欲作亂處禍及其子故令并帑處於戚　從近關出

正義曰聘禮及竟謁關人鄭玄云古者竟上為關以譏異服識異言又周禮司關注云關界上之門也衛都不當竟中其界有遠有近欲速出竟故從近關出也　注公徒至執之　正義曰服虔云執追公徒者公如鄄故鄄人為公執之計孫氏追公徒衆必盛鄄人為公可言與之戰耳不得言執之也且文承敗公徒下豈敗公徒之後乃執之乎下文方說二子追公豈復是鄄人執二子也故杜以為公徒因敗而散亡鄄人為公執散走者　初尹至貫辟

正義曰孟子云鄭人使子濯孺子侵衛衛使庾公之斯追之子濯孺子疾作庾公之斯至曰夫子何為不執弓曰今我疾作不可以執弓庾公之斯曰小子學射於尹公之佗尹公之佗學射於夫子我不忍以夫子之道反害夫子雖然今日之事君事也我不敢廢抽矢叩輪去其金發乘矢而後反其姓名與此略同行義與此正反不應一人之身有此二行孟子辯士之說或當假為之辭此傳應是實也　注軥車軛　正義曰說文云軥軛下曲者

服虔云車軛兩邊叉馬頸者　暴妾使余　正義曰言暴虐使
余如妾　有臣不敢　正義曰不敢不違於禮也・余不說初
矣　正義曰言余之不說於君初即然矣不得已而從之出耳
非是妻君而從在道始悔而反也　狐裘而羔袖　正義曰王
藻云君衣狐白裘錦衣以裼之又曰錦衣狐裘諸侯之服也是裘
之用皮狐貴於羔也　注成國大國　正義曰周禮大宗伯以九
儀之命正邦國之位五命賜則七命賜國鄭玄云則地未成國之
名王之下大夫四命出封加一等五命賜之以方百里二百里三百
里之地者方四百里以上為成國如鄭之言成國者唯公與侯
耳伯雖與侯同命地方三百里未得為成國也成國乃得半天
子之軍未成則不得也夏官序云大國三軍次國二軍小國一軍
當以公侯為大國伯為次國子男為小國也諸侯五等唯有三
等之命伯之命數可以同於侯其軍則計地大小故伯國之軍不
得同於侯也此據禮正法耳春秋之世鄭置六卿未必不為三軍
注賞謂宣揚　正義曰賞者善善之名也但上之善下則賜

之以財故遂以賞爲賜財之號此言天子以下皆有臣僕以輔佐其上而下之賞上不得奉以貨財唯當延其譽耳故知賞謂宣揚也　注謂大至則書　正義曰周禮有大史小史内史外史御史史官有五名知此史謂大史者以傳稱齊崔杼弑其君云大史書之知君舉則書皆大史書也　注瞽盲至風刺　正義曰周礼樂官大師之屬有瞽矇之職鄭玄云凡樂之歌必使瞽矇爲焉命其賢知者以爲大師小師鄭衆云無目眹謂之瞽有目眹而無見謂之矇無目是盲者也詩者民之所作采得民詩乃使瞽人爲歌以風刺非瞽人自爲詩也周語云天子聽政公卿至於列士獻詩瞽陳曲韋昭云公以下至上士各獻諷諫之詩瞽陳樂曲獻之於王是言瞽爲歌詩之事也　注工樂至之辭　正義曰儀礼通謂樂人爲工工亦瞽也詩亂自是箴諫而箴諫之亂或有非詩者如虞箴之類其文似詩而別且諫者萬端非獨詩箴而已詩必播之於樂餘或直讀其言以歌誦小別故使工瞽異文也周語云師箴瞍賦矇誦亦是因

事而異文耳　注規正諫誨其君　正義曰規亦諫也鄭云詩箋云規者正圓之器以恩親正君曰規然則物有不圓者規之使圓行有不周者正之使備猶規正物然故云規正諫誨其君　注庶人至誹謗　正義曰庶人卑賤不與政教聞君過失不得諫爭得在外誹謗之謗謂言其過失使在上聞之而自改亦是諫之類也昭四年傳鄭人謗子産周語厲王虐國人謗王皆是言其實事謂之爲謗但傳聞之事有實有虛或有妄謗人者今世遂以謗爲誣類是俗易而意異也周語云庶人傳語是庶人亦得傳言以諫上也此有士傳言故別云庶人謗爲等差耳　注旅陳至貴尚　正義曰旅陳釋詁文也商旅于市謂商人見君政惡陳其不正之物以諫君也易云商旅不行旅亦是商此云陳者彼云商旅不行故以旅爲商此文連于市若以旅爲商直云商旅于市則文不成義故以旅爲陳也劉炫云王制言巡守之事云命市納賈以觀民之所好惡志淫好辟鄭玄云市典市者賈謂物貴賤厚薄也質則用物貴淫則侈物貴此亦彼類彼上觀民此民觀上商陳此物

自為求利非欲諫君但觀所陳則貴尚可見在上審而察之其過足以自改故亦為諫類則齊鬻踊之比是也　百工獻藝

正義曰周禮考工記云審曲面勢以飭五材以辨民器謂之百工鄭玄云五材各有工言百衆言之也則工是巧人能用五材金木水火土者也此百事之工各自獻其藝能以其所能譬喻政事因獻所造之器取喻以諫上即夏書所云工執藝事以諫是也

注逸書至之言　正義曰此在胤征之篇其本文云每歲孟春遒人以木鐸徇于路官師相規工執藝事以諫其或不共邦有常刑此傳引彼略去每歲孟春直引遒人以下乃以正月孟春結之殷勤以示歲首恒必然也孔安國云遒人宣令之官木鐸金鈴木舌所以振文教也周禮無遒人之官彼云其或不共邦有常刑是號令羣臣百工使之諫也木鐸徇路是號令之事孔言宣令之官杜必以為行人之官者以其云徇於道路故以為行人之官采訪詩謠者與孔宣令之官其事不異劉炫以為杜不見古文以遒人為宣令之官徇路求諫而規杜氏不見古文識如劉說

然杜之所解於義自通苟生異見其義非也　注官師至規正
正義曰杜意謂師爲長故以官師爲大夫言大夫是群官之長
大夫自相規正案孔安國云官衆衆官也更相規闕其意以師
爲衆杜必知官師是大夫者此云官師相規上云大夫規誨規文
既同故以爲大夫尚書文無所對故孔二官衆衆官也　師保萬民
正義曰師法也保安也言大公與民爲法而民得以安也尚書泰誓
武王數紂之罪云放黜師保孔安國云可法以安者反放退之是謂
良臣爲民之師保之　王室至是賴　正義曰服虔本壞作懷解
云懷柔也繄蒙也賴恃也王室之不懷柔諸侯恃蒙齊桓之
匡正也孫毓云案舊本及賈氏皆作壞杜雖不注當謂王室之不
傾壞者唯伯舅大公是賴也上文不言桓公不得爲賴桓公也
仲虺至道也　正義曰尚書仲虺之誥云兼弱攻昧取亂侮亡推
亡固存邦乃其昌孔安國云弱則兼之闇則攻之亂則取之有亡形
則侮之有亡道則推而亡之有存道則輔而固之王者如此國乃
昌盛其傳取彼之意而改爲之辭其言非本文也　注析羽至觀

之　正義曰周禮司常掌九旗之物名全羽為旞析羽為旌道
車載旞游車載旌鄭玄全羽析羽皆五采繫之於旞旌之
上所謂注旄於干首也凡九旗之帛皆用絳道車象路也王以
朝夕燕出入游車木路也王以田以鄙是其析羽為旌王者游車
之所建也鄭玄唯言全羽析羽有五采耳猶不辨羽是何羽周禮
有夏采之官鄭玄云夏采夏翟羽色禹貢徐州貢夏翟之羽
有虞氏以為緌後世或無故染鳥羽象而用之謂之夏采其職
云掌大喪以乘車建緌復于四郊鄭玄云明堂位曰有虞氏之
旂夏后氏之綏則旌旗有是綏者或以旄牛尾為之綴於橦
上所謂注旄於干首者釋天云注旄首曰旌李巡曰以旄牛尾
著旌首者也孫炎曰析五采羽注旌上也下亦有旒縿擾彼諸
文言之則羽旄者有五色鳥羽又有旄牛尾也言全羽析羽者
蓋有全取其翅或析取其翮故有全析二名也繫此鳥羽牛尾
而於干首猶自別有絳為旒縿縣之於干今之旗翿尚然也
此傳直言羽耳注不引全羽而以析羽解之者以全羽尊於析

羽齊人建以赴會當是羽之賤者故以為析羽不然則無以知之
計羽毛所用其費無多晋人自應有之而此年范宣子假羽毛
於齊定四年晋人假羽旄於鄭皆假之他國者或當制作巧
異故閱而借觀之 行敀于周 正義曰此詩小雅都人士之
篇也注云城郭之域曰都言都人之士所行要敀於忠信其餘萬
民寡識者咸瞻望而法傚之 十五年 及向戌盟于劉 正義
曰荀庚孫良夫郤犨等來聘且尋盟皆直云及某盟不言
地者由在國與之盟也此言盟于劉者出國與盟故書其盟地猶
如晋侯與公盟于長樗也釋例劉地闕蓋當城外之近地也
注劉采至逆女 正義曰宣十年天王使王季子來聘傳稱劉康
公來聘是王季子食采於劉遂為劉氏此劉夏當是康公之
子即前年傳稱劉定公是也釋例曰天子卿書爵此言季
卿書字又云劉夏非卿其實非大夫而云非卿者以名相配以
劉夏非卿稱名故云天子卿書字以決之傳稱卿不行故云劉
夏非卿以對之皆望經傳為義也或以為無爵卿書字 杜何意

於此獨舉無爵之卿也諸侯之娶言逆女此與桓八年皆言逆王后者天子無外所命則已成后矣故不言逆女也劉炫云例云天子公卿書爵此言卿書字者以其有爵則書爵無則書字傳稱官師即此劉夏釋例以夏為士則夏此時似未有爵若夏是卿當書字傳言卿不行非禮則此禮本當使卿故以卿決之卿當書字夏非卿故書名例稱天子大夫書字但此禮不使大夫故不以大夫決之　注四同盟　正義曰周以成十八年即位其年盟于虛朾襄三年于雞澤五年于戚九年于戲十一年于亳城北凡五同盟言四者唯數襄公盟也　傳注傳言至其實　正義曰間非也不敢非兄是友于兄也不隱其實者謂盡情實言無所隱諱故云不隱其實也注官師至非禮　正義曰祭法云官師一廟鄭玄云官師中士下士也釋例云元士中士稱名劉夏石尚是也下士稱人公會王人于洮是也是天子之官師非卿故劉夏從單靖公而譏卿不行也桓八年祭公來遂逆王后于紀經書祭公此云官師從單靖公唯書劉夏知劉

夏獨逆魯告昏請公不至魯也祭公言來遂逆此劉夏不言來遂
逆者彼祭公命魯主昏則是因來遂逆此不命魯主昏直逆魯告
耳故不言來遂也公羊穀梁赤皆直云逆我也此云既行矣唯譏
卿之不行不譏王不親逆是知於禮天子不親昏使上卿逆而公
臨之故唯言卿不行非禮也釋例據此傳知天子當使公卿天子
不親逆也　注子馮叔敖從子　正義曰案世本蔿艾獵是孫叔
敖之兄馮是艾獵之子則馮是叔敖兄之子也杜集解及釋例皆
以蔿艾獵叔敖爲一人馮是叔敖之子世本轉寫多誤杜當考得
其真　屈蕩爲連尹　正義曰服虔云連尹射官言射相連屬
也若是主射當使養由基爲之何以使由基爲宮廏尹棄能
不用豈得爲能官人也官名臨時所作莫敎之徒埀不可解故
杜皆不解之　注詩周至爲急　正義曰周南卷耳之篇也序云
后妃之志又當輔佐君子求賢審官故詩人述其意后妃嗟嘆言
我思得賢人置之使徧於列位是后妃之志以官人爲急故嗟嘆
思之　王及至行也　正義曰后妃之志志在轉王求賢置之於公

卿以下之位耳非欲更別求賢置之於王位也但公卿以下尚欲使之皆賢豈欲王之不賢乎雖不欲他賢代王而欲使王行益賢也以周訓爲徧言徧在列位故自王以下及六服之内大夫以上皆言之各以賢能居其列位是詩人所謂周行者也計后妃之意亦下及士但傳以士卑故指言大夫耳詩注以周行謂周之列位此注云周徧者斷章爲義與詩説不同也此云能官人者謂能官用賢人爲公侯以下王則天之所命非人所用兼言王者王居天位脩行善政則是爲能官人故杜云自王以下各任其職鄭人醢之三人　正義曰以文承司臣之下嫌其亦醢司臣故言三人不若人有其寶　正義曰我得不貪女得其玉是我與女二人各有其寶　十六年注踰月而葬速　正義曰四年七月夫人姒氏薨八月葬我小君定姒纔別月耳杜云踰月而葬速也今晉悼往年十一月卒此年正月葬積三月也杜亦云踰月而葬者踰越也所越有多有少俱是踰越之義故杜弘通兩解也注不書至故也　正義曰傳於會湨梁之下晉侯與諸侯宴乃言高厚

逃歸則高厚夸詭乃逃也於夸不書齊者以高厚逃歸晉人
怒之諸侯即有伐齊之志不與高厚得為來會云歸告廟歷
告所會不告高厚故不書也　注諸大至可知　正義曰公羊
以為溴梁之盟君若贅旒然穀梁云不曰諸侯之大夫大夫不臣
也皆以為此時諸侯微弱權在大夫諸侯皆在而大夫自盟政教
約信在於大夫其事不曰君也不由諸侯之大夫者刺大夫不臣
也賈服取以為說言惡大夫專而君失權也案傳荀偃怒使諸侯
大夫盟高厚以君臣不敵故使大夫盟之君使之盟非自專
也以齊人既有二心高厚歌詩不類知小國必有從齊者也詩「諸々侯
大夫本意欲盟高厚高厚雖已逃歸仍恐餘國有二故大夫
遂自共盟使同會之國皆一其志也雞澤之會文隔袁僑如
會故重言諸侯之大夫今此間無異文直言大夫即是上會
諸侯之大夫不言諸侯以可知故也　注邾莒至禮也　正義
曰十二年莒人伐我東鄙十四年莒人侵我東鄙十五年邾人伐
我南鄙是邾莒二國數侵伐魯也凡例云君不道於其民則稱

人以執知此二國君又皆無道於民故稱人以執之也諸侯不得
相治故成十五年晉侯執曹伯僖二十八年晉人執衛侯皆書
歸于京師此言以歸乃是自歸晉國故非禮也　注荀偃至在
下　正義曰春秋之例征伐則主兵者為先雖大夫為將詩侯從
之亦以主兵為先僖二十七年楚人陳侯蔡侯鄭伯許男圍宋
是其事也　但禮卿不會公侯會伯子男可也方示叔老可以會
鄭伯故退荀偃於下所以特見此義故發傳云為夷故也宋大
於衛稱人而在衛下宋使大夫為將故也　傳羊舌肸為傳
正義曰成十八年傳士渥濁為大傳此代士渥濁亦當為大傳也
宣十六年士會將中軍且為大傳注云大傳孤卿彼以中軍之將
兼之故知是孤卿也士渥濁以大夫居之今此復代渥濁亦是大
夫也昭五年傳楚子稱叔向為上大夫明此以上大夫為傳也
諸侯之有孤卿猶天子之有三公無人則闕故隨其本官高下
而兼攝之也　而衛冀隆不達此意以士渥濁叔向等皆為卿
故為大傳若是大夫何得居孤卿之任妄以難杜於義非也

注齊有二心故　正義曰歌古詩各從其恩好之義類高厚所歌之詩獨不取恩好之義類故云齊有二心劉炫云歌詩不類知有二心者不服晉故違其令違其令是有二心也　注齊為至從者　正義曰荀偃不言齊有異志而云諸侯有異志故解之以高厚若此故知小國必當有從者揔疑諸侯有異志不獨疑齊故高厚雖逃猶自諸國共盟也　注夷平至鄭伯　正義曰春秋於魯事所記不與外事同者於外則依實而言於魯則言不以實不實者魯國大小是宋衛之匹其常會序列當在宋下衛上及其書策皆云會某侯雖會霸主亦魯在其上大夫出會魯亦在先如此者客主之言所以為文其言國當有異耳以主客之故先魯而後他國魯非實在先也傳稱在禮卿不會公侯而魯卿每會公侯春秋無譏文元年公孫敖會晉侯于戚是也杜云禮例已舉據用魯史成文是春秋無譏既常不譏無以示可否之義故於此變文以示例特言書曰是仲尼新意舊史當書荀偃在前今仲尼改之不先書秦

之荀偃而書後至之鄭伯以當時共伐許者皆是諸侯之大夫
義取與鄭伯尊卑皆平得會鄭伯故也言後至之鄭伯者三月
會于湨梁夏云至自會則鄭伯亦已歸矣五月之下始書伐
許鄭伯聞將伐許乃從諸侯之師是諸侯謀伐已定鄭伯始
來從之故杜言後至也　注禘祀至吉祭　正義曰僖三十三年傳
云凡君薨卒哭而祔祔而作主特祀於主烝嘗禘於廟如彼傳
文則既祔之後可以爲烝嘗也閔二年五月吉禘于莊公以其時未
可吉書吉以譏之此年正月晉已烝于曲沃仍云未得禘祀知此
禘祀是三年喪畢之吉祭也　圻父　正義曰此詩小雅篇刺
宣王之云圻父予王之爪牙朝轉予于恤靡所止居注云宣王
之末司馬職廢此勇力之士責司馬云我乃王之爪牙之士當爲
王閑守之衛女何移我於憂使我無所止居乎謂見使從軍與
姜戎戰於千畝而敗之時也　注鳩集也　正義曰釋詁云鳩
聚也聚亦集之義國有兵寇則民人不得集聚也　十七年
注宣公也四同盟　正義曰經不書葬故詳言其謚號以成十

八年即位其年盟于虗朾襄三年于雞澤五年于戚九年于戲十
一年于亳城北十六年于溴梁皆魯邾俱在凡六同盟沈氏云
去虗朾之盟又不〔非之〕不數溴梁故爲四劉炫以爲杜氏誤非也　注
暴亂至來告　正義曰傳說此事文在冬下知其實以冬出經
書在秋故知追以秋告實冬出而告以秋明以華臣始作亂時
來告也〔卒之〕但傳因華臣之出本其懼罪之由故於冬之下追言華
閱卒耳其實華閱之卒或在九月之前華臣弱其室殺其宰當
在九月內耳　傳親逐至爲厲　正義曰蒯與其父共逐其君
則是身親爲惡故言親逐而君爾父爲厲者父爲惡首故以
惡鬼罵之　注孫蒯不書非卿　正義曰經書他國征伐例書元
帥而已此經已書石買繼蒯是卿亦不書杜爲此注者蘇氏云
孫氏世爲上卿蒯若是上卿應書蒯不書石買故云非卿也或
可事由孫蒯故決之　君賜不終　正義曰來唁是君之恩賜使
賤者唁是爲惠不終也服虔云言君義已故來唁之是惠賜也
謂已無死不以義望已是不終也　不如盡之　正義曰服虔

云蓋覆蓋之言左師每鷹鸇之志而蓋不義之人故尤之此未必然正是左師諱國惡恥聞於外故蓋之耳非是畏華臣也　爲已短策　正義曰服虔云策馬撾也自爲短策逼華臣之門助御者擊馬而馳惡之甚也必爲短策者私助御者不欲使人知也　注閭謂門戶閉塞　正義曰月令仲春脩閭扇鄭玄云用水曰閭用竹葦曰扇是閭爲門扇所以閉塞廬舍之門戶也　注斬不至升布　正義曰喪服斬衰裳傳曰斬者何不緝也馬融云不緝不緶也謂斬布用之不緶其端也衰用布爲之廣四寸長六寸當心故云有負前也喪服傳曰衰三升鄭玄云布八十縷爲升然則傳以三升之布布之最麤故謂之麤也以麤布爲衰而斬之故以麤縗斬爲文之次　苴絰帶杖菅屨　正義曰喪服云苴絰杖絞帶此傳帶不言絞亦當爲絞帶也若要帶則謂之經故喪服注云麻在首在要皆曰經喪服傳曰苴絰者麻之有蕡者也苴杖竹杖也絞帶者繩帶也馬融云蕡者枲實枲麻之有子者其色麤惡故用之苴者麻之色鄭玄士

喪禮注云苴麻者其貌苴服重者尚麤惡喪服及此傳絰帯杖三
者皆在苴下言其色皆苴也絰帯用麻杖用竹麻竹雖異而其
苴則同故三者共蒙苴也鄭玄云麻在首在要皆曰絰此言絰者絰
謂首絰也凡喪服冠纓帯屨皆象吉時常服但變之使麤
惡耳其裳與絰是新造以明義故特爲立其名裳之言推也絰
之言實也明孝子之心實摧痛故制此服立此名也衰當心絰在
首獨立名於心首者心是發哀之主首是四體所先故制服以表
之要絰之下又有絞帯要絰殺首絰五分之一絞帯殺要絰亦然
雖大小有三等而同用苴麻衰服杖在帯上此傳杖在帯下者喪
服具明其服故杖在上然後言絞帯冠繩纓此傳略言其禮致明
帯與絰俱用麻故杖在帯下喪服傳云菅屨者菅菲也菲者屨
之別名故杜注云草屨也　注此禮至正文　正義曰喪服傳文
及士喪禮記皆云居倚廬寢苫枕由(凷)歠粥朝一溢米夕一溢
米是此禮與士喪禮略同其異者唯彼言枕由(凷)此言枕草耳然
枕由(凷)者乃是禮記及喪服傳耳亦非喪服正文杜意言古禮未

必無枕草之法也居倚廬寢苫者鄭玄云倚木爲廬在中門外東方北戶苫編稾也此初喪爲然其既虞之後則每事有變異於禮文鄭玄云二十兩曰溢爲米一升二十四分升之一知者古者一斛百二十斤一斗十二斤十二斤百九十二兩一升十九兩二分少八分米充二十兩更取一升分作百九十二分二十四分取一得八分添前十九兩二分是爲二十兩也　注時之至識之　正義曰雜記云大夫爲其父母兄弟之未爲大夫者之喪服如士服士爲其父母兄弟之爲大夫者之喪服如士服如彼記文則大夫與士喪服不同記是後人所記記當時之事令此晏子之老亦識晏子所爲非大夫之禮是時之所行士及大夫喪服各有不同也晏子實爲大夫而行當時之士禮晏子反時以從正其家老不解謂晏子爲失故據時所行而識之也晏子其父始卒則晏子未爲大夫言晏子爲大夫者禮喪服大夫之子得從大夫之法　注晏子至家老　正義曰檀弓云魯穆公之母卒使人問於曾申曾申對曰哭泣之哀齊斬

之情饘粥之食自天子達然則天子以下其服父母尊卑皆同至大夫士之異晏子所行是正禮也言唯卿得服大夫服我是大夫得服士服又言已位卑不得從大夫之法者是惡其直已以斥時之失禮故孫辭略荅家老也家語曾子問此事孔子云晏平仲可謂能辟害也不以已是而駁人之非孫辭以辟咎義也夫家語雖未必是孔子之言要其辭合理故王肅與杜皆為此說鄭玄注雜記引此傳言晏子云唯卿為大夫 此平仲之謙也言喪服服布麤衰斬衰三升義服斬衰三升半為母服齊衰四升正服齊衰五升義服齊衰六升降服大功七升正服大功八升義服大功九升降服小功十升正服小功十一升義服小功十二升緦麻十五升去其半 鄭注雜記云士為父斬衰縷如三升半而三升不緝言縷之精麤如三升半成布而縷三升故云麤衰在齊斬之間鄭又云士為母衰五升縷而四升為兄弟衰六升縷而五升鄭玄以雜記之文士為父母兄弟之服不得與大夫同皆縷細降一等 其縷數與大夫同但雜記之文

記當時之制以當時大夫與士有異故為此解非杜義也　十八年
注禮當至同盟　正義曰僖四年許男新臣卒傳曰葬之以侯
禮也凡諸侯薨于朝會加一等諸侯命有三等男加一等葬
之以侯禮此曹是伯爵與許男同當葬以公禮也彼許男之
卒不書于師此言卒于師者釋例曰若卒于朝會或書師或
書地者史之成文非義例所存也負芻以成十四年即位十五年
盟于戚十七年于柯陵襄五年于戚九年于戲十一年于亳城
北十六年于溴梁凡六同盟不數成公之盟溴梁是大夫去之是
為三劉炫以杜為誤非也　傳注獻晋至末臣　正義曰王
制云五嶽視三公四瀆視諸侯則諸侯於河神其辭不得稱臣
故解其意稱臣者以明上有天子言己是天子之臣以謙告神
也曾祖曾孫者曾為重義諸侯之於天子無所可重曾臣猶
末臣謙卑之意耳　注平陰至書圍　正義曰平陰城南有
防者地形猶在杜觀其跡而知之也言塹防門而守之明是齊人
自於門外作塹以固守也此平陰齊邑而言圍齊者沈氏云君

在故稱圍劉炫云案下傳范鞅門于雍門又門于揚門及綽門于
東閭既門其三門即是圍事杜何知不以門于三門爲圍必以禦
諸平陰爲圍乎今刪定知不然者案上九年諸侯伐鄭傳稱門其
三門而經不稱圍則攻門非圍也此傳云塹防門而守之則是
被圍之道劉以門其三門爲圍而規杜氏非也　注脰頸也　正義
曰說文云脰項也考工記云以脰鳴者又曰大體短脰數目顧脰
公羊傳稱宋萬搏閔公絶其脰鄭玄何休皆以脰爲頭頸之與
項亦一物也　乃弛弓　正義曰下云其右具丙亦舍兵則此是
州綽弛弓也　甚雨及之　正義曰楚師南行有大雨從北
而南逐及楚師　注歌者至彊弱　正義曰律呂雖有十二
其風有八八風者乾風不周坎風廣莫艮風調震風明庶巽風
清明離風景坤風涼兌風閶闔八方之風風別先有音曲總吹律
呂以詠八方音曲令師曠以律呂歌南風音曲南風音微不與律
聲相應故云不競服虔以爲卯酉以北律呂爲北風以南爲南風
與杜八風義違非杜義也　多死聲　正義曰服虔云南風

律氣不至故聲多死　注歲在至西北　正義曰歲星右行
於天大率一歲行一次二十八年歲在星紀距此十一年郤而數
之此年在豕韋豕韋一名娵訾當亥之次也周十二月夏之十
月其月又建亥故曰多在西北　正義曰孟
子云天時不如地利地利不如人和　注言天至人和
正義曰往年圍齊今以伐致傳既不說杜亦不解公羊傳曰此同
圍齊也何以致伐未圍齊也未圍齊則其言圍齊何抑齊
也曷為抑齊為其亟伐也其意言往年同圍齊者實非圍
齊故以伐致案傳攻平陰齊侯塹防門而守之則是兵實圍齊不
得如公羊說也賈逵云圍齊而致伐以策伐勳也伐者加兵
之名圍則伐內之別圍伐終是一事不得各有其勳何言策
伐勳也但圍是伐內之別此言至自伐齊僖二十九年言至自
圍許史異辭無義例　注世子至同盟　正義曰環以成
十年即位十五年國佐盟于戚十七年自盟于柯陵十八年崔
杼于虛朾襄三年世子光于雞澤五年世子光于戚九年世

子先于戲十一年世子光于亳城北不數成公之世世子光猶四同盟言三者襄五年戚盟不書經故杜不數劉炫以為杜誤非也　傳注邾田至邾田　正義曰邾在魯南田在漷水北今更以漷水為界取邾漷北之田歸于魯也十六年命歸侵田此年正邾魯之界則此田舊是魯界邾人取以為己有今日使之歸魯故曰取邾田也公羊傳曰其言自漷水何以漷為竟也何言乎以漷為竟漷移也其意言邾魯以漷水為竟漷水移入邾界魯隨而有之賈服取以為說言刺晉偏而魯貪案傳晉命歸侵田此田邾先侵魯追令反本何晉偏而魯貪公羊之說不可通也　注荀偃至之先　正義曰雜記云納幣一束束五兩兩五尋鄭玄云納幣謂昏禮納徵也十个為束貴成數兩兩者合其卷是謂五兩八尺曰尋一兩五尋則每卷二丈也合之則四十尺今謂之匹猶匹偶之云故雖主說昏幣但經傳所言束帛束錦者其束多少皆與彼同故云五匹為束也吳子乘以十二年卒乘獻此鼎於魯魯人因以其人名之謂之吳壽夢之

鼎令以此鼎賂荀偃也古之獻物必有以先之老子云雖有拱
抱之璧以先駟馬謂以璧爲馬先也僖三十三年鄭商人弦高
以乘韋先牛十二犒師謂以韋爲牛先也二十六年鄭伯賜
子展先路三命之服先八邑謂以車服爲邑之先也皆以輕物先
重物此錦璧可執馬可牽行皆輕於鼎故以璧馬爲鼎之先以輕
先重非以賤先貴鼎價未必貴於璧馬也　癉疽生瘍於頭
正義曰說文云癉勞病也疽癰也癰腫也瘍頭創也然則傳言
荀偃病此疽腫腫潰遂生創於頭杜云癉疽惡創略言其病創
耳　百穀　正義曰穀之種類多言百舉成數也　注林鐘
至爲名　正義曰月令季夏律中林鐘是林鐘六月之律名也
周語云景王將鑄無射問律於伶州鳩對曰律所以立均出度
也古之神瞽考中聲而量之以制度律均鐘百官軌儀賈逵
云律謂六律六呂以均鐘大小清濁也考成也成平也平中和之
數度律呂之長短以立均鐘以成和平之數而百官之道得
象而儀之是言度律呂長短然後鐘鑄鐘數應律遂以律名

鐘此鐘聲應林鍾故以林鍾爲名　稱伐則下等也　正義曰
諸侯之銘當言時計功當之伐齊也借人之力功非己有妨民
農務不可謂時二者既無可稱唯有從行征伐可得稱伐勞耳
伐雖可稱若稱伐則從大夫之例於三者爲下等不足爲功美
也　注終言之　正義曰知終言之者以云尸諸朝非禮下始
云五月齊靈公卒莊公即位若非即位之後豈得尸戎子於朝於
傳終言之　注無黥刖之刑　正義曰婦人淫則閉之於宮犯
死不得不殺而云婦人無刑知其於五刑之中無三等刑耳三等
墨劓刖也三等之刑墨輕刖重故舉其輕重而略其劓也周禮謂之
墨尚書謂之黥黥墨爲一故依尚書言黥也服虔云婦人從
人者也故不爲制刑及犯惡從男子之刑也若與男子俱受黥刖
劓亦是婦人刑矣何獨主男子而婦人從之也劉難服云犯淫則
男子割勢婦人閉宮豈得從男子乎　注禮之至君命　正
義曰傳言禮也則兵不伐喪必有常禮禮有此法故聞喪即
還公羊傳曰還者何善辭也何善爾大其不伐喪也此受命乎

君而伐齊則何大乎其不伐喪大夫以君命出進退在大夫也何
休云禮兵不從中御外臨事制宜唯義所在故善之是與左氏同
也穀梁傳曰還者事未畢之辭也不伐喪善之也善之則何為
未畢也君不尸小事臣不專大名善則稱君過則稱已則民作
讓矣士匄外專君命故非之也然則為士匄者宜奈何宜墠帷
而歸命乎介其意言待命乃還故杜言不必待君命所以排
穀梁也注大路至服路　正義曰二十四年穆叔如周王嘉其有
禮賜之大路與此並賜諸侯之卿其文皆云大路知大路天子所
賜車之揔名也周禮巾車王之五路有玉路金路象路革路木路
又有服車五乘孤乘夏篆卿乘夏縵大夫乘墨車士乘棧車
庶人乘役車又曰凡良車散車不在等者其用無常周禮有此
文耳其封諸侯賜之以車則同姓以金路異姓以象路四衛以革
路蕃國以木路其賜諸侯之卿則無文釋例曰周官王之五路及
卿大夫士服車各有名又有良車散車不在等者其用無常謂此
上五路之良散當以出賜故言其用無常也傳通稱王路金路為

大路及賜魯穆叔鄭子蟜當是革路若木路所以封四衛及蕃
國之君也而亦曰大路者據受王之殊錫皆舉其摠名或云先
或云次當各自以就數為差也杜言當是革路若木路者雖疑
不敢質謂當是此二路也必疑然者以服車稱車不稱路王若
賜之夏篆夏縵不應謂之為大路名之曰大路必在五路之中
矣金路象路乃賜同姓異姓之國君不可以賜其臣而傳稱列國
之卿當小國之君國周制也位當小國之君則車亦可以同之
故疑是革路若木路也革路木路之卑者亦稱大路者以受
王殊賜皆舉其摠名也若受之於君或稱先或稱次杜云以就
數為差者三命之卿就數三再命之卿就數二故鄭賜子展先路
三命之服子產次路再命之服是也若其不然王賜叔孫穆子
其車若是夏篆夏縵即與常車無異何故生弗敢乘及死
乃請以葬也鄉飲酒禮者大夫之禮也工人卒歌主人獻工大
師則為之洗鄭玄云大夫君賜之樂謂之大師為之洗尊之也
彼尊君賜樂謂工師為大夫師此尊王賜車謂王車為大路其意

類於彼也膏肓何休以天子車稱大路諸侯車稱路車大夫稱車今鄭子蟜諸侯之大夫耳當與天子士同賜其車而名之曰大路非正也孔子曰唯器與名不可以假人名不正則言不順於義左氏為短案周禮天子袞冕上公亦稱袞冕天子析羽為旌諸侯及大夫亦稱旌又天子樂官稱大師鄉飲酒禮君賜樂亦稱大師此皆名同於上則卿大夫大路何獨不可同之於天子大路之名乎何休之難非也 是衛至乃登 正義曰杜於此注皆用賈逵之說服虔引彭仲博云齊欲誅衛呼而下與之言因可取之無為揖之復令登城仲博以為齊侯號衛衛慙而下云問守備焉問衛之守高唐者衛無恩信故令守者以無備告齊侯善其言故揖之乃命士卒登城服虔謂此說近之案傳之次第衛在城上號之乃下是衛下也問守備焉問衛也若其別問餘人當云問其守者不得云問守備也若齊侯揖之而命士卒登城則士於此時已登矣何故下文方云殖綽工僂會夜縋納師也衛已下城齊侯不即執取者或有所隔礙不得取之漢末曹

操與馬超對語徐晃與關羽對語皆讎敵交言而不能相取亦何
怪古之人乎　夜縋納師　正義曰二子因其無備先往城上乃
從城上縣繩納師　注四章至救助　正義曰控于大邦乃是載
馳五章而云四章者文十三年鄭子家賦載馳之四章義取控于
大邦意在五章而并賦四章故注已云四章以下故於此略之詩注
云極至也今衛侯欲求援引之力助於大國之諸侯亦誰因乎由誰
至乎閔之故欲歸向之　注蹷猶拔也　正義曰蹷者倒也
樹倒必拔根故云蹷猶拔也又是親之極孝為德之本於文尚猶
不衰必是不能愛人也已不愛人人亦不愛已人皆不愛必將喪家
知其不能保有宗嗣也　二十年注稱弟明無罪也　正義曰傳
言非其罪也則無罪之文明矣而云稱弟明無罪者賈逵以為稱
名罪其偪杜以鄭段有罪去弟以罪段今此存弟非是罪黄之文
也言此以排賈氏也　傳盟于至故也　正義曰於經服異則
稱同盟此齊成而盟不言同者往年齊與晉平盟于大隧是齊已
服於晉矣非於此始服故不言同也晉以齊既平和而召諸侯以

為此會傳解其為盟之意故云齊成也　注稱弟至二慶

正義曰稱弟者上為罪陳侯但陳侯之罪罪在信二慶故杜兼言二慶耳稱弟不為罪二慶也釋例曰兄而害弟者稱弟以章兄罪弟又害兄則去弟以罪弟身推此以觀其餘秦伯之弟鍼陳侯之弟黄皆是兄害其弟者也秦伯有千乘之國而不能容其母弟傳曰罪秦伯也歸罪秦伯則鍼罪輕也陳侯不能制御臣下使逐其弟傳曰言非其罪也非黄之罪則罪在陳侯示互舉之文也　賦魚麗之卒章　正義曰魚麗詩小雅物其有矣者謂言魚有鱨鯊魴鯉并有旨酒也維其時矣者注云大平而後微物衆多取之有時用之有道則萬物莫不多也　二十一年注二邑至之辭　正義曰杜解地邑自為其例言在者指知其處言有者以示不審此言二邑在高平者知其在高平郡界耳又言有者並不審其處也釋例曰漆高平南平陽縣東北有漆鄉閭丘高平南平陽縣西北有顯閭亭是二邑知在高平而不審其地故言有也諸侯之臣入其私邑而以之出奔者皆書為叛衛孫林父

宋華亥宋公之弟辰晉趙鞅荀寅等皆書爲叛叛者背其本國
之大辭也此及莒牟夷邾黑肱亦以邑叛本國但叛來歸魯據
其至魯爲文而言來奔內外之辭言俱是叛而辭異耳且傳謂庶
其等爲三叛人明其亦是叛也　注盈不至罪之　正義曰宣
十年齊崔氏出奔衛書其族也文八年宋司城來奔舉其官也
十四年宋子哀來奔稱其字也皆爲無罪不書其名則書名爲罪
之文據傳盈無大罪故辨之不能防閑其母以取奔亡稱其名罪
之也不能防閑其母詩序文也周禮虎賁氏舍則守王閑又校人
謂馬廄爲閑則閑是欄衛禁防之名也禮之防失若彼閑然論語云
大德不踰閑閑謂禮法言不能以禮法禁防母也　傳注計公至
二人　正義曰杜以姑爲父之女昆弟姊是己之女昆故計公之年
以爲寡者二人劉炫云案十二年傳云無女而有姊妹及姑姊妹
則古人謂姑爲姑姊妹也而知此姑姊是襄公父之姊止一人耳不
得云寡者二人今知不然者以襄公成公之子成公即位二年已令大
子公衡爲質於楚及宋逃歸則公衡年十五六矣成公即位之初

巳三十有餘計至於今七十許歲其姊雖存年極老矣安可以妻
庶期劉以爲成公之姊而規杜氏非也　子盍　正義曰鄭
玄服虔皆以盍爲何不也　注給其至之人　正義曰昭七年
傳曰皁臣輿輿臣隸隸臣僚僚臣僕僕臣臺馬有圉牛有牧自
皁至牧有八等也其次謂庶其從者畀給之以八等之人
軌度至徵也　正義曰謂使其臣信有軌則法度可明以爲徵
驗也劉炫云軌法也行依法度而言有信也　夏書至念也
正義曰念茲在茲謂念此所行之事欲施於他得可施之在於此
身然後行之釋茲在茲釋除也謂有所除詺於此前人之上亦當
在此身無有罪過然後除之名言茲在茲謂名此事言此事亦皆
當今可施於此猶若名此除盜言此除盜已能除盜是除盜之事
可施於此若已不能除盜遣人除盜是不可施於此也允出茲在
茲允信也謂誠信之心出於此身則善亦誠在此身也信由已壹
謂信實由已專壹然後善功可念此斷章爲義故與尚書本
文稍殊庶其非卿也　正義曰公羊穀梁皆以邾莒之徒小國不

合有郯釋例曰公侯伯子男及其孤大夫士命數周官具有等差當春秋時漸已變改是以仲尼丘明據時之宜仍其行事從而然之不復與周官同而先儒為合周官禮記各致異端今詳推經傳國之大小皆據當時土地人民不復依爵敘書秦楚之卿而略於滕薛也諸侯大國之卿皆以有命固無所疑其總名亦曰大夫也故經傳卿大夫之文相涉晉校三軍而經書大夫邢丘之會傳稱大夫亦皆卿也蜀之盟齊國之大夫溴梁之盟小邾之大夫亦不命一命之大夫故不書也命者謂其君正爵命之於朝其宮室車旗衣服禮儀各如其命數則皆以卿禮書之於經衛之於晉不得比次國則邾莒杞鄫之屬固以微矣此等諸國當時附隨大國不得列於會者甚衆及其得列上不能自通於天子下無暇於備禮成制故與於會盟戰伐甚多唯曹之公子首得見於經其餘或命而禮儀不備或未加命數故皆不書之也邾畀我之等其奔亡亦多所書唯數人而已知其合制者少也又邾庶其等傳皆言非卿以地來雖賤必書紀裂繻來逆女

傳曰卿爲君逆知此等微國亦應有卿有卿則應書於經從以
卑陋制不合禮失禮之例杞降爲夷華耦具言君子貴之至於
此等卿而不備禮亦所以見其貽賤也諸儒以爲邾莒無命卿既
自違傳例賈又云春秋之意三命以上乃書於經顯氏以爲再
命稱人傳曰叔孫昭子三命踰父兄昭公十年昭子始加三命而
先此叔孫皆自見經知所書皆再命也是杜大明春秋書卿名
氏之例以邾莒自當有卿若有再命則書名氏其不書於經皆
爲禮不備故庶其非卿謂非再命之卿也　注繭緜衣　正義曰
玉藻曰纊爲繭緼爲袍鄭玄云衣有著之異名也纊謂今之新
緜緼謂今纊及舊絮也然則繭是袍之別名謂衣緜著袍故
云緜衣也置冰牀下使有寒氣其上加緜衣暑月多衣所以
不疾以范至致矣　正義曰柏是鑿之謚大史稱主誣欒
盈言盈以范氏爲死柏主逼范氏之意以柏主已死其家衰弱　襄欽未詳
故陵侮欒氏而專晉國之政矣　秋欒至叔羆　正義曰
如此傳文則案盈出奔之後宣子始殺十子也晉語云平公六

年箕遺及黃淵嘉父作乱不克而死云乃問陽畢陽畢對曰論逞志而虧君以乱國者之後而去之是遂威而遠權也欒氏之誣晉國久矣欒書實覆宗殺厲公以厚其家若滅欒氏則民威矣云許諾盡逐羣賊而使祁午及陽畢曲沃逐欒盈如國語則先殺十子後逐欒盈與此異者賈逵云十子皆欒盈之黨知范氏將害欒氏故先為之作難討范氏不克而死然則欒盈城著十子在國謀殺宣子不克宣子先殺之乃使適著逐欒盈此傳先言欒盈後言其黨耳非是欒盈既奔之後殺十子也此傳言城著而逐之則是先著逐欒盈國語言適曲沃逐欒盈者曲沃是欒氏之采邑蓋就著逐其身適曲沃逐其家也　優哉游哉　正義曰此小雅采菽之篇案彼詩云優哉游哉亦是戾矣與此不同者蓋師讀有異　有覺至順之　正義曰此詩大雅抑之篇　惠我至保之　正義曰此詩周頌烈文之篇　注逸書至安之　正義曰此引書曰夏書徵征之文也彼作聖有謨訓此云惠訓

亂之

不倦則本當作訓但杜以傳作聖有纂勳故順傳文解之劉背
傳文而規杜氏非也　鯀殛而禹興　正義曰尚書稱堯使鯀
治水九載績用不成乃求得舜而徵用之歷試三年乃禪以位
舜典美舜之功象以典刑之下始云流共工于幽洲放驩兜于崇
山竄三苗于三危殛鯀于羽山四罪而天下咸服孔安國云作者
先叙典刑而連引四罪明皆徵用所行於此總見之是言舜初
被徵用先誅鯀而後舉禹故言鯀殛而禹興僖三十三年傳
曰舜之罪也殛鯀其舉也興禹洪範云鯀則殛死禹乃嗣興皆
言誅鯀乃舉禹而鄭玄注尚書以為禹治水既畢乃流四
凶言其先舉禹而後誅鯀既違經傳之文且復於理不當故
王肅難云禹治水而後以鯀為無功而殛之是為用人子之功
而流放其父則為禹之勤勞適使父殛舜失五典克從之義禹
陷三千莫大之罪進退無據亦甚哉　注大甲至大德　正
義曰大甲湯孫世本紀文也書序云大甲既立不明伊尹放諸桐
宮三年復歸于亳思庸伊尹作大甲三篇是大甲能自改悔伊 一七七

尹復之事也　注大君謂天王　正義曰進言於王而稱大君
知大君謂天王也大君君之大者故以爲天子易云大君有命亦
謂天子也　注尉氏討姦之官　正義曰歸死尉氏猶言歸死於
司敗明尉氏主刑人故爲討姦之官周禮司寇之屬無尉氏之
官蓋周室既衰官名改易於時有此官耳其司敗亦非周禮之
官名也　使司至氏者　正義曰周官司寇掌詰姦慝刑暴亂
當使司寇而此云司徒者以司徒掌會萬民之卒伍以起徒役
以此追胥以此追寇盜是其所掌獲得罪人乃使司寇刑之耳
會朝至亂也　正義曰經訓常也法也會以訓上下之則朝以
正班爵之義是會朝爲禮之常法也政待禮而行猶人須車
以載禮是政之車輿也禮運云政者君之所以藏身也言政行於
外身藏其中政是身之所守也怠慢於禮則政無車無車則政
不行是失政也君既失政則身無所守失政則身不立是其所以
亂也　注四子晋大夫　正義曰國語陽畢對云公許諾盡逐
群賊謂此之　子爲至勇也　正義曰子午宣子也子能爲政

欒氏待遇其人如欒氏彼荀子之恩乃亦為子之勇矣　識其枚數　正義曰十八年傳云以枚數闔枚謂馬檛以馬枚數門扇之板比云識其枚數枚謂門扇之板彼　時數謂其數則二枚不同令人數物猶云一枚二枚也　二十二年傳注公頻至不書　正義曰經書正月公至自會則武仲初發之仍未至傳言武仲如晉正為御叔傲使不論聘晉之意故杜原公之未歸而遣使使又不書於經知是魯之守臣使適晉也二十六年鄭伯朝晉而歸使公孫夏謝不敢知此亦是為公謝不敢非公命故不書也服虔云武仲非卿故不書前年傳武仲為司寇後年出奔書於經此年不得云非卿也　注武仲至之聖　正義曰周禮大司徒以鄉三物教萬民一曰六德知仁聖義忠和鄭玄云聖通而先識也尚書洪範云睿作聖是聖者通識之名時人見其多知故以聖人言之非為武仲實是大聖人也尚書稱惟狂克念作聖惟聖罔念作狂詩稱人之齊聖皇父孔聖母氏聖善皆非大聖　注古者至用殺〔教〕　正義曰周禮大司徒云凡建邦國諸公之地方五百里其

食者半諸侯之地方四百里諸伯之地方三百里其食者三之
一諸子之地方二百里諸男之地方百里其食四之一鄭玄云
其食者半三之一四之一者土均均邦國地貢輕重之等必
足其國禮俗喪紀祭祀之用乃貢其餘大國貢重正之也
小國貢輕字之也此是諸侯之國貢王之差也司勳職云凡頒賞地三
之一食鄭玄云賞地之稅三分計稅王食其一二全入於臣此采
邑貢王之數也然則諸侯之臣受其采邑者亦當三分之一而
歸於公故云古者家其國邑言以國邑爲己之家有貢於公
者是減己而貢之故以重賦爲罰言重倍其賦當以三分而
二入公也　注少正鄭卿官也　正義曰十九年傳云立子産爲
卿知少正是鄭之卿官名也春秋之時官名變改周禮無此名也
注朝正　正義曰言以會歲終則歲事終以至正月朝正也朝
正二十九年傳文也　注酒之至嘗酎　正義曰月令孟夏天
子飲酎用禮樂鄭玄云酎之言醇也謂重釀之酒也春酒至此
始成與群臣以禮樂飲之於朝正尊卑也彼言飲酎當是嘗祭

之後此言嘗酎謂見於夏祭故云嘗執膳焉謂祭末受胙
肉也　注曰實至而已　正義曰但有徵責之言實於口也服虔云
實謂譙讓也　注四時至盛也　正義曰少牢饋食禮者諸
侯之大夫時祭之禮也是時祭用少牢令公孫黑肱使黜官薄祭
故時祭用特羊殷祭乃少牢諸侯之大夫止用少牢而禮器云君
子大牢而祭謂之禮匹士大牢而祭謂之攘鄭玄云君子謂大夫
以上是大夫之祭有用大牢時也又雜記云上大夫之虞也少年
卒哭成事附皆大牢據此二文大得用大牢者禮器之文據
天子大夫故也雜記據喪祭故進用一等士喪禮士遣奠用少
牢是也大夫無禘祫而云殷三年祭者禮記言大夫有善於君
祫及五世是大夫有功或得禘祫也劉炫云禮器云君子大牢而
祭謂之禮匹士大牢而祭謂之攘鄭玄云君子謂大夫以上是大夫
祭有用大牢時也雜記云大夫之虞也皆少牢卒哭與祔皆大牢
喪祭有大牢明吉祭亦有也此言特羊必是時祭殷以少牢明
是三年一為大祭猶天子諸侯禘也禮大夫時祭少牢大祭大牢

令黑肱全臧之也　詩曰至有雩　正義曰詩大雅抑之篇使
雅也言謹慎公身唯在依法度用此以戒不億度之事鄭子
張其有此詩之義雩言生在敬戒是慎法度也貴而能貧是
戒不虞也　注交怨至明也　正義曰若游氏轅殺此人則
人知其父被殺其父所以見殺為奪人妻故也報殺則人知其
父非是父之行不循益明也

春秋正義卷第二十二

計一万九千四百四十四字

春秋正義卷第二十三　襄公

國子祭酒上護軍曲阜縣開國子臣孔穎達等奉
勅撰

二十三年注五同盟　正義曰旬以七年即位九年盟于戲十一年于亳城北十六年于溴梁十九年于祝柯二十年于澶淵皆魯杞俱在是五同盟　注卑我至故書　正義曰杜從賈說以為庶其之黨同有竊邑叛君之罪劉炫規過云杜此注云庶其之黨庶其奔魯三年若是其黨邾人即應討之何因至今始奔庶其以邑奔魯魯人還以賜之卑我不得彼邑竊邑之狀復何在焉釋例又曰小國之卿或命而禮儀不備或未加命數故不書之邾卑我之等其奔亡亦多所書唯數人而已知其合制者少也如彼所說又以卑我是卿何為兩說自相矛楯乎炫以為釋例是集解非今刪定知不然者原杜之意以二十一年邾庶其竊邑來奔去此既近邾更無支令卑我來奔必是庶其之黨同有竊邑叛君之罪春秋之例命卿有罪出奔皆書名卑我書名罪其與庶其同黨非謂卑我非命

卿與釋例不違劉不曉杜旨妄爲規過非也　注書名至義例

正義曰被殺書名是罪之文故以專國殺君爲二慶罪狀成十七年晉殺其大夫郤錡郤犨郤至哀四年蔡殺其大夫公孫姓公孫霍皆不言及文九年晉殺其大夫士穀及箕鄭父與此並言及傳無其說知是史異辭無義例也　注兵敗至言叛　正義曰案傳欒盈潛入曲沃乃率曲沃之甲以入晉都及敗又入于曲沃潛入之時晉人不覺及敗後更入晉人以其狀告故先書復入于晉後言入于曲沃謂其敗而後入故云兵敗奔曲沃也不言叛者叛謂以邑叛屬他國欒盈旣入曲沃據曲沃之衆與君戰爭兵敗而死終亦不附他國故不言叛也然昭二十一年宋華亥入于宋南里以叛定十一年宋公之弟辰入于蕭以叛十三年晉趙鞅入于晉陽以叛荀寅入于朝歌以叛皆非叛屬他國而並書叛者彼皆與國相拒不勝而即出奔得歸乃言復國皆有叛屬他國之意故本國皆以叛告此欒盈與君爭勝不勝而死未有叛屬他國之意故晉人不以叛告也

注兩事故言遂　正義曰遂者因上事生下事之辭是兩事故曰遂

傳二十八年晉侯侵曹晉侯伐衛亦是一舉而為兩事不言遂者於
彼注云再舉晉侯者曹衛兩來告然則此言遂者齊人來告以齊
告為文故言遂也　注書名至罪之　正義曰書名是罪之文案傳
紇為孟氏所譖其奔非紇之罪故杜以阿順季氏廢長立少為紇
之罪狀也　注輕行至有事　正義曰莊二十九年傳例曰凡師有
鍾鼓曰伐無曰侵輕曰襲是輕者舍其輜重倍道輕行掩其不
備曰襲傳言齊侯還自晉不入遂襲莒經不言遂者間有他事
故也若然僖六年夏公會齊侯云云伐鄭秋楚人圍許諸侯遂救
許二十八年公會晉侯云云于溫天王狩于河陽云云諸侯遂圍
許彼亦間有他事而言遂者兩事言遂取其省文彼二者公皆
親在事不待告故遠承上文摠言諸侯遂行此書齊事雖告稱
遂行襲莒亦不可書遂為間有數事與前文隔絕故也
傳注禮諸至責之　正義曰杞孝公晉平公之男也尊同則相為
不降平公於禮為男當服緦麻三月但緦服既輕其恩不過鄰國
故傳言禮為鄰國闕也杜言諸侯絕期者據禮之正法言諸侯尊

降其親雖有本服期者亦當爲之亂故以鄭國責之禮文在爲母
服期喪絶旁期非母也　君子至于常　正義曰杜言慶氏以陳
叛叛不書不以告則傳載君子之言其意不爲經也君子自論慶
氏之罪所爲不義不可放肆以爲宜其誅滅故引尚書康誥言天
命之不于常有義則存無義則亡慶氏族有二卿爲不義之故而
並喪亡故君子論其事傷之也服虔以爲傳發此言爲不書慶氏
以陳叛爲楚所圍稱國以殺不成·惡人肆其志也服意見元年圍
宋彭城追書繫宋不登叛人謂此亦宜然故爲此解然叛是大罪
若書爲叛其惡益明何當匿其罪名謂之不可肆也若慶氏不可
放肆故不書其叛則林父華亥趙鞅荀寅之徒豈皆可使放肆而
書其叛乎且傳文不言書經之意知其不爲經也故杜以爲叛不書
故不書耳　晉將至媵之　正義曰晉將嫁女爲吴之夫人齊以女
爲媵使析歸父送媵女於晉令與適俱行也禮媵同姓適異姓令
晉嫁女於同姓齊以異姓爲媵皆非禮也而不言非禮者但傳本主
說欒盈不言事之可否　注悼子至聽從　正義曰十三年傳云

荀罃卒十四年傳言盈生六年而武子卒是其少也知悼子荀首之孫中行吳荀林父之曾孫首是林父之弟首爲知氏林父爲中行氏是同祖也悼子是荀吳二從叔父故相聽從計悼子年十六不得爲十七是故沈氏云後人傳寫誤劉炫以此而規杜氏非也

程鄭嬖於公　正義曰鄭雖非卿亦是彊族言嬖於公是其不助欒氏

注七輿官名　正義曰僖十年傳言七輿大夫杜云侯伯七命副車七乘謂副車每車有一大夫主之則此七輿大夫杜亦爲主副車之官也劉炫云若是主公車則當情親於公不應曲附欒氏服虔云下軍輿帥七人炫謂服言是

且寡至民柄　正義曰欒氏多怨言易克既有爲利之權又執民之八柄

注賞罰爲民柄　正義曰周禮大宰以八柄詔王馭羣臣一曰爵二曰祿三曰予四曰置五曰生六曰奪七曰廢八曰誅此八者爵祿予置生是賞也奪廢誅是罰也賞罰二事分爲八名此時臨與敵戰唯賞罰而已故以賞罰言之鄭玄云柄所秉執以起事者也然則柄以器物爲喻若用斧之執其柄也

注夫人有杞喪　正義曰隱元年傳說葬

之節云士踰月外姻至則姻是外親之揔名杞孝公卒夫人有兄
弟之服是有杞喪也傳言公有姻喪注言夫人有杞喪者下文欒
王鮒使宣子墨縗冒絰詐為夫人故也案經葬杞孝公之下始書
欒盈復入于晉則欒盈之入在孝公葬後杜解諸侯既葬除服
而夫人有服者葬杞孝公書曹使去之日欒盈入晉當在葬杞
孝公之前故夫人猶有服故得詐為之也　墨縗冒絰　正義曰
夫人為其兄弟當大功喪服大功布衰裳牡麻絰冒絰者言以絰
冒其首也欒王鮒使宣子詐為夫人孝服也奉公以如固宮
正義曰晉語云范宣子以公入于襄公之宮蓋襄公有別宮牢固故
謂之固宮　注蓋犯重其罪　正義曰周禮司厲職云其奴男子入
于罪隸女子入于舂槀鄭玄云奴從坐而沒入縣官者男女同名杜
用鄭說以無正文故云蓋以斐豹請焚丹書知以丹書其籍近世
魏律緣坐配没為工樂雜戶者皆用赤紙為籍其卷以鉛為軸此
亦古人丹書之遺法　注斷欒氏族　正義曰服虔云斷盈之子
俱無文也計欒盈宣子之外孫胥午謂為孺子未得有子已堪戰

十九年欒魴已帥師伐齊必非欒盈子故杜以為欒氏族世族請
欒魴為欒氏族以欒樂為雜人不知杜意何故也　申鮮虞之傳
摯為右　正義曰俗本多云中鮮虞之子令案注云傳摯申鮮虞
之子若傳先有子字无煩此注故令定本皆無　注左翼曰啟
正義曰左翼曰啟右翼曰胠賈逵以為此言或當有成文也且此傳
上下先驅申驅是前軍也大殿是後軍也明啟胠是在旁之軍說文
云胠掖下也胠是在旁明矣凡言左右以左為先知啟是左也名之曰
啟或使之先行詩云以先啟行服虔引司馬法謀帥篇曰大前驅啟
乘車大晨倅車屬焉大晨大殿也音相似如服言古人有名軍為
啟者　注張武軍謂築壘壁　正義曰宣十二年傳稱楚既戰勝
潘黨請築武軍昭十三年傳子干帥陳蔡之師入楚陳蔡請為
武軍蔡公曰欲速且役病矣請藩而已乃藩為軍以此知武軍謂
築壘壁也張謂張設築作之具服虔云張設旗鼓也　注趙勝
至大夫　正義曰昭二十二年傳曰荀吴略東陽遂襲鼓滅之鼓在
鉅鹿居山之東山東曰朝陽知東陽是寬大之語揔謂晉之山東

故為魏郡廣平以北二年齊晏弱城東陽以偪萊哀八年吳伐魯克東陽而晉齊魯皆有東陽名同而實異服虔以東陽為魯邑繆之甚矣東陽之師謂下文叔孫豹所帥者也　注救盟主故曰禮　正義曰公羊傳曰曷為先言救而後言次先通君命也僖元年齊師宋師曹師次于聶北救邢公羊傳曰曷為先言次而後言救君也其意言君則進止自由故先次後救臣則先通君故先救後次賈氏取以為說謂此傳云禮者言其先救後次為得禮也釋例曰所記或次在事前次以成事也或次在事後事成而次也皆隨事實無義例也叔孫豹次于雍榆傳曰禮者善其宗助盟主非以次為禮也齊桓次于聶北救邢亦存邢具其器用師人無私見善不在次也杜以此故言救盟主故曰禮所以明異舊說也　注獻酬至為旅　正義曰案鄉飲酒禮主人席於阼階上西面賓席於堂戶西南面介席於西階上東面衆賓席於上賓之西南面初賓介及衆賓至立於門外東面主人出迎于門外西面主人延賓入及介衆賓等立於西階下主人揖賓升主人酌酒於阼階上拜獻賓賓西階上拜受飲卒爵酌酒以

一〇一八

酢主人主人阼階上飲卒爵又酌酒先自飲以酬賓賓拜受醻
酒奠于薦東賓降主人又酌酒於西階上獻介介於西階上受爵
飲卒爵酌以酢主人主人於西階上受爵飲卒爵介降主人又酌酒
於西階上獻衆賓衆賓飲訖降引樂工入歌詩主人獻樂工又引笙入
立於堂下主人獻笙師訖主人及賓介衆賓等皆升就席乃立相者
爲司正使弟子一人舉觶於賓賓醻主人主人酬介介酬衆賓是爲
旅也杜言獻酬禮畢者謂獻酢賓介及衆賓禮畢也言通行爲
旅者謂一人舉觶於賓旅衆相醻通至於下案鄉飲酒禮未旅以
前賓介皆立此傳云大夫皆起則季氏飲大夫酒未必純如鄉飲酒
禮則獻酬事訖大夫皆坐然則既獻召悼子者謂獻禮統及大夫
訖而召悼子至旅醻之時而召公鉏　若能至民可也　正義曰
悼子既爲適將承季氏之後故謂悼子爲季氏下言爲孟孫其子
意亦然富倍季氏言可過悼子也若之何不軌更獲罪戾非徒貧賤
而已是爲倍下民故杜云禍甚於貧賤也　孟氏之御騶　正義曰
成十八年傳曰程鄭爲乘馬御六騶屬焉使訓羣騶知禮注云六騶

六閑之騶則騶是掌馬之官蓋兼掌御事謂之御騶　信有力於
臧氏矣　正義曰不應得而得之則彼荷其恩故功力多也　立于
戶側　正義曰喪大記云大夫之喪主人坐于東方此立于戶側則
在室戶之東西面立也禮記云坐此云立者以季孫來故立耳
孟孫至石也　正義曰治病藥分用石本草所云鍾乳礬磁石之
類多矣　夫石猶生我　正義曰服虔云夫謂孟孫也桓十三年
傳夫固謂君夫豈不知服虔云夫謂鬭伯比也二十六年傳夫不惡
女乎服杜並云夫謂太子也其年又曰夫獨無族姻乎杜云夫謂晉
也三十一年傳夫亦愈知治矣杜云夫謂尹何皆謂所斥前人為夫
此言之類也　注正夫遂正　正義曰七年傳稱叔仲昭伯為隧正
謂南遺請城費吾多與而役是役是役夫遂正所主知此正夫是遂正也
遂正當屬司徒臧氏為司寇而借借之於臧氏者蓋當時臧氏兼主
掌之　注魯南城東門　正義曰蓋舊名猶在相傳如此也且郭
在魯之東南奔邾出此門為便　注姪娣至昆弟　正義曰釋親
云妻之姊妹同出為姨孫炎曰同出俱已嫁也然則據父言之謂之姨

據子言之當謂之從母但子效父語亦呼為姨姨子昆弟即喪服從母昆弟是也故曰姨昆弟　注大蔡大龜　正義曰漢書食貨志云龜為蔡論語云臧文仲居蔡家語稱漆彫平對孔子云臧氏氏有守龜其名曰蔡文仲三年而為一兆武仲三年而為二兆是大蔡為大龜蔡是龜之名耳鄭玄云出蔡地因以名焉非也　注言應有後　正義曰禮天子封諸侯以國諸侯賜大夫以族天子不滅國諸侯不滅族有小罪則廢其身擇立次賢使紹其先祀論語云興滅國繼絶世謂此也少有大罪乃得滅之周禮大司馬云外内亂鳥獸行則滅之是也武仲自言罪輕不及於不祀言其應有後也　注二勳文仲宣叔　正義曰哀二十四年傳曰晋侯將伐齊使來乞師曰昔臧文仲以楚師伐齊取穀臧宣叔以晋師伐齊取汶陽寡君欲徼福於周公願乞靈於臧氏是二勳謂文仲宣叔也　季孫召外史　正義曰周禮外史掌書外令掌四方之志令季孫召外史蓋當亦主此官也　夜入且于門之隧　正義曰既入而又得出宿知所入非城邑也故杜以為狹道檀弓說此事云齊莊公襲莒于奪杷梁死焉

言于奪則當為地名鄭玄引此傳云隧奪聲相近言其與此一處
則謂此亦為地名若是地名不得云旦于之隧即如記文蓋當旦于
之旁別有奪地非此旦于之隧也　注婦人至賤也　正義曰檀弓
云哀公使人弔蕢尚遇諸道辟於路畫宮而受弔焉曾子曰蕢
尚不如杞梁之妻之知禮也　鄭玄云行弔禮於野非也然則男子亦
不得受野弔而言婦人無外事者檀弓云君遇柩於路必使人弔
之鄭玄云君於民臣有父母之恩是男子從柩在野則得野受弔婦
人無外事雖從柩亦不得野受弔耳若男子得受野弔而曾子非
蕢尚者以蕢尚在朝顯著故宜弔於其家若君遇柩於路使人弔
之者謂庶人及微小之臣也檀弓因蕢尚而說此事云杞梁死其妻
迎其柩於路而哭之哀則杞梁之妻於時從杞梁柩雖從柩而辭
不受弔是由異於男子故也服虔以下從上讀言敝廬在下禮記
無下知下猶賤謙言賤妾也　不穴於寢廟　正義曰一解鼠不
敢穿寢廟墉以為穴者即畏人故也但寢則近人廟則幽靜鼠
不穿廟豈是畏人故知寢廟間雅鼠不即以為穴必須穿辟始

敢安處止為畏人故也計燕巢鼠穴自是其常假諭言之不可執
此為難也　作不至怒也　正義曰服虔云不順謂阿季氏廢
長立少也不怒謂思孟氏立庶也然則作而不順當如服言傳無思
孟氏之事故不敢當謂知其不可而為之是不怒也　二十四年秋七
至之既　正義曰漢書律歷志載劉歆三統之術以為五月二十三
分月之二十乃為一交以為交在望前朔則日食望則月食交在
望後望則月食後月朔則日食交正在朔則日食既前後望不食
交正在望則月食既前後朔不食而二十一年九月十月頻月日食
此年七月八月頻月日食凡交前十五度交後十五度並是食竟
去交遠則日食漸少去交近則日食漸多正當交則日食既若前
月在交初一度日食則至後月之朔日猶在交之末度未出食竟
月行天既而來及於日或可更食若前月日在交初二度以後則
後月復食無理今七月日食既而八月又食於推步之術必無此
理蓋古書磨滅致有錯誤劉炫云漢末以來八百餘載考其注記
莫不皆爾都無頻月日食之事計天道轉運古今一也後世既無

其事前世理亦當然而今有頻食於術不得有交之所在日月必食日食在朔月食在望日月共盡一體日食少則月食多日食多則月食少日食盡則前後望月不食月食盡則前後朔日不食以其交道既不復相掩故也此與二十一年頻月日食理必不然但其字則變古為篆改篆為隸書則縑以代簡紙以代縑多歷世代年數遙遠喪亂或轉寫誤失其本真先儒因循莫敢改易執文求義理必不通後之學者宜知此意　注陳鍼子八世孫正義曰世本文也　傳注陶唐至以上　正義曰如杜此注陶唐共為一名即是晉陽縣也釋例云晉大鹵大原大夏參虛晉陽六名大原晉陽縣也唯載六名而言不及唐釋例又别記小國所都唐大原晉陽縣也亦云唐是晉陽而言不及陶則以陶與唐别不是共為一名也史記云帝堯為陶唐氏韋昭云陶唐皆國名猶湯稱殷商也案經傳契居商故湯以商為國號後盤庚遷殷故殷商雙舉歷檢書傳未聞帝堯居陶而以陶冠唐蓋地以二字為名所稱或單或複也張晏云堯為唐侯國於中山唐縣然則唐是中山

縣名非晉陽也堯自唐侯而外爲天子既爲天子乃治於晉陽故
杜於晉陽六名言不及唐記其諸國之都乃云唐是晉陽言堯爲
天子號曰陶唐其治在晉陽耳唐非晉陽縣内之地名也舜受堯
禪封堯子丹朱爲王者之後猶稱爲唐其名不易終虞之世以陶唐
爲號故曰自虞以上也　注謂劉至九年　正義曰昭二十九年傳
曰陶唐氏既衰其後有劉累學擾龍于豢龍氏以事孔甲夏后嘉
之賜氏曰御龍　注豕韋至韋城　正義曰鄭語云祝融之後八姓
大彭豕韋爲商伯矣又曰彭姓彭祖豕韋則商滅之矣賈逵云大彭
豕韋爲商伯其後世失道殷德復興而滅之然則商之初豕韋國君
爲彭姓也其後乃以劉累之後代之亦不知殷之何王滅彭姓而封
累後也昭二十九年傳稱夏王孔甲嘉劉累賜氏曰御龍以更豕
韋之後則賜劉累身封豕韋而比〔此〕云在商爲豕韋氏者杜於彼
注云劉累代彭姓之豕韋累尋遷魯縣豕韋復國至商而滅累
之後世復承其國爲豕韋氏是杜解劉累及其世再封豕韋之
事　注唐杜至杜縣　正義曰以國語杜伯文不連唐知唐杜二國

名又以豕韋為一姓唐杜亦一故辨之也昭元年傳稱堯遷實沈于
大夏唐人是因以服事夏商其季世曰唐叔虞及成王滅唐而封
大叔是言周成王滅唐也周語曰周之衰也杜伯射宣王於鎬是周
有杜國故杜以為成王滅唐遷之於杜為杜伯也晉語訾祏對范
宣子云昔隰叔子違周難奔於晉生子輿為司空世及武子佐文襄
為御以輔成景後之人可則是以受隨范賈逵云宣王殺杜伯其
子逃而奔晉子輿士蔿字武子士會也會士蔿之孫是隰叔四世
及士會食邑於范為范氏也刘炫云案杜於昭元年注人唐人若刘
累之等累遷魯縣此在大夏即如彼言則居唐之人非累之裔此
注何云豕韋國於唐也又據何文知初封於唐後封於杜乎今知
刘說非者彼注雖似有異其義與此不殊彼傳云唐人是因杜以
唐人非一人之稱故云刘累之等謂累之子孫故云之等也累遷
魯縣傳云唐人是因因居大夏則累之子孫遷居大夏也杜知殷
末封之於唐者以周成王滅唐故也知後封於杜者以宣王時有杜
伯故也是成王之時有唐無杜宣王之時有杜無唐故杜為此解刘

炫又規云唐非豕韋之胤杜亦未必是後安知滅唐還於杜也賈
逵注國語云武王封堯後爲唐杜二國以爲並時爲國非滅唐封
杜劉以爲唐非劉累之後又取賈逵注國語武王封堯後爲唐杜
二國以爲二國並封而規杜氏非也炫謂宣子歷言已之宗族於上
世有國有家未必緒體相承炫於處秦爲劉稱非其明之業豕
韋唐杜不信元愷之言已遠祖數自譏許或閔此家必將見嗤之
但傳言於人懼誤後學意之所見不敢有隱唯賢者裁之
大上至立言　正義曰大上其次以人之才知淺深爲上次也大上
謂人之最上者上聖之人也其次次聖者謂大賢之人也其次又
次大賢者也立德謂創制垂法博施濟衆聖德立於上代惠澤被
於無窮故服以伏羲神農杜以黃帝堯舜當之言如此之類乃
是立德也禮運稱禹湯文武成王周公後代人主之選計成王非聖
但欲言周公不得不言成王耳禹湯文武周公與孔子皆可謂立德者
也立功謂極厄除難功濟於時故服杜皆以禹稷當之言如此之類
乃是立功也祭法云聖王之制祭祀也法施於民則祀之以死勤事

則祀之以勞定國則祀之能禦大菑則祀之能捍大患則祀之法施於民乃謂上聖當是立德之人其餘勤民定國禦災捍患皆是立功者也立言謂言得其要理足可傳記傳稱史逸有言論語稱周任有言及此臧文仲既沒其言存立於世皆其身既沒其言尚存故服杜皆以史佚周任臧文仲當之言如此之類乃是立言也老莊荀孟管晏楊墨孫吴之徒制作子書屈原宋玉賈逵楊雄馬遷班固以後撰集史傳及制作文章使後世學習皆是立言者也此三者雖經世代常不朽腐故穆子歷言之　注祊廟門　正義曰釋宫云祊謂之門李巡曰祊故廟門名也孫炎曰詩云祝祭於祊謂廟門也　詩云至名也夫　正義曰詩小雅南山有臺之篇旨美也言有樂美之德君子以有樂美之德故爲邦家之基本也此詩所言言此君子有令德也夫又引詩大雅大明之篇詩人謂武王云上天之意臨視女武王矣言武王爲天所臨不敢懷貳於女之心此詩所言言武王有令名也夫樂美君子者言君子有可樂可美之德也劉炫云詩人謂武王云上天之意臨視女武王故在下臣民無

懷貳於女之心也　毋寧丞生乎　正義曰無寧寧也言人等作
二事為不取人財寧使人謂子實能生養我民也為多取人財使
人言子不能自活而須我民財以生活乎此二者孰勝也　注焚
斃也　正義曰焚是燒也象不燒死故訓為斃服虔云焚讀曰
僨僨僵也為生齒牙僵仆其身　無有至一也　正義曰射犬
之意言象與彼俱是大夫無有國士大小人民衆寡之異其在我
上彼此一也其意言我下鄭卿亦下晉卿彼若是卿我當下之
彼是大夫象不下之　注部婁至大國　正義曰釋地云大陸曰阜
大阜曰陵李巡曰大陵謂土地高大名曰阜阜最大為陵則阜地
之高者是丘陵之類也部婁小阜相傳為然大山有松柏小阜無
松柏小阜異於大山喻小國異於大國不得與大國之人等也服虔
云喻小國無賢材知勇之人而與大國等也　注轉衣裝　正義
曰踞謂坐其上也戰車所有可坐其上明是衣囊耳當是盛衣甲
之囊也下云取胄於櫜當别有小櫜盛胄定本作衣裝
曩者至怯也　正義曰曩猶向也向者志入前敵而馳馳入遇怯

而出非是故不告也　注郏王至城之　正義曰傳稱成王定鼎于郏鄏周公既而營之謂之洛邑亦名王城其地舊名爲郏故以郏爲城名周語云靈王二十二年穀洛鬭毀王宮計靈王以二年即位往年爲二十二年往年毀壞其城故齊人今歲爲王城之也　注向自降下之道　正義曰下注階猶道也知向降階者向自降下之道程鄭既得爲卿以卿是高位欲降意下人故問自降下之道　其有至憂也　正義曰程鄭忽問降階然明議其將死故云此程鄭身有罪禍懼奔亡之釁而輒問降階也若不然則有迷惑之疾將死而憂乎何休難此云善言者君子所尚有小人道之輒爲死徵是善言不可出口此未得傳之意也然明者鄭之知人知程鄭以佞媚嬖幸得升卿位非有謙退止足之心今忽向降階是改其常度以其改常知其將死故疑其知將有亡釁惑疾而憂故能出此語耳善言非其常所以知其死非謂口出善言即當死也趙文子賢人也將死其語偷程鄭小人也將死其言善俱是失常無所怪惑也　二十五年注子産至詳之

正義曰釋例曰陳蔡楚之與國鄭欲求親於晉故伐而入之晉士莊伯詰其侵小問陳之罪子產荅以東門之役故免於譏及其侵蔡既會晉命又會直辭君死主少興師以求媚於晉義取乱略不能以德懷親又不能以直報怨故二大夫異於子產也陳之見伐本以助晉晉不逆勞而以法詰之得盟主遠理故仲尼曰晉為伯鄭入陳非文辭不為功善之也　注夷儀至經誤　正義曰僖五年公及齊侯云云會王世子于首止秋八月諸侯盟于首止公羊傳曰諸侯何以不序一事而再見者前目而後凡也是言前序後揔取省文之義故此直言諸侯猶是上夷儀之諸侯也劉炫云定四年公會劉子云云于召陵五月公及諸侯盟于皐鼬杜云後稱公者會盟異處故此亦異處而不言公者炫謂史異辭於彼有煩傳云七月經言八月杜以長歷校之七月十二日有己巳知是經誤也　注夷儀至之例　正義曰僖元年邢遷于夷儀是夷儀本是邢地僖二十五年衛滅邢而有之還名其地為夷儀故為衛之邑也釋例曰春秋稱入其例有二施於師旅則曰不地在於歸後則曰國

逆國逆又以立爲例逆而不立則皆非例所及諸在例外稱入直是自
外入内記事者常辭義無所取而賈氏雖夫人姜氏之入皆以爲
例如此甚多是杜以先儒妄以入例故顯言非國逆也於時剽爲衛
君非國逆又不得位而稱侯者晋人稱爲衛侯以告魯故書侯也
栢十五年鄭伯突入于櫟與此同也　吴子至巢卒　正義曰諸
侯不生名此吴子名在伐楚上者爲卒書名上之以省文猶鄭伯髡
頑如會丙戌卒于鄵也　傳注棠公至大夫　正義曰楚僭號稱
王故縣尹稱公齊不僭號亦邑長稱公者蓋其家臣僕呼之曰公
侍即因而言之猶伯有之臣云吾公在壑谷也　注丁公　正義曰
謚法述義不克曰丁　遇困之大過　正義曰坎下兑上爲困兑爲
澤坎爲水水在澤下則澤中无水也易困象曰澤无水困澤以鍾 鍾
水潤生萬物今澤无水則萬物困病故名其卦爲困也巽下兑上
爲大過彖曰大過大者過也陽大陰小二陰而夾四陽大者過也
史皆曰吉　正義曰史者筮人也史有多人皆言爲吉阿崔子之意
也服虔云皆二卦妄也　注坎爲至以動　正義曰坎象云習坎重

險也說卦坎為水水之險者為石也石不可動往而遇石是往不濟
也 注坎為至則傷 正義曰兌為澤說卦文也釋草云茨蒺藜
郭璞曰布地蔓生細葉子有三角刺人蒺藜有刺是草之險者
踐之則被刺故恃之則傷也 注易曰至所歸 正義曰所引易
曰易下繫辭文也孔子引此爻之辭而以此言述之非所困而困者謂
六三是坎坎為水水之險者為石遇石當須辟之非合所困而乃
困之故名必辱也非所據而據謂六三在坎之上澤之下於蒺藜之間
應當辟之非合所據而乃據之故身必危也石未即害身之物所以
云名必辱蒺藜害體之物故云身必危既有困辱且復傾危此
死時其將至矣妻其可得見乎孔子述此爻之義如是令卜昏而
遇此卦是不吉之象也六三以陰居陽位是失位也三應在上下亦
陰爻是無應也動而無應是喪失所歸故不見其妻也劉炫云困
卦六三上承九四四非三應而三欲附之附之不入自取其困不宜為
此困而為之名必辱也六三失位而下乘九二以柔乘剛非安身之
道不宜據而據之身必危也 不為至冠乎 正義曰云意言冠

易得不足惜維使餘人不爲崔子者其可無冠乎況崔子富貴其當自有冠也劉炫云冠是首服之大名周禮司服卿玄冕氏崔子之冠蓋玄冕也今知非者以禮運云冕弁兵革藏於私家非禮也崔子冕在公府非助君祭不得用之將以賜人人非是卿何處施用案傳云騣如崔氏以崔子之冠賜人當謂就崔子家以崔子冠賜人當是玄冠也或冠模制作有異故以賜人也　注干掫至他命

正義曰昭二十年傳說齊公孫青聘衛之事云賓將掫主人辭賓曰若不獲扞外役是不有寡君也乃親執鐸終夕與於燎燎即是掫之事扞外役即是干之義也故先儒相傳皆以干掫爲行夜說文云掫夜戒守有所擊從手取聲夜扞寇盜手有所擊故以干掫爲行夜官名也服虔云一曰干扞也掫謀也言崔子命扞禦謀淫之人有此謬說故掫字或誤從言也今定本作干掫受崔子之命又受公命是爲二命故云受崔子命討之不知他命也

又射之中股　正義曰上未有射公之文而云又射之者以公未踰牆必已射公但射公不中傳文不載以踰牆射之中股故傳言其事

而云文也　注喪車至大翣　正義曰周禮縫人掌衣翣柳之材
鄭玄云必先纏衣其木乃以張飾也喪大記云飾棺君黼翣二黻
翣二畫翣二鄭玄云漢禮翣以木為筐廣三尺高二尺四寸方兩
角高衣以白布畫者畫雲氣其餘各如其象柄長五尺車行使
人持之而從既窆樹於壙中檀弓曰周人牆置翣是也是說翣之
制也方言云自關而東謂扇為翣則翣是扇之類也禮器云天
子八翣諸侯六翣大夫四翣鄭玄云八翣者加龍翣二　不蹕
正義曰禮喪車乘人尊道而行無貴賤一也蹕者止行人也此不
止行人略賤之　注下車至降損　正義曰服虔云下車遣車也
雜記云遣車視牢具鄭玄云言車多少各如所包遣奠牲體之
數也然則遣車載所包遣奠而藏之者與遣奠天子大牢包
九个諸侯亦大牢包七个大夫亦大牢包五个士少牢包三个大夫以
上乃有遣車如鄭之所言遣車者乃是明器塗車芻靈之載所
包遣奠藏之於壙中下車若是明器則甲兵亦是明器當云無
甲兵不得云不以甲兵也杜言送葬之車則謂此為貳車非遣車

也言下車者蓋謂麤惡之車非良車也周禮大行人云上公貳車
九乘侯伯貳車七乘子男貳車五乘則齊是侯爵法當車七乘
耳令傳舉七乘言其不依舊法知齊舊依上公之禮貳車九乘
其送葬又有甲兵令皆降損也用甲兵者葬是送終大禮法當
備列軍陳若漢葬霍光發材官輕車北軍伍校士軍陳　至茂
陵以送其葬所以榮之也　注以弒莊公說晉也　正義曰劉
炫云杜意晉謀代齊齊人乃弒莊公以說晉也炫謂莊公死後
晉始謀代齊齊人以莊公伐晉晉欲報伐莊公既以此說晉言
雖既死令新君服從晉也　男女以班　正義曰劉炫云哀元年
蔡人男女以辨與此同杜意男女分別將以賂晉也炫謂男女分
別示晉以恐懼服罪非以為賂也　注五吏至屬官　正義曰此
齊以晉將來伐就會賂之則五吏三十帥皆軍內之官也三軍將
佐有六與六正數同故也六正為六卿也其五吏三十帥皆是軍內
之官以三軍與六正數同必是在軍之官但軍官不復可知下句言
三軍之大夫百官之正長則軍內群官足包之矣於大夫之上言五

吏三十帥此吏帥亦少貴於大夫當以有所掌故先言之耳以吏者治也故為文職帥者有所率領故為武職杜氏以意而解不能審悉故云皆軍卿之屬官略言之耳既以帥為武職則帥是大帥下句復云帥旅明當小於此帥故杜以下師旅為小將帥董遇云五吏謂一正有五吏為三十帥之長亦以意言之耳俗本三十帥為三十師非也　注皆以男女為賂　正義曰杜以上句男女以班與賂連文故云皆以男女為賂劉炫以為男女以班亦降服於晉有賂者皆有貨財賂之非以男女為賂與杜異也　注晉侯至宜退　正義曰案傳會于夷儀伐齊以報朝歌之役齊人以莊公說則晉初伐齊之日未知莊公已死齊人以說方始知之齊既有喪師自須退縱令未賂未合致譏故杜為此解而劉以為齊弑君之後晉始來伐而規杜氏非也　注崔子至五鹿　正義曰衛侯本以妻子奔齊今衛侯將入夷儀崔子止其帑於齊所以止之以求五鹿故也衛侯若得衛國望以五鹿與齊故止其妻子以質之以　注縈自至待命　正義曰宣十二年楚子入鄭鄭伯肉袒牽羊所以不

別以男女因繫、以待命者此雖降服猶望國存故、以因繫男女擬為鄭之僕隸彼則恐其遂滅請俘江南國已亡滅男女非己之有故與此不同　注祓除至還也　正義曰周禮女巫掌歲時祓除釁浴鄭玄云歲時祓除如今三月上巳如水上之類釁浴謂以香薰草藥沐浴彼言祓除知此祓社是祓除也其祓除之事當如鄭之言也周禮有掌節之官節爲兵符若今之銅虎符竹使符也陳國既乱致使官司廢闕民人分散符節失亡故令陳之司徒招致民人司馬集致符節司空檢致土地使各依其舊師乃迴還也列炫云陳國既乱民節與地非復陳有子展子產心不滅陳各使已之官屬各依其職事致之於陳使民依職領受具其衆官備其所職以安定之乃還也諸官皆鄭人在軍有此官者蓋權使攝爲之耳未必是正官服慶以爲祝與司徒等皆是陳人各致其所主於子產案傳陳侯擁社抱以逆又何須祝祓之子美數俘獲尚不取何當取其民地使陳致之既致乃還則是滅矣何以云入陳也注伐齊至同盟　正義曰杜以經言同盟傳言伐齊直書諸侯同

盟齊人不序於列故據同盟之言以明齊亦與盟列故以爲齊直
遣慶封如師齊侯不與盟令知非者以五月齊弒莊公之後即立
景公及七月始盟傳言齊成故也明齊侯在會莊十六年同盟于幽
傳云鄭成也二十七年同盟于幽傳云陳鄭服也並與此文同又傳稱
重丘之盟亦可忘也故知齊亦同盟列以爲齊侯不與盟而規杜氏
非也　注令尹屈建　正義曰趙文子初始爲政與令尹相知望其
在後兵息知是新令尹也下文始言屈建爲令尹者因伐舒鳩而追
序之其實蔿子馮卒在此盟前故服杜皆以令尹爲屈建也
注墊隘虐水雨　正義曰成六年注云墊隘羸困也方言云墊下也
吳地下溼久駐於此虐水雨大至民將困病故恐爲人所禽制也
注獻入至其俘　正義曰上云數俘而出不將以歸知其空獻功不
獻俘也　注戎服至朝服　正義曰周禮司服云凡兵事韋弁服
鄭玄云韋弁以韎韋爲弁又以爲衣裳也諸侯之朝服玄冠緇布
衣素積以爲裳是戎服異於朝服也　注庸用至濫也　正義曰
庸者近用故爲用也史記陳世家云陳胡公滿者虞帝舜之後也

舜傳愚而舜子商均為封國夏后之時或失續周武王克殷求舜後得媯滿封之於陳以奉帝舜祀是為胡公　注周得至三恪　正義曰樂記云武王克殷未及下車而封黃帝之後於薊封帝堯之後於祝封帝舜之後於陳下車而封夏后氏之後於杞投殷之後於宋郊特牲云天子存二代之後猶尊賢也尊賢不過二代鄭玄以此謂杞宋為二王之後薊祝陳為三恪杜今以周封夏殷之後為二王後又封陳并二王後為三恪杜意以此傳言以備三恪則以陳備三恪而已若遠取薊祝則陳近矣何以言備以其稱備知其通二代而備其數耳二代之後則各自行其正朔用其禮樂王者示尊之深也舜在二代之前其禮轉降恪敬也封其後示敬而已故曰恪雖通二代為三其二代不假稱恪唯陳為恪耳　何故侵小　正義曰陳大於鄭而謂之侵小者言陳對晉為小不言小於鄭也　子展代陳此言侵謂侵陵之非用兵之侵也　列國一同　正義曰周法大國五百里此為一同者列夏殷時國小以譏晉國之寬大權以拒晉耳　衰差降　正義曰中國七十小國五十是降差

注樞機至之主　正義曰易繫辭文也鄭玄云樞戶樞也機弩牙
也戶樞之發或明或闇弩牙之發或中或否以譬言語之發有榮
有辱傳言子產善為文辭於鄭有榮也　注尼治　正義曰尼
訓為具而言治者以下說治賦之事治之使具故以尼為治也
治鳩聚至之處　正義曰鳩聚釋詁文也釋地有十藪李巡曰藪澤
之別名也周禮澤虞有大澤大藪小澤小藪鄭玄云澤水所鍾也
水希曰藪其職云若大田獵則萊澤野是藪為田獵之處或焚其
草則散失澤藪之用故聚成使不得焚燎之也　注辨別至之地
正義曰釋丘云絕高為之京非人為之丘李巡曰丘高大者為京也
孫炎曰為之人所作也則京為丘類人力所作也釋地云大陸曰阜
大阜曰陵李巡曰大陸謂土地高大名曰阜阜最大為陵也檀弓
稱趙文子與叔譽觀于九原觀晋諸大夫之墓也僖三十二年傳
云殽有二陵焉其南陵夏后皋之墓也故知別丘陵以為葬墓
之地　注淳鹵至賦稅　正義曰賈逵云淳鹹也說文云鹵西方
鹹地也從西省象鹽形安定有鹵縣東方謂之斥西方謂之鹵呂

氏春秋稱魏文侯時吳起為鄴令引漳水以灌田民歌之曰決漳水以灌鄴旁終古斥鹵生稻粱是鹹薄之地名為斥鹵禹貢云海濱廣斥是也準鹵地薄收穫常少故表之輕其賦稅　注疆界至粗入　正義曰賈逵以疆為彊檗境埆之地鄭衆以為疆界內有水潦者案周禮草人凡糞種彊檗用蕡鄭玄云彊檗強堅者則彊地猶堪種植非水潦之類故從鄭衆之說數其疆界有水潦者計數減其稅租也孫毓讀為疆潦注云砂礫之田也　注偃豬至多少　正義曰禹貢徐州大野既豬孔安國云水所停曰豬檀弓云有弑其父者洿其宮而豬焉是豬者停水之名偃豬謂偃水為豬故為下溼之地規度其地受水多少得使田中之水注之　注廣平至頃町　正義曰廣平曰原釋地文李巡曰謂土地寬博而平正名曰原釋丘云墳大防孫炎曰謂隄也隄防之間或有平地不得平正以為井田取其可耕之處別為小頃町也說文云町田踐處曰町史游急就篇云頃町界畝是町亦頃類故連言之也謂廣平為原者因爾雅之文其實此原謂隄防之間

也刘炫云廣平曰原土地寬平當與隰相配非處不得為井田也
釋地於陸阜陵阿之下云可食者曰原孫炎曰可食謂有井田也
陵阿山田可種穀者亦曰原也謂彼陵阿之間可食之地非廣
平也　注隰臯至之地　正義曰釋地云下溼曰隰李巡曰下溼
謂土地窊下名為隰也詩云鶴鳴于九臯毛鄭皆以臯為澤之
坎是臯為水岸也下溼與水岸不任耕作故使牧牛馬於中以
為芻牧之地　注衍沃至為井　正義曰周禮大司徒以土會
之法辨五地之物生四曰墳衍五曰原隰衍地高於原也傳稱郇瑕
氏之地沃饒魯語云沃土之民逸則衍沃俱是平美之地衍是高
平而美者沃是下平而美者二者並是良田故如周禮之法制之
以為井田賈逵云下平曰衍有溉曰沃所指雖異俱謂良美之田
也六尺為步以下皆司馬法之文自度山林以下至此有九事賈逵
以為賦稅差品其注云山林之地九夫為度九度而當一井也藪
澤之地九夫為鳩八鳩而當一井也京陵之地九夫為辨七辨而
當一井也淳鹵之地九夫為表六表而當一井也疆潦之地九夫

為藪五數而當一井也偃豬之地九夫為規四規而當一井
之地九夫為町三町而當一井也隰臯之地九夫為牧二牧而當一井
也衍沃之地畝而為夫九夫為井周禮小司徒云乃經土地而井牧
其田野鄭玄云隰臯之地九夫為牧二牧而當一井今造都鄙授
民田有不易有一易有再易通率二而當一是之謂井牧是鄭
貫同此說也案周禮所授民田不過再易唯有三當一耳不得
有九當一也山林藪澤京陵偃豬本非可食之地不在授民之
限雖九倍與之何以充稅而使之當一井也且以度鳩之等皆為
九夫之名經傳未有此目故杜不用其說　量入脩賦　正義曰
量其九土所宜觀其收入多少乃準其所入脩其賦稅其九土之
內偃豬京陵無物可入而言九土之所入者總言之　賦車籍馬
正義曰賦與籍俱是稅也稅民之財使備車馬因車馬之異故別
為其文　賦車兵徒兵　正義曰車兵者甲士也徒兵者步卒也
知非兵器者上云數甲兵下云甲楯之數故知此兵謂人也劉炫云
兵者戰器車上甲士與步卒所執兵各異也司兵掌五兵鄭衆云

五兵者戈殳戟酋矛夷矛又曰軍事建車之五兵鄭玄云車之五兵鄭司農所云者是也步卒之五兵無夷矛而有弓矢吏或當然

我躬至我後　正義曰詩小雅小弁之篇　書曰至不困　正義曰尚書蔡仲之命云慎厥初惟厥終終以不困此所引者蓋是彼文學者各傳所聞而字有改易或引其意而不全其文故不同也

注弈圍棋　正義曰方言云圍棋謂之弈自關東齊魯之間皆謂之弈蓋此戲名之曰弈故說文弈從廾言竦兩手而執之孟子稱弈秋善弈秋人自以善弈而著名也棋者所執之子故云弈者舉棋不定不勝其耦謂舉子下之不定則不勝其耦是棋爲子也以子圍而相殺故謂之圍棋沈氏云圍棋稱弈者取其落弈之義也

春秋正義卷第二十三

計一萬二千八百五十五字

春秋正義卷第二十四　襄公

國子祭酒上護軍曲阜縣開國子臣孔穎達等奉

勅撰

傳注在二至伐鄭　正義曰凡傳却言前事者皆舉時事為驗二十四年二十五年頻年會于夷儀恐其事无以相別故復言齊人城郟以明秦晉為成在二十四年也不直言齊人城郟者以其非經故也此已連經舉之故下文烏餘奔晉直舉城郟之歲不言會于夷儀注不結至失之　正義曰漢書藝文志云左氏傳三十卷則丘明自分為三十也丘明作傳使文勢相接為後年之事而年前發端者多矣文十年傳云厥貉之會麇子逃歸十一年云楚子伐麇宣十一年傳云厲之役鄭伯逃歸十二年而云楚子圍鄭皆傳在前卷之末豫為後卷之始此為後年脩成發其前成不結其事与彼相類不宜独載卷首知其當繼前年之末也而特跳出在於此卷之首者是傳寫失之也学者以此語字多欲令与下相接故輒斷彼末寫於此前後人因循不敢改易故失之言失其本

真也説文云跳躍也謂足絶地而高舉也魏晋後注寫章表別起行頭者謂之跳出故杜以跳言之 二十六年注衎雖至殺也 正義曰殺者背君之名嫌先君不得為殺故注明之林父畏衎入殺己以邑先叛故衎令雖未居位林父以背国之故猶為叛也 注復其至義例 正義曰復其位曰復歸成十八年傳例也傳二十八年衛侯鄭復歸于衛曹伯襄復歸于曹与此衛侯衎皆書其名成十六年曹伯歸自京師不書名俱是歸国立文不同傳无義例史異辭也 注鄉會至貶之 正義曰僖二十九年傳曰在礼卿不會公侯會伯子男可也是卿會公侯皆合貶良霄亦當貶也俱向戌會公已自當貶而文有後期之責仲尼書經方責向戌後期故書良霄以駮之書良霄所以責向戌非是舍霄罪也若良霄与晋宋皆貶稱人則嫌向戌直以會公被貶其後期之責不見故書良霄名退宋班明向戌有二罪也案春秋諸国之會後至者多唯退班在下不褒進先至之人此直退宋人在鄭人之下於文自足必特書良霄以駮向戌者以向戌宋之執政上卿魯公親自在

會後期而至惰慢之甚故特召良霄深責向戌異於他例也　注
未同盟而赴以名　正義曰宣十七年許男錫我卒甯即錫我之　正
子嗣立以來未與魯會盟而赴以名也　傳注御進至南行　正
義曰言當進侍君也君命也行人非一更遞進御此日次朱當御
次而不使是黜之也　注拂衣褰衣裳也　正義曰拂者振迅之義
以其將鬬知拂衣即褰衣裳也對則上衣下裳散則可以相通故以
褰衣當衣解拂衣　平公至卑乎　正義曰平公見其臣鬬而言其庶
乎者以其臣爭為國々之事必與故庶汔於治也劉炫云不心競而
力爭不務德而爭善皆道子朱之心非叔向之罪杜言二子不心
競似亦并責叔向者以鬬雖一曲一直乃是兩人爭理故以二子
言之擬其鬬而言力爭則叔向亦爭々善則叔向无之叔向以子
負无私欲令應客緩子負應客亦非叔向爭善叔向无所爭杜云
爭謂所行為善唯言子朱之心也殺子叔及大子角　正義曰服
虔云殺大子角不書舉重者案晉侯宋公殺其世子及陳侯之弟
招殺陳世子皆書經則世子不輕於大夫也孔父荀息之徒弒君

之下并亦言大夫々々既書於經則弒君并殺世子々々亦當書
不得為舉重也杜既不解當以不告故耳　注子叔至謚故　正
義曰此剽是穆公之孫黑背之子於獻公為從父昆弟成十年衛
侯之弟黑背帥師侵鄭傳云衛子叔黑背侵鄭是黑背字子叔即
以子叔為族也元年衛侯使公孫剽來聘傳云衛子叔來聘是舉
族而稱之也今云殺子叔亦是舉其族為剽无謚故稱族也　書
曰至戮也　正義曰春秋叛者有此孫林父與宋華亥宋公之書
弟辰晉趙鞅晉荀寅五者經皆書叛鄭庚其莒牟夷邾黑肱皆
以地來奔無文不稱叛傳謂此三人為三叛人則三者亦是叛也
所言叛者或據邑而距其君或竊地（往し從し奔し）他國皆為有地隨己故稱
為叛昭二十二年宋花亥向寧花定自宋南里出奔楚定十四年
宋公之弟辰自蕭來奔地不隨己則不稱叛是叛無反背之辭皆
由地以生名也叛者判也欲分君之地以他國故以叛為名焉
叛无凡例傳言書曰是仲尼書為叛也人君賜臣以邑以為祿食
臣之祿謂所食邑也君實有之言其不得專以為己有也君臣以

義而合義則進以叓君受此祿食否則奉身而退畄身奔他國而以祿歸君專君之祿以周旋從己於法為罪戮之人故書入於戚以叛罪孫氏也釋例曰古之大夫或錫之田邑或分之都城故有千室之邑百乘之家君之祿義則進否則奉身而退若專祿以周旋雖无危國害主之實皆書曰叛叛者反背之辭也庶賤之人不齒於列故雖有善惡不章顯名氏若乃挾邑害國則以地重必書其名且終顯其惡也適魯則書地曰來奔來奔則叛可知蓋記危外內之辭也列貫記三叛人以地來奔不書叛謂不忘專也此直外內之辭既以地來妻以之姑姊還其大邑不得復言不忘專也是杜以庶其之等皆為叛也專祿者謂專君之祿以為己有東西隨己謂之為專服虔云專祿謂以戚叛也既叛衛亦不臣於晉自謂若小國是為專祿其意言專獨有之不屬人也若不屬晉何故被衛侵而愬於晉地若不入晉復何以伐之傳言以戚如晉服言不臣於晉是反丘明以解傳也　注公聞至之言　正義曰沈氏云大叔文子聞甯喜許公之言而發歎本非面荅甯喜之言而

云吾者時閔甯喜之言遂自評論不許於甯子與對面相荅无異故言荅也　注先路至於王　正義曰周礼巾車云服車五乘孤乘夏篆卿乘夏縵大夫乘墨車則礼於卿大夫所當乘者名車不名路也。而傳稱王賜叔孫豹鄭子蟜者皆大路知此先路次路皆王所賜車之揔名也賜車稱路從王賜之名必是稟王之命故云蓋請之於王也宣十六年傳云晋侯請于王以黻冕命士會知諸侯命臣有請王之法故云蓋也　注以路至二升　正義曰礼遺人以物皆以輕先重後故以路及命服為邑之先也周礼小司徒四升為邑故杜以八邑為三十二升劉炫云案論語有千室之邑又杜注免餘邑為一乘之邑又宋鄭之間六邑嵒戈錫等杜何以知此邑非彼等之邑必以為四井之邑令知不然者邑之為名大小无足子展子產為卿日久先有采邑令以入陳有功加賜田土不應更以八介大邑而又与之至於免餘辭邑云唯卿備百邑故杜以為一乘之邑合論語百乘之家甚貫一乘稱邑文无所出周礼稱四井為邑杜以正邑解之故云三十二井得為漸賜土

田之義又八邑六邑爲節級之差劉以爲大邑而規杜氏非也

注上卿至在四　正義曰十五年傳云鄭人以子西伯有子產之故納賂于宋是伯有在子西之下也十九年傳曰子展當國子西聽政當國謂攝君事聽政謂爲上卿是子西次子展故此注以子西爲二良霄爲三二十七年鄭伯享趙孟于垂隴子展伯有子西子產子大叔二子石從如彼文次伯有在子西之上二十九年裨諶論子產位次云天又除之奪伯有魄子西即世政焉辟之先言伯有後言子西又是子西在伯有之下者據十九年傳子西必在伯有之上蓋其後更有進退杜據傳上文以次之耳　秦不其然正義曰秦不肯其如是也　注戚城至井也　正義曰傳言西鄙懿氏則西鄙之地以懿氏爲名也謂之懿氏則以懿爲氏族之名蓋上世有大夫姓懿氏食邑於此地因以其姓名其城也杜以懿氏既爲邑名而云取其六十故以爲取田六十井服虔云六十邑劉炫以服言爲是今知非者此六十之文總屬懿氏懿氏不見經傳則卑細可知既非卿大夫何得廣有土地分六十之邑而與孫

氏且直言六十本无邑文故杜以為六十井刘炫服説以規杜氏
非也　趙武至所也　正義曰僖二十九年諸侯之卿會公于翟
泉皆貶之称人傳曰卿不書罪之也八年諸侯之卿會晉侯于邢
丘亦貶称人傳曰大夫不書尊晉侯也然則尊公侯罪大夫其義
一也傳文互相見耳此言趙武不書尊公也亦是罪武也故杜云
罪武會公侯也其會公侯之罪向戌良霄与趙武亦同但為別有
見義不貶良霄不得摠云卿不書罪之故特言趙武不書尊公明
良霄向戌亦為尊公不應書也向戌不書後也言既為會公侯後
為後會期故不得如良霄書名氏也會之班次以國大小為序諸
會鄭在宋後此會鄭先於宋為鄭依期而至不失所也如不失其
所自是常事非有善可褒而得進其班者鄭班常在衛下此會尉
衛不至先常班宋自當次晉此直退宋耳非進鄭也言其不失所
直是不失常亦非褒文也計良霄會公亦應合貶所以得書名者
方責向戌後期故書良霄以駮向戌非為舍霄罪也釋例曰澶淵
之會趙武向戌良霄以大夫而會魯侯違在礼之制其罪一也戌

加後會之允霄有不失所之進文不得並言卿不書罪之故特言尊公明公尊非三人之所敵三人之罪既正而二人独以他義別叙也以是杜言良霄會公亦合貶也言霄有不失所之進者正謂不使与宋俱退得進復其本班耳非有升進異於常也宋以後至退班不在曹人下者宋是大國退居鄭下足以為責故令仍在曹上此會曹國最小其班正當居末曹人非後至也案翟泉之盟諸卿敵公則設公此亦諸卿敵公不設公者翟泉之盟杜注云魯侯諱盟天子大夫是以設公然則此大夫敵公非公有罪是以不設公也　注晉將至不書　正義曰下云衛侯如晉々人執而囚之是於此會為將執之不得与會也不得与會而傳云衛侯會之言其至會所耳　注嘉樂至於天　正義曰嘉樂君子以下皆詩之文也晉侯賦此言已嘉樂二君也二君以晉侯樂己之故々存賦蓼蕭言澤及於己鄭賦緇衣言不敢違晉所以荅嘉樂也服虔云晉侯自嘉樂愚之甚也　叔向至貳也　正義曰沈氏云賦蓼蕭喻晉侯德沢及諸侯言晉侯有德是安我宗廟也其言与注合緇

衣首章云緇衣之宜兮敝予又改為兮適子之館兮還予授子之粲兮欲常進衣服猷飲食是其不二心也刘炫云薬首章云既見君子燕笑語兮是以有譽処兮言晋侯有聲譽常処位是得宗廟安也　注逸詩至剛馬　正義曰漢書藝文志列周書篇目其書今在或云是孔子刪尚書之餘棄其文非尚書之数破引詩云馬之剛矣轡之柔矣馬亦不剛轡亦不柔志氣麃々取与不疑此詩餘无所見故謂彼文是也　注子展至七穆　正義曰居身儉而用心壹叙向自以察良觀言而知之其知不由賦詩也子然二子孔三族已亡十九年傳文也子羽不為卿者案成十三年鄭公子班自訾求入于大宮不能殺子印子羽不書於經故知不為卿也杜注彼云皆穆公子也又世族譜云子羽穆公子其後為羽氏即羽師頡是其孫此非行人子羽公孫揮也世族譜以公孫揮為雜人自外唯有罕駟豐游印国良七族見於經傳皆出穆公故称七穆也　注惠牆氏伊戾名　正義曰服虔云惠伊皆發声實為牆戾杜以下文單称伊戾是舍族称名故以惠牆為氏伊戾

為名也內師者身為寺人之官公使之監知大子內事為在內人
之長也　大子知之　正義曰知之謂與楚客舊相知故請野享
之　注聒讙也　正義曰聲亂耳謂之聒多為言語讙譁亂其耳
故聒為讙也　左師至從之　正義曰夫人氏者氏猶家也言夫
人家之馬也痤死佐為大子棄即正為夫人步馬之時夫人名已
定矣故對云君夫人氏也但棄本是妾左師欲令夫人重己故佯
不知之夫人聞之懼己不得為夫人故自稱為妾饋之錦馬也左
師名得其賜故令使者改命曰君夫人而後拜受之使棄成為夫
人傳言左師之諫也　注聲子至舉也　正義曰聲子則經傳所
云蔡公孫歸生是也傳言其子伍舉足明舉為參之子聲子文不
繫朝故云子朝之子以辯明之　伍舉至復故　正義曰楚語云
椒舉將奔晉蔡聲子遇之於鄭郊饗之以璧賄曰子尚良食尚㠯
事晉君以為諸侯主辭曰非所願也若得歸骨於楚死且不朽聲
子曰子尚良食吾歸子故椒舉降三拜納其乘馬聲子受之是杜
所云共議歸楚之事傳云言復故謂此也　注卒在明年　正義

曰明年邑子始說子木傳於㠯言之者蓋伍舉以此年去楚故傳
記之於此年也　賞不僭而刑不濫　正義曰僭謂僭差濫謂濫
佚賞不僭所賞必有功不僭差也刑不濫所刑必得罪不濫佚也
詩曰至謂也　正義曰詩大雅瞻卬之篇也言國內賢人之既云
巳喪亡矣則邦國盡皆困病此詩之意言无善人之謂也　故夏
至善也　正義曰此在大禹謨之篇皐陶論用刑之法也經常也
言若用刑錯失等与其殺不罪之人寧失於不常之罪謂實有罪
而失於妄免也此昏之意懼失善也　注為下至天子　正義曰
此商頌殷武之篇詩注謂天命湯於在下之國此云為下國所命
謂下國諸侯推命湯為天子則商昏云東征西夷怨南征北狄怨
又云室家相慶日后來其蘇是也　將刑至徹縣　正義曰周礼
膳夫職云王日一舉鼎十有二物皆有俎以樂侑食鄭玄云殺牲
盛饌曰舉又曰大喪則不舉大荒則不舉大札則不舉天地有災
則不舉邦有大故則不舉鄭衆云大故刑殺也莊二十年傳曰司
寇行戮君為之不舉是礼法將刑為之不舉也舉則以樂勸食不

举故徹去樂縣大司樂云大札大凶大災大臣死凡國之大憂令
弛縣鄭玄云弛釋下之釋下即是徹縣也大司樂弛縣之内不言
刑殺大故文不具耳 射御驅侵 正義曰教之驅車侵伐人也
注塞井夷竈以爲陳 正義曰成十六年傳說此事云范匄趨進
曰塞井夷竈陳於軍中則此謀范匄所爲今以爲苗賁皇之計
者鄭衆云此范匄所言苗賁皇亦言之故惠子引以爲喻 欒
范易行以誘之 正義曰賈逵鄭衆皆讀易爲變易之易賈以
行爲道也欒爲將范爲佐二人分中軍別將之欲使欒與范易
道令范先誘楚之衆以良卒徒而擊之鄭謂易行中軍與下軍易
卒伍也計設謀之時軍既未動道未定分何以言改道也將卒相
附繫屬久矣无容臨戰而改易將卒且言易行々非卒伍之名
安得爲易卒伍也二者之說皆不可通杜以傳言誘之則謂羸師
毀軍亦弱以誘敵故讀易爲簡易之易謂簡易行陳少其兵備令
楚之貪已不復顧二穆之兵使中行二郤得克二穆也楚語說此事
云雍子謂欒書曰楚師可料也在中軍王族而已若易中下楚必

歆之韋昭云中下中軍之上下也歆猶貪也簡易桒范之行亦
之弱以誑楚也是韋昭已讀為簡易之易故杜從之也此与楚語
倶述邑子之言傳言鄢陵之敗苗賁皇之為楚語亦論鄢陵之
役而云雍子之為二文不同或丘明傳聞兩說兩記之也劉炫爲
國語非丘明所作為有此類往々与左傳不同故也注四萃四面
集攻之　正義曰楚語云三萃以攻其王族必大敗之韋昭云時
晉有四軍言三集者中軍見入而上下及新軍乃三集以致攻
之韋昭見彼為三字故說之使通耳蓋二文不同必有一誤　注
夷傷至為熸　正義曰月令云瞻夷察傷知夷亦傷也於時呂錡
射王中目是王傷也吳楚之間謂火滅為熸相傳有此語也言軍
師之敗若火滅然　子木至逆之　正義曰楚語說此事云子木
憖然曰夫子何如召之其來乎對曰亡人得復何為不來子木曰
不來則若之何對曰賁東陽之盜殺之其可乎子木曰不可我為
楚卿而賂盜以賊一夫於晉非義也子為我召之吾倍其室乃使
椒鳴召其父而復之　夫小至陵之　正義曰於時鄭國勇夫皆

貪欲禦寇望敗楚以成己名故子產爲此言以破之夫鄭國欲此
得戰者小人之性奮動於勇貪於禍亂冀得戰鬭以足滿其性而
自求成武勇之名焉欲得禦寇者皆自爲其身非國家之利也若
何得從之言禦寇之計不可從也　注興動至從也　正義曰賈
鄭先儒皆以興爲動也王肅云興謂自矜奮以夸人王延壽魯
靈光殿賦云佹奮興以軒髻著是興爲奮動之意也齒是吝惜
之名故爲貪也詩云民之貪亂寧爲荼毒是小人之性貪禍亂也
言鄭人欲得與楚戰者皆是奮動於勇貪求名譽之人欲望因
有禍亂以成己名非忠爲國家計慮希長久之利不可從也定
本云齒養也非也　注於汜至南皈　正義曰杜檢汜是地名
非水名而云涉于汜是於汜地涉水耳款例土地名云楚伐鄭師
于汜襄城縣南汜城是也汝水出南陽魯縣東南經襄城是知於
汜城下涉汝水而南皈也　注趣宣至尊　正義曰周禮大國
之卿三命天子上士亦三命曲禮云列國之大夫入天子之國曰
某士是諸侯大夫入天子之國禮法當稱士也以其人官卑故下

士独得旅秫周礼大宰之屬官有旅下士三十有二人是知宰旅
為冢宰之下士也刘炫云知時[illegible]時貢職者小行人云春入貢
秋獻功王親受之鄭玄云貢謂六服所貢功謂考績之功是諸侯
大夫貢時吏之手也　注烏餘至城是　正義曰釋例土地名以
廩丘為齊地案廩丘地在東郡則是衛之邦域齊竟不至此也
羊角高魚皆在東郡廩丘与之相近齊不得別有廩丘烏餘齊
之大夫得以廩丘奔晉者蓋齊人往前取得衛邑以賜烏餘如鄭
公孫段之得州宋樂大心之有原也宋鄭大夫得以晉地為采邑
是知齊大夫得以衛地為采邑杜見齊人以之奔晉故釈例以為
齊地明年討烏餘皆取其邑而皈諸侯蓋以廩丘皈齊也注取
魯至來聞　正義曰服虔云取魯高魚及反之皆不書蓋諱之杜
以被人取邑无所可諱故云其義未聞莊十八年公追戎于濟西
傳云不言其來諱之也戎來不覺國以為諱盜竊魯邑而云无
可諱者所言諱者諱國惡礼也候不在疆戎來不覺是國无政令
故諱之此守高魚者不覺介於其庫直是守者罪耳非國之恥故諕

被伐取魯邑皆不諱也昭二十五年齊侯取鄆書而不諱知失邑
无可諱也此亦戰于麻隧之類蓋經文脱漏耳於是至治之
正義曰烏餘以二十四年奔晋二十五年范宣子卒趙文子代之
為政至明年始討烏餘故云乃卒治之傳先言治之下乃述其治
之意也　二十七年注案傳至惡下　正義曰案傳諸国大夫及
諸侯之身至宋者有晋楚齊秦魯衛陳蔡鄭許曹邾滕并宋為
主人凡十四国也齊秦不交相見邾滕為人私屬皆不与於盟為
盟而為此會故不盟者會亦不序也宋為地主陳當不序於列故
經唯序九国大夫也案傳楚先晋歃則當先晋楚之傳言書先晋々
有信也是仲尼責晋有信故先書趙武也釋例班序諸晋合諸侯
二十国起僖二十八年盡哀十四年大率皆陳後次蔡々後次衛
是陳于晋會常在衛上也今孔奐乃降於蔡衛在石惡之下故知
奐非上卿故也成三年傳曰次国之上卿當大国之中々當其下
是討卿位為班也知非奐後至者以傳稱与蔡公孫歸生同至故
也案傳七月之下乃云庚辰子木等至自陳々孔奐蔡公孫歸生

至則諸侯大夫七月始集於宋而此會在夏者蓋在秋行还
乃告追以叔孫豹參時書之十年夏會于柤而經書在春注云經
書春書始行此亦彼之類也　注甯喜至從赴　正義曰大夫見
殺書名者皆是罪之文案此殺喜之傳乃為專而殺之喜之於衎
未為罪當死也故杜跡其應死之狀弒君之賊於法當誅衎雖不
以弒剽致討其於大義宜追討之故雖非國人討賊因其被殺亦
以國討為文書其名以罪喜也不以弒君之罪討之故言追也
注衛侯至罪兄　正義曰釋例曰仲尼因母弟之例以與義鄭伯
懷害弟之心天王縱群臣以殺其弟夫子探書其志故顯書二兄
以首惡佞夫稱弟不聞反謀也鄭段去弟身為謀首也然則兄而
害弟者稱弟以章兄罪弟又害兄則去弟以罪弟身也推此以
觀其餘秦伯之弟鍼陳侯之弟黃衛侯之弟鱄皆是兄害其弟者
也縱論其義兄弟二人交相殺害各有曲直書弟則示兄曲也是
杜以鱄之出奔非鱄之罪故跡其意以為衛侯罪狀也衛侯始者
使鱄與甯喜言云苟得反國政由甯氏祭則寡人如是則甯喜專

權未為負約而今公患其專政故免餘請殺公復緩答免餘任令
殺喜既負其言信又不亡友于賢弟使至出奔故書其弟以罪兄
也昭元年秦伯之弟鍼出奔晉傳曰罪秦伯知此亦罪衛侯也
注文會至備矣　正義曰杜云夏會之大夫者因經書在夏故云
夏會其實會在秋耳諸國朝會而因有他事者皆前目而後凡
故此不復序而揔云諸侯之大夫還是夏會之大夫也豹去叔孫
者傳言季孫以公命命豹使視邾滕而叔孫不從不書其族言違
公命故貶之也從公之命於理順也不視邾滕其是小也順君之
命其禮大不視邾滕為是小豹不倚此順道以顯弱命之君而辯
小是以自從故以違命貶之也於時魯國君弱臣強政令出於季
氏魯君不得有命臣之理臣之小者季氏以己意命之皆不敢不
從也叔孫豹秉心強直季氏所憚怨不從己意故假以公命命之
諸傳言以公命者實非公命而假稱公耳其時魯君未嘗有命
比於公命是假可知豹雖心知是假若其即以為負共敬從命則
國內義士皆將生心必相告云豹是國之大賢我等仰以取法閔

是公命雖非亦從則知公之所命若不可違豈不使季氏懼而公室尊也從公之命是為順也如此雖實非公命豹但倚此順道以從公命則弱命之君命得顯矣尊君卑臣在此一舉比視邾滕未為大夫豹乃辯其小是以從己心違君之命故貶之叙例曰季氏專魯祿之去公室三世矣制命出於私門非國所知也叔孫豹魯之賢臣欵用雖以矯時故季孫憚之不敢以己意假公命以敦叔孫也邾滕之班不列於會豹不登朝國請受命而行邾滕降次宜非抗危既不馳請又不辭會而率意改命失命之甚其君民貪於深宮令一出命共命之使所宜崇長雖有小失遂而伸之國內國知我君之命不可以違則季氏有懼而義士生心君子以豹不倚順以顯弱命之君而辯小是以自從故以違命貶之也杜書辯小是者豹云宋衛吾匹不視邾滕於理是也但比於申弱君之命使臣卑而君尊此為小耳　注令長至經誤　正義曰此經言十二月而傳言十一月今杜以長歷推之乙亥是十一月朔非十二月也傳曰辰在申再失閏矣若是十二月當為辰在亥以申為亥

則是三失閏非再失也推歷与傳合知傳是而經誤也　傳使烏
餘具車徒　正義曰必使烏餘具車徒者以三国皆具車徒若不
使亦具車徒恐其驚而覺也且烏餘竊邑諸侯不亡路之則烏
餘之衆強也慮其逆敵欲聚以執之下云盡獲之是也　皆取至
於晉　正義曰古本亦有不重言諸侯者今定本重有諸侯若重
言諸侯則天下諸侯以此事故皆睦於晉也劉炫云晉宋古本皆
不重言諸侯則唯謂齊魯宋三国睦耳不重是也　注獻公至所
殺　正義曰十四年傳曰公使子蟜子伯子皮与孫子盟于丘宮
孫子皆殺之彼所殺者皆是公子而此臣是公孫公言臣也无罪
父子死余知是亦時死耳亦不知彼所殺者誰是臣之父也　子鮮
至難乎　正義曰逐我者應死而得生出納我者有功而更身死
章明也沮止也罰有罪所以止人為惡賞有功所以勸人為善今
賞罰既无章明何以得為止勸乎刑法也君失其信遂信而殺
寧喜而国无法賞罰无所章明以此為国不亦難乎言治国難
也　注自誓不仕終身　正義曰終身不仕叙事辭也言自誓不

仕以終其身故傳言終身不仕也此終身者子鮮之身終也下云
公喪之終身者獻公之身終也獻公以二十九年夜卒其子鮮之
卒蓋差在獻公之前耳故公喪服以終身也　注稅即至終身
正義曰傳云公喪之者言公爲之服喪服也禮無稅服之名如稅
服者不知何服也服虔云裹麻已除日月已過乃追喪而服是爲
稅服稅服之輕者案禮記過而追服實名爲稅以追凶之日爲
服喪之始其服追過而服之裹麻不爲有異何云服之輕者公若
依彼稅服法其兄弟之服則還是齊衰期耳何以得云如也杜以
其義不通故云稅即繐也蓋是音相近而字改易耳喪服有繐
衰裳牡麻絰既葬除之其章唯有諸侯大夫爲天子以外無人
服此服也喪服傳曰繐衰者小功之繐也鄭玄云治縷如小功而
成布四升半細其縷者以恩輕升數少者以服至尊凡布細而疏
者謂之繐是繐者縷細而布疏也喪服之文在大功之下小功之
上是非五服之常也既葬除之是本無月數也禮天子諸侯絶旁
期計公於子鮮不應爲之服獻公痛愍子鮮特爲服此服也此服

既无月數獻公服之不自云免月當上獻公尋自身薨至死未敘此服故云終身也兄弟之服本服期耳獻公驕謡之君不應過其常月杜言獻公尋薨謂此子鮮之卒差在獻公前耳 請此一至通稱 正義曰司馬法成方十里出華車一乘此一乘之邑每邑方十里也論語云百乘之家大夫稱家邑有百乘是百乘為乘邑之極此云唯卿備百邑知所言邑者皆是一乘之邑非四井之邑也杜以一乘名邑書傳无文故引論語千室十室明其大小通稱邑也 注蠹害物之虫 正義曰釋虫云蝎桑蠹李巡云蝎木中虫也穆天子傳云天子蠹書於羽陵曝去書内簡中之虫是虫在木中謂之為蠹昭三年傳云公聚朽蠹則在諸物之中皆名為蠹故云害物之虫也害物之虫既名為蠹故害於物者皆以蠹言之孫子兵書云與軍十万日費千金是兵為財用之蠹也 注折俎至之交 正義曰折俎謂体解節折升之於俎周語文也宣十六年傳曰王享有体薦宴有折俎公當享卿當宴王室之礼也彼傳之意言享公當依享法有体薦也享卿當如宴法有折俎也彼王自

言之故云王室礼耳其諸侯之待公卿礼法亦當然也故此享趙孟而置折俎合卿享宴之礼故曰礼也周礼大司馬云大會同則帥士庶子而掌其政令大祭祀饗食羞牲魚是司馬掌會月薦羞之事故宋人享令司馬置折俎也　仲尼至文辞　正義曰此文甚略本意難知蓋於此享也賓主多有言辞時人跡而記之仲尼見其事善其言使弟子举是宋享趙孟之礼以為後人之法丘明述其意仲尼所以特举此礼者以為此享多文辞以文辞可為法故特举而施用之　注宋向至文辞　正義曰杜以賓主之辞礼有定式於此享也何以独多故解其多辞之意服虔云以其多文辞故特举而用之後世謂之孔氏聘辞以孔氏有其辞故傳不復載也所言孔氏聘辞不知事何所出審享礼而謂之為聘举旧辞而目曰孔氏事亦不必然也　注趙武命盈追已　正義曰沈氏曰知非晋侯命者若是晋侯應云甲寅荀盈至今云從武至故知趙武命也杜云從武遣盈如杜之見此意耳　以藩為軍　正義曰古人行兵止則築為壘塹以備不虞此以藩籬為軍

者方敢辨兵以示不相忌也　注伯凤荀盈　正義曰伯凤即是
荀盈於傳亦无明擬未測何以知之服虔云伯凤晋大夫其意以
為別有伯凤非荀盈也　志將至及三　正義曰志將逞乎言其
不得逞也在心為志出口為言志有所之言乃出口故志以發言
也与人為信必言以告之故言以出信也於人有信志乃得立故
信以立志也人之処身於世常恐不得安定參即三也言也信也
志也三者俱備然後身得安定欲安其身用此三者以定之信也
則志不立失志必死不久何以得及三年　匹夫重其死　正義
曰匹夫謂賤人也賤人一為不信猶尚不可況國卿也不信之人
尽踣其死言无得生者蘇覆曰踣謂倒地死也　食言者不病
正義曰不病者不唯病害而已必至於死也言之不用若食之消
散故謂死信為食言也　大宰至及是　正義曰大謂宋也宋宰
致死助我令晋師与宋致死不但唯敵於楚更力倍於楚可也
子何須懼乎又想楚人之情不應及是之惡　注兩處至敗之
正義曰案傳上文六月戊申叔孫豹至丁卯向戌如陳從子木成

言於楚子木乃請晉楚之從交相見則叔孫發魯之時未有此交
相見之議也子木既有此請季孫在國聞之季孫使謂叔孫者使
人就宋謂之也於時季氏專魯國之利害季孫所量自慮兩屬
貢賦必重疑邾滕將為人之私故令豹比視小國此直季孫意耳
非公意也若是餘人為使季孫以己意命之无敢違者但叔孫強
直季孫所憚告以己意恐不見從故假公命以敦勸之望其敬稱
公命而遂己志也長歷丁卯是六月二十一日也辛巳是七月五
日也丁卯已有此議辛巳方始結盟則叔孫既得公命其去盟日
猶遠反魯覆請足得往來但叔孫知非公命不復更請臨盟則
率己之意自從所欲故釋例云豹不登朝國請受命而行邾滕降
次是非抗危既不馳請又不辭會率意改命失命之甚是言其闕
足得反請而叔孫不請故責之也　注季孫至貶之　正義曰季
孫專政於國魯君非得有命此以公命非公可知叔孫亦知非公
命故不肯從之其實叔孫違命上違季孫意耳但季孫假以公命
謂之叔孫無由知非公而其辭稱公即須從命叔孫既得此命

宜應内自思省我君由來无命今君唯以此命々我更雖非理亦
宜聽從如是則敬君之情深矣謂宜崇此大順之道以顯弱命之
君而乃校計公言是非不肯月於小国遂其小是以忘大順故貶
之此義至妙唯杜始得之矣賈逵云叔孫義也魯疾之非也服虔
云叔孫欲尊魯国不為人私雖以違命見貶其於尊国之義得之
案經去其族是文貶也傳言違命是實惡也賈服違經反傳背
左氏異孔子々々貶之賈逵賞之丘明言其違命服虔善其尊
国是不以丘明之言解左傳不以孔子之意說春秋也　旦晉至
久矣　正義曰陳蔡鄭許乍南乍北成二年楚公子嬰齊為蜀之
盟諸侯之国大夫皆在是晉楚更代主諸侯之盟實久也　注小
国主辨具　正義曰盟實大国為主而此云小国主盟知其主辨
具也哀十七年公會齊侯盟于蒙孟武伯問於高柴曰諸侯盟誰
執牛耳季羔曰鄫衍之役吴公子姑曹發陽之役衛石魋武伯曰
然則彘也所言主辨具者如彼執牛耳之類皆小国主備之法
當小国執牛耳鄫衍吴公子執之者於時吴為盟主袁不知礼故

自使其人執之也盟法大国制其言小国尸其吏卄盟争先歃不
争主備叔向以小国主盟為言者叔向以久争不決或將戦因盟
時小国有所主欲令趙孟下禁假此以勸之耳　注客一至為客
正義曰享宴之礼賓旅雖多特以一人為客燕礼者諸侯燕臣之
礼也經云小臣納卿大夫々々皆入門右北面東上乃云射人
請賓公曰命某為賓々出立于門外吏使射人納賓公降一等揖
之賓即客也是客一坐所尊也季孫餘大夫酒臧紇為客二十三
年傳也魯語云公父文伯飲南宮敬叔酒路堵父為客羞鼈焉小堵
父怒相延食鼈辭曰將使鼈長而食之遂出文伯母聞之怒曰吾
聞之先子曰祭養上尸享養上賓鼈於何有而使夫人怒也是一
坐所尊敬之吏也案燕礼記曰公与卿燕則大夫為賓与大夫燕
亦大夫為賓又聘礼燕聘賓則以上介為賓此來公享大夫以趙
孟為客者燕礼謂与己之臣子燕饗卿敵公故以大夫為賓聘礼
擬特來聘者敬其使人故使介為賓此則兼享晉楚之大夫異於
常礼以尊敬霸主之国故令趙孟為客服虔云楚君恒以大夫為

賓者大夫卑雖尊之猶遠君也楚先歃為盟主故尊趙孟為客案
此享宋為主非楚之為主服之妄也刘炫云兼享晉楚之大夫不以
屈建為賓為賓唯一人出自當時意耳　子木至對也　正義曰
上云晉卿不如楚其大夫則賢是也　注五君謂文襄靈成景
正義曰晉語訾祏對范宣子曰武子佐文襄諸侯無貳心為卿以
輔成景軍無敗政及為成師居大傅國無姦民是以受隨范是其
光輔五君也服虔云文公為戎右襄靈為大夫成公為卿景公為
大傅　注鶉之至君也　正義曰伯有賦此詩者義取人之無善
行者我以此為君是悁嫌君之意於時鄭簡公是穆公之玄孫良
霄是穆公之曾孫君非良霄之兄杜言并取人之兄良我以為兄
者周詩成文故連言之刘君以為非兄而規杜非也　注第（「笫」）簀也
正義曰釋器云簀謂之第（「笫」）孫炎曰床也郭璞曰牀版也然則牀是
大名簀是床版檀弓云大夫之簀与簀名亦得統床故孫炎以為
床也　保家之主也　正義曰大夫稱主言是守家之主不亡族
也下云數世之主亦然　詩以言志　正義曰在心為志發言

為詩是猶厥以言人之志意也鄭君實未有罪伯有稱人之无良是之誣其上也但伯有不臣被公之所怒以公怨怒當自須掩蓋而賦詩道公无良反持公之所怨以為賓之榮寵劉炫云而公顯然將比來之怨以為對賓之榮樂也　樂以至何乎　正義曰即段賦蟋蟀義取好樂无荒无荒即不淫也好樂則用樂以安民也其使民也又不淫以使之民皆愛之寄托必固在人後亡不亦可乎

注欲宋至邑也　正義曰服虔云向戌自以止兵民不戰鬪自矜其功故求免死之賞也如服此言免死謂止兵不鬪民免死也杜以為謙則向戌自以為已免死也若使計謀不當則罪合死自矜其功言已得免死故請賞邑也　廢與至諸侯　正義曰言之術者謂德刑禮義是與存盛明之法術也驕淫殘虐是廢亡昏亂之法術也皆兵之由者謂皆畏懼此兵行善不行惡畏之則興不畏則亡故云皆兵之由也言不亦誣乎者謂廢興存亡悉皆由兵向戌之意以廢興存亡不須用兵是實須而誣罔云不須故云不亦誣乎服虔云斃踣也一曰罷也則知服本作弊王肅董遇本

皆作蔽謂以誣人之道掩諸侯也杜本作蔽當如王董爲蔽掩之
也　削而投之　正義曰宋公賞邑眘之於礼向戌執之以示子
罕々々削其字而又投之於地也向戌初謀此㝎子罕不即止之
而至此始悠者蓋初謀子罕不知或子罕初亦不覺久思乃知其
非也　注有悪疾也　正義曰若非悪疾猶堪爲後以疾而廢明
是悪疾々々疾之悪者也不知其何疾也論語稱伯牛有疾不欲
見人淮南子云伯牛癩此崔成猶㐌作乱未必是癩也強死疾亦
不得立者愛後妻欲立明故也　父兄莫得進矣　正義曰成強
是崔杼之子而云父兄者成彊之意以崔杼任無咎與偃棄逺宗
族不可自斥於已故舉宗族父兄也　崔氏堞其宫　正義曰謂
新築女牆而守之　注謂斗至辟矣　正義曰斗建從甲至癸十
者謂之日從子至亥十二者謂之辰傳言辰在申者謂其日昏時
斗柄所指於十二辰爲在申也九月當建戌而建申故爲再失閏
也文十一年三月至今七十一歳應有二十六閏者暦法十九年
爲一章々有七閏從文十一年至襄十三年凡五十七年已成三章

當有二十一閏又從襄十四年至今為十四年又當有五閏故為應有二十六閏也長曆推得二十四閏者杜以長曆實於其間分置二十四閏釋例云閏為會集數年餘日因宜以安之故閏月無中氣斗建斜指兩辰之間也魯之司曆漸失其閏至此年日食之月以儀審望知斗建之在申斗建在申乃是周家九月也而其時曆稱十一月故知再失閏也於是始覺其謬遂頓置兩閏以應天正以敘事期然則前閏月為建酉後閏月為建戌十二月為建亥而歲終焉是故明年經書春無冰傳以為時災也若不復頓置二閏則明年春是今之九月十月十一月也今之九月十月十一月無冰非天時之異無緣總書春也尋傳案今世所謂魯曆者不與春秋相符殆末世好事者為之非真也今俱不知其法術具依春秋經傳反覆其終始以求之近得其實矣杜言以儀審望者大史鑄銅作渾天儀列二十八宿之度設機關候望以測七曜所在故於彼鑄銅儀而審望之知此月斗建申也長曆稱大凡經傳有七百七十九日漢末宋仲子集七曆以考春秋魯曆得五百

二十九日失二百五十日是其不与春秋相符也刘炫云遠迳敢文
十一年三月甲子者以三十年絳縣老人云臣生之歲正月甲子
朔以全日故文云言通計者若拠前閏以来短計不得有再失之
理令遠迳文十一年以来計之是为通計也　二十八年注十二至
日誤　正義曰甲寅之後四十二日始得乙未則甲寅乙未不得
同月長歷推此年十二月戊戌朔甲寅是十七日其月无乙未也
經有十一月十二月々不容誤知日誤也　傳注梓慎至其宴
正義曰此年傳鄭游吉云歲之不易宋向戌云飢寒之不恤是
令年言之也明年傳云鄭飢子皮餼国人粟於是宋亦飢子罕請
於平公出公粟以貸是詳其宴也　注歲々至失次　正義曰龙
傳及国語所云歲在者皆謂歲星所在故云歲々星也五星者五
行之精也歷書稱木精曰歲星火精曰熒惑土精曰鎮星金精
曰大白水精曰辰星此五者皆右行於天二十八宿則着天不
動故謂二十八宿為經五星為緯言若織之經緯然也天有十二
次地有十二辰丑子亥北方之辰也次之与辰上下相值故云星

紀在丑玄枵在子釋天云星紀斗牽牛也玄枵虛也孫炎曰星紀
日月五星之所終始也故謂之星紀虛在正北北方色玄故曰玄
枵枵之言耗耗虛之意也漢書律歷志云星紀初斗十二度終於
婺女七度玄枵初婺女八度終於危十五度是星紀為斗牛之次
玄枵為虛危之次也九年傳稱晉侯問公生歲乃曰十二年矣是
謂一終一星終也言歲星大率十二年而一周天也十八年晉董
叔曰天道多在西北是言其年歲星在亥也歲星右行於天至此
年十一年年行未及周故此年歲星常法當在星紀明年乃當在
玄枵今年已在玄枵是其淫行失次也漢書律歷志載劉歆三統
歷歆以為歲星一百四十四年行天一百四十五次一千七百二十
八年為歲星歲數言數滿此年剩得行天一周也三統之歷以庚
戌為上元此年距上元積十四万二千六百八十六歲置此歲數
以歲星歲數一千七百二十八除之得積終八十二去之歲餘九
百九十以一百四十五乘歲餘得十四万三千五百五十以一百
四十四除之得九百九十六為積次不尽一百二十六為次餘以

十二除之得八十三去之盡是為此年更發初在星紀也欲知入
次度者以次餘一百二十六乘一次三十度以百四十四除之得
二十六度餘是歲星本平行此年之初已入星紀之次二十六度
餘當在婺女四度於法未入於玄枵也傳言淫於玄枵未知已在
玄枵幾度此舉其大率耳而五星之次行有遲有疾有留伏逆順
於歷法更自別有推步之術此不可詳也　注時當至發洩　正
義曰傳先言無冰乃載梓慎之語則梓慎之語為記無冰而發知時
當謂春無冰也言以有時當者以此㞢星淫於之年而有天時溫
暖之當四時之序冬月當寒故溫則為當暑也冬月盛陰用事陰
氣在地固閉陽使不出時應寒而溫無冰是陰陽相競陰氣不勝
陽故陽氣出地地氣發洩而使時溫無冰也歲星自淫行天
時自溫暖其溫不由歲星梓慎以其年有二事而揔言其占耳
服虔云歲為陽玄枵為陰㞢乘陰進至玄枵陰不勝陽故溫無冰
宋下云蛇乘龍乃謂玄枵乘㞢星非㞢星乘玄枵也若必以此記
冰謂歲乘玄枵所致則成元年春無冰者豈謂歲星乘玄枵

于成十六年丙木水者陵是玄枵（咮）歲星也　注蛇玄至所乘　正義曰虫獸在地而有象在天二十八宿分在四方方有七宿共成一象東方為青龍之象西方為白虎之象皆南首北尾也南方為朱鳥之象北方為玄武之象皆西首東尾也曲礼說軍陳象物云前朱鳥後玄武左青龍右白虎是玄武在北方也龜蛇二虫共為玄武故蛇是玄武之宿虛危之星也七星共為玄武但此星陰則在虛危之分故特指虛危言之耳傳言蛇乘龍龍即此星也此星木精木位在東方東方之宿為青龍之象故此星亦以龍為名寫龍行疾而失次出於虛危宿下龍在下而蛇在上是龍為蛇所乘也此星天之貴神福德之星今被乘婦屈是不能祐其本國之象故知宋鄭饑也　注此星至之星　正義曰此星屬木木位在東方東方之次皆是龍分天之分野卯為大火辰為壽星大火房心為宋分壽星角亢為鄭分故龍為宋鄭之星也然則寅為析木之津析木燕之分野梓慎言不及燕別為有以知之非吾徒所能測也　枵耗至何為　正義曰枵虛也耗

故枵是耗之名也謂三宿虛為其中土虛不實而人民耗損不
饑何為也地氣發洩而使時溫謂冰即是土虛之事也於時魯國
無冰是魯亦地氣發洩下子服惠伯言饑寒之不恤是魯亦饑矣
經不書饑々蓋差於宋鄭故梓慎唯言宋鄭饑耳 注陳侯至薊
縣 正義曰傳言宋之盟故敘文在諸國之下上為楚屬發傳故
杜明之陳蔡胡沈為宋盟朝晉其齊燕杞狄先非楚屬其朝不為
宋之盟也譜云北燕姬姓召公奭之後也周武王封之於燕居漁
陽薊縣其國辟小不通諸夏自召公至簡公款二十九世始見經
簡公子獻公十二年獲麟之歲也獻公子孝公七年春秋之傳終
矣孝公立十五年卒孝公以下六世始大稱王十二世二百二十
五年秦滅之 小事至禮也 正義曰言小國之事大國也蓋每
事須從其未獲大國所命之事但如其志之所欲即不待彼命逆
即從之如其志意禮也禮者自卑而尊人故先彩意志是事大之
禮也 君小國事大國 正義曰晉宋古本及王肅注其文皆如
此君國謂為國君言其為君之難也今定本作小國 今執至敢

悼　正義曰執受謂楚也楚人詰大叔唯有上迷之語耳今游吉迷使鄭伯來故游吉原其意為此辭作甚之言唱而執受有不利尊違盟言闕君德是於楚為不利也小國是懼々楚不利耳不敢自悼勞也　注復上至故凶　正義曰卦從下起從下而盡陰爻至上六為純坤又將從下變之故復為極陰反陽之卦也上處極位々極更無所往故為迷也既迷而後反本從下積而至迷是為失道已遠上應在三々亦陰爻遠而無應故凶也復易注云復反也臣也陰氣侵陽々失其位至此始迷反起於初故謂之復陽君象君失國而迷反道德更與也頤養也易注云頤者口車輔之名震動於下艮止於上口車動而上因輔嚼物以養人故謂頤為養也　注謂欲至其亂　正義曰楚之子本意願鄭伯來朝全不顧道理唯欲復其本亂　注無道至亦難　正義曰無道釋詁文也十者數之小成言失道遠者復之亦難故舉成數以言之周易復卦上六爻云迷復凶有災眚用行師終有大敗以其國君凶至于十年不克征是易有十年之語故游吉期之以十年服虔云此行

也楚康王卒至昭四年楚靈王合諸侯于申距今八年故曰不幾
十年是謂十年不克征也　注旅客至所在　正義曰易有旅卦
傳言羇旅々々皆是客故為客処也歲星常行之度此年當在星紀
々々是其所居之次也今歲星棄其所居星紀之次乃客処在於
明年所居之次言其未應往而往向彼玄枵之次為客寄也
昭三十二年傳云越得歲而吳伐之必受其凶是歲星所在其國
有福為福之衝其國有禍今失次於北故禍衝在南子午之位南
北相衝歲淫於玄枵衝當鶉火南方為朱鳥之宿帑者細弱之名於
人則妻子為帑於鳥則鳥尾曰帑妻子為人之後鳥尾亦鳥之後
故俱以帑為言也天之分野鶉火周分鶉尾楚分歲星之衝當此
周楚之分故周王楚子受其咎也歲星客在玄枵唯衝鶉火不衝鶉
尾亦有咎者蓋以歲星漸西衝則漸東尾之於鳥猶是一身故衝
其身而及其尾此則裨竈能知亦非吾徒所測也此与上文俱論
歲星乃淫所占不同其事俱驗而丘明兩載之是傳故備舉以示
來占效驗惟人所害其知之在於人各自有意見也　注至敵

至郊勞　正義曰聘礼賓至于近郊君使卿用束帛勞先設壇之
法下云先君適四国未嘗不為壇（壇）蓋以朝礼君親行事重故有之
也礼有壇墠者先儒以為除地曰墠封土曰壇此并言除地封土
者尚書金縢云三壇同墠是作壇在除地之内故除地封土并言
之服虔本作墠解云除地為墠王肅本作壇而解云除地坦坦者
則讀為墠也案下云作壇以昭其功以昭其禍若是除地草穢尋
生不足以昭示後人杜言壇是也下言中舍者不為壇則不除地
故為草舍耳　亦皆循之　正義曰言因循不廢也　国近朝会
正義曰慶封与舍政使舍知政事耳封猶有為国之重故国之
卿大夫皆近就嬰家朝会　使諸至反之　正義曰崔氏之亂但
是莊公之黨崔氏以之為賊當時辟難並悉出奔崔氏既亡慶封
召今還国故言使諸逃亡之人得賊名而出者以己情告而悉反
之　宗不余辟　正義曰男女辨姓則女亦辟宗癸謂慶舍為
宗言彼宗不於我處相辟也　公膳日雙雞　正義曰案礼記玉
藻云天子日食少牢朔月大牢諸侯日食特牲朔月少牢其大夫

則日食特豚朔月特牲今膳日雙雞者齊國臨時之宜不如禮也
更之以鶩　正義曰釋鳥云舒鳧鶩舍人曰鳧野名也鶩家名也
李巡曰野曰鳧家曰鶩郭璞曰鴨也然則謂之舒者舒遲也家養
馴不畏人故飛行遲以遲別野名耳其爲鴨一也　以其洎饋
正義曰說文云洎灌釜也周禮士師職云祀五帝則洎鑊水鄭玄
云洎謂增其沃汁也然則洎者添釜之名添水以爲肉汁遂名肉
汁爲洎去肉而空以汁饋設其怨之深也　注二子皆惠公孫
正義曰昭三年傳云二惠競爽猶可又十年傳曰齊惠欒高氏皆
耆酒是知皆惠公孫也　注慶封至之道　正義曰釋宮云六達
謂之莊注爾雅者皆以爲六道旁出杜以九達並九軌故亦以莊
爲六軌也　慶奠爲上獻　正義曰祭祀之禮主人先獻下文慶
舍死公懼而歸則於時公親在矣又比此祭慶舍涖事公與慶舍
不爲上獻而奠爲上獻者慶舍使爲之不可以禮責也奠即饋也
爲下殺慶繩張本　注優俳　正義曰優者戲名也晉語有優施史
記滑稽傳有優孟優旃皆善爲優戲而以優著名史游急就篇云

倡優俳笑是優俳一物而二名也今之散樂戲為可笑之語而令人之笑是也宋大尉袁淑取古之文章令人笑者次而題之名曰俳諧集　慶氏之馬善驚　正義曰善驚謂數驚古人有此語今人謂數驚為好驚好亦善之意也　注魚里至觀之　正義曰杜以優在魚里士往觀之劉炫以為國人從旁為優引行以至魚里以規杜氏但傳文不顯古事難知劉輒以為規一何煩碎　注甍屋棟　正義曰先儒相傳為然也張衡西京賦曰甍宇齊平言諸屋棟簷高下等也說文云甍棟梁也是又名為梁此是屋上之長材椽所以馮依者也今俗謂之屋脊　注礼食至不共　正義曰礼法食必先祭々古之先食以示有所先也公食大夫礼云賓升席坐取韭菹以辯擩于醢上豆之間祭又言祭鉶羹於上鉶之間祭飲酒於上豆之間是祭食之礼各有其处論語云汎愛眾汎是寬博之語故知汎祭為遠散所祭言其不共也　注句餘至吳邑　正義曰此時吳君是餘祭也明年餘祭死乃夷末代立昭十五年吳子夷末卒是也服虔以句餘為餘祭社以為夷末者以慶

封此年之末始来奔魯齊人来讓方更奔吳明年五月而閽弑餘祭討其閒未得賜慶封以邑故以句餘為庚末也　注六十邑正義曰傳直言六十社知六十邑者下云与北郭佐邑六十則此亦是六十邑也　外不得宰　正義曰外猶以外宰猶益也以邶殿為外也言吾先有邑更不得益邶殿耳　夫民至幅之　正義曰人皆欲生計重厚而多財用利益心既无厭於是乎用正德以幅之言用正德以為边幅使有度也　武王有亂臣十人　正義曰尚書泰誓文也乱治也以武王自言我有治理政事者十人鄭云論語注云十人謂文母周公大公召公畢公榮公大顛閎夭散宜生南宮适　不十人不足以葬　正義曰案武王有亂臣十人而始天下崔子若有十人唯得葬者武王聖人十人皆大德故有天下崔子是罪人又有十人是凡人故唯可以葬也服引武王十人者唯取同心之義　与我其拱璧　正義曰其者其崔杼也故云崔氏大璧拱謂合兩手也此璧兩手拱抱之故為大璧　注始求至知之正義曰始求崔杼尸不得嫌以他尸代之傳言國人猶知之皆曰

崔子言猶尚識其形知是真崔子也　濟澤至敬也　正義曰此
意取采蘋之詩也詩云于以采蘋南澗之濱于以采藻于彼行潦
于以奠之宗室牖下誰其尸之有齊季女彼詩采蘋於澗采藻於
潦此并言行潦之蘋藻又别言濟澤之阿者以其所是出菜之処
故先言之也独言濟者以濟在魯国故穆叔独举所見而言也女
将行嫁就宗子之家教之以四德三月教成設祭於宗子之廟此
詩述教成之祭奠諸宗室謂薦於宗子之家廟也詩言季女而此
言季蘭謂季女服蘭草也案宣三年傳曰蘭有国香人服媚之
如是々女之服蘭也　向戌至楚也　正義曰魯宋俱是朝楚而
戌与叔仲昭伯言不同者二者並為楚是大国故朝其君昭伯欲
令公行故以国大勸公言大国可畏也向戌欲令公还故以君身規
公言君死且反也意異故言異耳　注徵審至發例　正義曰昭
三十年傳云非公且徵過也杜云徵明也則此徵之訓亦為明々審
此緩告者非有變故宜緩自是臣子怠慢耳杜序以故吾為新意
故此發新例以明諸无變故而緩来告者皆是譏其怠慢也

春秋正義卷第二十四

計一万六千一百四十六字

春秋正義單疏本為世間罕見之書日本宮內省圖書寮藏有傳鈔本不知何日流出二冊予於己酉年得之書肆不忍令此祕笈歸於散佚因以之歸圖書寮俾成完璧亦藝林佳話也

宣統二年田吳炤記於七硯盦

得圖書寮假鈔補本以為酬　又記

日本影鈔正宗寺本春秋正義

第五册

唐 孔穎達撰

日本文化間影鈔正宗寺本

山東人民出版社·濟南

春秋正義卷第二十五　襄公

國子祭酒上護軍曲阜縣開國子臣孔穎達等奉

勅撰

二十九年注公在楚明常　正義曰僖廿八年冬公會諸侯于溫

十七年秋九月公至自會宣七年冬公會諸侯于黑壤八年春公

至自會成十年秋公如晉十一年春公至自晉十二年冬公如晉

十三年春公至自晉此等正月公皆不在其類多矣是公在外闕

朝正之禮甚多而皆不告唯告此一年者魯公如楚之云云釋例曰

襄二十九年春王月公在楚之凡公之行始則告廟如還則告公至

今中復告公在楚者明國之守臣每月亦以公不朝之故告於廟

也每月必告而特於正月釋之者蓋歲之正也月之正也日之正

也三始之正嘉禮所重人理所以自新故特顯以通他月也公之

在外所以闕朝正之禮甚多唯告此一年釋此一事者斯禮明常

非義例所急故因公遠出踰年存此一事以示法也　注四同盟

正義曰衍以成十五年即位其年盟于戚十七年于柯陵十八年于虛

杍襄三年于鷄澤五年于戚七年及孫林父盟九年于戲十一年
于亳城北二十七年于宋衎自前即位及後復歸凡与魯九月盟
列炫以為杜云四門盟者誤今知不然者以其与成公三盟不數
五年盟戚經不書不數七年林父是大夫又特共魯盟亦不數故
為四月盟也則不尋此理而規杜過非也　注閽守至言盗
正義曰周礼閽人王宮每門四人鄭玄云閽人司昏晨以啓閉者
刑人墨者使守門既服墨刑使之守門是下賤人也哀四年盗殺
蔡侯申此為下賤非士故不言盗也穀梁傳曰不称名姓閽不得
齊於人不称其君閽不得君其君也　注公孫至卿行　正義曰
公孫段即伯石也按三十年傳伯有死始命伯石為卿則此時未
為卿矣未為卿而得書其名故疑之云蓋以攝卿行也以隱公攝
位為君而国人君之諸侯与之知攝位為卿者諸侯亦即以為卿
序之於列故史得以卿書也文七年傳称晉使先蔑如秦逆公子
雍荀林父謂蔑曰攝卿以往可也何必子是知有使大夫攝卿之
法也　注杞復至礼也　正義曰杞入春秋書爵称侯又称伯儀二十

三年二十七年称子傳曰用夷礼故曰子自尔来常称為伯今以
後称子傳云晉曰子賤之也明為用夷礼故賤之知杞復称子用
夷礼也　注吴子至上国　正義曰上云闔弑吴子使聘傳曰其
出聘也通嗣君也不知通嗣君通誰嗣也賈逵服虔皆以為夷末
新即位使来通聘案隱三年武氏子来求賻文九年毛伯来求金
並不言王使傳皆云王未葬也是知先君未葬嗣君不得命臣此
与闔弑吴子文不隔月吴魯相去經塗至遠豈以君死之月即命
臣乎而得晉吴子使也且傳称季札至魯徧觀周楽至戚聞鐘声
說孫文子云君又在殯而可以楽乎自請觀楽説人聽楽嘆世大
賢豈有若是故杜以為通嗣君通餘祭嗣也二十五年遏为巢牛
臣所殺餘祭嗣立至此始使札通上国吴子未死之前命札出使
既遣札聘而後身死札以六月到界未及聞喪故每事皆行吉礼
也經傳皆先札至之月知以六月到者以城杞在五月之下城杞
既訖乃有士鞅来聘杞子来盟若共在月中則不容此事下文有
秋知札以六月至也札去之後吴始告喪告以五月被弑故追書

在聘上耳札賢公子不書公子者吴是之東夷其礼未同於上国故
史不書氏以札是卿故書其名耳釈例曰吴晚通上国故其君臣
朝會不同於例亦猶楚之初始也昭二十七年傳稱延州來季子
聘于上国是吴謂諸夏為上国也　傳注釈解云朝正　正義曰
公本在国每月之朔常以朝享之礼親自祭廟今以在外之故闕
於此礼国之守臣於此朔日告廟云公在楚史官因書於策傳解
其告廟之意告云公在楚者解釈公所以不得親自朝正也
楚人使公親襚　正義曰檀弓云襄公朝于荊康王卒荊人曰必
請襲魯人曰非礼也荊人強之巫先拂柩荊人悔之記之所言即
是此文所異者此言請襚彼言請襲此言被殯彼言拂柩雖俱說
此文先後不同礼死而浴浴即襲襲後始小斂大斂乃殯案往年
傳公及漢聞康王卒公欲反則康王之卒公未至楚楚人使公親
襚當在此年言之則此年始令公親襚襚不得為襲也卒已踰月
不得拂柩仍在地足知殯是而柩非記虛而傳實也然則襚衣所以
衣尸既殯而使公襚者致襚所以結恩好其衣不必充用雜記襲致

襚之禮云委衣于殯東是既殯猶致襚也文九年秦人來歸僖公
成風之襚僖薨十年猶致之況既殯也 注諸侯至之比 正義
曰雜記云弔者含襚賵臨是諸侯之臣使於隣國之禮也楚人以
諸侯相於有遣使賵襚之禮今以公身既在意在輕魯欲以公依
遣使之比使公親行之也 祓殯至幣也 正義曰案雜記諸侯
使臣致襚之禮云委衣于殯東今楚人以公身在意欲極恩全公
依遣使之比公以楚人輕己所以患之故穆叔云若使巫人先往
祓殯則是君臨臣喪之禮祓除既了而行襚禮布陳衣物與行朝
之時布陳幣帛無異有何可患劉炫云朝禮兩君相見先授玉然
後致享乃布陳幣帛於庭也祓殯者君臨臣喪之禮先使祓殯行
臨喪之禮然後致襚則全是布幣之禮言與朝而布幣無異也
君臨臣喪者由先見臣故以祓殯比行朝禮自然致襚似布幣楚
以親襚屈魯魯以祓殯自尊令贊曰既云以殯有凶邪是惡患之
不肯親襚穆叔云先使巫人祓除殯之凶邪凶邪既無而行襚禮
布陳衣物與行朝之時布陳幣帛無異言俱無咎有何可患

乃使巫祓殯　正義曰巫者接神之官周禮男巫王弔則與祝前
檀弓云君臨臣喪以巫祝桃茢執戈惡之也鄭玄云為有凶邪之
氣在側桃鬼所惡茢萑苕可埽不祥君臨臣喪禮有此法故使巫
以桃茢先祓殯君以楚子為臣然所以歷楚也茢是帚蓋桃為棒
也詩毛傳曰薍為萑萑苕謂薍穗也杜云茢黍穰者今世所謂苕
帚者或用薍穗或用黍穰是二者皆得為之也　注兵死至北郭
正義曰周禮冢人掌公墓之地辨其兆域凡死於兵者不入兆域
注璽印也　正義曰蔡邕獨斷云璽印也信也天子璽白玉螭虎
紐古者尊卑共之月令曰周封璽季武子使公冶問璽書是諸侯
大夫印稱璽也衛宏云秦以前民皆以金玉為印唯其所好自秦
以來唯天子之印獨稱璽又以玉群臣莫敢用也案周禮掌節貨
賄用璽節鄭玄云今之印章也則周時印已名璽但上下通用
公曰祇疏也　正義曰武子奪云聞卞將叛則是叛形未著故云
猜之言武子自欲得之而誣言其叛多見疏外我也多見疏猶論
語云多見其不知量也服虔本作祇見疏解云祇適也晉宋杜本

皆作多古人多夥同音張衡西京賦云炙炰夥清酤多皇恩溥洪
德施々与多為韻此彰衆矣　注以卿正賞之　正義曰公治先為
大夫公今以恩加賜知以卿服玄冕賞之也周礼司服云卿大夫
之服自玄冕而下是卿与大夫同服玄冕也其旒由以命數為異
耳　葬君正段注　正義曰鄭之上卿即子展也有宴謂君適
楚而代守国也計於時鄭卿在国猶有子西伯有不使彼行而使
印段者蓋別有所掌共子展守国故不得行也　注詩小正跪処
正義曰小雅四牡之章鹽亦盬也昭元年傳曰於文皿虫為蠱穀
之皂亦為蠱々是虫之害物故為不牢固也秋言去皇暇也啓跪
也孝巡曰皇間暇也啓小跪也言王事死有不牢固已為牢固之
故不得間暇而跪処也　以子展之命　正義曰蓋死日追死時
民已飢故假其生時之遺命也　隣於善民之望也　正義曰隣
近也近於善民不望君為善也　注治理至其城　正義曰經書城杞謂
杞城耳下使女叔侯来治杞田知治杞々亡之地非独修其城也　夏肄是屏
正義曰方言云肄㭊餘也秦晉之間曰肄鄭玄云斬而復曰

肆杞是夏後滅而復存櫱木之枿生小栽也　射者三耦　正義
曰燕礼云君射則大射正為司射如鄉射之礼是燕射為射之時
也此云公享之則享法亦有射也周礼射人云諸侯之射以四耦
此三耦者彼是畿內諸侯故四耦此及儀礼大射畿外諸侯故三
耦或當臣與君異也　注不尚取貨　正義曰服虔云不尚〻
也尚當取女叔侯殺之下文叔侯云先君而有知也毋寧夫人而
享用老臣服虔云毋寧〻也寧自取夫人將享用老臣手杖以其
言大悖死後君臣之礼故服之以為夫人云不尚取之者先君不
高尚此叔侯之取貨也毋寧夫人謂先君當怪夫人云所為也劉
炫以夫人慍而出辭則其言當悖直言不尚此吏所說大輕淺非
是慍之意昭八年穿封戌云若知君之及此匿恨不殺靈王其意
乃悖於此蓋古者不諱之言服虔之說未必非也　好善而不能
擇人　正義曰昔有南陽貴邸閻公穆威嘗問曰知人是善
然後好之何以言其不能擇人有曰好善仁擇人鑒照有仁心鑒
不周物故好而不能擇也劉炫以此言亦有所切於彼　注曾以

至礼樂　正義曰明堂位云成王以周公為有勳勞於天下是以
封周公於曲阜命魯公世々祀周公以天子之礼樂又曰凡四代
之服器魯兼用之是魯以周公故有天子之礼樂也　歌周南召
南　正義曰歌周南召南之詩而以樂音為之節也周南召南皆
文王之詩也周召者岐山之陽地名周之先公曰大王者自豳始
遷焉而脩德建王業大王生王季王季生文王於時雍梁荊豫徐
揚之民皆服文王々々三分天下有其二以服事殷文王改都於
豐乃分岐邦周召之地賜周公旦召公奭以為采邑使此二公施
教於已所職之國為文王行先公賢化與己聖化使二公雜而施
行之但南土感化有深有淺其作詩也或感聖化或感賢化及武
王伐紂定天下巡守述職陳諸國之詩以觀民風俗其六州所作
詩其得聖人之化者謂之周南其得仁賢之化者謂之召南其實
皆是文王之化而分繫周召二公耳必分繫者文王以諸侯之身
行王者之化詩人述其本志為作聖賢之風此詩體實是風不可
以雅名之文王身有王號不可以風繫之名亦所繫諸不可棄因

二公爲王行化是故繫之二公周公聖以聖化繫之召公賢以賢
化繫之周南十一篇召南十四篇季札此時徧觀周樂詩篇三百
不可歌盡或每詩歌一篇兩篇以示意耳未必盡歌之也劉炫云
不直言周召者以其實非二公身化也言南者詩序云言化自北
而南也謂從岐周而被江漢也　注此皆其聲曲　正義曰詩人
觀時政善惡而發憤作詩其所作文辭皆準其樂音令宮商相
和使成歌曲樂人采其詩辭以爲樂章述其詩之本音以爲樂之
定聲其聲既定其法可傳雖多歷年世而其音不改今此爲季
札歌者各依其本國歌所常用聲曲也由其各有聲曲故季札
聽而識之言本國者變風諸國之音各異也　注美其聲
正義曰先儒以爲季札所言觀其詩辭而知故杜顯而異之季札
所云美哉者皆美其聲也詩序稱詩者志之所之也在心爲志發
言爲詩情動於中而形於言言之不足故嗟歎之長歌以申意
也及其八音俱作取詩爲章則人之情意更復發見於樂之音
聲出言爲詩各述己情聲能寫情情皆可見聽音而知治亂觀樂

而曉盛衰神瞽大賢師曠季札之徒其當有以知其趣也
注未亡亦怨怒　正義曰詩序云治世之音安以樂亂世之音怨
以怒此作周召之詩其時猶有紂存音雖未亡安樂已得不怨怒
矣　注武王至之化　正義曰邶鄘衛者商紂畿内之地名也漢
書地理志云周既滅殷分其畿内為三国詩風邶鄘衛国是也邶
以封紂子武庚鄘管叔尹之衛蔡叔尹之以監殷民謂之三監故
書序曰武王崩三監叛周公誅之盡以其地封弟康叔故邶鄘衛
三国之詩相與同風此注取漢志為說也漢世大儒孔安国賈逵
馬融之徒皆以為然故杜亦同之鄭玄詩譜云武王伐紂以其京
師封紂子武庚為殷後庶殷頑民被紂化日久未可以建諸侯乃
三分其地置三監管叔蔡叔霍叔使尹而監教之自紂城而北謂
之邶南謂之鄘東謂之衛武王崩後五年周公居攝三監導武庚
叛成王既黜殷命殺武庚復伐三監更於此三国建諸侯以殷餘
民封康叔於衛使為之長後世子孫稍強兼并彼一国混其地而
名之先儒唯鄭言然康叔以後七世至頃侯仁人不遇邶人作柏舟

之詩以刺之以後紺作十九篇為邶風十篇為鄘風十篇為衛風
皆美刺衛君而為三耳此三國之風實同是衛詩而必分為三者
鄭玄云作者各有所傷從其本國分而異之故為邶鄘衛之詩矣
其意以為邶鄘衛各是大國土風不同作者雖俱有美刺而各述
土風故大師各從其本國而異之　注康叔亦疑言　正義曰康
叔周公弟武公康叔九世孫世本世家文也魯為季札作樂為之
歌邶曲耳不告季札以所歌之樂名也札言吾聞康叔武公之德
如是〻先聞其善今邶合其意雖不知其名而疑是衛風也言是
其衛風乎疑之辭也直聽邶以為別不國名而後知故有疑言矣
注王黍亦為雅　正義曰王詩黍離為首王非國名故舉首篇以
表之王者周東都王城畿內方六百里之地也始武王作邑于鎬
是為西都周公攝政營洛邑謂之王城是為東都成王既居洛邑
復歸西都十一世至幽王遇西戎之禍平王東遷王城於特王
政不行於天下其風俗下同諸侯王畿內之人怨刺者以其政同
諸侯皆作風詩不復為雅其音既是風體故大師別之謂之王國

之變風也謂之王者以王當周猶春秋之王人天命未改尚尊之
故不言周也　爲之歌鄭　正義曰周宣王封母弟友於西都畿
内是爲鄭桓公於漢則京兆郡鄭縣是其都也幽王之時桓公爲
大司徒見幽王政荒問於史伯曰王室多故余懼及焉其何所可
以逃死史伯教之濟洛河潁之間有虢鄶之國取而守之唯是可
以少固及幽王爲犬戎所殺桓公死之其子武公與晉文侯定平
王於東都王城卒取史伯所云虢鄶之地而居之於漢則河南郡
新鄭縣是其都也武公又作卿士國人作緇衣之篇以美之以後
凡二十一篇皆鄭風也　曰美云云亡乎　正義曰樂歌諸篇情見
於音美哉者美其政治之音有所善也鄭君政教煩碎情見於詩
以樂播詩見於聲内言其細碎已甚矣下民不堪也民不堪命
國不可久是國其將在先亡乎居上者寬則得衆爲政細密煩更
煩碎故民不能堪也　爲之歌齊　正義曰齊者古少皞之世
爽鳩氏之墟也武王伐紂封大師呂望於齊是爲齊大公其封域
在禹貢青州岱山之陰濰淄之野於漢則齊郡臨淄縣是其都也

大公後五世哀公荒淫怠慢国人作雞鳴之詩以刺之以後凡十一篇皆齊風也　為之歌豳　正義曰豳者禹貢雍州岐山之北原隰之野其地西近戎北近狄豳是彼土之地名於漢則扶風郡栒邑縣是其都也周室之先后稷之曾孫曰公劉者自邰而徙彼乎田能脩后稷之業教民以農桑民咸歸之而成國積九世至大王乃入處於岐山世世脩德卒成王業武王崩成王幼周公攝政管蔡流言云公將不利於孺子周公於是舉兵東伐之乃陳后稷先公風化之所由致王業之艱難作七月之詩以表志大師以其主意於先公在豳時之事故別其詩以為豳国之變風凡七篇皆是周公之事也　曰美哉蕩乎　正義曰美哉亦美其音也蕩蕩寬大之意好樂不已則近於荒淫故美其樂而不淫也先聞周公之德此邑目於所聞故疑之云其周公之在東乎言在東之時為比邑也　為之歌秦　正義曰秦者隴西山谷之名於漢則隴西郡秦亭秦谷是也堯時有伯益者佐禹治水有功帝舜賜之姓曰嬴氏其後世之孫曰非子事周孝王孝王使之養馬於汧渭之間

封之為附庸邑之於秦谷非子曾孫秦仲宣王又命以為大夫始有車馬礼樂侍御之好國人作車隣之詩以美之秦仲之孫襄公平王之初興兵討西戎以救周王既東遷乃以岐豐之地賜之始列為諸侯更有驷驖以下凡十篇皆秦風也　注詩第至不同正義曰此為季札歌詩風有十五國其名皆与詩同唯其次第異耳則仲尼以前篇目先具其所刪削蓋亦無多記傳引詩亡逸甚少知本先不多也史記孔子世家云古者詩三千餘篇孔子去其重取三百五篇蓋馬遷之謬耳　為之歌魏　正義曰魏者虞舜夏禹所都之地在禹貢冀州雷首之北析城之西於漢則河東郡河北縣是其都也周以封同姓世本无魏君名謚不知始封之君何所名也鄭玄以為周王平桓之世魏君儉嗇且褊急不務施德國人作葛屨之詩以刺之後凡七篇皆魏風也　為之歌唐正義曰唐者帝堯舊都之地於漢則太原郡晉陽縣是也周成王封母弟叔虞於堯之故虚曰唐侯其地南有晉水虞子燮父改為晉侯燮父後六世至僖侯甚嗇愛物儉不中礼國人閔之作蟋蟀

之詩以刺之以後凡十二篇皆唐風也詩序云此晉也而謂之唐本其風俗憂深思遠有堯之遺風又叔虞初國亦以唐為名故名其詩為唐風　曰思古者是　正義曰陶唐之化遺法猶在歌之民与唐世民同故察此歌曰思慮深遠哉見其思深故疑之云其為陶唐氏之遺民乎若其不是唐民何其憂思之遠也非承令德之後誰能如此深慮也令德謂唐堯也為之歌陳　正義曰陳者大皞伏犧氏之虛也於漢則淮陽郡陳縣是其都也帝舜之冑有虞遏父者為周武王陶正武王賴其利器用又以其人是聖舜神明之後乃封其子滿於陳使奉虞舜之祀賜姓曰媯是為陳胡公後五世孫幽公荒淫無度國人作宛丘之詩以刺之以後凡十篇皆陳風也　注　鄶第十三徵也　正義曰言以下知兼有曹也鄶者古高辛氏火正祝融之虛也國在禹貢豫州外方之北滎波之南居溱洧之間於漢則河南郡密縣竟內有其都也祝融之後分為八姓唯有妘姓為鄶國者処祝融之故地焉鄶是小國世本無其号謚不知其君何所名也鄭玄以為周王夷厉之時鄶公不務

政變而好衣服大夫作羔裘之詩以刺之凡四篇皆鄶風也其後鄭武公滅其國而處之曹者禹貢兗州陶丘之地名於漢則濟陰郡定陶縣是其都也周武王封其弟叔振鐸於曹後十一世當周惠王時昭公好奢而任小人國人作蜉蝣之詩以刺之以後凡四篇皆曹風也鄶曹二國皆國小政狹季子不復譏之以其微細故也

為之歌小雅 正義曰詩序云言天下之事形四方之風謂之雅雅者正也政有小大故有小雅焉有大雅焉然則小雅大雅皆天子之詩也立政所以正下故詩序訓雅為正又以政解之天子以政教齊正天下故民述天子之政還以齊正而為名故謂之雅也王者政教有大有小詩人述之亦有大小故有小雅大雅焉據詩以小雅所陳有飲食賓客賞勞群臣燕賜以懷諸侯征伐以強中國樂得賢者長育人材於天子之政皆小事也大雅所陳有受命作周代殷繼伐受先王之福祿尊祖考以配天醉酒飽德官人用士澤被昆蟲仁及草木於天子之政皆大事也詩人歌其大事制為大體述其小事制為小體體有大小故分為二焉詩體既異

条音亦殊其音既定其法可傳後之作者各從其旧二雅正經述
小政為小雅述大政為大雅既有小雅大雅之体亦有小雅大雅
之音王道既衰変雅並作取小雅之音歌其政叓之変者謂之変
小雅取大雅之音歌其政叓之変者謂之変大雅故変雅之美刺
皆由音制有大小不該由政叓之大小也風述諸侯之政非无大
小但化止一国不足分别頌則功成乃作皈美報神皆是大叓无
復小体故風頌不分唯雅分為二也周自文王受命發跡肇基武
王伐紂功成業就及成王周公而治致升平頌声乃作此功成之頌
本由此風雅而來故録周南召南之風鹿鳴文王之雅以為詩之
正經計周南召南之風鹿鳴文王之雅所述文王之叓亦有日時
者也但文王實是諸侯而有天子之政故人所作立意不同述諸
侯之政則為之作風述天子之政則為之作雅就雅之内又為大
小二体是由体制異非時節異也詩見積漸之義小雅先於大雅故
魯為季札亦先歌小雅　曰美哉民寫　正義曰杜以此言皆歎
正小雅也言其時之民思文武之德不有二心也雖怨時政而已

一一一二

忍而不言其是周德衰小之時乎猶有殷先王之遺民故使周德未得大也服虔以為此歎變小雅也其意言思上世之明聖而不貳於商時之王怨當時之政而不有背叛之志也其周德之衰微乎疑其幽厉之政也刘炫以服言為是而譏杜解錯謬令知不然者以小雅大雅二詩相對今歌大雅云其文王之德乎是歌其善者以大雅準之明知歌小雅亦歌其善者也若其不然何意大雅歌善小雅歌不善且曾為季札歌詩不應揚先王之惡以示遠夷則不达此旨以服意而規杜非也　注衰小也　正義曰衰者差也九章算術謂差分為衰分言從大漸差而小故杜以衰為小也服虔讀為衰微之衰謂幽厉之時也　注大雅至天下　正義曰大雅亦有武王成王之詩杜唯言文王者以下云其文王之德乎故也　注頌者至神明　正義曰鄭玄云頌之言容也天子之德光被四表格于上下无不覆燾无不持載此謂之容也詩序云頌者美盛德之形容以其成功告於神明者也言天子盛德有形容可美々々之形容謂道教周備也成功者營造之功畢也天之所

営在於命聖々之所営在於佐賢々之所営在於養民々安而財
豊衆和而受済如是則司牧之功畢矣故告於神明也列炫又云
干戈既戢夷狄来賓嘉瑞悉臻遠近咸服群生遂其性万物得其
所即功成之験也万物本於天人本於祖天之所命者牧人祖之
所本者成業人安業就告神明使知虽社稷山川四嶽河海皆以
民為主歆民安楽故作歌詩其成功徧告神明所以報神明恩也
王者政有興廢未嘗不祭群神祖廟政未太平則神无恩力故太
平徳洽始報神功也頌詩止述祭祀之状不言徳神之力者美
其祭祀是報徳可知言其降福是荷恩可知幽王小雅云先祖非
人胡寧忍予則於時之意豈復美其祭乎故美其祭則報情顕
以成功告神明之意如此上謂周頌也其商頌則異虽是祭祀之
歌祭先祖王廟述其生時之功乃是死後頌徳非以成功告神意
同大雅与周頌異魯則止頌僖公總如変風之美者文体類小雅
又与商頌也此當是歌周頌杜解盛徳所同兼殷魯三頌皆歌也
日至々同也　正義曰至矣哉言其美之至也以王道周備故為

正義也自直而不倨至行而不流凡十四句皆言有此意明王者
之德季札或取於人或取於物以形見此德每句皆下字破上字
而美其已不然也人性直者失於倨傲此直而已不倨也謂王者
体性質直雖富有四海而不倨傲慢易在下物有曲者失於屈橈
此曲而已不屈也謂王者曲降情意以尊接下恒守尊嚴不有屈
橈相去近者失於相偪此近而已不偪也謂王者雖爲在下与之
親近能執謙退不陵偪在下相去遠者失於乖離此遠而已不攜
也謂王者雖爲在下与之疎遠而已不有攜離猜疑在下數遷徙
者失於淫泆此遷而已不淫也謂王者雖有遷動流去已以德自
守不至放蕩去而復反則爲人所厭此復而已使不厭也謂王者
政教日新雖反覆而行不爲下之厭薄哀者近於憂愁此哀而已
不愁也謂王者雖遭凶災知運命如此不有憂愁樂者失於荒廢
此樂而已不荒廢也用之不已物將匱乏此用而不可匱也志寬
大者多自宣揚此雖廣而不自宣揚也好施与者皆費財物此已
施而不費損也取人之物失於貪多此雖取而不貪多也處而

不動則失於留滯此雖久處而已不底滯也謂王者相時而動時未可行雖復止處意不底滯行而不已則失於流放此雖常行而能不流放也謂王者量時可行施布政教能制之以義不妄流移五聲之音皆和八方之風皆平八音之作有節其節皆有常度音之所守有分其守各有次序周魯與商皆有盛德此上諸言盛德之所同也 注八音克序也 正義曰八音克諧無相奪倫舜典文也倫理也言八音能和諧是其音有節度也八音不相奪道理是音各守其分有次序也 注頌有克所同 正義曰杜以爲之歌頌言其亦歌商魯故以盛德之所同謂商魯與周其德俱盛也劉炫以爲魯頌只美僖公之德本非德洽之歌何知不直扱周頌而云頌有商魯乎今知不然者但頌之大体皆述其太平祭祀告神之事魯頌雖非太平經称皇皇后帝皇祖后稷又云周公皇祖亦其福女義其祭神獲福與周頌相似且季文子請周作頌取其美名又季札至魯敬褒崇魯德取其一善故云盛德所同若直歌周頌宜加周字不得唯云歌頌故杜以此解劉以爲魯頌不得與周

頌同而規杜氏非也　見舞象箾南籥者　正義曰樂之為樂有歌有舞歌則詠其辭而以聲播之舞則動其容而以曲隨之歌者樂器同而辭不一聲隨辭變曲盡更歌故云為之歌風為之歌雅及其舞則每樂別舞其舞不同季札請觀周樂魯人以次而舞每見一舞各有所歎故以見舞為文不言為之舞也且歌則聽其聲舞則觀其容歌以主人為文故言為歌也舞以季札為文故言見舞也樂有音聲唯言舞者樂以舞為主周禮大司樂云以樂舞教國子舞雲門大卷大咸大磬大夏大濩大武文云乃分樂而序之以祭以享以祀舞雲門以祀天神舞咸池以祭地祇舞大韶以祀四望舞大夏以祭山川舞大濩以享先妣舞大武以享先祖凡六樂者文之以五聲播之以八音鄭玄云播之言被也是其以舞為主而被以音聲故魯作諸樂於季札皆云見舞也禮法歌在堂而舞在庭故郊特牲云歌者在上匏竹在下貴人聲也以貴人聲樂必先歌後舞故魯為季札先歌諸詩而後舞諸樂其實舞時堂上歌其舞曲也　注象箾至之樂　正義曰賈逵云箾舞曲名言

天下樂箾去無道杜云箾舞者所執二者俱無所據各以意言之
耳詩述碩人之善舞云左手執籥右手秉翟籥是舞者所執則
箾亦舞者所執杜說當得其實但不知箾是何等器耳杜云皆文
王之樂則象箾與南籥各是一舞南籥既是文舞則象箾當是武
舞也詩云維清奏象舞則此象箾之舞故鄭玄注詩云象用兵時
刺伐之舞是武舞可知其名之曰南其義未聞也知是武王制者
以為人子者貴其成父之業文王既有大功武王無容不述於周
公之時已象伐紂之功作大武之樂不應復象文王之伐制為別
樂故知此舞是武王制焉王者之作禮樂必大平乃得為之武王
未及大平亦得作此樂者一代大典須待大平此象文王之功非
為易代大法故雖未制禮亦得為之周公大平雖作大武猶重文
王之功留播之以為別樂故六代之樂不數此象也周禮分樂而
序之象舞不以祭祀或以祈告兼用故魯今亦有之劉炫云知是
文王樂者詩云維清緝熙文王之典此象樂之所舞故知是文王
樂也鄭玄注象文 云此樂名象而已以其象變有舞音故詩序謂

之象舞〻非此樂名故此直言舞也其箾籥是可執之物司馬相如上林賦曰拂翳鳥捎鳳皇則捎亦拂之類今人謂拂為捎此必傳於古其箾捎字同也杜不解南劉炫謂南如周南之意南在箾籥之間蓋二者共為南義 注義武以大平 正義曰歌聽音而舞觀形故知義者義其容也歌詩由口而出樂音以詩為章人歌君德情見於音聽音知政容或可亦討聖人之德非舞容可象而季札觀舞皆知其德者聖人之作樂也各象當時之事特事見於舞故觀之可以知也樂記稱賓牟賈問大武之樂云敢問遲之遲而又久何也子曰夫樂者象成者也總干而山立武王之事也發揚蹈厲大公之志也武亂皆坐周召之治也且夫武始而北出再成而滅商三成而南四成而南國是疆五成而分周公左召公右六成復綴以崇天子夾振之而四伐盛威於中國也分夾而進事早濟也久立於綴以待諸侯之至也彼言大武之舞是象武王之事則知諸樂之舞皆象時王功德也聖王功德見於舉動之容故觀其舞容各知其德也 見舞大武者 正義曰鄭玄周礼注

云大武〻王樂也武王伐紂以除其害言其德已成武功也此舜
四代之樂從後代而稍前也象是文王之樂文在大武之先〻舜
象而後舜武者以象非一代大樂故先舜之 見舜韶濩者
正義曰周礼謂之大濩鄭玄云大濩湯樂也湯以寬治民而除其
邪言其德已使天下得其所也然則以其防濩下民故称濩也此
言韶濩不解韶之義韶亦紹也言其能紹繼大禹也 見舜大夏
者 正義曰樂記解此樂名夏大也鄭玄云言禹能大堯舜之德
又周礼注云禹治水敷土言其德能大中国也季札見此舜歎禹
勤苦為民而不以為恩德則鄭周礼注是也 見舜韶箾者
正義曰樂記解此樂名云韶繼也鄭玄云韶之言紹也言舜能繼
紹堯之德杜不解箾義箾即簫也尚書曰簫韶九成鳳皇來儀此
云韶箾即彼簫韶是也孔安国云言簫見細器之備也蓋韶樂
兼簫為名簫字或上或下耳 注魯用至篇數 正義曰明堂位
云四代之服器官魯兼用之是魯之所用四代而已唯用四代之
樂不得用雲门大咸故舜及韶箾而季札知其終也先儒以内季

札在吳未嘗經見此。杂为歌諸詩其所数義皆以詩辭之內求所
歎之意故杜辨之在吳雖已見此杂歌之文但未聞中国雅音其
所言者皆聽音而知非察其文辭故取傳文證之明是素知其
篇數也　注大帶至貨利　正義曰玉藻說大帶之制大夫以
素為帶裨其紐三尺者外以玄內以華居士錦帶君子縞帶季
札吳卿也而以縞帶與子産者是其當時之所有耳吳始通上国
未必服章依礼也杜以縞是中国所有紵是南邊之物非土所有
各是其貴知其亦擯已耳不為彼貨利也若其不然傳不須載明
其有此意也孔安国云縞白繒也鄭玄礼記注云白經赤緯曰縞
黑經白緯曰纖　注後謂伯有　正義曰按二十七年傳伯有次
子展之下此年子展卒故伯有執政也上文云子展卒子皮为政
者蓋鄭人以子展有大功使子皮代父为上卿耳其父始卒国政
猶在伯有下去伯有使公孫黑如楚是伯有執政之寔也
君侈而多良　正義曰謂多以惡人为良而善之　注奢放至示
罪　正義曰釋例云奔者迫窘而去逃死四隣不以礼出也放者

受罪黜免宥之以遠也追寵而奔及以礼見放俱去其國故傳通
以達為文仲尼脩春秋又以所称為優劣也夫立功立事者國之
厚益而身之表的也表高的明雖婦人猶欲彎弓而況當塗之士
是以君子慎之道古者貴善行者无轍跡功遂而身退高止既犯其
始又專以終之免死為幸斯乃聖賢之篤戒故變放言奔又致其
罪以示過胥甲之放命陳招之首惡嬌厉以篤教也杜以高止之
罪輕於陳招胥甲而變放言奔以止為重故厚聖意欲以申之
齊人殺仲也　正義曰依世本敬仲生莊子々々生傾子々々
生宣子々々生厚子々々生止　々是敬仲玄孫之子也世本又云
敬仲生莊子莊子生傾子々々之孫武子偃擬世本則偃為敬仲
玄孫今傳云曾孫必有一誤也此鄭即後所云高偃是也世族譜
以高武子為鄭偃為一人蓋鄭偃音相近而字為二耳董遇注
此亦作偃刘炫云擬世本高止敬仲玄孫之子不立止近親遠取
敬仲曾孫者齊人賢敬仲故繫之言敬仲曾孫則此人祖父皆非
正適今别立之遠繼敬仲後高止祖父皆絶其祀也　禅諶曰

善之代不善云云　正義曰案傳伯有死後子皮授子産致云虎帥以聽命則子皮於時位在子産上矣此稗諶論鄭卿位次其言不及子皮者蓋以子皮非旧卿虽继父而居高位民望政次未之許也及伯有既死子西亦卒子皮位为上卿故鄭人使知政耳

三十年注称弟以骨肉　正義曰傳言罪在王知称弟以恶王也　注共姬以過厚　正義曰公羊傳曰其称謚何賢也杜以共非夫人之謚故注顯而異之夫謚为共從夫謚而称之耳共非夫人之身行也昭三十年傳曰先王之制諸侯之喪士弔大夫送葬則夫人之喪不得過之也昭三年傳云文襄之霸也君薨大夫弔卿共葬事夫人士弔大夫送葬是法皆不使卿也伯姬魯女以災而死魯人隆之故使卿共葬事礼過厚也　注耆酒以罪之　正義曰據傳子皙伐伯有而伯有非为罪也春秋出奔者名皆是罪之之文故杜跡其罪状耆酒荒淫故書名也　注不言以无兵　正義曰成十八年傳例曰以恶曰復入謂还而以兵害国为恶复而入若魚石以楚師伐宋取其彭城栾盈帥曲沃之衆以

入于絳如是乃为悪入也良霄独迷无兵入国始为悪非是以悪
入故不得名後入直言入者自外而入内耳非彼例也成十五年
宋花元出奔晋宋花元自晋帰于宋奔之与帰再名氏此良霄
不重名氏者彼宋再告此鄭一告故運名之　注令未至求
財　正義曰案桓二年令于稷以成宋乱則是令言其变而此
言令未有言其变義相違者彼言以成宋乱直連言所令之変
与桓十五年令于襄伐鄭相似經不明言变之意故今此言宋災
故是丁寧之辞不与彼同案傳責諸侯之卿并及宋人杜此注何
以唯言悪宋人不克己自責不兼为諸侯卿者以傳云名曰某人
々々宋災故尤之也是宋災之丈独繫向戌緣人故知宋災特悪
宋也　傳王子之为政　正義曰傳於圍字故杜云王子圍为
令尹也服虔云王子楚令尹王子圍也王肃云王子楚令尹圍也
有与至之年　正義曰有与同食者問此老人之年不告以
实疑其年也使之年者更使言其真年也
吏走問諸朝　正義曰俗本吏作使服虔云吏不知歷數故走

問於卿大夫王肅云史不知歷也　師曠至歲也　正義曰劉炫
云傳之敘事自可以魯為主若載人語則當如其本言此師曠晉
人自道晉事當云郤成子會魯叔仲惠伯所以云叔仲惠伯會郤
成子于承匡之歲者丘明意在以魯為主遂使此言反耳丘明尚
不免於此況後解說者乎今知非者凡魯史所記云公卿會某
侯者皆據公卿往會他若他來會我則以他為文若衛侯會公于
沓鄭伯會公于棐是也今郤成子在承匡魯往會之以晉為主書
人所言正是其宜劉炫以為晉人不當稱叔仲惠伯會郤成子以
為丘明之謬恐非也　是歲至年矣　正義曰敗狄
于鹹事在彼歲未必其年頓生三子當是欲表其功故在後生子
追以前事名之　史趙至數也　正義曰二畫為首六畫為身下
首之二畫並之使如其身旁則是生來日數也因亥畫似筭位故
假之以為言其本作亥字不為此也案字昏古之亥字體殊不
然蓋春秋之時亥字有二六之體異於古制其說文是小篆之
書又異於此說文云亥荄也十月微陽起接盛陰從二三古

史上字一人男一人女也從乙象懷子咳々之形也　士文至旬
也　正義曰文十一年記此年爲七十四年而上云七十三年
案文十一年正月甲子朔爲亥之正月是其年三月也此年之
二月癸未是亥之十二月計爲七十三年猶尚年未終也假
作全年算之置七十三年以全日三百六十五日乘之已得
二万六千六百四十五日也每年有四分日之一是四年而成
一日以四除七十三年又得十八日并全日爲二万六千六百
六十三日計終此十二月盡爲二万六千六百六十三日四分
日之一今除去三日四分日之一　取六旬合爲十二月二十七
日今杜長曆云二十三日癸未是少四日所以不与常曆同者
蓋杜爲長曆約準春秋日月以爲長曆与常曆不同故置閏遠
近不定蓋七十三年之內於常曆校四个大月而剩用四日故
癸未爲二十三日差依常曆是二十七日也刘炫云所以少三
日者文十一年非首音十年其間閏有前卻故長曆此月辛
酉朔二十三日得癸未來月庚寅朔計至朔長三日長曆

去年閏八月由閏近故也　趙孟之屬也　正義曰諸是守邑之長公邑稱大夫私邑則稱宰此言問其縣大夫問絳縣之大夫也絳非趙武私邑而云則其屬者蓋諸是公邑國卿分掌之而此邑屬趙武也　注復陶主之官　正義曰昭十二年傳說楚子出獵云皮冠秦復陶翠被豹舄執鞭以出復陶之文在冠履之間知復陶是衣也此言君復陶知是主君衣服之官也衣服之名復陶其義未聞　以為絳縣師　正義曰既使為主衣服之官又以為絳邑之縣師也周禮縣師上士二人其職掌邦國都鄙稍甸郊里之地域而辨其夫家人民田萊之數及其六畜車輦之稽凡造都邑量其地而制其域以歲時徵野之賦貢之天子之縣師掌此諸事則諸侯之縣師亦當然故杜皓引周禮以解之然知周禮則縣師是王朝之官而此言絳縣師者絳是晉國所都之邑蓋以君在絳邑故繫絳以言之　而廢其輿尉　正義曰服虔云輿尉軍尉主發衆使民於時趙武將中軍若是軍尉何是中軍尉也　注以役孤老故　正義曰知者上云老子

是孤年七十三是老也　鳥鳴于亳社　正義曰哀四年亳
社災穀梁傳曰亳社者亳之社也亳亡國也亡國之社以為廟
屏戒也然則此亳社是殷社也殷都於亳武王伐紂而頒其
社於諸侯以為亡國之戒此鳥鳴于魯國之亳社也服虔云
殷宋之祖也故鳴其社伯姬魯女欲使魯往悟伯姬也
宋大災　正義曰莊二十年齊大災杜云來告以大故書此不
書大告者不書大也服虔云不書大非災大及人伯姬生而待
之耳然則昭十八年宋衛陳鄭災災皆及人何以不言大也
注姆女師　正義曰鄭玄昏禮注云姆婦人年五十無子
出而不復嫁能以婦道教人者若今時乳母矣何休云選老大夫
妻為姆也大夫之妻當在夫室寧得從女而嫁也若言既由夫
人選大夫之妻為之則礼言女未嫁而有姆非謂夫家始選也
注義從訓左右　正義曰義者宜也從宜宜辟火也成九年
伯姬歸于宋至此四十年故為六十左右也　其君弱植
正義曰周礼謂草木為植物植謂樹立君志弱不樹立也　大

夫敖　正義曰言大夫驕敖也服虔云言大夫淫放則服本为大
夫放矣故今俗本多为放字　注降婁至天明　正義曰降婁奎
婁秋天文也孫炎曰降下也奎为溝瀆故称降也杜以周七月今
五月降婁中而天明刘炫以为五月降婁未中而規杜失今知
非者以三月諸星後位合昏奎婁在戌以衛反之平旦在辰
又三月日体在胃平旦之時奎婁在胃昴之前亦当在辰既三
月平旦在辰則四月在巳五月在午月令旦危中者極夜有長
短及星度有廣狹是細計之数杜拠大略而言故与月令不同
刘以月令之文而規杜氏非也　注娵訾至二年　正義曰釋
天云娵觜之口營室東壁也李巡曰娵觜玄武宿也營室東壁
北方宿名孫炎曰娵觜之数則口開方營室東壁四方似口故
因名云也十二次子为玄枵亥为娵訾二十八年傳称歲在星紀
而淫於玄枵二十八年已在玄枵今三十年始在娵訾三年始
移一次是歲星住在玄枵二年也　注傳云至同丈　正義曰諸
侯不敢宗財諸国大夫合敗耳向戌不合敗也而向戌亦敗係

人故傳明經所由社又叙傳之意傳云既而語盜者是叙上傳之文故不書其人是也經又別言衆矣故者此一句見向戍之并盜叙此傳曰其人々々之文也向戍若不求財當顯書名氏令盜称其人与諸国其人同故云盜以衆向戍之并盜与不盜財者同文　三十一年傳注令尚託疑之　正義曰今尚書大誓謂漢魏諸儒馬融鄭玄王肅等所注者也自秦焚詩書漢初求之尚書唯得二十八篇故大常孔臧与孔安国書云尚書二十八篇前世以為放二十八宿都不知尚書有百篇也在後又得偽大誓一篇通為二十九篇漢魏以来未立於学官馬融尚書傳序云大誓後得案其文似若淺露又春秋引大誓曰民之所欲天必従之国語引大誓曰朕夢協朕卜襲于休祥戎商必克孟子引大誓曰我武惟揚侵于之疆則取于山殺伐用張于湯有光孫卿引大誓曰独夫紂礼記引大誓曰予克紂非予武惟朕文考無罪紂克予非朕文考有罪惟予小子無良今之大誓皆無此言吾見書傳多矣所引大誓

而不在大誓者甚衆不復悉記略舉五事以明之亦可知已
王肅亦云大誓近非本經是諸儒疑之也杜氏在晉之初亦未見
真本及江東晉元帝時其豫章內史梅賾始獻孔安國所注
古文尚書其內有泰誓三篇記傳引大誓其文悉皆有之
衽　正義曰喪服注云衽為兩燕尾凡用布三尺五寸上正一
尺兩燕尾衣亦衣裁二尺五寸下廣四寸綴於身旁所以掩裳
際也　高其閈閎　正義曰說文云閈門也汝南平輿里門曰
閈釋宮云衖門謂之閎李巡曰衖頭門也然則閈閎皆是門
名言高大其門耳　繕完葺牆　正義曰周禮匠人有葺屋
瓦屋々々以瓦覆葺屋以草覆此云葺牆謂草覆牆也
寡君使匄　正義曰匄士文伯名也晉宋古本及釋例皆作匄俗
本作匄此士文伯是范氏之別族不宜與范宣子同名今定本作
匄恐非　無觀臺榭　正義曰釋宮云四方而高曰臺有木者謂
之榭李巡曰臺上有屋謂之榭然則臺榭皆高可升之以觀望言
無觀望之臺榭也　館如公寢　正義曰言往前文公之客館如今日

晋君之路寝也　圬人以宫室　正义曰释宫云镘谓之杇李巡曰
镘一名杇涂工作具也郭璞云泥镘也然则杇是涂之所用因
谓泥墙屋之人为圬人　塓亦泥也使此泥屋之人以时泥涂客
馆之宫室也　庭燎　正义曰郊特牲云庭燎之百由齐桓公
始也郑玄云僭天子也庭燎之差公盖五十侯伯子男皆三十
注门庭之内迫迮　正义曰知非馆门卑小不得容车而云
门庭之内迫迮者以传称舍于隶人明院宇迮小也　注赢受也
正义曰贾服王杜皆读为盈盈是满也故皆训为受　注延州来
季札邑　正义曰杜例土地名延州来阙不知其处则杜谓延州
来三字共为一邑服虔云延延陵也州来邑名季子让王位升
延陵为大夫食邑州来传家通言之案传文谓之延陵季子则
是延陵与州来必不得为一但不知何以呼为延陵耳　或延陵
并是邑名盖并食二邑故连言之　乡校　正义曰诗序云子
衿刺学校废是校为学之别名　不如药之也　正义曰言不如
不毁乡校使人游处其中闻谤我之政者而即改易以为我之

藥石也　注仲尼卒閔之　正義曰公羊傳於二十一年下云十有一月庚子孔子生穀梁傳於二十一年十月之下云庚子孔子生二十一年賈逵注經云此年仲尼生哀十六年夏四月己丑卒七十三年昭二十四年服虔賈逵語云是歲孟僖子卒屬其子使事仲尼仲尼時年三十五定以孔子自襄二十一年生也孔子世家云魯襄公二十二年而孔子生年七十三魯哀公十六年夏四月己丑卒杜此注從史記也　不吾叛也　正義曰謂尹何也劉炫云叛違也欲令子產不於我有違得使尹何為邑也　夫亦愈知治矣　正義曰病差謂之愈言不能之病愈知治必速也劉炫云尹何比未解治邑以自己病今若遣往學治邑之病差自然以後知治邑矣　令尹似君矣　正義曰言令尹威儀已是國君之容矣服虔云言令尹動作以君儀故云似君矣服言以君儀者明年傳云二執戈者前矣是用君儀也俗本作似君若云似君不須言矣今定本亦作似君恐非　曰大國其德　正義曰尚書武成篇也　大國以威加小國以德撫故大畏力小懷德

也不識古之也　正義曰不識不知謂不妄斟酌以内識知唯
順天之法則是言則而象之謂文王法則放象上天而行下傳覆
此謂天下則象文王不同者謂文王能則象於天故天下亦則象
文王也　紂囚文王七年　正義曰傳言囚文王七年文王必七
年内囚矣尚書無逸云文王受命惟中身厥享國五十年則文王
在位歷年多矣未知何時被囚也周本紀稱紂囚西伯於牖里
閎夭之徒求美女美寶而獻之紂紂大說乃赦西伯賜之弓矢使
之得征伐其下乃云虞芮爭獄俱讓而去諸侯聞之曰西伯受命
之君也如馬遷所云虞芮質獄之前被囚也尚書傳稱文王一
年質虞芮二年伐邘三年伐密須四年伐犬夷紂乃囚之四
友獻寶乃得免於虎口出而伐耆鄭玄尚書注據書傳内説云
紂聞文王斷虞芮之訟後又三伐皆勝始畏而惡之拘於羑里
紂得散宜生等獻寶而釋文王文王釋而伐黎以為四年囚之
五年秋之即如所言被囚不盈一年此傳不得言紂囚文王七
年也文王既已改元而又專伐諸國是則反形已露雖紂之

愚非空貨所能叙也馬遷之言固得其實在質虞芮之爭因
之故因之得七年也

春秋正義卷第二十五

計一万四千六百二十一字

春秋正義卷第二十六　昭公

國子祭酒上護軍曲阜縣開國子臣孔　穎達　等奉

勑撰

正義曰魯世家昭公名稠襄公之子齊歸所生以景王四年即位謚法威儀恭明曰昭是歲歲在大梁　元年注招實至於會　正義曰八年經書陳侯之弟招故知是陳侯母弟也不稱弟云云莊二十五年注云公子友莊公之母弟稱公子者史策之通言母弟至親異於他臣其相殺害則稱弟以示義至於嘉好之事兄弟篤睦非例所興或稱弟或稱公子仍舊史之文也八年招殺世子故稱弟以章招罪此年使以會諸國非義例之所興舊史書爲公子而仲尼因之也公羊傳曰此陳侯之弟招也何以不稱弟貶曷爲貶爲殺世子偃師貶大夫相殺稱人此其稱名氏以殺何言將自是弑君也然則曷爲不於其弑焉貶以親者弑然後其罪惡甚春秋不待貶絶而罪惡見者不貶絶以見罪惡也貶絶然後罪惡見者貶絶以見罪惡也今招之罪已重矣曷爲復貶乎此著招之有

罪也何著乎招之有罪言楚之託乎討招以滅陳也其意言八年
楚託討於招以滅陳著招之罪重故於此預貶之先儒或取公羊
為說釋例云潁氏曰臣無竟外之交故去弟以貶季友子招樂憂
故去弟以懲過鄭段去弟唯以名通故謂之貶今此二人皆書公
子公子者名號之美稱非貶所也是解招不稱弟之意也春秋之
初衛在陳上莊十六年幽之盟衛在陳下自爾以來常在陳下莊
十六年注云陳國小每盟會皆在衛下齊桓始霸楚亦始彊陳
侯介於二大國之間而為三恪之客故齊桓因而進之遂班在衛上
終於春秋是衛之班次常在陳下今衛乃在蔡之上必有其故也
襄十年諸侯伐鄭齊世子光序在滕子之上傳曰齊崔杼使大
子光先至于師故長於滕是先至有進班之理故謂此為先至於
今故也　注不稱至易也　正義曰將卑師少例當稱人魯史不
得自言魯人直書所為之事明其有人取之也若將卑師衆則言
師取某襄十三年傳例云凡書取言易也故杜以此為易耳賈逵
云楚以伐莒來討故諱伐不諱取劉炫以賈說為是故又規杜云

案傳季武子伐莒知非將卑師少也稱伐則是非易也杜何得以
為易將卑師少乎今刪定知不然者以諸稱取傳皆以易釋之此
取文與彼同故以為易也若以武子伐而取之則致力難重當以滅
為文與滅項同也案滅項被討不諱滅此亦被討何以諱滅而言
取若必有所諱當傳有其事今傳云莒魯爭鄆為日久矣魯無
大罪亦何所諱也傳云武子伐莒者武子為伐莒之主耳別遣小
將而行故不書武子猶如成二年傳言楚子重侵衛經書楚師
杜云子重不書不親兵之類是也不書伐者以兵未加鄆鄆人逆
服與襄九年傳稱詩侯圍鄭經不書杜云鄭人逆服不成圍相似
列以賈氏之注而規杜氏非也　注三同盟　正義曰華以襄十
八年即位十九年盟于祝柯二十年于澶淵二十五年于重丘皆邾
魯俱在是三同盟　注稱若至稱爵　正義曰釋例云諸侯不受
先君之命而篡立得與諸侯會者則以成君書之若未得接於諸
侯則不稱爵傳曰會于平丘以定之位又云先君若有罪則君列
諸會矣此以會為斷也是杜據彼傳之二文知此為未會諸侯故不

称爵　注楚以至書弑　正義曰傳称縊而弑之而經書卒者襄
七年鄭子駟使賊夜弑僖公而以瘧疾赴于諸侯而經書為卒知
此亦以瘧疾赴故不書弑　注書名罪之　正義曰齊崔氏宗
司城無罪書氏書官此傳無罪狀直以不能自固其位耳出奔又
無可善無可善即是罪未必犯大罪也　傳圍布至而來
正義曰聘禮臣奉君命聘於鄰國猶尚釋幣于禰乃行況昏是
嘉禮之重故圍自布几筵告父祖之廟而來也文王世子曰五廟之
孫祖廟未毀雖為庶人冠取妻必告鄭玄云告於君也亦既告君
必須告廟若尊不主臣昏故圍自告也　若野至卿也　正義曰
言我若受野賜之禮則是委隕我君之命得既於草莽之中則
是寡大夫不得列於諸卿之位也　不寧至先君　正義曰不寧
寧也言寧有唯是之事又使圍蒙其先君連讀為義也告廟
云將向豐氏之家取妻若使受之於野不至豐氏之家是欺先
君也言又者既辱今君又辱先君故云又也　注祧遠祖廟
正義曰祭法遠廟為祧鄭玄云祧之言超也超上去意也以祧是云

尊遠之意故以祧言廟耳此公孫段是穆公之孫子豐之子其家唯有子豐之廟君若特賜武得立穆公之廟耳其家宜遠祖廟也杜言遠祖廟者順傳文且據正法言之　於今七年　正義曰襄二十五年傳云趙文子為政至此八年也而云七年者殷周雖改正朔常以夏正為言此春正月故為七年年未踰和則云八年也　再合諸侯　正義曰襄二十六年經書公會晉人鄭良霄宋人曹人于澶淵晉人即趙武也時有魯公在會雖則唯云一人即是諸侯不得謂之大夫也故知再合諸侯數澶淵也　注讟誹也　正義曰說文云謗毀也誹謗也然則謗讟誹其義同皆是非毀人古人重言之猶險阻艱難也　注穮耘至為蔉　正義曰漢書食貨志云后稷始甽田以二耜為耦廣尺深尺曰甽長終一畝一畝三甽一夫三百甽而播種於甽中苗生三葉以上稍壯耨隴草因隤其土以附苗根故其詩云或耘或耔黍稷薿薿耘除草也耔附根也言苗稍壯每耨輒附其根比至盛暑隴盡平而根深能風與旱故薿薿而盛也此言穮蔉即詩之耘耔

也故知穮是耨以土壅苗根爲蔉也耨定本作耘　雖有至豐
年　正義曰言耕鉏不息必有豐年之收以諭禮信不愆必爲
諸侯之長也　注設君至陳也　正義曰穆子言似君知設服設
君服也唯識執戈不言衣服則君服即二戈是也離衛之語必爲
執戈發端但語略難明服虔云二人執戈在前在國居君離宮陳
衛在门然則執戈在前國君行時之衛非在家守门之衛也守
门之衛其兵必多非徒二戈而已縱使在國居君之離宮即名
宮门之衛以爲離衛其言大不辭矣故杜以離衛即執戈是也
言二人執戈陳列於前以自防衛也離之爲陳雖無正訓兩人一
左一右相離而行故稱離衛離亦陳之義　注禮國至在前
正義曰喪禮言君臨臣喪之禮云小臣二人執戈先二人後是知
國君之行常有二執戈者在前也國君亦有二戈在後子皮唯
言前有二戈者當是公子圍不設後戈故也　注公子至怪也
正義曰服虔云蒲宮楚君離宮言令尹在國已居君之宮出有
前戈不亦可乎令尹居君離宮事無所出且諸侯大夫見其在

令之儀不識在圍所居伯州犁云此行也辭而假之寡君言行而
借戈以衛非在國借宮以居也故杜以為公子圍在令特緝蒲為
王殿屋以自殊異此亦無所案據要愜人情　注國子至可愍
正義曰服虔云愍憂也代伯州犁憂公子圍代子羽憂子晳劉
炫從服言而規杜失今知不然者以圍不能自終伯州犁尋為圍
所殺是皆遇凶害故云吾代二子愍矣若以二子為伯州犁子羽
子羽則卒無禍害又何可愍而代之乎劉以服意而規杜過非也
小旻之卒章　正義曰小旻詩小雅刺幽王也　注子子至取與
正義曰持謂執持之也子皮直云二執戈者前矣雖意知不可而
辭無譏切子家云蒲宮有前不亦可乎意雖并譏蒲宮言乃
謂之為可不如子羽之譏許不同伯州犁之飾辭持其兩端無所
取與是持之也弈棋謂不能相害為持意亦同於此也
注言不至其國　正義曰晉語趙文子謂叔孫曰子盍逃之對曰
豹也受命於君以從諸侯之盟為社稷也若魯有罪受盟者逃
魯必不免是吾出而絕之也若為諸侯戮魯誅盡矣必不加師請

為戮也是言不戮其使必代其國也　注季孫至怨也　正義曰歷檢上世以來季孫出使不少於叔孫而云叔出季處從來久者季孫世為上卿法當上卿守國次卿出使以此為從來久耳必須使上卿者上卿非不使也　注汚勞事　正義曰處國之所辟者唯有辟勞事耳故以汚為勞事也言事之勞身若穢之汚物也

注言三至德時　正義曰以傳言王伯故言三王下云虞有三苗帝時亦有非獨三王也但王亦帝也故傳通言王耳　舉之表旗　正義曰舉立也為立表貴賤之旌旗也故杜云旌旗以表貴賤

注二國至淮夷　正義曰二國皆嬴姓世本文也書序曰成王伐淮夷遂踐奄淮夷與奄同時代之此徐奄連文故以為徐即淮夷實遠亦然是相傳說也服虔云一曰書云所代徐戎也案費誓云淮夷徐戎並興孔安國云淮浦之夷徐州之戎並起為寇則徐亦非國名此徐是國名當謂淮浦之夷其國名徐書序舉其大號此傳言其國名也僖公時楚人代徐杜云下邳僮縣東南有大徐城彼近淮旁成王時徐蓋亦在彼地也此傳所云四代有罪之

國其三苗與有扈徐奄尚書略有其事其觀與姺邳則史傳無文傳言王伯之令猶尚有此輩則此輩皆是王道盛明時諸侯也

封疆至辨焉　正義曰言封疆之相侵削何國無有此乃常事主領齊盟者誰能一一治之焉　去煩至競勸　正義曰不往討當諸侯無煩是去煩也赦孫賢人令若赦之是宥善也德義如是餘人莫不競力勸慕為善矣　注小宛至復還　正義曰詩序云大夫刺幽王也其二章云人之齊聖飲酒溫克彼昏不知壹醉日富各敬爾儀天命不又注云又復也令女君臣各敬慎威儀天命所去不復來也　道以至已矣　正義曰以不義謂之為道而强虐為之民所不堪不可久矣　注朝聘至五獻　正義曰周禮大夫行人稱上公饔餼九牢饗禮九獻侯伯七獻子男五獻皆獻同饔餼之數也案聘禮卿聘饔食餼五牢故卿皆五獻至春秋之時大國之卿乃得從卿禮若次國之卿依大國大夫之制唯三獻耳故杜此注云大國之卿五獻又昭六年傳注云大夫三獻是也　注卿會至體薦　正義曰傳言禮終乃宴謂享禮既終即因而為宴不待異日

也杜解享宴禮異所以得相因者以其殽俎同故也宣十六年傳
云王享有體薦宴有折俎公當享卿當宴王室之禮也彼傳之
意言享公當依享法有體薦也享卿當如宴法有折俎也彼王
自言之故云王室禮耳其實諸侯之待公卿禮亦當然以卿令公
侯享宴皆折俎不體薦享宴俎同故得因行禮也　注弁冕至之
力　正義曰冠者首服之總名弁冕冠中之小別弁冕是首服端
委是身服言弁冕端委摠舉冠衣而言非謂定公趙孟身所自
衣也哀七年傳云大伯端委以治周禮仲雍嗣之斷髮文身以文
身從彼之俗知端委是依禮之衣杜直言端委禮衣不知是何衣
也名曰端委又無所說周禮司服於士服之下云其齋服有玄端
素端鄭玄云謂之端者取其正也謂士之衣袂皆二尺二寸而屬幅
是廣袤等也其袪尺二寸大夫以上侈之侈之者蓋半而益一焉
半而益一則其袂三尺三寸袪尺八寸如鄭此言唯士服當端制大
夫以上不復端也服虔云禮衣端正無殺故曰端文德之衣尚褒
長故曰委案論語鄉黨非帷裳必殺之鄭康成云帷裳謂朝祭

之服　其制　幅如帷　非帷裳者謂深衣削其幅縫齊倍要禮記深
衣制短不見膚長不被土然則朝祭之服當此地服言是也
遠績禹功　正義曰績亦功也重其言可遠績禹功者勸之爲大
功使遠及後世若大禹也謂勸武何不遠慕大禹之績而立大功
以庇民也　吾儕偷食　正義曰儕等也言吾等於彼卑賤苟
且求食之人也　注言其至之心　正義曰趙孟自言吾儕偷食
是自比於隸役賤人也在上位者當憂勞百姓卑賤之人勞身而已
自比賤人是無憂民之心也　注言譬至之聲　正義曰言巳伐莒
求利而不得惡日中不出譬如商賈求利不得惡諠囂之聲以商
賈在市市人多諠囂之聲　夫夫至順也　正義曰夫如夫適當
剛強也婦如婦節當柔弱也如是所謂順也曹大家女誡曰生男
如狼猶恐其尫生女如鼠猶懼其武是男欲剛而女欲柔也
殺管至蔡叔　正義曰說文云𥝖散之也从米殺聲然則𥝖字
殺下米也𥝖爲放散之義故訓爲放也隸書改作已失本體𥝖
字不復可識寫者全類蔡字至有重爲一蔡字重點讀之者

尚書蔡仲之命云周公乃致辟管叔于商囚蔡叔于郭鄰以車七乘孔安國云囚謂制其出入郭鄰中國之外地名是放蔡叔之事也孔唯言中國之外地不知在何方也　夫豈至故也　正義曰夫謂周公也夫此周公豈不愛管蔡乎所以殺放之爲王室故也

祭邾至伯也　正義曰釋例曰秦伯有千乘之國不能容其母弟傳曰罪秦伯則鍼罪輕也言其對兄爲輕耳非無罪也公羊以爲任諸晉謂之奔者譏秦伯有千乘之國不能容其母弟故謂之出奔也劉炫云奔者迫窘而去逃死四鄰不以禮出也今鍼適晉乃兵毋計議緩步而出實非奔也仲尼既書爲奔傳釋云罪秦伯秦伯不豫教戒其弟不能早爲之所致奢富過度懼而去國罪其失兄之教鍼不自知度亦是其罪歸罪秦伯言兄罪耳例曰以下同也　造舟于河　正義曰詩云造舟爲梁是比舟以爲橋也釋水云天子造舟李巡曰比其舟而渡曰造孫炎曰比舟爲梁郭璞曰比船爲橋皆不解造義蓋造爲至義言船相至而並比也

注一舍至云備　正義曰真言十里舍車不知每舍幾車以下言八反

知一舍八乘爲八反之具也　注備九至酒幣
鄭亭楚子爲九獻知此備九獻之儀也每一獻酒必有幣隨之后
子從始自齎其一以爲初獻故讀送其八也　飲酒之禮主人初獻於
賓賓酢主人主人受賓之酢禮飲訖又飲乃酬以酬賓如是乃成爲
一獻於醆之時始有幣以勸飲故以爲酬酒幣也　注每十至所
赴　正義曰服虔以爲每於十里置車一乘千里百乘以次相授車
率皆日行一百六十里謂從絳向雍去而復還一亭之間八度至也
然則千里之路往還八反車率日行一百六十里計則一萬六千里
雖追風逐日之足猶將不逮於此今子之馬一何駃乎然今如此經可
以章馬疾未足以明車多司馬侯何以怪其車多而發問也　杜以反
者謂車反復其故處耳每於十里置車八乘后子初發幣則續行
自齎其一以爲初獻餘則以次續至至則車反比至亭終八車皆
反以此謂之八反非言至雍也此幣發雍計已多日故設亭之初反
以八車之幣去絳不過一二十里耳使之相續而來每獻皆到以示已
之豪富故令漸送之也如杜此言則后子預前約束使幣早發而來

非臨享始取而云飯取醻幣者后子必適晉多日然後設享非初至
即享君也為享之具酒食之屬皆在絳備之其幣亦應於絳備
之乃遣還取秦國之幣故言歸取不言設享之日始歸取也上云
其車千乘下司馬侯問其車多則是見車多而發問也故杜辨
其車之所在千里用車八百乘其二百乘以自隨故言千乘也傳
說此車多之意者言秦鍼之出極奢富以成禮盡敬於所赴之
國故為此以示豪也　國無至五稔　正義曰國無道而歲又饑
則君或早夭年穀和熟是天佑助之故少猶五年多或不害也期
之五年者后子之意耳襄二十七年傳云所謂不及五稔蓋古有此
言也　趙孟至待五　正義曰趙孟自比於日景比景朝夕尚移
不能相及人命流去與此相似既無常定誰能待五　晉中至大
原　正義曰釋例土地名以北戎山戎無終三名為一北平有無終
大原即大原郡晉陽縣是也計無終在大原東北二千許里遠就大
原來與晉戰不知其何故也蓋與諸戎近晉者相率而共來也襄
四年無終子遣使如晉請和諸戎則無終是其大者故顯言其國

名也　以什共車必克　正義曰周禮十人爲什以一什之共一車之地故必克也　爲五至前拒　正義曰五陳者即兩伍專參偏是也相離者布置使相遠也服虔引司馬法云五十乘爲兩百二十乘爲伍八十一乘爲專二十九乘爲參二十五乘爲偏彼皆准車數多少以爲别名此傳去車用卒而有此名則此名不以車數爲别也杜云皆臨時處置之名其意不同服説則名與人數不可得知也周禮則五人爲伍二十五人爲兩無專參偏之名也　詩曰至善矣　正義曰周頌烈文之篇也彼注云競彊也無彊乎維得賢人也得賢人則國家彊矣故天下諸侯順其所爲也　注后帝堯也　正義曰襄九年傳稱閼伯爲陶唐氏之火正知后帝是堯也　注商人至辰星　正義曰殷本紀稱相土契孫是湯之先也襄九年傳云閼伯居商丘祀大火相土因之故商主大火辰即大火星也故商人祀辰星商謂宋也宋商後故稱商人　注唐人至大夏　正義曰謂之唐人當是陶唐之後二十九年傳云陶唐氏既衰其後有劉累知此唐人是彼劉累之等類也言等類也言等類者謂劉累後世子孫累雖

遷魯縣子孫仍在大夏故歷夏及商也刘炫云彼稱累事孔甲下云遷
于魯縣此云唐人是因以服事夏商則此居於大夏子孫終商不
滅非累子孫是其同族等類耳服虔以唐人即是刘累故杜顯
而異之云累遷魯縣此在大夏　注唐人至叔虞　正義曰服虔
以為唐叔虞即下句邑姜所生者也杜以傳說唐人即云季世明季
世是唐人之末世叔虞即唐人之末君矣邑姜之子叔虞乃是晉之
始祖豈得以後世始封之君謂之前代之末世也故云唐人之季世
其君曰叔虞帝命邑姜之子曰虞者將以唐國與之取唐君之名
以為名耳　注邑姜至叔虞　正義曰傳言武王邑姜繫之武王
知是武王后也十二年傳稱呂級王舅級是齊大公之子丁公也級為
王舅知邑姜是大公之女也說文云娠女妊身動也從女辰聲是懷
胎為震震取動義字書以是女事故令字從女耳叔虞成王母
弟晉世家文也　夢帝至曰虞　正義曰晉世家云初武王之與
叔虞母會時夢天謂武王曰余命女生子名虞謂此夢為武王之
夢也若是武王之夢此傳直云武王方生大叔其文足矣何以須言邑

姜方震也邑姜方震而夢明是邑姜夢矣安得以為武王夢也薄
姬之夢龍據其心燕姞之夢𦬆蘭為己子彼皆夢發於母此何以夢
發於父是馬遷之妄言耳服解此云已武王也是習非而遂迷者也
注叔虞至晉侯　正義曰晉世家云唐叔子燮是為晉侯杜譜亦
云燮父改為晉侯則叔虞之身不稱晉也叔虞為晉之祖故言
為晉侯也　注金天至之長　正義曰金天氏帝少皞帝系世本文
也金天代號少皞身號月令於冬云其神玄冥是玄冥為水官也
昧為玄冥師師訓長也故云昧為水官之長二十九年傳云少皞氏
有四叔脩及熙為玄冥昧為金天裔子當是脩熙之後釋例曰脩
及熙皆為玄冥未知昧為誰之子或是其子孫也　宣汾洮
正義曰釋例曰汾水出太原故汾陽縣至河東汾陰縣入河其洮水
闕不知所在當亦是晉地之水後世湮塞其處耳　注帝顓頊
正義曰顓頊為帝承金天之後臺駘是金天裔孫為臣宜當顓頊
故以帝用嘉之為顓頊嘉耳昧於金天已云裔子臺駘又是昧之所
生則去少皞遠矣而帝系世本皆云少皞是黃帝之子顓頊是黃帝

之孫臣世多而帝世少史籍散亡莫可檢勘此事未必然也釋例云案譜則舜之五世從祖父也而及舜共爲堯臣堯則舜之三從高祖而妻其女此史記之可疑者也是皆疑不能決因舊說耳

山川至禜之　正義曰水旱癘疫在地之災山川帶地故祭山川之神也雪霜風雨天氣所降日月麗天故祭日月星辰之神也此因其所在分繫之耳其實水旱癘疫亦是天氣所致雪霜風雨亦是在地之災且雨之不時而致水旱水旱與雨不甚爲異而分言之者據其雨不下而霖不止是雨不時也據其苗稼生死則爲水與旱也禜是祈禱之小祭耳若大旱而雩則徧祭天地百神不復別其日月與山川也　注有水至福祥　正義曰水旱癘疫俱祭山川杜略癘疫而不言之耳杜言山川之神若臺駘者下云星辰之神若實沈者言此禜祭祭其先世主山川主星辰者之神耳非獨祭此山川星辰之神也計日月當其主之者以與星辰俱是天神連言之耳周禮大祝掌六祈以同鬼示一曰類二曰造三曰禬四曰禜五曰攻六曰說鄭衆云禜日月星辰山川之祭也鄭玄云禜告之以

時有災變也禜如日食以朱絲禜社也玄之此言取公羊爲說莊二
十五年公羊傳曰日食以朱絲營社或曰脅之或曰爲闇恐人犯之
故營之然社有形質故可朱絲營繞日月山川非可營之物不得以
此解禜也賈逵以爲營攢用幣杜依用之日月山川之神其祭非
有常處故臨時營其地立攢表用幣告之以祈福祥也攢聚也聚
草木爲祭處耳癘疫謂害氣流行歲多疾病然則君身有病亦是
癘氣而云不及君身者陳思王以爲癘疫之氣止害貧賤其富貴之
人攝生厚者癘氣所不及其事或當然也且子產知晉君之病不
在於此故言二者不及君身以病非癘疫故不須禜臺駘等也
若君至事也　正義曰家語孔子云飲食不時逸勞過度者病共殺
之此云出入即逸勞也據國君之身則朝以聽政晝以訪問是出也
夕以脩令夜以安身是入也　節宣其氣　正義曰以時節宣散
其氣也節即四時是也凡人形神有限不可久用神久用則竭形
大勞則斃不可以久勞也神不用則鈍形不用則痿不可以久逸也
固當勞逸更遞以宣散其氣朝以聽政聽政久則疲疲則易之以

訪問訪問久則倦倦則易之以脩令脩令久則怠怠則易之以安身安身久則帶滯則易之以聽政以後事改前心則亦所以散其氣也　勿使至其體　正義曰壅謂障而不使行若土壅水也閉謂塞而不得出若閉門戶也湫謂氣聚底謂氣止四者皆是不散之意也氣不散則食不消食不消則食少食少則肌膚瘦肌膚瘦則羸骨露也言人之養身當須宣散其氣勿使氣有壅閉集滯以羸露其形體也　注湫集至羸露　正義曰服虔云湫著也底止也杜云湫集也底滯也皆是以意訓耳壅閉言其不得散出故以湫底為集滯言氣聚集而停滯也若以湫為著則與止同義故易之以為集其止滯亦同義也上文所云四時之事若其壹之則血氣集滯使不得宣散氣氣不散則體羸露也肥則膚肉厚骨不見瘦則肌膚薄故體羸露羸露是露骨之名其義與裸相近裸露形也羸露骨也瘦者必羸羸亦瘦之別名今晉侯壹之者唯謂安身親近婦入四時皆爾以恒安身不動故使氣集滯也

茲心至百度　正義曰形之與神相隨而有形以神為主神以形為

宅形殭則神殭形弱則神弱神常隨形而盛衰也既露其體則
神識亦弱致使此心不明照察失宜而昏亂百事之節度也
其生至生疾　正義曰此句重述不及同姓之意言內官若取同姓
則夫婦所以生疾性命不得殖長何者以其同姓相與先美今既為
夫妻又相寵愛美之至極在先盡矣乃相厭患而生疾病非直美
極惡生疾病而已又美極驕寵更生妬害也故晋語云異姓則異德
異德則異類異類雖近男女相及以生民也同姓則同德同德則同心
同心則同志同志雖遠男女不相及畏瀆故也瀆則生怨怨亂育
災災育滅性是故取女辟同姓畏亂災也禮記大傳云百世而昏姻
不通者周道然也然則周法始如此耳前代則不然也蓋以前代敬
簡未設禁防周人以其慢瀆故立法以禁之劉炫云違禮而娶則
人神不祐故所生不長也晋文姬出而霸諸侯同姓未必皆不殖此以
禮法為言勸勵人耳　注同姓至生疾　正義曰劉炫云人之本心
自然有愛愛之所及先及近親同姓是親之近者其愛之美必深
是同姓之相與先自美矣若使又為夫妻則相愛之美尤極極則

美先盡矣美盡必有惡生故美盡則生疾此以禮為防推致此意
耳晉語云云同　買妾至卜之　正義曰曲禮云取妻不取同姓故
買妾不知其姓則卜之鄭玄云為其近禽獸也妾賤或時非媵取
於賤者世無本繫也　四姬至疾矣　正義曰子產云四姬之外
若有異姓之女接御於公減省公之寵愛於四姬之事如此猶可
若無異姓之女減省公情專愛四姬則必由此故以生疾矣劉炫云
子產言若於同姓不深病猶可差若於四姬有此省相見稀接御
則此病猶尚可如令稀省恥之過度則必生疾　是謂至如蠱
正義曰女在房室故以室言之是謂近女室說此病之由由近女室
為此病也又言疾如蠱言此疾似蠱疾也蠱者心志惑亂之疾若令
昏狂失性其疾名之為蠱公惑於女色失其常性如彼惑蠱之疾
也蠱是惑疾公心既惑即是蠱疾而云如蠱者蠱是失志之病名
志之所失不獨為女宣八年傳胥克蠱疾者直是疾而失性不有
由近女為之此云淫而失志未全為蠱故云如蠱　注蠱惑疾
正義曰和言云疾如蠱下云惑以喪志知蠱是心志惑亂之疾

非鬼至喪志　正義曰此説公疾之狀病有鬼為之者有食為害者
此病非鬼非食淫於女色情性惑亂以喪失志意也　先王至彈
矣　正義曰女之為節不可得説故以樂譬之先王之為此樂也所
以限節百種之事故為樂有五聲之節為聲有遲有速從本至末
緩急相及使得中和之聲其曲既了以此罷退五聲既成中和罷
退之後謂為曲已不容更復彈作以為煩手淫聲鄭衛之曲也
刘炫云言五降而息罷退者五聲一周聲下而息前聲罷退以
待後聲非作樂息也樂曲成乃息非五聲一周得息也又傳於
是至弗聽刘云此説降後不彈之意也五聲皆降則聲一成曲既
未成當更從上始不以後聲來接前聲而容手妄彈擊是為煩
手此手所擊非復正聲是為淫聲淫聲之漫塞人心耳乃使人
忘失平和之性故君子不聽也　注五降至之聲　正義曰五降
不息則非復正聲手煩不已則雜聲並奏記傳所謂鄭衛之聲
謂此也樂記云鄭衛之音亂世之音也又曰鄭音好濫淫志衛音
促速煩志是言鄭衛之聲是煩手雜聲也　天有至六疾

正義曰上既以樂譬女乃云物亦如之至煩乃舍言用之有節也此又本諸上天言物皆不得過度也氣皆由天故言天有六氣也五味在地故云降生五味也五味是五行之味六氣共生五行故杜解五味皆由陰陽風雨晦明而生是言六氣共生之非言一氣生一行也味則嘗而可知未有形色可視發見而為五色也色既不同其聲亦異徵驗而為五聲也此味聲色也皆本諸上天所以養人用之大過則生六種之疾　注謂金至而生　正義曰尚書洪範云五行一曰水二曰火三曰木四曰金五曰土水曰潤下火曰炎上木曰曲直金曰從革土爰稼穡潤下作鹹炎上作苦曲直作酸從革作辛稼穡作甘孔安國云鹹水鹵所生也苦焦氣之味也酸木實之性也辛金之氣味也甘味生於百穀也是五味為五行之味也以五者並行於天地之間故洛書謂之五行物皆有本本自天來故言五者皆由陰陽風雨而生也是陰陽風雨晦明合雜共生五味若先儒以為雨為木味風為土味晦為水味明為大陽為金味而陰氣屬天味不為五味之主此杜所不用也洪範本文以生數為次水火木金土大禹謨

六府之次水火金木土穀月令於四時之次木火土金水杜數五味之次金木水火土以五行相循更互相代其次不以為常隨便言耳此注所言五味五色五聲配五行者經傳多有之洪範是其本月令尤分明杜所解者皆依月令文也　注淫過至生害　正義曰此淫生六疾承氣味色聲之下則謂四者之過皆生疾也但醫和將說晦淫惑疾故下句特舉六氣之淫其言不及味與聲色故杜解以備之言滋味聲色所以養人然過則生疾以見淫生六疾非獨六氣生疾也但晉侯不以味聲色生疾故醫和不言之耳　注六氣至之節　正義曰六氣並行無時止息但氣有温暑涼寒分為四時春夏秋冬也序此四時以為五行之節計一年有三百六十五日序之為五行每行得七十二日有餘土無定方分主四季故每季之末有十八日為土正主日也　過則至心疾　正義曰上云淫生六疾總謂氣味聲色此云過則為菑獨謂六氣過耳過即淫也故歷言六氣之淫各生疾也此六者陰陽風雨晦明時有多時有少時晦明則天有常度無多少時也今言淫者謂人受用此氣有過度者也陰陽

則冷陽　則熱風多則四支緩急雨多則腹腸海淫此四者雖各
以其氣與人為病若其能自防護處之不多則得無此疾也其晦
明亦是天氣不以病人但人用晦明過度則人亦為病晦是夜也
夜當安身女以宜氣適女過度則心惑亂也明是晝也晝以營務
營務當用心思慮煩多則心勞斃也陰陽風雨當處之有節
晦明當用之有限無節無限必為菑害故過則為菑也　以注末
四至緩急　正義曰人之身體頭為元首四支為末故以末為四
支謂手足也風氣入身則支有緩急賁達以末疾為首疾謂四氣
眩也　女陽至之疾　正義曰男為陽女為陰女常隨男則女
是陽家之物也而晦夜之時用之若用之淫過則生內熱惑蠱之疾
以女陽物故內熱以晦時故惑蠱也晋語云文子問醫和曰君其歲
何對曰若諸侯服不過三年不服不過十年過是晋之殃也孔晁人
雖有余荒淫者必損壽無外患則并心於內故三年死諸侯不服則
思外患　損其內情故十年無道之君久在民上實國之殃也　淫溺
至生也　正義曰此淫謂淫於女也沒水謂之溺沒於耆欲與溺水

相似故淫溺連言之此論晉侯將為蠱疾故言淫溺惑亂之所生耳
人自有惑故失志志性恍惚不自知者其疾名為蠱蠱非盡由淫
也以毒藥藥人令人不自知者今律謂之蠱毒　注緣彼至誤也
正義曰孫卿姓荀名況著書一部名荀卿子漢宣帝諱詢故轉
為孫也下有十二月甲辰朔甲辰後五日得己酉故杜以長曆推己
酉是十二月六日而此鄭數之卒經傳皆云十一月己酉杜謂十一月
誤者正謂十一月不得有己酉以己酉為誤十一月非誤也必知然者
若以為十二月己酉則六月己酉子干奔晉至晉猶見趙孟七日
庚戌趙孟卒便是日相切迫無相見之理故知十一月為是己酉為
誤劉炫以為杜云誤者以十一月為誤當云十二月而規杜氏非也劉
炫規云杜言十一月誤當為十二月案下文趙孟庚戌卒便是鄭
數令日死趙孟明日卒則子干奔晉不得見趙孟而譏其祿故謂
十一月是己酉字誤也　注百人至百人　正義曰百人為卒周禮
司馬序官文也祿足百人謂與之田取稅以共食足為百人餼也晉
語稱秦后子楚公子干來仕叔向為大傅實賦祿韓宣子問二公

子之禄尊對曰大國之卿禄一旅之田上大夫一卒之田夫二公子者上大夫皆一卒可也　注禄至以尊　正義曰德大則官高官高則禄厚故致禄以德之小大為差也年同以尊謂以官為之尊卑也非爵何忌　正義曰忌敬也史佚有言云非是爵官何須敬之言子干是官當須敬之我不敢與同是謙以自别也　注孟子餘趙衰正義曰服虔以孟為趙盾子餘為趙衰若其必然當先衰後盾何以先言孟也杜以孟子餘是趙衰一人蓋子餘是字孟是長幼之字也　注趙氏至月誤　正義曰杜以十二月晉既烝趙孟始適南陽則趙孟初行已是十二月也此句乃云甲辰朔烝于温案文言之則是來年正月朔也服虔云甲辰朔夏十一月朔也若是夏十一月朔當於明年言之而此年說之何也杜以服言不通故為此解云晉既烝趙孟乃烝其家廟則晉烝當在甲辰之前當言十一月傳言十二月誤也劉炫以為晉烝及趙孟適南陽並在十二月之前月文繫十二月者欲見烝後即行先公後私十二月之文為下甲辰朔起本舉月遥屬下明晉烝猶在朔前十二月非誤也若必如劉言

傳當云晉既烝趙孟適南陽將會孟子餘十二月甲辰朔烝于溫
足明先公後私之義何須虛張十二月於上遙為甲辰朔起本傳
文上下未有此例劉炫之言非也　二年注書名至書之　正義曰
傳稱子產數其罪是書名為惡之也往年傳云子皙上大夫也則
非卿非卿則不合書薰隧之盟子皙強與卿列子產不討即以為
卿故書之　注致襚至乃書　正義曰傳稱季孫宿遂致服焉知
其致襚服也傳說此事文在冬上而經書在冬知公實以秋行至
冬還乃書即書還時日月不復追言秋故文在冬也　傳注公即
位故　正義曰傳言且告為政而來見則其來非獨為為政故知
主為公即位故也襄元年傳曰凡諸侯即位小國朝之大國聘
焉是也　注代趙武為政　正義曰五年傳曰韓起之下有趙成
中行吳魏舒范鞅知盈則六者三軍之將佐也韓起代趙武將中
軍趙成繼父為卿代韓起也　觀書至王也　正義曰大史之官
職掌書籍必有藏書之處若今之祕閣也觀書於大史氏者氏
猶家也就其所司之處觀其書也見易象易象當無增改故不

言魯易象其春秋用周公之法書魯國之事故言魯春秋也魯國寶文王之書遵周公之典故云周禮盡在魯矣文王周公能制此典因見此書而追歎周德吾乃於今日始知周公之德周公制春秋之法故也與周之所以得王天下之由由文王有聖德能作易象故也此二書晉國亦應有之韓子舊應經見而至魯始歎之乃云今知者因味其義而善其人非爲素不見也　注易象至魯矣　正義曰易有六十四卦分爲上下二篇及孔子又作易傳十篇以翼成之後世謂孔子所作爲傳謂本文爲經故云上下經也易文推演爻卦象物而爲之辭故易繫辭云八卦成列象在其中又云易者象也是故謂之易象孔子述卦下揔辭謂之爲彖述爻下别辭謂之爲象以其無所分别故别立二名以辨之其實卦下之語亦是象物爲辭故二者俱爲象也定四年傳祝佗稱魯公以備物典策所言典策則史官書策之法若發凡言例皆是周公制之周衰之後諸國典策各違舊章唯魯春秋遵此周公之典以序時事故云周禮盡在魯矣　注易象至説之　正義曰易象文王所作春秋周公垂

法故杜雙舉秋之云易象春秋文王周公之所制也易繫辭云易之興也其當殷之末世周之盛德邪當文王與紂之事邪鄭玄云據此言以易是文王所作斷可知矣且史傳讖緯皆言文王演易演謂為其辭以演說之易經必是文王作也但易之爻辭有箕子之明夷利貞箕子明傷乃在武王之世文王不得言之又云王用享于岐山又云東鄰殺牛不如西鄰之禴祭實受其福二者之意皆斥文王若是文王作經無容自伐其德故先代大儒鄭衆賈逵等或以為卦下之彖辭文王所作爻下之象辭周公所作雖復紛紛競大之莫能決當是非杜今雙舉並釋似同鄭說也然據傳先言易象後言春秋則應先云周之所以王與周公之德也今傳乃先云周公之德者易象諸國有其春秋獨魯遵周公典法韓子美周禮在魯故先言周公之德　注文王有四臣　正義曰緜詩云予曰有疏附曰有先後予曰有奔奏予曰有禦侮注云率下親上曰疏附相道前後曰先後喻德宣譽曰奔奏武臣折衝曰禦侮　注啓其好也　正義曰服虔云啓游也宣子游其樹下箋讀曰一游一啓為諸侯

所引復諸孟子文也若是游於其下宣子本自無言武子何以輒
對故杜以為答其美好也　注為立至異之　正義曰婦人稱姓
姜是其常蓋以其齊女故以齊為别號所以寵所以寵異之言
少姜少齊　蓋本字為少也服虔云所以寵異不與齊衆女字等
言齊國如此好女甚少　送從逆班　正義曰昏禮諸侯以下法
當親迎有故得使卿明是使上卿也桓三年傳例云凡公女嫁于
敵國姊妹則上卿送之以禮於先君公子則下卿送之於大國雖
公子亦上卿送之是送者與逆者俱為上卿是送者依逆者班
列若公子嫁於敵國及姊妹嫁於小國皆下卿送之是降逆者一
等公子嫁於小國上大夫送之是降逆者二等也若晉以少姜為
夫人當以上卿逆齊當以上卿送是亦送逆同班少姜據多言之
皆送從逆班或可晉使公族大夫逆少姜元不以夫人之禮則同
妾媵之屬送者皆從者班次不與桓三年逆夫人之禮同少姜據
此而言故云送從逆班也劉炫云昏禮諸侯以下法當親迎有故得
使卿明是使上卿也凡例云凡公女嫁于敵國姊妹則上卿送之云

子則下卿送之是送畢於逆者一等故云送者從逆者之班次言當畢
於逆者也　注遽傳驛　正義曰釋言云馹遽傳也孫炎曰傳車
驛馬也　死在至為虐　正義曰言我劉疾見作死在朝夕之間
天已虐我無更助天為虐也　注諸師帝官　正義曰蓋相傳說
也　非伉儷也　正義曰成十一年注云伉敵也儷耦也言少姜是
妾非敵身對耦之人也少姜是妾杜言晉侯為少姜行夫人之服
者以明年傳云寡君在縗絰之中知其為之服也　三年注襄二至
重丘　正義曰杜世族譜滕成公是文公之子成十六年滕子卒自尓
以來襄五年盟于戚九年于戲十一年于亳城北十九年于祝柯二十
年于澶淵二十五年于重丘皆曾滕俱在凡六同盟但經傳更無明
文未知皆是滕成公以否杜氏意疑故指重丘近者而言劉炫以為
皆是滕成公而規杜氏非也　注不書至從告　正義曰傳稱燕大
夫比以殺公之外嬖公懼奔齊是被逐而出非自去也傳又云書曰
北燕伯款出奔齊罪之是仲尼新意不書大夫逐之而言其自奔
是罪之也釋例曰諸侯奔亡皆迫逐而苟免非自出也傳稱孫林父

寗殖出其君名在諸侯之策此、臣名赴告之文也仲尼之經更没
逐者主名以自奔爲文責其君不能自安自固所犯非徒所逐之
臣也衛赴不以名而燕赴以名各隨赴而書之、義在彼不在此也
傳不發於蔡朱衛衎而發於燕款者款罪輕於衛衎而重於蔡
朱故舉中示例以兼通上下也晉悼感衛衎而發問師曠侍其
目盲因問、以極言且明君不能君故臣亦不能臣罪不純在臣也杜
言在彼不在此者書其出奔已是罪賤不假書名、以見罪故名與
不名皆從本赴不復更見義也　傳文襄之霸也　正義曰襄是
文公子能繼父業故連言之其餘朝聘之數弔葬之使皆文公令之
非襄公也　注明王至簡之　正、義曰十三年傳云明王之制使諸侯
歲聘、以志業間朝以講禮再朝而會以示威再會而盟以顯昭明
彼謂諸侯於天子朝聘會盟之數計十二年而有八聘四朝再會
一盟此說文襄之霸令諸侯者謂令諸侯朝聘霸主大國之法也
諸侯朝天子因朝而爲盟會所以同好惡奬王室霸主之令諸侯
不得令其同盟以奬已故令有事而會不協而盟不復設年限之

期周室既衰政在霸主霸主不可自同天子以明王舊制大煩諸
侯不敢依用故設此制以簡之　令嬖至守適　正義曰令嬖寵
賤妾之喪不敢計擇妾位卑賤而令禮數即同於守適夫人也言
守適者夫守外職妻守內職言夫人守內官之適長故以守適言之夫
人也文襄之制大夫人喪士弔大夫送葬今游吉卿也而云同於守適
於時適夫人喪已令卿送葬矣故杜云然則時適夫人之喪弔送之
禮以為文襄之制也劉炫云不敢擇取使人於卑賤之位而禮數同
於守內官之適夫人也　注心至寒退　正義曰月令季夏之月
日在柳昏心中旦奎中季冬之月日在婺女昏婁中旦氐後即次
房心是季冬旦大中也　注同盟至發之　正義曰文三年王子虎
卒傳曰弔如同盟禮也杜云王子虎與僖公同盟于翟泉文公是同
盟之子故赴以名然則與其父盟得以名赴其子於子虎之卒既已
發傳而此復發者以子虎非諸侯又滕入春秋以來未嘗書滕子
名故於此重發傳也　焜燿寡人之望　正義曰服虔云燿照也
焜明也言得備妃嬪之列照明己之意望也　及遺姑姊妹

正義曰姑姊妹亦先君之女也上云先君之適謂適夫人所生及遺姑姊妹謂非夫人所生者也　注董正至婦官　正義曰董正釋詁文也振爲整理之意言正整選擇不精審也周禮天子有九嬪嬙是婦官知嬙亦婦官襄元年傳說夫差宿有妃嬙嬪御焉蓋周末婦官有此名也漢成帝時匈奴來朝詔以掖庭王嬙賜之是名因於古也　未有伉儷　正義曰少妾本非正夫人而云未有伉儷者蓋晉侯當時無正夫人其繼室者使韓起上卿逆之鄭罕虎如晉賀之則後娶者爲夫人也　舉羣臣　正義曰舉亦皆之義言舉朝群臣也　鍾乃大矣　正義曰陳氏三量各登其一則釜爲八斗陳氏亦自依釜數釜十爲鍾此於齊之舊鍾不言四而加一故云鍾乃大矣言其大於齊鍾明亦自十其釜也　山中至於海　正義曰如訓往也言將山水往至市也於水既云如市蜃鹽蜃蛤亦如市可知蒙上文也　注三老至養遇　正義曰服虔云三老者工老商老農老案民有四民其老無別不宜以三種之民爲三老且士之老者亦應須恤不當獨遺士也故杜以爲上中下壽言

一一七二

皆八十以上則上壽百年以上中壽九十以上下壽八十以此亦以意言之釋此文耳不通於餘文也若秦伯謂蹇叔云中壽爾墓之木拱矣不言九十而死木已拱矣　注燠休至氏也　正義曰賈逵云燠厚也休美也服虔云燠休痛其痛而念之若今時小兒痛父母以口就之曰燠休代其痛也杜云燠休痛念之聲其意如服言也此民人痛疾承踊貴之下以其傳文相連無所分別故言謂陳氏也

注四人至之先　正義曰論陳氏而言此四人知四人皆陳氏之先也八年傳云舜重之以明德寘德於遂遂世守之及胡公不淫遂在舜之後知四人皆舜之後世數遠近不可復知也　其相至齊矣　正義曰杜不解相服虔云相隨也蓋相訓為助不為隨也言箕伯四人其皆助胡公大姬神靈已在齊矣神之在否不可測度而晏子為此言者以陳氏必興姜姓必滅示已審見其事故言先神歸之其實神歸以否非晏子所能知也今定本相作祖　注八姓至賊官正義曰此八姓之先欒郤胥原狐先皆卿也續簡伯慶鄭伯宗亦見於傳先皆大史也　以樂慆憂　正義曰刘炫云慆慢也好

音樂而慢易憂禍危杜以慆為慆當讀如弓韜之韜言以音樂
樂身埋藏憂愁於樂中猶古詩云埋憂地下也　注讒鼎名也
正義曰服虔云讒鼎疾讒之鼎明堂位所云崇鼎是也一云讒地
名禹鑄九鼎於甘讒之地故曰讒鼎二者並無實據其名不可審
知故杜直云鼎名而已　肸之宗十一族　正義曰世族譜云羊舌
氏晉之公族也羊舌其所食邑名唯言晉之公族不知出何公也杜
云同祖為宗謂同出一公有十一族也譜又云或曰羊舌氏姓李名果
有人盜羊而遺其頭不敢不受受而埋之後盜羊事發辭連李氏
李氏掘羊頭示之以明已不食唯識其舌存得免號曰羊舌氏杜
言或曰蓋舊有此說杜所不從記異聞耳　注爽明塏燥
正義曰塏高地也故為燥也以所居下濕塵埃故欲更於明燥之處
晏子春秋云將更於豫章之圃豫章之圃高燥之地也　注傳譏
晏子　正義曰傳譏晏子故為發此傳而叔向亦言已國傳雖無
說蓋亦嘗以諫君故世識也　子豐至晉國　正義曰服虔云鄭
僖公之為太子子豐與之俱適晉計從太子一朝於晉不足以

為勞也或當別有功勞事無所見故杜不解之　五月至成公
正義曰經書夏叔弓如滕五月葬滕公令傳文叔弓如滕亦在五
月之下杜於栢十六年注引此事以為本事異兩書之故或言月或
言時事異故文異其實叔弓以五月行也劉炫云叔弓以四月發
曾滕以五月葬君叔弓書始行之月滕書實葬之月故書經異
文也傳述遇讎之事并就葬月言耳　子服至不入　正義曰檀
弓下云滕成公之喪使子叔敬叔弔進書子服惠伯為介及郊為懿
伯之忌不入惠伯曰政也不可以叔父之私不將公事遂入敬叔即此敬
子也懿伯是惠伯之叔父為人所殺及滕郊遇懿伯之忌逢其讎也
敬叔不入以禮惠伯欲使惠伯報叔父之讎殺彼人也惠伯以正義不
可先入受館記文雖字有小異意與傳同而鄭玄注云敬叔有怨
於懿伯難惠伯故不入又云敬叔於昭穆以懿伯為叔父其言差錯
不可顯解是鄭之謬也　注忌怨至辟仇　正義曰記云不可以叔
父之私知懿伯是椒之叔父也叔弓不入者禮椒也為椒有辟仇之恥
禮之欲使殺之　惠伯至從之　正義曰檀弓云子夏請問居昆弟

之仇如之何曰仕不與共國銜君命而使雖遇之不鬬鄭玄云為負
百廢君命也叔父之與昆弟親疏同耳故有公利無私忌辟仇非
恥故椒請先入也　吉賤不獲來　正義曰張趯自晉使告大叔大
叔在鄭遣報趯語而云不獲來者敎使者報趯作至晉特語故云
不獲來令人之語猶然　注一睦謂小邾　正義曰睦親也言曹滕
二邾皆親魯小邾是親魯者之一國也　放盧蒲嫳于北燕
正義曰前已在竟今復徙之遠國也

春秋正義卷第二十六

計一万四千六百二十一字

春秋正義卷第二十七　　昭公

國子祭酒上護軍曲阜縣開國子臣孔穎達等奉

勑撰

四年楚子至于申　正義曰釋例班序譜稱齊桓既沒宋楚爭盟起僖十八年盡二十七年陳與蔡凡三會在蔡上楚合諸侯蔡與陳凡六會其五在陳上莊十六年注云陳國小每盟會皆在衛下齊桓始霸楚亦始彊陳侯介於二大國之間而三恪之客故齊為桓因而進之遂班在衛上終於春秋然則陳實小於蔡衛桓公進陳班耳楚以大小為序不進陳班故蔡多在陳上　注因申至胡城　正義曰傳稱楚子以諸侯伐吳則因會而遂行春秋一事而再見者皆前目而後凡計此當云諸侯遂伐吳不言諸侯者以屬晉之國鄭徐滕小邾宋皆不在行不得總言諸侯故別序之也傳称宋華費遂鄭大夫從則宋鄭在行亦不序者楚既慰遣彼自義從楚人成己意遣不以告也　傳四嶽　正義曰釋山云河南華河東岱河北恒江南衡李巡曰華西嶽華山也岱東嶽泰山也

恒北嶽恒山也衡南嶽衡山也釋例土地名云東岳泰山奉高縣泰山也南岳長沙湘南縣衡山也西嶽弘農華陰縣西南華山也北岳中山曲陽縣西北恒山也郭璞注恒山名常山辟漢文帝諱耳爾雅於釋山發首言此四山明其即是四嶽故注者皆以嶽解之且諸書史传讖緯皆以岱衡華恒為四嶽四嶽必是此四山也釋山又云泰山為東嶽華山為西嶽霍山為南嶽恒山為北嶽岱泰衡霍二文不同者此二嶽者皆一山而二名也白虎通云嶽者何嶽之為言桷也桷功德也應劭風俗通云嶽桷也桷考功德黜陟也然則四方方有一山天子巡狩至其下桷考諸侯功德而黜陟之故謂之嶽也風俗通又云泰山山之尊者一曰岱宗岱始也宗長也萬物之始陰陽交代故為五嶽長王者受命恒封禪之衡山一名霍山言萬物霍然大也華變也萬物成變由於西方也恒常也萬物伏北方有常也是解衡之與霍泰之與岱皆一山有二名也張揖云天柱謂之霍山漢書地理志云天柱在廬江灊縣風俗通亦云霍山廟在廬江灊縣如彼所云則霍山在江北而得

與江南衡山為一者本江南衡山一名霍山漢武帝移嶽神於天
柱又名天柱為霍山故漢魏以來衡霍別耳郭璞注爾雅云霍山
今廬江灊縣灊水出焉別名天柱山漢武帝以衡山遼曠故移其
神於此今其土俗人皆呼之為南嶽嶽本自以兩山為名非從近
來也而學者多以霍山不得為南嶽又云從漢武帝來始有名即
如此言為武帝在爾雅之前乎斯不然也是解衡霍二名之由也
書傳多云五嶽此傳云四嶽者中嶽嵩高即大室是也下別言
之故此云四嶽　三塗　正義曰服虔云三塗大行轘轅崤澠也
謂三塗為三處道也杜云在河南陸渾縣南則以三塗為一釋例
土地名云三塗河南陸渾縣南山名或曰三塗伊闕大谷轘轅三
道也傳曰晉將伐陸渾而先有事於洛與三塗先祭山川也謂三
塗皆非也是杜據彼十七年傳文知三塗是山川非三道也　陽城
正義曰陽城山名也土地名云河南陽城縣東北山洧水所出也
大室　正義曰大室即嵩高也釋山云嵩高為中嶽郭璞云大室
山也別名外方今在河南陽城縣西北土地名云大室河南陽城

縣西嵩高山中嶽也地理志云武帝置嵩高縣以奉大室之山是為中嶽又有少室在大室之西也　注亨通也　正義曰易文言云亨者嘉之會也嘉會禮通謂之亨是亨為通也言治民事神使人神通説故云以亨神人也　注於國至為宇　正義曰易稱上棟下宇宇謂屋簷也於屋則簷邊為宇也於國則四垂為宇也四垂謂四竟邊垂　莫匡其君　正義曰釋言云匡正也孝經云君子之事上也將順其美匡救其惡　其餘至不至　正義曰言其餘諸侯君之威力所能及誰敢不來至楚者也　聖人至為災　正義曰無雹謂無害物之雹雖有依時小雹不與物為災也劉炫云既云無雹復云雖有不為災者言有相形之勢也聖人在上無雹言必無雖有不為災覆見無雹之意猶論語祭肉不出三日出三日不食之矣　注陸道至藏之　正義曰釋天云北陸虛也西陸昴也孫炎云陸中也北方之宿虛為中也西方之宿昴為中也彼以陸為中杜以陸為道者陸之為中為道皆無正訓各以意言耳杜以西陸朝覿謂奎星朝見昴為西方中宿則昴

未得見宿是日行之道爾雅高平曰陸高平是道路之處故以陸為道也日在北陸謂夏之十二月也十二月日在玄枵之次小寒節大寒中漢書律歷志載劉歆三統歷云玄枵之初日在婺女八度為小寒節在危初度為大寒中終於危十五度是夏之十二月日在虛危也於是之時寒極冰厚故取而藏之也周禮凌人正歲十有二月令斬冰詩云二之日鑿冰沖沖月令季冬冰盛水腹命取冰鄭玄云腹厚也以此知日在北陸謂夏之十二月也 西陸朝覿而出之 正義曰覿見也西道之宿有早朝見者於是而出之謂奎星晨見而出冰也 注謂夏至東方 正義曰杜以西陸為三月日在大梁之次清明節穀雨中三統歷云大梁之初日在胃七度為清明節在昴八度為穀雨中終於畢十一度是夏之三月日在昴畢於是之時蟄蟲已出有溫暑臭穢宜當用冰故以是時出之也歷法星去日半次則得朝見三統歷春分日在婁四度宿分奎有十六度乃次婁則春分之日奎之初度去日已二十度矣故春分之中得早朝見東方也西方凡有七宿傳言西陸

朝覿於傳之文未知何宿覿也服虔以為二月日在婁四度春分之中奎始晨見東方以是時出冰月令仲春天子乃獻羔啓冰是也服虔又以此言出之即是仲春啓冰故為此說案下句再言其藏其出覆此藏出之文言其出之也朝之祿位賓食喪祭於是乎用之即是班冰之事非初啓也安得以出之為啓冰也如鄭玄荅其弟子孫皓問云西陸朝覿謂四月立夏之時周禮夏班冰是也與杜說異理亦通也劉炫云春分奎星已見杜以夏三月仍云奎始朝是非其義也杜鄭及服三說鄭為近之今知非者杜以西陸朝覿實是春分二月故杜此注云春分之中奎星朝見東方及下獻羔啓之注云謂二月春分獻羔祭韭是也皆據初出其冰公始用之時也所以杜又注云謂夏之三月日在昴畢蟄蟲出而用冰者以此傳云西陸朝覿而出之下傳覆之云其出之也朝之祿位賓賓喪祭於是乎用之既云朝之祿位賓食喪祭則是普賜羣臣故杜云謂夏三月又下注云言不獨共公是據普班之時也故下傳又云火出而畢賦是也然冰之初出在西陸始朝覿之時冰

之普出在西陸朝覿之後摠而言之亦得稱西陸朝覿而出之也
刘炫不細觀杜意以為杜既言春分朝見又言謂夏三月以規杜
失非也　其藏至取之　正義曰此傳再言其藏其出者上言取
之用之之處下言藏之出之之禮也山則遠而難窮故言深山也
谷則近而易尽故言窮谷也固牢也冱閉也牢陰閉寒言其不得
見日寒甚之處於是乎取之　注冱閉至為災　正義曰周禮鱉
人掌互物鄭司農云互物謂龜鼈有甲蒲胡是冱為閉也　深山窮
谷之冰至夏猶未釋陽氣起於下隔於冰伏積而不能出憤發
或散而為雹藏冰必取此山谷之內積陰之冰所以道達其氣使不
為災也藏冰凌室所藏不多積陰之冰不可取盡不取川池之冰
以示道達陽氣耳未必陽氣皆待此而達　其出至用之　正義
曰此謂公家用之也朝廷之臣食祿在位大夫以上皆當賜之冰
也其公家有賓客享食公家有喪有祭於是乎用之言其不獨
共公身所用也周禮凌人云春始治鑑凡內外饔之膳羞鑑焉凡
酒漿之酒醴亦如之祭祀共冰鑑賓客共冰大喪共夷槃冰是云

家所用冰也　注黑牡至其神　正義曰此祭玄冥之神非大神
且非正祭計應不用大牲杜言黑牡黑牲當是黑牡羊也秬黑黍
釋草文也啓冰唯獻羔祭韭藏冰則祭用牲黍者啓唯告而已藏
則設享祭之禮祭禮大而告禮小故也月令於冬云其神玄冥故
知司寒是玄冥也北方之神故物皆用黑從其方色也有事於冰
故祭其寒神　注桃弓至尊故　正義曰說文云弧木弓也謂空
用木無骨飾也服虔云桃所以逃凶也棘矢者棘赤有箴取其名
也蓋出冰之時置此弓矢於凌室之戶所以禳除凶邪將御至尊
故慎其事為此禮也此傳言其出之也雖覆上文出之之文其實
此出之謂二月初出之時公將用之故設弓矢也劉炫云此言出之
覆上西陸朝覿知是火出時事二月已啓此方用弓矢者二月啓
冰始薦宗廟此公將用之故設弓矢也　注食肉至食者　正義
曰在官治事官皆給食大夫以上食乃有肉故曹人謂曹劌曰肉
食者謀之又說子雅子尾之食云公膳日雙雞是大夫得食肉也
傳言食肉之祿祿即此肉是也若依禮常所合食案玉藻云天子

日食少牢諸侯日食特牲大夫特豕士特豚則士亦肉食但彼是在家之禮非公朝常食也杜言謂在朝廷治其職事就官食者以明在官之食有冰耳下云自命夫命婦并不受冰謂賜之冰變以飯在家用之也　大夫至用冰　正義曰喪服傳曰大夫弔於命婦錫衰命婦弔於大夫亦錫衰此傳與彼命婦之文皆與大夫相對故杜知是大夫妻也喪大記云君設大盤造冰焉大夫設夷盤造冰焉士併瓦盤無冰鄭玄云禮自仲春之後尸既襲既小斂先内冰盤中乃設牀於其上不施席而遷尸焉秋涼而止士喪禮君賜冰亦用夷盤是當喪之時特賜之冰浴訖乃設故云喪浴用冰

祭寒至啓之　正義曰上已云其藏冰也黑牡秬黍以享司寒令復云祭寒而藏之與上一事而重其文者欲明獻羔而啓之還是獻之於寒神故更使藏之啓之文相對也　注謂二至冰室　正義曰詩云四之日其蚤獻羔祭韭四之日即夏之二月也告神而始開冰室始薦宗廟薦神之後公遂用之俱在春分之月　火星至月中　正義曰十七年傳云火出於夏爲三月於商爲四月

於周為五月山云火出而畢賦謂以大出而後賦之以大出為始也
周礼云夏頒冰謂正歲之夏即四月是也故杜兼言四月　注山
人至遂屬　正義曰周礼山虞掌山林之政令知山人虞官也周
禮五縣為遂是縣為遂之屬也　注霖雨為人所患苦　正義曰
詩云以祈甘雨此云苦雨雨水一也味有甘苦之異養物為甘害物
為苦耳月令云孟夏行秋令則苦雨數來五穀不滋是霖雨為人
所患謂之苦也鄭玄云申之氣乘之苦雨白露之類時物得而傷
也　注震霆也　正義曰說文云震劈歷震物者釋天云疾雷
為霆霓郭璞云雷之急激者謂霹靂則霆是震之別名雷
不震言有雷而不為霹靂也下云雷不發而震言有雷而有霹
靂也　有苗至不降　正義曰霜雹即是苗言有此苗害之霜雹
也寒暑失時則民多癘疾癘疾天氣為之故云降也　注短折至
為札　正義曰洪範六極一曰凶短折孔安國曰短未六十折未三
十是短折為少夭之名也周礼膳夫大札則不舉鄭玄云大札疫
癘也謂遭疫癘而大死也癘疫謂民病大札謂人死故云夭死為

札　風不至而震　正義曰風不以理節散而暴疾殺物雷不深緩動發而震擊爲害　注七月至宗廟　正義曰凌人十二月令斬冰月令十二月令取冰當是即以其月納於室也詩言三凌之日納于凌陰即是正月矣不以鑿冰之月即納之者鄭玄云豳土晚寒故可以正月納冰言由晚寒故也上言將頒賜公始用之知啓開冰室唯薦宗廟何休膏肓難此云春秋書雹以爲政之所致非由冰也若今朝廷藏冰亦不於深山窮谷何故或有雹天下郡縣皆不藏冰何故或不雹若言有之於古者必有驗於今此其不合於義失天下相與之意鄭玄箴之曰雨雹政失之所致是固然也國之失政君子知其大者其次知其小者藏冰之禮凌人掌之月令載之豳詩歌之此獨非政與故其小者耳夫深山窮谷固陰沍寒極陰之處冰凍所聚不取其冰則氣畜不洩結滯而爲伏陰凡雨水陽也雪雹陰也雨水而伏陰薄之則凝而爲雹雨雪而愆陽薄之則合而爲霰申豐見時失藏冰之禮而有雹推之陰陽知此伏陰所致亦聖人之寓言也詳載其言者以著藏冰之禮不

可廢目炫謂鄭言是也申豐寄言於此以諫失政其意不是蓋由冰也邾不會 正義曰宋之盟邾滕為私屬不許交相見而楚之召邾滕使從會者邾滕自欲辟役不從盟又晉合諸侯常列在於會襄二十九年城杞三十年會于澶淵邾滕皆在楚知其事故使召之此申之會滕至而邾不至 夏啓至之會 正義曰此六王之事唯周武王孟津之誓尚書有其事武王伐殷作泰誓三篇是也其餘五者皆書傳無文不能知其本末 注周成至西北 正義曰書序云成王歸自奄在宗周誥庶邦作多方其經云告爾四國多方則於時諸侯大集故謂岐陽之蒐在此時也 吾用齊桓 正義曰用會召陵之禮出自王意也服虔云召陵之役齊桓退舍以禮楚靈王今感其意是以用之 注其禮六儀 正義曰以言禮六故言其禮六儀當是會上有此六儀不知六者何謂也 注鄭伯至之異 正義曰杜知其禮同所從言之異者以左師獻公合諸侯之禮六子產獻伯子男會公之禮六若其各異凡十二禮下椒舉云禮吾所未見者六焉故知其禮同也於公言之云合

諸侯之禮於伯子男言之云舍公之禮是所從言之異　武城
正義曰土地名楚之武城在南陽宛縣北也魯之武城在泰山南
武城縣也有澹臺子羽冢將隨幣云　正義曰杜唯云將因諸
侯舍布幣乃相見不解隨之義案隱六年公羊傳鄭人來輸平輸
平者何輸平猶墮成也然則墮是輸之義也朝聘之禮客必致幣
於主據主則為受據客則為輸襄三十一年傳子產論幣云其輸
之則君之府實也非薦陳之不敢輸也是謂布幣為輸幣也言將
待輸幣之時乃相見見既在後故遠來敢謝後見也服虔云隨
輸也言將輸受宋之幣於宗廟案禮之享幣皆令宰受不以薦
宗廟雖訓為輸義不當也　八月甲申　正義曰長歷推此年七
月己未朔二十六日得甲申八月己丑朔其月無甲申而傳上有
七月下有九月月不容誤故知日誤　弱其孤　正義曰崔杼弒莊
公立其弟景公孤謂景公也以其幼小輕弱之　以盟諸侯　正
義曰寔王即位以來經傳不見與諸侯盟事蓋楚子自與屬楚諸
侯私盟不告魯而慶封知之　注丘十至一年　正義曰丘十六井

當出馬一匹牛三頭司馬法之文也服虔以為子產作丘賦者賦此一丘之田使之出一馬三牛、復古法耳丘賦之法不行久矣令子產復脩古法民以為貪故謗之案春秋之世兵革數興鄭在晉楚之間尤當其劇止當重於古不應廢古法也若往前不脩此法豈得全無賦乎故杜以為令子產於牛馬之外別賦其田如魯之田賦田賦在哀十一年彼注云丘賦之法因其財通出馬一匹牛三頭令欲別其田及家財各為一賦故言田賦然則此與彼同賦斂家資使出牛馬又別賦其田使之出粟若令輸租更出馬一、匹牛三頭是一丘出兩丘之稅案周禮有夫征家征夫征謂出稅家征謂出車徒給徭役此牛馬之屬則周禮之家征也其夫征十一而稅是與家征別　姬在至衛亡　正義曰渾罕意識子產將言鄭之先亡故遂博言諸國亡之先後杜據世本史記作世族譜說諸國滅亡之年昭下十一年楚滅蔡十三年蔡復封春秋後二世十八年而楚滅蔡也哀八年宋滅曹也滕以春秋後六世而齊滅之鄭在春秋後五世九十一年而韓滅鄭衛在春秋後十一世

二百五十八年而秦滅衛也 據蔡之前亡則渾罕之言終亦驗矣
注棘櫟至櫟亭 正義曰吳來伐楚入此三邑知此三邑皆楚東
鄙故疑新蔡縣東北有櫟亭者是此櫟也鄭有櫟邑者則河南陽
翟縣是也 注襄二至六歲 正義曰穆子還魯傳無明歲襄二
年始見於經疑是其年新還也成十六年傳云子叔聲伯使叔孫
豹請逆于晉師於時豹猶在魯疑其因使而遂奔齊蓋自鄭過魯
而去故得宿於庚宗成十六年出奔襄二年始還凡經五年故豎牛
五六歲能奉雉也計豎牛至襄二年四歲也杜言五六歲者豎牛
見穆子未必即以還年見之 曰唯 正義曰曲禮云父召無諾
先生召無諾唯而起鄭玄云應辭唯恭於諾 故怒至逆之 正
義曰怒者怒其妻也忿其母遂及其子其子在齊成長而後逆之
歸魯非謂逆其妻也 強與孟盟 正義曰孟雖適妻之子叔孫
未立爲嗣豎牛欲亂其室望已有之未應即欲爲適使孟事己強
與盟者欲其與己同心使己得專恣耳 注際接至接見 正義
曰釋詁云際接捷也郭璞曰捷謂相 續也大夫將立適子必須

接見同寮季武子立紇飲大夫酒是其事也孟丙未與大史交接
故爲之作鐘因落鐘令與相見　注以猳至曰落　正義曰說文云
釁血祭也雜記釁廟之禮云雍人舉羊升屋自中中屋南面刲羊
血流于前是釁祭之法以血澆落之知落之即是釁也雜記又曰
凡宗廟之器其名者成則釁之以猳豚是知以猳豬之血也記稱宗
廟之器成乃釁以猳豚此叔孫爲孟作鐘非是宗廟之器亦釁之
者周禮小子職曰釁邦器及軍器鄭玄云邦器謂禮樂之器及祭
器之屬此鐘是禮樂之器故釁也　使豎牛　正義曰孟不自請
使豎牛者內則云由命士以上父子皆異宮鄭玄云異宮者崇敬
也以其異宮故使豎牛　牛謂至見矣　正義曰而如同是語辭
故注云而何如何牛謂叔孫曰以仲見君何問何故以仲見君也叔
孫怪其語故曰何爲牛曰不將仲見君乎若不將見則既自見君
矣言不待父命所以怒叔孫也大夫立子爲適必自見之於君宣
十四年申舟見犀而行定六年樂祁見溷而行是其事也或曰豎
牛謂叔孫曰令將仲見君其事如何叔孫以己見病故怪之曰何

為以下同。注寘置至西廂。正義曰禮置器物於地皆謂之寘
是寘為置也月令天子居左个右个是个為東西廂也。吾子在
書勳　正義曰杜注是叔孫家臣故稱已君為夫子工正是司馬
之屬官也季孟亦有屬官共書其事但季孟身在不假言屬以
叔孫已亡取屬官為徵故兼言之所以司徒書名者周禮大司徒
掌十二教十有一曰以賢制爵十有二曰以庸制祿故司徒書名
定位號也司馬與工正書服者周禮夏官司馬其屬有司士掌
群臣之政亦以德詔爵以功詔祿工正雖不屬司馬掌作車服故
與司馬書服之案周禮司勳屬夏官今司空書勳者春秋之時
又是諸侯之法不可盡與禮同　注誣外至季孫　正義曰季孫
因外孫之弱欲四分公室已取其二故謀去中軍豎牛云夫子固
欲去之是誣叔孫以媚季孫　五年傳舍中軍卑公室也　正義
曰襄十一年初作三軍十二分其國民三家得七公得五國民不
盡屬公公室已是卑矣今舍中軍四分公室三家自取其稅減已
稅以貢於公國民不復屬於公公室彌益卑矣是舍中軍者三

家所以卑弱公室也作中軍卑公室之漸舍中軍卑公室之極初
作云作三軍舍不云舍三軍者初云作者舊有二軍今更增一軍
人數不足故揔皆澤破各毀其乘足成三軍故云作三軍此則唯
舍中軍分中軍之衆屬上下二軍其上下二軍依舊不動故唯云
舍中軍也列炫云四分公室制法别耳還作三軍不得言舍三軍
注罷中至軍名　正義曰魯之軍名傳無其號晉作三軍為上中
下則魯之三軍亦當然也其廢中軍之後上下二軍分為四分哀
十一年齊師伐魯稱孟孺子洩師右師冉求師左師冉求季傳
氏宰也又言叔孫武叔退而蒐乘更無别稱知旨以叔孫為軍名
也　注取其令名　正義曰取其令名者季孫實欲自厚令諸大
夫議論似若己之不與取其令善廉絜之名也列炫以為施者舍
也臧者善也成諸臧氏取其令名也其二家謂叔孟非謂施臧二
氏也　初作至半焉　正義曰將述其舍倒本其初初作中軍謂
襄十一年也三分公室而各有其一民皆分屬三家就中減以與
公令公自税取也季氏盡征之不減入於公令盡屬於已也叔

孫氏臣其子弟明其更有父兄以一家之內有此四品叔孫氏則以父兄之稅入公子弟之稅入已總率所屬之人悉皆如此若總計父兄之數不足以子弟添父兄若子弟不足以父兄添子弟大率半屬於公半屬於已以父兄歸公者尊公室也孟氏則於子弟之中而取其半於一家之內或取其子或取其弟大率而言三分歸公一分入已也或以為其軍分為四分假以父兄子弟四分託之若以假託為言何得云若子若弟直云叔孫氏兩分歸公兩分入已孟氏三分歸公一分入已於文簡略其事易知何須以父兄子弟屈為假託故知不然也魯之三卿季彊孟弱縱使如此若之季氏猶應以一分歸公言盡征之者季氏專恣也　及其至擇二　正義曰季氏因叔孫家禍退之使同於孟孫獨取其半為專已甚又擇取善者是專之極故傳言擇二以見之　注不以至不門　正義曰叔孫餓死而葬言葬鮮知不得以壽終者名之為鮮言年命鮮少也叔仲帶得以此言告季孫則季孫知豎牛餓殺叔孫矣而不計者季孫利其禍而已得專故舍之而不計也杜注云

卿喪自朝知西門非正門　注從步至正路　正義曰服虔云言
卿葬三辭於朝從朝出正門卿佐國之楨榦君之股肱必還於朝
重之也案檀弓云君於大夫將葬弔於宮及出命引之三步則止
如是者三君退是君當就家視之若造君朝之禮且杜注不欲從
西門所競道路耳假令自朝而去猶得更從西門不須言自朝也
故杜以自朝爲從步存朝覲之正路蓋以西門幽辟故欲從正路
而出南門　大庫之庭　正義曰十八年傳梓慎登大庭氏之庫
是魯城內有大庭氏之虛於其上作庫謂之大庭氏之庫此云大
庫明是彼也此言之庭庭是堂前地名仲壬在此庫之庭前豎牛
就攻之此庭非大庭也　使亂大從　正義曰杜云使從於亂服
虔云使亂大和順之道　注披析至見罪　正義曰昭子若知豎
牛餓殺其父則當顯加誅戮不應直以殺適立庶爲大罪也若昭
子知儺不殺則昭子有大罪矣仲尼不宜善其不以立己爲功勞
也是昭子不知豎牛餓殺其父但言是罪仲尼又據其見言而善
之　遇明夷之謙　正義曰離下坤上爲明夷離爲日坤爲地录

曰明入地中明夷夷者傷也日在地中光不外發則為明傷也艮
下坤上為謙艮為山象曰地中有山謙以高下下謙虛之義
丘至餓死　正義曰此先略言卦意有此兩事也是者是此子也
將出奔而歸為國卿荐子孫之祭祀也并以讒人入而其名曰
牛然此子終以餓死也牛在國出云以入者去時未有來而有之
以讒人入其家非從外國入既已略論此意乃復具釋爻辭爻辭
云明夷于飛垂其翼君子于行三日不食有攸往主人有言此三
辭之間並為祀之意但卦名明夷故先推卦名求為祀之義也先
行後歸始得為祀然後推演爻辭得其行去之象又論不食讒言
之事爻辭之內亦並名牛故別於離卦以求牛名推演爻之三辭
既說乃復更推卦體以終為祀之言故曰其為子後以總結前言
也　注日中至其位　正義曰七年傳曰天有十日人有十等彼
即歷言從王至臺十等之目此傳既云十時十位位以王公卿為
三日以中食旦為三日上其中知從中而右旋配之也晡謂食也
餔時謂日西食時也日昳謂蹉跌而下也隅謂東南隅也過隅未

中故為陽中也若據時之先後則從旦至食乃至於中宜以左旋為次今傳以配十位從中而右旋者以人之道高以下為基貴以賤為本欲從賤而漸至於貴也若從中左旋則位乃漸退非進長之義故右旋也　注融朗至旦乎　正義曰明而未融則融是大明故為朗也釋言云明朗也樊光云詩云高朗令終日月光明是朗為大明也據卦離下坤上日在地中之象又爻變為謙謙是卑退之意日未出而又卑退故曰明而未融日明未融故曰其當旦也若於易之明夷據日入之後故明夷象云初登于天照四國也後入于地失則也此傳明夷據日未出前者以日未出與日已入皆日在地下其明不見故各取象為義也　注離為至于危　正義曰說卦離為日為雉雉為鳥也離之一卦為日為鳥日為高明鳥為微細今日之謙退不得高明下當微細是日光不足故當鳥也　注明夷至而行　正義曰卦有六位初三五奇數為陽也二四上耦數為陰位也初與四二與五三與上位相值為相應之所求者陰陰之所求者陽陽陰相值為有應陰還值陰陽還

位陽爲無應明夷初九陽爻在奇是得位也所應在四四爲陰爻
是有應也居得位而物應之是君子象也初九在明傷之世有大
難也居謙下之位宜早退也以此知將辟難而行也　注旦位至
不食　正義曰位當三而時在旦是三日象也旦又未至食時非
食時則無可食故曰三日不食也　注艮爲言　正義曰說卦云
成言乎艮爲言也　注易離至爲牛　正義曰純離者言上體
下體皆是離也易離卦云畜牝牛吉故言純離爲牛明夷初九
無此牛象但明夷初卦下體是離故轉於純離之卦求牛象　謙
不至後乎　正義曰其爻辭唯云君子于行無還之義故後推此
爻於鳥爲飛不翔翼不大知其不能遠去行必當歸故曰其爲子
後乎　注傳言至其使　正義曰聘禮云君遣使至于竟使次介
假道束帛將命于朝下大夫取以入告出許餼之以其禮上賓大
牢積惟芻禾如彼禮文唯當餼之而已今鄭伯親勞是鄭畏楚
也桓三年傳例云凡公女嫁于敵國公子則下卿送之於天子則
諸卿皆行尚公不自送昏禮父母送女不下堂今晉侯親送女至

邢丘是敬楚也此兼顧上文故云諸侯畏敬其使　注往有至贈
賄　正義曰聘禮賓至于近郊君使卿朝服用束帛勞及聘事皆
畢乃云賓遂行舍于郊云使卿贈如覿幣聘既如此朝亦當然其
朝據大行人上公三勞主國使下大夫勞于畿卿勞于遠郊主君
自勞于近郊其去贈賄無文聘尚有賄明朝亦然但禮文不具耳
其文據公去言故云往有也贈據晉言故云去有也　民食於他
正義曰言云如民然求食於他也其時四分公室民皆屬三家三
家稅以貢公公仰他給食自無食也　思莫至其終　正義曰羣
臣思慮無在公者不為公圖謀其終言其終必禍敗無為謀者
奉吾至二國　正義曰朝聘之禮享用幣帛致國之所有送女雖
則非聘亦以幣帛通意故云奉吾幣帛慎吾威儀也信當守而無
失故云守之以信也禮當勉力履行故云行之以禮也禮無不
敬故以敬為始也始敬則終亦敬終恐其惰故云思終也思終亦
思始終始無有不可復行之事行必得理使皆可復行也曲從則
失儀從而不失儀不曲從也過敬則無威敬而不失威不妄敬也

聖人教訓之辭用之以通意故言道之也聘使舊故之法奉承以致命故言奉之也用先王之禮以成其交好故言考之也量二國形勢以傳通時事故言度之也皆準事為文　注刖足使守門　正義曰周禮掌戮云墨者使守門劓者使守關宮者使守內刖者使守囿髡者使守積則守門者當以墨也知不以韓起為墨者楚子意在辱晉必將加之重罪墨是刑之輕者知其必非墨也且欲以叔向為宮刑明起刑亦次宮也莊十九年傳稱鬻拳自刖楚人以為大閽知此亦是刖也欲以叔向為司宮為奄宮之長則韓起為閽亦欲令為門官之長刑名鬻拳故以鬻拳之刑解之

朝聘有珪　正義曰周禮典瑞云公執桓圭侯執信圭伯執躬圭子執穀璧男執蒲璧以朝覲宗遇會同于王諸侯相見亦如之是朝有珪也又曰瑑圭璋璧琮以覜聘是聘有珪也聘用圭璧其飾雖與君同其長降君一等聘禮記曰所以朝天子圭與繅皆九寸問諸侯朱綠繅八寸問即聘也鄭玄云九寸上公之圭也於天子曰朝於諸侯曰問記之於聘文互相備鄭云互相備者言諸侯相

朝與朝天子同也遣使聘天子與諸侯同也彼典瑞及聘禮記聘
圭八寸據上公爲文耳云之使既降公一等知侯伯之使當瑑圭六
寸子男之使當瑑璧四寸考工記玉人云瑑圭璋八寸璧琮八寸
以覜聘亦謂上公之聘也其實子男君臣用璧云朝聘有圭者據
公侯伯言之　注珪以爲信　正義曰鄭玄典瑞注云人執以見
曰瑞禮神曰器瑞符信也用珪朝聘所以爲信故執之　享覜有
璋　正義曰鄭氏先儒以爲朝聘之禮使執玉以授主國之君乃
行享禮獻國之所有覜見也謂行享禮以見主國之君也案小行
人合六幣圭以馬璋以皮璧以帛琮以錦琥以繡璜以黼鄭玄云
上公享王圭以馬享后璋以皮侯伯子男享王璧以帛享后琮以
錦公侯伯於諸侯則享用璧琮子男於大國享君琥以繡於夫人
璜以黼此云享覜有璋者據上公享后言之所以特舉享后者舉
璋與圭相對其實享禮圭與璧琮琥璜皆有今檢杜注意義則
不然謂主國設酒食以饗賓賓則執璋以行禮故云享覜有璋注
云享饗食也破享獻之享爲饗食之饗杜必然者以此傳下云設

机而不倚爵盈而不飲宴有好貨飧有陪鼎皆論饗食禮及饗宴之事故彼享為饗即大行人三饗三食三宴之類是也但饗食禮既亡執璋業文耳故杜云臣為君使執璋則詩云奉璋峨峨尚書大保秉璋以酢之類是也　注諸侯至述職　正義曰孟子云天子適諸侯曰巡狩巡狩者巡所守也諸侯朝天子曰述職述職者述所職也其意言諸侯職在治國家事天子以時入朝述脩其所職也天子職在立諸侯指下民以時巡狩省視其功勞也　設机至不飲　正義曰朝聘之禮有設几進爵之時朝禮雖亡而聘禮有其略也聘義曰聘射之禮至大禮也質明而始行事日幾中而後禮成非強有力者弗能行也酒清人渴而不敢飲也肉乾人飢而不敢食也是言務在行禮不敢倚机不敢飲酒也　注宴飲至所無　正義曰謂主國宴賓以貨財為恩好謂衣服車馬在客所無者與之也明年晉享季武子重其好貨僖二十九年介葛盧來禮之加宴好詩序云鹿鳴燕群臣嘉賓也既飲食之又實幣帛筐篚以將其厚意是也　注熟食至殷勤　正義曰聘禮賓始入館宰夫

朝服設飧飪一牢在西鼎九羞鼎三鄭玄云食不備禮曰飧飪熟
也其鼎實如饔餼羞鼎則陪鼎也以其實言之則曰羞以其陳
言之則曰陪是飧有陪鼎鄭以飧禮小饔餼禮大故云食不備禮
曰飧言饔餼備而飧不備也杜以餼生而飧熟故云熟食為飧聘
禮又云君使卿韋弁歸饔餼五牢飪一牢鼎九設于西階前陪鼎
當内廉鄭玄云陪鼎三牲臛膷臐膮也陪之庶羞加也服虔云陪
牛羊豕鼎故云陪鼎周禮掌客云凡諸侯之禮上公飧五牢饔餼
九牢侯伯飧四牢饔餼七牢子男飧三牢饔餼五牢是朝聘皆
有飧也案聘禮歸饔餼五牢於賓館飪一牢鼎九設于西階前
牛鼎一羊鼎一豕鼎一魚鼎一腊鼎一腸胃鼎一膚鼎一鮮魚鼎
一鮮腊鼎一凡九鼎陘北向南而陳又有陪鼎三其一曰膷鼎牛
臛也在牛鼎之西其一曰臐鼎羊臛也在羊鼎之西其一曰膮鼎
豕臛也在豕鼎之西其陪所設當西階之内廉腥二牢陳于東階
之前南陳牢别七鼎无鮮魚鮮腊也并上飪一牢所謂死牢三又
餼二牢陳于门内之西是卿之饔餼五牢案鄭注掌客其子男

饔餼五牢與卿同其腥鼎加鮮魚鮮腊牢别有九也其陳設如卿
之禮侯伯饔餼七牢死牢四飪一牢在西腥三牢在東餼三牢在
门西其陳設如子男之禮上云饔餼九牢死五牢飪一牢在西腥
四牢在東餼四牢陳于门西甚陳皆如侯伯之禮也大行人注云爵
卿也則飧二牢饔餼五牢爵大夫也則飧大牢饔餼三牢　以賤
於鄭　正義曰以上文類之當注云言其禍始於邲而不注者從可
知也　韓須受命而使　正義曰三年傳云韓須如齊逆少姜是
受命出使之事　注皆韓起庶子　正義曰賈逵云然杜依用之
杜以上箕襄邢帶食邑於箕邢故為韓氏之族叔禽叔椒皆連
叔為文羽又稱子事似兄弟故云皆韓起庶子劉炫以為叔禽等
亦是韓起之族既無明證而妄規杜氏非也　注四族至四人
正義曰家語孔子曰銅鞮伯華不死天下其定矣其人名赤字伯
華食邑於銅鞮叔魚名鮒見於十三年傳叔虎見於襄二十一年
傳於時虎已死今得數叔虎者雖身死其族猶在故傳不言羊舌
四人而云四族明指其族也據傳文叔向兄弟四人有叔虎實兼

叔向兄弟有季夙疑季夙即是虎也故服氏數伯華林向叔魚季
夙刘炫以為林虎於時已死別有季夙而規杜氏非也　注韓氏
至彊家　正義曰杜以家縣為一故并韓賦七邑與羊舌四族乃
為十一。而言十家舉大數也羊舌四族族有一縣則又大多故以為
四家共二縣也刘炫以為韓須是起之門子不別更稱家去韓須
之外韓氏唯有六家并羊舌四族故為十家也令知不然者以傳
歷序韓襄為公族大夫韓須受命而使即云箕襄以下皆大家
故知韓須在其內也又韓賦七邑則韓須有邑既有其邑自然稱
家哀二年傳曰上大夫受縣論語云百乘之家家即縣也刘以為
韓須不得為家家不得稱縣以為韓氏六家羊舌四家為十家而
規杜氏非也　長轂　正義曰考工記車人云兵車乘車輪崇六
尺六寸田車輪崇六尺三寸兵車轂長三尺三寸又云大車半柯
長尺半是短也　何不可之有　正義曰啓彊發首言可氏云何
不可之有言其可也結上可之言服虔云何不可之有如是是大
不識文勢　王欲至不能　正義曰王欲調林向以為敖樂以其

所不知不解之處試之而竟不能王之所為卅向悉解故杜云叔
向之多知　令君至釁鼓　正義曰言令君奮起威嚴如天震電
盛為瞋怒虐執云云是也　難易有備　正義曰言知楚為患難
則吳易有防備也　且吳社稷是卜　正義曰恐楚王言女既云
吉何故今欲被殺故言此以塞之　國之守龜　正義曰又恐王
言龜既言吉而使人被殺則是龜不信故又言此以荅之　六年
注再同盟　正義曰益姑以襄二十四年即位二十五年盟于重
丘曾杞俱在二十九年又杞子來盟是再同盟　注合比至罪之
正義曰寺人柳有寵大子佐惡之合比請殺之求媚於大子而欲
殺君之寵臣是事君不以道也以此而自取奔亡故書名以罪之
傳注合先至之禮　正義曰先王之制諸侯之喪士弔大夫送葬
三十年傳文也釋例曰先王之制諸侯之喪士弔大夫送葬及其
失也禮過於重文襄之伯因而抑之諸侯之喪大夫弔卿共喪事
夫人之喪士弔大夫送葬猶過古制故公子遂如晉葬襄公傳不
言禮葬秦景公傳曰大夫如秦葬景公特稱禮也一以示古制

二以示書他國之葬必須嘗令三以示本使非卿則不書於經此皆丘明之微文也　注鑄刑書於鼎　正義曰傳直言鑄刑書知鑄之於鼎者二十九年傳云晉趙鞅荀寅賦晉國一鼓鐵以鑄刑鼎著范宣子所為刑書焉彼是鑄之於鼎知此亦是鼎也　注臨事至爭端　正義曰尚書伊訓云先王肇修人紀制官刑儆于有位又穆王命呂侯訓夏贖刑作呂刑之篇其經云墨罰之屬千劓罰之屬千剕罰之屬五百宮罰之屬三百大辟之屬二百五刑之屬三千周禮司刑掌五刑之法以麗萬民之罪墨罪五百劓罪五百宮罪五百刖罪五百殺罪五百　據此二文雖王者相變條數不同皆是豫制刑矣而云臨事制刑不豫設法者聖王雖制刑法舉其大綱但共犯一法情有淺深或輕而難原或重而可恕臨其時事議其重輕雖依準舊條而斷有出入不豫設定法告示下民令不測其淺深常畏威而懼罪也法之所以不可豫定者於小罪之間或情有大惡盡皆致之極刑則本非應重之罪悉令從其輕比又不足以創小人也於大罪之間或情有可恕盡加大辟則枉

害良善輕致其罰則脫漏重辜以此之故不得不臨時議之準狀
加罪令鄭鑄之於鼎以章示下民亦既示民即為定法民有所犯
依法而斷設令情有可恕不敢曲法以矜之罪實難原不得違制
以入之法既豫定民皆先知於是倚公法以展私情附輕刑而犯
大惡是無所忘而起爭端也漢魏以來班律於民懼其如此制為
比例入罪者舉輕以明重出罪者舉重以明輕因小事而別有大
罪者則云所為重以重論皆不可一定故也　閑之至其淫　正
義曰義者宜也令於事宜閑謂防衛也閑之以義防衛之使合於事
宜也政者正也齊正在下糾謂舉治也糾之以政舉治之使從於
齊正也禮當勉力履行故行之以禮也信當守而勿失故守之以
信也仁心所以養物故奉之以仁也位以序德祿以酬勤有德能
勤則居官食祿制為祿位以勸其從順教令也其有犯罪則制之
刑罰故嚴斷刑罰以威其驕泆放佚也嚴斷言其不敢令也對文
則加罪為刑收贖為罰散則刑罰通也閑之以下皆言在上位者
行此事治民也　懼其至以剛　正義曰此上言行事此又言用

心言雖行上事懼其未從教也故復勞心以極之於文中心為忠如心為恕謂如其己心也事親事君遠及諸物宜恕以待之不得虛詐忠是萬事之本故陳忠恕之事以訓誨之行善得善行惡得惡舉善惡之行以恐懼之特之所急民或不知故教示之以當特之務居上位者失於以威迫人故使之以和當和說以使之臨涖也臨謂位居其上俯臨其下涖謂有所施為臨摠其事臨謂平常之時涖謂當事之特居上位者失於驕慢臨之以敬言常共敬以臨之其臨於行事者失於懈倦涖之以彊言當彊力以臨之柔而少決為政之病故斷之以剛彊此云斷之以剛即上嚴斷之義嚴謂威可畏剛謂情無私此皆論心故重言之　注聳懼也　正義曰釋詁文也彼作竦音義同　注施之於事為涖　正義曰涖亦臨也而與臨別文故解之周禮肆師職涖卜曲禮云涖官春秋書涖盟皆謂當其事而臨之故云施之於事為涖則臨謂平常涖謂當事以此為異故別文也若散而言之涖亦臨也故論語云不莊以涖之則民不敬是也　注義斷恩　正義曰喪服四制云門內之治

恩揜義門外之治義斷恩尚書胤征云威克厥愛允濟愛克厥威
允罔功是斷獄者皆當義斷恩　猶求至使也　正義曰以剛以上
雖率意敬人猶為未善更求聖哲王公之上制明察大夫之官法
忠誠信著之長則慈愛溫惠之師教用此四法以教民民於是乎可
任使也　注權移至畏上　正義曰刑不可知威不可測則民畏上
也令制法以定之勒鼎以示之民知在上不敢越法以罪已又不能
曲法以施恩則權柄移於法故民皆不畏上　注因危至巧偽
正義曰法之設文有限民之犯罪無窮為法立文不能網羅諸罪
民之所犯不必正與法同自然有危疑之理因此危文以生與上爭
罪之心緣徼幸以成其巧偽將有實罪而獲免者也　注夏商至
以制　正義曰夏商之有亂政在位多非賢哲察獄或失其實斷
罪不得其中至有以私亂公以貨枉法其事不可復治乃遠取創
業聖王當時所斷之獄因其故事制為定法亦如鄭鼎所鑄遵舊
施行言不能臨時議事以制刑罪也　注周之至九刑　正義曰
準夏商所作當為文武周公之制不以聖王名刑而謂之九刑者

蓋周公制為此名故稱之耳　注言刑至之世　正義曰三辟謂禹刑湯刑九刑也辟罪也三者斷罪之書故為刑書皆是叔世所為言刑書不起於始盛之世始盛之世議事制罪叔世不復能然采取上世決事之比作書以為後法其變是始盛之世作書於衰亂之時也服虔云政衰為叔世叔世踰於季世季世不能作辟也　注制參至末法　正義曰制參辟鑄刑書是一事也為其文是制參辟勒於鼎是鑄刑書也三代之辟皆取前世故事制以為法子產亦取上世故事故謂之制參辟言其所制用三代之末法非謂子產所作還寫三代之書也子產蓋亦采取上世所聞見斷獄善者以為書也　詩曰至四方　正義曰周頌我將之篇祀文王之樂歌也杜言文王以德為儀式刑法也則儀式刑三者皆為法也言以德為儀式法者是文王之德也由其以德為法故能日日有安請四方之功也服虔云儀義式用刑法請謀也言善用法文王之德日日謀安四方皆解於文便於杜也　民知至於書　正義曰端謂本也令鑄鼎示民則民知爭罪之本在於刑書矣制禮以

為民則作書以防民罪違禮之行非刑書所禁故民將棄禮而取
徵驗於書也刑書書違禮之罪民必棄禮而不用矣　又曰至作乎
正義曰大雅文王之篇也服虔云儀善也刑法也善用法者文王
也言文王善用其法故能為萬國所信也亦便於杜　終子至敗
乎　正義曰子產鑄刑書而叔向責之趙鞅鑄刑鼎而仲尼譏之
然此傳文則刑之輕重不可使民知也而李悝作法蕭何造律頒
於天下縣示兆民秦漢以來莫之能革以今觀之不可一日而無律
也為當吏不及古民偽於昔為是聖人作法不能經遠古今之政
何以異乎斯有百矣古者分地建國作邑命家諸侯則弈世相承
大夫亦子孫不絕皆知國為我土衆實我民自有愛吝之心不生
殘賊之意故得設法以待刑臨事而議罪不須豫以告民自令常
懷怖懼故仲尼叔向所以譏其鑄刑書也秦漢以來天下為一長
吏以時遷代其民非復己有懦弱則為殿負殭猛則為稱職且疆
域闊遠戶口滋多大郡竟餘千里上縣數以萬計豪橫者陵蹈邦
邑桀健者雄張閭里故漢世酷吏專任刑誅或乃肆情好殺成其

不撓之威違衆用己以表難測之知至有積骸滿穽流血丹野郅都被蒼鷹之號延年受屠伯之名若復信其殺伐任其縱舍必將喜怒變常愛憎改意不得不作法以齊之宣衆以令之所犯當條則斷之以律疑不能決則讞之上府故得萬民以察天下以治聖人制法非不善也古不可施於今今人所作非能聖也足以周於用所謂觀民設教遭時制宜謂此道也　若吾子之言　正義曰若如也誠如吾子之言也　吾以救世也　正義曰當時鄭國大夫邑長蓋有斷獄不平輕重失中故作此書以令之所以救當世也　注象類至致災　正義曰作刑書以示民教民使爭罪故謂之爭辟火出而象之類也謂以類相感而致災也同氣相求易文言文也周禮司爟云季春出火民咸從之季秋內火民亦如之鄭玄云火所以用陶冶民隨國而為之是火星未出不得用火今鄭火未出而用火以鑄鼎及火星出則相感以致災服虔云鑄鼎藏爭辟故今出火與五行之火爭明故為災在器故稱藏也
注周禮大夫三獻　正義曰周禮卿五獻大夫三獻故鄭注掌客

爵卿也饔餼五牢爵大夫也饔餼三牢獻視饔餼之數故言大夫
三獻也若依古禮大小國之卿皆五獻大夫三獻故聘禮侯伯之卿
出聘饔餼五牢獻 同饔餼之數至春秋之時惟大國得從古禮
故昭元年鄭人享趙孟注云 朝聘之制大國之卿五獻其次國以
下卿則從大國大夫之禮故令武子云得既不過三獻周禮無此
文大行人云上公九獻侯伯七獻子男五獻獻各如其命數與命
云公侯伯之卿皆三命知其當三獻也大夫卿之總名故注云三
獻也 令至有加 正義曰上言加籩此言豆者籩豆並加互舉
其一也 寡君猶未敢 正義曰魯侯爵禮當七獻上文唯言享
有加籩止知加於常禮不知幾獻籩豆來必過七獻也言寡君
猶未敢當此者謙耳 詩曰至斯畏 正義曰大雅板之篇凡伯
刺厲王之詩也言宗子之固惟若城也即謂宗子爲城言宗人當
固之毋使此城傾壞傾壞則女獨矣女既獨之必有所畏懼也
注共而有禮 正義曰是如見王是共也辭不敢見是禮也 不
樵樹不采蓺 正義曰不樵樹不伐樹以爲樵不采蓺不采所種

之菜果 不抽屋不強匄 正義曰服虔云抽裂也言不毁裂所
舍之屋也匄乞也不就人強乞也 且帀敗也 正義曰如上注
不以敗告故不書而得帀敗者本自為聘問敗因帀之故言且也
士匄相士鞅 正義曰世族譜以王正為雜人諸本及王肅董遇
注皆作王正俗本或誤為士匄此人不當與士鞅之父同姓名而
為之介也 七年注曁與至可知 正義曰曁與釋詁文也此直
言曁齊平不知誰與齊平穀梁傳云以外及內曰曁謂此為魯與
齊平賈逵何休亦以為魯與齊平許惠卿以為燕與齊平服虔云
襄二十四年仲孫羯侵齊二十五年崔杼伐我自爾以來齊魯不
相侵伐且齊是大國無為求與魯平此六年冬齊侯伐北燕將納
簡公齊侯貪賄而與之平故傳言齊求之也齊次于虢燕人行成
其文相比許君近之案經例即燕與齊平當書燕曁與諸侯平皆
言曁下三月公如楚叔孫婼如齊涖盟公不在國故齊無來者據
經言之賈君為得杜則從許說也故兩載其說意從賈解其所疑
云前年冬齊伐燕文接此春間無異事故不云燕省文也又此年

稱齊暨燕平之月傳所舉經文知此是燕與齊平也釋例曰昭六
年冬齊侯伐北燕七年春而平冬春相接間無異事省文故不重
言燕猶桓五年冬州公如曹六年春因書寔來也傳以其不分明
故起見齊燕平之月以正之也　注公將至舊好　正義曰魯與
齊鄰公遠適楚慮其或來侵伐遣使與之盟尋舊好也案經婼之
如齊在公如楚下杜言將適楚者以孫婼非公命則不得書經明
是公未發時命之公發後婼去杜言將見此意　衛侯惡卒　正
義曰穀梁傳曰鄉曰衛齊惡今曰衛侯惡此何為君臣同名也君
子不奪人名不奪親之所名重其所以來也王父名子也注云不
奪人名明臣雖欲改君不當聽也君不聽臣易名者欲使人重父
命也父受名于王父王父卒則稱王父之命名之曲禮云卒哭乃
諱鄭玄云敬鬼神之名也生者不相辟名衛侯名惡大夫有石惡
君臣同名春秋不非謂此事也然則此君卒哭之後臣當辟其諱
曲禮云君子已孤不更名當舍名而稱字　注元年大夫盟于虢
正義曰虢令不盟而言盟者令尹圍請讀舊書加於牲上雖不為

傳齊求之也　正義曰傳云齊求之自言其平之意下云盟于濡上是其平之事也下言齊侯次于虢燕人行成則是燕先發意而言齊求之者齊若志在伐燕不當在竟久次久次而不行即是求之之狀也燕必知其意乃行成耳　注濡水至易水　正義曰今案高陽有此水也水源皆出於山其出平地皆是山中平地燕趙之界有泉出者未知杜言何所案據　注瑶玉至玉爵　正義曰孔安國尚書傳云瑶美石此云瑶甕玉櫝與玉别文亦似非玉杜以瑶為玉者詩毛傳云瓊瑶美玉則瑶之為物在玉石之間與玉小别故或以為石或以為玉瓊是玉之美名詩以瓊瑶為玉故毛言美玉耳周禮醢人王舉則共醢六十甕以齊醢菹醬實之則甕是小器當以瓦為之以瑶為甕故為寶也論語云龜玉毁於櫝中是櫝為盛物之匱也明堂位云爵夏后氏以琖殷以斝周以爵鄭云斝畫禾稼也斝是爵名文承玉櫝之下明亦以玉為之言耳者蓋此器旁有耳若今之杯故名耳　注析羽至於軨　正義曰析羽為旌周禮司常文也鄭

玄云析羽皆五采繫之於旞旌之上所謂注旄於干首也凡九旗之帛皆用絳然則干首有羽羽為旌名遂以旌為旗称其垂至軫者謂游至軫非羽至軫也禮緯稽命徵云禮天子旗九刃曳地諸侯七刃齊軫大夫五刃齊較士三刃齊首周禮節服氏袞冕六人維王之大常鄭玄云王旌十二旒兩兩以縷綴連旁三人持之禮天子旌曳地杜以楚雖僭號称王未必即如天子不應建大常旌曳地故以諸侯解之言王旌游至於軫謂楚王旌也蓋建交龍之旗而游至軫耳然諸侯之旌短於王旌二刃大夫旌亦短於諸侯之旌二刃案周禮軫去地四尺較去軫並五尺五寸而禮緯云諸侯齊軫大夫齊較於事為疑不可知也　芋尹　正義曰芋是草名哀十七年陳有芋尹蓋皆以草名官不知其故　天子　至正封　正義曰莊二十一年注云略界也則此略亦為界也經營天下以四海為界界內皆為已有故言略有四海謂有四海之內也天子界內天子自經營之故言經略也諸侯封內受之天子非已自營故言正封謂不侵人不與人正之使有定分　詩曰至王臣

正義曰北山大夫刺幽王也役使不均云溥天之下云云鄭箋云此言王之土地廣矣王之臣又衆矣何求而不得何使而不行率土之濱者地之形勢水多於土民居水畔故云循土之涯也　王臣至臣臺　正義曰文十八年傳云舜臣堯者謂舜為臣以事堯也此云王臣云者謂上以下為臣文同而意異也公者五等諸侯之摠名環齊要略云自營為厶八厶為公言正無私也大夫者夫之言扶也大能扶成人也士者事也言能理庶事也服虔云皁造也造成事也輿衆也佐皁舉衆事也隷隷屬於吏也僚勞也共勞事也僕僕豎主藏者也臺給臺下微名也此皆以意言之循名求義不必得本故杜皆略而不說　注僕區刑書名　正義曰引其言戒刑法知是刑書名也名曰僕區未知其義服虔云僕隱也區匿也為隱亡人之法也　注行善至汝水　正義曰文王之法所以得天下言行善法所以得為天子也僕區之法所以封汝言去盜賊所以大啓封疆也哀十七年傳曰彭仲爽申俘也文王以為令尹實縣申息朝陳蔡封畛於汝是文王啓疆至汝

水。昔武至淵藪　正義曰此在尚書武成篇也武王既克殷歸至于豐乃陳伐紂之事告於諸侯言將伐之時以商之罪告于皇天后土所過名山大川曰今商王受無道暴殄天物害虐烝民為天下逋逃主萃淵藪是言天下罪人逋逃者以紂為主集而歸之如魚入深淵獸奔藪澤也　注宮室至城內　正義曰雜記云成廟則釁之路寢成則考之而不釁釁屋者交神明之道也鄭玄云言露寢生人所居不釁者不神之也考之者設盛食以落之尒檀弓曰晉獻文子成室諸大夫發焉是也然則不釁但祭而杜言宮室始成祭之為落者以其言落必是以酒澆落之雖不如廟以血塗其上當祭中靈之神以安之　日我至北望　正義曰日謂往日也嬰齊與魯盟于蜀事在成二年共王之初共王即望魯朝故言往日我先君共王引領北望也董遇注若日字謚法既過能改曰共　寵靈至既矣　正義曰言開其恩寵賜以威靈以及楚國以明受命于蜀之事不慮致令君之嘉惠於楚即是寡君受既矣　注祖祭道神　正義曰詩云韓侯出祖仲山甫出祖

是出行必為祖也曾子問曰諸侯適天子與諸侯相見皆云道而
出是祖與道為一知祖是祭道神也周禮大馭掌馭玉路以祀及
犯軷王自左馭馭下祝登受轡犯軷遂驅之鄭玄云行山曰軷犯
之者封土為山象以菩芻棘柏為神主既祭以車轢之而去喻無
險難也又聘禮記云出祖釋軷祭酒脯乃飲酒于其側鄭玄云祖
始也行出國門止陳車騎釋酒脯之奠於軷為行始也詩傳曰軷
道祭也謂祭道路之神春秋傳曰軷涉山川然則軷山川之名也
道路以險阻為難是以委土為山或伏牲其上使者為軷祭酒脯
祈告也卿大夫處者於是餞之飲酒於其側禮畢乘車轢之而遂
行是說祖軷之事也詩云取羝以軷謂諸侯也天子則以犬故犬
人云伏瘞亦如之鄭司農云伏謂伏犬以王車轢之是也大夫用
酒脯　注衛地至降婁　正義曰周禮保章氏以星土辨九州之
地所封封域皆有分星是在地封域必當天星之分但古書亡失
鄭注保章氏引堪餘云寅析木燕也卯大火宋也辰壽星鄭也巳
鶉尾楚也午鶉火周也未鶉首秦也申實沈晉也酉大梁趙也戌

降婁魯也亥娵訾衛也子玄枵齊也丑星紀吳越也秦漢以來
地分天次娵訾衛也降婁魯也娵訾之次一名豕韋故云衛地豕
韋也三統歷娵訾初日在危十六度立春節在營室十四度雨水
中終於奎四度也降婁初日在奎五度驚蟄節在婁四度春分中
終於胃六度也此時周四月令二月故日在降婁但閏有前卻不
知日在何度而食也言去衛地如魯地蓋始入降婁之初耳詩
所至不臧　正義曰十月之交大夫刺幽王也十月之交朔月辛
卯日有食之亦孔之醜注云日為君辰為臣辛金也卯木也又以
卯侵辛故甚惡也又云彼月而食則維其常此日而食于何不臧
詩作此云彼者師讀不同也　對曰至之災　正義曰士文伯
緣公之問設勸戒之辭言人君為政不善可以感動上天則自取譴
責於日月之災以日食之災由君行之所致也昏義云天子聽男
教后聽女順天子治陽道后治陰德是故男教不脩陽事不得適
見於天日為之食婦順不脩陰教不得適見於天月為之食此傳
彼記皆是勸戒辭耳日月之會自有常數每於一百七十三日有

餘則日月之道一交交則日月必食雖千歲之日食皆豫筭而盡知寧復由教不脩而政不善也此時周室微弱王政不行非復能動天也設有天變當與天下為災何獨衛君曹卿當其咎也若日食在其分次其國即當有咎則每於日食必有君死豈日食之歲常有一君死乎足明士文伯言衛君曹卿之死不由日食而知矣人君者位貴居尊志移心溢或淫恣情慾壞亂天下聖人假之神靈作為鑒戒夫以昭昭大明照臨下土忽爾殲亡俾晝作夜其為怪異莫斯之甚故鳴之以鼓柝射之以弓矢庶人奔走以相從嗇夫馳騁以告衆降物辟寢以哀之祝幣史辭以禮之立貶食去樂之數制入門廢朝之典示之以罪己之宜教之以脩德之法所以重天變警人君也天道深遠有時而驗或亦人之禍釁偶與相逢故聖人得因其變常假為勸戒知達之士識先聖之幽情中下之主信妖祥以自懼但神道可以助教不可專以為教神之則惑衆去之則害宜故其言若有若無其事若信若不信期於大通而已世之學者宜知其趣焉　注前汝至杞田　正義曰下云君之在

楚於晉罪也知晉人以此故復來治杞田也宋之盟云晉楚之從
交相見令復恨者於時不免楚意為此盟耳私心不欲諸侯向楚
又其辭可以禁之故内懷恨而治其田　使長鬣者相　正義曰吳
楚之人少鬚故選長鬣者相禮也　注大屈弓名　正義曰賈逵
云大屈寶金可以為劍大屈金所生地名服虔云一曰大屈弓名
魯連書曰楚子享魯侯於章華之臺與大曲之弓既而悔之薳
啓疆見魯侯魯侯歸之大屈即大曲之　令夢至寢門　正義曰
諸本皆作熊字賈逵云熊獸也説文云熊獸似豕山居冬蟄釋獸
云羆如熊黄白文孫炎引書云如熊如羆則熊似羆似豕之獸即
令之所謂熊是也釋獸又云熊虎醜其子狗李巡曰熊虎之類其
子名狗則熊獸似虎非熊也又釋魚云鼈三足能樊光曰鼈皆四
足令三足故記之彼是鼈之異狀張衡東京賦云能鼈三趾梁主
云鮌之所化是能鼈也若是熊獸何以能入羽淵但以神之所化
不可以常而言之若是能鼈何以得入寢門先儒既以為獸今亦
以為熊獸是也汲冢書瑣語云晉平公夢見赤熊闚屏惡之而有

疾使問子產言關屏牆必是獸也張叔皮論云賓爵下革田鼠上騰牛哀虎變鯀化為熊久血為燐積灰生蠅傳云潛通賦云堯伯忌殛瑰而弗古兮書言諸而莫終亂正沈璧以祈福兮鬼告凶而命窮黃母化而為黿兮鯀殛變而成熊二者所韻不同或疑張叔為能著作郎王劭云古人讀雄與熊者皆于陵反張叔用舊音傳玄用彩音張叔亦作熊也案詩無羊與正月及襄十年衛卜禦寇之繇皆以雄韻陵劭言是也　注鯀禹至見祀　正義曰祭法云夏后氏禘黃帝而郊鯀言郊祭天而以鯀配是夏家郊祭之也殷周二代自以其祖配天雖復不以鯀配郊鯀有治水之功又通在群神之數并亦見祀通夏世為三代祀之也祭法又曰夫聖王之制祀也能禦大菑則祀之能捍大患則祀之鯀鄣鴻水而殛死禹能脩鯀之功非此族也不在祀典是言鯀有大功而歷代祀之也祭法又云有虞氏禘黃帝而郊嚳祖顓頊而宗堯夏后氏亦禘黃帝而郊鯀祖顓頊而宗禹殷人禘嚳而郊冥祖契而宗湯周人禘嚳而郊稷祖文王而宗武王家語子羔問曰周人祖文王而宗武王

虞夏祖宗異代者孔子曰殷周祖宗其廟可以不毀則其他所祖
宗者功德不殊雖在異代亦可以無疑矣周人愛召公猶敬其樹
況祖宗其功德而可以不尊奉其廟哉　注言周至群神　正義
曰祭法曰有天下者祭百神諸侯在其地則祭之亡其地則不祭
然則鯀非晉地之神晉人不合祭之也但周室既衰晉為盟主得
佐助天子祭祀群神故不祀鯀而鯀為崇也晉語說此事云昔者
鯀違帝命殛之于羽山化為黃熊以入于羽淵實為夏郊三代舉
之夫鬼神之所及非其族類則紹其同位令周室少卑晉實繼之
其或者未舉夏郊邪宣子以告祀夏郊董伯為尸五日晉侯疾間
是言晉當繼周得佐天子祀群神也僖三十一年傳云相之不享
於此久矣非衛之罪也杞鄫何事然則杞是夏後自當祀相衛不
祀相而晉祀鯀者相無功惟子孫當祀鯀則列在祀典天子祀之
故晉繼周當祀鯀　祀夏郊　正義曰言祀夏家所郊者故注云
祀鯀　方鼎　正義曰服虔云鼎三足則圓四足則方
至不諒　正義曰貞而不諒論語文也貞正也諒信也既受晉邑

卒而歸之正也知宣子歎之而言畏懼後禍是不信也　注云孫段豐氏黨　正義曰劉炫云段即豐氏當言駟氏黨字之誤以規杜氏今知非者段為豐氏傳有明文杜既注傳無容不委蓋後人轉寫之誤劉君雖規未必是杜之失　子產至圖說　正義曰言立公孫洩者所以解說民心也伯有作亂而死不應立其後祀今立良止民必怪之為伯有之身無義立後而圖謀自解說於民也解說者以子孔良霄俱被誅殺今并立二人言若國家自以大義存誅絶之後不為妖鬼立良止也以此解說民心　從政至媚也　正義曰反之謂反正道也媚愛也從其政事治國家者有所反於正道以取民愛也反正道者子孔誅絶於道理不合立公孫洩今既立良止恐民以鬼神為惑故反違正道兼立公孫洩以取媚於民令民不惑也段與帶之卒自當命盡而終耳未必良霄所能殺也但良霄為厲因此懼民民心不安義須止遏故立祀止厲所以安下民也何休膏肓難此言孔子不語怪力亂神以鬼神為政必惑衆故不言也今左氏以此令後世信其然廢仁義而祈福於鬼

神此大亂之道也子產雖立良止以託繼絶以鬼賞罰要不免於惑衆豈當述之以示季末鄭玄荅之曰伯有惡人也其死為厲鬼厲者陰陽之氣相乘不和之名尚書五行傳六厲是也人也體魄則降知氣在上有尚德者附和氣而興利孟夏之月令雩祀百辟卿士有益于民者由此也為厲者因害氣而施災故謂之厲鬼月令民多厲疾五行傳有禦六厲之禮禮天子立七祀有大厲諸侯立五祀有國厲欲以安鬼神弭其害也子產立良止使祀伯有以弭害乃禮與洪範之事也子所不語怪力亂神謂虛陳靈象於今世驗也伯有為厲鬼著明若此而何不語乎子產固為衆愚將惑故并立公孫洩云從政有所反之以取媚也孔子曰民可使由之不可使知之子產達於此也　人生至曰魂　正義曰人禀五常以生感陰陽以靈有身體之質名之曰形有嘘吸之動謂之為氣形氣合而為用知力以此而彊故得成為人也此將說淫厲故遠本其初人之生也始變化為形形之靈者名之曰魄也既生魄矣魄內自有陽氣氣之神者名之曰魂也魂魄神靈之名本從形氣

而有形氣既殊魂魄亦異附形之靈為魄附氣之神為魂也附形之靈者謂初生之時耳目心識手足運動啼呼為聲此則魄之靈也附氣之神者謂精神性識漸有所知此則附氣之神也是魄在於前而魂在於後故云既生魄陽曰魂魂魄雖俱是性靈但魄識少而魂識多孝經說曰魄白也魂芸也白明白也芸芸也形有體質取明白為名氣唯噓吸取芸動為義鄭玄祭義注云氣謂噓吸出入者也耳目之聰明為魄是言魄附形而魂附氣也人之生也魄盛魂強及其死也形消氣滅郊特牲曰魂氣歸于天形魄歸于地以魂本附氣氣必上浮故言魂氣歸于天魄本歸形形既入土故言形魄歸于地聖王緣生事死制其祭祀存亡既異別為作名改生之魂曰神改生之魄曰鬼祭義曰氣也者神之盛也魄也者鬼之盛也合鬼與神教之至也死必歸土此之謂鬼其氣發揚于上神之著也是故魂魄之名為鬼神也檀弓記延陵季子之哭其子云骨肉歸復于土命也若魂氣則無不之也爾雅釋訓云鬼之為言歸也易繫辭曰陰陽不測之謂神以骨肉必歸于土故以歸言之

魂氣無所不通故以不測名之其實鬼神之本則魂魄是也列炫
云人之變生形必有氣氣形相合義無先後而此云始化曰魄陽
曰魂是則先形而後氣先魄而後魂魂魄之生有先後者以形有
質而氣無質尋形以知氣故先魄而後魂其實並生無先後也
注陽神氣也　正義曰以形有質故為陰魂無形故為陽既以化
表形故以陽見氣氣為陽知形為陰互相見也　用物至魄彊
正義曰魂既附氣氣又附形形彊則氣彊形弱則氣弱魂以氣彊
魄以形彊若其居高官而任權勢奉養厚則魂氣彊故用物精
而多則魂魄彊也　注物權勢　正義曰物非權勢之名而以物
為權勢者言有權勢則物能備物謂奉養之物衣食所資之揔名
也　是以至神明　正義曰此言從微而至著耳精亦神也爽
亦明也精是神之未著爽是明之未昭權勢重用物多養此精
爽至於神明也　從政三世　正義曰子良子耳良霄三世皆為
卿注相尚至以酒　正義曰相尚以奢食無度也相困以酒飲無
度也　罕朔殺罕魋　正義曰子孫鉏子展之弟展生子皮鉏

生罕朔朋是子罕之孫禮謂之從父昆弟　使從嬖大夫　正義
曰子産數游楚云子皙上大夫女嬖大夫不尊貴也則晉之嬖大
夫亦是下大夫子産云朔亞大夫也今晉侯使朔爲下大夫故杜
云爲子産故使降一等不以罪降　詩曰至急難　正義曰小雅
常棣之篇也以鶺鴒之在原喻兄弟之急難也鶺鴒水鳥也今而
在原失其常處飛則鳴行則搖不能自舍也喻人當居平安之世
今有兄弟在急難相救之情亦不能自舍也但鳥有飛行可言人
之不能自舍無狀可言耳　注鶺鴒鶺渠　正義曰釋鳥文郭璞
曰雀屬　注陟登至哀策　正義曰陟登恪敎釋詁文也周禮所
云上帝皆是天也如今之哀策者漢魏以來賢臣既卒或贈以本
官即綏近世或更贈以高官褒德叙哀載之於策將葬賜其家以
告柩如今之哀策謂此也　注二國至命者　正義曰案周本紀
高圉是公劉玄孫之孫高圉生亞圉亞圉大王亶父之祖也亞爲
殷之諸侯令王追命襄公而云不忘二國知其亦是受殷王追命
此杜以意言耳二國之受追命無文也　注孔丘年三十五　正義

曰當言三十四而云五蓋相傳誤耳　注孔子六代祖　正義曰家語本姓篇云宋湣公熙生弗父何何生宋父周周生世子勝勝生正考父考父生孔父嘉其後以孔爲氏也孔父生木金父金父生皋夷父夷父生防叔防叔辟華氏之禍而奔魯生伯夏伯夏生梁紇梁紇即生孔子也　饘於至余口　正義曰釋言云餬饘也郭璞云糜也又云鬻糜也孫炎曰淖糜也然則餬饘鬻糜相類之物稠者曰糜淖者曰鬻餬饘是其別名將糜向口故曰以餬余口猶今人以粥向帛粘使相著謂之餬帛　注聖人至考父　正義曰聖人謂殷湯也不當世謂不得在位爲國君也上文具言考父之德知此聖人之後有明德而不得在世當大位者止謂正考父也既是聖人之後而又有明德身當貴位必慶隆子孫故言其後必有達人謂知能通達之人於史子身爲大史乃稱夫子此時仲尼未仕不得稱爲夫子以未仕之時爲仕後之語是丘明意尊之而失事實陳恒未死言謚亦此類也　注南宮敬叔　正義曰説南宮氏也敬謚也叔字也又字容也字括也名説一名縚　詩曰至

事國　正義曰小雅北山大夫刺幽王也役使不均己勞於從焉
不得養其父母焉或燕燕居息燕燕安息貌或盡瘁事國盡力勞
病以從國事以作樵悴蓋師讀不同　歲時日月星辰　正義曰
釋天云載歲也夏曰歲周曰年李巡曰載一歲莫不覆載也孫炎
曰四時一終曰歲取歲星行一次也年取年穀一熟是言歲即年也
時謂四時春夏秋冬也日謂十日從甲至癸也月從正月至十二
月也星二十八宿也辰謂日月所會一歲十二會從子至亥也用
禮馮相氏掌十有二歲十有二月十有二辰十日二十有八星之
位謂此六物也大歲所在十二年始帀故為十二歲　辰而莫同
正義曰東南隅有辰也大火謂之辰也又有日月之會辰也又北
方有辰星也日月會謂之辰者辰時也言日月聚會有時也　破
以配日　正義曰言辰莫常所分在十二以十幹配之明非一所
也　注夢時元未生　正義曰知者傳曰婤姶生孟縶即云成子
夢若已生說當云婤姶生孟縶又元然云孔成子夢說夢以下且
乃云晉韓宣子聘歲生元明未生也　之足不寧　正義曰當斷

春秋正義卷第二十八　昭公

國子祭酒上護軍曲阜縣開國子臣孔穎達等奉勅撰

八年注首至世子　正義曰招與公子過共殺偃師而立公子留及楚殺徵師出奔鄭招乃歸罪於過而使陳人殺之及楚師來討招又推過為首得免重責不死而放之於越是以招為從罪也若其從招之詐如楚之意則宜書過殺偃師由是仲尼知其實狀以招為首偽言書曰陳侯之弟招殺陳世子偃師罪在招也是仲尼新意以招為首惡也從殺例者從兩下相殺之例也釋例曰大臣相殺死者無罪則兩稱名氏以示殺者之罪王札子殺召伯毛伯是也若死者有罪則不稱殺者名氏晉殺其大夫陽處父是也然則世子雖是副主猶是人臣從此人臣相殺之例故稱弟以見殺者之罪也又稱世子以見世子亦人臣也鄭段去弟陳招不去弟者釋例云陳招殺兄之子然不推刃於其兄故以首惡稱弟稱名從兩下相殺也是言招罪輕於害兄故存弟也　注寔

二至于宋　正義曰溺以襄五年即位爾來陳常從楚唯有襄

二十七年大夫與晉同盟于宋劉炫云往年衛侯惡卒杜云元年

大夫盟于貌此不數貌以杜為上下自相反令知不然者乃盟于宋

經有明文故指之貌。文不見經故不數也其衛侯惡更無盟處盟

唯有貌盟故數之劉不尋杜意而規其過非也　注革車至闕

也　正義曰傳稱革車千乘是大蒐也十一年大蒐于比蒲二

十二年大蒐于昌間定十三年十四年大蒐于比蒲皆云大蒐此

不云大知經闕文也釋例云紅之蒐傳言革車千乘所以示大

蒐也而經不書大諸事同而文異傳不曲言經義者直是時史之

闕略仲尼略而從之春秋不可錯綜經文此之類也劉賈潁云蒐

于紅不言大者言公大失權在三家也十一年蒐于比蒲經書大蒐

復云書大者言大衆盡在三家隨文造意以非例為例不復知其自違也

注招之黨楚殺之　正義曰孔奐之為招黨傳無其文正以殺稱

名氏是有罪之文知其是招黨也文七年宋人殺其大夫傳曰

不稱名衆也且言非其罪也無罪不稱名知稱名為有罪矣若使

孔奐無罪仲尼必當褒文但此非常例先無定制不知其將何所
稱也執招殺奐皆是楚人為之承上楚師滅陳之下是楚可知不
復每文書楚但以注文隔故言楚殺以明之不言殺陳大夫者殺
他國之臣例不書爵宣十一年楚人殺陳夏徵舒是其類也此執
招殺奐皆滅陳乃為之故依次而書々在滅陳之下　注嬖人
至故書　正義曰賈服以葬哀公之文在殺孔奐之下以為楚
葬哀公故杜辯之袁克葬之案傳克欲殺馬毀玉楚人將欲殺克
不得為楚葬之若是楚葬宜云楚人葬陳哀公當如齊侯葬紀伯
姬不得直言葬也且諸言葬其公者皆是魯往會葬之文大夫不
得書名言其所為之事而已故云魯往會故書也案傳袁克之
葬乃是私竊葬之而魯得會者諸侯之卒告卒不告葬但葬自
常期知卒即往會之未必得以禮從赴也　傳注魏榆晉地
正義曰服虔云魏邑榆州里名襄二十三年叔孫豹次于雍榆雍
榆地名知魏榆亦地名　民聽濫　正義曰或民聽濫失
實無言而妄稱有言也　詩曰至謂乎　正義曰小雅雨無

正之第也可哀憐哉彼不能言之人其所言者非不從舌是出但其言僭而無徵唯於己身是病以不能言而自病其身是可哀也可嘉美矣彼能言者巧為言語如水之轉流然其言信而有徵自使其身處休美之地以言能而自處其美地故可嘉也此能言處休者其是子野之謂乎　注哿嘉至小異　正義曰詩毛傳云哿可也哿無正訓以其字從加從可故各以意訓耳此詩上文云聽言則荅譖言則退然後次此哀哉故杜以哀哉不能言覆上僭言見退謂言為不見信被黜退者也哿矣能言覆上聽言則荅謂言可聽用見應荅者也以其言可嘉善信而有徵故自取安逸處休美也師曠因公之問其言流轉終皈于殊其言實巧故以比巧言如流也據令毛鄭解詩哀哉不能言者賢人不能言也不能以其正道曲從君心故身見困病哿矣能言乃指時世所謂能言者巧言從俗如水流矣阿諛順旨不依正法得使身居休美與此所引意異故言當非向時詩義如此與今說詩者小異隱元年注云詩人之作各以情言君子論之不以文害意故春秋傳引詩不

皆与今說詩者同他皆放此然則引詩斷章取義得異於本而云叔向時詩義如此者但叔向此言在孔子刪詩了前与刪詩之後其義或異故云叔向時詩義如此隱元年論詩者君子之言君子即丘明也其言則刪詩了後乃与詩說不同故云引詩斷章此杜大略而言其實未脩之前有引詩亦有斷章者　注經書辛丑從赴　正義曰經云辛丑傳言辛亥經傳異者多是傳實經虛故言從赴長歷四月戊戌朔四日辛丑十四日辛亥一月之內有此二日故不云日誤　注疑為至發之　正義曰襄十一年楚人執鄭行人良霄傳稱書曰行人言使人也此復發傳故言重發之也釋例曰行人有六而發傳有三者因良霄以顯其稱行人因于徵師以示其非罪因曾叔孫婼以同外內大夫則餘三人皆隨例而為義也　將往至陳氏　正義曰將往子良之家也又數人告不復敢向子良之家遂如陳氏服虔云將往者欲往列陳氏間助子良攻我意謬甚也　注周書至勉也　正義曰周公戒康叔當施惠於不肯施惠者勸勉其不能勉力者令子良不能

勉力爲善欲令柏子勸勉之故引此書以獎勉也釋詁文 頃
正義曰謚法祇勤追懼曰頃 注壬午至月誤 正義曰杜以
長歷校之十月乙丑朔十八日得壬午也十一月無壬午經書十月歷與
經合知傳言十一月者誤也 注與衆至哀公 正義曰就
衆嬖之內特舉表克之名知克是嬖人之貴者也葬無殺馬毀玉
之法知欲以非禮厚葬哀公也服虔云一曰馬陳侯所乘馬玉陳
侯所佩玉故殺馬毀玉不欲使楚得之事亦有似知不然者楚既
滅陳制爲已有克不能私藏馬玉欲殘毀之故不從 對曰巫楚
國 正義曰致死禮者欲爲鄭數致死殺靈王也宰封戍既臣
事靈王而爲此悖言追恨不殺君者以此巫君爲君之義見已忠
臣若如今日有人欲謀靈王已必致死殺之此對是謟非悖也
注顓至水滅 正義曰顓頊崩年歲星在鶉火之次於時猶
有書傳言之故史趙得而知之歲星天之貴神所在必昌鶉火得
歲而火益盛火盛而水滅顓頊水德故以此年終也陳是顓頊之族
故知滅將如之亦當歲在鶉火陳乃滅也史趙別有以知假此而爲言

耳不可一準此言以驗國之興滅　注箕斗至用也　正義
曰析木之津於十二次為位在寅也釋天云析木之津箕斗之間
漢津也孫炎曰析別水木以箕斗之間是天漢之津也劉炫謂是
天漢即天河也天河在箕斗二星之間箕在東方木位斗在北方
水位分析水木以箕星為隔隔河須津梁以渡故謂此次為析木
之津也不言析水而言析木者此次自南而盡此依此次而名析故
木也襄三十年傳稱歲星在娵訾之口其明年乃降婁歲星歲
行一次降婁距此九年故此年歲在析木之津也由用釋詁文辱
復用是而更興　注幕舜至絕者　正義曰魯語云幕能帥
顓頊者也有虞氏報焉孔晁云幕能修道功不及祖德不及宗
故每於歲之大烝而祭焉謂之報言虞舜祭幕明幕是舜先不
知去舜遠近也帝系云顓頊生窮蟬窮蟬生敬康敬康生句芒句
芒生蟜牛蟜牛生瞽叟亦不知幕於蟜牛以前是誰名字之異也
從幕至瞽叟無違天命廢絕言其不絕世繼嗣相傳以至舜也觀
傳此文瞽叟以前似有國土而尚書序云虞舜側微孔安國云為

庶人故微賤經云有鰥在下曰虞舜明後下賤矣蓋至瞽叟始失
國耳此久遠之事不可知也　注遂舜至於遂　正義曰三
年傳云箕伯直柄虞遂伯戲則遂在直柄之後故云蓋殷興存舜
之後而封之以言舜有以聖之德其德流及於遂故言賓德於遂
賓置之置此德於遂身令使遂有德也　注胡公至舜後
正義曰胡公封陳之由襄二十五年傳已具之矣世本舜姓姚氏
哀元年傳稱夏后少康奔虞々思妻之以二姚虞思猶姓姚也至
胡公周乃賜姓爲嬀耳因昔虞舜居嬀水故周賜以嬀爲姓也陳
世家言舜居嬀汭其後因姓嬀氏謂胡公之前已姓嬀矣是馬遷
之妄也　其祚既存矣　正義曰陳氏世々益賢而位漸高
有恩德而得民意其有國之微祚既存矣言可知也　九年注
以夏至會禮　正義曰此與宣十五年云孫歸父會楚子于宋
其事同也楚子在彼尊敬大國自往會之非楚子召使會自以小
國事大國之禮往　注許畏至爲文　正義曰許自楚莊王
以來世屬於楚常與鄭爲仇敵今畏鄭欲遷都近楚々從其意而

還之故以許自還爲文若許不欲還而楚強還之則當云楚人還
許。如宋人還宿齊人還陽。注天火至爲名。正義曰天火
曰災宣十六年傳例也公羊穀梁經皆作陳火公羊傳曰陳已滅
矣其言陳火何存陳也穀梁傳曰國曰災邑曰火火不志此何以
志閔陳而存之也 賈服取彼爲說言愍陳不與楚故存陳而書
之言陳尚爲國也杜以左氏無此義故辯而異之云陳既已滅降爲
楚縣不言楚陳災而直書陳災者猶如晉之梁山沙鹿崩不書晉
也以彼不繫晉知此自不當繫楚非是存陳如舊國也凡災害所
及繫於所災所害之處故以所在爲名不復繫其本國大都以名
通例不繫國陳是楚之大都無緣當繫於楚二傳妄說故杜不從
所災所害者所災謂陳災是也所害謂梁山沙鹿崩是也然災害
繫於所災所害而宣十六年不直云宣榭火而以宣榭繫成周者
以宣榭其名不顯若不繫成周不知何處宣榭與此別也
傳注楚子至摠書 正義曰往年楚子棄疾帥師圍陳楚子
不親行也既滅陳以爲縣楚子自往巡行鎮撫之魯宋鄭衛聞其

在陳畏威加敬各遣大夫往彼會之非徒盟主所召至亦不行會禮故魯史獨書已使不復總書諸國也傳因然乃所見故歷序四國大夫以見諸國皆行非獨魯也十年叔孫婼如晉葬晉平公傳因歷序諸國大夫此意与彼同也服虔以為此會宋鄭衛之大夫不書然乃後也服見文七年公會諸侯晉大夫盟于扈傳歷序諸國乃云公後至故不書所會凡會諸侯不書所會後也後至不書其國辟不敏也服意準彼為義故云然乃後耳彼為盟主所召故諱後期此則楚非盟主何以當諱春秋之意豈欲曾棄晉而從楚乃為之諱其會楚遲也且彼不書所會乃總書諸侯或若是會經何以不總書然乃會諸侯之大夫傳何以不言然乃會楚子宋華亥鄭游吉衛趙黡于陳也今傳以四國大夫共會楚子伍義非扈類是以可明且然乃若後傳當言之傳不言後而服以為後是欲代丘明為傳非解之也故杜顯而異之言不行會禮故不總書見此意　注此時至譙郡　正義曰杜以地名經傳不同而傳言實者則以為名有改易也傳不言實則以為二名並存也

所言實者皆舉舊以實新此也舊名城父此時新改爲夷然言
城父是舊名故傳以實明之凡有二義經書未改之名傳以所改實
之則昭十八年許遷于白羽傳云許遷於析實白羽定十年云會
齊侯于夾谷傳云會于祝其實夾谷是也若經書已改之名則傳
亦舉其已改實其未改之號即此許遷于夷傳云遷許于夷實城
父定十三年齊侯衛侯次于垂葭傳云次于垂葭實郥氏是也此
四者或經書未改或經書已改傳皆上句舉其已改之名下句實
其未改之號凡一地前後二名者非謂經時爲未改之名傳時爲已
改之名乃於經傳以前上世之時已有所改前後之名夫子集史記
而爲經丘明采簡牘而作傳史記或書其舊名者即白羽夾谷是
也或史記書其後名者即夷亦垂葭是以丘明據簡牘爲傳以所
改後名而實之故僖二十五年秦取析矣襄二十六年聲子云析
公之亂皆舉白羽改爲析之後但簡牘稱析故杜云於傳時白羽
改爲析止謂簡牘之時非丘明作傳時也若其不然孔子脩經丘
明作傳事相連接時日不遠豈可脩經時尚白羽作傳即改爲析

故杜云此四者皆為所在之地舊名綫於叢時史記有遺者也劉炫
不審思杜意怪僖公襄公之世已有析名而規杜氏非也
取州至益之　正義曰釋例云州來淮南下蔡縣汝水也南地
淮北之田淮水北田則州來邑在淮南邑民有田在淮北也許國盡
遷于夷田少故取以益之　注甘人至大夫
子父叔梁紇為鄹邑之長論語謂孔子為鄹人之子是典邑大夫
法當以邑名冠之而稱人知此甘人即是下文甘大夫襄也甘人是
甘縣大夫知閻嘉是晉之閻縣大夫名嘉也甘閻接竟田或相侵
故共爭之　注在支至西北　正義曰周語云昔我先世后
稷以服事虞夏及夏之衰也棄稷弗務我先王不窋用失其官
案本紀不窋是后稷之子繼其父業世為大國故數此五國為西
土之長也釋例土地名云魏河東河北縣也芮馮翊臨晉縣芮鄉
是也畢在京兆長安縣西北駘在武功岐在美陽今案其地芮在
魏之西南百餘里耳岐在駘之西北無百里也詩稱后稷封邰與
岐畢相近為之長可矣計魏在邰東六百餘里而令邰國與魏

一二四六

為長道路大遥公劉居豳又在岐西北四百餘里此傳極言遠竟
而辭不及豳並不知其故　及武至東土　正義曰武　武王克
商光有天下外薄四海皆為周地上文既言西土故以下唯說三方
其實西方所至過於上文自岐以西猶是周竟但不復重言之耳服
虔云蒲姑商奄濱東海者也蒲姑齊也商奄魯也二十年傳曰蒲
姑氏因之定四年傳曰因商奄之民命以伯禽　巴濮至北土
正義曰土地名云巴巴郡江州縣也楚南郡江陵縣也鄧義陽鄧縣
也建寧郡南有濮夷地然則巴楚鄧中夏之國唯濮為遠夷耳土
地名又云燕國薊縣也亳是小國闕不知所在蓋與燕相近亦是
中國也唯肅慎為遠夷　注肅慎至餘里　正義曰書序
云成王既伐東夷肅慎來賀魯語云武王克商肅慎氏貢楛矢
韋昭云肅慎東北夷之國去扶餘千里晉之玄菟即在遼東東北
杜言玄菟北三千里是北夷之近東者故杜言北夷韋言東北夷
吾何邇封之有　正義曰言我之封疆何近之有邇近也
文武至是為　正義曰傳稱虢仲虢叔王季之穆是文王母弟

也管蔡郕霍曾衛毛聃史記以為武王永母弟也唐叔成王之母弟也其康王之母弟則書傳無文文王周之始王故言文王文王未得封諸侯必弟以同母為親故言母弟耳所封非同母者亦多矣建為國君所以為藩籬屏蔽周室使與天子蔽鄣患難亦甚慮後安子孫或有廢隊王室望諸侯共救濟之足為戒也　豈如至敝之　正義曰豈如弁髦因以敝之者弁謂緇布冠髦謂童子垂髦凡加冠之禮先用緇布之冠斂括垂髦三加之後去緇布之冠不復更用故云因以敝之今王自比豈得將王室如緇布冠加髦之後不須復用因以敝之猶言以我王家封建晉國之後因即棄而不事之也　注童子至冠也　正義曰案禮未冠之時必垂髦故云童子垂髦也士冠禮始冠緇布冠次加皮弁次加爵弁是始冠必三加冠也其記冠義云始冠緇布之冠冠而敝之可也玉藻亦云始冠緇布冠自諸侯下達冠而敝之可也鄭玄云本大古耳非時王之法服也是言本古而暫冠既加而即棄是禮成而棄其始冠故云弁髦而因以敝之也弁有爵弁皮弁嫌緇布之冠不

得名弁故云弁亦冠也周禮弁師掌冕是爲大名也劉炫以爲弁髦二物以童子垂髦爲髦彼兩髦又云因以斂之者謂親沒不髦案禮加冠以後親沒以前身旣成人猶同垂髦何得云童子垂髦髦旣親沒乃棄杜注何以不言親沒也若三加之後棄弁不棄髦杜注何得云棄其始冠故言弁髦因以斂之旣連髦而言明非親沒之髦也髦之形象鄭注士喪禮云未聞　注言檮至其中　正義曰文十八年傳稱舜臣堯流四凶族渾敦窮奇檮杌饕餮投諸四裔以禦螭魅先儒皆以爲渾敦驩兜也窮奇共工也檮杌鯀也饕餮三苗也此傳以晉率陰戎伐潁止言饕餮因而云檮杌者略舉四凶之一耳下言四裔則三苗在其中可知也若並說鯀當言居檮杌于羽山不須言四裔也　注允姓至敦煌　正義曰此言主責陰戎知允姓陰戎之祖也言允姓之姦者謂其姦邪之人惡言之也尚書云竄三苗于三危此言允姓居于瓜州時同而人別知與三苗俱放於三危也　則戎焉取之　正義曰焉猶何也若不由晉則戎何得取周之地也

注邑外至之地　正義云釋地云邑外謂之郊周禮載師掌任
土之法具敘王畿之內遠近之次自國中以外有近郊遠郊次甸次
稍次縣次都是郊外為甸也陸渾之戎居伊洛之間是取周郊甸
之地　我在至五也　正義曰言我周存在於伯父有益如
衣服云云　雖戎至一人　正義曰言伯父我親於周如冠
雖戎狄其何有恩義於我一人既世恩親侵我亦當責
王有姻喪　正義曰隱元年傳云士踰月外姻至姻是外親故
杜云外親之喪也服虔云婦之父曰姻王之后喪父於王亦有服
義故往弔案妻父為姻雖及氏稱王之納后必取諸侯之女后之
父母不得身在京師往弔而耳何以得致遂也以致遂言之知是
內親之喪耳不知外親喪是誰死　陳水屬
頊之後顓頊以水德王天下故為水屬也陳是舜後舜為土德不
近言土屬而遠繫顓頊為水屬者蓋裨竈知陳將欲復興須
取水為占驗假之以為言耳未必帝王子孫永與所承同德楚之先
世當為火官即以火為楚衆豈復五行之官後世皆依其行乎哉

皆賢哲有以知之非吾徒所測　注火畏至之妃　正義曰
陰陽之書有五行妃合之説甲乙木也丙丁火也戊己土也庚辛
金也壬癸水也木克土土克水水克火火克金金克木木畏金以
乙為庚妃也金畏火以辛為丙妃也火畏水以丁為壬妃也水畏
土以癸為戊妃也土畏木以己為甲妃也杜用此説故云火畏水
故為之妃也服虔云火離也水坎也易卦離為中女坎為中男故
火為水妃　注相治至火事　正義曰相訓助也主火而助
君為治故以為治也二十九年傳曰火正曰祝融顓頊氏有子曰
犂為祝融楚世家云高陽生稱稱生卷章卷章生重黎重黎為高
辛氏火正甚有功能光融天下帝嚳命曰祝融共工作亂帝使黎
誅之而不盡帝誅黎而以其弟吳回為後復居火正為祝融回生
陸終陸終生子六人六曰季連楚其後也是楚之先為火正治火
事　注火心至置閏　正義曰襄九年傳曰心為大火　十七
年傳曰火出於周為五月今經書四月陳災傳言火出而火陳火
始以四月出者長歷云閏當在此年五月後而在前年故火以四

月出也長曆以爲前年閏八月則此年四月五日得中氣二十日
得五月節故四月得火見　注水得至建陳　正義曰杜以
陳爲楚邑楚人在陳々興則楚衰故曰逐楚而建陳當得逐去楚
人之在陳者若穿封戌爲陳公者也但歐逐楚之人於義甚通
劉炫乃改逐爲遁言火逃遁去楚而建立陳國而規杜非也
注妃合至陳傳　正義曰妃合釋詁文也易繫辭云天一地二
天三地四天五地六天七地八天九地十天數五地數五々位相
得而各有合鄭玄云天地之氣各有五々行之次一曰水天數也
二曰火地數也三曰木天數也四曰金地數也五曰土天數也皆五者
陰無匹陽無耦故又合之地六爲天一匹也天七爲地二耦也地八
爲天三匹也天九爲地四耦也地十爲天五匹也二五陰陽各有
合然後氣相得施化行也是言五行各相妃合生數以上皆得五
而成故云五歲而陳將復封　注是歲是水衰、　正義曰如
杜所注歲星每年而行一次至昭三十二年則歲星在寅、未至於
毋其傳云越得歲而吳伐之故服氏以爲有事于武宮之歲龍

度天門隅十五年歲星從申越未而至午歷家以周天十二次次別為百四十四分歲星每年行一百四十五分是歲星行一次外剩行一分積一百四十四年乃剩行一次故昭十五年得超一辰今杜氏既昔此義而三十二年歲星得在丑者但歲星之行天之常數超辰之義不言自顯故杜不注若然楚卒滅陳在哀十七年則歲星當踰鶉火至鶉尾而云五及鶉火者以顓頊歲在鶉火而滅故裨竈舉大略而言云五及鶉火不復細言殘數雖至鶉尾亦經由鶉火　天有五星又大微宫中有五帝坐又四方中央亦有五是天數以五為紀故五及鶉火也歲星天之貴神所在之國必昌歲在鶉火火得歲星之助火既盛而水則衰　注工樂師師曠也　正義曰禮記檀弓説此事云知悼子卒未葬平公飲酒師曠李調侍知工即師曠也外嬖嬖叔即李調也　注樂所以聰耳　正義曰樂以和心為從耳入故樂者所以聰耳大師掌樂務使君聰故為君耳將司聰也　注疾惡至忌日　正義曰　訓疾為惡言王者惡此日不以舉吉事也尚書武成篇云時甲子昧

奭受率其旅若林會于牧野罔有敵于我師前徒倒戈攻于後
以北血流漂杵是紂以甲子喪也詩云韋顧既伐昆吾夏桀言昆
吾與桀同時死也十八年傳二月乙卯周毛得殺毛伯過而代之萇
弘曰毛得必亡是昆吾稔之日也昆吾之死亦桀同月知桀以乙
卯亡也以此二王之亡爲天誅之日故國君以爲忌日惡此日也檀弓
云君子有終身之憂故忌日不樂鄭玄云謂死日也彼謂親亡之
日至此日而念親故忌此日不用舉吉事非是惡此日也此亦忌
日名同意異　注外卿至嬖者
李調是也禮記云調也君之褻臣也既云褻臣而謂之外嬖知是
外卿大夫之嬖者猶晉獻公時有外嬖梁伍東關嬖伍　服以
至不明　正義曰吉有弁冕凶有衰麻禮有吉凶之異作衣
服以表之如此之類是服以旌禮也周禮司服六冕以祭祀皮弁以
視朝韋弁以即戎冠弁以田獵如此之類是禮以行事也傳稱衰有
哭泣樂有歌舞如此之類是事有其物言行事各有其物類也記
稱衰麻則有哀色端冕則有敬色介胄則有不可犯之色周禮

保氏教國子六儀一曰祭祀之容二曰賓客之容三曰朝廷之容四
曰喪紀之容五曰軍旅之容六曰車馬之容少儀曰言語之美穆
穆皇皇朝廷之美濟濟翔翔祭祀之美齊齊皇皇車馬之美騑
騑翼翼鸞和之美肅肅雍雍如此之類是物有其容也若有御
佐之喪宜有悲哀之貌而與群臣飲酒作樂令君之容貌非其類
也而女不見是不聽也　味以至罪也　正義曰調和飲食
之味以養人所以行人氣也氣得和順所以充人志也志意充滿
慮之於心所以定言語也詳審言語宜之於口所以出號令也臣實
主掌食味令工師不聽淋也不可二侍御者並失其官而言不出
令以罪之必是食味失宜是臣之罪也　出說至而止　正義
曰出心欲廢知氏故輕悼子之喪不廢飲酒得蒯以禮責之乃知君
臣義重其禮不可輒廢為是悛而止悛改也改華蒯意以禮記記
此事飲酒事同而其言各別記是傳聞故與此異二者必有一謬
變傳實而記虛也　注旨淋至曰禮　正義曰襄二十年淋
充聘齊至今二十年更不遣聘是邦交禮意久曠絕也殷訓盛也

会脩盛聘以無忘舊好故禮之以聘禮云小聘曰問不享有獻不
及夫人主人不筵几不郊勞然則聘禮經之所言是大聘也王制云諸
侯之於天子也比年一小聘三年一大聘鄭云云小聘使大夫大聘
使卿聘禮既是大聘使卿矣殷聘又當盛於大聘不知以何為盛盛
當享禮之物多矣　詩曰至子来　正義曰大雅靈臺之
篇也言文王經始靈臺之基趾其意勿使急成之但其衆民自以
子成父事而来勸樂而早成之耳子成父事不待督帥故云子来
以示民樂之意　十年注三大至從之　正義曰成二年鞌
之戰魯四卿並書此三卿皆書重兵洋內故備書之其他國行兵
唯書元帥而已略外也傳云平子伐莒取郠平丘又獨是執明是
季孫為伐莒之主二子從之　注五同盟　正義曰彪以襄
十六年即位其年盟于湨梁十九年于祝柯二十年于澶淵二十
五年于重丘二十七年于宋不數元年魏舍是五同盟　注十
一同盟　正義曰成以成十六年即位十七年盟于柯陵十八年
于虛朾襄三年于鷄澤五年于戚九年于戲十一年于亳城北十

五年及向戌盟于劉十六年于溴梁十九年于柷柯二十年于澶
淵二十五年于重丘二十七年于宋元年于虢皆曹宋俱在凡十
三同盟杜意盟數多者不數特盟襄十五年向戌盟于劉及虢盟
不數故十一列炫并數以規杜過非也如此數盟不同者或傳寫
誤　傳注歲々至玄枵　正義曰釋天云玄枵虛也顓頊之
虛々也郭璞曰虛在正北顓頊水德位在北方歲以北方三次以玄
枵為中玄枵次有三宿又虛在其中以水位在北顓頊居之故謂
玄枵虛星為顓頊之虛也　居其維首　正義曰維者綱
也玄枵次有三宿女為其初女是次之綱維也居其維首謂星居
之也其玄枵維首而有妖異之星焉以將死之妖告邑姜也邑姜
齊女告邑姜言其子孫當死也　邑姜晉之妣也　正義
曰曲禮云生曰母死曰妣鄭玄云妣之言媲々於考也邑姜唐叔之
母後為晉之妣也邑姜亦是成王之母而於周世與任姜共守其
地而不告薛女此則裨竈自知非吾徒所能測　戊子至乎出
正義曰昔戊子之日逢公死其神以此日登天於時有星是此星

也於是婺女乎出爾時妖星出於婺女而戊子逢公死令此星亦
出婺女知戊子晉君當死也逢公死日星出婺女當時猶有書記
故裨竈得而知之　注逢公至曰卒　正義曰二十年晏子
說齊地云有逢伯陵因之則伯陵是逢君之始祖也周語說玄楧之頊
云我皇妣大姜之姪伯陵之後逢公之所馮神〻〻孔晁云大姜大王之
妃王季之母也女子謂昆弟之子曰姪伯陵大姜之祖逢公大姜之
姪伯陵之後逢公殷諸侯也然〻則伯陵之後世為逢君皆是逢公
未知戊子卒者何所名號也逢公死時妖星亦出婺女於時歲星
不在齊分故齊地之君身當其禍此時歲在°分故外孫當之齊
齊惠欒高氏　正義曰齊惠公生公子欒公子高〻〻生子尾
尾生子良欒生子雅〻〻生子旗〻〻是欒孫良是高孫〻以王父字
為氏皆出惠公故曰惠欒高氏也　遂伐虎門　正義曰周
禮師氏掌以美詔王居虎門之左司王朝鄭玄云虎門路寢門也
王曰視朝於路寢門外畫虎焉以明勇猛於守宜也司猶察也察
王之視朝若有善道可行者則當前以詔王彼師氏察王得失明

其近王故以虎門爲路寢門此亦當然或以虎門非路寢門當是
宮之外門不與周禮同　注端委朝服　正義曰元年傳劉
定公謂趙文子云吾與子弁冕端委哀七年傳曰大伯端委以治
周禮則端委是玄之服故云朝服鄭玄云諸侯與其臣皮弁以
視朔朝服以視朝其朝服玄冠緇布衣素積以爲裳也　云卜
至用之　正義曰云卜卜亦乘高戰也靈姑銔者齊侯旌旗
之名卜使王黑以此靈姑銔之旗率人以戰得吉也禮諸侯當建
交龍之旂此靈姑銔蓋是交龍之旂當時爲之名其義不可知也
知是旗者以讀斷三尺而用之故知是旗　注莊六軌之道
正義曰釋宮云六達謂之莊舊説皆云六道旁出杜以一達爲
一軌　曰詩至以霸　正義曰曰者桓子辭也既私施亦又言已
施之意大雅文王之篇錫賜載行周徧也言文王能布陳大利
以賜天下行之周徧此言文王之能施也桓公亦用此能施是霸
諸侯焉謂不務施乎言已多施爲此也　詩曰至福哉　正義
曰小雅鹿鳴之篇也孔甚昭明恌偷也言君子之人爲賓客德音

甚明其視下民不偷落苟且也偷之已竭甚矣而一國當牲用之
將誰肯福祐之哉佻偷釋言文李巡曰佻偷落之偷也孫炎曰偷
苟且也　百兩　正義曰尚書武王戎車三百兩孔安國云兵
車稱兩　非知至不足　正義曰尚書說命云非知之艱行之
惟艱此言出彼意也非知之實為難將在行之為難也言子產諸
已々既知之知而不行所以自悔夫子々產知之矣知喪不用幣也
我則知不足　書曰至敗禮　正義曰尚書大甲篇也孔傳云
言已放縱情欲毀敗禮儀法度　難不慎　正義曰言人居
身雖可不謹慎　詩曰至我後　正義曰正月大夫刺幽王
也云父母生我胡俾我瘉不自我先不自我後注云父母竭文武
也天使父母生我何故不長遂我而使我遭此暴虐之政而病此
何不出我之前居我之後窮苦之情苟欲免身　平　正義曰
謚法內外賓服曰平　元　正義曰謚法好建國都曰元　十一
年注蔡侯至名告　正義曰蔡侯雖弑父而立實宜受討但立
為君於蔡已十三年　楚子誘而殺之又刑其羣士不以弑父之罪討

之蔡大史謀怨楚子故以楚子名赴告禮諸侯不生名書名是罪
絶之事以其名告欲使諸國之史書名以罪絶之也若是楚告不
當自罪其君知是蔡人告也公子圍殺君取國改名曰虔　蔡世
子　正義曰父既死矣猶稱世子者君死而國破圍未暇以禮即
位故國以世子告　傳桀克至其身　正義曰桀身奔南巢
故云喪國也紂首縣白旗故云隕身也　楚小至咎乎　正義
曰亟數也比於桀紂則楚小位下而數行暴虐甚於桀紂二王能
無咎悪乎　是以至没振　正義曰极音忽之上者也方言
云出溺為极々是救助之義天之用楚如人用五材力盡而敝々
則棄之是以無救助之者极是救溺之名遂以救溺為喻也不可
沈没之後復振救之振亦救也言楚如没水不可救也　注金木
至棄捐　正義曰金木水火土五者之材皆為物用々久則必敝
盡敝盡則棄捐之捐亦棄也言天之用楚亦如此也　注遂
副至助之　正義曰禮有副車倅車皆謂副貳之車也遂亦副
倅之意妻為正適妾為副　貳　遂代之女　先為副貳別居在外

故使泉丘人女亦之聚居令副助而為對偶之　於泉丘人
正義曰以傳並云宿於薳氏即連言生懿子及南宮敬叔謂薳氏
所生故傳顯云生懿子及南宮敬叔於泉丘人宜上屬
為句　物以貴視　正義曰物事也事事如此以是故貴人
肯視我晉國　注著定至表著　正義曰著定謂佇立定處
故謂朝內列位常處也周禮司士正朝儀之位辨其貴賤之等王
南鄉三公北面東上孤東面北上卿大夫西面北上王族故士虎士
在路門之右南面東上大僕大右大僕從者在路門之左南面西
上鄭玄云此王日視朝事於路門外之位此是朝上之位貴賤有定
處也會有表亦是位之定處但著下言定則表亦是定故並言
會有表耳俗本表下有旗謬也野會設表為位亦當有物記處
於會之位版也謂之表著者杜意當以下文表著之位謂此也劉
炫謂下文有著有表二文不同以著定為朝有著不得謂之表著
而規杜氏今知非者杜意當以下文會朝之言必聞于表著故於
朝有著之文並探下文會有表以配著故云謂之表著所以覆結

下文非謁著之一字即名表著也列炫不達杜旨而爲規過非也
注野會至爲位　正義曰禮諸侯建旂設旂以爲表也周禮司
儀云將合諸侯則令爲壇三成宮旁一门覲禮云諸侯覲于天子
爲宮方三百步四门壇十有二尋深四尺上介皆奉其君之旂置
于宮尚左公侯伯子男皆就其旂而立鄭玄云置于宮者建之豫
爲其君見王之位也諸公中階之前北面东上諸侯东階之东西
面北上諸伯西階之西东面北上諸子门东北面东上諸男门西
北面東上尚左者建旂公東上侯先伯々先子々先男而位皆上
东方也諸侯入壝门或左或右各就其旂而立王降階南鄉見之
是了子於野會諸侯設表以爲位也周禮大司馬中冬教大閱门
立四表是亦以設表爲位也盟主之會諸侯必亦旂表位大史聚
會亦應有以表位但無文以言耳　言不過步　正義曰言處
所聞不過一步　注貌正至曰從　正義曰洪範五事貌曰恭
言曰從其意云容貌當恭恪言是則可從是貌正曰共言順曰從
無守氣　正義曰言無守身之氣將必死　晉士至魯郊

正義曰傳稱文襄之制夫人喪士弔大夫送葬此言晉士送葬者
蓋大夫來而士爲介未必士獨行以此士以公不感語史趙故特言
士耳必爲魯郊言昭公必爲魯人所逐而出在郊　用隱太子
于岡山　正義曰此時楚以畜牲用之世人爲之作謚必是蔡
侯廬歸國乃追謚其父爲隱耳釋例士地名岡山闕不知其處經
言以飯用之必是楚地山也　況用諸侯　正義曰在子雖
未即位以其父既死則當君處故以諸侯言之甚之也　注五牲
至犬雞　正義曰爾雅以此五者并馬爲六畜周禮謂之六牲
但馬非常祭所用故去馬而以此五者當之　不羹　正義曰
古者羹臛之字音亦爲郎故魯頌閟宮楚辭招魂與史游急就
篇羹與房漿糠爲韻但近世以來獨以此地音爲郎耳　注
子元至見殺　正義曰杜以子元爲鄭公子曼伯與檀伯爲一
人莊公城櫟而置子元又使檀伯爲櫟邑大夫故厲公得因子元
而殺檀伯刘炫以爲傳言城櫟、以置子元當謂賜元以櫟則、元
爲櫟邑之長若其別有大夫子元寄居於櫟便是城櫟、以置檀伯

何言置子元也若厲公因子元以殺檀伯則子元是櫟邑之一史耳豈是莊公城櫟之咎乎且桓十五年傳云鄭伯因櫟人殺檀伯不言因子元也子元鄭之公子不得為櫟人也鄭衆云子元即檀伯也厲公殺檀伯居櫟因櫟之衆偪弱昭公使至殺死案桓五年傳云子元請為左拒即云曼伯為右拒則曼伯子元近是為一以規杜氏令知劉説非者案晉封桓叔于曲沃而以欒賓傅之鄭使許叔居許而以公孫獲為佐楚使大子建居城父而以奮揚助之並是一邑之内而有二人則莊公城櫟而置子元別有檀伯居櫟何為不可子元共櫟邑之人而納厲公但此因彙疾在蔡故特指子元桓十五年並明厲公之入故揔言櫟人辭有彼此不可為怪劉又以子元為曼伯案隱五年傳云曼伯與子元潛軍軍其後又下云鄭二公子敗燕師于北制是子元非曼伯也劉妄規杜非也

注上古至朝廷　正義曰二十九年傳曰有五行之官是謂五官木正曰句芒火正曰祝融金正曰蓐收水正曰玄冥土正曰后土是上古金木水火土謂之五官也十七年傳云少皞氏紀於鳥為鳥師

而鳥名鳳鳥氏歷正也玄鳥氏司分者也伯趙氏司至者也青鳥氏司啓者也丹鳥氏司閉者也是玄鳥丹鳥亦有五也彼傳又云五鳩鳩民者也五雉為五工正數皆有五蓋古立官之本以五為常末世隨變施職是以官無常數不復以五耳今無字稱習古言故云五大也言五官之長其人大大專威過節則不可居邊城或將據邊城以陵本國也五官之長大細弱則不勝其任不能使威行於下將為人所陵亦不可居朝廷也賈逵云五大謂大子母弟貴寵公子公孫累世正卿也鄭衆云大子晉申生居曲沃是也母弟鄭共叔段居京是也貴寵公子若棄疾在蔡是也貴寵公孫若無知食渠丘是也累世正卿衛寧殖居蒲孫氏居戚是也五細賤妨貴少陵長遠間親新間舊小加大也不在庭不當使居朝廷為政也此五大五細無字唯言五耳不知五者何謂故先儒各自以意言之雖杜之言亦無明證正以彼必不通故改之耳

又并京　正義曰厲公并京傳無其事正以京櫟連言故云又并京

注至莊至廩邑　正義曰渠丘為雍廩之邑傳無其

文以彼傳言雍廩殺無知此云齊渠丘實殺無知以此知渠丘是
雍廩邑也鄭衆以渠丘為無知之邑無知於坐邑死何以言渠丘
殺無知繇亳此子游之邑渠丘不得為無知邑　則害至不掉
正義曰宋殺子游齊殺無知乃是賴得大邑以討簒賊而謂之害
於國者以其能專廢置則是國害天子之建諸侯欲令蕃屏王
室諸侯之有城邑欲令指揮從己不得使下邑制國都故大城為
國害也末大必折以樹木喻也尾大不掉以畜獸喻也楚語說此
事云制城邑若體牲焉有首領股肱至於拇指毛脈大能掉小故
變而不勤夫邊境者國之尾也譬之如牛馬處暑之既至䖟蝱之
既多而不能掉其尾臣亦懼之　十二年注三年至國都
正義曰劉炫云杜譜以偃與酀為一亦云高傒玄孫案襄二十九
年傳云敬仲曾孫酀此玄孫也令知非者案世本敬仲生莊子
莊子生傾子傾子之孫酀是偃為敬仲玄孫也經言于陽傳言于
唐知陽即唐也不言于燕未得國都與哀二年納蒯聵于戚同
注五同盟　正義曰嘉以襄九年即位其年盟于戲十一年于亳

城北十六年于溴梁二十年于澶渊二十五年于重丘二十七年于
宋元年于虢皆曹郑俱在凡七云五者杜以其盟既多故皆据君
在盟会而言之襄二十七年是大夫之盟元年虢会读旧书二者
不数故为五也或可传写错误　注不书至师告　正义曰
传称使荡侯潘子司马督嚣尹午陵尹喜帅师围徐以惧吴楚子
次于乾谿以为之援如传文则实围徐也不书围者不以所围
之师告以乾谿援师告也　注不书至阙文　正义曰十五
年晋荀吴帅师伐鲜虞定四年晋士鞅卫孔圉帅师伐鲜虞二
者皆书将帅此独不书将帅知是史阙或是告辞略史阙不得
书亦得言史阙文也穀梁曰其曰晋狄之也不正其与夷狄交
伐中国故狄称之也贾服取以为说右代贬中国从夷狄之法
传曰亡者侮之乱者取之又曰间携贰覆昏乱霸王之器也鲜虞
夷狄也近居中山不式王命不共诸夏不事盟主伐而取之唯恐
知力不足焉有以夏讨夷反狄中国从此以后用师多矣何以不
常狄晋更复书其将也杜以其言不通故显而异之　传执用

至庸毀　正義曰用謂毀廟之具若令鍬鑺之類也〻庸亦用也
教其除〻道之徒執所用作具以侍之而毀用即毀廟也　司墓
之室　正義曰周禮墓大夫下大夫二人中士八人掌凡邦墓
之地域為之圖令國民族葬鄭之司墓亦當如彼時是掌公墓大
夫也言之室有當道者則朋同墓自家之室故注以為徒隔之家
猶尚書注云玄孫之親言之〻以見高祖曾祖之弟皆親〻相似注
堋下棺　正義曰周禮作窆禮記作封此作堋皆是葬時下
棺於壙之事而其字不同是音相近經篆隸而字轉易耳
為賦蓼蕭　正義曰享燕之禮自有常樂令特云為賦蓼
蕭有文四年衛甯武子來聘公與之宴為賦湛露及彤弓注云非
禮之常公特令樂人以示意則知此亦特令樂人所以嘗試華
定　昭子至不受　正義曰不懷不宣不知不受皆據華定
為文也詩云燕笑語兮言定當思此笑語與王相對也詩云為寵
為光定當應此寵光宣揚之也詩云令德壽凱定當知己有德
以吾須辭謝〻〻以詩云萬福攸同定當受此同福荷君恩〻各準

事而為之文　注慭會至於策　正義曰此經書公子慭出奔齊名見於經則慭是卿也出奔既書於策如晉亦應書之今不書者杜以宣十八年書公孫歸父如晉歸父還自晉至笙遂奔齊傳稱歸父還至笙閒出覓乃壇帷復命於介然後出奔書曰歸父還自晉善之也彼善之故書其去又書其還此慭知已謀泄逃介而先不復命於君而還出奔故史不書於策言其為此故不書其如晉也劉炫云杜以慭還不復命於介而奔止可不可其還何故如晉亦不書也此蓋謁君使臣聘必當告廟告廟乃得書於策公既告復不告使慭故不書如晉今刪定以為慭初欲謀亂魯國而往聘晉魯人責其謀亂不復命故賤而不錄其聘也出奔書者策其罪人斯得故顯而書之也劉以為出聘不告廟故不書而規杜氏案不復命而奔傳有其事公子慭不告廟傳無其文以無文之事妄規杜氏非也　子產至於享　正義曰僖九年宋桓公卒未葬襄公會諸侯故曰子是先君未葬有從會之禮也鄭偪於楚以國事晉故父雖未葬朝晉寡君不得已而行於情

可許也諸侯相享亡必有樂未葬不可以從吉故辭享為德禮
投壺　正義曰禮記有投壺之禮其文無相呪辭此中行穆者
子與齊侯皆有言辭者投之中否似若有神故設為此語或可投
時皆有言語禮自不載之耳伯瑕責穆子唯言壺何為焉其以中為
雋責其失辭不云法不言是投壺皆有言也凡宴不射即為投壺
投壺之禮壺去席二矢半同射執八筭東面投壺如射三而止其
矢室中五扶堂上七扶庭中九扶鋪四指曰扶扶四寸也筭長尺二
寸壺頸脩七寸腹脩五寸口徑二寸半容斗五升壺中實小豆焉
為其矢之躍而出也小豆取滑且堅矢以柘若棘毋去其皮取其堅
且重也舊說矢大七分　注淮水名坻山名　正義曰杜以淮
為水名當謂四瀆之淮也劉炫以為淮坻非韻淮當作濰又以坻
為水中之地以規杜氏今知不然者以古之為韻不甚要切故詩
云汎彼柏舟在彼中河髧彼兩髦實維我儀又云為絺為綌服之
無斁儀河斁綌尚得為韻淮坻相韻何故不可此若齊侯之語容
可舉齊地濰水此是穆子在晉何意舉齊地水乎又酒肉相對多

少相似案尔雅小洲曰陼小陼曰沚小沚曰坻何妨以坻之小地對淮之大水故杜以坻爲山名刘炫又以山無名坻者案楚子觀兵於坻箕之山坻非山乎刘以此規杜失非也　注澠水至阜也　正義曰釋例云澠水出齊國臨淄縣北經樂安博昌縣南界西入時水釋地云大阜曰陵　成虎　正義曰經書熊傕言虎者此人名熊字虎傳言其字經書其名字相覆猶伯魚名鯉

注鮮虞至陽城　正義曰宣十五年晋師滅赤狄潞氏十六年晋人滅赤狄甲氏及留吁成三年晋郤克衛孫良夫伐廧咎如傳曰討赤狄之餘焉是赤狄已滅盡矣知鮮虞與肥皆白狄之別種也杜以昔陽爲肥國之都樂平沾縣东有昔陽城疑此爲都也下注云鉅鹿下曲陽縣西南有肥累城復疑肥國取彼肥爲名也刘炫以爲齊在晋东僞會齊師當自晋而东行也假道鮮虞遂入昔陽則昔陽當在鮮虞之东也今案樂平沾縣在中山新市西南五百餘里何當假道於东北之鮮虞而反入西南之昔陽也既入昔陽而别言滅肥則肥與昔陽不得一安何以昔陽爲肥國之都

都也若昔陽即是肥都何以復言鉅鹿下曲陽有肥累之城疑是
肥名取於彼也肥為小國竟必不遠豈肥名取鉅鹿之城都於樂
平之縣也十五年荀吳伐鮮虞圍鼓杜云鼓白狄之別鉅鹿下曲
陽縣有鼓聚炫謂肥鼓並在鉅鹿昔陽即是鼓都在鮮虞以東
南也二十二年傳云晉荀吳使師偽糴者負甲以息於昔陽之門
外遂襲鼓滅之則昔陽之為鼓都斷可知矣今杜以昔陽為肥國
都是者以傳云遂入昔陽即云壬午滅肥是因入而滅之故云昔陽
肥國都也昔陽既在樂平沾縣而杜又云鉅鹿下曲陽縣西南有肥
累城相去遠者以肥是本封之名後遷於昔陽猶若杞國本都陳
留後遷緣陵鄭本都京兆後遷新鄭與此何異且昔陽今屬[illegible]
州去下曲陽道路非遠在中山南二百許里劉炫自云肥之與鼓
俱在曲陽是知肥累城與昔陽不甚懸絕劉意欲破杜乃云樂平
沾縣在中山新市西南五百餘里又自云昔陽鼓國都與肥相近
在中山東劉足自相矛楯也然鮮虞在北昔陽在南所以得假道
鮮虞遂入昔陽荀吳意欲滅肥恐肥國防備故從晉之北竟偽

欲东向而行往會齊師故先廻路假道鮮虞南入昔陽如湯之伐
桀迂路從陑出其不意故也且杜君土地例稱有者皆疑辭故杜
云樂平沾縣东有昔陽是疑而不定又且都縣移動古今不一則晉
時樂平沾縣何知不是今之昔陽但肥都昔陽與鼓相近晉既滅
得肥國故二十二年息昔陽之門外遂襲鼓而取之昔陽非鼓都
也劉意好異聞妄規杜過非也　注原伯絞周大夫　正義
曰杜以原伯絞為周大夫甘簡公為周卿士皆無明據以意言耳
季悼至為卿　正義曰悼子之卒不書於經則是未為卿也
其卒當在武子之前平子以孫繼祖武子卒後即平子立也傳言
悼子卒者欲見昭子為卿遠在平子之先　注十年至三命
正義曰十年平子伐莒名書於經即平子於時已為卿矣釋例曰
魯之叔孫父兄再命而書於經晉司空亞旅一命而經不書推此知
諸侯之卿大夫再命以上皆書於經自一命以下大夫及士經皆稱
人名氏不得見也劉賈云春秋之序三命以上乃書於經潁氏以
為再命稱人傳云叔孫昭子三命踰父兄避公十年昭子始加三命

先此叔孫皆自見經知所書皆再命也是赵檢傳文知再命書名
平子伐莒書名知其已再命矣平子伐莒克之昭子不伐莒也昭
子莫功而更受三命知平子以功加三命昭子以例加爲三命也
注言昭至先人　　正義曰禮記文王世子云其朝于公內朝庶子
治之雖有三命不踰父兄鄭玄云治之治公族之禮也唯於內朝則
然其餘會聚之事則與庶姓同一命齒于鄉里再命齒于父族三
命不齒不齒者不在父兄行列中也彼言三命不踰父兄者自
謂在公內朝位在父兄下耳非謂不得受三命踰父兄也叔仲子
欲搆二家因禮有三命不踰父兄之法遂言昭子受三命自踰其
先人以此爲非禮也平子初得其言不甚曉解故使昭子令自貶
黜見昭子不服乃自知其非故懼而歸罪於叔仲子也昭子無兄
叔仲子引禮法違言之耳　注言及至書出　正義曰凡
言出奔皆自內而出文七年晉先蔑奔秦先在秦地因即秦々
故不言出也歸父還自晉至笙遂奔齊笙在魯之竟外故不言
出也此言及郊已入魯竟將言及郊解經所以書出　注恤々

至之貌　正義曰釋詁云恤憂也故以恤〻為憂患之意也湫
是湫隘故以湫為愁隘之意也鈔云攸〻旆旗故以攸為懸危之
貌也言南蒯之心若此　深思至君圖　正義曰深思而淺
謀思慮深而知計淺言其知小而謀大也近身而遠志身卑近而
志高遠言其越　以求通也家臣而君圖為家臣而謀君事言其
非己所當為也上二句言其心下一句指其事為下句而發上句故
注倒言也　南蒯枚筮之　正義曰禮有銜枚所銜之木大
如箸也今人數物云一枚兩枚則枚是籌之名也尚書大禹謨舜禪
禹〻讓不受請帝枚卜功臣惟吉之從孔安國云枚謂歷卜之而
從其吉彼謂人下一籌使歷卜之也此則不告筮者以所筮之事空
下一籌而使之筮故杜云不指其事汎卜吉凶也或以為杜云汎
卜吉凶謂枚雷揔卜者禮云毋雷同是揔衆之辭也今俗語云枚
雷則其義理或然也　以為大吉　正義曰筮遇此文而辭
云黃裳元吉南蒯自以為所謀之事必大吉　注坎險至為
忠　正義曰坎彖云習坎重險是坎為險也説卦云坤順也六

五爻變則上體為坎〻有險難故為剛彊也坤道和順故為溫柔
也剛彊以禦難柔順以夏至故外彊而能內溫所以為忠也
注水和至本也 正義曰坎為水〻性和柔坤為土〻性安靜
率循也貞正也用和柔之性以循安正道既和且正信之本故為
信也 故曰黃裳元吉 正義曰天下之事雖則萬端總之
統法大略忠信而已能忠能信無施不可以忠信故曰黃裳元
吉解此爻辭之意 黃中至當 正義曰既言爻為此辭
之意又解此辭所言之義也五方則為五色也黃是中央之色也衣
裳所以飾身裳是在下之飾也元者始也首也於物為初始於人
為頭首元是統善之長以五方之中猶人之心中〻〻不忠則不淳
其黃之色也身體之下猶名位之下為下不共則不得其裳之飾
也舉事不善則不得其善之中言為事不中則非善之長也更
覆言忠共善三者之義外內倡和為忠言君在內臣在外君倡臣
和不相乖違是名為忠也行事以信無有虛詐是名為共以人也
為德有正並剛柔供養此三者之德使其德無愆乃名為善也非

此三者忠也共也善也則於此卦不當也不當此卦雖吉不可
注失中德　正義曰極訓為中不得其中言其失中德也此文
以上二句類之當云善不極不得為長文不然者惠伯之語雖反
覆相疊不可字字相對隨便而言故與上不類　注率循行
也　正義曰率訓循道而行故率於行也　注三德至克
也　正義曰洪範三德一曰正直二曰剛克三曰柔克孔安國云正
直者能正人之曲直剛克者剛能立事柔克者和柔能治三者皆
人之性也剛則失之於彊柔則失之於弱故貴其能剛能柔習剛
不苦酷柔不滯溺也供養三德為善者剛則抑之柔則進之以非
意供給長養之使合於中道各成其德乃為善也董遇注本為共
養解云尽共所以養成三德也　且夫至求也　正義曰且
夫易謂此黃裳元吉之易也唯可以占忠信之事不可以占危險
之事也問蓟蒯令將欲為何事也且可飾乎言此易所占唯且可
為在下之飾乎不可為飾事也中美能黃忠為黃也上美為元善
則元也下美為裳共則裳也忠善共三者皆成可以於此筮之言

吉也三者猶有所闕筮雖吉未可用也　注史易至之飾
正義曰惠伯指論此卦而言史易非是漫言易故知史易於言此
易謂此黃裳元吉之易卦也險謂危險言此卦不可以占危險之
事心疑南蒯事險故問將何事也且可為下之飾也欲令南蒯從
下之飾為共　鄉人至士乎　正義曰鄉人以南蒯季氏家臣
而欲反害季氏故為歌以感切之也圃者所以殖菜蔬也杞非可
食之物我有圃生之杞以喻南蒯在費欲為亂也若能從我之言
不為亂者是為子也子者男子之美稱不失尊貴得為子也去我
而背叛者鄙賤之行也倍其鄰　近者恥惡之事也若已乎已
乎自遂其心不肯改者則不復是吾黨之士乎釋木云杞枸檵舍
人曰向杞也　注已乎至不改　正義曰杜此解原南蒯之意
蒯若云此事已乎已乎自遂其心如不肯改則此南蒯非復是吾
黨之士也服虔云已乎已乎決絕之辭則謂歌者自言已竟可已
乎已乎此南蒯令已非是吾黨之士　注秦所遺羽衣　正義
曰文在冠下冒上知是衣也目之以秦明是秦所遺也冒　雪服之

知是毛羽之衣可以禦雨雪也　翠被　正義曰釋鳥云翠
鷸樊光云青出交州李巡曰其羽可以飾物郭璞曰似鷰紺色
生鬱林鄭子臧好鷸冠以此鳥之羽飾冠　僕析父從
正義曰劉炫以為僕析父從右尹子革夕見於王為下與革語張本
以規杜今知不然者若僕析父共子革二人同時見王王與之語則
二人並在子革獨對傳應云子革對曰不得遂云對故杜以為右
尹子革將夕故下即云對事理分明劉妄規杜過非也　注楚
始封君　正義曰此與呂級王孫牟燮父禽父杜所注者皆是
世家文也燮云禽父亦王孫傳於牟言王孫燮禽亦蒙之
注四國至之器　正義曰書序云武王既勝殷邦諸侯班宗彝
作分器旅獒云明王慎德四夷咸賓無有遠邇畢獻方物惟服食
器用王乃昭德之致于異姓之邦無替厥服分寶玉于伯叔之國
時庸展親魯語云古者分同姓以珍玉展親也分異姓以遠方之
職貢使無忘服也是言諸侯皆得天子之分器也定四年傳稱分
魯公以夏后氏之璜封父之繁弱分康叔以大呂之鐘分唐叔以

密須之鼓闕鞏之甲沽洗之鐘其奇之所得則世以言之　注陸
終至是宅　正義曰楚世家云陸終生子六人坼剖而產焉一曰
昆吾二曰參胡三曰彭祖四曰會人五曰曹姓六曰季連　季連
羋姓楚其後也昆吾是楚之遠祖之兄也舊許是宅昆吾嘗居
許氏許既南遷故云舊許是宅其地此時屬鄭故云鄭人貪賴其
田而不我與哀十七年傳衛侯夢見人登昆吾之觀北面而譟曰
登此昆吾之虛杜云今在濮陽城中蓋昆吾居此二處未知孰爲
先後也　注四國至不羹　正義曰劉炫以爲楚語云靈王
城陳蔡不羹使僕夫子晳問於范無宇曰今吾城三國賦皆千乘
亦當晉矣諸侯其來乎對曰是三城者豈不使諸侯之惕焉彼再
言三城者四國以經使不羹有二戍當前後還焉此是並有二也
炫規古四字積畫四當爲三以規杜過今知不然者以三之與四古
雖積畫錯否難知但今諸儒所注春秋傳本並云四國世作三者
國語是不傳之書何可執以爲真而攻左氏劉雖有所規未可從
也　注破圭以飾斧柄　正義曰斧柯長三尺和氏之玉長一

尺二寸圭玉兆爲斧柄之物故知破之爲飾　注皆古書名
正義曰孔安國尚書序云伏羲神農黃帝之書謂之三墳言大
道也少昊顓頊高辛唐虞之書謂之五典言常道也八卦之說
謂之八索求其義也九州之志謂之丘丘聚也言九州所有土地
所生風氣所宜皆聚此書也楚左史倚相能讀三墳五典八索九
丘即謂上世帝王遺書也周禮外史掌三皇五帝之書鄭玄云
楚靈王所謂三墳五典是以賈逵云三墳三王之書五典五帝之
典八索八王之法九丘九州亡國之戒延篤言張平子說三墳三禮
禮爲人防尔雅曰墳大防也書曰誰能典朕三禮三禮天地人之
禮也五典五帝之常道也八索周禮八議之刑索空空設之九丘
周禮之九刑丘空也亦空設之馬融說三墳三氣陰陽始生天地
人之氣也五典五行也八索八卦九丘九州之數也此諸家者意
意言皆無正驗杜所不信故云皆古書名　注謀父至詩逸正
義曰尚書酒誥云若疇圻父是祈父爲官名也詩小雅有祈父
之篇其詩云祈父予王之爪牙胡轉予于恤毛傳云祈父司馬也

職掌封祈之甲兵鄭箋云此司馬也時人以其職號之故曰祈父杜用彼號故云祈父司馬主掌甲兵之職也祈既是官故以招為其名謂穆王之時有司馬之官其名曰招也祭公方諫遊行故指司馬官而為言也賈逵云祈求也昭明也言求明德也馬融以圻為王圻千里王者遊戲不過圻內昭明也言千里之內足明德　祇宮　正義曰馬融云圻內遊觀之宮也杜不解蓋以為王離宮之名也　其詩至之心　正義曰穆王之將有祈父官名招即是司馬官也職掌兵甲常從王行祭公諫王遊行設言以戒司馬也言祈招之愔愔美其志性安和愔愔然也女當用此職掌以明我王之德音也思使我王之德度用如玉然用如金然使之堅而且重可寶愛也若用民力當隨其所能而制其形模依此形模用民之力而無有醉飽盈溢之心也以王之遊行必勞擾民力故令依法用之　法言國至之心　正義曰言國之用民當隨其力任量其力之所堪而任用之不使勞役過其所堪也如金冶之器隨器而制形者鑄冶之家將作器而制其模謂之為形令代猶

名焉用民之力依模用之故言形民之力也食充其腹謂之飽酒卒其量謂之醉醉飽者是酒食饜飫是過度之名也穆王用民之力不知饜足是故令去其醉飽過盈之心　克己復禮仁也

正義曰劉炫云克訓勝也己謂身也有嗜慾當以禮義齊之嗜慾與禮義交戰使禮義勝其嗜慾身得歸復於禮如是　乃爲仁也復反也言情爲嗜欲所逼已離禮而更歸復之今刊定云克訓勝也己謂身也謂身能勝去嗜慾反復於禮也

春秋正義卷第二十八

計一万七千九百八十一字

春秋正義卷第二十九　　昭公

國子祭酒上護軍曲阜縣開國子臣孔　穎達　等奉

十三年注不書至告廟　正義曰定八年傳云陽虎入于讙陽關以叛注云叛不書略家臣則此亦為略家臣故不告廟也以不告廟故史不得書二注互相備　注此去至赴之　正義曰傳稱信陳蔡人以國許復其國而藉其力故書為歸言是陳蔡納之釋例曰韓魏有耦國之彊陳蔡有復國之端故晉趙鞅楚公子比皆稱歸從諸侯納之例言此晉楚之所能制是其義也　計靈王無道於國其弒不應稱臣又比為觀從所誰迫脅而立此是弒君首謀而反書比弒君者比歸而王死故書比弒其君比雖脅而立靈王為比而死雖非比弒猶以弒君罪之加比哀六年注云楚比劫立陳乞流涕子家憚老皆疑於免罪故春秋明而書之以為弒主釋例曰若鄭之歸生齊之陳乞楚公子比雖本無其心春秋之義亦同大罪是以君子慎所以立也其意以為弒君之惡亡之大者雖則本無其心君實由之而死君舍而不責則

下世所忌故書其名成其罪所以示來世勵後人爲教之遠防也靈王見弒實於世道但欲見比罪故稱臣名非言靈王爲有道於如宣二年晉趙盾弒其君夷皐釋例曰傳言靈公不君又以爲於例氏弒宜稱君也弒非趙盾而經不變文者以示良史之意深責執政之臣彼爲章盾之罪稱臣名此亦爲章比之罪稱臣名非言靈王不合弒稱君也又傳稱五月王縊于芊尹申亥氏作年申亥以王柩告則靈王死在五月其死又不在乾谿而經書四月比弒其君虔于乾谿者楚人生失靈王告時未知死否但以乾谿之地失王以爲王必死矣本其始禍故以四月弒君赴也劉炫云比以四月飯既飯而王死故以云云同　注比雖至棄疾　正義曰釋例曰諸侯不受先君之命而篡立得與諸侯會者則以成君書之齊商人蔡侯般之屬是也若未得接於諸侯則不稱爵楚公子棄疾殺公子比蔡人殺陳佗齊人殺無知衛人殺州吁公子瑕之屬是也諸侯篡立雖以會諸侯爲正此列國之制也至於國内策名

委質即君臣之分已定故諸殺不稱君亦與成君同義也傳曰會
于平州以定公位又云君有罪則君列諸會矣此會為斷也衛之
州吁齊無知皆弑君自立其死稱人以殺此比亦弑君而立不稱人
以殺而云棄疾殺者棄疾利比之位而殺之其意不以為討賊不
稱人所以罪棄疾也釋例云比既得國々人驚亂棄疾從而扇之
比懼自殺皆棄疾之由故書公子棄疾殺公子比是言不稱弑其
君又說罪棄疾之意也　注魯不至不諱　正義曰宣七年公
會晉侯云云于黑壤傳曰晉侯之立也公不朝焉又不使大夫聘
晉人止公于會盟于黃
之也彼公不與盟諱而不書此書之者彼不相朝聘公實有罪諱
國之惡故不書其盟此時公實無罪非是國惡故書而不諱　襄
三十一年傳曰晉公室卑政在侈家韓宣子為政不能圖諸侯
魯不堪晉求讒慝弘多是以有平丘之會此年傳云邾人莒
人愬于晉曰魯朝夕伐我幾亡矣注云自昭公即位邾魯同好
又不朝夕伐莒無故怨愬晉人信之所謂讒慝弘多是言晉侯

讒言公無罪非國惡故不諱也　注陳蔡至曰歸　正義曰公
羊傳曰此皆滅國也其言歸何不與諸侯專封也其意言諸侯
不得專封不與楚封陳蔡使若陳蔡之君自國而歸之然
以是故稱爵言歸若言各自有爵非由楚也杜以傳言平生
故稱爵以歸國非入國始為君也禮諸侯不生名二君皆書名
者稱爵以其受封于楚書名以其未成為君稱名稱爵兩見之
也諸侯納之曰歸成十八年傳例　注例來至曰滅　正義曰例
來楚邑不繫者有大都以名通者例皆不繫國用大師尋曰
滅襄十三年傳例　傳非也　正義曰非三代服叛之通也　民
疾至聚也　正義曰季氏既執貴人人皆憎疾季氏而叛之為
季氏之積聚也　楚子至而行　正義曰易稱善不積不足以成
名惡不積不積不足以滅身小人以小善為無益而弗為以小惡為無

傷而弗去也故惡積而不可揜罪大而不可解至於滅身也　申
之至戮焉　正義曰王肅云越大夫常壽過也申之會經書淮
夷而不書越者以常壽過有罪不得列會故不書越也戮者陳
其罪惡以徇諸軍言將殺之終亦不殺過至今在楚故怨而作
亂　故遂至成然　正義曰言族者以掩既被殺唯有族存故
言族也韋龜成然皆被奪邑所以不數韋龜而獨數成然者
以是時韋龜已死故不言ゝ上言奪邑者積王之惡見成然怨
恨之深猶父子被奪故也　圍固至居之　正義曰圍固城ゝ之
固者克息舟息舟即是其一也以圍時有所毀故更城而居之
注故蔡大夫者子之子　正義曰言故蔡大夫者時蔡滅是
為楚縣吳今在蔡其父先為蔡國大夫故云故蔡大夫者子
之子也　強與之盟　正義曰二子聞此蔡公之命欲還故觀
從強與之盟遂入襲蔡　依陳蔡人以國　正義曰二子更共
兵衆唯依倚陳蔡人耳以國者許為復其國以此招慰之　蔡公
至而已　正義曰蔡公知之知陳蔡人之情也蔡公以楚之公子猶

尚吝惜本國恥有報讐之名築疊以示後世故請蕆而已　正僕人　正義曰大僕也周禮下大夫二人　注棘里名闈門也　正義曰吳語云昔楚靈王不君其臣箴諫不入　其民不忍飢勞之殃三軍叛　王於乾谿王獨行屏營彷徨於山林之中三日乃見其涓人疇王呼之曰余不食三日矣疇趨而進王枕其股以寢於地王寐疇枕王以塊而去之王覺而無見也乃匍匐將入於棘闈棘闈不納乃入芋尹申亥氏焉孔晁曰棘楚邑闈門也案襄二十六年傳言吳伐楚克棘四年傳言吳伐楚入棘以棘為邑或是也　注癸亥至月誤　正義曰此癸亥之日實在乙卯丙辰之後傳先言之者因申亥求王遂言王縊是傳終言之也既以五月統癸亥之日而乙卯丙辰亦是五月之日雖則言有顛倒即令蒙此五月之文也劉炫云杜此注經書四月誤案上經注云靈王實以五月死楚人生失靈王本其始禍以赴而注不同以為杜非今知不然者以其生失靈王不知死在五月遂以四月始禍言靈王之死是其錯誤之事於文似異義實一也劉以為二注

文異而規杜氏非也　注不成至之敖　正義曰郟敖與此訾敖
皆不成君無號謚也元年傳云葬王于郟謂之郟敖此云葬子
干于訾實訾敖並以地名冠敖未知其故又世家楚之先君有
若敖霄敖皆在位多年亦稱為敖不知敖是何義　楚師還
自徐　正義曰上云師及訾梁而潰此又云楚師還自徐者
上所云者是乾谿援師此謂蕩侯等五子伐徐師故杜云前年
圍徐之師　注復九年所遷邑　正義曰成十五年許遷于葉
九年傳云遷城父人於陳遷方城外人於許令復遷邑則許還
復葉方城外與城父人各復其本　臣過至致也　正義曰言臣
罪過漏失君余遺忘之未之致與也　子毋勤　正義曰言子
毋以見使為勤勞　尚得天下　正義曰謂得為天子也
注群望星辰山川　正義曰楚語云天子徧祀群神諸侯祀天
地三辰及其土之山川　孔晁云三辰日月星也祀天地謂二王
後也非二王後祭分野山川而已又元年傳云辰為商星參為晉
星是諸侯得祭分野之星知此群望是星辰山川也於十二次鶉

尾為楚當祀翼軫之分星及其國內山川哀六年傳曰江漢雎漳
楚之望也其山蓋荊山衡山之類 徧以璧 正義曰謂以一璧
徧見諸神若神各一璧其璧乃多明其不當其上 注巴姬共
王妾 正義曰知者襄十二年傳云楚司馬子庚聘于秦為夫
人寧禮也彼秦女是夫人明巴姬是妾 亡無愛徵 正義曰
子干之亡楚人無愛念之徵驗也 先神命之 正義曰楚國既
封即有三望三望起於先代故曰先神 其貴至棄矣 正義
曰亡無也其貴位則無矣其寵愛之者又棄矣然則父死棄疾
寵亦棄獨言子干者以子干母賤唯恃父寵父寵又棄矣則無
恃託故專屬子干 注國氏高氏 正義曰僖十二年傳管仲
云有天子之二守國高在是也 注魏犨至所賢 正義曰上
言五人並舉其數下說四士獨據有賢也五人內不數賈佗者
佗以公族從文公不在五人之數也蓋以向言之意所擇為賢即
言之 國有奥主 正義曰室內西南隅謂之奥奥是內之義奥
主國內之主故謂棄疾也 水道不可 正義曰吳地水行故

謂水道不可謂水路不通吳子既辭晉侯乃退而平丘之會
幄幕九張　正義曰周禮幕人掌帷幕幄帟綬之事鄭玄
云王出宮則有是事在旁曰帷在上曰幕皆以布為之四合象
宮室曰幄王所居之帳也帟王在幕若幄中坐上承塵幄
帟皆以繒為之凡四物者以綬連繫焉然則幕与幄異幕大而幄
小幄在幕下張之幄幕九張蓋九幄九幕也　芻蕘　正義
曰周禮充人掌繫祭祀之牲牷祀五帝則繫于牢芻之三月
說文云蕘薪也從艸然則芻者飼牛馬之草也蕘者共燃火之
草也　為此役　正義曰言叔鮒為此淫芻蕘之事也　注
董督至多也　正義曰釋詁云董督正也是董為督也　又云庸
勞勞亦功也討之有辭則前敵易克故功多也　天子之
老　正義曰上注云獻公王卿士此注云天子大夫稱老老者是
大夫公卿之總名詩云方叔元老毛傳云方叔卿士命而為將是
卿士稱老也曲禮云五官之長曰伯自稱於諸侯曰天子之老彼謂
三公者如彼文則三公亦得稱天子之老卿亦得稱老者彼說三

公之事言三公之自称不言卿之自称不得同三公也曲禮又
云諸侯使人於諸侯使者曰寡君之老諸侯之使當得称老明
知天子之卿得称天子之老也　元戎至啓行　正義曰詩小雅
六月之篇也元大也大戎々車之大在軍前者也啓開行道常訓
耳　然向至余矣　正義叔向此言論聘朝會盟四事意在
言盟并說會朝聘為次序耳國家之所以敗也有交好之豆
而無貢賦之業　交好之事不得常矣有貢賦之常而
無上下之禮事雖有常則不次序矣有上下之禮而無可畏之威雖有
次序則不共敬矣　有可畏之威而不昭告神明雖為共敬則不
明著矣信義不明棄共敬也承事不共敬棄次序也班位不序
棄常度也徵令不常棄事宜也事既棄矣則百事不終
國家所由傾覆只為此也聖人知其不可是故明王之制使諸侯
每歲令大夫一聘天子以志議貢賦之業間一歲諸侯親自入朝
以講習上下之禮天子於諸侯再朝而一大會以示可畏之威再
會而一為盟誓以顯諸侯之昭明者也　志議貢賦之業　在於交

好故使聘也講習上下之禮在於等差故使朝也亦可畏之威在
於衆聚故爲會也昭明德之信在於告神故爲盟也自古以來
遵行此法未之有失也國家存亡之道恒由是矣爲之則存廢之
則亡存亡起於此也今晉以先王之禮主諸侯之盟懼諸侯之事
有不治理者率義齊盟所用之犧牲以來至此而有諸齊君求
終竟盟約之事也君言曰今余必廢之何齊盟之有必擬此錯唯
君自當謀之寡君聞君之命矣言晉知齊必背盟即欲與之戰
注業貢賦之業 正義曰下句覆述此事云歲聘以志業每年聘
者所以共貢賦耳知此業者是貢賦之業也下又云志業於好
說聘事而謂之好則好謂交好諸侯天子雖尊卑不同亦是交
好然則有事有謂有交好之事也不經者經訓常也謂交好不
常也或聘不以時或貢賦不充是不常也 注威須至義著
正義曰昭亦明也昭爲昭告神祇明謂信義明著言會雖亦威
威猶未著必須昭告神明以要束其心而後天子信義始得明著
於天下矣 注信義至不成 正義曰杜以信義不明威無可畏

則是業威也不畏威則禮不行是業禮也無禮則無經無經則無
業故百事所以不成刘炫以此傳四文皆緣上更而致下事具上
則事業禮威所致則經序共爲傳既言不爲業共自然當云不
共業序不序業經不經業更令杜云不爲則業威不威業禮
無禮無經無經無業以杜違背傳文而規杜失令知刘義此者杜
以不爲業共不共業序不序業經不經業更自是傳文分爲但
傳云百事不終爲知此從業共業序其威禮而業也杜与傳共
爲表裏此是違傳刘不解杜意妄爲規過謬矣　注志識至
職業　正義曰志是記識故爲識也歲歲使於天子所以獻其貢
賦令諸國各自記其職貢是脩其職業也　注三年至之序
正義曰間朝者據聘爲言也既云歲聘因從聘歲爲始更間
一乃朝故知間朝是三年而一朝也朝以正班爵之義帥長幼
之序与下注會以訓上下之則制財用之節皆莊二十三年傳文也
注十二至之下　正義曰顯昭明三字皆爲明也十二年而爲一盟
者大明黜陟之法猶使之有明德者褒顯升進之於此盟以光

顯諸侯有昭明之德者告誓神明所以昭明王之信義以示黜陟必
有信也計此十二年間凡八聘四朝再會一盟方嶽之下也尚書
周官曰六年五服一朝又六年王乃時巡考制度于四岳諸侯各
朝于方岳大明黜陟如彼文六年五服諸侯一時朝王即此再朝
而會是也此傳之文與尚書正合杜言巡守盟于方嶽闇與彼
義符同明此是周典之舊法也而周禮之文不載此法大行
人云侯服歲壹見其貢祀物甸服二歲壹見其貢嬪物
男服三歲壹見其貢器物采服四歲壹見其貢服物衛服五歲壹
歲壹見其貢貨物先儒說周禮者皆以
彼爲六服諸侯各以服數來朝與此傳文無由得合先達通
儒未有解者古書亡滅不可備知然則尚書周官是成王號令
之辭尚書之言定是正法左氏復與彼合言必不虛周禮又是
明文不得不信蓋周公成王之時即自有此二法也又周禮無歲
一見唯言貢物何必是者即是親朝各計道路短長或當遣使
貢耳先儒謂彼爲朝未有明據大行人又云十有二歲王巡守

殷國巡守之歲周禮同於尚書六年一朝尚書何必違禮又大宗
伯云時見曰會殷見曰同鄭玄以為時見無常期也諸侯有不
順服者王將有征討之事合諸侯而命事焉十二歲王如不巡守
則六服盡朝朝禮之殷見鄭以時見無常期者出自鄭之意耳
非有明文可據也殷見是此再會而盟時見當此再朝而會未
必即如鄭說時見為無常期也蓋此傳及尚書是正禮也大行
人歲一見者是遣使貢物非親朝也今此上聘朝會無以為諸
侯於天子之禮然諸侯相朝亦當然也故云志業於好講禮於
等示威於衆其昭明於神無天子於諸侯之禮然王官之伯及
霸主亦得與諸侯為盟故晉為盟主以此告齊令齊受盟也
必知此朝聘文兼諸侯者以釋例引明王之制八聘四朝云文襄
之制因而簡之三歲而聘五歲而朝以諸侯為文明歲聘間朝兼
諸侯相朝也知盟年朝會但行者以傳云再朝而會云云故知
盟年朝會不廢也又云歲聘以志業不言再聘以行朝故知朝
年不行聘禮但以朝聘 君臣不等盟會敵禮相當故朝年不行

聘盟年得有朝令知有盟者傳云同盟至故也　小國言之
正義曰申上不用尋盟之意也其意是小國言之可不可則大
國制之也大國獨其須盟言已不敢違也　注建立至游也
正義曰釋天云緇廣充幅長尋曰旐繼旐曰旆郭璞曰帛續旐
末為燕尾者然則旐獨旆身旆獨旆尾旆綴於旐本是相連之
物非別體〻而不曳其旆當纏繼於干頭蓋如禮記所云
德車結〻釋天又云練旒九周禮所謂九游七游〻即是旆故云旆旌
游也然郭氏既云旆繼於旐令之燕尾即旆是旐末然天子十有
二游并屬於一幅之廣於理不可蓋游數多者旁綴於緣如今之
旌是也其軍前以旆如郭璞之說　注軍將至恐之　正義
曰本作旆者為節而曳之以為容飾結之為非常曳之為得常
復旆之者曳之為復常也軍法戰則飾旆晋人飾旆似其將戰
故曳旆以恐之諸侯見其曳旆而皆畏之　注自昭至伐莒
正義曰三年傳穆子云曹滕二邾實不忘我好又曰相伐之事是
昭公即位邾莒同好也不朝夕伐莒者案元年十年再伐莒耳是

不朝夕伐也　注債仆也　正義曰前覆曰仆言牛倒豚上豚必
死以言牛無瘠者理當以喻爲無德輕之故以瘦牛自喻　注
義貢賦之次　正義曰承者奉上之語後承前下承上故以承爲
次多貢賦之次言所出貢賦多少之次當承何國之下　故言
多承以鄭衆云多所當奉承貢賦之輕重　注公侯至者多
正義曰周禮大司徒云公地方五百里其食者半侯地方四百
里伯地方三百里其食者參之一子地方二百里男地方百里其
食者四之一鄭康成注云食者必足其國禮俗喪紀祭祀之用乃
貢其餘上公之地以一易侯伯之地以再易子男之地以三易是
上公優饒其半以爲荒萊之地侯伯優饒其三分之二子男優
饒其四分之三是大國優饒少而出貢多少小國優饒多而出貢
少假令大國小國其地美惡一種則地多者貢多地少者貢少
故杜云公侯地廣所貢者多是也　注甸服至貢者　正義曰禹
貢云五百里甸服孔安國云規方千里之內謂之甸服爲天子服
治田去王城面五百里王制云千里之內曰甸鄭玄云服治田出

穀稅是甸服謂天子畿內也畿內於京師路近令其共正職貢故
貢重也言卑而貢重者畿內有公卿大夫之采邑公八命卿六命
大夫四命其列位卑於畿外之侯伯子男也周禮小司徒鄭注云
井田之法備於一同今止於都鄙都鄙有采地食者皆四之一其制三等
百里之國凡四都一都之田稅入於王五十里之國凡四縣一縣之田
稅入於王二十五里之國凡四甸一甸之田稅入於王食采者卑與尊
周故云卑而貢重也畿外之國則卑者貢輕尊者貢重　注
言鄭至之貢　正義曰鄭伯男也舊有多說鄭衆服虔云鄭
伯爵在男服也周禮男服在三距王城千五百里鄭去京師不
容此數賈逵云男當作甸謂甸面之君以子產多國小貢重亂
言鄭伯爲甸面之君復何所益甸面君者豈貢得輕乎鄭志
云男謂子男也周之舊俗皆爲侯伯皆食子男之地鄭之此言
不知所出鄭食子男之地不知復在何時武公既遷于鄭并十
邑爲國不復食子男之地在西鄭之時食子男之地則今爲大
國自當貢重子產不復遠言上世國小以距今之貢重晉之朝

士焉肯受屈而自日卜以多至于昏乎原此諸說悉皆不通周
語云鄭伯男也王而卑之是不尊貴也王肅注此與彼皆云鄭
伯爵而連男言之猶言曰公侯足句辭也杜用王說言鄭國在
甸服之外其爵列於伯子男言已爵卑國小不應出公侯之貢
也令使從公侯之貢懼弗給也諸侯地有五等命有三等伯居
五等之中與侯同受七命據地小大分為二等則侯同於公伯同
子男僖九年左傳之例云公侯曰子言不及伯是不從同於侯也
僖二十九年大史令國君之例云在禮卿不會公侯會伯子男可
也是伯國下同子男也子產自言其君爵卑下列子男為例故
云鄭伯男也　行理至不至　正義曰言晉國使人來責貢賦
之命無月不至於鄭每月皆來也　注藝法制　正義曰服虔
云藝極也一曰常也二者並非正訓杜以藝為經藝故為法制也
貢有法制定數徵求無限則不可共也　貢獻無極　正義曰
極謂限極無極謂無已時　諸侯至讀乎　正義曰言諸侯若
來討鄭其可不由子輕易晉乎　貳偷至暇討　正義曰政

出多門則其情不一情既不一則名懷苟且各自若苟且免於目
前無人爲國遠慮也爲此二心爲此苟且不有間暇何暇未討鄭
乎 使狄人守之 正義曰有北狄之人從晉師來令故使狄
人守因猶以長岸之戰楚使隨人守舟 注蒲伏至取飲
正義曰蒲伏即匍匐也說文云匍手行也匐伏地也詩陳后稷
之初生云誕實匍匐令司鐸射竊往飲季孫之似小兒伏
地而手行也冰是箭筩之蓋相傳爲然本作此冰以蓋箭筩
脫而用之可以取飲此以壺盛飲用此冰以飲之 世爲善矣爲
正義曰子產言我此日行善唯子皮知之今子皮既卒世人
知我之善故云世爲更須爲善矣 詩云至禮也 正義曰
此詩小雅南山有臺之篇詩云樂只君子以其能爲邦家之
基也今子產是君子之人所求樂者也仲尼復言曰盟主
會合諸侯限藝貢賦之事使貢賦有常是爲禮也盟主
制定貢賦是爲得禮則子產爭之不爲有失嫌爲競世譏故以
禮明之晉荀吳至鮮虞 正義曰上云悉起以有上軍左者晉

佚從平丘令還行至着雍間鮮虞不警遂使荀吳侵之非從本國而去故云自著雍以上軍侵鮮虞也　注得安民之禮　正義曰此乃還動而云安者以狐死首丘人生戀舊往被靈王偪徙元情悉眷故居平王令復從其所欲民心獲安故云得安民之禮也　十四年注四同盟　正義曰曹伯負芻以襄十八年冬十月卒則武公立十九年盟于柷柯二十年于澶淵二十五年于重丘二十七年于宋皆魯曹俱在是四同盟也　注以禍至惡之　正義曰莒是小國其卿多不備禮唯莊僖之世有莒慶是經亦求唯牟夷以竊地故書以外更無見者今意恢非卿亦書故解其意云云釋例曰禍莫大於亨國有家禍莫甚於骨肉相殘故公子取國及爲亂是殺者亦皆書之不必繫於爲卿故公子糾意恢以公子見書於經是解非卿而書之意諸公子大夫被殺而書名皆是惡之文意恢与亂君爲黨故書名惡之　傳注以舍至罪已　正義曰一命大夫經書爲人以卿之貴得備名氏若有罪過宜貶黜者他國之卿則稱某人

魯卿不得自称魯人有罪則貶去其族〻去則非卿此舍意如
之族是為罪己也季孫本實伐莒晋人討而執之故令貶魯
荷晋恩德罪己亦以尊晋故云尊晋罪己也文二年晋人宋
人陳人鄭人伐秦傳称晋先且居宋公子成陳袁選鄭公子歸
生伐秦卿不書為穆公故尊秦也謂之崇德注云秦穆悔過
終用孟明故貶四國大夫以尊秦也此貶意如以尊晋其事与
彼同也此意如至自晋傳言尊晋罪己二十四年婼至自晋傳
並云尊晋不言罪己俱是去族傳文不同者釋例曰意如至
自晋傳言尊晋罪己婼至自晋傳復重發但言尊晋者意如
以罪見執宜在罪〻己〻婼本使人不應見執故尊晋而已内大夫
行還皆不書至異於公也今此二人執而見釋更以書至見義
也若然季孫見執為魯有罪矣而往年云不与盟注云非國
惡故不諱者魯實伐莒取鄆若以伐莒責魯〻則無辭而
兼受邾人之訴妄称朝夕伐我為此不与公盟故言非國之惡其
執季孫不是無罪也子服惠伯云寡君未知其罪而執其老

有拒晉之說辭耳　注二人南蒯家臣　正義曰世族譜司徒
老祁為一人慮癸為一人服虔云司徒姓也老祁字也慮癸亦
姓字也二子季氏家臣也杜以下句請於南蒯曰臣願受盟知
是南蒯家臣　注君謂季氏　正義曰費是季氏之邑南蒯
已是季氏家臣此南蒯之下群臣還欲以邑事季氏知君謂季
氏　注南蒯至叛實也　正義曰經書叛已圍費則以費亦應
書經文不書以故解其意也南蒯雖以費叛降齊費人不
從未專屬齊叛已圍費齊人不救是其未專屬齊也二子
逐蒯而費復其舊使是本未去魯故經不書以費是二子自
以費以非齊人來以也齊人因其自以而使文子致邑施恩於
魯欲以僞好非事實也　傳楚子至物官　正義曰周禮司
兵掌五兵鄭衆云五兵者戈殳戟酋矛夷矛鄭玄云步卒之
五兵則無夷矛而有弓矢然則兵者戰器之名戰必令人執兵
因即名人為兵也此簡上國之兵謂料簡人丁之彊弱於宗丘之
地集而簡之且即慰撫其民也大體貧窮相類細言窮困於

貧々者家少貨財窮謂全無生業分財貨以与貧者 接生業
以救窮者孤弱幼少無父母有賜与以長成之老疾之於藥膳
有饋餼以養育之孤介持獨者收斂之不使流散有水火之災
寇盗之患者救助之孤子寡妻寬其賦稅虽有罪戾原情可
恕者赦放之又邪慝惡為民害者 詰治之賢才淹滞未蒙任
用者举用之外人新来者禮待之舊人未用者進叙之施禄於
功勲使有功必得禄也和合其親戚使宗族皆相親也任賢良以
職事使野無遺賢準事能以任官皆令才職相當不使違方易務
此皆拯民之事也 注上國至楚地 正義曰下云簡东國之兵
亦如之。此是簡西國之兵也西國东國皆是楚人在國之东西知
者以水皆东流西方居上流故謂之上國西為上則东為下々言
东則此是西互相是也 注分与也振救也 正義曰分減富者
之財以与貧者則分為施与之名故分為与也窮者全無
生業或接之田宅賜之器物以救濟之 注介特至流散 正義
曰傳称一介行李逢澤有介麋焉則介亦特之義也介特謂單

身特立無兄弟妻子者無所附著或將轉移收聚之令有附依
不使流散　注寬其賦稅　正義曰服虔以宥為寬赦其罪杜
以下云赦罪戾則此宥非寬罪故以為寬其賦稅也王制云少
而無父謂之孤老而無子謂之獨老而無妻謂之矜老而無夫謂
之寡此四者天民之窮而無告者也皆有常餼然則孤寡常有
餼賜本無賦稅而云寬賦稅者正以不責賦稅即是寬之也孤寡
之貧者有餼賜能自給者免賦稅文雖不言鰥獨宥与孤寡必
同　注物事也　正義曰任良謂選賢而任之也物官謂量事
而官之也賈逵云物官量能授官也鄭衆云物官相其才之所
宜而官之是也　息民五年　正義曰謂從此簡兵之後息民不
征既滿五年而後用師征伐是為禮也即十九年城州來以桃吳
是也案十七年与吳戰于長岸未滿五年而云息民五年者平
王之意息民五年長岸之戰吳來伐楚被伐不可不戰雖戰
非王本心也　注邢侯巫楚人　正義曰巫人雍子皆故楚人也襄
二十六年傳稱巫臣奔晉々人与之邢雍子奔晉々人與之鄐則

鄐是雍子之田也邢侯巫臣之子而得與之爭鄐者孔晁注晋語云邢與鄐比爭疆界　叔魚攝理　正義曰晋語云士景伯如楚叔魚為贊理孔晁云景伯晋理官叔魚佐之景伯聘楚叔魚專斷　注蔽斷也　正義曰周禮大司寇云凡庶民之獄訟以邦成蔽之鄭衆云蔽之斷其獄訟也尚書康誥云服念五六日至于旬時丕蔽要囚孔安国云服膺思五六日至於十日至于三月乃大斷之皆以蔽為斷是相傳為說　乃施至於市　正義曰晋語說此事云叔向既對宣子邢侯聞之而逃遂施邢侯氏孔晁云廢其族也則國語讀為弛訓之為廢家語說此事亦為弛王肅注云弛宜為施施行以服虔云施罪於邢侯施猶劾也邢侯亡故劾之杜無注當從施也　成十七年晋殺三郤皆尸於朝此尸於市者以其賤故也　三數至末減　正義曰三度數叔魚之惡不為薄輕言其重厚極言之也三者即下云數其賄也稱其詐也言其貪也是也服虔讀減為咸下屬為句不為末者不為末棄隱蔽之也咸曰義也言人皆曰叔向是義安也　注三惡暴虐頗　正義

曰尚書武王數紂之罪泰誓云敢行暴虐　牧誓云俾暴虐于百姓武成云暴殄天物害虐烝民然則暴是亂下之稱虐是殺害之名大同而小異　注三罪至疑之　正義曰杜讀此文言猶義也史言不是義也故言以直傷義謂叔向非是義也劉炫云直則是義而規杜氏今知不然者義者於事合宜所爲得理直者唯無阿曲未能圓通故書云直而溫若直而無溫則非德也義是義之與直二者不同故上傳云義也史此傳云猶義也史於義之下並云史史是疑怪之辭故杜以爲非義哉可謂之直矣故仲尼云叔向古之遺直不云遺義是直與義別劉以直義爲一而規杜氏非也　十五年有事至卒事　正義曰有事謂有祭事于武公之宮廟也祭必有樂樂有文舞武舞文執羽籥武執干鏚其入廟也必先文而後武當籥始入叔弓暴卒故於是去樂不用而終卒祭事也叔弓之卒當籥入之時故舉籥入也及其去之則諸樂皆去故云去樂鍾鼓管磬悉皆去之非獨去籥舞也祭禮鼎俎既陳籩豆既設然後舞樂始入緣先祖之心以大臣之卒必

聞樂不樂又孝子之心不忍徹已設之饌故去樂卒事　注略
書至立之　正義曰閔二年吉禘于莊公僖八年禘于大廟彼皆
書禘此傳言禘于武公則亦是禘不書爲禘而言有事者此
經所書不論禘祭是非略書有祭事者本爲叔弓卒起也止
爲叔弓之卒須道當祭之時所書不爲禘也釋例曰三年之禘
旨國之常常事不書故唯書此數事祭雖得常亦記仲遂叔
弓之非常也是言叔弓之卒非常故書之也釋例亦云凡三年
喪畢然後禘於是遂以三年爲節蓋仍計除喪即吉之月卜
日而後行事無復常月也是以經書禘及大事傳唯見莊公之速
他無非時之譏也即此例言三年一禘若計襄公之薨則禘當在
二年五年八年十一年十四年此年非禘年也若計齊歸之薨則
禘當在十三年十六年此年亦非禘年也而云祭雖得常者釋例
曰禘于大廟禮之常也各于其宮時之爲也雖非三年大祭而
書禘用禘禮也昭二十五年傳曰將禘於襄公亦其義也是言
于武宮者時之所爲實非禘年用禘禮此實非常但經之所書

唯識莊公之速其餘不復識耳既不以為識即是得常故云祭由
以常祧乎為祧常也武宮者魯武公廟毀已久矣成六年復立
之遂即不毀明堂位云魯公之廟文世室也武公之廟武世室也
鄭玄云此二廟象周有文武之廟也世室者不毀之名是魯以武
公為不毀之廟故禘于其宮不于大廟亦祧常也備戒百官
正義曰周禮大宰祀五帝前期十日帥執事而卜日遂戒享先
王亦如之鄭玄云前期前所諏之日也十日容散齊七日致齊三
日也執事宗伯大卜之屬既卜又戒百官以始齊此戒百官亦謂戒
之令齊故杜云齊戒言是齊之戒也祭統云及時將祭君子乃
齊齊之為言齊也齊不齊以致齊也是故君子之齊也專致
其精明之德也故散齊七日以定之致齊三日以齊之定之之謂
齊齊者精明之至也是將祭必齊祭必齊祭前豫戒之也 注祲妖至
氣也 正義曰周禮有眡祲之官鄭玄云祲陰陽氣相侵漸成
祥者其職掌十煇之法一曰祲二曰象鄭衆云煇謂日光氣也然
則祲是陰陽之氣相侵之名日光之氣有名為祲祲之所是非

獨見於日光故在云祲妖氣也梓慎唯言見祲不言祲之所在
為祭而言故疑云蓋見於宗廟故以為非祭祥也月令云氣霧冥
冥則氛亦氣也以言喪氛故以氛為惡氣也見赤黑之祲以為喪
氛則赤黑是喪象梓慎有以知之服虔云水黑火赤水々相遇
云々　其在涖事乎　正義曰既見喪氛又言喪之所在其在
涖事之人乎意疑涖事者當其咎也　在下位辱　正義曰言
在下位可恥辱也服虔以辱從下讀訓之為欲々必求之吾助子
讒妄也　二三子莫之如也　正義曰言二三子皆如莫之是信
然々而至異也　正義曰然此朝吳於事必豫前知其為人之有異
於餘人々也　好惡至所適　正義曰所好必善所惡必惡在上者
所好所惡不有愆過則下民知所適歸言皆知皈於善也　獲一
邑而教民怠　正義曰若不受其降民皆一心事其本國不敢怠
惰以叛其主今若受其降人便是許其叛主則是教我國人令其
外叛是雖獲一邑而教民怠惰不守死事君是所得少所失多
鼓人至吾君　正義曰言今不聽降叛使鼓人能事其君也教民

不怠是我亦能事吾君也　注知義至示義　正義曰知　義所
左々於事君不怠惰不苟求士也十七年荀吳詐祭于雒、滅六
渾二十二年負甲倚羅以入昔陽而此時獨得降而不納者此時荀
吳自度己力必其能獲故因、亦示義　注嘗壺嘗所獻壺樽
正義曰周禮司尊彝云秋嘗冬烝其饋獻用兩壺尊鄭玄云壺
者以壺為尊燕禮云司宮尊于東楹之西兩方壺左玄酒是禮
法有以壺為樽　注戎不聽　正義曰數為戎所侵陵拜謝戎
師不有閒暇　注參虛至分野　正義曰實沈之次晉之分野
上繫參之虛域故云參虛　注鍼斧至香酒　正義曰廣雅
鍼鉞斧也俱是斧也蓋鉞大而斧小大公六韜云大柯斧重八斤一
名天鉞是鉞大於斧也尚書牧誓云武王左杖黃鉞孔安國云
以黃金飾斧是鉞以金飾也秬黑黍釋草文也周禮有鬯人
之官鄭玄云鬯釀秬為酒芬香條暢於上下也是鬯為香酒也賜
之鍼鉞者使之專殺戮也賜之秬鬯者使之祭先祖也王制云諸
侯賜弓矢然後征賜鈇鉞然後殺賜圭瓚然後為鬯詩陳宣王

賜召穆公云秬鬯一卣告于文人是也　撫征東夏　正義曰服虔
撫之叛者征之晉於諸夏國居近西故今主東夏　福祚至焉
在　正義曰言福祚之不在叔父此福祚更焉所在乎言其不在
他也登陟即是在之義也　注孫伯至世祖　正義曰孫伯黶為
晉之正卿世掌典籍有功故曰籍氏是籍談九世祖也其九世之
次世本云黶生司空頡頡生南里叔子叔子生叔正官伯伯生司徒公
公生曲沃正少襄襄生司功大伯伯生偃季子子生籍游游生談
談生秦是也九世之祖稱高祖者言是高遠之祖也鄭子以少皞
為高祖意與此同　注辛有至其後　正義曰僖二十二年傳曰
平王之東遷也辛有適伊川則辛有平王時人也此王因籍談
董言晉國唯有籍董二族世掌典籍　籍父其無後乎　正
義曰定十四年晉人敗范中行氏之師於潞獲籍秦秦即談之
子是無後　王其至謂終　正義曰言王其不得以壽終乎言
將天命而橫死也吾聞之心之所樂必卒於此焉今王在憂而樂
是為樂憂也亦既樂憂必以憂卒若性命之卒以憂而死不

可謂之終也言以憂死是不終其天年也　注天子至年喪
正義曰喪服斬衰三年章内有父為長子傳曰何以三年也正
體於上又乃將所傳重也齊衰杖期章内有夫為妻傳曰為妻
何以期也妻至親也服問曰君所主夫人妻大子適婦鄭云
言妻見大夫以下亦為此三人為喪主記言君者主諸侯而天
子亦与妻為喪主也然則妻服齊衰期耳而傳以后崩大子卒
為三年之喪二者喪服杖期章内有父在為母傳曰何以期屈
也至尊在不敢申其私親也父必三年然後娶達子之志也父以
其子有三年之戚為之三年不娶則夫之於妻有三年之義故可
通謂之三年之喪　於是至喪也　正義曰弔喪送葬之賓不
合与之宴樂王於是乎以喪賓共宴樂又求常寶之器在憂而
為此樂其為樂憂甚矣且求器又非禮也諸侯有常器之來
獻王者乃為嘉功之由諸侯自有善功乃作常器以獻其功獻
非由喪也言王不可責喪賓獻器也　三年至非禮　正義曰遂
由申也竟也其意言三年之喪雖貴為天子由常申遂其服使

一三二一六

終日月乃是禮也除喪大速是非禮也王雖不能遂竟其服猶
當静嘿而已不宜宴樂而宴樂以早亦非禮也 注天子至不遂
正義曰禮葬日爲虞既虞之後乃爲卒哭之祭喪服傳稱成
服之後晝夜哭無時既虞之後朝夕各一哭而已卒哭者謂卒此
無時之哭故鄭玄士喪禮注云卒哭虞後祭名始有朝夕之間哀
至則哭至此祭止唯朝夕哭而已傳稱既葬除喪譏王不遂其服
知天子諸侯除喪當在卒哭令王既葬而除故譏其不遂也杜云
卒止也止哭與鄭不同者非此言除喪當在卒哭而上下 杜注多
云既葬除喪者以葬日即虞虞即卒哭卒哭去葬相去不遠
共在一月葬是大事書於經故成君以名皆舉葬言之 注
言今至禮也 正義曰王不能遂服乃與喪賓宴又失禮也以
其喪服將終早除猶可宴事必不可 又襄十六年葬晉悼公
平公即位舍于溴梁與諸侯宴于温又九年八月葬我小君穆
姜其年十二月晉侯以公宴于河上傳皆無譏則卒哭之後得宴
樂 禮王之大經 正義曰經者綱紀之言也傳稱經國家經

德義詩序云經夫婦中庸云凡為天下國家有九經言禮是王之
大經紀也服虔云經常也常所當行也　言以至用之　正義
曰人之出言所以成典法也典法所以記禮經也主一動而失二禮
忘已大經矣而多為言語舉先王分器之典將焉用之　十六年
楚子至殺之　正義曰四夷之名在西曰戎春秋之時錯居中國杜
言河南新城縣東南有蠻城則是內地之戎在楚北也戎是種號
蠻是國名子爵也十一年楚子虔誘蔡侯般殺之彼書楚子之
名此不書楚子名者彼注云蔡大夫深怨故以楚子名告此非蠻
人所告蓋楚人不以其君名告故不得書其名也公羊傳曰楚
子何以不名夷狄相誘君子不疾也曷為不疾若不疾乃疾之
也言其不足疾更是深責之也賈逵云楚子不名以立其子二
說異於杜也蔡侯般書名蠻子不名者釋例曰諸見執者已在
罪賤之地書名與否非例所加或名不名從所赴之文　傳公在
至之也　正義曰禮君不在國則守國之臣每月告廟　云公在
其處釋君不得親自朝廟之意若於歲首不在則或史書之

於策襄二十九年春王正月公在楚傳曰釋不朝正於廟是也
此年正月公在晉計亦應告廟書策但為晉人執止公不以被
執告廟故史不書諱之　齊侯伐徐　正義曰虛舉經文者經
在楚誘戎蠻上傳依經文故先舉之下有徐人行成之事非虛舉
但行成在誘蠻後故先依次舉經於上為下徐人行成起本也不
下此經文就徐人者出自史意　楚子至禮也　正義曰蠻子無
與楚舊交元無誠信故云與蠻子之無信也誘而殺之誠為不
可楚能復立其子大勝遂滅其國慊其殺父立子猶為非禮故禮
之也大舜之刑也鯀殛而禹興周公之誅也放蔡叔而立蔡仲是
立子為得禮　詩曰至謂乎　正義曰詩小雅雨無正之篇也周
家舊為天下所宗既衰滅矣其亂無所止定也執政大夫離
散其居處人皆異心無有知我民之勞苦者其是此事　二一謂乎
言令晉衰微不能止亂晉之諸卿異心不憂民之勞苦如詩人之
所云　孔張至縣間　正義曰諸侯享賓之禮亡唯有公食大夫
禮存耳其禮云大夫納賓〻入門左鄭玄云左西方賓位也又云

及廟門公揖入賓入三揖至于階三讓公升二等賓升大夫立于東夾南西面北上士立于門東北面西上鄭玄云自卿大夫至此不先即位從君而入者以助君饗食賓自其事也享食事俱在廟鄭玄饗食並言則享位亦當然也孔張後至蓋賓入廟門乃始來至當從大夫適东夾之南西面位也張乃立於客間賓入未升階立于西方孔張入客行間也執政禦之適客後張乃移立於客之西也又禦之適縣間適鐘鑮樂肆之間也大射禮者亦諸侯之禮也樂人宿縣于阼階东笙磬西面其南笙鐘其南鑮皆南陳西階之西頌磬东面其南鐘其南鑮皆南陳張初立客間已在西方被禦適客後又益西也又被禦適縣間蓋又復益西入於頌磬鐘鑮之間也　客為至陵我　正義曰譏度為之笑而不於我加陵言數被笑必陵侮我也服虔云譏近也孔張失位近為所笑近者未至之辭客已笑訖何言近也　注緣事至偏頗　正義曰事有相類真偽難以緣此事類以致偏頗虽非故心亦為罪也服虔讀類為纇解云頗偏也類不平也　會朝之不敬　正

義曰此孔張失位則是於朝不敬而子產不以為恥者此謂出外
命朝大國彼謂在本國故注云謂從禮致大國之心　使命之不聽
正義曰謂若伯有使子晳如楚不肯行是也　注子孔至之政
正義曰襄十年盜殺鄭公子騑公子發公孫輒傳曰子孔當國
至十九年鄭殺子孔　注卿得至於家　正義曰士以上皆得立
廟則孔張雖是大夫亦得立廟而云卿得立廟者以子孔是卿
故以卿言之服虔云祀其所自出之君於家以為大祖案禮記
郊特牲曰諸侯不敢祖天子大夫不敢祖諸侯而公廟之設於私
家非禮也安得祀所出之君為大祖乎　注脤祭至祭也
正義曰周禮掌蜃云祭祀共蜃器之蜃鄭玄云蜃大蛤飾祭
器之屬也蜃之器以蜃飾因名焉鄭衆云蜃可以白器令色白
是蜃為器名祭肉盛之脤器以獻遺人因名祭肉為脤孔張是
大夫也而云受脤歸脤故知受脤為君祭以肉賜大夫歸脤謂大
夫祭以肉歸於公也故周禮祭僕凡祭祀致福者展而受之是在
下之祭有歸脤之義又傳有成子受脤于社前代諸儒皆以脤

為祭社之肉故云皆社之戎祭也刘炫故違傳證以破先儒以為
脤亦祭廟之肉以規杜氏文无所出其義非也然大史不得私自
出軍自祭私社而得歸脤於公者得大史奉君命以戎事攝祭
於社故社亦言祭歸肉於公亦不得家祭也　注其祭至君祭
正義曰謂鄭伯其祭在先君之廟孔張有助祭着位在廟中以
有事為業言其所掌有常也脤受以為其祭在廟謂孔張先
祖配廟食案周禮司勳云凡有功者銘書於王之大常祭於大
烝司勳詔之則配廟食者皆是有功之臣子孔作亂而死云孫洩
因妖鬼而立不得有配食在廟　注玉環至為雙　正義曰下
云韓子奉命以使而求玉焉知環是玉環也釋器云肉倍好謂之
璧好倍肉謂之瑗肉好若一謂之環李巡云好孔也肉邊也肉倍好邊肉大
其孔小也好倍肉其孔大邊肉小也肉好若一其孔及邊肉大小
適等曰環是環亦璧之類也言其一在鄭商則其一在韓子知
其同工共朴相與為双故韓子欲得而双之　僑聞至之患
正義曰僑聞君子非无賄之難家貧无賄不為難立於職位

而無善名是爲身之大患言韓子憂患無令名不宜患家
無賄也僑聞爲國家者非不能事大字小之難事大國愛
小國不爲難也無禮以定其位是國之大患言鄭憂患位不定不宜
患事晉之難也下句自大國之人至則失位矣此覆無禮定位也
留若韓子至獨如罪乎此覆無令名也此辭一爲韓子一爲鄭國
故再言僑聞服虔斷字小之難以下爲義解云字養也言事
大國易養小國難然則鄭人豈更要養小國乎尚未能離經
辨句復何須注述大典且字爲愛不爲養也　吾且至位矣
正義曰若晉之大主求無不得則鄭國乃爲晉之邊鄙之邑不
復成國竭失國君之位矣　出一玉以起二罪　正義曰一共一否
爲鄭國之罪也貪淫爲韓子之罪也　注銑細小　正義曰說
文云銑苦也銑苦尖故爲細小言得利小也服虔云銑折也銑
是鋒芒不得爲折　買諸至商人　正義曰賈人即商人也行
曰商坐曰賈對文雖別散則不殊故商賈並言之　注鄭本
至人俱　正義曰世本云鄭桓公封域林即漢之京兆鄭縣是也

本在周之西都畿内也鄭語称史伯為桓公謀使桓公寄帑与賄於虢鄶之國桓公從之其子武公遂滅虢鄶而國之當桓公東遷帑賄之時并与商人俱來也　毋或匄奪　正義曰六年傳称楚公子棄疾之過鄭〻不強匄則匄是乞也乞則可也唯不得強耳此言毋或匄奪亦謂不得強匄乞奪取也乞之与乞一字也取則入聲与則去聲也此匄亦有取与此傳言匄謂取也詔書称租調匄民謂与民　強奪商人　正義曰上云買諸賈人則是私買而子産謂之強奪者韓子以威偪之其實必賤故商人欲得告君大史子産知其非私買故云然也　徼二罪　正義曰謂晋失諸侯鄭為邊邑　注餞送行飲酒　正義曰詩云飲餞于祢毛傳云祖而舎軷飲酒於其側曰餞

野有蔓草　正義曰野有蔓草思遇時也君之澤不下流民窮於兵革男女失時思不期而會焉其詩云野有蔓草零露漙兮有美一人清揚婉兮邂逅相遇適我願兮注云清揚眉目之間婉然美好邂逅不期而會適其時願　注言鄭並韓子

正義曰羔裘刺朝也言古之君子以風其朝焉釋訓云之子者是
子也斥韓子也鄭云已語辭也舍猶處也渝變也處舍不變
謂守死善道見危授命之類也釋訓云美士為彥言一邦之美士
以美韓子也　褰裳衣至他人　正義曰褰裳思見正也狂童恣
行國人思大國之正已也其詩云子惠思我褰裳涉溱注云子者
斥大國之正卿子若愛而思我々國有突簒國之事而可征而正
之我則揭衣涉溱水往告難也又云子不思我豈無他人注云言
他人者先鄉齊晉宋衛後之荆楚　注是褰裳　正義曰是獨
此々也子之言此褰裳之詩也不有是若他人之事其能終相善乎
風雨　正義曰風雨思君子也亂世則思君子不改其度焉其詩
云風雨淒々雞鳴喈々注云風且雨淒々然雞猶守時而鳴喈々
然喻君子雖居亂世不變改其節度又云既見君子云胡不夷注
云胡何也夷說也思而見之云何而心不說　注詢美且都　正
義曰詢信也都閑也言信美好且閑習於威儀是愛樂宣子之
志　蘀兮　正義曰蘀兮刺忽也君弱臣強不倡而和也其詩

云蘀兮蘀兮風其吹女注云蘀槁也槁謂木葉也木葉槁待風乃
落喻君有政教臣乃行之言此者刺今不然又云叔兮伯兮倡予
和女注云叔伯言群臣長幼也群臣無其君而行自以強弱相服
女倡矣我則將和之言此者刺其自專也 我將 正義曰我將
祀文王於明堂也云儀式刑文王之典日靖四方我其夙夜畏天
之威于時保之注云早夜敬天於是得安文王之道 將因至早
卒 正義曰言將因是君幼弱以習奢傲之事既習奢傲實以為
常〻行輕君之禮能無早乎 十七年注大辰至故書
正義曰釋天云大辰房心尾也大火謂之大辰李巡云大辰蒼龍
宿之體最為明故曰房心尾也大火蒼龍宿心以候四時故曰辰
孫炎曰龍星明者以為時候故曰大辰大火也心在中最明故時
候主焉公羊傳曰孛者何彗星也彗為篲也言其狀似埽篲光
芒孛〻然妖變之星非常所有故書之傳稱孛于大辰西徑也
書于大辰者雖在其星之西仍在大辰分度之内故經云于大
辰 注吳楚至楚地、 正義曰傳稱大敗吳師又云大敗楚師是兩皆大敗也假使兩皆來告無肯自云負敗者故但書戰而不書敗也傳稱令尹陽匄則是楚之貴臣而云楚人者楚人恥其敗以賤者告也　傳采菽　正義曰采菽刺幽王慢諸侯也云采菽采菽筐之筥之君子來朝何錫予之雖無予之路車乘馬注云賜諸侯以車馬言雖無予之尚以爲薄　菁菁者莪　正義曰菁菁者莪云既見君子樂且有儀既見君子者官爵之而得見也見則心既喜樂又以禮儀見接　不有至久乎　正義曰言不有學問之人以治其國國將能長久乎　注禮正至請之　正義曰陰陽之氣運行於天一消一息月而復始十一月建子爲陽始五月建午爲陰始以易爻卦言之從建子之後每月一陽息一陰消至四月建巳六陰消盡六陽並盛是爲純乾之卦正陽之月也從建午之後每月一陰息一陽消至十月建亥六陽消盡六陰並盛是爲純坤之卦正陰之月也此年六月日食是夏之四月正陽之月也禮正陽之月日食諸侯當用幣於社故魯之祝史依禮法請所用之幣　昭子至禮也　正義曰昭子

雖不言正月而云日食之禮為此月即是正月也文十五年傳與
此昭子之言正同是正陽有此禮也殺牲盛饌曰舉故天子不舉
謂去盛饌也郊特牲云社所以神地之道也祭土而主陰氣也
則社是群陰所聚論語云鳴鼓而攻之伐鼓者是攻責之事
故為責群陰亦以責上公也二十九年傳曰封為上公祀為貴
神社稷五祀是尊是奉是社為上公之神尊於諸侯故諸侯用幣
於社請上公亦所以請群陰讀合而侵陽也然伐鼓於社云
責群陰用幣於社云請上公社文是一二注不同者以天子之尊
無所不責故云責群陰也諸侯南面之君於諸侯之內唯請上公
故云請上公也　平子至則否　正義曰平子聞有此禮而不
知正月是周之六月故止其請幣仍說正禮慝惡也人情愛陽
而惡陰故謂陰為慝五月陰始生故四月陰未作也平子亦不
識慝為陰義故請雖得禮而心不肯從平子蓋以正月為歲
首之月故云其餘則否　大史曰在此月也　正義曰大史以平
子不識正月故為辨之所言慝未作所以行伐鼓用幣之禮正

當在此月也因為說日食之禮引夏書以證之　注降物素服
正義曰降物謂減其物采也啓義曰日食則天子素服知百官
降物亦素服也古之素服禮無明文蓋象朝服而用素為之如
今之單衣也近世儀注日食則擊鼓於大社天子單衣介幘辟正
殿坐東西堂百官白服坐本司大常率官屬繞大廟過時乃罷
樂奏鼓　正義曰樂奏鼓与下瞽奏鼓一也樂謂作樂之人即
瞽矇也奏訓進也孔安國尚書傳云瞽樂官樂官進鼓則伐之
故杜云伐鼓也其日食王或有至社親伐鼓之時故周禮大僕云凡
軍旅田役贊王鼓救日月食亦如之鄭玄云王通鼓佐擊其餘面
則日食王有親鼓之時也　故夏至人走　正義曰此尚書胤征
文也彼云乃季秋月朔辰弗集于房彼季秋日食亦以此禮救
之傳言唯正月朔日食乃有伐鼓用幣餘月則否引夏書而与
夏書違者蓋先代尚質凡有日食皆用鼓幣周禮極文周家
禮法見事有差降唯正陽之月特用鼓幣餘月則否　注逸
書至則食　正義曰杜以鳥止謂之集故訓集為安也孔安國云

房所合之次集合也不合則日食可知與杜少異 注車馬至備
也 正義曰杜以馳是馬疾行故云車馬曰馳步曰走孔安國云
嗇夫主幣之官馳取幣禮天神嗇夫於周禮無文鄭注覲禮云
嗇夫蓋司空之屬也則官屬司空庶人在官者胥徒之屬使之
取幣而禮天神也衆人走共救日食之百役也嗇夫取幣未必馳
車蓋馳走相對變其文耳言禮天神者謂天子之禮傳無天
子禮天神之事文不具 不君君矣 正義曰日食陰侵陽臣侵
君之象救日食所以助君抑臣也平子不肯救日食乃是不君
事其君也劉炫云乃是不復以君爲君矣 注少皞至名官
正義曰帝系云黃帝生玄囂也史記云黃帝正妃生二子其後
皆有天下其一曰玄囂是爲青陽降居江水言降居江水
謂不爲帝也此傳言其以鳥名官則是爲帝明矣故世本及春
秋緯皆言青陽即是少皞黃帝之子代黃帝之有天下號曰
金天氏少皞氏身號金天氏代號也晉語稱青陽與黃帝同德
故爲姬姓黃帝之子十四人爲十二姓其十二有姬有己青陽

既為姬姓則已姓非青陽之後而世本已姓出自少皞非青陽也
事遠書亡不可委悉耳　注黃帝至官也　正義曰史記云
黃帝者少典之子名曰軒轅為天子代神農氏是為黃帝晉語
云黃帝以姬水成為姬姓是姬姓之祖也以少皞氏之立有鳳鳥
之瑞而以鳥紀事黃帝以雲紀事明其初受天命有雲瑞以雲
之為瑞未能審也史記天官書曰若煙非煙若雲非雲郁郁紛
紛蕭索輪囷是謂卿雲或作慶雲或作景雲孝經援神
契曰德至山陵則景雲出服虔云黃帝受命有景雲之瑞故以雲
紀事黃帝雲瑞或當是景雲也百官師長皆以雲為名號
即是以雲紀綱諸事也雲為官名更無所出唯文十八年傳云縉
雲氏有不才子疑是黃帝時官故云縉雲氏蓋其一官也
注炎帝至百官　正義曰帝系世本皆為炎帝即神農氏炎
帝身號神農代號也譙周考古史以為炎帝與神農各為一
人以杜意晉語云炎帝以姜水成為姜姓是為姜姓之祖也火
之為瑞亦未審也　注共工至名官　正義曰共工氏霸有九

列祭法文也此傳從黄帝向上逆陳之知共工在神農前大皞後
也水之爲瑞亦未審也　注大皞至受官　正義曰月令孟春
云其帝大皞易下繫云包犧氏之王天下也即大皞身號伏羲
代號也僖二十一年傳云任宿須句風姓也實司大皞知大皞是
風姓之祖也龍之爲瑞亦未審也此黄帝以上四代用雲火水
龍紀事其官之名必用雲火水龍爲之但書典散亡更無文紀其
名不可復知故杜不復委說唯有縉雲見傳疑是黄帝官耳服
虔云黄帝以雲名官蓋春官爲青雲氏夏官爲縉雲氏秋官
爲白雲氏冬官爲黑雲氏中官爲黄雲氏炎帝以火名官春
官爲大火夏官爲鶉火秋官爲西火冬官爲北火中官爲中火
共工以水名官春官爲東水夏官爲南水秋官爲西水冬官爲
北水中官爲中水大皞以龍名官春官爲青龍氏夏官爲赤龍
氏秋官爲白龍氏冬官爲黑龍氏中官爲黄龍氏此皆事無
所見苟出胸腸少皞鳥紀不以五方名官焉知彼四代者皆以四
時五方名官乎以縉爲赤色則云夏官爲縉雲焉知彼方不更

為之目而也指東黃為名也以天文有大火鶉火即云表為大火
芟為鶉火其餘何故也以西北名火也此皆虛而不經故不可采
用注鳳鳥至之官　正義曰釋鳥云鶠鳳其雌皇則此鳥雄曰鳳
雌曰皇說文云鳳神鳥也山海經云丹穴之山有鳥焉其狀而鶴
五采而文名曰鳳皇見則天下大安寧運斗樞云天樞德見則
鳳皇翔中候握河紀云堯即政七十年鳳皇止庭伯禹拜曰昔帝
軒提象鳳巢阿閣白虎通云黃帝時鳳皇蔽日而至止於東
園終身不去諸書皆言有聖德鳳皇乃来是鳳皇知天時君
也歷正主治歷數正天時之官故名其官為鳳鳥氏也當時名
官亦為鳥名而已其所職掌與後代名官所司事同所言歷正以
下及司徒司寇工農之屬皆以後代之官所掌之事託言之言尔事
時鳥名擬合之此官也　注玄鳥至分去　正義曰說文云燕玄
鳥也釋鳥云燕燕鳦郭璞曰詩云燕燕于飛一名玄鳥齊人呼
鳦詩云天命玄鳥月令云玄鳥至之日是一名玄鳥也或單呼為
燕燕或重名燕燕異方語也此鳥以春分来秋分去故以名官使之

主二分　注伯趙至々止　正義曰釋鳥云鵙伯勞也樊光曰春秋云伯趙氏司至伯趙鵙也以夏至來冬至去郭璞曰似鶷鶡而大此鳥以夏至來鳴冬至止去故以名官使之主二至也月令仲夏之月鵙始鳴蔡邕云鵙伯勞也一曰伯趙應時而鳴爲陰候也詩云七月鳴鵙者鄭玄云鵙以脫寒鳥物之候從其氣焉王肅云七當爲五古文五字似七故誤　注青鳥至啟止　正義曰青鳥鶬鴳尔雅無文先儒相傳說耳立春立夏謂之啟此鳥以立春鳴立夏止故以名官使之主立春立夏　注丹鳥至屬官　正義曰釋鳥雉之類有鷩雉樊光曰丹雉也少皞氏以鳥名官丹鳥氏司閉以立秋來立冬去入水爲蜃周禮王享先公服鷩冕郭璞曰似山雞而小冠背毛黃腹下赤項綠色鮮明是解丹鳥爲鷩雉也立秋立冬謂之閉此鳥以秋來冬去故以名官使之主立秋立冬也分至啟閉立四官使主之鳳皇氏爲之長故云四鳥皆歷正之屬官也　注祝鳩至教民　正義曰釋鳥云隹其鳺鴀舍人云隹一名夫不今楚鳩也樊光曰春秋云祝鳩氏司徒祝鳩即隹其夫不

孝故爲司徒郭璞曰今鶻鳩也詩云翩翩者隹毛傳云鶻夫不也一
宿之鳥鄭玄云宿宿有一意於其所宿之木又云夫不鳥之愨謹者
人皆愛之則此是謹愨孝順之鳥故名司徒之官教人使之孝也
注鴡鳩至法制　正義曰釋鳥云鴡鳩王鴡李巡云王鴡一名鴡
鳩郭璞云鵰類今江東呼之爲鶚好在江渚山邊食魚毛詩傳曰
鳥鷙而有別則鴡鳩是鷙擊之鳥又能雄雌有別也司馬主
兵又主法制擊伐又掌法制分明故以此鳥名官使主司馬之職
注鳲鳩至水土　正義曰釋鳥云鳲鳩鴶鵴樊光曰春秋云鳲鳩
氏司空心平均故爲司空郭璞曰今之布穀也孫炎曰方言云鳲鳩
自關而東謂之戴鵀陸璣毛詩義疏云今梁宋之間謂布穀爲
鴶鵴則布穀是鳲鳩明矣而揚雄云鳲鳩是戴勝以今戴勝自生
穴中不巢生雄言非也詩云鳲鳩在桑其子。兮毛傳云鳲鳩之七
養其子朝從上下莫從下上平均如一是鳲鳩平均故爲司空尚書
舜典云伯禹作司空帝曰禹汝平水土惟時懋哉是司空主平水
土也　注爽鳩至盜賊　正義曰釋鳥云鷹鶆鳩樊光曰來鳩

爽鳩也春秋曰爽鳩氏司寇鷹鷙故為司寇郭璞曰鶻鸴為爽
字之誤耳左傳作爽鳩是也鷹是鷙擊之鳥司寇主擊盜賊故
為司寇　注鶻鳩至司事　正義曰釋鳥云鶌鳩鶻鵃舍人曰
鶌鳩一名鶻鵃今之班鳩也樊光曰春秋云鶻鳩氏司事春來冬
去孫炎曰鶻鳩一名鳴鳩月令云鳴鳩拂其羽郭璞云今江東亦
呼為鶻鵃似山鵲而小短尾青黑色多聲即是此也舊說及廣
雅皆云班鳩非也所論班鳩鳴鳩雖有異同其言春來冬去舊
有此說國家營事繕治然後一年之間至時暫止故以鳥名司
事之官也司事謂營造之事於六官皆屬司空此司空司事者
為一官者古今代異猶如舜典司空與共工各為一官也　注鳩
聚至為名　正義曰鳩聚釋詁文也治民尚其集聚惡其流
散故以鳩為官名欲其聚斂民也　注五雉至翬雉　正義曰
釋鳥雉之屬十有四其說四方之雉西方鷷東方曰鶅南方曰曰
蜀北方曰鵗舍人曰釋四方之雉名也杜言四方之雉唯南方不
同也釋鳥又云鸐山雉樊光曰其羽可持而舞詩云右手秉翟郭

璞云長尾者尔雅之文翟与鷮別而賈逵亦云南方曰翟雉則先
儒相傳為說杜從之也釋鳥又云伊洛而南素質五采皆備成
章曰翬李巡曰素質五采備具文章鮮明曰翬孫炎曰翬
雉白質五采為文也傳言五雉必取五方伊洛土之中也明其取
翬雉与四方之雉為五也賈逵云西方曰鷷雉攻木之工也東
方曰鶅雉摶埴之工也南方曰翬雉攻金之工也北方曰鵗雉攻皮之
工也伊洛而南曰翬雉設五色之工也樊光注尔雅四方之雉配工亦
与賈同唯翬雉不配工耳案賈樊所言之工出於考工記耳而考工記
更有刮摩之工凡有六工此唯五也且記是殘缺之書少脾時工亦必
如記所說又以工配雉世所傳據不可采用故杜不言　利器至民
者　正義曰雉夷也夷雉訓夷夷為平故以雉名工正之官使
其利便民之器用正丈尺之度斗斛之量所以平均下民也樊光
服虔云雉者夷也夷平也使度量器用平也　注扈有至民
事　正義曰釋鳥自春扈鳻鶞至宵扈嘖嘖凡七扈其文相
次与氏注正同李巡總釋之云諸扈別春夏秋冬四時之名皆々

嘖々鳥聲貌也郭璞曰諸鳸皆因其毛色音聲以爲名竊藍
青色釋鳥又云鶨鵙老鳸鴳桑鳸竊脂注爾雅者舍人李巡孫
炎郭璞皆斷老上屬鳸下屬解云鶨一名鵙老鴳一名鳸々雀
也唯樊光斷鶨鵙爲句以老下屬注云春秋云九鳸爲九農正九
鳸者春鳸夏鳸秋鳸冬鳸棘鳸宵鳸桑鳸老鳸是
以老爲下屬唯鴳不重耳李巡云竊脂一名桑鳸郭璞曰俗謂
之青雀觜曲食肉好盜脂膏因名云鄭玄詩箋云竊脂肉食陸
璣毛詩義疏云竊脂青雀也好竊人脯肉及筩中膏故以名竊
脂也諸儒說竊脂皆謂盜人脂膏也即如此言竊玄竊黃者豈復
盜竊玄黃乎 爾雅釋獸云虎竊毛謂之虦貓雖如小熊竊毛而
黃竊毛皆謂淺毛竊即古之淺字但此鳥其色不純竊玄淺黑
也竊藍淺青也竊黃淺黃也竊丹淺赤也四色皆具則竊脂爲
淺白也其唶々嘖々則聲音爲之名矣其春鳸鳻鶞樊光云
鳻鶞言分循也春鳸分循五土之宜乃以人事名鳥其義未必然
也爾雅老鳸鴳字不重賈服皆云鷃々亦聲音爲名也賈逵

云春扈分循相五土之宜趣民耕種者也夏扈竊玄趣民耘苗者
也秋扈竊藍趣民收斂者也冬扈竊黄趣民蓋藏者也棘扈
竊丹為果驅鳥者也行扈唶々晝為民驅鳥者也宵扈嘖々夜
為農驅獸者也桑扈竊脂為蠶驅雀者也老扈鷃々趣
民收麥令不得晏起者也舍人樊光注尒雅其言亦與賈同其
意皆謂以扈為官還令依此猶扈而動作也然則趣民耕耘及
收斂蓋藏其事可得召民使聚而總號令之其為果驅鳥蠶
驅雀豈得多置官方使之就果樹入蠶室為民驅之哉又晝
驅鳥夜驅獸不可竟日通宵常在田野溥天之下何以可周且其
言不經難可據信也杜云以九扈為九農之號各隨其宜以教
民事以舊說不可采用又不能知其職掌故未言之　自顓至
故也　正義曰傳言少皞摯之立也鳳鳥適至則鳳鳥以初立
時至也因其初立而有此瑞鳥遂即以鳥紀事雲火水龍亦以初
立而有此瑞用之以紀庶事自顓頊以來初立之時既無遠瑞不
能紀以遠而乃紀於近天瑞遠民事近為民之師長而命其官以

民事則爲不能致遠瑞故　注年二十八　正義曰沈文何云襄三十一年注云仲尼年十歲計至此年二十七今云二十八誤　失官學在四夷　正義曰王肅云郯中國也故吳伐郯季文子歎曰中國不振旅蠻夷入伐吾亡無日矣孔子稱學在四夷疾時學廢也郯少皞之後以其世則遠以其國則小矣魯周公之後以其世則近以其國則大矣然其禮不如郯故孔子發此言也失官爲所居之官不修其職也仲尼學樂於萇弘問禮於郯子是聖人無常師　注夏之至天漢　正義曰星孛文在冬下經傳皆無其月但冬以十月爲初故以夏之八月解之也月令仲秋之月日在角昏牽牛中大辰是房心尾也其星處於東方之時在角星之北故以八月之昏角星與日俱沒大辰見於西方也天漢在箕斗之間於是時天漢西南東北邪列於天大辰之星見在天漢之西也今孛星又出於大辰之西而尾東指光芒歷辰星而東及天漢也彗所至新也　正義曰彗埽箒也其形似彗故名爲箒所以埽去塵彗星象之故所以除舊布新也言此星見必有除舊之事

令茲至而伏　正義曰梓慎云往年吾見之是其徵也當時火出之時而彗星已見是隨火而行也今年火星之出而彗星章明是彗漸益長未即消滅必當火入之時與火俱伏也服虔注本火出而章必火入而伏重火別句孫毓云賈氏舊文無重火字　注得天正　正義曰斗柄所指一歲十二月分爲四時夏以建寅爲正斗柄東指爲春南指爲夏是爲得天四時之正也若殷周之正則不得正　宋大辰之虛　正義曰虛者舊居之處也陳爲大皞之虛鄭爲祝融之虛衛爲顓頊之虛皆先王先公嘗居此地謂之虛可矣大辰星名非人居也而亦謂之虛者以天之十二次地之十二域大辰爲大火之次是宋之區域故謂宋爲大辰之虛猶謂晉地爲參虛　水火之牡　正義曰獸曰牡牡是雄也陰陽之書有五行嫁娶之法火畏水故以丁爲壬妃是水爲火之雄　注丙午至勝火　正義曰丙是火日午是火位壬是水日子是水位故丙午爲火壬子爲水水火合而相薄則是夫妻合而相親親則將行其意或水從火或火從水但彗在大辰爲多及漢

為少水少而火多故水不勝火火行其意水必助之故此丙子壬
午之日當有火災　若火至壬午　正義曰劉炫云丙子壬午
無俱是水火合日但二字之内先言者彊若火入而伏則連秋
至冬歷大陰水用事無同其欲水當先火故疑火入而伏則必以
壬午也劉炫無為此釋杜既無注其壬午之事理則未詳　注
瓘斝至禳火　正義曰瓘是玉名此傳所云皆是成就之器故知
瓘是珪也斝是爵名玉字在斝瓚之間知斝亦以玉為之故云
斝玉爵也周禮典瑞云祼圭有瓚鄭司農云於圭頭為器可
以挹鬯祼祭謂之瓚國語謂之鬯瓚鄭玄云漢禮瓚槃大五升
口徑八寸下有槃口徑一尺考工記玉人云祼圭尺有二寸有瓚以祀廟
鄭玄云瓚如槃其柄用圭有流前注鄭玄詩箋云圭瓚之狀
以圭為柄黃金為勺青金為外朱中央是瓚為勺共祭祀之器也
裨竈欲用此三物以禳火　卜戰不吉　正義曰陽匄心不決死
戰必殺將將死是不吉也司馬子魚志在必死不以將死為凶故
卜之得吉敗吳之後吳人敗之終是不吉　注穆王曾孫　正

義曰依世本穆王生王子揚々生尹々生令尹句　注隧出入道

正義曰守舟者無環而塹之塹猶不合有出入之路故滿路置火以防吳人也

春秋正義卷第二十九

計二万八百六字

日本影鈔正宗寺本春秋正義

第六册

唐 孔穎達撰

日本文化間影鈔正宗寺本

山東人民出版社·濟南

春秋正義卷第三十　昭公

國子祭酒上護軍曲阜縣開國子臣孔穎達等奉

勑撰

十八年注來告至曰災　正義曰傳稱皆來告火知是來告故書也春秋書他國之災皆是來告而書公羊傳曰宋衛陳鄭災何以書記異也何異尔異其同日而俱災外異不書此何以書爲天下記異也穀梁亦云其志以同日也杜因此傳有來告之文故顯而異之天火曰災宣十六年傳例也　注自葉至爲文　正義曰成十五年許遷于葉自是以後許常以葉爲都九年許遷于夷是自葉遷于夷也十三年傳曰楚之滅蔡也靈王遷許胡沈道房申於荆焉平王即位既封陳蔡而皆復之禮也注云荆荆山也滅蔡在十一年許又從夷遷於荆山平王復之復其本國許又歸於葉也故知此年遷于白羽是其自葉遷也且傳云葉在楚方城外之蔽以其欲遷之時許在葉也案傳王子勝言於楚子使之遷許則是楚人遷許非許自遷楚無發意遷許許亦畏鄭樂遷故以自遷爲

文若許不樂遷楚強遷之當云楚人遷許如宋不遷宿齊人遷陽
之類不得云許遷于白羽以其自遷為文知許人自樂遷也　傳
注代居其位　正義曰毛氏世有采地為畿內之國於時天子微
弱故自殺自代不能禁之　是昆至何待　正義曰是乙卯者昆
吾之君惡熟之日也由其修故以此日死也而毛得以此日成其
修惡於王都不亡何待　注昆吾至同誅　正義曰鄭語云黎為
高辛氏火正命之曰祝融其後八姓昆吾為夏伯楚世家云顓頊
生稱々生卷章卷章生黎々為高辛氏火正共工氏作亂帝使黎
誅之而不盡帝誅黎使其弟吳回居火正為祝融回生陸終々生
子六人坼剖而產焉其長曰昆吾虞翻曰昆吾為己姓封昆吾世
本云昆吾者衛是也然則昆吾國名言昆吾夏伯者以表昆吾國
君其上世嘗為夏伯其惡熟誅者此氏為伯之身當是後世之孫
耳詩云韋顧既伐昆吾夏桀共桀同文又傳云乙卯亡知以乙卯日
与桀同時誅　注東北至之始　正義曰東北曰融風易緯作調
風俱是東北風一風有二名東北木之始故融風為木也木是火

之母火得風而盛故融爲火之始　戊寅至大甚　正義曰甚者益盛之言也丙子初風連日不息至戊寅而風益甚至壬午而風又大甚初言融風是東北風也蓋自丙子至壬午風不迴而稍益盛傳並主言魯國之風彼四國亦當然也　注大庭至之言　正義曰大庭氏古天子之國名也先儒舊說皆云炎帝號神農氏一曰大庭氏服虔云在黃帝前鄭玄詩譜云大庭在軒轅之前亦以大庭爲炎帝也對文則藏馬曰廐藏車曰庫曲禮云在府言府在庫言庫鄭玄云府謂寶藏貨賄之處庫車馬兵甲之處又大學稱云未有府庫財非其財者則庫亦藏財貨非獨車馬甲兵也古之大庭嘗都於魯其處在魯城内魯於其處作庫而其地高顯故梓慎登之以望氣梓慎往年言其將火今更望氣參驗近占以審已前年之言信也梓慎所望々天氣耳非能望見火也而何休難云宋衛陳鄭去魯皆數千里爲登高以見其火豈實事哉劉炫云案左傳不言望火何以言見其火玄卿以爲孔子登泰山見吳門々白馬離婁覩千里之毫末梓慎既非常人何知不見數百里之烟

火孔子在陳知桓僖災者豈復望見之乎若是火知災則人皆知之矣何所貴乎梓慎左氏凴而編記之哉且四國去魯纔數百里而何休云數千里虽意欲其遠亦虚妄之極梓慎所望自當有以知之不知是何氣知其災也服虔云四國次有火氣也梓慎不言夜望安知望次陳獨無次何所望哉今以為服解義或然也　將有大祥　正義曰祥者善惡之徵中庸云國家將興必有禎祥〻則吉祥也國家將亡必有妖孽〻則凶祥也則祥是善事而里析以民動國亡為大祥者彼對文言耳書序云亳有祥桑穀共生于朝五行傳云時有青眚青祥白眚白祥之類皆以惡徵為祥是祥有善有惡故杜云祥變異之氣　弗良及也　正義曰良是語辭史傳多云良所未悟良有以也是古今共有此語也而服虔云弗良及者不能及也良能也能非良之訓妄言耳　注晉人至前也正義曰下云出彩宮禁舊宮勿出於宮此辭于東門明是晉人彩來未入故辭之不使前也此彩也蓋聘使也晉人往因驪姬之亂詛無畜群公子故文襄之世公子皆出在他國自成公更立公族

國内始有公子故使之来聘〻自晉適鄭嘗入四〔西〻〕門而辭之東門
者鄭城西臨洧水其西世門蓋從東門入為便故辭于東門　注
二子至之位　正義曰子寬游吉之子世族譜子寬與游速渾罕
為一人駟帶字子上六年死矣此别有子上非駟帶也世族譜雜
人内有子上世子寬以子寬与渾罕為一人也楚語説事神之禮
云使名姓之後能知犧牲之物彝器之量屏攝之位壇場之所而
心率舊典者為之宗知屏攝是祭祀之位也鄭衆云攝〻束茅以
為屏蔽其事或當然　注祏廟至救護　正義曰每廟木主皆以
石函盛之當祭則出之事畢則納於函藏於廟之北壁之内所以辟
火災也文二年傳云鄭祖厲王故知鄭之周廟是厲王廟也既有
火災皆須防守故合群主就於祖王廟易救護也衛次仲云右主
八寸左主七寸廣厚三寸穿中央達四方也范甯云天子主長尺
二寸諸侯主長一尺也白虎通云納之西壁　使府至其事　正
義曰曲禮云在府言府在庫言庫皆是藏財賄之處故使其人各
自儆守以防火也周官有大府内府外府天府玉府泉府而世掌

庫之蓋府庫通言庫亦謂之府也諸侯國異政殊故府庫並言行火至登城　正義曰此承司馬司寇之下亦是二官使之行火所災欲令人救之也言城下之人爲部伍行列以登城亦是司馬司寇之人備其寇也　注司野至之人　正義曰傳言野司寇則司寇之官在野周禮司寇屬官有縣士掌野知野司寇是縣士也鄭玄縣士注云地距王城二百里以外至三百里曰野三百里以外至四百里曰縣四百里以外至五百里曰都都縣野之地其邑非王子弟公卿大夫之采地則皆公邑也謂之縣縣士掌其獄焉言掌野者郊外曰野大總言之也獄居近野之縣獄在二百里上縣之縣獄在三百里上都之縣獄在四百里上如鄭此言采邑之民有獄則采地之官長各自斷之若公邑之民有獄則縣士斷之縣士司寇屬官所掌在野故此傳謂之野司寇也縣士職曰各掌其縣之民數而聽其獄訟若邦有大役聚衆庶則各掌其縣之禁令則諸侯縣士亦當然也縣士分在四方不聞火火之爲日四方乃聞有災故戒使各保其所聽受徵役之人皆令具備以待上命

慮有所須當徵之　郊人至國北　正義曰周禮鄉在郊內遂在郊外諸侯亦當然郊人當謂郊內鄉之人也祝史掌祭祀之官也使此鄉人助祝史除地在城之北作壇場爲祭處也就國北者南爲陽北爲陰就大陰禳火也　注玄冥至火神　正義曰月令冬云其神玄冥知玄冥水神也周語云夏之亡也回祿信於黔隧先儒注左傳及國語者皆云回祿火神或當有所見也二十九年傳脩及熙爲玄冥則玄冥祭脩熙不知回祿祭何人楚之先吳回爲祝融或云回祿即吳回也祭水神欲令水抑火祭火神欲令火自止禳其餘災慮更火也　陳許之先亡也　正義曰哀十七年楚滅陳也定六年鄭游速帥師滅許其後復立許悼公之孫成是爲元公其子結元年獲麟之歲也當戰國首爲楚所滅　注鄭妘至行之　正義曰鄭爲妘姓在本文也周之六月夏之四月種稻之時其君自出觀行之藉猶藉蹈藉踐履之義故爲履行之服虔云藉耕種於藉田也　攝其首焉　正義曰攝訓爲持也斬渾閔門者首而持其頭　而舍其女　正義曰言止舍其女而留之　周其

至亡乎　正義曰周室其將亂乎夫其國内之人必多有是不說學問之說也國内多有此言而後流傳及其在位之大人大人謂公卿大夫也大人患其國内有多學而失其道者而疑惑於此言謂此言有道理也大人於是又爲言曰其實可以無學學不爲害也以爲無害而遂不學則苟且而可也一國之人皆懷苟且不識上下之序不知尊卑之義於是在下者陵侮其上在上者替廢其位上下失分能無亂乎夫學如殖草木也令人日長日進猶草木之生枝葉也不學則不知日退將如草木之隧（隊也）落枝葉也原氏其亡滅乎　大爲至禮也　正義曰祭社有常而云大爲社者此非常祭之月而爲火特祭蓋君臣共禮物備具大於常祭故稱大也周禮女巫掌祓除釁浴祓禳皆除凶之祭徧於四方之神女尚書咸秩無文苟可祭者悉皆祭之所以振訊除去火災禮也嫌多祭非禮故禮之　子大至道北　正義曰鄭簡公之卒將爲葬除（除也）亦欲毀游氏之廟則游吉宅近大路故數將微毀也其廟當在宅内以其居處狹隘故廟在道南寢在道北也寢即游吉所居宅

也　過期三日　正義曰此量其庭之大小而豫計之以庭小之故當過期三日欲除道使闊望及期得了亦不知本期當幾日也　卜筮至牲玉　正義曰言爲鄭卜筮何故有災宜禱何神奈去而望祭之祭山川故爲望也莊二十五年傳云天災有幣無牲而云不愛牲玉者天之見異非求人飲食隨時告請則有幣無牲若祭求弭災者則當有牲雲漢之詩美宣王爲旱禱神云靡愛斯牲圭璧既卒亦是用牲玉也　注撊然勁忿皃　正義曰服虔云撊然猛皃也方言云撊猛也晉魏之間曰撊杜言勁忿皃亦是猛也但述晉人責鄭之意故以勁忿解之　將以誰罪　正義曰將以誰爲罪而欲授兵疑其畏晉襄之欲嚮晉擊之　望走在晉　正義曰其所瞻望奔走而歸之者唯在晉耳　注傳言子産有備　正義曰國有火災懼被人襄登陴固守是有備也　而居楚地　正義曰當時許都於葉釋例土地名葉在楚界許本偪於鄭請遷近楚〻以葉與之故爲居楚地　注十三至居葉　正義曰案十三年云楚之滅蔡也靈王遷許胡沈道房申於荆則許從夷遷向荆

也平王復之當從荊却向夷自夷向葉注不言自荊還葉者蓋以許遷于夷見經故據以爲言其實自荊還也　注自以至事楚　正義曰劉炫云當時許之於楚更無異望非敢恃舊國不事楚當以畏鄭之故外設備禦不得專心事楚耳今杜必以爲舊國不專心事楚者以此傳許謂鄭人云余舊國許畏於鄭尚以舊國不肯事鄭明以舊國亦不專心事楚劉以爲畏鄭不專心事楚苟背傳文而規杜氏非也　十九年注加弑至藥物　正義曰案傳許君飲止之藥而卒耳實非止弑也言書曰弑其君則仲尼約意書弑也實非弑而加弑者責止事父不舍其藥物言藥當信醫不須己自爲也釋例曰醫非三世不服其藥古之愼戒也人子之孝當盡心嘗禱而已藥物之齊非所習也許止身爲國嗣國非無醫而輕四十八之果進藥故罪同於弑雖原其本心而春秋不赦其罪蓋爲教之遠防也　傳注蓋爲至聘蔡　正義曰賈逵云楚子在蔡爲蔡公時也杜以楚子十一年爲蔡公十三年而即位君在蔡生子唯一二歲耳未堪立師傅也至今七年未得云建可室矣故疑爲大史時

聘蔡也　注莒郲至以告　正義曰隱四年莒人伐杞取牟婁僖
二十三年春侯伐宋圍緡伐國而圍邑取邑皆書於經知此不書
圍取不以告也　注止獨至由醫　正義曰言飲大子止之藥專
以止為藥主是止獨進藥不由醫也　君子至可也　正義曰此
君子論止之罪也言為人臣子盡心盡力以事君父如禮記文王
世子之為即自足矣如此則舍去藥物已不干知於禮可也此許
世子不舍藥物致令君死是違人子之道故春秋書其弒君解經
書弒君之意也　楚子至伐濮　正義曰貴其極因此生意令王
收南方使大子居城父舉此為發端　及老至去之　正義曰紡
謂紡麻作纑也此婦人以麻纑度城高下令長與城等而去藏之
去即藏也字書去作弆羌莒反謂掌物也今關西仍呼為弆東人輕
言為去莒音劉炫云紡謂紡麻作纑為布作纑之法有小繩紀其升
縷纑既為布繩皆所用婦人不肯棄之積而留之以此小繩度城
而去之　注因紡至報讐　正義曰連所紡者謂連所紡之纑以
為繩故下云投繩城外或解以為連紀纑之繩然紀纑之繩其物

細小而短何可以度城婦人意欲報讎故紡纑以為繩故杜云連
所紡所紡即纑也　注投繩至而出　正義曰傳言投諸外者當
是繫繩城上而投其所垂於外婦人則隨之而出劉炫云唯投繩
城外婦人不出令知不然者婦人既託於紀鄣則是愛惜身命若
投繩不去身則交死若唯繫繩城上則身不當城何得言獻諸子
占吕知將此婦人而獻之子占師則因繩在城而夜縋登要劉以
為唯投繩城外而規杜氏非也　入紀　正義曰此紀即上紀鄣也
釋例土地名於莒地有紀鄣紀二名東海贛榆縣東北有紀城
注子瑕子游非父　正義曰案世本子游子瑕並公孫夏之子杜
云非父未詳　注聳懼也　正義曰釋詁云竦懼也竦與聳音義
同　注大死至日昏　正義曰此皆賈逵言也周禮大司樂云大
札令弛縣鄭玄云札疫癘也是札大疫死也尒雅云瘥病也以此
說死事而与札相對故解為小疫也成二年傳說鄭靈公早死云
夭子蛮是夭為少死也尚書六極一曰凶短折孔安國云短未六
十折未三十是短折為早死之名故為夭也子生三月父名之未

名之曰虒彌未三月而死也未名不得爲臣揔説諸死連言之耳
懼隊宗主　正義曰大夫继世爲一宗之主　恐隊失之也服虔云
祏主祏於宗廟故曰宗主少牢饋食大夫禮也大夫無主何所隊
乎二三子　正義曰二三子者鄭之卿大夫也服虔云二三子
駟偃家臣上言私族於謀而立長親豈得家臣不知也　息民五
年　正義曰平王以十三年五月始即位其年兵亂未息今歲又發
役民城州來其閒唯有五年　民樂其性　正義曰性生也兵革
並起則民不樂生國家和平乃樂生　禜焉　正義曰禜祭名元
年傳曰山川之神則水旱癘疫之不時於是乎禜之禳之至此也
正義曰言禳之則彼淵是其室也其室既近禳之不難但吾無求
於龍龍亦無求於我乃止也言其不復祭　室於怒市於色　正
義曰室内於自家相勝怒市於他人作色忿二十年注嘗有至曹
邑　正義曰宣十年傳例曰凡諸侯之大夫違告於諸侯曰其氏
之守臣其失守宗廟敢告所有玉帛之使者則告不然則否注云
玉帛之使謂聘恩好不接故不告如杜之意以爲奔者之身嘗有

玉帛之使於彼國已經相接則告若奔者未嘗往聘恩好不接則
不告唯告奔者嘗聘之國餘不告也曹舍曾來聘曹故云嘗有玉
帛之使來告故書也此與二十二年宋華亥向寧華定自宋南里
出奔楚其文正同彼華亥等入南里以叛又從南里出奔則此亦
應然賈逵云前此以鄭叛叛又叛便從鄭而出叛不告故不書是言
既以鄭叛又從鄭而出也南里繫宋此鄭不繫曹者鄭是大都得
以名通南里是宋都之里非別邑故繫於宋此鄭及定十一年蕭
皆是別邑故不繫國也曹是小國其臣書名者少此舍書名蓋備
於禮成為卿也釋例曰小國之卿或命而禮儀不備或未加命數
故不書之邾畀我之等其奔亡亦多所書唯數人而已知其合制
者少也杜言數人謂此公孫會與邾快邾畀我也是杜意以會備
禮成卿故書名也劉炫云春秋未嘗書曹人來聘非從會不見經
炫謂玉帛之使謂國家所有交好皆告之非奔者之身嘗聘也今
贊又云所以華亥向寧射姑等不見有玉帛來聘者以其時未為
卿也　注齊豹至不得　正義曰襄十年鄭尉止司臣等殺子駟

子國書曰盜殺鄭公子騑公子發尉止之徒皆士 書之為盜釋例
曰士稱大夫則書曰盜則此書盜賊之使同於士也三十一年傳
說春秋褒賊之義云或求名而不得或欲蓋而名章懲不義也齊
豹為衛司寇守嗣大夫作而不義其書為盜又曰春秋書齊豹曰
盜懲不義也宣十七年傳例曰凡稱弟皆母弟公羊傳曰母兄稱
兄此繫与衛侯同母故稱兄 傳注是歲至歷也 正義曰歷法
十九年為一章章首之歲必周之正月朔旦冬至僖五年正月辛
亥朔日南至是章首之歲年也計僖五年至往年合一百三十三年
是為七章今年復為章首故云是歲朔旦冬至之歲也朔旦冬至
謂正月之朔實言正月己丑朔日南至今傳乃云二月己丑日南
至是錯名正月為二月也歷之正法往年十二月後宜置閏月即二
此年正月當是往年閏月此年二月乃是正月故朔日己丑日南
至也時史失閏往年錯不置閏閏更在二月之後傳於八月之下
乃云閏月戊辰殺宣姜是閏在二月後也不言在八月後而云在
二月後者以正月之前當置閏二月之後即不可故據二月言之

時史謂閏月為正月故經因史而書正月從其誤而書之傳以經之正月實非正月更具於二月記南至之日以正歷之失也日南至者謂冬至也冬至者周之正月之中氣歷法閏月無中氣中氣必在前月之內時史誤以閏月為正月而置冬至於二月之朔既不曉歷數故閏月之與冬至悉皆錯也杜下注云時魯侯不行登臺之禮使梓慎望氣是杜意以為當時魯之君臣知此己丑是冬至之日但不知其不合在二月耳服虔云梓慎知失閏二月冬至故獨以二月望氣則服意以為當時魯人置冬至於正月之內獨梓慎知二月己丑是真冬至耳其義或當然也　城父人　正義曰服虔云城父人城父大夫也　尒其至為愈　正義曰勉謂努力尒其勉之令勉力報讎比於相從俱死為愈也病差謂之愈言其勝共死也服虔云相從愈於共死則服意相從使員從其言也語法兩人交互乃得稱相獨使員從己語不得為相從也　乃見鱄設諸焉　正義曰見謂為之紹介使之見光下文君豹見宗魯於公孟亦然猶論語云門人見之也　公如華氏請焉　正義曰

公未知諸人已死故猶往請之　注棄景至公弟　正義曰定十
年經書宋公之弟辰時當景公之世辰及地不得爲元公弟也世
族譜辰地皆云元公子此諸本皆云元公弟當時轉寫誤耳　注
周猶終竟也　正義曰杜意終不從子言是終事子即謂殺公孟
之言使華齊御公孟　正義曰諸本皆華上有使子〔字〕計華齊是公
孟之臣自爲公孟之御非齊氏所當使必不得有使字學者以上
文有使祝鼃使一乘下有使華寅乘貳車使華寅執蓋以此妄加
使字今定本有使非也　乘驅自閱門　正義曰乘驅者乘車而
疾驅也閱門者衛城門蓋偏側之門其路遠齊氏　注掫行夜
正義曰下云終夕與於燎故知掫是行夜也說文云掫夜戒有所
擊也從手取聲　注未致至禮見　正義曰客禮見者若已致君
命則享有庭實擯有私覿私面之禮今爲未致使故但以良馬見
也　丁巳晦　正義曰丙辰丁巳乃是頻日其事既多不應二日
之中并爲此事今杜不云日誤者以誤互可知故杜不言且宣二
年壬申朝于武宮注云壬申十月五日既有日而無月冬又在壬

申下明傳文無較例又注哀十二年傳云此事經在十二月參錯上令倒在下更具列其月以為別者丘明本不以為義例故不皆齊同如杜氏言或傳因簡牘之辭不復具顯其日月劉炫以為日誤而規杜氏非也 負子 正義曰謚法外內用情曰負 注子石公孫青 正義曰案世本傾公生子夏騰々生子石青是也 左康至相及 正義曰此非康誥之全文引其意而言之其本文云子弗祗服厥父事大傷厥考心于父不能字厥子乃疾厥子于弟弗念天顯乃弗克恭厥兄兄亦不念鞠子哀大不友于弟惟弔茲不于我政人得罪孔安國云至此不孝不慈弗友不恭不於我執政之人得罪乎道教不至所致又曰文王作罰刑茲無赦言刑此不孝不慈之人無赦也刑不慈者不可刑其父又刑其子刑不孝者不可刑其子又刑其父是為父子兄弟罪不相及 注琴張至名牢 正義曰家語云孔子弟子琴張与宗魯友七十子篇云琴牢衛人字子開一字張則以字配姓為琴張即牢曰子云是也賈逵鄭衆皆以為子張即顓孫師服虔云案七十子傳云子張少孔

子四十餘歲孔子是時四十一未有子張鄭賈之說不知所出
子城適晉　正義曰上云八子奔鄭而此又云適晉者子城本意
與七子同心奔鄭故上云奔鄭及其敗後遂率意適晉以請師
子死至其詞　正義曰言我子死亡自有天命々々欲盡非人所
免我不忍其恥欲喪子以代之不能事人　正義曰言年齒既長
不能代國事人爲臣　齊侯疥遂痁　正義曰後魏之世嘗使李
繪聘梁々人袁狎與繪言及春秋說此事云疥當爲痎々是小瘧
痁是大瘧疥患積久以小致大非疥也狎之所言梁王之說必案
說文疥搔也瘧熱寒休作痁有熱瘧痎二日一發瘧令人瘧有二
日一發亦有頻日發者俗人仍呼二日一發久不差者爲痎瘧則
梁主之言信而有徵也是齊侯之瘧初二日一發後遂頻日熱發
故曰疥遂痁以此久不差故諸侯之賓問疾者多在齊也若其不
然疥搔小患與瘧不類何云疥遂痁乎徐仙民音作痎是先儒舊
說當爲痎遂痁初疥後瘧耳今定本亦作疥期而　正義曰期三
百有六旬又六日法天數三百六十五度四分度之一帝言周從

全數故言三百六十又六日合三百六十五日又四分度之一分欠三分不成六日大月却還天朞十度小月不盡置閏 注欲殺嚚固 正義曰服虔云祝固齊大祝史嚚大史也謂祝史之固陋嚚闇不能盡禮薦美至於鬼神怒也其意以為孫誅祝史之嚚闇固陋者嚚固非人名也案莊三十二年神降于莘虢公使祝應宗區史嚚享焉彼是人名則此亦名也世族譜齊雜人內有祝固史嚚此云欲殺嚚固是杜必以為人名也 晏子曰至不祈 正義曰彼傳趙武對曰夫子之家事治言於晉國無隱情其祝史陳信於鬼神無愧辭此晏子言之其辭微多於彼其意亦不異也 光輔五君 正義曰文云為戎右襄靈為大史成公為卿景公為大傅 上下無怨 正義曰此猶如孝經上下無怨也言人臣及民上下無相怨耳服虔云上下謂人神無怨即如服言下云上下怨疾復是人與神相怨疾也 輸掠其聚 正義曰輸墮也故為隨毀奪其所聚之物 肆行非度 正義曰肆縱恣也恣意行非法度之事也 不思謗讟 正義曰俗本作畏定本作思 其蓋至

誣也　正義曰掩蓋愆失妄數美善是矯詐誣罔也　注衡麓至
民共　正義曰周禮司徒之屬有林衡之官掌巡林麓之禁鄭玄
云衡平也平林麓之大小及所生者竹木生平地曰林山足曰麓
此置衡麓之官守山林之木是其宜（官）也舟是行水之器鮫是大魚
之名澤中有水有魚故以舟鮫為官名也周禮山澤之官皆名為
虞每大澤大藪中士四人鄭玄云虞度也度知山之大小及所生
者澤水所鍾也水希曰藪則藪是少水之澤立官使之候望故以
虞候為名也海是水之大神有時祈望祭之因以祈望為主海之
官也此皆齊自立名故與周禮不同山澤之利當與民共之言公
立此官使之守掌專山澤之利不與民共故鬼神怒而加病也
注介隔至私物　正義曰聘禮及竟謁關人鄭玄云古者竟上為
關又周禮司關注云關界上之門然則禮之正法國之竟界之上
乃有關耳自竟至國更無關也齊於竟內更復置關不與常禮同
以隔外內故注介為隔也迫近國都為關以隔遠鄙之人縣鄙之
人入從國之政役近關又征稅奪其私物而使民困也布常無藝

正義曰布其義尋常之政是準藝私欲至則應　正義曰言氏壁竃
之臣私有所欲長養其情求物共之民不共給則應之以罪聊攝
至以西　正義曰聊攝姑尤皆是邑也管仲奔楚言其竟界所至
故遠舉河海也晏子言其人多故唯舉屬邑言之也　旃以至虞
人　正義曰周禮孤卿建旃大夫尊故麾旃以招之也逸詩翹々
車乘招我以弓古者聘士以弓故弓以招士也諸侯服皮冠以田
虞人掌田獵故皮冠以招虞人也　醯醢鹽梅　正義曰醯酢也
醢肉醬也梅果實似杏而酢禮記內則炮豚之法云調之以醯醢
尚書說命云若作和羹尒惟鹽梅是古人調鼎用梅醢也此說和
羹而不言豉古人未有豉也禮記內則楚辭招魂備論飲食而言
不及豉史游急就篇乃有蕪荑鹽豉蓋秦漢以來始為之耳　齊
之至其過　正義曰齊之者使酸鹹適中濟益其味不足者泄減
其味大過者　詩曰至有爭　正義曰詩言殷王中宗非徒身自
賢乃亦有和羹之臣々與其君可否相濟如宰夫之和齊羹也此
臣既敬戒其事矣既志性和平矣中宗總齊大政自上及下無怨

恨之言時民無有相爭鬭訟者也言其上下悉如和羹　注詩頌
至大羹　正義曰詩商頌列祖之篇祀中宗之詩也中宗殷王大
戊湯之玄孫也有桑穀之異懼而脩德殷道復興故表顯之號為
中宗殷人祭其廟述其德而歌此詩也言亦有者臣能諫君君能
改悔亦者兩相須之意也言中宗能與臣之賢者和齊可否其為
政教如宰夫和齊羹之味也敬戒且平言此賢臣之性行也樂記
云大羹不和鄭玄云大羹肉湆不調以鹽菜桓二年傳云大羹不
致注云大羹肉汁不致五味和羹備五味異於大羹也　注鬷總
至和羹　正義曰鬷總假大詩毛傳文也言中宗為天子總大政
能使上下皆如和羹焉傳引此詩證民無爭心則以時靡有爭謂
時無有爭也　一氣　正義曰服虔云歌氣也杜言須氣以動則
一氣不生為歌吹人以氣生動皆由氣彈絲擊石莫不用氣氣是
作樂之主故先言之人作諸樂皆須氣以動則與服不異　二體
正義曰樂之動身體者唯有舞耳文舞執羽籥武舞執干戚舞者
有文武之二體　三類　正義曰樂以歌詩為主詩有風雅頌其

類各别知三類是風雅頌也一國之事謂侯之詩爲風天下之事天子之詩爲雅成功告神爲頌是三者類别各不同　四物　正義曰樂之所用八音之器金石絲竹匏土革木其物非一處能備故雜用四方之物以成器　五聲　正義曰漢書律歷志云五聲者宮商角徵羽也所以作樂者諧八音蕩滌人之邪志全其正性移風易俗也五聲和八音諧而樂成商之爲言章也物成熟可章度也角觸也物觸地而出戴芒角也宮中也居中央暢四方唱始生爲四聲綱也徵祉也物盛大而蕃祉也羽宇也物聚宇而覆之也夫聲者中於宮觸於角祉於徵章於商宇於羽故四聲爲宮紀也是五聲之名義也聲之清濁凡有五品自然之理也聖人配於五方宮居其中商角徵羽分配四方四時之物春生夏長秋成冬聚取其宜而爲之名也志又云五聲之本生黄鐘之律九寸爲宮或益或損以定商角徵羽九六相生陰陽之應也樂記云宮爲君商爲臣角爲民徵爲事羽爲物月令春其音角夏其音徵中央土其音宮秋其音商冬其音羽鄭玄云聲始於宮宮數八十一屬土

以其最濁君之象也三分宮去一以生徵徵之數五十四屬火以其徵諸事之象也三分徵益一以生商商之數七十二屬金以其濁次宮臣之象也三分商去一以生羽羽之數四十八屬水以為最清物之象也三分羽益一以生角角之數六十四屬木以其清濁中民之象也志言或損或益者下生三分損一上生三分益一九六相生者以九生六是三損一也以六生九是三益一也損益之數清濁之差其可以考準說以黃鐘九寸自乘為九九八十一定之為宮數因宮而損益以定商角徵羽之差言其考校如此數也唯考準說耳非言實有此數可用之也　六律　正義曰周禮大師掌六律六呂以合陰陽之聲陽聲黃鐘大蔟姑洗蕤賓夷則無射陰聲大呂應鐘南呂林鐘小呂夾鐘月令以小呂為仲呂律歷志云律有十二陽六為律陰六為呂黃帝之所作也黃帝使伶倫自大夏之西崑崙之陰取竹之竅厚均者斷兩節間而吹之以為黃鐘之宮制十二筩以聽鳳皇之鳴其雄鳴為六雌鳴亦六以比黃鐘之宮是為律本黃鐘黃者中之色也鐘者種也天之中數五五為聲

者上宮五聲莫大焉地之中數六〻為律〻有形有色〻上黄五色莫盛焉故陽氣施種於黄泉滋萌萬物為六氣元也以黄色名元氣律者著宮聲也始於子在十一月大呂旅也言陰大旅助黄鍾宣氣而牙物也位於丑在十二月大簇簇奏也言陽氣大奏地而達物也位於寅在正月夾鍾言陰夾助大簇宣四方之氣而出種物也位於卯在二月沽洗〻絜也言陽氣洗物辜絜之也彼注云辜必也位於辰在三月仲呂言微陰始起未成著於其中旅助沽洗宣氣齊物也位於巳在四月蕤賓蕤継也賓道也言陽氣始道陰氣使繼養物也位於午在五月林鍾林君也言陰氣受任助蕤賓君主種物使長大茂盛也位於未在六月夷則〻法也言陽氣正法度而使陰氣夷當傷之位也位於申在七月南呂南任也言陰氣旅助夷則任成萬物也位於酉在八月無射〻厭也言陽氣究物而使陰氣畢剝落之終而復始無厭已也位於戌在九月應鍾言陰氣應無射該藏萬物而雜陽閡種也彼注云外閡萬曰閡位於亥在十月是解六律六呂之名義也如志之言初為律

者以竹為之吹其灰也其後則用銅為之以候氣後漢書章帝時零陵大学奚景於陵泠道舜祖下得白玉管是古人或以玉為管也續漢書云候氣之法為土室三重戶閉塗釁必周密布緹縵於室中以木為案每律各一內庳外高從其方位加律其上以葭莩灰實其端案歷而候之其月氣至則灰飛而管通蓋吹灰之道與天地之氣通故取律以候氣月令正月律中大蔟鄭玄云律者候氣之管以竹為之中猶應也正月氣至則大蔟之律應應謂吹灰也是其舊說然也其律呂相生鄭注周礼大師職云黃鍾之初九下生林鍾之初六林鍾又上生大蔟之九二大蔟又下生南呂之六二南呂又上生姑洗之九三姑洗又下生應鍾之六三應鍾又上生蕤賓之九四蕤賓又上生大呂之六四大呂又下生夷則之九五夷則又上生夾鍾之六五夾鍾又下生無射之上九無射又上生中呂之上六同位者象夫妻異位者象子母所謂律取妻而呂生子也子午以東為上生子午以西為下生五下六上乃一終矣鄭玄云同位象夫妻者黃鍾初九林鍾初六及大蔟九二南呂

六二之類同在初二之位故象夫妻異位象子母者謂林鍾初六
生大簇九二初之與二其數不同故爲異位象子母律生於呂是
爲同位故云律取妻呂生於律則爲異位故云呂生子言五下者
謂林鍾夷則南呂無射應鍾皆是子午以東之管下而生之故云
下生六上者謂大呂大簇夾鍾姑洗仲呂蕤賓皆是子午以西之

也賈逵注周語云周有七音謂七律謂七器音也黄鍾爲宮大簇
爲商姑洗爲角林鍾爲徵南呂爲羽應鍾爲變宮蕤賓爲變徵是
五音以外更加變宮變徵爲七音也周語云景王將鑄無射問律
於伶州鳩對曰律所以立均出度也古之神瞽考中聲而量之以
制度律均鍾百官軌儀故先王貴之王曰七律者何對曰昔武王
伐殷歲在鶉火月在天駟日在析木之津辰在斗柄星在天黿星
與辰之位皆在北維我姬氏出自天黿則我皇妣大姜之姪逢公

之所馮神也歲之所在則我周之分野也月之所在辰馬農祥我大祖后稷之所經緯也王欲合是五位三所而用之自鶉及駟七列也南北之揆七月也凡神人以數合之以聲昭之數合聲和然後可同也故以七同其數而以律和其聲於是乎有七律也是言周樂有七音之意也五位者歲月日辰星之位也三所者星與日辰之位是一所也歲之所在是二所也月之所在是三所也劉歆三統之術筭此五位所在武王以殷之十二月二十八日戊午發師其年歲星在鶉火之次也其日月合宿於房五度房即天駟之星也日在箕七度箕於次爲在析木之津也日月之會謂之辰斗柄斗前也戊午後三日得周二月辛酉朔日月合宿於箕一度在斗前一度是爲辰在斗柄也星在天黿者星於五星爲水星辰星是也天黿即玄枵次之別名也於是辰星在婺女之宿其分在天黿之宿次也鶉是張星也駟是房星也天宿以右旋爲次張翼軫角亢氐房凡七宿是自鶉火至駟爲七列宿有七也鶉火在午列天黿在子斗柄所建月移一次是自午至子爲南北之揆七月也

揆度也度量星之有七月也武王既是求時如此因此以要比合
之其數有七也以聲昭明之聲亦宜有七也故以七同其數五聲
之外加以變宮變徵也此二變者舊樂無之聲或不會而以律和
其聲調和其聲使与五聲諧會謂之七音由此也武王始加二變
周樂有七音耳以前未有七杜言武王伐紂自午及子凡七日者
尚書泰誓云戊午王次于河朔又牧誓云時甲子昧爽王朝至于
商郊牧野乃誓又武成云戊午師逾孟津癸亥陈于商郊甲子受
率其旅若林前徒倒戈攻于後以北血流漂杵一戎衣天下大定
是自戊午至甲子七日也劉炫云杜既取國語之文以七同其數
以律和其聲何為又云自午及子凡七日乎是杜意以武王為七
日之故而作樂用七音也違國語之文是杜說謬令知不然者以
尚書國語俱有七義事得兩通故杜兼而取之劉以為杜背國語
之文而規杜過非也　八風　正義曰易緯通卦驗云立春調風
至春分明庶風至立夏清明風至夏至景風至立秋涼風至秋分
閶闔風至立冬不周風至冬至廣莫風至調風一名融風十八年

傳云是謂融風是諷融同也此八方之風以八節而至但八方風
氣寒暑不同樂能調陰陽和節氣隱五年傳曰舞所以節八音而
行八風故樂以八風相成也八節之風亦與八卦八音相配賈逵
云兌為金為閶闔風也乾為石為不周風也坎為革為廣莫風也
艮為匏為融風也震為竹為明庶風也巽為木為清明風也離為
絲為景風也坤為土為涼風也是先儒依易緯配八風也　九歌
正義曰九歌之事尚書大禹謨與文七年傳具有其文　清濁至
周疏　正義曰周疏以上凡十事皆兩字相對其義相反乃言樂
者如此相反以成音由猶羹之水火相反人之和而不同也杜訓
周為密則疏為希亦相反也俗本疏作流易繫辭云周流六虛仲
尼燕居云周流無不徧也涉彼文而誤耳杜既以周為密則流當
為疏今定本作流非也　詩曰德音不瑕　正義曰豳風狼跋
美周公攝政遠則四國流言近則成王不知周大夫美其不失其
聖也云公孫碩膚德音不瑕鄭玄云不瑕言不可疵瑕也　注季
萴至代者　正義曰此相傳說也以逢伯是殷之諸侯此在逢伯

之前故以為虞夏時也爽鳩在少皞之世在虞夏歷代多矣未必其間更無他姓據晏子之言云代爽鳩氏耳　古若至願也　正義曰自古若其無死爽鳩至今猶存則此齊地是爽鳩氏得而樂也君不得為齊君不死之事此樂爽鳩氏之有非君所願樂也晏子以爽鳩氏為始故言爽鳩之樂計爽鳩以前處齊地者猶應大有人矣　盡殺之盜少止　正義曰既言盡殺之復云盜少止者盡殺盡萑苻之內盜也盜少止殺鄭國餘處之盜由此少止　詩曰至和也　正義曰此詩大雅民勞之篇刺厲王之詩也其下十句詩之文也仲尼分為三隨每以一句釋之汔其也康綏皆安也止辭也於是厲王以苛政勞民故言當今之民亦大疲勞止其可以小息之中國京師也四方諸夏也施惠於此京師中國以綏彼諸夏之民此四句者欲其施之以寬也詭隨謂詭人為善隨人小惡此無之小者其事不可含從也毋得從此詭隨之人以謹敕惡彼無善之人無善之惡大於詭隨詭隨不從別無善息止是謹敕之也寇虐之惡人又大於無善式用也遏止也憯曾也王當嚴為

一三七六

刑威用上臣民之間有為寇盜苛虐曾不畏明白之刑者此四句
者欲其糾之以猛也柔安也迩近也能謂材能也王者當以寬政
安慰遠人使之懷附則各以材能自進者是近人也遠者懷德而
服近者以能自進用此以定我為王之功此二句者言平之以和
也　注詩大雅云々　正義曰釋詁云汔幾也杜以幾其同處故
以汔為其也康綏皆安及下注遏止皆釋詁文也式用憯曾釋言
文也　又曰至々也　正義曰詩商頌長發之篇述成湯之德也
湯之為政不大強不大急不大剛不大柔布行政教優々然和緩
百種福祿於是聚而歸之言其和之至也競強釋言文也絿急遒
聚毛傳文也　及子至聞之　正義曰案上子大叔悔後已云仲
尼曰善哉令方言及子產卒聞之者上所云先美子大叔之善法
政用子產生時法也此出涕重美子產身之賢故傳云及子產平
欲顯仲尼美之意也　二十一年注自外至里名　正義曰賈逵
云書入華貙兄弟作亂召而逆之是賈以此入從國逆之例也釋
例曰春秋稱入其例有二施於師旅則曰弗地在於復歸則曰國逆

卒　挾

國逆又以立爲例逆而不立別非例所及諸在例外稱入也自外入
内記事常辭義無所取而賈氏皆以爲例如此甚多是杜意以賈
伐逆之爲惕故云自外至故曰入以顯異之也五年傳叔孫昭子
數豎牛之罪云又披其邑將以赦罪彼注云披析也此分析君邑以
自屬已故曰叛也傳稱華氏居盧門以南里叛宋城舊墉及桑林之門
守之知此南里是宋城之内里名　傳注周景至無射　正義曰
周語云景王二十一年鑄大錢二十三年將鑄無射單穆公曰不
可作重幣以絕民資又鑄大鐘以鮮其繼三年之中而有離民之
器二焉國其危哉王不聽問之伶州鳩對王又弗聽卒鑄大鐘州
鐘二十四年鐘成一二十五年王崩孔晁於二十四年注云昭二十
一年如彼文則此年鑄鐘成之年而傳云將鑄無射者此爲州鳩
之言張本州鳩以未成之時爲此言故此年發傳而言將也州鳩
此下之言與周語州鳩之言全不同者彼是對王之問此是自言
其事異時別言故不同也周語及此皆論鐘事故云無射鐘名其
實於律應無射之管故以律名名鐘襄十九年季武子作林鐘亦

是鐘聲應林鐘之律也此無射之鐘在王城鑄之敬王居洛陽蓋移就之也秦滅周其鐘徙於長安歷漢魏晋常在長安及劉裕滅姚泓又移於江東歷宋齊梁陳其鐘猶在東魏使魏收聘梁收作聘遊賦云珍是淫然無射高縣是也及開皇九年平陳又還於西京置大常寺時人悉共見之至十五年勑毀之　注省風至移之正義曰漢書地理志曰凡民函五常之性而有剛柔緩急音聲不同繫水土之風氣故謂之風好惡取舍動靜無常隨君上之情欲故謂之俗是解風俗之名但風俗盛衰隨時隆替國之將滅風敎俗傾天子采詩者省此風俗之敝乃作樂以移之孝經曰移風易俗莫善於樂孔安國云風化也俗常也移大平之化易衰敝之常也地理志以風爲本俗爲末言聖王在上統理人倫必移其本而易其末此混同天下一之乎中和然後王敎成是說作樂移風之事也　然以至行之　正義曰爲上言鐘爲之然也故此云然以鐘之言然以鐘聚其聲又上言聲樂之興也故此云興以行之義上語不論者亦猶易繫辭云天尊地卑乾坤定矣卑高以陳貴

賤位矣隨文便而言耳　小者至不槬　正義曰言小不至窕則
窕是細之意也大不至槬則槬是大之義也說文云窕深肆極也
由細故能極於深是窕為細不滿稱不能充滿心也槬者近橫故
為橫大心所不容故不入心以下窕則不咸咸如字本或作感[illegible]
反　注不在至幼適　正義曰喪大記云國君初死之禮云既正
尸子坐于東方卿大夫父兄子姓立于東方有司庶士哭于堂下
北面鄭玄云正尸者遷尸牖下南首也子姓謂衆子孫也姓之
言生也其男子立於主人後彼言子坐東方謂大子即鄭所謂主
人也彼初死之時即別適庶況其至葬君道成矣大子失其位以
其不在適子位也位在界是以長幼為齒蓋處其庶兄之下　注
鮑國至七牢　正義曰十四年傳曰司徒老祁慮癸來歸費齊侯
使鮑文子致之是鮑國歸費之事也杜以周禮掌客云上公饔餼
九牢侯伯七牢子男五牢以諸侯牢禮各以其命數卿大夫來者
亦當牢禮如其命數計鮑國齊卿不過三命於法當三牢而魯人
失禮為鮑國七牢也下云加四為十一知本七也劉炫云案聘禮

使卿主國待之饔食餼五牢則臣之牢禮不依命數鮑國禮當五牢
加二牢耳令知非者杜以掌客諸侯牢禮各依命數以卿大夫世
又故杜據諸侯言之不得卿大夫以下亦依命數而列以鄭注掌
客爵卿五牢爵大夫三牢爵士大牢而規杜非也　士鞅怒　正
義曰七牢於禮厚矣而鞅怒者但陳設為鞅鞅必不怒其時魯人
報云鮑國之禮鞅遂怒其輕已　亟言之　正義曰服虔云亟疾
也疾言之欲使信則服虔讀為亟也或當為亟亟數也數也言之
抑君有命可若何　正義曰抑語助若如也言吾有讒子謂多僚
也也雖知其讒既不能殺多僚與貙雖枉為君有逐貙之命可如何
言豈如之何遂謀逐之　分同至過也　正義曰日月之行交則
相食自然之理但日為君象月為臣象陰既侵陽如臣掩君聖人
因之設教制為輕重以夏之四月純陽之月時陽極盛陰氣未作
正當陽盛之時不宜為弱陰所侵以為大忌此月日食災最重也
餘非陽盛之月為災稍輕至於分至之月日食即不為災又解不
為災之意以二分晝夜等似其同道二至長短極並行則相過

以為理必相侵故言不為災劉炫云此皆假其事以為等差其實
災之大小不如此也且詩云十月之交朔月辛卯日有食之亦孔
之醜先儒以為周之十月夏之八月秋分之月也而甚可醜惡七
年四月甲辰朔日食春分之月也而云魯衛惡之衛大魯小安在
乎二分之食不為災是明此是先賢寓言非實事也　注二分至
相過　正義曰日之行天一歲一周月之行天二十九日有餘已
得一周日月異道互相交錯月之一周必半在日道裏從外而入
內必半在日道表從內而出外必或六入七出或七入六出凡十
三出入而與日一會歷家謂之交道通而計之一百七十三日有餘
而有一交交在望前朔則日食望則月食交在望後望則月食後
月朔則日食此自然之常數也交數滿則相過非二至乃相過也
傳之所言以二分日夜等者春分之時朔則日在婁望則月在角
秋分之時朔則日在角望則月在婁婁角是天之中道日月俱從
中道故晝夜等以有體敵之理月可敵日冬至之時朔則日在斗
望則月在井夏至之時朔則日在井望則月在斗斗井南北廣夜

長短之極似君月之極長可以掩日然故云至相過獨絶相縣殊
也此全唯冬至耳言二至者全句以成文此皆假託以爲言也以
日者天之大明人君之象不可虧損故於正陽之張主法爲重於
分至之月其害爲輕於餘月之食其災爲水假之以垂訓戒實事
也 其他至爲水 正義曰其他月非分至之月則爲災日食是
陰侵陽是陽不勝也故月食常爲水災莊二十三年六月日食秋
大水此二十四年五月日食梓慎曰將水昭子曰旱也其年八月
大雩旱也則亦不是常爲水也又七年四月甲辰朔日食盡分之
月而云魯衛惡之常水之言既無其驗是知是賢聖假託月食以
爲戒因 而不能送亡君 正義曰服虔以君上爲標飾以君下
爲杜注不明亦似上爲 注徽識也 正義曰禮記大傳云聖人
南面而治天下必改正朔殊徽號鄭玄云徽號旌旗之名也周禮
大司馬云中夏教茇舍辨號名之用帥以門名縣鄙各以其名家
以號名鄉以州名野以邑名百官各象其事以辨軍之夜事鄭玄
云號名者徽識所以相別也鄉遂之屬謂之名家之屬謂之號百

官之屬環之事在國以表朝位在軍又象其制而為之被之以備死
事師環軍將及師帥旅帥至五長也以門名者所被徽識如其在
門所樹者凡此言以也象也皆環其制同耳縣鄙環縣正鄙師至
鄰長也家環食采地者之臣也鄉以州名亦謂州長至比長也野
環以邑大夫百官以其職從王者此六者皆書其宮与名氏焉夜
事戒夜守之事也草止者慎於夜於是主別其部職如鄭此言則
徽識制如旌旗書其所任之官与姓名於上被之於背以備其死
知是誰之尸也士喪禮曰為銘各以其物亡則以緇長半幅赬末
長終幅廣三寸書銘于末曰某氏某之柩今之銘旌旗幟也与生
之徽識如死之銘旌其制之大小蓋亦如銘旌也書其官名即今
之軍記令其各自揭徽識欲知其助公多少如漢書絳侯之令軍人
云為劉氏者左袒　呂封人華豹　正義曰呂邑封人官名豹即
下文華豹是也本或豹上有華王肅董遇並曰呂封人華豹釋例
譜一人再見名字不同皆兩載之宋雜人內有呂封人豹華豹為
一人知此本無華也今定本有華　閔矣　正義曰閔鳩環本又

作齊不狎鄙 正義曰服虔云狎更也子城謂華豹曰不更射
為鄙一曰城言我不狎習故鄙然則豹已關矣何慮不射子城
何嘗屬之云不更射為鄙城方与豹扞射此非謙讓之所又何須
自言不習為鄙服之二説皆非杜亦訓狎為更言遞也城謂豹更
女頻射我不使我得更遞是為鄙也豹服此言故抽矢而止 此豹
亦不違軍之戰禮也 諸侯唯宋事其君 正義曰言諸侯之內
唯宋之臣民善事其君言以前未嘗有叛逆者也俗本或無其字
若無其字則是唯宋事楚檢於時宋國不屬楚也 王曰而告我
也後 正義曰謂大宰犯諫在華登出師之後 德君必甚 正
義曰荷恩謂之德言荷君恩必甚也 二十二年 注萇弘至曰亂
正義曰傳曰弘歎至自京師言王室之亂是魯史萇弘歎之言而
書之也閔馬父聞弘歎之言乃遥度其事云子朝必不克是弘知
誰是誰非也故史但書曰亂不言其人〻〻為亂魯史書事必待
告乃書傳聞行言不書之此萇弘歎之言即書策者魯是周之宗
國既聞王室之亂義當歎位叔之魯聞周亂所憂在已承言即書

是曾之憂王室也公羊傳曰何言乎王室亂言不及外也其意言兄弟爭位室内自亂其亂不及外國故指言王室也　注辟子爭即位　正義曰單簡公敗績于京甘平公亦敗焉單子欲告曰傳急於晉以王如平時遂如圃車次于皇是辟子朝之難出居皇也王人以在皇告故書皇也景王既葬猛嘗成君仍書名者王室大亂未得以禮即位故也如莒展弒君而立未會諸侯元年書莒展輿出奔吳鄭忽嗣父而立鄭人賤之不以為君桓十一年書鄭忽出奔衛然則未成君者法當書名此王猛雖未即位異於諸侯故稱王而以名繫之劉炫云以王嘗國亦如莒展以名繫國也　注未即至言崩　正義曰未即位不成為王故不言崩也書王子猛卒者未成為君繫父言之故稱子猶嘗之子般子野卒　注式月云々　正義曰案傳十二月庚戌晉籍談云々庚戌上去癸酉三十七日若此月癸酉朔其月不得有庚戌也又傳十二月下有閏月晉箕遺云々又云辛丑伐京辛丑是壬寅之前日也二十二年傳曰正月壬寅朔二師圍郊則辛丑是閏月之晦日也又計以年

正月之朔与今年十二月朔中有一閏杜云當為五十九日此年
十二月當為癸卯朔經書癸酉明是誤也故言長歷推校十一月
小甲戌朔傳有乙酉十二日也又有己丑十六日也十二月大癸
卯朔傳有庚戌八日也閏月小癸酉朔傳有閏月辛丑二十九日
也明年正月壬寅朔則上下符合矣　傳無亢至亂人　正義曰
亢高也衷善也獎勸也無高貴不善之事以勸亂人為惡也易曰
亢龍有悔言其位高也　若華至也已　正義曰若華氏知困而
致死戰或敗諸侯之師也楚恥無功而疾戰戰勝則楚獨有功二
者並非吾諸侯之利也聞楚師將至華氏即出亦是楚之功也不
如出之以為楚功其此華氏亦無所能為也已言雖放令出亦不
復能為宋害言宋人慮更為害決欲取殺之故諸侯之戍固請出
之宋人乃從之　王子至立之　正義曰賈逵云賓孟子朝之傅
也王愛子朝因愛其傳（傅）故朝起並有寵於景王也王与賓孟並談
說之欲立朝為大子周語云景王欲殺下門子乃云賓孟適郊見
雄雞賈逵云下門子周大夫王猛之傅也景王欲立朝故先殺猛

傳然則王與賓孟言說既欲立朝乃殺猛傳殘久不決故賓孟假雄雞斷尾以勸之　注子朝至之傳　正義曰二十六年傳子朝使告于諸侯云單劉贊私立少知朝年長於猛也賓孟欲立子朝以是子朝之傳　刺獻至去之　正義曰伯蚠是果決有知謀者也願得殺賓孟去子朝所以彊單子之心故刺子亦與同志共立子猛也於賓孟云願殺之於子朝云願去之者朝是王之寵子王在不可專殺願逐去而已獻謚法知質有聖曰獻　賓孟至何害　正義曰說文云犧宗廟之牲也曲禮云天子以犧牛鄭玄云犧純毛也周禮牧人掌牧六牲以共祭祀之牲牷鄭玄云六牲謂牛馬羊豕犬雞牷體完具也又曰祭祀共犧牲以授充人繫之鄭玄云犧牲毛羽完具也授充人者當殊養之然則祭祀之牲選其色羽完具者養之以為犧犧者寵養祭牲之名賓孟感雞以毛羽牷具恐其被養為犧故自斷其尾殘毀其形賓孟怪而問之侍者曰自憚其犧言此雞難畏其被寵養也賓孟因此感悟疾歸以雞事告王且又言曰雞其憚畏為人用乎人則異於是雞矣雞被寵飾終

嘗見殺人被毫飾則嘗貴盛此其所以異於雞也犧者毫牲之名因以犧喻毫子即名毫子為犧言毫處為犧者依法用牲令毫處為犧者乃實用人言犧當用純德之人猶如祭犧當用純色之牲也他人之有純德毫之如犧後實招禍難矣巳子之有純德毫之如犧有何害也但人有親疎君疎人被毫處為犧實為禍難若巳家親屬毫處如犧有何患害他人謂子猶親屬謂子朝也犧者實用人上人是對牲為稱普據凡人也人犧實難此下人據疎外之人人字並同上下人意異　注雞犧並見毫飾　正義曰犧者繫養之名耳言毫飾者當養之時必為之服飾以異之如令之繫五采也史記稱楚王欲以莊周為國相謂使者曰郊祭犧牛養之數歲衣以文繡牽入大廟是時欲為孤豚豈可得乎是亦飾之事

注言設至異之　正義曰實並言人犧實難假疎人以為說今為疎姓之人毫養疎人擅權害主故言設使毫人如毫犧則不宜假人以招禍難假為他人以權或將反來害巳子猶並亦王子不得王毫與他人無異使犧在巳家則無患害巳喻子朝子朝是巳之子

欲使王早寵異之如毫釐也　注十五至不應　正義曰賈逵以為大子壽卒景王不立適子鄭衆以為壽卒王命猛代之後欲廢猛立朝耳服虔以賈為然杜今從鄭說者二十六年傳閔子馬云子朝干景之命則景有命矣若不命猛更命誰乎若子朝子猛並未有命俱是庶子朝年又長於次當立自求為嗣宜矣劉盆何以惡其為亂而欲去之若俱未被立王意不偏群臣必黨王命為嗣則莫敢不從何須將殺單以立朝也杜以此知大子壽卒王立劉子猛為適其後復欲立子朝而王意未定賓孟感雞自毀因此感稱子朝之美王心許賓孟故不應處其海言也　注四月十九日　正義曰此於乙丑之下言四月十九日戊辰之下言二十二日顯言此二日者此年之傳其日最多經之與傳又文時月多錯故此顯言二日欲令自此以下依次推之易驗耳　注王子猛次正　正義曰猛朝俱是王子單劉必欲立猛明猛是次正當立故也公羊多有次正之語杜取為說猛為次正不知其本蓋是大子壽之母弟或是穆后姪娣之子或母貴也　注須子至劉黨　正義曰此

下二十三年單子劉子樊齊以王如劉故知是單劉黨也　及領
至平時　正義曰此上言遂夜取王以如莊宮遂與召莊謀殺子
單旗與之重盟必來々而殺之王子還遂奉王追單子及領遂與
重盟而遂殺摯荒者為前王如莊宮今單子失王而出奔更殺取
摯荒以解說此事單子覺遂欲背又奔平時　注八子靈景之族
正義曰以上言王子還此八人遂居其首還既稱王子明八子皆
王子也故知靈景之族　簡公平公　正義曰謚法一意不懈曰
簡布綱持紀曰平　注皆為子朝所敗　正義曰知為子朝所敗
者以傳云敗績于京故知是敬王黨為子朝所敗也　注戊寅至
月誤　正義曰傳言七月戊寅杜以長曆推校之戊寅是七月二
日明傳是也經書王猶居皇乃在六月下知經六月誤也　注百
工至所敗　正義曰知單氏所敗者以上云伐單氏下云及伐之
是單氏及伐百工也若單氏被敗焉能及伐百工　注丁巳至秋
誤　正義曰傳言冬十月丁巳杜以長曆推之丁巳是十月十四
日經書在秋其下乃有冬知經誤　注乙酉至悼王　正義

曰傳言十一月乙酉杜以長歷推校之乙酉是十一月十二日知經
書十月誤也上云單子逆悼王于莊宮悼王即猛也經書爲卒傳
言其謚故解之蓋未即位周人謚曰悼王敬王猛之母弟敬王位
定乃追謚之　注敬王至子匄　正義曰敬王名匄本紀文也本
紀不言敬王是猛之母弟先儒相傳說耳謚法夙夜共事曰敬

春秋正義卷第三十

計一万七千四百四十五字

春秋正義卷第三十一　昭公

國子祭酒上護軍曲阜縣開國子臣孔穎達等奉

勅撰

二十三年注稱行至使人　正義曰傳說魯取邾師則是魯有罪晋執者凡諸侯有罪盟主當以師討之不宜執其使人故譏之　注討子至從赴　正義曰往年傳閏月辛丑晋師王師伐京毀其西南注云京子朝所在此年傳正月壬寅朔二師圍郊計辛丑壬寅頻日耳蓋京城毀郊是子朝之邑故二師圍之故云討子朝也郊不繫周者大都以名通也傳稱朔日圍郊癸丑乃叔鞅卒癸丑正月十二日也是圍郊在叔鞅卒前也晋人來告圍郊不以圍郊日告之告在叔鞅卒後故經書在後是從赴也圍郊在朔或亦在叔孫婼如晋之前但行元日未必不以朔行叔鞅卒有日而言之　吴敗之雞父　正義曰此戰胡沈之君是胡沈君自將也頓序於上傳亦君自將也據陳大夫陳是大夫將則蔡許亦大夫將也故云頓胡沈蔡陳許君在臣上各自以大小序耳桓十三

年經書齊師宋師衛師燕師敗績此不每國言師而揔云師者傳無其說杜不為注是史略文非義例也賈逵云不國國言師惡其同役而不同心案隱十年宋人蔡人衛人伐戴鄭伯伐取之傳曰宋衛既入鄭而以伐戴召蔡人蔡人怒故不和而敗亦是同役而不同心彼既不變其文此何當變文以見義乎賈之妄也注不言楚楚不戰　正義曰杜知楚之不戰者以傳云戰于雞父吳子以罪人先犯胡沈與陳三國敗舍胡沈之囚使奔許與蔡頓師譟而從之三國奔是戰於雞父之時先犯胡沈陳後破許蔡頓也六國既陳戰敗而奔下傳始云楚師大奔是六國敗後楚之師怖懼不得成陳望風而奔故傳云不言戰楚未陳杜云不言楚楚不戰刘炫用服虔義云不言楚楚諱敗不告然則必其楚之人來告容或諱敗若吳人來告豈代楚諱乎刘違背傳文而規杜非也　注國雖至曰滅　正義曰公羊傳曰君死于位曰滅其意言本國雖存其君見殺与滅國相類擬君身言之謂之滅　注大夫至玄孫　正義曰宣二年鄭人獲華元生獲也哀十一年獲齊國書死獲也故云大夫死生通曰獲案

世本宣公生子夏々生御叔々生徵舒々生惠子晉々生御寇々
生悼子罃々是徵舒曾孫杜云玄孫未詳　注敬王至城外
正義曰此定傳無其文不言無傳者傳稱六月庚寅單子劉子樊
齊以王如劉甸從劉而居狄泉不是全無其文故不云無傳也狄
泉今洛陽城內大倉西南池水是也若在城內宜云王居城周知此時
在城外也今在城內者土地名云或曰定元年城成周乃遶之入城內也
注尹氏至歆立　正義曰宣王之世有尹吉甫春秋以來數有尹
子見經是其食采於尹世為周卿士也以其世為卿士宗族強盛
故能專意立朝不言尹子而言尹氏者見其氏族強故已立之也敬王
是單劉所立不書單子立者敬王猛之母弟兄死次正當立々之是
常朝不應立々廢以亂國昏尹氏之朝所以惡尹氏也隱四年衛人
立晉善其得衆昏衛人言舉國共立之此書尹氏立之朝明非周人
所欲立獨尹氏立之耳　傳注离姑至武城　正義曰邾魯接連
竟界相錯邾人從翼邑還邾先經魯之武城然後始至离姑而後
至邾故舉离姑為道次　武城人塞其前　正義曰此所塞必

循隘道當是已過武城之邑未出武城之竟故得塞其前斷其後而攻取之　注取邾至公命　正義曰傳言武城人則是武城之大夫自專為此謀也既取邾師邾始愬晉々人來討乃令叔孫往謝叔孫以年初即行則嘗取邾師是在往年因叔孫始如晉追言之　注坐訟曲直　正義曰周禮小司寇云命夫命婦不躬坐獄訟凡斷獄者皆令訟者坐而受其辭故使並坐訟曲直　注在禮至之君　正義曰僖二十九年傳曰在禮卿不會公侯會伯子男可也於禮得與相會故為小國之君　注分別至服回　正義曰賈逵云使邾魯大夫各居一館鄭衆云使叔孫子服回各居一館邾魯大夫本不同館无為復言使各居一館也欲分別叔孫與子服回不得相見各聽其辭耳服虔並載兩說仍云賈氏近之案傳文各居一館之下即云士伯聽其辭而愬諸宣子乃皆執之則皆執各居一館者也若是邾魯別館豈執邾大夫乎且下云館叔孫於箕舍子服回於他邑明此各居一館是分別子服與叔孫恐其相教示　注二子至執之　正義曰魯人實取邾師二子辭不屈者蓋以朝聘征伐過他國必

假道乃行鄭人不假魯道是鄭亦合責不假道小國也取其師大罪
也蹊田奪牛為報已甚故士伯愬而執之欠因其使是以謝鄭故
晉以明年執之　士伯已如吏　正義曰御謂進引也劫叔孫詣
於獄也叔孫從者唯有四人先遣於鄭君之館然後以之如吏故杜云
欲使鄭人見叔孫之屈辱　請其吠狗　正義曰狗有吠守者為主獵
者主獵者貴吠守者賤吏人請叔孫乞其吠守之狗　注自京至之
邑　正義曰知自京入尹者以前年子朝在京王師毀其西南不
言克京又今年二師圍郊不言子朝在郊故云自京入尹劉炫以為
前年王師已克京子朝從京入郊郊潰不知子朝所在而規杜非
也　注殳長至无刃　正義曰詩毛傳文也考工記云殳長尋有
四尺八尺曰尋是其長丈二也又考工記戈戟皆有刃殳不言刃
是无刃也　威克至必濟　正義曰尚書胤征云威克厥愛允濟愛
克厥威允罔功是古有此言　注七月已不意　正義曰成十六年
傳郤至云陳不違晦以犯天忌我必克之注云晦月終陰之盡故
兵家以為忌楚以兵之忌日不意吳來擊之必不設備吳人故違兵

忌以晦出而戰擊楚所不意也僖二十年泓之戰書己巳朔成十
六年鄢陵之戰書甲午晦此書戊辰而不言晦者釈例曰經傳之
見晦朔此時史隨其日而存之无義例也賈氏云泓之戰說宋襄故
書朔鄢陵之戰說楚子故書晦雞父之戰夷之故不書晦左氏既无此
說案雞父之戰經傳備詳其例非夷之實晦戰而經不書晦明經
不以晦示褒貶　注國君至得也　正義曰傳言舍胡沈之囚使
曰吾君死矣是胡沈之君死称滅也釈例曰國君者社稷之主百姓
之望當与社稷宗廟共其存亡者也而見獲於敵國雖存若亡死之
与生皆与滅同故曰胡子髡沈子逞滅請以戰傷死雖敗績而不見
擒故經皆不曰滅則杜意國君生見獲亦書為滅也劉炫謂此胡
沈之君戰死故言滅也春秋君戰生見獲者皆言以歸不書滅何
得言雖存若亡皆為滅公羊傳曰其言滅獲何别君臣也君死于位
曰滅生得曰獲大夫生死皆曰獲以為君死曰滅生曰以歸韓戰
獲晉侯從大夫例故書獲以規杜失今知非者莊十年齊師滅譚譚々子
奔莒定六年鄭游速滅許以許男斯歸是君存称滅劉炫以為生

獲於敵俱言以歸不得稱滅規杜非也但君存國滅則滅文在上
滅諱滅許是也國存君死則滅文在下胡子沈子是也　注經書云
而死　正義曰經書乙未地震謂魯國之地動也丁酉南宮極震
則周地亦震周魯相去千里故震日不同以震而死明為屋所壓
注謂幽王時岍崩　正義曰周語云幽王二年西周三川皆震伯陽
父曰周將亡矣陽伏而不能出陰迫而不能烝於是有地震今川
實震是陽失其所而鎮陰也陽失而在陰原必塞原塞國必亡夫
水土演而民用也土無所演民乏財用不亡何待昔伊洛竭而夏
亡河竭而商亡今周德若二代之季矣其川原又塞塞必竭夫國必依
山川山崩川竭亡之徵也川竭山必崩若亡不過十年數之紀也夫天
之所棄不過其紀是歲也三川竭岐山崩十一年幽王乃滅注國語
者亦云三川涇渭洛也西周在雍州之域周禮職方氏正西曰雍州
其川涇汭其浸渭洛鄭玄云浸可以為灌溉者　大子云逞之
正義曰土地名郥是蔡地蔡在楚之東北故建母在郥得召吳人
也於時蔡常從楚且失夫人故蔡越逞之　注諸樊云大子　正義曰

吳子諸樊吳王僚之伯父也僚子又名諸樊乃与伯祖同名吳人
虽是東夷理亦不應然也此久遠之昏又字經篆隸或誤耳　注楚
用至自固　正義曰襄十四年子囊將死遺言謂子庚必城郢君子
謂子囊忠將死不忘衛社稷可不謂忠乎彼子囊城郢君子謂之
為忠此囊瓦城郢沈尹戌謂之必亡事不同者国而无城不可以治
楚自文王都郢城郭未固子囊心欲城之其事未暇將死而令城
郢故可謂之為忠今郢既固矣足以為治而囊瓦畏吳侵偪恐其
寇入國都更復增修其城以求自固不能遠抗邊竟唯欲近守城
郭沈尹謂之必亡為其事異故也　注在僖十八年　正義曰事
在十九年諸本皆然蓋是轉寫誤　明其伍候　正義曰賈服王
董皆作五候賈服云五候五方之候也敬授民時四方中央之候
王云五候山候林候澤候川候平地候也董云五候〻四方国中
之姦謀也杜作伍候故云使民有部伍相為候望彼諸本蓋以上多
云四故誤為五也　不僭不貪　正義曰不僭守信也不貪廉
正也不懦不受辱也不強不陵人者此皆論守竟之事不僭不貪不

貪不肯謂不往侵隣国也不懦謂不使人侵己也　詩曰至厥德
正義曰詩大雅文王篇也無念々也聿述也言王者念女先祖之法
則还當述治其先祖之德以顯之　注四君亦賢者　正義曰楚之
世家云周成王始封熊繹於楚以子男之田居丹陽歷十四君至於
熊儀是爲若敖々々生霄敖々々生蚡冒々々卒弟熊達立是爲
武王々々生文王始都郢杜文十六年云蚡冒楚武王父蓋不從世
家以蚡冒爲武王兄要沈尹以四君爲賢故特言之　土不過同
正義曰言土地亦九百里猶止名同故云不過同非謂百里以下也
知者以楚是子爵土方二百里明非百里也　猶不城郢　正義曰如
楚世家云武王以上未都於郢擬爲時都郢故以郢言之謂不築其
其国都也　二十四年注丁酉亦無月　正義曰此年五月乙未朔
一大一小七月當甲午朔九月癸巳朔五月得丁酉文在八月之下是有
日而无月也　注楚邑至大師　正義曰大都以名通故不繫楚之
也襄十三年傳例曰用大師焉曰滅　傳注度謀至无害　正義
曰同德度義尚書泰誓文也劉炫云案孔安国云德鈞則秉義者

強萇弘此言取彼為說必其与彼德同乃度義之勝負但使德勝
不畏彼強故即引泰誓而勸其務德杜爲不見古文故致有此謬
今知非者彼尚書之文論兩敵對戰揆度有義者強此論甘氏又
往既不已同德何已度義爲意有異与書義不同且引詩斷章
其類多矣劉以為杜違尚書之文而規其過非也　注四夷
正義曰孔安國云夷人謂平人杜為夷狄之人者案四年傳曰商
紂為黎之蒐東夷叛之孔杜各自為義其意俱通劉炫以杜爲過而
規其短非也　注叛婼至罪已　正義曰叛當備書名氏去氏則
為叛責叛婼之族喜於得免所以尊晉而自屈也釋例曰意如至
自晉傳言爲晉罪已婼亦自晉傳後重發但言其晉者意如以
罪見執宜在罪已婼本使人不應見執故尊晉而已內大夫行還
皆不書至異於公也今此二人執而釋更以書至見義也杜言見
義者見其喜得釋特告廟而書至也　晉侯至周故　正義曰
晉助敬王久矣今使景伯如周問曲直者以子朝更強久諍未決
晉人恐敬王不成更審其定故疑而使察之也晉人於此乃辭王子

朝不納其使則以前猶与往來其心兩望至此始絕耳 注詩小至
恥之 正義曰此詩小雅蓼莪刺幽王之詩也或曰缾是罍大
缾小實由罍所資缾是小器常稟受於罍今缾罄盡罍更無物
以共缾惟是罍之恥也缾喻周罍喻晉言周之微弱恒依恃
於晉今王室亂矣晉无力以助之是晉之恥也詩注云缾小而盡
罍大而盈刺王不使富分貧衆恤寡 王及圉陽而还 正義
曰王歸行及圉陽倉与壽夢而还歸於越也 注詩大雅
正義曰此詩大雅桑柔刺厲王之詩也 二十五年注此鳥至故居
正義曰此鳥穴居今驗猶然考工記云鸜鵒不踰濟禹貢導沇水
東流爲濟入于河溢爲滎東出于陶丘北又東至于荷又東北會
于汶又北東入于海濟經齊魯之界魯在汶水之南鸜鵒北方之
鳥南不踰濟舊不在魯界今來魯而不穴又巢居故曰來巢傳曰
書所无也是非常故書也公羊傳曰何以書記異也何異爾非中
國之禽也宜穴又巢穀梁亦然案今大河以北皆有鸜鵒不得云
非國之禽也宜穴又巢信然 注季辛至上雩 正義曰月有三辛

上辛上旬之辛也季辛下旬之辛也長歷推校此年七月己丑朔上
辛月三月下辛二十三月也不眘其月之辰空言辛者本見旱甚欲知
二雩相去遠近耳无取於辰故空舉辛也季辛又雩不言大者言又
見其重上事上辛是大雩明季辛亦大雩也春秋旱則修雩〻而得
雨則舉雩喜雩有益雩而不得雨則舉旱以明災成此舉二雩者上
辛雩而得雨〻少尋即為旱故季辛又雩傳曰秋書再雩旱甚也
是言前雩少得雨旱甚而後雩故賈云上辛不注是也公羊傳曰又
雩者何又雩者非雩也聚以逐季氏也公以九月始孫豈七月已与
季氏戰乎若使時實不旱亦不得託雩以聚衆矣傳君子之云
必亡　正義曰揚子法言云何以動而見敬曰敬人何以動而見侮
曰侮人然則貴人者人亦貴之卑人者人亦卑之此言凡人輕賤其身
則不已以尊貴之道及於他人若君子已自貴其身者己先貴人
欲其身之貴是以須有礼然後已以尊貴之道及於他人既尊貴
他人是以有礼　賦彤弓　正義曰燕礼記云升歌鹿鳴下管新
宮鄭玄云新宮小雅逸篇也其詩既逸知是小雅篇者管即笙也以

燕礼及鄉飲酒升歌笙歌同用小雅知新宮必是小雅但其詩辭

義皆亡无以知其意也　注詩小雅賦之　正義曰周人思得賢女

以配君子車舝詩序也杜以下云逆女故知將为季孫迎宋公之女

故賦之杜必知為逆女而賦者以車舝之詩論逆女之事其詩云間關

車之舝兮思孌季女逝兮言間關然設此車舝思憶孌然季女

而往迎之又云辰彼碩女令德來教皆論迓女之事又昭子因聘

逆女已共宋公平論故於享礼之時而賦車轄猶知季文子如宋

致女还賦韓弈之詩与此正同又何不可而刘炫以為昭子賦車

轄不为逆女又以新宮非昏姻之事而規杜　已然新宮既亡安知非是

親好苟生異見於義非也　注坐宋公礼坐　正義曰燕礼主司

宮設賓于戶西東上小臣設公席于阼階上西鄉是礼坐公西向賓

南向也宋公使昭子右坐令在宋公之右蓋在宋公之北同西向以相

近言甚改礼坐也　注平子至若姊　正義曰公若即平子之叔父也

不言平子之姑而云公若之姊明公若是平子庶叔此姑与公若同母

故曰公若姊也　注文子武子平子　正義曰武子生悼子悼子生

平子政在季氏唯云三世不數悼子者悼子未為卿而卒不執魯政故不數也十二年傳曰季悼子之卒也叔孫昭子以再命為卿〻必再命乃得經書名氏七年三月經書叔孫婼如齊涖盟其年十一月季孫宿卒是悼子先武子而卒平子以孫繼祖也　簡子云非礼　正義曰案記云簠簋俎豆制度文章礼之器也升降上下周旋裼襲礼之文也又曰鋪筵席陳尊俎列籩豆以升降為礼者礼之末節也故有司掌之仲尼燕居云子張問礼子曰師爾以為必鋪几筵升降酌獻酬酢然後謂之礼乎言而履之礼也又五年傳云公如晉自郊勞至于贈賄礼無違者晉侯以為知礼女叔齊曰是儀也非礼也此問揖讓周旋之礼人云是儀也非礼也凡此諸文皆言礼與儀異礼之與儀非為大異但所從言之有不同耳礼是儀之心儀是礼之貌本其心謂之礼察其貌謂之儀行礼必為儀為儀未是礼故云儀非礼也鄭玄礼序云礼者体也履也統之於心曰体踐而行之曰履此訓兩釈良有以也鄭謂体為礼履為儀是其所以礼儀別也　夫礼至之性　正義曰自夫礼至

因地之性言禮本法天地也自生其六氣至民失其性言天用氣味色以養人不得過其度也是故為禮以下言聖王制禮以奉天性不使過其度也經常也義宜也夫禮者天之常道地之宜利民之所行也天地之有常道人民實法則之法則天之明道因循地之恒性人所以制作此禮也此傳文於天言常則地亦常也於地言義則天亦義也覆言天地之經明天地皆有常也天有常明之義地有常利之義也覆云則天之明是天以明為常因地之性則地以性為義是天以光明為常義地以剛柔為常義義謂義理性謂本性言天地性義有常可以為法故民法之而為禮也 注經者道之常義者利之宜 正義曰覆而无外高而在上運行不息日月星辰溫涼寒暑皆是天之道也訓經為常故言道之常也載而无棄物无不殖山川原隰剛柔高下皆是地之利也訓義為宜故云利之宜也杜以今文孝經云用天之道因地之利故天以道言地以利言之天无形言其有道理也地有質言其有利益也民之所法象天地象天而為之者皆是天之常也象地而為之者皆是地之

宜也。故礼為天之經，地之義也。孝經以孝為天之經，地之義者，孝是礼之本，礼為孝之末，本末别名，理實不異，故取法天地，其意同也。

注：如者，人所履。王肅曰：民謂人也。人稟天地之性而生，動作皆象天地，其所踐履謂之為如。但人有賢與不肖，如有過與不及，聖人制為中法，名之曰礼。故礼是民之如也，如者人之所履也。易及大雅並訓履為礼，是礼名由踐履而生也。人之本性自然法象天地，聖人還復法象天地而制礼教之，是礼由天地而來。故仲尼説孝，子産論礼，皆天地民三者並言之。

注：日月星辰，天之明也。高下剛柔，地之性也。

正義曰：天之明，杜以為日月星辰者，以下傳云為父子兄弟昏媾姻亞以象天明，若衆星之共北辰，故知天明日月星也。杜知高下剛柔地之性者，以下傳云為君臣上下以則地義，則君高臣下，臣柔君剛，地義則地之性也。傳文上下其理分明，人法天地，其意多種，杜以天明地義舉要而言，故不備顯。刑罰威獄，溫慈惠和，劉炫責杜不具載其文而規其過，非也。此傳文言天則地言因言民見地有宜利，因取而法效之，因亦則之義也。既言天之經，不可復言地之經，故

變文称義既言則天之明不可復言則地之性故變文言因々之与
則互相通也正是變文使相辟耳生其六其性 正義曰此言
天用氣味聲色以養人不得過其度也因上則天之下更復本之
於天傳称天有六氣此言生其六氣謂天生之也用其五行謂天用之
也上天用此五行以養人五行之氣入人之口為五味發見於目
為五色章徹於耳為五聲味以養口色以養目聲以養耳此三者
雖復用以養人々用不得過度々々則為昏乱使人失其恒性故須
為礼以節之 注金木水火土 正義曰洪範云五行一曰
水二曰火三曰木四曰金五曰土孔安国云皆其生數是其以生數
為次也大禹謨説六府云水火金木土穀五行之次与洪範異者
以相剋為次也此注言金木水火土者随便而言之不以義為次也
五物世所行用故謂之五行五者各有材幹傳又謂之五材此傳
所説礼意々在味色聲也但味色聲本於五行而来五行又是六
氣所生故先言六氣五行然始言於味色聲也釈名五氣於其方
各施行也白虎通云言為天行氣故謂之五行 注酸鹹辛苦甘

正義曰洪範又演五行云水曰潤下火曰炎上木曰曲直金曰從革土爰稼穡潤下作鹹炎上作苦曲直作酸從革作辛稼穡作甘孔安國云鹹水鹵所生苦焦氣之味酸木實之性辛金之氣味甘味生於百穀是言五行之氣為五味水味鹹火味苦木味酸金味辛土味甘也五行本性自有此氣々出於人乃為五味々之為異入口乃知言氣為五味謂氣入人口與下章也發也皆據人知為文味為性所有色是形之皃聲是質之響色可近視聲可遠聞自近以及遠故以口目耳所知味色聲為次也　注青黃已見也　正義曰五行之色也木色青火色赤土色黃金色白水色黑也木生柯葉則青金被磨礪則白土黃火赤水黑則本質自然也發見也謂見於人目有此五色　注宮商角徵羽

正義曰聲之清濁差為五等聖人因其有五分配五行其本不由五行而來也但既配五行即以五者為五行之聲土為宮金為商木為角火為徵水為羽聲之清濁入耳乃知章徵於人為五聲也此言章為五聲元年傳云徵為五聲章徵不同者據聲之至人

是为章徵拟人之知邑则为徵驗是彼此之異言耳 注滋味云傷
性 正义曰老子云五味令人口爽五色令人目盲五音令人耳聾
言其色耆者之則有此病是其色則傷本性也 是故云五味云義
曰口欲嘗味目欲視色耳欲聽聲人之自然之性也欲之不已則失
其性聖人慮其失性是故為礼以奉養其性使不失也牲犧祭祀
所用非人所食而以牲犧奉五味者礼推人道以享神々之所享時
是人食尊鬼神而異其名耳故亦为奉五味 注馬牛羊雞、犬豕
正义曰亦雅釋畜馬牛羊犬雞五者之名其豕在釈獸之篇畜養
也家養謂之畜野生謂之獸豕有野豕故因記之於釈獸耳又釋
畜之末別釈馬牛羊豕犬雞六者之名其下題曰六畜謂此是也周
礼膳夫云膳用六牲是庖用六牲也庖人掌共六畜郑玄云六牲馬牛
羊豕犬雞六畜即六牲也始養之曰畜將用之曰牲是畜牲一也
注麋鹿麐狼兔 正义曰十一年傳曰五牲不相为用注云五牲牛
羊豕犬雞此異彼者以上文已言六畜則五牲非六畜故別解之
周礼庖人掌共六獸郑衆云六獸麋鹿熊麐野豕兔郑玄云獸人冬獻

狼夏獻麋又内則无熊則六畜當有狼而熊不屬今杜解五牲之
名用鄭玄六獸之説去野豕而以其餘當之也傳稱牛十月曰牲鄭
玄云將用之曰牲此五者實獸也捴其將用祭祀故名之曰牲服虔
云五牲麋鹿熊狼野豕　注祭天至之犧　正義曰尚書泰誓
武王數紂之罪云乃夷居弗事上帝神祇遺厥先宗廟弗祀犧牲
粢盛既于凶盜於神祇宗廟之下捴言犧牲杜雖不見古文其言
闇與之合是祭天地宗廟之牲謂之犧也然則犧亦六畜而别言之
者周牧人凡祭祀共其犧牲以授充人繫之鄭玄云犧牲毛羽完
具也授充人者當殊養之然則六畜之内取其毛羽完具别養以
共祭祀者乃名為犧故與六畜異言之也服虔云三犧鴈鶩雉也
注謂山至文也　正義曰尚書益稷篇云帝曰予欲觀古人之象
日月星辰山龍華蟲作會宗彝藻火粉米黼黻絺繡以五采彰
施于五色作服汝明尚書之文如此其解者多有異説孔安國
云日月星為三辰華象草華蟲雉也畫三辰山龍華蟲於衣服
旌旗會五采也以五采成此畫焉宗廟彝器亦以　龍華蟲為飾

藻水草有文者火為火字粉若粟冰米若聚米黼若斧形黻為
兩己相背葛之精者曰絺五色備曰繡如孔此言日也月也星辰也
山也龍也華也蟲也七者畫於衣服旌旗山龍華蟲四者亦畫於宗
廟彝器藻也火也粉也米也黼也黻也六者繡之於裳如此數之
則十三章矣天之大數不過十二若為十三無所法象或以為孔并
花蟲為一其言華象草花蟲雉者言象草花之蟲故為雉也若
華別似草安知蟲為雉乎未知孔意必然以否鄭玄謂會
為繢謂畫也絺為繡謂刺也宗彝謂虎蜼也周禮宗廟彝器
有虎彝蜼彝故以宗彝名虎蜼也周禮有袞冕鷩冕毳冕其
袞鷩毳者各是其服章首所畫舉其首章以名服耳
袞是袞龍也袞冕九章以龍為首鷩是花蟲也鷩冕七章
以華蟲為首毳是虎蜼也毳冕五章以虎蜼為首虎毛淺蜼毛
深故以毛言之毳亂毛也如鄭此言則於尚書之文其章不次故於
周禮之注具分辯之鄭於司服之注具引尚書之文乃云此古天子
冕服十二章絺或作綈字之誤也王者相變至周而以日月星辰

畫於旌旗所謂三辰旂旗昭其明也而冕服九章登龍於山登火
於宗彝尊其神明也九章初一曰龍次二曰山次三曰花蟲次四
曰火次五曰宗彝皆畫以為繢次六曰藻次七曰粉米次八曰黼
次九曰黻皆絺以為繡則袞之衣五章裳四章凡九也鷩畫以雉
謂花蟲也其衣三章裳四章凡七也毛六畫虎蜼謂宗彝也其衣
三章裳二章凡五也是鄭玄之說花蟲為一粉米為一也杜之
此注亦以日月星辰畫於旌旗九文唯言衣服之文謂山也龍
也花也蟲也藻也火也粉米也黼也黻也以此為九杜言花若草
衣而不言蟲則花蟲各為一也粉米若白米是粉米共為一也詩
云魚在藻為水草也孔安国云火為火字考工記畫繢之事火
以圜鄭衆云為圜形似火鄭玄云形如半環然則杜言火畫火蓋
同安国為火字也粉米色白故粉米若白米也考工記曰白与黑
謂之黼孔安國云黼若斧形謂刃白而身黑故若斧也黻為
兩己相戾今之刺黻猶然也刘桓二年傳曰火龍黼黻昭其文也
者以證此九文是山龍之屬也世本云胡曹作冕注云胡曹黃帝

臣也繫辭云黄帝堯舜垂衣裳而天下治蓋取諸乾坤則冕服
起於黄帝也加飾起自唐虞即尚書云予欲觀古人之象是也
所以衣服畫日月星等者象王者之德照臨天下如三光之耀也
山体鎮重象王者之德鎮重安靜四方又已潤益含受如山興雲
致雨也龍者水物也象王者之德變通無壅如水利蒼生又龍
舒卷變化無方象人君有無方之德也花蟲即鷩鳥雉雉有文章
表王者有文章之德也宗彝彝常也宗廟之常器有古彝今
唯取虎蜼者虎取毛淺而有威蜼取毛深而有知以表王者有
深淺之知威猛之德也藻者水草是鮮絜之物生於清水已
隨短長象王者之德冰清玉絜隨機應物隨民設教不羸而
成也火者火性炎上用表王者之德已使率土群黎向歸上命也
粉米者米已濟人之命表王者有濟養之德也黼白与黑形若
斧斧已裁斷以象王者有裁斷之德也黻之言戾戾背也黑与
青謂之黻作两已字相背象王者已綏化兆民已使向己背
惡以從善故為黻也日之質赤月星之質白山作獐考工記云山以

以辞也竜为騰躍之形似猕猴而大也章次如此者王者与天地合其應日月星天用昭明日最为盛所以居先月曰生光为其次之也上以象天下宜法地々之形势莫大於山故次三光也竜为水物水出於山故次之也花虫象於礼条文章以礼条文章润於万物故以次竜也宗彝所以次花虫者言王者既有礼条須威知乃以无威则民不畏无知则教不成故以次也藻所以次宗彝者王者威知之德随世而應故以次也火者言王者有德必向皈仰之如火向上故次之也米所以次火者民既皈王々須濟治々々之理得米而生故次之也黼所以次米者言王者已濟治兆民宜裁斷合理如斧之断决故以次之黻所以次黼者王既裁断得所善恶各有分宜人皆背恶从善故以次之　注昼缋云六色　正义曰考工記云昼缋之事雜五色東方謂之青南方謂之赤西方謂之白北方謂之黑天謂之玄地謂之黄青与白相次赤与黑相次玄与黄相次郑玄云此言昼缋六色所象及布采之第次此杜取彼記文省約而為之辞也　注青与至之用　正义曰謂之繡以上皆考工記文也此刺繡

之文以比方相次色亦采也六采謂續畫五色謂刺繡故令色柔之
文異耳鄭注尚書性曰采施曰色味色氣三者色居其中故杜言
集此五章以奉成五色之用明上下二文亦集此所陳以奉成五味
五氣之用舉中以明上下也　為君臣二物　正義曰此覆上因地
之義也為父子以下至生殖長育覆上則天之明也地有高下聖
人制禮為君臣上下君在上臣在下以法則地之義也以地有剛柔
內夫婦外內夫治外婦治內以經紀二物也物事也治理外內之二
事也上云天之經也地之義也又云則天之明因地之性再重言之皆
先天後地但法地事少則天事多故上先言法天後言法地此先云為
君臣上下以則地義始云為父子兄弟以象天明者以其則地事少
故先言之象天事多欲下就下就以經四時教其震曜殺戮及生
殖長育皆是象天之事欲使文相連接故後言之也下云以象天明則
此當云以象地性而云以則地義者義之与性一也因其先言故還
覆上文地之義也　注六親至曰亞　正義曰老子云六親不和焉
有孝慈六親謂父子兄弟夫婦也孝至曰孝莫大於嚴父論語云

北辰居其所而衆星共之六親父為尊嚴衆星北辰為長六親叙
睦以定嚴父若衆星之共北極是其象天明也妻父為昏壻父為
姻兩壻相謂曰亞皆釈親文也重昏曰媾尔雅元文相傳說耳釈
親又曰子先生為兄後生為弟男子謂女子先生為姊後生為妹
父之姊妹為姑母之晜々為舅謂我舅者吾謂之甥此皆世俗常
言杜不解者為易知故也　注在君武本也　正義曰論語云冉
子退朝子曰何晏對曰有政子曰其事也如有政雖不吾以吾其
与聞之於時冉子仕於季氏稱季氏有政孔子謂之為事是在君
為政在臣為事也此對文則耳論語稱孝友是亦為政明其政事
通言也民功曰庸治功曰力周禮司勳文也鄭玄以力庸謂法施
於民若后稷力謂制法成治若咎繇司勳又云王功曰勳國功曰
功事功曰勞戰功曰多鄭注云王功者若周公國功者若伊尹事
功者若禹戰功者若韓信陳平以其德教務其時要使民春耕夏耘
秋斂冬藏聖王之化先致力於民是為禮之本也　注此六至之氣
正義曰賈逵云好生於陽惡生於陰喜生於風怒生於雨哀生於

晦系生於明謂一氣生於一志謬矣杜以元年傳云天有六氣降
生五味謂六氣共生五味非一氣生一味此民之六志亦六氣共生之
非一氣生一志故云此六者皆稟陰陽風雨晦明之氣言共稟六氣
而生也　是故云六志　正義曰民有六志其志無限是故人君為
政審法時之所宜事之所類以制民之六志使之不過節也下云
審則信令謂人君則之知此審則宜類亦是人君則之審者言其
謹慎之意也此六志禮記謂之六情在己為情情動為志情志一也
所從言之異耳　天地之經緯　正義曰言禮之於天地猶織之
有經緯得經緯相錯乃成文如天地得禮始成就　故人至宜乎
正義曰劉炫云禮有宜曲宜直不可信情而行故人之能自曲直
以赴於禮者謂之為成人不能赴禮則不成為人謂之為大不亦宜
乎　赴謂奔走言鄉諧己性奔走以赴禮也恐劉義未爲　注曲直以
鄉其性　正義曰性曲者以禮直之性直者以禮曲之故云曲直以
鄉其性也　受牒而退　正義曰說文云簡牒也牒札也於時寫
令輸王粟具戍人宗之所出人粟之數書之於牒受牒而退言服

從也鸜之鵒之　正義曰此鳥以兩字為名但謠辭必韻故分言
之注褰袴　正義曰內則云童子不衣襦袴是衣有袴也以可褰切
故以褰為袴　秋書再雩旱甚　正義曰既言旱甚而經不書
旱者傳言旱甚解經一月再雩雩由旱甚然而後雩雩得雨
不至成災故不書旱　注擣芥至介雞　正義曰杜此二解一謂
介為芥擣芥子為末播其雞羽賈逵云擣芥子為末播其雞翼
可以坌郈氏雞目是此說也鄭衆云介甲也為雞著甲高誘注
呂氏春秋云鎧著雞頭杜又云或曰不知誰說以膠沙播之亦不可
解蓋以膠塗雞之足爪然後以沙糝之令其澀得傷彼雞也以郈
氏為金距言之則著甲是也　將禘至季氏　正義曰季氏私祭
家廟與禘同日言將禘是豫部分也祭人少季氏先使自足故於
公萬者唯有二人其衆萬於季氏輕公重己故大夫遂怨　注禘
祭至六人　正義曰釋例曰三年喪畢致新死之主以進於廟於
是乃大祭於大廟以審定昭穆謂之禘禘於大廟禮之常也各於
其宮時之為也雖非三年大祭而書禘用禘禮也釋天云禘大祭也

執干戚而舞謂之万舞也隱五年傳説舞佾之差云諸侯用六
是於礼法當三十六人也此以正礼言耳亦不知當時魯君用六佾以
否公羊傳曰昭公告子家駒曰季氏僭公室吾欲弑之何如子家駒
曰諸侯僭天子大夫僭諸侯久矣公曰吾何僭矣哉子家駒曰設
兩觀乘大路朱干玉戚以舞大夏八佾以舞大武此皆天子之礼
也如彼傳文當時或僭八佾不必用六也　注蓋襄公別立廟
正義曰杜以襄若以次遞毀則廟与先公同処禘於襄公亦應兼
祭餘廟今特云禘於襄公似与先公異処故云蓋襄公別立廟
讒人或爲也　正義曰讒人謂公若郈孫之徒讒季氏者勸君使
伐季氏以君徼天之幸幸而得勝則以爲己功不勝則推君爲惡
不可從也　舍民或必也　正義曰克勝也言君從上以來舍民已
經數代今以求勝此度不可必也　注魯城至入泗　正義曰釈
例土地名襄十八年沂水出東莞蓋縣艾山南經琅邪東海至下
邳縣入泗此沂水出魯国魯縣西南入泗水是沂水有二也此注云
魯城南自有沂水謂出魯縣者也又云大沂水出蓋縣南至下邳

入泗謂襄十八年之沂水也以其有二故辯明之　公徒至而踞
正義曰二十七年傳說此事云豈其伐人而說甲執冰以游則此
踞是游也曲礼云游无据〻是慢也謂傲慢而游戲　注言无以
取飲　正義曰賈逵云冰犢丸蓋也則是相傳為此言也方言曰
弓蔵謂之鞬或謂之犢丸如彼文則犢丸是盛弓者也此或說犢
丸是箭箙其蓋可以取飲十三年傳云司鐸射奉壺飲冰謂執此
也詩云抑釋掤忌抑鬯弓忌鬯蔵弓則冰蔵矢也毛傳云掤所以
覆矢掤与冰字虽異音義同是一器也　子家至君上　正義
曰子家子以為公本意自伐季氏非是諸臣所劫令子家意欲得
令諸臣等偽作劫君以伐季氏者令負罪而出君自可止住
注二十五家為社　正義曰礼有里社故郊特牲称唯為社事單
出里以二十五家為里故知二十五家為社也　天祿至之立　正義
曰天之福祿不可再謂得齊千社復得魯國也胙報也天若報君
終不得己於周公〻〻止封魯以魯封君足矣若既得魯国又得
千社則是己周公矣周公理不可己得齊千社必失魯国也既失魯

國而以千社為臣於齊誰復與之立也言從君之人皆將棄君去
矣公徒將殺昭子　正義曰昭子謀歸安衆而後納公則獨公得入
從公伐季氏者不得入故欲殺昭子也　左師展而歸　正義曰古
者服牛乘馬馬以駕車不單騎也至六國之時始有單騎蘇秦所
云車千乘騎萬匹是也曲禮云前有車騎者禮記漢世書耳
經典無騎字也炫謂此左師展將以公乘馬而歸欲共公單騎而
歸此騎馬之漸也　服而相之　正義曰言己與父平公盛服飾
而輔相之也　注楄柎至骨也　正義曰說文云楄方木也榦脅
也木以藉脅明是棺中笭牀也宋元所言藉榦者舉脅而言耳非獨
為脅故云榦嚴骨也　注欲取至成圍　正義曰經書取鄆而傳
言圍鄆故云鄆人自服不成圍以傳云書取言易也故賈為此解
杜從之也劉炫以為此時圍鄆而未得明年方始取之經即因圍
書取傳言實圍之日非自服也而規杜氏今知非者案二十六年公
圍成亦是圍而不得而書圍此若圍鄆不得何以不書圍案元
年伐莒取鄆書取不言伐此圍鄆取鄆亦書取不言圍其義正同

何爲不可刻何知此年圍鄆未服鄆若未服經何得否取苟出朐臆而規杜氏非也　注傳句至地名　正義曰釋魚云一曰神龜二曰靈龜三曰攝龜四曰寶龜五曰文龜六曰筮龜七曰山龜八曰澤龜九曰水龜十曰火龜則龜名先儒句故云所出地之名臧氏有蔡又有此蓋所寶非一　使爲賈正焉　正義曰賈正如周礼之賈師也賈師二十肆則一人其職云各掌其次之貨賄之治辨其物而均平之禁貴賣者使有恒賈此郈邑大夫使爲賈正使爲郈市之賈正也郈在後爲叔孫私邑此時尚爲公邑故使賈正通計簿於季氏　二十六年公至自齊　正義曰往年公孫于齊々侯唁公于野井公未必往至齊都而云至自齊者得與齊侯相見雖從齊竟而來亦是自齊也穀梁傳云公次于陽州其曰至自齊何也以齊侯之見公可以言至自齊是也公不得歸其國都而居至者賈云季氏亦欲爲臣故以告廟　天王入于成周　正義曰二十三年七月天王居于狄泉自尔以来單子劉子夾以東西雖不出王畿而居无定所此時始得入于成周遂以成周爲都来告故特書之案傳

子朝奔楚及王入成周皆在十一月经昬王入成周子朝奔楚皆在
十月者從告也刘炫云杜以朝既奔楚王始得入々必在朝奔後经昬王
入在前傳有告于諸侯之語故以为王告入在前朝告奔在後故先
昬王入炫謂子朝出亦王告下注与此自違　注召伯逆諸侯
正義曰傳言召伯盈逐王子朝々々及召氏之族奔楚召伯逆王于
尸与王入于成周則召氏族出奔召伯身不奔也知召伯當召氏经誤也
宣十年崔氏出奔書崔氏者非其罪也此尹氏召氏立庶篡適並
为有罪而亦昬氏者彼賓崔杼身奔非是舉族尽出但於例諸侯
之卿出奔者有罪则名无罪则不名崔杼不合昬名因其来告以
族遂昬崔氏示杼无罪也此尹氏召氏举族悉奔擬實而昬与彼
有異故注云尹召族奔非一人故言氏所謂文同而意異也子朝
奔王乃得入昬奔在王入下者王入乃告諸侯也刘炫云杜上注云子朝
来告晚何为此注又云王入乃告諸侯以二注不同將为杜失今知不然
者杜意王入乃告謂王入之後子朝乃告杜以傳云癸酉王入于成
周癸未王入于莊宮始云王子朝使告諸侯是王入之後子朝告諸侯

也刘以为王入乃告楚王告諸侯而規杜失非也　傳注前年至
鄣起　正義曰杜謂往年已取鄣此又發傳言齊侯取鄣者為下三月
公处鄣以發端也服虔以為往年齊侯取鄣實周鄣耳經於周各
取傳實其变故於是言取刘以服言為是往年十二月庚辰周鄣
今年正月庚申取之凡三十一月例合取言易此周乃取言易者齊
侯取以君公臣无拒君之義若魯自与五然故各取以見其易穀
果曰以其內公取之故易言之是也　注瑱充耳　正義曰家語云
水至清則无魚人至察則无徒故人君冕而前旒所以蔽明黈纊
塞耳所以蔽聽又詩云玉之瑱也礼以一條五采橫冕上兩頭下
垂繫黃縣〻下又縣玉為瑱以塞耳　五千庾　正義曰聘礼記
云十六斗曰籔十籔曰秉鄭玄云秉十六斛今江淮之間量名有
為籔者今文籔為逾杜拠儀礼今文故以庾為十六斗五千庾凡
八千斛考工記陶人為庾實二鬴厚半寸脣寸其下文旊人云豆
實三而成鬴則鬴受斗二升庾實二鬴則受二斗四升也彼陶人
所作庾自瓦器今〻甕之類非量器也与此名同而實異　君若待

于曲棘　正義曰宋公佐卒于曲棘者杜云曲棘宋地陳留外黄
縣城中有曲棘里今齊侯欲納魯君當是從齊向魯必不遠涉宋
地子猶令齊君待于曲棘必使止於竟内土地名齊地無曲棘十
年傳柏子君子山而反棘晋杜云齊國西安縣東有戟里亭蓋
此即彼棘也本无曲字涉上卒于曲棘誤加曲耳　射之至三寸
正義曰射之中楯瓦先言中之之處更説矢來之狀錄車輈矢激
從車轅之上甚矢之匕鏃入著楯瓦者猶深三寸言其弓力多而
矢入深也　注入楯至鏃也　正義曰此覆説中楯之事故知入者
入楯瓦也説文云軥軛下曲者襄十四年傳称射兩軥而還此与
彼同蓋朐軥字通用耳錄即由也訓為從也從上而過故言錄也
宣四年傳云伯棼射王汏輈　注云汏過也此云汏矢激謂矢激汏
其上而過也傳言匕入則匕是入楯者也今人猶謂箭鏃薄而長
闊者為匕是匕為矢鏃也　鬒鬚眉甚口　正義曰説文云鬒稠
髮也鬒鬚眉者言鬚眉皆稠多也甚口者謂大口也　刜林雍
正義曰説文云刜擊也字從刀謂以擊也今江南猶謂刀擊為刜

注鑒一足刖　正義曰既斷其足而云鑒知鑒是一足行也說文云鑒金色也蓋鑒金爲色亦名鑒　劉子以王出　正義曰二十三年傳云六月庚寅單子劉子樊齊以王如劉蓋從劉而居狄泉自狄泉又居於劉今爲子朝所逐蓋自劉而出也服虔云出成周也案二十三年天王居于狄泉々々近成周々々不屬王也其傳云召伯奐南宮極以成周人戍尹二十四年傳云王子朝用成周之寶珪于河是周常屬子朝之驗也二十五年黃父之會趙簡子令諸侯之大夫云明年將納王々々爲欲納之於成周耳若敬王先在成周無爲更須納之知出爲從劉出耳王既棄劉而去故王城人焚劉　注萑谷至鄭邑　正義曰王雖未有安居終亦不出畿內知此皆周地也襄十八年楚人伐鄭傳稱公子格率銳師侵費滑胥靡是本爲鄭邑今爲周邑也　賂吾至從也　正義曰賂吾以天下使吾爲天子吾盍不從也　昔武王克殷　正義曰諸本皆無服虔王肅並注云文王受命武王伐紂故云文武克殷下句云吾無專享文武之功則合文武是也杜無注諸本悉作武王克殷疑誤也今定本

亦作武王克殷　夷王　正義曰謚法安民好靜曰夷　注不忍
逐于彘　正義曰周語云厲王虐國人謗王召公告曰民不堪命也
王怒得衛巫使監謗者以告則殺之國莫敢言道路以目三年乃流
王于彘則炫案周本紀民相與叛襲厲王々々出奔于彘周語又
曰彘之亂宣王在召公之宮國人圍之召公知之乃以其子代宣王
言代則國人謂是宣王國語雖不言殺必殺之矣國人相與襲王
々既奔免得王子而殺之若得厲王亦應不舍而杜云不忍害王未必
然也蜀謂不忍者不已忍王之虐也令知不然者下云居王于彘是
以理居處厲王于彘又云諸侯釋位以間王政是憂念王政則不忍
者是不忍害王也若其必欲殺王應云王奔于彘則以周語云周
人欲殺王子召公以子代之則周人欲殺王子何肯不忍害不以
為不忍者不堪忍王惡案周語但云求王子不云求殺之是益橫周語之
文而規杜過非也　注間猶主政事　正義曰周本紀云彘之亂宣
王在召公之宮國人圍之召公以其子代大子々々竟得脫周召二
公二相行政號曰共和元年是釋位與治王政之吏也　注宣王至

授也　正義曰周語云召公以其子代宣王々々長而立之周本紀云共和十四年厲王死于彘太子靖長于召公家二相乃共立之為王是為宣王是召公長之也共和之年宮之政事皆決於二相宣王長而有志堪為人主二相乃致其宮政於王也效者致与之義故陸云效授也　陸讀王至郏鄏　正義曰鄭語称夏之衰也襃人之神化為二竜以同於王庭而言曰余襃之二君也夏后卜殺之与去之与止之莫吉卜請其漦而藏之吉乃布幣焉而策告之竜亡而漦在櫝而藏之及歷殷周莫之發也及厲王之末發而觀之漦流於庭不可除也王使婦人不幃而譟之化為玄黿以入於王府々々之童妾未既齔而遭之既笄而孕當宣王而生不失而育故懼而棄之時有童謠曰檿弧箕服實亡周國於是宣王聞之乃有夫婦鬻是器者王使執而戮之夫婦方戮逃在路哀其夜号也而取之以逸逃於襃々々人有獄而以入於王々遂置之而嬖是女使至於后而生伯服周語云幽王伐有襃々人以襃姒女焉襃姒有寵生伯服於是乎与虢石父比逐太子宜咎而立伯服太子

出奔申々人繒人召西戎以伐周々於是亡吾傳多說其叓此其本也詩序云幽王取申女以為后後得褒姒而黜申后周本紀云幽王太子母申侯女也而為后王廢后并去太子用褒姒為后以其子伯服為太子申侯怒乃與繒西戎共殺幽王于驪山之下虜褒姒尽取周賂而去於是諸侯乃即申侯共立故幽王太子宜臼是為平王東遷徙於洛邑辟戎寇也魯語云幽王滅于戲々驪山之北水名也皇甫謐云今京兆新豐東二十里戲亭是也劉炫云如國語史記之文幽王止立伯服為太子耳既虜褒姒必廢其子未立為王而得呼為攜王者或幽王死後褒姒之黨立之為王也汲冢書紀年云平王奔西申而立伯盤以為太子與幽王俱死于戲先是申侯魯侯及許文公立平王於申以本大子故稱天王幽王既死而虢公翰又立王子余臣於攜周二王並立二十一年攜王為晉文公所殺以本非適故稱攜王束皙云案左傳攜王奸命舊說攜王為伯服々々古文作伯盤非攜王伯服立為王積年諸侯始廢之而立平王其叓或當然

注惠王平王六世孫 正義曰世本云平王栢王妹々

生莊王佗々生僖王胡齊々生惠王涼是六代也惠王生襄王鄭
々生頃王邑々生匡王班及定王瑜々生簡王夷々生靈王泄心々
生景王貴々生悼王猛及敬王匄　咸黜不端　正義曰諸本咸或
作臧王肅云咸皆也傳咸為七經詩其傳詩有此句王義之寫亦
作咸杜本當然　在定至乱災　正義曰降者自上而下之言
當時秦人有此妖語若似自上而下神馮之然故云降妖也然自
受其乱災以上皆是妖語至于靈王以下是子朝廣說妖言謂
子猛當閒王位身服享言諸侯服從獻國之所有　規求無度
正義曰倍本作規服王孫皆隨云玩貪也无年傳曰翫歲而愒日
杜云翫愒皆貪也則此言貪求无限度本或作規謬也　倍奸
齊盟　正義曰倍即背也違背奸犯齊同之盟也案於時諸侯不
有同盟許立子朝單劉未嘗與朝結盟而後背之言單劉倍奸
齊盟誣之　注攝持至景王　正義曰是攝言執持之使不傾
危也是贊謂佐助之使得存立也故以攝為持贊為佐也杜以先
王為景王則矯誣先王者當謂矯景之命立猛耳知先王非先世

之王者以言矯誣是矯詐誣罔擬其人有語矯誣之猶今矯称詔
勅若先世之王去此久遠不得有立猛之叓子朝何得称矯誣之乎
又傳云干景之命故杜以先王謂景王刘炫以为先世之王而規杜氏非
也毋速天罰正義曰速召也子朝以單刘为乱從之必有天殃故
勸諸侯无君天罰 昔先王以卜 正義曰先王先世之王不斥一
人蓋自古以来共如此也襄三十一年傳曰公薨立胡女敬歸之子
〻野子野卒立敬歸之娣齊歸之子稠穆叔曰大子死有母弟則
立之无則立長年鈞擇賢義鈞則卜古之道也非適嗣何必娣之
子彼言大子死立母弟則此言擇立長謂无母弟者也彼又云子野非
適嗣何必娣之子然則適嗣立而死當立娣之子也姪与娣同蓋
王后夫人无姪娣之子乃於諸妾之子擇立長耳年鈞擇賢与此年
鈞以德皆謂毋之貴賤等者公羊傳曰立適以長不以賢立子以貴
不以長明毋貴則先立也此子朝之毋必賤於猛母故書言立長之
義不言毋之貴賤何休難年鈞以德之言云人君所賢下必從之寧
豈使王不立愛也鄭玄答云周礼小司寇掌外朝之政以数万民而

詢爲其三曰詢立君其位王南鄉　三公及州長百姓北面群臣西
面群吏東面小司寇以敘進而問焉如此則大衆之口非君所已掩
是王不得立愛之法也　公卿至制也　正義曰三公六卿无得私附
王之庶子而妄立之其意言單列有私情違古制也何休雖云大
夫不世功而并由公卿通繼嗣尨氏右短鄭玄云公卿之世有大功
德先王命所不絕者何難既非鄭答亦謬　注出齊至不見
正義曰傳言齊有此星而齊侯使禳之明出齊之分野齊出於玄枵
之次也彗即孛也文十四年有星孛入于北斗十七年有星孛于
大辰彼皆書此不書者時魯不見或陰不見　詩曰至方国　正義
曰詩大雅大明之篇也惟此文王慎小其心翼々然共順也又已明
事上天惟以上天之道思使自得多福其德不有回邪以受四方之
国言四方皆歸之　詩曰至且豫　正義曰詩小雅車舝刺幽
王也　家施不及国　正義曰大夫称家々之所施不得施及國
人言國人是國君之所有大夫不得妄施遺之以樹已私恩陳氏
施及国人是違礼也　大夫不收公利　正義曰尚書洪範曰惟

辟作福惟辟作威臣无有作福作威臣之有作福作威其害于而
家凶于而国是言作福作威君之利也大夫不得聚收公利自作
福也陳氏作福以招国人之心施民作福是收公利也礼之玉地並
正義曰天地人民莫知其始但人稟陰陽之氣生於天地之間天地
既形人民必育易序卦曰有天地然後有万物々々々然後有男
女々々々然後有夫婦々々々然後有父子々々々然後有君
臣々々々然後有上下々々々然後礼義有所錯是言有天地
即有人民々々々即有父子君臣父子相愛君臣相敬々愛為礼
之本是与天地並興　先王玉上之　正義曰先古聖王所治
理人民者内受陰陽之氣生於天地之中以有上下之礼乃可治
其天下又礼与天地同貴是以先王上之

春秋正義卷第三十一

計一万五千九百四十九字

春秋正義卷第三十二　昭公

国子祭酒上護軍曲阜縣開国子臣孔穎達等奉

勅撰

二十七年注僚亟至在僚　正義曰杜數僚之罪以示其道之驗僚以十六年即位十七年与楚戰于長岸二十三年伐州来敗楚于雞父其年又使大子諸樊入郹二十四年滅巢及鍾离此年又因楚喪而伐之是其亟戰民罷又伐楚喪故光得乘間而動称国以弒罪在僚也言挙國皆欲弒之非獨光之罪故不書光弒

注无極至罪宛　正義曰文七年宋殺其大夫傳曰不称名非其罪也死者无罪則不称其名是称名者皆必有罪矣此郤宛書名故杜跡其為罪之狀書名所以罪宛也　注快鄁至故書　正義曰鄁是小国其臣見於經者甚少唯此与襄二十三年鄁畀我来奔書者二人而已釈例曰魯之叔孫父兄再命而書於經晉之司空亞旅一命而經不書推此知諸侯大夫再命以上皆書於經自一命以下大夫及士經皆称人名氏不得見此皆典策之正文也小国

之卿或命而礼仪不備或未加命数故不書之邾卑我之等其奔
亡亦多所書唯数人而已知其合制者少杜言数人謂此快与卑
我及曹公孫会也是言快是邾之命卿備於礼成为卿故書也快
不書氏蓋未賜族无可称也　傳注二子王母弟　正義曰賈逵
云然當是相傳説耳未必有正文也三十年傳此二公子奔楚々子
大封而定其徙子西諫曰吴光新得国若好吾边疆使柔服焉
猶懼其至吾又彊其讎以重怒之无乃不可乎謂此二子为光之
讎或當是僚母弟也　聘于上国　正義曰服虔云上国中国也
蓋以吴辟在东南地勢卑下中国在其上流故謂中国为上国也
下云遂聘于晋則上国之言不包晋矣當揔謂宋衛陳鄭之徒为
上国耳亦不知其時聘幾国也經不書来必不至鲁檀弓云延陵
季子適齊於其反也其長子死葬於嬴博之間鄭玄云鲁昭二十
七年吴公子札聘於上国是也如鄭之言此時或聘齊也　注季
子至州来　正義曰襄三十一年注云延州来季札邑此又分析之
言本封延陵後復封州来故曰延州来成七年吴入州来　注云楚

邑淮南下蔡縣是也十三年吴滅州来二十三年傳云吴伐州来
楚薳越救之則州来未为吴有不可以封札也釈例土地名延州
来闕則延陵州来並闕不知其処杜意當謂吴地别有州来非楚
邑也鄭玄云季子讓国居延陵因号焉襄二十九年公羊傳曰季
子去之延陵終身不入吴国然則季子雖則讓国猶尚仕为吴卿
非自竄於彼地吴世家云季札封于延陵故号曰延陵季子杜言
封是也封謂賜之为采邑耳　注二尹楚官　正義曰楚官多以
尹为名知二尹是官名耳其筭王之義不可知也服虔云王尹主
宮内之政筭不可解王未必然定本王作工　注都君至校人
正義曰都謂国都在都君子明是在都邑之士也都邑之士以君子
为号故知是有復除者謂優復其身除其傜役賈逵云然今之僕
令猶名放課役者为後除是漢世以来有此言也此人或别有功労
或曲蒙恩沢平常免其傜役变急乃使之耳周礼校人掌養馬知
王馬之属是王之粮馬之官属也校人職云凡頒良馬而養乘之
乘馬一师四圉三乘为阜々一趣馬三阜为繫々一馭夫六繫为

廄々一僕夫六廄成校々有左右駑馬三良馬之數麗馬一圉八麗一師八師一趣馬八趣馬一馭夫諸侯六閑養馬之人多矣此唯養馬不給餘役令亦支急而衛使之遇于窮　正義曰土地名窮闕也本或窮下有谷字者為定七年傳敗尹氏于窮谷涉彼而誤耳　上國有言　正義曰賈逵云上國中國也服虔云上國謂上古之國賢士所言也此猶如上文聘于上國則賈言是也

注光吳至王嗣　正義曰吳世家云吳王壽夢有子四人長曰諸樊次曰餘祭次曰餘昧次曰季札々々賢而壽夢欲立之季札讓不可乃立諸樊々々卒有命授弟餘祭欲傳以次必致國於札兄弟皆欲致國令以漸至焉餘祭卒弟餘昧立餘昧卒欲授季札々々讓逃去於是吳人曰先王有命必致季子今逃位則餘昧後立今卒其子當代乃立餘昧之子僚為王公子光者王諸樊之子也常以為吾父兄弟四人當傳至季子々々不受光父先立君既不傳季子光當立遂殺王僚光代立為王是史記以光為諸樊之子僚為夷昧之子也襄二十九年公羊傳曰謁也餘祭也夷昧也與

季子曰毋者四季子弱而才兄弟皆愛之同欲立之以為君求兄
迭為君而致国乎季子故謁也死餘祭也立餘祭也死夷昧也立
夷昧也死則国宜之季子者也季子使而亡焉僚者長庶也即之
闔閭曰將從先君之命与則国宜之季子者也如不從先君之命
与則我宜立者也僚惡得為君乎於是使專諸刺僚世本云夷昧
及僚夷昧生光服虔云夷昧生光而廢之僚者夷昧之庶兄夷
昧卒僚代立故光曰我王嗣也是用公羊為說也杜言光吳王諸樊
子用史記為說也班固云司馬遷采世本為史記而今之世本与
遷言不同世本多誤不足依馮故杜以史記為正也光言王嗣者言
己是世適之長孫也　注猶言至託光　正義曰古人言有顛倒
故杜以為是无若我何猶言我无若是何恐己死之後不能存立
欲以老弱託光也彭仲博云當言是无我若何我母无我為如何
我字而在若上　門階至親也　正義曰言從門至階從階至户
從户至席皆是王之親兵也　鈹　正義曰說文云鈹劍也則
鈹是劍之別名　及体以相授　正義曰鈹之鋒刃及進羞者体

也王之左右必更有人受羞以進王故言相授也每則相授進羞者得至王所　注全魚炙　正義曰吳世家云鱄諸置匕首於炙魚之中以進食手匕首刺王僚匕首者劍首如匕匙手匕首謂執匕首也　取五甲五兵　正義曰周礼司右云凡国之勇力之士能用五兵者屬焉鄭引司馬法曰弓矢圍殳矛守戈戟助凡五兵長以衛短短以救長然則弓矢殳矛戈戟五者皆名為兵此云五兵當是一種器耳不知取何兵也服虔云兵戟也　注編菅至稾也　正義曰釋草云白華野菅郭璞云菅茅屬釋器云白蓋謂之苫李巡曰編菅以覆屋曰苫郭璞曰白茅苫也是編菅為苫也束把詩毛傳文也説文云秆禾莖也是為稾也或取一片苫或取一把稾言民不肯燒之　国人至炮之　正義曰国人投之謂投菅秆於他故遂不燒也令尹炮之一句是鄢將師令衆之辭服虔云民弗肯爇也鄢將師称令尹使女爇炮之爇炮爇皆是燒也　懼禍至道也　正義曰言季氏无罪而公濫討之叔孫氏亦懼禍之濫及於己而自同心於季氏俱叛公此乃天之常道也　孟懿至伐鄆　正

義曰伐鄭欲奪公鄆使公不得居也不否者伐公逆亶不可以告
廟国史无由得否　猶有至敗也　正義曰言尚有鬼神以助君此
戰必當敗也況无鬼神乎　鄢將師矯子之命　正義曰令尹召
鄢將師告之以郤宛門有甲耳不令攻郤宛也鄢將師退而令與使
攻之是矯令尹命也　朝夕至飲酒　正義曰礼有諸侯相为賓
主国詩之有享食燕三礼享为大鄭玄云享謂享大牢以飲賓是
为礼之大者子家以公雖居鄆以齊为主此年已再如齊數相見
不为賓客故言朝夕立於其朝又何須設饗礼為其飲酒也勸
其用宴礼而飲酒耳　注此公至坐也　正義曰燕礼者公燕大
夫之礼也公雖親在而別有主人鄭玄云主人宰夫也宰夫大宰
之屬掌賓客之獻飲食者也君於其臣雖为賓不親獻以其尊莫
敢伉礼也今齊侯与公飲酒而使宰獻是比公於大夫也獻々爵
者礼有三酌獻也酬也酢也獻酬是主人獻賓唯酢是賓荅主人
耳礼君不敵臣宴大夫使宰为主即燕礼是其事也杜以宰獻而請安
謂齊侯請自安於別室不在坐也劉炫云案燕礼司正洗角觶南

西坐奠于中庭升東楹之東受命西階上北面命卿大夫君曰以我安卿大夫皆對曰諾敢不安彼是請賓使自安當如彼使宰請魯侯自安耳主人請安謂主人使司正請安于賓服虔亦然杜今云齊侯請自安非也今知不然者案鄉飲酒礼賓主相敵主人亦請安于賓然則齊侯与公敵礼安賓乃是常事何須傳載其文以見卑公之義明是齊侯請欲自安不在其坐明慢公之甚劉不審思此理用燕礼請安之義而規杜非也　二十八年傳惡直至有徒

正義曰以直為惡以正為醜惡直變醜正道如此人者實蕃多有徒衆言時世慕善者少從惡者多　詩曰無立辟　正義曰詩大雅板之篇刺厲王之詩辟邪也辟法也民之多有邪辟者於此之時死自謂所立者為法是言死道之世法不可為古辟辟字同音異耳

鈞將皆死　正義曰鈞同也殺勝与臧盈亦死不殺盈亦死同將皆死不如殺之使盈聞而快意　吾母多　正義曰言父多妾媵而謂之母多者意言庶弟少擬庶弟而發言故謂父妾為母耳

殺三夫　正義曰三夫皆自命盡而死其死不由夏姬而云殺三夫

者婦之配夫殺其偕老其夫數死是妻之薄相故以為夏姬之咎
一君乃至兩卿　正義曰一君一子蒙上殺文兩卿亦蒙亡文也以兩
卿棄位出奔身不死故為亡也此事皆當十年十一年傳　甚美
必有甚惡　正義曰物忌大盛善不可常暑往寒來晝明夜暗
孰能無此者天地〻〻尚不能常況人乎故甚美必有甚惡也甚
美謂夏姬之身甚惡當在其後言其種亂當惡故禁其子取之子
貉乃至於是　正義曰此因鄭靈早夭而夏姬美推之為此言耳
不是兄早死而妹必美也猶今俗語云〻衰家女未必慧家女未
必衰　將必至敗也　正義曰夏姬淫惑喪國滅家叔向之母猶謂
未是大敗故言將必以是大有敗也十四年傳稱施邢侯者或是
夏姬之男此殺楊食我又是夏姬之外孫其種盡矣　生女黰
黑　正義曰黰即鬒也詩云鬒髮如雲毛傳云鬒黑髮也如雲
言美長也說文云鬒稠髮也然則鬒者髮多長而黑美之貌也此
傳黰下有黑則黰文不兼於黑故賈杜皆云美髮為黰　注髮膚
乃至照人　正義曰傳於黰黑甚美之下乃云光可以鑑知髮與肌

膚二者光色皆可以照人　注夔舜至君長　正義曰尚書舜典
云帝曰夔命汝典樂教胄子是夔為舜之典樂之官也正長也后
君也故云典樂之君長王朝公卿故以后言之猶謂稷為后稷
生伯至封豕　正義曰豕心言其心似豬貪而無恥也　方言云晉
魏河内之北謂惏為殘楚謂之貪則惏亦貪也賈逵云惏耆食也
其人貪耆財利飲食無饜足之忿懟很戾無有期度時人謂之大
豬　注纇戾也封大也　正義曰以纇忿共文則纇亦似忿故以
為戾言很戾也定四年傳封豕與長蛇相對知封為大也服虔云
忿懟其纇以饜貪其私無期度也　注夏以至姬廢　正義曰晉
語云史蘇曰昔夏桀伐有施氏々々々以妹嬉女焉妹嬉有寵於
是与伊尹比而亡夏殷辛伐有蘇氏々々々以妲己女焉妲己有
寵於是与膠鬲比而亡殷周幽王伐有襃有襃人以襃姒女焉襃
姒有寵生伯服於是与虢石甫比逐大子宜咎而立伯服大子奔
申々人鄫人召西戎以伐周々於是乎亡是三代所由亡之事也共子之
事具見於傳　苟非至有禍　正義曰苟誠也誠不以德義自持

一四四六

則必有禍　注兄弟至謂姒　正義曰相謂者幼者謂長為姒也
子容是伯花之子其兄弟伯花最長叔向次之其餘諸弟皆小於
叔向故謂叔向為長叔々向之妻其年長於子容之母故稱長叔
姒也釋親云女子同出謂先生為姒後生為娣孫炎曰同出俱嫁
一夫也公羊傳曰娣者何弟也此其義也是言共事一夫者長為姒
幼為娣自以身之長幼生娣姒之名其娣姒之名不由夫之長幼
釋親又云長婦謂稚婦為娣婦々々謂長婦為姒婦自以身之長
稚相謂也喪服小功章云娣姒婦報傳曰娣姒婦者弟長也傳言弟
長者双訓娣姒言娣是弟姒是長也鄭玄云娣姒者兄弟之妻相
名也長婦謂稚婦為娣婦々々謂長婦為姒婦無敢爾雅之文以
解弟長之義是以身之長幼明矣　分祁至氏大夫　正義曰此祁氏與
羊舌氏之田舊是私家采邑二族既滅其田歸公分為十縣為公
邑故選置大夫也傳文先祁後羊舌故依下文選置大夫之次上
七縣為祁氏之田下三縣為羊舌氏之田且五年傳謂伯石為楊石
明楊氏是羊舌之田也家語與史記皆謂羊舌赤為銅鞮伯華是

銅鞮亦羊舌邑也平陽之功在銅鞮楊氏之間知亦羊舌邑也
注二十到敬王　正義曰二十二年傳曰晋籍談荀躒賈辛司馬
督帥師軍于陰于侯氏于谿泉次于社　賈辛軍谿泉司馬督次于
社督即烏也此衆軍並為代子朝欲納敬王　注卿之至餘子
正義曰宣二年傳云宦卿之適以為公族又官其餘子亦為餘子
其庶子為公行注云餘子適子之母弟也庶子妾子也彼適庶分
為三等故餘子与庶子為異此无所對故揔謂庶子為餘子也此四
人之内當有妻生妾生者也知徐吴韓固是卿之孫也趙朝卿之
曾孫也而並称餘子者言其父祖是餘子就餘子々孫之内選其
賢者而用之此四人不失常職已守其父祖之業者也　對曰
訖可乎　正義曰遠不忘君言職雖疏遠而心在公室常忠敬也
近不偪同言親近有寵不偪迫同位常謙苦也居利思義臨財不
為得思義可取乃取之也在約思純處貧賤而思純固无叨濫之心
也有守善之心而无淫邪之行雖則親子而与之縣不亦可乎
昔武至親也　正義曰由武王克商得封建諸国帰功於武王耳

此十五国或有在後封者非武王之時尽得封也尚書康誥之篇周公營洛之年始封康叔于衛洛誥之篇周公致政之年始封伯禽于魯明知武王之時兄弟未尽封也僖二十四年傳称周公弔二叔之不咸故封建親戚以蕃屏周亦以周公為制礼之主故歸功於周公耳非尽周公封也九年傳曰文武成康之封建母弟則康王之世尚有封國宣王方始封鄭非独武王周公封諸国也僖二十四年傳數文之昭也有十六國此言武王兄弟之国十五人者人異故說異耳非武王封十五周公始加一也以魯衛驗之知周公所加非唯一耳 詩曰王孫子 正義曰詩大雅皇矣之篇美文王之德也唯此文王之身為天帝所祐天帝開度其心令其有揆度之惠所度前事莫不皆得其中也又使之莫然安靜其德教之善音施之於人則皆應和之也又能有監照在下之明又能有勤施无私之善又能教誨不倦有為人師長之德又能賞善刑惡有為人君上之度既有人君之德故為人君王此周之大邦也其施教令能使国人備服而順之既為国人順服又能擇人之善者比方其

善乃從而用之以此文王之德比于上世有已經緯天地文德之
王如堯舜之輩其此詩人称比較于文王之九德其德皆是无为人
所悔吝者言文王之德堪比或以为比于前世文德之王義亦通
也以此之故既受天之祉福施及于後世之子孫得使長王天下也
此章文次如此者德皆天之所援故先言帝度其心明以下皆蒙之
帝文也德由心起故先言心能度物也心既已度然後已施為
政教故次莫其德音言變政教請靜也为君所以施政故先言政
教請靜乃論身内之德故次能明已善其明與善還是德音之
变施之於人有昭臨之明勤施之善存心已施而无私乃可为人
君長故次克長克君長即師也學記曰已为師然後已为長已为
長然後已为君故先長後君也既言堪为人君即說为君之变故
言王此大邦也既内大邦之君已使国人順服故次克順也民既
順服又須擇善用之故次克比也比于文王其德无所可悔故言
受天之福澤流後世以結之此傳言唯此文王毛詩作維此王季經涉
亂罹師有異讀後人因而兩存不敢追改今王肅注毛詩及韓詩亦

作唯此文王鄭注毛詩作維此王季故解比于文王言王季之德
可以比于文王也劉炫云此作唯此文王不可以文王之德還自
比文王故比于文王可以比于上代文德之王也心能制義曰度
正義曰心能制斷時宜使合於義是為善揆度也言預度未來之
事皆得中也 德正應和曰莫 正義曰毛詩莫作貊系祀別此
詩亦作莫釋詁云貉嘆安定也郭璞云皆靜定毛傳云貊靜也其
德既正為政清靜故有所施為民皆應和易繫辭曰君子居其
室出其言善則千里之外應之即此義也莫是清靜之意故杜
云莫然清靜 注施而至類也 正義曰勤力施惠情无偏私
物皆得所是无失類也鄭玄云類善也无失類者不失善之類
也 賞慶刑威曰君 正義曰人君執賞罰之柄以賞慶人以
刑威物是為君之道 慈和徧服曰順 正義曰人君執慈心以
惠下用和善以接物則天下徧服而順從之故為順也易繫辭
云天之所助者順故杜云唯順故天下徧服 經緯天地曰文
正義曰易稱聖人先天而天弗違後天而奉天時言德能順天隨

天所為如經緯相錯織成文章故為文也　注近文德所及遠　正義曰成鱄引此詩者唯欲取克類克比二叓同於文王故云近文德矣文王以有此德故得施于子孫魏子既近文德亦將所及遠也　從使之收器者　正義曰下云叔向將飲酒將欲舉爵而飲此則飲猶未畢使者擬收器耳未即收也　一言而善　正義曰舊說云一言者謂設由上徹由下御以如皋　正義曰詩云鶴鳴于九皋是皋為澤也如往也為妻御車以往澤也　遂如故知　正義曰遂如故舊相知　詩曰至忠也　正義曰詩大雅文王之篇也言王者長自言我之所為配上天之命而行之是自求衆多之福使歸已此詩之意言忠則然也言魏子亦忠必有多福歸之　注魏子至將軍　正義曰晉使卿為軍將謂之將中軍將上軍此以魏子將中軍故呼為將軍及六國以來遂以將軍為官名蓋其元起於此　二十九年注以乾至侯故　正義曰二十五年公孫于齊齊侯唁公于野井二十六年經書公至自齊公虽不至齊都既入齊竟得与齊侯相見故書公至自齊往年公如晉次于乾侯

虽入晋竟不得与晋侯相見故書至自乾侯以乾侯致告於廟者
为不得見晋侯故　注唁公至晋不見受　正義曰詩毛傳曰弔
失国曰唁二十五年公新失国齐侯唁公可矣於此後唁公者公以
齐不憂已棄而適晋望得晋人矜之晋侯不肯見公齐侯心後恨
公嫌公此举故遣唁公所以嗤笑公也故云唁公至晋不見受又
似更後失国故唁之　注民逃至叛公　正義曰民逃其上曰潰文
三年傳例也公自二十六年以来常居于鄆此時公既如晋必留人
守鄆鄆人潰散而叛公使公不得更来當是季氏道之使然
傳注比公於大夫　正義曰傳称范宣子撫荀偃云事吳敢不如
事主醫和謂趙文子曰主是謂矣如此之類大夫称主傳文多矣今
高張以齐侯之命称公为主君以晋不受公故輕侮之比公於大夫也
注二十至道还　正義曰尹固後还之年傳虽不載以婦人尤之
云其已三岁乎知二十六年在道而还至此为三歲也　注啓服馬
名　正義曰釋畜云馬前右足白啓郭璞曰左傳曰啓服詩云兩
服上襄鄭玄云兩服中央夾轅者此馬毛色名啓公用以夾轅故以啓

服为名也　注礼曰至馬也　正義曰檀弓文也礼有埋馬之法
子敬子請以馬肉食從者也以出将为之櫝所以深抑之公感子
敬子之言方始依礼以帷裹之史記滑稽傳云楚莊王有所愛馬
衣以文繡置之花屋之下席之以路牀啗之以棗脯馬病肥死欲
以棺槨大夫礼葬之優孟者故楚之樂人也多辯常以談笑風諫
於是入門大笑王驚而問其故優孟曰馬者王之所愛也以楚国
之大何求不得而以大夫礼葬之薄請以人君礼葬之王曰何如
對曰臣請以雕玉为棺文梓为椁發甲卒为穿壙老弱負土廟
食大牢奉以万户之邑諸侯聞之皆知大王賤人而貴馬也王曰
寡人過一至於此为之奈何優孟曰請大王以六畜葬之以埯竈为
槨銅歷为棺齎以薑桂薦以木蘭祭以粳稻衣以火光葬之人腸於
是王乃使以馬屬大官无令天下聞之彼亦此之類也　注竜輔玉
名正義曰周礼使澤国用竜節皆金也以英蕩輔之杜子春云蕩
謂以函器盛此節謂鑄金为竜以玉为函輔盛竜節謂之竜輔此
献函不献節故直云献竜輔玄卿云盛竜節之玉函耳案說文云竜

禱旱玉也内竜文又玉人云上公用竜令輔与竜連文故云竜輔
玉名蓋用此意　注出之産舎　正義曰内則云妻将生子及月
辰居側室夫使人日再問之作而自問之妻不敢見使姆衣服而對
至于子生夫復使人日再問之夫齊則不入側室之門子生男子設
弧於門左女子設帨於門右三日始負子男射女否然則産舍是
側室也人實至實知　正義曰人以竜不生得而謂之内知者此是
人實不知非是竜實已知言竜可生得非是不生得也故說古有養
竜之吏以證竜可生得也以人不知有此吏故令說之　注豢御養
也　正義曰服虔云豢養也穀食曰豢御亦養也養馬曰圉礼養
犬豕曰豢知其以穀養蓋竜亦食穀也御与圉同言養竜猶粮
馬故称御　乃擾畜竜　正義曰順也順竜之所欲而畜養之
注鬷水至董姓　正義曰鄭語云黎為高辛氏火正命之曰祝融
其後八姓董姓鬷夷豢竜則夏滅之矣是也　注孔甲至九世
正義曰帝王世紀云少康子帝杼々子帝芬々子帝芒々子帝泄
々子帝不降々々弟帝扃々子帝廑也至帝孔甲孔甲不降子

注合為四　正義曰服虔云四頭為乘四乘十六龍也傳言賜之
乘龍賜之一乘之龍也即云河漢各二是河漢共一乘也又云各有
雌雄是河漢之二皆一雌一雄也故杜以為合為四　注更代至四年
正義曰傳言以更豕韋之後則豕韋是舊國廢其君以劉累代之
鄭語云祝融之後八姓大彭豕韋為商伯矣又云彭姓彭祖豕韋
則商滅之矣如彼文豕韋之國至商乃滅於夏王孔甲之時彭姓
豕韋未全滅也下文云劉累懼而遷于魯縣明是累遷之後豕韋
復國至商乃滅耳襄二十四年傳范宣子自言其祖在夏為御龍
氏在商為豕韋氏則劉累子孫後封豕韋杜跡其事知累之後世更復
其國為豕韋氏也回亢此解杜自為證故云在襄二十四年　夫
物至不育　正義曰此論致龍之意物謂龍也夫物物各有其官
當謂如龍之輩蓋言鳳皇麒麟白虎玄龜之屬每物各有其官
主掌之也其人居此官者脩其為官方術從朝至夕終日脩之若
一日失其所掌之職令其官方不理則有死罪及之居官者當死
矣失其官方則不得食祿得死罪是不食祿也居官者安其為官

之業使職事修理則其所掌之物乃自生至水官脩則竜至其餘亦當然也若滅棄所掌之事令職事不脩則其物乃止息而潛伏沈滯壅塞不復生育以此故不可生而得也　注宿猶安也　正義曰夜宿所以安身故云宿猶安也謂安心思其職業服虔云宿思也今日當預思明日之事如敬人宿火矣玄卿以服義大迂曲　注泯滅也坻止也　正義曰釋詁文也上言官宿其業其物乃至職業不脩則物不至物雖不至尚有物在若滅棄其官百事不理則其物止而潛伏不復生育乃令无有此物非徒不至而已　注鬱滯也湮塞也　正義曰賈逵云然杜用之也鬱積是沈滯之義故為滯也傳謂塞井為湮井是湮為塞也言此物沈滯壅塞不復生也　實列受氏姓　正義曰列謂行列言五官皆然也人臣有大功者天子封為國君又賜之以姓諸侯以國為氏言其得封又得姓兼受之也　注五官至尊奉　正義曰五官之君長死則皆為貴神王者社稷五祀則尊奉之如祭配食於五行之神即下重脩熙私犂是也王者祭木火金水之神而以此人之神配之耳非專祭

此人也分五行以配四時故五行之神句芒祝融之徒皆以時物之狀而為之名此五者本為五行之神作名耳非與重該之徒為名也晉語云虢公夢在廟有神人面白毛虎爪執鉞行在西阿公懼而走神曰無走帝命曰使晉襲于尔门公拜稽首覺召史嚚占之對曰如君之言則蓐收也天之刑神也如彼文虢公所夢之狀必非該之貌自是金神之形耳由此言之知句芒祝融玄冥后土之徒皆是木火水土之神名非所配人之神名也雖本非配人之名而配者與之同食亦得取彼神名以為配者神名猶社本土神之名稷本穀神之名配者亦得稱社稷也此五行之官配食五行之神天子制禮使祀焉是為王者所尊奉也　注正官至重焉　正義曰正訓為長故為官長木官之最長也其火金水土正亦然賈逵云摠言万物句芒非專木生如句杜誤耳木正順春万物始生句而有芒角杜獨言木者以木為其主故經云木正且木比万物芒角為甚故舉木而言劉炫以杜不取賈義而獨舉於木而規杜非也

注祝融至犁焉　正義曰杜不解祝則謂祝融二字共為明貌也

賈逵云夏陽氣明朗祝甚也融明也亦以夏氣為之名耳鄭語云
黎為高辛氏火正以淳燿敦大光明四海故命之曰祝融如彼文又
似由人生名者彼以其官掌夏德又稱之故以夏氣昭明命之耳
陸土為至為社　正義曰后者君也群物皆土所載故土為群物
之主以君言之故云后土也賈逵云句芒祀於戶祝融祀於竈蓐
收祀於門玄冥祀於井后土祀於中霤今杜云在家則祀中霤是
用賈說也家謂宮室之內對野為文故稱家非卿大夫之家也言
在野者對家為文雖在庫門之內尚無宮室故稱野且卿大夫以
下社在野田故周禮大司徒云辨其邦國都鄙之數制其畿疆而
溝封之設其社稷之壝而樹之田主各以其野之所宜木遂以名
其社鄭玄云社稷后土及田正之神田主田神后土田正之所依也
詩人謂之田祖所宜木謂若松柏栗也是在野則祭為社也此野田之
社民所共祭即月令仲春之月擇元日命人社是也劉炫云天子以下
俱荷地德皆當祭地但名位有高下祭之有等級天子祭地祭大
地之神也諸侯不得祭地使之祭社也家又不得祭社使祭中霤

也霤亦地神所祭小故変其名賈逵以句芒祀於戸云々言虽天
子之祭五神亦如此耳杜以別祭五行神以五官配之非祀此五神
於門戸井竈中霤也門戸井竈直祭門戸等神不祭句芒等也
唯有祭后土者亦是七神故特辨之云在家則祀中霤在野則為
社言彼社与中霤亦是土神但祭有大小郊特牲云社所以神地之
道也地載万物取財於地教民美報焉家主中霤而国主社示本
也是在家則祀中霤也大司徒以下同此礼也　竜水至生得
正義曰漢氏先儒說左氏者皆以為五灵配五方竜属木鳳属
火麟属土白虎属金神亀属水其五行之次木生火々生土々生
金々生水々生木王者脩其母則致其子水官脩則竜至木官脩
則鳳至火官脩則麟至土官脩則白虎至金官脩則神亀至故為
其說云視明礼脩而麟至思睿信立而白虎擾言從文成而神亀
在沼聴聡知正而名川出竜皃共体仁則鳳皇来儀皆脩其母而
致其子也解此竜水物者言竜為東方之獣是北方水官之物也
水官廢矣故竜不生得言母不脩故子不至也杜氏既死其說未知

与回同否此下不注似与回說異成當以爲竜是水内生長故爲
水官之物水官廢矣故竜不生得言水官不備故无水内之灵獸
也若如此解則上云物有其官當謂五灵之物各々自有其官々
々已備理各自致物竜是水内之物可令水官致竜其鳳皇麒麟之
輩共在天地之間不是寢金食火木生土出未知何官致鳳何官
致虎未測杜旨不可强言是用闕疑以俟来哲　在乾至于野
正義曰傳例上下雖不用筮但指此卦某爻之義者即以某爻之
變更則爲卦即云此卦之某卦則此乾之姤宣十二年師之臨是也
劉炫云杜以之爲適炫謂易之爻變則成一卦遂以彼卦名爻乾之
初九姤卦爻九二同人爻九五大有爻上九夬卦爻用九全變則
成坤卦故謂用九爲坤蔡墨此意取易文耳非揲蓍求卦安有之
適之義若以之爲之適則其非之適之意何以言其同人其有此本
當言初九々二但以爻變成卦即以彼卦名爻其意不取於之適
取言其同人其大有猶引詩言其二章其三章先引初九故言
乾卦之姤爻初九言乾以下不復須云乾故言其同人其大有就

乾卦而其之其此同人爻其此大有爻以下文勢悉皆若是也
之始　正義曰巽下乾上姤乾之初九爻變而成姤卦也其彖曰
姤遇也柔遇剛也乾為天為剛巽為風為柔風行必有所遇猶女行
而遇男故名此卦為姤也　注乾初九爻辭　正義曰蔡墨此言
取易有竜字而已无取於易之義理故杜注唯指其辭之所在不
解其辭之意其說易者自異於此不復煩言也　同人　正義曰
离下乾上同人乾之九二爻變而成同人之卦也其象曰天与火同
人天体在上火性炎上同于天也猶君設政教而臣民從之和同之義
故名此卦為同人也服虔云天在上火炎上同于天々不可同故曰
同人　大有　正義曰乾下离上大有乾之九五爻變而成大有之
卦也其彖曰大有柔得尊位大中而上下應之曰大有柔得尊位
謂六五也五位尊而柔居之處尊以柔居中以大体无二陰以分其
應上下應之无所不納大有之義故名此卦為大有　夬　正義
曰乾下兌上夬乾之上九爻變而成夬卦也其彖曰夬決也剛決柔
也此卦五陽而決一陰乾為天為剛為健兌為澤為柔為說以剛

正決柔邪故名此卦為夬　注乾用九爻辭　正義曰乾之六爻皆陽坤之六爻皆陰以二卦其爻既純故別揔其用而為之辭故乾有用九坤有用六餘卦其爻不純无揔用也六爻皆變乃得揔用乾之六爻皆變則成坤卦故謂用九之辭為其坤也六爻既變而不用卦下之辭者周易用變卦下之辭非變又无變文史墨指說於龍故以用為語　坤之剝　正義曰坤下艮上剝坤之上六爻變而成剝卦也其彖曰剝剝也柔變剛也剝卦五陰而一陽陰漸長而滅陽猶邪長而剝損正道故名此卦為剝也　若不至物之　正義曰蔡墨言古者龍可生得人皆見之故周易之辭以龍為喻若使龍不朝夕出見誰能知其動靜而得以物名之易言潛龍飛龍及龍戰之等明是見其飛潛見其戰鬬而得以物名之是知龍可生得古人見龍形也　少皞氏有四叔　正義曰少皞氏有四叔叔是少皞之子孫非一時也未知於少皞遠近也四叔出於少皞耳其使重為句芒非少皞使之也故譜云少皞氏其官以鳥為名然則此五官皆在高陽之世也楚語云少皞氏之衰也

九黎亂德民神雜擾不可方物顓頊受之乃命木正重司天以屬神命火正黎司地以屬民是則重黎居官在高陽之世也又鄭語云黎為高辛氏火正命之曰祝融則黎為祝融又在高辛氏之世案世本及楚世家云高陽生稱稱生卷章卷章生黎黎如彼文黎是顓頊之曾孫也楚語云少皞之衰顓頊受之即命重黎似是即位之初不應即得命曾孫為火正也少皞世代不知長短顓頊初已命黎至高辛又加命不應一人之身縣歷兩代身既久遠書傳散亡如此參差難可考校世家云共工作亂帝嚳使黎誅之而不盡帝誅黎而以其弟吳回為黎後居火正為祝融即如此言黎或是國名官號不是人之名字顓頊命黎高辛命黎未必共是一人傳言世不失職二者或是父子或是祖孫其事不可知也由此言之少皞四叔未必不有在高辛世者也此五祀者居官有功以功見祀不是一時之人脩熙相代為水正即非一時也且傳言世不失職便是積世能官其功益大非是暫時有功得万世蒙祀明是歷選上代取其中最有功者使之配食亦不知初以此人配食何

代聖王爲之蓋在高辛唐虞之世耳　注窮桑至魯北　正義曰窮桑少皞之号帝王世紀亦然賈逵云処窮桑以登爲帝故天下号之曰窮桑帝賈以濟爲渡也言四叔子孫世不失職遂濟少皞之世杜以少皞之世以鳥名官不得有木正火正故以濟爲成四子能治其官使不失職濟成少皞之功言少皞有王功子孫能成之故死皆爲民所祀也少皞居窮桑定四年傳称封伯禽於少皞之虚故云窮桑地在魯北土地名窮桑闕言在魯北相傳云耳　注共工至見祀　正義曰十七年傳郯子言前世名官從下而上先言炎帝以火名次言共工以水名次言大皞以竜名是共工在大皞後神農前以水名官者也祭法曰共工氏之霸九州也其子曰后土能平九州故祀以爲社能平九州是能平水土也言共工有子謂後世子耳亦不知句竜之爲后土在於何代少皞氏既以鳥名官此當在顓頊以来耳　注方荅至爲社　正義曰　献子問社稷五祀既荅五祀當更荅社稷但句竜既爲后土又亦配社蔡墨既荅五祀方荅社稷故明言后土爲社也　稷田正也　正義曰

月令云孟春行冬令則首種不入鄭玄云首種謂稷也周語云宣
王不籍千畝虢文公諫曰民之大事在農是故稷為大官然則百
穀稷為其長遂以稷名為農官之長正長也稷是田官之長
注烈山氏諸侯　正義曰魯語及祭法皆云烈山氏之有天下也
其子能殖百穀故祀以為稷言有天下則是天子矣杜注不得為
諸侯也賈逵鄭玄皆云烈山炎帝之號杜言神農世諸侯者案帝
王世紀神農本起烈山然則初封烈山為諸侯後為天子猶帝堯
初為唐侯然也若然烈山即神農而云神農世為諸侯者案世紀
神農為君揔有八世至榆罔而滅亦稱神農氏是揔號神農也故
烈山氏得於神農之世為諸侯後為神農也劉炫以為烈山氏即
神農非諸侯而規杜非也此及魯語皆云其子曰柱祭法云農者
劉炫云蓋柱是名其官曰農猶呼周棄為稷　注棄周至代之
正義曰棄為周之始祖能播殖百穀經傳備有其事以其後世有
天下號國曰周故以周冠棄棄時未稱周也書序云湯既勝夏欲
遷其社不可作夏社孔安國云湯承堯舜禪代之後順天應人逆

取順守而有慙德故革命創制改正易服變置社稷而後世无及
句竜者故不可而止是言成湯變置社稷之由也湯於帝世年代
猶近功之多少傳習可知故得量其優劣改易祀典意欲迁社而
无及句竜棄功乃㠯於柱廢柱以棄為稷也其五祀之神重犂
之輩若更有賢㠯亦應迁徙但其功莫之㠯先帝王不敢改易故
得永流万代常在祀典良由後世之臣弱後王之意讓故也　注
今晉至言遂　正義曰服虔云鼓量名也曲礼曰献米者操量鼓
取晉国一鼓鐵以鑄之但礼之将命置重而執輕鼓可操之以将
命即豆區之類非大器也唯用一鼓則不足以成鼎蓋賦一鼓而鐵
又大多且金鐵之物當称之以權衡數之以鈞石寧用量米之器
量之哉故杜以為賦晉国者令民各出功力均取其功也治石為
鐵用橐扇火動橐謂之鼓今時俗語猶然令衆人鼓石為鐵計令
一鼓使足故云賦晉国一鼓鐵也遂者因上生下之辞因城汝濱
遂鑄刑鼎故言遂也　著范宣子刑書　正義曰范宣子制作刑書
施於晉国自使朝廷兼用未嘗宣示下民今荀寅謂此等宣示衆

書可以長为国法故鑄鼎而銘之以示百姓猶如鄭鑄刑鼎仲尼譏之其意亦与叔向譏子產同　民是至度也　正義曰守其旧法民不豫知臨時制宜輕重難測民是以能尊其貴畏其威刑也官有正法民常畏威貴是以能守其業保祿位也　貴者執其權柄賤者畏其威嚴貴賤尊卑不愆此乃所謂度也言所謂法度正如此是也　令棄至为国　正義曰令棄是貴賤常度而为刑書之鼎民知罪之輕重在於鼎矣貴者斷獄不敢加增犯罪者取驗於書更復何以尊貴威權在鼎民不忌上貴復何業之守貴之所以为貴只為權勢在焉勢不足畏故業无可守貴无可則賤不畏威貴賤既无次序何以得成为国　陸莅宣至乱制　正義曰於時晉侯將以士穀梁益耳將中軍先克曰狐趙之勳不可廢也以狐射姑將中軍趙盾佐之陽處父改蒐于董更以趙盾將中軍狐射姑佐之是一蒐而三易中軍帥三易者士穀梁益耳將中軍是易代前人是一易也狐射姑將中軍是二易也又趙盾將中軍是三易也致使賈季箕鄭之徒怨恨而作乱其事文公之傳具矣因此

蒐而有此乱故曰晋国之乱制　又加至亡也　正義曰宣子刑
書久已廢矣今復變易興之以成其滅亡也刘炫云范氏取夷蒐
之[以]法以为国制虽则为班書已廢矣縱應有禍亡釁已歇今荀寅
更述其事又加增范氏之恶焉范氏已欲免禍今復改易之而使亡
三十年頃公　正義曰謚法慈仁和民曰頃　傳春王至過也　正義
曰經書公在乾侯昔季氏以此告廟釋公不得朝正故国史書之
于策也釋例曰昭公之孫每正月必書者以孫告廟也公二十五年
始出居鄆及乾侯累歲居外而仲尼不書于經故傳曰不先書鄆
与乾侯非公且徵過也既以非責公之妄且明過謬之可掩故不
顯書其在外使若在国然也自三十年至於終設則皆顯書其所
在之地傳皆隨年而互言其事明罪之在公非復過謬也三代封
建自上及下降殺以兩君不元高臣不極卑強弱相參衆力相須
賢愚相廁故虽有昏乱之君亦有忠賢之輔我周東遷晋鄭是
依死知之乱實獲小白驪姬之妖重耳以興天下虽瓦解而不土崩
海內虽鼎沸而不盈溢天生季氏以貳魯侯季氏未有篡奪之

悪公雖失志亦无抽蓟倒縣之急聽用隸豎僥倖之私既不能強
又不能弱所以身死於外見貶於春秋也是言罪在公書公在之意
也杜言見貶於春秋者公當在國治民每歲書公在外是其貶責
公也劉炫云序云諸言不書皆仲尼新意然則前三年魯史皆
書公在仲尼去之仲尼所以不於此先書公在鄆與乾侯者所以非
公之妄々伐季氏且明過謬猶可掩此年書者自是鄆人潰叛云
云此年云非公且徵過三十一年云言不能外內三十二年云言不能
外內又不能用其人每歲發傳言公之罪也　注徵明至所在
正義曰不先書鄆與乾侯一文之中有兩種之意一者非責公之妄
一者明公過謬猶可掩也非責公之妄者以君舉必書公在乾侯
與鄆臣子當委曲詳録令輕略不記似若不足可録然所以非責
公之妄也明公過謬猶可掩者破臣所逐出居於外若顯然書之
則恥惡尤甚故隱而不書猶若在國欲明公過謬之失尚有容掩
也此以徵為明々公過可掩也襄二十八年傳云王人來告喪問崩日
以甲寅告故書之以徵過徵亦為明々告喪者之過也彼言徵審也

審其変知无他故以明其色失也服虔云非公且徵色昭公无道
久在外季氏非公不肯釈言公在其地春秋之義亦以不昏徵季
氏之己此年昏者公不得入晉外内有国辱季氏関而釈之所謂
変君如在国案明年傳云非礼已外内又明年傳云言不已外内
喪不己用其人皆是傳說経意非責昭公不是季氏非公也即如
服言往前季氏非公不肯釈公所在此年以後方始関而釈之所
謂変君如在国則往前未釈之時不如在国矣二十七年扈之會
范献子何以已言季氏変君如在国也季氏奪公鄆邑与公交戦仍
貸斉晋使不納以禱于煬宮求君不入及其死也猶欲絶其兆域
加之悪謚閔公之変後安在乎　注紼輓至執紼　正義曰紼礼
或作綍礼記緇衣云王言如絲其出如綸王言如綸其出如綍々
是大繩也周礼天子葬用六綍喪大記君葬用四綍大夫葬用二
綍々为葬之所用是輓索也案礼雜記諸侯執綍五百人大夫三
百人郑玄云天子盖千人也天子諸侯之喪殯于西序亦属綍焉
備火災而輓之也王制云喪三年不祭唯祭天地社稷为越紼而

引事謂喪在殯踰紼而引祭也周禮大司徒云大喪帥六鄉之衆庶屬其六引又遂人云大喪帥六遂之役屬六綍鄭玄喪大記注云在棺曰紼行道曰引至壙將窆又曰綍是綍引一物從所在而異名耳禮送葬必執紼曲禮文也鄭玄云葬喪之大事紼引車索也鄭之先君親送晉侯葬者傳无其文杜言今言之蓋亦嘗有矣 慶其至而已 正義曰善其有加不討其乏明知鄭國致其情實取充備而已 我先君簡公在楚 正義曰由簡公在楚之上卿守國故少卿行耳鄭玄以為簡公若在君當自行其言非傳旨也 三十一年注襄二五重丘 正義曰傳言同盟故居此數與魯必嘗同盟矣薛於重丘以前雖數與魯盟但薛入春秋以來卒葬不見經傳未知此穀以何年即位故舉玄今逝者言之 注不書邾史闕文 正義曰公羊穀梁亦以濫為邾邑而傳解其无邾之意言邾人以濫封此黑肱使為別國故不繫於邾以非天子所封故无子男爵號其言不可適於左氏々々无傳明是闕文二傳見其文闕而妄為說耳 傳我受其无咎 正義曰言我為子受

其重任其使子必无咎受其貨故保任之　季孫已跣行

正義曰練冠蓋如喪服斬衰既練之後布冠也麻衣當是布深衣也問喪云親始死徒跣〻行不屨以其不得見君示已憂戚之深也　不絶季之祀　正義曰此季孫探言罪已之意不絶季氏之祀或更立其子耳直賜其身死而已服虔云言賜不使死是為以死賜之若賜死即是不殺下句何須更言而殺而亡　婉而辨

正義曰此婉而辨則与微而顯其意一也故杜云辞婉而旨別辞婉則文微也旨別則義顯也上句微而顯者據文雖微隱而義理顯著下句婉而辨者辞雖婉順相似而旨意有殊故重起其文也此与成十四年婉而成章其更異也彼謂諱君惡与此不同也　注

庚日必入郢　正義曰於天文房心尾為大辰尾是辰後之星也日在辰尾自謂在辰星庚辰入郢乃謂日是辰日二辰不同而以日在辰尾配庚為庚辰者二辰實雖不同而同名曰辰以其名同故取以為占此則史墨已知非是人情所測定四年十一月庚辰吳入郢是其言之驗也此十二月日食彼十一月入郢則是未復其月而云

及此月者長歷定四年閏十月庚辰吴入郢是十一月二十九日桂
昭三十一年偹四六年十二月庚辰吴入郢今十一月者并閏數也
然則彼是新閏之後且十一月二十九日又其月垂盡故得為及此
月也注辰尾也而食　正義曰東方七宿角亢氐房心尾箕共為蒼
竜之体南首北尾角即竜角尾即竜尾釈天云大辰房心尾也是房
心与尾共為大辰故言辰尾竜尾也周十二月今之十月々令孟冬
之月日在尾是此時日月合朔於辰尾而日食也　注謫變亦年
也　正義曰曆義云陽宜不得適見於天日為之食謫譴責也人
有咎責氣見於天故謫為變氣也長歴此年十月壬子朔故庚午
是十月十九日也從庚午下去十二月辛亥朔為四十一日垂食在辛
亥之日而更以庚午為占舍近而取遠自是史墨或見其意不可
知也午為南方之辰楚是南方之國故午為楚之位也午是南方
之辰火也庚是西方之日金也日以庚午有變午在南方必南方之
國當其咎故災在楚々之仇敵唯有吴耳故知入郢必是吴也其
日庚午庚金午火五行相剋火勝金々以畏火之故金為火妃夫

妻相得而強是楚之強盛之兆矣被吳入必不亡國故知吳入郢終
亦弗克言其不亡滅楚也食在辛亥之日亥在北方水位也北方
水數六故曰六年吳入郢也　三十二年注公別以師從　正義曰
公羊傳曰闞者何邾婁之邑也案傳定元年將葬昭公季孫使役
如闞公氏將溝焉則闞是魯公葬地非是邾邑公羊不可通於左
氏也土地名東平須昌縣東南有闞城是也賈逵云昭公得闞
季氏奪之不用師徒謂此取闞爲季氏取於公也案檢經傳公
自出奔以來唯齊侯取鄆以居公耳未有公取闞之處安得取於
公也且若是季氏奪公死由得告廟存經故杜以爲公取之也四
年傳例曰凡克邑不用師徒曰取知公遣人誘而取之不用師
徒也　注世叔至巳薨　正義曰傳稱晉魏舒合諸侯之大夫于
狄泉尋盟令城成周則此時爲盟矣而不書盟者賈逵云貴有昭
公雖故會而不盟案傳文元魯人辭盟之文其城成周又魯人共
城之矣何以言會而不盟也若以雖辭爲辭不會身既在會何故
辭盟豈以昭公在外而欲背盟乎故杜以爲不書盟者時公在外

未及告公而公已薨既不得告公故不書於經也案傳尋盟令城
成周則盟在城前猶得書城而盟不書者晉合諸侯大夫本以城
事召之孟懿子將從晉命即以告公雖會還乃書而已告公說故
得書之其尋盟之事晉不豫令諸侯大夫既集晉始發意尋盟
之事未嘗告公故行還不得書也此云城成周者實未城也晉人
始計功庸賦丈數以令諸侯耳明年傳稱正月庚寅栽三旬而畢
是明年始城也此未城而已書城知本以城事召集因集而書城耳
注十五日　正義曰傳言十一月令城成周雖先其日明年乃始城
之謂在月之將末杜顯言此十五日者言盟去公薨日近以明未及
告意也　傳注此年至其歿　正義曰十一年傳稱萇弘對景王云歲
在豕韋言十一年歲星在豕韋也又曰歲在大梁蔡復楚凶謂十
三年歲星在大梁也十三年距此十九年耳歲星歲行一次十二年而
行天一周則二十五年復在大梁從彼而歷數之則此年始至析木之
津而此年歲在星紀者歲行一次舉大數耳其實一歲之行有餘
一次故列歆三統之術以為歲星一百四十年行天一百四十五次計

一千七百二十八年為歲星歲數言數備此年剩得行天一周三
統之歷以庚戌為上元從上元至襄二十八年積十四万二千六百
八十六歲置此歲數以歲星歲數一千七百二十八除之得積終八
十二去之歲餘九百九十以一百四十五乘歲餘得十四万三千五百
五十以一百四十四除之得九百九十六為積次不盡一百二十六為次
餘從襄二十八年至昭十五年合有一十八年歲星年行一次年有
一餘以次加次得一千一十四以餘加餘得一百四十四餘滿法又
成一次以從積次得一千一十五也以十二去之餘七次一百四十四周七
个一百四十四年还得剩行天一周也餘七命起星紀算外得鶉
火是昭十五年歲星在鶉火也計十三年在大梁十五年當在鶉
首而在鶉火者由其餘分數滿剩得一次猶如閏餘滿而成月也以
十五年歲在鶉火歷而數之則二十七年復在鶉火故此年在星紀
也於十二次分野星紀是吳越之分也歲星是天之貴神所在之
次其國有福今越得歲星故吳伐之則凶也吳越同分而得越福
吳凶者以吳先用兵故反受其殃賈逵云然杜從之也鄭玄云天

文分野斗主吳牽牛主越此年歲星在牽牛故吳伐之凶案史傳
所云吳越同分不言於次之內更分星姜氏任氏共守玄枵後以
何星主齊何星主薛也且據三統之術星紀之初斗十二度訖於
牽牛初度乃向中有十五許餘分始滿則此年之初歲星初入此
次伐越在夏未得已至牽牛鄰之此說乃妄之甚也　注謂二
至于今　正義曰案二十七年十二月晉籍秦致諸侯之戍于周
而此杜云二十八年者以十二月盡去在十二月訖周則在二十八
年故云五年也　注作成訖之德　正義曰杜知作成周為崇文
王之德者以上傳云徼文武之福即云成王合諸侯城成周以崇
文德故以為崇文王之德刘炫以為崇文德之教而規杜非也
注蟊賊喻災害　正義曰蟊賊食苗之虫釈虫云食根蟊食節
賊故以蟊賊喻災害也　注詩大至譴怒　正義曰此詩大雅
板之篇刺厉王之詩也詩注以天視厉王此據上天斷章取意
注計所至丈數　正義曰謂周迴遠近之丈數也知者下別云揣
高卑度厚薄故也　屬役賦丈　正義曰屬役謂屬聚一役也

賦丈謂課付丈人上既号令丁役之㝡以告諸侯令諸国々各出若干之役築若干之丈故云屬役賦丈局以授帥也　注瓌玉器　正義曰周礼大宗伯云以玉作六器以礼天地四方白瓌礼西方鄭玄云虎猛象秋厳礼經及記言瓌多矣都不説其狀蓋刻玉為虎形也一環一璧　正義曰釈器云肉倍好謂之璧肉好若一謂之環李巡曰肉倍好璧边肉大其孔小也肉好若一其孔及边肉大小適等曰環也　故詩以為陵　正義曰詩小雅十月之交大夫刺幽王也　注三后虞夏商　正義曰従周而上故数此三代三代子孫自有为国君者言其賤者为庶人也雷乘乾曰大壯　正義曰乾为天为剛震為雷为動天以剛而動々則为雷壯之大者故曰大壯　注乾为至有雷　正義曰説卦乾为天为君々之極尊者是天子也震为長子其卦云震驚百里邑達百里之内而有震曜之威是々諸侯之象諸侯而在天子之上象如君臣易位是天之道也　始震而卜　正義曰震動也懷妊始動知有震娠而即卜也　是以為假人　正義曰器謂々

車服也名謂爵號也借人名器則君失位矣故不可以假人也言魯君失民是借季氏以權柄故令昭公至此出外因以戒人君使懲創也

春秋正義卷第三十二

計一万六千八字

春秋正義卷第三十三　定公

國子祭酒上護軍曲阜縣開國子臣孔　穎達　等奉

勅撰

正義曰魯世家定公名宋襄公之子昭公之弟史傳不言其母不知誰所生也以敬王十一年即位謚法安民大慮曰定　元年注公之至月故　正義曰凡新君初立必於歲首元日朝正於廟國即改元正位百官以序國史因書於策云元年春王正月公即位也其或國有變故不得行即位之禮國史亦書元年春王正月見此月公應即位而有故不得隱莊閔僖四公元年無變而空書春王正月是其義也此年不書正月者公即位在六月故也傳稱昭公喪及壞隤公子宋先入則正月之時定公猶從昭公之喪在於乾侯未入魯國國內無君不是即位嚴禮故不須書正月也釋例曰癸亥公之喪至自乾侯戊辰公即位喪在外踰年乃入故因五日改殯之節國史用元年即位之禮因以此年內元年也然則正月之時未有公矣公未即位元必不改而於春夏即稱元年者公

未即位必未改元未改之日必稟前君之年於時春夏當名此年
爲昭公三十三年及六月既改之後方以元年紀事及史官定策
須有一統不可半年從前半年從後雖則年初亦統此歲故入年即
稱元年也漢魏以來雖於秋冬改元史於春夏即以元年冠之是
有因於古也　注晉執至所歸　正義曰晉執仲幾傳无日月杜
經所書是三月始執案傳則不然也傳稱辛巳合諸侯之大夫于
狄泉長歷辛巳是正月七日也既會而魏舒始卒庚寅栽是正月
十六日也宋仲幾不受功當於栽時不肯役耳士彌牟云晉之從
政者新是士鞅已代魏舒矣乃執仲幾以歸三月歸諸京師必是
既栽之後三月以前執以歸晉至三月乃歸於京師耳經書三月
始執者晉人初執不告後知以歸不可至三月後歸於京師諱其
以歸乃歸王故以三月初執告也縱晉執人諸侯不得相治宜當
使歸決於天子況在天子之側不以歸於京師晉人自知不可不
以歸晉告魯故經但書其執不書所歸既不言歸王亦不言歸晉
是不以所歸告也　注定公至反例　正義曰公羊傳曰即位不

日此何以日録乎内也穀梁以为公喪在外踰年六月乃得即位危故日之左氏无此义故杜預而異之正月即位正也定公不得以正月即位乃失其時故詳而日之直記变之宜書月无义例注煬公注説之 正义曰謚法好内怠政曰煬々公伯禽子世本世家文諸侯之礼親廟有四計煬公玄孫既毀其廟即已毀矣季氏禱于煬公以求昭公不入公死於外謂禱有益而更立其宮賽之於礼不合更立悪其改变国典故書以譏之公羊穀梁皆云立者不宜立々煬宮非礼也 注周十一月之災 正义曰月令九月霜始降八月未應霜殺菽々有大豆之苗又是耐霜之穀今以八月隕霜々已殺菽是非常之災故書之依三十三年隕霜不殺草此云殺菽彼言不殺草者穀梁傳曰未可以殺而殺舉重可殺而不殺舉輕其曰菽舉重也 傳易位以令 正义曰往年傳魏子南面衛彪傒云干位以令此云魏子涖政彪傒云易位以令文不同者郊特牲云君之南鄉荅陽之义也臣之北面荅君也然則礼国君乃南面往年魏子亦南面是干君之位故云干位此時諸国

為天子築城但爲内君各斂徒役而已宜使天子之臣自号令之
而魏子涖政代天子大夫改易上下故为易位所説別故其文異
注禹貢記曰陸　正義曰禹貢云導河積石記于大伾北過降水
記于大陸孔安國云大陸沢名釈地十藪云晋有大陸郭璞曰今
鉅鹿北廣阿沢孫炎曰廣阿猶大陸以地名言之近内是也計鉅
鹿之城与周相去千有餘里魏子不應往彼田獵故嫌絶遠疑此
田爲在汲郡吴澤々々在脩武縣北还卒於甯々即脩武城是也
當是荒蕪之地故亦以大陸名焉引尓雅以證平地皆名陸也案
尓雅高平曰陸杜言廣平者以吴沢之地々下寛平故以廣平言
之非是不見尓雅列君以尓雅高平曰陸而規杜氏非
去其柏椁　正義曰喪大記云君松椁大夫柏椁士雜木椁是卿
葬於礼用柏椁也以其未復君命而爲田獵故獻子去其柏椁不
使用也　注不書云未即位　正義曰懿子往年唯受号令知所
得丈尺人功而已今後將徒役城之計爲更書之於策以云未即
位无君可告故不書　注言范記故事　正義曰魏舒以辛巳含

諸閏至庚寅相去唯十日耳魏舒始卒已得范鞅代者范鞅本是中軍之佐於時因代魏舒蓋晉人閔舒卒而馳使代之　啓寵至謂矣　正義曰尚書說命傳說進戒於王云无啓寵納侮古有此言故云其此之謂矣聞彼寵人至其本分其人不知止足乃至優侮在上拠在上愛之故乃納侮　季孫至命焉　正義曰書子家子數於公処致言於我云意如事君不敢不改又言君以一乘入於魯師季孫必與君皈季孫之意矣然故云未嘗不中吾志吾欲與之從政欲用為大夫也公喪皈則從者散故令止之且聽命者一聽子家之所為子家欲將皈者即與之皈　注二子至季氏　正義曰謀逐季氏公為公之傳文不言公衍謀也但以公衍見夜為大子季氏欲俱殺之故言此也　注諸侯至即位　正義曰王制云天子七日而殯諸侯五日而殯自癸亥至戊辰五日殯訖則嗣子即位故定公以此日即位也公羊穀梁皆云正棺於兩楹之間然後即位案正棺兩楹之間即礼所謂殯於堂者也喪大記君薨之礼云既小斂男女奉尸夷于堂鄭玄云諸侯之小斂於死者俱

三日此戊辰去癸亥五日非正棺之日不得為正棺即位也雜記
云諸侯行而死殯至於廟門遂入適所殯鄭玄云適所殯謂兩楹
之間自外來者正棺於兩楹之間尸亦奠之於此因殯焉殯必於
兩楹之間者以其死不於室而自外來留之於中不忍遠也鄭取
二傳之説言死從外來者殯在兩楹之間若謂殯為正棺則與杜
言合矣　闞公氏　正義曰闞是先公葬地春秋言氏猶如言家
故謂公之墓地為公氏言是公死之家宅也玄卿以為闞屬上句
公氏將溝焉猶言將溝公氏焉古人多倒語公氏則昭公　注為
惡謚　正義曰知者下云死又惡之所以知也　以自信也　正
義曰信明也以自明己之不臣也　溝而　正義曰孔子之為司
寇在定公十年以後未知何葬溝之　禱于煬公　正義曰既毀
其廟而得禱者蓋就祧而禱之　簡公　正義曰謚法平易不從
曰簡　二華注雉门至曰災　正義曰明堂位云庫门天子皐门
雉门天子應门是魯之雉门公宮南门之中门也釋宮云觀謂之
闕郭璞曰宮门双闕周礼大宰正月之吉縣治象之法于象魏使

万民觀睹象鄭衆云象魏闕也劉熙釈名云闕在門兩旁中央闕然爲道也然則其上縣法象其状魏々然高大謂之象魏使人觀之謂之觀也是觀与象魏闕一物而三名也觀与雉門倶災則兩觀在雉門之兩旁矣公羊傳曰其言雉門及兩觀災何兩觀微也然則曷爲不言雉門災及兩觀主災者兩觀也主災者兩觀則曷爲後言之不以微及大也穀梁亦云災自兩觀始先言雉門尊尊也公羊称子家駒云設兩觀諸侯僭天子其意以其奢僭故天災之左氏无此義案礼器云天子諸侯臺門此以高爲貴也郊特牲云臺門大夫之僭礼也唯言太夫異於諸侯不言諸侯異於天子兩觀爲僭礼无其文天之所災不可意卜言主災兩觀以門爲先門若災先從門起又將何以爲異丘明无文或是災起雉門而延及兩觀也天火曰災宣十六年傳例　傳桐叛至无忌　正義曰桐是小国世屬於楚桐今叛楚々有間隙故吴子因是而謀之舒鳩自是楚之屬国居吴楚之間亦兩取其意故吴得使之也吴子使舒鳩誘楚人又教舒鳩爲辞曰令楚以師臨我々吴自称我令

楚偪吳也我當偽若畏楚為楚伐桐女舒鳩當為我誘楚我軍楚
師或曰囊瓦本出師伐吳見吳欲伐桐而不設備遂破吳收之又
擊楚巢邑潛師圍而克之獲其守邑大夫為我使之无忌謂為我
之畏楚於狀使楚人无復防忌於我也若楚不忌吳則師不設備
欲因其无備而掩襲取之耳下云吳人見舟于豫章偽欲伐桐也
吳軍楚師于豫章掩其不備也潛師于巢吳人詐巢邑人云此師
將伐桐也其實本擬取巢故下遂圍巢克之言潛者對豫章之師
稱潛　三年云如邾乃復　正義曰三傳皆无其說不知何故乃
復賈逵云刺緩朝見辭失所不諱罪己實由為此解於傳无文不
可從故杜不言劉炫謂云以六月即位此年便即往朝於夏末為
緩也晉人何以辭之若以緩見退當遣謝罪何由此後更无謝処
空言罪己經无遜謝自罪之狀復安在乎晉若以緩致辭必當更
有譴責何由明年會次復得依常班序乃復之意不可縣知　注
再同盟　正義曰穿以昭二年即位十一年盟于祲祥二十六年
于鄟陵皆魯邾俱在是再同盟也　傳注欲藏至遺令　正義曰

以人從葬謂之殉邾子好絜以人爲殉欲備地下埽除若令与柩
同入恐其汙履藏内欲其藏中之絜故先内車及殉别爲便房処
之傳言此事意在非責邾子若是葬者自爲則非莊公之罪先爲
輙説此事故云蓋其遺命也邾子隊鑪而卒不應得有遺命疑其
是遺命者礼國君即位而爲椑初立即営死事當是平素之時先
有此命葬者奉行之　注成公至馬名　正義曰宣十二年傳有
唐惠侯故云唐惠侯之後也釈畜於馬无肅爽之名爽或作霜賈
逵云色如霜紈馬融説肅爽鴈也其羽如練高首而脩頸馬似之
天下稀有故子常欲之杜以馬名臨時所作本意不可得知故直
云駿馬名　請代至許之　正義曰謂請楚楚人許之也知非請唐
侯者若唐侯許之自合養馬何須言飲先從者竊馬以献乎
四年注癸巳至從赴　正義曰杜以長歷校之知癸巳是正月七
日故云書二月從赴也知非日誤者以崩薨之事皆以赴爲文故
平王崩赴以庚戌陳侯卒赴以甲戌己丑杜依大例而言故云從赴
劉炫以爲諸侯五月而葬下云六月葬陳惠公則陳侯卒在二

月以爲日誤而規杜氏今知非者但諸侯雖五月而葬春秋之時
或緩或速死後常準此陳侯之葬夏既死備何知必五月而葬安
以杜爲失其義非也　注於召訖書侵　正義曰先言于召陵後
言侵楚是於召陵先行會禮也土地名召陵楚地也諸侯既入楚竟
先行會禮後乃侵之故經書先會後侵也　注召陵至處故　正
義曰書經之例諸侯先會而後盟皆前月而後凡此共盟者還是
前會之諸侯前已歷序故於此總言之也劉子雖是王朝之臣而
亦有封爵故諸侯之文可以兼劉子也依二十九年王子虎與諸
侯盟于翟泉貶之稱人此劉子得與諸侯盟者楚僭号稱王不受
天子諸侯會而侵楚將以尊崇王室傳言劉文公合諸侯是天子
勅之使盟也下文書劉卷卒葬魯人承會依同盟之禮知劉子亦
與盟也後稱公者由其會盟異處故也劉炫規杜云會盟異處故
後稱公案襄二十五年盟重丘亦是會盟異處何以不言公今刪
定知非者但會盟異處理合稱公重丘不書公史官自略耳以此
規杜非也　杞伯成卒于會　正義曰成以昭二十五年即位二

十六年盟于郭陵三十二年于翟泉此年于皋鼬魯杞俱在計杜
當云三同盟无注者漏脫耳諸侯薨于朝會加一等此既薨于會
其礼亦當然 注即列至具爵 正義曰昭二十二年傳曰單子
立刘蚠即此是也 世族譜伯蚠〇（刘蚠）刘文公刘狄刘卷刘子為一人 王
朝云卿卒不赴魯〻不會葬文三年書王子虎卒傳曰來赴
弔如同盟礼也彼為同盟于翟泉故也此亦書卒明為同盟故也
畿内之国不得外交諸侯必非列邑之臣來赴知是天子為告也
天子告臣略言名封而已不言刘子故書不具爵 注師能至數
閏 正義曰師能左右之曰以依二十六年傳例也皆陳曰戰大
崩曰敗績莊十一年傳例也吳大蔡小而蔡能以吳者吳子為蔡
討楚言蔡能左右之也釈例曰吳雖大國順蔡侯之請自將其衆
唯蔡侯之命故亦言以吳子也囊瓦楚之之上卿當稱名氏今稱人
者會以致敗又不能死難罪賤之也釈例曰楚之囊瓦會珮馬以
致討稱人罪賤之也昭三十一年傳言六年十二月庚辰吳其入
郢今以十一月与彼期有差殊者長曆推此年閏十月庚辰又是

十一月二十九日其月盡冬并數閏得為十二月也　注書名
惡之　正義曰文八年宋司城來奔十四年宋子哀來奔傳皆云
貴之也不稱名為貴之是稱名為惡之　注弗地曰略文　正義
曰弗地曰入襄十三年傳例也上文戰稱吳子此言吳入楚不稱
子猶成三年鄭伐許昭十二年晉伐鮮虞史略文无義例公羊穀
梁以為吳於戰稱子為其憂中國故進而稱爵及其入郢君舍于
君室大夫舍于大夫室反為夷狄之行故貶而稱吳左氏无此義
故杜異而顯之　傳注文公至諸侯　正義曰刘子是天子大臣
故言王官伯也往年蔡侯如晉請晉耳不請天子今稱列文公合
諸侯知是晉人告王假王命以討楚王使列子會之故言列文公
合諸侯以示稟於王命假王威也　注析羽至觀之　正義曰周禮
司常掌九旗之名物全羽為旞析羽為旌道車載旞斿車載旌鄭
玄云全羽析羽皆五采繫之於旞旌之上所謂注旄於干首也凡
九旗之帛皆用絳道車象路也王以朝夕燕出入斿車木路也王
以田以鄙是其析羽為旌王者斿車之所建也釋天云注旄首曰旌

李巡曰以旄牛尾著旌首者也孫炎曰析五采羽注旌上亦有旒
縿拠彼文言之則羽毛者有五色鳥羽又有旄牛尾也言全羽析
羽者蓋有全取其翅或析取其翮故有全析二名也繫此鳥羽牛
尾於干首猶自别有絳為旒縿縣之於干今之旗韣猶然此傳直
言羽耳注不引全羽而以析羽解之者以全羽尊於析羽鄭人所
有未必尊貴故以析羽解之計羽旄所用其費亦多晋人自應有
之而襄十四年范宣子假羽毛於斉此又假羽旄於鄭者或當制
作巧異故閲而借觀之 注或賤至畢鄭 正義曰鄭玄注論語
云或云言有人不顯其名而略行内或是或為賤者也繼旐曰旆
釈天文也郭璞曰帛続旐末為燕尾者然則旐謂旂身旆謂旂尾
晋令賤人建此羽旄施其旒旆於下執之以從其會今謂其美而
就鄭借觀之既得其物令賤人服用之是示其卑侮鄭也鄭是列
国而晋卑侮之諸侯於是知晋輕蔑心皆怨恨故晋於是乎失諸
侯 注嘖至忿争 正義曰嘖至賾進云然是相傳訓也易繫
辭云聖人有以見天下之賾謂見其至深之處賾亦深之義也謂

事於令時有煩亂忿爭之言无才辯者則莫之已治也　注社稷
動謂國遷　正義曰周禮大祝云大師宜于社造于祖設軍社及
軍歸獻于社則前祝天子之祝如此則諸侯之祝官亦然也然則
彼軍行唯有社無稷今社稷俱動故知謂國遷也國遷唯在竟內
得云祝不出竟者將移云則遷邑大王來岐及春秋杞都陳留而
遷緣陵及許遷于析之屬並是舍棄本國遠適他土故有出竟之
變則以社稷動謂軍行而規杜非也　注師出至釁鼓　正義曰
釋天云起大事動大衆必先有事乎社而後出謂之宜是軍師將
出必有祭社之事也周禮女巫掌祓除釁浴則祓亦祭名故知祓
社即宜社是也說文云釁血祭也是殺牲以血塗鼓鼙為釁鼓此
皆祝官掌之　祝奉以從　正義曰禮軍行必以廟主社主從軍
而行尚書甘誓云用命賞于祖弗用命戮于社孔安國云天子親
征必載遷廟之祖主及社主行有功則賞祖主前示不專也不用
命奔北者則戮之於社主前社主陰陰主殺親祖嚴社之義也是
軍行必載社主行故祝官奉主以從若嘉事變焉　正義曰此舍

因而侵楚之衛侯當以軍行而云臣先廋者晉本以會召諸侯傳言
將會曷赴會之時未知將侵伐也但諸國既集師衆自多故因得
行侵耳　注蔡叔至公才　正義曰史記管蔡世家云武王同母
兄弟十人母曰太姒文王正妃也其長子曰伯邑考次曰武王發次
曰管叔鮮次曰周公旦次曰蔡叔度次曰曹叔振鐸次曰郕叔武
次曰霍叔處次曰康叔封次曰聃季載如彼文則蔡叔周公弟
也今以蔡叔為周公兄者以僖二十四年傳富辰言文之昭十六
國蔡在魯上明以長幼為次賈逵等皆言蔡叔周公兄故杜從之
馬遷之言多辟謬故不用史記為說　注魯公至以封　正義曰
周禮巾車云金路建大旂以賓同姓以封鄭玄云金路以金飾諸
末大旂九旗之畫交龍者以賓以會賓客同姓以封謂王子母弟
以功德出封若魯衛也交龍為旂司常文也　注璜美玉名　正
義曰夏后氏所寶歷代傳之知美玉名也哀十四年傳云向魋出
於衛地公文氏攻之求夏后氏之璜焉則璜非一也尚書旅獒及
魯語皆云古者分同姓以珍玉展親明先王不以玉賜向魋々々自

觊求得之也郑玄注周礼云半璧曰璜　注封父之弓名　正义曰郑玄云古者伐国迁其重器以与同姓此繁弱封父之国为之不知何時灭其国而得之也孔丛云楚王張繁弱之弓載忘皈之矢以射蛟於雲梦是繁弱为弓名也　使帅至明德　正义曰使六族之長各自帅其当宗同氏輯合也合其所分枝属族属也将其族類人衆以法則周公令其移家居鲁用就受周公之命是以使之共職事于鲁以昭周公之明德也　下賜殷民七族亦是使之法則康叔令共職事于衛也賜唐叔及懷姓九宗亦然　陪敦　正义曰陪是加增之义敦厚释诂文也言既封为大国已方五百里又分以土田更增彼寬厚为七百里也明堂位云封周公于曲阜地方七百里郑玄云公之地方五百里加鲁以四等之附庸方百里者二十四并五五二十五積四十九開方之得七百里郑玄周礼大司徒注云凡諸侯为牧正帅長及有德者乃有附庸公无附庸侯附庸九同伯附庸七同子附庸五同男附庸三同進則取焉退則歸焉鲁於周法不得有附庸故言錫之也地方七百里者

包附庸以大言之附庸二十四言德兼此四等是增厚鲁国之
宠也　祝宗至彝器　正义曰祝宗接神之官大卜主卜大史主
书与此四等官人使之将归于鲁也服虔云备物国之职物之备
也简谓国君威仪之物若今繖扇之属备赐鲁也杜不解备物别
与典策为一也备物典策谓史官书策之典若传之所云发凡之
类赐之以法使依法书时宠也官司彝器谓百官常用之器盖罇
罍俎豆之属是赐鲁也　注商奄至桑之　正义曰书传云武王
杀纣继公子禄父及管蔡流言奄君谓禄父曰武王死成王幼周
公疑此百世之时请举事然后禄父及三监叛是奄与四国流言
也昭九年传云蒲姑商奄吾东土也此后云因商奄之民则商奄
是东方之国近鲁之地也昭元年传云周有徐奄杜以彼奄与此
商奄为一故土地名奄商奄二名共为一国此注言商奄国名以
商奄二字为国名也郑称四国流言毛传以四国为管蔡商奄则
商奄各自为国奄则此奄是也商谓纣子禄父以下云管蔡启商是
名禄父为商也然则毛言商奄为二杜言商奄为一杜言四国流

言亦謂管蔡禄父与商奄为四也商奄即四国之一言与者拠民与四国之君流言故言与也或者拠奄君適三国为乱故言与摠称四国非为商奄外别有四国也言封鲁於少皞之虚则商奄非鲁地也非鲁地而言因其民是诛商奄之日民或逃散在鲁皆命使即属於鲁令鲁懷柔之玄鄉以为三監与商为四国奄在外故言与四国　注伯禽至伯禽　正义曰詩鲁頌説封鲁之事云王曰叔父建尔元子俾侯于鲁是伯禽为周公世子也鲁世家云周公相成王使其子伯禽代就封于鲁文十三年公羊傳曰周公何以称大廟于鲁封鲁公以为周公也周公拜乎前鲁公拜乎後曰生以養周公死以为周公主然則周公之鲁乎曰不之鲁也封鲁公以为周公則周公曷为不之鲁欲天下之一乎周也其意言周公聖人若使之鲁則恐天下回心向之故不使之鲁也以周公身不適鲁唯遣伯禽之国故傳皆言分鲁公不言分周公也傳言命以伯禽於体例命以康誥命以唐誥則伯禽亦似策命篇名今杜云唯遣伯禽之国故皆以付伯禽則伯禽非是誥誓篇名若必是

誥誓當云命以魯誥既為國君不得與君牙伯冏同類也劉炫云
伯禽猶下命以康誥是伯禽為命名似名序穆王命君牙為周大
司徒作君牙即以君牙為篇與此同也　注少皞至城内　正義
曰此注少皞之虚即曲阜是也曲阜在魯城内則魯之所都正在
少皞虚矣昭二十九年注窮桑少皞之号窮桑地在魯北與此異
者賈逵云少皞居窮桑登為帝蓋末為帝居魯北既為帝乃居魯
也　注少帛至為旌　正義曰周礼司常云通帛為旜雜帛為物
鄭玄云通帛謂大赤從周正色无飾雜帛者以帛素飾其側白殷
之正色大赤是通帛知少帛是雜帛也釋草云茹藘茅蒐郭璞曰
今之蒨也可以染絳則綪是染赤之草茷即旆也尔雅繼旐曰旆
旐是旆身旆是旆尾尾猶用赤則通身皆赤知綪茷是大赤大赤
即今之紅旗取染赤之草為名也蓋王以通帛雜帛並賜衛也然
則大赤即是旆也於綪茷之下更言旆者茷言旆尾旆言旆身因
其文故異言耳若其不然旌是干之所建旗旐皆有旌少帛旆旆之
後何須更復言旌明是因其文故重言之　注鐘名　正義曰周

鑄无射焉鑄林鍾皆以律名々鍾知此大呂沽洗皆鍾名也其色
与此律相應故以律名焉　注畛塗至藪名　正義曰周礼遂人
云夫間有遂遂廣深各二尺遂上有徑容車馬也十夫有溝廣深四
尺溝上有畛容大車百夫有洫廣深八尺洫上有涂容乘車一軌
千夫有澮廣二尋深二仞澮上有道容二軌万夫有川々上有路
容三軌畛是路故為塗所徑也桓十二年公會鄭伯盟于武父杜
云陳留濟陽縣東北有武父城彼是鄭地与此武父非一也土地
名云傳曰封畛土略自武父以南則武父衛之北竟也非河南武
父其地闕无其处故直云衛北界也釈地十藪鄭有圃田郭璞曰
今熒陽中牟縣西圃田沢是也衛之南竟至此沢畔　取於至東
蒐　正義曰土地名有閻之土与相土之東都其地皆闕无其处
言共王職猶魯之許田蓋近京畿也會王東蒐則為從王巡守助
祭泰山為湯沐之邑若鄭之祊田蓋近泰山也王巡守者諸侯為
王守土天子以時出巡行之令言蒐則王之巡守亦因田獵以教
習兵士　注耼季至司空　正義曰冨辰言文之昭耼季在魯下

史記大姒十子聃季最少是周公弟也周礼司空主土司徒主民
知聃季授土為司空也下陶叔授民為司徒也 注皆魯至法也
正義曰王制云凡居民材必因天地寒煖燥濕廣谷大川異制民
生其間者異俗脩其教不易其俗齊其政不易其宜是言王者布
政當順民俗而施之也此民習商之政為日已久還因其風俗開
道以舊政也衛居殷虛開以商政可矣魯亦開以商政者王者所
法不過二代夏在衛西魯在衛東夏政非魯所及與衛大同以殷
之餘民有六族將其醜類以即宴于魯故與衛皆啟以商政也疆
理土地以周法則三代經界法皆有異其異未盡聞也索之為法
相傳訓耳考工記量器銘曰時文思索允臻其極鄭亦以索為法。
注懷姓至之長 正義曰懷姓居在晉地而不言殷民知是唐之
餘民也言懷姓九宗則皆姓懷矣知一姓而有九族也職官五正
杜云五官之長則謂五官之長子孫耳曲礼云天子之五官曰司
徒司馬司空司士司寇鄭玄云此殷時制也然則殷時五官居在
唐地世為貴族以賜唐叔使主領之所以榮寵唐叔也殷之五官

不必皆在唐地但有三官四官亦得摠五言之列㤡云職官五正職主也正長也主官吏者有五長分九宗為五官使主之此九宗蓋宗有一人數少者尚宗不足立官并之為五使五官領此九宗或以為於懷姓之內立五正使分主九宗未知誰是故備言之或以為五官之長謂如昭二十九年蔡墨所云五行之官長也是天子之大臣非唐之遺民然姓而有五也并賜唐叔豈天子得以五行官長賜諸侯哉 文武之尚年 正義曰文武成康皆以兄長而立未聞更有兄伯封為諸侯而云伯猶多者以叔年稚於伯仲也叔而得分多明其長者无所得伯是兄弟之長故舉伯以為言所云猶多者甚言之耳歷檢書傳文武成康未有兄為諸侯者幼者分物多長者无所得此唯為不尚年故也 管蔡𢔶命也 正義曰書序云蔡叔既没王命蔡仲踐諸侯位作蔡仲之命其經云惟周公位冢宰正百工群叔流言乃致辟管叔于商囚蔡叔于郭鄰以車七乘降霍叔于庶人三年不齒蔡仲克庸祗德周公以為卿士叔卒乃命諸王邦之蔡王若曰小子胡惟尔率德改行克慎

厥猷肆予命爾侯于東土往即乃封敬哉尔尚蓋前人之愆惟忠
惟孝率乃祖文王之彝訓无若尔考之違王命傳之此言皆述書
意而为之辞唯增言徒七十人耳孔安国云郭鄰中国之外地名
亦不知何方地名也　注悬毒也　正义曰悬毒閒乱賈逵云然
是相傳訓也道祿父作乱將以害周若毒螫然故云毒乱王室也
注周公囚放也　正义曰蔡仲之命篇云周公乃致辟管叔于商
囚蔡叔于郭鄰則是周公誅之矣而此言王者周公称王命以討
之書序云成王既伐管叔蔡叔是称王命之文也說文云𣎵散之
也從米殺声然則𣎵字殺下米也𣎵为放散之义故訓为放也隸
書改作巳失字体𣎵字不復可識寫者全彭蔡字至有为一蔡字
重點以誌之者今定本作蔡非也　注为周公臣　正义曰孔安
国云明王之治誅父用子言周公圻内諸侯二卿治事是为
周公圻内采邑之卿也　毋米八人　正义曰上言十人而此云
八者伯邑考已死不數武王故八人　康叔为司寇　正义曰尚
書蘇公为司寇此言康叔者为蘇公出封为国康叔替之　注五

叔　正義曰史記云聃季載杜云毛叔聃又不數叔振鐸者杜以
振鐸非周公同母故不數之或杜别有所見不以管蔡世家爲說
曹自至尚年　正義曰於昭穆曹是晉之叔父也晉爲大國多受
分物曹爲伯爵而在甸服非是爲尚年長也桓二年傳云晉甸侯
也晉亦在甸唯侯伯之爵異耳言爲伯甸連言之耳於甸无升降
也鄭玄云曹今濟陰定陶也去王城八百里東都之畿方六百里半
之三百里侯服五百里定陶在畿外故爲在甸服言其小也　藏
在周府　正義曰言周家府藏之内有此載書在也本或爲盟府
由僖五年傳藏於盟府涉彼而誤耳　不正其德　正義曰正長
也謂不長其有德者也　乃長衛侯　正義曰釋例曰周之宗盟
異姓爲後故踐土之盟載書齊宋雖大降於鄭衛本周而言指謂
王官之宰臨盟者也其餘雜盟未必皆然踐土召陵二會皆蔡在
衛上時國次也或盟乃正其高下者敬共明神本其始也是言會
以國之大小爲次或盟乃先同姓盟之先同姓者唯謂王官之宰
臨盟時耳踐土則王子虎盟諸侯于王庭此盟則劉子在焉故二

者先同姓其餘雖盟亦以國之大小為次故襄二十七年宋之盟晉楚爭先若其皆先同姓則楚不得競也以此知餘盟不然 九言 正義曰古者一字與二字並為一言易云伏羲作十言之教曰乾坤震巽坎離艮兌消息乾坤雖是一字亦一出口乃得言之故謂之一言今則一字為一言三字以上為一句 注豫章至地名 正義曰漢書地理志豫章郡名在江南此在江北者土地名云定二年楚人伐吳師于豫章吳人見舟于豫章而潛師于巢吳軍楚師于豫章又伯舉之役吳人舍舟于淮汭而自豫章與楚師夾漢此皆在江北淮南蓋後徙在江南之豫章 注禹貢至界 正義曰禹貢云嶓冢導漾東流為漢又東為滄浪之水過三澨至于大別南入于江孔安國云三澨水名入漢大別山名觸山迴南入江如彼文大別在江北小別當近之小別當在大別之東也何則子常從小別與吳戰退而至大別明其自東而漸西也土地名小別大別皆闕不知所在或曰大別在安豐縣西南傳曰吳既與楚夾漢然後楚乃濟漢而陳自小別至于大別然則二別近漢之

名旡緣反在安豈〻也所謂至入也　正義曰臣見義則行不待
君命古有此言故云其此之謂也今日我致死而戰楚之可入也
注奔食至戰數　正義曰五戰謂濟漢而陳自小別至于大別三
戰也柏舉也清發也此已五矣若後數雍澨則為六也傳例皆陳
曰戰奔食而從之則食者走不暇為陳故不數也　季芊畀我
正義曰世族譜季芊與畀我二人皆平王女也服虔云季芊許嫁
而字畀我季芊字也禮婦人許嫁笄而稱字季芊稱字是許嫁也
蓋遭亂夫死而改適鍾建耳　注雎水至西走　正義曰土地名
雎水出新城昌魏縣南發河山東南經襄陽至南郡枝江縣入江
此水在郢都之西楚王辟吳而西走　注燒火至却之　正義曰
賈逵云燧火燧也象〻獸也以火繫其尾使奔吳師驚却其衆使
王得脫杜用其說也禮有金燧木燧皆取火之物故以燧名火也
說文云象長牙鼻南越之大獸也南民異物志云象身倍數牛而
目則如豕目鼻長七八尺其所食物皆鼻取之性馴良為人所養
夷人服乘之史記大宛傳曰身毒國其民皆乘象以戰是象可調

馴楚近南邊故有此象王將涉睢吳師來偪故使以火繫象尾令
奔吳師使驚却之言執燧象者既繫火於尾執而牽向吳師乃放
之 我實失子可哉 正義曰言我比來失子不知子有賢行臨
難亡免吾首女今可守此言哉 注司馬已死 正義曰言布裳
剄之是司馬傷而自殺故云已死 注忠壯 正義曰謀毀舟敗
吳是忠也既傷猶戰不止是壯也 注入雲夢之夢 正義曰土
地名云南郡枝江縣西有雲夢城江夏安陸縣東南亦有夢城或
曰南郡華容縣東南有巴丘湖江南之夢也郢都在江北雖東王
走西涉睢又南濟江乃入雲中知此在江南昭三年王與鄭伯田
於江南之夢謂此也言江南之夢則江北亦有夢矣司馬相如子
虛賦云雲夢者方九百里則此澤跨江南北 柔亦至彊禦
正義曰詩大雅烝民美宣王之詩其章內言仲山甫不茹柔不吐
剛也釋言云啜茹也舍人曰啜茹食也樊光云啜菽飲水啜菽謂
食豆藿也然則茹者噉食之名 以王奔隨 正義曰桓六年傳
曰漢東之國隨為大土地名隨義陽隨縣其國在楚之東也土地

名鄭江夏雲杜縣則是楚之西南吳師猶尚在楚之更東來奔隨國者蓋為楚與隨有恩謂可保守故也　注存數也　正義曰釋言云存再也再亦數之義也　無衣　正義曰無衣刺用兵也秦人刺其君好攻戰亟用兵而不與民同欲焉其詩云豈曰無衣與子同袍王于興師脩我戈矛與子同仇鄭注云此責康公之言也君豈嘗曰女無衣我與女同袍乎言不與民同欲也下注云君不與我同欲而於王興師則云脩我戈矛與子同仇往伐之刺其好攻戰又云豈曰無衣與子同澤王于興師脩我矛戟與子偕作又云豈曰無衣與子同裳王于興師脩我甲兵與子偕行　五年注蔡為至之粟　正義曰公羊傳曰孰歸之諸侯歸之曷為不言諸侯歸之離至不可得而序故言我也穀梁傳亦然賈逵取彼為說云不書所會後也杜以傳文唯言周亟矜無資自解魯歸粟之意不言諸侯歸之諸侯或亦歸之要此經所書其意不及諸侯故顯而異之言魯歸之粟　注於發聲也　正義曰公羊傳云於越者何越者何於越者未能以其名通也越者能以其名通也其意言

越与於越立文不同㕵有褒貶左氏无此義越是南夷夷言有此
發邑史官或正其名或從其俗越与於越史異辭无義例　傳注
玙璠至所佩　正義曰案說文云玙璠魯之寶玉玙璠是一玉名
說文又云瑜美玉与玙璠異也昭公出奔之後平子攝行君㕵入
宗廟佩此玉陽虎以平子嘗佩此玉故將以斂之仲梁懷不与明
此玉是君所佩也君之所佩故为美玉也玉藻云公侯佩山玄玉
此𠂤時所佩未必是山玄也玉藻又云古之君子必佩玉右徵角
左宮羽鄭玄云徵角在右㕵也民也可以劳宮羽在左君也物也
宜逸　改步改玉　正義曰步謂行也玉藻云君与尸行接武大
夫繼武士中武鄭玄云尊者尚徐接武蹈半迹繼武迹相及也中
武迹間容迹是君臣步不同也玉藻又云公侯佩山玄玉大夫佩
水蒼玉是君臣玉不同也昭公之出季氏行君㕵为君所佩君玉
及定公立季氏復臣位故步玉皆改矣　彼为君　正義曰彼臣
謂季氏为君故注云不欲使僭　王之乱脾泄　正義曰王之在
隨也国内无主子西以民无所依恐其潰散故偽为王之車服以

安道路之人国于脾泄之地於時子西蓋假稱王矣　問高厚焉
弗知　正義曰子西問由于所築麇城高厚幾何由于不知董遇
云問城高厚丈尺也本或有小大者涉下文而誤耳　不卮如辭
正義曰敢力不敢如何不如古人之語然也僖二十二年傳云若
愛重傷則如勿傷愛其二毛則如服焉經傳之文此類多矣　城
不知何知　正義曰王肅斷小大何知為句注云如是小大何所
知也張奐古今人論云子西問城之高厚小大而弗知也子西愢
曰不卮則如辭城之而不知又何知乎張奐引傳為文小大上屬
杜無注蓋與張同　六年季孫宿囲鄆　正義曰鄆是魯邑鄆
曰囲之必是鄆邑叛也三傳並無其叓不知何為而叛明年莒人
取鄆是叛屬莒也　傳討鄭之伐胥靡　正義曰下注云鄭伐周
六邑在魯伐鄭取瑕前而此獨云胥靡者此時須顯侵鄭之意故
言討鄭之伐胥靡略言之也但鄭伐周叓須從下文成周發之故
傳文乃逆指下叓為次也　尤人而非禮　正義曰入其國門非
也追伐其師亦非也尤其非而復效之為非禮也下云效小人以

棄之即云天將多陽虎之罪則公叔文子知此出入衛門是陽虎
之計非魯公使然亦人謂亦陽虎也　文之云昭兆　正義曰賈
逵云舒鼎〻名昭兆宝龜杜依用之蓋衛文公鑄此鼎也其名曰
舒不知其故成之昭兆成公新得此龜蓋以灼之出兆〻文分明
故名為昭兆　陽虎至之幣　正義曰聘禮者諸侯使卿聘鄰國
之禮也執圭以致君命執璧以致享幣其於夫人則聘用璋享用
琮聘君与夫人一使兼致之夫人不別使也傳言報夫人之幣則
晉之夫人嘗有聘魯者矣禮法夫人不別遣使則晉之夫人聘者
亦內晉君來聘也經无其事蓋遣大夫來聘名氏不合見經故略
之也不言報晉君唯言報夫人者桓子如晉獻鄭俘即亦報聘晉
也桓子報聘即亦得報夫人也但陽虎欲困辱三桓又欲求媚於
晉既使桓子報聘晉君又別遣正卿報晉夫人所以困辱三桓而
重晉禮也　注賤魯至備禮　正義曰若桓子特為獻俘懿子專
為報聘則經當兩書如晉不合共文晉人亦當兩設享禮各得一
客今乃桓子聘晉君懿子報夫人則似共為一使若賓与介然故

晉人薄享之賤魯故不復而為設禮僖言此者明經所以不備者也不備者謂不各自立文而者如晉也若然文十八年公子遂叔孫得臣如齊亦是經不備者而怪此不備者彼僖言惠公立故且拜葬也則是魯並命二卿令行兩事雖各有所主而受命俱行故宜共文者之此則桓子獻俘并亦報聘一卿足以薄之懿子不須行矣陽虎強使之行乃是從後而去去時不同受命宜為別者如晉止為晉人所賤故經不復備者正以僖言強使懿子報夫人之幣知桓子輕晉君矣僖言薄享之知其不應薄矣以此明二人不同受命宜應別者略而不備者耳　孟孫立先君　正義曰懿子之意不為陽虎求官欲使晉人知陽虎專權為國所患言若不得居魯而息肩於晉示已知陽虎必將作亂而出奔也中軍司馬晉國大夫之最貴者為求此官似若欲使晉厚待之然令晉知其情耳請言有如皆是誓辭稱先君以徼其言似若欲晉必從之　注欲令至知之　正義曰本意不為陽虎請官欲令晉人知陽虎終必逃走強設託請之辭因此言辭以取入晉之意欲令晉人素知

陽虎之必逃　注陵師陸軍　正義曰上云舟師水戰此言陵師
陸軍南人謂陸為陵此時猶然釋地云高平曰陸大陸曰阜大阜
曰陵是陵陸小大之異名耳　七年注旱也　正義曰案賈逵云
旱也杜言旱者杜以春秋旱雩傳皆發之言旱以此傳无旱文故
謂之旱如賈之所言前既有雩後又有雩旱可知不須發傳若然
昭二十五年上辛大雩季辛又雩一月兩雩旱亦可知何須發傳
言旱甚也則以賈言規杜非也蓋時有小旱故傳不言旱未應合
雩故杜云旱也　傳處父至必死　正義曰齊人設伏待晉君入
其伏内是為禍也虎不謀此禍而欲夜掩齊師女必死處父欲自
殺之　不待有司　正義曰言不待掌刑戮之有司余必自殺女
也虎見二子以此言懼之乃退不敗　注己巳至元月　正義曰
此年經傳日少上下無可考驗杜自以長歷校之己巳為十二月
五日

春秋正義卷第三十三

春秋正義卷第二十四　定公

國子祭酒上護軍曲阜縣開國子臣孔　穎達　等奉

勅撰

八年注。四年盟皐鼬。　正義曰：曹以昭二十八年即位，三十二年諸侯上大夫盟于狄泉，曹俱在時，以來告公，而公薨，故不名於盟。以此故不數之。四年盟皐鼬，四年二月陳侯吳卒，其年盟于皐鼬，自爾以來唯有此盟耳。　靖公。　正義曰：謚法共以解信曰靖。　懷公。　正義曰：謚法慈仁短折曰懷。　注從順至先公　正義曰：傳言順祀，是從爲順也。文二年大事于大廟，躋僖公，升僖於閔上，閔先爲君，退在僖下，是逆也。今升閔在僖上，依其先後，是順也。廟主失次，唯此二公，故知從祀先公唯閔僖耳。躋僖公，指僖言之。此不指言升閔者，彼所升者止升僖公之一神，不得不指言僖公也。今從祀之時，閔僖俱得正位，且以親盡，故通言先公。此言從祀躋僖公，不言逆祀者，此從祀因躋僖公之文，故得略言從祀。至於躋僖公文，無所繫，不知逆祀何公，且見是親廟，不可言先公

故指僖言之而言諱也。然則此以親尽故通言先公下桓宮僖宮
哭彼亦親尽。言桓僖者彼拠哭之所在須指言其処。与此体例不
同。　注盗謂至繁弱　正義曰傳言陽虎取宝玉大弓以出是盗
謂陽虎也。公羊傳曰盗者孰謂謂陽虎也。陽虎者曷為者也季氏之
宰也季氏之宰則微者也悪乎得国宝而竊之陽虎專季氏。々
々專魯国。其說將殺季氏。亦与左傳大同。春秋之例再命之卿
始得名氏。書経陽虎季氏家臣以賤。名氏不見。故書曰盗。々者賤
人之称也。此宝玉大弓必是国之重宝。歴世掌之。故自刘歆以来
說左氏者皆以為夏后氏之璜封父之繁弱成王所以分魯公也
公羊傳曰宝者何璋判白弓繡質亀青純。彼不知魯有先王分器
繆為言耳。且所盗无亀。知其並是妄也。　傳注顧高至異疆。
正義曰漢書律歴志云量者龠合升斗斛也。本起黄鐘之龠。以子
穀秬黍中者千有二百實其龠。合龠為合。十合為升。十升為斗。十
斗為斛。而五量嘉矣。權者銖両斤鈞石也。本起黄鐘之重。一龠容
千二百黍重十二銖。両之為両。十六両為斤。三十斤為鈞。四鈞為

石。而五權謹矣。由此而言龠之所容重十二銖。合龠為合。兩之為
兩。則合重一兩。升重十兩。斗重百兩。斛重千兩。計六鈞有一百八
十斤。合為二千八百八十兩。於量為重兩。斛八斗八升。計今人用
弓。此亦未為殭矣。而魯人倚而觀之。故杜以為古秤重。故以為異
強。計古秤亦准黃鍾之重為之。而得重於今者。權量之起本自黃
鍾。而世俗不同。每有改易。倚林齊旧四量。陳氏皆加一焉。是其不
必常依古也。近世以來。或輕或重。魏齊斗秤於古二而為一。周隨
斗秤於古三而為一。則古時亦當然。杜言古者。謂此顏高之時為
古耳。非言自古秤皆重也。 俱斃至頰殪。 正義曰。釋言云。斃。仆
也。孫炎曰。前覆曰仆。吳越春秋稱。要離謂吳王夫差曰。臣迎風則
偃。背風則仆。然則仆是前覆。偃是卻倒。此顏高被擊而仆。乃轉而
仰。且射子鉏。猶死言其善射之功然也。 主人出師奔。 正義曰。
賈逵以為主人出魯師奔走。而卻退言魯無戰備也。劉炫云。杜亦
不勝。但今杜以異於賈。以為後師奔走。陪助之者。若如賈言魯師
奔走。則是被敗。而还下傳陽虎何得云猶在此必敗。明其於時不

敗，故猛得逐棄兵之人，是賈言非也。注救不至入竟。正義曰：
春秋諸侯相救，皆書於經。此救亦當書之，不書者，齊師制晉，來救
已去，魯地，晉師未入魯竟，不成為救，故不書也。公會晉師于瓦，瓦
是衛地，公往衛地會晉師，是其未入竟也。注礼卿至略之。
正義曰：礼，卿執羔，大夫執鴈，周礼大宗伯文也。魯則同之。盖令卿
与大夫俱執鴈，今見士鞅執羔，始知執羔之尊，於是方始尚羔，令
卿執之。記礼廢之久也。傳言於是始尚羔，必往前不執羔矣，但往
前所執雖知，先儒各以意說。賈逵云：周礼公之孤四命執皮帛，卿
三命執羔，大夫再命執鴈。魯廢其礼，三命之卿皆執皮帛，至是乃
始後礼尚羔。案周礼、礼記皆言卿執羔，大夫執鴈，並以爵斷，不係
命數，賈何以計命高下妄稱礼乎？傳言始尚羔者，當謂舊賤羔而
今為之耳。若本僭孤礼，皆執皮帛，當云始後用羔，不得云尚也。若
改僭從礼得名為尚，則初獻六羽，何以不言始尚六佾也？以尚言之，
足知魯卿旧執非皮帛矣。鄭衆云：天子之卿執羔，大夫執鴈，諸侯
之卿當天子之大夫，故傳曰唯卿為大夫，當執鴈，而執羔，僭天

子之卿也魯人效之而始尚羔記礼所從壞案礼僖及記天子之臣与諸侯之臣所執无異文也周礼掌客凡諸侯之礼上公及侯伯之下皆云卿相見以羔是諸侯之卿執羔不執厂文士相見者諸侯之臣相見之礼也經曰下大夫相見以厂上大夫相見以羔是諸侯之卿必執羔矣安在於諸侯之卿當天子之大夫乎是則皆明文而用肺腸也天子諸侯之臣所異者士相見之礼羔厂皆云飾之以布而曲礼云飾羔厂者以繢鄭玄云此爲諸侯之臣与天子之臣異也然則天子之臣衣之以布而又畫之諸侯之臣則用布不畫所異唯此而已其執不為異也傳文之乖於礼者辭是卿也皆當執羔趙鞅荀寅不應執厂此是當時之失今於備下以晋卿失於偪下魯卿不應僭上益明賈言魯卿旧執皮帛非其義矣魯人於是始知執羔為誤亦效晋唯上卿一人独執羔自來必即亡如礼諸卿皆執羔也此經言公會晋師不言公會士鞅做二十九年傳曰在礼卿不會公侯會伯子男可也故杜云卿不會礼不敵公史略之刘炫云案宣元年會晉師于棐林伐鄭杜云趙

肩称师取於师舍故称师何知此非亦以师舍故称师不云礼不敵公略称师乎令知不然者．以宣元年諸侯俱在又文連伐郑故言师舍此則公之独舍晋师又无征伐之事故以为卿不否礼不敵公史略之列以与宣元年並取於师舍以規杜氏非也、

注盟礼云請之　正义曰盟用牛耳卑者執之尊者涖之請執牛耳請使晋大夫執牛耳周礼戎右云盟則賛牛耳郑玄云謂尸盟者割牛耳取血助为之尸盟者執之、襄二十七年傳曰諸侯盟小国因必有尸盟者是小国主備辭盟具宜執牛耳哀十七年傳曰公会齊侯盟于蒙孟武伯問於高柴曰諸侯盟誰執牛耳季羔曰鄫衍之役吳公子姑曹發陽之役衛石魋武伯曰然則彘也鄫衍吳为盟主、不知盟礼當令小国執牛耳而自使其臣執之發陽宋魯衛三国衛为小蒙則齊魯二国魯为小晋是以小国執牛耳而香者涖之以主次同盟者令衛侯与晋大夫盟、自以、句为盟主宜涖牛耳故請晋大夫使執之、

注捘掎也、　正义曰說文云推排也排掎也捘是推排之意故为掎也昭十三年傳言掎于藩籬謂

被推入坑也。禘于僖公。正義曰：釋例曰：大祭于大廟以審定昭穆，謂之禘。禘于大廟，禮之常也。各於其宮，時之為也。雖非三年大祭而書禘，用禘禮也。然則禘者，審定昭穆之祭也。今為順祀而禘于僖公，則是并取先公之主盡入僖廟，而以昭穆祭之，是為用禘禮也。計禘禮當于大廟，今就僖廟為禘者，順祀之義，退僖升閔，懼於僖公之神，故於僖廟行禘禮，使先公之神備知之。禮祭當可以及早後世之主，宜上從大廟而食，令從上世之主下入僖廟祀之，當時所為，非正禮也。昭二十五年禘于襄公，義亦然也。

而先君繼之。正義曰：而，女也。言女先祖以來皆為季氏忠良之臣，女今不良，反以是殺我之支徒繞之。注：衡，召也。召死。正義曰：衡，召也。釋言文。陽虎召季孫欲殺之，今既得脫，魯人歡喜季孫於季孫。○九年注：四年盟皐鼬。正義曰：蓋以昭二十九年即位，三十二年大夫盟于狄泉，以未告云而公薨，故不數。獻公。

正義曰謚法博聞多能曰獻、注五氏至次告、正義曰傳言齊侯伐晉夷儀乃與衛侯次于五氏次既告則伐亦應告故杜以為諱伐盟主直以次告、知非不告伐故不書者君全不告魯容可不以伐告今既以次告魯何意告次不告伐明以衛新叛晉之魯與晉親故恥以伐告唯告次耳劉炫以為不告伐故不書而規杜氏非也、傳注鄧析至竹刑、正義曰昭六年子產鑄刑書於鼎今鄧析別造竹刑明是改鄭所鑄舊制、若其君命遣造則是國家法制、鄧析不得獨專其名知其不受君命而私造刑書之於竹謂之竹刑、駟歂用其刑書則其法可取殺之不為作此書也下云棄其邪可也則鄧析不為私作刑書而殺蓋別有當死之罪、駟歂不矜免之耳・君子至可也、正義曰周禮小司寇以八辟麗邦法附刑罰三曰議賢之辟四曰議能之辟鄭玄云賢謂有德行者能謂有道藝者春秋傳曰夫謀而鮮過惠訓不倦者叔向有焉社稷之固也猶將十世宥之以勸能者今壹不免其身以棄社稷不亦惑乎是賢能之人當議其罪狀可赦則赦之今鄧析制刑有益於

国即是有邑者殺有邑之人是不忠之臣君子謂子然於是為不
忠也国之臣民誠有可以加益於国亦音取其善処棄其邪悪可
也雖知其邪猶棄而不責所以勸勉人使学為善邑也 注詩邶
風所執 正義曰邶風靜女之篇也於時衛君无道夫人无德衛
人欲得貞靜之女以配国君易去无德之夫人也篇有三章其一
章云靜女其姝俟我於城隅其二章云靜女其孌貽我彤管々々
者筆赤管也必用赤者示其以赤心正人也古者后夫人必有女
史執赤管之筆記妃妾善悪進御之法所以規誨人君也靜女三
章之詩雖說美女之変々々之常耳无可特善彤管記変為是婦人
之大法本録靜女詩者止為彤管之言可取故全篇取之不棄上
下之二章也其女史所書之事毛傳有其略也毛傳云古者后夫
人必有女史彤管之法史不記過其罪殺之后妃群妾以礼御於
君所女史書其日月授之以環以進退之生子月辰則以金環退
之当御者以銀環進之著於左手既御著於右手事无大小記以
成法 注詩鄘風存身 正義曰詩鄘風干旄之篇也於是衛文

公之臣子多好善賢者条告以善道也其詩言大夫之好善有乘
駟馬建干旄就賢者諮囯事焉云孑孑干旄在浚之郊素絲紕之
良馬四之彼姝者子何以畀之孑孑干旟在浚之都素絲組之良
馬五之彼姝者子何以予之孑孑干旌在浚之城素絲祝之良馬
六之其末句云彼姝者子何以告之姝順貌也賢者見其好善義
其共順言已寡知復何以告之自恨无可告之明其无所吝惜本
録干旄詩意取其中心願告人以善道彼二詩皆以一善見采而
鄭析不以一善存身故君子引二詩以說子然也 詩之所茇
正義曰詩召南甘棠之篇也蔽芾小貌甘棠杜也茇草舍也召伯
之聽獄訟不重煩勞百姓止舍小棠之下而聽斷焉國人被其德
說其化故愛其樹彼蔽芾然小者甘棠之樹也勿得翦削之勿得
斫伐之此乃是召伯舍息之处 凡獲至曰獲 正義曰器用者
謂器物可為人用凡獲此器物之用者謂之為得也得用者謂將
此器用以得於物焉謂之為獲刘炫以為得用焉曰獲謂得此可
用為器之物謂之為獲若麟之皮角之屬以杜解為非令知不然

者。案春秋昏獲唯有因俘々々不可以为器物除因俘之外唯有
獲麟々々为灵獸帝王所重不可以鳳羽麟皮以飾器物刻以麟皮
亦堪为器而規杜氏非也。　注葱灵輜車名。正義曰說文云輜
軿衣車也前後有蔽賈逵云葱灵衣車也有葱有灵然則此車前
後有蔽两旁開葱可以觀望葱中豎木謂之灵今人猶名葱木为
灵子其内容人卧故得寢於其中而逃。其世有乱乎。正義曰
言其當世将有乱也。　注为衛討也。正義曰注年衛侯殺晋
晋必當支齊下文衛侯含之知是为衛討也。使登者絶而後下
正義曰言使登城人絶沓上說然後与昏下遂自下亦讓昏而先
下。　如驂之靳。　正義曰詩云两服齊首两驂厂行鄭玄云两服
中央夾轅者然則古人車駕四馬夾轅二馬謂之服两首齊其外
二馬謂之驂首差退說文云靳當膺也則靳是當胸之皮也驂馬
之首當服馬之胸々々上有靳故云我之從子如驂馬當服馬之靳
杜言靳車中馬也言靳是中馬之駕具故以靳表中馬詩云騏騮
是中騧驪是驂是名服馬为中馬也。　注令樊虎非也。

正義曰此中牟在晉竟內也趙世家云獻侯即位治中牟漢書地理志云河南郡有中牟縣趙獻侯自耿徙此又云三家分晉河南之中牟魏分也杜言今滎陽有中牟縣謂此河南之中牟也晉世分河南為滎陽郡中牟屬焉此地乃在河南計非晉竟所及故云迴遠疑非也又三家分晉中牟屬魏則非趙得都之趙獻侯治中牟亦非河南之中牟也此言晉車在中牟哀五年趙鞅伐衛圍中牟論語佛肸為中牟宰與趙獻侯所都中牟或當是一必非河南中牟當於河北別有中牟但不復知其処耳有臣瓚者不知其姓或云姓傅作漢書音義云臣瓚案河南中牟春秋之時在鄭之疆內及三卿分晉則為魏之邦土趙界自漳水以北不及此也春秋衛侯如晉過中牟案此之中牟非衛適晉之次也汲郡古文曰齊師伐趙東鄙圍中牟此中牟不在趙之東也案中牟當在溫水之上瓚言河南中牟非此中牟誠如其語謂此中牟當在溫水之上不知其所案據也　注城譚至郭書　正義曰杜見傳言師賤則云是東郭書刘炫云案上伐夷儀乃齊侯親兵所陳東郭書之意

非是將帥杜何知帥謂東郤君東郤爲帥則人無不識何故
云皙情而衣雜製衣齊侯使視之乃知夫子也且郤若爲帥被晉之
敗何故君以爲功而更受賞乎今知剋雖非實以此云克城而驕
其帥又賤文既相連止是一事克城謂克其師則克城之師
上克城之事郤先登故知郤爲帥身先士卒也僖三十三年
晉侯親自敗狄而郤缺爲將成十六年楚子觀戰鄢陵而子反爲
主今齊侯垂伐衛侵郤何妨別爲元帥戎事上下同服故逢丑
父得與齊侯易位郤雖爲元帥軍衆之內齊侯容或不辨齊侯
賞其先登之功不責其後敗之罪故以爲帥譏東郤剋此請
事以爲更有別帥而規杜非也　注皙晳白至裘也　正義曰詩君
子偕老之篇說夫人之美云揚且之晳晳是面白之名故爲白也
說文云齺齒相值也言齒長而白上下之齒相當也說文云製裁
也衣雜製衣謂著雜皮也裁皮著之明是裘矣故以製衣爲裘也月令
孟冬天子始裘傳言秋齊侯伐衛侵周之秋未冬而衣裘者哀二
十七年傳言陳成子衣製杖戈是在秋上製亦裘也然則在軍之

服，或當時所須，不可以寒暑常節約之。 注給其至役者 正義
曰：一人得之，則以五家給所得者，令常不共国家役，是服虔云是之。
時齊尹夷儀而有之，既为齊有，故齊得優其傜役也。然夷儀故邢
都也，邢滅入衛，後乃屬晉，自齊而伐夷儀，其入晉尋深矣，不必永
为齊有，尚時暫得之耳。 注襚衣至厚之 正義曰：送死之礼，衣
服曰襚，故以襚为衣也。云三襚之，則明三時与衣，自死至殯有襲
与小斂、大斂，此殯三加衣也。元存旧是賤人，蓋初以士服，次大夫
服，次卿服也。下与之犀軒，犀軒是卿車，明三襚終以卿服。 注犀
軒至高蓋 正義曰：說文云：軒，曲輈也。謂軒車有藩蔽也。下云齊
侯數諸大夫之軒，邴意茲乘軒，意茲非卿也。傳稱曹朝乘軒者三
百人，詩毛傳云大夫以上赤带乘軒，大夫亦乘軒矣。指言卿車者，
言以貴者賞之也。魚軒以魚皮为飾，犀軒當以犀皮为飾也。考工
記車人为蓋，不言有曲，此云直蓋，或時有曲直，故云直蓋。高蓋亦
謂車蓋也。 十年注三邑至魯田 正義曰：傳言孔丘使茲无還
揖對齊無令反汶陽之田，乃与之盟，齊人为是歸此三邑，知三邑

皆汶陽田也。土地名。汶水出泰山萊蕪縣西南，經濟北，至東平須
昌縣入濟。則汶水發源東北而西南流也。水北曰陽，此三邑皆在
汶水北，近齊。齊因陽虎出奔，取為己有。今服義而歸魯也。僖之年
云賜季友汶陽之田，季氏世脩其德，不應失其采邑，則此汶陽之
田當為季氏采地。今復有此三邑者，汶水之北皆名汶陽，其地多
矣。蓋季氏私邑之外，別有此田也。龜山名也。山北曰陰，田在龜山
北，其邑即以龜陰為名，故云三邑。 注暨與至之也。正義曰：暨與
也。釋詁文。凡大夫出奔，春秋名皆是罪惡，故杜歷其為罪之狀，解其
書名之由。地既出奔，辰為之請，請而不許，是虐其請也。公唯不許
而已，未嘗責其妄請，不被迫逐，自忿出奔，是辰之罪也。釋例曰：宋
辰率群卿以背宗國，挾大邑以成叛逆，故以首惡稱之。是言稱之者
亦首惡也。杜知是首惡者，以其特云宋公之弟辰暨仲佗石彄，是
辰牽率仲佗石彄，故云首惡也。若不內首惡，當如昭二十二年宋
華亥向寧華定之出奔楚，不須暨字以間之。 傳注萊人至東也。
正義曰：襄六年齊侯滅萊，今東萊黃縣是也。地在東也，去京師大遠

孔丘謂之裔夷之俘，言是遠夷因俘，知是滅萊所獲，此人是其遺
種也。齊不自使齊人而令萊人劫魯侯者，若使齊人執兵，則魯
亦陳兵當之，无由得劫公矣。使此萊夷望魯人不覺，出其不意，得
伺間執之。 裔不至亂華 正義曰：夏大也，中國有禮儀之大，故
稱夏；有服章之美，謂之花〻夏一也。萊是東夷，其地又遠，裔不謀
夏，言諸夏近而萊地遠；夷不亂華，言萊是夷而魯是華。二句其旨
大同，各令文相對耳。 注須齊至不書 正義曰：齊魯既平，兩
相從意，齊人既令魯以三百乘從，魯不可即拒，故須齊歸汶陽之
田，乃當共齊三百乘之命，則得汶陽之田足當三百乘也。責違之
不書盟，諱以三百乘從齊師。其意以宣七年盟于黑壤而不書，
傳言晉侯之立也，公不朝，又不使大夫聘，晉人止公于會，公不與
盟。不書盟，諱之也。緣彼有諱，謂此亦諱。案此會孔丘相，反汶陽之
田以共齊命，孔丘意也，得其三邑而以三百乘從之，為相當矣。於
魯不為卑，何以諱其盟？即以三邑田少不足以當三百乘，孔丘不
應唯令反此而已。令會反此，共命必其足以相當，何以諱其從齊

也。若三百乘從齊必是可諱孔丘為相義不亡拒則孔丘為有罪
矣。何貴乎聖人也。故杜以為於是孔子以公退時會終其享專盟
不絜故略不書。秋例曰：夾谷之會齊侯劫公，孔丘以義叱之，以兵
威之。將盟又使茲无還責侵田，拒齊之享。孔彊國正典，侵凌畏人
之大耳也。徒以二君重會而兵刃相要，二國微臣共終盟享，故賤
而不書，非所諱也。自說同於黑壤之辱為負仲尼也。 注犧象
至磬也。 正義曰：周禮司尊彝云：春祠夏禴，祼用雞彝鳥彝，
其朝踐用兩獻尊，其再獻用兩象尊。鄭衆云：獻讀為犧，犧尊飾以
翡翠，象尊以象鳳皇。阮諶三禮圖：犧尊畫牛以飾，象尊畫象
以飾，當尊腹上畫牛象之形。王肅以為犧尊象尊為牛象之形，
背上負尊。魏太和中青州掘得齊大夫子尾送女器，為牛形而背
上負尊，古器或當然也。周禮大司樂云：雲門之舞冬日至於地上
之圜丘奏之，若樂六變則天神皆降，可得而禮矣。咸池之舞夏日
至於澤中之方丘奏之，若樂八變則地祇皆出，可得而禮矣。圜丘
方丘皆是野，況二者並是大祭，必當備設為俎，而云嘉樂不野合

犧象不出门者彼是礼之大者自可依礼而行焉得出门柔得野
合此言不出门不野合者謂享燕正礼當設於宫内不得違礼而
行妄作於野耳非謂祭祀之大礼也諸侯相見之礼享在廟燕在
寢不得行於野依二十八年晋侯朝王于踐土王享醴命之宥襄
十年宋公享晋侯於楚丘請以桑林十九年公享晋六卿于蒲圃
二十七年鄭伯享趙孟于垂隴如此之類春秋多矣或特賞殊功
或畏敬大国皆權時之吏非正礼也此時齊魯敵国釈怨和平未
有殊異之歡宂假非常之事孔子知齊懐詐慮其掩襲託正礼以
拒之故言不野合 注陽虎至魯事 正義曰八年陽虎入于讙
陽関以叛九年伐陽関陽虎奔齊其時虎以讙去鄆与龜陰亦從
之昏為齊所取至今始帰之皈田之經在趙鞅囲衛之後与傳吏
倒者傳終魯事竟此皈田於上令与盟事相接故也 城其西北
而守之 正義曰築城於其西北之地而守之也本或北下有隅
昭二十五年傳陥西北隅以入又云登西北隅以望涉佗而誤耳
今定本有隅誤 以徒至如植 正義曰涉佗以徒七十人旦往

门焉。涉佗先亦步行门之左右，然後其徒皆至而立，如植木然。
注：伪为亦授之。 正义曰：少仪说以器物授人之礼云：刀却刃授
颖，削授拊，凡有刺刃者，以授人则辟刃。郑玄云：颖，镮也。拊，谓把。辟，
刃不以正御人也。是礼授刃敛刃，以锋刃自御而授其镮。今围人
伪为固陋不知礼者，以敛锋末授之，欲因推而杀之。 使如之。
正义曰：言使为如此之计而欲杀之。 注：犯以亦书围。 正义曰：
昭十三年南蒯以费叛，注云：不书不告庙。八年阳虎叛，注云：叛不
书，略家臣。此侯犯以郈叛不书者，亦为不告庙、略家臣也。不书叛
而书围，兴动大众，以围告庙，故书围也。然则九年伐阳关，计阳虎
亦应书而不书者，盖师少不告庙，故不书。 注：扬水至有令。
正义曰：唐诗扬之水刺晋昭公也。昭公分国以封沃，沃盛强，昭公
微弱，国人将叛而归沃焉。其三章云：扬之水，白石粼粼。我闻有命，
不敢以告人。注云：闻曲沃有善政令，不敢以告人。郑笺云：不敢以
告人而去者，畏昭公谓己动民心。 朱其尾鬣。 正义曰：尔雅舍
人注云：鬣，鬣也。 〇十一年 注：萧，宋邑。 正义曰：庄十二年，宋万弑

注彄孟絷子。　正义曰、世族譜云孟絷元子、灵公以其子彄為之
後也。為後則為其子、故云孟絷子。此實公孫而不称公孫者、絷字
公孟、故即以公孟為氏。刘炫謂公孟生得賜族、故彄即以族告。
注国内亦告廟。　正义曰、成魯邑、国内用兵、計不應告、而出入皆
告者、為興動大衆、皆告廟也。釋例曰、信臣執令、大都耦国、仲由建
墮三都之計、而成人不從、故公親圍之、雖不越竟、動衆興兵、大其
事、故出入皆告於廟。傳与其亦无勇　正义曰、羅以曹国小弱
不敢來追、衛師而在後為殿、是空設嚴猛、善其空为嚴猛、卒为
无勇、亦弱請之、使曹人不憚以为後圖。　注仲尼時为司寇。
正义曰、史記孔子世家云、定公以孔子为中都宰、一時四方皆則
之、由中都宰为司空、由司空为大司寇。十年會于夾谷、時已为司
寇矣。十四年孔子由大司寇攝行相事、是此時仲尼为司寇。
十三年注韓魏亦列国。　正义曰、成十八年傳例曰、凡去其国、諸
侯納之曰歸。此傳称韓魏、以趙氏为請、故趙鞅得称歸。韓魏非諸
侯、亦從諸侯納之例者、韓魏之彊、僭列国也。釋例曰、韓魏有耦国

之強陳蔡有後国之端故晋趙鞅楚公子比皆称帰從諸侯納之例言非晋楚之所能制也。傳注垂葭至郹亭 正義曰釈例曰往書所改之名則傳以実明之許遷于夷實城父斉侯衛侯次于垂葭實郹氏之比是也則是先名郹氏後名垂葭而此云垂葭改名郹氏者杜意以为垂葭是新改之名本是郹氏也故以結之与釈例不違刘炫以杜注自違釈例以为地无新旧之異止是一地二名。若如刘言案許遷于夷實城父經書夷。斉侯衛侯次于垂葭實郹氏經書垂葭。許遷于析實白羽。以此準之經應書析不應書白羽。公會斉侯于祝其實夾谷經應書祝其不應書夾谷。杜以夫同是異故以新旧明之。刘不細尋經傳以規杜過非也。 斉侯至乃止。 正義曰斉侯輕脱欲得与衛侯同乘先与之宴飲而先駕乘廣於門外豫於廣車之上而載甲宴飲未終而使人告曰晉師至矣斉侯謂衛侯曰比及君之駕至以来君既未有兵車寡人請以己車攝代衛車与君同乘斉侯乃著甲而与衛侯共乘驅之而行或告无晉师乃止傳載此者言斉侯之輕所以不能成功。

注午趙氏宗親、 正義曰世族譜趙衰趙夙之弟也衰生盾々生

朔々生武々生成々生鞅其家为趙氏夙孫穿々生旃々生勝々

生午其家为耿氏計衰至鞅夙至午皆六代今俗所謂五從兄弟

是同族也別封邯鄲世不絕祀故使邯鄲人更立午之宗親、

注壻父至射女、 正義曰釋親云女子々之夫为壻々之父为姻

知荀寅子娶吉射女也、 董安于、 正義曰史記云安于性緩常

佩弦以自急者即此是也、 文子欲以为卿、 正義曰既欲以为

卿則當去范中行二氏乃始得之言此者明文子欲为亂以去之、

注宋朝之徒、 正義曰傳於明年始云衛侯为夫人南子召宋

朝、此年言夫人之黨杜已云宋朝之徒者蓋以召宋朝乃在前

矣、明年为宋人歌而發端非明年始召之、 午四年注陽趙鞅孫

正義曰案世本懿子兼生昭子舉々生趙陽兼即鞅也、 注於

越氏昏敗、 正義曰於越即越也夷言發聲謂之於越從彼俗而

者之也傳称陳于檇李則是皆陳而從未陳之例云敗吳書越使

罪人詐吳亂吳之陳使不得用力故從未陳之例昏敗也釋例云

長勺之役魯俱陳而鼓音不齊擕李之役越人患吳之整以死士
亂吳、魯皆已陳猶以独克為文舉其權詐也　注石尚至共福
正義曰杜以天子上士中士俱稱名氏、石尚必是士矣但不知為
是上士為是中士、故注直云士耳必非下士、釋例曰王之公卿皆
者爵大夫者字元士中士稱名、劉夏石尚是也下士稱人公會王
人于洮是也杜知然者周礼典命云王之三公八命其卿六命大
夫四命大夫既四命則士三命也故鄭玄云王之上士三命中士
再命下士一命曲礼云列国之大夫入天子之国曰某士得不以
命數當天子之士故稱士也襄二十六年晉韓起聘于周自稱曰
晉士起是諸侯之卿与天子之士命數同也以諸侯之卿三命再
命皆者名氏大夫一命則稱人知天子上士中士稱名氏下士則
稱人也成十三年傳曰国之大事在祀与戎祀有執膰戎有受脤
先儒及杜緣彼傳文知是定例故解此云祭社之肉盛以脤器以
賜同姓諸侯周礼大宗伯云以脤膰之礼親兄弟之国大行人云
歸脤以交諸侯之福是以祭肉賜諸侯与之共福也　注會公至

曰會。正義曰莊二十三年公及齊侯遇于穀蕭叔朝公就遇処
行朝礼故曰朝此就蒐処行會礼而不用朝礼故曰會也言不用
朝礼辯其与蕭叔之異。注公救至史闕。正義曰城邑之字傳
无其說以傳稱公會齊侯衛侯謀救范中行氏知為救晉之故懼
而成此二邑也无冬闕文自是常事特辯此者穀梁傳者以此城
在冬故去冬字何休云是歲孔子由大司寇攝相事齊人饋女樂
孔子去言去冬者惡之也或說无冬者坐受女樂令聖人去冬陰
臣之象言去冬見无臣也杜以此為妄說且明城實在秋是非時
而城故特辯冬闕。傳安于則至而死。正義曰安于請趙孟先
備趙孟不從其言則安于其无罪矣但安于之謀國人聞之梁嬰
父忌其知謀恐趙氏強盛假此以變而罪之趙鞅救而得还不敢違
衆故安于自縊死耳。注祀安于於廟。正義曰礼臣有大功配食
於廟周礼司勳云凡有功者銘書於王之大常祭于大烝司勳詔
之尚書盤庚告其卿大夫云茲予大享于先王尔祖其從与享之
孔安国云古者天子錄功臣配食於廟大享烝嘗也天子既有此

礼。諸侯或亦有之。今趙氏祀於趙氏之廟，其意亦如此也。

會于亟艾豭　正義曰：此會于洮，還是上文會于洮也。傳為野人之歌張本，故追言衛為夫人南子召宋朝。召在遠年，非今始召。暨說乃亟野己偏此語，故又本之云齊宋會于洮時，太子蒯聵獻盂于齊，過宋野，遂被說也。服虔以會于洮上屬，為義言衛侯為夫人南子召宋朝，故與宋公會于洮，言為召宋朝，乃此會也。然則宋朝是宋之公子，衛侯欲召則召，何須與宋為會，方始召之？直言會于洮，會上無國名，知與何國會，而言宋衛乎？服不達此勢，愚之甚也。

注：婁豬亟老也　正義曰：釋獸云：豕子豬。牝豝，牝者謂之豝，則豭是豬之牡，故以喻宋朝也。以婁豬為求子之豬，相傳為說耳。曲礼：人年五十曰艾，是艾為老也。

少君　正義曰：少君猶小君也。君為大君，夫人為小君。

○十五年。鼷鼠食郊牛　正義曰：尔雅云：色黑而小，有毒。公羊以為不言其所食，慢也。謂所食非一処。穀梁注意亦然，非杜意也。

注：諸侯奔喪非礼　正義曰：昭三十年傳曰：諸侯之喪，士弔，大夫送葬。諸侯親自奔喪會葬，皆非礼之事，每云

奔喪非礼也　雨不克葬　正義曰穀梁以為葬不為雨止礼也
雨不克葬喪不以制也非左氏意　辛巳葬定姒　正義曰公羊
傳云定姒何以書葬未踰年之君也有子則廟々則書葬公羊
此意以為定姒是妾哀公之母以哀公為君未踰年故書其卒
葬耳左氏以定姒實是夫人但礼不備不成喪是哀母以否傳无
明說　注辛巳九月　正義曰此年八月庚辰朔二日則辛巳
九月不得有辛巳也更盈一周則六十二日月有一大一小十月
己卯朔三日得辛巳是有日无月也　注邾庶其邑　正義曰襄
二十一年邾庶其以漆閭丘來奔莊二十八年傳曰凡邑有宗廟
先君之主曰都无曰邑々曰築都曰城此稱城漆々本邾邑不坮
有先君宗廟而稱城者釋例曰君邑有先君宗廟則雖小曰都尊
其所居以大之也然則都而无廟固宜稱城々漆是也而傾氏唯
繫於先君之廟患漆本非魯邑因說曰漆有邾之舊廟是使魯人
尊邾之廢廟與先君同非經傳意也是言漆是大都自應稱城言
庶其邑者意在排舊說　傳注王朝會之數　正義曰曲礼云凡

摯天子邑天子焉元与敵者故執其卷酒以對神諸侯琫是謂
玉為贄也周礼典瑞云執桓圭侯執信圭伯執躬圭子執穀
璧男執蒲璧以朝覲宗遇會同于王諸侯相見亦如之是朝必
執玉也 注赴同至夫人 正義曰夫人初薨赴於同盟之國其
辭當云夫人某氏薨是赴則成夫人也礼適妻祔於適祖姑妾祔
於妾祖姑君得祔祖姑則亦成夫人矣此赴同祔姑皆是夫人之
礼二者皆闕故不曰夫人薨二者謂闕一事則得稱夫人故此以
不赴還又不祔解不稱夫人也 注公未至昏葬 正義曰傳直
言不成喪也不知闕少何事但小君者夫人之号不稱小君与不
稱夫人其事同矣故知不成喪者即不赴不祔是也由不赴不祔
夫人之喪礼不成故不稱小君也此定姒實是夫人臣子怠慢不
成其礼故書卒不稱薨昏葬而不稱小君所以罪臣子也襄十
二年孟子卒傳曰不反哭故不言葬小君是由反哭於寢故昏葬
也 冬城至告也 正義曰書城漆者昏其城不以時所昏在冬
依其文則得時矣故傳辯之云不時告也城實非時知其不可而

以時告廟。

春秋正義卷第三十四

計一万二百九十九字

春秋正義卷第三十五　哀公

國子祭酒上護軍曲阜縣開國子臣孔　穎達　等奉

勑撰

○正義曰魯世家云哀公名將定公之子蓋是夫人定姒所生以敬王二十六年即位謚法恭仁短折曰哀　元年注隨世至封之

正義曰僖二十年楚人伐隨自尒以來隨不復見以隨世服於楚為楚私屬不通於諸侯征伐盟會不書於列故史不得書之猶如邾滕為人私屬不序於宋盟也定四年保護昭王楚得復國楚人感其恩德使隨列於諸侯令楚之師諸侯圍蔡令隨在其班次以之告魯故得見經定六年鄭滅許以許男斯歸殺之此時許復見者以許屬楚故疑蓋楚封之亦如蔡侯廬陳侯吳受封於楚也世族譜許男斯之後有元公成悼公孫則是楚封元公為許男也

注春至一處　正義曰桓五年傳例云凡祀啓蟄而郊郊則春令以四月始郊已入春分之氣故書已也宣三年郊牛之口傷成七年鼷鼠食郊牛角言其傷食之然此不言所食處者所食非一

虛也　傳注栽設至一里　正義曰築牆立版謂之栽〻者竪木
以約版也楚之慮外人救蔡則於表裏受敵故築圍壘周帀去蔡城
一里以圍之欲置兵其内以攻蔡使外人不得救之〻　注夫猶至
守蔡　正義曰劉炫云杜言夫猶兵也以壘未成故令人在壘裏
屯守蔡然則未築壘前兵豈遶城乎壘成之後兵後出壘守以圍
人夜守常裏何言晝夜九日以後兵豈敢乎炫以夫屯謂夫役屯
聚晝夜不止九日而築壘成耳夫者別有城夫非戰士〻劉炫以為丁
夫築城晝夜九日杜必以夫為兵屯守九日者以屯是戍守之名
故詩序云屯戍於母家文案偁晉有輒車皆是兵之屯守經籍未
有作役之人而為屯守之号者故杜為此解劉妄規杜失非也〻
注楚之欲至師還　正義曰服虔云蔡使楚之進疆於故江国与汝水
之間其意言蔡割地以賂楚也杜不然者以昭七年傳申无宇云
先君文王作僕區之法所以封汝裒十七年傳曰彭仲爽申俘也
文王以為令尹實縣申息朝陳蔡封畛於汝則楚於文王之時其
竟已至汝水寧於此役蔡始令楚之進疆于江汝之間也且汝水江

国不可共文故杜以为楚使蔡徙其国都於江北汝水之南自权
疆宇子説今还都近楚之为楚之属国蔡人異今楚去心虽不肯权且
许之楚之还之后蔡更自议已与楚之恶不如事吴故请迁于吴以吴
为援　注夫椒至椒山　正义曰杜於此注以椒为山名土地名
以夫椒为地名以战必在山旁以山表地耳　注浇寒至斟灌
正义曰襄四年传称夏之衰也有穷后羿因夏民以代夏政而用寒
浞〻〻杀羿因其室而生浇处浇于过是言浇是寒浞之子封
於过也二斟夏同姓诸侯夏本纪文也又襄四年传云浇用师
灭斟灌此言杀斟灌曾王肃云灭杀也右灭杀号异同名其意
言杀其君而灭其国故二文各言其一也贾逵云夏后相依斟灌
而国故国杀夏后相也案下句别书灭夏后相王解是也　注夏
后至所灭　正义曰夏本纪云禹生启〻生大康〻〻崩弟仲康
立仲康崩子相立是相为仲康之子启之孙也书序云大康失邦
作五子之歌其经云大康尸位以逸豫乃畋于有洛之表十旬弗
反有穷后羿因民弗忍距于河则大康之时羿已权盛已废大康

矣亂征云唯仲康肇位四海孔安國云羿廢大康而立其弟仲康
為天子仲康羿之所立也仲康崩子相立蓋亦羿立之矣傳言羿
因夏民以代夏政蓋於相時羿始自立為天子相於是失國依於
二斟及澆滅斟灌相後為澆所滅 注虞舜之後 正義曰尚
書堯典云有鰥在下曰虞舜又曰釐降二女于媯汭嬪于虞皇甫
謐云嬪于虞因以虞為氏今河東大陽縣西山上虞城是也然則
舜有天下其代號虞因本河東大陽之虞及周之興封仲
雍之後為虞國即彼地是也但舜既禪禹封舜後為諸侯雖取
虞為國名未必封於河東虞地而梁國有虞縣其地以虞為名疑
是夏時虞國杜於地名言有者皆是疑辭言有以示不審也庖
正當周礼之庖人謂之為正當是食官之長故為掌膳羞之官也
賴此以得除己害得至從之世不被殺也 注方十里為成 正
義曰方十里為成司馬法文也五百人為旅夏官序文也由一成
衆一旅言食此一成之地其內有為兵者五百人周礼小司徒云
乃井牧其田野鄭衆云井牧者春秋傳所謂井衍沃牧隰皐者也

一五四八

鄭玄云隰皐之地九夫為牧二牧而當一井今造都鄙授民田有
不易有一易有再易通率二而當一是之謂井牧昔夏少康在
虞思有田一成有衆一旅々々之衆而田一成則井牧之法先古
然矣杜解牧隰皐與鄭異其授民田二而當一理亦宜然稱方
十里為方一里者百方一里有九夫之田則十里容九百夫也其
一百夫授上地不易者其四百夫授一易二而當一則得為五百
夫矣　注襄四至少康　正義曰別氏偽者言少康已布恩惠以
收夏衆以德撫虞故得用虞遺氏滅浞而立之　注循言夫差未
取　正義曰吳語云越滅吳々々王請行成越王曰昔天以越賜吳
而吳不取是也　隱垂乏食已　正義曰言悔恨之深於心服不
可如食之甘也　注生民至數字　正義曰服虔云今少者无
娶老婦老者无娶少婦女十七不嫁男二十不娶父母有罪也將
生子以告與之醫饋之餼也死者吊其征必哭泣葬埋如其子也
孺子遊者必餔歠之也非其所種夫人所織不用十年不收於國
陸書所載不昏　正義曰杜以經書齊衛伐晉傳言四國伐晉故

唯解魯與鮮虞不盟意也。劉炫以齊衛會乾侯救范氏者，師相會
因而特伐，二君親行告伐，不告會也。待伐之後，魯與鮮虞會之，
齊衛更遣師與同伐也。但齊將卑師衆，故稱師；衛將尊師少，故云
孔圉。後伐四國並皆不盟，非獨魯與鮮虞不盟也。直謂魯師不盟
非公命，鋒者不盟，皆不告義，出百塗並得通也。今知劉非者，杜以
傳齊侯衛侯止云會乾侯，不言伐晉取其師，及齊師衛孔圉鮮虞
人伐晉，與經齊侯衛侯伐晉文相次，當以為一。鮮虞狄，帥賤，故略而
不盟，循郲之戰唐侯從楚而不盟，平丘之會狄人從晉而不盟之
類是也。劉以為孔圉等更別伐晉，魯師不盟非公命，鋒者不告，故
不書，而規杜，過非也。食不二味。正義曰：謂與在下同其好惡，
不別二為美味也。在國天有菑癘。正義曰：在國與在軍相對。
天有菑癘與下句相連，言有菑癘之時，親自巡孤寡，共其乏困也。
本或天作元，誤耳。注必須至徧也。正義曰：孫武兵書云：軍井
未達，將不言渴；軍竈未炊，將不言飢。故闔閭在軍，如良將之法，必
須軍士皆食，然後敢食，王不先自食也。服虔云：以其半分軍

士而後自食其餘君單醪注流也杜以分王半食不足徧及軍今
且所嘗珍異乃得卒乘与專主所自食不得分軍士也故異而異之
之々猶徧也詩徧執食王乃自食也 注積土記曰次 正義曰
釈宮云闍謂之臺郭璞云積土四方也文云有木者謂之榭来迴
云臺上有屋謂之榭又曰无室曰榭四方而高曰臺莊子倡側
曰凡師一宿為舍再宿為信過信為次孔安國尚書傳云澤障曰
郭々
陂停水曰池言夫差所停三日則役民為此也 注妃嬙云內官
正義曰曲禮云天子之妃曰后則妃上下通名也釈詁云妃合會
對也妃媲也匹對於夫婦官之最貴者也嬙在妃下次於妃也周
礼有九嬪女御以有四名分為二等故言妃嬙貴者嬪御賤者皆
婦官之名周礼无嬙蓋後世為之名漢有掖庭王嬙是因於古也
三年注句繹邾邑要之 正義曰既取其田慮後悔競故共盟以要
之伐則三卿盟唯二卿者服虔云季孫尊卿敬服先歸使二子与
之盟穀梁傳曰三人伐而二人盟何各盟其得也其意言季孫不
得田故不与盟也案十四年小邾射以句繹來奔則句繹小邾地

也。注言邾地者，以傳云伐邾，邾人愛其土，賂以漷沂之田，而受盟。被伐受盟，則盟在邾地。猶若成二年楚人伐我，師于蜀，公及楚公子嬰齊盟于蜀之類是也。邾與小邾國竟相近，句繹所屬亦无定準，猶齊魯汶陽之田，莒魯爭鄆之變，一彼一此，豈有常乎。而刘炫以句繹為小邾地而規杜，非也。注定四年盟皋鼬。正義曰：元以昭八年即位，三十二年大夫盟于伏泉，以未告公而公薨，故不數。衛世子。正義曰：世子者，父在之名。蒯聵父既死矣，而稱世子者，晉人納之，以世子告言，是正世子以示宜為君也。春秋以其本是世子，未得衛國，无可褒貶，故因而書世子耳。傳注三揖卿大夫士。正義曰：周礼司士云：孤卿特揖，大夫以其等旅揖，士旁三揖。鄭玄云：特揖，一一揖之；旅，衆也，大夫爵同者衆揖之；三揖者，士有上中下。鄭衆云：卿大夫士皆君之所揖礼，春秋傳所謂三揖在下。服虔云：三揖，卿大夫士。土揖庶姓，時揖異姓，天揖同姓。注是時至而南。正義曰：土地名云：河經河内之南界，東北經汲郡、魏郡、頓丘、陽平、平原、樂陵之東南入海。是言晉時河所經也。春

十七

秋之時河未必然故云是時河北流過元城界与晋時河道異也
土地名之云戚頓丘衛縣西戚城在梏河東是春秋時戚在河東
也從晋而言河西为内東为外故云戚在河外也是時晋軍已渡
河矣師人皆迷不知戚処陽虎憶其渡処在戚之北河既北流拠水
所向則東为右故歌出河右而南行也。注絻者始發喪之服
正義曰士喪礼既小斂主人括髮袒衆主人免于房鄭玄云括髮
首去笄纚而紒也衆主人免者齊衰將袒以免代冠々服之尤尊
不以袒也又奔喪之礼説於家入門哭尽哀括髮袒自齊衰以下
入門哭哀免麻于序東如彼礼文則主人當括髮齊衰以下乃
免此大子絻者礼不説喪所不括髮故以絻代之耳灵公以四月
卒今以六月而大子絻故云絻始發喪之服也遠適不為喪者不
得括髮故始發喪服絻也鄭玄注士喪礼云免之制未聞旧説以为
如冠狀廣一寸喪服小記曰斬衰括髮以麻免而以布此用麻布
为之狀如今之著幓頭矣自項中而前交於額上却繞紒也詩
曰契我龜。正義曰詩大雅緜之篇美大王迁岐之事爰於也既

見周原之地肥美可居於是始集謀人從己者於是與謀議人謀
既從於是契灼我龜而卜之言先人謀後卜筮也 反易天明
正義曰天有高卑人有上下是上臣是居法則天之明道臣不
事君是反易天之明道也 經德義 正義曰此經德義與修經
國家詩序經夫婦皆言同也經謂經紀營理之不除君惡則德義
廢矣宜經紀德義使不壞也 克敵乃受郡 正義曰上大夫下
大夫謂於大夫之內分爲上下其上大夫非郡也此言先元田禄
者君已克敵得此賞也 注周書乃四郡 正義曰周禮小司徒
云九夫爲井四井爲邑四邑爲丘四丘爲甸四甸爲縣四縣爲都
鄭玄云邑方二里丘方四里甸方八里旁加一里則方十里爲一成
縣方二十里都方四十里四都方八十里旁加十里乃得方百里
爲一同也如彼文則縣方二十里耳周禮又其郡不可用以解此
故引周書解之或曰周書者孔子刪尚書之餘今其存者其文
非尚書之類其作雒篇有此言方千里者爲方百里者百千里百
縣則縣方百里計成方十里出車一乘縣方百里則出車百乘也

昭五年傳云晉有四十縣遺守四千乘是之縣則有百乘与作雒之
言合也上大夫受縣々則乃百乘之家々言得進爲卿也縣有四郡
則郡方五十里下大夫得此方五十里之采邑　注十万畝　正
義曰王制云方一里者爲田九百畝方十里者爲方一里者百爲
田九万畝則七田十万爲方十里有餘　注志父至其賞　正義
曰牧誓武王誓衆尚自称名況以人臣誓衆固當自称名矣知志
父是簡子名也簡子名鞅又名志父者服虔云趙鞅入于晉陽以
叛諸侯之策書曰晉趙鞅以叛既後更名志父或當然也楚之公子
圍弑君取國改名曰虔經即書虔公子棄疾弑君取國改名曰居
經即書居今趙鞅改名志父經書備云趙鞅者彼楚之子既爲國君
臣下以所改之名告於隣國故得書所改之名趙鞅人臣国家不
爲之諱仍以趙鞅名告故書鞅也鞅言君實圖之言已立済君當
謀其賞也簡子言此君當謀其賞者言君當賞日在下副上所哲誓
之言歟使在下信之非歟自求賞也　注屬辟至一重　正義曰
禮喪大記云君大棺八寸屬六寸椑四寸上大夫大棺八寸屬六

寸下大夫大棺六寸屬四寸是屬辟々棺之重數也大記之文
從外向内大棺之内有屬々之内有椑々親身之棺鄭玄云椑堅
著之意也如記文大夫无椑今簡子自言有罪始不設辟音鄭玄
云趙簡子云不設屬椑時僭也爲時僭日久自言无罪則僭設有
罪乃不設身記言士棺六寸檀弓又云夫子爲中都宰制四寸之
棺五寸之椁鄭玄云爲民作制民循四寸簡子言三寸者亦示其
罰之重今制度卑於民也記有杝棺梓棺杝謂椵也不以桐爲棺
簡子言桐棺者鄭玄云凡棺用能溼之物梓椵能溼故礼法尚之
桐易腐壞也以桐爲罰也檀弓又云天子之棺四重鄭玄云尚
深邃也諸公三重諸侯再重大夫一重士不重又云水兕革棺被
之其厚三寸杝棺一梓棺二四者皆周鄭玄云以水牛兕牛之革
以爲棺被革各厚三寸合六寸也此爲一重杝棺一所謂椑棺也
梓棺二所謂屬与大棺也檀弓之文自内向外水牛之革一也兕
牛之革二也二者相著乃得爲重故以此二者爲一重也又有椑
也屬也大棺也此是天子四重爲數五棺爲四重也喪大記之文

君有大棺也椑也屬也大夫有大棺也屬也鄭玄注檀弓天子之棺四重以是差之上公革棺不被三重也諸侯无革棺再重也大夫无椑一重也士无屬不重也是上公數四棺為三重諸侯數三棺為再重大夫數二棺為一重士以一棺為不重也杜之此注唯无上公士耳其言重數与鄭同也若然禮器云天子葬五重諸侯葬三重大夫葬再重以多為貴也彼重亦當謂棺而其數皆較一者鄭玄云天子葬五重者謂杭木与茵也葬者杭木在上茵在下然則茵以藉棺杭為負土天子及諸侯大夫皆數彼以增棺數故皆多較一也杜言此棺之重數者以明不設屬辟為罰也　素車樸馬　正義曰素車无飾謂不以翣柳飾車也曲礼云大夫去國為位而哭乘髦馬鄭玄云髦馬不鬄落也則此樸馬亦謂不鬄落用此以載柩也雜記稱士其有与天子同者三其終夜燎及乘人為道而行然則柩皆人挽此用車馬載者礼言乘人設法許之耳道遠者當用牛馬且此言亦為罰也　无入于兆　正義曰周礼冢人云凡死于兵者不入兆域鄭玄云戰敗无勇投諸塋外以罰之此

言不入兆域亦罰也。注：衈无恤王良也。正義曰：下云子良授
綏是也。服虔云：王良也。孟子説王良善御之事。古者車駕四馬御
之為難，故為六藝之一。王良之善御最有名於春秋，傳多稱之。春之辞
云處世豈无與驪手，誠无王良之善御，見執轡者非其人，言故騶
跳而遠去。 授大子綏 正義曰：由礼，言凡僕人之礼必授人綏。
論語稱孔子上車必正立執綏而升。綏者挽以上車之索，故授之
使之升也。步僕 言僕者右帶劍，負良綏，申之面，拖諸幦，郷去言
面前也。幦覆苓也。良綏，君綏也。負之由左肩上入右腋下，申之
於前覆苓上也。 有馬死於牖下 正義曰：襄二十七年傳曰：唯
卿備百邑。注：言一乘之邑也。坊記言家富不過百乘，百乘，卿之極
制也。檀弓言飯於牖下，小斂於户内，大斂於阼，殯於客位，祖於庭，
葬於墓，所以即遠也。則礼之正法死於牖下。 衛大至襄公
正義曰：礼於曾祖以上皆稱曾孫。此並告三祖，對文王、康叔稱
曾孫也。晉語説此事於襄公之下，又有昭考靈公。國語與傳異
者多矣。此下云无作三祖羞，是无昭考也。 大命不敢愛 正

一五五八

箋曰上言无絶筋无折骨謂軍之士衆无令傷損以成大事也此云
大命不敢請者謂已之身命不敢私請苟以求生佩玉不敢愛者
書金縢稱周公植璧秉珪以告大王王季文王是禱請用玉也在
軍先珪璧故以佩玉 兩靷宜皆絶 正義曰古之駕四馬者服
馬夾轅其頸負軛兩驂在旁挽靷助之詩所謂陰靷鋈續是也說
文云靷引軸也僖二十八年注云在胸曰靷然則此皮約馬胸而
引車軸也兩靷將絶而已制焉言其御之和也駕而乘材々謂橫
地細小之木也乘小木而靷絶示其將絶之驗也 哀三年注曼姑
至叛人 正義曰春秋行兵征伐自非霸主之令諸國共行皆以
主兵爲首此圍戚實出衛意則齊使之助已耳應曼姑爲首而序
在齊下者曼姑爲子圍父知其不義推齊使爲兵首故先書齊
也穀梁傳曰此衛事也其先國夏何也子不圍父也是先儒及杜
皆用穀梁之説也 宋魚石去而復入以叛宋之彭城襄元年經書圍
宋彭城傳曰非宋地追書也於是爲宋討魚石故稱宋且不登叛
人也此前牘在衛齊衛圍云与圍宋彭城事同其彭城稱宋此

不称衛者蒯聵拠戚与輒争国非是、叛人、故不須繫之衛也公羊
傳曰齊国夏曷為与衛石曼姑帥師囲戚伯討也此其為伯討奈
何曼姑受命乎灵公而立輒以曼姑之義為固可以距之也輒者
曷為者也蒯聵之子也然則曷為不立蒯聵而立輒蒯聵為无
道灵公逐蒯聵而立輒然則輒之義可以立乎曰可其可奈何
不以父命辞王父命以王父命辞父命是父之行乎子也不以家
事辞王事以王事辞家事是上之行乎下也其意言灵公廃蒯
聵不用使之得国輒不以国与蒯聵是灵公之命行於蒯聵也立
為国君是王事也以國与父是私事也不以国与父是天子之命
行於諸侯也如公羊之言則輒義可以距父囲戚不為不義而杜
言曼姑知其不受則輒不合距父意与公羊異者拠左傳公子郢
譲国不受然後立輒然則輒之立也以周礼无適子則立適孫縁
是以得立耳非有灵公之命使立之也為輒之義自可譲而不受
以已是適孫縁有可立之理貪国以距父耳非有灵公之命天子
之勅使之距蒯聵也論語説此事云冉有曰夫子為衛君乎子貢

曰諾吾儕問之入曰伯夷叔齊何人也曰古之賢人也曰怨乎曰
求仁而得仁又何怨乎出曰夫子不為也孔子意不助輒明是輒
為不義故曼姑自知不義推齊為主 傳注司鐸宮名 正義
曰傳二十年西宮災書之此不書者西宮公之西宮親近偪居忽
被天火故重而書之此司鐸雖是公小宮在公宮之後非君來住
之急又是人火所以輕而不書或可舉廟重以略之 桓僖災
正義曰傳言火而經書災者司鐸初被人火火越宮而至廟以火
踰宮故以災言之 注周礼至象魏 正義曰周礼大宰云正月
之吉始和布治于邦国都鄙乃縣治象之法于象魏使万民觀治
象挾日而斂之鄭玄云正月周之正月吉謂朔日大宰以正月朔
日布王治之事於天下至正月歲又書而縣于象魏使万民觀焉
凡治有故言始和者若改造云爾鄭衆云從甲至甲謂之挾日凡十
日其地官夏官秋官皆有此言地官云布教縣教象夏官云布政
縣政象秋官云布刑縣刑象若縣所掌之事為異其文悉同唯春
官不縣者以礼法一頒而定皆是不可又縣故不縣之 杜總彼意

言縣教令之法彼所縣者皆是教令之事故也由其縣于象魏故
謂其書為象魏命藏其書也彼書稱日縣之十日即斂之則救火
之時其書久已藏矣而此之象魏之外方始命藏此書者象魏是
縣書之處見其處而念及其書非始就縣處斂藏之　注言桓僖
所災　正義曰禮諸侯親廟四與高祖之父即當毀其廟計桓之
於哀八世祖也僖六世祖也親盡而廟不毀言其宜為天所災也
所以不毀者服虔云季氏出桓公又為僖公所立故不毀其廟其
意或然公羊傳曰此皆毀廟也其言災何復立也曷為不言其復
立春秋見者不復見也何以不言及敵也其意言哀公更立之
可通於左氏故以為元不毀耳服虔又云俱在毀故不言及杜
无說或當同時災无先後故不言及　萇弘至萇弘　正義曰文公
以定四年卒也劉之屬大夫謂當昭公之世也此時文公已卒萇
弘知政以已先事劉子劉氏又與范氏親既握國權遂與范氏故
周人殺之以說於晉　召正常至常不反　正義曰服虔云召而
問兒死意然則兒於正常去後始死死非正常得知召之後何所

问也当欲问不立康子之意故正常畏康子不反。荀寅亦而出。
正义曰荀寅从内伐其北郭之郛又使其叔己之徒自外伐国郛
之北门，而入。因外内攻故得出也。 正义曰宣十
七年蔡侯申卒是文侯也蔡世家云文侯申生景侯固，固生灵侯
般，般生隐太子友，友生昭侯申是隐太子之子杜世族谱亦然计昭侯
是文侯玄孙乃与高祖同名周人以讳事神二申必有误者俱是
经文未知孰误。 注贱者至盗也 正义曰公孙辰公孙姓公孙
霍盖并是弑君之党而非弑君之首，首是公孙翩，翩贱故称盗不
言弑其君者贱此盗也盗贱不得有其君故以盗为文不得言弑
其君。 注天火至亡国。 正义曰传例曰天火曰灾知天火也殷
有天下作都于亳故知亳社殷社也盖武王伐纣以其社班赐诸
侯使各各立之所以戒亡国也其社有屋故火得焚之，公羊传曰
蒲社者何亡国之社也社者封也其言灾何亡国之社盖掩之
掩其上而柴其下穀梁传曰亳社者亳之社也亳亡国也亡国之
社以为庙屏戒也其屋亡国之社不得达上也说者以为立亳社

於廟门之外以為屏蔽使人君視之而致戒也左傳稱間于兩社
叓書為然郊特牲云喪國之社屋之不受天陽故貶其屋也
傳注表者懲蓋楚之書 正義曰懲創往年之过恐其更復任徒表
懲者相近蓋是楚人之言聲轉而字異耳 入於家人而卒
正義曰言將如吳已適吳矣嗣在路逐而殺之遂入于凡人之家
言此者說其非理之意 注令大夫別縣監尹 正義曰陰地者
河南山北東西橫長其間非一邑也若是典邑大夫則當以邑冠
之乃言陰地之令大夫則是特令大夫使揔監陰地故以為別縣
監尹也以其去國遥遠別為置監楚官稱尹故以尹言之 邊
陲墉 正義曰稷初奔臨歆抛臨距國令弦施逆稷款納之他邑
以臨倫國故毀之 五年注再同盟 正義曰襄二十五年崔杼
弒莊公而立杵臼 昭二十六年盟于鄟陵定四年于皐鼬是之再同
盟也 昭三十二年大夫盟于狄泉未告公而公薨故不數也 傳
閒於至死君 正義曰公謂群臣言君閒暇於憂虞謂國無憂
虞事得閒暇則恐有疾疢不得飲酒今既無憂虞又無疾疢亦

且謀系何憂乎无君。注師衆至失所 正義曰師衆之往秋祜
文也周礼五百家為黨言其共居一所故以黨為名是黨為所也
經書閏月葬齊景公長歷因十一月礼葬乃有諡此歌称諡明是
葬後作言冬十月者記公子出奔之月其莱人之歌在公子出奔
之後杜以文承十月之下故云盡耳公羊以為喪以閏數謂通數
閏月穀梁云不正其閏也謂喪事不數左氏无傳未知所從。詩
曰至收槩。正義曰詩大雅嘉樂之篇也言在上者不解惰于其
位民之所以得安息駟秦棄位僭上是惰于位也 商頌至多福
正義曰商頌殷武之篇歌成湯之德不僭差不濫溢不敢怠惰而
自暇以此之故上天命以多福也詩於怠皇之下更云命于下國
封建厥福傳言命以多福不復具引詩文取其意而言之也杜云
違詩商頌上言詩下言頌以駟秦於此二詩皆違故言違詩与商
頌。六年注為陳至書入 正義曰成十八年傳例曰凡去國國
逆而立之曰入此為陳乞私逆既入而立之故依例書入也注弒
荼至弒生。正義曰實非陳乞弒荼而書乞弒其君者以荼死由

乞故書乞弒也此与楚公子比郑公子歸生俱非弒君之首春秋
殺而書之以為弒君之主所以惡此三人獸例曰謂懷賊乱以為
心者因不容於誅也若郑之歸生斉之陳乞楚公子比並本无其
心春秋之義亦同大罪是以君子惜所以立也是說罪之分意
傳注陳盟在昭十三年 正義曰昭十三年先楚之与陳盟之事不於
時楚既滅蔡使棄疾為蔡公子干子晳之入也傳称朝吳奉蔡公
召二子而盟于鄧依陳蔡人以國是与陳人盟更許復其國其年
平王即位更封陳是与盟也 需事之下也 正義曰需是懦弱
之意懦弱持疑不能決斷是為事之下者勸其決斷而盡殺之注
前已至是敗 正義曰劉炫言卜不吉謂識當敗再敗當謂今伐
更敗也杜言退還亦是敗非也以規杜氏今知劉非者杜言退
还亦是敗者以傳卜退不吉是不得好退是重敗退还亦必敗也
故言退还亦是敗但文不委悉劉以為退还謂是好退而不还以規
杜非也 問諸周太史 正義曰服虔言諸侯皆有太史主周所
賜典籍故曰周太史一曰是之時往問周太史杜以問周太史於文自

明故不煩殺。不穀至移之。正義曰言己若无大罪天其妖天之乎必是身有大罪天乃下罰有罪受罰又焉移之。注四水在楚界。正義曰土地名江經南郡江夏弋陽安豐漢經襄陽至江夏安陸縣入江雎經襄陽至南郡枝江縣入江漳經襄陽至南郡當陽入江是四水皆在楚之界也。夏書至而亡。正義曰此夏書五子之歌第三章也彼云惟彼陶唐有此冀方今失厥道亂其紀綱乃底滅亡此多帥彼天常一句又字小異者文經篆隸師讀不同故兩存之賈服孫杜皆不見古文故以為逸書觧与堯舜之時唯王肅云太康時也案王肅注尚書其言多是孔傳疑肅見古之匿之而不言也堯治平陽舜治蒲坂禹治安邑三都相去各二百餘里俱在冀州統天下四方故云有此冀方也。注召在至之次正義曰經書陽生入齊文在七月之下知其召在七月也今傳在八月下者欲令下接十月立荼是記事之次也那意茲來奔者自以高国之黨八月來奔耳傳本使召陽生自以七月之時別使人召之非遣意茲君也賈逵以傳文相連謂遣意茲來召又怪其日

月錯誤云其說未聞杜以此故為注云高固黨以偶字　注賈以
主告魯曰。正義曰。傳言十月之陽生。々々既立之後方遣朱毛殺
荼則荼死在冬。經書为秋殺者記陽生初立之八月之始遂連荼死
二事通以冬始來。言陽生秋入荼以秋死故並書於秋也。是子
傳異王百年。　正義曰。王制言君十卿祿魯公卒晉大夫四十故異
王自謂合得百年。　注有常數　正義曰。周礼大行人云上公九年
侯伯七年子男五年是常數也。　注上物天子之牢。　正義曰。周
礼掌客云。王合諸侯而饗禮則具十有二牢。鄭玄云。言饗諸侯而用
王礼之數者。以公侯伯子男盡在是兼饗之具數用也。以具數用
故用王礼。是天子之礼十二牢也。郊特牲云。天子適諸侯。々々
膳用犢。諸侯適天子。々々賜之礼大牢。貴誠之義也。如彼記文諸
侯共天子之膳唯一犢耳。而得有十二牢者。言是天子大礼必以
十二為數。其餘共王之膳食自用犢為食耳。非謂獻大礼者唯一
犢也。　棄天而背本。　正義曰。棄十二之數為棄天。違周礼是背
本。　注大伯。元長也。　正義曰。吳世家云。大伯及仲雍皆周大王

之子而王季歷之兄也季歷賢而有聖子昌大王欲立季歷以及
昌於是大伯仲雍二人乃奔荊蠻文身斷髮示不可用大伯之奔
荊蠻自号句吴荊蠻義之從而歸之千餘家立為吴大伯大伯
卒无子弟仲雍立是說大伯仲雍適吴之由也曹人不堪吴責
故舉吴之上祖以訴之二人同時適吴而大伯端委仲雍斷髮者
大伯初往未为彼君故服其本服自治周礼及仲雍民既稍多既
为彼君宜從彼俗曲礼云君子行礼不求变俗仲雍为彼人長已
行周人之礼致中国之化故文身斷髮放效吴俗言其權時制宜
以辟災害非以为礼也漢書地理志云越人文身斷髮以辟蛟龍
之害應劭曰常在水中故斷其髮文其身以象龍子故不見傷害
杜言辟害辟蛟龍之害大伯之時未有周礼言治周礼者謂治
其本国岐周之礼非周公所制礼也臝以为飾者臝其身体以文
身为飾也端委礼衣者三表云委貌之冠玄端之衣也此傳言大
伯端委仲雍斷髮史記亦云二人皆文身斷髮反然則文身斷髮自辟
害耳史記以为示不可用二人亡去適荊蠻則周人不知其然

何以須示不可用也皆馬遷謬耳注諸侯世執帛正義曰周
禮大宗伯云以玉作六瑞以等邦國公執桓圭侯執信圭伯執躬
圭子執穀璧男執蒲璧是諸侯執玉也典命云諸侯之適子未
誓於天子以皮帛繼子男是世子執帛也知附庸執帛者以世子
既繼子男附庸君亦繼子男公之孤四命以皮帛視小國之君附
庸先爵並不得同於子男其位不卑於世子與公之孤也諸侯世
子各稱朝附庸君亦稱朝是與世子相似故知執帛也且附庸是
國此言執玉帛者萬國國亦執帛唯附庸耳知附庸執帛也案
尚書有三帛公之孤諸侯世子附庸君此唯言附庸者以備云禹
合諸侯又云執玉皆據君身言之故不數世子及孤也下云萬國
故唯據附庸言之王制云不足五十里者不合於天子附於諸侯
曰附庸鄭玄云不合謂不朝會也小城曰附庸附庸者以國事附
於大國未能以其名通也如彼云附庸不得朝會而禹會萬國有
附庸者附庸不得特達天子耳禹會諸侯諸國盡至附庸從其所
附之國共見天子故有執帛者言萬國者舉盈數耳鄭玄注尚書

以爲數正滿万国案益稷州十有二師鄭以为每一师領百国、州
十有二師則每州千二百国畿外八州揔九千六百国其餘四百
国在畿内、州得有千二百国者、以唐虞土方万里、九州之内地方
七千里七々四十九、为方千里者四十九、其一为畿内餘四十八
々州分之、州各有千里之方六以千里之方二为方百里之国二
百又以千里之方二为七十里之国四百又以千里之方二为五
十里之国八百揔为一千四百国去其方五十里之国二百是州
别千二百国也郑玄云畿内四百国者皆謂五十里国也杜云諸
侯執玉附庸執帛是与郑異也尚書傳云百里之方三为国七有
奇以百里之方一为百里之国一、又以百里之方一为七十里之
国二有奇知者但方百里者为方十里者百若方七十里之国唯
有七々四十九是为七十里之国二、仍有十里之方二在又以百
里之方一为五十里之国四是百里之方三为国七有奇則千里
之方三为国七百有奇有百里之方二在、 注孟孫云不可、正
數曰傳於異人之言更應加四今其曰者作僞略之論語之文此

類名吴無魯上十字曰無言与大夫對反不得為大夫之辭故以為
孟孫愬答大夫也服虔以上二句亦為孟孫之言謂諸大夫誠知
伐邾必危何故不早言也杜以上屬為便唯以此句為孟孫言耳
魯擊柝聞於邾 正義曰易繫辭云重門擊柝以待暴客鄭玄
云手持兩木以相敲是為擊柝守備警戒也 或多衆君子
正義曰曹人多見多人不識姓名故唯云衆君子也服虔云衆君
子諸國君在耳 好田弋 正義曰周禮司弓矢云矰矢用諸弋
射鄭玄云結繳於矢謂之矰矰高也可以弋飛鳥說文云繳生絲縷
也謂用生絲為繩繫矢以射鳥也 八年注曹人至之告 正義
曰僖例曰不有其地曰入案傳宋實滅曹而有之經書為入故杜
原其意而解之 取讙及闡 正義曰公羊穀梁以為賂齊謂前
年魯伐邾取邾子益益是齊甥畏齊故賂之非左氏意也 杞伯
過卒 正義曰世族譜云僖公悼公曾孫業悼公祖父公以昭
六年卒父平公以昭二十四年卒悼公以定四年卒未應有曾
孫可以授之國也杞世家僖公為是悼公之子疑譜誤 注不言

亂使也。 正義曰 十年齊人來歸鄆讙龜陰田此不言來故解

之。傳向於叔孫輒 正義曰定十二年叔孫輒與公山不狃帥

費人以襲魯兵敗奔齊於後自齊奔吳。今子令問之。君子違不適

讎國。 正義曰謂有故而去者也本國於己无大讎怨已无報怨

之心則違而可適讎國武王數紂之罪以告衆云抗我則后虐

我則讎若父本无罪而枉被誅殺如伍員之徒志在報讎適讎亦

可矣不得以此言格之也若父以罪而受誅者如闘辛之徒本自

不合怨君故辛亦不敢怨也 注未臣至其難 正義曰既臣之

後則身是新君之臣性命非復己有故不復得為舊君死節也君

未有臣服則舊君之恩未絶故可還奔舊君之命死其難也言奔

命則有命乃奔之君命不及亦不當還 若使子率 正義曰率

謂在軍前引道率領先行非為軍之將帥也故不狃言子餘王將

使我以其知為道者唯此二人故也 及吳至人懼 正義曰

杜意拘者道之以伐武城克之錯語吳人 言君伐武城必可克之

吳人王犯嘗為武城之宰與澹臺子羽之父相善國人懼者謂武

城邑人懼子羽為吳內應劉炫以為實克武城令知非者以下傳
始云王犯嘗為之宰國人懼是未得武城故知此克之是鄅人教
吳之語劉以為伐武城克之者實克武城國人懼者懼其客魯君
然吳師既來伐魯是頸然行兵不須云王犯与子羽之父相善魯
已受言何須云國人始懼傳既云王犯嘗為之宰又結武城之下
是為武城之宰澹臺子羽又是武城之人皆拠武城而言故知恐
為武城內應傳載逼營爭者說來伐武城之由劉妄生異見而規
杜非也　注以言至於盟　正義曰劉炫云載書盟至所制自
由吳人為之何由復出魯國又載書數簡之丈耳何須負之且
請言載書未有單稱載者以為負載器物就往質於吳以規杜令
杜知負載是負載書者以周禮司盟掌盟載之事故傳云士莊
子為載書此上有將盟之文下即云負載之事故知是載書也
劉以負載謂背負器物然則景伯魯之大夫親自負物不近人
情而規杜過非也　注明閻至略之　正義曰魯以淫女見伐
喪邑又屈服求盟　可恥之事二盟皆不書者諱其惡而略之

九年注言取覆而敗之　正義曰莊十一年傳例曰覆而敗之曰
取某師釋例曰覆者謂威力兼備若羅網之所掩覆一軍皆見
禽制故以取為文專制之辭也案傳鄭師圍宋雍丘宋皇瑗後
於鄭師之外築壘使合表裏受敵无處可逃子姚救之又大敗而
宋師乃號令使有亡者无死是其合軍盡禽敵人制其死命是於
例正合書取也　傳宋之伐鄭　正義曰虛舉經文者為下趙鞅
救鄭起并以終上取鄭師之文也　遇水適火　正義曰服虔
云兆南行適火卜法橫者為土立者為木邪向經者為金背經
者為火因兆而細曲者為水　注趙鞅至水位　正義曰秦本紀
秦伯翳之後為嬴姓也趙世家云趙氏之先與秦同祖其伯翳後
世為蜚廉有子二人一曰惡來其後為秦一曰季勝其後為
趙令卜趙鞅伐宋故以嬴子二姓為占也　遇泰之需　正義曰
乾下坤上泰乾為天坤為地々在上天在下象曰天地交泰々
者大也天地交合万物大通故名此卦為泰乾下坎上需彖曰需
須也言雲在天上須散而為雨故名此卦為需　注不可至大

吉　正義曰泰六五曰帝乙帰妹以祉元吉易之文也既引其文
又解其意帝乙紂父殷本紀文也易之爻位五为天子故於六五
之爻称帝乙也其象曰以祉元吉中以行願六是陰爻也五是上
体之中居天子之位陰而得中有似王者嫁妹得如其願受福禄
而大吉王弼云婦人謂嫁曰帰泰者陰陽交通之時也女処尊位
履中居順降身應二感以相与用中行願不失其礼帝乙帰妹誠
合斯義履順居中行願以祉盡失陰陽交配之宜故元吉也杜
說与彼同案易称高宗伐鬼方者實伐之帝乙嫁妹者實嫁之
其女有賢德名聞昭著故得載之易象但書典散亡不知嫁与何
人为誰之妻　宋鄭甥舅　正義曰宋鄭異姓必嫁娶往来或可
時實有親故为甥舅輒言甥舅者言其昏姻勢敵則无以相傾
宋有福鄭必衰言鄭不可助也　○十年邾子益來奔　正義
曰八年帰邾子益于邾傳云邾子又无道吳子使大宰子餘討之
囚諸樓臺栫之以棘蓋將帰吳而因之今言来奔當是自吳逃
而来魯傳称奔　遂奔齊經不復書其奔齊者凡諸侯大夫

既亡魯而更復奔他國者已去其位略時之不復書齊慶封亦
是也　注會從不與謀　正義曰往年吳來徵師是與我謀也
而從不與謀者與謀者謂彼此和同計謀然後共伐則是我有伐
主故書及某同行不與謀者謂彼心自定遣來召我則彼為伐主
我往會之故言會某伐某今吳伐齊之意已定徵師者來召魯耳
於例上當言會故從不與謀之文　注以疾亡書弒　正義曰僖
稱齊人弒悼公赴于師則陽生被弒矣而經書卒是以疾死赴也
襄七年鄭伯髡頑卒于鄵傳稱子駟使賊夜弒僖公而以瘧疾
赴于諸侯知此亦以疾死赴故不書弒也八年臧賓如々齊涖盟
齊閭丘明來涖盟是再同盟故赴以名杜不言略之　注書歸
齊納之　正義曰定十四年衛公孟彄出奔鄭自鄭奔齊故今自
齊歸衛也成十八年傳例曰凡去其國諸侯納之曰歸此書自
齊歸知是齊納之　注赴以名故書　正義曰定十三年薛弒
其君比此惠當代為君亦來未同盟而赴以名故書　注季子也
以名　正義曰傳延州來季子救陳即是季札也札以襄二十

九年來聘書名則此亦宜書名今不書者陳人或告不以名也
傳注黎一名隰 正義曰黎即黎丘也二十三年傳稱齊晉戰于
黎丘知伯親禽顏庚々即琢聚也二十七年傳陳成子召顏涿聚
之子晉曰隰之役而父死焉是黎一名隰 注季子至十餘 正
義曰襄昭之傳稱延州來季子者皆是季札也此説務德安民是
大賢之言亦當是札故計跡其年言垂老猶已將兵也孫毓以為
季子食邑於州來世稱延州來季子猶趙氏世稱趙孟知氏世稱
知伯延州來季子或是札之子與孫也 十一年注赴以名故書
之 正義曰四年滕子結卒虐毋代結為君亦或未同盟未赴故
書也 傳注時人疑童子當殤 正義曰喪服大功章云子女子
子之長殤中殤傳曰何以大功未成人也年十九至十六為長殤
十五至十二為中殤十一至八歲為下殤不滿八歲以下皆為無
服之殤其前服也長殤中殤降成人一等下殤降二等此注鑄蓋
長殤也時人疑其當降服又葬殤之礼亦異成人檀弓云周人以
殷人之棺槨葬 以夏后氏之堲周葬中殤下殤以有虞氏

之瓦棺葬无服之殤是其異於成人也。稻醴粱糗腶脯。正義曰：周礼酒正辨五齊之名。二曰醴齊。鄭玄云：醴猶体也。成而汁滓相將。如今之恬酒矣。則醴是濁酒也。月令余作酒云：秫稻必齊。以稻為醴也。釈草云：虋赤苗，芑白苗。郭璞曰：今之赤粱粟白粱粟。皆好穀也。内則鄭玄注云：腶脩，捶脯施薑桂也。 歌虞殯。正義曰：賈逵云：虞殯，遣殯歌詩。杜云：送葬歌曲。並不解虞殯之名。礼啓殯而葬，葬即下棺，反日中而虞。蓋以啓殯將虞之歌謂之虞殯。歌者樂也，喪者哀也。送葬得有歌者，蓋挽引之人為歌声以助哀。今之挽歌是也。旧說挽歌，漢初田横之臣為之。拠此挽歌之有久矣。晋初荀顗制礼，以吉凶不雜，送葬不宜有歌。云云。摯虞駮之云：詩云：君子作歌，惟以告哀。葬亦有歌，不為害也。彼存之。 使問絃多以琴。 正義曰：礼以物遺人謂之問。二十六年衛出公使以弓問子贛。論語云：問人於他邦。當是也。注鼓以進退軍。 正義曰：周礼大司馬教大閲之礼云：中軍以鼙令鼓，鼓人皆三鼓，車徒皆作。鼓行，鳴鐲，車徒皆行。及表乃止。鳴鐃且卻。鄭注言凡進軍退軍鼓鐸曰其所異者麾鍔而鳴鐃耳如鄭此言則進退皆有金鼓而杜云鼓以進軍金以退軍者周禮是教戰之法其臨敵之時欲戰則先擊鼓以動之欲退則先擊金以靜之故長勺之役公將鼓之是欲戰擊鼓也此傳言吾聞鼓而已不聞金矣是欲退擊金也 衛賜 正義曰子貢衛人故稱衛賜 注盤庚至種類 正義曰彼文云顛越不恭暫遇姦宄我乃劓殄滅之無遺育無俾易種于茲新邑此傳言少於彼引之略也孔安國云顛隕越隊也不恭不奉上命孔言隕隊謂受上命而隊失之杜言從橫不承命謂其人性自顛越從橫不肯承命意小異也刑名以截鼻爲劓劓是割也殄絕育長俾使皆釋詁文也易謂轉易使轉生種類不令更有惡子孫也 將死 正義曰吳語云子胥將死曰而縣吾目於吳門以見越人之入吳國之亡也遂自殺王愠曰孤不使大夫得有見也乃使取申胥之尸盛之鴟夷而投之於江賈逵云鴟夷革囊也 注胡簋至曰簋 正義曰胡簋禮所用之器故以胡 禮是論語衛靈公問曰俎豆之事意亦同也

明堂位說四代之器云有虞氏之兩敦夏后氏之四璉殷之六瑚周之八簋如說文則夏器名璉殷器名瑚而包咸鄭玄等注論語賈服等注此傳皆云夏曰胡杜亦同之或別有所據或相從而誤甲兵乏聞也。　正義曰對靈公軍旅之事未之學也其意亦與此同軍旅甲兵亦治國之具也此以文子非禮欲國內用兵靈公空問軍陳故並不答非輕甲兵也　魯人包乃歸。　正義曰孔子在衛云季康子使公華公賓公林以幣迎孔子々々歸是也。　注兵賦至田賦。　正義曰。司馬法方里為井。四井為邑。四邑為丘。々出馬一匹牛三頭。四丘為甸。々乃有馬四匹牛十二頭。是為乘車一乘。今用田賦必改其舊值不知君為用之貴達以為欲令一井之閒於一丘之稅井別出馬一匹牛三頭君其如此則一丘之內有一十六井其出馬牛乃多於常一十六倍且直云用田賦何知使井為丘也杜以如此則賦稅太多非民所已給故改之舊制丘賦之法田之所收及家內資財并共一馬三牛今欲別其田及家資各為一賦計一丘民之家資令出一馬三牛又計田之所收更出一馬三牛是為所出倍於常也。以田与家資同賦，今欲别賦其田，故言欲以田賦也。

春秋正義卷第三十五

計一万三千五百九十四字

春秋正義卷第三十六　哀公

國子祭酒上護軍曲阜縣開國子臣孔穎達等奉

勅撰

十二年注直書以重賦。正義曰用田賦者用田之所收以為賦令之出牛馬也依實直書之以示改常法重賦斂成元年作丘甲今是造作之物故言作馬中賦稅以先之非造作之物直說其賦不說其作故書用言舊不用而今用之。注魯人至順時。正義曰論語云君娶於吳為同姓謂之吳孟子是魯人常言稱孟子也坊記云魯春秋去夫人之姓曰吳其死曰孟子卒是舊史書為孟子卒及仲尼脩春秋以魯人已知其非諱而不稱姬氏諱國惡禮也因而不改所以順時世也魯春秋去夫人之姓曰吳春秋無此文坊記云然者禮夫人初至必書於策若娶齊女則云夫人姜氏至自齊此孟子初至之時亦當書曰夫人姬氏至自吳同姓不得稱姬舊史所書蓋直云夫人至自吳是去夫人之姓直書曰吳而已仲尼脩春秋以犯禮明著全去其文故今經無其事。注

陽也 正義曰十七年傳云孟武伯問於高柴曰諸侯盟誰執牛
耳季羔曰發陽之役衛石魋指此會也知鄖即發陽一地二名也
傳注諱娶至宋女 正義曰諱娶同姓不得謂之吳女宋是子姓
長女字孟故惠公元妃謂之子今亦稱孟子者全改其本居言氏
夫人是宋國之長女也釋例曰經書孟子卒傳言昭公取女于吳故
不書姓此為昭公加諱不反繫吳改其姓号傳因而弗革也論
語謂之吳孟子蓋時人常言非經傳正文也而賈氏以為言孟子
若言吳之長女也稱其長女既不異於同姓且娶同姓長之与少
未閑其異先所為別也 注反哭至人喪 正義曰禮既葬日中
自墓反虞於正寢所謂反哭於寢反哭者是夫人之正礼也季氏以
同姓之故不成其夫人之喪不為反哭故不書葬所以懲臣子之過也
釋例曰若昭之孟子者以同姓為嫌生革其姓過而知悔也然吳之
大伯下及魯昭於親遠矣所諱在於名号而已居夫人之位籍小
君之号已三世矣季氏當國而不為之服至令仲尼釋己之經國
朝不成其喪以世適夫人不書於策此季氏之咎也杜言不書於

案謂不以夫人之礼書於經也　注孔子至節制　正義曰杜以
孔子与弔明其已去臣位若在臣位則服小君之喪不得云与弔
而已故云孔子始老始老者謂始致事也刘炫云案十六年仲尼
卒哀公誄之子貢說云生不能用則是哀公不用仲尼为臣也又
世家及諸書无云仲尼仕於哀公杜焉得云孔子始老乎今知不
然者以上十一年傳称仲尼在衛魯人以幣召之是召之而本當
以任用故府有云子为国老待子而行後乃致事故孟子之喪而
來与用君哀公全不能用何須以幣召之但哀公不用其言故云
生不能用於傳文上下理甚符同刘以为不仕哀朝以規杜過非
也喪服齊衰三月章曰为旧君〻之母妻傳曰为旧君者孰謂也
仕焉而已者也何以服齊衰三月言与民同也君之母妻則小君
也鄭玄云仕焉而已者謂老若有廢疾而致仕者也为小君服者
恩深於民也是其服与民同不服臣为小君之服故与常弔也礼
齊衰之喪始死而絻以至於成服絻以代吉冠故以絻为喪冠也
孔子以季孫當服臣为小君之礼故以小君礼往弔季氏傳言適

季氏謂適季氏哭位故杜言往弔謂就其哭位也季孫既不服喪
孔子不得服弔服故去絰從主節制也大夫之弔服弁絰鄭玄云
弁絰者如爵弁而素加環絰大如緦之絰纏而不糾也曲禮云
凡非弔喪非見國君無不答拜者鄭玄云喪賓不答拜不自賓客
也禮弔無拜法而此言孔子放絰而拜者記言喪賓不答拜謂喪
主既拜賓不答拜耳其初見主人或弔者先拜擬此傳文必有拜
法記無其事記不具耳　注尋重也寒歇也　正義曰少牢有
司徹云乃尋尸俎鄭玄云尋溫也引此若可尋也亦可寒也則諸
言尋盟者皆以前盟已寒更溫之使熱溫舊即是重義故以尋為
重傳意言若可重溫使熱亦可歇之使寒故言寒歇不訓寒為歇
也　長木至噬也　正義曰長木諭吳國大也狗瘈喻吳失道也
國狗猶家狗言家畜狂狗必噬人也　注盟不至竊盟　正義曰
畏吳竊盟恐吳知之故不敢書於策也成二年云及楚人秦人云
云盟於蜀傳曰卿不書匱盟也於是乎畏晉而竊與楚盟故曰匱
盟彼以畏晉竊盟故諸侯之卿皆貶而稱人此亦畏吳竊盟宜應

貶此三国經遂没而不書者彼以晉是盟主諸侯不應背晉故貶諸侯之卿以成晉為霸主此吳以夷礼自処不合主諸侯之盟故与吾盟者悉皆不書是不与吳為盟主也既不与吳則三国私盟於義可許不合貶責但魯自不書仲尼亦從而不書之耳釈例曰諸侯畏晉而竊与楚盟而貶其卿所以成晉為盟主也吳之彊大始於會鄫終於黃池凡三會三伐三盟唯書會伐而不書盟者其以盟主自居而行其夷礼々儀不典則盟神不蠲非所以結信義昭明德故不録其盟不与其成為盟主也既不与吳之為盟主則宋魯衛三国私盟可許故无貶文是其説也杜言三會三伐三盟者七年會于鄫十二年會于橐皐十三年會于黃池是三會也八年吳伐我十年公會吳伐齊十一年齊国書及吳戰于艾陵是三伐也七年傳云夏盟于鄫衍八年傳云吳人盟而還十三年傳云秋七月辛丑盟吳晉爭先是三盟也　注侯伯至生物　正義曰侯伯諸侯之長謂盟主也侯伯為主則諸侯之從已者皆為賓致礼々賓當謂賓以礼之或設飲食与之宴也地主所會之地主

人也。言帰生物於竈礼。牲生曰餼。服虔云：致竈礼於地，圭傳言其
不行礼於衛，衛非地主。　注猶西至之備。　正義曰：月令季夏之
月昏火星中。詩云七月流火。毛傳云：流，下也。謂昏而見於西南漸
下流也。周礼司爟：季秋内火。是九月之昏大始入，十月之昏則
伏矣。猶西流，言其未盡没，是夏九月也。經書十二月，則是夏十
月。曆官失一閏，故以九月為十月。釋例長曆言諸儒皆以為時實
周之九月，而書十二月。譏云再失閏。若如其言，乃成三失，非但再
也。今以長曆推春秋，此十二月乃夏之九月，實周之十一月也。此
年當有閏，而今不置閏，此為失一閏月耳。十二月不應蟄，故季孫
怪之。仲尼以斗建在戌，火星尚未盡没，據今猶見，故言猶西流，明
夏之九月尚可有蟄也。季孫雖聞仲尼此言，猶不即改。明年十二
月復螽，於是始悟。十四年春乃置閏，欲以補正時曆也。傳於十五
年春閏月，蓋置閏正之歟。明十四年之閏，於陳當在十二年也。
注此言至奇同。　正義曰：杜以此与經例，故言丘明不以為義例，
故使文不齊同。劉炫以為傳說當時之事耳，更倒本隆地之文載其

日月使与明年相接，令知不然者，案宣二年壬申朝于武宫，是十月五日，下乃云冬，趙盾为旄車之族。彼注云：壬申是十月五日也。既有日而无月，冬又在壬申下，明傳文无較例。彼既无例，本其变与後年相接，足知此亦不为例，本其变使九月在十二月之下，明傳因簡牘旧文，或日月前後，不以为例。若以倒叙具变为後年張本，案傳之上下凡倒叙变为後年張本者，唯道变之所由，不具載其日月，以此而規杜，乃非也。　十三年注：夫差至書之。　正義曰：七年會吳于鄫，十三年會吳于橐皋，皆不称子，此称吳子，故解之。夫差欲霸中国，尊天子，而自号为王，則諸侯不服，故去僭号，自称吳子以告令諸侯，故諸侯之策承而書曰吳子。吳語記此事云：晋侯令董褐告吳王曰：今君奄王東海，以淫名聞於天下，君有短垣而自踰之，況蠻荊則何有於周室？夫命圭有命，固曰吳伯，不曰吳王，諸侯是以敢辞。夫諸侯无二君，而周无二王，君若无卑天子而曰吳公，孤敢不順從君命？吳王許諾。是其去僭号也。於此會去王号耳，其於吳国猶称王不改也。　注：年且至之次。　正義曰：公

羊傳曰孛者何彗星也其言于東方何見于旦也杜用彼說衆星
皆沒故不言所在之次 傳趙鞅云知也 正義曰如此傳文則
趙鞅先歌與吾戰也吳語云吳晉爭長未成邊遽仍至以越亂告
吳王懼乃令大夫而謀曰无会而歸與会而先晉孰利王孫雄先
對曰二者莫利必会而先之乃為吳王設計布陳雞鳴乃定去晉
軍一里昧明王乃秉枹鳴鼓三軍皆譁扣動天地於是晉軍大駭
乃令董褐請事晉定等皆云董褐司馬寅也如彼文則吳請先戰
國語各記其國之事言有彼此故其文不同 注二臣鞅與寅
正義曰杜以鞅呼寅與語明其同憂國事故以二臣為鞅與寅也
劉炫以為吳晉二臣令知不然者以趙鞅呼司馬寅自相與語云
建鼓整列二臣死之皆是鞅寅自謂故知二臣鞅與寅也鞅既不
共吳臣對論曲直何得以二臣為吳晉之臣劉以為吳晉之臣而規
杜氏非也 建鼓 正義曰建立也立鼓擊之與戰也大射禮云
建鼓在阼階西鄭玄云建猶樹也以木貫而載之樹之跗也彼謂
立之於地所謂殷人楹鼓與此別也 反曰至死乎 正義曰

吴語說此事云董褐既致命乃告趙鞅曰臣觀吴王之色類有大
憂小則嬖妾適子死不然則國有難大則越入吴將毒不可與戰
主其許之說與此傳小異乃先晉人　正義曰吴語說此事云吴
公先歃晉侯亞之與此異者經書公會晉侯及吴子傳稱公會單
平公晉定公吴夫差吴皆在下晉實先歃經據魯史策書傳采魯
之簡牘魯之所書必是依實國語之書當國所記或可曲筆直已
辭有抑揚故與左傳異者多矣鄭玄云不可以國語亂周公所定
法傳書之國語非丘明所作凡有共說一事而二文不同必國語
虛而左傳實其言相反不可強合也　王命對於伯　正義曰曲
禮云五官之長曰伯是職方也九州之長入天子之國曰牧於外
曰侯職方者二伯各主一方州長者州牧各主一州周禮所謂八
命作牧九命作伯是也王命諸侯則伯帥侯牧當如康王之誥大
保帥西方諸侯畢公帥東方諸侯以見於王也計當盡帥諸侯獨
言帥侯牧者舉尊而言其實盡帥之也伯合諸侯則侯帥子男侯
理牧也牧帥諸國之君見於伯也某當盡帥在會諸侯獨云子男

舉小为言其實亦見在會者尽帥以見伯也。故敵至伯也。正義曰言共職貢於吳有豐於晉无有不及晉時以吳为伯故也。魯賦至事晉 正義曰七年傳茅夷鴻請救於吳云魯賦八百乘君之貳也邾賦六百乘君之私也今魯賦八百乘以貢於吳以吳为伯故也吳今帥魯以見於晉則吳为州牧魯为子男晉成伯矣邾是子爵以六百乘貢吳邾以吳为伯故也魯既以晉为伯吳为牧々半於伯則將半邾三伯乘以屬於吳而如邾六百乘以事於晉也魯將至而畢。正義曰七月辛丑盟囚景伯以还及景伯称十月當謂周之十月。周之十月非祭上帝先公之時且祭礼終朝而畢。无上辛冬於季辛之事景伯以吳信鬼皆虛言以恐吳耳。注一盛至得飲 正義曰酒盛於器故謂一器为一盛說文云睨邪視也詩云无衣无褐何以卒歲鄭玄云褐毛布也人之貴者无衣賤者无褐是褐者寒賤人之衣服也言我与彼褐之父但得共邪視之不得飲之告己之乏食也 對曰至則諾 正義曰食以稻粱为苦故以粱表精君求粱米之飯則无矣麤者則有之若我登首山以叫呼庚癸乎女則諾軍中不得出糧与人故作隱語為私期也庚在西方穀以秋孰故以庚主穀癸在北方居水之位故以癸主水言歌致飯并致飲也土地名首山湖不知其處當在吳所營軍之旁　吳及越平　正義曰言吳不能報越求与之平終伍員所謂三年始弱也　○十四年注麟者至曰獲　正義曰公羊傳曰麟者仁獸也何休云一角而戴肉設武備而不為害所以為仁也鄭玄詩箋云麟角之末有肉示有武而不用釋獸云麐麕身牛尾一角李巡曰麟瑞應獸名孫炎曰靈獸也京房易傳曰麟麕身牛尾狼額馬蹄有五采腹下黃高丈二廣雅云麒麟狼頭肉角含仁懷義音中鍾呂行步中規折旋中矩遊必擇土翔必有處不履生虫不折生草不群不旅不入陷穽不入羅網文章斌斌說文云麟仁獸從鹿其聲麟大牝鹿也從鹿粦聲公羊傳曰麟有王者則至无王者則不至案經援神契云德至鳥獸則麒麟臻是言麟為聖王之嘉瑞也時无明王麟出无所應也出而遇獲失其所以歸也夫以靈瑞之物轗軻若是聖人見此豈无感乎所以感者以聖

人之生非其時道无所施言无所用与麟相類故为感也仲尼見
此獲麟於是傷周道之不興感嘉瑞之无應故因魯春秋文加褒
貶而脩中興之教君臣用此道則周室中興故謂春秋为中興之
教也春秋編年之曆不待年終而絶筆於獲麟之一句者本以所
感而作故所以用此为終也秋天亦冬獵为狩周之春夏之冬故
稱狩也桓四年公狩于郎莊四年公及齊人狩于禚々郎二者公
親行皆書公狩此狩不書公卿者蓋是虞人賤官自脩常職公卿
不行故不書狩者名氏此狩常事本不合書々之为獲麟故也傳
稱狩于大野々々之澤在魯国之西故言西狩得用曰獲定九年
傳例也杜以獲麟之年唯此而已先儒穿鑿妄生異端公羊傳曰
有以告者曰有麕而角者孔子曰孰为來哉孰为來哉反袂拭面
涕沾　曰吾道窮矣説公羊者云麟是漢將受命之瑞周亡天下
之異夫子知其將有六国争強秦項交戰然後劉氏乃立夫子深
閔民之害故为之隕泣麟者太平之符聖人之類又云麟得而
死此亦天告夫子將沒之徵也云葉時去漢二百七十有餘年矣

漢氏興於匹夫先王迹。前期三百許歲天已豫見徵兆其为美
命何大遠乎。言既不經。更无所據。苟佞時世妄为虚誕。故杜氏序
言乱於反袂拭面稱吾道窮亦无取焉。然賤其虚誣。鄙其妖妄
无所又之也。說左氏者言麟生於火而遊於土中央軒轅大角之
獸。孔子作春秋々々者礼也。脩火德以致其子。故麟來而为孔子
瑞也。奉德侯陳欽說麟西方毛蟲金精也。孔子作春秋有立言西
方兑為口。故麟來許慎稱劉向尹更始等皆以為吉凶不並瑞災
不兼。今麟為周異。不得復為漢瑞。知麟應孔子而至。鄭玄以為脩
母致子不如立言之說答也賈逵服虔潁容等皆以为孔子自衛
反魯考正礼樂脩春秋約以周礼。三年文成致麟。麟感而至取龜
為水物。故以为脩母致子之應。若然龜为水物。以其育於水耳。麟
生於火豈其產於火乎。孔子之作春秋門徒各知之。豈丘明親承
聖旨目見獲麟丘明何以不言弟子何以不說。子思孟軻去聖尤
近荀卿著各焉崇孔德麟為應孔子而來著書无容不述。何乃經
傳群籍了尔不言以其既妖且妄故杜悉无所取。注射小至之

經　正義曰・此文与邾庶其黒肱莒牟夷文同・知射是小邾大夫・
以句繹之地来奔魯也・言是既同其罪亦等傳称庶其等為三叛
人・不通數此為四叛人者以春秋之經止於獲麟・々々以上發
是仲尼之意此雖文与彼同・而是非孔意故不數也若然魯史書
此旧与彼同・則竊地彰者史先然矣而昭三十一年傳盛論書三
叛人名懲不義也・其善志也・杜言書彰故書・皆是仲尼新意業此
彰彼則彼是旧文・言新意者・仲尼所脩有因有革因者雖是仲尼
因旧々合仲尼之心因而不改・即是新意所以彼傳歸功脩者謂
之善志為傳所以脩之・既定乃成為善也・故釋例終篇・杜自問而
釋之・云丘明之為傳所以釋仲尼春秋・仲尼春秋皆因旧史策書
義之所在則時加增損或仍旧史之無或改旧史之有雖因旧文
固是仲尼之書也・丘明所發固是仲尼之意也・是其説也・公羊穀
梁之經皆至獲麟而盡左氏之經更有此下事者・自此以下至十
六年皆是魯史記事之正文也・仲尼所脩々此記也・此上仲尼脩
記・此下是其本文弟子欲存孔子卒故因經之末并録魯之旧史

以續孔子所脩之經記仲尼卒之月日示後人使知之耳賈逵亦言此下弟子所記但不言是魯之舊史耳。陳恒執其君 正義曰成十七年晋欒書執晋厲公亦先執後弑与此事同彼不書者或此告彼不告且此非孔子所脩不可以為例也 齊人弑其君壬 正義曰宣四年傳例曰凡弑君稱君君無道也稱臣臣之罪也發凡言例是周公舊典此魯史不書陳恒之名蓋依凡例以齊君無道故 傳注大野云為名 正義曰巨訓大也由其旁有大澤故縣以鉅野為名其澤在曲阜之西故稱西狩不書地者得常不書也賈逵云周在西明夫子道繫周服虔云書西者有意於西明夫子有立言言之位在西方故著於西也案此澤實在魯西舊史因書西耳仲尼不改舊史何以得示己意若其本實東狩仲尼不得輒改為西以己意之所示妄改魯之狩處則下愚知其不可豈有斷人而為斷事以此立說何妄之甚杜以車子違文為將車之子故為微者鉏商是其名也家語說此事云叔孫氏之車士曰子鉏商王肅云車士將車者也子姓鉏商名今傳無士字服

虞之車々七微者也。子姓鉏商名。以子為姓，与杜畧，以為主虞
人。　正義曰：家語云：子鉏商采薪於大野，獲麟焉，折其前左足，載
而歸。叔孫以為不祥，棄之於郭外，使人告於孔子，々々曰：麟也。然
後取之。王肅云：傳曰狩，此曰采薪，時實狩獵，鉏商非狩者，采薪而
獲麟也。傳曰以賜虞人，此云棄之於郭外，棄之於郭外所以賜虞
人也。然肅意欲成彼家語，令与經傳符同，故強為之辞，兾合其說
要其文，正乖不可合也。今傳言狩而獲麟，非采薪者也。鉏商不是
狩者，麟非狩之所獲，傳以書為狩乎？以賜虞人，々々當受之，奚棄
郭外？非賜人之辞。不得棄之以為賜人也。公羊傳曰：西狩獲麟，傳
以書記異也。何異尔？非中国之獸也。然則孰狩之？薪采者也。薪采
者則微者也。曷為以狩言之？大之也。曷為大之？為獲麟大之也。則
公羊之意，當時實无狩者，為大麟而稱狩也。家語出於孔家，乃
是後世所録，取公羊之說，飾之以成文耳，亦不可与左氏合也。
注言魯至獲麟。　正義曰：君舉國不識，則无由得書。傳說仲
尼觀之，言魯史所以得書獲麟，由仲尼辯之故也。服虔云：仲尼名

之曰麟。明麟為仲尼至也。然則麟非常見，魯人所疑，仲尼聖者所
言必信，故魯人從而取之。此則愚民之信聖也。服虔以仲尼名之，即
言為仲尼至，然則防風之骨、肅慎之矢、季氏之墳羊、楚王之萍實
皆問仲尼而後知，豈為仲尼至也。使子至帰邑。 正義曰：季孫
之意以小邾射不信千乘之國而信子路之言，是其重子路也。於
一國子路當以為榮，不宜恥與言約。子路之意，魯伐小邾，非己邑
禁持，今已言不信，不可與射約也。又射是以句繹地叛臣，今之罪惡者
也。而子路與之相要，便是以射為義，恥與不義交好，故辭不肯也。
盟諸陳於陳宗。 正義曰：陳宗，陳氏宗主，謂陳成子也。盡集陳氏
宗族，就成子家盟也。 注成子至一乘。 正義曰：案世本，信子生
昭子莊、簡子齒、宣子其夷、穆子安、廩丘子鑿茲、芒子盈、惠子得，
雖非陳宗。 正義曰：子行稱國內之人，雖非陳宗，言陳氏宗族衆
多，力足成事，何為長子我，欲出奔。 所不至陳宗。 正義曰：子行
慮其必殺，故以殺子懼之。陳宗，謂陳之先人。此稱有如陳宗，由宗之
六年。孟懿子謂范獻子曰：所不以陽虎為中軍司馬者，有如先君

彼注云稱先君以徵其言此亦然也服虔云陳宗先祖鬼神也
注闈宮巷門也　正義曰釋宮云宮中之門謂之闈孫炎曰宮中
相通小門也成子在公宮內知大門公門也計闈在宮內必是得
入大門乃得巷闈今言攻闈與大門皆不勝者公宮非止一門蓋
從別門而入兵得至闈故與大門並攻也　注迹人掌禽獸者　正
義曰周禮地官迹人掌邦田之政凡田獵者受令焉鄭玄云迹之
言跡知禽獸之處也　注地理云大也　正義曰漢書地理志云
開封縣逢澤在東北或曰宋之逢澤也臣瓚案汲郡古文梁惠王
發逢忌之藪以賜民今浚儀縣有逢忌陂是也土地名宋都睢陽
計去開封四百餘里非輕行可到故杜以遠疑非也蓋於宋都之
旁別有近地名逢澤也介大也釋詁文案方言畜無耦曰介杜云
大者逢澤大處不應唯有一麇若迹人止告一麇不應公與左師
俱獵故以介為大劉炫以為一麇而規杜氏非也　注瑞符節以
發兵　正義曰周禮典瑞云牙璋以起軍旅以治兵守鄭衆云牙
璋瑑以為牙牙齒兵象故以牙璋發兵若今時以銅虎符發兵也

彼用牙璋天子之法。諸侯於其封内亦自以瑞發兵。其物无文以
言之。孔丘亟告人。正義曰論語録此事与此小異彼云沐浴
而朝此云齊而請彼云公曰告夫三子此云公曰子告季孫礼齊
必沐浴三子季孫為長各記其一故不同耳彼於退而告人之下
又云云之三子告此无文者傳是史官所録記其与君言耳退別後
告三子唯弟子知之史官不見其告故傳无文也 早五年傳注
聘礼至將命 正義曰聘礼文也服虔云在床曰尸在棺曰柩礼
稱既斂於棺傳言將以尸入者記言對文耳散則可以通隱元年
傳曰贈死不及尸注云尸未葬之通稱也案聘礼賓入竟而死遂
也主人為之具而殯介攝其命君弔介為主人主人歸礼幣必以
用介受賓礼无辭也不饗食此謂入竟未至国都賓死其礼如此
聘礼又云若賓死未將命則既斂于棺造于朝介將命鄭注云未
將命謂侯間之後也此謂賓已至朝主人將欲行礼賓請間之後
賓死以柩造朝以尸將事令公孫貞子卒於竟内依礼唯可以尸
而入殯於賓館不合以柩造朝以尸將事令上介芋尹云以尸將

喪者以吴人不納故芋尹引礼注以柳之杜以侍者以尸將事故
别聘礼歛於棺造於朝介將命以就之其實負子當殯於館不得
以尸將事也於是乎之礼 正義曰上注所引者是聘禮終以
尸將事之礼聘礼又云聘遭喪入竟則遂也不郊勞不筵几主人
畢歸礼賓唯饔餼之受是聘而遭喪之礼也其朝礼無亡賓終及
至遭喪必亦有礼文六年季文子聘於晋求遭喪之礼是也 曰
人無貳乎 正義曰人皆臣人謂凡人皆臣事於人當一心事上
今公孫成而有背叛之心謂背魯適齊況他國齊人無为子徳豈
有不学子而為叛貳乎言必效子而為叛貳故杜云言子叛魯齊
人亦將叛子也 與猳 正義曰猳是豕之牡者僖称諸侯盟誰
執牛耳則盟當用牛此用豕者鄭玄云人君用牛伯姬迫孔悝以
猳下人君耳然則蒯聵自謀取國卑後降下人君於時迫促謀得
牲耳牲不備牛始孟任割臂以盟莊公楚昭王割子期之心以盟
隨人此及明年太子疾與猳為盟皆倉時備切難以礼論也 注
季子至邑宰 正義曰論語稱子路為季路則字季故呼为季子

也。使告季子，則季子在外。下云食焉不辟其難，是食孔氏之祿，故
知為孔氏邑宰。　召獲也食炙。　正義曰：丘明為傳，雖詳於當時，
而此大煩碎，計衆寧飲酒炙可記錄？又此句顛倒，辭義不允，若倒
此二句，則上下各自相連，當是後來誤耳。　子羔至其難。　正義
曰：子羔謂季子將欲救君，故言政不及己，不當踐其難。季子欲救
孔悝，故言食其祿，寧不辟其難。　十六年注仲尼至有誤。　正義
曰：魯臣見為卿，乃書其卒，致仕而卒，猶尚不書。仲尼書卒者，魯之
君臣宗其聖德，殊而異之，故特命史官使書其卒耳。孔子世家云：
魯襄公二十二年而孔子生，孔子年七十三，以魯哀公十六年四
月己丑卒。杜自以長歷校之，四月十八日有乙丑，无己丑，己丑乃
是五月十二日也。日月必有誤者。劉炫云：春秋之例，卿乃書卒，經
今仲尼不告老，例不合書，而杜云告老去位，猶書卒，非也。今知不
然者，案周禮典命云：公侯伯之卿三命，大夫再命。仲尼為魯大夫，
夾谷之會，攝相事。十一年傳云子為國老，是大夫焉者，則三命以
上，準例合書，故杜為此注。或可杜為抑揚之辭，以為仲尼縱未去

位例不合書者老去位從書卒者欲明書之君臣舉其惡德之甚
則不尋杜旨以為例不合書而規杜過非也 傳公誄至自律
正義曰周礼大祝掌作六辞以通上下親疏遠近六曰誄鄭衆曰
誄謂積累生時德行以賜之命主為其辞鄭引此傳是為賜命之
辞也鄭玄礼記注云誄累也累列生時行迹讀之以作謚此傳唯
說誄辞不言作謚傳記群書皆不載孔子之謚蓋唯累其美行示
已傷悼之情而賜之命耳不為之謚故書傳無稱焉至漢王莽輔
政當尚儒術封孔子後為襃成侯追謚孔子為襃成宣尼君明是
旧無謚也鄭玄礼注言尼父因且字以為之謚謂謚孔子為尼父
鄭玄錯讀左傳云以字為謚遂後世妄為此解 注使副至石函
正義曰少牢饋食大夫之祭礼其祭无主鄭玄祭法注云唯天子
諸侯有主禘祫大夫不禘祫无主耳今孔悝得有主者蓋時僭為
之非礼也鄭玄駁異義云大夫无主孔悝之反祏所出公之主耳
案孔氏姞姓春秋時國唯南燕為姞姓耳孔氏仕於衛朝已歷多
世不知本出何國安得有所出公之主也知是僭為之耳 勝曰

一六〇四

重去之。正義曰：自以告之。知必許其辭位，而宜僚辭，是不為利
而諂也。襄之以劍，欲刺殺之，而宜僚不動，是不為威而懼也。如此
之人，必不是漏世人言以求媚者也。言其必不泄己謀，故舍而去
之。注與吳為内亂。正義曰：服虔云：欲使士卒甲兵如與吳戰
時所入獻捷，以陳列甲兵士卒以入。王宫人情所不許，當時
肯聽之，故以為戰時所得鎧仗兵器，皆備具獻之，所得既多，欲因
獻用之以作亂。作微匿也。正義曰：釋詁云：匿，微也。舍人曰：匿
藏之微也。郭璞曰：微謂逃藏也。左傳曰：其徒微之，是也。○十七年
注衷甸一轅卿車。正義曰：甸即乘也。四丘為甸。甸出車一乘，故以
甸為名。是古者乘甸同也。衛侯本許良夫服冕乘軒，則衛侯既入，
良夫為大夫矣。傳特言乘衷甸兩牡，則良夫不合乘之，故知為卿
車也。兵車一轅而二馬夾之，其外更有二驂，是為四馬。今止乘兩
牡，而譏之衷。衷，中也。盡以四馬為上，乘兩馬為中，乘大夫之駕
四，小夫之駕二，為等差故也。知大夫之駕四者，異義古毛詩說天子之
大夫皆駕四，故詩云：四牡騑騑，周道倭遲，是也。如今乘輿有大駕

中駕小駕力行之等至庄也其諸侯大夫士唯駕二无四二十七年
陳成子以乘車兩馬賜顏涿聚之子士喪禮云賵以兩馬是唯得
駕兩无上乘也天子大子數之三罪衷甸不在其數而傳言之者
積其奢僭多也　注紫衣君服　正義曰賈逵云紫杜從之紫衣
為君服礼无明文無此云紫衣言良夫不合服之玉藻云玄冠紫
緌自魯桓公始也鄭玄云蓋僭宋王者之後服也管子稱齊桓好
服紫衣齊人尚之五素而易一紫孔子云惡紫之奪朱者蓋爲時人
主好服紫衣君既服紫則臣不得僭今傳言紫衣為良夫之罪明
紫是君服良夫僭之故言紫衣君服也大夫狐裘非僭之者為
袒裘非本　注食而不敬　正義曰礼裘上有衣謂之裼玉藻
云君衣狐白裘錦衣以裼之如此之類皆是裘上之裼衣也裼衣
之上乃有朝祭正服裘上有兩衣也如此兩衣重裘則二衣皆重之
裼則袒正服露裼衣玉藻云裘之裼也見美也君在則裼尽飾也
服之襲也充美也然則在君之所於法唯有露裼衣耳先露裘之
時今良夫為食熱之故偏袒其裘則并裘亦袒是不敬也叙是害

物之器不得近至尊故近君則解劍良夫与君食而不釋劍亦不敬也。注三罪紫衣袒裘帶劍 正義曰三者皆偪僭於君故以此为三罪衷甸僭卿耳汔此为僭知衷甸非也 衛侯至而譟正義曰北宮衛侯之別宮於是衛侯在南宮夢身在北宮見人登昆吾之觀被髮北面而譟北宮在昆吾觀北故此人北面向君而叫譟也 其餘至後踰 正義曰杜以魚勞則尾赤方羊不已自安衷裏謂魚至水邊以喻衛侯將如此是賈逵之說杜用之也鄭衆以为魚勞則尾赤方羊遊戲喻衛侯淫縱杜不然者以此魚喻衛侯詩云魴魚赬尾王室如燬魚勞則尾赤以勞苦之奚比喻衛侯則方羊亦勞苦之狀若其方羊是縱恣之狀何得此勞苦之魚也 刘炫以为卜繇之辭文句相韻以衷裏二字宜向下讀之知不然者詩之为体文皆韻句其語助之辭皆在韻句之下即待詩云俟我於著乎而充耳以素乎而其王詩云君子陽ゝ左執簧其条只且之類是也此之方羊与下句將亡自相为韻衷裏二字爲助句之辭且繇辭之例未必皆韻此云闔门塞竇乃自後踰不与

将亡為韻文一薰一蕕十年尚猶有臭不与攘公之揄为韻是或
韻或不韻理无定準劉以為襄[illegible]大国謂土地遠亭之大国近不
辭矣之以方羊為縱恣之狀而規杜過非也。　注暴武至可執。
正義曰：依礼小国執牛耳。武伯得季羔之言以鄫衍則大国執。發
陽則小国執小国執之既合古典。武伯自以魯是小国，故云然。則
暴也。杜以傳有小国大国之執，故云拠時執者无常。劉炫以為小
国恒執牛耳，何得云執者无常。若如劉意，季羔直舉發陽何須云
鄫衍之役，吳公子姑曹。横規杜過非也。　○十八年注言宗至從子。
正義曰：世族譜，壤皇父充石八世孫緩，充石十世孫則為從孫，非
從子。二者必有一誤。　夏書云元龜。　正義曰：夏書大禹謨之篇
也。唯彼邑作先耳。唯先蔽志昆命于元龜。孔安国云：帝王立卜占
之官，故曰官占。蔽，斷；昆，後也。官占之法，先斷人志，後命於元龜。言
志定然後卜也。杜雖不見古文，其解亦与孔合。周礼謂斷獄為蔽
獄，是蔽為斷也。昆，後也。釋言文。　○十九年注言敬至大克。　正義
曰：自十六年以來，經文已終，傳无所解，書四时之首亦不書。記所記

者為經竟亦無叔青如周計不應録為經萇弘之言故録之萇
弘言在昭二十三年此叔青如京師自爲敬王崩未知敬王何年
崩也史記十二諸侯年表敬王四十一年孔子卒四十三年敬王
崩則敬王崩在他年也周本紀云敬王崩子元王立八年崩子定
王立六国年表定王元年左傳盡此則傳以定王元年終矣杜世
族譜云敬王三十九年魯哀公十四年獲麟之歲也四十二年而
敬王崩敬王子元王十年春秋之傳終矣与史記不同者但史記
世代年月事多舛錯故班固以文多抵捂謂此疑也案世本敬王
崩貞王介立貞王崩元王赤立宋忠注引大史公書云元王仁生
貞王介与世本不相應未知誰是則宋忠不能定也又帝王世紀
敬王三十九年春秋經終四十四年敬王崩子貞定王立貞定王
崩子元王立案世本与史記參差不同良以書籍久遠事多紕繆
故杜違史記亦何怪焉列炫以杜与史記不同而規其過未知劉
意能定以否。 二十年箪小笥 正義曰鄭玄曲礼注云箪笥盛
飯食者圓曰箪方曰笥宣二年趙盾見餓人為之箪食与肉注云箪笥

也不言小。此言小笥者以盛珠之器不宜与盛飯器同。故云小耳
對曰至謗言　正義曰為時所用進在朝廷言行无僣不見怨惡
言人无愚之意時所不用退歸私室則无誹謗之言。故得君子之
名也。杜解進退二由。々時所行則行。故有進時可止則止。故有退
時易艮彖曰艮止也時止則止。時行則行。動靜不失其時其道光
明言史鰌行如此也。○二十一年注皋緩至此會　正義曰士喪
礼。始死後𩲸之辭云皋某復。鄭玄云皋長聲也。皋者緩意而長引
之是皋為緩也。高蹈高舉足而蹈地。故言猶遠行也。此盟于顧々
是齊地。行不出竟而言遠者。止為魯不能高而為此會。亦近猶恨
故以遠言之耳。○二十二年大子革奔越　正義曰革為邾君十
餘年矣。仍称為太子者。意表其父歸之下。故繫父言之。越滅邾以
歸。　正義曰吳語說此事云越師入吳國。圍王宮。吳王懼使人行
成。越王曰。昔天以越賜吳。而吳不受。今天以吳賜越。孤敢不聽天
之命。而聽君之命乎。乃不許成。因使告吳王曰。以民生之不長。王
其无死。寡人其達王於甬句東。夫婦三百。唯王所安。以沒王年。夫

差辞曰孤之身實失宗廟社稷凡吳土地人民越既有之孤何以
視於天下夫差將死使人告於子胥曰使死者無知則已矣若有
知也吾其何面目以見員也遂自殺　哀二十三年注景曹至祖母
正義曰宋景曹者宋景公之母姓曹氏也昭二十五年傳云季公
若之姊為小邾夫人生宋元夫人生子以妻季平子此曹是平子
之妻母故為桓子外祖母也今康子是桓子之子父之外祖母卒
故使冉有弔且送葬婦人多以姓繫夫此以景公見在遺弔景公
故繫其子小邾曹姓故稱景曹　注弥遠至弥甥　正義曰弥者
弥益之義故為遠也釋親云母之昆弟為舅謂我舅者吾謂之甥
季桓子為景公之甥景公為康子父之舅氏也桓子於景公為親
甥故康子致辞於景公自以為弥遠之甥　哀二十四年注衛足己也
正義曰服虔云衛足之偽不信也杜云衛足己繆言也倶是二不實之義各
自以意斟耳　哀二十五年衛侯出奔宋　正義曰服虔云此下但
有適城鉏以鉤越元奔宋之事其說未聞今杜云城鉏近宋盡
衛侯於近宋竟似欲奔宋衛人以奔宋告也　注期交至同列

正義曰期是衰戌之子戌是大叔疾之甥期爲大叔疾姊妹之孫也姊妹之子爲甥姊妹之孫與己之孫爲卑同列男子謂兄弟之孫爲從孫故謂姊妹之孫爲從孫甥　二十六年注悼公至體也　正義曰衛世家云輒爲出公季父黚殺出公子而自立是爲悼公　以城鉏與越人　正義曰衛侯先居城鉏以兵侵衛衛人申開守陴衛侯不敢入乃還城鉏衛人得以城鉏與越者衛人賂遺於越令公所在亦以與之　注周元至爵也　正義曰宋世家云景公卒公子得殺太子而自立是爲昭公昭公者元公之曾孫也昭公父元公孫糾糾父公子端秦端秦即元公少子也景公殺昭公父糾故昭公怨賊殺太子而自立具說殺昭公得立之所由與此不合亦以得爲昭公也　注北首死象　正義曰禮運云死者北首生者南鄉故以北首爲死象　詩曰至順之　正義曰詩周頌烈文之篇也競彊也無彊乎惟得賢人也君得賢人四方諸國皆順從之矣　二十七年注西平陽　正義曰宣八年城平陽此云盟于平陽土地名云宣八年平陽東平陽也泰山有平陽縣此年平

陽西平陽也。高平有南平陽縣。 元及寡。 正義曰：无陵侮寡少而橫及之也。 君子至入焉。 正義曰：君子之爲謀也，思其始，思其中，思其終，三者盡无猜嫌，皆可舉而行之，然後設言以入前人焉。 注悼公，悼公也。 正義曰：魯世家云：哀公奔越，國人迎哀公復歸，卒於有山氏。子寧立，是爲悼公。僞稱國人絕罪於有山氏，不得復歸，而卒於其家也。馬遷妄耳。 注簡子至爲子。 正義曰：趙世家云：姑布子卿見簡子，簡子徧召諸子相，子卿曰：无爲將軍者。簡子召子毋恤。毋恤至，子卿起曰：此真將軍矣。簡子曰：此其母賤，翟婢也，奚道貴哉？子卿曰：天之所授，雖賤必貴。自是之後，簡子盡召諸子與語，毋恤最賢，乃廢太子伯魯而以毋恤爲太子。 注史記至七年。 正義曰：晉世家云：定公三十三年，孔子卒。三十七年定公卒。則晉定公以魯哀公二十年卒也。定公卒，子出公鑿立，十七年，出公奔齊。則出公之奔在魯悼公之十一年也。又云：出公既奔，知伯立昭公曾孫驕，爲晉君，是爲哀公。哀公之元年，趙襄子、韓康子、魏桓子共殺知伯。是云殺知伯當魯悼公之十四年也。又六國年表亦云晉哀公四年魯悼二十四年韓魏趙殺知伯於晉陽戰國策記此事云知伯帥韓康子魏桓子攻趙襄子於晉陽引汾水以灌之城不沒者三板知伯行水魏桓子御韓康子為右知伯曰吾今乃知水可以亡人之國汾水可以灌安邑絳水可以灌平陽安邑魏也平陽韓也魏桓子肘韓康子々々履魏桓子之足其夜趙襄子使張孟談私於韓魏々々反與趙合遂殺知伯於晉陽之下而三分其地事在春秋獲麟之後二十七年　王隱晉書武帝紀太康元年諸軍伐吳三月至建鄴縣而孫皓面縛詣王濬降杜預先為荊州刺史鎮襄陽督諸軍伐吳將兵向江陵因東下伐吳々平又自江陵還襄陽東抵俗云太康元年汲郡民盜發魏安釐王塚得竹書漆字科斗之文科斗文者周時古文也其字頭麤尾細似科斗之蟲故俗名之焉大凡七十五卷晉書有其目錄其六十八卷皆有名題其七卷折簡碎雜不可名題有周易上下經二卷紀年十二卷瑣語十一卷周王遊行五卷說周穆王遊行天下之事今謂之穆天子傳此四部差為整頓汲郡初得此書表

此書蓋天文中之繕寫也未詳何人之手澤
字畫楷正古人螢雪之勞不亦偉乎正義十
五題金澤文庫字則自鎌倉出必矣比校之
今本魯魚相辯損益惟祐得益不少集解
四屬缺卷其他脫簡剥蠹間亦有焉豈
可不惜乎余好古之坊詢現住周滄師裝
裁爲正義十二本集解十五本韞匵以贈
焉同志之君子夫觀采矣
寛政三年辛亥夏六月

小澤章記

文化十三年五月以常陸国久慈郡萬秀山正宗寺蔵本
写之了

御書物奉行近藤守重